DIE IUPITERSÄULEN IN DEN GERMANISCHEN PROVINZEN

BEIHEFTE DER BONNER JAHRBÜCHER

LANDSCHAFTSVERBAND RHEINLAND
RHEINISCHES LANDESMUSEUM BONN
UND
VEREIN VON ALTERTUMSFREUNDEN
IM RHEINLANDE

Band 41

DIE IUPITERSÄULEN

IN DEN

GERMANISCHEN PROVINZEN

Gerhard Bauchhenß
Die Iupitergigantensäulen in der römischen Provinz
Germania superior

Peter Noelke
Die Iupitersäulen und -pfeiler in der römischen Provinz
Germania inferior

1981

RHEINLAND-VERLAG GMBH · KÖLN
IN KOMMISSION BEI
RUDOLF HABELT VERLAG GMBH · BONN

Veröffentlicht mit Mitteln des Landschaftsverbandes Rheinland

CIP-Kurztitelaufnahme der Deutschen Bibliothek

Die Iupitersäulen in den germanischen Provinzen.
– Köln: Rheinland-Verlag; Bonn: Habelt, 1981. (Beihefte der Bonner Jahrbücher; Bd. 41)
Enth.: Die Iupitergigantensäulen in der römischen Provinz Germania superior / Gerhard Bauchhenß.
– Die Iupitersäulen und -pfeiler in der römischen Provinz Germania inferior / Peter Noelke
ISBN 3-7927-0502-8

NE: Bauchhenß, Gerhard: Die Iupitergigantensäulen in der römischen Provinz Germania superior;
Noelke, Peter: Die Iupitersäulen und -pfeiler in der römischen Provinz Germania inferior;
Rheinisches Landesmuseum ⟨Bonn⟩: Bonner Jahrbücher des Rheinischen Landesmuseums
in Bonn im Landschaftsverband Rheinland und des Vereins von Altertumsfreunden im Rheinlande /
Beihefte

Alle Rechte vorbehalten
Copyright © Rheinisches Landesmuseum Bonn
ISBN 3-7927-0502-8

Gerhard Bauchhenß

Die Jupitergigantensäulen
in der römischen Provinz
Germania superior

Inhaltsverzeichnis

Vorwort	3
Typologie der Jupitersäulen	5
Forschungsgeschichte	10
Das Verbreitungsgebiet und seine Bevölkerung	14
Fundorte und Fundumstände der Jupitergigantensäulen	21
Chronologie und Werkstätten	27
Die Herkunft der Säulenmonumente	31
Die Inschriften	42
Die Viergöttersteine	47
Die Zwischensockel	56
Säulen und Kapitelle	62
Der Gigantenreiter	65
Zusammenfassung	83
Katalog	85
Verzeichnisse	251
Abgekürzte Literatur	251
Bibliographie zu den Jupitergigantensäulen	253
Konkordanzen zu dem Katalog	256
Abbildungsnachweis	262

Vorwort

Seit dem Buch F. Hertleins über die Jupitergigantensäulen aus dem Jahre 1910 wurde kein Versuch mehr unternommen, diese Denkmäler umfassend zu würdigen. In diesen fast 70 Jahren hat sich das vorhandene Material aber erheblich vermehrt, wie einige regionale Zusammenstellungen der Funde gezeigt haben. Zählte Hertlein aus dem gesamten Verbreitungsgebiet insgesamt 113 Gigantenreitergruppen, so umfaßt der Katalog der vorliegenden Arbeit allein aus Obergermanien 106 Exemplare.
Ein Versuch, alle heute bekannten Jupitergigantensäulenreste in Gallien und Germanien zu sammeln, konnte leider auch hier nicht durchgeführt werden, da das Material für eine Dissertation zu umfangreich geworden wäre. Die deshalb vorgenommene Beschränkung im Katalogteil auf Obergermanien fiel aber leicht, da der Denkmaltypus Jupitergigantensäule in Obergermanien entstand und hier seine größte Verbreitung fand. Alle wichtigen Fragen konnten am obergermanischen Material erörtert werden. So weit nötig wird auf Funde aus anderen Provinzen verwiesen.
Die vorliegende Arbeit ist eine leicht überarbeitete Fassung meiner Dissertation, die im Wintersemester 1972/73 der Philosophischen Fakultät der Universität Würzburg vorgelegen hat. Angeregt wurden die Untersuchungen von Prof. Dr. Chr. Pescheck. Als Dissertation angenommen wurden sie von Frau Prof. Dr. E. Simon, der ich für ihren Rat und ihre stetige Hilfe zu tiefem Dank verpflichtet bin.
Bei der Materialaufnahme in den Museen Süddeutschlands und des Elsaß, bei der Beschaffung von Fotografien und mit vielen Hinweisen haben mich unterstützt: F. K. Bekker und F. Hess, Alzey; E. Schneider, Aschaffenburg; H. Bullinger, Bad Kreuznach; Tomala, Bingen; Anita Büttner und W. Jorns, Darmstadt; W. Boß, Dieburg; U. Fischer und Ingeborg Zetsche, Frankfurt; A. M. Burg, Haguenau; B. Heukemes, Heidelberg; R. Koch, Heilbronn; Freiherr H. von Berlichingen, Jagsthausen; B. Cämmerer, Karlsruhe; K.-V. Decker, W. Jung, H. Klumbach, E. Künzl, W. Selzer und B. Stümpel, Mainz; E. Gropengießer, Mannheim; R. Schweitzer, Mulhouse; H.-J. Kellner, München; C. Prinz zu Hohenlohe Langenburg, Neuenstein; Erbgraf zu Solms-Rödelheim, Niddatal-Assenheim; L. Hefner, Obernburg; G. Levy, Saverne; O. Müller, Seligenstadt; H.-J. Engels, Kw. Kilian und O. Roller, Speyer; Ph. Filtzinger, Stuttgart; H.-E. Mandera, Wiesbaden und G. Illert, Worms.
Von 1971 bis Anfang 1973 wurde mir ein Graduiertenstipendium gewährt. Ohne diese Hilfe wäre mir die Abfassung der Arbeit nicht möglich gewesen.
Dem Herausgeber der Bonner Jahrbücher danke ich für die Aufnahme der Dissertation in die Beihefte der Bonner Jahrbücher.

Das hier veröffentlichte Manuskript wurde 1977 abgeschlossen. Leider konnten wegen des späten Eingangs des Beitrages von P. Noelke kaum noch Querverweise in meinem Teil eingearbeitet werden.

Gerhard Bauchhenß

Typologie der Jupitersäulen

Im Jahre 1878 wurde in einem Brunnen bei Merten in der Nähe von Metz eine Reihe von provinzialrömischen Plastiken gefunden, die sich zu einem großen Säulendenkmal rekonstruieren ließen[1]. Es besteht aus einem Sockel mit quadratischem Grundriß, auf dessen Seitenflächen in Relief vier römische Götter dargestellt sind. Den Abschluß dieses Sockels nach oben und den Übergang zu einem zweiten, achteckigen, ebenfalls mit Reliefs von Göttern geschmückten Sockel, bildet eine architektonisch gestaltete Gesimsplatte. Auch der zweite Sockel wird nach oben von einer profilierten Platte abgeschlossen, auf der die Basis einer glatten Säule aufliegt. Das Kapitell dieser Säule ist korinthisch, mit Schulterbüsten von Frauen auf jeder der vier Seiten. Über dem Kapitell folgt auf einer eigenen Plinthe die Gruppe eines bärtigen Reiters in römischem Panzer, der über einen kauernden, schlangenbeinigen Giganten hinwegreitet.
Einzelteile derartiger Säulenmonumente, vor allem die untersten Sockel und die Reitergruppen, waren schon in zahlreichen Exemplaren in den Museen bekannt, ihre Zusammengehörigkeit jedoch bis dahin unklar geblieben[2]. Erst jetzt erkannte man auch, daß ein Säulendenkmal, das seit der Antike aufrecht stand, die Säule von Cussy-la-Colonne, bei der allerdings der unterste Sockel unverziert ist, und die bekrönende Gruppe fehlt, in die Reihe dieser Denkmäler gehört[3].
Seit 1885 O. Donner von Richter und A. Riese eine weitere Säule (143–146) aus einem Brunnen in Heddernheim veröffentlichten, die im Aufbau mit der aus Merten übereinstimmt, galt deren Aufbau für diesen Denkmaltyp als kanonisch[4]. Zwar trägt der unterste Sockel der Heddernheimer Säule nur drei Götterreliefs, auf der vierten Seite steht eine Weihinschrift an Jupiter und Juno, und der Säulenschaft ist mit einem Schuppenmuster verziert, die bekrönende Gruppe des Reiters mit dem Giganten stimmt jedoch mit der von Merten überein. Donner von Richter gebrauchte erstmals entsprechend der bekrönenden Gruppe den Namen Jupitergigantensäule für das ganze Denkmal. Der Begriff diente auch zur Unterscheidung zu einer im selben Brunnen mitgefundenen Säule (147/48), deren Bekrönung ein thronender Jupiter bildet.
Im selben Jahr stellte F. Hettner die Behauptung auf, daß 'auf allen Vier-, resp. Dreigötteraltären' – so nannte man die untersten Sockel der Säulen – 'welche nach der Inschrift

---

[1] A. Prost, Revue Arch. N. S. 37, 1879, 1 ff.; 65 ff.; F. X. Kraus, Bonner Jahrb. 64, 1878, 94 ff. Taf. 7; Espérandieu V 4425.
[2] Vgl. die bei Prost a. a. O. (Anm. 1) 68 erwähnten Gigantengruppen und ihre dort zitierte Literatur.
[3] Espérandieu III 2032.
[4] A. Riese u. O. Donner von Richter, Heddernheimer Ausgrabungen (1885).

Jupiter gewidmet sind, sowie auf denjenigen, welche den Gott an der Basis nicht darstellen, Jupiterstatuen standen'[5]. Den Beweis für seine Vermutung erhoffte sich Hettner von der Sammlung aller Viergötteraltäre, die F. Haug damals vorbereitete. Hettner ließ auch offen, ob in jedem Fall der Säulenschaft zwischen Viergötterara und Jupiterbild vorhanden war. Haug nahm jedoch in seiner Sammlung der Viergöttersteine den Zusammenhang mit den Jupitersäulen als völlig gesichert an[6]. Ihm ist es auch zu verdanken, daß an Stelle des Begriffes Viergötteraltar, bei dem noch immer an selbständige Verwendung gedacht wurde, der Begriff Viergötterstein, der bis heute üblich ist, in die Terminologie eingeführt wurde[7].

An dem Zusammenhang von Viergöttersteinen und Jupitersäulen kann auch heute noch nicht gezweifelt werden. Einerseits wurden bei allen rekonstruierbaren Jupitergigantensäulen des kanonischen Typs Viergöttersteine oder deren Reste gefunden. Andererseits sind vierseitig mit Reliefs geschmückte Sockel anderer Götterbilder[8] durch ihre Ikonographie oder durch ihre Inschriften[9] deutlich von den eigentlichen Viergöttersteinen getrennt.

Auch die großen zahlenmäßigen Unterschiede zwischen den erhaltenen Viergöttersteinen und Gigantengruppen – in Obergermanien sind 211 Viergöttersteine, aber nur Reste von 106 Gigantengruppen bekannt – sprechen nicht gegen die Zusammengehörigkeit zu einem Denkmal. Die Gigantengruppen, schon von Natur aus zerbrechlicher als die massiven Viergöttersteine, wurden bei der Zerstörung der Jupitergigantensäulen weit häufiger vernichtet. Zudem eigneten sich die Viergöttersteine weit besser für eine Wiederverwendung, wie die große Zahl von sekundär verwendeten Viergöttersteinen zeigt. Sekundäre Verwendung der Gigantenreitergruppen ist dagegen äußerst selten[10].

Weit schwieriger ist die Zugehörigkeit der Zwischensockel zu den Gigantensäulen im Einzelfall nachzuweisen. Außer den kanonischen Wochengöttern waren die Variationsmöglichkeiten bei ihnen für die Besteller und Bildhauer weit größer als bei den typologisch festliegenden Viergöttersteinen (siehe unten S. 56 ff.).

Neben dem von der Mertener Säule her bekannten Normalaufbau gab es stark vereinfachte Säulen. Die Säule vom Wasserwald (540/41) besteht aus einem unverzierten Sockel in Form eines Pyramidenstumpfes, auf dem eine ebenfalls unverzierte Säule steht. Vom Kapitell sind keine Reste erhalten, dagegen ließ sich die Gigantengruppe rekonstruieren. Bei einer Säule aus dem Gelände des Kastells Alzey (9/10) stand der Säulenschaft, der ebenfalls glatt ist, auf einem einfachen Basisstein. Erst das Kapitell mit sehr großen Schulterbüsten kehrt wieder zum normalen Aufbau zurück. Eine Säule aus Sarrebourg, von der allerdings nur die oberen Bauteile erhalten sind, hat ebenfalls einen glatten Säulenschaft, der oben in einem tuskischen Kapitell endet[11]. Zu einer geschuppten Säule, die

---

[5] F. Hettner, Westdt. Zeitschr. 4, 1885, 369.
[6] Haug, Viergöttersteine 327.
[7] F. Haug, Westdt. Zeitschr. 10, 1891, 9 ff.
[8] z. B. Espérandieu XI Nr. 7754.7755 (= CSIR Deutschland II,1 Nr. 18; 19), die Herculestaten und Juno zeigen. Auf dem einen sind Reste der Herculesstatue erhalten.
[9] z. B. Espérandieu VII 5317 (= CIL XIII 5424) aus Luxeuil.
[10] Ein Reiter aus Heddernheim (164) war sichtbar in die Mauer eines in der Nähe liegenden Schlosses eingelassen. Zur sekundären Verwendung könnte man auch den Bericht über den fraglichen Dieburger Reiter (109) zählen. Er wurde gleich nach seiner Auffindung zerschlagen und die Reste weiterverwendet.
[11] Sarrebourg, Musée Regional Inv. Nr. 2165. J.-J. Hatt, Gallia 18, 1960, 226 ff. Abb. 27–31.

1905 im Heddernheimer Töpferviertel gefunden wurde, gehören zwei unverzierte Basissteine (159/60). Der untere hat die Form eines flachen Pyramidenstumpfes, der obere ist würfelförmig. Beide tragen Inschriftenreste. Vom Kapitell der Säule ist nichts erhalten.
Auch wenn das Säulendenkmal dem kanonischen Aufbau folgte, konnten zur Vereinfachung einzelne Schmuckteile weggelassen werden. Der runde Zwischensockel der Schiersteiner Säule (558 Taf. 52,1) ist unverziert. Dem Kapitell fehlen die sonst üblichen Schulterbüsten. Ein sechskantiger Stein aus Worms (574 Taf. 54,3), sicher Zwischensockel einer Jupitersäule, trägt nur auf der Vorderseite eine Weihinschrift an Jupiter, genauso wie ein runder Zwischensockel im Mainzer Museum (322 Taf. 36,4). Ein unverzierter 'Viergötterstein' und ein zu ihm gehörender Zwischensockel mit Weihinschrift an Jupiter und Juno stammen aus Altrip (5/6). Es läßt sich bei diesen Fällen jedoch nicht immer ausschließen, daß die fehlenden Reliefs durch Bemalung ersetzt waren.

Der Heddernheimer Brunnenfund von 1885 hat gezeigt, daß es neben den Säulen, die als Bekrönung den Gigantenreiter tragen, Säulen mit einem thronenden Jupiter (147/48) oder mit Jupiter und Juno als Bekrönung gab (153 Taf. 15,3; 158). Die in Heddernheim 1885 mitgefundene Säule folgt in ihrem Aufbau wahrscheinlich weitgehend dem vereinfachten Aufbau der Gigantensäulen. Sockelsteine sind nicht erhalten, der Schaft der Säule ist unverziert, mit tuskischem Kapitell. Zweimal kommt eine Gruppe von Jupiter und Juno auf dem Unterbau einer kanonischen Jupitergigantensäule vor (150–153 Taf. 15,3; 155–158). Jedenfalls lassen sich die Zweifel an der Rekonstruktion der ersten dieser Säulen[12], die Hertlein äußerte[13], nicht aufrecht erhalten.
Die Normalform der Säule mit sitzendem Jupiter weicht jedoch von diesen beiden Typen ab. Von ihr ist in Obergermanien nur ein vollständiges Exemplar erhalten, die Kleine Mainzer Jupitersäule (277–279). Auf einem unverzierten, mit der Weihinschrift versehenen Sockel steht eine Schuppensäule, die auf der Vorderseite, übereinander angeordnet, drei Götterreliefs trägt. Dem korinthischen Kapitell fehlen die sonst üblichen Köpfe. Auch der Zwischensockel ist bei diesem Säulentyp nicht vorhanden und die Reliefs des Viergöttersteines sind noch zusätzlich zu den Schuppen am Säulenschaft angebracht (Reliefsäule). Der Fund einer weiteren vollständigen Säule dieses Typs in Lövenich-Kleinbouslar zeigt, daß die sitzenden Jupiterstatuetten wohl in der Regel zu den Reliefsäulen gehörten[14]. Dies legt auch schon das Verbreitungsgebiet beider Säulenteile nahe: Am häufigsten sind Reliefsäulen und Statuetten des sitzenden Jupiter in Niedergermanien. In Obergermanien sind Jupiterstatuetten mit Ausnahme von Strasbourg (Jupiter und Juno: 503 u. 504) nur aus der Umgebung von Mainz und aus Heddernheim bekannt, Reliefsäulen nur aus der Umgebung von Mainz. Altrip ist der südlichste Fundplatz einer Reliefsäule (8 Taf. 4,1; vgl. Karte 5).
Eine weitere, in sich selbst nicht ganz einheitliche Gruppe bildet eine Reihe von Säulenschäften, die rundum mit Reliefs verziert sind. Zu ihnen gehören die Säulentrommeln aus

---

[12] Riese und Donner von Richter a. a. O. (Anm. 4) 5 f.; 9 f.; E. Ritterling, Nassauische Heimatbl. 1917/18, 14 ff.

[13] F. Hertlein, Mannus 13, 1921, 92 Anm. 1.

[14] Rhein. Landesmuseum Bonn, Inv.-Nr. 17928. Espérandieu XI 6612. In der heutigen Aufstellung in Bonn (H. v. Petrikovits, Aus rheinischer Kunst und Kultur. Auswahlkatalog des Rheinischen Landesmuseums Bonn [1963] 49 Nr. 12 Taf. 10) ist ein nicht zugehöriger Jupiter an Stelle des mitgefundenen stark zerstörten auf die Säule gesetzt. Vgl. zur Typologie der niedergermanischen Säulen und Pfeiler unten, Noelke S. 272 ff.

Hausen (213), Alzey (18 Taf. 1,1–2), aber wohl auch die neugefundene Säule aus Bad Kreuznach (51), die sich enger an die Säule von Mt. Berny anschließt[15]. In Hausen und Alzey ist nur jeweils eine Säulentrommel erhalten. Wie der Schaft darüber aussah, ob er mit Schuppen verziert war, wie bei der Bad Kreuznacher Säule, oder weitere Reliefs trug, wie der der Großen Mainzer Jupitersäule (274 Taf. 31,1), muß daher unsicher bleiben[16]. Ebensowenig ist ein sicherer Schluß möglich, welche Bekrönung diese Säulen trugen. Der Fundzusammenhang reicht in keinem Falle für eine eindeutige Klärung aus, selbst, wenn wie in Bad Kreuznach noch eine Gigantenreitergruppe (37) mitgefunden wurde. Die Fragmente fanden sich in sekundärer Verwendung, der Reiter kann auch zu den mitgefundenen einfachen Schuppensäulen gehört haben.

Durch die enge Begrenzung des Verbreitungsgebietes der Säulen mit sitzendem Jupiter in Obergermanien können fast überall Viergöttersteine, Zwischensockel und Schuppensäulen Jupitergigantensäulen zugeschrieben werden. Nur in Mainz selbst und seiner Umgebung, wo zahlreiche Viergöttersteine und Schuppensäulen, aber nur auffallend wenige Gigantenreiter gefunden wurden, ist die Zuteilung in den meisten Fällen unsicher.

Eine Reihe sehr kleiner, bisher meist als Säulenschäfte angesprochener Steine, die rundum mit Reliefs geschmückt sind, gehören wohl nicht zu Jupitersäulen. Ihr Format und die Zurichtung des oberen Abschlusses bei einigen legen die Vermutung nahe, sie seien reliefgeschmückte Tischfüße[17]. In Mainz schließlich wurde eine relativ kleine Säule (333) gefunden, bei der die Weihinschrift an Iuppiter Optimus Maximus und Iuno Regina auf einer tafelartigen Fläche auf dem Säulenschaft steht. In welchen Zusammenhang sie gehörte, ist nicht zu klären.

Pfeiler, die auf drei Seiten mit übereinanderstehenden Götterreliefs, auf der vierten Seite mit Ornamenten verziert sind, trugen an Stelle von Reliefsäulen ebenfalls Statuetten des thronenden Jupiter als Bekrönung[18]. Einer dieser Pfeiler hat auf seiner Rückseite noch das ihn mit den Säulen verbindende Schuppenornament[19], andere an seiner Stelle Pflanzenornamente, die aus Krateren wachsen[20]. Das Verbreitungsgebiet dieser Jupiterpfeiler ist Niedergermanien, in Obergermanien fanden sich bisher keine Reste.

Zu allen Typen von Jupitersäulen, auch zu den Jupitergigantensäulen, haben sicherlich Altäre mit Weihinschrift an Jupiter oder Jupiter und Juno gehört. Einige Jupiteraltäre, die ohne Säulenreste gefunden wurden, sprechen in ihrer Inschrift von der Säule[21]. Dazu wird in der Inschrift eines Viergöttersteines der Altar erwähnt[22]. Bei vielen Funden von Jupitergigantensäulenresten kamen auch Jupiteraltäre zutage (z. B. 85–87 und 88 Taf. 6,2 und 8,1. – 143–146, 147/48 und 149). Am deutlichsten ist die Zusammengehörigkeit bei-

---

[15] Espérandieu V 3849.
[16] Vgl. die Anordnung der Reliefs bei Espérandieu IX 6613.
[17] z. B. Espérandieu VII 5645. – Haug, Viergöttersteine 36 Nr. 63.
[18] z. B. Bonner Jahrb. 151, 1951, 310 f. Nr. 3.4 Taf. 23,5 (Jülich); Bonner Jahrb. 151, 1951, 155.197 ff. Taf. 13,4 (Rommerskirchen); Schoppa, Götterdenkmäler 52 Taf. 23 (FO. unbekannt); Schoppa, Götterdenkmäler 51 f. Taf. 22 (Köln); Schoppa, Götterdenkmäler 52 Taf. 24 (Köln); J. Klinkenberg, Jahrb. des Kölner Geschichtsvereins 31/32, 1957, 1 ff. (Köln). Vgl. zu Pfeilern unten, Noelke S. 287 ff.
[19] Schoppa, Götterdenkmäler 51 f. Taf. 22.
[20] Schoppa, Götterdenkmäler 52 Nr. 24 Taf. 23.
[21] 214 Taf. 26,1. – Altar aus Niederstotzingen, Ulm: CIL III 11900.
[22] Viergötterstein aus Udelfangen in Trier: CIL XIII 4117.

der bei der Großen Mainzer Jupitersäule zu erkennen. Auf Altar und Säule (272–275; 276), deren Reste zusammen gefunden wurden, nennen sich in den Inschriften dieselben Stifter. Dasselbe begegnet bei einem Altar und einem Viergötterstein aus Köngen (244; 245).
Sehr viel seltener als Altäre wurden Fundamentierungen für die Säulen gefunden[23]. Sie waren wohl in den meisten Fällen vorhanden, können aber nur noch selten beobachtet werden, da die meisten Säulenteile nach ihrer Zerstörung mehr oder weniger weit von ihrem Aufstellungsort verschleppt wurden. Mit einigen Säulenteilen wurden Reste steinerner Umzäunungen gefunden[24].

Nach einigen spätantiken Berichten waren Jupitersäulen nicht die einzigen Göttersäulen in den gallisch-germanischen Provinzen. Von St. Martin wird in drei auf dieselbe Quelle zurückgehenden Berichten überliefert, daß er eine ungeheuer große Säule mit dem daraufstehenden Götterbild nur durch sein Gebet zerstörte, da sie für Gewaltanwendung zu groß war[25]. Der Name des Gottes, der auf der Säule stand, ist nicht überliefert. Möglicherweise war es Jupiter, so daß damit eine weitere Jupitersäule nachweisbar wäre. Bei zwei anderen Säulen sind die Götter dagegen bekannt: Mars und Mercur auf einer gemeinsamen Säule[26] und eine gläserne Diana auf einer anderen[27]. Eine weitere Säule mit Diana als Bekrönung kann aus einer Stelle bei Gregor von Tours erschlossen werden[28]. Gegenüber einem Dianabild im Gebiet der Stadt Trier errichtete sich der Diakon Wulfilaich eine Säule, auf der er als Säulenheiliger lebte und dem Volk predigte. Die Formulierung Gregors *columnam etiam statui* legt nahe, daß das Dianabild ebenfalls auf einer Säule stand.
Sichere archäologische Zeugnisse von Resten dieser Göttersäulen fehlen bisher. Zwei Säulen mit Weihinschriften an Mars bzw. Mercur aus Augsburg[29] und Eisenberg[30] sind wegen ihrer geringen Größe kaum als Göttersäulen im eigentlichen Sinne ansprechbar. Möglicherweise war die Säule zu einem Kapitell mit Weihinschrift an Mars Lenus aus Pommern/Mosel größer und ist daher eher in diesem Zusammenhang zu nennen[31].

---

[23] Bei 159/60. – Tongeren: J. Breuer u. H. van de Weerd, Antiqu. Class. 4, 1935, 493 ff.
[24] Funde vom Grand Falberg bei Saverne: 195 ff. Taf. 21 ff. – J. Moreau, La Nouvelle Clio 4, 1952, 231 ff. Nr. 22.
[25] Venantius Fortunatus, Vita sancti Martini 4, 233 ff.; Paulinus Petricordius, de vita sancti Martini 5, 584 ff.; Sulpicius Severus, Dialogus 2,9.
[26] Gregor von Tours, de miraculis 2,1.
[27] Passio sancti Marcelli Tungrensis, Acta Sanctorum Sept IV. S. 200.
[28] Gregor von Tours, historiarum 8,15.
[29] H. J. Kellner, Die Römer in Bayern (1972) 110 Abb. 91.
[30] F. Sprater, Das römische Eisenberg (1952) 24 ff. Abb. 14.
[31] Rheinisches Landesmuseum Bonn, Inv. Nr. 3659; CIL XIII 7661.

Forschungsgeschichte

Die Rekonstruktion der Säulen von Merten und Heddernheim, die zum erstenmal zeigte, daß die bisher einzeln betrachteten Teile zu einem einzigen Denkmal gehörten, machte einen Teil der früheren Deutungen, die immer nur die Einzelteile betrafen, hinfällig, ließ aber auch neue Schwierigkeiten auftauchen[32]. Von Bedeutung war vor allem die Inschrift auf der Heddernheimer Säule (143–146), die das Denkmal dem Iupiter Optimus Maximus und der Iuno Regina weihte und das Datum seiner Renovierung angab. Die vorher weit verbreitete historische Deutung des Gigantenreiters – man hielt ihn für ein Siegesdenkmal – mußte modifiziert werden. Vor allem mußten alle weiteren Versuche, die Reitergruppe auf einen bestimmten Sieg eines bestimmten Kaisers zu beziehen, wie es noch Prost für die Mertener Säule versucht hatte[33], auch wenn sie noch weiterhin vorgetragen wurden[34], von vorneherein falsch erscheinen. Aber auch die mythologischen Deutungen, Hercules[35] oder Poseidon/Neptun im Gigantenkampf[36], waren durch die Inschrift hinfällig.

Ebenso große Schwierigkeiten bereitete es aber, den Reiter auf der Säule mit dem in der Inschrift erwähnten Iuppiter Optimus Maximus zu identifizieren. Denn der römische Jupiter, so wußte man, reitet nie und wird nie im römischen Feldherrnpanzer dargestellt. Naheliegend war daher der Gedanke, mit dem römischen Jupiter habe sich eine einheimische provinzielle Gottesvorstellung verbunden, oder sogar eine orientalische[37]. Nur blieb wieder umstritten, ob die einheimischen Einflüsse keltisch[38] oder germanisch[39] seien.

Eine weitere Frage, die im Rahmen der historischen Deutung immer eindeutig beantwor-

---

[32] z. B. die Deutung der Viergöttersteine als Hausaltäre. Einen Überblick über die Deutungen von 1885 bis 1907 gibt Riese, Einzelforschungen über Kunst- und Altertumsgegenstände zu Frankfurt/Main 1, 1907, 17 ff.
[33] Prost a. a. O. (Anm. 1) 63 ff.: Probus.
[34] Ch. Abel, Mem. Soc. Arch. et Hist. de la Moselle 16,1, 1885, 1 ff.: Maximian. – O. A. Hofmann, Jahrb. Ges. Lothr. Gesch. und Altkde. 1, 1888/9, 34 ff.: Maximian. – F. Koepp, Arch. Anz. 1890, 63: Urbild ist Caligula als Neptun, der einen Barbaren besiegt. – J. Gricourt, Latomus 12, 1953, 316 ff.: Maximian.
[35] M. Bretagne, Mem. Soc. Arch. Lorraine 2. Ser. 5, 1863, 5 f.
[36] E. Wagner, Westdt. Zeitschr. 1, 1882, 36 ff.
[37] O. Hammeran, Korrbl. Westdt. Zeitschr. 4, 1885, Nr. 3. – Riese, Jahrb. Ges. Lothr. Gesch. und Altkde. 12, 1900, 324 ff. – Ders., Korrbl. Westdt. Zeitschr. 20, 1901 Nr. 21.
[38] H. Lehner, Korrbl. Westdt. Zeitschr. 15, 1896 Nr. 58. – Ders., Westdt. Zeitschr. 16, 1897, 296. – J. B. Keune, Jahresber. Ver. Erdkunde Metz 22, 1900, 12 f. – G. Sixt, Westdt. Zeitschr. 16, 1897, 293. – R. Forrer, Röm.-Germ. Korrbl. 5, 1912, 60 f.
[39] Hettner, Korrbl. Westdt. Zeitschr. 5, 1886, Nr. 15. – B. Florschütz, Nass. Ann. 22, 1890, 119 ff. – S. Löschcke, Bonner Jahrb. 95, 1894, 261. – K. Zangemeister, Neue Heidelberger Jahrb. 5, 1895, 46. – Koepp, Die Römer in Deutschland¹ (1905) 147. – Hertlein, Korrbl. Gesamtver. 55, 1907, 481 ff. – Ders., Juppitergigantensäulen. – Ders., Korrbl. Gesamtver. 64, 1916, 209 ff. – Ders., Germania 1, 1917, 101 ff. 136 ff. – Ders., Mannus 13, 1921, 88 ff.

tet worden war, tauchte bei diesen Interpretationen neu auf: Wie war das Verhältnis des Reiters zu dem Giganten unter dem Pferd aufzufassen? War der Gigant dem Reiter freundlich gesonnen und trug und unterstützte er ihn[40], oder kämpfte er mit dem Reiter oder war doch zumindest von dem Reiter besiegt und in eine dienende Stellung gezwungen? Die Verfechter beider Standpunkte konnten auf Gruppen verweisen, bei denen die Stellung des Giganten gerade ihnen Recht zu geben schien[41].

Über diesen Fragen nach der Bedeutung der Reitergruppe, die bis heute nicht endgültig geklärt sind, wurden die anderen Säulenteile vernachlässigt. Die Götter der Viergöttersteine und der Zwischensockel waren ja fast immer benennbar; nach ihrer Funktion im Ganzen der Säule wurde fast nie gefragt. Wenn, dann hielt man sie für die Götter, die in der Provinz besonders verehrt wurden oder den Stiftern der Säulen besonders am Herzen lagen[42]. Nur F. Hertlein bemühte sich um eine einheitliche Lösung[43]: Die Götter, die normalerweise auf den Viergöttersteinen erscheinen, waren für ihn die Götter der vier Jahreszeiten, die Frauenköpfe an den Kapitellen die vier Tageszeiten. Diese Interpretationen fügten sich für Hertlein nahtlos in seine Deutung der Säulendenkmäler als germanische Irminsul, als Weltsäule. Der reitende Jupiter ist bei ihm nicht mehr nur Himmels- und Wettergott, sondern er symbolisiert zusammen mit dem Giganten, der die Erde vertritt, das ganze Weltall. Zu dieser Art der Interpretation paßten auch vortrefflich die Zwischensockel, die mit den Reliefs der sieben Wochengötter verziert waren (Wochengöttersteine)[44].

Die große Streitfrage, historische oder rein religiöse oder etwa vermischte Interpretation, war nach 1918 fast allgemein zugunsten einer rein religiösen Deutung entschieden. Jedoch genügte die einfache Deutung Jupiters als keltischer Wetter- oder Himmelsgott meistens nicht mehr, wenn sie auch bis heute noch Vertreter findet. Für J.-J. Hatt z. B. ist dieser keltische Jupiter nur der Wettergott, der mit seinem Blitz den Regen hervorruft, vor Hagel schützt und damit die Fruchtbarkeit der Felder gewährleistet[45].

Aber auch die anderen neueren Interpretationen fußen zu einem guten Teil auf Deutungen, die schon vor dem Ersten Weltkrieg vorgeschlagen worden sind. Schon 1896 hatte H. Lehner den reitenden Jupiter mit einem literarisch und inschriftlich überlieferten Gott Taranis identifiziert[46]. Taranis wird von der Etymologie seines Namens her als Donnergott erklärt. Die Identität des reitenden Jupiter mit Taranis wurde seither nicht mehr angezweifelt.

Auch einige Gedanken Hertleins lebten nach dem Kriege wieder auf, wenn auch seine germanische Deutung fast keine Nachfolger mehr fand[47]. Er hatte als erster daraus, daß

---

[40] Hettner a. a. O. (Anm. 5) 379 f. – Hertlein, Juppitergigantensäulen 38 ff.
[41] Hertlein berief sich vor allem auf eine Gruppe in Mannheim (370). Seine Gegner dagegen vor allem auf die Gruppen, bei denen der Gigant auf dem Rücken liegt (z. B. 146).
[42] Haug, Viergöttersteine 323. – G. Wissowa, Germania 1, 1917, 175 ff. – Quilling, Juppitersäule 181.
[43] Hertlein, Juppitergigantensäulen 70 ff.; 87 ff.; 94 ff.
[44] Diese Auffassung hat mit stark ausgeweitetem ethnographischem Material W. Müller, Die Jupitergigantensäulen und ihre Verwandten (1975) wieder vorgebracht, ohne daß sie dadurch sehr viel wahrscheinlicher geworden wäre.
[45] Hatt, Revue Arch. Est et Centre-Est 2, 1951, 82 ff. Ihm folgt fast ganz Fr.-P. Fournier, Revue Arch. Centre 1, 1962, 105 ff.
[46] Lehner, Korrbl. Westdt. Zeitschr. 15, 1896 Nr. 58.
[47] Germanische Deutung nach 1918: S. Löschcke, Die Erforschung des Tempelbezirkes im Altbachtal zu Trier (1928) 11 f. – R. v. Kienle, Abhandl. zur Saarpfälzischen Landes- und Volksforsch. 1, 1937, 23 ff. – Ders., Archiv für Religionswissenschaft 37, 1941/2, 144 ff. (germanisch mit keltischen Komponenten).

sehr oft Säulenteile in Brunnen gefunden werden, geschlossen, daß der Gott der Säulen mit dem Wasserkult zu tun haben könne[48]. Dieser Gedanke wurde von A. Reinach[49] weiter ausgeführt, von P. Lambrechts, E. Thevenot und Hatt[50], wenn auch variiert, wieder aufgenommen und führte schließlich zu der Umbenennung der Giganten in Tritone durch P.-Fr. Fournier[51].

Die kosmisch-symbolischen Vorstellungen, die Hertlein in den Säulen aufspürte, finden sich in mehreren neuen Interpretationen wieder. Ausgangspunkte hierfür waren immer wieder die Wochengötter auf einigen Zwischensockeln und die als Jahreszeiten interpretierten Frauenköpfe an den Kapitellen. Nur werden im Gegensatz zu Hertlein nicht germanische, sondern orientalische Gedankenverbindungen, wie sie im dritten Jahrhundert weit verbreitet waren, als Ursachen aufgeführt. Als erster scheint C. Jullian auf diese Beziehungen hingewiesen zu haben[52]. F. Drexel[53] und M. P. Nilsson[54] folgen ihm mit Abwandlungen. Teile dieser Interpretationen der Reitergruppe als Symbol für den Sieg des Lichtes über die Finsternis, des Guten über das Böse, des Lebens über den Tod finden sich noch heute in einigen Deutungen.

P. Lambrechts betonte zu diesem symbolischen Dualismus besonders die Verbindung des Reiters mit Taranis[55]. Seinen Bemühungen entsprechend, für die keltische Religion monotheistische Züge nachzuweisen, sah er in den beiden Personen der Gigantengruppe einen einzigen Gott ausgedrückt. Jupiter, der Reiter, ist für ihn mit Dis pater, dem Giganten, identisch; beide zeigen nur verschiedene Aspekte des Taranis.

F. Benoit sieht in der Gruppe ein Symbol für den Sieg des Lebens über den Tod[56]. Er kommt zu diesem Ergebnis aber auf völlig anderem Wege als seine Vorgänger. Der Reiter ist für ihn ein heroisierter oder an Jupiter angeglichener Toter, der von dem Pferd, dem antiken Heroentier, mit Hilfe des Giganten zu den Inseln der Seligen ins Jenseits getragen wird. Formales und inhaltliches Vorbild seien die Dioskurenakrotere an den klassischen Tempeln in Süditalien.

Diese Bedeutung der Reitergruppe für die Toten lehnt E. Thevenot nicht ganz ab[57]. Auch er sieht in der Gruppe symbolisch den Sieg des Lebens und des Lichtes über den Tod und die Dunkelheit ausgedrückt, aber der Reiter ist für ihn ein Licht- und Himmelsgott. Davon leitet Thevenot Beziehungen zum Wasserkult ab, die auch die Funktion des Reiters als Heilgott mit einschließen. Enge Beziehungen bestünden wegen der verwandten Funktionen, wegen der Gleichzeitigkeit und wegen der in Germanien und Gallien ähnlichen räumlichen Verteilung zu Mithras und zu Apollo.

In der ersten Phase der Beschäftigung mit den Gigantensäulen war es neben den Interpretationsversuchen wichtig, die in den Museen verstreuten und neugefundenen Säulenreste

---

[48] Hertlein, Juppitergigantensäulen 85 f.
[49] A. Reinach, Bull. Mus. Hist. Mulhouse 37, 1917, 35 ff.
[50] P. Lambrechts, Latomus 8, 1948, 145 ff. – E. Thevenot, La Nouvelle Clio 1/2, 1949/50, 625 ff. – Hatt a. a. O. (Anm. 45) 85 f.
[51] Fournier a. a. O. (Anm. 45).
[52] C. Jullian, Histoire de la Gaule VI (1924) 93 f.
[53] Drexel, Götterverehrung 57.
[54] M. P. Nilsson, Archiv für Religionswissenschaft 23, 1925, 180 ff.
[55] Lambrechts, Contributions 64 ff.; 81 ff.
[56] F. Benoit, Latomus 8, 1949, 263 ff. – Ders., Les mythes de l'outre-tombe. Le cavalier à l'anguipède e l'écuyère Epona. Collection Latomus 3 (1950). – Ders., Ogam 6, 1954, 219 ff.
[57] Thevenot a. a. O. (Anm. 50) 602 ff.

zu sammeln. Listen der Gigantenreiter legten E. Wagner, Hettner, G. Save u. Ch. Schuler und Riese vor[58]. Die Viergöttersteine und die Zwischensockel mit Wochengöttern wurden von Haug gesammelt[59]. Den umfassendsten Katalog aller Säulenteile, nämlich alle zu seiner Zeit bekannten Reitergruppen und Nachträge zu Haugs Listen der Viergöttersteine und Wochengöttersteine und eine Liste der Kopfkapitelle, stellte Hertlein in seinem Buch über die Gigantensäulen zusammen[60]. Seitdem sind trotz zahlreicher Neufunde keine umfassenden Aufstellungen der erhaltenen Säulenteile veröffentlicht worden. Eine Liste der Gigantengruppen, die allerdings nichts als die Nummern bei Espérandieu oder andere Zitate bietet, druckt Lambrechts ab[61]. Ähnlich knapp ist die Liste von U. Fischer, die zwar alle Säulenteile erfaßt, aber regional auf den Rhein-Main-Raum beschränkt ist[62].

---

[58] Wagner a. a. O. (Anm. 36) 38 ff. – Hettner a. a. O. (Anm. 5) 365 ff. – G. Save u. Ch. Schuler, Le groupe equestre de Grand au Musée Lorrain (1898). – Riese, Jahrb. Ges. Lothr. Gesch. und Altkde. 12, 1900, 324 ff.
[59] Haug, Die Wochengöttersteine, Westdt. Zeitschr. 9, 1890, 17 ff. – Ders., Die Viergöttersteine. Westdt. Zeitschr. 19, 1891, 9 ff.; 125 ff.; 295 ff.
[60] Hertlein, Die Juppitergigantensäulen (1910) 1 ff.; 89 ff.; 118 ff. – Ders., Korrbl. Gesamtver. 64, 1916, 210 ff.
[61] Lambrechts, Contributions 98 f.
[62] U. Fischer, Nass. Ann. 82, 1971, 46–48. Einen Katalog der Säulenteile aus Baden bietet U. Hammer in einer maschinenschriftlichen Zulassungsarbeit, Karlsruhe 1968/69. Regionale Sammlungen außerhalb des Gebietes von Germania superior vgl. die Literaturliste.

Das Verbreitungsgebiet und seine Bevölkerung

Trotz zahlreicher Neufunde der letzten Jahre und Jahrzehnte stimmen die älteren Verbreitungskarten von Gigantensäulenresten in den großen Zügen mit dem heutigen Stand überein (vgl. für Obergermanien Karte 1)[63]. Veränderungen gab es in der Funddichte, nicht oder nur ganz geringfügig in der Ausdehnung des Verbreitungsgebietes.

Eine neuere Karte zeigt, daß sich die Gigantensäulenreste im nördlichen Teil der Provinz Germania superior und im anschließenden östlichen Teil von Gallia Belgica konzentrieren[64]. Nach Süden endet dieses Hauptverbreitungsgebiet am oberen Neckar bei Rottenburg und im Rheintal wenig südlich von Strasbourg. Nach Westen ist, mit Ausnahme der Luxemburger Gegend, die Mosel die Grenze. Nach Nordwesten, in Richtung auf den Niederrhein, begrenzen Rheingaugebirge und Hunsrück das Hauptverbreitungsgebiet.

Außerhalb des weiter unten näher betrachteten Gebietes von Obergermanien zeigen sich in der Verbreitung der Hauptfundstücke, Gigantenreiter und Viergöttersteine einige Unterschiede: Zu beiden Seiten von Ober- und Mittellauf der Saar überwiegen die Gigantengruppen, in der Luxemburger Gegend dagegen die Viergöttersteine. Es ist anzunehmen, daß die Häufung der Viergöttersteine im Luxemburger Bereich vor allem der Arbeit A. Wiltheims zuzuschreiben ist, dessen Luciliburgensia für eine ganze Reihe von Viergöttersteinen die einzige Quelle bieten[65].

Ein relativ dichtes Verbreitungsgebiet erstreckt sich in breitem Streifen nach Südwesten fast bis an den Mittellauf der Loire (Liger). Es wird im Südosten von der Saone (Arar) begrenzt, während im Nordwesten, mit einer großen Lücke in der Champagne Gigantensäulenreste sich fast bis zum Ärmelkanal finden: Südlich und westlich einer Linie, die den Unterlauf der Seine mit dem Mittellauf der Loire und der Doubsmündung verbindet, treten nur noch vereinzelt Säulenteile auf, z. B. in der Bretagne, im Poitou, der Tourraine und dem Bourbonnais.

In dem Gebiet mit starker Verbreitung der Gigantensäulen außerhalb Germaniens wohnten im Süden die Mediomatriker, im Norden die Treverer. Die südwestlich davon lie-

---

[63] E. Espérandieu, Revue Arch. 4. Ser. 20, 1912, 213 Abb. 2 und 3: Karten der Viergöttersteine und Gigantenreiter. – Haug, Viergöttersteine und Wochengöttersteine sowie Hertlein, Juppitergigantensäulen geben keine Verbreitungskarten bei. – Lambrechts, Contributions Taf. 23 f.

[64] Bauchhenß, Jupitergigantensäulen, Beil. In der Karte erhielt jeder Fundort nur eine Signatur, auch wenn mehrere Säulenteile gefunden wurden. Für Niedergermanien diente die Fundzusammenstellung Noelkes noch nicht als Grundlage, für die gallischen Provinzen die bisher publizierten Listen. Hier wird die Aufarbeitung des Denkmälerbestandes im Rahmen des CSIR noch weitere Veränderungen bringen.

[65] R. P. A. Wiltheim, Luciliburgensia sive Luxemburgum Romanum. Hrsg. A. Neyen (1842). Ein Teil der Originalzeichnungen Wiltheims ist abgedruckt bei Ch.-M. Ternes, Répertoire Archéologique du Grand-Duché de Luxembourg 2 (1970).

gende Zone geringeren Vorkommens entspricht dem Gebiet der Remer, Parisii, Lingonen, Häduer und Sequaner.

In Raetien, östlich des Hauptverbreitungsgebietes der Gigantensäulen, sind Reste dreier Jupitergigantensäulen nachweisbar[66]. Das Ausstrahlungsgebiet nach Osten ist also sehr viel kleiner als nach Westen und Südwesten.
Dagegen sind aus Pannonien Reste bekannt, die als Teile von Jupitersäulen oder verwandter Monumente interpretiert werden können. Es handelt sich um einen Götterpfeiler in Totis[67], einen sechskantigen Sockel in Szombathely-Savaria[68] und eine Jupitersäule aus Aquincum[69].
Reste von zwei Göttersäulen, deren Aussehen und Bekrönung jedoch nicht sicher rekonstruiert werden können, sind in England nachweisbar. Auf eine Inschriftenbasis aus Cirencester wies schon kurz nach ihrer Auffindung E. Hübner hin[70]. Die dreiseitig beschriebene Sandsteinbasis trägt auf der Vorderseite zwischen kleinen Säulchen die Weihung eines L. Septimius an Iuppiter Optimus Maximus. Der Zusammenhang mit den Jupitersäulen wird durch die beiden Verse auf Rückseite und linker Seite des Steines hergestellt[71]:

Signum et / erectam / prisca re/ligione co/lumnam
Septimius / renovat / primae / provinciae / rector.

L. Septimius, vir perfectissimus, wie er sich mit seinem Titel auf der Vorderseite nennt, war Praeses der Britannia prima. Durch die Titulatur ist ein Terminus post quem für die Erneuerung der Jupitersäule gegeben. Sie muß nach der diokletianischen Reichsreform 296 n. Chr. vorgenommen worden sein. Hübner hielt sie für diokletianisch, F. Haverfield, dem neuerdings R. G. Collingwood und P. R. Wright folgen[72], schlug dagegen wegen der ausdrücklichen Erwähnung der Erneuerung eines religiösen Monuments eine Datierung in die Zeit des Julian Apostata vor[73].
Wichtig für die Beziehung zu den Jupitersäulen in Gallien und Germanien ist die leider nur unvollständig erhaltene letzte Zeile der Inschrift auf der Vorderseite der Basis. Auf ihr gibt nach der Lesung bei Collingwood und Wright L. Septimius die Civitas an, aus der er stammt: *civis R [---]*[74]. Dies wird allgemein zu *civis Remus* ergänzt. L. Septimius würde demnach aus dem weiteren Verbreitungsgebiet der Jupitersäulen stammen und seine Fürsorge für die Erneuerung des aus seiner Heimat vertrauten und bekannten Göt-

---

[66] Viergötterstein aus Augsburg, Augsburg, Römisches Museum: Haug, Viergöttersteine Nr. 1; CIL III 5802. – Gigantenreiter aus Weißenburg/Bayern: Espérandieu, G. Nr. 741; CSIR Deutschland I, 1 1973) Nr. 343. – Altar aus Niederstotzingen, Museum Ulm: CIL III 11900; Haug–Sixt 20 f. Nr. 28; P. Goessler und W. Veeck, Museum der Stadt Ulm. Verzeichnis der vor- und frühgeschichtlichen Altertümer (1927) 71 R. 8 Abb. 22.
[67] A. Schober, Belvedere 6, 1924, 177 ff.
[68] Die römischen Steindenkmäler von Savaria. Hrsg. A. Mócsy u. T. Szentléleky (1971) Nr. 57 Abb. 45 a–d.
[69] J. Szilagyi, Aquincum (1956) 33 f. Taf. 5. Für Hinweise bin ich E. B. Thomas zu Dank verpflichtet.
[70] E. Hübner, Korrbl. Westdt. Zeitschr. 10, 1891 Nr. 89. Ob die Inschriftbasis direkt als Sockel der Säule gedient hat, ist aus den bisherigen Publikationen nicht ersichtlich.
[71] R. G. Collingwood u. P. R. Wright, Inscriptions of Roman Britain I: Inscriptions on Stone (1965) 30 f. Nr. 103 Abb. S. 31.
[72] F. Haverfield, Arch. Journal 50, 1893, 284 f. – Collingwood u. Wright a. a. O. (Anm. 71) 31.
[73] A. R. Birley, Epigraphische Studien 4 (1967) 85 Nr. 41a faßt den Begriff *prima provincia* nicht als terminus technicus, sondern als gleichbedeutend mit *superior* auf und datiert die Weihung, da Septimius seinen Vornamen noch angibt, in die Jahre von Aurelian, Probus oder Carus.
[74] Hübner a. a. O. (Anm. 70) las hier: *c(urante) Iustino*.

terdenkmals, in dem man dann wohl eine Jupitergigantensäule vermuten darf, würde leicht verständlich.

Auch die zweite Jupitersäule in England weist enge Beziehungen zum Hauptverbreitungsgebiet der Jupitersäulen auf. 1935 wurde in Chichester ein Viergötterstein oder Zwischensockel gefunden[75]. Der nur sehr schlecht erhaltene Sandsteinblock trägt auf der Vorderseite den Anfang einer Weihinschrift: *I(ovi) O(ptimo) M(aximo) / i(n) honorem domu[s] divinae s/[---]*. Die drei anderen Seiten waren mit Reliefs geschmückt: rechts zwei nackte Frauen (?), links der rechte Arm einer Frau (?), die eine Lanze oder ein Zepter hält. Das Relief der Rückseite ist abgeschlagen.

Dieser Stein wird als Basis einer Jupitersäule interpretiert. Die beiden Frauen auf der rechten Seite und die Inschrift lassen jedoch eher an einen Zwischensockel denken, da nur bei diesen häufiger mehrere Figuren auf einer Seite eines Steines vorkommen. Die Formel *in honorem domus divinae* ist in Britannien sonst unbekannt. Sie und der Stil der Reliefs weisen nach Collingwood auf das nördliche Gallien hin[76].

Durch diese beiden Jupitersäulen in England erweitert sich zwar das Verbreitungsgebiet über Gallien und Germanien hinaus nach Westen, sie können aber nicht belegen, daß der Brauch, Jupitersäulen zu errichten, außerhalb des gallisch/germanischen Gebietes heimisch wurde. In beiden Fällen lassen sich ja enge Beziehungen zu dem Hauptverbreitungsgebiet der Säulen wahrscheinlich machen. Größere Wirkung scheint den beiden Säulen in Britannien versagt geblieben zu sein. Es ist jedoch durchaus möglich, daß in anderen Provinzen des römischen Reiches Jupitersäulen standen, die ihre Entstehung Einwanderern oder versetzten Beamten aus Gallien und Germanien verdanken.

Eine solche Verbindung wäre möglich für eine Jupitersäule, die bei Nikodemia in Bithynien stand. Sie war auf einem Hügel außerhalb der Stadt errichtet. Unter ihr dankte Diokletian ab[77]. Aus Bithynien ist inschriftlich ein ἐπίτροπος bekannt, der vor seiner Dienstzeit in Kleinasien denselben Rang in der χώρᾳ [Σ]ομελοκεννησίᾳ καὶ [ὑπε]ρλιμιτάνῃ eingenommen hatte[78]. Auf die Diskussion über die Ergänzung des [---]ρλιμιτάνῃ und die Form der politischen Organisation der genannten Gegend braucht hier nicht eingegangen zu werden. Wichtig ist in diesem Zusammenhang nur, daß Sumelocenna/Rottenburg noch im Hauptverbreitungsgebiet der Gigantensäulen liegt. Die große Zeitspanne zwischen der Inschrift – sie wird in die Regierungszeit Trajans datiert – und der Abdankung Diokletians läßt jedoch die Verbindung zwischen dem Beamten, der vorher in Rottenburg lebte und der Säule bei Nikodemia sehr fraglich erscheinen, zumal in diokletianischer Zeit die Jupitersäule in Bithynien auch eine andere Erklärung finden kann[79].

In Obergermanien (Karte 1) ist die Fundverteilung von Gigantensäulenresten nicht gleichmäßig. Fundkonzentrationen in einigen Gegenden stehen fast oder ganz fundleere

---

[75] G. M. White, Antiqu. Journal 15, 1936, 461 ff. Taf. 72,1–3. – Collingwood, Journal Rom. Stud. 26, 1936, 263 Taf. 28,1–3. – Collingwood u. Wright a. a. O. (Anm. 71) 24 f. Nr. 89 Taf. 3 Abb. S. 24.

[76] Collingwood a. a. O. (Anm. 75) 263. Leider sind alle Abbildungen zu schlecht, um die Reliefs stilistisch beurteilen zu können.

[77] Lactantius, de morte persecutorum 19,2.

[78] J. H. Mordtmann, Athen. Mitt. 12, 1887, 181 f. Nr. 12. – Th. Mommsen, Korrbl. Westdt. Zeitschr. 5, 1886 Nr. 197. – IG III Nr. 70. Für Hinweise danke ich Herrn Dr. B. Cämmerer, Karlsruhe.

[79] Vgl. die Jupitersäule in der Mitte des Tetrarchendenkmals auf dem Forum Romanum: H. P. L'Orange, Der spätantike Bildschmuck des Konstantinsbogens (1939) 84 f. Taf. 21 d. – H. Kähler, Das Fünfsäulendenkmal für die Tetrarchen auf dem Forum Romanum (1964) Taf. 1,3. – Bauchhenß, Jupitergigantensäulen Abb. 45, hier Taf. 102,2.

Räume gegenüber. Diese Unterschiede können nicht immer auf Fundlücken durch ungenügende bodendenkmalpflegerische Tätigkeit zurückgeführt werden. Dagegen ist die Häufung von Gigantensäulenresten an einigen Orten den günstigen Fundbedingungen zuzuschreiben[80].

Im linksrheinischen Obergermanien sind folgende Gebiete weitgehend fundleer: der Hunsrück zwischen Nahe und Mosel; die Höhen des Pfälzer Waldes und der Vogesen mit Ausnahme einiger Berggipfel. Rechtsrheinisch fehlen Gigantensäulenreste aus der Wetterau nördlich der Nidder (Ausnahme Butzbach), aus der Ebene südlich des Mains bis fast zum Nordrand des Odenwaldes, aus dem Odenwald, aus der Uferebene des Rheines von der Mainmündung bis fast zur Neckarmündung, aus dem Gebiet zwischen Neckar und Limes südlich des Kocher, aus dem westlichen Kraichgau und aus dem Nordschwarzwald.

Bei einem großen Teil dieser fundleeren Gebiete ist die Erklärung leicht mit einem Hinweis auf ihre geographische Situation zu geben. Es sind Mittelgebirgslandschaften, deren klimatische und bodenmäßige Verhältnisse sie von einer Besiedelung bis ins Mittelalter hin ausschlossen. Auch heute sind diese Gebiete weitgehend mit Wald bedeckt und meist nur in den Talniederungen besiedelt.

Diese geographischen Verhältnisse sind wohl auch zum Teil im rechtsrheinischen Obergermanien die Ursache für das Fehlen von Gigantensäulenresten südlich der Linie Gengenbach – Rottenburg – Owen. Südlich und südöstlich des Neckar beginnt die schwäbische Alb, die wohl ebenfalls weitgehend siedlungsleer war; westlich des Oberlaufs des Neckar beginnt der Schwarzwald.

Nicht erklärbar ist das Fehlen von Säulenresten in anderen Gebieten Obergermaniens, die, soweit sich das an Fundkarten nachweisen läßt, in der römischen Zeit besiedelt waren[81].

Die Frage, ob die Bevölkerung innerhalb des Verbreitungsgebietes der Jupitersäulen und vor allem in der Provinz Germania Superior germanisch oder keltisch gewesen sei, hat für die Deutung der Säulen eine große Rolle gespielt. Ihre Beantwortung war ja maßgeblich dafür, ob man in dem Reiter einen germanischen oder keltischen Gott sah. Das starke Ausstrahlen der Säulen in die gallischen Provinzen, die ja sicher keltisch besiedelt waren, wurde von den Verfechtern der germanischen Herkunft der Gigantensäulen mit der Auswanderung einzelner, unternehmungslustiger Germanen nach Gallien erklärt[82]. Die Treverer, in deren Gebiet sehr viele Säulenreste gefunden wurden, mußte man, wenn man Tacitus glaubt, sowieso für halb germanisch halten[83]. Schwieriger war die Frage für Obergermanien zu lösen. Hier lag die größte Funddichte vor und hier waren wohl die ersten Jupitersäulen errichtet worden. Da man hier eine starke germanische Komponente in der Bevölkerung annahm, mußten wohl auch die Jupitersäulen germanisch sein. Linksrheinisch siedelten nämlich nach den antiken Berichten seit Ariovist die Triboker, Neme-

---

[80] In Eisenberg, Altrip, Bad Kreuznach, Alzey und Mainz waren in spätantiken Mauern zahlreiche Säulenteile vermauert. Ein Teil der jüngsten Heddernheimer Funde ist der Neuanlegung des Frankfurter Stadtteiles Römerstadt zu verdanken.
[81] z. B. der westliche Kraichgau: Wagner, Fundstätten 2 Karte Blatt 2.
[82] Hertlein, Juppitergigantensäulen 59.
[83] Tacitus, Germania 28,4.

ter und Vangionen[84], rechtsrheinisch waren in der Gegend der Neckarmündung Sueben inschriftlich gesichert[85]. Dazu kamen germanische Bodenfunde aus Starkenburg und der Wetterau[86]. Wer gegenüber diesen Beweisen noch keltische Herkunft der Säulen annehmen wollte, mußte ihre Heimat außerhalb Obergermaniens suchen[87], oder der Notiz des Tacitus, daß das Decumatland weitgehend von Galliern besiedelt sei[88], gegenüber allen diesen Argumenten den Vorrang geben.

Eine genaue Interpretation der Schriftquellen durch H. Nesselhauf schwächte diese Beweise jedoch stark ab[89]. Nach Nesselhauf waren im Laufe des 1. Jahrhunderts v. Chr. die rechtsrheinisch wohnenden keltischen Helvetier von germanischen Stämmen nach Süden abgedrängt worden, wobei etwa der Südschwarzwald die Südgrenze der Germanen bezeichnete. Unter Ariovist setzten die Germanen über den Rhein, mußten jedoch nach dessen Niederlage das gesamte linksrheinische Gebiet wieder räumen. Die später dort erwähnten drei Stämme kamen erst wieder unter Augustus bzw. Claudius über den Rhein, wo drei römische Civitates nach ihnen benannt wurden. Der andere Teil der Germanen, die zu Caesars Zeit auf dem rechten Rheinufer wohnten, wurden von Marbod nach Böhmen umgesiedelt. In den nun weitgehend bevölkerungsleeren rechtsrheinischen Raum drangen keltische Einzelsiedler aus Gallien ein. Deshalb wurden die rechtsrheinischen Civitates nicht nach Stämmen, sondern nach geographischen Gegebenheiten benannt. Dieses Ergebnis Nesselhaufs deckt sich mit dem oben erwähnten Bericht Tacitus', der die Bewohner des Decumatlandes zu den Galliern, nicht zu den Germanen zählt.

Jedoch ist aus dem Gebiet der Neckarmündung sicher die Civitas Ulpia Sueborum Nicretum bekannt, deren Vorort Lopodunum/Ladenburg war[90]. Diese Neckarsueben lassen sich auch archäologisch nachweisen[91]. Dies und auch der Bericht Caesars, daß in dem zu seiner Zeit schon von Germanen besiedelten Gebiet noch immer Kelten wohnten, deutet jedoch zunächst nur auf enge Verzahnung und Vermischung der Siedlungsräume der beiden Völker hin[92].

Weitere Klärung der Frage nach Germanen am Oberrhein während der römischen Kaiserzeit brachte R. Nierhaus mit der Publikation des suebischen Gräberfeldes von Diersheim[93], in deren letztem Kapitel er versucht, die Geschichte der Germanen am Oberrhein bis zur alamannischen Landnahme darzustellen[94]. Rechtsrheinisch sind danach mit archäologischen Mitteln drei Gruppen von Sueben zu fassen: die auf dem Gräberfeld von Diersheim bestatteten, die Neckarsueben und eine Gruppe im Raum um Groß Gerau. Die beiden letzten Fundgruppen setzen etwa um 20 n. Chr. ein und enden kurz nach der

---

[84] Strabo, Geographie 4,3,3–5.
[85] CIL XIII 6417; 6420; 9102–9104.
[86] A. Koch, Vor- und Frühgeschichte Starkenburgs (1937) 55 ff.; 60 ff. – W. Jorns, Neue Bodenurkunden aus Starkenburg (1953) 97 ff. – H. Schönberger, Saalburg-Jahrb. 11, 1953, 21 ff.
[87] E. Linckenheld z. B. vermutet den Ursprung des Brauches im Gebiet der Belgica westlich der Vogesen, also etwa im Gebiet der Mediomatriker.
[88] Tacitus, Germania 29,3.
[89] H. Nesselhauf, Bad. Fundber. 19, 1951, 71 ff.
[90] Zangemeister, Neue Heidelberger Jahrb. 3, 1893, 2 ff., hatte den vorher nur gekürzt bekannten Namen erstmals mit Hilfe des gallischen Steines CIL XIII 2633 aufgelöst.
[91] Vgl. Bad. Fundber. Sonderheft 10 (1965). Die Dissertation von H. Gropengießer, die die neckarsuebischen Funde behandelt, ist leider nicht publiziert.
[92] Caesar, bellum Gallicum 6,24.
[93] R. Nierhaus, Das swebische Gräberfeld von Diersheim. Röm.-Germ. Forsch. 28 (1966).
[94] Nierhaus a. a. O. (Anm. 93) 182 ff.

Jahrhundertmitte. Im Diersheimer Gräberfeld wurden etwa von 40 n. Chr. bis 75 n. Chr. Leute mit germanischen Beigaben bestattet. Diese germanischen Bestattungen setzten wieder gegen 150 n. Chr. ein. Das Ende der drei Gruppen in der zweiten Hälfte des 1. Jahrhunderts bringt Nierhaus mit der Einbeziehung des rechten Rheinufers ins römische Reich in Verbindung. Ungeklärt bleiben die Ursachen für das Wiedereinsetzen der Diersheimer Funde.

Von den linksrheinischen Germanen waren für Nierhaus archäologisch kaum Reste erkennbar, die zudem in frühclaudischer Zeit völlig verschwanden. Hier hat die genauere Durcharbeitung des Fundmaterials im Pfälzer Raum durch H.-J. Engels Verschiebungen ergeben[95]. Das Fundmaterial ist umfangreicher als Nierhaus annahm, es endet zudem ebenso wie auf dem Friedhof von Diersheim um 75 n. Chr. Leider liegen ähnlich genaue Bestandsaufnahmen für den Bereich der Triboker und Vangionen nicht vor. Hatt vereinfacht wohl das Problem zu stark, wenn er Unterschiede zwischen tribokischer und einheimisch keltisch-mediomatrikischer Bevölkerung zwar zugibt, die Triboker jedoch für Kelten aus dem Maingebiet erklärt, die mit Ariovist in ihre späteren Wohnsitze gelangt seien[96].

Analog dem archäologischen Befund zeigt das inschriftlich überlieferte Namensgut aus Obergermanien nur ganz geringe germanische Reste, denen eine große Anzahl sicher keltischer Namen gegenübersteht[97].

Seit dem letzten Viertel des 1. Jahrhunderts n. Chr. gibt es also keine archäologisch nachweisbaren Spuren von Germanen am Oberrhein mehr. Damit ist aber nicht gesagt, daß auch die germanischen Bevölkerungsgruppen spurenlos in der galloromischen Bevölkerung aufgegangen seien. Das Wiederaufleben germanischer Funde in Diersheim nach reichlich zwei Generationen und die Benennung der Civitas der Neckarsueben in trajanischer Zeit widersprechen dieser Annahme. Allerdings nimmt Nierhaus gerade für die Neckarsueben an, daß zur Zeit der Gründung ihrer Civitas das germanische Element nur noch schwach vorhanden gewesen sei, da sonst der geographische Zusatz in ihrem Namen nicht nötig gewesen wäre[98].

Germanische Götter, die im Hinblick auf die Gigantensäulen am meisten interessieren, lassen sich in Obergermanien nur ganz vereinzelt nachweisen. Im 2. Jahrhundert n. Chr. wurden auf dem Heiligenberg bei Heidelberg[99], an der Ostgrenze der Civitas der Neckarsueben, und auf dem Greinberg bei Miltenberg[100] ein Mercurius Cimbrius bzw. Cim-

---

[95] H.-J. Engels, Arch. Korrbl. 2, 1972, 183 ff.

[96] Hatt, in: Provincialia. Festschrift Laur-Belart (1968) 360 ff.

[97] Von den in Zusammenhang mit Jupitersäulen überlieferten Namen ist lediglich Nanno auf einem Viergötterstein in Mainz (296) als germanisch zu betrachten: Holder, Altceltischer Sprachschatz 2 (1904) 683 s. v. Nannus. Dieser Nanno ist Soldat der 22. Legion, seine Herkunft aus Obergermanien also nicht sicher. – Zu den Melonii in Mainz-Kastel, die teilweise für germanisch gehalten werden, vgl. J. L. Weisgerber, Die Namen der Ubier (1968) 157 f. – Zum Namensgut siehe auch Haug, Germanische Einflüsse in dem römischen Obergermanien, in: Bericht über den 6. Verbandstag der West- und Süddeutschen Vereine für Römisch-Germanische Altertumsforschung, Bamberg 1905 (1906) 21 ff. und J. Scharf, Studien zur Bevölkerungsgeschichte der Rheinlande auf epigraphischer Grundlage. Neue deutsche Forschungen Abt. Alte Geschichte (1938).

[98] Nierhaus a. a. O. (Anm. 93) 233 f.

[99] CIL XIII 6402.

[100] CIL XIII 6604; 6605.

brianus[101] verehrt. Sein Beiname wird allgemein mit dem Cimbernstamm in Verbindung gebracht. D. Baatz lehnt jedoch, leider ohne einen genaueren Nachweis zu erbringen, die Verbindung dieses Gottes mit dem Germanenstamm ab und hält ihn für einen keltischen Gott[102]. Die am Niederrhein so häufig verehrten germanischen Matronen fehlen in Obergermanien fast völlig[103]. Da zudem Namen, die sie sicher als germanisch erweisen würden, fehlen, können sie, wo sie auftreten, aus den verwandten keltischen Vorstellungen erklärt werden.

Diese Spuren germanischer Götter am Oberrhein sind, soweit wir sie heute fassen können, so gering, daß es unwahrscheinlich ist, daß die weit verbreiteten Jupitergigantensäulen von germanischen Vorstellungen angeregt wurden.

---

[101] Die verschollene Inschrift CIL XIII 6742 aus Mainz könnte ebenfalls Mercurius Cimbrianus genannt haben.
[102] D. Baatz, Germania Romana 3. Gymnasium Beiheft 7 (1970) 107.
[103] H. U. Nuber hatte Germania 44, 1966, 393 ff. Scherben einer Sigillataschüssel aus hadrianischer Zeit, die in Niedernberg gefunden worden waren, publiziert. Er ergänzte ihre unvollständige, eingeritzte Inschrift zu: M[atri]b(us) Vangionibus d(ono) d(edit) [---] Can[dida]. Dies hätte den Kult von Matronen mit germanischem Beinamen in Obergermanien erstmals belegt. Durch weitere Scherben desselben Gefäßes konnte die Inschrift neuerdings richtiger gelesen werden: [---] Can[dida] municipib(us) Vangionibus d(ono) d(edit): Nuber, Germania 50, 1972, 251 ff.

Fundorte und Fundumstände der Jupitergigantensäulen

Die Aufstellungsorte der Jupitergigantensäulen sind nur in wenigen Fällen genau feststellbar, da nur selten die für die Säule nötige Fundamentierung mitgefunden wurde. Jedoch sind die Reste wohl selten so weit verschleppt, daß sich die Umgebung, in der sie aufgestellt waren, nicht mehr feststellen ließe. Jupitergigantensäulen treten demnach in dorfartigen und städtischen Ansiedlungen, in Einzelgehöften und in Heiligtümern auf.

Allein die Aufstellung in Einzelgehöften hat jedoch, da sie für einige Deutungen wichtig war, genügend Beachtung gefunden und wurde allzusehr verallgemeinert[104]. Die Säulen in den villae rusticae wurden nämlich eng auf den bäuerlichen Lebensbereich und seine besonderen religiösen Bedürfnisse bezogen[105]. Die Zahl der an anderen Stellen gefundenen Säulenteile ist jedoch in der Zwischenzeit so hoch, daß diese engen einseitigen Beziehungen nicht mehr verabsolutiert werden dürfen.

Am wenigsten wurde bisher die Aufstellung der Säulen in Heiligtümern beachtet. Die Säulen standen dabei oft in heiligen Bezirken, die wahrscheinlich oder sicher einem anderen Gott als Jupiter geweiht waren. Auffälligstes Beispiel hierfür ist das Heiligtum auf dem Donon, einem über 1000 m hohen Gipfel der Vogesen an der Grenze der Provinzen Gallia Belgica und Germania superior[106]. Die Hauptmasse der Weihinschriften und Reliefs, die dort gefunden wurden, ist Mercur geweiht. Daneben gibt es aber Reste von mindestens drei Jupitergigantensäulen. Dieser Befund erinnert an den Heiligenberg bei Heidelberg[107]. In den mittelalterlichen Bauten vermauert fanden sich dort Weihungen an Mercur und ein Viergötterstein (215 Taf. 23 u. 24). Es ist wahrscheinlich, daß diese Funde aus einem Bergheiligtum für Mercur ähnlich dem des Donongipfels stammen. Ebenfalls nicht sicher, aber wahrscheinlich ist ein Bergheiligtum Mercurs auf dem Lemberg bei Bad Münster am Stein, von wo auch der Rest einer Gigantengruppe stammt (126 Taf. 14,4)[108]. Dicht bei einer Aedicula für Mercur wurden in Stuttgart-Bad Cannstatt Reste einer Gigantensäule gefunden (517–519)[109]. Dieses Heiligtum lag aber nicht auf einem

---

[104] z. B. O. Paret, Die Römer in Württemberg III: Die Siedlungen des römischen Württemberg (1932) 112. – Linckenheld, Annu. Soc. Hist. et Arch. Lorraine 38, 1929, 126 ff.
[105] Paret a. a. O. (Anm. 104). – Vgl. auch die 'Blitzableiterdeutungen' Anm. 45. Auch neuere Deutungen, die den Reiter als Gott für den befruchtenden Regen auffassen, weisen in diese Richtung: Hatt, Revue Arch. Est et Centre-Est 2, 1951, 82 ff.
[106] Zum Heiligtum auf dem Donon: Linckenheld, Elsaßland – Lothringer Heimat 17, 1937, 173 ff. – C. Czarnowsky, Cahiers Arch. et Hist. Alsace 38, 1947, 53 ff.
[107] V. Milojcic, in: Führer 3 (1965) 178 f. (mit weiterer Literatur).
[108] Für Hinweise danke ich Herrn Dr. K. W. Kaiser, Speyer.
[109] Paret, Germania 9, 1925, 1 ff. Abb. 14.

entfernten Berggipfel, sondern mitten in dem vicus auf dem Gelände des ehemaligen Kastells. Jupiter allein scheint ein Bergheiligtum auf dem Grand Falberg in den Vogesen nordwestlich von Saverne geweiht gewesen zu sein. Jedenfalls sind bis heute keine Spuren eines anderen Kultes dort gefunden worden. Aus dem Heiligtum stammen Reste von sechs Gigantengruppen (195–200 Taf. 21), eine Ara mit Inschrift an Jupiter (201) und eine weitere Weihinschrift für den Gott, die vielleicht als Bauinschrift verwendet worden war[110]. Bei Ausgrabungen der letzten Zeit fanden sich Steinpfosten der Umzäunung des Heiligtums oder der Säulen[111]. Auf ein Bergheiligtum deutet wohl auch das Kapitell vom Otzberg (415) am Nordrand des Odenwaldes hin.

Ein kleines Heiligtum bei Köngen[112] war sicher Jupiter geweiht, wie die erhaltene Bauinschrift der Umfassungsmauer angibt[113]. Etwa 220 m südwestlich der porta principalis dextra des Kastells an der Straße nach Sumelocenna/Rottenburg fand sich noch ein kleines Stück dieser Mauer in situ. Den Rest hatten die Besitzer des Grundstücks als Bausteine ausgebrochen. Die Mauer umfaßte einen Raum von etwa 7 m × 10 m, die Schmalseite bildete die Front zur Straße. Im Innenraum fanden sich keine Spuren von Bauwerken. Der Boden scheint mit Kies aufgeschüttet gewesen zu sein. In der allein noch erhaltenen Westecke wurde ein Säulenstück gefunden, von dem aber, da es wieder verloren ging, nicht feststeht, ob es mit dem üblichen Schuppenmuster verziert war. In der ummauerten Fläche lagen zwei Reiterfragmente (243), der wahrscheinlich zugehörige Gigant (242) etwa 200 m entfernt bei der Kastellmauer. Kapitellreste (246) fanden sich an der Ostecke des Heiligtums. Im Heiligtum waren außer der Jupitersäule eine Weihinschrift an den Genius[114] und der Kopf einer Geniusstatuette, die vielleicht zu der Weihinschrift gehörte[115]. Ein Altarrest wird zu einem Jupiteraltar gehört haben, den man sicher innerhalb des Heiligtums annehmen muß.

In Heidelberg-Neuenheim wurden Reste einer Jupitergigantensäule (216 u. 217 Taf. 25,2,3) im Mithräum gefunden[116]. Zu ihr gehörte wohl der mitgefundene Altar mit Weihung an Iuppiter Optimus Maximus (217). Im Brunnen des Dolichenusheiligtums beim Kastell Zugmantel lag der Rest einer Schuppensäule (580)[117].

Bei Niedaltdorf fanden sich Reste mindestens einer Gigantensäule in einem größeren heiligen Bezirk[118]. Ein Tempel für Mercur und Rosmerta und einer für Apollo konnten im Grundriß festgestellt werden. In einem ähnlichen, aber größeren Tempelbezirk im Trierer Altbachtal stand ebenfalls eine Gigantensäule[119]. Ihre Reste wurden dicht bei einem Jupitertempel gefunden.

---

[110] CIL XIII 5990.
[111] Levy–Mertz, Bull. de la Soc. d'Hist. et d'Arch. de Saverne 1964, I–II, 1 f. – Hatt, Gallia 22, 1964, 361 ff.
[112] A. Mettler, Fundber. Schwaben 8, 1900, 70 ff. – Mettler u. W. Barthel, ORL Abt. B Nr. 60: Das Kastell Köngen (1907) 29.
[113] A. v. Domaszweski u. H. Finke, Ber. RGK 3, 1907, 82 Nr. 128. – Haug–Sixt 304 ff. Nr. 497. – CIL XIII 11727. Die Inschrift lautet mit Ergänzungen: I(n) h(onorem) d(omus) d(ivinae) I(ovi) O(ptimo) M(aximo) / platiae d[extrae] c(ives) / [Su]melocene(n)s(es) / vici Grinar(ionis) / maceriam d(e) s(uo) p(osuerunt).
[114] CIL XIII 11726.
[115] Espérandieu G. Nr. 599.
[116] Wagner, Fundstätten 2, 278.
[117] H. Jacobi, Saalburg-Jahrb. 6, 1914–24, 169.
[118] Espérandieu IX 7269; 7273. Beide Reiterfragmente sind nicht sicher zusammengehörig. Zum Heiligtum: E. Krüger, Korrbl. Westdt. Zeitschr. 22, 1903 Nr. 84.
[119] S. Loeschcke, Trierer Zeitschr. 3, 1928, 175. – Ders., Die Erforschung des Tempelbezirks im Altbachtal zu Trier (1928) 10 f.

Unsicher ist, ob die drei Gigantenreiterreste von Haueneberstein bei Baden-Baden (205–207) in einem Gehöft oder in einem Heiligtum aufgestellt waren. Sie wurden in einem 74 m × 74 m großen ummauerten Bezirk gefunden, in dem nur ein einziges Gebäude festgestellt werden konnte. S. Kah hält dies möglicherweise für einen Tempel[120]. Inschriften oder weitere Funde, die dies bestätigen könnten, fehlen jedoch, und der Grundriß dürfte eher auf eine Villa mit seitlich vorspringenden Risaliten hinweisen[121].

Bei einer Reihe weiterer Gigantensäulenreste, die nicht direkt an ihrem Aufstellungsort gefunden wurden, kann die Herkunft aus einem Heiligtum jedoch mit großer Sicherheit erschlossen werden. In Bingen fanden sich mehrere Gigantensäulenreste und Jupiteraltäre in der Umgebung der mittelalterlichen Pfarrkirche. G. Behrens vermutete auf diesem Platz einen vorchristlichen 'Mittelpunkt des Kultes'[122]. Die Alzeyer Viergöttersteine und Zwischensockel stammen wahrscheinlich von einem in der Nähe ihres Fundortes gelegenen Heiligtum, in dem vor allem Apollo Grannus und Sirona, aber auch Hercules, Vulcan, Venus und Mercur verehrt wurden[123]. Aus einem Tempelbezirk stammen auch die Jupitersäulenreste vom Wormser Dom. Der Dom ist auf dem Gebiet des römischen Forums angelegt, an das sich nördlich ein Tempelbezirk anschloß[124]. Verehrt wurden hier außer Jupiter noch Juno, Minerva, Neptun und andere Götter. Die Funde von Bingen und Worms legen nahe, daß die Jupitersäulen auch in offiziellen, den Staatsgöttern geweihten Heiligtümern aufgestellt werden konnten.

Für die Deutung der Jupitersäulen läßt sich aus ihrem Vorkommen in Heiligtümern nur wenig entnehmen. Auf den ersten Blick fällt auf, daß sie häufig in Mercurheiligtümern standen. Bedenkt man jedoch, wie sehr Mercur in Obergermanien verehrt wurde, ist dies nicht verwunderlich. Neben Jupiter wurden ihm die meisten Inschriften und Bildwerke geweiht. Darüber hinaus läßt sich nicht erkennen, daß Jupitergigantensäulen öfter als zu erwarten mit Inschriften oder Bildern eines anderen Gottes gefunden wurden. Im Glauben der Bevölkerung bestanden also zu anderen Göttern keine engeren Beziehungen. Die topographische Lage der Heiligtümer läßt ebenso wenig Schlüsse zu. Sie liegen auf Bergen und in flachem Gelände, innerhalb und außerhalb von Ortschaften. Lediglich daß Säulen in Bergheiligtümern errichtet wurden, könnte für eine Interpretation verwendet werden.

Neben den Säulen in Heiligtümern, die in Ortschaften liegen, gab es auch Jupitersäulen, die ohne erkennbaren Zusammenhang mit Heiligtümern in Ortschaften aufgestellt waren. Dies läßt sich jedoch nur sicher nachweisen, wenn die Fundamente der Säulen in der Nähe der Säulenreste festgestellt wurden. Dies ist der Fall bei einem Gigantenreiter aus Tongeren[125]. Die Fundamentierung der zugehörigen Säule lag direkt an einer Kreuzung des römischen Straßennetzes im Zentrum der römischen Stadt. Im römischen Töpferviertel von Heddernheim, vor den Mauern des Vicus, fanden sich Reste einer Gigantensäule (159/60); in ihrer Nähe war eine Fundamentierung, die wohl zu ihr gehörte[126]. Recht genau kann die Aufstellung der Jupitersäule von Heidelberg-Bergheim erschlossen werden

---

[120] S. Kah, Röm.-Germ. Korrbl. 6, 1913, 6 ff.
[121] Krüger, Röm.-Germ. Korrbl. 6, 1913, 10 f. hält das Gebäude für den einfachsten Typ der Villa rustica.
[122] G. Behrens, Bingen. Kataloge west- und süddeutscher Altertumssammlungen 4 (1920) 174.
[123] H. Klumbach, in: Führer 12 (1969) 214 mit Literatur.
[124] G. Illert, in: Führer 13 (1969) 21 und Abb. S. 38 mit Literatur.
[125] Breuer u. van de Weerd, Antiqu. Class. 4, 1935, 493 ff.
[126] G. Wolff, Mitteilungen über die römischen Funde in Heddernheim 4, 1907, 101 f.

(214 Taf. 26,1), obwohl von ihr nur der Altar erhalten ist. Die topographische Situation läßt nur einen Standort in der verlängerten Längsachse der Neckarbrücke dicht beim Gebäude der Benefiziarierstation zu[127].

Innerhalb des Verbreitungsgebietes der Gigantensäulen scheinen in allen größeren Ansiedlungen Jupitersäulenreste gefunden worden zu sein. An der Spitze steht die Provinzhauptstadt Mainz, aus der etwa ein Zehntel der Säulenreste, vor allem beim spätantiken Mauerbau gut verwendbare Viergöttersteine, stammen. Aber auch aus allen bekannten Vororten der civitates sind Säulenreste bekannt. Eine Fundkarte der Jupitersäulenreste in Heddernheim, dem Vorort der civitas Taunensium, zeigt, daß die Säulenreste über das gesamte Gebiet der antiken Siedlung verteilt sind[128]. Konzentrationen auf eine bestimmte Gegend, wie in Bingen, die ein Heiligtum nahelegen könnten, lassen sich nicht erkennen.

Die Kastellorte am Limes sind durch zahlreiche neuere Funde ebenso vertreten wie Dörfer, die durch ihre Industrie wichtig waren, etwa Rheinzabern und Eisenberg. In den Kastellorten fanden sich die Säulenreste bis auf eine Ausnahme nicht in den Kastellen, sondern in den daneben liegenden Kastelldörfern, deren Bewohner wohl am ehesten von Handel und Dienstleistungen jeder Art lebten[129].

Nur in sehr wenigen Fällen sind die Säulenreste direkt an ihrem Aufstellungsplatz gefunden worden. Die meisten Teile wurden nach ihrer Zerstörung verschleppt und ein großer Teil sekundär verwendet.

Meistens wird angenommen, daß im Dekumatland die das Gebiet besetzenden Alamannen die Göttersäulen zerstört haben[130]. Deshalb wird auch die Erneuerung der Heddernheimer Säule (143–146) im Jahre 240 n. Chr. allgemein mit den Alamanneneinfällen der Jahre 233–235 in Verbindung gebracht.

Im linksrheinischen Gallien läßt sich aus den frühchristlichen Quellen nachweisen, daß Christen die Zeugnisse des heidnischen Kultes zerstört haben[131]. Dieser Vorgang setzte schon im 4. Jahrhundert ein. Aus Kastellmauern dieser Zeit stammen die meisten Reste in Bad Kreuznach, Altrip und Eisenberg. Auch ein großer Teil der Mainzer Viergöttersteine war in der spätantiken Mauer der Stadt verbaut. In Alzey waren die Säulenreste in die Fundamente eines Gebäudes vermauert, das meist als Kastellkirche gedeutet wird[132]. Diese Verwendung in christlichen Sakralbauten kann auch in späterer Zeit häufig beobachtet werden. Teilweise wurden die Säulenreste, meistens Viergöttersteine, nur als Fundamentierungen verwendet (z. B. 533), teilweise aber auch ganz offen sichtbar in den Kirchen eingebaut. Linckenheld und Moreau erwähnen einige Viergöttersteine, die so in die

---

[127] Wagner, Fundstätten 2, 291 f. Für weitere Auskünfte bin ich Dr. B. Heukemes, Heidelberg, zu Dank verpflichtet.

[128] W. Schleiermacher, Germania 43, 1965, 169 Abb. 1. – Fischer, Viergötterstein 33 Abb. 1.

[129] In den Schlüssen, die M. Eon, Assoc. des Amis de l'Arch. Mosellane, Fiche d'Information 1964 I, 37 f. aus dieser Verbindung zieht, sind die Fundstellen in den Zivilsiedlungen der Lager nicht beachtet.

[130] Vgl. dazu: Müller, die Jupitergigantensäulen und ihre Verwandten (1975) 105 ff., der wenig überzeugend die Zerstörung der Säulen im Dekumatland den im Lande verbliebenen Christen zuschreiben will.

[131] Vgl. die oben S. 9 genannten Berichte über die Zerstörung der heidnischen Göttersäulen. Zur Zerstörung der Großen Mainzer Jupitersäule durch Christen: Ch. Waas, Saalburg-Jahrb. 9, 1939, 99. Zerstörung der Mertener Säule durch Christen nahm schon Prost an: Revue Arch. N. S. 37, 1879, 81 f.

[132] K. Böhner, in: Führer 12 (1969) 218 ff. mit Literatur. Zweifel, ob der spätantike Bau schon als Kirche verwendet wurde, äußert Schleiermacher, Bonner Jahrb. 162, 1962, 168 f.

Altäre vermauert waren, daß ihre Reliefs zu sehen waren[133]. Abgesehen davon, daß die Viergöttersteine ein gutes Baumaterial boten, kann ihre Verwendung in Kirchen zweierlei Bedeutung haben: Sie symbolisieren den Sieg der Kirche über die heidnischen Götter, oder die Steine, deren ursprüngliche Bedeutung eine spätere Zeit nicht mehr kannte, wurden in christlichem Sinne uminterpretiert. Dabei scheute man auch nicht vor starken Umarbeitungen der Steine zurück[134].

Neben der sekundären Verwendung der Säulen findet man es häufig, daß Säulen soweit wie möglich zerstört wurden und die Trümmer verstreut oder auf einen Haufen geworfen wurden. Die Säulenreste von Stambach bei Saverne (540/41) waren über eine Fläche von 1000 m² verteilt[135]. Mit anderen Götterbildern zusammengeworfen waren die Reste der Säulen in Hausen (208–211; 212; 213)[136]; in einige tausend Stücke zerschlagen und auf einen Haufen aufgeschichtet waren die Reste der Großen Mainzer Jupitersäule (272–275 Taf. 31,1)[137].

Relativ häufig und in den bisherigen Arbeiten sehr stark beachtet sind jedoch Funde aus römischen Brunnen. Aus ihnen stammen fast alle ganz erhaltenen Jupitersäulen. Dies hatte Spekulationen über Beziehungen des reitenden Gottes zum Wasser zur Folge. Da Säulenreste so oft aus Brunnen geborgen wurden, müßten die Säulen dicht daneben gestanden haben und aus dieser Aufstellung müßten enge Beziehungen des Gottes zum Wasser angenommen werden. Zu dieser Gruppe zählte schon Hertlein eine Reihe von Säulenresten aus der näheren Umgebung von Quellen oder Bächen[138].

Die Brunnenfunde lassen entgegen diesen Ansichten jedoch nicht den Schluß zu, daß die Säulen dicht neben den Brunnen gestanden hätten. Die Fundamentierungen der Säulen sind noch neben keinem der ausgegrabenen Brunnen aufgetaucht. Sie müßten aber bei den geforderten engen Beziehungen dicht neben den Brunnen gelegen haben. Zudem sind Funde römischer Plastiken und Götterbilder in Brunnen, wenn auch nicht sehr häufig, auch sonst bekannt[139]. Brunnen waren bei der Zerstörung der Säulen ohnehin der geeignetste Platz, die Säulenreste für immer zu vernichten und ihr Weiterwirken zu verhindern. Sicherlich wurden auch zu diesem Zweck, nicht nur zur sekundären Weiterverwendung, Säulenteile über größere Strecken verschleppt[140].

Der Bericht von Florschütz über die Bergung der Schiersteiner Säule (577–560 Taf. 52,1) aus einem römischen 'Brunnen' läßt zumindest für diese Säule Zweifel daran zu, ob der Erdschacht, in dem sie gefunden wurde, überhaupt ein Brunnen war und sie zum Zweck ihrer Vernichtung in diesen 'Brunnen' gestürzt worden ist[141].

---

[133] Linckenheld, Elsaßland – Lothringer Heimat 8, 1928, 7 ff. – Moreau, Bonner Jahrb. 161, 1961, 161 ff.
[134] Ein besonders eindringliches Beispiel bietet der Viergötterstein aus Nagold 391: Bauchhenß, Jupitergigantensäulen Abb. 38.
[135] A. Fuchs, Elsässische Monatsschr. Gesch. und Volkskunde 4, 1913, 232.
[136] Klumbach, 25. Veröffentl. Hist. Ver. Heilbronn 1966, 15 f.
[137] Quilling, Juppitersäule 13 ff.
[138] Hertlein, Juppitergigantensäulen 85 f. – Lambrechts, Latomus 8, 1949, 145 ff.
[139] In Rückingen (Gem. Erlensee-Rückingen, Main-Sinzig-Kreis) fanden sich zum Mithraskult gehörige Skulpturen in einem Brunnen. Ein Mithrasrelief, das nicht in die Brunnenöffnung paßte, lag neben dem Brunnen: Germania 29, 1951, 157; 30, 1952, 249 ff.
[140] Vgl. die Fundlage der wohl zusammengehörigen Säulenteile in Pforzheim: Wagner, Fundstätten 2, 143 Abb. 132.
[141] Florschütz, Nass. Ann. 22, 1890, 132–134.

Nach dem Fundbericht war der etwa 7 m tiefe, oben 2,80 m und unten 1,80 m breite Schacht in regelmäßigen Schichten mit Erde, Kalkstein und Schieferplatten aufgefüllt. Dicht über dem Boden stand der Viergötterstein aufrecht, gegen Umkippen sorgfältig verspreizt, in Ost-Westrichtung ausgerichtet. Unter ihm lagen die übrigen Säulenreste, zusammen mit Geröllsteinen, Hirschknochen und -geweihen. Reste eines Hirschgeweihs waren auch 2 m unterhalb der Schachtmündung in einer seitlichen Aushöhlung der Schachtwand unter einem eigenen schützenden Dach aus einer Steinplatte niedergelegt. Über der Erdoberfläche war der aufgefüllte Schacht durch pyramidenförmig aufgerichtete Quarzitblöcke gekennzeichnet.

Die regelmäßige Auffüllung des 'Brunnens', die seltsame Anbringung des einzelnen Hirschgeweihs und die sorgfältige Anordnung des Viergöttersteines sprechen dafür, daß die Schiersteiner Säule nicht einfach in einen Brunnen geworfen, sondern sorgfältig vergraben wurde. Dem Schacht, in dem die Säule gefunden wurde, fehlte zudem jede Spur von Ausmauerung oder Verschalung, die im Lößboden, in den er bis zu seiner Sohle eingetieft war, für einen Brunnen wohl nötig gewesen wäre.

Die Verwendung der Hirschknochen und des einzelnen Geweihs erinnert an den Obernburger Brunnenfund (406; 407; 408). Auch dort lagen im 'Brunnen' die Reste eines Hirsches, die in dieser Zusammenstellung nicht als Abfall dorthin gelangt sein können[142].

Leider reichen die bisher publizierten Grabungsbefunde aus Brunnen nicht aus, die sich im Anschluß an die Schiersteiner Säule ergebenden Fragen zu klären. Es erscheint jedoch möglich, daß ein Teil der Brunnenfunde kultisch vergraben wurde, um die Reste der Säulen nach einer Beschädigung oder Zerstörung vor weiterer Profanierung zu schützen. Möglich scheint auch, daß ein Teil der 'Brunnen' zu diesem Zweck erst angelegt wurde oder schon vorher kultischen Zwecken diente[143].

---

[142] Ch. Pescheck, Heimatpflege in Unterfranken 3, 1960, 28 Anm. 15. Hirschgeweihe und -knochen sind auch sonst aus gallorömischen Kultschächten belegt: K. Schwarz, Jahresber. Bayer. Bodendenkmalpflege 3, 1962, 64 ff.

[143] Vgl. Schwarz a. a. O. (Anm. 142). Kultische Vergrabung beschädigter oder zerstörter Kultgegenstände ist auch sonst aus der Antike bekannt: z. B. die Funde aus dem Perserschutt auf der Akropolis in Athen: P. Kavvadias u. G. Kawerau, Die Ausgrabungen der Akropolis (1906) 24 Abb. 1 f.

Chronologie und Werkstätten

Einige Reste von Gigantensäulen aus dem Rhein-Maingebiet sind durch die Konsulnamen auf den Viergöttersteinen sicher datiert[144]. Das früheste dieser Stücke ist ein Viergötterstein aus Mainz-Kastel (359 Taf. 33,2) aus dem Jahre 170 n. Chr. Es folgen ein Viergötterstein aus Mainz (296) von 206 n. Chr., die Schiersteiner Säule (557–560 Taf. 52,1) vom 28. 2. 221, ein Viergötterstein aus Mainz-Kastel (360/61) von 225, zwei Heddernheimer Säulen (150–153 Taf. 15,3; 143–146) vom 7. 11. 239 bzw. vom 13. 3. 240 und zwei Viergöttersteine aus Mainz-Kastel (357/58 u. 362/63 Taf. 34,2; 34,3) von 242 und vom 23. 12. 246. Ein Altar aus Altrip (3), der sicher zu einer Jupitersäule gehörte, ist auf den 22. 9. 239 datiert. Die Heddernheimer Säule von 240 (143–146) ist in diesem Jahr nach Auskunft ihrer Inschrift erneuert worden. Eine Erneuerung erwähnt auch die Inschrift des Viergöttersteines von Mainz-Kastel vom Jahre 242 (362/63). Die Vorgänger dieser beiden Säulen sind wohl im Zusammenhang mit den Alamanneneinfällen 233–235 n. Chr. zerstört worden.

In die durch die Inschriften belegten rund 80 Jahre von 170 n. Chr. bis 246 n. Chr. lassen sich aufgrund stilistischer Beobachtungen die meisten Jupitersäulenreste datieren. In dieser Zeit, die zumindest in ihrer ersten Phase eine Zeit wirtschaftlicher Blüte für das römische Rheinland war, ist neben den Jupitersäulen aber auch der größte Teil der sonst bekannten römischen Votivplastik in Obergermanien entstanden.

Von größerer Bedeutung ist daher, daß sich vor diesem Zeitraum durch stilistische Vergleiche schon zahlreiche Reste von Jupitersäulen nachweisen lassen. H. Klumbach konnte 1931 einen Zwischensockel aus Alzey (16 Taf. 2,1–2) überzeugend in flavische Zeit datieren[145]. L. Hahl nennt drei Viergöttersteine, die vorflavische Stilmerkmale zeigen[146]. Zwei von ihnen stammen aus Mainz (289; 290), einer aus Bad Kreuznach (39 Taf. 3,1–2). Ein weiterer Mainzer Viergötterstein (291) ist aus epigraphischen und stilistischen Gründen wohl flavisch[147], ein anderer (292 Taf. 33,1) aus stilistischen Gründen flavisch-trajanisch[148]. Ebenfalls spätflavisch oder trajanisch ist ein Zwischensockel aus Weisenheim/Sand (546)[149].

Aus der zweiten Hälfte des 3. Jahrhunderts n. Chr. stammen die letzten mit einiger Si-

---

[144] Aus den auf einen bestimmten Tag genau datierten Säulen versuchte Hertlein (Mannus 13, 1921, 88 ff.) Beziehungen zum Sonnenlauf zu konstruieren.
[145] Klumbach, Mainzer Zeitschr. 26, 1931, 141 ff.
[146] Hahl, Stilentwicklung 37.
[147] Hahl, Stilentwicklung 37 f.
[148] Hahl, Stilentwicklung 38. – Schoppa, Bildkunst 13 Taf. 12.
[149] Bauchhenß, Mitt. Hist. Ver. Pfalz 73, 1976, 173.

cherheit datierbaren Reste von Jupitersäulen. Hahl zählt eine Reihe von Viergöttersteinen auf, für die er auch Werkstattzusammenhang annehmen möchte[150]. Sie stammen alle aus dem Grenzgebiet zwischen Obergermanien und Gallia Belgica (Saarland, westliche Pfalz). Näher am Rhein, etwa in Mainz, endet die gesamte Plastik kurz nach der Mitte des Jahrhunderts[151]. Schoppa führt dies auf die politischen Ereignisse zurück: Um 260 n. Chr. wird der Rhein wieder zur Grenze des römischen Reiches.

Es wäre verlockend, aufgrund des umfangreichen Materials, das die Gigantensäulen bieten, die stilistische Entwicklung der römischen Plastik in den gallischen und germanischen Provinzen und eventuelle Werkstattzusammenhänge genauer zu untersuchen. Gerade die Viergöttersteine mit ihren immer wiederkehrenden gleichen oder ähnlichen Göttertypen wären hierzu geeignet. Beides würde jedoch eine Bearbeitung der gesamten Plastik im provinzialen Bereich nötig machen und so den Rahmen einer Arbeit über die Gigantensäulen sprengen. Wichtig wäre vor allem die Untersuchung der Werkstattzusammenhänge, da für sie, im Gegensatz zur Stilentwicklung[152], nur wenige Vorarbeiten vorliegen. Bekannt ist das Dieburger Atelier, dessen Hauptmeister Silvestrius Silvinus durch seine qualitätvolle, unkonventionelle Arbeit aus dem Rahmen des in Obergermanien Üblichen herausfällt[153]. Ihm konnte der Dieburger Viergötterstein mit Wochengötterstein (110/11 Taf. 12,1–4) zugewiesen werden. Eng miteinander verwandt sind einige spätere Viergöttersteine, auf die oben hingewiesen wurde. Für zwei weitere Viergöttersteine, den von Hausen (208) und einen von Heidelberg (215 Taf. 23 u. 24), wies Klumbach den Werkstattzusammenhang nach[154], bei zwei Steinen aus der Pforzheimer Gegend (377; 419) wird er vermutet[155]. Die römische Plastik des Unterelsaß und angrenzender Teile Lothringens wies Hatt einzelnen Werkstätten zu[156]. Weitere Zusammenhänge wird sicherlich die regionale Aufarbeitung des Materials im Rahmen des CSIR erkennen lassen[157]. Im Katalogteil werden Datierungen und Werkstattzuweisungen bei den einzelnen Katalognummern erwähnt.

Für die Feststellung von Werkstattzusammenhängen könnten auch die Steinmaterialien der einzelnen Säulen eine Hilfe bieten[158]. Geologisch exakte Bestimmungen der Steine

---

[150] Hahl, Stilentwicklung 43.
[151] Schoppa, Bildkunst 22.
[152] Vor allem Hahl, Stilentwicklung. – S. Ferri, Arte romana sul Reno (1931). – H. Schoppa, Die Kunst der Römerzeit in Gallien, Germanien und Britannien (1957). – Schoppa, Bildkunst. – Hatt, Trierer Zeitschr. 27, 1946, 130 ff. – Ders., Revue Etudes Anciennes 59, 1957, 76 ff. – Ders., Sculptures Gauloises 600 av. Chr. / 400 après Chr. (1966). Vgl. auch unten, Noelke S. 309 ff.
[153] F. Behn, Das Mithrasheiligtum zu Dieburg. Röm.-Germ. Forschungen 1 (1928) 25 ff. – E. Gerster, Mittelrheinische Bildhauerwerkstätten im 1 Jh. v. Chr. (1938) behandelt nur Grabreliefs.
[154] Klumbach, 25. Veröffentl. Hist. Ver. Heilbronn 1966, 15 f.
[155] Hertlein, Korrbl. Gesamtver. 64, 1916, 221 Anm. III.
[156] Hatt, Sculptures antiques régionales Strasbourg. Inventaire des collections publiques Françaises 9 (1964). Die Werkstattzuschreibungen Hatts sind mit großer Vorsicht aufzunehmen. Nr. 85 und 86 seiner Publikation z. B. gehören stilistisch und nach ihrem Fundort eng zu Nr. 36 und 37. Alle vier Plastiken sind wahrscheinlich von derselben Hand. Hatt teilt sie aber zwei verschiedenen Meistern zu, zu deren übrigem, von Hatt rekonstruiertem Œuvre keine Beziehungen bestehen ('Meister des Caracalla' und 'Meister des Königshoffener Mithräums').
[157] Vgl. z. B. E. Künzl, CSIR Deutschland II,1 (1975) 14, der der Werkstatt des Zwischensockels 16 ein weiteres Relief zuweist und an dem Viergötterstein 11 zwei Hände unterscheidet.
[158] Klumbach a. a. O. (Anm. 154) 15 weist auf stilistische Zusammenhänge einiger Plastiken hin, die aus demselben Steinmaterial gearbeitet sind und in einem eng begrenzten Raum gefunden wurden. Die Verwendung von weit her transportierten Steinen in einer provinziellen Werkstatt zeigt jedoch, daß auch im 2. und 3. Jh. gutes Steinmaterial noch sehr weit transportiert wurde und daß Schlüsse auf Werkstattzusammenhänge nur

fehlen aber noch weitgehend[159]. Es läßt sich jedoch feststellen, daß die meisten Gigantensäulenreste aus den in der Umgebung ihres Fundortes anstehenden lokalen Sandsteinen gefertigt wurden. Der geologischen Vielfalt Obergermaniens entsprechend, stammen sie aus den verschiedensten Formationen: Sandsteine des Rotliegenden[160], Buntsandsteine[161] und Keupersandstein[162].
Andere Steinsorten lassen sich bei Gigantensäulenresten nur in wenigen Fällen nachweisen. In Mainz und seiner näheren Umgebung treten im 1. und 2. Jahrhundert lothringische Kalksteine vom Oberlauf der Mosel auf. Die Verwendung dieses Steines ist auch bei anderen römischen Plastiken dieser Zeit üblich[163]. Nach den Beobachtungen Röders ist der Übergang zu Sandsteinen durch die Entdeckung günstig gelegener Brüche, die zuerst vom Militär ausgebeutet wurden, angeregt worden und schließlich dem Umstand zu verdanken, daß die Sandsteine leichter zu bearbeiten sind.
Dieser Übergang hat in einigen Teilen Obergermaniens offenbar schon überraschend früh eingesetzt. Während in Mainz noch die Verwendung von Kalksteinen üblich war, wurde der flavische Alzeyer Zwischensockel (16 Taf. 2,1–2) schon aus Flonheimer Sandstein (Rotliegendes) angefertigt, ebenso wie der frühe Viergötterstein aus Bad Kreuznach (39 Taf. 3,1–2)[164]. Hierfür scheinen nicht so sehr die von Röder genannten Gründe ausschlaggebend gewesen zu sein, sondern die relative Entfernung von der Verkehrsader Rhein und den an ihr liegenden Handels- und Lagerplätzen wie etwa Koblenz und Mainz.
Aus dem Steinbruch am Kriemhildenstuhl bei Bad Dürkheim stammen mit größter Wahrscheinlichkeit die Steinblöcke, aus denen einige Gigantensäulenreste in Mainz gearbeitet wurden[165]. Der Steinbruch wurde zumindest einige Zeit hindurch von der 22. Legion in Mainz betrieben[166]. Das Material, obwohl Buntsandstein, ist durch Sickerwasser weiß gebleicht. Auch die übrigen Sandsteine, die in Obergermanien verwendet wurden, waren hell. Dunkle, rote Sandsteine wurden erst sehr spät oder in entlegenen Werkstätten verarbeitet[167]. Selbst in den Gegenden, in denen roter Buntsandstein ansteht, wurden für die qualitätvolleren Werke gebleichte Steine verwendet. Dies läßt sich gut an den beiden Obernburger Gigantenreitern (406 u. 407 Taf. 40,1; 39,2) feststellen. Der qualitätvollere von beiden ist aus hellem Buntsandstein, der schlechtere, nur roh ausgearbeitete, aus rotem. Auch die anderen Gigantensäulenreste aus dem Odenwald (z. B. 579), die insgesamt

---

aufgrund gleichen Materials sehr vorsichtig aufgenommen werden müssen: J. Frechen, Bonner Jahrb. 160, 1960, 132 ff. – J. Röder, Bonner Jahrb. 160, 1960, 137 ff. – Vgl. auch Gerster a. a. O. (Anm. 153) 14 Anm. 27.

[159] Zu den Schwierigkeiten einer genauen Bestimmung schon allein der ursprünglichen Farbe eines Steines: Röder a. a. O. (Anm. 158) 138 f.
[160] Vilbeler Sandstein: verwendet vor allem in Frankfurt-Heddernheim und Butzbach. Flonheimer Sandstein: verwendet in Alzey, Mainz.
[161] Im Odenwald, Pfälzer Wald, den Vogesen und im nördlichen Schwarzwald (Pforzheim, Brötzingen).
[162] Vor allem Schilfsandstein, aber auch Stubensandstein. Häufig in Württemberg und Teilen von Baden.
[163] Röder a. a. O. (Anm. 158) 139 ff.
[164] Bestimmung des Gesteinsmaterials: B. Kleinmann, in CSIR Deutschland II,1 (1975) 15.
[165] F. Sprater, Mainzer Zeitschr. 30, 1935, 32 ff. – Ders., Limburg und Kriemhildenstuhl (1948) 39 ff. – Röder, Mitt. Hist. Ver. Pfalz 58, 1960, 98 ff.
[166] Inschriften von Soldaten der 22. Legion: Sprater, Limburg und Kriemhildenstuhl (1948) 45 f. Abb. 46 f. – Röder, Mitt. Hist. Ver. Pfalz 67, 1969, 125 ff.
[167] Röder a. a. O. (Anm. 158) 140. – Ders., Zeitschr. für Erzbergbau 16, 1963, 93 f. – Hammer, Römische Götterdarstellungen auf Jupiter-Gigantensäulen in Baden (Zulassungsarbeit 1968/69) zählt dagegen etwa 80 % roten Sandstein (Buntsandstein) und nur 20 % helle Sandsteine.

plump und ungekonnt wirken, sind aus rotem Buntsandstein, obwohl auch hier sicher genügend gebleichtes Material zu finden gewesen wäre.
Bei allen Steinen war ursprünglich sicher noch Bemalung vorhanden. Ihre Reste haben sich jedoch nur in ganz seltenen Fällen erhalten (z. B. 290)[168].

---

[168] Zur Polychromie der Plastik: W. v. Massow, Die Grabmäler von Neumagen (1932) 274 ff. Taf. 65 ff. – P. Reuterswärd, Studien zur Polychromie der Plastik. Griechenland und Rom (1960). – H. Cüppers, Trierer Zeitschr. 32, 1969, 269 ff.

Die Herkunft der Säulenmonumente

Hertlein hat den Gigantenreiter als germanischen Himmelsgott Ziu interpretiert und damit die Deutung des gesamten Säulenmonuments als germanische Irminsul verbunden, wie sie im 8. Jahrhundert n. Chr. bei den Sachsen überliefert ist [169]. Die Vorstellung von dieser Kultsäule sei trotz des sehr späten literarischen Zeugnisses schon in früherer Zeit bei den germanischen Stämmen verbreitet gewesen. Bei den Jupitersäulen sei die ursprünglich hölzerne Säule nur durch den Einfluß der römischen Kultur in Stein übersetzt worden. Germanische hölzerne Kultsäulen waren schon vorher als Vorformen der Jupitersäulen in Betracht gezogen worden [170], sofern nicht die Interpretation der Säulen als Siegesdenkmäler die Verbindung mit den römischen Siegessäulen selbstverständlich gemacht und jede Frage nach den Vorformen erübrigt hatte [171].
Obwohl jede Beziehung der Säulen mit der sächsischen Irminsul gleich nach dem Erscheinen von Hertleins Arbeiten von Haug mit guten Gründen abgelehnt worden war [172], tauchten ähnliche Vermutungen doch weiterhin auf. C. Schuchhardt sah neben dem Gedanken an die Irminsul auch Verbindungen zu den Menhiren, für die er ähnliche Bedeutung wie für die Irminsul annahm [173]. Auf jeden Fall sei an den Jupitersäulen die Säulenform das wichtigste gewesen. Die Verbindung der Jupitersäulen mit den Menhiren und der Irminsul wurden weiterhin besonders von F. Sprater betont [174]. Er konnte dabei auf die besonders in der Pfalz, Rheinhessen und dem Trierer Gebiet häufigen Menhire verweisen. In diesem Raum nahm er auch das Zentrum der Jupitersäulen an. Tatsächlich zeigen Verbreitungskarten der Menhire in Mitteleuropa Fundkonzentrationen in diesen Gegenden, die ja auch zahlreiche Jupitersäulen aufweisen [175]. Ihnen stehen aber Fundlücken in anderen Gegenden gegenüber, in denen viele Säulenreste zutage kamen: im Nekkarraum um Stuttgart, in der Pforzheimer Gegend, im Elsaß und Lothringen fehlen die

---

[169] Hertlein, Korrbl. Gesamtver. 55, 1907, 486 ff. – Ders., Juppitergigantensäulen 70 ff. – Ähnlich: Behrens, Germanische und gallische Götter in römischem Gewand (1944) 46.
[170] O. Köhl, Korrbl. Westdt. Zeitschr. 14, 1895 Nr. 53. – J. Toutain, Clio 2, 1902, 203.
[171] Haug, Fundber. Schwaben 15, 1907, 81.
[172] Haug a. a. O. (Anm. 171) 74; 82. – Ders., Berl. Philologische Wochenschrift 1912, 117 ff.
[173] C. Schuchhardt, Vorgeschichte von Deutschland² (1934) 273.
[174] Sprater, Pfälzer Heimat 2, 1951, 66 f.
[175] H. Kirchner, Die Menhire in Mitteleuropa und der Menhirgedanke. Akademie der Wissenschaften und der Literatur in Mainz. Abhandl. der geistes- und sozialwissenschaftl. Klasse 1955 Nr. 9, Karte 3. – W. Schrikkel, Westeuropäische Elemente im Neolithikum und in der frühen Bronzezeit Mitteldeutschlands (1957) 43 Karte 3.

Menhire ganz. In ihrem Hauptverbreitungsgebiet dagegen, dem westlichen Frankreich, gibt es fast keine Jupitersäulen.

Zu diesen deutlichen Unterschieden im Verbreitungsgebiet treten chronologische Schwierigkeiten. Die Hauptmasse der Menhire, auch in Mitteleuropa, gehört, soweit sie überhaupt genauer datiert werden können, ins 2. Jahrtausend v. Chr.[176]. Zwar nehmen Sprater und auch H. Kirchner an[177], daß der Brauch Menhire zu errichten, noch von der keltischen Bevölkerung in gewissem Rahmen ausgeübt wurde, sichere Beweise dafür fehlen jedoch. Die Stele von Pfalzfeld[178], die beide für ein ikonisches Bindeglied zwischen den ganz anikonischen Menhiren und den römischen Säulendenkmälern halten, reicht für diesen Nachweis wohl nicht aus[179].

Die größte Schwierigkeit, die Jupitersäulen mit den Menhiren und der Irminsul zu verbinden, bereitet jedoch deren Bedeutung. Sprater und Schuchhardt nahmen für die Menhire an, sie seien ähnlich zu deuten wie die Irminsul, nämlich als Weltsäule. Nach Kirchner gehören die Menhire dagegen in den weiteren Bereich des Ahnenkultes[180]. Von hier aus ist kaum eine Verbindung zu den Jupitersäulen möglich.

Einen anderen Gedanken hat schon 1902 Jullian in die Diskussion um die Vorbilder der Jupitergigantensäulen eingeführt[181]. Er hielt es für möglich, daß diese Vorbilder im keltischen Baumkult zu suchen seien. Kronzeuge für ihn und alle Nachfolger sind einige Verse aus den Argonautica des Valerius Flaccus (6,89 ff.):

...*levant vexilla Coralli*
barbaricae quis signa rotae serrataque[182] *dorso*
forma suum truncaeque Iovis simulacra columnae.

Die Coralli, ein Volk, das südlich der unteren Donau etwa in Moesia Inferior wohnte, wird für keltisch gehalten[183]. Die Worte *truncae Iovis simulacra columnae* interpretiert Hertlein so, daß Jupiterbilder in Form von Säulen gemeint seien, die man hergestellt habe, indem man Bäumen die Krone abgehackt hat[184]. Dieser Interpretation der schwer verständlichen Stelle folgt Lambrechts[185]. Es werden also bei den Coralli aus Baumstämmen bestehende säulenartige Monumente erwähnt, die Bilder Jupiters sind. Ob damit,

---

[176] Kirchner a. a. O. (Anm. 175) 621 ff. – Schrickel a. a. O. (Anm. 175) 33; 44.
[177] Kirchner a. a. O. (Anm. 175) 715.
[178] Bonn, Rheinisches Landesmuseum. Espérandieu VIII 6170. Behrens a. a. O. (Anm. 169) 44 f. hält die Stele von Pfalzfeld für 'gewissermaßen den Prototyp' der Jupitersäulen.
[179] Kirchner a. a. O. (Anm. 175) 722 f. Für die keltischen ikonischen oder fast ikonischen Plastiken wird man doch wohl eher direkte Einflüsse aus dem griechischen oder etruskischen Bereich verantwortlich machen dürfen. Vgl. die Verbindungen des 'Hirschlandener Kuros' zum Mittelmeerraum. Der Menhir von Kernuz, Kirchner a. a. O. 717 Anm. 7, jetzt im Museum von Quimper, trägt vier Reliefs. Die wenigen von Kirchner genannten Menhire in römerzeitlicher Weiterverwendung können kaum beweisen, daß der Brauch noch lebendig war. Christianisierte Menhire, bei denen wohl niemand derartige Vermutungen hegen wird, sind sehr viel häufiger.
[180] Kirchner a. a. O. (Anm. 175) 698 ff.
[181] Jullian, Revue Etudes Anciennes 4, 1902, 290 Anm. 1.
[182] Die Konjektur 'serrataque' an Stelle des überlieferten 'ferrataque' ist Hertlein zu verdanken: Juppitergigantensäulen 78 Anm. 3.
[183] Jullian a. a. O. (Anm. 181): vielleicht keltisch. – Lambrechts, Contributions 94: 'probablement celtique'. – H. Hommel, Archiv für Religionswissenschaft 37, 1941/42, 163: wohl keltisch. – Nur Hertlein, Juppitergigantensäulen 78 hält die Coralli für germanisch.
[184] Hertlein, Jupitergigantensäulen 78.
[185] Lambrechts, Contributions 94.

wie Hertlein und Lambrechts zuversichtlich glaubten, auch Vorformen der provinzialrömischen Jupitersäulen beschrieben sind, ist nicht sicher zu beantworten. Die Argonautica des Valerius Flaccus entstanden zwischen 70 und 90 n. Chr., d. h. später als die frühesten im Rheinland nachweisbaren Jupitersäulen[186]. Dies sagt jedoch nicht unbedingt etwas über das Alter des Brauches aus. Auch können sich bei den Coralli ältere, primitivere Formen des Kultes gehalten haben. Schwierigkeiten bereitet es jedoch, die keltische Herkunft des Volkes der Coralli nachzuweisen. Weder Jullian noch Lambrechts bringen dafür irgendein Argument[187]. Wahrscheinlicher ist thrakische oder getische Herkunft des Stammes[188].

Diese Schwierigkeit entfällt bei einem zweiten antiken Bericht über keltischen Baumkult. Maximus von Tyros, ein Schriftsteller des 2. Jahrhunderts n. Chr., schreibt in einem Abschnitt über ungewöhnlich geformte Götterbilder folgendes über den Zeus der Kelten[189]:

Κελτοὶ σέβουσιν μὲν Δία ἄγαλμα δὲ Διὸς ὑψηλὴ δρῦς.

Hier wird nun sicher überliefert, daß die Kelten einen ihrer Götter, und zwar den, der Zeus, dem höchsten griechischen Gott, gleichgesetzt wird, in Form eines Baumes verehren. Die Verbindung dieses Gottes gerade mit der Eiche ist für griechische und römische Verhältnisse nicht ganz selbstverständlich. Nur in Dodona und in Arkadien hat sich die Beziehung des Himmelsgottes Zeus zur Eiche bei den Griechen erhalten[190]. Ziemlich gering sind auch die Spuren von Beziehungen Jupiters zur Eiche[191].

In Obergermanien ist diese Verbindung mit der Eiche und dem Baumkult aber in einem Fall bis ins 2. Jahrhundert n. Chr. lebendig geblieben. Der Schaft der Gigantensäule von Hausen (210) ist statt des üblichen Schuppenmusters mit einem Ornament aus Eicheln und Eichlaub verziert. Dieses Eichlaubornament wird man eher mit einem keltischen, mit Zeus und Jupiter gleichgesetzten Gott verbinden dürfen, als mit dem rein römischen Iuppiter Optimus Maximus, wie er in der Inschrift genannt wird.

Die Erinnerung an den als Baum verehrten Gott kann auch bei der Errichtung der ganzen Säule mitgespielt haben. Allein verantwortlich für den Brauch, Jupitergigantensäulen zu errichten, kann diese Rückerinnerung an den keltischen Baumkult jedoch nicht sein. Es fehlt, wie bei den Herleitungsversuchen von Menhir und Irminsul die Möglichkeit, Zwischenstufen zwischen dem anikonischen Baumstamm und der reliefgeschmückten, einem festen Aufbauschema folgenden Säule zu finden.

Schon bald nach ihrer Auffindung wurde die Große Mainzer Jupitersäule (272–275 Taf. 31,1) als Vorbild für alle in Germanien und Gallien gefundenen Jupitergigantensäulen genannt[192]. Sie war damals und sie ist bis heute die früheste inschriftlich datierte Jupitersäule. Aber gerade ihre frühe Datierung in die neronische Zeit erregte auch Zweifel, ob sie die Vorform der Jupitergigantensäulen darstellen könne, denn die Lücke von 110 Jah-

---

[186] M. Schanz u. C. Hosius, Geschichte der römischen Literatur bis zum Gesetzgebungswerk des Kaisers Justinian. Handb. Klass. Altertumswiss. VIII,2 (Nachdruck 1959) 520.
[187] Das einzige Argument könnte sein, daß bei den Coralli ebenfalls 'Jupitersäulen' auftreten.
[188] RE XI (1922) 1377 s. v. Koralloi (Fluß): thrakisch. – Der Kleine Pauly III (1969) 298 s. v. Koralloi (Danoff): vielleicht getisch.
[189] Maximos von Tyros, Logoi 8,8.
[190] H. W. Parke, The Oracles of Zeus (1967) 20 f.
[191] Parke a. a. O. (Anm. 190) 21. – RE V (1905) 2051 s. v. Eiche (Olck).
[192] z. B. Hertlein, Juppitergigantensäulen 155 ff. – Drexel, Götterverehrung 54.

ren zum nächsten inschriftlich datierten Säulenteil, dem Viergötterstein von 170 n. Chr. (359 Taf. 33,2), schien zu groß zu sein. Diese Argumentation wurde zunächst durch das geologische Gutachten über das Steinmaterial der Großen Mainzer Jupitersäule widerlegt[193]. Nach dem Ausweis der Verwitterungsspuren war die Säule nicht, wie man teilweise annahm, bald nach dem Tode Neros zerstört worden, sondern stand lange Zeit aufrecht. Sie hätte also auch nach über 100 Jahren noch als Vorbild für die Jupitergigantensäulen dienen können. Schließlich halfen die stilistisch datierten Säulenteile (siehe oben S. 27), die Lücke zu überbrücken. Es ist nicht verwunderlich, daß die frühesten Viergöttersteine und Zwischensockel in Mainz oder doch seiner näheren Umgebung zutage kamen, wenn man die Mainzer Säule als Vorbild aller Jupitersäulen betrachtet. Hier übernahmen die Auftraggeber und die Bildhauer am ehesten den neuen Denkmaltyp, schneller noch als den mit der Mainzer Säule neu auftretenden Stil, wie die Viergöttersteine mit altertümlicheren Stilmerkmalen zeigen (289; 290).

Mit der Großen Mainzer Jupitersäule nämlich, so ergab die stilistische Analyse von Hahl[194], die von Schoppa bestätigt wurde[195], beginnen neue Stilelemente in der Plastik am Rhein zu wirken. Die vielen ornamentalen Parallelfalten des claudisch-neronischen Stiles, die auch noch die genannten Viergöttersteine kennzeichnen, finden sich nicht mehr an der Säule. Das Standmotiv der Götter erhält durch die Anlehnung an klassische Vorbilder Schwung und Leben. Körper und Gewand stehen zueinander in enger Wechselwirkung. Schoppa nimmt für die Bildhauer der Mainzer Säule sogar direkte Beeinflussung durch die römische Hofkunst an, die durch Schulung in Italien oder genaue Vorlagen auf sie gewirkt habe.

Von der Großen Mainzer Jupitersäule (272–275 Taf. 31,1) sind die Jupitergigantensäulen in ihrem Aufbau und in Teilen ihres Reliefschmucks direkt abhängig. Die Mainzer Säule besteht aus zwei übereinandergestellten, durch architektonisch gestaltete Gesimse getrennten Sockeln, einem Säulenschaft mit korinthischem Kapitell, einem darauf liegenden besonderen Sockel und der bronzenen Statue eines stehenden Jupiter. Der untere der beiden Sockel ist auf allen vier Seiten mit Götterreliefs verziert. Der obere trägt auf der Vorderseite die Weihinschrift an Iuppiter Optimus Maximus, auf den drei anderen Seiten ebenfalls Götterreliefs. Auch der Säulenschaft ist reliefgeschmückt, und zwar so, daß rund um jede Säulentrommel vier bzw. drei Götter stehen.

Der formale Aufbau der Großen Mainzer Säule stimmt also mit dem der Jupitergigantensäulen vom Normaltypus überein. Auch sie bestehen ja aus zwei Sockeln, auf denen sich erst der Säulenschaft erhebt, der das Bild des Reiters trägt. Nur die Götterreliefs rund um den Schaft der Mainzer Säule sind bei den Gigantensäulen durch das einfache Schuppenmuster ersetzt. Die übereinanderstehenden Reliefs auf der Vorderseite der Säulen mit sitzendem Jupiter können als Verbindungsglied zwischen beiden Verzierungsweisen gelten.

Juno hat bei diesen Säulen fast in allen Fällen den Platz behalten, an dem sie auf der Großen Mainzer Jupitersäule dargestellt ist. Die Göttin steht ganz oben am Säulenschaft, direkt unter dem Kapitell. Bei den Gigantensäulen, deren Schaft ja nicht mit figürlichen Reliefs verziert ist, ist ihr der Platz zugewiesen, den auf der Großen Mainzer Jupitersäule

---

[193] H. Scheuer, in: Quilling, Juppitersäule 27 ff.
[194] Hahl, Stilentwicklung 12 ff.; 15 ff.
[195] Schoppa, Kunst der Römerzeit in Gallien, Germanien und Britannien (1957) 15 ff.

ein Relief Jupiters einnimmt, die Vorderseite des Viergöttersteines. Diesen Platz verliert Juno nur, wenn Jupiter selbst oder die Inschrift dort steht. Die drei anderen Götter, die normalerweise auf den Viergöttersteinen erscheinen, Minerva, Hercules und Mercur, finden sich, wenn auch in veränderter Reihenfolge auf dem unteren Sockel der Mainzer Säule. Hercules ist auf der Rückseite dargestellt, auf der rechten Seite Minerva (bei Viergöttersteinen meistens links), auf der linken Seite Mercur (bei Viergöttersteinen meistens rechts). Diese Seitenreliefs der Viergöttersteine sind allerdings gegenüber der Mainzer Säule vereinfacht. Minerva und Mercur fehlen die beiden Göttinnen, die sie auf der Mainzer Säule begleiten.

Inhaltliche Übereinstimmungen der Reliefs finden sich ebenso deutlich bei einer Gruppe von Zwischensockeln. Sie tragen alle auf der Vorderseite die Weihinschrift und auf den beiden anschließenden Seiten Reliefs der Castores. Nur die Rückseiten und, da sie von bescheideneren Denkmälern stammen, natürlich die Maße weichen von der Mainzer Säule ab.

Die Übereinstimmungen im Aufbau und in Teilen des Reliefschmucks zwischen den Gigantensäulen und der Großen Mainzer Jupitersäule sind so eng, daß die Mainzer Säule sicher als formales Vorbild der Gigantensäulen angesehen werden muß, auch wenn die Bekrönung verschieden ist.

Man ist allgemein der Ansicht, daß die Große Mainzer Jupitersäule keine eigenständige Erfindung der beiden Bildhauer Samus und Severus ist. A. v. Domaszewski[196] und E. Maass[197] suchten das Vorbild in Säulenmonumenten griechischer Kolonialstädte in Südgallien, Vorschläge, die schon zu ihrer Zeit einhellig abgelehnt wurden. Andere nahmen zwar ebenfalls an, daß die Idee der Säule nicht den Mainzer Bildhauern zugeschrieben werden könne, nannten aber kein genaueres Vorbild.

Wichtiger und bis heute noch nicht widerlegt ist ein Versuch Hatts, ein Vorbild der Mainzer Säule in Gallien nachzuweisen[198]. Er rekonstruierte, früheren Vermutungen deutscher Archäologen folgend[199], aus vier viergöttersteinartigen Sockeln, die in Paris unter dem Chor von Notre Dame gefunden worden waren[200], einen Pfeiler, dessen Bekrönung ein thronender Jupiter gewesen sein soll.

Auf einem der Sockel ist eine Weihinschrift (Taf. 103,1), die diesen Stein als Weihung der *nautae Parisiaci* an Iuppiter Optimus Maximus für das Wohl des Kaisers Tiberius ausweist und somit in die Regierungszeit dieses Kaisers datiert[201]. Ein Achtgötterstein, im Format etwas größer als der Inschriftstein, soll den untersten Sockel des Pfeilers gebildet haben. Über dem Inschriftenstein folgten nach Hatt zwei Viergöttersteine mit je zwei keltischen und zwei römischen Gottheiten, deren Namen auf die Bildleisten über den Re-

---

[196] A. v. Domaszewski, Archiv für Religionswissenschaft 9, 1906, 303 ff.
[197] E. Maass, Jahresh. Österr. Arch. Inst. 10, 1907, 85 ff.
[198] Hatt, Revue Arch. 6. Ser. 39, 1952, 68 ff.
[199] Lehner, Korrbl. Westdt. Zeitschr. 16, 1896, 39. – Krüger, Vorlegeblätter zum VI. Arch. Kursus Trier, 4.–9. August 1913 Taf. 20. – Ders., Trierer Zeitschr. 15, 1940, 23 Nr. 34.
[200] Espérandieu IV 3132–3135. Eine umfassende Bibliographie bei P.-M. Duval, Les inscriptions antiques de Paris (1960) 1 ff. Die Steine, unter dem Chor der Kirche gefunden, waren in einem wohl spätantiken Bauwerk wiederverwendet. Vgl. auch unten, Noelke S. 313 f.
[201] CIL XIII 3026: *Tib(erio) Caesare / Aug(usto) Iovi Optumo / Maxsumo / nautae Parisiaci / publice posieru/n[t]*.

liefs geschrieben sind (Taf. 103,3.4). Nur der oberste dieser vier Steine ist vollständig erhalten, von den drei unteren fehlt jeweils das Unterteil.

Sowohl als Denkmalform als auch stilistisch ist nach Hatt dieser Pfeiler das Vorbild der Mainzer Säule. Schließlich sei bei beiden auch derselbe Kalkstein aus dem Pariser Becken verwendet worden. So lag für Hatt der Schluß nahe, die beiden Bildhauer der Mainzer Säule seien aus der Gegend des Pariser Beckens nach Mainz gekommen und hätten dort in ihrem von ihrer Heimat her vertrauten Stil die Säule ausgeführt.

Selbst wenn man die Zusammengehörigkeit der vier Steine anerkennen will, müssen bei einer Rekonstruktion doch die beiden obersten Steine vertauscht werden. Vor allem die Analogie zur Mainzer Säule, die bei dem engen Zusammenhang, den Hatt fordert, unbedingt berücksichtigt werden muß, würde fordern, daß der Stein mit Castor und Pollux über dem Stein mit Jupiter steht. Dadurch würde auch vermieden, daß der stehende Jupiter auf dem obersten Sockel mit dem über ihm thronenden Jupiter in Konflikt gerät. Auch die Rekonstruktionsvariante Lantiers befriedigt wenig[202]. Er beließ den Jupiter an der Spitze des Pfeilers, verbannte aber die Seite mit dem Jupiter auf seine Rückseite.

Nach dem schon erwähnten geologischen Gutachten (siehe oben S. 34), das Quilling für die Publikation der Mainzer Säule erstellen ließ, stammt deren Steinmaterial zwar aus dem heutigen Frankreich, jedoch nicht aus dem Pariser Becken. H. Scheuer hielt ihn für einen Jurakalkstein, der bei Verdun im Maastal ansteht[203]. Nach neueren Forschungen liegen die Steinbrüche dieses Materials etwas östlicher, am linken Uferhang der Mosel wenige Kilometer südlich von Metz[204]. Von dort aus wurde das Steinmaterial, wie in der Antike meistens üblich, auf dem Wasserwege über Koblenz, wo ein größerer Umschlagplatz gewesen sein muß, nach Mainz transportiert. Die Herkunft der Blöcke für die Mainzer Säule aus dem Pariser Becken ist schon aus transporttechnischen Gründen unwahrscheinlich.

Die stilistischen Übereinstimmungen zwischen den Pariser Steinen und der Mainzer Säule, für die Hatt den angeblich von Quilling verwendeten Begriff 'kerbschnittartig' verwendet[205], halten ebenfalls der Nachprüfung nicht stand. Daß mit der Mainzer Säule eine neue Stilrichtung in Obergermanien beginnt, die sich nicht aus dem claudisch-neronischen Stil entwickelt hat, sondern direkt aus Italien beeinflußt wurde, wurde schon oben festgestellt (S. 34). Eine genauere, tiefergehende Analyse des Stiles seines Nautenpfeilers fehlt jedoch bei Hatt.

Die beiden Pariser Viergöttersteine stimmen in ihren Maßen und ihrem Stil überein. Die Übereinstimmung in den Maßen kann jedoch nur bei den Grundflächen nachgewiesen werden, da nur der Stein mit Jupiter (*IOVIS*), Vulcan (*VOLCANUS*), Esus (Taf. 103,3) und Tarvos Trigaranus (im folgenden: Jupiterstein) vollständig erhalten ist[206]. Der andere Stein mit *Smert[rius]* (Taf. 103,4), *Cernunnos*, Castor und Pollux (Castoresstein) hat dieselbe Grundfläche von etwa 0,75 m × 0,75 m[207]. Die stilistische Übereinstimmung der

---

[202] Espérandieu XV Taf. 113.
[203] Scheuer a. a. O. (Anm. 193).
[204] So zuerst W. Klüpfel, Bonner Jahrb. 137, 1932, 212 ff. Eine erneute Untersuchung des Gesteinsmaterials ist dringend erforderlich.
[205] Das Wort 'kerbschnittartig' findet sich nur in dem Gutachten Scheuers a. a. O. (Anm. 193).
[206] Gute Abbildungen des Steines bei Duval, Mon. Piot 48,2, 1956, 82 Abb. 10. – Esus: H.-P. Eydoux, La France antique (1962) Abb. 333. – Tarvos Trigaranus: Eydoux a. a. O. Abb. 355.
[207] Die Maße nach Hatt a. a. O. (Anm. 198). Abbildungen: Duval a. a. O. (Anm. 206) 78 Abb. 8. – Cernunnos: Eydoux a. a. O. (Anm. 206) Abb. 346.

beiden wird am deutlichsten bei einem Vergleich des Esus mit dem Smertrius. Beide Götter tragen dieselbe kurze, kappenartig anliegende, in kleine Locken und Wellen aufgeteilte Haar- und Barttracht. Bei beiden Köpfen war es dem Bildhauer nicht möglich, die im Profil gesehene Augenpartie überzeugend darzustellen. Auch der rechte, bei beiden mit einer Waffe erhobene Arm ist völlig verzeichnet. Bei beiden wiederholte der Bildhauer einfallslos dasselbe Bewegungsmotiv. Genauso wiederholt er sich bei den Castores fast bis in einzelne Faltenzüge. Daß hier trotz des vom Thema her nötigen gleichen Motivs Varianten möglich waren, zeigen Samus und Severus bei ihrer Mainzer Säule. Der Bildhauer der beiden Pariser Viergöttersteine verwendet kaum noch die für die tiberisch-claudische Zeit charakteristischen ornamentalen Parallelfalten. Er bemüht sich vielmehr, trotz seiner bescheidenen Fähigkeiten, das Verhältnis von Gewand und Körper überzeugender darzustellen, wie man bei Esus, Vulcan und Jupiter erkennen kann. Das plumpe Standmotiv von Jupiter und Vulcan und die mißglückte Hüftpartie des Esus wird man seiner Unfähigkeit zugute halten müssen. Jedenfalls ist seine Gewandbehandlung zumindest gleichzeitig mit der der Mainzer Säule, nicht früher anzusetzen.

Ganz sicher trennt aber die Gewandbehandlung diese beiden Steine von dem Tiberiusstein (Taf. 103,1.2). Dieser ist, das läßt sich trotz seiner schlechten Erhaltung noch feststellen, von allen vier Sockeln der qualitätsloseste. Auf der rechten Seite und auf der Rückseite waren je drei bewaffnete Gallier dargestellt[208], auf der linken Seite drei mit der Toga bekleidete Gallier. Auf allen drei Seiten waren am oberen Gesims Inschriften, deren Reste nicht sicher gedeutet werden können[209]. Auf der rechten Seite und der Rückseite stehen die Gallier streng frontal. Der größte Teil ihres Körpers ist hinter einem großen Schild verborgen, dessen Ornamente nur flüchtig und unsicher in den Stein eingeritzt sind. Die großen Köpfe sitzen ohne Hals auf den Körpern auf, von denen unter den Gewändern nichts zu spüren ist. Auf der linken Seite des Steines ist das starre Schema der frontal stehenden Männer durchbrochen. Der Togatus am rechten Bildrand ist im Profil nach links wiedergegeben[210]. Die Gewänder der drei Männer zeigen den für die tiberische Zeit typischen Stil.

Der Stil des vierten Blockes ist anders als der der drei bisher besprochenen. Von den acht Göttern des Steines lassen sich zwei mit Sicherheit aus der Darstellung und zwei weitere möglicherweise aus Inschriftresten am oberen Bildrand benennen[211]. Sicher ist Mars, mit Helm, Lanze und Panzer, zu erkennen. Von dem Namen der Frau neben ihm ist noch ein *V* erhalten, das vielleicht zu *V[enus]* zu ergänzen ist[212]. Von den beiden Göttern auf der linken Seite ist Mercur an seinem Flügelhut erkennbar. Ihn begleitet eine nur noch in Resten erhaltene Göttin, die den linken Arm erhoben hatte. Auf der dritten Seite, gegenüber der mit Mars und Venus, sind zwei Göttinnen dargestellt. Eine von ihnen hält einen stabartigen Gegenstand schräg vor die Brust und die linke Schulter. Bei der anderen sind Inschriftreste vorhanden. Sie werden wohl zu Recht zu *For[tuna]* ergänzt, zumal sich Reliefreste in ihrem linken Arm als Füllhorn deuten lassen. Die beiden Gestalten auf der

---

[208] Duval a. a. O. (Anm. 206) Abb. 3.
[209] Duval a. a. O. (Anm. 200) 11 ff.
[210] Duval a. a. O. (Anm. 200) erwägt, ob diese Person weiblich sei, während sie sonst meist für den in der Inschrift genannten Kaiser Tiberius gehalten wird.
[211] Abbildungen: Duval a. a. O. (Anm. 206) 64 Abb. 1.
[212] Espérandieu IV 3135 liest *MIN]ERVA*. Auf dem Stein ist jedoch lediglich der Buchstabe *V* erhalten. Vgl. Duval a. a. O. (Anm. 200) 15.

vierten Seite lassen sich auch nicht vermutungsweise benennen. Die linke von ihnen könnte männlich sein. Ihr Oberkörper ist nackt, mit der rechten Hand zieht sie ein sich aufbauschendes Gewand, dessen anderes Ende über dem linken Oberarm liegt, über den Rücken. Der linke Arm ist erhoben und hält ein Attribut an den oberen Bildfeldrand. Dieser Geste folgt auch der Blick der Gestalt. Die Figur daneben ist wohl eine Frau. Der Bildhauer dieses Steines zeichnet wie der des Inschriftsteines Falten vor allem durch eingetiefte Linien. Seine Faltenführung hat jedoch nichts mit der Parallelführung des Tiberiussteins zu tun. Der Bildhauer modelliert im Gegensatz zu den beiden anderen durch die Art seiner Faltenführung die Körperformen, wie an dem Oberkörper der Göttin neben Mars zu erkennen ist. Trotz einiger Ungeschicklichkeiten (rechter Arm des Mars!) kann er als einziger der drei Steinmetzen die Körperlichkeit seiner Gestalten befriedigend wiedergeben. Auch bei schwierigen Motiven, etwa dem Dreiviertelprofil des Mars und der Geste der Gestalt mit dem flatternden Mantel, zeigt er sich den beiden anderen Bildhauern deutlich überlegen. Sein Stil ist sicher später als der der beiden anderen Steinmetzen und gehört vielleicht schon ins 2. Jahrhundert n. Chr.

Die stilistische Analyse der vier Steine des sog. Nautenpfeilers hat ergeben, daß sie ganz sicher nicht zu einem einzigen Monument gehört haben können. Zu viel Zeit liegt zwischen der Entstehung der Einzelteile, von denen drei jedoch sicher zu Jupitergigantensäulen gehört haben. Ganz ausgeschlossen scheint mir dies bei dem vierten, dem Tiberiusstein. Er weicht in seiner Ikonographie so weit von dem ab, was an allen Jupitersäulen üblich ist, daß er ganz sicher zu einem anderen Denkmal gehört hat[213]. Am ehesten ist er als Sockel einer Tiberiusstatue verständlich. Zum Sockel einer Ehrenstatue würde auch der Reliefschmuck des Tiberiussteines passen. Die dargestellten Gallier wurden als Repräsentanten der Nautae Parisiaci gedeutet, der sitzende Togatus kann der Kaiser selbst sein[214]. Ähnliche Darstellungen sind von zwei Statuenbasen aus iulisch-claudischer Zeit aus Italien bekannt. Vierzehn kleinasiatische Städte, denen Tiberius nach Erdbeben in den Jahren 17 bis etwa 30 n. Chr. großzügig Hilfe hatte zukommen lassen, errichteten beim Tempel der Venus Genetrix zum Dank für diese Hilfe eine Sitzstatue des Kaisers, auf deren Sockel Personifikationen der Städte dargestellt waren[215]. Eine Kopie dieses Sockels, angefertigt auf Kosten der Augustalen von Puteoli/Pozzuoli, ist im Nationalmuseum in Neapel erhalten[216]. Vom Sockel einer weitgehend erhaltenen Sitzstatue des Kaisers Claudius stammen wahrscheinlich Reliefreste, die in Caere gefunden wurden[217]. Dargestellt waren mythische Repräsentanten etruskischer Städte, von denen noch drei erhalten sind.

Auf eine andere Möglichkeit, ein Vorbild der Mainzer Säule zu finden, wies schon 1912 A. Oxé hin, ohne daß sein Hinweis in der Forschung weiter verfolgt worden wäre[218].

---

[213] Dies bemerkt auch Duval a. a. O. (Anm. 206) 89.
[214] Duval a. a. O. (Anm. 206) 70 f. – Ders., Résumé du Paris antique (1972) 86.
[215] Plinius, Nat. Hist. 2,84. – Tacitus, Annales 2,47; 4,13. – Cassius Dio 57, 17, 8. – Orosius 7,4,18. – Phlegon, de mirabilibus 42. – Sueton, Tiberius 48.
[216] Neapel, Museo Nationale Nr. 6780. Guida Ruesch 22 ff. Nr. 82. CIL X 1624.
[217] Die Statue des Kaisers: Vatikan, Museo Paolino Inv. 9950. – W. Helbig, Führer durch die öffentlichen Sammlungen klassischer Altertümer in Rom⁴ (Hrsg. H. Speier) I (1963) Nr. 1502 (H. v. Heintze). – H. G. Niemeyer, Studien zur statuarischen Darstellung der römischen Kaiser (1968) 105 f. Taf. 29,4. Basisfragmente: Vatikan, Museo Paolino Inv. 9942. – Helbig a. a. O. Nr. 1504 (E. Simon).
[218] A. v. Oxé, Mainzer Zeitschr. 7, 1912, 28 ff.

Erst die genauere Interpretation der Inschrift der Mainzer Säule durch H. U. Instinsky ermöglicht es, die von Oxé gewiesene Spur weiter zu verfolgen[219].

Der Anfang der Inschrift der Mainzer Säule, I(ovi) O(ptimo) M(aximo) pro salute Neronis Claudi Caesaris Aug(usti) Imp(eratoris) ... weist auf die enge Verbindung des Heils des Kaisers mit Iuppiter Optimus Maximus hin[220]. So wird auch auf einer Münze des Augustus[221] an die Vota an Jupiter zum Heil des Kaisers erinnert und auf Münzen des Commodus[222] wird Jupiter *defensor salutis Augusti* genannt. Weihungen an Jupiter *pro salute imperatoris* werden in severischer Zeit häufig[223]. Instinsky hat nun die Anlässe der vota pro salute imperatoris näher untersucht[224]. Neben den aus den Arvalakten ersichtlichen regelmäßigen Anlässen (3. Januar jedes Jahres; dies imperii) gibt es außerordentliche, etwa bei Krankheit und bei Gefahren, aus denen der Kaiser errettet wurde. Als Anlaß für die Errichtung der Mainzer Säule bleiben vor allem die Verschwörungen, die gegen Nero gerichtet waren, denen er aber durch vorzeitige Aufdeckung entging. Für die Lebenszeit des in der Inschrift genannten P. Sulpicius Scribonius Proculus und vor allem für die Zeit, in der er als Legatus Augusti in Mainz war, bleibt nur die angebliche Verschwörung Agrippinas, die am 19. 3. 59 n. Chr. aufgedeckt wurde. Die zweite Verschwörung, die des Calpurnius Piso, scheidet aus, denn in sie soll Scribonius Proculus selbst verwickelt gewesen sein. Wegen der Teilnahme an ihr wurde er 67 n. Chr. von Nero in Griechenland zum Selbstmord gezwungen. Die Säule ist also, wie Instinsky festgestellt hat, von den Mainzer Canabarii aus Anlaß der Aufdeckung der 'Verschwörung' Agrippinas Jupiter geweiht worden.

In ähnlicher Weise waren nach der Aufdeckung der Verschwörung des Lucius Scribonius Libo Drusus gegen Tiberius im Jahre 16 n. Chr. Jupiter, Mars und Concordia Geschenke dargebracht worden[225].

Die Sorge um die salus Imperatoris ist aber, wie Instinsky herausstellte, nur eine Weiterbildung der Sorge um die salus rei publicae. Die Übergangsformen lassen sich schon in der Zeit des Bürgerkrieges zwischen Caesar und Pompeius erkennen.

Aber nicht nur nach der Aufdeckung einer Verschwörung wird Jupiter mit Weihungen und Gaben bedacht, er selbst, der ja für das Heil des Staates sorgt, hilft mit, Verschwörungen dagegen aufzudecken.

Aus verschiedenen Quellen geht hervor, daß im Jahre 65 v. Chr. ein Blitz auf dem Kapitol einschlug. Am ausführlichsten berichtete davon Cicero in seinem Epos über sein Konsulat[226]. Bei dem Blitzschlag stürzte die Bronzestatue eines Natta um, bronzene Gesetzestafeln zerschmolzen und – als schlimmstes Vorzeichen – die Lupa Capitolina mit den beiden Zwillingen stürzte von ihrem Sockel. Zur Deutung dieses schlimmen Prodigiums und zur Festlegung der Sühneriten wurden etruskische Prodigienbücher nachgeschlagen. Das Ergebnis drückt Cicero folgendermaßen aus[227]:

---

[219] H. U. Instinsky, Jahrb. RGZM 6, 1959, 128 ff.
[220] CIL XIII 11806.
[221] RIC I (1923) 87 Nr. 314.
[222] BMC IV (1940) 154 Nr. 349 f. Taf. 100,4.
[223] z. B. CIL III 3998 (Septimius Severus und Caracalla). – XI 1322 (Septimius Severus und Caracalla). – VII 496 (Caracalla). – III 3228 (Gallien). – VIII 2626 (Aurelian).
[224] Instinsky a. a. O. (Anm. 219) 134 f.
[225] Tacitus, Ann. 2,32.
[226] Die hier wichtigen Teile nur im Selbstzitat Ciceros erhalten: de divinatione 1,17 ff.
[227] Cicero, de divinatione 1,20.

omnes civilem generosa a stirpe profectam,
vitare igentem cladem pestemque monebant,
vel legum exitium constanti voce ferebant,
templa deumque adeo flammis urbemque iubebant
eripere et stragem horribilem caedemque vereri:
atque haec fixa gravi fato ac fundata teneri,
ni prius excelsum ad columen formata decore
sancta Iovis species claros spectaret in ortus.
tum fore occultos populus sanctusque senatus
cernere conatus posset, si solis ad ortum
conversa inde patrum sedes populique videret.

Der dichterische Ausdruck *columen*, der Säule oder First bedeuten kann, wird in einem anderen Bericht präzisiert. Quintilian berichtet, daß einige Redner und Dichter in ihren Werken die Autorität der Götter zur Betonung ihrer Behauptungen gebrauchen[228]. Eines der Beispiele, die er anführt, ist Cicero: *utitur eo Cicero in libro de aruspicum responsis et in contione contra Catilinam, cum signum Iovis columnae impositum populo ostendit...* Die contio, die Quintilian erwähnt, war die Volksversammlung, auf der Cicero seine dritte Catilinarische Rede hielt. Die lange hinausgezögerte Errichtung der Jupitersäule wurde nämlich erst am 3. 12. 63 n. Chr. vollendet, an dem Tag, an dem Cicero mit Hilfe der Allobrogischen Gesandten vier der wichtigsten Mitverschwörer Catilinas überführte und verhaften ließ. So konnte er tatsächlich in der am selben Tag gehaltenen dritten Rede gegen Catilina Jupiter als den Entdecker der Verschwörung hinstellen[229].
Aus diesen Quellen geht eindeutig hervor, daß auf dem römischen Kapitol seit 63 v. Chr. eine Jupitersäule stand[230]. Ob das von Cicero erwähnte Vorgängerbild ebenfalls schon auf einer Säule stand, wie Aust annimmt, ist aus den Formulierungen Ciceros nicht genau zu entnehmen[231].
Möglicherweise wird aber in den Excerpten des Julius Obsequens aus Livius, in denen nur Prodigien überliefert sind, eine weitere, frühere Jupitersäule in Rom erwähnt[232]. Im Jahre 152 v. Chr., so berichtet Obsequens, stürzte durch einen Sturm eine Säule mit dem auf ihr stehenden Standbild um. Aufstellungsort, Wert der Statue und Wichtigkeit des Prodigiums machen wahrscheinlich, daß es sich hier um eine Jupitersäule gehandelt hat. Die Säule stand vor einem Jupiterheiligtum, das Standbild war vergoldet und das Prodigium zeigte an, daß alle Magistrate und Pontifices ums Leben kommen würden, also der römische Staat praktisch vernichtet werden würde. Als Ort des Jupiterheiligtums mit der davorstehenden Jupitersäule geben die Handschriften des Julius Obsequens 'in campo' an. Auf dem Campus Martius, der damit gemeint sein müßte, gab es zwar damals schon ein Jupiterheiligtum, aber wegen der Bedeutung des Prodigiums für den Staat ist die Konjektur Pighis *in Capitolio* durchaus erwägenswert[233]. Mit dieser Verbesserung wäre klar, daß 65 v. Chr. schon eine Jupitersäule zerstört wurde, und diese Säule wäre dann

---

[228] Quintilian, Institutio oratoria 5, 11, 42.
[229] Cicero, in Catilinam 3, 19 ff.
[230] Es kommt hinzu: Cassius Dio 37,34,3 f., der aber weniger als die drei schon genannten Quellen bietet.
[231] Roscher II (1890 ff.) 730 s. v. Iuppiter (Aust).
[232] Iulius Obsequens 18.
[233] Erwähnt bei A. B. Cook, Zeus, A Study in Ancient Religion 2,1 (1965) 45 f. Anm. 4. Cook lehnt die Konjektur jedoch ab.

zugleich schon für die Mitte des 2. Jahrhunderts v. Chr. gesichert. Beide Male wäre ihre Zerstörung durch den Gott selbst von unheildrohender Bedeutung für den römischen Staat.

Die Errichtung der Großen Mainzer Jupitersäule läßt sich also durchaus mit stadtrömischen Vorstellungen in Verbindung bringen. Beide Säulen, die Mainzer und die römische, hängen eng mit einer Verschwörung gegen das Heil des Staates, bzw. des ihn vertretenden Kaisers zusammen. Iuppiter Optimus Maximus, der die Anschläge gegen den Staat offenbart, erhält im Jahre 59 n. Chr. in Rom nur Opfer[234], in Mainz aber eine Säule, die die Tradition der rund 120 Jahre früher auf dem Kapitol wiedererrichteten Säule fortsetzt.

Über das Aussehen dieser römischen Jupitersäule läßt sich nur wenig aus den Quellen entnehmen. Jupiter hielt in der einen Hand sein Zepter[235]. Ob er aber stehend dargestellt war, wie auf der Großen Mainzer Säule, oder auf einem Thron saß, wie sehr häufig in Niedergermanien, läßt sich daraus nicht entnehmen. Vor allem findet sich kein Hinweis auf den an der Mainzer Säule so reichen Reliefschmuck, wenn auch für die römische Säule durchaus ein größerer Basissockel mit einer Inschrift angenommen werden darf[236].

Der in Obergermanien und Gallien so weitverbreitete Brauch der Jupitergigantensäulen läßt sich also auf zwei Wurzeln zurückführen: Die einheimische, weitgehend keltische Bevölkerung brachte die Vorstellung eines in Bauform zu verehrenden Gottes mit. Die Große Mainzer Jupitersäule, die ganz in römischer Tradition steht, gab den Anstoß für eine Übersetzung des Baumkultes in Steindenkmäler.

---

[234] CIL VI 2042, 10 ff.
[235] Cicero, de divinatione 1, 21: *... Iuppiter excelsa clarabat sceptra columna ...*
[236] Vgl. die erhaltene Basis einer der Dezennaliensäulen auf dem Forum Romanum: E. Nash, Bildlexikon zur Topographie des antiken Rom 1 (1961) 198 ff. Abb. 225–228.

Die Inschriften

Auf 88 Teilen von Jupitersäulen sind in Obergermanien Inschriften erhalten. Von ihnen stehen 35, also fast die Hälfte, auf Viergöttersteinen, 35 auf Zwischensockeln. Inschriften, die auf Zwischensockeln beginnen und auf den Viergöttersteinen weitergeführt werden, sind dabei bei beiden mitgezählt. Dies sind jedoch insgesamt nur 2 Fälle. 17 Inschriften befinden sich auf Altären. Auch in diesen Fällen konnten noch auf der eigentlichen Säule, auf Zwischensockel oder Viergötterstein die Inschriften wiederholt werden. Die Inschrift vom Donon (siehe S. 116) läßt sich nicht sicher einem Viergötterstein oder Zwischensockel zuordnen. Die Inschrift von Heddernheim (159/60) ist auf einen unverzierten Sockel geschrieben, die von der Saalburg (458) und von Mainz (333) auf die Säulen selbst.

Von den insgesamt 211 Viergöttersteinen ist also nur rund ein Sechstel mit Inschriften versehen gewesen, von den 77 Zwischensockeln immerhin fast die Hälfte. Die Altäre tragen dagegen ohne Ausnahme Inschriften, da eventuell mit Säulenteilen gefundene inschriftlose Arae nicht im Katalog aufgenommen sind. Von diesen Verhältniszahlen ausgehend, kann man feststellen, daß die bevorzugten Inschriftträger die Zwischensockel und die Altäre neben den Säulen waren, selbst wenn man berücksichtigt, daß nicht bei allen Viergöttersteinen die Vorderseite erhalten ist und sich deren Prozentsatz dadurch geringfügig verändern kann.

Die Bevorzugung der Zwischensockel und Altäre für die Inschriften kann man verstehen, wenn man zwei Tatsachen berücksichtigt: Erstens lehnten die Jupitergigantensäulen sich hierin an das Vorbild der Großen Mainzer Jupitersäule an. Zwischensockel und Altar tragen dort die wichtigen Inschriften, auf dem Gesims des Hauptsockels steht nur die Künstlerinschrift. Zweitens war eine Folge von vier Göttern, die bei sehr vielen Viergöttersteinen verwendet wurde, formelhaft festgelegt, während die Möglichkeit, eine Fläche für die Inschrift freizulassen, gerade beim häufigsten Bildprogramm der Zwischensockel, bei den Wochengöttern, gegeben war. Ein achtseitiger Sockel war leichter herzustellen als ein siebenseitiger. Altäre trugen ohnehin meist eine Weihinschrift, so daß der hohe Prozentsatz bei ihnen nicht auffällig ist. Inwieweit bei der Bevorzugung der Zwischensockel als Inschriftträger ästhetische Überlegungen eine Rolle spielten oder Rücksichtnahme auf leichtere Lesbarkeit, muß offen bleiben.

In 45 Inschriften, bei denen dieser Teil noch erhalten ist, ist als Gott, dem die Säule geweiht war, Iuppiter Optimus Maximus genannt. In 33 Fällen tritt zu ihm Iuno Regina. Andere Götter werden nicht genannt. Nur in einem einzigen Fall trägt Jupiter einen weiteren Beinamen. Der Viergötterstein aus Mainz-Kastel (362/63 Taf. 34,3) war Iuppiter

Optimus Maximus Conservator geweiht. Bei einem Viergötterstein in Karlsruhe (428 Taf. 41,3) folgen auf den abgekürzten Namen *I(uppiter) O(ptimus) M(aximus)* in der nächsten Zeile die Buchstaben *HESG*, wobei *H* und *E* ligiert sind. Diese beiden Buchstaben wurden zuweilen als Abkürzung des Beinamens Heliopolitanus aufgefaßt[237]. Wahrscheinlicher ist jedoch, daß sie die Anfangsbuchstaben des Stifternamens sind, zu dem auch die beiden folgenden Buchstaben der Zeile gehören müssen. Der Name des Weihenden wird auch auf der Kleinen Mainzer Säule (277–279 Taf. 31,2) abgekürzt.

Häufig war umstritten, ob der in den Inschriften genannte Iuppiter Optimus Maximus in dem Reiter auf den Säulen dargestellt sei, oder ob die Säule nur eine Weihung an den Gott darstelle, auf der er selbst nicht erscheinen müsse. Als Argument in dieser Frage wurden auch die Inschriften verwendet, bei denen Iuno Regina erwähnt, aber nicht in der bekrönenden Gruppe dargestellt ist[238]: Wenn der Reiter Jupiter sei, dann seien diese Inschriften ungenau, da ja Juno an ebenso prominenter Stelle erscheinen müsse.

Bei immerhin zwei Weihungen an Jupiter und Juno sind Gruppen der beiden Götter als Säulenbekrönung gesichert (150–153 Taf. 15,3; 155–158). Weitere derartige Gruppen sind in Mainz (285 Taf. 32,2; 286; 287 Taf. 32,3; 288) gefunden, von wo auch die meisten Inschriften stammen, die die beiden Gottheiten nennen. Das Thema der Reitergruppe schloß in den übrigen Fällen aus, daß Juno in der Bekrönung der Säule erschien. Ebensowenig konnte sie an der nächstwichtigen Stelle der Säule, der Vorderseite des Viergöttersteines, stehen, wenn dort die Inschrift angebracht war. Auf fünf Steinen (143; 291 [?]; 357 Taf. 34,2; 359 Taf. 33,2; 360) ist sie aber auf einer der Seiten neben der Inschrift dargestellt. Vier Steine (311; 353; 465; 472) sind nur unvollständig erhalten oder nur aus ungenauen Zeichnungen bekannt. Zwei weitere Steine stammen aus dem Raum Mainz-Heddernheim (176; 554). Da von ihnen keine weiteren Säulenteile erhalten sind, ist es möglich, daß die Säulen Gruppen von Jupiter und Juno getragen haben (vgl. oben S. 7 zu dieser Säulenform). Auf einem Zwischensockel (494) ist Juno dargestellt, bei einem anderen, dem einzigen, dessen Viergötterstein erhalten ist, nimmt sie die Vorderseite des Viergöttersteines (225 u. 226 Taf. 27,1–2) ein. Zu dem Altar aus Eisenberg (139) gehört ebenfalls ein Viergötterstein (138), auf dem Juno dargestellt ist.

Nur auf der Säule von Hausen (208–211) ist Juno trotz der Inschrift, die sie erwähnt, mit Sicherheit nicht dargestellt. Dies muß hier als Ausnahme gelten. Die Hausener Säule ist auch zusammen mit der Säule aus Steinheim, deren Zwischensockel (494) erhalten ist, und der neugefundenen Ladenburger Säule (250), die einzige aus dem Dekumatland mit Weihinschrift an Jupiter und Juno.

Man darf als sicher annehmen, daß Juno bis auf wenige Ausnahmen auf allen Säulen, in deren Inschrift sie genannt wurde, an wichtiger Stelle dargestellt war. Man kann also nicht aus ihrer Nennung schließen, daß der Gigantenreiter nicht Jupiter sein könne. Den positiven Beweis, daß der Gigantenreiter Jupiter genannt wurde, erbringen zwei eiserne bzw. bronzene Blitzbündel, die mit den Reitergruppen vom Wasserwald (540) bzw. Steinsfurt (496 Taf. 45,1) gefunden wurden. Durch sie ist eindeutig belegt, daß die Besteller der Säulen in dem reitenden Gott Iuppiter Optimus Maximus erkannten, oder zumindest einen einheimischen Gott, der dem Iuppiter Optimus Maximus gleichgesetzt werden konnte.

---

[237] Wagner, Fundstätten 2, 129. – Espérandieu G. 365 (Text). – Zangemeister, CIL XIII 6631.
[238] Riese, Die Gigantensäulen, insbesondere die Reiter- und Gigantengruppen und ihre Literatur (1907) 30.

Die häufige Verbindung von Jupiter mit Iuno Regina in den Inschriften ist auffallend. Sie ist eine für Obergermanien auch außerhalb der Jupitersäulen typische Erscheinung. Weihungen an die beiden Götter sind bei den Säulen relativ ebenso häufig wie bei anderen Inschriften[239]. Überraschend ist weiter, daß Juno allein auf Weihinschriften und Reliefs fast nicht erscheint[240]. R. v. Kienle und H. Hommel versuchten, in Jupiter und Juno ein germanisches Götterpaar nachzuweisen[241]. Inschriften der beiden Götter fehlen aber gerade in den Teilen Obergermaniens fast ganz, in denen wenigstens im 1. Jahrhundert n. Chr. Germanen wohnten[242]. Paarbildung von Göttern und Göttinnen ist dagegen eine weit verbreitete und gut bekannte Eigenschaft der gallorömischen Religion[243]. Auch die enge Verbindung von Jupiter und Juno, die in der Form aus der stadtrömischen Religion nicht erklärt werden kann, ist auf keltische Einflüsse zurückzuführen. Die Jupitersäulen, bei denen Inschriften an das Götterpaar ebenso häufig sind wie bei anderen Weihungen, haben sich in diesem Punkt an die einheimischen Religionsformen weitgehend angepaßt.

Auf nahezu allen Inschriften stehen Namen der Weihenden[244]. In einigen Fällen sind sie nicht mehr erhalten oder nur noch teilweise lesbar. Frauen allein sind nur in zwei Inschriften zu finden. Die Inschrift auf dem Viergötterstein 366 ist zu fragmentarisch erhalten, um die beiden noch lesbaren Buchstaben [---]la zu einem Frauennamen zu ergänzen, obwohl dies, da sie die Endbuchstaben der Zeile sind, möglich wäre. Es kann jedoch noch ein Männername vorausgegangen sein. Nur der Name einer Frau findet sich auch auf der Gesimsplatte eines Viergöttersteines von Gaiberg (180). Zwar können, da die Inschrift sicher noch länger war, mitweihende Männer genannt gewesen sein, aber Suatonia Iustina war wahrscheinlich die Hauptweihende der Säule.
Eine Frau ist auch die Stifterin des Altares von Oeschelbronn (414), der zusammen mit Säulenresten gefunden wurde. Bei ihm ist die Zugehörigkeit zu den Säulenteilen jedoch nicht ganz sicher.
Frauen erscheinen außer in den genannten Inschriften nur noch in acht weiteren. Fünfmal (111 Taf. 12,1; 143; 304; 312; 313) sind sie durch die Beifügung *coniunx* als die Frauen der Stifter bezeichnet. Einmal läßt sich das Verwandtschaftsverhältnis sicher erschließen. Die Säule des Vinco aus Heddernheim (155–158) weihten Avitia Apra und Vinconia Erepta mit. Vinconia ist aufgrund ihres Namens (Pseudogentiliz) sicher die Tochter des

---

[239] Das Verhältnis von Inschriften an Jupiter zu Inschriften an Jupiter und Juno ist bei den Gigantensäulen etwa 3 : 2,7, bei den übrigen Weihinschriften 3 : 2.
[240] Kienle, Archiv für Religionswissenschaft 35, 1938, 279 nennt zwei Weihungen an Juno allein: CIL XIII 7263 und 6696. Nr. 7263, eine bronzene Junostatuette, wurde aber zusammen mit der Basis einer Jupiterstatuette gefunden, die wohl als Pendant zu der Juno gedacht war (CIL XIII 7264). Nr. 6696 ist nur in einer Abschrift erhalten. Weihreliefs an Juno allein: Espérandieu V 4496; VIII 5931. Ein neues Weihrelief mit Inschrift an Juno stammt aus Bad Wimpfen: R. Koch, Kunst der Römerzeit Teil 1: Funde aus den Kastellorten Böckingen, Wimpfen und Jagsthausen. Heilbronner Museumshefte 1 (1971) 58 Nr. 13 Abb. 14.
[241] Kienle a. a. O. (Anm. 240). – Ders., Abhandl. saarpfälzische Landes- und Volksforschung 1, 1937, 23 ff. – Hommel, Archiv für Religionswissenschaft 37, 1941/42, 144 ff.
[242] Kienle a. a. O. (Anm. 241) Karte II. Nur im Raum der Neckarsueben gibt es vier Weihungen an IOM und Iuno Regina. Der Raum um Groß-Gerau und der um Diersheim ist fundleer. Die von v. Kienle und Hommel herangezogenen Tacitusstellen lassen nicht auf die enge Zusammengehörigkeit von Tiwaz-Erminaz und Njörth schließen. Tacitus dürfte zudem nicht von Germanen am Oberrhein sprechen, sondern von Germanen jenseits der Elbe. Weihungen an IOM und Iuno Regina fehlen auch fast völlig in Niedergermanien.
[243] Drexel, Götterverehrung 26 ff.
[244] Keine Stifternamen waren auf den Steinen 107; 149; 314; 321; 356.

Die Inschriften 45

Vinco, Avitia Apra muß seine Frau sein. Auch die beiden anderen Weihungen mit einem Frauennamen stammen wohl von Ehepaaren. Es sind ein Zwischensockel in Speyer (478), den M. Valerius Florus und Ursa, die Tochter des Speratus geweiht haben, und ein Zwischensockel aus Worms (574 Taf. 54,3).
Von hier aus ist auch ein weiterer umstrittener Punkt um den Viergötterstein von Pforzheim-Brötzingen (428 Taf. 41,3; vgl. oben S. 43) zu klären. Das kleine Brustbild einer Frau mit langem Haar auf der Inschriftseite kann kaum ein Bild der Stifterin sein[245], obwohl im württembergischen Gebiet Stifterfiguren auf Weihreliefs nicht selten sind[246]. Stifterbildnisse an Jupitersäulen gibt es sonst nicht und ganz ungewöhnlich wäre dazu eine Frau als Stifterin.
Eine Ausnahme bei den Weihungen von Ehepaaren ist ohne Zweifel die Säule aus Heddernheim (143–146). Auf ihrer Weihschrift nennen sich Vater, Mutter, zwei Söhne und drei Töchter. Dazu erscheinen die Namen der Familienmitglieder außer dem des Vaters auf dem Zwischensockel, jeweils über einem der sechs dort dargestellten Götter. Man hat mit Recht vermutet, daß dies die Schutzgötter der einzelnen Familienmitglieder seien; Jupiter bleibt als Schutzgott für den Vater.
Häufiger als Weihungen von Ehepaaren, insgesamt zehnmal (7; 141; 143; 182; 192; 215; 226; 359; 389; 443) finden sich Weihungen von Brüderpaaren. Unter diesen zehn Weihungen sind drei eines Vaters mit seinen beiden Söhnen (7; 182; 389). Vater und ein Sohn erscheinen auf einer Weihschrift aus Mainz-Kastel (357/58).

Fünf Inschriften weisen sich als Kollektivweihungen größerer Gruppen aus. Die früheste von ihnen steht auf der Großen Mainzer Jupitersäule, gestiftet von den canabarii Mogontiacenses (273). Ihr folgen in Mainz und in zeitlich recht kurzem Abstand die Weihungen der vicani Mogontiacenses vici novi (292 Taf. 33,1) und der vicani Salutares (291). Eine Weihung der vicani Saliobrigenses in Sinsheim (474) ist etwa zeitgleich einem inschriftlich auf 170 n. Chr. datierten Stein, den die Brüder Carantus und Iucundus Melonius für den vicus novus Meloniorum in Mainz-Kastel (359 Taf. 33,2) stifteten. Die Formulierung der Kasteler Inschrift erinnert etwas an die auf der Großen Mainzer Säule. Auch sie wurde von zwei Männern, Quintus Iulius Priscus und Quintus Iulius Auctus auf eigene Kosten im Namen der canabarii Mogontiacenses errichtet. Daß mit den vier Kollektivweihungen nach der großen Mainzer Säule ein ähnlicher offizieller Anlaß verbunden war, kann nicht ausgeschlossen werden. Auf dem Stein der vicani Salutares (291) hält Victoria auf der linken Seitenfläche einen Schild mit der Inschrift *victoria Augusti*. Der Stil läßt erkennen, daß die Reliefs in flavischer Zeit gearbeitet wurden. Es ist möglich, daß diese Inschrift auf einen Sieg Domitians anspielt. Man könnte an die Chattenkriege denken[247]. Im Zusammenhang mit der Bedeutung der Großen Mainzer Jupitersäule, die für eine niedergeschlagene 'Revolte' errichtet wurde, ist aber eher an den Aufstand zu erinnern, den Lucius Antonius Saturninus, der Statthalter von Obergermanien, anzettelte und der zusammenbrach, weil die germanischen Hilfsvölker der Aufständischen nicht rechtzeitig über

---

[245] Fröhner, Alterthümer 1, 9 Nr. 24. Zangemeister, CIL XIII 6331 schlug als Namen für die Göttin Juno vor.
[246] z. B. Espérandieu G. 479; 569. Auch die Frau, um die Mercur auf dem neugefundenen Relief aus Sulz am Neckar den Arm legt, dürfte eher eine Stifterin als eine Kultgenossin sein (Fundber. Bad.-Württemb. 1, 1974, 452 Abb. 6).
[247] Zu den Chattenkriegen Domitians: H. Braunert, Bonner Jahrb. 153, 1953, 97 ff. – Zum Saturninusaufstand: G. Walser, in: Provincialia. Festschrift Laur–Belart (1968) 497 ff.

den Rhein übersetzen konnten[248]. Bei den anderen Kollektivweihungen fehlen derartige Hinweise. Weder der Name eines Kaisers noch die Formel *pro salute* weisen auf eine Verbindung dieser Säulen mit dem Kaiserkult. Nicht einmal die seit dem Ende des 2. Jahrhunderts übliche Formel *in honorem domus divinae* findet sich auf den beiden späteren Kollektivweihungen. Diese Formel ist überhaupt bei den Jupitersäulen selten. Sie findet sich insgesamt nur vierzehnmal; zwei dieser vierzehn, die beiden aus Köngen (244; 245), gehören zum selben Denkmal. Im Raum Mainz-Heddernheim, in dem insgesamt 31 Inschriften vorkommen, erscheint sie nur dreimal (296; 356 Taf. 34,1; 359 Taf. 33,2).

Überraschend häufig sind Inschriften von Soldaten. Insgesamt zehn sind erhalten. Vier dieser Weihungen stammen von Veteranen. Einer von ihnen hat in der 8. Legion in Strasbourg als Signifer gedient (262), einer in der cohors XXIIII voluntariorum civium Romanorum (465). Mehrere Soldaten dieser Einheit weihten die Säule in Benningen (67). Ein weiterer Veteran war Centurio einer Freiwilligencohorte (494), der letzte nennt keine Einheit (155). Legionssoldaten, die anscheinend noch im Dienst standen, finden sich in vier Inschriften. Die achte Legion in Strasbourg ist dabei zweimal vertreten. Ein Benefiziarier in Heidelberg (214 Taf. 26,1) und ein speculator (310/11) in Mainz errichteten Säulen. Ein Reiter der XXII. Legion errichtete in Schierstein eine Säule, und Soldaten derselben Legion eine in Mainz (557–560 Taf. 53,1; 296). Ein Soldat, der im Numerus der Caththarenser diente, weihte in Mainz-Kastel eine Säule (360). Ohne Nennung seines früheren militärischen Rangs erscheint Valerius Fronto an der Spitze seiner Mitbürger auf dem Viergötterstein von Mainz (291).

Zu diesen zehn Inschriften von Soldaten kommen fünf von lokalen Beamten (110/11 Taf. 12,1; 143; 150–153 Taf. 15,3; 176; 362/63 Taf. 34,3). Diese Inschriften finden sich alle im Raum Mainz – Heddernheim – Dieburg. Vier der Beamten waren Dekurionen (*civitas Taunensium; civitas Itiu[---]; civitas Auderiensium*). Bei dem Beamten der civitas Taunensium aus Mainz-Kastel fehlt die genaue Bezeichnung seines Amtes. Sie läßt sich wohl zu IIvir ergänzen.

Immerhin die Hälfte aller mit Datum versehenen Säulen sind von Beamten oder Soldaten geweiht (143; 296; 360; 362/63 Taf. 34,3; 557–60 Taf. 53,1). Auffällig ist auch, daß zwei Säulen, in deren Inschrift ausdrücklich auf die Erneuerung hingewiesen wird, von Beamten wiederhergestellt wurden (143; 150–153 Taf. 15,3). Sie waren aufgrund ihrer Stellung im öffentlichen Leben verpflichtet, auch zerstörte oder verfallene Kultdenkmäler wieder in Stand setzen zu lassen.

---

[248] Sueton, Domitian 6.

Die Viergöttersteine

Auf einem einfachen oder mehrstufigen Unterbau (siehe oben S. 23 f.), der nur in den wenigsten Fällen erhalten ist, erhebt sich als unterstes reliefgeschmücktes Bauglied der Jupitersäulen der Viergötterstein. Er ist nach unten gegen den Unterbau und nach oben gegen den Zwischensockel durch profilierte Gesimse abgesetzt. Diese Gesimse sind häufig als eigene Platten gearbeitet und waren mit dem eigentlichen Viergötterstein nur verdübelt. Daher sind sie in sehr vielen Fällen verloren; in einigen sind dagegen nur diese Gesimsplatten erhalten (z. B. 180; 413)[249]. Vor allem in Mainz und Umgebung sind beide häufiger aus einem Stein gearbeitet.

Die Maße der Viergöttersteine variieren je nach der Größe der Säulen sehr stark. Der größte Stein mißt 1,48 m × 1,08 m × 1,10 m (449 Taf. 43,3–4). Er wird nur von dem unteren Sockel der Großen Mainzer Säule übertroffen. Die Grundfläche der Viergöttersteine ist nicht immer quadratisch. Die Differenzen der Seiten sind zwar meistens gering, jedoch so groß, daß sie nicht auf Ungenauigkeiten bei der Ausführung zurückgeführt werden können. Nicht immer ist dabei, wie man zunächst erwarten möchte, die Vorderseite breiter als linke und rechte Seite. Dies wird wohl davon herrühren, daß diese Säulen bis in ihren Unterbau auf die Form der Reitergruppe Rücksicht nehmen. Auch mehrere Kapitelle haben aus diesem Grund keine quadratische, sondern eine langrechteckige Abacusplatte (z. B. 385)[250]. In allen Fällen ist die Höhe der Viergöttersteine größer als die Breite einer Seite.

Der eigentliche Viergöttersteinkörper ist bis auf wenige Ausnahmen aus einem einzigen Quader gearbeitet. Es kommen jedoch Steine vor, die heute aus mehreren Blöcken bestehen (66; 449 Taf. 43,3–4; 450 Taf. 42,1–4). Zwar ist möglich, daß sie für eine Wiederverwendung zerteilt wurden[251], da es aber meistens sehr große Steine sind, ist es wahrscheinlicher, daß die Aufteilung auf mehrere Blöcke ursprünglich war. Dies ist ja auch bei dem unteren Sockel der Großen Mainzer Säule der Fall. Sein Oberteil, etwa von den Schultern der Götter an, ist aus einem eigenen Block angesetzt. Wie bei den Viergöttersteinen dürfte dies auf die zu geringe Dicke der zur Verfügung stehenden Steinquadern

---

[249] Gesimsplatten ohne Inschrift wurden, auch wenn sie in den Maßen den üblichen Viergöttersteinen entsprechen und im Zusammenhang mit anderen Resten von Jupitergigantensäulen gefunden wurden, nicht in den Katalog aufgenommen. Vgl. z. B. die Gesimsplatten aus Alzey: Mainzer Zeitschr. 24/25, 1929/30, 92 Nr. 5.

[250] Rücksichtnahme des Unterbaus eines Säulenmonuments auf die Form der Säulenbekrönung: H. Thiersch, Jahrb. DAI 28, 1913, 267 f.

[251] Sicher für die Wiederverwendung in einer Mauer wurden die Steine des sog. Pariser Nautenpfeilers zerteilt. Siehe oben S. 35 f.

zurückzuführen sein, sei es, daß die benachbarten Steinbrüche kein anderes Material hergaben, oder daß die Transportmöglichkeiten für größere Blöcke fehlten.

Sehr variabel ist die Behandlung der Seiten der Viergöttersteine. Die Götterreliefs stehen meist in eingetieften Feldern. Der obere Abschluß der Felder kann gerade sein, nischenförmig oder mit geraden Ansätzen und einem kleinen Nischenbogen um den Kopf des Gottes. Nur zweimal ist der obere Teil der Nische noch mit dem plastisch angegebenen Muschelrippenornament verziert (232; 391). Die Bildfeldränder sind in der Regel glatt. Dreimal sind sie aber mit aufgelegten Pilastern versehen (391; 453; 537 Taf. 48,3). Genauso selten sind andere Ornamente auf den Randleisten (378; 427 Taf. 41,1–2).

Die Tiefe der Nischen und damit auch die Reliefhöhe schwanken stark. Ausgesprochenes Flachrelief ist jedoch selten. Auf einigen Steinen scheinen die Nischen ganz zu fehlen. Die Reliefs sind ohne Rahmen auf die Steinfläche aufgelegt.

Bei einigen Viergöttersteinen ist heute eine der Seiten glatt, ohne daß Spuren einer Abarbeitung ursprünglicher Reliefs zu erkennen sind (z. B. 410). Bei ihnen muß wohl angenommen werden, daß eine Inschrift nur mit Farben aufgeschrieben war. Die Inschriften nahmen ja auch sonst meist die ganze Vorderseite der Steine ein. Nur in sechs Fällen sind Reliefs neben der Inschrift auf der Vorderseite. In drei dieser Fälle zeigen sie Symbole Jupiters. In Hausen (208), Heidelberg (215 Taf. 23,1) und Kleinsteinbach (239 Taf. 29,1) ist es der Adler. In Kleinsteinbach sind nur noch der Stoß des Vogels, Flügelreste und die Krallen, die ein Blitzbündel halten, erhalten. Der Adler saß auf einer Tafel, deren Inschrift aufgemalt war. In Heidelberg und Hausen, beide Steine stammen aus derselben Werkstatt, schwebt über dem mit ausgebreiteten Schwingen dargestellten Adler ein dicker Kranz aus Eichenlaub, in dessen Rund die Inschrift geschrieben ist. In Mainz-Kastel (359 Taf. 33,2) und Sinsheim (474) sind unter dem Inschriftfeld Reliefs mit zwei bzw. drei Göttern, in Pforzheim-Brötzingen über der Inschrift das schon besprochene (siehe oben S. 43) Relief einer Göttin angebracht (428 Taf. 41,3).

Zwei Götter auf einer Seite eines Viergöttersteines kommen außer den eben genannten Fällen nur noch viermal vor. Inhaltliche Gründe, die weiter unten erörtert werden, sind dafür verantwortlich.

Schon bei seiner ersten großen Sammlung der Viergöttersteine erkannte Haug eine Folge von vier Göttern, die auf 65 ganz erhaltenen Steinen in Obergermanien vorkommt, als kanonisch. Es handelt sich dabei um Juno, Minerva, Mercur und Hercules. Bei 23 Steinen, von denen nur zwei oder drei Seiten erhalten sind, kann aus der Verteilung dieser Götter geschlossen werden, daß ebenfalls die Normalreihe vorlag. Diese insgesamt 88 Steine sind etwa 43% aller in Obergermanien gefundenen Viergöttersteine, bei denen mit Sicherheit einer oder mehrere Götter bestimmt werden können[252]. Sie sind gleichmäßig über ganz Obergermanien verteilt (Karte 2). An Orten, an denen mehrere Viergöttersteine erhalten sind, überwiegen Darstellungen anderer Göttergruppen. Ein Grund hierfür läßt sich nicht erkennen, und man wird diese Tatsache nicht allzu überbewerten dürfen (vgl. aber unten S. 52 zu ganz abweichenden Götterreihen).

Die Verteilung der Götter auf die Seiten der Steine folgt einem starren Schema. Juno und Hercules stehen sich immer auf zwei Seiten gegenüber. Juno bezeichnet dabei immer die

---

[252] Drexel, Götterverehrung 58 gibt andere Zahlenverhältnisse an. Die Einbeziehung der Viergöttersteine außerhalb Obergermaniens würde auch die hier genannten Zahlen verändern.

Vorderseite des Steines, Hercules also die Rückseite. Diese Verteilung der Seiten ist an den Steinen zu erkennen, bei denen die Inschrift auf dem oberen Gesims steht oder auf dem an den Viergötterstein angearbeiteten Zwischensockel (z. B. 296 Taf. 33,3; 297; 298/99; 303/04). Auch allein aus inhaltlichen Gründen wäre Juno auf der Vorderseite der Viergöttersteine zu erwarten, denn sie gehört in Obergermanien so eng zu Jupiter, daß ein anderer, weniger wichtiger Platz für sie unmöglich erscheint. Minerva und Mercur, die beiden anderen Götter der Normalreihe, haben ihren Platz also auf den Nebenseiten des Viergöttersteines. Minerva steht dabei meist auf der linken Seitenfläche, Mercur auf der rechten. Es kommen jedoch auch Steine vor, auf denen diese beiden Götter ihren Platz vertauscht haben (z. B. 85 Taf. 6,2).

Seit Haugs Sammlung der Viergöttersteine hat man sich angewöhnt, die Reihenfolge der Götter rechtsläufig mit Juno beginnend abzulesen, so daß sie Juno – Mercur – Hercules – Minerva lautet. Bei den wenigen Ausnahmen, bei denen Minerva rechts nach Juno folgt, hat man früher die Götterreihe linksläufig abgelesen. Hertlein versuchte dann, in dieser willkürlichen Reihenfolge die germanischen Jahreszeiten zu erkennen[253]. Bei Haug fehlt eine Begründung seiner Anordnung, und Hertleins Gründe genügen nicht. Daß die rechtsläufige Lesung die 'naivere' sei und bei den 'einfachen Handwerkern' daher vorherrschte, befriedigt heute kaum mehr als Begründung. Das Ablesen nach rechts hin entspricht der Leserichtung und ist deshalb so beliebt. Das zweite Argument Hertleins, wenn bei Steinen ohne Normalreihe Juno durch die Inschrift von der Vorderseite verdrängt werde, rücke sie immer auf die rechte Seite, trifft nicht zu. Juno rückt aus dem genannten Grund dreimal auf die rechte Seite (143; 291 [?]; 360), auf die linke aber zweimal (357 Taf. 34,2; 359 Taf. 33,2). Die Unterschiede zwischen diesen Zahlen sind zu gering, um aus ihnen überhaupt eine sichere Aussage zu gewinnen.

Trotz der mangelnden Begründung hat sich Kritik an der üblichen Reihenfolge nur sehr vage geäußert, obwohl sie, wie das Beispiel Hertleins zeigt, zu Fehldeutungen Anlaß gab. Auch Drexel, der sie nicht für richtig hielt, behielt sie, da sie nun einmal eingeführt sei, bei[254]. Er und vor ihm schon Koepp[255] sahen in Minerva und Juno ein eng zusammengehöriges Paar, das zusammen mit dem auf der Spitze der Säule dargestellten Jupiter die Kapitolinische Trias bildet. Drexel führt als Bestätigung seiner Annahme die niederrheinischen Jupitersäulen an, an deren reliefverziertem Schaft unter dem thronenden Jupiter in der Regel Juno und Minerva folgen.

Für die Richtigkeit von Drexels Annahme sprechen weiterhin drei Viergöttersteine, auf deren Vorderseite Juno und Minerva gemeinsam dargestellt sind (40; 75 Taf. 8,2; 78). Die dadurch nahegelegte linksläufige Leseweise der Viergöttersteine, also in der Reihenfolge Juno – Minerva – Hercules – Mercur, wird zudem durch einige Viergöttersteine mit Zwischensockeln nahegelegt, bei denen die Wochengötter ebenfalls linksläufig abzulesen sind (z. B. 298/99; 303/04).

Paarweises Auftreten von Göttern und Göttinnen auf einer einzigen Seite eines Viergöttersteines ist nur zu beobachten, wenn die beiden Gottheiten in Religion oder Mythologie eng zusammen gehören. Auf der rechten Seitenfläche des Viergöttersteines der Hausener Säule (208–211) sind Venus und Vulcan dargestellt, während auf der Vorderseite des

---

[253] Hertlein, Mannus 13, 1921, 88 ff.
[254] Drexel, Götterverehrung 56.
[255] Koepp, Bildkunst 37.

Sinsheimer Steines (474) Venus mit Mars und Amor erscheint. Vulcan muß sich mit der rechten Seitenfläche bescheiden. Auf dem Viergötterstein aus Mainz-Kastel in Wiesbaden (359 Taf. 33,2) schließlich sind auf der Vorderseite unter der Inschrift Mercur und Fortuna abgebildet. Eine ähnlich enge Verbindung wie die zwischen den eben beschriebenen Gottheiten zwischen Juno und Minerva, die also ein gemeinsames Erscheinen auf einer Seite eines Viergöttersteines rechtfertigen kann, ist nur im Rahmen der Kapitolinischen Trias möglich. Es liegt nahe, auch in den Fällen, in denen Minerva auf einer eigenen Seite neben Juno steht, an die Kapitolinische Trias zu denken. Bis auf sechs Ausnahmen ist auch bei den Viergöttersteinen, die nicht die Normalreihe zeigen, Minerva auf einer der an Juno anschließenden Seiten dargestellt. Auffällig ist, daß bei diesen Steinen die linke Seite von Minerva bevorzugt wird[256].

Mit der Kapitolinischen Trias können auch die beiden anderen Götter der Normalreihe, Mercur und Hercules, verbunden sein. Im Giebel des domitianischen Kapitols standen rechts und links unterhalb der drei thronenden Götter Hercules und Mercur[257]. Wenn auch ihre Bedeutung im Zusammenhang des ganzen Giebels noch nicht ganz geklärt ist, kann doch darauf hingewiesen werden, daß die Verbindung der fünf Götter Jupiter, Juno, Minerva, Hercules und Mercur im stadtrömischen Jupiterkult gewisse Parallelen hat. Eine ähnliche, um zwei weitere Götter erweiterte Zusammenstellung römischer Gottheiten findet sich auf dem linken Attikarelief der Stadtseite des Trajansbogens von Benevent. Im Vordergrund stehen hier Minerva, Jupiter und Juno. Sie werden rechts und links von Mercur und Hercules flankiert, während Liber Pater und Ceres hinter den Göttern der Kapitolinischen Trias stehen[258].

Eine Schwierigkeit ergibt sich jedoch auch bei der Beziehung von Juno und Minerva auf die Kapitolinische Trias. Sie spielt nämlich in den sonstigen Kultbildern und Inschriften Obergermaniens eine unbedeutende Rolle. Die drei Götter allein erscheinen in keiner einzigen Weihung. Drei Inschriften erweitern die Formel durch den Genius Imperatoris[259] oder allgemeinere Formeln wie *di deaeque immortales*[260] und *ceteri di immortales*[261]. Eine vierte Inschrift gibt die Reihenfolge Jupiter, Juno, Fortuna und Minerva[262]. Wahrscheinlich liegt hier ein Versehen des Steinmetzen vor[263]. Drei dieser vier Inschriften stammen von Legionssoldaten, eine von den Bürgern von Mainz zu Ehren der Kaiser Diokletian und Maximian. Drei der Inschriften stammen aus Mainz, eine aus Obernburg. Die ebenso seltenen Inschriften der Kapitolinischen Trias aus Niedergermanien wurden ebenfalls von Soldaten oder aus öffentlichem Anlaß geweiht[264].

---

[256] Auf der rechten Seite neben Juno ist Minerva 7mal, auf der linken 9mal dargestellt.
[257] Simon, Jahrb. DAI 75, 1960, 147 f. Abb. 7. – Helbig, Führer durch die öffentlichen Sammlungen klassischer Altertümer in Rom⁴ (Hrsg. H. Speier) II (1966) Nr. 1444 C (Simon).
[258] F. J. Hassel, Der Trajansbogen von Benevent. Ein Bauwerk des römischen Senates (1966) Taf. 14. Hassel deutet diese Götterzusammenstellung im Zusammenhang mit dem Triumph des Kaisers. Zur Kapitolinischen Trias führt der Triumphzug, der auf seinem Weg von der Porta triumphalis zum Kapitol an den Heiligtümern der übrigen vier dargestellten Gottheiten vorbeiführt.
[259] H. Nesselhauf u. H. Lieb, Ber. RGK 40, 1959, 176 Nr. 144 (aus Obernburg).
[260] CIL XIII 6727 (aus Mainz).
[261] CIL XIII 11815 (aus Mainz).
[262] CIL XIII 6728 (aus Mainz).
[263] Ein ähnliches Versehen ist auf einem Altar unterlaufen: H. Finke, Ber. RGK 17, 1927, 208 Nr. 354.
[264] Drexel, Götterverehrung 48 f. – CIL XIII 7792; 7796; 8624; 8625; 8809. Eine Sitzgruppe der Kapitolinischen Trias: Rhein. Landesmuseum Trier Inv. S. T. 3196 (R. Schindler, Trier. Führer durch die vorgeschichtliche und römische Abteilung [1970] 28 Abb. 74).

Keine der Jupitersäulen war allerdings ausdrücklich der Kapitolinischen Trias geweiht, so daß deren geringe Bedeutung in Germanien nicht unbedingt als Gegenargument verwendet werden kann. Der Gedanke an die enge Verbindung der drei Götter im römischen Staatskult hat sicher bei den Bestellern der Säulen mitgewirkt[265].

Es darf hier nicht übersehen werden, daß das Vorbild für die Normalreihe vom untersten Sockel der Großen Mainzer Säule (272) stammt. Minerva, Hercules und Mercur stehen ja auch dort auf Rück- und Nebenseiten. Nur Juno, die auf der Mainzer Säule am Schaft unter Jupiter dargestellt ist, ist auf die Vorderseite der Steine gekommen, wo sie Jupiter ersetzt. Die Wiederholung Jupiters, der die Säule ja schon bekrönt, ist auf Viergöttersteinen selten. Dreimal ist Jupiter durch seine Symbole vertreten (vgl. oben S. 48), fünfmal erscheint der Gott selbst. Einige dieser fünf Steine stammen aus derselben späten Werkstatt[266].

Neben den vier Göttern der Normalreihe finden sich noch zahlreiche andere Götter auf Viergöttersteinen. Es sind, in der Reihenfolge ihrer Häufigkeit: Apollo (30mal), Victoria (27mal), Vulcan (23mal), Mars (20mal), Fortuna (16mal), Diana (11mal), Genius (8mal), Jupiter (5mal), Venus (5mal) Silvan, Sol und Luna (je dreimal), Ceres und Neptun (je zweimal), Bacchus (einmal). Natürlich erscheinen Juno, Minerva, Hercules und Mercur auch auf diesen Viergöttersteinen, nur schwankt ihre Häufigkeit stark. Juno erscheint 52mal, Hercules 53mal, Minerva 41mal, Mercur dagegen nur 31mal, nur einmal öfter als Apollo[267]. Verschieden häufig treten die Götter der Normalreihe auch in Gruppen miteinander auf. Juno, Hercules und Minerva stehen auf 19 Steinen zusammen, Minerva, Hercules und Mercur achtmal. In sechs dieser acht Fälle hat jedoch die Inschrift Juno ersetzt. Fünfmal ist Minerva aus der Normalreihe ausgefallen, nur dreimal dagegen Hercules. Zwei Götter aus der Normalreihe finden sich noch auf sechs Steinen: dreimal Juno und Hercules, dreimal Minerva und Hercules.

Diese Aufstellungen lassen vermuten, daß zwischen Juno und Hercules einerseits und Minerva und Hercules andererseits engere Bindungen bestanden als zwischen diesen drei Göttern und Mercur. Er verliert seinen Platz in der Normalreihe leichter als alle anderen Götter zusammen, und er tritt nur je einmal zusammen mit einem der anderen drei auf. Jedoch finden sich auch niemals Juno und Minerva ohne Hercules oder Mercur zusammen. Weiter zeigt die Aufstellung, daß die Normalreihe ein sehr großes Beharrungsvermögen besitzt. Je drei ihrer Götter werden auf rund der Hälfte der hier behandelten Steine dargestellt. Juno und Hercules erscheinen dabei bis auf wenige Ausnahmen auf den

---

[265] Hatt, Revue Etudes Anciennes 67, 1965, 113 f.; 121 denkt auch an die Kap. Trias, die an den Säulen aber mit einer 'triade druidique' verschmolzen sein soll. Diese 'triade druidique' besteht aus in Stufen untereinander angeordneten Gottheiten: oberste Stufe: 'Mars sideral', Taranis = Jupiter und Sucellus; mittlere Stufe: Teutates = Mercur; untere Stufe: Esus, Cernunnos und Smertrius = Hercules. Juno und Minerva sind neben ihrer Rolle in der Kapitolinischen Trias keltische Muttergottheiten. Alle diese Gottheiten werden von Hatt in einem sehr komplizierten, phantasievollen 'keltischen Mythos' miteinander verbunden. Eine knappe Zusammenfassung dieses Mythos: Hatt, Kelten und Galloromanen (1970) 299.
[266] Hahl, Stilentwicklung 43.
[267] Andere Zahlen bei Sprater, Pfälzer Heimat 2, 1951, 66. Seine Aufstellung beruht aber auf den Viergöttersteinen des ganzen Verbreitungsgebietes der Jupitergigantensäulen. Außerdem sind die Steine der Normalreihe mitgezählt: Hercules 190mal; Juno 182mal; Minerva 155mal; Mercur 152mal; Apollo 47mal; Mars 42mal; Victoria 26mal; Jupiter 22mal; Fortuna 17mal; Diana 14mal; Genius 9mal; Venus 5mal; Aesculap, Castor, Dispater, Hygieia, Kybele, Luna, Rosmerta je einmal; Neptun dreimal; Bacchus, Silvan, Sol je zweimal.

Seiten der Viergöttersteine, auf denen sie bei der Normalreihe zu stehen haben. Nur Mercur und Minerva vertauschen, wie schon oben (S. 49) bemerkt, häufiger ihre Plätze.

Bei dieser großen Bedeutung der Normalreihe können die Steine ein besonderes Interesse beanspruchen, auf denen sich keine der vier Normalgottheiten findet. Es sind vierzehn Steine, deren Häufung im Raum des mittleren Neckar und der Enz auffällt (Karte 2). Linksrheinisch finden sich nur vier, der südlichste davon in Godramstein[268]. Diese Viergöttersteine zeigen eine Reihe von auffälligen Gemeinsamkeiten. Neun von ihnen[269], also weit über die Hälfte, tragen auf der Vorderseite eine Inschrift. Die Vorderseite ist außer bei diesen neun nur noch bei einem, dem von Dielkirchen (113) sicher bestimmbar, da auf ihm Jupiter vorkommt, der wohl die Vorderseite bezeichnet. Die linke Nebenseite dieses Steines trägt ein zweigeteiltes Bildfeld. Oben ist ein Wagen dargestellt, darunter ein nackter Jüngling, der ein Pferd am Zügel führt, also einer der Dioskuren. Diese Darstellungen lassen Zweifel zu, ob der Stein überhaupt in den Rahmen der Jupitergigantensäulen gehört. Bei den restlichen vier Viergöttersteinen ist eine Festlegung der Vorderseite nicht möglich.

Es fällt auf, daß auf diesen vierzehn Steinen Götterpaare der römischen Religion und Mythologie besonders bevorzugt erscheinen. Sechsmal sind es Mars und Victoria, ebenfalls sechsmal Diana und Apollo[270]. Einmal erscheinen Sol und Luna. Auf einem Stein ist Venus mit ihrem Ehemann Vulcan (208) zu sehen, auf einem anderen zusammen mit ihrem Geliebten Mars, während Vulcan mit der anliegenden Seite zufrieden sein muß (474).

Diese Besonderheiten schließen die vierzehn Viergöttersteine eng an einen Zwischensockel aus Alzey (12) an. Er ist einer der zwei sicheren Zwischensockel in Form eines Viergöttersteines (12; 16 Taf. 2,1–2). Auf der Vorderseite trägt er die Inschrift, auf den rechten und linken Seitenflächen Reliefs von Mars und Victoria und auf der Rückseite ein Fortunarelief. Der Viergötterstein dieser Säule (11) zeigt die Götter der Normalreihe. Es ist durchaus denkbar, daß die 'Viergöttersteine' der hier besprochenen Gruppe ebenfalls als Zwischensockel gedient haben. Mit dieser Funktion würde auch ihre Vorliebe für Inschriften zusammenpassen (siehe oben S. 42). Für einen der Viergöttersteine ist dies jedoch sicher auszuschließen: Der Hausener Stein (208) hat als Viergötterstein gedient, denn zu der Säule, zu der er gehört, wurde ein Zwischensockel mitgefunden.

Zur Klärung der Frage kann man wie bei den beiden Alzeyer Steinen Kat. Nr. 11/12 untersuchen, ob sie stilistisch mit anderen am selben Ort gefundenen Viergöttersteinen zusammengehören können. Dies ist jedoch nur in Mainz, Godramstein, Pforzheim und Rottenburg möglich, weil nur dort mehrere Viergöttersteine gefunden wurden. Für den Rottenburger Stein (450 Taf. 42,1–4) vermutete schon Drexel, daß er der Zwischensockel

---

[268] 113 Dielkirchen: Jupiter, Wagen/Dioskur, Victoria, Mars; 188 Godramstein: Apollo, Genius, Victoria, Mars; 208 Hausen: Inschrift, Venus/Vulcan, Diana, Apollo; 215 Heidelberg: Inschrift, Fortuna, Vulcan, Victoria (Taf. 23; 24); 239 Kleinsteinbach: Inschrift, Mars, Fortuna, Victoria (Taf. 29); 244 Köngen: Inschrift, Victoria, Diana, Apollo; 292 Mainz: Inschrift, Fortuna, Luna, Sol (Taf. 33,1); 294 Mainz: Diana, Apollo, Genius, Victoria; 390 Mühlacker: Inschrift, Mars, Vulcan, Victoria; 410 Obernburg: Inschrift, Mars, Ceres, Victoria; 428 Pforzheim-Br.: Inschrift, Victoria, Vulcan, Mars (Taf. 41,3–4); 450 Rottenburg: Apollo, Diana, Silvan, Genius (Taf. 42); 474 Sinsheim: Inschrift/Venus/Mars, Diana, Apollo, Vulcan; 561 Wildberg: Diana, Apollo, Victoria, Silvan.

[269] 208; 215; 239; 244; 292; 390; 410; 428; 474.

[270] Mars/Victoria: 113; 188; 239; 390; 410; 428; Apollo/Diana: 208; 244; 294; 450; 474; 561.

zu dem mit ihm gefundenen Viergötterstein (449 Taf. 43,3–4) sei[271]. Leider sind hier aber gerade von dem größeren Stein die Reliefs so stark zerstört, daß stilistische Vergleiche nicht möglich sind. Für die Zusammengehörigkeit zu einem Denkmal kann jedoch die gleiche technische Ausführung sprechen. Beide Steine gehören zu den wenigen Ausnahmen, die aus mehreren Quaderschichten aufgebaut sind. Bei beiden scheinen auch die Bildfelder in derselben Weise konkav nach innen gewölbt gewesen zu sein, wenn auch ihr oberer Abschluß, einmal waagerecht, einmal nischenartig, nicht übereinstimmt. Die so rekonstruierbare Rottenburger Säule muß zu den größten gehört haben, die errichtet worden sind. Die beiden Sockelsteine, ohne alle Gesimse erhalten, waren 148 und 130 cm hoch. Leider lassen die Übereinstimmungen aber auch den Schluß zu, daß zwei am selben Platz aufgestellte Säulen in derselben Werkstatt gefertigt wurden.

Bei den anderen Viergöttersteinen mit unregelmäßiger Götterreihe lassen sich Beziehungen zu einem weiteren Viergötterstein nicht sicher belegen. Die Frage nach ihrer Funktion als Zwischensockel muß also offen bleiben.

Für die Bedeutung der Götterreliefs auf den Viergöttersteinen ist jedenfalls die Häufigkeit römischer Götterpaare wichtig. Römische Götterpaare finden sich auch wieder auf Viergöttersteinen, die einen oder mehrere der Normalgötter tragen. Mars und Victoria erscheinen noch auf fünf weiteren Viergöttersteinen (40; 94 Taf. 10,1; 185; 225 Taf. 27,2; 290), Mercur und Fortuna auf sieben weiteren[272]. Unter diesen sieben Steinen sind die vier, auf denen Mercur als einziger Gott der Normalreihe vorkommt.

Diese oben angeführten Beziehungen der Gottheiten auf den Viergöttersteinen zueinander lassen sich leicht aus den römischen Vorstellungen erklären. Damit ist jedoch nicht gesagt, daß diesen römischen Vorstellungen nicht einheimisch-keltische entsprochen haben können. Nur lassen sie sich, da die entsprechenden schriftlichen Quellen fehlen, nur ahnen. Es scheint aber fraglich, ob so komplizierte mythologische Beziehungen wie die, auf die an dem Sinsheimer Viergötterstein (474: Mars, Venus und Vulcan), angespielt wird, ihre einheimischen Entsprechungen hatten[273]. Ähnlich steht es mit dem Viergötterstein aus Pforzheim-Brötzingen (427 Taf. 41,1–2). Die eine Seite dieses Steines mit der Darstellung einer auf einem Fels sitzenden Frau mit Mantelschleier, auf deren linkem Oberschenkel ein Wasservogel sitzt, wird als Leda mit dem Schwan gedeutet[274]. Dies würde enge Beziehungen dieser Seite des Viergöttersteines zu Jupiter herstellen. B. Cämmerer schlägt jedoch vor, in der sitzenden Frau Venus mit dem Schwan zu sehen, die gut zu dem auf der gegenüberliegenden Seite dargestellten Vulcan paßt[275]. Für die Deutung auf Venus würde auch sprechen, daß Illustrationen zu mythologischem Geschehen auf den Viergöttersteinen sonst unbekannt sind, sieht man von einigen Zitaten aus dem Herculesmythos ab (vgl. unten). Auch bei der Deutung als Venus weist der Schwan der Göttin, der sonst in den gallisch-germanischen Provinzen bei ihr unbekannt ist, auf griechisch-römische Wurzeln hin.

Die Regel, keinen konkreten Mythos auf den Viergöttersteinen darzustellen, ist nur bei einer Reihe von Viergöttersteinen, meist aus der Umgebung von Mainz, durchbro-

---

[271] Drexel, Germania 8, 1924, 56.
[272] 39; 92; 185; 221; 359 Taf. 33,2; 436; 477.
[273] Vgl. Bauchhenß, Mitt. Hist. Ver. Pfalz 73, 1976, 172 f. – Ders., Jupitergigantensäulen 23.
[274] So seit Haug, Viergöttersteine Nr. 29.
[275] Mündlicher Hinweis, Herbst 1971.

chen[276]. Sie zeigen Darstellungen aus dem Bereich der Arbeiten des Hercules (z. B. 297; 306?; 554; 569). Man wird wohl annehmen dürfen, daß diese Bilder durch die Beliebtheit des Hercules auf Grabreliefs angeregt worden sind.

Die Beziehungen der Götter auf den einzelnen Seiten der Viergöttersteine lassen erkennen, daß die Bevölkerung die klassische Mythologie gut kannte. Genauso ist an den Darstellungen der Götter zu sehen, daß die klassische Kunst den Bildhauern als Vorbild diente. Die Bildtypen sind alle aus der griechisch-römischen Kunst entlehnt, ihre Attribute aus den griechisch-römischen Mythen ableitbar[277]. Juno hat häufig den Pfau bei sich, Minerva das Käuzchen. Sie ist immer die bewaffnete Göttin mit Helm, Schild und Lanze und, soweit dies bei der oft schlechten Erhaltung erkennbar ist, der Aegis mit dem Gorgoneion. Hercules trägt immer das Löwenfell und die Keule, manchmal auch die Äpfel der Hesperiden; relativ selten kommen dazu Köcher und Bogen. Mercur trägt sehr häufig den Flügelhut oder Flügel im Haar, immer den Caduceus und fast immer den Geldbeutel in der Rechten. Apollo wird zuweilen von seinem Greifen begleitet und führt sehr oft die Leier mit sich.

Diesen sicher römischen Zügen stehen einige einheimische gegenüber[278]. Nur eine Äußerlichkeit ist es, wenn vor allem in provinziellen und späten Werkstätten die klassischen Gewänder der Götter durch einheimische ersetzt werden. Wichtiger ist es schon, wenn bei einzelnen Göttern Attribute auftauchen, die aus den römischen Vorstellungen nicht erklärt werden können. Dies ist einige Male bei Silvan der Fall. Er trägt auf zwei Darstellungen an Viergöttersteinen (450 Taf. 42,3; 561) einen hohen, zepterartigen Stab, der in einen hammerförmigen Knauf endet. Dieses Attribut bringt ihn in die Nähe des Sucellus, eines einheimischen Gottes. Sein römischer Name Silvan ist aber durch ein Weihrelief aus Ramsen in Speyer gesichert[279]. Dort wird der Gott in kurzer Tunica, mit Jagdhunden und dem hammerartigen Stab in der Weihinschrift *deus Silvanus* genannt. Verschmelzungen mit einheimischen Vorstellungen sind auch bei dem zweiten Alzeyer Zwischensockel in Form eines Viergöttersteines (16 Taf. 2,2) zu finden. Ein Gott in einem Hüftschurz trägt Zange, Fackel und Pileus des Vulcan. Er wird von einem Hirsch begleitet. Bei der Göttin der Vorderseite dieses Steines sind Brüste und Scham so betont, daß man an Vermischung mit einer einheimischen Fruchtbarkeitsgöttin denken und sie wohl eher Venus als Juno nennen muß[280]. Nicht ganz so sicher scheint die Umbenennung einer ebenfalls in Alzey auftretenden Göttin in Sirona[281]. Die schlangenartigen Bänder finden sich auch in der Hand einer Göttin, die wegen des beigegebenen Pfaus sicher Juno ist[282].

---

[276] Diese Abneigung ist bei einigen Zwischensockeln nicht feststellbar: 262; 494. Auch außerhalb des Bereichs der Viergöttersteine und Zwischensockel finden sich mythische Darstellungen mit Ausnahme des sepulkralen Bereichs recht selten in Gallien und Germanien.
[277] Vgl. dazu Bauchhenß, Jupitergigantensäulen 5.
[278] Vgl. Bauchhenß, Jupitergigantensäulen 23 f.
[279] Espérandieu VIII 6072; CIL XIII 6146.
[280] So erstmals Künzl, Alzeyer Geschbl. 11, 1971, Nr. A. – Ders., CSIR Deutschland II,1 (1975) Nr. 1.
[281] Künzl, CSIR Deutschland II,1 (1975) Nr. 2.
[282] Ternes, Répertoire archéologique du Grand-Duché de Luxembourg 2 (1970) Taf. 192 f. (= Espérandieu V 4238). Bei den von Künzl a. a. O. (Anm. 281) aufgezählten Vergleichsbeispielen fehlt jede Möglichkeit, die Göttin wie in Alzey mit Apollo in Verbindung zu bringen, ohne den Sirona nur selten dargestellt wurde. Fünf der genannten Denkmäler (Espérandieu VIII 5939; 5940; 5974; 6070; 6067) gehören zudem zu einer Gruppe, die in die zweite Hälfte des 3. Jahrhunderts gehört und wohl derselben Werkstatt entstammt (Hahl, Stilentwicklung 43).

Einheimische Vorstellungen wirken vielleicht auch bei den häufigsten Göttern, Juno und Hercules, mit. Zwei Sockel von Herculesstatuen aus Alzey tragen neben Darstellungen von Herculesstatuen auf Neben- und Rückseiten Junoreliefs auf der Vorderseite[283]. Im römischen Kult sind Juno und Hercules außer im Kult der Juno Sospita nicht verbunden[284]. Man könnte von hier aus bei der Häufigkeit von Juno und Hercules auch an einheimische Verbindungen der beiden Götter auf den Viergöttersteinen denken. Ihre Häufigkeit läßt sich jedoch auch anders erklären, und die beiden Alzeyer Steine dürfen nicht überbewertet werden. Alzey, das auch die sonst unbekannten Vermischungen von Vulcan und Venus mit einheimischen Göttern aufweist, kann auch bei der Verbindung von Juno mit Hercules einer eng begrenzten lokalen Tradition folgen, oder das Vorbild der Viergöttersteine hat sich hier auf die beiden in enger Anlehnung an diese Denkmäler geschaffenen Sockel ausgewirkt[285].

Für die Auswahl der Götter auf den Viergöttersteinen sind also bis auf wenige Ausnahmen römische Vorstellungen von diesen Göttern maßgebend. Dabei ist die Abhängigkeit vom unteren Sockel der Großen Mainzer Säule von großer Wichtigkeit. Wenn die Götter dort auch in anderem inhaltlichem Zusammenhang stehen, so ist mit ihnen doch eine Auswahl gegeben, die den Bedürfnissen der Bevölkerung am meisten entsprach. Juno und Minerva gehörten im Rahmen der Kapitolinischen Trias zur Staatsreligion. Hercules, der Helfer gegen alles Übel und Spender von Reichtum[286], sorgte zusammen mit Mercur und auch Fortuna[287] für das Wohlergehen der Stifter der Säulen. Wo diese Reihe verlassen wurde, lagen persönliche Gründe vor. Das läßt sich an den Zwischensockeln in Alzey (12) und Heddernheim (144) zeigen. Behrens hat die Darstellung von Mars und Victoria auf dem Alzeyer Zwischensockel auf die Namen zurückgeführt, die in der Familie des Stifters vorkamen, Victorinus und Martialis[288]. Die Wiederholung der Stifternamen über den Götterreliefs des Heddernheimer Zwischensockels zeigt, daß die dargestellten Gottheiten die Schutzgötter der Familienmitglieder waren. Es gibt keinen Grund anzunehmen, daß das, was für diese Zwischensockel gilt, für die Viergöttersteine nicht gegolten hätte.

---

[283] Espérandieu XI 7754; 7755.
[284] G. Radke, Die Götter Altitaliens (1965) 142.
[285] Vgl. Bauchhenß Mitt. Hist. Ver. Pfalz 23, 1976, 172.
[286] G. K. Galinsky, The Heracles Theme (1972) 126 f.
[287] Wissowa, Religion und Kultus der Römer. Handb. Klass. Altert.wiss. V, 4² (1912) 305.
[288] Behrens, Mainzer Zeitschr. 27, 1932, 32. Anders Künzl, CSIR Deutschland II,1 Nr. 3. Die Namen Victorinus und Martialis sind ohne Zweifel häufig, dafür aber nicht so sehr das Paar Victoria und Mars, so daß ein Zusammentreffen wohl doch mehr als nur Zufall sein dürfte.

Die Zwischensockel

Als die kanonischen Zwischensockel der Jupitergigantensäulen gelten Steine, die mit den Reliefs der Wochengötter verziert sind. Nur diese Wochengötter haben, wenigstens bei einigen, früheren Interpretationsversuchen Beachtung gefunden, während auf die anderen Zwischensockelformen überhaupt nicht geachtet wurde. Hertlein[289] und Nilsson[290] bauten beide ihre kosmisch-symbolische Interpretation der Säulen zu einem guten Teil auf dem Vorkommen der Wochengöttersteine auf. Beide lassen dabei bewußt außer acht, daß andere Themen auf den Zwischensockeln ebenfalls vorkommen und wahrscheinlich sogar früher auftreten als die Wochengötter.

Das Vorgehen Hertleins und Nilssons kann jedoch eine gewisse Berechtigung für sich beanspruchen. Kein Thema ist an Zwischensockeln so oft dargestellt wie die Wochengötter. Sie erscheinen auf 26 von insgesamt 77 Zwischensockeln. Vor allem finden sie sich am häufigsten bei ganz rekonstruierbaren Säulen (95 Taf. 10,1; 101 Taf. 10,2; 151; 156; 209). Viermal sind Wochengöttersteine dazu noch zusammen mit einem Viergötterstein gearbeitet (298/99; 303/04?; 308/09; 355/56 Taf. 34,1). Diese neun sicher zu Jupitersäulen gehörigen Sockel sind rund oder achteckig. Die Wochengötter können als ganze Gestalt dargestellt sein (z. B. 101 Taf. 10,2) oder in Form von Köpfen oder Schulterbüsten mit ihren Attributen (z. B. 209). Die Reihenfolge kann links- oder rechtsläufig sein[291]. Da es für den Bildhauer leichter war, einen runden Sockel in acht Bildfelder aufzuteilen als in sieben, oder ein Achteck an Stelle eines Siebenecks zu konstruieren, kommt bei acht Zwischensockeln zu den sieben Bildfeldern der Wochengötter ein achtes Bildfeld. Auf ihm steht die Inschrift (304; 356 Taf. 34,1), oder ein Götterrelief ist als Füllmotiv beigefügt. Dies ist zweimal Victoria (95 Taf. 10,1; 209).

Zu den bisher besprochenen neun Wochengöttersteinen kommen 17 andere, die ohne sicheren Zusammenhang mit weiteren Resten von Gigantensäulen gefunden wurden. Zwei dieser 17 Steine können durch ihre Jupiterinschrift sicher mit den Säulen verbunden werden (7; 192). Die restlichen 15 Wochengöttersteine können den Jupitergigantensäulen nur zugeschrieben werden, da sonst keine andere Erklärung für sie zu finden ist. Zwar weist Gabelmann[292] auf einen achtseitigen 'Altar' in Vienne hin[293], der Blätterkelchbüsten der

---

[289] Hertlein, Juppitergigantensäulen 82 ff.
[290] Nilsson, Archiv für Religionswissenschaft 22, 1925, 182.
[291] Eine Übersicht hierüber bei Duval, Semaine 287 ff. Abb. 1.
[292] H. Gabelmann, Aquileia Nostra 38, 1967, 48 ff.
[293] Espérandieu I 412. – CIL XII 2183. Der Stein ist durch die Inschrift auf die Jahre nach 198 datiert. Der bärtige Kaiser wird also wohl Septimius Severus sein.

sieben Wochengötter und eines bärtigen Kaisers trägt, sowie eine Weihinschrift an Iuppiter Optimus Maximus und die übrigen unsterblichen Götter und Göttinnen. Die Inschrift dieses Altares mit der Erwähnung der übrigen Götter und das Kaiserporträt trennen ihn aber sicher von den hier behandelten Wochengöttersteinen. Darstellungen der Wochengötter finden sich in Obergermanien noch bei mithrischen Kultreliefs[294]. Die Form der Wochengöttersteine schließt jedoch diese Verwendung aus. Ein viereckiger Sockel mit der Inschrift *Deo invicto Soli*[295], der nach oben achteckig endet, reicht wohl nicht aus, an der allgemeinen Zuordnung der Wochengöttersteine zu den Gigantensäulen zu zweifeln, obwohl auf ihm ein Aufsatz mit den Reliefs der Wochengötter gestanden haben kann. Er wäre das einzige Beispiel dieser Anordnung der Wochengötter im Mithraskult, so daß man bei ihm eher an formale Beeinflussung durch die Zwischensockel der Jupitersäulen denken müßte.

Auch diese den Jupitergigantensäulen nur zugeschriebenen Wochengöttersteine brauchen meistens auf ihrer achten Seite oder im achten Bildfeld ein füllendes Motiv. Zweimal ist dies ein Genius (317 Taf. 36,3; 383), einmal Fortuna (171 Taf. 16,3) und einmal ein Gigant (395). Auf drei runden Steinen sind nur die sieben Bildfelder der Wochengötter (229; 394; 530), auf zwei Steinen müssen sich Jupiter und Venus in ein Bildfeld teilen, so daß insgesamt nur sechs Bildfelder vorhanden sind (422; 531 Taf. 48,2). Ebenfalls nur sechs Bildfelder hat ein Wochengötterstein aus Stuttgart-Bad Cannstatt (527 Taf. 48,1). Saturn, der auf ihm fehlt, ist auf dem zum Stein gehörigen Altar (529) dargestellt. Zwei Wochengöttersteine (7; 192) haben quadratische Grundflächen.

Schon 1884 hat Hettner, über die Wochengötter hinausgehend, andere Steine, vor allem würfelförmige, zu Zwischensockeln von Jupitergigantensäulen erklärt[296]. Ausschlaggebend war für ihn das Vorkommen einer Inschrift an Jupiter oder der Fundzusammenhang mit anderen Säulenteilen. Dazu mußte der Stein noch würfelförmig, achteckig, sechseckig oder rund sein. Auch heute sind diese Kriterien bei der Suche nach Zwischensockeln noch maßgebend, es kommen aber noch weitere, vor allem inhaltliche, hinzu.

Auf eine eng zusammengehörige Gruppe von Zwischensockeln hat Hertlein bereits kurz verwiesen[297]. Diese Steine stehen in enger ikonographischer Verbindung mit dem Zwischensockel der Großen Mainzer Jupitersäule (273). Deren Zwischensockel trägt auf der Vorderseite die Weihinschrift, auf der Rückseite ein Relief Apollos. Auf den beiden Seitenflächen befinden sich Reliefs der Dioskuren. Eine Reihe kleiner Steine und von Fragmenten trägt ebenfalls Reliefs der Castores[298]. Auf vier von diesen Steinen trägt die Vorderseite Inschriften. Drei sind so weit erhalten, daß die Weihung an Iuppiter Optimus Maximus lesbar ist (90; 263; 420). Das Ende der ersten Zeile eines Steines in Speyer (476), erhalten ist nur die rechte Seitenfläche mit einem Dioskur, endet [---]*Reg*. Die Zeile ist wohl zu [*I(ovi) O(ptimo) M(aximo) et Iun(oni)*] *Reg(inae)* zu ergänzen. Die Vorderseite des Zwischensockels von Seltz (473) ist leer; die Inschrift war wahrscheinlich nur mit

---

[294] F. Cumont, Die Mysterien des Mithra³ (1923) 108 ff. In welchen Zusammenhang die Reliefs Espérandieu G. Nr. 98; 99 gehören, die in einer schmalen Leiste über dem Bildfeld Büsten der Wochengötter zeigen, ist nicht sicher.
[295] Haug–Sixt 47 Nr. 17. – E. Schwertheim, Die Denkmäler orientalischer Gottheiten im römischen Deutschland, EPRO 40 (1974) 220 f. Nr. 183.
[296] Hettner, Westdt. Zeitschr. 4, 1885, 383 f.
[297] Hertlein, Korrbl. Gesamtver. 64, 1916, 221 Anm. 1 II.
[298] 67; 90; 263; 320; 321; 420; 421; 466; 473; 476.

Farbe aufgemalt. Die Reliefs der Rückseiten dieser Dioskurensteine weichen jedoch von dem Mainzer Sockel ab. Victoria ist auf den beiden Steinen in Pforzheim (420; 421) dargestellt, auf dem Rest der Speyerer Rückseite (476) ist noch ein Flügel zu erkennen. In Brumath (90 Taf. 9) stehen Genius und Fortuna auf der Rückseite. Als Genius wurde auch die Gestalt auf der Rückseite des Seltzer Zwischensockels gedeutet (473). Die Rückseite des Leimersheimer Steines (263) ist zu schlecht erhalten, um die Gestalt auf ihr zweifelsfrei zu erkennen. Kilian hält sie für Vulcan, der auch auf der Rückseite des Benninger Zwischensockels (67) gestanden haben dürfte[299]. Auf dem Sockel von Schweighouse sind an zwei Seiten Blattrosetten dargestellt (466). An ihn ist auch der untere Teil eines Pfeilerschaftes angearbeitet. Eine Säule aber stand sicher auf dem Leimersheimer Zwischensockel. Der untere Torus der Säulenbasis an ihm ist noch erhalten.

Das Verbreitungsgebiet dieser Zwischensockel mit den Castores liegt fast ganz im linksrheinischen Raum südlich von Speyer (vgl. Karte 3). Die beiden Pforzheimer Sockel und der Benninger fallen durch ihr größeres Format auf. Keiner dieser Steine außer dem Benninger ist in sicherem Zusammenhang mit einer Jupitergigantengruppe gefunden worden, so daß nicht sicher ist, daß die Bekrönung der Säulen immer ein Gigantenreiter war. Es ist aber wahrscheinlich, da in ihrem Verbreitungsgebiet keine thronenden oder stehenden Jupiter vorkommen. Auch der im Wagen fahrende Jupiter von Benningen (69) könnte es höchstens für die auch im Format ähnlichen Pforzheimer Steine möglich erscheinen lassen, daß ein fahrender Jupiter auf ihrer Säule stand. Der Speyerer Zwischensockel wurde zusammen mit einem Viergötterstein gefunden (475). Die ikonographisch nicht festgelegten Rückseitenmotive dieser Zwischensockel erinnern an die der achten Seite der Wochengöttersteine. Der Apollo der Mainzer Säule besaß offensichtlich nicht so große Bedeutung, daß er, ähnlich wie die Normalgötter der Viergöttersteine, für die Sockel mit den Castores kanonisch wurde. Selbst die Castores sind, wie ihr geringes und regional begrenztes Vorkommen zeigt, für die Glaubensvorstellungen der Provinzbewohner weit weniger wichtig gewesen als die vier Götter der Normalreihe der Viergöttersteine.

Leider sind alle Castores-Steine in ungesicherten Fundzusammenhängen gefunden und so schlecht erhalten, daß eine genaue Datierung nicht möglich ist. Ihre enge Beziehung zu der Mainzer Säule kann jedoch dafür sprechen, daß sie früher zu datieren sind als die Wochengöttersteine. Auf jeden Fall sind die Castores das ältere Motiv an Jupitersäulen.

Unter den restlichen Zwischensockeln, immerhin 42 Stück, läßt sich keine ähnlich einheitliche Gruppe mehr zusammenstellen. Auf die beiden Alzeyer Zwischensockel in Form von Viergöttersteinen wurde schon oben hingewiesen (siehe S. 52), wie auch darauf, daß eine Reihe von Viergöttersteinen möglicherweise als Zwischensockel gedient hat. Ebenso wurde schon der Zwischensockel der Heddernheimer Säule erwähnt (144), der zwar die übliche Form der Wochengöttersteine zeigt, dessen Götterreihe aber abweicht (siehe S. 55). Mit ihm stimmt hierin eine Reihe weiterer sechs- oder achteckiger Zwischensockel überein[300]. Ihre Götterreihen lassen sich in kein festes Schema bringen. Auf ihnen erscheinen auch Götter, die üblicherweise auf den Viergöttersteinen stehen. Will man nicht annehmen, daß sich Götter an Zwischensockeln und Viergöttersteinen wiederholt haben, müssen zu den Zwischensockeln zum Teil Viergöttersteine mit sehr abwei-

---

[299] Mitt. Hist. Ver. Pfalz 68, 1970 Nr. 341.
[300] Espérandieu III 2032; VI 5130; VIII 6396. – Katalog Nr. 144; 172; 382; 459; 498; 538; 546; 547.

chenden Götterreihen gehört haben[301]. Einer dieser Zwischensockel (546) läßt sich aufgrund der Frisur einer der Göttinnen in spätflavische bis trajanische Zeit datieren[302]. Dieses Ergebnis läßt zwei Möglichkeiten zu, wie es zur Ausbildung der kanonischen Jupitergigantensäule gekommen ist. Entweder wurde wegen der Wochergötter die Acht- oder Sechseckform der Zwischensockel gewählt, die dann erst später von anderen Götterreihen übernommen wurde, oder ausgehend von Sockeln in Art der beiden Alzeyer (12; 16) wurden umfangreichere Götterreihen auf mehrkantigen Zwischensockeln dargestellt und erst dann wurden für diese Form die Wochengötter beliebt, da deren festgelegter Zyklus am besten dazu paßte. Eine sichere Entscheidung ist hier nicht möglich, weil das Material vor und gleichzeitig mit dem Weisenheimer Stein zu gering ist. Jedenfalls ist keiner der heute bekannten Wochengöttersteine früher als der Weisenheimer Zwischensockel. Aus diesem Grund scheint auch der von Gabelmann angenommene Zusammenhang zwischen Wochengöttersteinen und den oberitalienischen Grabaltären nicht allzu gut belegt[303]. Gabelmann läßt zudem außer acht, daß der achtkantige Wochengötterstein wie der achtkantige Grabaltar nur eine Sonderform des runden Steines ist. Die Wahl der kantigen Form ist, wie schon oben erwähnt (S. 56), am ehesten auf technische Gesichtspunkte zurückzuführen.

Zusammen mit den Berwangener Säulenresten (72–74 Taf. 6,1) wurde ein Zwischensockel gefunden, dessen Form an die der Castores-Sockel und der quadratischen Wochengöttersteine anschließt. Die fast quadratische Grundfläche ist nur um weniges kleiner als die des Viergöttersteines. Auf der Vorderseite steht die Weihinschrift, auf den beiden Seitenflächen befindet sich je ein Pegasus, auf der Rückseite ein Capricorn. Diese Form des quadratischen Zwischensockels scheint häufiger gewesen zu sein, wenn die Steine auch keine inhaltliche Übereinstimmung zeigen. Bei einem Stein aus Iggelheim (225/26 Taf. 27,1; mitgefundener Viergötterstein!) ist nur die Vorderseite verziert. Zwei Victorien halten einen Kranz, in dem Teile der Inschrift stehen. Sie begann schon auf dem Gesims über dem Zwischensockel. Ein anderer Zwischensockel aus Godramstein (187 Taf. 20,1–2) mit Inschrift auf der Vorderseite, hat auf Neben- und Rückseite nur Blattornamente. In diesen Zusammenhang gehören auch die beiden Zwischensockel aus Speyer und Ladenburg (478; 250), die auch in der Ausführung ihrer Blattornamente enge Verwandtschaft zueinander erkennen lassen. Auf einem Stein aus Kirchheim (237 Taf. 28,1–3) fahren auf den Seitenflächen Sol und Luna mit ihrem Gespann. Die Rückseite fehlt. An einen würfelförmigen Zwischensockel aus Dannstadt (107 Taf. 11,4) mit Inschrift an Jupiter, der auf den vier Seiten je zwei Götterreliefs trägt, läßt sich ein Stein aus Mainz anschließen (318 Taf. 35,1–2). Auch auf ihm sind acht Götter dargestellt. Bei beiden ist die Benennung der Götter wegen der schlechten Erhaltung sehr schwierig. Offensichtlich sind auch einheimische Vorstellungen in diese Darstellungen eingeflossen. Götterreliefs und Inschriften, die teilweise nicht mehr lesbar sind, tragen zwei Sockel aus Lauterbourg und Niedermodern (262; 402). Zwischensockel waren möglicherweise auch zwei weitere Steine. 1868 wurde in Rheinzabern ein Sockel gefunden (443), der auf einer Seite eine Weihinschrift an

---

[301] Anders ist dies bei Mercur, der im Rahmen der Wochengötter, die anscheinend als feste Einheit aufgefaßt wurden, und auf dazugehörigen Viergöttersteinen gleichzeitig vorkommt.
[302] Bauchhenß a. a. O. (Anm. 285) 173.
[303] Gabelmann a. a. O. (Anm. 292) 48 ff.

Jupiter und Juno trug, auf einer der anderen Seiten eine auf einem Seetier reitende Nereide. Diese Darstellung, die Espérandieu für schlecht vereinbar mit der Jupiterweihung hielt, erinnert an den Capricorn auf der Rückseite des Berwanger Zwischensockels. Leider ging der Rheinzaberner Fund wieder verloren, ohne daß seine Maße bekannt wurden. Auch von den Darstellungen auf den beiden anderen Seiten ist so nichts bekannt geworden. In Speyer wurde ein Block gefunden (479), der auf den drei noch erhaltenen Seiten Reste einer Gigantomachie zeigt. Eine ganz erhaltene Seite ist 80 cm breit, ihre Höhe beträgt 38 cm. Das Thema der Darstellung, der Gigantenkampf, verbindet den Stein mit anderen Darstellungen dieses Themas auf Jupitersäulen. Ein Sockel aus Yzeures trägt auf zwei Seiten Darstellungen einer Minerva und eines weiteren Gottes im Kampf mit je zwei Giganten[304]. Espérandieu hielt ihn, Cumonts Anregungen folgend, für den Zwischensockel einer großen Jupitersäule[305]. Zu einer Säule in Hausen gehörte eine Steintrommel (213), die in flachem Relief vier Götter, Jupiter, Hercules, Vulcan und Mars beim Gigantenkampf zeigt. Schließlich verweist die Gigantenreitergruppe bei allen Jupitergigantensäulen in den Bereich der Gigantomachie. Der Speyerer Sockel könnte also durchaus zu einer Jupitersäule gehört haben.

Es ist auffallend, daß die eben besprochene Gruppe von Zwischensockeln mit quadratischer Grundfläche, geringer Höhe und frei variierten Verzierungselementen so wie die Castores-Sockel an ein relativ eng begrenztes Fundgebiet gebunden sind (Karte 3). Zu ihm gehört das Gebiet der östlichen Pfalz mit seinen angrenzenden Gegenden. Der Rhein scheint nach Osten die Grenze gewesen zu sein, sieht man von dem Ladenburger und dem Berwangener Zwischensockel (73; 250) ab.

Der Zwischensockel der Großen Mainzer Jupitersäule war für die Thematik und Form der nachfolgenden Zwischensockel an Jupitergigantensäulen viel weniger maßgebend als deren unterer Sockel für die Viergöttersteine. Nur acht, also nur ein Neuntel der Zwischensockel, stehen in seiner unmittelbaren Nachfolge. In manchen Fällen war der Zwischensockel nur einfach Inschriftträger (322 Taf. 36,4; 574 Taf. 54,3) oder blieb unverziert (z. B. 558 Taf. 52,1). Ob der Sockel leer blieb oder mit Reliefs versehen wurde, blieb den persönlichen Wünschen der Besteller freigestellt, und auch bei der Auswahl der Bildthemen scheinen mehr Möglichkeiten bestanden zu haben als bei den Viergöttersteinen. Nur die Wochengötter konnten größere Verbreitung und Bedeutung erlangen. Aber sie sind, wie die Untersuchung ergibt, mit großer Wahrscheinlichkeit erst spät auf den Zwischensockeln heimisch geworden. P.-M. Duval nimmt an, daß erst gegen Ende des zweiten Jahrhunderts die Darstellungen der Wochengötter in der Provinz weiter verbreitet wurden[306]. Er sieht dies in Zusammenhang mit dem Eindringen orientalischer Sitten und Religionen im stärker romanisierten Rheinland in severischer Zeit. Duval betont, daß diese Darstellungen der Planetenwoche keine einheimischen Wurzeln haben. An das Einfließen orientalischer Vorstellungen mahnt auch der oben erwähnte Sockel mit Inschrift für Mithras, der nach oben achteckig endet und einen Aufsatz gehabt haben dürfte. Wenn auch bei den Wochengöttern orientalische Einflüsse wahrscheinlich Anregungen für die

---

[304] Espérandieu IV 2997.
[305] Espérandieu, Revue Arch. 4. Ser. 20, 1912, 211 ff.
[306] Duval, Semaine 293.

Ausprägung der kanonischen Jupitergigantensäule gegeben haben, können nicht die Jupitersäulen als Ganzes aus diesen oder verwandten Vorstellungen gedeutet werden. Vor allem ist die Berufung Nilssons[307] auf die oberste Trommel der Großen Mainzer Jupitersäule nicht stichhaltig. Juno zwischen den Gespannen von Sol und Luna symbolisiert sicher nicht den Luftraum. Das Programm der Mainzer Säule ist sicher eng auf das Ereignis bezogen, dem sie ihre Entstehung verdankt, so daß kosmische Symbolik an ihr kaum zu finden sein wird.

---

[307] Nilsson a. a. O. (Anm. 290) 180.

Säulen und Kapitelle

Gegenüber den vielfältigen Möglichkeiten, den Zwischensockel zu gestalten, boten der Säulenschaft und das Kapitell wenig Abwechslung. Der Schaft der Säule, der auf dem Zwischensockel steht, ist in fast allen Fällen mit einem Schuppenmuster verziert. Nur wenige in Obergermanien gefundene Säulen haben außer dem Schuppenmuster auf der Vorderseite noch Götterreliefs (8 Taf. 4,1; 50; 278; 324 Taf. 37,3; 367; 368; 369). Sie gehörten zu Säulen mit sitzendem Jupiter, die, wenn ihr Säulenschaft reliefverziert war, nur einen einfachen Sockel als Unterbau hatten. Nur eine dieser Säulen deutet auf einen reicheren Unterbau hin. Der Unterteil des Säulenschaftes (324 Taf. 37,3) ist nicht geschuppt; rund um ihn sind vier Götterreliefs angebracht. Über jedem dieser vier Götter folgt ein blattartig aus dem Säulenschaft wachsender Baldachin, über dem das Schuppenmuster mit einem Relief der Minerva auf der Vorderseite beginnt (vgl. auch oben S. 49). Die Auswahl der Götter auf den Reliefsäulen entspricht denen auf den Viergöttersteinen. Sie sollten ja auch, da die Viergöttersteine den Reliefsäulen fehlen, den Viergötterstein ersetzen.

Das Prinzip, den Säulenschaft mit Reliefs zu verzieren, ist von der Großen Mainzer Säule übernommen. Einen direkten Nachfolger der Mainzer Säule sah man in einem unvollständig erhaltenen runden Stein in Alzey (18 Taf. 1,1–2), der rundum mit den Reliefs von fünf Göttern verziert ist. Neuerdings kann der schon erwähnte Stein aus Hausen (213) mit Gigantomachiedarstellungen dazugerechnet werden. Die meisten Varianten scheint es aber in der Umgebung von Mainz gegeben zu haben, wo mit der Form der Reliefsäule experimentiert wurde, ohne daß sich ein Typus in Obergermanien durchsetzen konnte (51; 323).

Schuppensäulen sind in einigen Phasen der pompeianischen Wandmalerei zu gewisser Beliebtheit gelangt, in der tatsächlich ausgeführten Architektur sind sie dagegen selten[308]. Bei den Grabungen in der CVT bei Xanten fanden sich in einem bisher unveröffentlichten Haus Reste von Schuppensäulen. Aus Britannien gibt es einen weiteren Beleg aus der Wandmalerei, der mit einiger Vorsicht mit Schuppensäulen in Verbindung gebracht werden kann[309]. Das Verzierungsschema war also auch für architektonisch verwendete Säulen in den nordwestlichen Provinzen bekannt. Bei ihrer geringen Bedeutung wird man

---

[308] z. B. Casa degli Epigrammi V 1,18 (K. Schefold, Pompeijanische Malerei [1952] Taf. 8). – Casa delle Nozze d'Argento. – Säulen mit Schuppenmosaik verkleidet: Villa delle colonne di Mosaico. H. G. Beyen, Die pompeijanische Wanddekoration vom 2. bis zum 4. Stil 2,1 (1960) 61: Schuppenverzierte Säulen in den Phasen II a des 2. und 3. Stiles.

[309] J. M. C. Toynbee, Art in Britain under the Romans (1964) Taf. 52 a: Fresco aus Verulamium, Insula 28,3. Der Säulenschaft ist mit Netzwerk überzogen, das an flüchtig ausgeführte Schuppen erinnert.

aber kaum erwarten, daß die Schuppen der Jupitersäulen aus der Architektur übernommen sind.

Ähnliche Schuppenmuster kommen an den Pulvini römischer Altäre sehr oft vor. Sie gelten dort als Entlehnung von den Pulvini jonischer Säulen[310]. Auch bei den Altären laufen die Schuppen häufig von beiden Seiten auf eine Binde in der Mitte zu. Man wird daher annehmen dürfen, daß Beeinflussung der Jupitersäulen von dort möglich ist.

Der Schaft der Säule von Hausen mit seinem Eichenlaubdekor (210) zeigt aber, daß bei dem Schuppenornament auch durchaus an konkrete Erinnerungen an den ursprünglichen Baumcharakter der Säule (siehe oben S. 32 f.) gedacht werden kann[311]. Das Schuppenmuster kann auch als Stilisierung der Baumrinde gedacht sein, wie einige Reliefs auf den Zinnen des Tropaions von Adamklissi zeigen[312]. Auf ihnen sind gefangene Barbaren dargestellt, die an Bäume gefesselt sind, deren Rinde in Form eines Schuppenmusters stilisiert ist[313].

Eine besondere Dekorationsform zeigen die Rankensäulen, bei denen der ganze Säulenschaft oder Teile von ihm von Weinranken umzogen sind, in denen Eroten und Tiere Trauben ernten (31; 217 Taf. 25,3; 259; 481; 539), die aber auch ganz ohne Lebewesen sein können (31)[314]. In Verbindung mit Jupitersäulen sind natürlich die Verbindungen des Gottes mit dem Weinbau zur Erklärung heranzuziehen[315]. Am 19. August wurde ein Jupiterfest gefeiert, bei dem die reifenden Trauben der besonderen Obhut des Gottes empfohlen wurden (Vinalia rustica). Die Lese im September wurde mit einem Opfer des Flamen Dialis eröffnet. Er schnitt die erste Traube. Auch das Fest am Ende der Lese galt Jupiter[316].

Die meisten Kapitelle von Gigantensäulen sind korinthische Figuralkapitelle. Daneben treten aber einfache korinthische Kapitelle (z. B. 559 Taf. 52,2) und Kompositkapitelle (325; 326) auf; diese können aber nur aufgrund ihres Schuppenmusters am Schaft den Gigantensäulen zugeordnet werden. Sie sind zudem nur aus Mainz bekannt.

Die Köpfe oder Schulterbüsten an den Seiten der Figuralkapitelle sind nur in relativ wenigen Fällen genauer charakterisiert. Meistens ist es wegen der qualitätlosen Arbeit und der schlechten Erhaltung nicht einmal möglich, zu entscheiden, ob es sich um Frauen- oder um Männerköpfe handelt. In einigen Fällen sind jedoch Männerköpfe am Bart eindeutig zu erkennen (z. B. 51).

Oft dagegen und vor allem an qualitätvollen Monumenten sind die Personifikationen der vier Jahreszeiten dargestellt (z. B. 495 Taf. 45,1–2). Es sind immer jugendliche weibliche Köpfe, die durch Blüten, Ähren, Früchte und ein um den Kopf geschlungenes wärmendes Tuch gekennzeichnet sind.

Auch diese Jahreszeitenkapitelle wurden in den symbolisch-kosmischen Deutungen der Jupitersäulen verwendet. Für sie gilt jedoch ähnliches wie für die Wochengöttersteine. Sie kommen häufig an Gigantensäulen vor, gehören aber nicht zu den unabdingbaren Be-

---

[310] W. Hermann, Römische Götteraltäre (1961) 13 f.
[311] Zum folgenden vgl. Bauchhenß, Arch. Korrbl. 4, 1974, 361.
[312] F. Bobu Florescu, Monumentul de la Adamklissi. Tropaeum Traiani (1965).
[313] z. B. Florescu a. a. O. (Anm. 312) 525 Abb. 245; 549 Abb. 257.
[314] Mit ihnen hat sich Ph. Filtzinger, Fundber. Baden-Württemberg 1, 1974, 448 ff. ausführlich befaßt.
[315] Filtzinger a. a. O. (Anm. 314) 450.
[316] Wissowa a. a. O. (Anm. 287) 115. – Filtzinger a. a. O. (Anm. 314) 450 ff. vermutet darüber hinaus für die Walheimer Säule Beziehungen zu den Mysterien des Dionysos und des Mithras.

standteilen. Die ganz erhaltene Schiersteiner Säule (557–560 Taf. 52,1) hat zum Beispiel weder Wochengötterstein noch Jahreszeitenkapitell. Ihr Zwischensockel ist völlig unverziert und ihr korinthisches Kapitell ohne Köpfe. Es ist möglich, daß Jahreszeitenkapitelle und Wochengöttersteine immer gemeinsam an den Säulen vorkamen. Beide sind aber erst eine spätere Bereicherung der Gigantensäulen.

Auf dem Donon (121 Taf. 15,1), in Köngen (246) und in Butzbach (104 Taf. 11,3) wurden mit den anderen Säulenteilen Kapitelle gefunden, die in ihrem Bildschmuck deutlich auf die Gigantendarstellungen der bekrönenden Gruppen anspielen. Bei dem Kapitell vom Donon sind die Eckvoluten durch vier Giganten ersetzt, die einander an den Händen halten. Ihre Schlangenbeine liegen in einer undeutlichen, stark verriebenen Zone rund um das Kapitell. An den Seitenflächen zwischen den Schultern der Giganten sind Reste von bärtigen Köpfen zu erkennen. Diese Köpfe sind bei dem Kapitell von Butzbach durch ganze, nackte, männliche Gestalten ersetzt. Sie halten in den Händen je eines der Schlangenbeine der Eckgiganten, die sich nicht an den Händen fassen, sondern mit den Armen die Abacusplatte zu stützen scheinen. Dieses Butzbacher Kapitell muß zu einer zweiten Jupitergigantensäule gehört haben, da die ganz erhaltene Säule von dort (100–103 Taf. 10,2) ein normales Kapitell besitzt, dessen Köpfe allerdings wegen des groben Materials und der schlechten Erhaltung nur wenig differenziert sind. Etwas außerhalb dieser Reihe steht das Kapitell der Säule von Böttingen (86 Taf. 7,1–2). Die Eckfiguren haben normale menschliche Beine, von den Köpfen auf den Seiten ist einer bärtig, zwei weitere sind wahrscheinlich weiblich. Leider ist auch dieses Kapitell so schlecht erhalten, daß die Oberkörper der Eckfiguren nicht genauer beschrieben werden können. Zu keinem dieser Kapitelle wurde der Säulenschaft mitgefunden.

Für Viergöttersteine, Wochengöttersteine, Schuppensäulen und Kapitelle hat es also gewisse bevorzugte, kanonische Themen gegeben. Aber keines von ihnen konnte ausschließliche Geltung erlangen. Dies läßt erkennen, daß keines dieser Themen für die Bedeutung und den Sinn der Jupitergigantensäulen ausschlaggebend war.

Es zeigen sich deutlich lokale Varianten: Inschriften, vor allem mit Angabe des Datums und von lokalen Beamten gesetzt, häufen sich in Mainz und Umgebung, das in dieser Hinsicht wohl am stärksten romanisiert war. Castores auf Zwischensockeln finden sich vor allem im linksrheinischen Obergermanien, würfelförmige Zwischensockel mit beliebigen Ornamenten vor allem im Pfälzer Raum, Wochengöttersteine herrschen am mittleren Neckar vor und relativ häufig sind dort Viergöttersteine mit vom Normalthema völlig abweichender Götterreihe. Daneben wird die Vielfalt der Formen und Inhalte durch persönliche Wünsche der Besteller, ihre finanziellen Verhältnisse und wohl auch die Fähigkeit der lokalen Werkstätten geprägt.

Sieht man von den hier nicht weiter besprochenen Säulen mit thronendem und mit stehendem Jupiter[317] ab, scheint tatsächlich neben der Säulenform die Gigantenreitergruppe die einzige Konstante zu sein, die im ganzen Verbreitungsgebiet des Monuments gleich wichtig war.

---

[317] Kat. 272–275. – Eine Gruppe von kleinen, meist nur sehr schlecht erhaltenen Plastiken, die einen Mann zeigen, neben dessen Bein sich eine kleinere Person schmiegt, werden meist als stehender Jupiter mit besiegtem Giganten interpretiert und ebenfalls zu den Teilen von Jupitersäulen gezählt. Diese Deutung scheint in mehreren Fällen fraglich. Es kann auch ein Schutzverhältnis gemeint sein, man denke an die im 3. Jh. häufigen Münzbilder des Jupiter, der den Kaiser schützt. Keine der Gruppen wurde zudem in sicherem Zusammenhang mit Säulenresten gefunden.

Der Gigantenreiter

Bei den weitaus meisten Jupitersäulen in Obergermanien bestand die Bekrönung aus der Gruppe eines Reiters, der über ein Wesen hinwegsprengt, dessen menschlicher Oberkörper von den Hüften an in zwei Schlangen übergeht. Diese Gruppe wird in der Literatur als Gigantenreiter bezeichnet, denn das schlangenfüßige Wesen mit menschlichem Oberkörper kann in der antiken Kunst nichts anderes sein als ein Gigant[318].

Der Gigant liegt oder kniet auf einer langrechteckigen Plinthe. Seine Haltung, über deren Bedeutung sich eine heftige Kontroverse entwickelt hat, kann dabei sehr unterschiedlich sein. Meistens liegt der Gigant auf dem Bauch, wobei er sich mit einem oder beiden Armen auf die Plinthe stützt. Dadurch richtet sich sein Oberkörper mehr oder weniger weit von der Plinthe weg nach oben. Unterschiedlich ist auch, wie weit der Körper des Giganten über den vorderen Rand der Plinthe ragt. Bei der Schiersteiner Säule (560 Taf. 52,2) liegt erst die Hüfte des Giganten auf, ähnlich muß es bei dem Seligenstädter Fragment (468) gewesen sein. Bei der Butzbacher Säule (103 Taf. 11,1) dagegen ragt nur ein Teil der Brust über die Plinthe vor. Nicht alle der liegenden Giganten stützten sich mit den Armen auf. Der Butzbacher Gigant (103) hat seine Arme auf den Rücken gedreht, als ob er gefesselt sei. Bei dem Schiersteiner Reiter und einem aus Mainz (280 Taf. 30,3) ruft wohl nur die Unbeholfenheit des Bildhauers diesen Eindruck hervor. Der Seligenstädter Gigant dagegen legte, soweit dies noch zu erkennen ist, die Arme an den Körper an.

Im Elsaß und Teilen Lothringens, aber auch rechts des Rheines in der Gegend von Pforzheim und südlich von Stuttgart, knien die Giganten abweichend von der bisher besprochenen Haltung auf der Plinthe. Sie tragen dabei auf den angewinkelten Armen die Hufe des Pferdes über ihren Schultern (z. B. 417 Taf. 40,4; 418 Taf. 40,3; 426). Dies tun aber auch einige der liegenden Giganten, die ohne Unterstützung der Hände und ohne zu knien den Oberkörper nach oben biegen (z. B. 198). Einen Übergang vom Liegen zum Knien zeigt eine Gruppe aus Seltz in Haguenau (469). Der dickleibige Gigant kniet schon, die Hufe des Pferdes liegen über seiner Schulter. Die Arme stützt er aber noch auf den vorderen Rand der Plinthe auf. Ähnlich ist ein Gigant aus Neckarelz in Mannheim (393) dargestellt.

Eine Sonderform, die in Obergermanien bisher nur einmal auftritt, zeigt ein Gigant vom Grand Falberg (199 Taf. 21,3). Sein großes, fratzenhaftes Gesicht liegt direkt auf der

---

[318] Fournier, Revue Arch. Centre 1, 1962, 105 ff. nennt den Giganten Triton. Bei allen mir bekannten Gigantengruppen, bei denen die Beinenden deutlich sichtbar sind, bestehen diese aus Schlangenköpfen, nicht Flossenschwänzen. Der Unterschied zwischen Giganten und Tritonen war auch den provinzialrömischen Bildhauern bekannt. Sie hätten sicher einen Triton darstellen können, wenn sie bei der Gruppe ein vergleichbares Wesen gemeint hätten.

Plinthe auf. Die kleinen, fast verkümmert wirkenden Ärmchen liegen mit dem Ellenbogen neben dem Kopf auf der Plinthe, die Unterarme waren wohl nach vorne gestreckt. Ähnlich fratzenhafte Köpfe haben außerhalb des hier betrachteten Gebietes die Giganten von Kusel, Köln und Neschers[319]. Gleich drei dieser großen Köpfe hat der Gigant aus Eckelsheim in Alzey (128 Taf. 14,3). Sein eines Gesicht, das bärtig ist und die Zähne fletscht, liegt wie üblich zwischen den Vorderbeinen des Pferdes. Zwischen dem linken Vorderhuf und dem linken Bein des Reiters liegt das zweite Gesicht des Giganten, das maskenhaft gebildet ist und ebenfalls die Zähne fletscht. Es ist unbärtig wie das dritte Gesicht des Giganten, das hinter dem linken Bein des Reiters erscheint. Der Gigantenkörper ist nur an der rechten Seite der Gruppe zu erkennen; es bleibt trotzdem unklar, ob ein Körper oder drei zu den drei Gesichtern gehören. Dies wäre immerhin möglich, denn unter dem Pferd eines Reiters aus Mainz mit unbekannter Herkunft (350 Taf. 30,2) befinden sich zwei Giganten. Der eine von ihnen liegt unter dem linken Pferdehuf auf dem Rücken. Der andere, unter dem rechten Huf, wälzt sich gerade aus der Rücken- in die Bauchlage. Er hat wie abwehrend seinen linken Arm erhoben. Auf dem Rücken liegende Giganten finden sich, wenn auch nicht sehr häufig, über ganz Obergermanien verbreitet (z. B. 87 Taf. 7,2; 126 Taf. 14,4; 146; 397 Taf. 39,4; vgl. Karte 4). Sie legen die Arme an den Körper oder versuchen, sich mit den Händen gegen den Reiter zu wehren. Den Kopf haben sie manchmal weit in den Nacken gelegt, so daß ihr Gesicht auch bei der Aufstellung auf den hohen Säulen von unten sichtbar war (z. B. 280 Taf. 30,3).

Eine Gruppe in Mannheim mit unbekannter Herkunft (370) läßt sich in keine der besprochenen Gruppen einreihen. Der Gigant hockt friedlich unter dem Pferd. Seine ineinander verschlungenen Schlangenbeine hängen über den Vorderrand der Plinthe etwas nach unten. Sein Körper ist dick und massig, das Gesicht bärtig. Die Arme sind nicht erhalten. Wegen dieser ungewöhnlichen Haltung wurde die Gruppe als Fälschung aus dem Kreis der Kaufmann'schen Fälschungen aus Rheinzabern verdächtigt, da sie zur Zeit, als diese Fälscherwerkstatt arbeitete, nach Mannheim gekommen ist[320]. Einen ähnlich friedlich hockenden Giganten zeigt allerdings auch die Gruppe aus Les-Martres-d'Artières (Lussat)[321] und die erst vor kurzem gefundene und restaurierte Gruppe aus Steinsfurt in Karlsruhe (496 Taf. 44,1)[322]. Die Haltung des Mannheimer Giganten kann also nicht gegen die Echtheit der Gruppe sprechen.

Die Giganten sind oft unbärtig und reißen schreiend den Mund auf. Ihre bartlosen Gesichter und die wegen der schlechten Bildhauerarbeit und der starken Zerstörung oft unklaren Körperformen haben dazu geführt, daß manche Giganten für weiblich gehalten wurden[323]. Sicher ist dies jedoch in keinem einzigen Fall. Relativ häufig wird dagegen das männliche Geschlecht auch bei bartlosen Giganten deutlich gekennzeichnet (z. B. 36).

Wenig Beachtung hat bisher gefunden, daß die Giganten in sehr vielen Fällen eine Waffe in ihren Händen halten. Sie ist meistens nur ungenau ausgeführt, es dürfte sich aber fast immer um einen Dolch oder eine Keule handeln. Deutlich sind die Keulen bei dem Bin-

---

[319] Espérandieu VIII 6090; 6425; XIII 8186.
[320] Haug, Korrbl. Gesamtver. 66, 1918, 225. – RE Suppl. IV (1924) s. v. Gigantensäulen (Haug).
[321] Espérandieu IX 7031.
[322] Herrn Dr. B. Cämmerer, Karlsruhe, danke ich für die Möglichkeit, den Reiter schon während der Restaurierungsarbeiten sehen zu können.
[323] Diese Vermutungen widerlegte schon Hertlein, Juppitergigantensäulen 43 ff. Im Zusammenhang mit einem Gigantenfragment vom Donon (119) wieder geäußert von Hatt, Strasbourg 165.

gener und bei einem Pforzheimer Giganten (76 Taf. 8,3; 417 Taf. 40,4). Die beiden Keulen der Schiersteiner Gruppe (560 Taf. 52,2) sind fast ganz ergänzt. Ein Messer dagegen hielt wahrscheinlich der Gigant 351 (Taf. 30,1) in Mainz in seiner rechten Hand.
Die Schlangenbeine der Giganten ringeln sich unter dem Leib des Pferdes. Sie enden, wo sie ausgeführt und noch vorhanden sind, in Schlangenköpfen. Bei einigen Gruppen beißen diese Schlangenköpfe nach dem Fuß des Reiters oder in die Flanken und Hinterbeine der Pferde (z. B. 393; 406 Taf. 40,1). Die großen Windungen der Schlangenbeine dienen oft den Füßen des Reiters oder dem Körper des Pferdes technisch als Stütze.
Der Reiter, dessen Oberkörper oft nicht erhalten ist, zeigt in seiner Haltung sehr viel weniger Abweichungen. Er hat in allen Fällen den rechten Arm erhoben. Die Waffe, die er in der erhobenen Rechte geführt hat, ist zweimal erhalten (vgl. Karte 4). Mit den Resten des Reiters von Stambach (540) fand sich ein eiserner Blitz, mit denen des Reiters von Steinsfurt (496 Taf. 44,1) ein bronzener. Häufiger als dieses leicht zerbrechliche oder korrodierende Attribut ist noch die Bohrung in der erhobenen rechten Faust erhalten (z. B. 417 Taf. 40,4; 470). Die linke Hand faßt dicht am Kopf oder Hals des Pferdes die Zügel. Manchmal greift sie dabei durch die Speichen eines Rades, das der Reiter wie einen Schild am linken Arm trägt (siehe unten S. 73 f.).
Entsprechend der Aktion seiner Arme sitzt der Reiter nicht gerade auf seinem Pferd. Die linke Schulter ist weiter nach vorne geschoben als die rechte, so daß der Oberkörper schräg zur Bewegungsrichtung des Pferdes steht. Dementsprechend verschieben sich auch die Beine des Reiters. Das linke ist den Vorderbeinen des Pferdes näher als das rechte. Der Haltung des Oberkörpers folgt auch der Blick des Reiters, der rechts am Hals des Pferdes vorbeigeht. Er senkt sich dabei nicht auf den unter dem Pferd liegenden Giganten.
Häufig trägt der Reiter einen römischen Panzer. In den anderen Fällen – sehr oft ist wegen der schlechten Erhaltung eine Entscheidung nicht möglich – trägt er einen tunicaartigen Rock. Auf jeden Fall hat er aber einen flatternden Reitermantel um die Schultern. Bis auf eine Ausnahme im Gebiet der Treverer ist der Reiter bärtig[324]. Eine Kopfbedeckung, früher wurden öfters ein Lorbeerkranz oder Spuren eines Helmes genannt, ist nirgends zu erkennen[325].
In einigen Fällen scheint der Reiter in einem Sattel gesessen zu haben (441 Taf. 44,2). Häufiger ist eine den Sattel ersetzende Decke zu erkennen (z. B. 195 Taf. 21,4). Das Zaumzeug des Pferdes ist meist einfach, kann jedoch auch reich verziert gewesen sein, wie das des Reiters von Vienne-en-Val[326].
In allen sicheren Fällen von Gigantenreitergruppen hebt das Pferd die Vorderbeine in Art der Pesade[327]. Die Vorderhufe oder -beine stützen sich dabei meistens auf Körperteile des Giganten.
Schwierig ist die Entscheidung, ob eine Reihe kleinerformatiger Reitertorsen in Gallien und Germanien Kaiserstatuen, Ehrenstatuen für Ritter, wie Roques de Maumont will, oder Gigantenreiter waren. Es handelt sich um die Reiter von Auxerre, Brive-la-Gaillarde und Waldmohr[328]. Die Pferde von Auxerre und Waldmohr stehen ruhig und fallen so aus

---

[324] Espérandieu VI 5233.
[325] z. B. Hertlein, Juppitergigantensäulen 31. – Reinach, Bull. Mus. Hist. Mulhouse 37, 1913, 109.
[326] G.-Ch. Picard, Gallia 28, 1970, 257 Abb. 3.
[327] Zu dieser Haltung, die bei Kampfdarstellungen üblich ist, K. Stähler, Arch. Anz. 1976, 58 f.
[328] H. v. Rocques de Maumont, Antike Reiterstandbilder (1958) 88 ff. Abb. 46–48.

dem Rahmen der üblichen Gigantenreiter. Dies trifft aber auch für das Pferd des Reiters aus Mainz-Hechtsheim (354) zu, das wohl sicher zu einer Gigantengruppe gehörte, obwohl Schoppa es als Grabstatue erklären wollte[329]. Das reiche Zaumzeug der Pferde von Auxerre und Brive-la-Gaillarde und Hechtsheim kann ebenfalls nicht gegen eine Gigantengruppe sprechen, seitdem der Reiter aus Vienne-en-Val mit seinem reichen Zaumzeug bekannt ist[330].

Am Verhältnis des Giganten zu dem Reiter, ob es friedlich sei, wie die Manheimer Gruppe (370) nahelegt, oder feindlich, wie die auf dem Rücken liegenden und bewaffneten Giganten vermuten lassen, hat sich eine ausgedehnte Diskussion entfaltet, die heute noch nicht abgeschlossen ist. Bei dieser Diskussion wurde fast nie danach gefragt, ob in der antiken Ikonographie das Verhältnis des Reiters zum Giganten durch dessen Lage unter dem Pferd nicht von vornherein festgelegt ist, oder ob es tatsächlich je nach Interpretation der Gruppe variieren kann.

Um diese Frage zu entscheiden, ist ein kurzer Überblick über die Geschichte des Motivs vor dem Auftreten der Jupitergigantengruppen nötig. Ausgangspunkte sollen hierbei die bisherigen Ableitungsversuche des Motivs sein.

Typologische Ableitungen des Gigantenreitermotivs wurden bisher nur in engem Zusammenhang mit Interpretationen der Gruppe versucht. Das inhaltliche Vorbild wurde so auch immer zum formalen Vorbild.

Die Forscher, die die Gruppe für Jupiter bzw. Zeus im Gigantenkampf hielten, konnten jedoch keine genauen Vorbilder für sie finden, denn Jupiter oder Zeus, vom Rücken eines Pferdes aus, mit einem Panzer bekleidet, die Giganten bekämpfend, sind in der klassischen griechischen oder römischen Kunst undenkbar. Nur die Gruppen, die Jupiter im Wagen fahrend zeigen (25 Taf. 4,3-4; 69; 524; 548 Taf. 49), lassen sich direkt von klassischen Gigantomachien herleiten.

Außer den Castores kann als einziger wichtiger Gott Poseidon/Neptun vom Pferd aus in der Gigantomachie kämpfen. Auf zwei Darstellungen des reitenden Poseidon wurde daher als Vorbild für die Gigantenreiter des öfteren verwiesen[331]. Pausanias sah nahe beim Dipylontor in Athen eine Gruppe des Poseidon, der vom Pferd aus den Giganten Polybotes überwindet[332]. Pausanias nennt den Giganten und den Gott so, obwohl zu seiner Zeit beide mit anderen Namen versehen waren. Aus seiner Beschreibung geht jedoch nicht hervor, ob bei dieser Gruppe der Gigant schlangenfüßig gebildet war, oder, wie in der klassischen Kunst des 5. und 4. Jahrhunderts v. Chr. üblich, in normaler menschlicher Gestalt[333]. Aber schon die Tatsache, daß die Gruppe umbenannt werden konnte, spricht für die menschliche Gestalt des Giganten. F. Vian[334] hält Darstellungen auf einer Amphora im Louvre[335] und auf Bronzephaleren in Leningrad[336] für Nachwirkungen die-

---

[329] Schoppa, Götterdenkmäler 39 Anm. 18.
[330] Picard a. a. O. (Anm. 326).
[331] Erstmals: Wagner, Westdt. Zeitschr. 1, 1882, 36 ff.
[332] Pausanias 1, 2, 4.
[333] Die frühesten schlangenbeinigen Giganten finden sich auf einer attischen Lekythos in Berlin Inv. 3375 (400-375 v. Chr.).
[334] EAA III (1960) 892 s. v. Giganti (F. Vian).
[335] A. Furtwängler u. K. Reichold, Griechische Vasenmalerei II (1909) 193 ff. Taf. 96/7.
[336] L. Stephani, Compte-Rendue de la Comm. Impériale Arch. St. Petersbourg 1865 Taf. 5 Nr. 5 f.

ser Gruppe. Auf ihnen kämpft Poseidon vom Perd aus gegen menschliche Giganten. Direktes Vorbild für die Gigantenreiter kann die von Pausanias in Athen beschriebene Gruppe also nicht gewesen sein, zumal sie auch von den provinziellen Darstellungen zeitlich und räumlich weit entfernt ist.

Nicht viel besser steht es um den zweiten, öfter angeführten Beleg für das Motiv des Gigantenreiters in der klassischen Kunst. Es ist eine Glaspaste in Berlin[337], die schon Furtwängler als modern erkannte[338], die aber der Abdruck einer hellenistischen Gemme sein soll. Auf ihr überreitet Poseidon tatsächlich einen schlangenfüßigen Giganten, der dem Stoß des Dreizacks vergeblich zu entkommen sucht. Die Echtheit dieser Glaspaste, die im 2. Weltkrieg zerstört wurde[339], ist jedoch so zweifelhaft, daß man mit ihrer Hilfe wohl besser nicht irgendeine Herleitung des Gigantenreitermotivs versuchen sollte.

Seit E. Wagners Hinweisen spielen Akrotere lokrischer Tempel bei der Frage nach Vorbildern des Gigantenreiters eine gewisse Rolle[340], wie in jüngster Zeit besonders von Benoit wieder betont wurde[341]. Gemeint sind Darstellungen der Dioskuren, die eben von ihren Pferden gleiten. Die Pferde werden von ehrwürdigen, bärtigen, mit Chitonen bekleideten Tritonen getragen[342]. Eine zweite Wurzel der Gigantengruppen sieht Benoit in Gruppen des Horus, der den krokodilgestaltigen Seth überreitet[343]. Eine kleine Terrakotta mit dieser Darstellung wurde in einem Grab bei Voiron (Isère) gefunden, allerdings mit einem menschengestaltigen Gegner[344]. Dieser vereinzelte Fund liegt jedoch sehr weit am Rande des Verbreitungsgebiets der Gigantengruppen. Außerdem kann er nicht belegen, daß das Motiv so bekannt gewesen sei, daß die zahlreichen Gigantengruppen von ihm angeregt sein können. Schließlich ist die Gruppe von Voiron sehr viel später zu datieren als die früheren Gigantenreiter[345]. Für die Dioskurenakrotere erheben sich dieselben Schwierigkeiten wie für die Poseidongruppe vom Athener Dipylontor. Sie sind zeitlich und räumlich zu weit von den Gigantengruppen entfernt, um als Vorbilder gedient zu haben. Außerdem ist ihr Motiv doch wesentlich anders als das der Gigantenreiter.

Die bisher genannten Darstellungen aus dem Bereich der Götterwelt lassen sich in keinem Fall als Vorbilder der Gigantengruppen nachweisen.

Das Motiv eines Reiters mit unterliegendem Gegner, der allerdings normale menschliche Gestalt hat, ist in Obergermanien im 1. und zu Beginn des 2. Jahrhunderts n. Chr. häufig auf Reitergrabsteinen dargestellt[346]. Auch hier kann der besiegte Gegner bisweilen auf dem Bauch liegen[347]. Diese Reliefs stehen in einer langen künstlerischen Tradition, die letztlich ihre Wurzeln in der Kunst des 5. Jahrhunderts v. Chr. hat[348]. Ihren Weg von

---

[337] Berlin 9452. – Vian, Repértoire des gigantomachies figurées dans l'art grecque et romain (1951) 105 Nr. 498 Taf. 58.
[338] Furtwängler, Beschreibung der geschnittenen Steine im Antiquarium (1896) 335 Nr. 9452.
[339] Für Auskünfte danke ich Frau Prof. Dr. E. Zwierlein-Diehl, Bonn, und Herrn Dr. G. Heres, Berlin.
[340] Wagner, Westdt. Zeitschr. 13, 1894, 338.
[341] Benoit, Ogam 6, 1954, 219 ff. – Ders., Art et dieu de la Gaule (1969) 110 ff.
[342] A. de Franciscis, Röm. Mitt. 67, 1960, 1 ff. – W. Fuchs, Die Plastik der Griechen (1969) 355 Abb. 39.
[343] Benoit, Art et dieux de la Gaule (1969) Abb. 228. – Ders., Mars et Mercure (1959) 37 Taf. 2. – Zu diesen spätantiken Terrakotten jetzt: H. Philipp, Terrakotten aus Ägypten im Ägyptischen Museum Berlin (1972) Nr. 43 Taf. 38.
[344] Benoit, Mars et Mercure (1959) Taf. 2,2.
[345] Zur Datierung vgl. Philipp a. a. O. (Anm. 343).
[346] z. B. Espérandieu VII 5785; 5786; 5788; 5789 (alle aus Mainz); VIII 6014; 6016; 6018 (aus Worms).
[347] Espérandieu VII 5854 (aus Mainz).
[348] Vgl. das Grabmal des Dexileos: G. Lippold, Die griechische Plastik. Handb. Arch. III,1 (1950) 229 Taf. 80,1.

dort nach Rom und nach Obergermanien nachzuverfolgen liegt außerhalb des Rahmens dieser Arbeit. Jedenfalls hat das Motiv eine ununterbrochene Tradition bis in die Spätantike und ist, wie die Grabsteine ja zeigen, gerade in der für die Entstehung der Gigantenreitergruppe wichtigen flavisch-trajanischen Zeit auch in Obergermanien beliebt.

Als direktes Vorbild für den Gigantenreiter dürften sie allerdings auszuschließen sein. Es läßt sich nur selten nachweisen, daß für vollplastische Werke, wie die Gigantenreitergruppen es ja sind, Reliefs als Vorlagen verwendet wurden. Der umgekehrte Vorgang, daß ein vollplastisches Vorbild zu einem Relief verwendet wurde, ist der übliche.

Die Vertreter der historischen Interpretation der Jupitergigantensäulen verwiesen immer auf ein anderes Vorbild für die Gruppe. Dargestellt war für sie der Kaiser, oder doch ein den Kaiser symbolisierender Gott. Vorbilder für die Gruppen waren Reiterstatuen des Kaisers mit einem besiegten Gegner. Auch wenn die historische Interpretation nicht richtig war, haben doch sicher Kaiserdarstellungen bei der Gestaltung der Gigantengruppen als Vorbild gedient.

Sie können aber nicht die alleinige Wurzel sein, da auch sie in einem wichtigen Punkt von den Gigantenreitergruppen abweichen. Bei den zahlreichen Darstellungen siegreicher Kaiser, meist nur auf Münzen erhalten, reitet der Kaiser nie über schlangenfüßige Giganten. Seine Gegner sind immer menschengestaltig und meist durch Attribute oder Trachteigentümlichkeiten als Angehörige eines besiegten Volkes oder als Personifikationen eines Landstriches erkennbar. Allein ein Goldmedaillon Constantius II. in Paris, das den Kaiser über eine bärtige, sich windende, von einem Geschoß am Hals getroffene Schlange reitend zeigt und die Inschrift, *debellatori hostium* trägt, kann mit den Gigantengruppen entfernt verglichen werden[349]. G. Rodenwaldt hat nachgewiesen[350], daß dieses Medaillon auf ein Wandgemälde zurückgeht, das Eusebius beschreibt[351]. Als Vorbild des Gigantenmotivs ist es auf jeden Fall zu spät und man müßte eher fragen, ob nicht diese Darstellung von dem Gigantenmotiv angeregt ist. Dies ist durchaus möglich, da die Dynastie des Constantius aus Gallien stammt.

Neben den Unterschieden in der Person des Besiegten, scheint die Darstellung des Kaisers auf einem sprengenden Pferd, wie sie den Gigantengruppen entsprechen würde, nicht allzu häufig zu sein. Nach Roques de Maumont steht oder geht das Pferd des Kaisers ruhig im Schritt, wobei nur einer der beiden Vorderhufe vom Boden erhoben ist[352]. Unter diesem Vorderhuf kann der besiegte Gegner kauern. Zu diesem Typus gehören aus der Zeit, die für das Entstehen des Motivs des Gigantenreiters wichtig war, das große Pferd Domitians auf dem Forum Romanum und die Bronzestatue Marc Aurels auf dem Kapitolsplatz[353]. Daneben gibt es aber auch Münzbilder, die den Kaiser auf sprengendem Pferd zeigen, wie er einen Barbaren niederreitet[354]. Der Equus Traiani auf dem Trajansforum könnte diese Gestalt gehabt haben[355]. Auch die Münzbilder des galoppierenden

---

[349] H. Cohen, Description historique des monnaies 7 (1888) 443 Nr. 23.
[350] G. Rodenwaldt, Röm. Mitt. 36/37, 1921/22, 86 Abb. 1.
[351] Eusebius, vita Const. 3,3.
[352] Roques de Maumont a. a. O. (Anm. 328) 50; 53.
[353] Marc Aurel: Helbig a. a. O. (Anm. 217) II (1966) Nr. 1161 (H. v. Heintze). – Domitian: Statius, Silvae 1,2. – E. Nash, Bildlexikon zur Topographie des antiken Rom I (1961) 389 f. Abb. 476 f. – BMC II (1930) 406 (ohne Nr.).
[354] z. B. BMC II (1930) Taf. 25,2; 26,3 (Vespasian). 73,2; 75,7; 77,6 (Domitian).
[355] P. Zanker, Arch. Anz. 85, 1970, 508 f. Abb. 8; 9. Nach Zanker ist nicht zu entscheiden, welche der beiden abgebildeten Münzen auf den Equus Traiani zurückgehen. Beide Typen, das galoppierende und das ruhig stehende Pferd kommen zur Zeit des Forumsbaus auf den Münzen Trajans vor.

Kaisers haben sicherlich in der großen Kunst ihre Entsprechung gehabt, gleichgültig wie die Gruppe auf dem Trajansforum tatsächlich ausgesehen hat. Als Beweis hierfür kann eines der Kampfreliefs vom Trajansforum genannt werden, das in sekundärer Verwendung am Konstantinsbogen erhalten ist (Taf. 102,1)[356]. Während rechts fliehende Daker und Römer noch miteinander kämpfen, kniet ein Daker mit bittflehender Gebärde vor dem heransprengenden Pferd des Kaisers, der den rechten Arm mit einer Waffe erhoben hatte, während sein Feldherrnmantel hinter ihm in der raschen Bewegung flattert. Unter dem Pferd des Kaisers kniet ein weiterer Daker, als ob er es auf Rücken und Schultern tragen wolle.

Ähnlich wie diese Gruppe, aber vollplastisch, müssen auch die Vorbilder der Gigantengruppen gewesen sein. Die einheimischen Bildhauer hatten nur noch den knienden Gegner des Kaisers durch den schlangenfüßigen Giganten zu ersetzen, dessen Ikonographie ihnen von den üblichen Gigantomachiedarstellungen bekannt war. Der Gegner des Kaisers konnte bei den Darstellungen – so wie auch der Gigant – jede nur denkbare Haltung einnehmen: Er konnte mit dem Rücken zum Reiter unter den Hufen des Pferdes knien[357], er konnte auf dem Rücken unter dem Pferd liegen[358] oder auf dem Bauch[359] und er konnte unter dem Pferd zusammenbrechen[360].

Mit dieser Ableitung der Gigantengruppe von Kaiserbildern ist auch die Frage nach dem Verhältnis Reiter–Gigant geklärt. Wie das Beispiel der Reitergrabsteine mit seiner ganzen Motivgeschichte schon zeigte, müssen beide als Gegner verstanden werden. Dies wird bei vielen Gigantengruppen auch deutlich ausgedrückt: Der Gigant liegt auf dem Rücken, hält Keulen oder andere Waffen in den Händen, oder seine Schlangenbeine beißen in die Beine des Reiters oder den Körper des Pferdes.

Auch die scheinbar friedlichen Gruppen lassen sich so erklären. In flavischer Zeit kann bei den Kaiserbildern eine gewisse Veränderung im Verhältnis des Kaisers zum Gegner erkannt werden. Der Kaiser wird immer übermächtiger dargestellt, aus einem gleichwertigen Kampf wird der Triumph des Kaisers, der schon durch sein bloßes Erscheinen die Gegner zur Unterwerfung zwingt[361]. Bildlich wurde dies durch die flehende Gebärde des Gegners oder durch das kniende Tragen unter dem Pferd zum Ausdruck gebracht (vgl. die beiden Daker auf dem trajanischen Relief). Diese Kaiserideologie färbte auch auf die Darstellungen Jupiters in den gallisch-germanischen Provinzen ab[362]. Wenn nämlich schon der Kaiser, ohne ernsthaft kämpfen zu müssen, den Gegner in unterwürfige Haltung zwang, um wieviel mehr noch mußte dies erst bei dem höchsten aller Götter der Fall sein – wenn dadurch auch der griechische Mythos, in dem von einem schweren Kampf der Götter gegen die Giganten die Rede ist, verändert werden mußte.

Als Fazit der typologischen Untersuchung und zugleich als weitere Grundlage für die Interpretation der Gruppe bleibt festzuhalten: Ein direktes Vorbild für die Gigantenreiter-

---

[356] Zuletzt: Zanker a. a. O. (Anm. 355) 513 ff. – Der Versuch W. Gauers, Jahrb. DAI 88, 1973, 318 ff., den Rellieffries in flavische Zeit zu datieren, überzeugt nicht.
[357] RIC III (1930) 257 Nr. 543–45 Taf. 10,203 (Verus).
[358] RIC II (1926) 90 Nr. 642 Taf. 3,36 (Titus).
[359] RIC V,2 (1933) 114 Nr. 878 ff. Taf. 5,3 (Probus).
[360] RIC II (1926) 282 Nr. 534–42 Taf. 10,183 (Trajan).
[361] R. Brilliant, Gesture and rank in roman art. Memoirs of the Connecticut Academy of Arts 14 (1963) 93; 97; 110 f.
[362] Zur Einwirkung der Kaiserikonographie auf die Darstellung von Göttern: A. Kantorowicz, Proceedings of the American Philosophical Society 105, 1961, 379 ff.

gruppe läßt sich in der hellenistisch-römischen Kunst nicht nachweisen. Sie wurde in Obergermanien konzipiert, wobei die Bildhauer sich an festgelegten Bildtypen siegreicher Kaiser und üblicher Gigantomachiedarstellungen orientierten. Wie bei den Kaiserbildern muß auch bei der Gigantenreitergruppe das Verhältnis zwischen Reiter und Gigant feindlich gewesen sein.

Nach Aussage der zweimal mitgefundenen Blitzbündel und aller Inschriften muß der Reiter, der zuweilen einen römischen Panzer trägt, Jupiter genannt werden. Diese Benennung läßt sich aber nur schwer mit den römischen Vorstellungen von Jupiter vereinbaren. Anders ist dies bei den Säulen, die den thronenden Jupiter als Bekrönung tragen. Dieser thronende Gott mit dem Himation um die Hüften, mit Blitz und Zepter, geht wohl, trotz aller auftretenden Varianten, in seiner Form und seiner Bedeutung auf den Kapitolinischen Jupiter zurück.

Der reitende Gott kann jedoch in dieser Form nicht römisch sein. Eine Möglichkeit, die Koepp abgelehnt hat[363], würde ihm seinen römischen Charakter weitgehend bewahren. Es ist möglich, daß den Bewohnern der gallisch-germanischen Provinzen der im Wagen in den Gigantenkampf fahrende Gott unverständlich war, da in den Kämpfen ihrer Zeit keine Streitwagen verwendet wurden. Daher ersetzten sie das für sie farblose mythische Vorbild durch den gewohnten, zeitgemäßen Reiterkampf, in dem der Gott natürlich auch eine Feldherrnrüstung tragen mußte. Dieser Erklärung widerspricht allerdings die genaue Vertrautheit der Provinzbevölkerung mit griechischen Mythen, wie sie das Kapitel über die Viergöttersteine (siehe oben S. 47ff.) erwiesen hat. Außerdem wurde ja auch, wenn auch nur wenige Male, Jupiter im Wagen fahrend dargestellt (vgl. S. 68).

Da diese Lösung der Frage also nicht befriedigt, wurde auf germanische, orientalische und keltische Einflüsse bei der Gestaltung der Reitergruppe verwiesen. Tatsächlich lassen sich in Kleinasien und im Orient auch zwei Eigentümlichkeiten des Gigantenreiters, das Reiten und sein Panzer, bei Göttern nachweisen, die in griechischen und römischen Formen Zeus bzw. Jupiter genannt wurden.

In Stratonikeia in Karien wurde ein reitender Zeus, Zeus Panamaros, verehrt[364]. Sein Bild erscheint seit Beginn der Kaiserzeit auf den Rückseiten der Münzen dieser Stadt[365]. Der Gott reitet auf einen Altar zu. In der linken Hand hält er ein langes Zepter, rechts manchmal eine Phiale. Er ist mit dem wehenden Reitermantel bekleidet, trägt dazu einen Chiton und einige Male einen Panzer. In zwei Fällen trägt er einen Strahlenkranz um das Haupt. Dieser Zeus, so ähnlich er in manchen Zügen seiner Darstellungen dem Gigantenreiter auch sein mag, hat trotzdem keinerlei Beziehungen zu diesem. Er gehört wohl einer vorgriechischen Religionsstufe an und wurde nur mit dem griechischen Zeus gleichgesetzt, ohne daß dabei sein Pferd oder Panzer störten. Über die engere Umgebung von Stratonikeia hinaus ist er nicht verbreitet.

Die eng begrenzte Verbreitung trifft bei einem zweiten orientalischen Gott, den schon Nilsson zur Erklärung der Rüstung des Gigantenreiters herangezogen hat, nicht zu[366]. Er

---

[363] Koepp, Bildkunst 30.
[364] H. Oppermann, Zeus Panamaros. Religionsgeschichtliche Versuche und Vorarbeiten 19,3 (1924).
[365] Sylloge Nummorum Graecorum Deutschland, Sammlung v. Aulock 7 (1962) 2664; 2668 f.; 2679; 2682 f.; 2685; 2689–91; 2695; 2697.
[366] Nilsson a. a. O. (Anm. 290) 178.

verwies auf Jupiter Dolichenus, der in den üblichen, auch in Obergermanien bekannten Darstellungen auf einem Stier steht, in der rechten Hand eine Doppelaxt hält und in der linken das Blitzbündel[367]. Die Rolle des römischen Feldherrnpanzers, den Jupiter Dolichenus auf den Darstellungen immer trägt, hat A. Kantorowicz genauer herausgearbeitet und vor allem in einen weiteren Rahmen gestellt[368]. Er sieht in dem bewaffneten Jupiter Dolichenus eine Angleichung des ursprünglich unbewaffneten Gottes an das Bild des römischen Herrschers. Diese Tendenz, einen Gott an den Herrscher anzugleichen, läßt sich bis in den Hellenismus zurückverfolgen. Der Panzer wurde in römischer Zeit für orientalische Gottheiten üblich, selbst Christus konnte im römischen Panzer erscheinen. Gefördert und getragen wurde die Bewaffnung der orientalischen Götter vor allem vom römischen Heer, dessen Angehörige auf diese Weise die Verbreitung ihres Gottes auch in den anderen Reichsteilen fördern wollten.

Zwischen Zeus Panamaros und Jupiter Dolichenus auf der einen und dem Gigantenreiter auf der anderen Seite lassen sich keinerlei direkte Beziehungen nachweisen. Die beiden orientalischen Gottheiten können aber als Beispiele dafür gelten, wie einheimische Vorstellungen ohne weiteres für einen griechischen oder römischen Gott übernommen werden konnten, auch wenn sie zu dessen klassischem Bild nicht paßten, oder wie ein einheimischer Gott, um ihn den Römern annehmbar zu machen, an den römischen Kaiser angeglichen werden konnte. Beide Vorgänge sind durchaus auch für die Darstellungen des Gigantenreiters möglich. Dies setzt aber voraus, daß mit dem Gigantenreiter eine einheimische, mit Jupiter gleichsetzbare Gottheit gemeint ist. Nach dem, was oben über die Bevölkerung Obergermaniens gesagt wurde (S. 17ff.), kann dieser Gott nur aus keltischen Vorstellungen kommen.

In insgesamt neun Fällen trägt der Gigantenreiter ein weiteres Attribut, das nur sehr schwer aus römischen, aber gut aus keltischen Vorstellungen erklärt werden kann, ein Rad[369].

In der Regel greift der Reiter mit dem linken Arm, dessen Hand die Pferdezügel hält, durch die Speichen des Rades. Nur auf der Zeichnung des Reiters von Luxeuil (270) hält er es im rechten Arm. Dies ist jedoch sicher darauf zurückzuführen, daß der Reiter seitenverkehrt reproduziert wurde. Da sich so nicht nachweisen läßt, daß der Reiter das Rad auch rechts getragen haben kann, muß bezweifelt werden, ob das Fragment einer rechten Hand aus Ronschers bei Malmaison zu der in der Nähe gefundenen Reiterstatuette gehört hat[370]. Die Hand greift auch nicht in der für den Gigantenreiter typischen Weise durch die Speichen des Rades, sondern hält es an seiner Felge. Ebenso kann eine rechte Hand mit Radfragmenten nicht zu der Reitergruppe von Neschers gehört haben, obwohl auch sie dicht bei dem Reiter gefunden wurde[371].

---

[367] z. B. Espérandieu G. Nr. 92 aus Frankfurt Heddernheim.
[368] Kantorowicz a. a. O. (Anm. 362).
[369] Espérandieu IV 3207; IX 7098; Katalog 97 Taf. 11,2; 128 Taf. 14,3; 195 Taf. 21,3; 196 Taf. 21,2; 270; 381; 406 Taf. 40,2.
[370] Espérandieu VI 4666; 4670.
[371] Fournier a. a. O. (Anm. 318) 116 Abb. 9.

Verschiedentlich wurde behauptet, der Reiter trage das Rad abwechselnd mit dem Blitzbündel[372]. Da das Rad von dem Reiter immer im linken Arm gehalten wird, kann er zusammen mit ihm in der rechten Hand das Blitzbündel geschwungen haben. Der rechte Arm war bei allen Reitern, die links das Rad trugen, erhoben, soweit sich dies noch feststellen läßt. Wenn man nicht eine andere Waffe in der rechten Hand Jupiters fordern will, muß er in all diesen Fällen Rad und Blitz gemeinsam getragen haben.

Die Zahl der Speichen des Rades ist nicht festlegbar. Sie reicht von drei bei dem Reiter von Obernburg (406 Taf. 40,2) bis zu acht bei dem Reiter von Meddersheim (381). In einem Fall ist das Rad ähnlich wie ein Schild ausgeführt[373]. Auch bei dem Reiter von Ekkelsheim (128 Taf. 14,3) kann dies der Fall gewesen sein. Bei diesen beiden Reitern sind die Speichen als Ornament auf dem Schild angegeben.

Die Zahl von neun radtragenden Reitern bei einer Gesamtzahl von bisher über 200 in Gallien und Germanien gefundenen scheint auf den ersten Blick zu gering, um dem Rad eine besondere Bedeutung für den Reiter zuzumessen. Daher wurde es auch als Attribut in vielen Erklärungsversuchen der Gigantensäulen vernachlässigt[374]. Es fällt jedoch auf, daß es über das gesamte Verbreitungsgebiet des Gigantenreiters verstreut vorkommt (vgl. Karte 4). Es kann also nicht als lokale Erscheinung abgetan werden.

Außerdem verbindet das Rad den reitenden Gott der Gigantensäulen mit dem Gott auf der Vorderseite von fünf Viergöttersteinen[375]. Sie finden sich in einem eng umgrenzten Gebiet an der Ostgrenze der Provinz Gallia Belgica. Nur der Viergötterstein aus Gangloff (181) stammt aus Obergermanien. Die Steine kommen aus derselben lokalen Werkstatt[376]. Der Stein von Gangloff zeigt zusammen mit dem von Glanmünchweiler die interessanteste Darstellung[377]. Im Gegensatz zu den anderen Steinen ist der Radgott nackt und jugendlich. Auf dem Viergötterstein von Gangloff trägt er das Rad in der erhobenen rechten Hand, mit der linken setzt er sein Zepter, dessen oberer Abschluß nicht erhalten ist, auf den Boden. Bei den vier anderen Steinen trägt der Gott sein Rad in der linken Hand, die er in Höhe der Brust abwinkelt, und hält in der rechten das Zepter. Er ist bärtig und trägt über den Schultern den Mantel.

Aufgrund seiner Ikonographie wurde der Radgott auf den Viergöttersteinen Jupiter genannt. Das Gebiet, in dem die fünf Steine mit dem Radgott gefunden wurden, liegt am Ostrand eines Bezirkes, in dem Jupiter auf Viergöttersteinen häufiger dargestellt wurde. Sein Zentrum liegt in der Umgebung von Luxemburg und Trier[378].

Die Benennung Jupiter findet ihre Bestätigung durch eine große Anzahl von Weihungen, Statuetten und Statuen aus dem gesamten keltisch besiedelten Raum[379]. Meistens sind auf

---

[372] Drexel, Götterverehrung 56. – Hatt a. a. O. (Anm. 45) 85.
[373] Espérandieu IX 7098.
[374] z. B. Hertlein, Jupitergigantensäulen 33; 148. – Eon, Association Amis Arch. Mosellane. Fiche d'Information 1963 Nr. 2/3, 5.
[375] Espérandieu VI 5116 (Theley); VIII 5939 (Niederwürzbach); 5940 (Dunzweiler); 6077 (Glanmünchweiler); Katalog 181. Vgl. auch 17 Taf. 4,2.
[376] Hahl, Stilentwicklung 43. Nur der Stein aus Theley (Espérandieu VI 5116) gehört nicht in diesen Werkstattzusammenhang.
[377] Espérandieu VIII 6077.
[378] Haug, Viergöttersteine 296.
[379] Die Denkmäler wurden gesammelt von F. Heichelheim, RE IV A (1932) 2274 ff. s. v. Taranis und von Lambrechts, Contributions 67 ff.

Jupiter geweihten Altären als Symbole des Gottes Blitz und Rad dargestellt[380]. Wichtig jedoch, auch in Zusammenhang mit dem Gigantenreiter, ist eine Gruppe von Darstellungen des Gottes selbst. So trägt auf einer Statue aus Séguret (Taf. 101) der Gott wie der Gigantenreiter den römischen Feldherrnpanzer und das auf der rechten Schulter befestigte Paludamentum[381]. Seine gesenkte Rechte hält auf einem Sockel ein Rad. Neben dem linken, nackten Fuß des Gottes sitzt der Adler, hinter ihm ringelt sich eine Schlange.

Daß dieser Gott wirklich Jupiter genannt werden muß, zeigt ein in Vaison, nur einige Kilometer entfernt, gefundener Altar, auf dessen Vorderseite ein Relief des gepanzerten Gottes erscheint[382]. Er trägt das Rad links, seine Rechte hält den für Jupiter üblichen Blitz, zu dem ein Adler emporblickt. Eine rechts neben ihm stehende verschleierte Göttin, die ihre linke Hand auf seinen Oberarm legt und in der gesenkten Rechten eine Patera hält, ist durch den neben ihr stehenden Pfau eindeutig als Juno bezeichnet.

Es ist also ganz sicher, daß der Radgott trotz seines andersartigen Attributes mit Jupiter identifiziert wurde, und es ist ebenso sicher, daß der inschriftlich Jupiter genannte Gigantenreiter mit diesem Radgott, der ja auch den römischen Panzer tragen konnte, identisch ist.

Auffällig bleibt die ungewöhnliche räumliche Verteilung. Der Gigantenreiter findet sich vor allem am Oberrhein, der Radgott kommt im gesamten keltischen Siedlungsgebiet vor. Er ist häufiger am Unterlauf der Rhone. Dazu setzt sich die am Oberrhein als Gigantenreiter verehrte Form des Gottes von dem gemeinkeltischen Gott dadurch ab, daß er beritten ist, sich im Kampf mit einem Giganten befindet und die Bekrönung einer hohen Säule darstellt.

Das Rad, das alle Formen dieses Gottes miteinander verbindet, ist auch zugleich sein umstrittenstes Attribut, obwohl der entscheidende Beitrag zu seiner Erklärung schon in den achtziger Jahren des letzten Jahrhunderts geleistet wurde. In einem Aufsatz aus den Jahren 1884/5 hat H. Gaidoz das gesamte damals bekannte Material zum Radsymbol, beginnend mit der Bronzezeit bis zu volkstümlichen Bräuchen unserer Tage, gesammelt[383]. Sein Ergebnis war, daß das Rad und die ihm gleichzustellende radförmige Scheibe nur als Symbol der Sonne aufgefaßt werden kann. Der im ganzen überzeugende Beweisgang von Gaidoz wurde von J. Dechelette noch weiter erhärtet und ist in der Vorgeschichtsforschung auch kaum angezweifelt worden[384]. Im Zusammenhang mit dem keltischen Radgott galten diese Ergebnisse aber angeblich nicht mehr.

Hier wurde schon 1885, gleichzeitig mit Gaidoz' Aufsatz Widerspruch laut. E. Flouest räumte zwar ein, daß das Rad in der Vorgeschichte durchaus die Sonne symbolisieren könne[385]. In der Hand eines mit Jupiter identifizierten Gottes könne es dagegen nicht diese Bedeutung haben. Jupiter sei Gewittergott, aber nicht Sonnengott. Da aber sowohl in der Antike als auch heute noch vom langhinrollenden Donner gesprochen werde, sei

---

[380] z. B. Espérandieu VII 5771 aus Mainz; IX 7201 mit Inschrift.
[381] Espérandieu I 303.
[382] Espérandieu I 299.
[383] H. Gaidoz, Revue Arch. 3. Ser. 4, 1884, 7 ff.; 136 ff.; 5, 1885, 179 ff.; 364 ff.; 6, 1885, 16 ff.; 167 ff.; 319 ff.
[384] J. Dechelette, Revue Arch. 4. Ser. 14, 1909, 117 ff. – Ders., Manuel d'Arch. II (1910) 464 ff.
[385] E. Flouest, Revue Arch. 3. Ser. 4, 1884 288 ff.; 5, 1885, 7 ff.

das Rad in der Hand eines Jupiter das Symbol des Donners. Diese beiden Argumente werden in gleicher Weise auch heute noch verwendet[386].

Erst Lefort des Ylouses versuchte, für Flouests Behauptung tragfähigere Beweise zu finden[387]. Die Darstellung der Sonne als Rad setze voraus, daß man gewußt habe, daß die Sonne sich um ihre eigene Achse dreht. Das sei aber erst von Galilei entdeckt worden. Die Verbindung von Rad und Blitz auf Altären und vor allem das Radsymbol auf einem Stein, der über einem Blitzmal errichtet war, bewiesen ferner, daß das Rad sehr eng zu dem Blitz gehöre. Deshalb könne es nur den Donner symbolisieren. Da auf einigen Steinen das Rad zusammen mit dem Hakenkreuz erscheint, so wie es auf anderen zusammen mit dem Blitzbündel vorkommt, bedeuteten Hakenkreuz und Blitzbündel praktisch dasselbe. Das Hakenkreuz aber sei nur eine Weiterentwicklung der Spirale, die in der keltischen Kunst und der Kunst Kretas und Mykenes häufig sei. Auch für sie müsse daher die Bedeutung eines Blitzsymbols angenommen werden. Als Erhärtung dieses 'Beweisganges' werden zwei antike Zitate verwendet. Aischylos spricht einmal von den ἕλικες στεροπής und Pseudo-Aristoteles von *elichia*[388].

Von den oben referierten Beweisen für das Rad als Donnersymbol verdient eine ausführlichere Widerlegung nur das Argument, daß ein Sonnensymbol in der Hand Jupiters unmöglich sei und das Rad sich also nur auf den Donner beziehen könne. Das naturwissenschaftliche Argument Leforts bedarf wohl keiner besonderen Widerlegung. Naturwissenschaftliche Argumente sind bei der Erklärung religiöser Symbole auf jeden Fall fehl am Platze. Ebensowenig ernst zu nehmen ist der Beweis mit Hilfe des antiken Sprachgebrauchs. Seine Befürworter können kein einziges antikes Zitat für ihre Behauptung vorlegen. Dagegen gibt es mehrere Stellen, an denen von der Sonne als Rad oder doch als Scheibe gesprochen wird[389].

Bei der Begründung, daß der Gewittergott kein Sonnensymbol tragen könne, spielt, wenn es auch nie ausdrücklich erwähnt wird, die Tatsache eine gewisse Rolle, daß die keltische Religionsforschung schon einen keltischen Sonnengott zu kennen glaubt, der mit dem römischen Apollo gleichgesetzt worden ist. So mußte Jullian sich bemühen, für zwei verschiedene Sonnengottheiten Platz zu schaffen, indem er einen allgemeinen Lichtgott, nämlich den Radgott und den speziellen Sonnengott Apollo Belenus annahm[390].

Apollo Belenus ist jedoch in Gallien und Germanien fast nicht nachweisbar. Sein Hauptverbreitungsgebiet liegt in der Gegend von Aquileia, von wo Inschriften des Gottes bis Mittelitalien und Noricum ausstrahlen[391]. In Gallien führen nur vier sicher echte In-

---

[386] z. B. Klumbach, 25. Veröffentl. Hist. Ver. Heilbronn 1966, 10.

[387] R. Lefort des Ylouses, Comptes Rendus Paris 1949, 152 ff. Noch komplizierter ist die Argumentation Hatts a. a. O. (Anm. 45) 82 ff.: Auch er gibt zu, daß das Rad in den meisten Fällen nichts anderes sei, als ein Sonnensymbol. Ja der Radgott ist sogar für Hatt ohne Zweifel ein Sonnengott. Nur, das Rad in seiner Hand ist nicht die Sonnenscheibe, sondern der Blitz. Zu dieser Erkenntnis verhilft ihm die falsche Beobachtung, daß der Gigantenreiter das Rad abwechselnd mit dem Blitzbündel trage. Dazu kommt eine Heiligenvita aus dem 4. Jh. n. Chr. In ihr ist von einem Rad die Rede, das brennend aus einem heidnischen Heiligtum in einen vorbeifließenden Fluß gerollt und von dort in das Heiligtum zurückgekehrt sei. Der Sonnengott, von dem nach Ansicht der Kelten der Blitz ausgegangen sei, habe also seinen Blitz geschleudert und zurückgeholt. Der Kult des Radgottes habe zu einer Art Regenzauber gehört, denn Blitz und Regen seien für die Kelten untrennbar verbunden gewesen.

[388] Aischylos, Prometheus desmotes 1080 ff. – Pseudo-Aristoteles, de mundo 4, 395 a 27.

[389] Die Belege gesammelt bei Roscher I,2 (1886 ff.) 1995 s. v. Helios (Rapp).

[390] Jullian, Histoire de la Gaule II[5] (1924) 124.

[391] Eine Liste der Weihungen an Belenus: A. Calderini, Aquileia Romana. Ricerche di storia e di epigrafia[2] (1972) 95 ff.

schriften seinen Namen³⁹², zweimal wird er von Ausonius erwähnt³⁹³, allerdings erst im 4. Jahrhundert n. Chr. Mommsen hat diese beiden Erwähnungen sicher zu Recht als gelehrte Spielerei abgetan³⁹⁴. Versuche, mit Hilfe der Etymologie französischer Ortsnamen den Kult des Belenus weiter nachzuweisen, überzeugen nicht³⁹⁵. Apollo trägt in Gallien und Germanien wohl am häufigsten den Beinamen Grannus³⁹⁶. Apollo Grannus ist aber – wie Apollo ganz allgemein in Gallien – nicht Sonnengott, sondern hauptsächlich Gott der Heilquellen³⁹⁷. Der Nachweis, daß der Radgott Sonnengott gewesen sein kann, muß bei dem römischen Jupiter einsetzen, denn nur über ihn läßt sich Verläßliches aussagen, und er wurde ja mit dem Radgott gleichgesetzt.

Zunächst eine grundsätzliche Bemerkung zu diesen Gleichsetzungen einheimischer und römischer Götter. Diesen Vorgang hat Tacitus Interpretatio Romana genannt. Wie der grundlegende Aufsatz Wissowas über diese Interpretatio Romana gezeigt hat, war es in keinem Falle für die Gleichsetzung eines römischen mit einem einheimischen Gott maßgebend, daß sich alle Funktionen und Bereiche der beiden Gottheiten völlig deckten³⁹⁸. Es ist also grundsätzlich möglich, daß ein nichtrömischer Gott, auch wenn er mit Jupiter gleichgesetzt wurde, noch weitere Funktionen hatte, die Jupiter fehlten.

Dieser Vorgang wurde schon einmal bei den beiden kleinasiatischen Göttern Zeus Panamaros und Jupiter Dolichenus erwähnt (siehe S. 72 f.). Bei anderen syrischen Göttern läßt sich die Gleichsetzung Jupiters mit Sonnengottheiten nachweisen. Hadad von Heliopolis, ein Sonnen- und Himmelsgott, wird in Rom und den westlichen Provinzen als Jupiter Heliopolitanus verehrt³⁹⁹. Er wird jugendlich dargestellt, auf einem Sockel zwischen zwei Stieren stehend. Auf ihrem Polos trägt eine der Statuetten eine Uraeusschlange. Die Schlange mit Sonnenscheibe kehrt wieder auf ihrer Ependytes⁴⁰⁰. Ähnliches findet sich bei anderen syrischen Baalen, die Sonnen- und Himmelsgottheiten waren. So konnte der Gott von Emesa, Elagabal, Jupiter oder Sol genannt werden⁴⁰¹. Jupiter konnte also, wie diese Beispiele zeigen, mit fremden Sonnengottheiten gleichgesetzt werden. Niemand ist dabei der Versuchung erlegen, etwa die Sonnenscheibe des Jupiter Heliopolitanus als Donnersymbol zu interpretieren.

Auch die römischen Vorstellungen von Jupiter bieten Ansatzpunkte für die Deutung des Rades beim Radgott. Jupiter und der griechische Zeus gehen beide auf einen indogermanischen Gott zurück. Ihr Name läßt sich von einem indogermanischen Wortstamm *di̯eu̯ 'leuchten' ableiten⁴⁰². Auch andere indogermanische Völker haben diesen Gott verehrt, er erscheint im Sanskrit als Dyáus pitá⁴⁰³. Entgegen der Ansicht von U. v. Wilamowitz

---

³⁹² Calderini a. a. O. (Anm. 391) Nr. 73; 74; 76; 77.
³⁹³ Ausonius, profess. 5,7 ff.; 10,17 ff.
³⁹⁴ Mommsen, CIL V S. 84. So auch Roscher 1,1 756 s. v. Belenus (Wissowa).
³⁹⁵ z. B. Thevenot, Le Beaunois gallo-romain. Coll. Latomus 113 (1971) 49; 65 f.
³⁹⁶ Eine Übersichtskarte der Apollo-Grannus-Weihungen bei G. Weisgerber, Das Pilgerheiligtum des Apollo und der Sirona im Hunsrück (1975) 108 Abb. 16. Liste weiterer gallischer Beinamen des Apollo: F. Le Roux, Ogam 11, 1959, 218 ff.
³⁹⁷ Roscher I,2 (1886 ff.) 1739 s. v. Grannus (Drexler). – Hatt a. a. O. (Anm. 45) 87.
³⁹⁸ Wissowa, Archiv für Religionswissenschaft 19, 1916–19, 1 ff.
³⁹⁹ Cumont, Die orientalischen Religionen im römischen Heidentum³ (1931) 101. – Wissowa a. a. O. (Anm. 287) 363 f. – Zu Jupiter Heliopolitanus vgl. auch R. Fleischer, Artemis von Ephesos und verwandte Kultstatuen aus Anatolien und Syrien. EPRO 35 (1973) 326 ff.
⁴⁰⁰ Cumont a. a. O. (Anm. 399) Taf. 5,1. – Fleischer a. a. O. (Anm. 399) Taf. 157–159.
⁴⁰¹ SHA Spart. Hel. 1,5; 17,8.
⁴⁰² Walde–Hofmann, Latein. etymologisches Wörterbuch I (1965) 732 s. v. Jupiter.
⁴⁰³ Walde-Hofmann a. a. O. (Anm. 402).

war dieser Gott ursprünglich Himmelsgott[404]. Als Himmelsgott war er aber für alle Erscheinungen des Himmels zuständig, für Regen und Sturm ebenso wie für das strahlende Himmelslicht. Reste der Einheit von Gewitter- und Sonnengott bewahrt vielleicht noch Eumelos von Korinth, der berichtet, die Rosse am Wagen von Helios hießen Bronte und Sterope[405]. Bei dem römischen Jupiter hat sich die Beziehung zum strahlenden Licht noch deutlich erhalten[406]. Ihm waren alle Idus heilig, die Vollmondtage des römischen Kalenders. An ihnen strahlte das himmlische Licht Tag und Nacht. Die wichtigeren Tempel Jupiters waren alle an den Iden geweiht, wichtige Feste fanden an den Iden statt. Die Salier riefen Jupiter unter dem Namen Lucetius, Lichtbringer, an[407]. Auch ein Jupiter Serenus ist bekannt. Bei der Grundsteinlegung des neuen kapitolinischen Jupitertempels unter Vespasian wird besonders hervorgehoben, daß die Zeremonie *serena luce* vorgenommen wurde[408].

Schon Drexel hat darauf hingewiesen, daß im Kultbrauch eines römischen Gottes radförmige Scheiben verwendet wurden, nämlich im Kult des Summanus[409]. Es läßt sich Semo Sancus Dius Fidius hinzufügen, für dessen Kult bronzene Scheiben überliefert sind[410]. Ähnliches gilt auch für Jupater Sancius, einen umbrischen Gott[411].

Summanus, der von kaiserzeitlichen Autoren mit Dispater vermischt wird, ist ursprünglich nur eine besondere Bezeichnung für Jupiter[412]. Von ihm gingen die Blitze aus, die in der Nacht vom Himmel fielen. Ebenso ist Dius Fidius, in dessen Namen ja die indogermanische Wurzel *$d\underset{\sim}{i}e\underset{\sim}{u}$ noch erhalten ist, die Abspaltung eines Bereichs Jupiters. Er ist ein Schwurgott, dessen Heiligtum einen hypäthralen Bereich haben mußte, da nur unter dem hellen Licht des Himmels geschworen werden durfte[413]. Jupater Sancius trägt in seinem Namen noch die Verbindung mit Jupiter.

Drexel hat die im Kult des Summanus verwendeten Radscheiben als zu dürftige Belege für die römische Herkunft des Rades beim keltischen Radgott angesehen. Hierin kann ihm nur zugestimmt werden. In Rom und Italien haben nur Götter das Radattribut behalten, die sich von Jupiter absonderten. Bei den Kelten dagegen hat der Himmelsgott das Radattribut bis in die Zeit beibehalten, in der er mit dem römischen Jupiter gleichgesetzt wurde. Das Rad des Gigantenreiters weist also auf seine Funktion als Himmelsgott hin, die auch das strahlende Licht der Sonne mit einschließt. Er ist wie Zeus und Jupiter eine Weiterentwicklung des indogermanischen Himmelsgottes, der aber, anders als seine klassischen Erscheinungsformen, in viel stärkerem Maße die Funktion eines Lichtgottes bewahrt hat.

---

[404] Wilamowitz, Zeus. Vorträge der Bibliothek Warburg (1923/24) 2.
[405] Überliefert bei Hygin, fab. 183. Vgl. Schol. Euripides Phoenissen 3: Βροντή und Ἀστραπή.
[406] Zum Folgenden vor allem Wissowa a. a. O. (Anm. 287) 113 f. – Radke, Die Götter Altitaliens (1965) 156.
[407] Wissowa a. a. O. (Anm. 287) 120 Anm. 10.
[408] Tacitus, hist. 4,53.
[409] Drexel, Götterverehrung 24 Anm. 110. Zu Summanus: Wissowa a. a. O. (Anm. 287) 135. – Radke a. a. O. (Anm. 406) 295.
[410] Livius 8,20,8: *aedes eius, quae essent in Palatio, diruendas, bona Semoni Sango censuerunt consesecranda. quodque aeris ex eis redactum est, ex eo aenei orbes facti positi in sacello Sangus adversum aedem Quirini.* – Zu Semo Sangus: Wissowa a. a. O. (Anm. 287) 139 ff. – Radke a. a. O. (Anm. 406) 110; 279 ff.
[411] Radke a. a. O. (Anm. 406) 282.
[412] Wissowa a. a. O. (Anm. 287) 122. – Radke a. a. O. (Anm. 406) 157.
[413] Varro, de lingua Latina 5,66. – Wissowa a. a. O. (Anm. 287) 131.

Vielleicht läßt sich das oben (S. 74) erwähnte jugendliche Aussehen des Radgottes auf den Viergöttersteinen von Gangloff (181) und Glanmünchweiler erklären[414]. Unter Einwirkung des jugendlichen Sol, der, wie die Wochengöttersteine zeigen, ja auch in Obergermanien bekannt war, wenn sich auch ein eigentlicher Solkult nicht nachweisen läßt, konnte auch der einheimische Lichtgott jugendlich dargestellt werden. Diese Erscheinung findet sich wieder bei einem Gigantenreiter aus Ehrang bei Trier, der wegen seiner plumpen Stilformen immer als mißverstandene Kopie eines zerstörten bärtigen Reiters aufgefaßt wurde[415]. Auch in ihm könnte sich die Vorstellung des jugendlichen römischen Sonnengottes mit dem einheimischen Lichtgott verbunden haben.

Den Namen des keltischen Radgottes glaubt man aus der antiken Literatur zu kennen[416]. Im ersten Buch der Pharsalia zählt Lukan die gallischen Stämme auf, die über den Abzug von Caesars Legionen in den Bürgerkrieg gegen Pompeius erfreut waren. Die letzten drei Zeilen dieses Abschnittes (Lukan, Pharsalia 1, 448–451) lauten:

(Gaudent) et quibus immitis placatur sanguine diro
Teutates horrensque feris altaribus Esus
et Taranis Scythicae non mitior ara Dianae.

Um diese drei Zeilen entstand eine umfangreiche Literatur. Aus den drei Götternamen Teutates, Esus und Taranis wurde eine gallische Trias gebildet, die für alle Gallier verbindlich gewesen sein soll[417]. Denn die Erwähnung dieser drei Götter bedeute, daß sie eng zusammengehört hätten. Außerdem zeige die Stellung am Schluß des Abschnittes, daß hier noch einmal zusammenfassend alle Gallier gemeint seien. Im Gegensatz dazu stellte aber Jullian fest, daß hier ein einzelner Stamm gemeint sei, die Carnuten, denn sie fehlten als einziger wichtiger Stamm in der vorhergehenden Aufzählung[418]. Bei einigermaßen unvoreingenommener Beurteilung der Lukanstelle läßt sich aus ihr aber wohl nur feststellen, daß Gallier die drei Götter verehrt haben und daß diese drei Götter nach Lukans Meinung durch besonders grausame Opfer, gemeint sind natürlich Menschenopfer, verehrt wurden.

Zu den Zeilen Lukans gibt es zwei verschiedene Scholionversionen[419]. Sie geben Gleichsetzungen der gallischen Götternamen mit römischen Göttern und erläutern die grausamen Opfersitten. Das erste Scholion lautet:

Mercurius linqua Gallorum Teutates dicitur, qui humano apud illos sanguine colebatur. Teutates Mercurius sic apud Gallos placatur: in plenum semicupium homo in caput demittitur ut ibi suffocetur. Hesus Mars sic placatur: homo in arbore suspenditur usque donec per cruorem membra digesserit. Taranis Ditis pater hoc modo apud eos placatur: in alveo ligneo aliquod homines cremantur.

Das zweite Scholion gibt eine davon etwas abweichende römische Götterreihe:

Item aliter exinde in aliis invenimus: Teutates Mars sanguine diro placatur, sive quod proelia eius instinctu administrantur, sive quod Galli antea soliti ut aliis deis huic quo-

---
[414] Espérandieu VIII 6077.
[415] Espérandieu VI 5233.
[416] So erstmals Lehner, Korrbl. Westdt. Zeitschr. 15, 1896, 58.
[417] Roscher III (1916 ff.) 436 ff. s. v. Teutates (Haug).
[418] Jullian, Revue Études Anciennes 4, 1902, 218.
[419] H. Usener, M. Annaei Lucani Commenta Bernensia (1869) 32.

que homines immolare Hesum Mercurium credunt, si quidem a mercatoribus colitur, et praesidem bellorum et caelestium deorum maximum Taranin Iovem adsuetum olim humanis placari capitibus nunc vero gaudere pecorum.

Der dritte der Götter, die Lukan erwähnt, Taranis, ist also einmal mit Dis pater, einmal mit Jupiter gleichgesetzt. Die römischen Namen der beiden ersten Götter sind in den beiden Scholien nur jeweils vertauscht.

Die Frage, welche der beiden Götterreihen nun die richtige sei, wurde häufig dahingehend beantwortet, daß beide zuträfen. Taranis habe also chthonische Funktionen des Dis pater neben denen des obersten Himmelsgottes. Heichelheim diente dafür als Beweis die Schlange, die sich hinter dem Adler des Radgottes von Séguret ringelt[420]. Auch Lambrechts versucht, die Einheit von Dis pater und Jupiter im keltischen Bereich nachzuweisen[421]: Im Gigantenreiter zeige sich der Gott in seinen beiden Bereichen, denn der Gigant sei Aequivalent des römischen Dis pater.

Für eine der Gleichsetzungen der beiden Scholien können wir ihre Richtigkeit nachweisen. Mars mit dem Beinamen Teutates oder Toutates ist aus Inschriften bekannt[422]. Dies spricht dafür, daß das zweite Scholion mit der Gleichsetzungsreihe Mars = Teutates, Esus = Mercur und Taranis = Jupiter richtig ist. Die andere Reihe, Esus = Mars, Teutates = Mercur und Taranis = Dis pater, die auch durch ihre phantasievollen Opferbräuche von der ersten absticht, müßte dann falsch sein. Die Richtigkeit der ersten Reihe läßt sich noch weiter erhärten. Esus ist nämlich auch aus Darstellungen bekannt.

Auf einem Viergötterstein aus Paris ist auf einer Seite Esus dargestellt (Taf. 103,3)[423]. Sein Name ist auf den oberen Rand des Bildfeldes geschrieben. Der bärtige Gott ist mit einem exomisartigen Gewand bekleidet, das die rechte Schulter freiläßt. In der rechten Hand schwingt ein Messer, mit dem er von einem vor ihm stehenden Baum Zweige abzuschneiden scheint. Ein Relief in Trier zeigt offensichtlich denselben Gott[424]. Er trägt diesmal eine Tunica, ist unbärtig, aber scheint wie der Pariser Gott an einem Baum zu hacken. Auf dem Baum befindet sich ein Vogelnest mit drei Vögeln. Das Relief bildet die Seitenfläche eines Altares. Auf der Vorderseite dieses Altars ist eine Weihinschrift: [I]*ndus Mediom*[*atr(icus)*] *Mercurio v(otum) l(ibens) m(erito) s(olvit)*, darüber ein Relief, das Merkur mit einer Kultgenossin (Rosmerta? Maia?) zeigt.

Hieraus kann man schließen, daß Esus auf der Seitenfläche in irgendeiner Weise mit Mercur verbunden war. Auf der anderen Seitenfläche ist eine Frau dargestellt, die Rückseite ist leer.

Die Gleichsetzung des Taranis mit Jupiter wird schließlich durch einige Inschriften bestätigt. Die eine aus Chester, vom Jahre 154 n. Chr., nennt einen I(uppiter) O(ptimus) M(aximus) *Tanarus*[425]. Eine andere, leider verschollene, aus Scardona in Dalmatien spricht von Iuppiter Taranucus[426]. Trotz leicht abweichender Namensform werden diese

---

[420] RE IV A (1932) 2281 (Heichelheim).
[421] Lambrechts, Contributions 96 ff.; 112 ff.
[422] CIL III 5320; VII 84.
[423] Espérandieu IV 3134; siehe oben S. 36.
[424] R. Schindler, Landesmuseum Trier. Führer durch die vorgeschichtliche und römische Abteilung (1970) 32 f. Abb. 90 f. Schindler lehnt eine Gleichsetzung Mercur = Esus ab, ebenso M. Ihm, RE VI (1907) 694 ff. s. v. Esus.
[425] CIL VII 168.
[426] CIL III 2804.

beiden Inschriften und zwei weitere aus Obergermanien[427], die Jupiter aber nicht nennen, mit Taranis verbunden. Auf den beiden obergermanischen Inschriften heißt der Gott Deus Taranucnus. Am genauesten ist die Namensform Taranis in einer keltischen Inschrift aus Orgon bei Arles erhalten[428]. Sie lautet: Ουηβρ[ο]υμαρος δεδε Ταρανοου βρατουδε καντεμ.

Für die Gleichsetzung des Taranis mit Jupiter spricht auch die etymologische Erklärung seines Namens. Er wird von der keltischen Wurzel *taran* = 'donnern' abgeleitet[429]. Taranis ist also Donnergott.

Da Taranis in dem zweiten, wohl allein richtigen Scholion mit Jupiter gleichgesetzt ist, Jupiter aber andererseits auch mit dem Radgott bzw. Gigantenreiter identisch ist, werden diese ebenfalls Taranis genannt.

Diese Gleichsetzung wirft jedoch ein schweres Problem auf. Warum sind der Radgott und der Gigantenreiter niemals inschriftlich Taranis genannt? Taranis/Taranucnus und der Gigantenreiter wurden beide in Obergermanien verehrt. Taranucnus wird mit dem Zusatz deus als einheimischer Gott charakterisiert, der Gigantenreiter heißt dagegen immer Iuppiter Optimus Maximus! Auf keiner der Weihungen an Taranis/Taranucnus ist das kennzeichnende Symbol des Radgottes dargestellt.

Der indogermanische Himmelsgott hat bei den Griechen und den Römern seine Beziehungen zum Licht weitgehend verloren, seinen vom Licht abgeleiteten Namen dagegen behalten. Behalten hat er ihn auch in allen anderen indogermanischen Religionen. Bei den Indern hieß er Dyáus pitá, bei den Illyrern Deipatyros[430]. Warum soll er gerade bei den Kelten, bei denen er in seinem Radattribut die Lichtbedeutung so deutlich bewahrt hat, seinen Namen geändert und auf den Donner allein verengt haben?

Vielleicht ist hier ein Vergleich mit der germanischen Religion möglich. Auch für sie hat man den Himmelsgott Ziu/Tyr erschlossen. Teile seiner Funktionen wurden im Laufe der Entwicklung durch einen anderen Gott ersetzt, der wie Taranis den Donner in seinem Namen führt, durch Donar. Auch Donar wurde mit dem römischen Jupiter gleichgesetzt, wie der Name unseres Donnerstag, des römischen dies Iovis, zeigt. Es ist möglich, daß sich ebenso ein keltischer Donnergott gebildet hat, der neben dem Radgott existiert[431]. Er konnte natürlich, da er wie Jupiter mit dem Gewitter zu tun hatte, von dem Scholiasten und den die Altäre weihenden Provinzbewohnern mit Jupiter gleichgesetzt werden.

Der Reiter der Gigantengruppe ist durch seine Attribute, die in Vergleichen mit anderen Denkmälern interpretiert werden können, als einheimisch-keltischer Himmelsgott zu bestimmen, der auch die Funktion eines Lichtgottes noch in größerem Umfang behalten hat.

Das Pferd des Reiters und der Gigant lassen sich nicht wie der Gigantenreiter mit Hilfe ihrer Attribute näher interpretieren. Trotzdem gibt es gerade für das Pferd eine ganze

---

[427] CIL XIII 6094 (Godramstein); 6478 (Böckingen).
[428] Heichelheim a. a. O. (Anm. 415) 2275 Nr. 7.
[429] Heichelheim a. a. O. (Anm. 415) 2275.
[430] Walde-Hofmann a. a. O. (Anm. 397) 732 s. v. Iuppiter.
[431] Vgl. dazu H. Birkhan, Germanen und Kelten bis zum Ausgang der Römerzeit. Sitzber. Österr. Akad. Wiss. Phil.-Hist. Klasse 272 (1970) 305 ff.

Reihe von Deutungsversuchen. Benoit dachte an das antike Heroentier, auf dem der Reiter über den Okeanos zu den Inseln der Seligen reitet[432]. Dies ist aber unmöglich, da in dem Reiter sicher der oberste Himmelsgott, Jupiter zu sehen ist. Eine andere Deutung des Pferdes geht letztlich auf Reinach zurück[433]. Er brachte die Reitergruppe in engen Zusammenhang mit keltischen Quellkulten. Bei seinen Nachfolgern wird so schließlich aus dem Pferd ein Symbol der Regenwolke, aus dem Giganten ein das Wasser vertretender Triton[434]. Diese Deutungen wären jedoch nur möglich, wenn das Verhältnis zwischen Reiter und Gigant friedlich wäre. A. Roes hat schließlich vorgeschlagen, in dem Pferd ein weiteres Sonnensymbol zu sehen[435]. In der Vorstellung der Kelten reite der Sonnengott auf einem Pferd über den Himmel, wie er bei Griechen und Römern in einem Wagen über den Himmel fährt. Gerade bei der engen Verbindung des keltischen Jupiter mit der Sonne ist diese Deutung durchaus möglich.

Die Giganten sind in der antiken Kunst und Mythologie Söhne der Erde. Da Jupiter Himmelsgott ist, wurde die Gruppe als Symbol der ganzen Welt aufgefaßt, schließlich als Symbol des Sieges des Lichts über die Dunkelheit, des Guten über das Böse[436]. Heichelheim hat die ganze Gruppe auf einen mythischen Kampf des keltischen Jupiter mit einem Riesen oder gigantenartigen Wesen zurückgeführt[437]. Diese Erklärung hat, wenn ihre Begründung mit Funden und Überlieferungen aus England auch nicht überzeugt, einiges für sich. Auf jeden Fall muß bei der keltischen Bevölkerung Obergermaniens die Vorstellung von dem vom Pferd aus einen Giganten oder ein mit einem Giganten identifizierbares Wesen besiegenden Himmelsgott vorhanden gewesen sein, sonst hätte man nicht den Bildtypus des Gigantenreiters eigens geschaffen, sondern sich mit Darstellungen des stehenden oder thronenden Jupiter zufrieden gegeben. Eine endgültige Erklärung der Gigantengruppe kann jedoch wegen der fehlenden zeitgenössischen literarischen Überlieferung nicht gegeben werden.

---

[432] Benoit, Art et dieux de la Gaule (1969) 110 ff.
[433] Reinach, Bull. Mus. Hist. Mulhouse 37, 1917, 35 ff.
[434] Fournier a. a. O. (Anm. 313) 105 ff. – P. Lambrechts, Latomus 8, 1949, 145 ff.
[435] A. Roes, Revue Arch. 6. Ser. 12, 1938, 164 f. – Lambrechts, Contributions 95 f.
[436] Hertlein, Juppitergigantensäulen 70 ff. – Nilsson a. a. O. (Anm. 54) 175 ff. – Lambrechts, Contributions 97 f. – Duval, Les dieux de la Gaule (1957) 75.
[437] RE Suppl. VII (1940) 220 ff. s. v. Gigantensäulen (Heichelheim).

Zusammenfassung

Im 2. und 3. Jahrhundert n. Chr. wurde in Obergermanien wohl kein anderes religiöses Denkmal so oft errichtet wie die Jupitergigantensäulen. Ihre Zahl, die sich durch Neufunde ständig vermehrt, läßt sich nicht genau bestimmen, da über die Zusammengehörigkeit vieler Teile nichts genaues gesagt werden kann. Es dürften jedoch Reste von weit über 300 bekannt sein.

Die Form des Denkmals läßt sich aus zwei Wurzeln ableiten. Einmal hat die Verehrung keltischer Gottheiten in Form von Bäumen, vor allem die Verehrung des obersten Himmelsgottes in Form einer Eiche, sicher eine Rolle gespielt. Die formale Gestaltung des Denkmals lehnt sich jedoch eng an die Große Mainzer Jupitersäule an, die aber ganz in römischer Tradition steht. Von ihr übernahm man den Aufbau des Denkmals und Teile des Reliefschmucks.

Eine eigene Leistung der Bildhauer in Obergermanien ist dagegen die Gestaltung der Gigantenreitergruppe, deren Einzelteile jedoch auch wieder aus griechisch-römischen Darstellungen siegreicher Reiter und der Gigantomachie abgeleitet sind. Hierbei spielt die Kaiserikonographie des späten 1. und frühen 2. Jahrhunderts eine nicht unwichtige Rolle.

Der Reiter, der einen Giganten besiegt und in der Interpretatio Romana mit Iuppiter Optimus Maximus gleichgesetzt wurde, entspricht nicht in allem dem römischen Jupiter. Auch bei ihm lassen sich, wie bei der Vorliebe für die Kultsäule, einheimische – aufgrund der weitgehend keltischen Bevölkerung – sicher keltische Züge nachweisen. Sie sind vor allem in dem Rad faßbar, das der Gott zuweilen im linken Arm hält. Es verbindet ihn mit dem auch sonst in keltisch besiedeltem Gebiet nachweisbaren Radgott und zeigt, daß er sehr viel mehr als Jupiter in Rom die Funktionen eines Lichtgottes behalten hat. Ob das Pferd, auf dem der Gott reitet, auch aus einheimischen Vorstellungen erklärt werden kann, ist nicht sicher (reitender statt fahrender Sonnengott?). Ebenso ist über die Funktion des Giganten in der Gruppe nichts genaues zu sagen. Sicher ist nur, daß das Verhältnis des Reiters zum Giganten feindlich gewesen sein muß. Der Gigant ist in jedem Fall der besiegte Gegner des Reiters. Sicher spielen hier einheimisch keltische mythologische Erzählungen von dem bewaffneten, reitenden Himmelsgott, der ein gigantenartiges Wesen besiegt, eine Rolle. Da einheimische, gleichzeitige Mythen nicht überliefert sind, die Verbindung mit frühmittelalterlichen, irischen Sagen aber zu unsicher ist, können diese Fragen nicht mehr geklärt werden.

Die Große Mainzer Jupitersäule wurde als Form der Loyalitätserklärung an Nero von einer Gruppe von Mainzer Bürgern errichtet. Nur bei einer Jupitergigantensäule läßt sich ein ähnlicher Anlaß wahrscheinlich machen. Die anderen sind nach der Aussage ihrer Inschriften private Weihungen an Jupiter oder Jupiter und Juno. Dem entspricht auch die oft von persönlichen Motiven gelenkte Auswahl der Götter auf Viergöttersteinen und Zwischensockeln. Es zeigt sich auch hier deutlich, wie weit rein römische Vorstellungen in Obergermanien Eingang gefunden haben.

Was der eigentliche Anlaß für die Errichtung jeder einzelnen Säule war, läßt sich nicht mehr feststellen. Sicher kann mit allen nur denkbaren Anlässen, die auch sonst für Götterweihungen zutreffen, gerechnet werden.

Auch wenn nicht alle Fragen der Jupitergigantensäulen geklärt werden können, zeigen diese doch in ihrer Form und in der Bedeutung der auf ihnen dargestellten Götter, wie eng in Obergermanien einheimische und römische Vorstellungen vermischt waren.

Katalog

Die Grundlage des Kataloges bildet zusammen mit der Auswertung der älteren Literatur eine Aufnahme des gesamten Materials in den Museen Deutschlands und des Elsaß, die in den Jahren 1970–1972 durchgeführt wurde. Neufunde wurden bis 1976 nachgetragen.

Der Katalog ist alphabetisch nach Fundorten angeordnet. Säulenteile, deren Fundort nicht bekannt ist, werden unter dem Aufbewahrungsort geführt (z. B. Aschaffenburg, Museum). Jedes einzelne Säulenteil (Viergötterstein, Zwischensockel, Säule mit Kapitell, Bekrönung, Altar) ist mit einer eigenen Katalognummer bezeichnet, so daß ganze Säulen mit mehreren aufeinanderfolgenden Nummern versehen sind (z. B. 11–13). Ziffern hinter den Fundortnamen verweisen auf die Zahlen der Fundkarten.
Um den Katalog nicht allzu umfangreich werden zu lassen, wurde bei den Literaturangaben Vollständigkeit nicht angestrebt und die Beschreibung der Darstellungen möglichst knapp gehalten.

Nicht in den Katalog aufgenommen wurden: Jupiteraltäre, die nicht in sicherem Zusammenhang mit anderen Säulenresten gefunden wurden; Kopfkapitelle, die nicht den Ansatz einer Schuppensäule aufweisen oder nicht mit anderen Säulenteilen gefunden wurden; einzelne bärtige Köpfe, da bei ihnen eine Unterscheidung zwischen Jupiter und anderen Göttern schwierig und der Zusammenhang mit den Jupitersäulen zu unsicher ist.

Um gegenüber der früheren Literatur keine zu große Verwirrung entstehen zu lassen, ist bei den Viergöttersteinen und Zwischensockeln die überkommene Ableserichtung beibehalten (siehe S. 49). Nur die Seiten der Wochengöttersteine sind in der jeweils für sie richtigen Reihenfolge aufgeführt.

Altenstadt (Arr. Wissembourg, Bas-Rhin; 158)

1 VIERGÖTTERSTEIN

Musée Westerkamp, Wissembourg
Sandstein. H. noch 80; Br. 56; T. 46
Literatur: Haug, Viergöttersteine 41 Nr. 79.

Der Stein war im Altar der Altenstadter Kirche vermauert. Stark verstümmelt; obere und untere Gesimsplatte fehlen.
a. Juno, in Chiton und Mantel, opfert mit der R. auf den Altar.
b. Minerva, in Chiton und Mantel, hält r. die Lanze, l. auf einem niedrigen Podest den Schild.
c. Nackter Gott, Mantel über l. Arm, r. Hand gesenkt. Merkur?
d. Hercules, Löwenfell über l. Arm, r. Hand (mit Keule?) gesenkt.

Altrip (Kr. Ludwigshafen; 168)

Die Säulenreste aus Altrip stammen alle aus den Fundamentmauern des spätrömischen Kastells am Westufer des damaligen Rheinlaufs (vgl. Sprater, Pfalz 1, 28 ff.). Es wird vermutet, daß sie aus Lopodunum/Ladenburg stammen, von wo wahrscheinlich ein großer Teil des Steinmaterials für das Kastell geholt wurde. Die Herkunft aus anderen römischen Siedlungen, etwa der Beneficiarierstation Rheingönheim kann aber nicht ausgeschlossen werden (vgl. den Beneficiarierstein aus dem Altriper Fundament: Sprater, Pfalz 1, 37).

2 GIGANTENREITER

Hist. Museum der Pfalz, Speyer, Inv. A 60
Sandstein. H. (rekonstruiert) 124; L. 92; Br. 40
Literatur: R. Jäger, Jahresber. Hist. Ver. Pfalz 1, 1842, 41 Taf. 3,2 a.b. – Hertlein, Juppitergigantensäulen 16 (Altrip u. Speyer II). – Hildenbrand, Steinsaal 54 Nr. 172 Abb. 25 Taf. 4,24. – Espérandieu VIII 5999. – Sprater, Pfalz 2, 61 Abb. 95.

Der Gigant stützt sich mit beiden Armen auf die Plinthe auf, so daß sein Oberkörper von den Oberschenkeln an schräg nach oben ragt. Die Finger der l. Hand sind ausgestreckt, während seine R. einen Gegenstand, wohl eine Keule, umspannte. Die beiden Schlangenschwänze ringeln sich unter dem Hinterleib des Pferdes. Die Vorderhufe des Pferdes lagen über den Schultern des bartlosen Giganten. Der Reiter trug Schuhe, Panzer (Pteryges teilweise erhalten) und den üblichen Mantel. Der r. Arm war zum Wurf erhoben.
Nach Jäger a. a. O. 42 wurden ein Schuppensäulenstück und Kapitellreste mitgefunden. Beide sind verschollen oder im Speyerer Museum nicht identifizierbar.

3 JUPITERARA

Hist. Museum der Pfalz, Speyer
Sandstein. H. 98; Br. 48
Literatur: Jäger a. a. O. 33 f. Nr. 3 Taf. 2,1. – CIL XIII 6129. – Siehe oben S. 27.

Die Inschrift des 1835 mit dem Gigantenreiter gefundenen Altares lautet: *I(ovi) O(ptimo) M(aximo) / Iun(oni) Reg(inae) Reg/inius Potens / v(otum) s(olvit) X K(alendas) Oct(obres) / Gordiano / Aug(usto) et Aviola / co(n)s(ulibus)*. Der Altar ist sonst unverziert. Er ist auf den 22. 9. 239 n. Chr. datiert.

4 VIERGÖTTERSTEIN

Städt. Reiß-Museum, Mannheim
Sandstein. H. 65; Br. 37; T. 35
Literatur: W. Harster, Ausgrabungen des Hist. Ver. Pfalz (1886) 21. – Baumann, Denksteine 310 Nr. 59. – Haug, Viergöttersteine 47 Nr. 92. – Espérandieu VIII 6002.

Der schon früher nur schlecht erhaltene Stein hat im 2. Weltkrieg weiter gelitten.
a. Juno, in Chiton und Mantel, hält l. die Acerra, r. opfert sie aus einer Patera auf einen balusterförmigen Altar.

b. Mercur, mit auf der r. Schulter gehefteteim Mantel, hält im l. angewinkelten Arm den Geldbeutel, stützt mit der R. den Caduceus auf den Boden.
c. Hercules, Löwenfell über l. Schulter und l. Arm, stützt r. die Keule auf.
d. Minerva, in langem Chiton, trug l. den Schild (Oberteil fehlt).

5/6 VIERGÖTTERSTEIN und ZWISCHENSOCKEL

Hist. Museum der Pfalz, Speyer, Inv. 1932/1
Sandstein. Viergötterstein: H. 87; Br. 38; T. 38. Zwischensockel: H. 37; Br. 33; T. 33
Literatur: H. Nesselhauf, Ber. RGK 27, 1937 Nr. 76. – Siehe oben S. 7.

Die beiden Steine sind unverziert. Der obere trägt die Inschrift: *I(ovi) O(ptimo) M(aximo) / Iun(oni) Reg(inae) / Fl(avius) Primus / in suo po/s[uit]*. Auf dem oberen Stein Dübelloch und Gußkanal. Aufgrund der Form und der Inschrift dienten die Steine sicher als Basis einer Jupitersäule.

7 WOCHENGÖTTERSTEIN

Hist. Museum der Pfalz, Speyer, Inv. A 71
Sandstein. H. 45; Br. 57; T. 54
Literatur: Jäger a. a. O. 41 Taf. 3. – L. Lersch, Bonner Jahrb. 4, 1844, 172 f. – J. de Witte, Gazette Arch. 3, 1877, 56 Nr. 3. – Haug, Wochengötter 31 Nr. 10. – CIL XIII 6130. – Hildenbrand, Steinsaal 53 Nr. 164. – Sprater, Pfalz 2, 61 Abb. 88–90. – Espérandieu VIII 5996. – Duval, Semaine 288. – Siehe oben S. 45; 56; 57.

Auf der Vorderseite Reste der schlecht lesbaren Inschrift: *I(ovi) O(ptimo) M(aximo) / A[t]to Senn-[a]e/us[– – –] / Senn(ii) Primanus et / Ibernus / de suo po[s(uerunt)]* (andere Lesung im CIL). Auf den anderen Seiten in rechteckigen Bildfeldern Schulterbüsten der Wochengötter. Stark verwaschen, aber durch die Attribute eindeutig zu identifizieren.
b. Saturn, mit Harpe über der r. Schulter; Sol, mit der Peitsche des Wagenlenkers.
c. Luna, mit Mondsichel auf dem Kopf; Mars, mit Helm; Mercur mit Flügelhut und Caduceus.
d. Jupiter mit Zepter; Venus mit Spiegel (?).

8 RELIEFSÄULE   Taf. 4,1

Hist. Museum der Pfalz, Speyer, Inv. A 96
Kalkstein. H. 32; Dm. 28
Literatur: Jäger, 2. Ber. Hist. Ver. Pfalz 1847, 16 Taf. 2,3. – Hildenbrand, Steinsaal 53 Nr. 169 Taf. 4,23. – Espérandieu VIII 6001. – Sprater, Pfalz 2, 54 Abb. 71. – Ders., Pfälzer Heimat 2, 1951, 66. – Walter, Colonne 37 Nr. 49. – Siehe oben S. 7; 62.

Auf der Vorderseite des aufrecht geschuppten Säulenteils (Schuppen gekielt) ist von den Knöcheln bis zur Brust die Relieffigur der Fortuna erhalten. Sie stützt die R. auf das Steuerruder und trug l. das Füllhorn. Sie war mit Chiton und Mantel bekleidet.

Alzey (Kr. Alzey-Worms; 22)

Fast alle Alzeyer Reste von Jupitersäulen stammen aus den Fundamenten eines spätantiken Baus in der NO-Ecke des Kastells (F. Behn, Mainzer Zeitschr. 24/25, 1929/30, 71 ff.). Dieser Bau, der Vorgänger der mittelalterlichen St. Georgskirche, wird allgemein für einen frühen christlichen Kultbau gehalten (anders W. Schleiermacher, Bonner Jahrb. 162, 1962, 168 f.).
Reste einer ganzen Säule (9/10) wurden an der Kastellmauer neben dem östlichen Tor gefunden.

9/10 JUPITERGIGANTENSÄULE

Museum Alzey
Sandstein. Kapitell und Schaft: H. 72. Gruppe (ergänzt): H. 92; Basis: Br. 25; T. 64
Literatur: E. Anthes u. W. Unverzagt, Bonner Jahrb. 122, 1912, 137 ff. Taf. 20,4. – F. Hertlein, Korrbl. Gesamtver. 64, 1916, 218. – Espérandieu VIII 6042 u. 6059. – Behn, Mainzer Zeitschr. 24/25, 1929/30, 91; 96. – G. Behrens, Germania 16, 1932, 28 ff. Abb. 1–4. – Mercklin, Figuralkapitelle Nr. 234 Abb. 448–450. – Fischer, Viergötterstein 46. – E. Künzl, in: Alzeyer Museum (1973) 78. – Ders., CSIR Deutschland II 1 (1975) Nr. 8; 10; 45 Abb. 2 G. – Bauchhenß, Jupitergigantensäulen 7 Abb. IV; 42. – Künzl, Alzeyer Geschbl. 11/12, 1977, 31 ff. Abb. 12–14. – Siehe oben S. 4.

Von der Gigantensäule fanden sich dicht an der Kastellmauer das Fundament, Reste der Decksteine der Umzäunung, das Kapitell und Teile der Gigantengruppe.
Das Fundament mißt 120 cm im Quadrat. Um es lag ein Quadrat von Steinplatten mit einer Außenlänge von 300 cm. In der Mitte des Ostschenkels der Umzäunung ist ein quadratisches Einsatzloch eingearbeitet, in das nach Behrens der Altar eingesetzt war. Die Abdeckplatten der Umzäunung, oben halbrund gewölbte Blöcke, die sich im Fundament des spätantiken Baus fanden, zeigen über dem Einsatzloch des Plattenquadrats ebenfalls eine Lücke.
KAPITELL und SÄULE (9): Der Säulenschaft stand direkt auf einem Sockel, ohne die üblichen Zwischenglieder. Das Kapitell (H. ohne Schaft 55) trug sehr große, weibliche Köpfe zwischen den Voluten.
GIGANTENREITER (10): Nur wenige Frgte. erhalten. Sie wirken zu klein für das mächtige Kapitell. Antik sind noch Basis, Unterkörper des Giganten, Teile der Vorderbeine des Pferdes, Oberkörper und Kopf des Reiters.
Anfang 3. Jh.

11–13 VIERGÖTTERSTEIN und ZWISCHENSOCKEL, SÄULENRESTE

Museum Alzey
Sandstein. Viergötterstein: H. 84; Br. 66; T. 63. Zwischensockel: H. 90; Br. 65; T. 59
Literatur: Behn a. a. O. 94; 96; 98 f. Taf. 20,4; 20,6. – Espérandieu XI 7752 u. 7753. – Behrens a. a. O. 31 Nr. 1 Abb. 14. – Ders., Année Epigr. 1933 Nr. 142. – H. Nesselhauf, Ber. RGK 27, 1937 Nr. 87. – Behrens, Mainzer Zeitschr. 33, 1938, 39 f. Nr. 5 Abb. 19. – Weber, Götterweihungen 153. – Fischer, Viergötterstein 46. – Künzl in: Alzeyer Museum (1973) 71 ff. Abb. – Ders., CSIR Deutschland II 1 (1975) Nr. 3 u. 43 Abb. 2D. – Ders., Alzeyer Geschbl. 11/12, 1977, 28 f. Abb. 7 f. – Siehe oben S. 28 Anm. 157; 52; 55; 59.

Behn erkannte die Zusammengehörigkeit von Viergötterstein und Zwischensockel; Künzl fügte die im Format und Material passenden Säulenteile hinzu. Die Sockelplatten, die bei der Rekonstruktion im Museum Alzey verwendet sind, sind nicht zugehörig.

VIERGÖTTERSTEIN (11): Rechteckige Nischen (oberer Abschluß teilweise an Gesimsplatte angearbeitet).
a. Juno, in Chiton und Mantel (Kopf verschleiert, hält im l. Arm die Acerra, opfert r. aus Patera auf balusterförmigen Altar.
b. Mercur, mit auf der r. Schulter geheftetem Mantel, hält im l. Arm den Caduceus, in der gesenkten R. den Geldbeutel. Flügelhut im Haar.
c. Hercules, Löwenfell über l. Schulter und l. Arm, stützt r. die Keule auf; in der l. Hand Äpfel der Hesperiden.
d. Minerva, in langem Chiton und Helm, hält r. die Lanze, l. den Schild. Auf ihrer l. Schulter das Käuzchen.

ZWISCHENSOCKEL (12): Auf der Vorderseite die Inschrift: *I(ovi) O(ptimo) M(aximo) / Misionius / Victor Car/mani Lugunnesi / Cassi Martialis / de suo posit / v(otum) s(olvit) l(ibens) l(aetus) m(erito)*. Bildfelder ebenfalls rechteckig.
b. Mars, in Muskelpanzer, ohne Helm, hält r. die Lanze, l. den Schild.
c. Victoria, in Chiton, der r. Brust freiläßt und aus dem das l. Bein nackt hervortritt, geflügelt, hält r. einen Kranz, l. den Palmzweig.
d. Fortuna, in Chiton und Mantel, im l. Arm das Füllhorn, setzt r. ein Steuerruder auf den Boden.
Künzl unterscheidet an den Reliefs zwei verschiedene Hände und datiert die Säule in die Jahre 200–250 n. Chr.

SÄULENRESTE (13): Dm. 44; H. 131 bzw. 77. Die fünf Fragmente stimmen in ihrer Schuppengröße und ihrem Durchmesser überein. Sie dürften deshalb von derselben Säule stammen.

14 VIERGÖTTERSTEIN

Museum Alzey
Sandstein. H. 90; Br. 53; T. 50
Literatur: Behn a. a. O. 94; 97 ff. Taf. 20,5. – Espérandieu XI 7751. – Hahl, Stilentwicklung 39. – Fischer, Viergötterstein 46. – Künzl, CSIR Deutschland II 1 (1975) Nr. 2. – Ders., Alzeyer Geschbl. 11/12, 1977, 25 f. Abb. 3.

Ohne Gesimsplatten; rechteckige Bildfelder.
a. Juno, in Chiton und Mantel (Kopf verschleiert) hält im l. Arm das Zepter, in der gesenkten R. die Patera. Von ihrer Schulter wehen Tänien (Schlangen?).
b. Mercur, mit auf der r. Schulter geheftetem Mantel, hält in der L. den Caduceus, in der angewinkelten R. den Geldbeutel. Flügelhut im Haar.
c. Minerva, in einfachem Chiton und Helm, hält r. die Lanze, l. den Rundschild; über ihrem l. Oberarm auf einem Pfeiler das Käuzchen.
d. Apollo, Mantel um die Oberschenkel geschlungen, stützt l. Bein auf einen niedrigen Sockel. Auf dem l. Knie hält er mit der L. die Lyra, in der r. Hand das Plektron. Lange Locken fallen auf die Schultern.

15 VIERGÖTTERSTEIN

Museum Alzey
Sandstein. H. 46; Br. 36; T. 31
Literatur: Anthes, Germania 4, 1930, 82. – Behn a. a. O. 98. – Künzl in: Alzeyer Museum (1973) 78. – Ders., CSIR Deutschland II 1 (1975) Nr. 4. – Ders., Alzeyer Geschbl. 11/12, 1977, 30 Abb. 10.

Stein oben abgebrochen; Reliefs verwaschen.
a. Juno, in Chiton und Mantel (Kopf verschleiert), hält l. das Zepter, opfert r. aus Patera auf rechteckigen Altar.
b. Minerva, in Chiton und Mantel, hält r. die Lanze, l. den Rundschild.
c. Hercules, Löwenfell über l. Schulter und Arm, stützt r. die Keule auf.
d. Mercur, Mantel über l. Schulter und Arm, hält im l. Arm den Caduceus, in der gesenkten R. den Geldbeutel.

16 ZWISCHENSOCKEL   Taf. 2,1–2

Museum Alzey
Sandstein. H. gesamt 117; Br. 58; T. 54
Literatur: Behn a. a. O. 94 f.; 98 f. Taf. 20,3. – H. Klumbach, Mainzer Zeitschr. 26, 1931, 141 ff. Taf. 19,1–3. – Espérandieu XI 7750. – Hahl, Stilentwicklung 36 f. – W. Jorns, Stahl und Eisen 77, 1957, 1163 f. – H. G. Horn, Bonner Jahrb. 170, 1970, 242. – F. Brommer, Alzeyer Geschbl. 8, 1971, 60 f. – Fischer, Viergötterstein 46. – Künzl in: Alzeyer Museum (1973) 74 Abb. – Ders., Bonner Jahrb. 173, 1973, 118 ff. – Brommer, Vulkan 3 Nr. 1 Taf. 1. – Künzl, CSIR Deutschland II 1 (1975) Nr. 1. – Bauchhenß, Jupitergigantensäulen 23 f. Abb. 34. – Künzl, Alzeyer Geschbl. 11/12, 1977, 24 f. Abb. 1 u. 2. – Siehe oben S. 27; 28 Anm. 157; 29; 52; 54; 59.

Der Stein ist wegen des unten anpassenden Gesimssteines sicher als Zwischensockel verwendet worden. Senkrechte Randleisten der Bildfelder ornamentiert. Rechteckige Bildfelder; Kanten teilweise beschädigt.
a. Venus (Juno), in dünnem Chiton, der Scham und Brust durchscheinen läßt, Mantel und Schleier über dem Kopf und Ohrschmuck, hält l. das Zepter. Ihre r. Hand greift über den kandelaberförmigen Gegenstand, der neben ihr steht. Über diesem Tänie sichtbar.
b. Vulcan, Exomis um die Hüften geschlungen, mit Pileos, hält im l. Arm eine Fackel, in der R. eine Zange. Hinter dem Gott steht ein Hirsch.
c. Hercules, Löwenfell über den Schultern verknotet, schwingt mit der r. Hand die Keule, führt mit der L. Cerberus an einer Kette. Über seiner l. Schulter Bogen und Köcher.
d. Minerva, mit archaistischem Chiton und Helm, auf der Brust die Ägis mit Gorgoneion, hält r. die Lanze, l. den Schild, hinter dem sich Schlange hervorringelt. Auf ihrer l. Schulter das Käuzchen.
Von derselben Werkstatt wurde das Doppelrelief CSIR Deutschland II 1 Nr. 28 gefertigt (Künzl). Sie arbeitete in flavischer Zeit (Klumbach).

17 THRONENDER JUPITER   Taf. 4,2

Museum Alzey
Sandstein. H. 75; Br. 55; T. 37
Literatur: Behn a. a. O. 92; 96 f. Taf. 21,2. – Espérandieu XI 7749. – Fischer, Viergötterstein 46. – Künzl in: Alzeyer Museum (1973) 70 f. Abb. – Ders., CSIR Deutschland II 1 (1975) Nr. 13. – Bauchhenß, Jupitergigantensäulen 19 Abb. 32. – Künzl, Alzeyer Geschbl. 11/12, 1977, 29 Abb. 9. Siehe oben S. 71 Anm. 357.

Füße und Unterschenkel, Arme und Kopf des Gottes fehlen.
Das Gewand bedeckt die beiden Oberschenkel und Teile der Unterschenkel, dabei fällt ein Bausch über die l. Schulter. Die Faltenzüge neben dem Körper auf der Rücklehne des Thrones dürften von einer Stoffbespannung stammen, vielleicht auch die Stoffteile, die über die Seiten hängen. An der linken Seite des Thrones ist ein Rad dargestellt, an der r. ein Adler mit dem Eichkranz (?) im Schnabel.

18 RELIEFSÄULE   Taf. 1,1–2

Museum Alzey
Sandstein. H. 45; Dm. 70
Literatur: Behn a. a. O. 95 f. Taf. 21,1a–e. – Espérandieu XI 7747. – A. Kolling, Die Bronzestatuetten aus dem Säulenkeller. Forschungen aus dem röm. Schwarzenacker 1 (1967) 34 Anm. 74. – Fischer, Viergötterstein 46. – Brommer, Alzeyer Geschbl. 8, 1971, 60 f. – Künzl in: Alzeyer Museum (1973) 78 Abb. – Brommer, Vulkan 3 Nr. 2 Taf. 2. – Künzl, CSIR Deutschland II 1 (1975) Nr. 6. – Ders., Alzeyer Geschbl. 11/12, 1977, 27 Abb. 6. – Siehe oben S. 7; 62.

Oberes Stück einer Säulentrommel mit Götterreliefs. Dargestellt sind folgende Gottheiten (der Anfang der Reihe kann nicht bestimmt werden!):
a. Minerva, in kapuzenartigem Helm (vgl. Mützen bei Attis!), Chiton und Käuzchen auf der l. Schulter. Sie hielt r. die Lanze. Um den Hals Torques!
b. Mars, in Panzer und Helm, hält r. die Lanze, l. wohl den Schild.
c. Victoria, in Chiton und Mantel (Kopf verschleiert), hält l. den Palmzweig.
d. Neptun, mit als Schleier über den Kopf gezogenem Mantel, hält l. den Dreizack.
e. Vulcan, in Exomis und spitzer Kappe, hält r. den Hammer.

19 KAPITELL mit SCHUPPENSÄULE

Museum Alzey
Sandstein. H. 40; Dm. unten 22
Literatur: Hertlein, Korrbl. Gesamtver. 64, 1916, 218 f. Anm. 1. – Espérandieu VIII 6049. – Behn a. a. O. 91. – Mercklin, Figuralkapitelle Nr. 235 Abb. 447. – Fischer, Viergötterstein 46. – Künzl, CSIR Deutschland II 1 (1975) Nr. 9.

Stark beschädigt; geringe Reste des geschuppten Säulenschaftes erhalten. An den Seiten des Kapitells waren Köpfe; einer, bärtig, ist männlich, ein anderer sicher weiblich.
200–230 n. Chr.

20 KAPITELL mit SCHUPPENSÄULE

Museum Alzey
Sandstein. H. 57,5; Dm. Schaft 41
Literatur: Behn a. a. O. 91 Abb. 27. – Espérandieu XI 7748. – Mercklin, Figuralkapitelle Nr. 236 Abb. 452 f. – Fischer, Viergötterstein 46. – Künzl in: Alzeyer Museum (1973) 78. – Ders., CSIR Deutschland II 1 (1975) Nr. 7.

Kleiner Ansatz der Schuppensäule; doppelter Blattkranz. Auf der Mitte jeder Seite je ein weiblicher Kopf ohne weitere Charakterisierung.

21 KAPITELL mit SCHUPPENSÄULE

Museum Alzey
Sandstein. H. 36; Dm. unten 27
Literatur: Behn, Mainzer Zeitschr. 28, 1933, 44; 55 Abb. 10. – Künzl, CSIR Deutschland II 1 (1975) Nr. 40.

Erhalten ist der untere Teil des Kapitells mit doppeltem Blattkranz und der Anfang der abwärts geschuppten Säule.

22/23 SCHUPPENSÄULEN

Museum Alzey
Sandstein. a. H. 64; Dm. 30,5
b. H. 55; Dm. 40–41
Literatur: Behn a. a. O. 91. – Künzl, CSIR Deutschland II 1 (1975) Nr. 41 u. 42.

Im Skulpturenbau fanden sich zwei weitere Säulenstücke, die keinem der anderen Säulenteile sicher zugewiesen werden können.

Armsheim (Kr. Alzey-Worms; 12)

24 VIERGÖTTERSTEIN

Museum Alzey
Sandstein. H. 60; Br. 51; T. 47
Literatur: W. Schnellenkamp, Mainzer Zeitschr. 30, 1935, 84. – Fischer, Viergötterstein 46. – E. Künzl, CSIR Deutschland II 1 (1975) Nr. 5. Taf. 19.

Der Stein ist aus drei Fragmenten zusammengesetzt. Die Figuren sind stark verrieben.
a. Juno, in Chiton und Mantel, opfert rechts auf einen Altar, hält links das Zepter.
b. Merkur, hält in der gesenkten R. den Geldbeutel. Er war nackt.
c. Herkules, nackt, stützt mit der r. Hand die Keule auf.
d. Reste einer Gewandfigur. Minerva?

Aschaffenburg Museum (50)

25 FAHRENDER JUPITER   Taf. 4,3–4

Museum der Stadt Aschaffenburg
Sandstein. H. noch 38; Br. noch 36; L. noch 26
E. Künzl, Arch. Korrbl. 3, 1973, 223. – Ders., Fundber. Baden-Württemberg, 3, 1976, 291. – Siehe oben S. 68.

Das Frgt. wurde vor einigen Jahren von E. Schneider, Aschaffenburg, im Magazin in seiner Bedeutung erkannt. Sein Herkunftsort läßt sich nicht mehr feststellen. Möglich sind Siedlungen und Lager auf der l. Mainseite von Obernburg bis Stockstadt.
Erhalten sind die beiden Räder und Teile des Wagenkastens. Direkt an den Wagenkasten stoßen die Hinterbeine der beiden Pferde. Ihre Schwänze wehen im scharfen Galopp waagerecht nach hinten. Direkt über dem Schwanz des r. Pferdes sind die Falten vom Gewand des wagenlenkenden Jupiter im Ansatz noch erhalten. Von den Pferdebeinen waren jeweils nur die äußeren ausgeführt.

Au am Rhein (Kr. Rastatt; 127)

Die drei Viergöttersteine aus Au waren am Beinhaus des Friedhofes vermauert.

26 VIERGÖTTERSTEIN   Taf. 5,1–4

Bad. Landesmuseum Karlsruhe, Inv. C 22
Sandstein. H. 106; Br. 49; T. 50
Literatur: Schwenk, Antiquités romaines (Mscr. der Karlsruher Hofbibliothek um 1750 mit Abb.). – C. L. Wielandt, Beyträge zur ältesten Geschichte des Landstriches am rechten Rheinufer von Basel bis Bruchsal (1819) 193. – Eckerle, Schr. Badischen Altert. Ver. 1, 1845, 78 f. – Fröhner, Alterthümer 1 Nr. 25. – Wagner, Führer 46. – Haug, Viergöttersteine 19 Nr. 21 Taf. 1 Abb. 21. – Wagner, Fundstätten 2, 49 f. Abb. 53. – Espérandieu G. Nr. 357.

Rechteckige Bildfelder; ohne Gesimse erhalten; Gesichter absichtlich beschädigt.
a. Juno, in Chiton und Mantel (Kopf verschleiert). Auf dem Schleier Diadem; im l. Arm die Acerra, die r. Hand mit Patera gesenkt. Unter dieser Schlange mit Bart (? mißverstandener balusterförmiger Altar?). Neben r. Seite der Göttin Pfeiler mit Pfau.
b. Apollo, Mantel über l. Schulter und l. Arm, stützt sich mit l. Arm auf die Leier, die auf kniehoher Säule steht. Die r. Hand mit Lorbeerzweig (?) zu dem darunter liegenden Greifen gesenkt. Über r. Schulter Bogen und Köcher. Lorbeerkranz (?) im lockigen Haar.
c. Hercules, Löwenfell über l. Schulter und Arm, Äpfel der Hesperiden in l. Hand; stützt mit gesenkter r. Hand die Keule auf. Bogen und Köcher über r. Schulter. Geschlechtsteile abgearbeitet.
d. Minerva, in Chiton und Mantel, mit Ägis, auf der Gorgoneion angebracht war. Sie hält r. die Lanze, links den auf einer altarartigen Basis stehenden Schild. Sie trägt reich verzierten Helm auf dem lockigen Haar. Über ihrer l. Schulter auf einer Konsole das Käuzchen.

27 VIERGÖTTERSTEIN

Bad. Landesmuseum Karlsruhe, Inv. C 23
Sandstein. H. 95; Br. 40; T. 42
Literatur: Wielandt a. a. O. 193. – Eckerle a. a. O. 80; 430 Taf. 7 D. – Fröhner, Alterthümer 1 Nr. 26. – Haug, Viergöttersteine 20 Nr. 22. – Wagner, Fundstätten 2, 50. – Espérandieu G. Nr. 343.

Oben halbrund endende Nischen; ohne Gesimse; Kanten teilweise stark bestoßen. Provinzielle Arbeit.
a. Juno, in langem Chiton und Mantel (Kopf verschleiert), hält im l. Arm die Acerra, die r. Hand mit Patera (?) über einen Altar gesenkt.
b. Mercur, nackt, Caduceus im l. Arm, im Haar Flügel (kein Hut zu erkennen); der r. Arm fehlt.
c. Hercules, Löwenfell über l. Schulter, stützt r. die Keule auf; in der l. Hand die Äpfel der Hesperiden.
d. Minerva, in langem Chiton und Mantel, hält r. die Lanze, links wohl den Schild. Relief stark verwaschen.

28 VIERGÖTTERSTEIN

Bad. Landesmuseum Karlsruhe, Inv. C 24
Sandstein. H. 91; Br. u. T. 44

Literatur: Wielandt a. a. O. 193. – Fröhner, Alterthümer 1 Nr. 27. – Haug, Viergöttersteine 20 Nr. 23. – Wagner, Fundstätten 2,50. – Espérandieu G. Nr. 342.

Unregelmäßige Nischen; ohne Gesimse; stark verwaschen; bei c der Rand abgespitzt; Geschlechtsteile der Götter abgearbeitet.
a. Juno, in Chiton und Mantel (Kopf verschleiert), hält links eine Acerra, die r. Hand ist gesenkt (Schale? Altar?).
b. Mercur, Mantel über l. Schulter, hält im l. Arm den Caduceus, die r. Hand mit Geldbeutel gesenkt; Flügel am Kopf?
c. Hercules, Löwenfell (?) über l. Schulter, stützt r. die Keule auf.
d. Minerva, in langem Chiton und Mantel, Helm (?), hält rechts die Lanze, l. den Schild. Neben l. Schulter auf Pfeiler das Käuzchen.

Baden-Baden (131)

29 VIERGÖTTERSTEIN

Bad. Landesmuseum Karlsruhe, Inv. C 157
Sandstein. H. 88; Br. 40; T. 45
Literatur: Haug, Viergöttersteine 18 f. Nr. 19. – S. Kah, Die römischen Stein- und Baudenkmäler der städtischen historischen Sammlungen in Baden-Baden (1908) 14 B XII. – Wagner, Fundstätten 2, 34 Abb. 42. – Espérandieu G. Nr. 491. – J. Alfs, Die Kunstdenkmale der Stadt Baden-Baden (1942) 46 Nr. 6 Abb. 34.

Halbrunde Nischen; ohne Gesimse; Nischengrund rauh gepickt, Stein wirkt porös. Beine von b und c teilweise abgearbeitet. Geschlechtsteile bei Göttern abgearbeitet.
a. Juno, in langem Chiton und Mantel (Kopf verschleiert), hält im l. Arm sehr große Acerra, r. Patera über rechteckigem Altar.
b. Mercur, Mantel über l. Schulter und Arm (Fibel auf r. Schulter); in gesenkter r. Hand Geldbeutel; Flügelreste am Kopf; l. Hand an Körper angelegt.
c. Hercules, Löwenfell über l. Schulter und Arm, Äpfel der Hesperiden in l. Hand (?), stützt r. die Keule auf. Unbärtig.
d. Minerva, in Chiton und Mantel, legt l. Hand an die Hüfte, hält rechts den Schild. Auf dem Kopf Helmbusch zu erkennen.

30 RELIEFSÄULE

Bad. Landesmuseum Karlsruhe, Inv. C 2
Sandstein. H. noch 117. Plinthe: H. 10; Br. u. T. 48; Dm. des Schaftes: 34
Literatur: Fröhner, Alterthümer 1 Nr. 2. – Wagner, Fundstätten 2, 28 Abb. 33.

Über der Plinthe attisch-jonische Basis; auf dem unteren Teil der Säule durch senkrechte schmale Leisten 3 Felder abgeteilt, die durch weitere Leisten in Form eines Andreaskreuzes in je vier Dreiecke zerlegt werden. Diese sind von je einer Pelta gefüllt. Über dieser Zone abschließende Binde, über der Reste eines Blattornaments folgen, das der Kelch für ein Rankenornament gewesen sein kann.

31 RANKENSÄULE

Städt. Museum Baden-Baden, Inv. B XXXI
Sandstein. H. 118. Kapitell H. 31. Basis H. 18. Dm. der Säule etwa 34,5
Literatur: Kah a. a. O. 28 B XXXI Taf. 1. – Wagner, Fundstätten 2, 28. – Siehe oben S. 63.

Die beiden Wülste der Basis sind scheibenförmig gebildet; der Schaft ist von Weinranken überzogen. Korinthisches Kapitell mit doppeltem Blattkranz, Eierstab an Kalathoslippe; Eckvoluten von Blättern bedeckt, darauf Blüte.

32 SCHUPPENSÄULE

Städt. Museum Baden-Baden
Sandstein. H. 124. Kapitell H. 42

Die abwärts geschuppte Säule endet in einem Kapitell mit zwei Blattkränzen. Der obere Abschluß des Kapitells scheint zu fehlen. Fundort und Inv. Nr. waren nicht feststellbar.

Bad Kreuznach (10)

Bis auf einige Ausnahmen (33–35, 36) stammen alle Bad Kreuznacher Reste von Jupitersäulen aus der Mauer des spätrömischen Kastells.

33–35 RESTE EINER JUPITERGIGANTENSÄULE

Karl-Geib-Museum Bad Kreuznach, ohne Inv.
Sandstein.
Literatur: O. Kohl, Westdt. Zeitschr. 11, 1892, 249. – Ders., Westdt. Zeitschr. 21, 1902, 439. – Ders., Bonner Jahrb. 110, 1903, 355 f. – CIL XIII 7528. – Hertlein, Juppitergigantensäulen 19; 124 I. – Espérandieu VIII 6146. – Weber, Götterweihungen 120. – Fischer, Viergötterstein 46.

Die Reste eines Gigantenreiters, eines Viergöttersteins und ein Stück einer Schuppensäule, die eng beieinander gefunden wurden, können zu einer Gigantensäule gehört haben. Ihr Fundort liegt außerhalb des Kastells. Die Stücke sind in Bad Kreuznach nicht auffindbar (Kriegsverluste?).

VIERGÖTTERSTEIN (33): Fragment, 19 cm hoch, 40 cm × 32 cm Grundfläche. An der Gesimsleiste der Vorderseite die Inschrift: *I(ovi) O(ptimo) M(aximo)*. Reste der weiteren Inschrift waren noch zu erkennen, aber nicht lesbar. Reliefs nach Hertlein:
b. Minerva (Reste des Kopfes und Eule)
c. Hercules (Kopf)
d. Mercur (Kopf)

SCHUPPENSÄULENREST (34): Abwärts geschuppt, H. 120, Dm. oben 28, unten 46. Nach Hertleins Ansicht nicht zu dem Viergötterstein passend (vgl. aber hier Nr. 143/144!).

GIGANTENREITER (35): Erhalten waren noch der Pferdekopf, Reste des Pferdekörpers mit einem Bein des Reiters (H. 15, L. 18, D. 8). Der Reiter trug Tunica und Stiefel.

36 GIGANTENREITER

Karl-Geib-Museum, Bad Kreuznach, Inv. 6093
Sandstein. H. 38
Literatur: B. Stümpel, Mainzer Zeitschr. 52, 1957, 110. – Fischer, Viergötterstein 46. – Siehe oben S. 66.

Erhalten ist der Torso des Giganten bis zur Mitte der Oberschenkel. Sehr kräftige Muskulatur. Farb- und Stuckreste. Die Haltung des Giganten läßt sich nur mit Hilfe der Bosse, die über den ganzen Rücken läuft, bestimmen: er lag wohl auf dem Bauch, weit über die Plinthe vorgereckt. Der l. Arm war wie bei einem Gefangenen auf den Rücken gedreht. An der l. Schulter Abbruchstelle eines Pferdehufes? Gefunden in den Resten einer Villa.

37 GIGANTENREITER

Karl-Geib-Museum Bad Kreuznach, ohne Inv.
Sandstein
Literatur: B. Stümpel, Mainzer Zeitschr. 71/2, 1976/7, 283 Taf. 69 f. – Siehe oben S. 8.

Erhalten ist ein Stück vom Rumpf des Pferdes, r. und l. Knie des Reiters und von dessen Panzer (Pteryges und Laschen). Die Ansätze der Vorderbeine des Pferdes zeigen, daß es galoppierte. Bosse am Pferdebauch.

38 VIERGÖTTERSTEIN

Karl-Geib-Museum Bad Kreuznach, Inv. 1
Sandstein. H. 90; Br. 41; T. 41
Literatur: Ph. J. Heeb, Bonner Jahrb. 27, 1859, 67 f. – E. Hübner, ebd. 37, 1864, 163. – P. Engelmann, Das römische Kastell bei Kreuznach (1869) Taf. 4. – E. Schmidt, Bonner Jahrb. 47/8, 1869, 92 Taf. 14,3. – Kohl, Die römischen Inschriften und Steinskulpturen der Stadt Kreuznach (1880) 5 Nr. 1. – Haug, Viergöttersteine 126 Nr. 135. – CIL XIII 7529. – Espérandieu VIII 6144. – Weber, Götterweihungen 120. – Fischer, Viergötterstein 46.

Über und unter dem Bildfeld des Steines sind breite Steinbänder unbearbeitet gelassen. Die Blattornamente, die auf drei Seiten über den Steinbändern erscheinen, lassen vermuten, daß sie nach unten weitergeführt werden sollten. Über der Seite a steht die Inschrift: *I(ovi) O(ptimo) M(aximo)*. Die Köpfe der Götter sind abgeschlagen.
a. Juno, in Chiton und Mantel (Kopf verschleiert), hält im l. Arm das Zepter schräg vor den Körper, in der gesenkten r. Hand die Patera. Unter der Patera der Pfau.
b. Mercur, Mantel über l. Schulter und l. Arm, hält im l. Arm den Caduceus; die r. Hand war mit dem Geldbeutel gesenkt.
c. Hercules, das Löwenfell über l. Schulter und l. Arm, stützt rechts die Keule auf den Boden.
d. Minerva, in Mantel und Chiton, auf dem – ohne Spuren der Ägis – das Gorgoneion sichtbar ist, hält r. die Lanze, links den Schild.

39 VIERGÖTTERSTEIN   Taf. 3,1–2

Karl-Geib-Museum Bad Kreuznach, Inv. 2
Sandstein. H. 108; Br. und T. 57
Literatur: Heeb a. a. O. 67. – Hübner a. a. O. 162 f. – Engelmann a. a. O. Taf. 3. – Schmidt a. a. O. 90 Taf.

14,2. – Kohl a. a. O. (Kat. Nr. 38) 5 Nr. 2. – Haug, Viergöttersteine 127 Nr. 136. – CIL XIII 7530. – G. Wissowa, Germania 1, 1917, 176. – Kohl, Germania 2, 1918, 85. – Drexel, Götterverehrung 58. – Espérandieu VIII 6171. – Hahl, Stilentwicklung 37. – Weber, Götterweihungen 121. – Fischer, Viergötterstein 46. – Bauchhenß, Mitt. Hist. Ver. Pfalz 73, 1976, 171 Abb. 9. – Siehe oben S. 27; 29; 53 Anm. 272.

Ohne Gesimsplatten. Kanten beschädigt. Rechteckige Nischen. Gesichter abgeschlagen. Auf dem oberen Rand jeder Seite der Name der Gottheit.
Nach Hahl, Stilentwicklung 37, 'vorflavisch', aber wohl doch in flavische Zeit zu datieren.
a. [IV]NO. Juno in Chiton und Mantel (Kopf verschleiert), hält mit der l. Hand das Zepter schräg vor den Körper, opfert mit der r. aus einer Patera auf den Altar.
b. MERCURIUS. Mercur, mit auf der r. Schulter gehefteter Chlamys, hält im r. Arm den geflügelten Caduceus; die r. Hand, die bis auf den Bildfeldrahmen ragt, hielt wohl den Geldbeutel.
c. HERCV[L]ES. Hercules, Löwenfell über l. Schulter und l. Arm, stützt mit der R. die Keule auf. Über seiner r. Schulter Bogen und Köcher. Links von ihm ein Baum mit Ästen, Blättern und Früchten.
d. FORTVNA. Fortuna, in langem Chiton und Mantel, hält im l. Arm das Füllhorn, stützt r. das Steuerruder auf.

40 VIERGÖTTERSTEIN

Karl-Geib-Museum Bad Kreuznach, Inv. 3
Sandstein. H. 70; Br. 45; T. 40
Literatur: Engelmann a. a. O. Taf. 7,1. – Schmidt a. a. O. Taf. 14,1. – Kohl a. a. O. (Kat. Nr. 38) 7 Nr. 3. – Haug, Viergöttersteine 127 f. Nr. 137. – Espérandieu VIII 6161. – H. Schoppa, Bonner Jahrb. 158, 1958, 286 Nr. 3. – Fischer, Viergötterstein 46. – Siehe oben S. 49; 53.

Ohne Gesimsplatten. Rechteckige Bildfelder; stark verwaschen.
a. Juno und Minerva. Beide Göttinnen in Chiton und langem Mantel (Juno verschleiert), Minerva mit Helm. Beide opfern r. aus Schalen auf je einen hohen Altar. Juno hält l. das Zepter, Minerva auf einem Postament ihren Schild.
b. Mars, mit Panzer, Helm und Mantel, der als Wulst über beide Oberarme gelegt ist, hält r. die Lanze, l. auf einem Felsbrocken (?) den Schild.
c. Hercules, mit Löwenfell über l. Unterarm, stützt r. die Keule auf. Über seiner r. Schulter hängt der Köcher.
d. Victoria, Typ Brescia, schreibt auf einen Schild, der auf einem umgekehrten Schiffssteuer steht. Ihr l. Fuß tritt auf einen Globus.

41 VIERGÖTTERSTEIN

Karl-Geib-Museum Bad Kreuznach, Inv. 4
Sandstein. H. 62; Br. 42; T. 43
Literatur: Engelmann a. a. O. Taf. 7,2. – Schmidt a. a. O. 76 Nr. 3. – Kohl a. a. O. (Kat. Nr. 38) 7 Nr. 4. – Haug, Viergöttersteine 128 Nr. 138. – Espérandieu VIII 6149. – Fischer, Viergötterstein 46.

Gesimsplatten oben und unten angearbeitet. Rechteckige Bildfelder. – Stark verwaschen.
a. Juno, in Chiton und Mantel (Kopf verschleiert), opfert r. aus einer Patera auf rechteckigen Altar, hält l. das Zepter.
b. Mercur, Mantel über l. Schulter und l. Arm, hält im l. Arm den Caduceus und in der gesenkten r. Hand den Geldbeutel.

c. Minerva, in Chiton und Mantel, hält l. die Lanze, in der gesenkten r. Hand den Schild. Reste des Helmes erkennbar.
d. Mars, in Panzer und Helm, hält rechts die Lanze, links den Schild.

42 VIERGÖTTERSTEIN

Karl-Geib-Museum Bad Kreuznach, Inv. 5
Sandstein. H. 97; Br. 45; T. 43
Literatur: Engelmann a. a. O. Taf. 6,2. – Schmidt a. a. O. 75 Nr. 1. – Kohl a. a. O. (Kat. Nr. 38) 8 Nr. 5. – Haug, Viergöttersteine 128 Nr. 139. – Espérandieu VIII 6160. – Fischer, Viergötterstein 46.

Gesimsplatten oben und unten vorhanden, Profile abgeschlagen, Bildnische oben gewölbt, mit kurzen waagerechten Ansätzen. Reliefs stark verwaschen.
a. Juno, in Chiton und Mantel (Kopf verschleiert), opfert r. aus einer Patera auf einen gedrechselten Altar.
b. Minerva, in Chiton, Mantel und Helm (Mantel als Schleier darübergezogen!), hält r. die Lanze, l. den Schild. Rechts von ihr Pfeiler mit Käuzchen.
c. Hercules, Löwenfell über l. Schulter und l. Arm, stützt r. die Keule auf, winkelt den l. Arm an (Äpfel der Hesperiden?).
d. Mercur, nackt (?), hält in gesenkter R. den Geldbeutel, stützt mit L. Caduceus auf. Unter dem Geldbeutel kauert der Bock.

43 VIERGÖTTERSTEIN

Karl-Geib-Museum Bad Kreuznach, Inv. 6
Sandstein. H. 70; Br. 46; T. 46
Literatur: Engelmann a. a. O. Taf. 6,1. – Schmidt a. a. O. 76 Nr. 2. – Kohl a. a. O. (Kat. Nr. 38) 8 Nr. 6. – Haug, Viergöttersteine 129 Nr. 140. – Espérandieu VIII 6167. – Fischer, Viergötterstein 46.

Gesimsplatten oben und unten angearbeitet. Oberer Nischenrand gewölbt mit waagerechten Ansätzen. Reliefs stark verwaschen.
a. Juno, in Chiton und Mantel (Kopf verschleiert), opfert r. aus Patera auf Altar, im angewinkelten l. Arm Acerra (?).
b. Mercur, Mantel über l. Schulter und Arm (?), hält in gesenkter r. Hand den Geldbeutel über darunterliegendem Bock, im r. Arm großer Caduceus.
c. Hercules, Löwenfell über angewinkeltem l. Unterarm, stützt r. die Keule auf. Von der Hüfte an nach unten abgeschlagen.
d. Minerva, in Chiton (und/oder Mantel?), hält r. die Lanze, l. den Schild. L. neben ihr ein Pfeiler mit Käuzchen.

44 VIERGÖTTERSTEIN

Karl-Geib-Museum Bad Kreuznach, Inv. 7
Sandstein. H. noch 47; Br. 42
Literatur: Engelmann a. a. O. Taf. 9,2. – Schmidt a. a. O. 76 Nr. 4. – Kohl a. a. O. (Kat. Nr. 38) 8 Nr. 7. – Haug, Viergöttersteine 129 Nr. 141. – Espérandieu VIII 6150. – Fischer, Viergötterstein 46.

Beschreibung nach Abb. bei Engelmann a. a. O. Erhalten ist nur die obere Hälfte von drei Seiten des Steines.

a. Weibliche Gestalt? Juno?
b. Hercules oder Diana? Gestalt mit Bogen und Köcher über der r. Schulter. Das 'mondsichelartige' Haarmotiv könnte, wenn tatsächlich vorhanden, die Benennung Diana sichern.
c. Mercur. Erkennbar noch der Caduceus im l. Arm.
d. fehlt.

45 VIERGÖTTERSTEIN

Karl-Geib-Museum Bad Kreuznach, Inv. 55
Sandstein. H. 85; Br. u. T. 47
Literatur: Hertlein, Juppitergigantensäulen 124 III. – Kohl, Bonner Jahrb. 120, 1911, 302 Nr. 1 Taf. 24,1. – Espérandieu VIII 6148. – Fischer, Viergötterstein 46.

Stark beschädigt; genau erkennbar nur Seite a.
a. Juno, in Chiton und Mantel (Kopf verschleiert), opfert r. aus Patera auf Altar; l. Arm angewinkelt an Hüfte gelegt.
b. Reste von Schulter und Hals einer Gottheit.
c. und d. Stein völlig verrieben.

46 VIERGÖTTERSTEIN

Karl-Geib-Museum Bad Kreuznach, Inv. 56
Sandstein. H. 69; Br. 39; T. 34
Literatur: Hertlein, Juppitergigantensäulen 124 IV. – Kohl, Bonner Jahrb. 120, 1911, 302 f. Nr. 2 Taf. 24,2–5. – Espérandieu VIII 6154. – H. Schoppa, Bonner Jahrb. 158, 1958, 286 Nr. 4. – Fischer, Viergötterstein 46.

Stark beschädigt. Der untere Abschluß, wohl mit der hier fehlenden Gesimsplatte abgeschlagen. Bildfeldrand über den Köpfen leicht nach oben gewölbt.
a. Juno, in Chiton und Mantel (Kopf verschleiert), opfert mit gesenkter R. auf Altar; die L. hält das Zepter.
b. Minerva, in Chiton, Mantel und Helm, hält r. die Lanze, l. den Schild.
c. Hercules, Löwenfell über l. Schulter und Arm, stützt r. die Keule auf, l. den Bogen; über der r. Schulter Köcher.
d. Victoria, Typ Brescia, schreibt auf einen hochgehaltenen Schild. Ob dieser durch einen Pfeiler oder ein Steuer gestützt war, ist nicht mehr erkennbar.

47 VIERGÖTTERSTEIN

Karl-Geib-Museum Bad Kreuznach, Inv. 57
Sandstein. H. 85; Br. noch 47
Literatur: Hertlein, Juppitergigantensäulen 124 II.

Der obere Abschluß des Steines und eine Seite fehlen. Die Reliefs sind nur noch undeutlich zu erkennen.
a. Juno, in langem Gewand (Chiton und Mantel?), opfert r. auf einen niedrigen Altar.
b. fehlt.
c. Undeutliche Reste einer Gottheit. Hertlein: Hercules.
d. Rest einer Gestalt mit langem Gewand. Hertlein: Minerva.

48 THRONENDER JUPITER

Karl-Geib-Museum Bad Kreuznach
Sandstein. H. 52. Basis 59 × 33
Literatur: Engelmann: a. a. O. Taf. 8,3. – Kohl a. a. O. (Kat. Nr. 38) 25 f. Nr. 27. – Haug, Viergöttersteine 127 Nr. 136 Anm. – Kohl, Bonner Jahrb. 110, 1903, 356. – Espérandieu VIII 6147. – Fischer, Viergötterstein 46.

Stark verwaschen. Der Kopf fehlt, ebenso der l. Arm (nicht zugehöriger Kopf aufgesetzt). Jupiter in üblicher Haltung auf dem Thron (Mantel über Hüften und Beine, ein Bausch über l. Schulter). Die r. Hand hielt Blitz auf r. Knie, der l. Arm war mit Zepter erhoben.
Reliefs auf den Seitenlehnen und Rücklehne: seitlich je ein nackter Jüngling, der in einer Hand Pedum hält, in der anderen undeutlichen Gegenstand. Rückseite unkenntlich (nach Engelmanns Zeichnung Gorgoneion?).

49 THRONENDER JUPITER (?)

Karl-Geib-Museum Bad Kreuznach, Inv. 102
Sandstein. H. 26

Erhalten ist der stark verwaschene anscheinend nackte Oberkörper eines bärtigen Mannes. Der l. Arm war erhoben, der r. lag am Körper an.

50 RELIEFSÄULE

Karl-Geib-Museum Bad Kreuznach, Inv. 34
Sandstein. H. noch 47; Dm. etwa 27
Literatur: Engelmann a. a. O. Taf. 6,3. – Kohl a. a. O. (Kat. Nr. 38) 26 Nr. 34. – Espérandieu VIII 6176. – Fischer, Viergötterstein 46. – Walter, Colonne 36 Nr. 44. – Siehe oben S. 62.

Das erhaltene Schaftstück ist aufwärts geschuppt. Auf der Vorderseite das Relief einer sehr schlanken Minerva in Chiton und Mantel, die rechts die Lanze hält, links auf einem Postament den Schild. Der Kopf fehlt.

51 RELIEFSÄULE

Karl-Geib-Museum Bad Kreuznach
Sandstein
Literatur: B. Stümpel, Mainzer Zeitschr. 71/2, 1976/7, 283 Taf. 69, D. H. – Siehe oben S. 8; 63.

Aus zwei Steinen gearbeitet. Schaft über attisch-jonischer Basis abwärts geschuppt. 29 cm über der Basis läuft ein Wulstring um den Säulenschaft, der das Bildfeld für die vier Götterreliefs abtrennt:
a. Mercur, Mantel über r. Schulter geheftet, hält im l. Arm Caduceus, die R. mit dem Geldbeutel gesenkt, darunter Ziegenbock. Mercur trägt Flügelschuhe.
b. Fortuna, in langem Chiton und Mantel, trägt im l. Arm das Füllhorn, stützt r. das Steuerruder auf.
c. Vulcan, in Exomis und Pileos, hält l. die Zange auf einen Amboss, die r. Hand mit dem Hammer schräg vor die Brust.

d. Maia(?), in langem Chiton und Mantel, hält im l. Arm das Füllhorn, mit der R. stützt sie den Caduceus auf den Boden.

Das Kapitell trägt an den Seiten je einen Kopf, der aus doppeltem Blattkranz wächst. Erhalten ist lediglich ein bärtiger Männerkopf.

52 KOPFKAPITELL mit ANSATZ EINER SCHUPPENSÄULE

Karl-Geib-Museum Bad Kreuznach, Inv. 35 b
Sandstein. H. 43; Dm. oben 32. H. Säule 13
Literatur: Engelmann a. a. O. Taf. 8,7. – Kohl a. a. O. (Kat. Nr. 38) 26 Nr. 35. – Hertlein, Juppitergigantensäulen 92 I. – Espérandieu VIII 6159. – Kähler, Kapitelle 63 L 3. – Mercklin, Figuralkapitelle 98 Nr. 247 Abb. 467. – Fischer, Viergötterstein 46.

Rest des aufwärts geschuppten Säulenschaftes. Vier untere Kranzblätter, aus denen vier Köpfe wachsen, die nicht weiter charakterisiert sind.

53 KOPFKAPITELL mit ANSATZ EINER SCHUPPENSÄULE

Karl-Geib-Museum Bad Kreuznach, Inv. 61
Sandstein. H. 32,5; Dm. 18. H. Säule: 9
Literatur: Hertlein, Juppitergigantensäulen 92 II. – Kohl, Bonner Jahrb. 120, 1911, 305 Nr. 23 Taf. 24,8. – Mercklin, Figuralkapitelle 98 Nr. 248 Abb. 468. – Fischer, Viergötterstein 46.

Rest des abwärts geschuppten Säulenschaftes. Aus dem doppelten Kranzblattring wachsen vier Köpfe, von denen noch zwei erhalten sind.

54 KOPFKAPITELL mit ANSATZ EINER SCHUPPENSÄULE

Karl-Geib-Museum Bad Kreuznach, Inv. 74
Sandstein. H. 43. H. Säule 7,5
Literatur: Engelmann a. a. O. Taf. 4.

Rest der abwärts geschuppten Säule. Doppelter Blattkranz. Die oberen Teile sind völlig verstoßen, so daß nicht einmal sicher ist, ob Köpfe am Kapitell waren.

55–63 RESTE von SCHUPPENSÄULEN

Karl-Geib-Museum Bad Kreuznach
    55: Inv. 36a   H. 58; Umfang 122.
    56: Inv. 36b   mit Basis; H. 40
    57: Inv. 59   mit Basis; H. 58 (Schaft 43)
    58: Inv. 66   mit Basis; H. 120 (Schaft 103)
59–61: Inv. 71–73 Schuppensäulenstücke, die zum Schaft einer Säule im Treppenhaus des Museums zusammengesetzt sind, auf der der Jupiter Nr. 48 sitzt. Maße können daher nicht angegeben werden
62/63 ohne Inv.   2 Säulenstücke

Bad Wimpfen (Kr. Heilbronn; 78)

64 VIERGÖTTERSTEIN

Stadtkirche, Wimpfen am Berg
Sandstein. H. 60,6; Br. noch 17–20; T. 24
Literatur: O. Paret, Fundber. Schwaben N. F. 13, 1952–54, 75 f. Taf. 7,1. – H. Nesselhauf u. H. Lieb, Ber. RGK 40, 1959, 173 Nr. 132. – R. Koch, Kunst der Römerzeit I. Heilbronner Museumshefte 1 (1971) 78 ff. Nr. 22 Abb. 25 f.

Der Stein ist sehr schlank proportioniert; oben halbrunde Nischen; ohne Gesimse.
a. Rest einer Inschrift: *IN[---] / MA[---] / C[---] / ET [---] / RI[---]/ P[---]*.
b. fehlt.
c. Victoria in langem Chiton, der die r. Brust frei läßt und das Motiv des aus dem Gewand hervortretenden Unterschenkels in ungeschickter Weise andeutet. In der erhobenen r. Hand ein Kranz, in der l. die Palme. Beide Füße scheinen auf Kugeln zu stehen.
d. Genius, mit nacktem Oberkörper und in üblicher Weise geschlungenem Mantel. Im l. Arm Füllhorn. Die Beine fehlen. Hinter dem Kopf Muschelornament der Nische erhalten.

Beinstein (Stadt Waiblingen, Rems-Murr-Kreis; 92)

65 GIGANTENREITER

Württemberg. Landesmuseum Stuttgart, Inv. RL 71,191
Sandstein. L. noch 51
Literatur: Ph. Filtzinger, Fundber. Baden-Württemberg 2, 1975, 136 Abb. 66,1.

Erhalten Pferde- und Reitertorso. Der Reiter könnte Panzer und Tunica getragen haben. Ob ein mitgefundenes Pferdehinterteil (a. a. O. Abb. 66,2) zu dieser Gruppe gehörte, oder vielleicht zu einer zweiten, ist nicht klar.

Benningen (Kr. Ludwigsburg; 88)

66–69 RESTE einer SÄULE mit FAHRENDEM JUPITER

Württemberg. Landesmuseum Stuttgart, Inv. RL 70,33
Sandstein. H. der Gesamtsäule etwa 10 m
Literatur: E. Künzl, Arch. Korrbl. 3, 1973, 223 ff. Taf. 45,1–4. – Ders., Fundber. Baden-Württemberg 3, 1976, 286 ff. – Siehe oben S. 46; 47; 57 Anm. 298; 58; 68.

Aus einem Haufen von etwa 700 Steinfragmenten konnten die Reste einer Jupitersäule rekonstruiert werden, dazu ein Wochengötterstein, der wohl zu einer zweiten Säule gehörte. Daneben waren Reste weiterer Kultdenkmäler vorhanden.

VIERGÖTTERSTEIN (66): erhalten noch 7 zuweisbare Fragmente; der Stein war aus vier Quaderlagen aufgebaut. Die Reste lassen erkennen, daß die Normalreihe Juno – Mercur – Hercules – Minerva vorlag.

ZWISCHENSOCKEL (67): erhalten noch 14 zuweisbare Fragmente; auf der Vorderseite Reste der Weihinschrift: [I(ovi) O(ptimo) M(aximo)] / [In hon(orem)] d(omus) d(ivinae) / [vet(erani) coh(ortis)] XXIIII / vol(untariorum) c(ivium) R(omanorum) [- - -] / Urs[- - -] / Aug[- - -] / M(arcus) . . . [- - -] / De[nti] lius V [- - -] . . . re. m [- - -] / [Epit]hynca[nus] / Q[- - -]us / Sc.[- - -].s / C(aius) Iu[lia]nus / Sex⟨t⟩iu[s . . .]er / . . . .[- - -]todius / [v(otum) s(olverunt) l(ibentes) l(aeti) m(erito)]. Auf den drei anderen Seiten Reste der Rioskuren (b und d) und Vulcans (?).

KAPITELL und SÄULE (68): Rest der Abacusplatte mit vegetabilem Rest und Teile des glatten Säulenschaftes.

FAHRENDER JUPITER (69); stark fragmentiert; Teile vom Rumpf eines Pferdes mit Gurt um den Leib und Deichsel des Wagens.

70 WOCHENGÖTTERSTEIN

Württemberg. Landesmuseum Stuttgart, Inv. RL 209
Sandstein. H. 91; Br. je Seite 22 bzw. 16
Literatur: S. Studion, Vera origo illustrissimae et antiquissimae domus Wirtenbergicae (1597; Ms. 57 der Staatsbibliothek Stuttgart) 4.3. – Haug, Wochengötter 27 Nr. 2. – A. Mettler, Das Kastell Benningen. ORL B 58 (1902) 12 ff. Abb. – Haug–Sixt Nr. 324. – Espérandieu G. Nr. 527. – Duval, Semaine 289.

Der Stein ist achteckig, mit sehr ungleich breiten Seiten. Jede Seite ist in zwei Bildfelder eingeteilt: in einer Säulenarchitektur in oben abschließenden Halbbögen die Wochengötter, darunter, in fast quadratischen Bildfeldern, spielende Eroten. Eine Seite des Steines ist völlig zerstört, die Reliefs der anderen Seiten stark bestoßen und fast unkenntlich. Auf der Oberfläche sehr tiefes Loch. Götterreihe linksläufig!
a. fehlt.
b. Saturn, bärtig, nackt (?), hält in der gesenkten, leicht vom Körper abgestreckten Rechten die Harpe.
c. Sol (?); nackter Mann.
d. Luna (?); Frau in Chiton und langem Mantel.
e. Mars, nackt, mit Helm, hält in der l. Hand die Lanze.
f. Mercur, nackt, mit Flügeln im Haar und dem Caduceus im l. Arm.
g. Jupiter; nackter, bärtiger Gott mit erhobener r. Hand, die den Blitz hielt.
h. Venus; nur Umrißlinien des Körpers erhalten.

71 WOCHENGÖTTERSTEIN

Württemberg. Landesmuseum Stuttgart, Inv. RL 71,33.47–42; 71,33.135 bzw. 200.
Sandstein
Literatur: Künzl, Fundber. Baden-Württemberg 3, 1976, 315 ff.

Erhalten sind 5 Relieffragmente mit Köpfen, dazu zwei Fragmente vom Gesims eines Oktogons, die sicher zu einem Wochengötterstein gehörten.

Berwangen (Gem. Kirchardt, Kr. Heilbronn; 79)

72–74 VIERGÖTTERSTEIN, ZWISCHENSOCKEL, SÄULE und KAPITELL   Taf. 6,1

Bad. Landesmuseum Karlsruhe, Inv. 59/3
Sandstein
Literatur: H. Nesselhauf u. H. Lieb, Ber. RGK 40, 1959 Nr. 127. – B. Cämmerer, in: Badisches Landesmuseum Karlsruhe. Neuerwerbungen 1952–1965 (1966) Nr. 43. – Siehe oben S. 59; 60.

Die Säule ist im Bad. Landesmuseum bis auf die fehlende Gigantengruppe rekonstruiert.

VIERGÖTTERSTEIN (72): H. 93; Br. 45,5; T. 44
a. Stark zerstört, aber wohl sicher Juno.
b. Mercur, Chlamys über l. Schulter und l. Arm. Unten r. der Hahn; der Caduceus liegt über der l. Schulter.
c. Hercules, das Löwenfell über der l. Schulter, die Äpfel der Hesperiden in der l. Hand, stützt r. die Keule auf den Boden.
d. Minerva, in Chiton, Mantel und Aegis mit Gorgoneion. Sie hält r. die Lanze, l. auf niedrigem Sockel den Schild. Ihr Helmbusch sprengt den Rahmen des Bildfeldes. Hinter ihrer l. Schulter auf einem Pfeiler das Käuzchen.

ZWISCHENSOCKEL (73): H. 29,5; Br. u. T. 43
Auf der Vorderseite die Inschrift I(ovi) O(ptimo) M(aximo) / Candidus / Vintrionis / v(otum) s(olvit) l(ibens) l(aetus) m(erito). Auf den beiden anliegenden Seiten je ein zur Inschriftseite hin sprengender Pegasus, auf der Rückseite ein Capricorn.

SÄULE und KAPITELL (74): H. noch 63; Dm. etwa 30; H. des Kapitells 33
Die Basis der Säule (zwei scheibenförmige Wülste, vgl. Nr. 31) ist an den Zwischensockel angearbeitet (H. 17). Erhalten ist nur noch die obere, in einem Stück mit dem Kapitell gearbeitete Trommel. Sie ist abwärts geschuppt. Aus einem nur leicht in den Umrißlinien eingetieften Blattkranz wuchsen in der Mitte der Kapitellseiten vier Frauenköpfe. Erhalten sind noch ein Kopf mit Traubengehängen und ein in ein Tuch gehüllter Kopf. Stiftlöcher im Blattkranz lassen auf Anstückungen aus anderem Material schließen.

Biebelnheim (Kr. Alzey-Worms; 23)

75 VIERGÖTTERSTEIN   Taf. 8,2

Paulusmuseum Worms, Inv. R 1636
Sandstein. H. 107; Br. 64; T. 60
Literatur: Haug, Viergöttersteine 61 f. Nr. 134. – Espérandieu VIII 6029. – Fischer, Viergötterstein 46. – Siehe oben S. 49.

Teilweise stark zerstört (vor allem b!); oberer Abschluß der Nischen nicht mehr klar erkennbar. Der Stein stand bis 1891 bei der Kirche in Biebelnheim.
a. links: Juno, in Chiton und Mantel (Kopf verschleiert), legt den l. Arm an die Hüfte, opfert rechts auf einem Altärchen.
rechts: Minerva, in langem Gewand (Chiton? Mantel?) und Resten des Gorgoneions auf der Brust, hält rechts die Lanze, l. den Schild.

b. Reste eines Gottes; abgemeißelt.
c. Hercules, Löwenfell über l. Schulter, stützt rechts die Keule auf den Boden.
d. Mercur, nackt (?), hält in gesenkter r. Hand den Geldbeutel; l. Körperseite zerstört; im Haar Reste der Flügel.

Bingen (Kr. Mainz-Bingen; 27)

Die Bingener Reste von Jupitergigantensäulen stammen alle aus der Umgebung der Bingener Stadtkirche (vgl. G. Behrens, Bingen. Kataloge West- und Süddeutscher Altertumssammlungen 4 [1914/20] 53 f.; oben S. 23).

76 GIGANTENREITER   Taf. 8,3

Heimatmuseum der Stadt Bingen, Inv. 1430
Sandstein. H. 30; L. 48; Br. 25. Plinthe 34 × 16 × 2,5
Literatur: Behrens a. a. O. 67 Abb. 30; 175 Nr. 10. – Espérandieu VIII 6132. – H. Bayer, Heimatmuseum der Stadt Bingen am Rhein (1969) 3,1 Taf. 3. – Fischer, Viergötterstein 46. – Siehe oben S. 67.

Es fehlen Oberkörper des Reiters, Kopf und Hals des Pferdes.
Der Gigant liegt bis zur Hüfte auf der Plinthe auf, wobei er den Oberkörper mit den Armen schräg nach oben stützt. Das nach rechts gewandte Gesicht ist unbärtig. In der r. Hand Keule, die L. auf den Rücken gebunden. Der Reiter trug Schuhe und Tunica.

77 THRONENDER JUPITER

Heimatmuseum der Stadt Bingen, Inv. 1434
Sandstein. H. noch 79
Literatur: Behrens a. a. O. 175 Nr. 9. – Espérandieu VIII 6129. – Bayer a. a. O. 3,1. – Fischer, Viergötterstein 46.

Der Kopf des Gottes fehlt; stark bestoßen.
Der Thron, auf dem der Gott in der üblichen Haltung sitzt, steht auf einem hohen Sockel. Die Rücklehne des Thrones trägt das Relief eines Adlers, der das Blitzbündel in den Krallen haltend auf einem Globus sitzt und im Schnabel einen Kranz hält.

78 VIERGÖTTERSTEIN

Hess. Landesmuseum Darmstadt, Inv. A 1901:16
Sandstein. H. 99; Br. 65; T. 64
Literatur: B. Müller, Hess. Quartalsbl. N. F. 2, 1896–1900, 861 ff. Taf. 70. – Ders., Westdt. Zeitschr. 21, 1902, 399 Taf. 4. – Behrens a. a. O. 87 f. Abb. 47; 175 Nr. 6. – Koepp, Germania Romana² Taf. 13,1. – Espérandieu VIII 6124. – Fischer, Viergötterstein 46. – Brommer, Vulkan 4 Nr. 8 Taf. 8. – Siehe oben S. 49.

Auf der Vorderseite ausgehöhlt. Götter in rechteckigen Nischen.
a. links: Reste von Juno (Altärchen, Pfau)
rechts: Reste von Minerva (Käuzchen).

b. Fortuna, in Chiton und Mantel, hält im l. Arm das Füllhorn, opfert r. aus Patera auf einen rechteckigen Altar mit brennender Flamme.
c. Hercules, Löwenfell über l. Arm und Schulter, stützt r. die Keule auf; über der r. Schulter der Köcher.
d. Vulcan, in Exomis und Pileos, stützt l. eine große Zange auf niedrigen Altar, hält r. Hammer vor die Brust.

79 VIERGÖTTERSTEIN

Paulusmuseum Worms, Inv. 1637
Kalkstein. H. 87; Br. 50; T. noch 24
Literatur: O. Koehl, Westdt. Zeitschr. 11, 1892, 241. – Behrens a. a. O. 66; 175. – Espérandieu VIII 6130. – Fischer, Viergötterstein 46.

Aus der Stadtmauer Bingens. Nur noch eine Seite ganz, die anliegenden in Resten erhalten; rechteckige Bildfelder; ohne Gesimse.
a. fehlt.
b. Rest von Mercur; Mantel über l. Schulter und l. Arm; im Arm Caduceus; hinter dem l. Bein kauert der Bock.
c. Hercules, Löwenfell über l. Arm, stützt r. die Keule auf.
d. Rest der Minerva; in langem Gewand, hält mit r. Hand die Lanze.

80 VIERGÖTTERSTEIN

Verschollen
Literatur: CIL XIII 7503. – Behrens a. a. O. 54; 174. – Espérandieu VIII 6140. – Weber, Götterweihungen 120. – Fischer, Viergötterstein 46.

Der Stein mit der Inschrift *I(ovi) O(ptimo) M(aximo)* und den Göttern Jupiter, Hercules und Victoria wurde nach Mannheim verbracht und ist dort verschollen.

81 SÄULE mit KAPITELL

Heimatmuseum der Stadt Bingen, Inv. 1420
Sandstein. H. 50; Br. u. T. oben 48; Dm. 35
Literatur: Behrens a. a. O. 176 Nr. 12; 54. – Mercklin, Figuralkapitelle Nr. 239 Abb. 466. – Bayer a. a. O. 3,1.

Schaft abwärts geschuppt. Doppelter Blattkranz mit weiblichen Büsten auf jeder Seite.

82/83 SCHUPPENSÄULENRESTE

Heimatmuseum der Stadt Bingen
Sandstein. H. 54 bzw. 108

Literatur: Behrens a. a. O. 54; 176 Nr. 13–15. – Bayer a. a. O. 3,1.

Eines der Fragmente mit Basis, aufwärts und abwärts geschuppt, mit 5 cm breiter Tänie.

Bingen – Kempten (Kr. Mainz-Bingen; 28)

84 VIERGÖTTERSTEIN

Heimatmuseum der Stadt Bingen
Sandstein. H. 87; Br. 49; T. 51
Literatur: B. Liesen u. F. Schneider, Bonner Jahrb. 74, 1882, 34. – Haug, Viergöttersteine 61 Nr. 133. – G. Behrens, Bingen. Kataloge West- und Süddeutscher Altertumssammlungen 4 (1914/20) 175; 216 Abb. 99. – Espérandieu VIII 6168. – H. Bayer, Heimatmuseum der Stadt Bingen am Rhein (1969) 3,1 Taf. 3 d. – Fischer, Viergötterstein 46.

Der Stein war an der Kirche von Bingen-Kempten vermauert. Götter in roh gearbeiteten, oben gerundeten Bildfeldern. Ohne Gesimse.
a. In jetziger Aufstellung nicht sichtbar; vielleicht Juno.
b. Mercur, Mantel über l. Arm und Schulter, hält in gesenkter R. den Geldbeutel, im l. Arm den Caduceus.
c. Hercules, Löwenfell über l. Arm und Schulter, stützt r. die Keule auf den Boden.
d. Minerva, in Mantel, Chiton und Helm, hält l. die Lanze und rechts den Schild. Farbreste erhalten!

Böttingen (Stadt Gundelsheim, Kr. Heilbronn; 74)

85–87 JUPITERGIGANTENSÄULE   Taf. 6,2; 7,1–2

Städt. Museum Heilbronn
Sandstein. Viergötterstein: H. 77; Br. 49; T. 45. Kapitell: H. 58. Gigantengruppe: H. noch 43; L. 51
Literatur: O. Paret, Fundber. Schwaben N. F. 13, 1952–54, 53 f. Taf. 10 f. – H. Nesselhauf u. H. Lieb, Ber. RGK 40, 1959 Nr. 131. – Mercklin, Figuralkapitelle Nr. 420 Abb. 818. – Bauchhenß, Jupitergigantensäulen 7 Abb. III. – Siehe oben S. 8; 49; 64; 66.

Die Säulenteile wurden zusammen mit dem Altar in einem Brunnen gefunden. Genauere Untersuchung des Fundes war bei der Bergung nicht möglich.

VIERGÖTTERSTEIN (85); Kanten und Gesimse weitgehend abgeschlagen. Oberer Rand der Bildfelder leicht gewölbt.
a. Juno, in Chiton und Mantel (Kopf verschleiert), opfert r. auf einen blütenförmigen Altar; in der l. Hand Acerra.
b. Minerva, in langem Chiton, Mantel und Helm (Andeutung des Gorgoneions auf der Brust?), hält rechts die Lanze, links wohl den Schild.
c. Hercules, Löwenfell über l. Schulter und l. Arm, stützt r. die Keule auf. Über r. Schulter Köcher.

d. Mercur, Mantel auf der r. Schulter geheftet, hielt l. den Caduceus, in der gesenkten R. den Geldbeutel; unter der r. Hand ein Bock.

KAPITELL (86); doppelter Blattkranz, darüber an den Kanten kleine menschliche Gestalten, auf den Flächen Köpfe, von denen einer bärtig, zwei sicher weiblich waren. Der obere Abschluß schlecht erhalten. Von der Säule nur kurzes Stück unter dem Kapitell erhalten (abwärts geschuppt).

GIGANTENREITER (87): Der Gigant sitzt auf dem Gesäß und stützt seine beiden Arme auf. Links könnte er eine Waffe gehalten haben. Er legt den Kopf sehr weit in den Nacken, damit das Gesicht von unten zu sehen ist. Das Pferd legt beide Hufe über die Schultern des Giganten. Hals und Kopf fehlen, ebenso wie der ganze Oberkörper des Reiters. Dieser trug Panzer (Pteryges erkennbar); seine Füße waren unbekleidet.

88 JUPITERALTAR   Taf. 8,1

Städt. Museum Heilbronn
Sandstein
Literatur: siehe Nr. 85–87. – Siehe oben S. 8.

Einfacher Altar mit der Inschrift *I(ovi) O(ptimo) M(aximo) / M(arcus) Firmi/nius / Martiu(s) / l(ibens) l(aetus) m(erito)*.

Zwei Reliefs in der Stadtmauer von Gundelsheim hielt Sixt für möglicherweise zu Viergöttersteinen gehörig: Fundber. Schwaben 9, 1901, 7. Dies kann nur bei Entfernung der Steine aus der Mauer geklärt werden.

Brumath (Arr. Strasbourg-Campagne, Bas-Rhin; 143)

89 VIERGÖTTERSTEIN

Musée Arch. Strasbourg, Inv. 2410
Sandstein. H. 120; Br. 53; T. noch etwa 25
Literatur: J. D. Schöpflin, Alsatia Illustrata 1 (1751) 476 Taf. 5a. – v. Schauenburg, Bull. Soc. Conservat. Mon. Hist. Alsace 2. Ser. 5, 1866/67, 9. – A. Straub, ebd. 13, 1887, 366 Nr. 12. – Haug, Viergöttersteine 37 f. Nr. 67. – Hertlein, Juppitergigantensäulen 103 Anm. 5. – R. Henning, Denkmäler der Elsässischen Altertumssammlung zu Straßburg im Elsaß (1912) 49 Taf. 45,1. – Espérandieu VII 5541; X S. 22 Abb. – Hatt, Strasbourg Nr. 17.

Durch die Beschießung Strasbourgs 1870 weitgehend zerstört.
a. Reste einer Göttin mit Altar. Juno.
b. fehlt.
c. Rest eines nackten Gottes (Hercules?).
d. Venus, mit Mantel über l. Unterarm und l. Bein, hält l. einen blattförmigen Fächer, r. einen Spiegel. R. vor ihr Amor, der ihr eine Taube reicht.

90 ZWISCHENSOCKEL Taf. 9,1–3

Musée Arch. Strasbourg, Inv. 2424
Sandstein. H. 38,5; Br. 34; T. 23
Literatur: Schöpflin a. a. O. 471 Taf. 1,1–3. – Haug, Viergöttersteine 38 Anm. – CIL XIII 6010. – Espérandieu VII 5540. – Hatt, Strasbourg Nr. 97. – Siehe oben S. 57 Anm. 298; 58.

Durch die Beschießung Strasbourgs 1870 weitgehend zerstört.
a. Inschrift: *I(ovi) O(ptimo) M(aximo) / et Iunoni / Regi[na]e Luc/inius Vic/turus ex v(oto)* (Lesung nach Schöpflin).
b. Dioskur (nur von der Hüfte an abwärts erhalten).
c. Links: Göttin in Chiton und Mantel, senkt den r. Arm (nach Schöpflin opferte sie auf Altar). L. nach Schöpflin das Füllhorn. Haug: Fortuna mit Füllhorn und Steuerruder.
Rechts: Genius, Mantel um Hüften und über l. Schulter, hielt im l. Arm Füllhorn, die R. mit Gegenstand gesenkt.
d. Dioskur; nur die r. Körperseite und das Hinterteil des Pferdes erhalten.

91 KAPITELL mit SÄULE

Ohne weitere Angaben publiziert.
Literatur: J.-J. Hatt, Gallia 28, 1970, 337 Abb. 34; 35.

Das Kapitell stammt aus einer Schuttauffüllung des 3. Jh. Schaft abwärts geschuppt. Kapitell mit zwei Blattkränzen; über den Blättern Büsten, deren Köpfe die Abakusblüte ersetzen. Voluten und Helices fehlen.

Büchelberg (Kr. Germersheim; 159)

92 VIERGÖTTERSTEIN

Hist. Museum der Pfalz, Speyer, Inv. 3002
Sandstein. H. 73; Br. 65; T. noch 32
Literatur: Haug, Viergöttersteine 42 Nr. 80. – Hildenbrand, Steinsaal 48 Nr. 147. – Hertlein, Juppitergigantensäulen 102. – Espérandieu VIII 5914. – Siehe oben S. 53 Anm. 272.

Nur zwei Seiten erhalten. Beschreibung nach Haug:
a. Mercur; erhalten nur nackte L. Schulter mit Mantelrest.
b. Fortuna, in der L. Füllhorn, r. Rest des Steuerruders. Gewandreste am Körper und am r. Arm.

93 VIERGÖTTERSTEIN

Hist. Museum der Pfalz, Speyer, Inv. 2999
Sandstein. H. 44; Br. 38; T. noch 24
Literatur: H. Dragendorff u. E. Krüger, Ber. RGK 5, 1909, 43. – Hildenbrand, Steinsaal 47 Nr. 139. – Espérandieu VIII 5921.

Beschreibung nach Espérandieu. Seite d. ganz, a. teilweise erhalten.
a. Reste der Juno: erhalten sind undeutliche Reste des Pfaus.
b. fehlt
c. fehlt
d. Minerva, in Helm, stützt sich auf die Lanze.

Butterstadt (Stadt Bruchköbel, Main-Sinzig-Kreis; 47)

Die Butterstädter Gigantensäulenreste wurden bei einer etwa 1 m² großen Pflasterung gefunden, auf der wohl eine der beiden ehedem vorhandenen Säulen stand. Die zweite Säule, von der Reste erhalten sind, wird dicht daneben gestanden haben. Die Säule Nr. 94–97 soll hier in der früheren Zusammenstellung im Hanauer Museum besprochen werden. Nach Hertlein, Korrbl. Gesamtver. 64, 1916, 221 f. Anm. 1 müßte der andere Viergötterstein zu dem Wochengötterstein, dem Reiter und der Schuppensäule gehören. Da die gesamten Steindenkmäler in Hanau am 19. 3. 1945 zerstört wurden und nur ungenügende Fotografien existieren, kann die Behauptung Hertleins nicht überprüft werden. Die von ihm angeführten Maßverhältnisse allein geben wohl keinen sicheren Beweis (vgl. Frankfurt-Heddernheim Nr. 143–146).

94–97 JUPITERGIGANTENSÄULE   Taf. 10,1; 11,2

Hist. Museum der Stadt Hanau (zerstört)
Sandstein. H. gesamt über 400. Viergötterstein: H. 80; Br. und T. 46. Wochengötterstein: H. 25; Dm. 53. Säule: H. etwa 170. Kapitell H. 45. Gigantenreiter: H. 90
Literatur: W. Küster, Westdt. Zeitschr. 20, 1901, 325 f. – Ders., ebd. 21, 1902, 402. – Ders., ebd. 22, 1903, 393. – G. Gassies, Revue Études Anciennes 4, 1902, 290 Abb. 3. – J. Jacobs, Arch. Anz. 17, 1902, 74 Abb. – Hertlein, Juppitergigantensäulen 4; 83 Anm. 1; 120. – Ders., Korrbl. Gesamtver. 64, 1916, 211 f. Anm. 1; 230. – F. Kutsch, Hanau II (1926) 74 f. Nr. 1 a–f Taf. 26,9. – Koepp, Germania Romana² 37 Taf. 13,4. – Espérandieu G. Nr. 71; 72; 76. – F. Sprater, Pfälzer Heimat 2, 1951, 68. – Mercklin, Figuralkapitelle 97 Nr. 243. – Duval, Semaine 288. – Fischer, Viergötterstein 47. – Bauchhenß, Jupitergigantensäulen 18; 68 Abb. 26. – Siehe oben S. 53; 56; 73 Anm. 369.

VIERGÖTTERSTEIN (94): a. Juno; b. Mars; c. Victoria; d. Vulcan.
Die Götter standen in rechteckigen Bildfeldern. Über einer profilierten Gesimsplatte folgt der achteckige Wochengötterstein.

WOCHENGÖTTERSTEIN (95): a. Victoria; b. Saturn (bärtig); c. Sol (Nimbus); d. Luna; e. Mars (Helm); f. Mercur (Flügelhut); g. Jupiter (bärtig); h. Venus (Wochengötter: Büsten in rechteckigen Bildfeldern; Victoria: Ganzfigur).

KAPITELL und SÄULE (96): Die Säule war im unteren Teil aufwärts, im oberen abwärts geschuppt. Kopfkapitell, nur drei Köpfe waren erhalten.

GIGANTENREITER (97): Der Reiter ritt über den rücklings liegenden und sich mit den Armen auf die Plinthe stützenden Giganten. Der Reiter trägt im l. Arm ein vierspeichiges Rad; Falten seines Gewandes an der l. Seite dürften ein Schwert vorgetäuscht haben.

98 VIERGÖTTERSTEIN

Hist. Museum der Stadt Hanau (zerstört)
Literatur: Siehe oben Nr. 94–97. – Hertlein, Juppitergigantensäulen 120. – Kutsch a. a. O. 75 g. – Espérandieu G. S. 49.

Abbildungen des stark fragmentierten Steines liegen nicht vor. Nach Kutsch waren auf dem Stein dargestellt: a. Juno; b. Apollo; c. Hercules; d. Minerva.

99 KAPITELL

Hist. Museum der Stadt Hanau (zerstört)
Sandstein. Dm. 41
Literatur: Siehe oben Nr. 94–97. – Kutsch a. a. O. 74 1 Ah.

Das Kapitell gehörte nach Kutsch zu dem Viergötterstein Nr. 98.
Abbildungen und genauere Beschreibungen liegen nicht vor.

Butzbach (Wetteraukreis; 46)

Die noch nicht abschließend publizierten Säulenreste aus Butzbach wurden 1954/55 bei Grabungen im Lagerdorf des Kastells in einem Brunnen gefunden. Es ließ sich eine ganze Jupitersäule rekonstruieren, von einer zweiten fand sich das Kapitell. Beifunde aus dem Brunnen lassen sich auf die Zeit um 230 n. Chr. datieren. Es ist möglich, daß die Säule bei den damaligen Alamanneneinfällen zerstört wurde. Die gut erhaltenen Teile der Säule wurden bei einem Brand des Grabungsschuppens stark beschädigt.

100–103 JUPITERGIGANTENSÄULE   Taf. 10,2; 11,1

Hessisches Landesmuseum Darmstadt, Inv. A 1956: 796
Sandstein. H. etwa 400
Literatur: W. Jorns, Germania 33, 1955, 121. – Mercklin, Figuralkapitelle Nr. 240 Abb. 459–461. – Fischer, Viergötterstein 47. – Siehe oben S. 56; 64; 65.

VIERGÖTTERSTEIN (100): oben und unten einfache Gesimsplatten angearbeitet. Rechteckige Bildfelder.
a. Reste einer verschleierten Frau mit Zepter (?) und Altar (?). Juno.
b. Minerva, in langem Chiton und Mantel, hält mit der l. Hand (!) die Lanze, r. den Schild. Neben ihrer r. Seite das Käuzchen auf einem hohen Pfeiler. Den Kopf mit Helm wendet sie leicht nach rechts.
c. Hercules, Löwenfell über l. Schulter, stützt r. die Keule auf den Boden; Äpfel der Hesperiden in der l. Hand.
d. Rest eines nackten Gottes; im Haar Flügelrest zu erkennen. Mercur.

WOCHENGÖTTERSTEIN (101): oben und unten profilierte Gesimsplatten. Götter in oben halbrunden Nischen. Der Stein ist rund;

a. Saturn, stützt sich l. auf Baumstumpf (?), an dem er mit der Harpe in der r. Hand etwas abzuschneiden scheint.

b. Reste einer nackten männlichen Gestalt. Sol.

c. Rest einer nackten weiblichen Gestalt. Luna.

d. Mars. Erhalten nur behelmter Kopf, Schild, r. Arm mit Teil der Lanze.

e. Mercur, nach l. gewandt, mit Flügelhut und Caduceus (in l. Hand). In der r. Hand der Geldbeutel?

f. Jupiter, Mantelbausch über l. Schulter, wendet Kopf nach l. Die r. Hand hielt Zepter.

g. Venus, nackt, legt die r. Hand in eleganter Geste an den Kopf.

SÄULE und KAPITELL (102): Der Schaft der Säule ist abwärts geschuppt. Das Ornament beginnt jedoch unten erst an einem kleinen Wulst, etwa 15 cm über der jonischen Basis. Die Basis selbst sitzt auf einer hohen zylindrischen Scheibe. Eine Seite des Kapitells ist abgearbeitet. Über einem niedrigen Blattkranz am Überfall unter den Helices Köpfe, deren Attribute nicht zu erkennen sind.

GIGANTENREITER (103): Auf einer langrechteckigen Platte liegt langgestreckt der Gigant. Seine beiden Hände sind auf den Rücken gefesselt, die Schlangenbeine verkümmert. Von Reiter und Pferd sind nur ganz geringe Reste erhalten (Oberkörper mit Kopf, rechter Arm, Mantelansatz; Hinterhufe und Schwanz des Pferdes).

104 KAPITELL   Taf. 11,3

Heimatmuseum Butzbach (Leihgabe des Hess. Landesmuseums Darmstadt, Inv. A 1956: 65,26)
Sandstein. H. 60; Dm. oben 70, unten 50
Literatur: Mercklin, Figuralkapitelle Nr. 763 Abb. 1402. – Fischer, Viergötterstein 47. – Siehe oben S. 64.

Aus einem Blattkranz ragen bis zu den Knien kleine männliche Gestalten, die links und rechts das Schlangenbein je eines Giganten halten, die an Stelle von Eckvoluten in Art von Atlanten die Abakusplatte tragen.

Corre (Arr. Vesoul, Haute-Saône)

105 GIGANTENREITER (?)

Museum Vesoul
Literatur: L. Lerat, Gallia 22, 1964, 376. – Ders., Revue Arch. Est. et Centre-Est 16, 1965, 281 f.

Lerat erwähnt Reste eines Pferdekopfes, der zu einer Reitergruppe gehört haben könnte, die im Jahre 1702 gefunden worden war. Von ihr ist sonst nichts erhalten.

106 KAPITELL

Museum Vesoul
Literatur: siehe oben Nr. 105.

Nach Lerat Kapitell mit den Köpfen der vier Jahreszeiten.

Dannstadt (Gem. Dannstadt-Schauernheim, Kr. Ludwigshafen; 170)

107 ZWISCHENSOCKEL Taf. 11,4;

Hist. Museum der Pfalz, Speyer, Inv. A 74
Sandstein. H. 57; Br. 57; T. 58
Literatur: J. v. Stichaner, Intelligenz Blatt des Rheinkreises 1825, 1144. – Haug, Wochengötter 47 f. Nr. 2. – CIL XIII 6126. – Hildenbrand, Steinsaal 53 Nr. 168 Taf. 1,1. – Espérandieu VIII 5990. – Rink, Genius 38 f. Nr. 7. – Brommer, Vulkan 8 Nr. 32 Taf. 27. – Kunckel, Genius 110 Nr. C I 102 Taf. 86 f. – Siehe oben S. 59.

Aus der Umfassungsmauer der Kirche in Dannstadt. Ohne Gesimsplatten. Auf jeder Seite je zwei Götter in halbrunden, von Säulchen umrahmten Nischen. In den Bogenfeldern über den Nischen Blattornamente, darüber auf den Seiten b, c u. d gedrehtes Band. Teilweise stark zerstört.
a. Auf einer Leiste über den Nischenbögen Reste der Inschrift: *In h(onorem) d(omus) d(ivinae) I(ovi) O(ptimo) M(aximo)*. Darunter:
links: Göttin in langem Chiton, die r. Kranz, links zerstörtes Attribut hält;
rechts: Göttin in langem Gewand, die links fackelartiges Attribut hält (Haug: Palmzweig; Espérandieu: Spindel); Attribut in r. Hand zerstört;
b. links: Vulcan, in Exomis und Pileos, stützt l. Fuß auf ein Postament; im l. Arm Zange, die r. stützt Hammer auf Amboß;
rechts: Neptun, Mantel um Hüften und über l. Unterarm, hält auf der r. Hand den Delphin, mit der l. Hand den Dreizack;
c. links: Göttin in Chiton und Mantel, hält r. ein undeutliches stabartiges Attribut;
rechts: Genius, Mantel um Hüften und l. Schulter und Arm, hält im l. Arm das Füllhorn;
d. links: Victoria, geflügelt, mit Chiton um Hüften und über l. Unterarm; sie setzt l. Fuß auf einen Globus, hält r. einen großen Stilus, mit dem sie auf kleinen Schild, den sie auf dem l. Knie hält, schreibt;
rechts: Göttin in Mantel und Chiton, senkt die R. mit einem Attribut; in der angewinkelten L. Reste des Füllhorns? Fortuna?

Dieburg (Kr. Darmstadt-Dieburg; 51)

Von den Dieburger Funden gehören sicher nur der verschollene Gigantenreiterrest Nr. 108 und die Säule Nr. 109 zusammen. Sie wurden miteinander in einem Brunnen gefunden. F. Behn, Das Mithrasheiligtum zu Dieburg. Röm.-Germ. Forsch. 1 (1928) 28 vermutet, daß zu ihnen der in der Nähe gefundene Viergötterstein mit Wochengötterstein Nr. 110/11 gehört.

108/109 GIGANTENREITER und SCHUPPENSÄULE

Verschollen bzw. Hess. Landesmuseum Darmstadt, Inv. II.A.22
Sandstein. Säule: H. 132; Dm. 37. Kapitell: H. 37
Literatur: F. Henkel, Hess. Quartalsbl. N. F. 1, 1891–95, 760 Taf. 32 Abb. 4,5. – L. Buchhold, Die Antikensammlungen des Großherzoglichen Museums in Darmstadt (1895) 39 f. – Hertlein, Juppitergigantensäulen 5; 89. – F. Behn, Urgeschichte von Starkenburg (1925) 61 Abb. 18. – Ders., Das Mithrasheiligtum zu Dieburg. Röm.-Germ. Forsch. 1 (1928) 28. – Espérandieu G. Nr. 240. – Kähler, Kapitelle 63 Anm. 5. – P. Lambrechts,

Latomus 8, 1949, 148. – Behn, Festschrift RGZM 1 (1952) 14 Nr. 40; 25. – Mercklin, Figuralkapitelle Nr. 241 Abb. 455–458. – Fischer, Viergötterstein 47. – Siehe oben S. 6 Anm. 10.

Säule abwärts geschuppt. Über einfachem Blattkranz Büsten von zwei Frauen und zwei Männern. Eine der Frauen hat den Kopf verschleiert. Die Volute rechts von ihr war eigens angesetzt. Mit der Säule wurde der Rest einer Reitergruppe gefunden, der in einer Küche als Bodenplatte verwendet wurde (Henkel a. a. O.).

110/111 VIERGÖTTERSTEIN mit WOCHENGÖTTERSTEIN Taf. 12,1–4

Hess. Landesmuseum Darmstadt, Inv. A 1924: 24
Sandstein. H. gesamt 150; Br. 40; T. 39
Literatur: Behn, Urgeschichte von Starkenburg (1925) 56 ff. Taf. 31 f. – Ders., Das Mithrasheiligtum zu Dieburg. Röm.-Germ. Forsch. 1 (1928) 25 ff. Abb. 19–25. – H. Finke, Ber. RGK 17, 1927 Nr. 183. – Espérandieu G. Nr. 239. – Hahl, Stilentwicklung 40 f. – Behn, Festschrift RGZM 1 (1952) 14 Nr. 39 Taf. 3,1–4. – W. Jorns, Stahl und Eisen 77, 1957, 1161 Abb. 2. – Duval, Semaine 289. – A. Büttner, Schriften der Hessischen Museen 10, 1970, 102; 104 f. Abb. 3. – Fischer, Viergötterstein 47. – Brommer, Vulkan 4 Nr. 9 Taf. 9. – Rupprecht, Dekurionenstand 226. – Siehe oben S. 28; 44; 46.

An den schlanken Viergötterstein ist ein runder Wochengötterstein angearbeitet, der durch Pflugspuren stark zerstört ist. Gesimse und Profile sind bei beiden angearbeitet. Die Nischen des Viergöttersteines sind oben flach gerundet, mit Einziehung des ursprünglichen Muschelschlosses (ähnlich die Nischen des Wochengöttersteines). Die Inschrift beginnt auf dem unteren Gesims des Wochengöttersteines. Sie steht etwa über der Juno des Viergöttersteines und unter dem Saturn des Wochengöttersteines: *Licinius / Ob[- - -] / d(ecurio) c(ivitatis) A(uderiensium) et Messor(ia) / Tetrica coniu[x] / l(aetus) l(ibens) m(erito).*
Behn, Mithrasheiligtum 28 weist den Stein vermutungsweise der Werkstatt des Silvestrius Silvinus zu. Zeit nach Behn 225–250 n. Chr.

VIERGÖTTERSTEIN (110):
a. Juno, in langem Chiton und Mantel (Kopf, mit Diadem, verschleiert), hält links die Acerra und senkt die R. mit einem Weihrauchkorn. R. am Boden hinter ihr der Pfau.
b. Ceres, in langem, hochgegürtetem Chiton und Mantel, hält l. Ciste, aus der Ähren quellen. Im Haar Ährendiadem. Der Gestus der r. Hand ist nicht mehr erkennbar.
c. Hercules, von der r. Seite dargestellt, Löwenfell über l. Arm und Schulter, in der l. Hand die Äpfel der Hesperiden, stützt r. die Keule auf. Über seiner r. Schulter der Köcher.
d. Vulcan, in Exomis, mit halbhohen Stiefeln und Pileos, stützt l. die Zange auf einen Amboß, hält r. angewinkelt den Hammer.

WOCHENGÖTTERSTEIN (111, im Uhrzeigersinn!):
a. Saturn, abgeschlagen.
b. Sol, nackt, in Schrittstellung nach rechts. Unterarme und Kopf fehlen.
c. Luna, in langem Chiton und Mantel, hält im l. Arm Acerra, hat den r. Arm erhoben. Im Haar Rest einer Mondsichel.
d. Mars, in Rüstung mit Helm und Mantel, hält r. die Lanze, l. den Schild.
e. Mercur, eilt nach l.; nackt bis auf Flügelhut; in emporgestreckter r. Hand der Geldbeutel, in der gesenkten L. der Caduceus.
f. Jupiter. Erhalten die Beine, die l. Körperseite, Teile des l. Armes mit dem Zepter.
g. Venus. Erhalten sind undeutliche Reste der Beine.

112 SCHUPPENSÄULE

Kreis- und Stadtmuseum Dieburg
Sandstein. H. etwa 120

Die Säule wurde etwa 1920/30 in einem Keller der Altstadt bei Kanalarbeiten gefunden (Auskunft Boß). Sie war sicher sekundär gelagert. In der Nähe befanden sich eine Pflasterung und ein aufwendigeres Haus an einem Weg.
Das nur flach eingeritzte Schuppenmuster ist nur noch an wenigen Stellen erkennbar.

Dielkirchen (Donnersbergkreis; 8)

113 VIERGÖTTERSTEIN (?)

Hist. Museum der Pfalz, Speyer, Inv. A 62
Sandstein. H. 80; Br. und T. 48
Literatur: Haug, Viergöttersteine 51 f. Nr. 108. – Hildenbrand, Steinsaal 39 Nr. 102. – Sprater, Pfalz 2 Abb. 80; 81; 85. – Espérandieu VIII 6041. – H. Schoppa, Bonner Jahrb. 157, 1957, 281. – Siehe oben S. 52 Anm. 268, 270.

1830 in der Friedhofmauer gefunden. Ohne Gesimsplatten; rechteckige Bildfelder (a, c, d); Seite b zweigeteilt, im oberen Drittel abgeschlagen.
a. Jupiter, Mantel um Hüften und über l. Schulter und Arm, in r. Hand sehr kleiner Blitz (?), die l. hält das Zepter schräg vor den Körper.
b. oben: zweirädriger Wagen mit Resten von zwei Pferden. Darunter Dioskur vor nach rechts schreitendem Pferd.
c. Victoria, Typ Brescia. Der Schild wird von einem umgekehrten Steuerruder gestützt.
d. Mars, in Rüstung, mit Helm, hält r. die Lanze, l. den auf einen kleinen Sockel gestützten Schild.

Dietenhausen (Gem. Keltern, Enzkreis; 120)

114 VIERGÖTTERSTEIN

Heimatmuseum Pforzheim
Sandstein. H. noch 29; Br. 62; T. 62
Literatur: E. Lacroix, P. Hirschfeld u. W. Paeseler, Die Kunstdenkmäler des Amtsbezirks Pforzheim Land (1938) 45.

Erhalten sind noch die Füße der Götter auf drei Seiten des Steines.
a. Füße einer langgewandeten Göttin; Juno?
b. Fläche abgeschrägt, überarbeitet.
c. Füße eines Gottes.
d. Füße einer Göttin; Minerva?

Dijon (Côte-d'Or)

115 VIERGÖTTERSTEIN

Musée Arch. Dijon
Kalkstein. H. 97; Br. 62; T. noch 30
Literatur: Creuly, Revue Arch. N. S. 5, 1862, 111. – Haug, Viergöttersteine 157 Nr. 211. – Espérandieu IV 3442. – J.-J. Hatt, Revue Arch. 6. Ser. 39, 1952, 78 Abb. 7. – E. Thevenot, Revue Arch. Est et Centre-Est 8, 1957, 101 ff. Abb. 34. – Ders., ebd. 10, 1959, 108 ff. Abb. 3 f. – S. Deyts, Sculptures gallo-romains mythologiques et religieuses. Inventaire des Collections Publiques Françaises 20 (1976) Nr. 114.

Ohne Gesimse erhalten. Nur eine Seite ist vollständig. Rechteckige Bildfelder.
a. Juno, in Chiton und Mantel (Kopf verschleiert), opfert r. aus einer Patera auf balusterförmigen Altar. Nur r. Körperhälfte erhalten.
b. fehlt
c. Hercules. Erhalten der bärtige Kopf, das l. Bein, l. Schulter und l. Arm, über denen das Löwenfell liegt. In der l. Hand Trinkgefäß.
d. Nackter Jüngling, Mantel über l. Schulter und Oberarm. Die l. Hand hält ein Zepter (?), die gesenkte R. ein Ährenbündel (?).

116 ZWISCHENSOCKEL (?)

Musée Arch. Dijon
Kalkstein. H. noch 55; Br. 48; T. noch 20
Literatur: Espérandieu IV 3440. – Deyts a. a. O. Nr. 116.

Stark beschädigt; oberer Abschluß fehlt; auf jeder Seite Platz für 2 Götter.
a. Rest eines nackten Mannes, in l. Hand Lanze oder Zepter. Mars?
b. Minerva, in Chiton und Mantel, hält Lanze und Schild. Neben ihr Reste eines nackten Gottes.
c. und d. fehlen.

Donon (Com. Grandfontaine, Arr. Molsheim, Bas-Rhin; 139)

Auf dem Donon, dem höchsten Gipfel der nördlichen Vogesen, an der Grenze der Provinzen Germania Superior und Belgica, war ein bedeutendes Bergheiligtum. Der am meisten dort verehrte Gott scheint Mercur gewesen zu sein.
Einer der frühesten Beschreiber des Heiligtums, Alliot, bildet drei Sockel ab, deren genaue Maße er angibt. Einer trug eine Weihinschrift: I(ovi) O(ptimo) M(aximo) / C. Lucullus / Lepidinus / v(otum) s(olvit) l(ibens) l(aetus) m(erito) (CIL XIII 4548). Zu Schöpflins Zeit war dieser Sockel schon verschwunden (Alsatia Illustrata 1 [1751] 473). Zangemeister (Korrbl. Westdt. Zeitschr. 9, 1890 Nr. 106) versuchte, aus den drei Sockeln eine Säule in Stufenaufbau zu rekonstruieren. Ihm widersprach O. Bechstein (Korrbl. Westdt. Zeitschr. 10, 1891 Nr. 9). Bei dem Inschriftstein könnte es sich aber durchaus um den Sockel einer Gigantensäule gehandelt haben. Die ersten Jupitergigantengruppen wurden 1916 bei 'Grabungen' in Zusammenhang mit militärischen Anlagen gefunden.

117 GIGANTENREITER

Musée Arch. Strasbourg, Inv. 29241
Sandstein. H. 108; L. 84; Br. 22
Literatur: F. Pöhlmann, Germania 2, 1918, 92. – R. Forrer, Cahiers Arch. et Hist. Alsace 14, 1923, 112 Abb. 117–120. – Espérandieu IX 7245. – Forrer, Strasbourg-Argentorate (1927) 689 Abb. 502. – Ders., L'Alsace romaine (1935) 132 Taf. 28,1. – Hatt, Strasbourg Nr. 161.

Der Gigant kniet auf der größtenteils ergänzten Basisplatte und trägt die Vorderhufe des Pferdes über den Schultern. Jupiter im üblichen Mantel.

118 GIGANTENREITER

Musée Arch. Strasbourg, Inv. 29242
Sandstein. H. 125; L. 80; Br. 32
Literatur: Pöhlmann a. a. O. 92 f. – Forrer, Cahiers Arch. et. Hist. Alsace 14, 1923, 112 Abb. – Espérandieu IX 7246. – Forrer, Strasbourg-Argentorate (1927) 689 Abb. 503. – Hatt, Strasbourg Nr. 170.

Stark zerstört. Der Gigant kniete, seine Schlangenbeine lagen auf der Plinthe auf. Torso des Pferdes, Oberkörper des Reiters erhalten.

119 GIGANTENREITER

Musée Arch. Strasbourg, Inv. 58,4
Sandstein. H. 50,5; Br. 21; T. 23
Literatur: Hatt, Strasbourg Nr. 165. – Siehe oben S. 66 Anm. 323.

Der nur grob angelegte, für den Donon relativ kleine Gigant kniete. Die Arme liegen am Oberkörper an. Vom Reiter ist nichts erhalten.

120 GIGANTENREITER

Musée Arch. Strasbourg, Inv. 58,5
Sandstein. H. 29; L. 24; T. 11
Literatur: E. Linckenheld, Cahiers Arch. et Hist. Alsace 38, 1947, 91 Nr. 9 Taf. 5,1. – Espérandieu XI 7813. – Hatt, Strasbourg Nr. 168.

Erhalten sind nur der Kopf und Teile vom Hals eines Pferdes; dazu gehört wahrscheinlich der Rest eines Pferdekörpers, der mitgefunden wurde (Espérandieu XI 7813).

121 GIGANTENKAPITELL   Taf. 15,1

Musée Arch. Strasbourg, Inv. 29240
Sandstein. H. 65; Dm. 55 (unten 49)
Literatur: Pöhlmann a. a. O. 92. – Espérandieu IX 7244. – Forrer, Strasbourg-Argentorate (1927) 690. – Mercklin, Figuralkapitelle 181 Nr. 440 Abb. 847. – Hatt, Strasbourg Nr. 152. – Siehe oben S. 64.

An den Ecken des Kapitells befinden sich statt der Voluten über einem wellenförmigen Wulst je ein Gigant, deren nach hinten gestreckte Beine ineinander übergehen, während sie sich gegenseitig an den Händen halten. Unter der Wellenlinie ein um den Säulenschaft gelegter Wulstring. Zwischen den Giganten waren Köpfe auf den Kapitellseiten.

Dudenhofen (Kr. Ludwigshafen; 166)

122 VIERGÖTTERSTEIN

Hist. Museum der Pfalz, Speyer, Inv. A 93
Sandstein. H. 120; Br. 68; T. noch 16
Literatur: Hertlein, Juppitergigantensäulen 121 f. – Hildenbrand, Steinsaal 44 Nr. 125. – Espérandieu VIII 5972.

Erhalten ist nur noch die Vorderseite des Steines. Ohne Gesimse; rechteckiges Bildfeld. Stark verwittert.
a. Juno, in langem Chiton und Mantel, hält links Zepter schräg vor den Körper, die r. Hand ist gesenkt.
b. und c. fehlen.
d. Am Rand noch Rest eines Attributs zu erkennen. Nach Hertlein Eule, nach Espérandieu Füllhorn.

Durmersheim (Kr. Rastatt; 128)

123 VIERGÖTTERSTEIN

Kirche, Durmersheim
Sandstein. H. noch 90; Br. noch 42
Literatur: J. Naeher, Die Umgebung der Residenzstadt Karlsruhe (1884) Abb. 122. – Haug, Viergöttersteine 19 Nr. 20 Anm. – Wagner, Fundstätten 2,52. – P. Hirschfeld, Die Kunstdenkmäler des Landkreises Rastatt (1963) 50.

Der Stein wurde beim Abbruch der alten Durmersheimer Kirche gefunden und in die neue Kirche vermauert. Dadurch ist nur die eine Seite mit Hercules noch zu sehen. Er stützte sich rechts auf seine Keule. Weitere Details sind zu stark verwittert.

Durrenbach (Arr. Wissembourg, Bas-Rhin; 151)

124 SCHUPPENSÄULE

Musée de la Ville, Haguenau, Inv. R 202
Sandstein. H. noch 17,5; Dm. noch ca. 19,5
Literatur: Jahrb. Hagenauer Altert. Ver. 2, 1911, 84.

Das Fragment fand sich 1910 beim Abbruch der Kirche zusammen mit römischen Ziegelresten.

Dürrmenz (Stadt Mühlacker, Enzkreis; 112)

125 VIERGÖTTERSTEIN

Württemberg. Landesmuseum Stuttgart, Inv. RL 212
Sandstein. H. 88; Br. 43; T. 46
Literatur: R. Bach, Fundber. Schwaben 6, 1898, 5. – Hertlein, Juppitergigantensäulen 119. – Haug–Sixt Nr. 314. – Espérandieu G. Nr. 520.

Beim Abbruch der Peterskirche gefunden. Oben halbrunde Nischen; stark beschädigt; ohne Gesimse.
a. Juno, in langem Chiton und Mantel, opfert r. auf einen Altar. Rest unkenntlich.
b. Mercur, Mantel auf r. Schulter geheftet, hält in der gesenkten r. Hand Geldbeutel, im l. Arm Caduceus. Flügelhut im Haar.
c. Hercules. Reste der Keule und der l. Schulter mit dem Löwenfell zu erkennen.
d. Minerva, in langem Chiton und Mantel, hält r. die Lanze, l. den Schild. Kopf mit Helm nach l. gewandt.

Ebernburg (Gem. Bad Münster am Stein, Kr. Bad Kreuznach; 9)

126 GIGANTENREITER   Taf. 14,4

Hist. Museum der Pfalz, Speyer, Inv. 1927/72
Sandstein. Plinthe: 87 × 43 × 12. Gesamt: H. 75; L. 128
Literatur: Hertlein, Juppitergigantensäulen 17. – Siehe oben S. 21; 66.

Der Gigant liegt auf dem Rücken, sein Oberkörper ragt schräg über die Plinthe nach vorne. Die Arme sind abgebrochen. Auf der Plinthe sind noch die Ansatzspuren eines Pferdehufes und des Pferdeschwanzes erhalten.
Die Herkunft des Steines ist nicht ganz klar. Er war in der Mauer der Ebernburg vermauert. Hertlein gibt an, er sei dorthin vom Lemberg bei Duchroth gekommen. Das Speyerer Inventar gibt den Gipfel des Lemberges als Fundort an. Der Stein sei dort mit weiterem Siedlungsschutt gefunden worden. Nach freundlicher Mitteilung von Herrn Dr. Kaiser, Speyer, befand sich auf dem Gipfel des Berges ein Mercurheiligtum.
Vom Lemberg stammt ein bärtiger Kopf im Speyerer Museum, der von einem Jupiter stammen könnte (H. 13 cm).

Eckartsweier (Gem. Willstädt, Ortenaukreis; 134)

127 VIERGÖTTERSTEIN   Taf. 13,1–4

Bad. Landesmuseum Karlsruhe, Inv. C 9440
Sandstein. H. noch 41; Br. und T. 68
Literatur: Wagner, Fundstätten 1, 235. – K. Gutmann, Die Ortenau 16, 1929, 56 Abb. 13. – Espérandieu G. Nr. 483.

Der Stein ist oben und unten so beschnitten, daß nur die Hüftpartien der Götter erhalten sind.
a. Jupiter, Mantel um Hüfte und über l. Schulter, hält in gesenkter r. Hand das Blitzbündel.
b. Göttin in Chiton und um die Hüfte gelegtem Mantel.
c. Hercules, Löwenfell über l. Schulter, stützt r. die Keule auf. In der l. Hand Äpfel.
d. Göttin in Chiton und Mantel, die den l. Arm erhoben hatte und die r. Hand in die Hüfte stützte.

Eckelsheim (Kr. Alzey-Worms; 13)

128 GIGANTENREITER   Taf. 14,3

Museum Alzey
Sandstein. H. 92; L. 89
Literatur: F. Behn, Germania 20, 1936, 256 f. Nr. 2 Abb. 1 Taf. 53. – RE Suppl. VII (1940) 220 s. v. Gigantensäulen (F. Heichelheim). – F. Benoit, Mars et Mercure (1959) 25; 166 f. Taf. 19bis 3–4. – Fischer, Viergötterstein 46. – E. Künzl, CSIR Deutschland II 1 (1975) Nr. 11 Taf. 26 f. – Siehe oben S. 66; 73 Anm. 369; 74.

Auf dem Friedhof in Eckelsheim gefunden. Hinterbeine des Pferdes, Hals und Kopf, sowie Oberkörper des Reiters fehlen.
Der Gigant ist dreiköpfig gebildet. Sein eines, bärtiges Gesicht mit gefletschten Zähnen liegt zwischen den Vorderbeinen des Pferdes; vor dem l. Fuß des Reiters liegt das zweite Gesicht des Giganten, das maskenhaft gebildet ist und ebenfalls die Zähne fletscht; hinter dem l. Fuß das dritte Gesicht, das unbärtig ist. An der rechten Seite der Gruppe ist ein Rest vom Schlangenbein erhalten. Der Reiter trug Stiefel und Panzer. Am l. Arm hielt er einen Schild mit radspeicherartigen Ornament.

Ehl (Com. Benfeld, Arr. Erstein, Bas-Rhin; 136)

129 VIERGÖTTERSTEIN

Musée Arch. Strasbourg, Inv. 2366
Sandstein. H. 106; Br. 53; T. 46
Literatur: J. D. Schöpflin, Alsatia Illustrata 1 (1751) 475; 484 Taf. 5,1–4. – J. G. Schweighäuser, Antiquités de l'Alsace... 2 (1828) 38. – N. Nicklès, Bull. Soc. Conservat. Mon. Hist. Alsace 2. Ser. 2, 1863/64, 123. – A. Straub, Bull. Soc. Conservat. Mon. Hist. Alsace 2. Ser. 13, 1887, 368 Nr. 22. – Haug, Viergöttersteine 37 Nr. 64. – R. Henning, Denkmäler der elsässischen Altertumssammlung zu Straßburg im Elsaß (1912) 48 Taf. 44,1. – Espérandieu VII 5472. – Hatt, Strasbourg Nr. 117.

Der Stein wurde 1870 bei der Beschießung Strasbourgs stark beschädigt.
a. Juno, in Chiton und Mantel, opfert r. aus Patera auf balusterförmigen Altar.
b. Mercur, Mantel über l. Schulter und l. Arm, hält im l. Arm den Caduceus, in der gesenkten R. den Geldbeutel. Darunter liegt der Bock.
c. Hercules, Löwenfell über l. Schulter und l. Arm, stützt r. die Keule auf; in der l. Hand die drei Äpfel.
d. Minerva, in Chiton und Mantel, hält l. den Schild, mit der R. die Lanze schräg vor den Körper.

130 VIERGÖTTERSTEIN

Verschollen
Literatur: Schweighäuser a. a. O. 38. – Straub a. a. O. Nr. 23. – Haug, Viergöttersteine 37 Nr. 65.

Auf dem verschollenen Stein waren nach Schweighäuser Apollo, Mercur, Hercules und Minerva dargestellt.

Eimsheim (Kr. Mainz-Bingen; 25)

131 KAPITELL

Paulusmuseum Worms, Inv. R 1667
Sandstein. H. 31
Literatur: A. Weckerling, Die röm. Abteilung des Paulus-Museums der Stadt Worms 2 (1887) 80 Taf. 7,3. – Hertlein, Jupitergigantensäulen 91. – Espérandieu VIII 6038. – Mercklin, Figuralkapitelle Nr. 275 Abb. 503. – Fischer, Viergötterstein 46.

Teile des Kapitells mit Schaftansatz (Spuren der Schuppen zu erkennen). Stark zerstört; Kopfbüsten, davon eine weibliche, besser erhalten.

Eisenberg (Donnersbergkreis; 17)

Die Eisenberger Funde stammen aus den Mauern und der Umgebung eines spätantiken Burgus südlich der heutigen Ortschaft in der Flur 'Auf der Hochstadt'. Einige Speyerer Gigantenreiterreste werden nur vermutungsweise Eisenberg zugeschrieben. Ihre Inv. Nr. waren nicht feststellbar.

132 GIGANTENREITER   Taf. 14,2

Hist. Museum der Pfalz, Speyer, Inv. 1318
Sandstein. L. noch 52; H. noch 31.
Literatur: G. Berthold, Mitt. Hist. Ver. Pfalz 18, 1893, 175. – W. Harster, Westdt. Zeitschr. 13, 1894, 285. – Hildenbrand, Steinsaal 60 Nr. 210 Taf. 4,22. – Hertlein, Juppitergigantensäulen 17. – Espérandieu VIII 6053.

Erhalten ist der Gigant und ein kleiner Teil des Pferdetorsos. Der Gigant lag auf dem Bauch, sein Oberkörper ragte über die Plinthe vor. Vom Reiter sind Reste der Beine erhalten.

133 GIGANTENREITER   Taf. 14,1

Hist. Museum der Pfalz, Speyer, Inv. 332(?)
Sandstein. H. noch 19; L. noch 39,5
Literatur: Hertlein, Juppitergigantensäulen 15 f. I. – Hildenbrand, Steinsaal Taf. 4,19 oben. – Espérandieu VIII 6060 Abb. S. 114.

Erhalten ist die Plinthe mit den daraufliegenden Resten des Giganten. Von ihm sind noch erkennbar Gesäß und Hüften. Er lag auf dem Bauch. Vor dem Gesäß Reste des Armes; Schlangenkopf.

134 GIGANTENREITER

Hist. Museum der Pfalz, Speyer
Sandstein. H. noch 28; L. noch 23
Literatur: Hertlein, Juppitergigantensäulen 15 V (Rheinzabern). – Hildenbrand, Steinsaal Taf. 4,19 links. – Espérandieu VIII 6060 Abb. S. 115 links.

Erhalten Reste vom Vorderteil der Gruppe. Der bärtige Gigant wandte dem Pferd den Rücken zu, seine Oberarme lagen am Körper an. Die Pferdehufe lagen über seiner Schulter. Vom Pferd ist noch der Hals mit den Zügeln und dem Rest der l. Hand des Reiters erhalten.

135 GIGANTENREITER

Hist. Museum der Pfalz, Speyer
Sandstein. H. noch 26; L. noch 21
Literatur: Hildenbrand, Steinsaal Taf. 4,24. – Espérandieu VIII 6060 Abb. S. 115 rechts.

Erhalten sind Hals und Teile eines Pferdekopfes mit Zaumzeug und den Resten der l. Hand des Reiters.

136 VIERGÖTTERSTEIN

Hist. Museum der Pfalz, Speyer, Inv. A 69
Sandstein. H. 76; Br. 44; T. 40
Literatur: J. v. Stichaner, Intelligenzblatt des Rheinkreises 1823, 688, 119 Abb. – J. M. König, Beschreibung der römischen Denkmäler, welche seit dem Jahre 1818 bis zum Jahre 1830 im königl. Bayerischen Rheinkreise entdeckt wurden... (1832) 139 Taf. 2 Nr. 38–40. – C. Mehlis, Bonner Jahrb. 72, 1882, 162. – F. Hettner, Westdt. Zeitschr. 4, 1885, 368. – Haug, Viergöttersteine 52 Nr. 110. – Hertlein, Juppitergigantensäulen 97; 110; 98. – Hildenbrand, Steinsaal 60 Nr. 206. – Espérandieu VIII 6064. – F. Sprater, Das römische Eisenberg (1952) 12 Abb. 2–4. – E. Künzl, CSIR Deutschland II 1 (1975) 19.

Reliefs stark verwaschen; c. fast völlig weggebrochen; rechteckige Bildfelder; ohne Gesimse.
a. Fortuna, in Chiton und Mantel, hält im l. Arm das Füllhorn, stützt mit der R. das Steuerruder auf den Boden.
b. Diana? (Juno?), in langem Chiton, hält in der rechten Hand einen Gegenstand, der in Form von zwei gewellten Linien wiedergegeben ist. Bogen? Schlangen?
c. Mars oder Minerva. Erhalten der Rest eines von innen gesehenen ovalen Schildes.
d. Mercur, Mantel auf der r. Schulter geheftet, hält im l. Arm den Caduceus, in der R. den Geldbeutel.

137 VIERGÖTTERSTEIN

Hist. Museum der Pfalz, Speyer, Inv. 563
Literatur: Mehlis, Mitt. Hist. Ver. Pfalz 11, 1883, 22 Taf. 2,3. – Sprater a. a. O. 18 f.

Der Stein ist in Speyer nicht zugänglich. Er soll ein Junorelief tragen. Die Abb. bei Mehlis zeigt die Göttin in Chiton und Mantel, in der gesenkten R. die Patera, l. das Zepter. Stark verwaschen.

138 VIERGÖTTERSTEIN

Hist. Museum der Pfalz, Speyer, Inv. 1929/77
Sandstein. H. gesamt 122; Br. 50; T. 60
Literatur: Sprater, Pfalz 1,114 f. Abb. 114–117. – Ders., Pfalz 2, 59. – Ders., Germania 13, 1929, 223. – Ders., Germania 14, 1930, 110. – Ders., Pfälzer Heimat 2, 1951, 71. – H. Graf, 1200 Jahre Eisenberg (1963) 58 f. Abb. 29. – Brommer, Vulkan 8 Nr. 37 Taf. 32. – Siehe oben S. 43.

Der Viergötterstein stammt mit dem folgenden Altar und der Schuppensäule Nr. 140 aus einem sorgfältig gemauerten Brunnen. In ihm fanden sich außerdem eine Minervastatuette und der Fuß eines bronzenen Adlers. Die Sigillaten aus der Füllung stammen aus der Zeit von 150–250 n. Chr. Stark verwittert (härtere Gesteinsadern senkrecht auf Seiten a. und c.); Gesimse oben und unten angearbeitet; oben dazu Ansatz für einen fast quadratischen Zwischensockel; obere Bildfeldkante leicht gewölbt.
a. Juno, in Mantel und Chiton (Kopf verschleiert), hält l. das Zepter schräg vor den Körper, r. die Patera über den hinter ihr stehenden Pfau.
b. Mercur, mit Mantel über l. Arm und Schulter, hielt im l. Arm den gerade noch erkennbaren Caduceus, in der R. wohl den Geldbeutel. Flügelreste am Kopf.
c. Hercules, Löwenfell über l. Schulter und Arm, stützt r. die Keule auf.
d. Vulcan, in Exomis, wendet sich nach l., wo sein Amboß steht. Auf ihm scheint er mit der Zange zu hantieren. Er beugt dabei leicht die Knie und neigt den Oberkörper nach vorne.

139 JUPITERALTAR

Hist. Museum der Pfalz, Speyer, Inv. 1929/77
Sandstein. H. 79; Br. 40; T. 24
Literatur: H. Nesselhauf, Ber. RGK 27, 1937 Nr. 81. – Siehe oben Nr. 138 und S. 43.

Auf der Vorderseite des Altares die Inschrift: *I(ovi) O(ptimo) M(aximo) / et Iun(oni) Reg(inae) / Silvanius / Quintus / v(otum) s(olvit) l(ibens) m(erito)*.
Auf den Seiten Opfergeräte.

140 SCHUPPENSÄULE mit KAPITELL

Hist. Museum der Pfalz, Speyer, Inv. 1929/77
Literatur: Siehe oben Nr. 138.

Die Säule war mir in Speyer nicht zugänglich.

141 ZWISCHENSOCKEL

Städt. Reiß-Museum Mannheim
Sandstein. H 38; Br. 45; T. noch 24
Literatur: König, Beschreibung der römischen Denkmäler, welche seit dem Jahre 1818 bis zum Jahre 1830 im

königl. Bayerischen Rheinkreise entdeckt wurden... (1832) 138. – Graeff, Antiquarium Nr. 2. – CIRh Nr. 1787. – J. Becker, Bonner Jahrb. 44/45, 1868, 254. – F. Haug, ebd. 55/56, 1875, 167. – Mehlis, ebd. 72, 1882, 162. – Ders., Mitt. Hist. Ver. Pfalz 11, 1883, 22. – CIL XIII 6144. – Sprater, Das römische Eisenberg (1952) 12; 15; 17. – Siehe oben S. 45.

Der Stein wurde 1764 in den Mauern des Burgus gefunden. Auf der Vorderseite Inschrift: *I(ovi) O(ptimo) M(aximo) / Paterni(i) / [G]ratinus et Cle/[m]ens ex iussu*. Die restlichen Seiten sind unverziert.

Ettlingen (Kr. Karlsruhe; 125)

142 VIERGÖTTERSTEIN (?)

Verschollen
Literatur: Wagner, Fundstätten 2, 68. – E. Lacroix P. Hirschfeld u. W. Paeseler, Die Kunstdenkmale des Amtsbezirks Ettlingen (1936) 19.

Wagner erwähnt einen Viergötterstein, der nach einer Aktennotiz des Karlsruher Museums 1839 in Ettlingen gefunden wurde und ins Karlsruher Museum gekommen ist. Er ist dort verschollen. Vielleicht ist er mit einem der Steine Nr. 232; 233 im Karlsruher Museum identisch, von denen kein Fundort bekannt ist.

Frankfurt-Heddernheim (44)

143–146 JUPITERGIGANTENSÄULE

Museum für Vor- und Frühgeschichte, Frankfurt, Inv. X 8384
Sandstein. Viergötterstein: H. 104; Br. 52; T. 46. Zwischensockel: H. 60; Dm. 61. Säule: H. 272; Dm. 35. Kapitell: H. 40; Br. und T. 35. Gruppe: H. 68; L. 65. Gesamthöhe: 496
Literatur: A. Hammeran, Korrbl. Westdt. Zeitschr. 4, 1885 Nr. 2. – O. Donner v. Richter u. A. Riese, Heddernheimer Ausgrabungen (1885) 4 ff. Taf. 1–4. – Haug, Wochengötter 48 Nr. 4. – Ders., Viergöttersteine Nr. 62. – CIL XIII 7352. – Hertlein, Juppitergigantensäulen 6; 87 f.; 89. – Koepp, Bildkunst 29 Abb. 17. – Ders., Germania Romana² 33 Taf. 7,2. Espérandieu G. Nr. 101. – Kähler, Kapitelle 53 Anm. 22; 64 f. Taf. 11 N 1. – Hahl, Stilentwicklung 28 Taf. 19. – Rink, Genius 39 Nr. 9. – F. Sprater, Pfälzer Heimat 2, 1951, 69 Abb. – H. Schoppa, Bonner Jahrb. 158, 1958, 286, 13. – Mercklin, Figuralkapitelle Nr. 242 Abb. 465. – W. Schleiermacher, Germania 43, 1965, 169 Abb. 1 Nr. 6. – Fischer, Viergötterstein 42 f. Abb. 4. – Bauchhenß, Arch. Korrbl. 4, 1974, 359 Abb. 1,1. – Rupprecht, Dekurionenstand 229. – Bauchhenß, Jupitergigantensäulen 23. – Siehe oben S. 5; 8; 10; 11 Anm. 41; 24; 27; 43; 44; 45; 46; 49; 55; 58 Anm. 300; 66.

Die Jupitergigantensäule wurde zusammen mit der Jupitersäule Nr. 147/48 und dem Altar Nr. 149 und Reliefbüsten von Sol und Lunus (sic!) in einem Brunnen gefunden.
VIERGÖTTERSTEIN (143): Er folgt direkt auf einen etwa 50 cm hohen quadratischen Sockel (untere Gesimsplatte verloren?); rechteckige Bildfelder.
a. Inschrift: *I(ovi) O(ptimo) M(aximo) Iunoni Reginae / C(aius) Sedatius Stephanus /dec(urio) c(ivitatis) T(aunensium) et Caturigia / Crescentina eius cum / Stephaniis Maximo / dec(urioni) c(ivi-*

tatis) s(upra) s(criptae) et Festa / Maximino Maximina / Honorata filiis / in suo restituerunt / III Idus Mart(ias) Sabino / II et Venusto consulibus.

Darunter sind Reste einer früheren, eradierten Inschrift erkennbar: *In suo ex vot[o] / r[e]novavit*. Die heute ganz lesbare Inschrift datiert die zweite Erneuerung der Säule auf den 13. 3. 240 n. Chr.

b. Juno, in Chiton und Mantel (Kopf verschleiert), opfert r. aus einer Patera auf einen balusterförmigen Altar. In der l. Hand Acerra.

c. Hercules, Löwenfell über l. Schulter und Arm, stützt r. die Keule auf; in der L. trägt er die Äpfel der Hesperiden.

d. Minerva, in Chiton, Mantel und Helm, trägt r. die Lanze und l. den Schild, vor dem ein Käuzchen sitzt.

Die profilierte Gesimsplatte ist getrennt gearbeitet.

ZWISCHENSOCKEL (144): Rechteckige Nischen; unten und oben Profilleisten. Über jedem Bildfeld auf dem Gesims der Name eines der Weihenden.

a. *Crescentina*. Victoria, das l. Bein auf einen Globus gestellt, stützt auf das l. Knie einen Schild. Mit der R. opfert sie auf einen Altar.

b. *Maximus*. Mars, mit Panzer, Helm, Lanze und Schild.

c. *Maximinus*. Genius, Mantel um l. Schulter und Hüfte, hält im l. Arm das Füllhorn.

d. *Festa*. Fortuna, in Chiton und Mantel, stützt die R. auf ein Steuerruder, hält im l. Arm das Füllhorn.

e. *[M]aximina*. Göttin in Chiton und Mantel, hält l. einen Fruchtkorb, rechts undeutlichen Gegenstand. Ceres?

f. *Honorata*. Venus, nackt vor einem Parapetasma. Die Göttin legt die r. Hand auf den Kopf.

KAPITELL MIT SCHUPPENSÄULE (145): Jonische Basis; die Säule ist im unteren Teil aufwärts, oben abwärts geschuppt (ohne Binde). Kapitell mit vier Köpfen, davon einer verschleiert (Jahreszeiten).

GIGANTENREITER (146): Der Gigant liegt auf dem Rücken, dreht seinen Kopf dem Beobachter zu. Den Oberkörper stützt er mit den Ellenbogen von der Plinthe ab. In den Händen trägt er r. den l. Fuß des Reiters, l. den r. Vorderhuf des Pferdes. Der Reiter, dessen Kopf fehlt, trug Panzer. L. hält er die Zügel des Pferdes.

147/148 JUPITERSÄULE

Museum für Vor- und Frühgeschichte, Frankfurt, Inv. x 8379/80
Sandstein. H. gesamt 220. H. Jupiter 50.
Literatur: Hammeran a. a. O. – Donner v. Richter u. Riese a. a. O. 3 Taf. 1,2. – Hertlein, Juppitergigantensäulen 158. – Espérandieu G. Nr. 102. – A. B. Cook, Zeus. A Study in Ancient Religion II,1 (1965[2]) 98 Abb. 51. – Schleiermacher a. a. O. Abb. 1 Nr. 6. – Fischer, Viergötterstein 38; 40 Abb. 4. – Siehe oben S. 5; 7; 8.

Zum Fundort vgl. Nr. 143–146. Auf einer tuskischen Säule (147) thront Jupiter (148). Der r. Arm mit dem Blitz ruht im Schoß des Gottes, die erhobene L. hielt das Zepter (beides verloren). Um Hüften und Beine Mantel, dessen Bausch über die l. Schulter hängt.

149 JUPITERALTAR

Museum für Vor- und Frühgeschichte, Frankfurt, Inv. x 8381
Sandstein. H. 62

Literatur: CIL XIII 7339. – Espérandieu G. Nr. 102. – Sonstige Literatur vgl. zu Nr. 143–146. – Siehe oben S. 8.

Der sonst unverzierte Altar trägt eine Zeile mit der Inschrift: *I(ovi) O(ptimo) M(aximo)*.

150–153 JUPITERSÄULE   Taf. 15,2–3

Städt. Museum Wiesbaden, Inv. 20; 231; 234; 222; 264; 268
Sandstein. Viergötterstein: H. 100; Br. 48; T. 53. Wochengötterstein: H. 59; Dm. 40. Säule: H. 182. Gruppe: H. 50
Literatur: A. Prost, Revue Arch. N. S. 37, 1879, 75. – Donner v. Richter u. Riese a. a. O. 6. – Haug, Wochengötter 34 Nr. 14. – Haug, Viergöttersteine 35 Nr. 61. – Lehner, Führer Wiesbaden Nr. 20. – Ders., Korrbl. Westdt. Zeitschr. 18, 1899 Nr. 59. – CIL XIII 7353. – E. Ritterling, Nass. Heimatbl. 1917/18, 141 ff. – Koepp, Germania Romana² 35 Taf. 9,1. – Espérandieu G. Nr. 93; 94. – Hahl, Stilentwicklung 28 Taf. 18. – Duval, Semaine 288. – Schoppa, Steinsaal 13 Nr. 20. – Schleiermacher, a. a. O. Abb. 1 Nr. 5. – Fischer, Viergötterstein 46 Abb. 1 Nr. 4. – Rupprecht, Dekurionenstand 226 f. – Siehe oben S. 7; 27; 43; 46; 56.

Die Reste der stark zerstörten Säule wurden 1853 zusammen mit den Altarresten Nr. 154 in einem Brunnen gefunden. Stark zerstört.

VIERGÖTTERSTEIN (150):
a. Inschrift: *[I(ovi) O(ptimo) M(aximo)] / [et Iun]o[ni] / [Regi]nae / [– – –]t[.]ti[– – –] / [Vi]ctorin(us) / [de]c(urio) c(ivitatis) Aude[r(iensium)] / in suo [ex] v[o]to / a(nte) d(iem) VII Id(us) [No]ve(mbres) / [I]mpe(ratore) d(omino) n(ostro) [M(arco)] Ant(onio) / Gordi[ano] / Aug(usto) et Av[iola] / co(n)s(ulibus)*. Datiert auf den 7. 11. 239 n. Chr.
b. Apollo, im Typ des Lykeios, jedoch die Beine übereinandergeschlagen, mit Lyra und Greif.
c. Hercules, im Kampf gegen den nemeischen Löwen. Herucles tritt auf die Hinterläufe des Tieres und würgt es.
d. Minerva, in Mantel, Chiton und Helm, hält r. die Lanze, l. den Schild; über der l. Schulter Käuzchen.

WOCHENGÖTTERSTEIN (151): stark zerstört; oben abgerundete Nischen. Vorhanden noch Reste der Oberkörper von Mars, Mercur, Jupiter, Venus und Saturn.

KAPITELL und SÄULE (152): gekielte Schuppen, auf- und abwärts geschuppt. Das Kapitell stark zerstört. Reste der Köpfe erhalten, von denen einer wahrscheinlich bärtig war.

JUPITERGRUPPE (153): Jupiter und Juno nebeneinander thronend.

154 JUPITERALTAR

Städt. Museum Wiesbaden
Sandstein
Literatur: CIL XIII 7354. – Weitere Literatur vgl. Nr. 150–153.

Erhalten sind 5 Fragmente. Der Name des Weihenden läßt sich zu *Quadratius Victorinus* ergänzen.

155–158 JUPITERSÄULE

Museum für Vor- und Frühgeschichte, Frankfurt, Inv. α 7108
Sandstein. Viergötterstein: H. 87; Br. u. T. 46. Wochengötterstein: H. 25; Dm. 40. Säule: H. 189; Dm. etwa 25. Gruppe: H. 60; Br. 34; T. 24

Literatur: K. Wölcke, Schriften des Hist. Museums Frankfurt 4, 1928, 15; 23. – H. Finke, Ber. RGK 17, 1927 Nr. 353. – Espérandieu G. Nr. 134. – Schleiermacher a. a. O. Abb. 1 Nr. 11. – Fischer, Viergötterstein 47. – Siehe oben S. 7; 43; 44; 46; 56.

Zusammen mit dem Altar Finke a. a. O. Nr. 354 gefunden; da beide verschiedene Stifter nennen, gehörten sie nicht zusammen.

VIERGÖTTERSTEIN (155): Mit Gesimsen und Auflagesockel für Wochengötterstein gearbeitet. Oberkante der Bildfelder geschwungen.
a. Inschrift. Die Inschrift beginnt mit den beiden ersten Zeilen auf der Vorderseite des achtkantigen Wochengöttersteines. *I(ovi) O(ptimo) M(aximo) / et / Iunoni Reg/inae Ianuconius / Vinco veteranus / et Avitia Apra / et Vinconia / Erepta / v(otum) s(olverunt) l(ibentes) l(aeti) m(erito).*
b. Mercur, in auf der r. Schulter gehefteten Mantel, stützt r. den Caduceus auf den Boden und hält in der L. den Geldbeutel.
c. Hercules, Löwenfell über l. Schulter und l. Arm, stützt r. die Keule auf. In der l. Hand die Äpfel der Hesperiden.
d. Minerva, in Chiton, Mantel und Helm, hält r. die Lanze und mit der L. den Schild.

WOCHENGÖTTERSTEIN (156): Die nur wenig charakterisierten Büsten der Götter stehen in oben halbrunden Bildfeldern. Ihre Abfolge ist an der Reihung bärtiger, weiblicher bzw. jugendlicher Gesichter zu erkennen. Reihenfolge rechtsläufig.

KAPITELL und SÄULE (157): Die Schuppen der Säule laufen von oben und unten auf einen schmalen Ring zu. Einfaches korinthisches Kapitell ohne Köpfe.

JUPITER und JUNO (158): Die Götter sitzen auf einem gemeinsamen Thron. Jupiter, Mantel um Hüften und Beine (Bausch über l. Schulter), hielt mit der R. den Blitz im Schoß. Juno in Chiton und Mantel (Kopf verschleiert), trägt r. die Patera. Die Rücklehne des Thrones ist in Art eines Baldachins hochgezogen und überschattet so die beiden Götter. Die Frontpartie des Daches war von einer großen Ranke geschmückt.

159–160 JUPITERSÄULE

Museum für Vor- und Frühgeschichte, Frankfurt, Inv. X 23616–23622
Sandstein
Literatur: H. Dragendorff, Ber. RGK 2, 1905, 61. – R. Welcker, Westdt. Zeitschr. 25, 1906, 430 f. – G. Wolff, Mitteilungen über römische Funde in Heddernheim 4 (1907) 101 Taf. 20 Nr. 27 f. – Hertlein, Juppitergigantensäulen 6 III. – CIL XIII 11946. – Espérandieu G. Nr. 110. – Schleiermacher a. a. O. Abb. 1 Nr. 3. – Fischer, Viergötterstein 47. – Siehe oben S. 9 Anm. 23; 23; 42.

Die Reste dieser Säule, bestehend aus zwei bis auf die Inschrift unverzierten Sockelsteinen (159) und dem Rest der Schuppensäule (160), wurden in der Nähe einer Pflasterung gefunden, auf der die Säule wohl gestanden hat.
Inschrift: *[I(ovi) O(ptimo) M(aximo) et I(unoni)] / R(eginae) Solliu/s Decum/inius ex / v(oto) s(olvit) l(ibens) l(aetus) m(erito).*

1963 wurde in nächster Nähe eine Jupiterara gefunden: U. Fischer, Fundber. Hessen 4, 1964, 230 f.; Schleiermacher a. a. O. 168 Taf. 20. Ihr Stifter stimmt jedoch mit dem der Säule nicht überein.

161/162 GIGANTENREITER und KAPITELL

Museum für Vor- und Frühgeschichte, Frankfurt
Kalkstein/Sandstein
Literatur: I. Huld–Zetsche, Zeitung. Kunst und Museen in Frankfurt am Main 3/73.

Fragmente der Gigantengruppe und das Kapitell wurden zusammen in einem Brunnen gefunden. Gegen Zusammengehörigkeit zu einer Säule sprechen das unterschiedliche Material und das verschiedene Format.

GIGANTENREITER (161): Erhalten Torso des Pferdes, Körper des Reiters und Oberleib und Kopf des Giganten. Der Gigant lag auf dem Rücken. Reiter in Muskelpanzer und Mantel. Sehr qualitätvolle Arbeit.

KAPITELL und SÄULE (162): Eine Trommel des Säulenschaftes erhalten. Kapitell mit doppeltem Blattkranz, auf jeder Seite Frauenkopf, als Jahreszeiten stilisiert.

163 JUPITERSÄULE (?)

Nach Schleiermacher a. a. O. Abb. 1 Nr. 8 und Fischer a. a. O. 46 wurden 1963 Reste einer weiteren Jupitersäule bei Bauarbeiten aufgefunden, jedoch mit dem Bauschutt abgefahren und endgültig vernichtet.

164 GIGANTENREITER

Museum für Vor- und Frühgeschichte, Frankfurt, Inv. x 18063
Sandstein. H. 68; Plinthe 49 × 23
Literatur: Hammeran, Korrbl. Westdt. Zeitschr. 5, 1886, Nr. 70 Abb. – Ders., ebd. 9, 1890 Nr. 97. – Hertlein, Juppitergigantensäulen 6 II. – Espérandieu G. Nr. 110. – Schleiermacher a. a. O. 170 Anm. 5a. – Fischer, Viergötterstein 47. – Siehe oben S. 6 Anm. 10.

Die l. Seite des Reiters ist abgeschlagen.
Der Gigant liegt auf dem Bauch, stützt den Oberkörper mit den Armen von der Plinthe ab. Das r. Schlangenbein beißt in den Fuß des Reiters. Dieser trägt Tunica und Reitermantel. Der r. Arm war zum Wurf erhoben.

165 GIGANTENREITER   Taf. 16,2

Museum für Vor- und Frühgeschichte, Frankfurt, Inv. α 20692
Sandstein. H. 42
Literatur: Fischer, Fundber. Hessen 4, 1964, 23. – Schleiermacher a. a. O. 170 e Abb. 1 Nr. 7 Taf. 21. – Fischer, Viergötterstein 47 f. Abb. 1 Nr. 7; Abb. 5,4.

Grobe, unfertige (?) Arbeit. Das Pferd jagt in gestrecktem Galopp über den Giganten, von dem nur noch r. der nach hinten aufgestützte Arm erhalten ist. Unter dem Bauch des Pferdes der Stein nur roh bearbeitet stehengelassen. Vom Reiter nur die l. Hand mit dem Pferdezügel und Spuren der Beine erhalten. Der Gigant hielt wohl Keule.

166 GIGANTENREITER   Taf. 16,1

Museum für Vor- und Frühgeschichte, Frankfurt, Inv. α 22223
Sandstein
Literatur: Fischer, Fundber. Hessen 5/6, 1965/66, 163. – Ders., Viergötterstein 48 Abb. 5,5.

Erhalten der Unterleib des Giganten mit den Schlangenbeinen und die Hinterhufe des Pferdes. Der Gigant kniete, den Oberkörper in der Hüfte fast waagerecht geknickt. Die beiden Schlangenbeine enden in großen Köpfen.

167 VIERGÖTTERSTEIN

Städt. Museum Wiesbaden, Inv. 18
Sandstein H. 64; Br. 56; T. noch 14
Literatur: H. Lehner, Westdt. Zeitschr. 17, 1898, 220 f. Nr. 4. – Ders., Führer Wiesbaden Nr. 18. – Hertlein, Juppitergigantensäulen 120 I. – Espérandieu G. Nr. 95. – Schleiermacher a. a. O. 170 Anm. 5b. – Fischer, Viergötterstein 47.

Stark beschädigt; ohne Gesimse; Bildfelder oben halbrund.
a. Rest einer Göttin. Juno?
b. Hercules, Löwenfell über l. Arm und Schulter, stützt r. die Keule auf.
c. Rest von Minerva in Chiton und Mantel; sie hält r. Lanze.
d. fehlt.

168 VIERGÖTTERSTEIN

Städt Museum Wiesbaden, Inv. 19
Sandstein. H. 89; Br. 59; T. noch 47
Literatur: Lehner, Westdt. Zeitschr. 17, 1898, 221 Nr. 5. – Ders., Führer Wiesbaden Nr. 19. – Hertlein, Juppitergigantensäulen 120 II. – Espérandieu G. Nr. 100. – Fischer, Viergötterstein 47.

Der Stein ist schlecht erhalten. Eine Seite, vielleicht die Vorderseite, die die aufgemalte Inschrift trug, ist glatt (nicht abgearbeitet, da das Gesims erhalten ist; aufgemalte Inschrift?).
b. Rest einer nicht bestimmbaren Figur.
c. abgearbeitet.
d. in rechteckig vertieftem Feld Mercur.

169 VIERGÖTTERSTEIN

Städt. Museum Wiesbaden, Inv. 315
Sandstein. H. noch 58; Br. noch 46; T. 37
Literatur: Haug, Viergöttersteine 36 Nr. 63. – Lehner, Westdt. Zeitschr. 17, 1898, 220 Nr. 3. – Ders., Führer Wiesbaden Nr. 315. – Espérandieu G. Nr. 105. – Schoppa, Steinsaal 14 Nr. 22. – Schleiermacher a. a. O. 170 Anm. 5 d. – Fischer, Viergötterstein 46 u. Abb. 1.

Der Stein war in eine Kirche verbaut; dabei wurden zwei Seiten zu einem gotischen Pfeilerbündel umgearbeitet.
a. Rest der Juno zu erkennen.
b. fehlt.

c. Hercules, Löwenfell über l. Unterarm. Rest fehlt.
d. Minerva, mit Helm, hält r. die Lanze, l. den Schild. Links auf einem Pfeiler das Käuzchen.

170 VIERGÖTTERSTEIN

Museum für Vor- und Frühgeschichte, Frankfurt, Inv. α 23650
Sandstein. H. 90; Br. 45; T. 42
Literatur: Fischer, Fundber. Hessen 9/10, 1969/70, 230. – Ders., Viergötterstein 31 ff. Taf. 7.

Teilweise beschädigt; rechteckige Bildfelder; ohne Gesimse.
a. Juno, in Chiton und Mantel (Kopf verschleiert), opfert r. aus Patera auf Altar, auf dem Weihrauch (?) aufgehäuft ist.
b. Mercur, Mantel über l. Schulter, hält in der l. Hand den Caduceus. Flügelhut.
c. Hercules, unbärtig, stützt sich l. auf die vom Löwenfell überdeckte Keule. Über der r. Schulter der Köcher.
d. Minerva, in Chiton, Mantel und Helm, hält r. die Lanze, l. den Schild (auf Globus); neben ihrem r. Fuß das Käuzchen.

171 WOCHENGÖTTERSTEIN   Taf. 16,3; 17–19

Städt. Museum Wiesbaden, Inv. 382
Sandstein. H. 42; Dm. 68
Literatur: Nass. Ann. 2,2 1834, 225. – J. Becker, ebd. 7, 1864, 99 Anm. 26. – Haug, Wochengötter 33 Nr. 13. – Lehner, Führer Wiesbaden Nr. 382. – Espérandieu G. Nr. 96. – Duval, Semaine 288. – Schoppa, Steinsaal 15 Nr. 25. – Schleiermacher a. a. O. 170 Anm. 5c. – Fischer, Viergötterstein 47. – Siehe oben S. 57.

Der Stein, angeblich 1832 gefunden, diente längere Zeit als Hackklotz eines Metzgers. Davon die Oberfläche beschädigt. Götter in rechteckigen Bildfeldern mit leichter Lunette über Köpfen. Linksläufig.
a. Fortuna, in Mantel und Chiton, hält im l. Arm das Füllhorn, stützt r. Steuerruder auf.
b. Venus, nackt, hält l. runden Spiegel (?).
c. Saturn, in Tunica, hält r. Harpe.
d. Sol, mit Strahlenkranz und fliegendem Mantel.
e. Luna, in langem Gewand, hält r. Peitsche, l. undeutliches Attribut.
f. Mars, nackt (?), mit Lanze, Helm und Schild.
g. Mercur, stützt l. den Caduceus auf den Boden, hält r. Geldbeutel hoch.
h. Jupiter, Mantel um l. Arm, hält in gesenkter R. den Blitz.

172 ZWISCHENSOCKEL

Städt. Museum Wiesbaden, Inv. 22
Sandstein. H. 64; Dm 57
Literatur: Lehner, Westdt. Zeitschr. 17, 1898, 221 f. Nr. 6. – Ders., Führer Wiesbaden Nr. 22. – Espérandieu G. Nr. 97. Siehe oben S. 58 Anm. 300.

Der sechseckige Stein ist sehr schlecht erhalten; die Götter lassen sich nur zum Teil bestimmen.
a. Apollo, mit Lyra.
b. Göttin in langem Gewand; neben r. Fuß Schlange?

c. Nur Beine; männlich.
d. Nur Beine.
e. Beine mit kurzem Chitonrest; Diana? Vulcan?
f. Minerva (?); Göttin in langem Chiton, r. Rest des Schildes?

173 SCHUPPENSÄULE

Museum für Vor- und Frühgeschichte, Frankfurt, Inv. α 8485
Sandstein. H. 86
Literatur: K. Wölcke, Germania 12, 1928, 188. – Schleiermacher a. a. O Abb. 1 Nr. 12. – Fischer, Viergötterstein 47.

Abwärts geschupptes Säulenstück mit Basisresten.

174 SCHUPPENSÄULE

Museum für Vor- und Frühgeschichte, Frankfurt, Inv. α 22 434
Sandstein. Dm. etwa 24.
Literatur: Fischer, Fundber. Hessen 5/6, 1966, 171 f. – Ders., Viergötterstein 46; 48 Abb. 5,6.

Kleines Frgt. einer geschuppten Säule, bei dem sich der Dm. noch in etwa bestimmen läßt.

Frankfurt-Höchst (41)

175 SCHUPPENSÄULE mit KAPITELL

Heimatmuseum Frankfurt-Höchst, Inv. R 247
Sandstein. Schaft H. 80; Dm. 44–36. Kapitell: H. 57
Literatur: P. Schauer u. P. S. Betzler, Höchster Geschichtshefte 11/12, 1967, 49 Nr. 203.

Durch Verwitterung weitgehend zerstört. Gefunden wohl im Bereich einer Villa (Auskunft U. Fischer, Frankfurt).
Schaft abwärts geschuppt; Kapitell in der Mitte längs gespalten. Aus acht langgestreckten Kranzblättern wuchsen Büsten. Die einzige erhaltene sicher weiblich.
Die Ausführung erinnert an die beiden Heddernheimer Kapitelle.

Frankfurt-Unterliederbach (42)

176 VIERGÖTTERSTEIN

Städt. Museum Wiesbaden, Inv. 376
Sandstein. H. 100; Br. 57; T. 52
Literatur: K. Klein u. J. Becker, Nass. Ann. 4,3, 1855 Nr. 43. – Klein, ebd. 6, 1859, 25 f. – Haug, Viergötter-

steine Nr. 59. – CIL XIII 7321. – Espérandieu G. Nr. 78. – Schoppa, Steinsaal 14 Nr. 23. – Rupprecht, Dekurionenstand 231. – Siehe oben S. 43; 46.

Der Stein war in der Kirche von Unterliederbach vermauert. Stark beschädigt; oben halbrunde Bildfelder.
a. Inschrift: *I(ovi) O(ptimo) M(aximo) / et Iunon(i) Re[g(inae)] / C(aius) Iun(ius) Secu[n(dus)] / de[c(urio)] c(ivitatis) Itiu[---]*. Darunter in rechteckigem Feld ein kniender Gigant, der in den emporgereckten Händen die Schrifttafel zu tragen scheint.
b. Minerva, in Chiton und Aegis, Mantel und Helm, hält r. die Lanze. Die l. Körperhälfte fehlt.
c. Nach Schoppa: Reste von Hercules.
d. Mercur, Mantel auf r. Schulter geheftet, hält in der l. Hand den Caduceus, die gesenkte R. hielt wohl den Geldbeutel.

Freimersheim (Kr. Landau – Bad Bergzabern; 165)

177 VIERGÖTTERSTEIN

Hist. Museum der Pfalz, Speyer, Inv. A. 184
Sandstein. H. 77; Br. 37; T. noch 16,5
Literatur: Mitt. Hist. Ver. Pfalz 12, 1884, 33. – Hildenbrand, Steinsaal Nr. 184. – Espérandieu VIII 5956.

An den Seitenflächen ist noch der Beginn der Bildfelder zu erkennen. Ohne Gesimse; rechteckiges Bildfeld.
a., b. und c. fehlen.
d. Hercules, Löwenfell über l. Schulter und Arm, stützt r. die Keule auf.

Frettenheim (Kr. Alzey-Worms; 24)

178 GIGANTENREITER

Paulusmuseum Worms, Inv. R 1669
Sandstein. L. 78; H. 33; Br. 38
Literatur: Espérandieu VIII 6032. – Fischer, Viergötterstein 46.

Erhalten ist die Plinthe mit Resten der Gigantenbeine, die sich in zahlreichen Windungen auf der Plinthe ringeln. Ob der Gigant auf dem Bauch oder auf dem Rücken lag, ist nicht mehr feststellbar.

179 GIGANTENREITER

Paulusmuseum Worms, Inv. R 1666
Sandstein. L. 70; H. 42
Literatur: A. Weckerling, Die römische Abteilung des Paulus-Museums der Stadt Worms 2 (1887) 79 Taf. 5,2. – Hertlein, Juppitergigantensäulen 17. – Espérandieu VIII 6024. – Fischer, Viergötterstein 46.

Torso des Pferdes mit den anliegenden Teilen des Reiters. Links Rest der Satteldecke erkennbar. Die beiden Fragmente aus Frettenheim können wegen der verschiedenen Größe und des etwas unterschiedlichen Steinmaterials nicht zueinander gehören.

Gaiberg (Rhein-Neckar-Kreis; 67)

180 VIERGÖTTERSTEIN

Kurpfälzisches Museum Heidelberg
Sandstein. Auflagefläche: 57 × 55; Deckfläche: 58 × 58
Literatur: E. Wahle, Germania 16, 1932, 309 Abb. 1. – H. Nesselhauf, Ber. RGK 27, 1937 Nr. 99. – Siehe oben S. 44; 47.

Erhalten ist die Gesimsplatte, die auf einem Viergötterstein gelegen hat. Sie trägt eine Inschrift, durch die der Zusammenhang mit den Jupitersäulen gesichert ist: *I(ovi) O(ptimo) M(aximo) / Suationia Iustina Resti/tuti*[– – –].

Gangloff (Gem. Becherbach, Kr. Bad Kreuznach; 6)

181 VIERGÖTTERSTEIN

Hist. Museum der Pfalz, Speyer, Inv. 1934/27
Sandstein. H. 87; Br. 55; T. 56
Literatur: F. Sprater, Germania 19, 1935, 70 Abb. 16. – Hahl, Stilentwicklung 43. – Espérandieu XIV 8531 Taf. 69 f. – Brommer, Vulkan 8 Nr. 35 Taf. 30. – Siehe oben S. 74 Anm. 375. 379.

Aus einem Mercurheiligtum. Ohne oberes und unteres Gesims; Bildfelder rechteckig, oberer Bildrand um Köpfe ausgewölbt; stark verwaschen. Nach Hahl nach 250 n. Chr.
a. Jupiter, nackt, in erhobener r. Hand das Rad, in der l. das Zepter.
b. Juno, in Chiton und Mantel (Kopf verschleiert), hält l. das Zepter, während sie rechts aus einer Patera auf einen rechteckigen Altar opfert.
c. Vulkan, in Exomis, senkt die L. mit der Zange auf einen Amboß, hält in der angewinkelten R. den Hammer.
d. Hercules, Löwenfell über l. Schulter und Arm, hält im l. Arm die Keule, während er r. aus einer Patera auf rechteckigen Altar opfert.

Gengenbach (Ortenaukreis; 135)

182 ZWISCHENSOCKEL und SCHUPPENSÄULE

Bad. Landesmuseum Karlsruhe, Inv. C. 42
Sandstein. H. gesamt 98; Dm. 36. H. des Zwischensockels 30; Br. etwa 46

Literatur: J. D. Schöpflin, Alsatia Illustrata 1 (1751) 472 Taf. 7,4. – Eckerle, Schr. des Badischen Altert. Ver. 1, 1845, 83. – Fröhner, Alterthümer 1 Nr. 43. – F. Hettner, Westdt. Zeitschr. 4, 1885, 371. – CIL XIII 6285. – Wagner, Fundstätten 1, 245 Abb. 160. – A. v. Öchelhäuser, Die Kunstdenkmäler der Amtsbezirke Sinsheim, Eppingen und Wiesloch (1909) 349. – K. Gutmann, Die Ortenau 16, 1929, 56. – Siehe oben S. 45.

An den abwärts geschuppten Säulenschaft mit attischer Basis ist der Zwischensockel angearbeitet. Am oberen Ende der Säulentrommel Zapfenlöcher.
Die Inschrift auf der Vorderseite des Zwischensockels las Schöpflin: *I(ovi) O(ptimo) M(aximo) / Baibius Babüq / fili(i) sui.* Erhalten sind die Reste:] O M /[---] *BIUS BAEBII* [---] / [---] *SVI*.

Georgenhausen (Kr. Darmstadt-Dieburg; 52)

183 VIERGÖTTERSTEIN

Hess. Landesmuseum Darmstadt, Inv. A. 1918:1
Sandstein. H. 80; Br. 60; T. noch 40
Literatur: Espérandieu G. Nr. 226. – F. Behn, Festschrift RGZM 1 (1952) 14 Nr. 71 Taf. 5,3. – F. Mössinger, Die Römer im Odenwald (1954) 33. – Fischer, Viergötterstein 47.

Bei Espérandieu wird als Fundort Zeilhard genannt. Der Stein fand sich aber auf der benachbarten Gemarkung von Georgenhausen.
Rohe Arbeit; rechteckige Bildfelder; stark beschädigt.
a. fehlt; vermutlich Juno.
b. Mercur, Mantel über l. Schulter und l. Arm, hält im l. Arm den Caduceus.
c. Hercules, Löwenfell über l. Unterarm, stützt r. die Keule auf; in der l. Hand die Äpfel der Hesperiden.
d. Minerva; erhalten noch Reste der r. Körperseite und der r. Arm mit der Lanze.

Godramstein (Stadt Landau/Pfalz; 163)

Die Steine aus Godramstein gelangten alle schon im 18. oder zu Anfang des 19. Jahrhunderts in die Sammlungen von Mannheim und Speyer. Genauere Herkunft läßt sich deshalb nur noch von einem (186/87) feststellen. Er wurde bei der alten Pfarrkirche gefunden. Bei drei Viergöttersteinen in Mannheim ist die Herkunft aus Godramstein nicht sicher (189–191).

184 VIERGÖTTERSTEIN

Städt. Reiß-Museum Mannheim
Sandstein. H. 88; Br. u. T. 44
Literatur: Graeff, Antiquarium Nr. 72. – Haug, Denksteine Nr. 72. – Haug, Viergöttersteine 43 f. Nr. 83. – Espérandieu VIII 5915. – Sprater, Pfalz 2, 59.

Teilweise stark beschädigt und verwittert; ohne Gesimse; Bildfelder oben halbrund.
a. Juno, in Chiton und Mantel (Kopf verschleiert), hält l. das Zepter; die R. opfert aus Patera auf einen Altar.
b. Mercur, Mantel über l. Schulter und l. Arm, hält l. den Caduceus; r. Arm fehlt. Hinter dem l. Bein am Boden der Bock, der sich mit Hinterhuf am Kopf kratzt.
c. Hercules, Löwenfell über l. Arm und Schulter (?), stützt r. die Keule auf.
d. Minerva, in Chiton und Mantel, hält r. Schild, l. Lanze. Über ihrer l. Schulter auf einem Pfeiler ein Käuzchen.

185 VIERGÖTTERSTEIN

Städt. Reiß-Museum Mannheim
Sandstein. H. 95; Br. 62; T. 56
Literatur: Graeff, Antiquarium Nr. 74. – Hefner, Bayern 306 Nr. 37. – Haug, Denksteine Nr. 74. – Haug, Viergöttersteine 44 Nr. 84 Taf. 2. – Espérandieu VIII 5913. – Siehe oben S. 53 Anm. 272.

Stark beschädigt; ohne Gesimse; obere Bildfeldkante leicht gewölbt.
a. Fortuna, in Chiton und Mantel, hält l. das Füllhorn im Arm, r. stützt sie das Steuerruder auf.
b. Mercur, Mantel über l. Schulter und Arm, hält im l. Arm den Caduceus, in der gesenkten R. den Geldbeutel. Hinter seinem r. Bein der Bock, der sich am Kopf kratzt; auf einem Pfeiler über seiner r. Schulter der Hahn. Zum Motiv des Bocks vgl. 184.
c. Mars, in Panzer und Helm, hält r. die Lanze. Nur Oberkörper erhalten.
d. Victoria, in flatterndem Chiton eilt nach links, auf Mars zu. In der l. Hand Palmzweig, r. Kranz. Ihr r. Fuß tritt auf Globus.

186/187 VIERGÖTTERSTEIN und ZWISCHENSOCKEL   Taf. 20,1–2

Städt. Reiß-Museum Mannheim
Sandstein. H. gesamt 142; Br. 47; T. 43. H. Zwischensockel: 31.
Literatur: A. Lamey, Acta Academiae Theodoro-Palatinae 2, 1770, 9 Taf. 1,1–4. – Graeff, Antiquarium Nr. 83. – Hefner, Bayern 27 f. Nr. 2. – Haug, Denksteine Nr. 83. – Haug, Viergöttersteine 45 Nr. 86. – CIL XIII 6092. – Espérandieu VIII 5907. – Gropengießer, Steindenkmäler Taf. 24 f. – Siehe oben S. 59.

Teilweise beschädigt und abgearbeitet. Unten Ansatz zum Einlassen in die Basis (?); Profile zwischen Viergötterstein und Zwischensockel abgeschlagen; beide aus einem Steinquader. Bildfelder des Viergöttersteines oben leicht gewölbt (mit kurzen waagerechten Ansätzen).

VIERGÖTTERSTEIN (186):
a. Juno, in Chiton und Mantel (Kopf verschleiert), opfert r. aus Patera auf balusterförmigen Altar, hält l. die Acerra. Über ihrer r. Schulter auf Pfeiler der Pfau.
b. Mercur, Mantel über l. Schulter und l. Arm, hält l. großen Caduceus, in der gesenkten R. den Geldbeutel; neben seinem r. Bein der Hahn. Flügelhut.
c. Hercules, Löwenfell über l. Schulter und Arm, stützt r. die Keule auf; über r. Schulter Bogen und Köcher; in der l. Hand drei Äpfel der Hesperiden.
d. Minerva, in Chiton, Mantel und Helm, hält r. die Lanze, während sie l. Ellenbogen auf großen Schild stützt. Vor dem Schild das Käuzchen.

ZWISCHENSOCKEL (187): Auf der Vorderseite die Weihinschrift: *I(ovi) O(ptimo) M(aximo) / Mansuetus / Natalis / v(otum) s(olvit) l(ibens) l(aetus) m(erito)*. Auf den drei anderen Seiten in rechteckigen Bildfeldern kräftige Akanthusornamente.

188 VIERGÖTTERSTEIN

Städt. Reiß-Museum Mannheim
Sandstein. H. 92; Br. und T. 60
Literatur: Lamey a. a. O. 10; 3, 176 Abb. – Graeff, Antiquarium Nr. 77. – Hefner, Bayern 306 Nr. 39. – Haug, Denksteine Nr. 77. – F. Hettner, Westdt. Zeitschr. 4, 1885, 367 Nr. 1b. – Haug, Viergöttersteine 44 Nr. 85. – Espérandieu VIII 5918. – Sprater, Pfalz 2,59 Abb. 86. – Rink, Genius 38,1. – H. Schoppa, Bonner Jahrb. 157, 1957, 286 Anm. 6. – Kunckel, Genius 108 Nr. C I 71. – Siehe oben S. 52 Anm. 268. 270.

Stark zerstört: Bildfeldrand oben leicht gewölbt; ohne Gesimse.
a. Apollo, stützt sich l. auf Leier, die auf Pfeiler steht; die gesenkte R. hielt das Plektron; Beine übergeschlagen; neben r. Schulter auf Pfeiler der Rabe; l. unter der Lyra Greif. Mantel über l. Schulter.
b. Genius, mit Diadem, Mantel um Hüften und Beine und über l. Schulter und Arm, hält im l. Arm das Füllhorn, opfert r. aus Patera auf balusterförmigen Altar.
c. Victoria, Typ Brescia, mit Flügeln, schreibt auf von Steuer gestützten Schild, während ihr l. Fuß auf Globus tritt.
d. Mars, in Rüstung und Helm, hält r. die Lanze, l. wohl den Schild (zerstört).

189 VIERGÖTTERSTEIN

Städt. Reiß-Museum Mannheim
Sandstein. H. 90; Br. 50; T. 50
Literatur: Lamey a. a. O. 10. – Graeff, Antiquarium Nr. 66. – Hefner, Bayern 306 Nr. 35. – Haug, Denksteine Nr. 66. – Haug, Viergöttersteine 53 Nr. 113. – Espérandieu VIII 5920.

Stark beschädigt; oben bis zur Mitte der Köpfe abgearbeitet (ursprünglich aus zwei Quadern?); Vertiefung in Oberfläche; ohne Gesimse (unten hoher Sockel).
a. Juno, in Chiton und Mantel (Kopf verschleiert), hält l. Acerra; r. Arm und Altar (?) fehlen.
b. Mercur, Mantel über l. Schulter und Arm, hält im l. Arm Caduceus; r. Arm war gesenkt; hinter r. Bein kauert der Bock.
c. Hercules, Löwenfell über l. Schulter und Arm, stützt r. die Keule auf; in l. Hand drei Äpfel.
d. Minerva, in Chiton und Mantel, hält l. den Schild, r. die Lanze.

190 VIERGÖTTERSTEIN

Städt. Reiß-Museum Mannheim
Sandstein. H. 92; Br. 42; T. 42
Literatur: Graeff, Antiquarium Nr. 67. – Hefner, Bayern 306 Nr. 36. – Haug, Denksteine Nr. 67. – Haug, Viergöttersteine 54 Nr. 114. – Espérandieu VIII 5919. – Brommer, Vulkan 7 Nr. 25.

Stark beschädigt; ohne Gesimse; Bildfelder oben halbrund.
a. Juno, in Chiton und Mantel; Rest unkenntlich.
b. Minerva, in Chiton und Mantel, hält l. den Schild, unter dem das Käuzchen sitzt; r. Seite und Oberkörper fehlen.
c. Hercules, Löwenfell über l. Schulter und Arm, stützt r. die Keule auf.
d. Vulcan, in Exomis; der r. Arm war erhoben, der l. mit Zange(?) zu Amboß gesenkt.

191 VIERGÖTTERSTEIN

Städt. Reiß-Museum Mannheim
Sandstein. H. 68; Br. 45; T. 36
Literatur: Graeff, Antiquarium Nr. 75. – Hefner, Bayern 306 Nr. 38. – Haug, Denksteine Nr. 75. – Haug, Viergöttersteine 54 Nr. 115. – Espérandieu VIII 6063.

Stark beschädigt; ohne Gesimse; obere Bildkante waagerecht mit Halbkreis dicht um die Köpfe.
a. Juno, in Chiton und Mantel (Kopf verschleiert?), opfert r. aus Patera auf Altar, hält l. das Zepter.
b. Mercur, Mantel über l. Schulter und Arm, hält im l. Arm Caduceus, in der gesenkten R. den Geldbeutel. Flügelhut und Flügel an den Beinen. Bock hinter dem Gott?
c. Hercules, Löwenfell über l. Arm und Schulter, stützt r. die Keule auf; über r. Schulter Köcher; in l. Hand die Äpfel.
d. Minerva, in Chiton und Mantel (und Helm?), hält r. die Lanze, l. den Schild.

192 WOCHENGÖTTERSTEIN

Hist. Museum der Pfalz, Speyer, Inv. A 6
Sandstein. H. 44; Br. und T. 48
Literatur: Lamey a. a. O. 9. – J. v. Stichaner, Intelligenzblatt des Rheinkreises 1823 Nr. 256. – L. Lersch, Bonner Jahrb. 4, 1844, 173 Nr. 10. – Hefner, Bayern 309 Nr. 32. – J. de Witte, Gazette Arch. 3, 1877, 57 Nr. 4. – Haug, Wochengötter 30 f. Nr. 8. – CIL XIII 6093. – Hildenbrand, Steinsaal 60 Nr. 207 Taf. 1,5. – Hertlein, Juppitergigantensäulen 132. – Espérandieu VIII 5927. – Sprater, Pfalz 2,61. – Duval, Semaine 288. – Siehe oben S. 45; 56; 57.

Auf der Vorderseite des Steines die Inschrift: [I(ovi) O(ptimo)] M(aximo) et Iunoni /[Re]ginae Cas/[s]i(i) (duo) Victorinus /[e]t Urbicus l(ibentes) p(osuerunt).
Auf den anderen Seiten in rechteckigen Feldern die Büsten der sieben Wochengötter:
b. Saturn (mit Harpe) und Sol (mit Nimbus und Strahlenkranz).
c. Luna (Mondsichel); Mars (Helm); Mercur (zerstört).
d. Jupiter (bärtig); Venus (mit rundem Spiegel).

193 WOCHENGÖTTERSTEIN

Hist. Museum der Pfalz, Speyer, Inv. A 70
Sandstein. H. 55; Br. und T. 50
Literatur: v. Stichaner, Intelligenzblatt des Rheinkreises 1828, 18. – Lersch a. a. O. 174 Nr. 11. – De Witte a. a. O. 57 Nr. 5. – Haug, Wochengötter 31 Nr. 9. – Hildenbrand, Steinsaal 55 Nr. 180. – Espérandieu VIII 5916. – Duval, Semaine 288.

Eine Seite des Steines abgearbeitet. Die Grundfläche des Steines ergibt ein unregelmäßiges Achteck. Ganzfiguren; Bildfelder oben halbrund. Stark beschädigt.
a. und b. Saturn und Sol: nur noch Umrisse erkennbar.
c. Luna, in langem Chiton, veste velificans.
d. Mars, nackt (?), mit Lanze und Schild.
e. Mercur, mit Geldbeutel und Hahn.
f. Jupiter, bärtig, nackt, mit Blitz.
g. Venus und h. fehlen.

Gräfenhausen (Gem. Birkenfeld, Enzkreis; 139)

194 VIERGÖTTERSTEIN

SW-Ecke des Kirchturms in Gräfenhausen
Sandstein. H. 120; Br. 60; T. 54
Literatur: Haug, Viergöttersteine 16 Nr. 13. – Haug–Sixt Nr. 114. – Espérandieu G. Nr. 490.

Da der Stein noch eingemauert ist, nur zwei Seiten beschreibbar.
a. und b. vermauert.
c. Hercules, über l. Schulter und Arm das Löwenfell, stützt r. die Keule auf.
d. Minerva, in Chiton und Mantel, hält r. die Lanze, l. den Schild.

Grand Falberg (Com. Eckartswiller, Arr. Saverne, Bas-Rhin; 142)

Auf dem Grand Falberg, nordwestlich von Saverne, wurden im letzten Jahrhundert Reste eines Heiligtums gefunden. Von ihm stammen Teile von mindestens 6 Jupitergigantengruppen, eine großformatige Weihinschrift und ein Altar. Bei den neueren Grabungen wurden noch Reste der Umzäunung des Heiligtums (oder einzelner Säulen?) gefunden.

195 GIGANTENREITER   Taf. 21,4

Musée de la Ville, Saverne
Sandstein. H. 37; L. 47
Literatur: J. Ohleyer, Revue d'Alsace 3, 1852, 451. – E. Audiguier u. D. Fischer, Musée de Saverne; catalogue et description des objets... (1872) Nr. 2. – G. Save u. Ch. Schuler, Mem. Soc. Arch. Lorraine 49, 1899, Nr. 24/5. – E. Maass, Die Tagesgötter in Rom und in den Provinzen (1902) 190. – Hertlein, Juppitergigantensäulen 9 IV. – E. Wendling, Die keltisch-römischen Steindenkmäler des Zaberner Museums (1912) Nr. 21. – Espérandieu VII 5689. – Siehe oben S. 9 Anm. 23; 22; 67; 73 Anm. 369.

Vom Reiter sind nur die beiden Beine erhalten. Auf dem r. Oberschenkel kleiner Rest der Tunica, auf dem Pferderücken Mantelbosse. Im l. Arm hielt der Reiter ein großes mehrspeichiges Rad. An der l. Seite des Pferdes Satteldecke erhalten. Unter dem l. Bein des Reiters Reste des Giganten. Espérandieu verwechselt den Reiter mit der Gruppe aus Zillingen in Saverne (Espérandieu V 4489).

196 GIGANTENREITER   Taf. 21,1–2

Musée de la Ville, Saverne
Sandstein, H. 27; L. 50
Literatur: Audiguier und Fischer a. a. O. Nr. 2. – Hertlein, Juppitergigantensäulen 8 f. III. – Wendling a. a. O. Nr. 20. – Espérandieu VII 5689. – Siehe oben S. 9 Anm. 23; 22; 73 Anm. 369.

Erhalten Torso des Pferdes und Beine des Reiters. Der Reiter trug einen Schuppenpanzer mit Lederlaschen und Stiefel. In der l. Hand ein Rad.

197 GIGANTENREITER

Musée de la Ville, Saverne
Sandstein. L. 38; H. 31
Literatur: Audiguier u. Fischer a. a. O. Nr. 7. – Wendling a. a. O. Nr. 24. – Espérandieu VII 5686. – Siehe oben S. 9 Anm. 23; 22.

Erhalten sind nur Teile des Giganten. Er lag auf dem Rücken und ragte mit dem Oberkörper über die Plinthe weit nach vorne. Die Arme sind am Körper angelegt, der l. hängt etwas über die Plinthe nach unten. Kopf und Unterleib fehlen.

198 GIGANTENREITER

Musée de la Ville, Saverne
Sandstein. H. 22,5; L. 24
Literatur: Ohleyer a. a. O. 451. – Audiguier u. Fischer a. a. O. 74. – Hertlein, Juppitergigantensäulen 8 I. – Wendling a. a. O. Nr. 22. – Espérandieu VII 5677. – Siehe oben S. 9 Anm. 23; 22; 65.

Erhalten ist nur der Gigant. Er liegt auf dem Bauch, sein Oberkörper ragt über die Basisplatte vor. Die Arme sind so stark abgewinkelt an den Körper angelegt, daß die Ellenbogen auf der Plinthe aufliegen und die ausgestreckten Fingerspitzen neben dem unbärtigen jugendlichen Gesicht die noch erhaltenen Vorderhufe des Pferdes tragen.

199 GIGANTENREITER Taf. 21,3

Musée de la Ville, Saverne
Sandstein. H. 36,5; Br. 35; T. 32
Literatur: Audigier u. Fischer a. a. O. Nr. 14. – Wendling a. a. O. Nr. 23. – Espérandieu VII 5720. – Siehe oben S. 9 Anm. 23; 22; 65.

Direkt auf der vorne bestoßenen Basisplatte liegt der fratzenhafte große Kopf des Giganten. R. und l. davon, ohne klare anatomische Verbindung zum Körper, stehen senkrecht die kurzen Oberarme, die in ebenso kurzen Unterarmen enden, die auf der Basisplatte aufliegen. Vom Reiter ist nichts erhalten.

200 GIGANTENREITER

Musée de la Ville, Saverne
Sandstein. H. noch 16
Literatur: Wendling a. a. O. Nr. 25. – Espérandieu VII 5673. – Siehe oben S. 9 Anm. 23; 22.

Erhalten ist der Kopf Jupiters mit der r., zum Wurf des Blitzes erhobenen Hand, die am Kopf anliegt.
Wendling a. a. O. erwähnt einen weiteren Kopf (Nr. 26), dessen Zugehörigkeit zu einer Gigantengruppe unsicher ist.

201 JUPITERALTAR

Musée de la Ville, Saverne
Sandstein. H. 91; Br. 35; T. 26

Literatur: G. Lévy-Mertz, Bull. Soc. Hist. et Arch. Saverne 1964 I–II 1 f. – J.-J. Hatt, Gallia 22, 1964, 361 Abb. 40. – Année Épigr. 1965 Nr. 183. – Siehe oben S. 9 Anm. 23; 22.

Altar unverziert: auf der Vorderseite die Inschrift: *Iovi / Optim(o) / Restitutus / Ripani fil(ius) / v(otum) s(olvit) l(ibens) m(erito)*. Wendling erwähnt einen weiteren Altar: a. a. O. Nr. 27. Zu der Inschrift CIL XIII 5990 siehe oben S. 22.

Großeicholzheim (Gem. Seckach, Neckar-Odenwald-Kreis; 69)

202 VIERGÖTTERSTEIN   Taf. 22,1–4

Bad. Landesmuseum Karlsruhe, Inv. C 3499
Sandstein. H. 76; Br. 60; T. 55
Literatur: E. Wagner, Westdt. Zeitschr. 1, 1882, 481. – Haug, Viergöttersteine 25 Nr. 37. – Wagner, Fundstätten 2, 129. – Espérandieu G. Nr. 371. – H. Schoppa, Bonner Jahrb. 158, 1958, 287.

Aus der Friedhofsmauer. Auf Höhe der Köpfe waagerecht abgearbeitet; stark beschädigt. Ohne Gesimse.
a. Göttin in Chiton und Mantel. Alle Attribute fehlen. Da der l. Arm erhoben war und der r. gesenkt, wohl Juno mit Patera und Zepter.
b. Victoria, Typ Brescia, in um die Hüften gelegtem faltenlosem Gewand, schreibt auf Schild; den l. Fuß setzt sie auf einen großen Globus.
c. Apollo, stützt sich l. auf die große, am Boden stehende Lyra. Über dem l. Arm lag der Mantel.
d. Neptun, nackt, setzt r. Fuß auf undeutlichen Gegenstand (Haug: Seetier); in der R. hält er Delphin, die L. hält den Dreizack.

Güglingen (Kr. Heilbronn; 83)

203 VIERGÖTTERSTEIN

Württemberg. Landesmuseum Stuttgart, Inv. RL 204
Sandstein. H. noch 42; Br. 74; T. 72
Literatur: Ch. F. Staelin, Württemberg. Jahrb. 1858, 2; 220. – Haug, Viergöttersteine 17 Nr. 16. – Haug–Sixt Nr. 360. – Espérandieu G. Nr. 403.

Nur der obere Teil erhalten. Oberer Bildfeldrand waagerecht mit Halbkreisen über Köpfen; ohne Gesimse. Aus dem Fundament der Kirche.
a. Juno, in Chiton und Mantel, Kopf verschleiert.
b. Nackte r. Schulter und Umrisse des Kopfes eines Gottes. Mercur?
c. Hercules, nackt, schwingt die Keule mit der R. über seinem Kopf, der l. Arm war gesenkt.
d. Minerva, in Chiton, Mantel und Helm, hielt r. die Lanze; neben l. Schulter auf Pfeiler das Käuzchen.

Haguenau (Bas-Rhin; 146)

204 GIGANTENREITER   Taf. 25,1

Musée de la Ville Haguenau, Inv. R 198
Sandstein. L. 50; H. noch 53
Literatur: A. Prost, Bull. Soc. Nat. Antiqu. France 1879, 84. – E. Wagner, Westdt. Zeitschr. 1, 1882, 42. – Hertlein, Juppitergigantensäulen 8. – Nessel, Jahresber. Hagenauer Altert. Ver. 2, 1911, 7. – Espérandieu VII 5634.

Erhalten Oberkörper und Kopf des Reiters ohne die beiden Arme (l. Hand mit Rest des Zügels am Hals des Pferdes). Beine nur in Umrissen erhalten. Bärtig, mit Mantel. Vom Pferd fehlen Kopf, Beine und Schwanz.
Zum Fundort vgl. Nessel a. a. O.

Haueneberstein (Stadt Baden-Baden; 130)

Die drei Hauenebersteiner Gigantengruppen stammen von derselben Stelle innerhalb einer ummauerten Fläche von 74 m². Die Mauern waren fast genau in den vier Himmelsrichtungen orientiert. Im Ostteil der ummauerten Fläche stand ein Gebäude mit drei Räumen und einer Vorhalle (siehe oben S. 23).

205 GIGANTENREITER

Städt. Museum Baden-Baden, Inv. B LII
Sandstein. H. 92; L. 78
Literatur: A. Klein, Die Ortenau 3, 1912, 115. – S. Kah, Röm.-Germ. Korrbl. 6, 1913 Nr. 3 I Abb. 4. – E. Krüger, Vorlegeblätter des Arch. Kurses der RGK 1913 zu Trier (1913) Taf. 21,6. – Espérandieu G. Nr. 464. – P. Hirschfeld u. a., Die Kunstdenkmale des Landkreises Rastatt (1963) 193. – Siehe oben S. 23.

Fast vollständig erhalten. Der Gigant kniet auf der Plinthe, wobei er die beiden Hände aufstützt. Den bärtigen Kopf wendet er leicht nach r. oben. Das Pferd legt seine Hufe auf die Schultern des Giganten. Der bärtige Reiter, von dem nur l. Hand und Teile des r. Armes fehlen, trägt einen knielangen Rock und Reste des Mantels. Vom Pferd fehlen Teile des Halses und des l. Hinterbeines.

206 GIGANTENREITER

Städt. Museum Baden-Baden, Inv. B LIV
Sandstein. H. 51; L. 50
Literatur: Kah a. a. O. III Abb. 6. – Espérandieu G. Nr. 469. – Siehe oben S. 23.

Die Gruppe ist der Länge nach schräg gespalten. Die r. Seite fehlt daher, ebenso Kopf und Hals des Pferdes und der Oberkörper des Reiters.
Der Gigant kniet auf der Plinthe. Sein l. Schlangenbein beißt gegen die Flanken des Pferdes. Im angewinkelten l. Arm trug er den Huf des Pferdes, der über seiner Schulter liegt. Der Reiter trug bis

zur Mitte des Oberschenkels reichende Tunica. Der bei Espérandieu abgebildete Pferdekopf fehlt heute.

207 GIGANTENREITER

Städt. Museum Baden-Baden, Inv. B LIII
Sandstein. H. 49,5; L. 72
Literatur: Kah a. a. O. II Abb. 5. – Espérandieu G. Nr. 486. – Siehe oben S. 23.

Erhalten der Gigant, dessen Oberkörper schräg über die Plinthe nach oben ragt. Der r. Arm ist, als ob er gefesselt wäre, auf den Rücken gedreht. Unbärtig.
Vom Pferd sind Ansatzspuren der Hinterbeine und der r. Vorderhuf auf dem r. Oberarm des Giganten erhalten.

Hausen an der Zaber (Stadt Brackenheim, Kr. Heilbronn; 82)

In Hausen wurden, wohl von einem römischen Gutshof stammend, auf einen Haufen zusammengeworfen die Reste von mindestens zwei Jupitersäulen gefunden. Daneben fanden sich noch zahlreiche Reste weiterer Götterbilder. Viele Teile tragen Brandspuren und lassen absichtliche Zerstörung erkennen (siehe oben S. 25).

208–211 JUPITERGIGANTENSÄULE

Württemberg. Landesmuseum Stuttgart, Inv. RL 65,14
Sandstein. Viergötterstein: H. 117; Br. 68; T. 67,5. Wochengötterstein: H. noch 27; Kantenlänge 28. Säule und Kapitell: H. 444,5; Dm. 45
Literatur: H. Klumbach, 25. Veröffentl. Hist. Ver. Heilbronn 1966, 7 ff. – Ders., Der römische Skulpturenfund von Hausen an der Zaber (Kreis Heilbronn). Forsch. und Ber. Vor- und Frühgesch. Baden-Württemberg 5 (1973) 12 ff. A 1–6 Abb. 3 f. Taf. 1,1; 3–17. – Brommer, Vulkan 9 Nr. 43 Taf. 38. – Bauchhenß, Jupitergigantensäulen 5 ff. Abb. I u. 1–17. – Siehe oben S. 25; 28; 43; 48; 49; 52 Anm. 268. 269. 270; 56; 63.

VIERGÖTTERSTEIN (208): Ohne Gesimsplatten gearbeitet; rechteckige Bildfelder; Kanten an Seite a. stark beschädigt.
a. Adler mit erhobenen Flügeln; über und zwischen den Flügeln Eichkranz mit der Inschrift: *I(ovi) O(ptimo) M(aximo) / et Iunoni / Reg(inae) C(aius) Vettius / Connougus / v(otum) s(olvit) l(ibens) l(aetus) m(erito)*.
b. Venus und Vulcan, in Exomis und Stiefeln, hält im gesenkten r. Arm den Hammer, mit der L. stützt er eine Zange auf einen zweiteiligen Amboß. Auf dem Kopf Mütze mit einem kleinen helmbuschartigen Aufsatz. R. neben ihm Venus, Mantel über der l. Schulter, und über dem leicht vorgestellten l. Bein. Das andere Mantelende hält die Göttin in der gesenkten r. Hand. Die Gesichter sind abgeschlagen.
c. Diana, in Chiton und Chlamys, die Oberkörper und l. Oberarm bedeckt. Ihre r. Hand greift zu dem Köcher über der r. Schulter. In der gesenkten l. Hand Bogen. Hinter der Göttin Jagdhund.
d. Apollo, mit weiblichen Körperformen (vgl. Venus!), stützt sich mit dem l. Ellenbogen auf einen Pfeiler. In der l. Hand Bogen, der bis zum Boden reicht; die R. war mit einem nicht mehr erkennbaren Attribut gesenkt. Über der r. Schulter Köcher. Mantel über l. Schulter und l. Arm. Kopf abgeschlagen.

WOCHENGÖTTERSTEIN (209): Achteckig; Reihenfolge linksläufig; Köpfe der Götter fast ohne Attribute.
a. Saturn: bärtiger Kopf.
b. Sol: jugendlicher Kopf mit Spuren eines Nimbus.
c. Luna: weiblicher Kopf.
d. Mars: jugendlicher Kopf.
e. Mercur: jugendlicher Kopf.
f. Jupiter: bärtiger Kopf.
g. Venus: weiblicher Kopf.
h. Victoria, in flatterndem Chiton, nach r. schreitend. In der vorgestreckten r. Hand Siegeskranz. Geflügelt.

KAPITELL und SÄULE (210): Die Säule ist mit einem Muster von Eichblättern verziert; auf der Mitte jedes Blattes langgestielte Eichel. Die Blätter laufen von oben und unten auf eine Tänie zu. Kapitell: Aus doppeltem Blattkranz wachsen an den Ecken die Büsten von vier Frauen, die als Jahreszeiten charakterisiert sind: Frühling: Blüten; Sommer: Ähren; Herbst: Äpfel(?); Winter: Tuch (nur Rest erhalten). Der Kalathos ist mit Pfeifenmuster, Flechtband und jon. Kyma verziert.

GIGANTENGRUPPE (211): Am stärksten beschädigt; noch nicht restauriert. Der Gigant stützte sich mit seinen Armen auf den Vorderrand der Plinthe. Die Hufe des Pferdes liegen auf seiner Schulter auf. Reiter mit Tunica und Mantel bekleidet.

212 VIERGÖTTERSTEIN

Württemberg. Landesmuseum Stuttgart, Inv. RL 65,14.7
Sandstein. H. noch 87; Br. 76; T. 76
Literatur: siehe Nr. 208–211. – Siehe oben S. 25.

Nur der untere Teil des Steines erhalten; die Reliefs stark beschädigt.
a. Juno, in Chiton und Mantel, hält die gesenkte R. über einen blütenartigen, aus dem Boden aufwachsenden Gegenstand. Die l. Hand war an den Körper angelegt.
b. Mercur, Mantel über l. Arm, hielt im l. Arm den Caduceus; die r. Hand mit dem Geldbeutel war gesenkt. Hinter dem Gott ein Widder.
c. Hercules, Löwenfell über l. Schulter und Arm, stützte mit der r. Hand die Keule auf.
d. Minerva, in Chiton und Mantel, hielt r. die Lanze, l. den Schild.

213 RELIEFSÄULE

Württemberg. Landesmuseum Stuttgart, Inv. RL 65,14.8
Sandstein. H. noch 74; Dm. 45
Literatur: siehe Nr. 208–211. – Brommer, Vulkan 9 Nr. 42 Taf. 37. – Siehe oben S. 7; 25; 60; 62.

Auf dem runden Stein (aus zwei Steinen!) vier Götter im Gigantenkampf. Er könnte, zusammen mit einer Profilplatte (Klumbach, Skulpturenfund 19 Nr. 8) und einer Säulenbasis (Klumbach, Skulpturenfund 19 Nr. 9) zu dem Viergötterstein Nr. 212 gehören.
a. Jupiter, nackt bis auf das Mäntelchen im Rücken, in Ausfallstellung nach rechts. Er hält im l. Arm Zepter, die R. mit dem Blitzbündel ist erhoben, um einen Giganten, der abwehrend den l. Arm mit einem Tuch und einem Ast erhebt, niederzuschmettern. Der Gigant hält auch im r. Arm einen Ast als Waffe.

b. Mars, nackt, aber mit Helm und Schild, greift mit dem Schwert in der R. einen Giganten an, der seinen mit einem Tuch umwickelten l. Arm abwehrend nach oben reckt und die R. mit gespreizten Fingern vor die Brust hält.
c. Vulcan, mit Exomis, Mütze und Schuhen, stößt die umgekehrte Fackel von oben in das Gesicht eines vor ihm auf dem Boden sitzenden Giganten, der die r. Hand schützend vor das Gesicht hält.
d) Hercules, in Ausfallstellung nach l., hat die R. mit der Keule erhoben, um einen vor ihm fliehenden Giganten zu erschlagen. Der Gigant hält mit Händen einen Ast fest und wendet den Kopf angstvoll zurück.

Heidelberg (65)

214 JUPITERALTAR Taf. 26,1

Kurpfälzisches Museum Heidelberg, Inv. 931
Sandstein. H. 80; Br. 40
Literatur: C. Christ, Bonner Jahrb. 62, 1878, 18 f. – F. Hettner, Korrbl. Westdt. Zeitschr. 9, 1890 Nr. 58. – CIL XIII 6397. – Wagner, Fundstätten 2, 291 f. – E. Wahle, Die Vor- und Frühgeschichte des unteren Neckarlandes (1925) 40 Nr. 931. – Ph. Filtzinger, Fundber. Schwaben N. F. 19, 1971, 203 Nr. 7. – Bauchhenß, Jupitergigantensäulen 6 Abb. 39. – Siehe oben S. 24; 26.

Die Ara fand sich nahe bei der römischen Neckarbrücke, im Bereich der Beneficiarierstation.
Die Inschrift lautet: *I(ovi) O(ptimo) M(aximo) / aram et co/lumnam / pro se et [suis] / C(aius) Vereius [Cl]/emens mile[s] / leg(ionis) VIII Aug(ustae) / b(eneficiarius) co(n)s(ularis) v(otum) s(olvit) l(ibens) l(aetus) m(erito)*.

Heidelberg-Heiligenberg (66)

215 VIERGÖTTERSTEIN Taf. 23,1–2; 24,1–2

Städt. Reiß-Museum Mannheim
Sandstein. H. 90; Br. 56; T. 45
Literatur: A. Lamey, Acta Academiae Theodoro-Palatinae 1, 1766, 193 Taf. 1. – Graeff, Antiquarium Nr. 87. – Haug, Denksteine Nr. 87. – W. Schleuning, Die Michaelsbasilika auf dem heiligen Berg bei Heidelberg (1887) 48 Nr. 2 Taf. 9. – Haug, Viergöttersteine 25 f. Nr. 39 Taf. 2. – CIL XIII 6395. – Wagner, Fundstätten 2, 272. – Espérandieu G. Nr. 411. – H. Schoppa, Bonner Jahrb. 157, 1957, 286,2. – H. Klumbach, 25. Veröffentl. Hist. Ver. Heilbronn 1966, 15 Abb. 9. – Ders., Der römische Skulpturenfund von Hausen an der Zaber (Kr. Heilbronn) (1973) 31 Abb. 15. – Brommer, Vulkan 6 f. Nr. 23 Taf. 22. – Gropengießer, Steindenkmäler Taf. 20 f. – Siehe oben S. 21; 28; 48; 52 Anm. 268. 269.

Am oberen Rand von c. Schleifspuren. Oberfläche als Weihwasserbecken ausgehöhlt. Bildfelder rechteckig. Werkstatt der Hausener Säule.
a. Adler mit ausgebreiteten Schwingen; über seinem Kopf Eichkranz mit Gemme und Tänie. In ihm die Inschrift: *I(ovi) O(ptimo) M(aximo) / Iul(ius) Secun/dus et Iulius(s) / Ianuarius / fratres / v(otum) s(olverunt) l(ibentes) l(aeti) m(erito)*.
b. Fortuna in Chiton und Mantel. Die r. Hand hält einen Zipfel des Mantels, die l. Hand stützt die Göttin auf ein Steuerruder, ihr l. Fuß tritt auf einen flachen Sockel (?).

c. Vulcan, in Exomis (teilweise abgearbeitet), Stiefeln und Pileos, hält r. den Hammer vor die Brust, l. große Zange; darunter Amboß.
d. Victoria, Typ Brescia, setzt den Fuß auf Globus. Ihr Schild steht auf umgekehrtem Steuerruder.

Heidelberg-Neuenheim (64)

216 VIERGÖTTERSTEIN   Taf. 25,2

Bad. Landesmuseum Karlsruhe, Inv. C. 17
Sandstein. H. noch 86; Br. 48; T. noch 30
Literatur: F. Creuzer, Das Mithreum von Neuenheim bei Heidelberg (1838) 58, VIII. – Fröhner, Alterthümer 1 Nr. 17. – Haug, Viergöttersteine 26 Nr. 40. – F. Cumont, Textes et monuments figurées relatifs aux mysteres du Mithra 2 (1896) 507 Nr. 245. – Wagner, Fundstätten 2, 278 Abb. 234 f. – F. Kutsch, Germania 14, 1930, 148. – Espérandieu G. Nr. 440. – E. Schwertheim, Die Denkmäler orientalischer Gottheiten im römischen Deutschland. EPRO 40 (1974) 185 f. ⟨b⟩. – Siehe oben S. 22.

Stark zerstört. Auf der Vorderseite war wohl Juno dargestellt.
a. fehlt.
b. Mercur? Erhalten der l. Arm mit dem Rest des Caduceus (?).
c. Hercules, Löwenfell über l. Unterarm, stützt r. die Keule auf; über l. Schulter der Köcher; die l. Hand hält den Bogen.
d. Minerva; erhalten die erhobene r. Hand mit der Lanze.

217 RANKENSÄULE   Taf. 25,3

Bad. Landesmuseum Karlsruhe, Inv. C. 18
Sandstein. H. 333; H. Basis 33; H. Kapitell 53
Literatur: Creuzer a. a. O. 57 f. I; II. – Fröhner, Alterthümer 1 Nr. 18–20. – Hertlein, Juppitergigantensäulen 89. – Wagner, Fundstätten 2,278 Abb. 234a. – Espérandieu G. Nr. 444. – Kähler, Kapitelle 64 f. Taf. 11 Nr. O 2. – Mercklin, Figuralkapitelle Nr. 245 Abb. 464. – Ph. Filtzinger, Fundber. Baden-Württemberg 1, 1974, 448. – Siehe oben S. 22; 63.

Die Säule wurde wie der vorhergehende Viergötterstein im Neuenheimer Mithräum gefunden. Ob beide zusammengehörten, läßt sich nicht entscheiden.
Über attischer Basis 54 cm hoch senkrechte Leisten, die durch eine waagerechte Leiste abgeschlossen werden. Die so entstandenen Rechtecke sind durch je zwei diagonale Leisten und Pelten verziert. Darüber Akanthus, aus dem ein senkrechter Trieb wächst und seitlich je eine Ranke, die flechtbandartig nach oben wachsen. An den Ranken Blätter und Weintrauben, nach denen Vögel picken.
Kapitell: zwei Blattkränze; auf den Seiten, mit eigenen Kelchblättern, vier Büsten; weiblich, aber nicht genauer charakterisiert.
Im Mithräum wurde eine Ara mitgefunden, die jedoch nicht sicher auf die Säule bezogen werden kann: CIL XIII 6396: *I(ovi) O(ptimo) M(aximo) / sacrum / Candidus / Quartus / v(otum) s(olvit) l(ibens) l(aetus) m(erito)*.

218 GIGANTENREITER

Kurpfälzisches Museum Heidelberg
Sandstein. Plinthe: L. 44; Br. 29. H. gesamt 21

Literatur: E. Wahle, Die Vor- und Frühgeschichte des unteren Neckarlandes (1925) 41. – Espérandieu G. Nr. 433.

Das Fragment stammt aus dem Neckar bei Heidelberg-Neuenheim. Erhalten ist die Plinthe, auf der der Gigant schräg liegt. Den r. Arm stützt er angewinkelt auf, die Hand hielt wohl eine Waffe. Der l. Arm ist etwas zurückgesetzt. Das r. Schlangenbein ringelt sich über dem Gesäß, das l. richtet sich nach vorne.

Heidesheim (Kr. Mainz-Bingen; 30)

219 GIGANTENREITER

Mittelrhein. Landesmuseum Mainz, Inv. S 666
Sandstein. H. 32; L. 38
Literatur: F. Hettner, Westdt. Zeitschr. 4, 1885, 374 f. Nr. 7. – O. Donner v. Richter u. A. Riese, Heddernheimer Ausgrabungen (1885) 13 Taf. 5,8. – Hertlein, Juppitergigantensäulen 19. – Espérandieu VII 5777 u. X S. 41 f. Abb. – Fischer, Viergötterstein 46.

Es fehlen der Oberkörper des Reiters und Kopf und Hals des Pferdes. Der Gigant stützt mit den Armen den Oberkörper schräg von der Plinthe ab. Die r. Hand hielt eine Waffe. Das Gesicht des Giganten ist jugendlich, aber mit Backenbart.
Die Hufe des Pferdes liegen auf den Schultern des Giganten; der Reiter trägt knielange Tunica, seine Füße waren nackt.

220 VIERGÖTTERSTEIN

Mittelrhein. Landesmuseum Mainz, Inv. S 961
Sandstein. H. 77; Br. 49; T. 42
Literatur: F. Lehne, Gesammelte Schriften 1 (1836) 207 Nr. 54. – K. Klein, Zeitschr. Mainzer Altert. Ver. 1, 1845–51, 489. – Becker, Verzeichnis 9 Nr. 26. – Haug, Viergöttersteine 61 Nr. 132. – Espérandieu X 7384. – W. Schleiermacher, Germania 17, 1933, 196 ff. – Fischer, Viergötterstein 46.

Mit Basis und Gesims gearbeitet; alle Figuren stark verwittert.
a. Juno, in Chiton und Mantel (Kopf verschleiert), opfert r. aus Patera auf Altar.
b. Minerva, in Chiton, Mantel und Helm, hält r. die Lanze, l. den Schild.
c. Hercules, in Ausfallstellung nach r., am Baum im Garten der Hesperiden.
d. Mercur, mit Mantel über l. Schulter, im l. Arm den Caduceus, in der R. Geldbeutel (abgeschlagen).

Heinzenhausen (Kr. Kusel; 4)

221 VIERGÖTTERSTEIN

Hist. Museum der Pfalz, Speyer, Inv. 2429
Sandstein. H. 66; Br. und T. 45

Literatur: Hertlein, Juppitergigantensäulen 122. – Hildenbrand, Steinsaal 31 Nr. 59. – Espérandieu VIII 6117. – Hahl, Stilentwicklung 43. – Siehe oben S. 53 Anm. 272.

Auf den Seiten b. und d. der Länge nach gespalten. Bildfelder rechteckig, oben halbkreisförmige, enge Nische um die Köpfe. Stark verwaschen; ohne Gesimse. Nach Hahl nach 250 n. Chr.
a. Juno, in Chiton und Mantel (Kopf verschleiert), opfert r. aus einer Patera auf einen Altar, hält l. ein Zepter.
b. Fortuna, in Chiton und Mantel, hält r. das Steuerruder, l. wohl das Füllhorn.
c. Hercules, Löwenfell über l. Unterarm, stützt r. die Keule auf. In der l. Hand Äpfel?
d. Mercur, Mantel über dem l. Arm, hält die R. mit dem Geldbeutel gesenkt, im l. Arm den Caduceus. Am Kopf Flügelrest (?).

Hemmingen (Kr. Ludwigsburg; 89)

222 VIERGÖTTERSTEIN

Schloßpark Hemmingen
Sandstein. H. 65; Br. 50; T. 40
Literatur: Haug, Viergöttersteine 14 Nr. 6. – Haug–Sixt Nr. 309. – Espérandieu G. Nr. 505.

Die Reliefs stark verwaschen. Bildfeldform undeutlich. Beschreibung nach Espérandieu.
a. Juno, in Chiton und Mantel (Kopf verschleiert), opfert r. aus einer Patera auf Altar. Neben der r. Schulter der Pfau.
b. Mercur, Mantel über l. Schulter und Arm, senkt mit der L. den Caduceus zum Boden, hält in der gesenkten R. den Geldbeutel. Neben dem r. Bein Reste des Bockes, links der Hahn.
c. Hercules, Löwenfell über l. Schulter und Arm, stützt r. die Keule auf. In der l. Hand die Äpfel.
d. Minerva, in Chiton, hält r. die Lanze, links den Schild.

Hindisheim (Arr. Erstein, Bas-Rhin; 137)

223 VIERGÖTTERSTEIN

Verschollen
Literatur: J. D. Schöpflin, Alsatia illustrata 1 (1751) 447; 475; 484. – Haug, Viergöttersteine 37 Nr. 66.

Schöpflin erwähnt einen vierseitigen Altar, auf dem Minerva wie üblich dargestellt gewesen sei.

Hunspach (Arr. Wissembourg, Bas-Rhin; 154)

224 VIERGÖTTERSTEIN

Musée Arch. Strasbourg, Inv. 2425

Sandstein. H. noch 57; Br. und T. noch 29 bzw. 34.
Literatur: Hatt, Strasbourg Nr. 137.

Rest einer Seite eines Viergöttersteines; weibliche Figur mit Gorgoneion: Minerva.

Iggelheim (Gem. Böhl-Iggelheim, Kr. Ludwigshafen; 169)

225–227 VIERGÖTTERSTEIN, ZWISCHENSOCKEL und SÄULENRESTE   Taf. 27

Städt. Reiß-Museum Mannheim
Sandstein. Viergötterstein: H. 60; Br. 61; T. 53. Zwischensockel: H. 37; Br. u. T. wie Viergötterstein
Literatur: R. Jäger, Jahresber. Hist. Ver. Pfalz 1, 1842, 43 Taf. 5. – Hefner, Bayern 45 Nr. 31; 304 Nr. 24. – F. Haug, Bonner Jahrb. 55, 1875, 167. – F. Hettner, Westdt. Zeitschr. 4, 1885, 367 Nr. 3. – Haug, Viergöttersteine 46 f. Nr. 91. – Baumann, Denksteine Nr. 62; 62a Taf. 2. – E. Krüger, Bonner Jahrb. 104, 1899, 59. – CIL XIII 6098. – Espérandieu VIII 5988. – H. Schoppa, Bonner Jahrb. 157, 1957, 286, 8. – Brommer, Vulkan 7 Nr. 24 Taf. 23. – Siehe oben S. 43; 45; 53; 59.

In oder bei einem Brunnen gefunden. Der Zwischensockel gehört sicher zu dem Viergötterstein. Verbindung ohne Dübel! Auf dem Zwischensockel kreisrundes Lager (Dm. 62) für die Säulenbasis.

VIERGÖTTERSTEIN (225): Rechteckige Bildfelder; eng um die Köpfe gezogene Nische; ohne Gesimse.
a. Juno, in Chiton und Mantel (Kopf verschleiert), legt die R. vor die Burst; hält l. ein Zepter; l. neben ihr Pfau. In der oberen l. Bildfeldecke ein unerklärter Gegenstand: Tänie oder Flamme einer Fackel.
b. Mars, nackt, mit Helm, hält r. die Lanze, l. den Schild, über den ein Zipfel des Mantels hängt. Schwert an der l. Hüfte; neben der l. Schulter auf einem Postament Vogel mit langem Hals: Gans?
c. Vulcan, in Exomis und Schuhen, hält r. Hammer vor die Brust, stützt l. Zange auf den Amboß. Am Kopf vielleicht Rest des Pileos.
d. Victoria, Typ Brescia, tritt mit l. Fuß auf Globus; der Schild steht auf umgekehrtem Steuerruder.

ZWISCHENSOCKEL (226): Oben profiliertes Gesims angearbeitet; nur Vorderseite verziert. Zwei geflügelte Victorien mit Palmzweigen in den Händen halten einen von einem Kranz eingefaßten Schild. Auf diesem die Inschrift, die schon auf der oberen Gesimsleiste beginnt: [I(ovi) O(ptimo) M(aximo) et] Iunoni Reg(inae) / Procl(ii) / Pollio et / Fuscus / v(otum) s(olverunt) l(ibentes) l(aeti) m(erito).
Die beiden mitgefundenen SÄULENTROMMELN (227) tragen das übliche Schuppenmuster.

Ingelheim (Kr. Mainz-Bingen; 29)

228 ZWISCHENSOCKEL

Museum Ingelheim
Sandstein. H. etwa 16
Literatur: B. Stümpel, Mainzer Zeitschr. 65, 1970, 168.

Erhalten sind Reste der Bildfelder eines mehrkantigen Steines. In den rechteckigen Bildfeldern Büsten zweier Gottheiten. Beide tragen langes, lockiges Haar. Attribute sind nicht erkennbar. Sol und Luna?

Jagsthausen (Kr. Heilbronn; 73)

229 WOCHENGÖTTERSTEIN

Hohenlohe Museum, Schloß Neuenstein
Sandstein. H. 57; Dm. 40
Literatur: Ch. E. Hanßelmann, Fortsetzung des Beweises, wie weit der Römer Macht... (1773) 7 Taf. 24. – O. Keller, Vicus Aurelius, oder Öhringen zur Zeit der Römer. Bonner Winckelmannprogramm 1871, 43 f. – Haug, Wochengötter Nr. 1. – E. Maass, Die Tagesgötter in Rom und den Provinzen (1902) 175. – A. Mettler u. F. Drexel, Das Kastell Jagsthausen. ORL B 41 (1909) 46 Nr. 10. – Haug-Sixt Nr. 465. – Koepp, Germania Romana[2] 32 Taf. 6,4. – Espérandieu G. Nr. 210. – Duval, Semaine 289. – R. Koch, Kunst der Römerzeit. Heilbronner Museumshefte 1 (1971) 106 Nr. 37 Abb. 44–50. – Siehe oben S. 57.

Runder Stein, oben und unten Gesimse; oben halbrund schließende Bildfelder.
a. Saturn, in Chiton und rechts gehefteten Mantel, bärtig, hält r. die Harpe, links ein Kästchen (?).
b. Sol, in auf der r. Schulter gehefteten Mantel, mit strahlenverziertem Nimbus, hält in der gesenkten R. die Patera, links Peitsche.
c. Luna, in Chiton und Mantel, hält r. die Patera, l. Peitsche. Im Haar Mondsichel.
d. Mars, in Panzer und Helm, hält r. die Lanze, l. den Schild.
e. Mercur, ganz von knielangem Mantel (Fibel auf r. Schulter) bedeckt, hält in R. den Geldbeutel, im l. Arm den Caduceus.
f. Jupiter, nackt, hält l. das Zepter, r. den Blitz.
g. Venus, nackt, hält Rundspiegel mit der R. auf Gesichtshöhe, greift mit der L. in eine Haarsträhne.

230 KAPITELL und SÄULE

Berlichingen Museum Jagsthausen
Sandstein. H. gesamt noch 70 (Kapitell 20); Dm. unten 28
Literatur: Keller a. a. O. 44 Abb. – Mettler u. Drexel a. a. O. 46 Nr. 11. – Hertlein, Juppitergigantensäulen 89. – Haug-Sixt Nr. 450b. – Mercklin, Figuralkapitelle 97 f. Nr. 244 Abb. 463. – Koch a. a. O. 46 Nr. 11.

Der Schaft der Säule ist abwärts geschuppt. Die Köpfe des Kapitells sind bis auf einen, verschleierten, nicht näher charakterisiert.

231 JUPITERALTAR

Berlichingen Museum Jagsthausen
Sandstein. H. 87; Br. 49; T. 24
Literatur: Keller a. a. O. 44 Abb. – K. Miller, Westdt. Zeitschr. 6, 1887, 62. – A. Holder, Altceltischer Sprachschatz 1 (1896) 281 s. v. Atusonius. – CIL XIII 6554. – Mettler u. Drexel a. a. O. 42 Nr. 1. – Hertlein, Juppitergigantensäulen 159 Anm. 1. – Haug-Sixt Nr. 450 a.

Die Ara wurde mit der vorhergehenden Säule zusammen gefunden. Hertlein nimmt an, daß auch der Wochengötterstein zu beiden gehört habe.
Auf der Vorderseite der Ara die Inschrift: *I(ovi) O(ptimo) M(aximo) / Atusonius / Victorinus / v(otum) s(olvit) l(ibens) l(aetus) m(erito)*.
Auf den Seiten keine Ornamente.

Karlsruhe Museum

Von Resten zweier Viergöttersteine in Karlsruhe ist der Herkunftsort nicht mehr feststellbar (vgl. Bemerkung zu Nr. 142).

232 VIERGÖTTERSTEIN

Bad. Landesmuseum Karlsruhe, Inv. C 27
Sandstein. H. noch 71; Br. u. T. 55
Literatur: Fröhner, Alterthümer 1 Nr. 30. – Haug, Viergöttersteine 23 Nr. 33. – Wagner, Fundstätten 2, 86. – Espérandieu G. Nr. 351. – Siehe oben S. 48.

Der untere Teil des Steines fehlt; rechteckige Bildfelder; außer auf Seite c jeweils Muschelnische hinter den Köpfen angedeutet; stark verwaschen.
a. Juno, in Chiton und Mantel (Kopf verschleiert), hielt im l. Arm die Acerra; die R. war gesenkt.
b. Mercur, Mantel über l. Schulter und Arm, im l. Arm der Caduceus, hielt die R. gesenkt.
c. Hercules, nach l. gewandt, schwingt mit der R. drohend die Keule über dem Kopf, hielt mit der l. Hand (Löwenfell über l. Arm) wohl einen Gegner.
d. Minerva, in Chiton, Mantel und Helm, hält r. die Lanze, die L. war gesenkt; neben der l. Schulter auf einer Säule das Käuzchen.

233 VIERGÖTTERSTEIN

Bad. Landesmuseum Karlsruhe, Inv. C. 31 und C. 32
Sandstein. H. 88; Br. 45; T. jeweils etwa 16
Literatur: Fröhner, Alterthümer 1 Nr. 34; 35. – Haug, Viergöttersteine 23 f. Nr. 34. – Wagner, Fundstätten 2, 86. – Espérandieu G. Nr. 470.

Die Zusammengehörigkeit des in zwei Platten zerteilten Steines erkannte Haug. Rechteckige Bildfelder, stark beschädigt.
a. Juno, in Chiton und Mantel (Kopf verschleiert), hält im l. Arm die Acerra, opfert r. aus Patera auf balusterförmigen Altar.
b. fehlt.
c. Hercules, Löwenfell über l. Schulter und Arm, stützt r. die Keule auf. In der l. Hand die Äpfel; Köcher über r. Schulter.
d. Rest der Minerva.

Katzweiler (Kr. Kaiserslautern; 16)

234 VIERGÖTTERSTEIN

Hist. Museum der Pfalz, Speyer, Inv. A 72
Sandstein. H. 72; Br. 40; T. 34
Literatur: Haug, Viergöttersteine 51 Nr. 105. – Hildenbrand, Steinsaal 39 Nr. 101. – Hertlein, Juppitergigantensäulen 104 f. – Espérandieu VIII 6120. – Sprater, Pfalz 2 Abb. 83. – W. Jorns, Stahl und Eisen 77, 1957, 1162 Abb. 3a. – Brommer, Vulkan 8 Nr. 36 Taf. 31.

Der Stein wurde beim Abbruch des Pfarrhofes gefunden. Nur zwei Seiten der Reliefs sind noch erhalten. Rechteckige Bildfelder.
a. und b. fehlen.
c. Hercules, Löwenfell über l. Schulter und Arm, stützt r. die Keule auf. In der l. Hand Äpfel.
d. Vulcan, in Exomis, hält im l. Arm die Zange, r. den Hammer (?).

Kerzenheim (Donnersbergkreis; 18)

235 VIERGÖTTERSTEIN   Taf. 26,2

Hist. Museum der Pfalz, Speyer, Inv. 155
Sandstein. H. 98; Br. 59; T. noch 26
Literatur: Haug, Viergöttersteine 52 Nr. 109 Taf. 2. – Hildenbrand, Steinsaal 60 Nr. 209 Taf. 1,7. – Espérandieu VIII 6052. – F. Sprater, Das römische Eisenberg (1952) 28 Abb. 16.

Eine Seite ganz erhalten, von den beiden anliegenden nur Reste. Rechteckige Bildfelder mit sehr hohem unterem Rand.
a. Diana, in knielangem Chiton und Schuhen, hält l. den Bogen, greift mit der R. in Köcher, um Pfeil herauszuziehen. Neben ihr ein Hund, der den Kopf zu ihr hebt.
b. Rest des Bacchus; erhalten der gesenkte r. Arm mit einem Trinkgefäß, darunter Rest des Panthers.
c. fehlt.
d. Victoria, Typ Brescia, setzt l. Fuß auf großen Globus.

Kesselstadt (Stadt Maintal, Main-Kinzig-Kreis; 48)

236 ZWISCHENSOCKEL

Hist. Museum der Stadt Hanau (1945 zerstört)
Sandstein. H. 54; Dm. 39
Literatur: Espérandieu G. Nr. 81.

Der Stein wurde mit den gesamten Steindenkmälern in Hanau durch Kriegseinwirkung zerstört.

Beschreibung nach Espérandieu. Der Steinkörper war rechteckig, die Gesimse oben und unten jedoch rund.
a. Bärtiger Gott, in knielanger Tunica, der stabartigen Gegenstand im l. Arm hält. Der r. Unterarm war waagerecht abgestreckt. Espérandieu: Jupiter oder Vulcan. Silvan?
b. Hercules, Löwenfell über l. Schulter und Arm, hält im l. Arm die Keule, pflückt mit der R. die Äpfel der Hesperiden vom Baum.
c. Diana, in Ausfallstellung nach l., hält in der L. den Bogen, greift mit der R. nach dem Köcher über ihrer r. Schulter.
d. Fortuna, in Chiton und Mantel, stützt sich l. auf ein Füllhorn, hält r. das Steuerruder.

Kirchheim an der Weinstraße (Kr. Bad Dürkheim; 173)

237 ZWISCHENSOCKEL   Taf. 28,1–3

Städt. Reiß-Museum Mannheim
Sandstein. H. noch 48; Br. 58; T. 52
Literatur: J. v. Stichaner, Intelligenzblatt des Rheinkreises 1823, 690. – F. Lehne, Gesammelte Schriften 1 (1836) 109. – Graeff, Antiquarium Nr. 1. – Hefner, Bayern Nr. 3. – Haug, Denksteine Nr. 1. – Hildenbrand, Steinsaal 65. – Espérandieu VIII 5982. – Siehe oben S. 59.

Die Rückseite des Steines ist nicht erhalten, die beiden Seitenflächen nur zum Teil.
a. Inschrift: *I(ovi) O(ptimo) M(aximo) / L(ucius) Septumius / Florentinus / v(otum) s(olvit) l(ibens) l(aetus) m(erito)*.
b. Sol, auf Viergespann, mit flatterndem Mantel und Peitsche.
c. fehlt.
d. Luna, mit Resten des Maultiergespannes (Rad des Wagens, Peitsche).

Kleinsteinbach (Gem. Pfinztal, Kr. Karlsruhe; 123)

Aus den Fundamenten der zu Beginn des 19. Jahrhunderts abgebrochenen Kirche stammen mehrere Reste von Jupitersäulen. Sie passen im Material und z. T. auch in den Maßen zueinander, ihre Zusammengehörigkeit läßt sich jedoch nicht sicher beweisen.

238 GIGANTENREITER

Bad. Landesmuseum Karlsruhe, Inv. C. 6817
Sandstein. H. 22,5; L. 40
Literatur: E. Wagner, Westdt. Zeitschr. 13, 1894, 329 ff. – Hertlein, Juppitergigantensäulen 5. – Wagner, Fundstätten 2,90 Abb. – W. Fischer, Fundber. Baden 1, 1925–28, 22 Abb. 24. – Espérandieu G. Nr. 378. – E. Lacroix, P. Hirschfeld u. W. Paeseler, Die Kunstdenkmäler des Amtsbezirks Karlsruhe (1937) 154.

Der Reiter wurde als Werkstein zugehauen. Erhalten sind Teile des Rumpfes, l. und r. Bein mit Resten des Gewandes (Panzerpteryges?) und seine l. Hand am Hals des Pferdes.

239 VIERGÖTTERSTEIN   Taf. 29

Bad. Landesmuseum Karlsruhe, Inv. C. 6814
Sandstein. H. 109; Br. 72; T. 75
Literatur: Haug, Viergöttersteine 21 Nr. 26,2.3. – Wagner, Westdt. Zeitschr. 13, 1894, 329 ff. Taf. 11,4. – Hertlein, Juppitergigantensäulen 105. – Espérandieu G. Nr. 349. – H. Schoppa, Bonner Jahrb. 158, 1958, 286 Nr. 11 (sonst siehe Nr. 238). – Siehe oben S. 48; 52 Anm. 268. 269. 270.

Der Stein ist in zwei übereinanderliegende Blöcke gespalten (usprünglich?). Bei dem oberen fehlt die Seite a. mit den anschließenden Teilen der Seiten b und d. Rechteckige Bildfelder.
a. Tafel, auf die die Inschrift geschrieben war; darüber Reste eines Adlers, der ein einfaches Blitzbündel in den Krallen hält (Stoß, Flügelspitzen, Füße).
b. Mars, in Panzer, mit Tunica, hält im l. Arm Schild, die R. hielt Lanze, deren Lanzenschuh erhalten ist.
c. Fortuna, in Chiton und Mantel, hält im l. Arm Füllhorn, mit der R. Steuerruder.
d. Victoria, Typ Brescia, den l. Fuß auf einen Globus gesetzt. Der Schild, auf den sie schrieb, nicht mehr erhalten.

240 VIERGÖTTERSTEIN

Bad. Landesmuseum Karlsruhe, Inv. C. 6815
Sandstein. H. noch 36; Br. noch 40
Literatur: Haug, Viergöttersteine 21 Nr. 26,1. – Wagner, Westdt. Zeitschr. 13, 1894, 329 ff. Taf. 11,2. – Wagner, Fundstätten 2,91.

Auf zwei rechtwinklig aneinanderstoßenden Flächen Reste von rundbogigen Nischen. In einer Käuzchen und Helm der Minerva, die andere leer.

241 GESIMSPLATTE

Bad. Landesmuseum Karlsruhe, Inv. C. 6816
Sandstein. Auflagefläche: 60 × 60
Literatur: Wagner a. a. O. Taf. 11,1. – Wagner, Fundstätten 2,90.

Die Auflagefläche des Gesimses ist zu klein für den Viergötterstein Nr. 239. Auf der Oberfläche ist ein Kreis von 58 cm Dm. markiert, die Auflagefläche eines runden Wochengöttersteines oder einer Säulenbasis.

Köngen (Kr. Eßlingen; 98)

242 GIGANTENREITER

Württemberg. Landesmuseum Stuttgart, Inv. RL 320
Sandstein. H. 53; Br. 28
Literatur: Korrbl. Westdt. Zeitschr. 12, 1893 Nr. 101. – A. Mettler u. W. Barthel, Das Kastell Köngen. ORL B 60 (1907) 42 Nr. 11b. – Hertlein, Juppitergigantensäulen 2. – Haug-Sixt Nr. 192 Abb. – Espérandieu G. Nr. 587. – Siehe oben S. 22.

Erhalten der Gigant, der aufrecht auf der Plinthe kniete. R. und l. des Körpers liegen die großen

Schlangenbeine; auf dem l. Reste des Reiterfußes. Beide Arme angewinkelt, um die Hufe des Pferdes zu tragen. Bärtiges Gesicht.

243 GIGANTENREITER

Württemberg. Landesmuseum Stuttgart
Sandstein. Torso: H. 36. Pferd: H. 19; L. 26
Literatur: Mettler, Fundber. Schwaben 8, 1900, 71 f. – G. Sixt, Westdt. Zeitschr. 19, 1900, 362. – M. Bach, Fundber. Schwaben 8, 1900, 9; 41 f. – Mettler u. Barthel a. a. O. 42 Nr. 11a. – Hertlein, Juppitergigantensäulen 2. – P. Goessler, Röm.-Germ. Korrbl. 5, 1912, 8 f. – Haug–Sixt Nr. 501. – Espérandieu G. Nr. 598. – Siehe oben S. 22.

Aus einem Jupiterheiligtum. Nach Mettler u. Barthel a. a. O. zu dem relativ weit entfernt gefundenen Giganten Nr. 242 gehörig.
Erhalten Hinterteil des Pferdetorsos mit Ansatzresten des Reiters und der Oberkörper des Reiters. Der Reiter trug Tunica, vielleicht Panzer. Mantel auf der r. Schulter geheftet. Der r. Arm war erhoben, der l. Oberarm lag am Körper an.

244 VIERGÖTTERSTEIN

Heimatmuseum Köngen
Sandstein. H. noch 58; Br. 63; T. 63
Literatur: Goessler, Fundber. Schwaben 19, 1911, 40 Abb. 19–21. – Ders., Röm.-Germ. Korrbl. 5, 1912, 8. – Haug–Sixt Nr. 523. – CIL XIII 11728. – Espérandieu G. Nr. 597. – Siehe oben S. 9; 46; 52 Anm. 268. 269. 270.

Der obere Teil des Steines erhalten; Reliefs teilweise verwaschen; rechteckige Bildfelder.
a. Inschrift: *I(ovi) O(ptimo) M(aximo) / in h(onorem) d(omus) d(ivinae) / T(itus) Aelius / Victor / v(otum) s(olvit) l(ibens) l(aetus) m(erito)*.
b. Victoria, geflügelt, in Chiton, in der erhobenen R. einen Kranz, in der L. die Palme.
c. Diana, in Bewegung nach r., in Chiton und auf der r. Schulter geheftetem Mantel; sie hält l. den Bogen, hat die R. erhoben, greift aber nicht in den Köcher über der r. Schulter.
d. Apollo, hält mit dem l. Arm die Lyra, die wohl auf einem Postament stand. Mantel über l. Oberarm und Schulter, Bausch auf r. Schulter.

245 JUPITERALTAR

Heimatmuseum Köngen
Sandstein. H. 130; Br. 78; T. 43
Literatur: Goessler, Fundber. Schwaben 19, 1911, 41. – Ders., Röm.-Germ. Korrbl. 5, 1912, 8 f. – CIL XIII 11729. – Siehe oben S. 9; 46.

Wie der vorhergehende Viergötterstein wahrscheinlich aus dem Jupiterheiligtum. Auf der Vorderseite Inschrift: *[I(ovi)] O(ptimo) M(aximo) / [i]n h(onorem) d(omus) d(ivinae) / [T(itus)] Ael(ius) Victo[r] / [q]uod vove/[rat] in suo mon/[itus pos]uit / v(otum) s(olvit) l(ibens) l(aetus) m(erito)*.

246 KAPITELL

Württemberg. Landesmuseum Stuttgart
Sandstein. H. noch 23
Literatur: Mettler a. a. O. 71. – Mettler u. Barthel a. a. O. 42 f. 11c Taf. 4,1a.b. – Hertlein, Juppitergiganten-

säulen 89 Anm. 2. – Haug–Sixt Nr. 198. – F. Drexel, Röm Mitt. 35, 1920, 141. – Mercklin, Figuralkapitelle 176 Nr. 423 Abb. 825. – Siehe oben S. 22; 64.

Erhalten zwei Fragmente eines Gigantenkapitells: Eckgigant mit auf den Rücken gelegten Händen, darüber Rest der Abacusplatte. Der Rest eines ähnlichen Kapitells ist verschollen: Mercklin a. a. O. Nr. 424.

Konstanz Museum

247 GIGANTENREITER

Rosgarten-Museum Konstanz
Sandstein. L. 29
Literatur: O. Leiner, Fundber. Baden 1, 1925–1928, 165 f. Abb. 72.

Die genaue Herkunft des Gigantenfragmentes ist unbekannt. Erhalten der Rest eines Giganten, der die Arme auf den Rücken gelegt hat. Er ist jugendlich mit weichen Körperformen; er scheint auf dem Rücken gelegen zu haben.

Kriegsfeld (Donnersbergkreis; 15)

248 VIERGÖTTERSTEIN

Hist. Museum der Pfalz, Speyer, Inv. A 67
Sandstein. H. 117; Br. und T. 56
Literatur: J. v. Stichaner, Intelligenzblatt des Rheinkreises 1830, 189. – Haug, Viergöttersteine 51 Nr. 107. – Hildenbrand, Steinsaal 39 Nr. 104. – Espérandieu VIII 6058. – Brommer, Vulkan 8 Nr. 34 Taf. 29.

Stark verwaschen; rechteckige Bildfelder; ohne Gesimse.
a. Juno, in Chiton und Mantel, opfert r. aus Patera auf Altar; links von ihr der Pfau(?).
b. Minerva, in Chiton und Helm, hält r. die Lanze, l. den Schild; l. neben ihr am Boden das Käuzchen.
c. Hercules, Löwenfell um den l. Unterarm gewunden, stützt r. die Keule auf.
d. Vulcan, in Exomis, hat die r. Hand mit dem Hammer erhoben, die l. Hand mit Zange (?) über Amboß(?) gesenkt.

Ladenburg (Rhein-Neckar-Kreis; 63)

249–252 JUPITERGIGANTENSÄULE

Lobdengau Museum Ladenburg
Sandstein. H. etwa 410
Literatur: B. Heukemes, Denkmalpflege in Baden-Württemberg 4, 1975, 33 ff. – Siehe oben S. 43; 59; 60.

Zusammen mit dem folgenden Altar und einer weiteren Gigantengruppe in einem Brunnen gefunden. Teilweise modern zerstört.

VIERGÖTTERSTEIN (249): Er stand auf nach oben abgeschrägter Platte; unten großenteils abgebrochen; oberes Gesims aus eigenem Block gearbeitet; unter den oben halbrunden Bildfeldern größere Flächen mit Blattornament, durch zwei diagonale Leisten zerteilt. Brandspuren.
a. Juno, in Chiton und Mantel (Kopf verschleiert), opfert r. aus Patera auf Altar; im l. Arm Acerra. Hinter r. Schulter auf Pfeiler der Pfau.
b. Mercur, Mantel auf der r. Schulter geheftet, mit Flügelhut, hält im l. Arm den Geldbeutel, r. den Caduceus. Unter der r. Hand der Bock.
c. Hercules, Löwenfell über l. Schulter und Arm, stützt r. die Keule auf. In der l. Hand die drei Äpfel; Bogen und Köcher über der r. Schulter.
d. Minerva, in Chiton, Mantel und Helm, Ägis mit Gorgoneion auf der Brust, hält r. die Lanze, l. auf kleinem Postament den Schild. Hinter der l. Schulter Käuzchen auf Pfeiler.

ZWISCHENSOCKEL (250): Auf drei Seiten Blattornament, das dem des Viergöttersteines entspricht; auf Vorderseite Inschrift: *In h(onorem) d(omus) d(ivinae) / I(ovi) O(ptimo) M(aximo) / et Iunoni / Regin(a)e / Novanius / Augustus / in suo r(estituit)*. Unter ihr Reste einer früheren Inschrift: *[---] /v(otum) s(olvit) l(ibens) l(aetus) / m(erito)*.

KAPITELL und SÄULE (251): Säule von unten und oben geschuppt; umlaufende Binde. Kapitell mit glatten, nur eingravierten Kranzblättern und Überfall; darüber Büsten, durch Attribute als Jahreszeiten charakterisiert.

GIGANTENREITER (252): Der Gigant stützt den l. Arm auf, in der R. hält er eine Keule. Die Schlangenbeine züngeln gegen den Körper des Pferdes. Vom Reiter nur die am Pferdekörper anliegenden Teile erhalten. Er trug Schuhe und Tunica (Panzer?).

253 JUPITERALTAR

Lobdengau Museum Ladenburg
Sandstein
Literatur: siehe oben Nr. 249–252.

Auf der Vorderseite des Altars die Inschrift: *I(ovi) O(ptimo) M(aximo) / aram / Augustus / posuit / l(ibens) l(aetus) m(erito)*.

254 GIGANTENREITER

Lobdengau Museum Ladenburg
Sandstein
Literatur: Siehe oben Nr. 249–252

Außer der Zeichnung Heukemes a. a. O. Abb. 7 noch unpubliziert. Nach Heukemes gehörte diese Gruppe zur ursprünglichen Säule, der Altar Nr. 253 zu der Erneuerung der Säule.

255 GIGANTENREITER

Städt. Reiß-Museum Mannheim
Sandstein. H. etwa 44; L. 52

Literatur: Stark, Bonner Jahrb. 44/45, 1868, 27 Taf. 2b, 1abc und 2. – E. Wagner, Westdt. Zeitschr. 1, 1882, 39. – F. Hettner, Westdt. Zeitschr. 4, 1885, 378 Abb. – Baumann, Denksteine Nr. 27; 27a. – Hertlein, Juppitergigantensäulen 5. – Wagner, Fundstätten 2, 223 f. Abb. 192. – Koepp, Germania Romana² 38 Taf. 14,3. – Espérandieu G. Nr. 329.

1860 bzw. 1867 (Kopf des Reiters) in einem Brunnen gefunden.
Der Gigant reckt den Oberkörper weit über die Plinthe schräg nach oben, die r. aufgestützte Hand hält eine Keule, die l. ist auf den Rücken gebunden. Der Kopf fehlt. Vom Reiter die Beine am Pferdekörper erhalten. Er trug Schuhe. Am l. Oberschenkel Laschen des Panzers.

256 VIERGÖTTERSTEIN

Kurpfälzisches Museum Heidelberg, Inv. 940
Sandstein. H. 75; Br. 42; T. 41
Literatur: Stark a. a. O. 42 Nr. 18. – Haug, Viergöttersteine 26 Nr. 41. – Wagner, Fundstätten 2, 220 Nr. 2. – Espérandieu G. Nr. 324.

1830 beim Neubau eines Hauses in einer alten Mauer gefunden. Mitgefunden ein Sockel in Form eines geknickten Pyramidenstumpfs (H. 17; Br. 49; T. 47); oben Gesims angearbeitet; Bildfelder oben gewölbt mit kurzen waagerechten Ansätzen.
a. Juno, in Chiton und Mantel (Kopf verschleiert), opfert r. aus einer Patera auf einen Altar, hält l. die Acerra.
b. Mercur, Mantel auf r. Schulter geheftet (Körper vorne ganz verhüllt), hält in der gesenkten R. Geldbeutel, im l. Arm Caduceus. Flügelhut. L. neben dem Gott am Boden der Hahn.
c. Hercules, Löwenfell über l. Schulter und Arm, stützt r. die Keule auf.
d. Minerva, in Chiton, Mantel und Helm, hält r. Lanze, l. den Schild.

257 JUPITERALTAR

Kurpfälzisches Museum Heidelberg, Inv. 939
Sandstein. H. 39,5
Literatur: Stark a. a. O. Nr. 19. – CIL XIII 6419. – Wagner, Fundstätten 2,220 Nr. 1.

Einfache Ara; auf der Vorderseite die Inschrift: *I(ovi) O(ptimo) M(aximo) / Quintius / Ursus / v(otum) s(olvit) l(ibens) l(aetus) m(erito)*. Wagner vermutet, daß aufgrund des übereinstimmenden Fundortes der Altar und die folgende Säule zum Viergötterstein Nr. 256 gehörten.

258 SÄULE mit Basis

Kurpfälzisches Museum Heidelberg, Inv. 941
Sandstein. H. 80; Dm. 20. Dm. Basis 30
Literatur: Wagner, Fundstätten 2,220 Nr. 3.

Ohne Abbildung bekannt gemacht; in Heidelberg z. Zt. nicht zugänglich.

259 RANKENSÄULE

Städt. Reiß-Museum Mannheim
Sandstein. H. 92; Dm. 25
Literatur: Espérandieu G. Nr. 336. – Ph. Filtzinger, Fundber. Baden-Württemberg 1, 1974, 448 Nr. 1. – Siehe oben S. 63.

Der untere Teil der Säule ist aufwärts geschuppt; als Abschluß umlaufendes Band; darüber Kratere, aus denen Weinranken wachsen; Vögel auf den Kraterrändern; in den Ranken Trauben.

Langensoultzbach (Arr. Wissembourg, Bas-Rhin; 149)

260 GIGANTENREITER

Musée Historique, Mulhouse (verschollen), Inv. 215
Sandstein. L. 48; Br. 25
Literatur: J. A. Siffer, Bull. Soc. Conservat. Mon. Hist. Alsace 2. Ser. 6, 1869, 42. – A. Reinach, Bull. Mus. Hist. Mulhouse 37, 1913, 102 Taf. 5, 2. 3. – Espérandieu VII 5592.

Erhalten waren Oberkörper und Kopf eines Giganten, der wohl waagerecht über die Plinthe vorragte. Der Kopf ist in den Nacken gelegt; über der Schulter liegen Pferdehufe.

261 VIERGÖTTERSTEIN

In einem Garten nordöstlich der Kirche
Sandstein. H. 82; Br. 44; T. 40,5.
Literatur: Süss, Bull. Soc. Conservat. Mon. Hist. Alsace 1, 1857, 235. – J. A. Siffer, ebd. 3, 1859, 12 f. – F. X. Kraus, Kunst und Altertum in Elsaß-Lothringen I (1876) 131; 669. – Haug, Viergöttersteine 40 f. Nr. 76. – Espérandieu VII 5575.

Der Stein wurde 1847 beim Bau der Kirche gefunden. Rechteckige Bildfelder, stark verwaschen.
a. Juno, in Chiton und Mantel, die R. opfernd gesenkt; über der r. Schulter der Pfau.
b. Mercur, Mantel über l. Schulter und Arm, hält im l. Arm den Caduceus, in der gesenkten R. den Geldbeutel. Flügelhut.
c. Hercules, Löwenfell über l. Schulter, stützt r. die Keule auf.
d. Minerva, in Chiton mit Aegis und Helm, hält r. die Lanze, l. den Schild.

Lauterbourg (Arr. Wissembourg, Bas-Rhin; 157)

262 ZWISCHENSOCKEL

Musée de la Ville Haguenau, Inv. R 195
Sandstein. H. 54; Br. 51; T. 51
Literatur: CIL XIII 6076. – Espérandieu VII 5566. – Siehe oben S. 46; 54 Anm. 276; 59.

Der Zwischensockel stammt nach Espérandieu aus Munchhausen, nördlich von Seltz und ist möglicherweise mit dem Stein Haug, Viergöttersteine Nr. 72 (= Espérandieu VII 5571) identisch. Nach dem Haguenauer Inventar ist aber Lauterbourg der Fundort.
a. Inschrift: [I(ovi) O(ptimo) M(aximo)] / i(n) h(onorem) d(omus) d(ivinae) / Severinius / Victorinus / vet(eranus) ex sign[i]/fero Leg(ionis) CII[I] /Aug(ustae) Anton[ini]/an(a)e p(iae) f(idelis) [---] / o dedicav[it ---].

b. Hercules, mit Löwenfell und drohend erhobener Keule, kämpft gegen gewappneten Mann (Helm, Tunica, Mantel). Zwischen beiden am Boden zwei Schlangen (?). Oben zwischen beiden Mercur, der sich gegen den Gegner des Hercules wendet.
c. Zwei Götter; r. Mercur, mit Flügelhut, Mantel und Caduceus. L. Gott, Mantel um Hüften und l. Schulter, dessen r. Hand zu hüfthohem, nicht deutbarem Gegenstand gesenkt ist (nach Espérandieu zwei Füllhörner). Der Gott trägt Schuhe.
b. Hercules befreit Hesione.

Leimersheim (Kr. Germersheim; 161)

263 ZWISCHENSOCKEL

Hist. Museum der Pfalz, Speyer
Sandstein. H. noch 33; Br. und T. 41; Basiswulst: Dm. 41
Literatur: K. Kaiser u. L. Kilian, Mitt. Hist. Ver. Pfalz 66, 1968, 114 f. – Dies., ebd. 68, 1970, 106 Nr. 341. – E. Künzl, Fundber. Baden-Württemberg 3, 1976, 302 Anm. 17. – Siehe oben S. 57 Anm. 298.

Der untere Teil des quadratischen Steines ist abgearbeitet. Die Kante zwischen Seite c. und d. ist mit den anliegenden Resten der Seiten abgeschlagen. Auf dem Stein unterster Wulst einer Säulenbasis.
a. Rest einer Inschrift: *I(ovi) O(ptimo) M(aximo) / Haerde[– ? –] / Primi P[– – –] / iusi [– – –]*.
b. Dioskur, in Ausfallstellung hält sein nach l. galoppierendes Pferd am Zügel. Der Heros trägt im l. Arm eine Lanze, auf dem Kopf Helm.
c. Nach r. sich vorneigende, männliche Figur (?), die ihre Unterarme waagerecht vom Körper abhält. Vulcan?
d. Dioskur, in ähnlicher Haltung wie auf a.; sehr stark beschädigt.

Lembach (Arr. Wissembourg, Bas-Rhin; 153)

264 VIERGÖTTERSTEIN

Musée Westerkamp, Wissembourg
Sandstein. H. 111; Br. 45; T. 41
Literatur: Stromberger, Korrbl. Westdt. Zeitschr. 7, 1888 Nr. 89. – Haug, Viergöttersteine 41 Nr. 78.

Nach Stromberger wurden ein Fundament für die Säule und Reste der Einfriedigung mitgefunden. Das untere Viertel des Steines ist abgebrochen. Kanten und Reliefs stark verwittert; ohne Gesimse gearbeitet.
a. Juno, in langem Gewand, Kopf verschleiert (Mantel u. Chiton?), hat die R. zu einem Altar gesenkt, die L. hielt die Acerra.
b. Mercur, Mantel über l. Arm, hält in gesenkter R. wohl Geldbeutel; im l. Arm Reste des Caduceus.
c. Hercules, Löwenfell über l. Arm, stützt mit der R. die Keule auf.
d. Minerva, in Chiton und Mantel und Helm, hält r. die Lanze, l. den Schild.

Leutenheim (Arr. Haguenau, Bas-Rhin; 155)

265 VIERGÖTTERSTEIN

Musée Arch. Strasbourg, Inv. 40126
Sandstein. H. noch 58; Br. 38; T. 36
Literatur: Hatt, Strasbourg Nr. 136.

Stark zerstört; nur von den Köpfen bis zur Hüfte der Götter erhalten.
a. Juno, verschleiert, mit Acerra in der L.; die R. gesenkt.
b. Mercur, Mantel auf der r. Schulter geheftet, hält in der L. den Geldbeutel.
c. Hercules, Löwenfell über l. Schulter und Arm; Äpfel in l. Hand?
d. Minerva, in Chiton, Mantel und Helm, hält r. die Lanze. Hinter der l. Schulter auf einer Säule das Käuzchen.

Lichtenau (Kr. Rastatt; 132)

266 GIGANTENREITER

Bad. Landesmuseum Karlsruhe, Inv. C. 10934
Sandstein. Plinthe: 4,5 × 22 × 38. H. gesamt 40
Literatur: E. Wahle, Fundber. Baden 1, 1925–28, 27 ff. Abb. 15 f. – Espérandieu G. Nr. 480.

Erhalten der Gigant und ein Teil des Reiters. Der Gigant liegt bis zur Hälfte auf der Plinthe; er stützt mit der R. den Oberkörper auf; die L. legt er in den Nacken. Das Gesicht ist jugendlich; vielleicht hielt er eine Waffe. Vom Reiter der bärtige Kopf mit Teilen des Oberkörpers erhalten. Reste des Reitermantels zu erkennen.

Löllbach (Kr. Bad Kreuznach; 3)

267/268 VIERGÖTTERSTEIN und SÄULENRESTE

Paulusmuseum Worms, Inv. R. 1699
Sandstein. H. 72; Br. 39; T. 32
Literatur: O. Köhl, Korrbl. Westdt. Zeitschr. 9, 1890 Nr. 84. – Haug, Viergöttersteine 129 f. Nr. 142. – Espérandieu VIII 6028.

Rechteckige Bildfelder; ohne Gesimse gearbeitet.
a. Juno in Chiton und Mantel, hält in der gesenkten R. die Patera, zu der ihr Pfau aufblickt; in der L. ein stabförmiges Attribut; Fackel oder Zepter? Diadem im Haar.
b. Minerva, in Chiton und Mantel, hielt wohl r. die Lanze; l. Schild auf rechteckigem Sockel.
c. Hercules, Löwenfell über l. Arm und Schulter, stützt r. die Keule auf.

d. Apollo, Mantel über l. Schulter und l. Oberschenkel, stützt den l. Ellenbogen auf Lyra, die auf Pfeiler steht; legt die r. Hand auf den Kopf.
Der Viergötterstein stand auf einem Sockelstein von 21 cm Höhe und 60 cm Kantenlänge. Mitgefunden wurden zwei Säulentrommeln (Inv. R. 1668) mit 60 bzw. 37,5 cm Höhe und 30 bzw. 20 cm Dm. Die größere Trommel hat attische Basis.

Lorsch (Kr. Bergstraße; 60)

269 VIERGÖTTERSTEIN

Hess. Landesmuseum Darmstadt, Inv. II A.15
Sandstein. H. 97; Br. 53; T. noch 37
Literatur: E. Wörner, Westdt. Zeitschr. 3, 1884, 173 f. – Haug, Viergöttersteine 27 Nr. 42. – L. Buchhold, Die Antikensammlungen des Großherzoglichen Museums in Darmstadt (1895) 41. – Adamy, Sammlungen 9 Nr. II A.15. – B. Müller, Großherzoglich Hessisches Museum in Darmstadt, Führer durch die kunsthistorischen Sammlungen (1908) 28. – Espérandieu G. Nr. 224. – Hahl, Stilentwicklung 41 f. – F. Behn, Festschrift RGZM 1 (1952) 15 Nr. 96.

Stark zerstört; Bildfelder oben halbrund; die Seiten von Juno und Hercules waren wesentlich breiter als die beiden anderen.
a. Juno? Nach Haug noch in schwachen Spuren erkennbar.
b. Mercur, mit Caduceus, Geldbeutel und Hahn.
c. Hercules, stützt mit der R. die Keule auf, Bogen und Köcher über r. Schulter; l. Unterarm zur Brust abgewinkelt.
d. Minerva, mit Schild und Lanze; l. Körperhälfte fehlt teilweise.

Luxeuil-les-Bains (Haute-Saône)

270 GIGANTENREITER

Verschollen
Literatur: E. Espérandieu, Revue Arch. 5. Ser. 5, 1917, 72 f. Abb. – Espérandieu VII 5357. – Sprater, Pfälzer Heimat 2, 1951, 68. – L. Lerat, Revue Arch. Est et Centre-Est 16, 1965, 281. – Siehe oben S. 73 Anm. 369.

Die Gruppe, 1755 gefunden, ist nur aus einer stark ergänzten, für den Stich bereits seitenverkehrten Zeichnung bekannt.
Der Reiter trug Muskelpanzer und Schuhe. Den l. Arm steckte er durch ein fünfspeichiges Rad. Vom Pferd war wohl nur der Torso mit dem Kopf erhalten, vom Giganten nur der Kopf, auf dem ein Ansatz eines Pferdehufes zu erkennen war. Das Kind, das der Reiter auf der Zeichnung im r. Arm hält, beruht wahrscheinlich auf der fehlerhaften Ergänzung der beschädigten r. Seite der Gruppe. Sein schräges Mäntelchen könnte aus mißverstandenen Teilen der Kleidung des Reiters entstanden sein (Tunica? Pteryges?).

271 GIGANTENREITER

Verschollen
Literatur: Espérandieu VII 5356.

Das Fragment wurde 1767 gefunden. Erhalten ist eine Zeichnung der rechten Seite von Fonclause (Espérandieu a. a. O.).
Vorhanden war der Oberkörper des Reiters, an dem der Mantel und Panzerlaschen zu erkennen waren; Teile des Pferdetorsos mit den Beinen des Reiters.

Mainz (31)

Während der Materialaufnahme im Mittelrheinischen Landesmuseum Mainz waren, durch Umbauarbeiten bedingt, nicht alle Jupitersäulenreste zugänglich. Eine vollständige Zusammenstellung aller aus der Literatur bekannten und erhaltenen Säulenreste wird im CSIR Deutschland II 4 zu finden sein.

272–275 GROSSE MAINZER JUPITERSÄULE   Taf. 31,1

Mittelrhein. Landesmuseum Mainz, Inv. S 137
Kalkstein. H. (ohne Statue) etwa 920
Literatur: K. Körber, Korrbl. Westdt. Zeitschr. 24, 1905 Nr. 41; 76. – Ders., Mainzer Zeitschr. 1, 1906, 54 ff.; 90 ff. – L. Lindenschmit, ebd. 1, 1906, 64 ff. – A. Oxé, ebd. 7, 1912, 28 ff. – F. Quilling, Röm.-Germ. Korrbl. 6, 1913 Nr. 4. – S. Reinach, Revue Arch. 4. Ser. 21, 1913, 25 ff.; 422. – E. Strong, ebd. 22, 1913, 321 ff. – F. Drexel, Röm.-Germ. Korrbl. 8, 1915 Nr. 3. – Körber, Die große Jupitersäule im Altertumsmuseum der Stadt Mainz (1915). – CIL XIII 11806. – Espérandieu VII 5887 u. X S. 93 ff. – Quilling, Die Jupitersäule des Samus und Severus. Das Denkmal in Mainz und seine Nachbildung auf der Saalburg (1918). – Ders., Die Nero-Säule des Samus und Severus. Nachtrag (1919). – E. Neeb, Die Mainzer Jupitersäule (1923). – Koepp, Germania Romana² 8 ff.; 28 ff. Taf. 1–5. – Kähler, Kapitelle 24 f. C 1 Taf. 1. – Hahl, Stilentwicklung 15 ff. – J.-J. Hatt, Revue Arch. 6. Ser. 39, 1952, 68 ff. – G. Behrens, Mainzer Zeitschr. 48/49, 1953/54, 85. – H. U. Instinsky, Jahrb. RGZM 6, 1959, 128 ff. – Weber, Götterweihungen 129 ff. – Bauchhenß, Jupitergigantensäulen 12 ff.; 69 f. Abb. 40. – Siehe oben S. 8;9; 25; 33; 34; 45; 51; 57; 64 Anm. 317.

Bei der Zerstörung in etwa 2000 Fragmente zerschlagen; im 2. Weltkrieg weiter beschädigt.
Eine genaue Beschreibung und neue Interpretation der ganzen Säule kann im Rahmen dieser Arbeit nicht gegeben werden (vgl. dazu CSIR Deutschland II 4 Nr. 1). Nicht sicher benannte Gottheiten werden im Folgenden mit den bisherigen Namensvorschlägen aufgeführt. Die einzelnen Götter werden nicht detailliert beschrieben.

UNTERER SOCKEL (272): Aus zwei Steinquadern. Bildfelder seitlich, oben und unten ornamental gerahmt.
a. Jupiter. b. Fortuna und Minerva. c. Hercules. d. Mercur und Salus. Am Gesims über Seite b. die Künstlerinschrift [Samus et] Severus Venicari f(ilii) sculpserunt.

ZWISCHENSOCKEL (273): Auf der Vorderseite die Weihinschrift der Säule: I(ovi) O(ptimo) M(aximo) / pro [sa]l[ute] [Nero/nis] Clau[d]i Cae/saris Au[g(usti)] Imp(eratoris) / canaba[ri] pu-

b[l]ice / P(ublio) Sulpicio Scribonio / Proculo le[g(ato)] Aug(usti) pr(o) [p]r(aetore) / cura et impensa / Q(uinti) Iuli Prisci et / Q(uinti) Iuli Aucti.
b. Dioskur mit Pferd; c. Apollo, mit Lyra und Rabe; d. Dioskur mit Pferd.

SÄULE und KAPITELL (274): Fünf Säulentrommeln, jeweils mit vier Göttern in Relief. Unterste Trommel: Mars, Victoria, Neptun, Diana. Zweite Trommel: Amazonenhafte Gestalt (Personifikation von Lyon, Honos), Vulcan, amazonenhafte Gestalt (Virtus, Roma), Ceres. Dritte Trommel: Vier nicht sicher benannte Göttinnen (Körber: Venus, Vesta, Proserpina, Pax; Quilling: Aequitas, Gallia, Italia, Pax). Vierte Trommel: Genius (Nero, Genius Neronis, Genius Augusti, Genius Canabensium), Lar, Liber, Lar. Fünfte Trommel: Juno, Sol mit Viergespann, Luna mit Gespann.
Kapitell mit doppeltem Blattkranz; Helices und Voluten weitgehend von Akanthus verhüllt; große Abacusblüten; Abacus mit Blattmuster und Perlstab verziert.

STATUE (275): Auf eigenem Sockel (mit Profilgesimsen; Seiten mit Rautenmuster bzw. Rosetten verziert). Von der Statue nur die Standspuren auf der Plinthe, l. Fuß, Gewandreste, Blitz, gebogener Finger und Kralle des Adlers erhalten. Vergoldete Bronze.

276 JUPITERALTAR

Mittelrhein. Landesmuseum Mainz, Inv. S 157
Kalkstein. H. noch 121
Literatur: CIL XIII 11807. – Espérandieu VII 5888 (mit falscher Abb.) u. X S. 106. – W. Hermann, Römische Götteraltäre (1961) 44 Nr. A 22. – H. U. Nuber, Ber. RGK 53, 1972, 91 Anm. 513. – Sonstige Lit. Siehe Nr. 272–275. – Siehe oben S. 9.

Stark beschädigt (erneut im 2. Weltkrieg).
Auf der Vorderseite oben Inschrift: I(ovi) O(ptimo) M(aximo) / Q(uintus) Iulius Priscus / et / Q(uintus) Iulius Auctus. Darunter in Bildfeld geöffnete Acerra. Auf Neben- und Rückseiten weitere Opfergeräte.

277–279 JUPITERSÄULE   Taf. 31,2

Mittelrhein. Landesmuseum Mainz, Inv. S 724
Kalkstein. H. gesamt etwa 300. Jupiter: H. 57. Basissockel: H. 50; Br. 33; T. 32
Literatur: J. Keller, Bonner Jahrb. 70, 1881, 1 ff. Taf. 1. – Keller, Nachtrag 1 Nr. 4a. – CIL XIII 6702. – Hertlein, Juppitergigantensäulen 157 f. – Espérandieu VII 5725; 5733; X S. 28; 30. – Quilling, Die Jupitersäule des Samus und Severus und ihre Nachbildung auf der Saalburg (1918) 167 ff. Abb. – F. Sprater, Pfälzer Heimat 2, 1951, 66 f. Abb. – Weber, Götterweihungen 37 f. – Fischer, Viergötterstein 46. – Walter, Colonne 31 ff. Nr. 39 Abb. 3. – Bauchhenß, Jupitergigantensäulen 71 Abb. 41. – Siehe oben S. 7; 43; 62.

Die Säule wurde 1880 in der Stadthausgasse gefunden. Sie ist bis auf ein Stück des Säulenschaftes ganz erhalten.

Auf dem BASISSOCKEL (277) mit oben und unten angearbeiteten profilierten Gesimsen auf der Vorderseite die Inschrift: I(ovi) O(ptimo) M(aximo) / M(arcus) P(---) P(---) / v(otum) s(olvit) l(ibens) l(aetus) m(erito). Die Buchstaben stehen auf sorgfältig vorgezogenen Linien. Die übrigen Seiten sind unverziert.

SÄULE (278): Basis aus zwei Wulsten. Im oberen Teil abwärts, unten aufwärts geschuppt (dazwischen Tänie). Auf der Vorderseite von unten nach oben drei Götterreliefs:

a. Mercur, Mantel über l. Schulter und Arm, hält in der gesenkten R. den Geldbeutel, im l. Arm den Caduceus. Flügelhut.
b. Minerva (nur teilweise erhalten), in Mantel und Chiton, hielt r. die Lanze, l. den Schild.
c. Juno, in Chiton und Mantel (Kopf verschleiert), opfert r. aus Patera auf rundes Altärchen, hält in der l. Hand die Acerra.
Darüber korinthisches Kapitell ohne Köpfe.

JUPITER (279): Im Krieg weiter zerstört; der Gott sitzt auf Thron mit niedriger Rückenlehne; Mantel über Hüften und Beinen, mit Bausch auf der l. Schulter; die r. Hand mit dem Blitz lag auf dem r. Knie, der l. Arm mit dem Zepter war erhoben.

280 GIGANTENREITER   Taf. 30,3

Bischöfliches Dom- und Diözesanmuseum, Mainz
Sandstein. H. 42; L. 45
Literatur: Körber, Mainzer Zeitschr. 6, 1911, 138 Nr. 52 Abb. – Espérandieu VII 5748 u. X S. 37; 39 Abb. – S. Ferri, Arte Romana sul Reno (1931) 93 Abb. 46–48. – Fischer, Viergötterstein 46. – Bauchhenß, Arch. Korrbl. 4, 1974, 362 Taf. 86,3. – Siehe oben S. 65; 66.

Der Gigantenreiter wurde unter der Krypta des Domes gefunden. Der Gigant lag auf dem Rücken und stützt mit dem Ellenbogen den Oberkörper von der Plinthe ab. Den Kopf hat er weit in den Nacken gelegt, damit das Gesicht von unten zu sehen war. In der r. Hand hielt er eine Keule, der l. Arm ist auf den Rücken gebunden.
Vom Reiter sind nur die Beine mit dem Pferderumpf erhalten. Zu erkennen sind noch die Laschen des Panzers und dessen unterste Schuppenreihe. Der Reiter trug bis zum Knöchel reichende Schuhe.

281 GIGANTENREITER   Taf. 30,4

Mittelrhein. Landesmuseum Mainz
Kalkstein. H. 20; L. 25
Literatur: Körber, Korrbl. Westdt. Zeitschr. 19, 1900 Nr. 49. – Hertlein, Juppitergigantensäulen 19 Mainz I. – Espérandieu X 7326. – Fischer, Viergötterstein 46.

Der Gigantenreiter wurde in der Illstraße gefunden. Erhalten ist der Pferdetorso ohne das Hinterteil des Pferdes, dazu Hüften und Oberschenkel des Reiters, der einen Muskelpanzer und Mantel trug. Am Bauch des Pferdes Ansatzspuren eines Gigantenbeines.

282 GIGANTENREITER

Mittelrhein. Landesmuseum Mainz
Sandstein. H. 23
Literatur: Hettner a. a. O. 375 Nr. 8. – O. Donner v. Richter u. A. Riese, Heddernheimer Ausgrabungen (1885) 13 Taf. 5,7. – Hertlein, Juppitergigantensäulen 18 f. Mainz III. – Espérandieu VII 5765. – Fischer, Viergötterstein 46.

Von der Gruppe sind nur das Hinterteil des Pferdes und die anliegenden Beine des Reiters erhalten. Der Reiter trug Schuhe und Tunica.

283 THRONENDER JUPITER   Taf. 32,1

Mittelrhein. Landesmuseum Mainz, Inv. S 867
Sandstein. H. 51
Literatur: Körber, Röm.-Germ. Korrbl. 4, 1911, 68 Nr. 35,2. – Ders., Mainzer Zeitschr. 7, 1912, 12 Nr. 22 Taf. 2,3. – Espérandieu VII 5831. – Fischer, Viergötterstein 46. – Bauchhenß, Jupitergigantensäulen 11 Abb. 30 (seitenverkehrt).

Der Jupiter wurde beim Gautor gefunden. Der Gott, nur schlecht erhalten, sitzt auf einem Thron mit hoher geschwungener Rückenlehne, aber ohne Seitenlehnen. Der Oberkörper ist nackt, über die l. Schulter fiel ein Mantelbausch. Der l. Arm war erhoben, um das Zepter zu halten, der r. lag mit dem Blitzbündel auf dem Schoß. Den rechten Fuß setzt Jupiter auf einen halb in der Standfläche seiner Füße verschwindenden Globus.

284 THRONENDER JUPITER?

Mittelrhein. Landesmuseum Mainz, Inv. S 881
Kalkstein. H. 36
Literatur: Becker, Verzeichnis Nr. 8.

Der Gott in der üblichen Kleidung (siehe 279) saß auf einem Thron mit gedrechselten Vorderbeinen, zwischen denen wie über der Rücklehne Tücher gespannt waren. Die Ansatzspuren für den üblicherweise mit dem Blitz in den Schoß gelegten Arm fehlen. Der Oberkörper und alle die Benennung sichernden Attribute sind abgeschlagen.

285 JUPITER und JUNO   Taf. 32,2

Mittelrhein. Landesmuseum Mainz, Inv. S 661
Sandstein. H. 50; Br. 34; T. 19
Literatur: Becker, Verzeichnis Nr. 24. – Espérandieu VII 5739 u. X S. 33. – Fischer, Viergötterstein 46. – Bauchhenß, Jupitergigantensäulen Abb. 31. – Siehe oben S. 43.

Der Fundort in Mainz ist nicht genauer bekannt. Jupiter und Juno sitzen auf einem Thron mit hoher Rückenlehne. Der Gott ist in der üblichen Weise gekleidet (siehe Nr. 279). Seine r. Hand mit dem Blitzbündel liegt auf seinem Schoß; seine L. war mit dem Zepter erhoben. Den Kopf neigt er zu Juno, die an seiner r. Seite thront. Sie trägt einen hochgegürteten Chiton mit Mantel, der als Schleier über den Kopf gezogen ist. Ihre r. Hand liegt mit einer Patera auf dem r. Bein, die l. Hand ist abgeschlagen. Bei beiden sind die Gesichter absichtlich zerstört.

286 JUPITER und JUNO

Mittelrhein. Landesmuseum Mainz
Sandstein
Literatur: siehe oben S. 43.

Jupiter und Juno sitzen auf einem bankartigen Thron mit hoher Rückenlehne, die an den Seiten wangenartig nach oben gezogen ist. Der Gott war in der üblichen Haltung und Kleidung dargestellt. Der l. Arm mit dem Zepter ist, anders als sonst, erhalten. Juno zur R. Jupiters ist ebenfalls in der üblichen Kleidung dargestellt. Sie hielt aber in der l. Hand eine Fackel (?), die auf der Sitzbank aufliegt, während sie die r. Hand auf die Brust legt.

287 JUPITER und JUNO   Taf. 32,3

Mittelrhein. Landesmuseum Mainz, Inv. S 679
Sandstein.
H. noch 54; Br. 37; T. 25
Literatur: siehe oben S. 43.

Jupiter und Juno sitzen dicht nebeneinander auf einem kastenförmigen Thron mit hoher Rückenlehne. Der Gott war von der üblichen Haltung und mit dem Mantel bekleidet. Juno, ebenfalls in der üblichen Kleidung, legte beide Hände auf ihre Knie (?). Die Seiten der hohen Thronlehne sind mit Akanthusmustern verziert, der seitliche Raum unter der Sitzfläche mit einem Akanthusvierpaß.

288 JUPITER und JUNO

Mittelrhein. Landesmuseum Mainz, Inv. S 877
Sandstein. H. noch 35; Br. 48; T. 25
Literatur: Becker, Verzeichnis Nr. 313 (?). – Siehe oben S. 43.

Die Oberkörper der Götter fehlen, der Rest ist so stark verwaschen und durch senkrecht verlaufende Gesteinsadern gestört, daß eine detailliertere Beschreibung nicht möglich ist. Jupiter und Juno saßen in der üblichen Haltung und wohl auch mit der üblichen Kleidung auf einem blockförmigen Thron mit hoher Rückenlehne.

289 VIERGÖTTERSTEIN

Mittelrhein. Landesmuseum Mainz, Inv. S 620
Kalkstein. H. 113; Br. 40; T. 67
Literatur: Becker, Verzeichnis Nr. 27. – Haug, Viergöttersteine 56 Nr. 122. – Espérandieu VII 5740 u. X S. 34. – Hahl, Stilentwicklung 37. – Fischer, Viergötterstein 46. – Siehe oben S. 27; 34.

Die Götter stehen in rechteckigen Nischen. Nach Hahl gehört der Stein noch dem vorflavischen Stil an. Die eine Seite und Reste der beiden anschließenden fehlen.
a. Reste der Juno, in Chiton, und teilweise als Schleier über den Kopf gezogenem Mantel. Ein Mantelbausch liegt über dem l. Arm, der das Zepter schräg vor den Körper hält.
b. Mars, in römischer Uniform: Panzer, Helm, Beinschienen, Rundschild neben dem l. Bein und Lanze in der r. Hand. An der r. Hüfte ein kurzer Dolch.
c. Reste von Hercules, mit Köcher über der r. Schulter und Keule in der gesenkten L. (nach Haug).

290 VIERGÖTTERSTEIN

Mittelrhein. Landesmuseum Mainz, Inv. S 288
Kalkstein. H. 95; Br. 70; T. 63
Literatur: Becker, Mainzer Journal 1877 Nr. 280 f. – E. Hübner, Bonner Jahrb. 64, 1878, 42 Anm. 1. – Haug, Viergöttersteine 57 f. Nr. 125 Taf. 3. – Espérandieu VII 5729 u. X S. 30. – Hahl, Stilentwicklung 37. – Fischer, Viergötterstein 46. – Siehe oben S. 27; 30; 34; 53.

Der obere Teil des Steines fehlt. Hahl teilt ihn dem vorflavischen Stil zu. Spuren von Bemalung sind, vor allem bei Mars, noch zu erkennen.

a. Juno, in Chiton und als Schleier über den Kopf gezogenem Mantel, hält mit der l., in den Mantel gewickelten Hand, das Zepter schräg vor den Körper.
b. Mars, in Rüstung eines römischen Offiziers: Muskelpanzer, Beinschienen, runder Schild und Gladius an der r. Hüfte.
c. Hercules, der den linken, vom Löwenfell bedeckten Arm auf die Keule stützt.
d. Victoria, die mit flatterndem Gewand auf einem Globus steht. Sie ist geflügelt. In der l. Hand hält sie den Palmzweig, r. den Siegeskranz.

291 VIERGÖTTERSTEIN

Mittelrhein. Landesmuseum Mainz, Inv. S 994
Kalkstein. H. 104; Br. 61; T. 56
Literatur: F. Lehne, Gesammelte Schriften 1 (1836) 179 Nr. 40. – Becker, Verzeichnis Nr. 21. – F. Hettner, Westdt. Zeitschr. 4, 1885, 368. – Haug, Viergöttersteine 56 Nr. 121. – Körber, Neue Inschriften Nr. 33. – CIL XIII 6723. – K. Schumacher, Mainzer Zeitschr. 1, 1906, 26. – Ders., ebd. 6, 1911, 11. – Ders., Germania 1, 1917, 169. – Espérandieu VII 5742 u. X S. 31. – G. Wissowa, Germania 1, 1917, 177. – Drexel, Ber. RGK 14, 1922, 59 Anm. 295; 57 Anm. 284. – Neeb, Germania 7, 1923, 21. – H. Koethe, Jahrb. DAI 50, 1935, 214 f. – Hahl, Stilentwicklung 37 f. – R. v. Kienle, Abhandl. saarpfälz. Landes- und Volksforschung 1, 1937, 24; 28. – G. Behrens, Mainzer Zeitschr. 39/40, 1944/5, 3. – H. Schoppa, Bonner Jahrb. 158, 1958, 287. – Weber, Götterweihungen 55 ff. – Fischer, Viergötterstein 46. – Siehe oben S. 27; 43; 45; 46; 49.

Auf Seite a. des Steines befindet sich die Inschrift, aufgrund deren die Datierung in spätflavische Zeit gesichert ist: L. Valerius Fronto war centurio der legio I adiutrix, die etwa von 70–86 n. Chr. in Mainz lag (vgl. Neeb a. a. O.). Was man trotz der starken Verreibung am Stein noch erkennen kann, paßt auch im Stil zu dieser Datierung.
a. Inschrift: *I(ovi) O(ptimo) M(aximo) e[t] / Iunoni Regin[ae] / vicani Salutares / L(ucius) Valer(ius) Fronto L(ucius) Elvius [– – –]* . . . Es folgen 23 Zeilen mit in zwei Kolonnen geschriebenen Namen.
b. Göttin in gegürtetem Chiton mit Ärmeln und in schleierartig über den Kopf gezogenem Mantel. Sie hält in beiden Händen eine Fackel. Juno? Luna?
c. Apollo, der seinen Mantel wie einen Schurz um die Hüften gewunden hat, so daß das linke Bein, das vorgestellt ist, unbedeckt bleibt. Die l. Hand hält die Leier, die auf einem hüfthohen Pfeiler ruht, während die R. wie zum Spiel in Richtung Leier greift. Der Gott trägt schulterlange Locken.
d. Victoria, Typus Brescia, hält im l. Arm einen Schild mit der Inschrift *Vict(oria) Au[g(usti)]*. Die rechte Hand hält sie, als ob sie eben geschrieben habe.

292 VIERGÖTTERSTEIN   Taf. 33,1

Mittelrhein. Landesmuseum Mainz, Inv. S 992
Kalkstein. H. 100; Br. 65; T. 62
Literatur: F. Schneider, Korrbl. Gesamtver. 25, 1877, 94 f. Beil. – Hübner, Bonner Jahrb. 64, 1878, 42 ff. – Becker, Bonner Jahrb. 67, 1879, 8 f. – Keller, Nachtrag 1 Nr. 22a. – Hettner, Westdt. Zeitschr. 4, 1885, 368. – Haug, Viergöttersteine 57 Nr. 124. – CIL XIII 6722. – Espérandieu VII 5727 u. X S. 161. – Schumacher, Germania 1, 1917, 175. – Drexel, Ber. RGK 14, 1922, 59 Anm. 25. – Koepp, Germania Romana² 31 Taf. 6,1. – Koethe, Jahrb. DAI 50, 1935, 215. – Hahl, Stilentwicklung 38. – Koethe, Revue Arch. 6. Ser. 10, 1937, 213. – v. Kienle a. a. O. 24; 28. – Behrens a. a. O. 3. – Ders., Mainzer Zeitschr. 48/9, 1953/54, 83. – E. Thevenot, La Nouvelle Clio 1/2, 1949/50, 615. – J.-J. Hatt, Revue Études Anciennes 59, 1957, 81; 92; 93. – D. Baatz, Mogontiacum. Neue Untersuchungen am römischen Legionslager in Mainz. Limesforschungen 4 (1962) 84 Anm. 198. – Schoppa, Römische Bildkunst in Mainz (1963) 19; 28 Taf. 12. – Hatt, Trierer Zeitschr. 27, 1964,

132. – Weber, Götterweihungen 54 f. – Fischer, Viergötterstein 46. – Bauchhenß, Mitt. Hist. Ver. Pfalz 73, 1976, 173. – Siehe oben S. 27; 45; 52 Anm. 268. 269.

Der Stein wird aufgrund der Frisur der Fortuna in spätflavisch-frühtrajanische Zeit datiert.
a. Inschrift: *I(ovi) O(ptimo) M(aximo) / et Iunoni / Reginae / Vicani Mo/gontiacen/[s]es vici no/vi d(e) s(uo) p(osuerunt)*.
b. Fortuna, in Chiton, Mantel und Schleier, der über das Diadem gezogen ist, trägt im l. Arm ein Füllhorn, aus dem Ähren und Obst quellen; die R. stützt neben einem Globus das Steuerruder auf.
c. Luna, in Chiton und Mantel, hält mit der R. eine kurze Fackel, während die L. eine kopfhohe Fackel auf den Boden aufstützt. Im Haar eine kleine Mondsichel.
d. Sol, nackt bis auf die Chlamys, die auf der r. Schulter geheftet ist, schwingt r. die Peitsche, während er mit der L. ein Zepter hält. Im lockigen Haar Nimbus mit Strahlenkranz.

293 VIERGÖTTERSTEIN

Mittelrhein. Landesmuseum Mainz, Inv. S 964
Sandstein. H. 96; Br. 61; T. noch 38
Literatur: Haug, Viergöttersteine 58 Nr. 127. – Espérandieu X 7344. – Fischer, Viergötterstein 46.

Der Viergötterstein wurde 1881 bei Kanalarbeiten gefunden. Er zeigte wohl ursprünglich die Normalreihe:
a. fehlt.
b. Mercur; nur die linke Hälfte erhalten. Er trägt den Mantel über dem l. Arm, an seine l. Schulter lehnt er den Caduceus.
c. Hercules, Löwenfell über l. Schulter und l. Arm, stützt r. die Keule auf; der Kopf absichtlich abgeschlagen. Die Beine fehlen von der Mitte der Unterschenkel an nach unten.
d. Minerva; nur die r. Seite erhalten. Die Göttin hält in der r. Hand die Lanze.

294 VIERGÖTTERSTEIN

Mittelrhein. Landesmuseum Mainz, Inv. S 663
Sandstein. H. 63; Br. und T. 39
Literatur: Körber, Röm.-Germ. Korrbl. 4, 1911, 67 Nr. 35,1a. – Ders., Mainzer Zeitschr. 7, 1912, 8 f. Nr. 18 Taf. 1,2a–d. – Hertlein, Korrbl. Gesamtver. 64, 1916, 222 Anm. Nr. VIII. – Espérandieu VII 5873. – Rink, Genius 38 Nr. 2. – Hahl, Stilentwicklung 39. – Schoppa, Römische Bildkunst in Mainz (1963) 19; 31 Taf. 19. – Fischer, Viergötterstein 46. – Kunckel, Genius 107 Nr. C I 69 Taf. 83. – Bauchhenß, Jupitergigantensäulen 24 f. Abb. 36. – Siehe oben S. 52 Anm. 268. 270.

Die Götter stehen in rechteckigen Bildfeldern, die über den Köpfen nischenartig aufgewölbt sind.
a. Diana, ruhig stehend, mit Bogen und Köcher; hinter ihr ein Hirsch.
b. Apollo, im Typus des Apollon Lykeios. Über seine l. Schulter hängt ein Mantelbausch. Die Leier steht rechts neben ihm, darüber hängt sein Köcher. Den l. Ellenbogen stützt er auf eine Säule.
c. Genius, mit Diadem im Haar, der r. aus einer Schale auf einen Altar opfert, während er in der L. das Füllhorn trägt. Den Mantel hat er über den Rücken geführt, so daß seine Oberschenkel bedeckt sind und die beiden Enden von der l. Schulter bzw. dem l. Unterarm hängen. An den Füßen trägt er hohe Schuhe.
d. Victoria, in doppelt gegürtetem Chiton, hebt in der R. den Siegeskranz empor, während sie in der L. die Palme trägt.

295 VIERGÖTTERSTEIN

Mittelrhein. Landesmuseum Mainz, Inv. S 811
Sandstein. H. 34; Br. 23; T. 16
Literatur: Körber, Korrbl. Westdt. Zeitschr. 18, 1899, 150 f. Nr. 83. – Lindenschmit, Westdt. Zeitschr. 19, 1900, 387. – Espérandieu X 7352.

Der sehr kleine Stein mit abweichender Götterreihe könnte als Zwischensockel gedient haben. Er ist stark beschädigt. Er wurde auf dem Kästrich gefunden.
a. Juno, in langem Chiton und Mantel, opfert r. aus einer Patera auf einen brennenden Altar. L. hielt sie das Zepter.
b. Reste von Genius (nackter Oberkörper, übliche Manteltracht).
c. fehlt.
d. Auf der l. Seite des Bildfeldes Lyra Apollos.

296 VIERGÖTTERSTEIN   Taf. 33,3

Mittelrhein. Landesmuseum Mainz, Inv. S 982
Sandstein. H. 99; Br. 45; T. 43
Literatur: Keller, Korrbl. Westdt. Zeitschr. 5, 1886 Nr. 50. – Keller, Nachtrag 2 Nr. 22 e. – Haug, Viergöttersteine 59 f. Nr. 130. – CIL XIII 6704. – Espérandieu VII 5730 u. X S. 30. – Schumacher, Germania 1, 1917, 169. – Hahl, Stilentwicklung 26 Taf. 14,1–2. – J. Scharf, Studien zur Bevölkerungsgeschichte der Rheinlande auf epigraphischer Grundlage (1938) 120. – Behrens, Mainzer Zeitschr. 34, 1939, 108. – G. Forni, Il reclutamento delle legioni da Augusto a Diocleziano (1953) 193; 235. – Hatt, Revue Études Anciennes 59, 1957, 82. – Weber, Götterweihungen 38 f. – Fischer, Viergötterstein 46. – Siehe oben S. 19 Anm. 97; 27; 46; 49.

Über der Seite a. befindet sich auf einem 12 cm hohen Aufsatz über dem Viergötterstein die Inschrift: *In h(onorem) d(omus) d(ivinae) I(ovi) O(ptimo) M(aximo)/[– – –] / leg(ionis) XXII P(rimigeniae) p(iae) f(idelis) et C.[.]nnu[.?]/ Nanno leg(ionis) ei(usdem) ex voto / [– – –] / alus. Albino [e]t A[emilia]no [co(n)s(ulibus)]*. Durch die Inschrift ist der Stein auf das Jahr 206 n. Chr. datiert. Die Götter stehen in rechteckigen Nischen; die Seiten b. und c. sind stark zerstört. Gefunden wurde er bei der Jesuitenkaserne.
a. Juno, in Chiton, Mantel, der als Schleier über den Kopf gezogen ist, hält im l. Arm die Acerra, während sie mit der R. ohne die übliche Patera auf einen Altar opfert. Auf einem Pfeiler l. hinter ihr der Pfau. Im Haar trägt sie ein Diadem.
b. Mercur, mit auf der r. Schulter gehefteter Chlamys, hält in der gesenkten R. den Geldbeutel, im l. Arm den Caduceus. Direkt aus seinen Haaren scheinen Flügel zu wachsen.
c. Hercules, das Löwenfell um den l. Arm gewickelt, stützt r. die Keule auf.
d. Minerva, in Chiton und schrägem Mantel, stützt mit der L. den Schild auf den Boden und hält r. die Lanze. Sie wendet den behelmten Kopf nach r. Auf ihrer Brust noch das Gorgoneion erkennbar.

297 VIERGÖTTERSTEIN

Mittelrhein. Landesmuseum Mainz, Inv. S 1010
Sandstein. H. 75; Br. 46; T. 40
Literatur: J. Klein, Zeitschr. Ver. Erforschung rheinischen Geschichte und Alterthümer Mainz 1, 1845–51, 488 f. Nr. 89. – Becker, Verzeichnis Nr. 5. – Haug, Viergöttersteine 55 f. Nr. 120. – CIL XIII 6699. – Espérandieu VII 5731 u. X S. 30 f. – F. Vian, Répertoire des gigantomachies (1951) 35 Nr. 87. – Weber, Götterweihungen 36. – Fischer, Viergötterstein 46. – Siehe oben S. 49; 54.

Auf dem Gesims über der Seite a. befinden sich Reste der Weihinschrift: *I(ovi) O(ptimo) M(aximo)* [– ? –].
a. Juno, mit Schleier und Diadem; r. über ihr der Pfau.
b. Mercur, in Mantel, mit Flügeln am Kopf, trägt l. den Caduceus, in der gesenkten R. den Geldbeutel. Unter diesem der Bock.
c. Hercules, in Ausfallstellung nach l., greift mit der l. Hand einem am Boden kauernden Giganten ins Haar, während er in der R. drohend die Keule schwingt. Er ist bärtig.
d. Minerva, in Chiton, Mantel und Helm, greift mit der R. hoch an ihre Lanze, während die L. den Schild am Boden hält. Auf der Brust das Gorgoneion zu erkennen.

298/299 VIERGÖTTERSTEIN und WOCHENGÖTTERSTEIN

Mittelrhein. Landesmuseum Mainz, Inv. S 658
Sandstein. Viergötterstein: H. 79; Br. 37; T. 33. Wochengötterstein: H. 18; Kantenlänge: 17
Literatur: Körber, Röm.-Germ. Korrbl. 4, 1911, 67 f. Nr. 35,1d. – Ders., Mainzer Zeitschr. 7, 1912, 9 f. Nr. 19 Taf. 2,1a–d; 10 f. Nr. 20 Abb. – Hertlein, Korrbl. Gesamtver. 64, 1916, 222 Anm. Nr. IX; 217 Anm. 1 Nr. II. – CIL XIII 11830 b. – Espérandieu VII 5877 u. X S. 48; VII 5871. – Roscher, ML VI 310 Abb. (Haug). – Koepp, Germania Romana² 36 Taf. 11,1. – Hahl, Stilentwicklung 40. – Duval, Semaine 288. – Fischer, Viergötterstein 46. – Siehe oben S. 49; 56.

Beide Steine stammen aus der spätantiken Stadtmauer am Gautor. Ihre Zusammengehörigkeit wird durch die Klammerlöcher in beiden Steinen gesichert.
Der WOCHENGÖTTERSTEIN (299) saß auf einem eigenen Sockel über dem Gesims des Viergöttersteines. Auf seiner Vorderseite Reste der Inschrift: [– – –]/*tius / Soda/lis*. Auf den anderen Seiten Schulterbüsten der Wochengötter in oben halbrund abgeschlossenen Bildfeldern (im Uhrzeigersinn).
b. Sol, mit Peitsche in der Hand.
c. Luna, in Chiton, mit Mondsichel im Haar.
d. Mars, mit Helm.
e. Mercur; stark zerstört; mit Geldbeutel.
f. Jupiter, bärtig, mit Blitz in der l. Hand.
g. Venus, nackt, mit Spiegel.
h. Saturn, mit Harpe in der r. Hand.
Die Bildfelder des VIERGÖTTERSTEINES (298) sind oben waagerecht begrenzt mit flacher Auswölbung über den Köpfen der Götter. Hahl datierte ihn in die Zeit um 225 n. Chr.
a. Juno, in Chiton und schrägem Mantel, Schleier über dem Kopf, opfert r. auf einen Altar, während sie links die Acerra hält. L. neben ihr auf einem niedrigen Sockel der Pfau.
b. Mercur, Chlamys über l. Arm und l. Schulter, hält in der gesenkten R. den Geldbeutel, im l. Arm den Caduceus. Flügel am Kopf. R. neben ihm auf einem niedrigen Sockel der Hahn.
c. Hercules, Löwenfell über l. Arm und l. Schulter, stützt r. die Keule auf.
d. Minerva, in langem Chiton, schrägem Mantel und Helm, hält die R. mit einem stäbchenartigen Attribut (?) vor die Brust. Mit der gesenkten L. hält sie die Lanze. Unklar ist, ob der Schild ebenfalls an ihrer l. Schulter hängt, oder an der Säule daneben, auf der das Käuzchen sitzt. Die Säule ist nur oberhalb des Schildes ausgeführt.

300/301 VIERGÖTTERSTEIN und ZWISCHENSOCKEL

Mittelrhein. Landesmuseum Mainz, Inv. S 1009
Sandstein. H. 81; Br. 49; T. 38

Literatur: Keller, Korrbl. Westdt. Zeitschr. 3, 1884, 145 f. Nr. 149,1. – Haug, Viergöttersteine 58 f. Nr. 128. – Espérandieu VII 5750 u. X S. 39 Abb. – Fischer, Viergötterstein 46.

Über dem Gesims des VIERGÖTTERSTEINES (300), der aus einem Pfeiler der Rheinbrücke stammt, ist ein achteckiger Aufsatz (301) mit Blattornamenten auf den einzelnen Seiten angearbeitet. Er bildete möglicherweise nur den Übergang zum Zwischensockel. Die Reliefs sind stark verrieben. Die Bildfelder waren rechteckig.
a. Juno, in langem Chiton, Mantel und Schleier, hatte den r. Arm mit der Patera(?) gesenkt. Im l. Arm hält sie wohl schräg vor ihren Körper ein Zepter.
b. Mercur, mit auf der r. Schulter gehefteter Chlamys, hält im l. Arm den Caduceus, in der gesenkten R. den Geldbeutel.
c. Hercules, das Löwenfell über l. Schulter und l. Arm, stützt sich r. auf seine Keule und hält in der l. Hand die Äpfel der Hesperiden.
d. Minerva, in Chiton, Mantel und Helm, greift mit der R. an ihre Lanze, während die L. den Schild am Boden hält.

302 VIERGÖTTERSTEIN

Mittelrhein. Landesmuseum Mainz, Inv. S 784
Sandstein. H. 52; Br. und T. 35
Literatur: Körber, Korrbl. Westdt. Zeitschr. 25, 1906, 268 f. Nr. 51. – Ders., Mainzer Zeitschr. 2, 1907, 32 f. Nr. 14 Abb. 16 f. – A. v. Domaszewski u. H. Finke, Ber. RGK 3, 1906/07 Nr. 176. – Hertlein, Juppitergigantensäulen 128. – CIL XIII 11813. – Wissowa, Germania 1, 1917, 175. – Espérandieu VII 5724 u. XIV S. 88. – Hahl, Stilentwicklung 40. – v. Kienle, Abhandl. saarpfälzische Landes- und Volksforschung 1, 1937, 24; 28. – Weber, Götterweihungen 136 f. – Fischer, Viergötterstein 46.

Der Stein, dessen oberes Drittel fehlte, wurde im 2. Weltkrieg weiter zerstört. Erhalten sind heute nur noch die letzte Zeile der Inschrift und die Füße der Götter (Vorkriegszustand vgl. Espérandieu). Hahl datiert den Viergötterstein in die Zeit um 225 n. Chr.
a. Inschrift: [I(ovi) O(ptimo) M(aximo)] / [et Iunoni Re]/ginae / Iuvantius / Iulianus / in suo p(osuit) (Lesung nach Vorkriegszustand).
b. Minerva, in langem Chiton und Mantel, stützt links den Rundschild auf einen niedrigen Sockel, während sie r. die Lanze hält.
c. Hercules, um den l. Unterarm das Löwenfell gewickelt, stützt r. die Keule auf.
d. Mercur, in auf der r. Schulter gehefteter Chlamys, hält im l. Arm den Caduceus, in der gesenkten R. den Geldbeutel.

303/304 VIERGÖTTERSTEIN mit WOCHENGÖTTERSTEIN

Mittelrhein. Landesmuseum Mainz, Inv. S 660
Sandstein. H. 86; Br. 37; T. 30
Literatur: Körber, Korrbl. Westdt. Zeitschr. 19, 1900, 230 f. Nr. 31,3. – Ders., Neue Inschriften 26 f. Nr. 34. – CIL XIII 6728 a. – Espérandieu VII 5736 u. X S. 30; 33. – Weber, Götterweihungen 63. – Fischer, Viergötterstein 46. – Siehe oben S. 44; 49; 56.

Die Götter des VIERGÖTTERSTEINES (303) stehen in rechteckig eingetieften Bildfeldern. Er stammt aus den Grundmauern des Gautores.
a. Juno, in langem, doppelt gegürtetem Chiton, opfert r. aus einer Patera auf ein balusterförmiges Altärchen. Im l. Arm trägt sie die Acerra.

b. Mercur, mit auf der r. Schulter gehefteter Chlamys, senkt die R. mit dem Caduceus zu Boden, während die L. den Geldbeutel hält. Auf dem Kopf der Flügelhut.
c. Hercules, Löwenfell über l. Schulter und l. Arm, stützt r. die Keule auf den Boden.
d. Minerva, in Chiton und Mantel, hält r. die Lanze, l. den Schild; den behelmten Kopf wendet sie leicht nach links.

Auf der Vorderseite des achteckigen WOCHENGÖTTERSTEINES (304) und auf dem darunterliegenden Gesims über Juno ist der Rest einer Inschrift erhalten: [---] / [---] / et Seve/ria Lu/pula / con(iunx) in suo pos(uerunt). Die Büsten der Wochengötter stehen in kleinen, oben rundbogig geschlossenen Nischen. Sie folgen im Uhrzeigersinn. Ihre oberen Abschlüsse sind stark beschädigt, einzelne Attribute kaum zu erkennen.
a. Bärtiger Gott. Saturn (r. Rest der Harpe?).
b. jugendlicher Gott (Sol).
c. Göttin (Luna).
d. abgearbeitet.
e. jugendlicher Gott (Mercur).
f. bärtiger Gott.
g. Göttin (Venus).

305 VIERGÖTTERSTEIN

Mittelrhein. Landesmuseum Mainz, Inv. S 515
Sandstein. H. 90; Br. 50; T. noch 16
Literatur: Accursius, Cod. Ambros. D 420 I nr. 10. – J. Fuchs, Alte Geschichte von Mainz 1 (1771) 70 ff. Taf. 9,33. – F. Lehne, Gesammelte Schriften 1 (1836) 355 ff. Nr. 120 Taf. 5,13. – K. Klein, Abbildungen von Mainzer Alterthümern 2 (1850) 16 Anm. 42. – Ders., Die römischen Denkmäler in und bei Mainz, welche außerhalb des städtischen Museums an öffentlichen Orten sich befinden (1861) 3 Anm. 2. – Becker, Nass. Ann. 7,1, 1864, 144 Anm. 6. – Ders., Bonner Jahrb. 44, 1868, 243; 263. – Ders., Inschriften 37 Nr. 130. – Körber, Inschriften 145 f. Nr. 238 Abb. – CIL XIII 1272*. – Körber, Mainzer Zeitschr. 11, 1916, 95 f. Nr. 48 Abb. – Espérandieu VII 5743 u. X S. 35. – Fischer, Viergötterstein 46.

Der Stein, im 15. Jahrhundert erstmals bekannt geworden, wurde zu Beginn des vorigen Jahrhunderts wieder gefunden. Aus dem Mittelalter stammt die Inschrift um den Rand der Seite b.: In memoriam Drusi / Germani[ci]. Das Bildfeld ist rechteckig. Von den beiden anliegenden Seiten sind nur Reste erhalten.
a. Erhalten balusterförmiger Altar und Patera Junos.
b. fehlt.
c. Reste des Hercules.
d. Minerva, in langem Chiton und Mantel, hält l. den Schild, rechts die Lanze. Der undeutliche Gegenstand über ihrer l. Schulter war wohl ursprünglich das Käuzchen. Sie trägt einen Helm mit dreiteiligem Helmbusch.

306 VIERGÖTTERSTEIN

Städt. Reiß-Museum Mannheim
Sandstein. H. 119; Br. 56; T. 54
Literatur: Lehne, Gesammelte Schriften 1 (1836) 233 f. Nr. 66. – Graeff, Antiquarium 33 Nr. 58. – Haug, Denksteine 44 Nr. 58. – Haug, Viergöttersteine 58 Nr. 126. – Körber, Mainzer Zeitschr. 8/9, 1913/14, 33 Nr. 31 Taf. 4,1. – Hertlein, Germania 1, 1917, 136 Abb. 1. – Espérandieu VII 5874 u. X S. 48. – Koepp, Germania Romana² 35 Taf. 8,6. – Fischer, Viergötterstein 46. – Brommer, Vulkan 7 Nr. 26. – Siehe oben S. 54.

Der Viergötterstein, 1766 in Mainz gefunden, ist teilweise überarbeitet, vor allem an Seiten a. und c. Seite d. ist ausgehöhlt. Rechteckige Bildfelder mit kleinen Nischen über den Köpfen der Götter.
a. Gott, nackt, bärtig, mit reichem Haupthaar (Mütze Überarbeitung!). Der r. Arm war mit einer abgearbeiteten Waffe erhoben. Links neben dem Gott kauert ein schlangenfüßiger Gigant, an dessen Kopf der Gott mit der L. greift. Hercules?
b. Apollo, mit Chlamys über der l. Schulter, stützt den l. Arm auf die auf einem Pfosten stehende Lyra. Die r. Hand, die wohl das Plektron hielt, legt er vor die Brust.
c. Vulcan, ursprünglich in Exomis und mit Pileos und Schuhen, erhebt die r. Hand mit einem Hammer, senkt die L. mit der Zange zum Amboß.
d. fehlt.

307 VIERGÖTTERSTEIN

Bischöfliches Dom- und Diözesanmuseum Mainz
Sandstein. H. 73; Br. 39; T. 42

Der Stein, nur fragmentarisch erhalten, stammt aus dem Dombereich. Sockel und oberes Gesims sind angearbeitet, ebenso der Ansatz eines runden Zwischensockels, der abgebrochen ist (Dm. 35). Die Bildfelder sind oben halbrund mit kleinen, waagerechten Ansätzen.
a. Reste der Juno und einer Inschrift.
b. Mercur in einem Mantel, der den Körper bedeckt, Flügelhut. Er hält in der L. den umgekehrten Caduceus, in der gesenkten R. den Geldbeutel. Darunter sitzt der Bock.
c. Rest des Hercules, der in der R. die gesenkte Keule hielt.
d. fehlt.

308/309 VIERGÖTTERSTEIN und ZWISCHENSOCKEL

Mittelrhein. Landesmuseum Mainz
Sandstein. H. 45; Br. 50; T. 16
Literatur: Espérandieu X 7370. – Duval, Semaine 288. – Fischer, Viergötterstein 46. – Siehe oben S. 56.

Vom Viergötterstein 308 ist nur eine Kante der Gesimsplatte und der Ansatz einer Seite erhalten. Vom achteckigen Wochengötterstein (309) sind noch drei Seiten teilweise erhalten. In kleinen rechteckigen Feldern sind Brustbüsten der Wochengötter (?) dargestellt. Sie folgen im Uhrzeigersinn.
a. und b. fehlen.
c. Rest einer nackten Göttin: Luna?
d. Rest von Mars (Kopf fehlt).
e. Mercur, in Chlamys, mit Flügeln im Haar.
f und g. fehlen.

310/311 VIERGÖTTERSTEIN und ZWISCHENSOCKEL

verschollen
Literatur: B. C. Haurisius, Scriptores historiae Romanae Latini veteres. Cum notis Klettenbergi 1 (1743) 57 Taf. 19,3. – Fuchs, Alte Geschichte von Mainz 1 (1771) 30 ff. Taf. 3,14. Lehne, Gesammelte Schriften 1 (1836) 170 f. – v. Domaszewski, Westdt. Zeitschr. 23, 1904, 31 f. – CIL XIII 6721. – L. Halkin, in: Melanges Cagnat (1912) 269 ff. Abb. 1 f. – Körber, Mainzer Zeitschr. 8/9, 1913/14, 30 ff. Nr. 28 Abb. – Hertlein, Korrbl. Gesamtver. 64, 1916, 222 Anm. Nr. X. – Espérandieu VII 5741. – v. Domaszewski u. B. Dobson, Die Rangordnung des römischen Heeres. Beih. Bonner Jahrb. 16 (1967) 32. – Fischer, Viergötterstein 46. – Siehe oben S. 43; 46.

Viergötterstein und Zwischensockel sind aus zwei Zeichnungen bekannt (Haurisius, Fuchs). Auf der Vorderseite des Viergöttersteines und des Zwischensockels Reste einer Inschrift: *I(ovi) O(ptimo) M(aximo) / et Iuno/ni Re/ginae / C(aius) Sallusti/us Taurus / [s]pecul(ator) l[eg(ionis)] / [VIII] Aug(ustae) [basim] / et [columnam cum] / statu(a) f[ecit]*. (Rekonstruktion nach Domaszewski, Westdt. Zeitschr. a. a. O.).

Nach den Angaben zu einer der Zeichnungen waren auf den anderen Seiten des Viergöttersteines Mercur, Hercules und Mars abgebildet. Ihre Reihenfolge ist unsicher.

Der Zwischensockel war sechseckig. Was auf seinen fünf übrigen Seiten dargestellt war, ist auf den Zeichnungen nicht zu erkennen.

312 VIERGÖTTERSTEIN (?)

verschollen
Literatur: Accursius, Cod. Ambros. D 420 I nr. 27. – Huttich, Collectanea (1521; hrsg. W. Boppert 1977) 10 Nr. 12. – Fuchs, Alte Geschichte von Mainz 1 (1771) 25. – Lehne, Gesammelte Schriften 1 (1836) 178. – CIL XIII 6724. – Weber, Götterweihungen 58. – Siehe oben S. 44.

Der Stein wurde in der Kirche St. Moritz als Weihwasserbecken verwendet. Da er rechteckig war und skulpiert, dürfte er ein Viergötterstein (oder Zwischensockel?) gewesen sein. Auf der Vorderseite war die allein überlieferte Inschrift: *I(ovi) O(ptimo) M(aximo) / Iunoni Reginae / C(aius) Vitalinius / Floren[ti]nus / et Luciliania / Honorata / coniux / f(ecerunt)*.

313 VIERGÖTTERSTEIN

Mittelrhein. Landesmuseum Mainz
Sandstein
Literatur: Becker, Verzeichnis 30 f. Nr. 109. – CIL XIII 6766. – Hertlein, Juppitergigantensäulen 122 Mainz I. – Espérandieu X 7380. – Siehe oben S. 44.

Erhalten ist das unterste Stück eines Steines mit vier Götterreliefs und einer Inschrift auf der verbreiterten Standleiste der Vorderseite. Die Reste der Inschrift, die auf dem oberen Rand begonnen haben muß, lauten: *[Ant?]onius Adoratu[s] / [- - -]mma coniunx / in suo p(osuerunt)*.
Von den Göttern sind nur Reste der Füße erhalten.
 a. stehende Göttin, Juno?
 b. stehende Göttin mit Rad neben den Füßen: Fortuna.
 c. Füße eines Gottes mit Stiefeln. Genius?
 d. fehlt.
Da die Inschrift auf der unteren Bildfeldkante für einen Viergötterstein ungewöhnlich ist, könnte es sich um einen Zwischensockel gehandelt haben.

314 VIERGÖTTERSTEIN

Mittelrhein. Landesmuseum Mainz, Inv. S 785
Sandstein. H. 56; Br. 29; T. 27
Literatur: Keller, Korrbl. Westdt. Zeitschr. 3, 1884, 146 Nr. 159. – Keller, Nachtrag 2, 8 f. Nr. 5a. – Haug, Viergöttersteine 59 Nr. 129. – CIL XIII 6698. – Espérandieu X 7331. – Weber, Götterweihungen 36. – Fischer, Viergötterstein 46.

Der Stein war durch Kriegseinwirkungen in der Länge gespalten. Die Götter stehen in halbrund ab-

schließenden Bildfeldern. Über der Seite a. auf dem Gesims die Inschrift: *I(ovi) O(ptimo) M(aximo)*. Fundort: Emmerich-Josephstr.
a. Juno, in langem Mantel und Chiton, hält in der r. Hand die Patera, links die Acerra.
b. Mercur, in bis zur Mitte der Unterschenkel reichendem tunicaartigem Gewand, hält im l. Arm den Caduceus, in der gesenkten R. den Geldbeutel.
c. Hercules, das Löwenfell um die l. Hand gewickelt, stützt r. die Keule auf.
d. Minerva, in Chiton, Mantel und Helm, legt die L. auf den am Boden stehenden Schild und hält mit der R. die Lanze.

315 VIERGÖTTERSTEIN

Mittelrhein. Landesmuseum Mainz, Inv. S 990
Sandstein. H. 87; Br. 45; T. 24
Literatur: Becker, Verzeichnis 10 Nr. 29. – A. Gaidoz, Revue Arch. 3. Ser. 15, 1890, 173. – Haug, Viergöttersteine 57 Nr. 123. – Brommer, Vulkan 6 Nr. 21.

Eine Seite, Haug vermutet mit Juno, ist abgeschlagen, die beiden anschließenden Seiten daher nur teilweise erhalten.
a. fehlt.
b. Mercur, in Mantel und mit Flügelschuhen, hält im l. Arm den Caduceus.
c. Hercules, mit Chlamys (?) über l. Schulter und Arm, stützt r. die Keule auf. Im linken Arm die Äpfel der Hesperiden und über der r. Schulter Köcher und Bogen.
d. Vulcan, in Exomis, hat die R. mit dem Hammer erhoben.

316 VIERGÖTTERSTEIN

Mittelrhein. Landesmuseum Mainz, Inv. S 659
Sandstein. H. 82; Br. 46; T. 43
Literatur: Körber, Röm.-Germ. Korrbl. 4, 1911, 67 Nr. 35,1b. – Ders., Mainzer Zeitschr. 7, 1912, 8 Nr. 17 Taf. 1,1a–d. – Oxé, ebd. 7, 1912, 33. – Hertlein, Korrbl. Gesamtver. 64, 1916, 222 Anm. Nr. VII. – Espérandieu VII 5886. – Fischer, Viergötterstein 46.

Die Götter stehen in oben halbrunden Bildfeldern. Der Viergötterstein wurde am Gautor gefunden.
a. Juno, in langem Chiton und als Schleier über den Kopf gezogenem Mantel, opfert r. aus einer Patera auf ein balusterförmiges Altärchen, während die L. das Zepter hält.
b. Neptun, mit Chlamys über der l. Schulter, hält in der R. einen Delphin, in der L. ein Zepter oder den Dreizack. R. am Boden neben ihm ein zweiter Delphin.
c. Genius(?), in hohen Stiefeln und auf der r. Schulter geschlossener Chlamys, hält im l. Arm das Füllhorn, in der gesenkten R. einen Gegenstand in Form eines großen Blattes.
d. Mars, bärtig, mit Helm und Panzer, hält r. den Schild, während die L. hoch an die Lanze greift.

317 WOCHENGÖTTERSTEIN   Taf. 36,3

Hess. Landesmuseum Kassel
Sandstein. H. 52; Dm. etwa 40
Literatur: Fuchs, Alte Geschichte von Mainz 2 (1772) 27 ff. Taf. 4. – Lehne, Gesammelte Schriften 1 (1836) 345 ff. Nr. 117 Taf. 2,3. – de Witte, Gazette Arch. 2, 1876, 19. – Haug, Wochengötter 32 Nr. 11. – CIL XIII 6795. – Körber, Mainzer Zeitschr. 6, 1911, 140 f. Nr. 53 Abb. – M. Bieber, Die antiken Skulpturen und Bronzen des königl. Museums Friedericianum in Cassel (1915) 46 f. Nr. 93 Taf. 35. – Espérandieu VII 5821. – Rink,

Genius 38 Nr. 5. – Duval, Semaine 289. – Fischer, Viergötterstein 46. – Kunckel, Genius 106 Nr. C I 58 Taf. 78. – Siehe oben S. 57.

Der Stein ist rund, mit profilierter Basisplatte und Gesims. Oben in der Mitte ein zapfenförmiger Ansatz (für Säule? Überarbeitung?). Auf der Vorderseite in einem die ganze Höhe des Steines einnehmenden, oben halbrund geschlossenen Bildfeld Genius, im üblichen Mantel, der im l. Arm das Füllhorn hält und r. aus der Patera auf einen Altar opfert. Der Rest der Steinfläche in zwei Zonen durch ein waagerechtes Band aufgeteilt. Die untere ist mit einem Blattornament gefüllt, die obere durch senkrechte Leisten in sieben fast quadratische Bildfelder aufgeteilt. In ihnen im Uhrzeigersinn die Schulterbüsten der Wochengötter:

a. Saturn, mit verhülltem Haupt und Harpe;
b. Sol, in Chlamys, mit Strahlenkranz und Peitsche;
c. Luna, Mondsichel im Haar und mit Peitsche;
d. Mars, in Helm und Panzer, mit Lanze und Schild;
e. Mercur, in Chlamys, mit Caduceus;
f. Jupiter, bärtig, Chlamys über der l. Schulter, Zepter in der l. Hand.
g. Venus, nackt, mit Spiegel in der l. Hand.

318 ZWISCHENSOCKEL (?)   Taf. 35,1–2

Mittelrhein. Landesmuseum Mainz, Inv. S 988
Sandstein. H. 47; Br. 34; T. 36
Literatur: F. Haug, Korrbl. Westdt. Zeitschr. 9, 1890, 134 ff. Nr. 70. – F. Flouest, Revue Arch. 3. Serie 15, 1890, 153 ff. Taf. 6 f. – Ders., Bull. Soc. Nat. Ant. France 1890, 148 ff. – A. Michaelis, Lothr. Jahrb. 7, 1897, 139 f. Abb. 12. – S. Reinach, Cultes, mythes et religions 1 (1905) 220 Abb. 3. – v. Domaszewski, Archiv für Religionswissenschaft 9, 1906, 149 ff. – Espérandieu VII 5752 u. X S. 39. – F. Koepp, Die Römer in Deutschland[3] (1926) 127 Abb. 186. – Rink, Genius 39 Nr. 8. – Kunckel, Genius 107 Nr. C I 68 Taf. 82. – Siehe oben S. 59.

Der untere Abschluß des Steines fehlt; das oben angearbeitete Gesims ist stark beschädigt. Auf jeder Seite stehen zwei Götter. Eine Vorderseite ist nicht eigens hervorgehoben.
a. links: Fortuna, in langem Chiton und Mantel, hält l. das Füllhorn, r. das Steuerruder.
rechts: Genius, im üblichen Mantel, hält l. das Füllhorn, opfert rechts auf einen rechteckigen Altar. Mauerkrone.
b. links: Göttin in langem Chiton, die l. einen abgeschlagenen, großen Gegenstand trug, mit dem sich auch ihre R. beschäftigt zu haben scheint. Domaszewski: Salus; Espérandieu: Juno.
rechts: Apollo (?); jugendlicher, links aufgestützt stehender Gott, der die R. auf den Kopf legt. Seine Chlamys ist auf der r. Schulter geschlossen.
c. links: Victoria, nach ihrer L. gewandt, Mantel um die Hüften. Diadem. In der r. Hand reicht sie dem Gott neben ihr einen Kranz, von dem Tänie herabhängt; im l. Arm der Palmzweig.
rechts: jugendlicher Gott mit auf der r. Schulter geschlossener Chlamys, hält in der gesenkten R. undeutliches Attribut. Domaszewski: Geldbeutel; Espérandieu: Lorbeerzweig.
d. links: Diana, in doppelt gegürtetem, knielangem Chiton mit wulstförmig um den Körper gelegtem Mantel, hält in der l. Hand den Bogen; ihre R. greift an den Köcher über ihrer r. Schulter.
rechts: Gott in knielangem, gegürtetem Chiton, Schuhen und Pileos (?). Seine R. hält langen Stab mit hammerförmigem Knauf; das Attribut in seiner L. ist unklar. Sucellus/Silvanus.

319 ZWISCHENSOCKEL?   Taf. 36,1–2

Mittelrhein. Landesmuseum Mainz, Inv. S 986
Sandstein. H. 56; Br. und T. 51

Literatur: Haug, Viergöttersteine 60 Anm. 1 Nr. 2. – Espérandieu VII 5751 u. X S. 38 f. – Rink, Mainzer Zeitschr. 29, 1934, 26 Abb. 1. – Rink, Genius 22 Anm. 87. – Kunckel, Genius 64; 107 Nr. C I 70.

Der Stein mit Jupiter und Genius diente möglicherweise als Zwischensockel einer Jupitersäule. Er ist quer gespalten.
a. Jupiter, nackt, bärtig, hält l. das Zepter, in der gesenkten R. das Blitzbündel. R. neben ihm der Adler.
b. Genius, in Tunica und Toga, im l. Arm das Füllhorn, opfert r. aus Patera auf einen brennenden Altar.
c. und d. ohne Reliefs.

320 ZWISCHENSOCKEL   Taf. 37,1

Mittelrhein. Landesmuseum Mainz
Sandstein. H. 88; Br. 65; T. 19
Literatur: J. Keller, Korrbl. Westdt. Zeitschr. 1, 1882, 2 Nr. 5. – Espérandieu VII 5776 u. X S. 41. – Siehe oben S. 57 Anm. 298.

Nur noch eine Seite des Steines ist erhalten. Nackter Dioskur vor dem Pferd, das nach r. schreitet. Die erhobene r. Hand des Gottes hielt die Lanze, die l. die Zügel des Pferdes.

321 ZWISCHENSOCKEL   Taf. 37,2

Mittelrhein. Landesmuseum Mainz
Sandstein. H. 75; Br. 66; T. 36,5
Siehe oben S. 57 Anm. 298.

Nur noch eine Seite des Steines erhalten; wegen dem abweichenden Format nicht zu dem vorherigen gehörig. Dioskur vor nach l. schreitendem Pferd, in der Haltung dem Dioskuren auf Nr. 320 entsprechend.

322 ZWISCHENSOCKEL   Taf. 36,4

Mittelrhein. Landesmuseum Mainz, Inv. S 732
Sandstein. H. 30; Dm. 26
Literatur: Haug, Viergöttersteine 60 Anm. 1 Nr. 8. – Körber, Inschriften 10 Nr. 3. – CIL XIII 6713. – v. Kienle, Abhandl. saarpfälz. Landes- und Volksforsch. 1, 1937, 24. – Weber, Götterweihungen 47. – Fischer, Viergötterstein 46. – Siehe oben S. 7; 60.

Runder Sockel, oben und unten mit profilierten Gesimsen. Über dem oberen Gesims der unterste Wulst der Säulenbasis. Auf dem oberen Gesims und dem Zwischensockelkörper die Inschrift:
I(ovi) O(ptimo) M(aximo) / et Iun(oni) Reg(inae).

323 RELIEFSÄULE

Mittelrhein. Landesmuseum Mainz, Inv. S 524
Sandstein. H. 102; Dm. etwa 40
Literatur: Körber, Mainzer Zeitschr. 1, 1906, 95 Nr. 18 Abb. 19. – Hertlein, Juppitergigantensäulen 123 IV. – Espérandieu VII 5723 u. X S. 28. – Fischer, Viergötterstein 46. – Siehe oben S. 62.

Auf beiden Seiten ist ein Segment der Säule abgespalten, es sind daher nur zwei der ursprünglich wohl 4 Reliefs erhalten.
Das erhaltene Schaftstück ist in zwei Zonen gegliedert: unten, durch Pilaster voneinander getrennt, Götterreliefs; oben Ornamente. Untere Zone: a. Juno, in langem Chiton und Mantel, hält in der gesenkten R. die Patera, links wohl das Zepter. Im Haar Diadem?
b. fehlt.
c. Minerva, in Chiton, Mantel und Helm, hält r. die Lanze, links wohl den Schild.
d. fehlt.
Obere Zone: durch flache Leisten in Rauten- und Dreiecksflächen aufgeteilt, die mit Blattornamenten gefüllt sind.

324 RELIEFSÄULE   Taf. 37,3

Mittelrhein. Landesmuseum Mainz, Inv. S 940
Sandstein. H. 79; Dm. etwa 21
Literatur: Becker, Verzeichnis 9 Nr. 28. – Espérandieu X 7327. – Fischer, Viergötterstein 46. – Walter, Colonne 35 f. Nr. 42. – Siehe oben S. 67.

Der erhaltene Rest ist in zwei Zonen verziert: unten, um den ungeschuppten Schaft unter muschelartigen Baldachinen vier Götter (a–d), oben auf geschupptem Schaft auf der Vorderseite ein Gott (e).
a. Apollo, stützt sich mit seiner L. auf die Lyra; Mantel über l. Bein und Bausch über l. Schulter. Über der r. Schulter hängen Köcher und Bogen(?); seine r. Hand hält das Plektron.
b. Fortuna, in langem Chiton und Mantel, hält l. das Füllhorn, r. das Steuerruder auf einem Globus.
c. Hercules, Löwenfell über l. Schulter und Arm, stützt r. die Keule auf und hält im l. Arm den großen Bogen.
d. Mercur, mit Chlamys über l. Schulter und Unterarm, hält im l. Arm den Caduceus, in der gesenkten R. den Geldbeutel.
e. Minerva, in Chiton und Mantel, hält r. die Lanze, links den großen Rundschild.

325 KOMPOSITKAPITELL mit SCHUPPENSÄULE

Mittelrhein. Landesmuseum Mainz, Inv. S 938
Kalkstein. H. Kapitell 30; Br. 42. H. gesamt 56
Literatur: Körber, Korrbl. Westdt. Zeitschr. 15, 1896 Nr. 2. – Kähler, Kapitelle 78 R2 Taf. 13. – Siehe oben S. 63.

Am Schaft abwärts gerichtete, gekielte Schuppen. Kapitell: Doppelter Blattkranz; Rundstab mit Blattornament; Eierstab; Voluten mit Rosetten, die mit Zwickelpalmetten mit dem Eierstab verbunden sind. Nach Kähler kurz vor der Mitte des 2. Jahrhunderts zu datieren.

326 KOMPOSITKAPITELL und SCHUPPENSÄULE

Mittelrhein. Landesmuseum Mainz, Inv. S 725
Sandstein. H. 107; Dm. 28. Kapitell: H. 26; Br. 27
Literatur: Kähler, Kapitelle 78. – Siehe oben S. 63.

Das Kapitell ist stark verwaschen. Der Säulenschaft ist abwärts geschuppt.

327 KAPITELL und SCHUPPENSÄULE

Mittelrhein. Landesmuseum Mainz
Sandstein. H. 58; Dm. 27,5. H. Schaft: 22
Literatur: Keller, Korrbl. Westdt. Zeitschr. 6, 1887, Nr. 158.

Auf dem Flachsmarkt gefunden. Das Kapitell ist stark verrieben; der Säulenschaft ist abwärts geschuppt.

328 KAPITELL und SCHUPPENSÄULE

Mittelrhein. Landesmuseum Mainz, Inv. S 632 (bzw. 57/36,1)
Sandstein. H. gesamt: 95. H. Kapitell: 30; Dm. 40
Literatur: v. Pfeffer, Mainzer Zeitschr. 54, 1959, 44 f. Taf. 7.

Die Säule ist abwärts geschuppt. Kapitell: Doppelter Blattkranz, darüber vier Büsten bis zu den Ellenbogen, deren Köpfe aber fehlen. Eine der Büsten trägt am Hals eine kleine Lunula als Schmuck.

329 KAPITELL und SCHUPPENSÄULE

Mittelrhein. Landesmuseum Mainz, Inv. S 788
Sandstein. H. gesamt: 39; Dm. 18. H. Kapitell: 18,5
Literatur: Becker, Inschriften Nr. 359.

Abwärts geschuppter Säulenschaft; vom Kapitell noch das Kranzblatt erhalten.

330 SCHUPPENSÄULE

Mittelrhein. Landesmuseum Mainz, Inv. 66/34
Sandstein. H. 47; Dm. 51
Literatur: B. Stümpel, Mainzer Zeitschr. 53/4, 1968/69, 200.

Von einem Schaftring aus abwärts geschuppt. Über dem Ring keine Schuppen erkennbar.

331 KAPITELL und SCHUPPENSÄULE

Mittelrhein. Landesmuseum Mainz, Inv. S 847
Sandstein. H. gesamt: 41; Dm. 21. H. Kapitell: 19
Literatur: Becker, Verzeichnis Nr. 389. – Mercklin, Figuralkapitelle Nr. 255 Abb. 473.

Abwärts geschuppter Säulenschaft. Am Kapitell doppelter grundständiger Blattkranz, aus dem Büsten wachsen. Eckvoluten nicht erhalten.

332 KAPITELL und SCHUPPENSÄULE

Mittelrhein. Landesmuseum Mainz, Inv. S 246
Sandstein. H. 153; Dm. unten 46. H. Kapitell: 55

Literatur: Körber, Korrbl. Westdt. Zeitschr. 25, 1906 Nr. 2. – Ders., Mainzer Zeitschr. 1, 1906, 95 Nr. 19. – Hertlein, Juppitergigantensäulen 91. – Kähler, Kapitelle 64 f. O 5. – Mercklin, Figuralkapitelle Nr. 257 a.

Säule abwärts geschuppt; Kapitell: zwei Blattkränze, zwei Büsten darüber noch erhalten. Akanthusblätter stützten die Abacusplatte.

333 INSCHRIFTSÄULE (Altar?)

Mittelrhein. Landesmuseum Mainz
Sandstein.
Literatur: Keller, Nachtrag 2 Nr. 22 b. – CIL XIII 6719. – v. Kienle, Abhandl. Saarpfälz. Landes- und Volksforsch. 1, 1937, 24; 27. – Weber, Götterweihungen 52. – Siehe oben S. 8; 42.

Auf runder Basis (runde Platte, Ablauf) kurzer Säulenschaft mit starker, etwas nach unten verlagerter Schwellung. Unter einem um die Säule laufenden Ring auf einer schildförmigen Abarbeitung die Inschrift: *I(ovi) O(ptimo) M(aximo) / et Iuno/ni Regi/nae M(arcus) / G(---) F(---) i(n suo) / s(ua) p(ecunia) p(osuit)*. Oben mit Gesimsplatte abgeschlossen (Wulst; runde Platte).

Im Mittelrheinischen Landesmuseum Mainz befinden sich eine größere Anzahl von Säulenresten, die nach dem Krieg, wegen des Verlustes aller Unterlagen neu inventarisiert wurden, aber bisher noch nicht mit den in der Literatur erwähnten Säulenresten identifiziert werden konnten. Sie sollen daher in der Reihenfolge des neuen Mainzer Inventars aufgeführt werden:

334–337 SÄULEN mit KAPITELLRESTEN

S 420 Sandstein. H. 36; ohne Kapitellrest: H. 32; Dm. 18,5.
S 818 Sandstein. H. 41: Kapitell (korinthisch) H. 24. Die Säule ist der Länge nach gespalten.
S 852 Sandstein. H. 47; Dm. 16. Kapitell H. 24; Kantenlänge 27.
S 904 Sandstein. H. 49; Dm. 20. Kapitellrest H. 4.

338–349 SÄULEN ohne KAPITELLRESTE

S 362 Kalkstein. H. 84; Dm. 26,5. Schuppen gekielt.
S 382 Sandstein. H. 55; Dm. 24.
S 386 Sandstein. H. 39; Dm. 24. Ring 30 cm vom einen Ende.
S 407 Sandstein. H. 86; Dm. 17. Säulenstück mit Basis und Ring. Basis: H. 18,5; Dm. 29. Ring 55 cm vom Boden.
S 389 Sandstein. H. 40; Dm. 19.
S 419 Sandstein. H. 32; Dm. 18,5.
S 421 Sandstein. H. 82; Dm. 20. Ring 47 cm vom einen Ende. Starke Entasis (K. Körber, Korrbl. Westdt. Zeitschr. 25, 1906 Nr. 51?).
S 730 Sandstein. H. 40; Dm. 27,5. Ring 33 cm vom einen Ende.
S 839 Sandstein. H. 23; Dm. 17,5. Basis: H. 12; Dm. 21,5.
S 905 Sandstein. H. 31; Dm. 18.
ohne Inv. Sandstein H. 51; Dm. 23–27. Schuppen zum dickeren Ende gerichtet.
ohne Inv. Sandstein. H. 49,5; Dm. 17,5.

Mainz Museum

350 GIGANTENREITER Taf. 30,2

Mittelrhein. Landesmuseum Mainz, Inv. S 690
Sandstein. H. 60; L. 75
Literatur: F. Hettner, Westdt. Zeitschr. 4, 1885, 374 Nr. 5. – O. Donner v. Richter u. A. Riese, Heddernheimer Ausgrabungen (1885) 13 Taf. 5, 1–3. – Hertlein, Juppitergigantensäulen 18 I (Museum Mainz). – S. Ferri, Arte Romana sul Reno (1931) 93 Abb. 50. – Siehe oben S. 66.

Unter dem Pferde des Reiters liegen zwei Giganten. Einer von ihnen, unter dem l. Pferdehuf, liegt auf dem Rücken. Der Rechte wälzt sich gerade aus der Rücken- in die Bauchlage. Er wendet den Oberkörper nach außen, während Hüften und Beine sich noch in reiner Rückenlage befinden. Nach Hertlein war dieser Gigant bärtig. Er hat abwehrend den l. Arm erhoben.
Der Kopf des Pferdes und der Oberkörper des Reiters fehlen. Nach Hertlein trug der Reiter Panzer.

351 GIGANTENREITER Taf. 30,1

Mittelrhein. Landesmuseum Mainz
Sandstein. H. 90; L. 80
Literatur: Hettner a. a. O. 374 Nr. 6. – Donner v. Richter u. Riese a. a. O. 13 Taf. 5,4–6. Hertlein, Juppitergigantensäulen 18 II (Museum Mainz). – Ferri a. a. O. 93 Abb. 49. – Bauchhenß, Jupitergigantensäulen 18 Abb. 27. – Siehe S. 67.

Der Gigant liegt auf dem Bauch, stützt sich mit der R. auf; in der Hand hält er einen Gegenstand, der wie ein großes geschwungenes Messer aussieht. Die L. war erhoben, um den Huf des Pferdes zu tragen. Bärtig. Vom Reiter fehlen Oberkörper, Kopf und Arme (l. Hand mit Zügel am Pferdehals). Er trug Tunica und bis zu den Knöcheln reichende Schuhe.

352 GIGANTENREITER

Mittelrhein. Landesmusem Mainz
Sandstein. H. 22
Literatur: Hettner a. a. O. 375 Nr. 9. – Donner v. Richter u. Riese a. a. O. 13 Taf. 5,9. – Hertlein, Juppitergigantensäulen 19 IV. – Espérandieu VII 5765.

Erhalten sind Brust und Kopf des Giganten, der langhaarig und bärtig ist. An seiner r. Schulter Rest der Keule, auf der l. Huf des Pferdes.

Mainz-Gustavsburg (Stadt Wiesbaden; 36)

353 VIERGÖTTERSTEIN

Verschollen
Literatur: Manuskript L 1 c im Kriegsministerium Paris (1735). – M. Opitz, Liber variarum lectionum (1637)

18,11. – M. Merian, Topographia Archiepiskopatuum Moguntinensis, Trevirensis et Coloniensis, das ist Beschreibung der Vornembsten Stätt und Plätz in denen Ertzbistumen Mayntz Trier und Cöln (1646¹ = 1675²; Neudruck 1969) 8 Taf. – J. Fuchs, Alte Geschichte von Mainz 1 (1771) 11 ff. Taf. 2 Nr. 4. – F. Lehne, Gesammelte Schriften 1 (1836) 164 ff. Nr. 33. – CIL XIII 6718. – Espérandieu X 7394. – Rink, Genius 39 Nr. 10. – G. Behrens, Mainzer Zeitschr. 34, 1939, 108. – Weber, Götterweihungen 51. – Fischer, Viergötterstein 47. – Siehe S. 43.

Beim Bau der Festung Gustavsburg 1632 gefunden.
a. Inschrift, von Opitz und Merian verstümmelt überliefert. Im CIL von Zangemeister wie folgt rekonstruiert: I(ovi) O(ptimo) M(aximo) et Iuno/ni Regin(a)e / Cl(audius) Quart[i]/nus [c]ive(s) (A)edu(u)s / ex voto in / suo Pre[se]/nte et Ex[tr]/icato c[o(n)s(ulibus)] / v(otum) s(olvit) l(ibens) l(aetus) m(erito). Durch die Consulsangabe in das Jahr 217 n. Chr. datiert.
Die Abfolge der anderen drei Seiten nicht eindeutig festlegbar.
b. Nackter, unbärtiger Mann, das r. Bein über das l. geschlagen, legt die r. Hand vor die Brust, senkt die L. Apollo?
c. Genius, Mantel um Unterleib und Beine, in der l. Hand Füllhorn, opfert r. aus Patera auf gedrechselten Altar.
d. Venus(?), in um den Unterleib geschlungenem Mantel, die R. mit Kranz (Spiegel?) erhoben, während die L. seitlich das Gewand zu halten scheint; am r. Oberarm dicht über Ellenbogen Kranz (Armreif?).

Mainz-Hechtsheim (33)

354 GIGANTENREITER

Mittelrhein. Landesmuseum Mainz
Sandstein. H. 60; L. 90; Br. 49
Literatur: W. v. Pfeffer, Mainzer Zeitschr. 48/49, 1953/54, 38 ff. Abb. – Schoppa, Götterdenkmäler 39 f. Anm. 18. – Fischer, Viergötterstein 46. – Siehe oben S. 68.

Erhalten der Pferdetorso mit Oberschenkeln und Gesäß des Reiters: Der Reiter saß auf einem Sattel. Das Zaumzeug ist reich verziert. Am Oberschenkel Reste eines Panzers zu erkennen.

Mainz-Kastel (Stadt Wiesbaden; 34)

355/356 VIERGÖTTERSTEIN und WOCHENGÖTTERSTEIN   Taf. 34,1

Mittelrhein. Landesmuseum Mainz, Inv. S 657
Sandstein. H. gesamt 112. Viergötterstein: H. 72; Br. 42; T. 40. Wochengötterstein: H. 40; Dm. 40
Literatur: F. Lehne, Gesammelte Schriften 1 (1836) 341 Nr. 116 Taf. 1,2. – J. Becker, Nass. Ann. 7,1, 1864 Nr. 33. – Becker, Verzeichnis Nr. 90. – Haug, Wochengötter 33 Nr. 12. – Haug, Viergöttersteine 31 Nr. 51. – CIL XIII 7274. – Espérandieu VII 5865 u. X S. 47. – Duval, Semaine 288. – Fischer, Viergötterstein 47. – Siehe oben S. 46; 56.

Zusammen mit der folgenden Nr. 357/58 in Kastel gefunden.

An den Viergötterstein ist über einer reichen Profilplatte der achteckige Wochengötterstein angearbeitet.

VIERGÖTTERSTEIN (355): Rechteckige Bildfelder.
a. Juno, in Mantel und Chiton (Kopf verschleiert), hält l. Zepter, opfert r. aus Patera auf Altar.
b. Mercur, Mantel über l. Schulter und Arm, hält l. den Caduceus, in der gesenkten R. den Geldbeutel. Flügelhut.
c. Hercules, Löwenfell über l. Unterarm, stützt r. die Keule auf. In der l. Hand Äpfel?
d. Minerva, in Chiton, Mantel und Helm, auf der Brust glatte Ägis (Panzer?), hält r. die Lanze, l. den Schild.

WOCHENGÖTTERSTEIN (356): Büsten der Götter in kleinen, quadratischen Bildfeldern; Götterreihe linksläufig.
a. Inschrift: *In /h(onorem) / d(omus) d(ivinae)*.
b. Saturn, bärtig, capite velato.
c. Sol, Strahlenkranz, auf r. Schulter geschlossener Mantel.
d. Luna, Mondsichel im Haar, über l. Schulter Mantel.
e. Mars, Helm, Mantel auf r. Schulter geheftet; undeutliches Attribut im Reliefgrund.
f. Mercur
g. Jupiter, Gesicht bestoßen, Mantel über l. Schulter.
h. Venus, Mantel über l. Schulter, über r. Schulter Spiegel, links im Reliefgrund zepterartiges Attribut.

357/358 VIERGÖTTERSTEIN und ZWISCHENSOCKEL   Taf. 34,3

Mittelrhein. Landesmuseum Mainz, Inv. S 978
Sandstein. H. gesamt 92. Viergötterstein: H. 70; Br. 43; T. 35. Zwischensockel: H. 22
Literatur: Lehne a. a. O. 154 f. Nr. 27. – Becker, Nass. Ann. 7,1, 1864 Nr. 29. – Becker, Verzeichnis Nr. 22. – Haug, Viergöttersteine 30 f. Nr. 50. – A. Holder, Altceltischer Sprachschatz 1 (1896) 1197 s. v. Cupitius; 1199 s. v. Cupitus. – CIL XIII 7272. – Espérandieu VII 5856 u. X S. 46 f. – F. Hertlein, Mannus 13, 1921, 91. – Hahl, Stilentwicklung 29. – G. Behrens, Mainzer Zeitschr. 34, 1939, 108. – Weber, Götterweihungen 111. – Fischer, Viergötterstein 47. – Siehe oben S. 27; 43; 45; 49.

An dem oben und unten mit Profilgesimsen gearbeiteten Viergötterstein ist ein achtkantiger Zwischensockel (358) angearbeitet, dessen Seiten mit großen, vierpaßartigen Blattornamenten verziert sind. Der Stein ist schräg durchgebrochen, die Seiten b. und c. sind dadurch stark beschädigt. Inschriftlich auf den 23. 12. 246 datiert.
a. Inschrift, die schon auf der Vorderseite des Zwischensockels beginnt: *I(ovi) O(ptimo) M(aximo) / et I[u]no/ni Reg(inae) / X Kal(endas) Ian(uarias) Present(ino) et Albino co(n)s(ulibus) / Sertini/us Cupitu[s] / et Cupitiu[s] / Provide[ns] / filius in suo / fecerun[t] / l(ibentes) l(aeti) m(erito)*.
b. Minerva, in Chiton, Mantel und Helm, hält r. die Lanze, l. den Schild.
c. Hercules, Löwenfell über l. Schulter, stützt r. die Keule auf.
d. Juno, in Chiton und Mantel, senkt die R. mit der Schale, hält im l. Arm schräg ein kurzes Zepter (?).

359 VIERGÖTTERSTEIN   Taf. 33,2

Städt. Museum Wiesbaden, Inv. 384
Sandstein. H. 100; Br. 52; T. 47
Literatur: Lehne a. a. O. 197 f. Nr. 48. – Habel, Nass. Ann. 2,3, 1837, 318 ff. – Becker, Nass. Ann. 7,1, 1864 Nr. 31. – Haug, Viergöttersteine 32 f. Nr. 55. – Lehner, Führer Wiesbaden Nr. 384. – Holder, Altceltischer

Sprachschatz 1 (1896) 770 u. 3 (1907) 1095 s. v. Carantus; 3 (1907) 541 s. v. Melonius. – CIL XIII 7270. – K. Schumacher, Mainzer Zeitschr. 1, 1906, 76. – K. Körber, ebd. 7, 1912, 19 Nr. 36. – Espérandieu VII 5866. – F. Hertlein, Mannus 13, 1921, 89. – F. Drexel, Ber. RGK 14, 1922, 59. – W. Schleiermacher, ebd. 23, 1933, 122. – Hahl, Stilentwicklung 25 Taf. 12. – Behrens, Mainzer Zeitschr. 34, 1939, 107. – Ders., ebd. 35, 1940, 29. – E. Thevenot, La Nouvelle Clio 1/2, 1949/50, 608. – J.-J. Hatt, Revue Études Anciennes 59, 1957, 84. – H. Schoppa, Bonner Jahrb. 158, 1958, 282. – Schoppa, Steinsaal 21. – Weber, Götterweihungen 109 f. – Fischer, Viergötterstein 47. – Siehe oben S. 27; 34; 43; 45; 46; 48; 49; 50; 53 Anm. 272.

An Kanten und Gesimsen beschädigt. Plumpe, provinzielle Arbeit. Inschriftlich auf 170 n. Chr. datiert.

a. Auf dem oberen Gesims und dem oberen Drittel der Steinfläche Inschrift: [*In h(onorem)*] *d(omus) d(ivinae) I(ovi) O(ptimo) M(aximo) e[t Iun(oni)] / Meloni(i) Carantus / et Iucundus de suo / [de]d(erunt) vico novo Me/lonior(um) Cethego et Claro / co(n)s(ulibus)*. Darunter in oben mit flachem Bogen endenden Bildfeldern:

links: Göttin in gegürtetem, langem Ärmelgewand, im l. Arm Füllhorn, r. auf kleinen Altar opfernd. Fortuna (Schoppa: Rosmerta).

rechts: Mercur, Mantel auf r. Schulter geheftet, die r. Hand mit Geldbeutel gesenkt, die L. mit Caduceus erhoben.

b. Victoria, geflügelt, in Chiton, aus dem ihr nacktes r. Bein heraustritt (auf Globus gesetzt), hält in erhobener R. den Siegeskranz, in der L. Palmzweig(?).

c. Hercules, Löwenfell über l. Unterarm, stützt r. Keule auf.

d. Juno, in Chiton und schleierartig über Kopf gezogenem Mantel, opfert r. aus Patera auf Altar, hält l. die Acerra.

360/361 VIERGÖTTERSTEIN mit ZWISCHENSOCKEL

Mittelrhein. Landesmuseum Mainz, Inv. S 655
Sandstein. H. gesamt 80. Viergötterstein: H. 63; Br. 30; T. 28. Zwischensockel: H. 17
Literatur: Lehne a. a. O. 159 Nr. 30 Taf. 14,57. – Becker, Nass. Ann. 7,1, 1864 Nr. 28. – Becker, Verzeichnis Nr. 20. – Haug, Viergöttersteine 32 Nr. 53. – CIL XIII 7268. – G. Wissowa, Germania 1, 1917, 175 f. – Espérandieu VII 5728 u. X S. 28 f. – Drexel, Ber. RGK 14, 1922, 50. – A. Stein u. E. Ritterling, Die kaiserlichen Beamten und Truppenkörper im römischen Deutschland unter dem Prinzipat. Beiträge zur Verwaltungs- und Heeresgeschichte von Gallien und Germanien 1 (1932) 259. – Hahl, Stilentwicklung 27 Taf. 14,3; 4. – Behrens, Mainzer Zeitschr. 34, 1939, 108. – Hatt, Revue Études Anciennes 59, 1957, 82. – Weber, Götterweihungen 108 f. – Fischer, Viergötterstein 47. – Siehe oben S. 27; 43; 46; 49.

Gut erhalten; über dem oberen Abschlußgesims des Viergöttersteines unverzierter achtkantiger Zwischensockel (361) angearbeitet; rechteckige Bildfelder. Die Inschrift datiert den Stein auf das Jahr 225 n. Chr.

a. Inschrift (Anfang auf dem oberen Abschlußgesims): *I(ovi) O(ptimo) M(aximo) / et Iun(oni) Reg(inae) / Finitius Fi/delis mil(es) / n(umeri) CaΘΘa/rensium / in suo / posit / Fusco et/ Dextro co(n)s(ulibus)*.

b. Juno, in Mantel und Chiton (Kopf verschleiert), hält in der l. Hand das Zepter, opfert r. aus einer Patera auf Altar,

c. Mercur, Mantel auf der r. Schulter geheftet, hält in der an den Körper gelegten L. den Geldbeutel, stützt r. den verkehrt gehaltenen Caduceus auf den Boden.

d. Minerva, in Chiton, Mantel und Helm, hält r. die Lanze und l. den Schild.

362/363 VIERGÖTTERSTEIN mit ZWISCHENSOCKEL Taf. 34,2

Mittelrhein. Landesmuseum Mainz, Inv. S 989
Sandstein. H. gesamt 95. Viergötterstein: H. 65; Br. 33; T. 31. Wochengötterstein: H. 30; Dm. 31

Literatur: Lehne a. a. O. 131 Nr. 18 Taf. 14,56. – Becker, Nass. Ann. 7,1, 1864 Nr. 21. – Becker, Verzeichnis Nr. 6. – Haug, Viergöttersteine 31 f. Nr. 52. – CIL XIII 7265. – Espérandieu VII 5862 u. X S. 47; XIV S. 90. – Hahl, Stilentwicklung 29 Taf. 21,2. – Thevenot, La Nouvelle Clio 1/2, 1949/50, 608. – Hatt a. a. O. 82. – Weber, Götterweihungen 106. – Fischer, Viergötterstein 47. – Rupprecht, Dekurionenstand 230. – Siehe oben S. 27; 42; 46.

An den Viergötterstein (mit Gesimsen) ist ein eigens mit Gesimsen versehener, runder, unverzierter Zwischensockel (363) angearbeitet; rechteckige Bildfelder. Der Stein ist durch die Inschrift auf das Jahr 242 n. Chr. datiert.
a. Inschrift (erste Zeile auf dem oberen Gesims, letzte auf dem unteren): I(ovi) O(ptimo) M(aximo) / Conservato(ri) / [L]icin(ius) Tugna/[ti]us Publius / [II]vir c(ivitatis) T(aunensium) in suo / [u]t haberet / [r]estituit / [A]ttico et Pr/[a]etextato / c(on)s(ulibus).
b. Mercur, Mantel auf der r. Schulter gehäftet, hält in der gesenkten r. Hand den Geldbeutel, im l. Arm den Caduceus; Flügelhut; neben dem r. Fuß der Hahn.
c. Hercules, Löwenfell über l. Schulter und Arm, stützt r. die Keule auf; in der l. Hand Äpfel.
d. Minerva, in Chiton, Mantel und Helm, hält r. die Lanze, l. den Schild.

364 VIERGÖTTERSTEIN

Mittelrhein. Landesmuseum Mainz, Inv. S 963
Sandstein. H. noch 69; Br. 45; T. 40
Literatur: Lehne a. a. O. 208 Nr. 56. – Becker, Nass. Ann. 7,1, 1864 Nr. 54. – Becker, Verzeichnis Nr. 31. – Haug, Viergöttersteine 32 Nr. 54. – Espérandieu VII 5864 u. X 7335. – Fischer, Viergötterstein 47.

Oben abgebrochen, Gott auf Seite a. nicht genau bestimmbar; Seite d. fehlt ganz.
a. Nackter Gott, in der erhobenen L. einen Stab haltend; langes Haar; der Rest des Körpers verstümmelt. Espérandieu: Apollo.
b. Minerva, in Mantel, Chiton und Helm, hält r. die Lanze, l. den Schild auf einem geschweiften Sockel.
c. Hercules, in Haltung des Herakles Farnese.
d. fehlt.

Mainz-Kostheim (Stadt Wiesbaden; 35)

365 VIERGÖTTERSTEIN

Museum der Stadt Aschaffenburg, Inv. 1497
Sandstein. H. 110; Br. 54; T. 50
Literatur: F. Lehne, Gesammelte Schriften 1 (1836) 208 Nr. 57 Taf. 4,8. – O. Donner v. Richter, Westdt. Zeitschr. 6, 1887, 115 ff. Taf. 5 A 1–4. – Haug, Viergöttersteine 30 Nr. 49. – K. Nahrgang, Mainzer Zeitschr. 29, 1934, 42 R. 12. – Fischer, Viergötterstein 47.

Der Stein kam über die Sammlung der Grafen Bentheim-Tecklenburg nach Aschaffenburg.
Qualitätvolle Arbeit, stark beschädigt. Ohne Gesimse. Bildfelder rechteckig.
a. Juno, in Chiton und Mantel, hält l. Zepter, opfert r. aus einer Patera auf einen Altar.
b. Mercur, Mantel über l. Schulter und Arm, hält im l. Arm den Caduceus, in der gesenkten R. den Geldbeutel.

c. Hercules, Löwenfell über l. Schulter und Arm, stützt r. die Keule auf; in der l. Hand die Äpfel.
d. Minerva, in Chiton, Mantel und Helm, hält r. die Lanze, l. den Schild. Neben ihrer l. Seite auf einem Pfeiler ein Käuzchen.

Mainz-Weisenau (32)

366 VIERGÖTTERSTEIN

Mittelrhein. Landesmuseum Mainz
Kalkstein. H. noch 35; Br. 40; T. 20
Literatur: K. Körber, Korrbl. Westdt. Zeitschr. 21, 1902 Nr. 12. – Ders., ebd. 22, 1903 Nr. 2. – Ders., Neue Inschriften Nr. 35. – A. v. Domaszewski, Ber. RGK 3, 1906/07 Nr. 177. – CIL XIII 11814. – Espérandieu VII 5735. – Weber, Götterweihungen 137. – Fischer, Viergötterstein 46. – Siehe oben S. 44.

Zur Zeit nicht zugänglich. Rest vom oberen Ende des Viergöttersteins mit Gesims und achtkantigem Ansatz des Wochengöttersteines. Auf der Vorderseite von Ansatz und Gesims Rest der Inschrift: [I(ovi) O(ptimo) M(aximo) et Iu]noni R(eginae) / [- - -]la ex voto in suo [posuit]. Von den Reliefs des Viergöttersteines nach Espérandieu noch der behelmte Kopf einer Gottheit (Minerva?) und Hand mit Zepter (Juno?) zu erkennen.

367 RELIEFSÄULE

Mittelrhein. Landesmuseum Mainz, Inv. S 794
Kalkstein. H. 43; Dm. 21–29
Literatur: Körber, Mainzer Zeitschr. 7, 1912, 7 Nr. 13a; 27 Abb. – Espérandieu X 7329. – Fischer, Viergötterstein 46. – Walter, Colonne 38 Nr. 50. – Brommer, Vulkan 6 Nr. 20 Taf. 20. – Siehe oben S. 62.

Auf der Vorderseite des aufwärts geschuppten Säulenschaftes sind Reste der Reliefs zweier Götter vorhanden: unten, bis zum Knie erhalten, Vulcan in Exomis, Zange in der l. und Hammer in der r. Hand. Mütze. Über ihm Reste einer Göttin in langem Chiton und Mantel.

368 RELIEFSÄULE

Mittelrhein. Landesmuseum Mainz
Sandstein. H. 27; Dm. etwa 35
Literatur: Körber, Mainzer Zeitschr. 12/13, 1917/18, 79 Nr. 5 Abb. – Espérandieu X 7321. – Fischer, Viergötterstein 46. – Walter, Colonne 88 Nr. 140. – Siehe oben S. 62.

Auf der Vorderseite Rest einer geflügelten Victoria mit hoch unter der Brust gegürtetem Chiton, die in der l. Hand Palmzweig, in der R. Siegeskranz hält.

369 RELIEFSÄULE

Mittelrhein. Landesmuseum Mainz, Inv. S 728
Sandstein. H. 18; Br. 26
Literatur: Körber a. a. O. – Siehe oben S. 62.

Körber hielt dieses Fragment und das vorherige für zusammengehörig. Erhalten der Rest eines großen Lorbeerkranzes, neben dem r. noch undeutliche Reliefreste erkennbar sind; darunter: dünne Tänie, doppelte Reihe abwärts gestellter Schuppen, Tänie.

Mannheim Museum

Im Mannheimer Museum befinden sich ohne Herkunftsangabe folgende Reste von Jupitersäulen:

370 GIGANTENREITER

Städt. Reiß-Museum Mannheim
Sandstein. H. noch 84; L. 73; Br. 44. Plinthe: H. 9; Br. 44
Literatur: Graeff, Antiquarium Nr. 59. – Haug, Denksteine Nr. 59. – Hertlein, Juppitergigantensäulen 5. – RE. Suppl. IX (1924) 692 f. s. v. Gigantensäulen. – Espérandieu G. Nr. 423. – Siehe oben S. 11 Anm. 41; 66; 68.

Die Gruppe wurde von Haug mit nicht zureichenden Gründen zur Fälschung erklärt. Der bärtige, dickleibige Gigant sitzt auf dem vorderen Teil der Plinthe; seine verschränkten Schlangenbeine hängen etwas über den vorderen Plinthenrand nach unten. Die Hände dürfte er an die Schultern gelegt haben, um die Hufe des Pferdes zu tragen. Von diesem nur noch ein Rest des Rumpfes erhalten, der auf dem breiten Rücken des Giganten aufliegt. Vom Reiter Teile der Beine erhalten.

371 VIERGÖTTERSTEIN

Städt. Reiß-Museum Mannheim
Sandstein. H. noch 120; Br. 100; T. noch 53
Literatur: Graeff, Antiquarium Nr. 63. – Haug, Viergöttersteine 53 Nr. 112. – Haug, Denksteine Nr. 63. – Espérandieu VIII 6065. – Espérandieu G. Nr. 414. – Brommer, Vulkan 7 Nr. 28 Taf. 21.

Stark fragmentiert. Es fehlen der obere Abschluß und die untere Hälfte des Steines.
a. Göttin in langem Gewand und Mantel, an einen mit einem Tuch bedeckten Thron gelehnt. Juno?
b. fehlt.
c. Rest von Vulcan; der Gott trug die knielange Exomis. Neben ihm ein niedriger Amboß.
d. Mercur, Chlamys über l. Arm, Flügel an den Füßen. Hinter seinem r. Fuß Reste des Bockes und ein Pfeiler (für Hahn?).

372 SCHUPPENSÄULE

Städt. Reiß-Museum Mannheim
Sandstein. H. 28,6; Dm. 46

Die Schuppen des Säulenstücks sind sorgfältig gearbeitet und mit Längsrille versehen. Auf der Oberfläche etwa 1 cm tiefe quadratische Vertiefung.

Mannheim-Neckarau (62)

373 VIERGÖTTERSTEIN

Städt. Reiß-Museum Mannheim
Sandstein. H. 110; Br. 74; T. jeweils 15–20

Literatur: Rappenegger, Bonner Jahrb. 5/6, 1844, 232. – Ders., Schriften Alterth. und Gesch. Ver. Baden und Donaueschingen 3 (Bd. 2,2) 1849, 288 f. – K. Baumann, Korrbl. Westdt. Zeitschr. 21, 1902 Nr. 62. – Ders., Mannheimer Gesch. Bl. 3, 1902, 184. – Wagner, Fundstätten 2, 240 f. – Hertlein, Juppitergigantensäulen 119. – Espérandieu G. Nr. 409. – Brommer, Vulkan 7 Nr. 27 Taf. 21.

In zwei Platten zerteilt. Oberfläche stark verrieben. Bildfelder rechteckig, mit unregelmäßiger Konche über den Köpfen; ohne Gesimse gearbeitet.
a. Fortuna, in Chiton und Mantel, hält im l. Arm das Füllhorn, in der gesenkten R. das Steuerruder auf einem Globus.
b. Apollo. Reste des Greifen noch erhalten.
c. Vulcan, in Exomis, mit Mantel über l. Schulter und Arm, hält in der gesenkten R. den Hammer, l. im angewinkelten Arm eine Zange.
d. Mercur; erhalten r. unten der Widder.

374 SCHUPPENSÄULE

Städt. Reiß-Museum Mannheim
Sandstein. H. 39; Dm. 22
Literatur: Baumann, Denksteine Nr. 56. – Wagner, Fundstätten 2, 242.

Säulenfragment mit Schuppen; 1810 innerhalb der Grundmauern eines röm. Hauses gefunden.

Mannheim-Seckenheim (61)

375 GIGANTENREITER   Taf. 39,1

Städt. Reiß-Museum Mannheim
Sandstein. H. 31
Literatur: E. Gropengießer, Korrbl. Gesamtverein 59, 1911, 398. – Wagner, Fundstätten 2,206. – Espérandieu G. Nr. 756.

Aus einem Brunnen in einem Töpferviertel. Erhalten der Oberkörper des Gottes. Er trägt römischen Muskelpanzer und Mantel, dessen Ansatzspuren im Rücken zeigen, daß er wie üblich flatterte. Der r. Arm war erhoben, der l. gesenkt.

Maulbronn (Enzkreis; 114)

376 GIGANTENREITER

Württemberg. Landesmuseum Stuttgart
Sandstein. L. 56; H. 35
Literatur: O. Paret, Germania 20, 1936, 209. – Ders., Fundber. Schwaben N. F. 9, 1938, 92 Taf. 28,2.

Erhalten der Pferdetorso mit Teilen des Reiters und der Oberkörper des Giganten. Dieser stützt den Oberkörper schräg auf. Sein Kopf ist leicht zur Seite gedreht. Die Hufe des Pferdes lagen über seiner Schulter. Der Reiter trug eine glatte Tunica.

377 VIERGÖTTERSTEIN

Württemberg. Landesmuseum Stuttgart
Sandstein. H. 79; Br. und T. 35
Literatur: S. Studion, Ratio nominis et originis antiquissimae atque illustrissimae domus Wirtembergicae... (Mskr. 1597) fol. 62 Abb. – Ch. F. Sattler, Geschichte des Hertzogtums Württemberg bis 1260 (1757) 189; 196; 203 f. Taf. 9. – Haug, Viergöttersteine 16 Nr. 14. – Haug–Sixt Nr. 337. – F. Hertlein, Korrbl. Gesamtverein 64, 1916, 221 Anm. 1 III. – Koepp, Germania Romana² Taf. 11,2. – Espérandieu G. Nr. 478. – Hahl, Stilentwicklung 29. – H. G. Horn, Bonner Jahrb. 170, 1970, 246 Anm. 47. – Siehe oben S. 28.

Besonders im unteren Teil beschädigt. Teilweise verwaschen. Bildfelder oben halbrund, mit kurzen waagerechten Ansätzen. Hertlein schreibt den Stein demselben Bildhauer zu wie Nr. 419. Nach Hahl ins 2. Viertel des 3. Jahrhunderts zu datieren.
a. Juno, in Chiton und Mantel (Kopf verschleiert) opfert r. aus Patera auf kandelaberförmigen Altar. In der L. die offene Acerra. Neben ihrer r. Schulter Vorderteil des Pfaus.
b. Apollo, l. auf Lyra, die auf Pfeiler steht, gelehnt, Mantel über l. Schulter, senkt die r. Hand (mit Plektron?). Vor dem Pfeiler der Greif.
c. Hercules, Löwenfell über l. Schulter und Arm, stützt r. die Keule auf; in der angewinkelten L. hält er ein Gefäß mit den Äpfeln der Hesperiden. Über der r. Schulter Ende des Bogens erkennbar.
d. Minerva, in Chiton, Mantel und Helm, hält r. die Lanze, l. den von innen gesehenen Schild. Neben der l. Schulter Käuzchen.

378 VIERGÖTTERSTEIN

Württemberg. Landesmuseum Stuttgart, Inv. RL 210
Sandstein. H. noch 53; Br. 65; T. 62
Literatur: Sattler a. a. O. 199; 210; 203 f.; 206 Taf. 18. – Haug, Viergöttersteine 17 Nr. 15. – Haug–Sixt Nr. 338. – Espérandieu G. Nr. 477. – Hertlein, Germania 1, 1917, 104 f.

Oberer Teil eines Viergöttersteines. Stark verwaschen. Nach Hertlein derselbe Steinmetz wie Nr. 386. Ornamente auf den Bildfeldrändern.
a. Juno, in Chiton und Mantel (Kopf verschleiert); neben ihrer r. Schulter Pfau, neben der l. Zepter(?) mit nicht erklärbarem Anhang.
b. Victoria, Typ Brescia.
c. Hercules, nach l. gewandt, schwingt in der erhobenen R. die Keule, die L. war gesenkt.
d. Minerva, mit Helm, Ägis mit Gorgoneion auf der Brust (?), hält r. die Lanze; neben ihrer l. Schulter auf einem Pfeiler das Käuzchen.

Meckenheim (Kr. Bad Dürkheim; 171)

379 VIERGÖTTERSTEIN

Hist. Museum der Pfalz, Speyer, Inv. A 64
Sandstein. H. 110; Br. 51; T. noch 30

Literatur: J. v. Stichaner, Intelligenzblatt des Rheinkreises 1821, 484. – Haug, Viergöttersteine 45 f. Nr. 88. – Hildenbrand, Steinsaal 55 Nr. 179 Textbild S. 27. – Espérandieu VIII 5995.

Nur noch eine Seite erhalten; rechteckige Bildfelder; ohne Gesimse gearbeitet.
a. Teil der Juno, in Mantel und Chiton; in der gesenkten R. die Patera, darunter der Pfau.
b. fehlt.
c. Teil des Hercules, der das Löwenfell um den l. Arm gewickelt hatte.
d. Minerva, in Mantel und Chiton, hält r. die Lanze, l. den Schild mit verziertem Schildbuckel.

380 VIERGÖTTERSTEIN

Verschollen
Literatur: v. Stichaner a. a. O. 1821, 484 Abb. 2 e; d. – Haug, Viergöttersteine 46 Nr. 89.

Erhalten sind zwei Zeichnungen v. Stichaners, von denen eine Juno darstellen dürfte, die andere Mercur.

Meddersheim (Kr. Bad Kreuznach; 2)

381 GIGANTENREITER

Privatbesitz Meddersheim
Sandstein. L. etwa 38; H. etwa 43; Br. etwa 23
Literatur: B. Stümpel, Mainzer Zeitschr. 66, 1971, 151 Taf. 51. – Fischer, Viergötterstein 46. – Siehe oben S. 73 Anm. 369; 74.

Erhalten sind Körper und Hinterteil des Pferdes, die Beine des Reiters mit dem l. Arm. Der Reiter hält im l. Arm ein achtspeichiges Rad. Wohl aus einer Villa (vgl. Mainzer Zeitschr. 60/61, 1965/66, 182).

Meisenheim (Kr. Bad Kreuznach; 5)

382 ZWISCHENSOCKEL

Paulusmuseum Worms, Inv. R. 1664
Sandstein. H. 68; Dm. 55
Literatur: Espérandieu VIII 6037. – Siehe oben S. 58 Anm. 300.

Der sechskantige Stein ist sehr stark zerstört. Seine Götterreihe läßt sich deshalb, da sie auch von den Wochengöttern abweicht, nicht mehr rekonstruieren. Es ist auch nicht feststellbar, welche Seite ursprünglich die Vorderseite bildete. Zwei der Figuren können weiblich gewesen sein, der Rest war wohl männlich.

Metzingen (Kr. Reutlingen; 102)

383 WOCHENGÖTTERSTEIN

Württemberg. Landesmuseum Stuttgart, Inv. RL 207
Sandstein. H. 60; Dm. 68
Literatur: Haug, Wochengötter 28 Nr. 4. – Haug–Sixt Nr. 176. – Espérandieu G. Nr. 658. – Rink, Genius 38 Nr. 6. – Duval, Semaine 288. – Kunckel, Genius 111 Nr. C I 106. – Siehe oben S. 57.

Achtkantiger Stein. Reliefs stark verwaschen; ohne Gesimse. Die Götterreihe ist linksläufig!
a. Saturn. Bis zu den Knien bekleidet; sonst unkenntlich.
b. Sol. Nackt, Mantel über l. Arm, der an die Brust gelegt ist. Der r. Arm war erhoben.
c. Luna. Göttin in langem Gewand.
d. Mars, in Panzer (?), hält r. die Lanze, l. den Schild.
e. Mercur. Unbekleideter Gott mit undeutlichen Attributen.
f. Jupiter. Nackter Gott, die r. Hand zum Kopf erhoben, die l. gesenkt.
g. Venus, hält im angewinkelten l. Arm den Spiegel. Die r. Hand ist gesenkt. Die Göttin ist nackt.
h. Genius, im üblichen Mantel um Hüften und Beine (Bausch auf der Schulter?), hält in der gesenkten R. die Patera, im l. Arm das Füllhorn.

384 VIERGÖTTERSTEIN (?)

Verschollen
Literatur: Haug–Sixt Nr. 177. – F. Hertlein, Korrbl. Gesamtverein 64, 1916, 230 Anm. 2.

Nach Haug–Sixt war der verschollene Block die mittlere Schicht eines aus drei Quaderlagen aufgebauten Viergöttersteines. Die Reste der Reliefs könnten von Vulcan, Victoria oder Juno, Hercules und Minerva gestammt haben. Hertlein rekonstruiert eine Reihe Juno, Victoria, Hercules und Minerva. Er hält den Viergötterstein mit dem vorhergehenden Wochengötterstein für zusammengehörig. Bei der Säule habe der Altar Haug–Sixt Nr. 174 oder 175 gestanden.

Miltenberg (58)

385 KAPITELL mit SCHUPPENSÄULE

Heimatmuseum Miltenberg
Sandstein. H. 40; Dm. 21. Abacusplatte: 42 × 29
Literatur: F. Leonhard u. F. Drexel, Das Kastell Altstadt bei Miltenberg. ORL B 38 (1910) 48 Nr. 15. – Espérandieu G. Nr. 217. – Kähler, Kapitelle 65. – Mercklin, Figuralkapitelle Nr. 263 Abb. 488. – Siehe oben S. 47.

Das Kapitell wurde an der Bahnlinie Miltenberg–Amorbach gefunden. Schaftrest abwärts geschuppt. Über dem Reifchen einfache Kranzblätter, aus denen an Stelle von Voluten stark vereinfachte Akanthusblätter wachsen, die die vier Ecken der Abacusplatte tragen. Dazwischen je ein grober, nicht näher bestimmbarer Kopf.

Möglingen (Kr. Ludwigsburg; 90)

386 VIERGÖTTERSTEIN

Württemberg. Landesmuseum Stuttgart, Inv. RL 208
Sandstein. H. 109; Br. 53; T. 48
Literatur: F. Haug, Korrbl. Westdt. Zeitschr. 9, 1890 Nr. 70. – Haug, Viergöttersteine 13 f. Nr. 4. – Hertlein, Juppitergigantensäulen 109; 149. – Haug–Sixt Nr. 319. – F. Hertlein, Germania, 1, 1917, 104 f. – Espérandieu G. Nr. 526. – H. Schoppa, Bonner Jahrb. 157, 1957, 286,9.

Sehr stark beschädigt; Reliefs teilweise abgepickt; ursprünglich wohl rechteckige Bildfelder. Hertlein, Germania 1, 1917, 104 f. schreibt den Stein demselben Bildhauer wie Nr. 378 zu.
a. Juno; r. Arm mit Patera über Altärchen erhalten. Darüber Reste des Pfaus. Umrißlinien sonst nur zu ahnen.
b. Minerva, in Chiton, Mantel und Helm, hält r. die Lanze, l. wohl den heute fehlenden Schild.
c. Hercules, in Ausfallstellung nach l. greift an das Geweih der am Boden kauernden Hirschkuh.
d. Victoria, Typ Brescia, setzt den l. Fuß auf Globus.

Mönchszell (Gem. Meckesheim, Rhein-Neckar-Kreis; 68)

387 VIERGÖTTERSTEIN

Städt. Reiß-Museum Mannheim
Sandstein. H. noch 40; Br. und T. 52
Literatur: K. Christ, Bonner Jahrb. 83, 1887, 239. – K. Baumann, Korrbl. Westdt. Zeitschr. 7, 1888 Nr. 186. – Ders., Denksteine Nr. 29. – Haug, Viergöttersteine 25 Nr. 38. – Wagner, Fundstätten 2, 305; 307. – Espérandieu G. Nr. 415.

Erhalten nur das obere Drittel des Steines; da früher vermauert, stark zerstört. Bildfelder oben rund.
a. Juno, in Umrissen Kopf, r. Arm, Schleier und Haare erhalten.
b. Mercur, Mantel über l. Schulter, Flügel(hut) im Haar.
c. Hercules? Bärtiger nackter Gott.
d. fehlt. Minerva?

Mörsch (Gem. Rheinstetten, Kr. Karlsruhe; 126)   Taf. 38,1–4

388 VIERGÖTTERSTEIN

Bad. Landesmuseum Karlsruhe, Inv. C 26
Sandstein. H. 91; Br. 43; T. 46
Literatur: A. v. Bayer, Generalbericht der Direktion des Bad. Altertumsvereins von 1844–1858 (1858) 56 f. – Fröhner, Alterthümer 1 Nr. 29. – Haug, Viergöttersteine 21 u. 23 Nr. 25 u. 32. – Wagner, Fundstätten 2,70. –

Espérandieu G. Nr. 463. – E. Lacroix, P. Hirschfeld u. W. Paeseler, Die Kunstdenkmäler des Amtsbezirks Ettlingen (1936) 102.

Der Stein ist wahrscheinlich mit dem Stein Haug Nr. 25 identisch. Die Seiten b., c. und d. haben durch die Einmauerung stark gelitten.
a. Juno, in Chiton und kapuzenartig über den Kopf gezogenem Mantel, opfert r. aus Patera auf Altar, hält l. das Zepter.
b. Apollo, Chlamys über dem r. Arm, legt die R. auf den Kopf, stützt den l. Arm auf die Lyra, die auf Sockel steht.
c. Hercules, nackt, stützte r. die Keule auf den Boden auf.
d. Minerva, in Mantel, Chiton und Helm, hält r. die Lanze, l. auf einem Sockel den Schild; l. auf einem Pfeiler das Käuzchen.

Mosbach (Gem. Schaafheim, Kr. Darmstadt-Dieburg; 55)

389 VIERGÖTTERSTEIN

Hess. Landesmuseum Darmstadt, Inv. A. 1906:22
Sandstein. H. 75; Br. 70; T. 67
Literatur: B. Müller, Quartalbl. Hist. Ver. Großherzogtum Hessen N. F. 4, 1906–1910, 30. – E. Anthes, Quartalbl. Hist. Ver. Großherzogtum Hessen N. F. 4, 1906–1910, 93 ff. – A. v. Domaszewski u. H. Finke, Ber. RGK 3, 1960/7, 85 Nr. 136. – Müller, Großherzoglich Hessisches Museum in Darmstadt. Führer durch die kunsthistorischen Sammlungen (1908) 28. – Hertlein, Juppitergigantensäulen 119. – CIL XIII 11744. – Espérandieu G. Nr. 223. – F. Behn, Festschrift RGZM 1 (1952) 15 Nr. 81. – F. Mössinger, Die Römer im Odenwald (1954) 33. – Siehe oben S. 45.

Der Stein stammt aus dem Mauerwerk der alten Pfarrkirche. Erhalten nur der obere Teil.
a. Inschrift: *In h(onorem) d(omus) d(ivinae) / [I(ovi)] O(ptimo) M(aximo) / L(ucius) Quintius V[i]/talis et Quin/ti(i) Antisti(i) Res/pectus Av[. .] / [---].*
b. Victoria, hält in der r. Hand einen Kranz hoch.
c. Hercules, Reste des Löwenfells am l. Arm; über der r. Schulter Bogen.
d. Minerva, mit Helm und Lanze; auf der l. Schulter Käuzchen.

Mühlacker (Enzkreis; 113)

390 VIERGÖTTERSTEIN

Heimatmuseum Mühlacker
Sandstein. H. 97; Br. 50; T. 53
Literatur: F. Wißmann, Fundber. Schwaben N. F. 14, 1957, 199 Taf. 54. – H. Nesselhauf u. H. Lieb, Ber. RGK 40, 1959 Nr. 125. – Siehe oben S. 52 Anm. 268. 269.

Am oberen Rand von c. und d. beschädigt; Bildfelder rechteckig gerahmt; ohne Gesimse gearbeitet.
a. In einem quadratischen Feld in der oberen Hälfte: Adler mit Kranz im Schnabel auf einem quer

liegenden Blitz. Darunter auf Tabula ansata die Inschrift: *I(ovi) O(ptimo) M(aximo) / Aprilis / Donatus / v(otum) s(olvit) l(ibens) l(aetus) m(erito)*.
b. Mars, in Rüstung und Helm, hält r. die Lanze, l. den Schild.
c. Vulcan, in Exomis, hat über die r. Schulter den Hammer gelegt, in der gesenkten L. hält er Zange über Amboß.
d. Victoria, Typ Brescia, setzt den l. Fuß auf eine Kugel; in der r. Hand hält sie statt Schild einen Kranz. Auch der l. Arm war erhoben; hinter der Göttin der jetzt sinnlose Pfeiler.

Nagold (Kr. Calw; 108)

391 VIERGÖTTERSTEIN

St. Remigiuskirche, Nagold
Sandstein
Literatur: L. Merkelbach u. W. Wrede, Die Remigiuskirche in Nagold. Bericht zu ihrer Erneuerung 1960–1965 (1965) 27 ff. – Bauchhenß, Jupitergitantensäulen 8 Abb. 38. – Siehe oben S. 48.

Aus den Fundamenten der Remigiuskirche; stark überarbeitet und beschädigt; auf der Oberseite und den Bildfeldrändern Schleifspuren. Bildfelder oben halbrund, mit plastisch angegebenem Konchenmotiv. Bildfeldränder mit Pilastern (Basen erhalten).
a. Juno, in Chiton und Mantel (Kopf verschleiert), hielt l. das Zepter schräg vor den Körper; r. Arm nicht ganz erhalten.
b. Mercur, Mantel über l. Schulter und Arm, hält im l. Arm Caduceus, die gesenkte R. hielt wohl den Geldbeutel. R. neben ihm Reste des überarbeiteten Bockes. Flügelhut und Flügel an den Knöcheln.
c. Hercules, plump überarbeitet; über dem l. Arm Löwenfell (Unterarm in Überarbeitung schräg aufwärts gebogen), stützte r. die Keule auf. Gesicht durch Überarbeitung völlig entstellt.
d. Minerva, in Chiton, Mantel und Helm(?), hielt r. die Lanze, l. wohl den Schild.

Neckarburken (Gem. Elztal, Neckar-Odenwald-Kreis; 70)

392 GIGANTENREITER

Bad. Landesmuseum Karlsruhe
Sandstein. H. 70; L. 62; Br. 24
Literatur: K. Schumacher, Die Kastelle bei Neckarburken. ORL B 53 u. 53[1] (1898) 30 Nr. 4 Taf. 7,6. – Hertlein, Juppitergigantensäulen 4. – Wagner, Fundstätten 2, 387 Abb. – Koepp, Germania Romana[2] 31 Taf. 6,3. – M. P. Nilsson, Archiv Religionswissenschaft 22, 1925, 178 Anm. 2. – Espérandieu G. Nr. 212 u. 220 Abb. S. 475.

Im Hof des Prätoriums im Ostkastell von Neckarburken gefunden. Vom Giganten nur Oberkörper erhalten. Die Ellenbogen waren auf die Plinthe aufgesetzt. Vorderhufe des Pferdes über Schultern des Giganten. Bartloses Gesicht. Der Reiter trägt Tunica und Mantel, Gesicht bärtig; l. Hand am Zügel des Pferdes, die verlorene R. war erhoben. Pferd ohne Beine und Schwanz erhalten.

Neckarelz (Stadt Mosbach, Neckar-Odenwald-Kreis; 71)

393 GIGANTENREITER

Städt. Reiß-Museum Mannheim
Sandstein. L. 52; H. 41. Sockel: 21 × 21
Literatur: W. Deecke, Fundber. Baden 2, 1929–32, 246. – Siehe oben S. 65; 67.

Angeblich gegen 1910 gefunden, bis 1930 in Privatbesitz; gehört vielleicht zum folgenden Wochengötterstein. Stark fragmentiert. Der Gigant kniete auf der Plinthe, seine Hände liegen auf ihr auf. Die R. scheint Waffe gehalten zu haben. Vorderhufe des Pferdes über seiner Schulter. Vom Reiter nur Beine mit Tunicaresten erhalten. Am Rücken des Pferdes Ansatzbosse für den Mantel.

394 WOCHENGÖTTERSTEIN

Städt. Reiß-Museum Mannheim
Sandstein. H. 51; Dm. 44
Literatur: Haug, Wochengötter 29 f. Nr. 7 Taf. 1,1. – Baumann, Denksteine Nr. 16 Taf. 1,1. – Wagner, Fundstätten 2,391. – Espérandieu G. Nr. 227. – Duval, Semaine 289. – Gropengießer, Steindenkmäler Taf. 28 f. – Siehe oben S. 57.

Runder Stein; oben und unten Gesimse; Bildfelder oben halbrund; Götter in ganzer Gestalt.
a. Saturn, in Tunica, Hosen (?) und über den Kopf gezogenem Mantel, hält in der gesenkten R. die Harpe, in der l. Hand undeutlichen Gegenstand.
b. Sol, Mantel auf der r. Schulter geheftet, erhebt r. Hand in Kopfhöhe, die L. liegt am Körper an. Strahlenkranz.
c. Luna, in Chiton und Mantel (Kopf verschleiert), r. Hand wie bei Sol zum Kopf erhoben.
d. Mars, in Panzer und Helm, hält r. die Lanze, l. den Rundschild.
e. Mercur, Mantel über l. Schulter und Arm, hält im l. Arm den Caduceus, in der gesenkten R. Geldbeutel; r. neben ihm Widder; im Haar große Flügel.
f. Jupiter, nackt, bärtig, in der gesenkten R. der Blitz, die L. hält das Zepter.
g. Venus, Mantel um Unterleib und Beine, der über die r. Schulter nach vorne fällt; die l. Hand liegt vor der Scham, die R. hält Spiegel vor Gesicht.

Neckartailfingen (Kr. Eßlingen; 100)

395 WOCHENGÖTTERSTEIN

Württemberg. Landesmuseum Stuttgart, Inv. RL 241
Sandstein. H. 93; Br. der Seiten 32–36
Literatur: P. Goessler, Fundber. Schwaben 22–24, 1914–16, 23 ff. Abb. 12. – Ders., Germania 1, 1917, 118 ff. Abb. 1 ff. – Ders. ebd. 16, 1932, 205. – Espérandieu G. Nr. 585. – Duval, Semaine 287 f. – Siehe oben S. 57.

Achtkantiger Stein; Reliefs stark verwaschen, zum Teil nicht mehr erkennbar; an den oberen Kanten abgeschlagen; Bildfelder oben halbrund; ohne Gesimse.
a. Saturn, hält in r. Hand die Harpe vor die Brust. Nach Goessler über Kopf und Rücken schleierartiger Mantel.

b. Sol, der r. Unterarm mit Fackel (?) erhoben, der l. Arm gesenkt. Nach Goessler mit auf der r. Schulter geknüpftem Mantel.

c. Luna, nach Goessler in Chiton und Mantel, hält l. Zepter (lange Fackel?).

d. Mars, nackt, r. Arm erhoben; l. unten Spuren des Schildes. Lanze?

e. Merkur, Mantel auf r. Schulter geheftet, im l. Arm Caduceus, in der gesenkten R. Geldbeutel. Flügelreste im Haar.

f. Jupiter, Mantel über l. Schulter und Arm, die R. mit Blitz (?) gesenkt, die L. hielt Zepter.

g. Venus, nackt, den l. Ellenbogen auf hohen Pfeiler gestützt, die r. Hand in die Hüfte gestemmt.

h. Kniender, jugendlicher Gigant mit erhobenen Armen.

Neuhausen auf den Fildern (Kr. Eßlingen; 99)

396 GIGANTENREITER

Württemberg. Landesmuseum Stuttgart
Sandstein. H. 50; L. 49
Literatur: M. Bach, Fundber. Schwaben 2, 1894, 6. – Hertlein, Juppitergigantensäulen 3. – Haug–Sixt Nr. 225. – Espérandieu G. Nr. 602.

Erhalten Rumpf des Pferdes, Oberkörper und Beine des Reiters. Der Reiter trug Panzer mit Pteryges. Die l. Hand lag am Hals des Pferdes und hielt die Zügel, der r. Arm war erhoben. Er und der Kopf fehlen.

Niederbronn-les-Bains (Arr. Haguenau, Bas-Rhin; 148)

397 GIGANTENREITER   Taf. 39,4

Musée Historique Mulhouse, Inv. 206
Sandstein. H. 48; L. 58. Sockel: Br. 23; H. 11; L. 16
Literatur: J. A. Siffer, Bull. Soc. Conservat. Mon. Hist. Alsace 2. Ser. 6, 1868, 42. – A. Prost, Revue Arch. N. S. 37, 1879, 68. – F. Hettner, Westdt. Zeitschr. 4, 1885, 376. – Haug, Viergöttersteine 41 Nr. 77 Anm. – Hertlein, Juppitergigantensäulen 8. – A. Reinach, Bull. Mus. Hist. Mulhouse 37, 1913, 101 f. Taf. 5,1. – Espérandieu VII 5606; 5609. – Siehe oben S. 66.

Der Gigant liegt auf dem Rücken, seine Arme sind an den Körper angelegt. Neben der r. Hand liegt ein Schlangenkopf. Die l. Hand des Reiters mit einem Teil des Zügels ist erhalten. Vom Reiter sonst nur noch die Beine und an seinem l. Oberschenkel die Tunica vorhanden.

398 GIGANTENREITER   Taf. 39,2

Musée Municipal Niederbronn-les-Bains
Sandstein. H. 23,5
Literatur: Espérandieu VII 5608. – G. Eriau, Bull. Soc. Niederbronnoise Hist. et Arch. 3,11, 1970, 44 Nr. 15 Abb. S. 54.

Oberkörper ohne Kopf; der r. Arm war zum Wurf erhoben. Am Oberarmansatz glaubt man Rest eines Muskelpanzers zu erkennen. Der l. Arm war angelegt. Reitermantel.

399 VIERGÖTTERSTEIN

Musée Arch. Strasbourg, Inv. 2363
Sandstein. H. 104; Br. 48; T. 45
Literatur: J. D. Schöpflin, Alsatia illustrata 1 (1751) 447; 461; 473; 484 Taf. 6,2. – J. G. Schweighäuser, Antiquités de l'Alsace... 2 (1828) 155. – F. X. Krauß, Kunst und Altertum in Elsaß-Lothringen 1 (1876) 186. – Haug, Viergöttersteine 41 Nr. 77. – Hatt, Strasbourg Nr. 64.

Von dem Viergötterstein ist nur das Mittelteil von den Knien der Götter bis zu ihrer Hüfte erhalten.
   a. Juno, in langem Gewand (Minerva?).
   b. Apollo.
   c. und d. nicht benennbare Götter; nach Hatt Hercules und Mercur.
Espérandieu VII 5596 gibt die zu diesem Stein gehörende Literatur an, bildet aber den folgenden Stein Nr. 400 ab. Schweighäuser erwähnt ein mitgefundenes Kapitell, das verschwunden ist.

400 VIERGÖTTERSTEIN

Musée Municipal Niederbronn-les-Bains
Sandstein. H. noch 111; Br. und T. nicht meßbar.
Literatur: Espérandieu VII 5596. – Eriau a. a. O. 42 Nr. 4 Abb. S. 47.

An dem oben verstümmelten und stark verwitterten Stein sind nur noch undeutlich Reste der Götterfiguren zu erkennen. Als Grenzstein zwischen Niederbronn und Oberbronn verwendet.
   a. Göttin in langem Gewand. Juno?
   b. Nackter Gott. Mercur?
   c. Nackter Gott.
   d. Minerva, in langem Gewand. L. neben ihr Rest des Schildes.

401 JUPITERSÄULE

verschollen
Literatur: Schöpflin a. a. O. Taf. 7,8. – CIL XIII 6050.

Schöpflin bildet eine Säule mit Inschrift ab, die verschollen ist. *I(ovi) O(ptimo) M(aximo) / August[– – –] / Ursulu[– – –] / Taug[– – –]*.
Es ist unsicher, ob ein Säulenstück oder ein runder Zwischensockel gemeint war.

Niedermodern (Arr. Saverne, Bas-Rhin; 144)

402 ZWISCHENSOCKEL

Musée Arch. Strasbourg, Inv. 2365
Sandstein. H. 59; Br. 49; T. 47

Literatur: J. A. Siffer, Bull. Soc. Conservat. Mon. Hist. Alsace 1, 1857, 297. – F. X. Kraus, Kunst und Altertum in Elsaß-Lothringen 1 (1876) 202. – A. Straub, Bull. Soc. Conservat. Mon. Hist. Alsace 2. Ser. 13, 1887, 373. – Haug, Viergöttersteine 38 f. Nr. 69. – CIL XIII 6020. – Espérandieu VII 5621. – R. Egger, Jahresh. Österr. Arch. Inst. 43, 1956–58, 47 Abb. 31. – Hatt, Strasbourg Nr. 90. – Brommer, Vulkan 12 f. Nr. 65. – Siehe oben S. 59.

Hatt schreibt den Stein dem nach seiner Seite b. benannten 'Meister des Vulcans von Niedermodern' zu. Der Stein wurde 1870 bei der Beschießung Strasbourgs beschädigt.
a. Inschriftreste, nicht mehr lesbar.
b. Rosettenförmiges Blattornament.
c. Vulcan, in Exomis, die R. mit dem Hammer erhoben, die L. mit der Zange auf den Amboß gesenkt. Zu seiner L. Blitz und Dreizack, die Erzeugnisse seiner Kunst.
d. Venus und Fortuna; Venus, mit Mantel, der über ihren Rücken nach unten hängt, hält in der gesenkten R. eine Blüte, in der L. in Schulterhöhe einen Spiegel. Fortuna in Chiton und Mantel stützt die r. Hand auf das Steuerruder; in der L. hält sie das Füllhorn.

Niefern (Gem. Niefern-Öschelbronn, Enzkreis; 115)

403 VIERGÖTTERSTEIN

Kirche in Niefern
Ohne Angaben von Material und Maßen publiziert.
Literatur: A. Dauber, Fundber. Baden 21, 1958, 259.

Der Stein wurde 1955 im Kirchenfundament in Niefern entdeckt, wo er sich noch heute befindet. Zu erkennen waren die Füße zweier Gottheiten, von denen eine ein langes Gewand trug, also weiblich war.

Nöttingen (Gem. Remchingen, Enzkreis; 121)

404 VIERGÖTTERSTEIN

Bad. Landesmuseum Karlsruhe, Inv. C 4404
Sandstein. H. 125; Br. 57; T. 59
Literatur: E. Wagner, Korrbl. Westdt. Zeitschr. 1, 1882 Nr. 261. – Haug, Viergöttersteine 21 f. Nr. 28. – Wagner, Fundstätten 2, 142. – Espérandieu G. Nr. 377. – E. Lacroix, P. Hirschfeld u. W. Paeseler, Die Kunstdenkmäler des Amtsbezirks Pforzheim-Land (1938) 184.

Ursprünglich in der Nöttinger Kirche vermauert. Götter in oben runden Nischen.
a. Juno, in Chiton und Mantel (Kopf verschleiert), opfert r. auf schmales Altärchen, hält l. die Acerra.
b. Mercur, Mantel über l. Schulter und Arm, hält in der gesenkten R. den Geldbeutel, im l. Arm den Caduceus; im Haar Flügel.
c. Hercules, Löwenfell über l. Schulter und Arm, stützt r. die Keule auf; hinter der r. Schulter der Köcher.
d. Minerva, in Mantel, Chiton und Helm, hält r. die Lanze, l. auf niedrigem Sockel den Schild. L. auf einem Säulchen das Käuzchen.

Nußdorf (Stadt Landau in der Pfalz; 164)

405 VIERGÖTTERSTEIN

Kirche in Nußdorf
Sandstein. H. 90; Br. 55; T. 50
Literatur: J. v. Stichaner, Intelligenzbl. des Rheinkreises 1822, 528; 1823, 4 Abb. – L. Lersch, Bonner Jahrb. 4, 1844, 149. – Haug, Viergöttersteine 45 Nr. 87. – Hertlein, Juppitergigantensäulen 104. – Hildenbrand, Steinsaal 5 Abb. – Espérandieu VIII 5904.

Der Stein ist in einer Ecke des Kirchturms vermauert; 1822 war er dort für einige Zeit entfernt; die beiden heute nicht sichtbaren Seiten daher nur nach v. Stichaner bekannt.
a. Jupiter.
b. Minerva.
c. Hercules, Löwenfell über l. Schulter, stützt r. die Keule auf.
d. Juno, in Chiton und Mantel (Kopf verschleiert), hält in der L. die Acerra, die R. ist an die Brust gelegt. L. Altarrest?

Obernburg (Landkr. Miltenberg; 56)

406 GIGANTENREITER Taf. 40,1–2

Römerhaus Obernburg
Sandstein. H. 69; L. 44
Literatur: Ch. Pescheck, Heimatpflege in Unterfranken 1960, 25 ff. – L. Hefner u. J. Michelbach, Bayer.-Vorgeschbl. 27, 1962, 248 Taf. 13. – Hefner, Führer 8 (1967) 155 f. – Fischer, Viergötterstein 47. – H.-J. Kellner, Die Römer in Bayern (1971) 109 f. Abb. 85 f. – Siehe oben S. 26; 29; 67; 73 Anm. 369; 74.

Die beiden Obernburger Gigantenreiter und ein Altar wurden zusammen in der Füllung eines Brunnens gefunden.
Vom r. Bein des Giganten ist der Rest einer Windung und der Schlangenkopf erhalten, der in das r. Bein Jupiters beißt; vom l. Bein ist ebenfalls ein Teil der Windung erhalten; der Kopf beißt in das l. Hinterbein des Pferdes. Der Rest des Giganten war möglicherweise aus einem eignen Stein gearbeitet (glatte Bruchflächen). Der Reiter trägt Stiefel. Seine Halbärmeltunica scheint ungegürtet zu sein. Der flatternde Mantel ist abgebrochen. Am l. Arm, der den Zügel hält, trägt Jupiter ein dreispeichiges Rad.

407 GIGANTENREITER Taf. 39,3

Römerhaus Obernburg
Sandstein. H. 37; L. 38
Literatur: siehe Nr. 406. – Siehe oben S. 26; 29.

An der Gruppe fehlen Oberkörper des Reiters und Hals und Kopf des Pferdes. Der Gigant liegt auf dem Bauch und richtet seinen auf die Oberarme gestützten Oberkörper fast senkrecht auf. Vorderseite und l. Seite der Gruppe sind nur grob angelegt.

408 JUPPITERALTAR

Römerhaus Obernburg
Sandstein. H. 75; Br. 30; T. 25
Literatur: siehe Nr. 406. – Siehe oben S. 26.

Der Altar trägt in schlechten Buchstaben die Inschrift: *I(ovi) O(ptimo) M(aximo) /Paterni/us Aman/dus v(otum) s(olvit) / l(ibens) l(aetus) m(erito)*.
Auf der l. Seite des Altares Blitzbündel und ein undeutlicher Gegenstand, r. eine Opferaxt.

409 KAPITELL

Römerhaus Obernburg
Sandstein. H. 46; Br. oben noch 28
Literatur: Fischer, Viergötterstein 46. – Kellner a. a. O. Abb. 87.

Aus einem einfachen Blattkelch wachsen zwischen den Voluten grob gearbeitete Büsten heraus (eine ganz erhalten, eine teilweise). Die Köpfe sind aufgrund ihrer Frisur sicher weiblich.

410 VIERGÖTTERSTEIN

Museum der Stadt Aschaffenburg, Inv. 188
Sandstein. H. 89; Br. und T. 61
Literatur: Haug, Viergöttersteine 29 Nr. 48. – CIL XIII 1271*. – E. Schneider, Museum der Stadt Aschaffenburg. Ein kleiner Führer (1964) Nr. 5 Abb. – Siehe oben S. 48; 52 Anm. 268. 269.

Der Stein, früher an der Südwestseite der Stiftskirche in Aschaffenburg vermauert, stammt wahrscheinlich aus Obernburg. Die Inschrift der Seite b. ist mittelalterlich: *Ramung me fecit*.
Bildfelder oben halbrund; ohne Gesimse gearbeitet.
a. leer. Inschrift?
b. Mars, nackt, am l. Arm den Schild, r. die Lanze, stürmt in die Bildfläche, wendet dabei also dem Betrachter den Rücken zu.
c. Ceres? Frau in Chiton und Mantel, mit undeutlichen Gegenständen in den Händen. Möglicherweise Ähren und Fruchtkorb.
d. Victoria, Typ Brescia, tritt mit dem l. Fuß auf Globus.

411 ZWISCHENSOCKEL (?)

Museum der Stadt Aschaffenburg, Inv. 189
Sandstein. H. 61; Dm. 38
Literatur: Haug, Viergöttersteine 29 Nr. 47. – Schneider a. a. O. Abb. zu Nr. 5. – Brommer, Vulkan 4 Nr. 4 Taf. 4.

Der Stein ist rund; die Nischen enden oben halbrund; Gesimse oben und unten angearbeitet.
a. Juno, in Chiton und Mantel, mit Pfau und Zepter.
b. Vulcan, in Exomis, hält r. den Hammer, l. die Zange über einen Amboß.
c. Hercules, Löwenfell über l. Arm, stützt r. die Keule auf.
d. Minerva, in Chiton, hält l. die Lanze und r. über einem kleinen Käuzchen den Schild.

Oeschelbronn (Gem. Niefern-Oeschelbronn, Enzkreis; 111)

Bei Regulierungsarbeiten des Dorfbaches wurden Reste von Jupitersäulen gefunden, die wohl zu einem einzigen Monument gehörten; es kann aber nicht rekonstruiert werden. Die Teile stammen aus dem Bereich einer Villa rustica (P. H. Stemmermann, Fundber. Baden 3, 1933–36, 321 ff.).

412 GIGANTENREITER

Heimatmuseum Pforzheim
Sandstein
Literatur: W. Fischer, Germania 6, 1922, 43 ff. – Ders., Fundber. Baden 1, 1925–28, 20 ff. Abb. 10 f. – E. Lacroix, P. Hirschfeld u. W. Paeseler, Die Kunstdenkmale des Amtsbezirks Pforzheim Land (1938) 190.

Erhalten Pferde- und Reitertorso, sowie das Vorderteil der Plinthe mit einer Hand des Giganten. Auf dem Rücken des Pferdes lag eine Satteldecke. Der Reiter trug Panzer, dessen Laschen der Bildhauer mißverstand.

413 VIERGÖTTERSTEIN (Gesimsplatten)

Heimatmuseum Pforzheim
Sandstein. a. Grundfläche: 80,5 × 76; H. 31; obere Fläche: 58 × 52. b. Auflageflächen: 52 × 48 bzw. 88 × 80.
Literatur: siehe oben Nr. 412. – Siehe oben S. 47.

Erhalten sind Basis (a.: geknickter Pyramidenstumpf) und Gesims (b) eines Viergöttersteines.

414 JUPITERALTAR

Heimatmuseum Pforzheim (?)
Sandstein
Literatur: H. Finke, Ber. RGK 17, 1927 Nr. 180. – Année Épigr. 1923, 10 Nr. 31. – Sonst siehe oben Nr. 412. – Siehe oben S. 44.

Auf der Vorderseite des Altares Inschrift, deren Zeilen 2 und 3 offenbar vertauscht sind. *In h(onorem) d(omus) d(ivinae) / pro salute / I(ovi) O(ptimo) M(aximo) / Materni / Marciani / Valeriana / soror / ex voto / posuit / l(ibens) l(aeta) m(erito)*.
Die Zugehörigkeit zu 412 u. 413 ist nicht gesichert.

Otzberg (Kr. Darmstadt-Dieburg; 53)

415 KAPITELL mit SCHUPPENSÄULE

Privatbesitz, Lengfeld/Odenwald
Sandstein
Literatur: F. Mössinger, Die Römer im Odenwald (1954) 32. – Mercklin, Figuralkapitelle Nr. 253 Abb. 475. – Siehe oben S. 22.

Sehr schlankes, stark verwittertes Kapitell mit Ansatz der Schuppensäule. Viereckiger Kalathos mit Blattornamenten an den Ecken. Auf jeder Seite ein Kopf. Im Haar des einen Flügel oder Blattornament.

Owen (Kr. Eßlingen; 101)

416 VIERGÖTTERSTEIN

Württemberg. Landesmuseum Stuttgart, Inv. F 57/2
Sandstein. H. 59; Br. 36
Literatur: Fundber. Schwaben N. F. 15, 1959, 172 Taf. 57,2.

Zwei Seiten des Steines fehlen, von den beiden anderen nur Reste erhalten. Bildfelder oben halbrund.
a. Gott in knielangem Chiton, der unterhalb des Gürtels in Falten fällt, oberhalb glatt ist (Panzer?). Mantel auf der r. Schulter geheftet. Der r. Arm mit einem 'angewinkelten Garten- oder Winzermesser' erhoben. Kopf bärtig. Silvan?
b. fehlt.
c. fehlt.
d. L. Körperhälfte eines nackten Gottes mit Mantel, der auf r. Schulter geheftet ist.

Pforzheim (116)

Die Pforzheimer Reste von Gigantensäulen wurden alle in einem relativ eng umgrenzten Gebiet am Enzufer gefunden (Wagner, Fundstätten 2,143). Einige könnten daher zu einer Säule zusammengehören.

417 GIGANTENREITER   Taf. 40,4

Bad. Landesmuseum Karlsruhe, Inv. C 155
Sandstein. H. 67
Literatur: E. Wagner, Westdt. Zeitschr. 1, 1882, 36 Taf. 1,1. – Ders., ebd. 13, 1894, 332. – Hertlein, Juppitergigantensäulen 4. – Wagner, Fundstätten 2, 145 f. Abb. 134. – Koepp, Germania Romana[2] 38 Taf. 14,1. – W. Fischer, Fundber. Baden 1, 1925–28, 20 Abb. 8. – Espérandieu G. Nr. 383. – E. Lacroix, P. Hirschfeld u. W. Paeseler, Die Kunstdenkmale von Pforzheim (1939) 23. – A. B. Cook, Zeus. A Study in ancient religion II,1 (Nachdruck 1964) 80 Abb. 43. – F. Benoit, Art et dieux de la Gaule (1969) Abb. 229. – Bauchhenß, Jupitergigantensäulen 17 f. Abb. 25. – Siehe oben S. 65; 67.

Der Gigant hockt auf den Knien auf der Plinthe, sein Oberkörper neigt sich schräg nach vorne. Die beiden, dicht am Körper anliegenden Arme, halten zwei Keulen. Das Gesicht ist bärtig. Das Pferd legt die Vorderhufe über die Schultern des Giganten. Der Reiter trägt Schuhe, Tunica und Reitermantel; der r. Arm war erhoben.

418 GIGANTENREITER   Taf. 40,3

Bad. Landesmuseum Karlsruhe, Inv. C 3582
Sandstein. H. 67; L. 48
Literatur: Wagner, Westdt. Zeitschr. 1, 1882, 36 Taf. 1,2. – Ders., ebd. 13, 1894, 332. – Hertlein, Juppitergigantensäulen 4. – Wagner, Fundstätten 2, 144 f. Abb. 133. – Koepp, Germania Romana[2] 38 Taf. 14,4. – Fischer a. a. O. 20. – Espérandieu G. Nr. 380. – Lacroix, Hirschfeld und Paeseler a. a. O. 23. – Cook a. a. O. 79 Abb. 42. – Siehe oben S. 65.

Der Gigant kniet auf der Plinthe, seinen Körper hat er senkrecht aufgerichtet. Die Arme winkelt er in Ellenbogenhöhe an, um auf den Handflächen die Hufe des Pferdes zu tragen. Sein Kopf ist bärtig. Der Reiter (Kopf fehlt) trug einen Muskelpanzer und Reitermantel. Vom Pferd fehlen Kopf, Hals, Hinterbeine und Schwanz.

419 VIERGÖTTERSTEIN

Heimatmuseum Pforzheim
Sandstein. H. 120; Br. 51; T. 52
Literatur: F. Hertlein, Korrbl. Gesamtverein 64, 1916, 221 Anm. 1 Nr. III. – Wagner, Fundstätten 2, 150 Abb. 137. – Espérandieu G. Nr. 341. – Lacroix, Hirschfeld u. Paeseler a. a. O. 23. – Siehe oben S. 28.

Der Stein ist, da er in der Enz lag, an einigen Seiten stark abgeschliffen. Die Bildfelder sind rechteckig. Die Gesichter aller Götter sind mit Absicht zerstört. Hertlein schreibt den Stein demselben Bildhauer wie den Maulbronner Stein Nr. 377 zu.
a. Juno, in Chiton und Mantel (Kopf verschleiert), hält l. die Acerra, opfert r. auf einen rechteckigen Altar. Mit Nimbus!
b. Mercur, trägt am Rücken seinen Mantel, die R. mit dem Geldbeutel ist gesenkt, die angewinkelte L. hielt wohl den Caduceus.
c. Hercules, Löwenfell über l. Schulter und um l. Unterarm gewickelt, stützt r. die Keule auf. Nimbus!
d. Minerva, in Chiton, Mantel und Helm mit prächtigem Helmbusch, hält r. die Lanze und l. den Schild.

420 ZWISCHENSOCKEL

Heimatmuseum Pforzheim
Sandstein. H. noch 37; Br. und T. 86
Literatur: F. Haug, Korrbl. Westdt. Zeitschr. 13, 1894 Nr. 97. – CIL XIII 6333. – Wagner, Fundstätten 2, 147 Abb. 135. – Hertlein, Korrbl. Gesamtverein 64, 1916, 221 Anm. 1 Nr. I. – Espérandieu G. Nr. 362. – Lacroix, Hirschfeld u. Paeseler a. a. O. 23. – Siehe oben S. 57 Anm. 298; 58.

Schon Hertlein hat diesen Stein wegen seiner typologischen Übereinstimmung mit dem Zwischensockel der Großen Mainzer Säule als Zwischensockel bezeichnet. Nur die obere Hälfte des Steines erhalten.
a. Inschrift: *I(n) h(onorem) d(omus) d(ivinae) / I(ovi) O(ptimo) M(aximo) / C(aius) Nigrini/* [---]
b. Dioskur mit Pferd.
c. Victoria, Typ Brescia.
d. Dioskur mit Pferd.

421 ZWISCHENSOCKEL

Heimatmuseum Pforzheim
Sandstein. H. noch 49; Br. 86; T. 89
Literatur: Hertlein, Korrbl. Gesamtverein 64, 1916, 221 Anm. 1 Nr. II. – Siehe oben S. 57 Anm. 298; 58.

Ein Stein im Hof der Kirche in Pforzheim-Brötzingen (Lapidarium des Heimatmuseums) ist sicher mit dem bei Hertlein erwähnten Zwischensockelrest aus dem Fundament der Altstädter Kirche identisch. Erhalten sind noch zwei Seiten mit Dioskur und Victoria.

422 WOCHENGÖTTERSTEIN

Bad. Landesmuseum Karlsruhe, Inv. C. 28
Sandstein. H. 77; Dm. 66
Literatur: Fröhner, Alterthümer 1 Nr. 31. – Haug, Wochengötter 29 Nr. 6. – Wagner, Fundstätten 2, 147. – Espérandieu G. Nr. 361. – Lacroix, Hirschfeld u. Paeseler a. a. O. 23. – Duval, Semaine 288. – Siehe oben S. 57.

Der Stein ist sechseckig, daher mußten Jupiter und Venus auf einer Seite untergebracht werden, die dafür etwas breiter ist.
a. Saturn, jugendlich, in einheimischem Gewand, in der vor die Brust gelegten R. die Harpe, die L. mit undeutlichem Gegenstand gesenkt.
b. Sol, nackt, in der vor die Brust gelegten r. Hand die Peitsche (?); das Attribut in der gesenkten L. ist nicht zu erkennen. Nimbus?
c. Luna, in langem Gewand, hält in der vor die Brust gelegten r. Hand die Peitsche, die L. gesenkt.
d. Mars, in Panzer, hält r. die Lanze, l. den Rundschild vor den Körper.
e. Mercur, nackt, mit Flügelchen am Haar (Hut?), hält mit der r. Hand den Geldbeutel vor die Brust, die L. ist gesenkt.
f. Jupiter und Venus. Bis auf Umrisse und einen nackten Arm am r. Bildfeldrand abgeschlagen.

423 SCHUPPENSÄULE

Heimatmuseum Pforzheim, Inv. F. St. 19.1915/44
Sandstein. H. 30
Literatur: Espérandieu G. S. 230 Abb.

Das Fragment mit gekielten Schuppen, die nach oben weisen, endet in einem Reifchen; erhalten ist also der Säulenhals.

424 KAPITELL

Heimatmuseum Pforzheim, Inv. F. St. 11.1900.30
Sandstein. H. 43; Dm. unten 33
Literatur: Wagner, Fundstätten 2, 149 f. Abb. 135. – Espérandieu G. S. 230 Abb. – Mercklin, Figuralkapitelle Nr. 422 Abb. 826 f.

An Stelle der Voluten wachsen aus dem Akanthusblattkranz vier weibliche Büsten, die durch Blütenkranz, Ährenbündel und Tuch als Jahreszeiten charakterisiert sind. Der Herbst fehlt.

425 WOCHENGÖTTERSTEIN

Heimatmuseum Pforzheim
Sandstein. H. noch 59; Dm. 81

Im Hof der Kirche von Pforzheim-Brötzingen (Lapidarium) befindet sich noch ein Wochengötterstein (?), dessen Herkunft nicht geklärt werden konnte; er dürfte ebenfalls aus Pforzheim stammen.
Auf der Oberseite rechteckige Einlassung.
Der Stein ist achtkantig, die Figuren sind weitgehend abgerieben, so daß Einzelheiten nicht zu erkennen sind. Es dürften die Wochengötter dargestellt gewesen sein.

Pforzheim-Brötzingen (117)

426 GIGANTENREITER

Heimatmuseum Pforzheim, Inv. F. St. 15.1922/43
Sandstein. H. noch 34; Br. 26. Plinthe: H. 7; L. 29
Literatur: W. Fischer, Fundber. Baden 1, 1925–28, 23 ff. Abb. 13 f. – E. Lacroix, P. Hirschfeld u. W. Paeseler, Die Kunstdenkmale von Pforzheim (1939) 393. – Siehe oben S. 65.

Erhalten der größte Teil des Giganten, der auf der Plinthe kniet und Brust und Oberkörper leicht vorneigt. In der r. Hand hält der bartlose Gigant eine Keule, auf der der Pferdehuf aufliegt; den anderen trug er in der Hand.

427 VIERGÖTTERSTEIN   Taf. 41,1–2

Bad. Landesmuseum Karlsruhe, Inv. C. 20
Sandstein. H. 100; Br. 80; T. 82
Literatur: Fröhner, Alterthümer 1 Nr. 23. – F. Hettner, Westdt. Zeitschr. 4, 1885, 369. – A. Gaidoz, Revue Arch. 3. Ser. 15, 1890, 172 f. – Haug, Viergöttersteine 22 Nr. 29. – E. Krüger, Bonner Jahrb. 104, 1899, 58. – Wagner, Fundstätten 2, 128. – Espérandieu G. Nr. 382. – Lacroix, Hirschfeld u. Paeseler a. a. O. 392. – R. Egger, Jahresh. Österr. Arch. Inst. 43, 1956–58, 43 Abb. 26. – Brommer, Vulkan 5 Nr. 13 Taf. 13. – Siehe oben S. 48; 53.

Der Stein wurde wie die beiden folgenden 1818 aus der Mauer des Brötzinger Kirchhofes nach Durlach und später nach Karlsruhe gebracht. Der Stein bestand aus drei Quaderlagen, von denen die mittlere und obere erhalten sind. An den Bildfeldrändern Blumenrankenornamente.
a. Göttin in Chiton und Mantel, l. Hand gesenkt, r. verschwindet hinter dem Körper; an der l. Schulter schräg zur Bildfelddecke ragender spitzer Gegenstand, dessen Bedeutung unklar ist, da Oberkörper und Kopf völlig verrieben. Peitsche einer Luna?
b. Vulcan, in Exomis, in der gesenkten R. der Hammer, die L. hält Zange schräg vor die Brust. Unter dem Hammer Amboßrest?
c. Sol, Mantel auf r. Schulter geheftet, senkt die L. mit der Peitsche, während er die R. bis in Kopfhöhe erhoben hat. Nimbus.
d. Venus, auf Felsen sitzend, Schleier als Tuch darüber gebreitet, auf dem l. Oberschenkel Schwan, den sie mit l. Hand berührt.

428 VIERGÖTTERSTEIN   Taf. 41,3–4

Bad. Landesmuseum Karlsruhe, Inv. C. 21
Sandstein. H. 83; Br. 50; T. 53
Literatur: Fröhner, Alterthümer 1 Nr. 24. – Gaidoz a. a. O. 173. – Haug, Viergöttersteine 22 Nr. 30. – CIL XIII 6331. – Wagner, Fundstätten 2, 128 Abb. 116. – Espérandieu G. Nr. 365. – Lacroix, Hirschfeld u. Paeseler a. a. O. 392. – H. Schoppa, Bonner Jahrb. 157, 1957, 286,12. – Brommer, Vulkan 5 Nr. 14 Taf. 14. – Siehe oben S. 43; 45; 48; 52 Anm. 268. 269.

Die Bildfelder der Seiten b., c. und d. sind oben halbrund; ohne Gesimse, teilweise stark beschädigt.
a. In oben halbrunder kleiner Nische weibliche Kopfbüste mit auf die Schulter fallendem Haar; unbekleidet. Venus? Darunter Inschrift: *I(ovi) O(ptimo) M(aximo) / He(---) S(---) G(---) / v(otum) s(olvit) l(ibens) l(aetus) m(erito)*. Die Auflösung der Abkürzungen der 2. Zeile ist umstritten, vor allem die der Buchstaben HE. Sie könnten Abkürzung für *Heliopolitano* oder, wahrscheinlicher, eines Namens sein.
b. Victoria, Typ Brescia, tritt l. auf einen Globus (?); der sehr kleine Schild ruht auf einem Pfeiler.
c. Vulcan, in Exomis, stützt r. den Hammer auf den Amboß, hält in der gesenkten L. die Zange.
d. Mars, in Panzer und Helm, hält l. den Schild, r. die Lanze.

429 VIERGÖTTERSTEIN

Bad. Landesmuseum Karlsruhe, Inv. C. 25
Sandstein. H. 100; Br. und T. 59
Literatur: Fröhner, Alterthümer 1 Nr. 28. – Gaidoz a. a. O. 173. – Haug, Viergöttersteine 23 Nr. 31. – Wagner, Fundstätten 2, 129. – Espérandieu G. Nr. 367. – Lacroix, Hirschfeld u. Paeseler a. a. O. 392. – Brommer, Vulkan 5 Nr. 15 Taf. 15.

Undeutlich eingetiefte, oben halbrunde Nischen; ohne Gesimse gearbeitet. Teilweise stark verwaschen.
a. Juno, in Chiton und Mantel, hält im l. Arm die Acerra, senkt den r. Arm zum Opfer; der Altar fehlt.
b. Jugendlicher, nackter Gott. Neben dem r. Bein Reste, vielleicht eines Greifen. Apollo?
c. Victoria, in langem Chiton, der die r. Brust freiläßt, hält in erhobener r. Hand den Kranz; die l. Hand ohne Attribut (?) gesenkt.
d. Vulcan, mit Exomis und Mütze (mit spitzem Aufsatz?), hält r. den Hammer, im l. Arm Zange oder Blasebalg. Neben seinem r. Fuß ein Amboß.

Pfrondorf (Stadt Nagold, Kr. Calw; 105)

430 GIGANTENREITER

Württemberg. Landesmuseum Stuttgart
Sandstein. Torso: H. 34. Plinthe L. 35; Br. 24
Literatur: v. Herzog, Korrbl. Westdt. Zeitschr. 17, 1898 Nr. 81. – Hertlein, Juppitergigantensäulen 2. – Haug–Sixt Nr. 205.

Erhalten der größte Teil der Plinthe mit den anliegenden Teilen des Giganten und der Oberkörper des Reiters. Sein l. Oberarm war abgestreckt, der r. Arm erhoben.
Mitgefunden wurden zwei glatte Säulentrommeln (Dm. 42–44) und Basis- und Kapitellreste. Ihr Zusammenhang mit dem Gigantenreiter ist jedoch nicht völlig gesichert.

Planig (Stadt Bad Kreuznach; 11)

431 GIGANTENREITER

Museum Alzey
Sandstein. H. 36; L. 35
Literatur: W. Schnellenkamp, Mainzer Zeitschr. 28, 1933, 79 R 5. – F. Behn, Germania 20, 1936, Taf. 54,3. – Fischer, Viergötterstein 46. – E. Künzl, CSIR Deutschland II 1 (1975) 27 Nr. 12 Taf. 28.

Die Gigantengruppe wurde unfertig verworfen. Erhalten sind Reste des Giganten, der sich auf den Boden aufstützte und mit verzerrtem Gesicht geradeaus schaute, Teile des Pferdetorsos und des Reiterkörpers.
Nach Schnellenkamp war nicht weit von der Fundstelle dieses Reiters ein Herculesrelief vermauert, das vielleicht zu einem Viergötterstein gehörte.

Pleidelsheim (Kr. Ludwigsburg; 86)

432 VIERGÖTTERSTEIN

Württemberg. Landesmuseum Stuttgart, Inv. RL 244 u. 268
Sandstein. H. 110; Br. und T. 56
Literatur: Haug, Viergöttersteine 14 Nr. 5. – Haug–Sixt Nr. 325. – Espérandieu G. Nr. 693.

Der Stein ist längs gespalten (Seiten b. und d.), Seite a. nochmal in der Mitte geteilt. Reliefs stark bestoßen, auf d. und b. fast nicht erhalten.
a. Juno, in Chiton und Mantel (Kopf verschleiert), opfert r. aus Patera auf balusterförmigen Altar. Über ihrer r. Schulter der Pfau.
b. Mercur, Mantel über der l. Schulter, trägt in r. Hand den Geldbeutel. Darunter Reste des Bokkes (nach Espérandieu).
c. Hercules, Löwenfell über l. Schulter und Arm, stützt r. die Keule auf.
d. Minerva, r. mit der Lanze, l. mit dem Schild (nach Espérandieu).

Radheim (Gem. Schaafheim, Kr. Darmstadt-Dieburg; 54)

433 VIERGÖTTERSTEIN

Hess. Landesmuseum Darmstadt, Inv. II.A.1
Sandstein. H. 99; Br. 59; T. 55

Literatur: J. W. Ch. Steiner, Geschichte und Topographie des Maingebiets und Spessarts (1834) 241. – A. F. Walther, Die Alterthümer der heidnischen Vorzeit im Großherzogtum Hessen (1869) 68. – F. Kofler, Westdt. Zeitschr. 8, 1889, 155. – O. Koehl, Korrbl. Westdt. Zeitschr. 9, 1890 Nr. 92. – Haug, Viergöttersteine 28 f. Nr. 46. – E. Anthes, Westdt. Zeitschr. 16, 1897, 222 Nr. 52. – Adamy, Sammlungen 9 Nr. II.A.1. – B. Müller, Großherzoglich Hessisches Landesmuseum in Darmstadt. Führer durch die Kunsthistorischen Sammlungen (1908) 40 f. – F. Behn, Urgeschichte Starkenburgs (1925) Taf. 34b. – Espérandieu G. Nr. 194. – Hahl, Stilentwicklung 39. – Behn, Festschrift RGZM 1 (1952) 15 Nr. 80. – A. Büttner, Schr. der Hessischen Museen 10, 1970, 104.

Hahl datiert den Stein in die Zeit von 170–180 n. Chr. Bildfelder oben nicht geschlossen (Abschluß auf Platte mit Profilgesims?).
a. Juno, in Chiton und Mantel (Kopf verschleiert; Diadem) opfert r. aus Patera auf balusterförmigen Altar, hält l. Acerra. In Schulterhöhe hinter ihr der Pfau.
b. Mercur, Mantel auf der r. Schulter geheftet, hält im l. Arm Caduceus, in der gesenkten R. Geldbeutel; zu seinen Füßen r. der Bock, l. der Hahn. Flügelhut.
c. Hercules, Löwenfell über l. Schulter und Arm, stützt r. die Keule auf; in der l. Hand Äpfel der Hesperiden.
d. Minerva, in Chiton (mit Gorgoneion auf Aegis?), Mantel und Helm, hält r. die Lanze, l. den Schild. Neben der l. Schulter auf Pfeiler das Käuzchen.

Rai-Breitenbach (Stadt Breuberg, Odenwaldkreis; 57)

1604 wurden beim Arnheiter Hof, östlich der Mümling die beiden folgenden Viergöttersteine gefunden. Genauere Fundangaben fehlen. Zum Fundort jetzt F. Behn, Germania 47, 1969, 176 ff.

434 VIERGÖTTERSTEIN

Breuberg-Museum, Schloß Breuberg bei Neustadt/Odenwald
Sandstein. H. 73; Br. 41; T. 39
Literatur: J. Gruter, Cod. Lugdunensis Papenbrokianus 6 fol. 34. – J. F. Knapp, Römische Denkmale des Odenwaldes (1813) 91. – E. Hübner, Nass. Ann. 8, 1866, 580. – Seeger, Bonner Jahrb. 72, 1882, 104 f. – O. Koehl, Korrbl. Westdt. Zeitschr. 9, 1890 Nr. 91. – Haug, Viergöttersteine 28 Nr. 44. – E. Anthes, Westdt. Zeitschr. 16, 1897, 221 Nr. 44. – E. Fabricius, Das Kastell Arnheiter Hof. ORL B 46 a (1915) 3 f. Abb. – Espérandieu G. Nr. 186. – F. Behn, Festschrift RGZM 1 (1952) 13 Nr. 12. – Fischer, Viergötterstein 47.

Grobe Arbeit, dazu stark verwaschen. Rechteckige Bildfelder; ohne Gesimse gearbeitet.
a. Juno, in Chiton und Mantel (Kopf verschleiert), opfert r. aus Patera auf Altar.
b. Mars, Mantel über l. Schulter, hält l. die Lanze, r. den Schild.
c. Hercules, Löwenfell über l. Schulter, stützt r. die Keule auf. Hinter r. Schulter der Köcher.
d. Minerva, in langem Chiton, hält r. die Lanze, l. den Schild; über der l. Schulter Käuzchen.

435 VIERGÖTTERSTEIN

Verschollen
Literatur: Gruter a. a. O. – Haug, Viergöttersteine 28 Nr. 45. – Anthes a. a. O. – Espérandieu G. Nr. 189. – Behn a. a. O. 13 Nr. 11. – Sonst siehe Nr. 434.

An dem nur aus der Gruter'schen Zeichnung bekannten Viergötterstein waren zwei Seiten abgeschlagen (b. und c.).
a. Juno, in Chiton und Mantel, opfert r. aus Patera auf Altar; über dem Altar Pfau.
d. Mercur, mit Caduceus; nur teilweise erhalten.

Ransweiler (Donnersbergkreis; 7)

436 VIERGÖTTERSTEIN

Hist. Museum der Pfalz, Speyer, Inv. A 77
Sandstein. H. 70; Br. 50
Literatur: J. v. Stichaner, Intelligenzbl. des Rheinkreises 1830, 180. – Haug, Viergöttersteine 51 Nr. 106. – Hildenbrand, Steinsaal 29 Nr. 48. – Hertlein, Juppitergigantensäulen 104. – Espérandieu VIII 6046. – Siehe oben S. 53 Anm. 272.

Stark verwaschen, Reliefs nur noch undeutlich erkennbar. Ohne Gesimse gearbeitet.
a. Mercur, nackt, in der R. Caduceus, die L. gesenkt.
b. Fortuna, in langem Chiton; die R. hält das Steuerruder, die L. das Füllhorn.
c. Sol, nackt, mit Nimbus und Peitsche in der R.
d. unkenntliche Reste.

Rastatt (129)

437 VIERGÖTTERSTEIN

Verschollen
Literatur: Wielandt, Beyträge zur älteren Geschichte des Landstriches am rechten Rheinufer (1881) 191 f. – Haug, Viergöttersteine 19 Nr. 20. – Wagner, Fundstätten 2, 51 f.

Der Stein, aus der Friedhofsmauer von Rastatt stammend, soll die Reliefs von vier Göttern getragen haben, von denen nur noch Mercur deutlich zu erkennen war.

Rheinzabern (Kr. Germersheim; 160)

Ein Teil der Rheinzaberner Gigantensäulenreste stammt aus den 'Ausgrabungen' Kaufmanns. Ihre Echtheit ist trotzdem bisher nicht ernsthaft angezweifelt worden. Zweifel dürften wegen der ungewöhnlichen Ikonographie (Juno!) eventuell bei Nr. 444 angebracht sein.

438 GIGANTENREITER

Hist. Museum der Pfalz, Speyer, Inv. A 131 a
Sandstein. H. 50; L. 31

Literatur: R. Jäger, 1. Jahresber. Hist. Ver. Pfalz 1842, 46 Taf. 3,3. – E. Wagner, Westdt. Zeitschr. 1, 1882, 39. – F. Hettner, Westdt. Zeitschr. 4, 1885, 375 Nr. 10. – Hertlein, Juppitergigantensäulen 14 I. – Hildenbrand, Steinsaal 31 Nr. 60 Taf. 4,26. – Espérandieu VIII 5902. – P. Lambrechts, L'exaltation de la tête dans la pensée et dans l'art des Celtes. Diss. Arch. Gandenses 2 (1954) 92.

Nach Wagner kam der von R. Jäger abgebildete Gigantenreiterrest nach München. Er ist jedoch sicher mit dem in Speyer befindlichen Stein Inv. Nr. A 131 a identisch (vgl. Hertlein a. a. O.), für den Hettner als Herkunftsort Neunkirchen bei Kusel angibt.

Nur der vordere Teil der Gruppe erhalten: Hals und Kopf des Pferdes (l. Hand des Reiters am Zügel und l. Fuß noch erkennbar). Der unbärtige Gigant muß seinen Oberkörper schräg aufgerichtet haben. Auf den angelegten Händen trug er die Hufe des Pferdes.

439/440 GIGANTENREITER und SÄULE

Städt. Museum Baden-Baden
Literatur: J. v. Stichaner, Intelligenzbl. des Rheinkreises 1825 Nr. 24. – Jäger a. a. O. 47 Taf. 3,4. – Wagner, a. a. O. 39. – Hertlein, Juppitergigantensäulen 15 II. – W. Radtke, Jahresber. Hagenauer Altert. Ver. 4/5, 1912/13, 13. – Marc Rosenbergs badische Sammlung. Heft XII. Badische und außerbadische Steindenkmäler, Architekturen, Naturdenkmäler (1913) Nr. 12; 12. a. – J. B. Keune, Röm.-Germ. Korrbl. 9, 1916, 64. – F. Hertlein, Germania 1, 1917, 104 Abb. – Espérandieu VII 5700. – Walter, Colonne 26 Nr. 16.

Das Reiterfragment, mit Schuppensäule, 1819 gefunden, kam in die Sammlung des Friedensrichters Lambert nach Lauterbourg, von dort mit der angeblichen Fundangabe Neuwiller-les-Saverne in die Sammlung M. Rosenberg in Schapbach.

Erhalten der Oberkörper des Giganten, der wohl auf der Plinthe kniete, sein bärtiger Kopf, seine an den Körper angelegten Oberarme. Der Reiter, dessen Hals, Kopf und Arme fehlen, trug Panzer und Stiefel. Die Säule mit attischer Basis ist im unteren Drittel aufwärts, im oberen Teil abwärts geschuppt. Dazwischen schwach angedeutete Binde.

441 GIGANTENREITER   Taf. 44,2

Prähistorische Staatssammlung München (1944/45 zerstört)
Sandstein. H. 45; L. 50
Literatur: Jäger a. a. O. 46. – Ders., 2. Ber. Hist. Ver. Pfalz 1847 Taf. 4,3. – Hefner, Bayern 321 Nr. 241. – Wagner a. a. O. 39. – G. Hager u. J. A. Mayer, Kataloge des Bayerischen Nationalmuseums 4: Die vorgeschichtlichen, römischen u. merovingischen Alterthümer (1892) 141 Nr. 784. – Hertlein, Juppitergigantensäulen 15 III. – Siehe oben S. 67.

Die Gruppe kam über die Dyk'sche Sammlung nach München.

Oberleib des Reiters und Kopf des Pferdes fehlen; der Reiter war mit Tunica bekleidet. Der Gigant stützte beide Arme auf die Plinthe. R. hält er dabei eine Keule, auf der ein Pferdehuf auflag. Der l. Huf lag über der Schulter des Giganten. Der Gigant ist unbärtig. Vom Sattel des Reiters sind Reste erhalten.

442 GIGANTENREITER

Hist. Museum der Pfalz, Speyer, Inv. 580
Sandstein. H. 17
Literatur: Hertlein, Juppitergigantensäulen 15 IV.

Erhalten nur Panzertorso mit erhobenem r. und gesenktem l. Arm.

443 ZWISCHENSOCKEL

Verschollen.
Literatur: CIL XIII 6083. – Espérandieu VIII 5892. – Siehe oben S. 45; 59.

Der 1868 gefundene, schon bald wieder verschollene Block trug auf der Vorderseite die Inschrift
[I(ovi)] O(ptimo) M(aximo) / [IU]noni R[e]/[gi]nae Pa[?]/[?]ptri(i duo) Valen/tinus et / Florentinus
/ [– – –].
Auf einer der anderen Seiten war eine Nereide auf einem Seewesen dargestellt.

444 RELIEFSÄULE (?)

Prähistorische Staatssammlung München (1944/45 zerstört)
Sandstein. H. 87; Dm. oben 34
Literatur: F. Ohlenschlager, Westdt. Zeitschr. 3, 1884, 192. – Haug, Viergöttersteine 42 Nr. 80 Anm. – Hager
u. Mayer a. a. O. 192 Nr. 783 Taf. 16, 7; 8. – Hertlein, Juppitergigantensäulen 128 Anm. 1. – Espérandieu
VIII 5893.

Fraglich, ob zu Jupitersäulen gehörig (vgl. oben S. 8), aber wegen der an Viergöttersteinen üblichen Götterreihe hier aufgenommen. Oben und unten Profilgesimse angearbeitet; teilweise schlecht erhalten.
Juno, in Chiton und Mantel (Kopf verschleiert), hält l. das Zepter, während sie mit der R. auf den l. von ihr stehenden balusterförmigen Altar opfert.
Hercules, Löwenfell über l. Arm, hält mit der R. seine Keule hinter seinen Beinen; in der l. Hand 2 Äpfel.
Minerva, in Chiton und Helm (?), hält l. die Lanze. Die r. Körperhälfte zerstört.
Mercur, Mantel über l. Schulter und l. Arm, hält im l. Arm den Caduceus, in der gesenkten R. den Geldbeutel. Neben seinem r. Fuß der Hahn.

445 SCHUPPENSÄULE mit KAPITELL

Hist. Museum der Pfalz, Speyer, Inv. 592
Sandstein. H. 106; Dm. Säule unten 22. H. Kapitell 39
Literatur: Hertlein, Juppitergigantensäulen 91. – Hildenbrand, Steinsaal 60 Nr. 205 Abb. S. 6. – Espérandieu
VIII 5897. – Sprater, Pfalz 2,62 Abb. 92. – Kähler, Kapitelle 62 Taf. 10 K 8. – Mercklin, Figuralkapitelle
Nr. 266 Abb. 486; 487. – Walter, Colonne 26 Nr. 17.

Säulenschaft abwärts geschuppt; aus doppeltem Blattkranz wachsen an den Ecken des Kapitells Köpfe, die nicht weiter charaktersiert sind.

446 SCHUPPENSÄULE mit KAPITELL

Hist. Museum der Pfalz, Speyer, Inv. 113
Sandstein. H. 148; Dm. Säule: 25. H. Kapitell: 24. Basis: H. 8; Dm. 29
Literatur: Hertlein, Juppitergigantensäulen 90 f. – Hildenbrand, Steinsaal 52 Nr. 162. – Espérandieu VIII
5898. – Sprater, Pfalz 2,62 Abb. 91; 93; 94. – Kähler, Kapitelle 60 Taf. 10 J 11. – Mercklin, Figuralkapitelle
Nr. 264 Abb. 483 f. – Walter, Colonne 25 Nr. 12.

Auf einem einfachen Wulst als Basis (unterer Wulst an Zwischensockel? Vgl. Nr. 263) der untere Teil der Säule aufwärts, der obere abwärts geschuppt (Trennung durch doppelte Ritzlinie). Kapitell mit vier weiblichen Köpfen an den Seiten.

447 SÄULE mit KAPITELL

Hist. Museum der Pfalz, Speyer, Inv. 580
Sandstein. H. 124; Dm. 22. Kapitell: H. 23,5. Basis: H. 8,5; Dm. 33
Literatur: Hertlein, Juppitergigantensäulen 91. – Hildenbrand, Steinsaal 61 Nr. 215. – Espérandieu VIII 5903. – Sprater, Pfalz 2,61. – Kähler, Kapitelle 53 Anm. 22; 60; 65 Taf. 10 J 12. – Mercklin, Figuralkapitelle Nr. 265 Abb. 485.

Die Säule ist ungeschuppt, trägt aber den für die Schuppensäulen üblichen Ring. Wahrscheinlich waren Schuppen aufgemalt.
Zusammen mit der Säule ist ein bärtiger Kopf (H. 17) gefunden worden, der wohl Jupiter darstellt. Seine Zugehörigkeit zu einer Jupitergigantensäule ist aber unsicher.

Rottenburg (Kr. Tübingen; 106)

Der Gigantenreiter, zwei Viergöttersteine, ein Wochengötterstein und ein Inschriftfragment (Altar?) wurden 1842/3 beim Bau des Kreisgefängnisses gefunden. Vielleicht gehören sie zu einer, allerdings ungewöhnlich großen Säule zusammen (Zwischensockel und Wochengötterstein zusammen sonst nicht belegt).

448 GIGANTENREITER

Württemberg. Landesmuseum Stuttgart, Inv. RL 275
Sandstein. L. 97; H. nicht feststellbar, da zerbrochen.
Literatur: J. v. Jaumann, Bonner Jahrb. 4, 1844, 145 Nr. 7 Taf. 1/2, 6 f. – E. Wagner, Westdt. Zeitschr. 1, 1882, 39. – F. Haug, Korrbl. Westdt. Zeitschr. 7, 1888 Nr. 33. – Hertlein, Juppitergigantensäulen 2; 14 Anm. 1; 43. – Haug-Sixt Nr. 139. – Espérandieu G. Nr. 609.

Erhalten Oberkörper und Kopf des Giganten, der Torso des Pferdes und Unterleib und Beine des Reiters. Der Gigant kniete mit aufrechtem Körper auf der Plinthe und trug auf den angewinkelten Händen die Hufe des Pferdes. Der Reiter trug kurze Tunica.

449 VIERGÖTTERSTEIN   Taf. 43,3–4

Württemberg. Landesmuseum Stuttgart, Inv. RL 222
Sandstein. H. 148; Br. 108; T. 110
Literatur: Jaumann a. a. O. 144 Nr. 4. – Haug, Viergöttersteine 15 Nr. 10. – Haug-Sixt Nr. 136. – F. Drexel, Germania 8, 1924, 56. – Espérandieu G. Nr. 613. – Siehe oben S. 47.

Der Viergötterstein war aus mindestens 14 Quadern aufgebaut, die wohl erst nach der Versetzung skulpiert wurden. Die unterste Lage, zwei Steine, ist ganz erhalten, von den nächsten Schichten jeweils nur Teile. Gesimse fehlen; Bildfelder oben halbrund.

a. Juno, in Chiton und Mantel (?), opferte r. aus Patera auf runden Altar, hielt l. das Zepter. Links neben ihr Pfau.
b. Mercur, Mantel über l. Schulter und Arm, hielt im l. Arm den Caduceus; die R. mit dem Geldbeutel war gesenkt. Rechts zu seinen Füßen der Hahn, l. der Bock.
c. Hercules, Löwenfell über l. Arm, stützt r. die Keule auf den Boden.
d. Minerva, in Chiton und Mantel, hielt r. die Lanze, l. den Schild.

450 VIERGÖTTERSTEIN (Zwischensockel?)   Taf. 42,1–4

Württemberg. Landesmuseum Stuttgart, Inv. RL 220
Sandstein. H. 130; Br. und T. 92
Literatur: Jaumann a. a. O. 144 Nr. 3. – Haug, Viergöttersteine 15 Nr. 11. – A. Michaelis, Jahrb. Ges. Lothringische Gesch. und Altkde. 7, 1895, 137 f. Abb. 10. – Haug–Sixt Nr. 137 Abb. – Drexel a. a. O. 56. – Espérandieu G. Nr. 641. – P. Goessler, Germania 16, 1932, 203. – Rink, Genius 38 Nr. 3. – Kunckel, Genius 110 Nr. C I 104. – Bauchhenß, Jupitergigantensäulen 24 Abb. 37. – Siehe oben S. 47; 52 Anm. 268; 54.

Der Stein besteht aus drei gleichhohen, übereinander liegenden Platten. Die mittlere stark beschädigt. Rechteckige Bildfelder; ohne Gesimse gearbeitet.
a. Apollo, an einen Pfeiler gelehnt, auf dem die Leier steht; Mantel über l. Schulter. Die r. Hand mit dem Plektron gesenkt. R. neben dem Gott sein Greif.
b. Diana, in kurzem Chiton, der die r. Brust freiläßt, in der L. der Bogen, die R. greift zum Köcher über der r. Schulter. Hinter der Göttin der Hund.
c. Silvan, in kurzem Chiton, in der l. Hand eine Harpe, in der R. langer Stab mit hammerartigem Knauf; bärtig.
d. Genius, Mantel um Hüften und Oberschenkel, hält im l. Arm Füllhorn, r. wohl Patera, aus der er auf Altar opfert.

451 WOCHENGÖTTERSTEIN

Württemberg. Landesmuseum Stuttgart, Inv. RL 218
Sandstein. H. 38; Br. jeder Seite 34
Literatur: Jaumann a. a. O. 144 f. Nr. 5 Taf. 3. – Haug, Wochengötter 28 Nr. 5. – Haug–Sixt Nr. 138. – Espérandieu G. Nr. 610. – Duval, Semaine 287.

Erhalten nur der oberste Teil von drei Seiten eines achteckigen Steines. Ganzfiguren; rechteckige Bildfelder. Götterreihe rechtsläufig. Stark verwaschen.
a. und b. fehlen.
c. Luna; Oberkörper der bekleideten Göttin mit Mondsichel im Haar.
d. Mars; Oberkörper, ohne Panzer (?), mit Helm; die R. hielt Lanze.
e. Mercur; kenntlich an Flügeln im Haar.
f. und g. fehlen.

452 JUPITERALTAR?

Württemberg. Landesmuseum Stuttgart
Sandstein. H. noch 53

Literatur: Jaumann a. a. O. 146. – Ders., Bonner Jahrb. 15, 1850, 54. – F. Haug, Korrbl. Westdt. Zeitschr. 7, 1888 Nr. 33. – CIL XIII 6367. – Haug–Sixt Nr. 120.

Die Inschrift, von der nur wenige Reste erhalten sind, wurde von Haug folgendermaßen ergänzt: [*I(ovi) O(ptimo) M(aximo)*] / [*signum et*] / *col*[*umna*]/*m cu*[*m ara*] / *L. Iuli*[*us Se*]/*cu*[*ndinus*] / [*posuit*]. Haug hielt sie für die Inschrift eines Zwischensockels. Wenn die Ergänzung richtig ist, dürfte eher ein Altar in Frage kommen.

453 VIERGÖTTERSTEIN

Württemberg. Landesmuseum Stuttgart
Sandstein. H. 111; Br. 70; T. 58
Literatur: v. Jaumann, Colonia Sumlocenne. Rottenburg unter den Römern (1840) 187 Taf. 10 f. – Haug, Viergöttersteine 14 f. Nr. 9. – Haug–Sixt Nr. 135. – Espérandieu G. Nr. 607. – Siehe S. 48.

Stark verwaschen; Bildfelder von plastisch angegebenen Pilastern gerahmt; Bildfelder oben halbrund abgeschlossen (Muschelmotiv plastisch ausgeführt?); ohne Gesimse gearbeitet.
a. Juno, in Chiton und Mantel, opfert mit der R. auf ein Altärchen.
b. Mercur? Nut undeutliche Reste erhalten.
c. Hercules, Löwenfell über l. Schulter und Arm, stützt r. die Keule auf.
d. Minerva, in Chiton, Mantel und Helm, hält r. die Lanze, l. den Schild.

454 KAPITELL

Württemberg. Landesmuseum Stuttgart
Sandstein. H. 42; Br. 36
Literatur: O. Paret, Fundber. Schwaben N. F. 9, 1935–38, 95 Taf. 27,4.

An den Ecken des Kalathos männliche (?) Gestalten, die mit ihren Händen die fehlende Abacusplatte zu stützen scheinen; ihre Beine liegen an den Seitenflächen des Kapitells.

Rübgarten (Gem. Pliezhausen, Kr. Reutlingen; 104)

455 VIERGÖTTERSTEIN

Verschollen.
Sandstein. H. noch 63; Br. und T. 95
Literatur: Haug, Viergöttersteine 14 Nr. 8. – Haug–Sixt Nr. 208.

Der Viergötterstein bestand aus mehreren übereinander geschichteten Quaderlagen, von denen die unterste erhalten war. Nach Haug–Sixt im Staatswald Süßenwasen, heutiger Aufbewahrungsort unbekannt.
Nach Haug–Sixt noch zu erkennen:
a. und b. je zwei Beine.
c. Geldbeutel Mercurs.
d. zerstört.

Rülzheim (Kr. Germersheim; 162)

Die beiden Viergöttersteine waren an der Nordseite der Dietrichskirche vermauert.

456 VIERGÖTTERSTEIN

Hist. Museum der Pfalz, Speyer, Inv. A 66
Sandstein. H. 95; Br. 48
Literatur: J. v. Stichaner, Intelligenzbl. des Rheinkreises 1825, 120 Abb. 1–4. – Hefner, Bayern 303 f. Nr. 23. – F. Hettner, Westdt. Zeitschr. 4, 1885, 367 Anm. 1 c. – Haug, Viergöttersteine 43 Nr. 82. – Hildenbrand, Steinsaal 53 Nr. 167. – Espérandieu VIII 5980.

Oben Gesims, unten vorspringender Sockel (beides auf b. und c. abgearbeitet). Die oberste Leiste des Gesimses über a. mit Akanthusranke, über b. mit schrägliegendem Zackenmuster verziert. Oberer Bildfeldrand leicht gewölbt mit kurzen, waagerechten Ansätzen. Stark verwittert.
a. Juno, in Chiton und Mantel (Kopf verschleiert), opfert r. aus Patera auf kandelaberförmigen Altar, hält l. das Zepter. Neben ihr r. Oberarm der Pfau.
b. Minerva, in Mantel, Chiton und Helm, hält r. die Lanze, l. den Schild.
c. Hercules, Löwenfell über l. Schulter und l. Arm, stützt r. die Keule auf.
d. Apollo, stützt sich mit l. Ellenbogen auf die auf einem Altar stehende Lyra. Mantel über l. Schulter und Arm; die gesenkte R. hielt das Plektron; lange Locken. Über r. Schulter auf Pfeiler der Rabe.

457 VIERGÖTTERSTEIN

Hist. Museum der Pfalz, Speyer, Inv. A 68
Sandstein. H. 94; Br. 51; T. 45
Literatur: v. Stichaner, Intelligenzbl. des Rheinkreises 1824, 648 Abb. – Hefner, Bayern 304 Nr. 27. – Haug, Viergöttersteine 42 f. Nr. 81. – Hildenbrand, Steinsaal 61 Nr. 214. – Espérandieu VIII 5994.

Rechteckige Nischen; teilweise verwaschen; ohne Gesimse gearbeitet.
a. Fortuna, in Chiton und Mantel, im l. Arm Füllhorn, hält r. ein zweites auf einem Globus. L. neben ihr am Boden Rad.
b. Apollo, Mantel über l. Schulter und Arm, stützt den l. Ellenbogen auf die am Boden stehende Lyra; über der r. Schulter Köcher und Bogen; die gesenkte R. hielt das Plektron (?). Lange Locken. Unter der R. der Greif.
c. Hercules, Löwenfell über l. Schulter, stützt r. die Keule auf.
d. Minerva, in Chiton, Mantel und Helm (Gorgoneion auf Chiton), hält r. die Lanze, l. den Schild auf niedrigem Sockel.

Saalburg (Stadt Bad Homburg, Hochtaunuskreis; 45)

458 SÄULE

Saalburg-Museum
Sandstein. H. 61
Literatur: J. Becker, Nass. Ann. 13, 1874, 233 f. – F. Hettner, Westdt. Zeitschr. 4, 1885, 372 f. – A. Hamme-

ran, ebd. 396 f. Nr. XII. – L. Jacobi, Korrbl. Westdt. Zeitschr. 22, 1903 Nr. 61. – CIL XIII 7460 a. – Siehe S. 42.

Säule mit Kapitell und Basis auf einem Zwischensockel (?), der aus demselben Stein gearbeitet ist. Etwa in der Mitte der Säule Tafel ausgebildet, auf der die Inschrift steht: *I(ovi)* [*O(ptimo)*] *M(aximo)* / *Condolli/us Mar[ti?]/us v(otum) s(olvit) l(ibens) l(aetus)* / *m(erito)*. Im CIL nach Jacobi Lesung der ersten Zeile: *I(nvicto) M(ithrae)*.

Sasbach (Ortenaukreis; 133)

459 ZWISCHENSOCKEL   Taf. 47,4

Privatbesitz, Sasbach
Sandstein. H. 60; Kantenlänge 25; Dm. (Oberfläche) 54
Literatur: O. Wild, Der Sasbacher 1971, 38 ff. – Siehe S. 58 Anm. 300.

Der achtkantige Stein diente bis vor kurzem als Stützpfeiler in der Vorhalle eines Hauses. Reste von sieben Göttern sind erhalten. Sie lassen sich nicht in das übliche Wochengötterschema einfügen. Beschreibung rechtsläufig.
a. Beinreste.
b. Reste einer Göttin (?) in langem Gewand.
c. Nackter Gott, der sich links aufzustützen scheint.
d. Nackter Gott, der den r. Arm vor die Brust gelegt hat.
e. Göttin? Nackt, die R. in die Hüfte gestemmt; Venus?
f. Bärtiger Gott, Gewand um die Hüften, der l. Arm leicht angewinkelt.
g. Beinreste.
h. fehlt.

Saverne (Bas-Rhin; 141)

460 VIERGÖTTERSTEIN   Taf. 43,1–2

Musée de la Ville, Saverne
Sandstein. H. 115; Br. 53,5; T. 50
Literatur: Arth, Bull. Soc. Conservat. Mon. Hist. Alsace 2, 1858, 103. – F. X. Kraus, Kunst und Altertum in Elsaß-Lothringen 1 (1876) 637; 644. – Haug, Viergöttersteine 39 Nr. 70. – Espérandieu VII 5658. – R. Forrer, Das römische Zabern Tres Tabernae (1918) 34 Taf. 5; 7,3. – Ders., L'Alsace romaine (1935) 152 Taf. 29.

Der Stein stammt aus den Fundamenten der spätantiken Stadtmauer. Zwei Seiten bis auf wenige Spuren der Gewandfalten abgearbeitet. Nischen oben gerundet; keine Gesimse.
a. Reste von Juno (?).
b. Mercur, Mantel über l. Schulter und Arm, hält im l. Arm den Caduceus, in der gesenkten R. den Geldbeutel; r. von seinen Füßen der Hahn, links der Bock. Flügel im Haar.
c. Hercules, Löwenfell über der l. Schulter und Arm, stützt r. die Keule auf. Über r. Schulter Köcher und Bogen.
d. Reste von Minerva.

Schöllbronn (Stadt Ettlingen, Kr. Karlsruhe; 124)

461 VIERGÖTTERSTEIN

Bad. Landesmuseum Karlsruhe, Inv. C 302
Sandstein. H. 123; Br. und T. je 55
Literatur: F. Hettner, Westdt. Zeitschr. 4, 1885, 367 Anm. 1. – Haug, Viergöttersteine 20 Nr. 24 Taf. 1,24. – Wagner, Fundstätten 2, 72 Abb. 73. – Espérandieu G. Nr. 366. – E. Lacroix, P. Hirschfeld u. W. Paeseler, Die Kunstdenkmale des Amtsbezirks Ettlingen (1936) 112.

1878 in den Fundamenten der Kirche gefunden. An den Kanten stark beschädigt. Gesichter abgeschlagen.
a. Juno, in Chiton und Mantel (Kopf verschleiert), opfert r. aus Patera auf Altar; l. Zepter?
b. Apollo, Mantel auf der r. Schulter geheftet, hob den l. Arm, der r. war gesenkt. Die Benennung sichert der Köcher über der r. Schulter.
c. Hercules, in Ausfallstellung nach l., schwingt über dem Kopf die Keule, hält mit der gesenkten L. einen knienden Gegner am Kopf. Der Gegner könnte, berücksichtigt man das Gewandmotiv (Y-förmiger Wulst über der Brust, die weiblich scheint) und die langen Haare, eine Amazone sein. Sie hebt hilfeflehend den r. Arm. Löwenfell um l. Unterarm des Gottes.
d. Minerva, in Chiton und Mantel (panzerartige Aegis?) hielt r. die Lanze, l. den Schild.

Schwalbach (Main-Taunus-Kreis; 43)

462 VIERGÖTTERSTEIN

Städt. Museum Wiesbaden, Inv. 385
Sandstein. H. 75; Br. 43; T. 45
Literatur: Nass. Ann. 3,2 1842, 223. – J. Becker, ebd. 7,1, 1864, 98 f. – Haug, Viergöttersteine 34 f. Nr. 60. – Lehner, Führer Wiesbaden 66 Nr. 385. – H. Jacobi, Röm-Germ. Korrbl. 1, 1908, 26. – Espérandieu G. Nr. 77. – Schoppa, Steinsaal 14 f. Nr. 24.

Rechteckige Bildfelder; ohne Gesimse gearbeitet; teilweise stark beschädigt.
a. Juno, in Chiton und Mantel (Kopf verschleiert; Diadem), opfert r. aus Patera auf Altar, hält l. Acerra.
b. Mercur, Mantel auf der r. Schulter geheftet, hält im l. Arm den Caduceus, in der gesenkten R. den Geldbeutel. Flügelhut. L. neben ihm am Boden Hahn?
c. Hercules, Löwenfell über l. Schulter und Arm, stützt r. die Keule auf.
d. Minerva, in Chiton mit Aegis und Gorgoneion und Helm, hält r. die Lanze, l. den Schild.

Schweighouse-sur-Moder (Arr. Haguenau, Bas-Rhin; 145)

Die Funde aus Schweighouse-sur-Moder stammen alle aus den Fundamenten der Kirche, die gegen Ende des letzten Jahrhunderts abgerissen wurde.

463 VIERGÖTTERSTEIN

Musée de la Ville Haguenau, Inv. R 168
Sandstein. H. 108; Br. 52; T. noch 20
Literatur: Morin, Bull. Soc. Conservat. Mon. Hist. Alsace 2. Ser. 1, 1862, 81 f. – Haug, Viergöttersteine 40 Anm. – Hertlein, Juppitergigantensäulen 121. – W. Radtke, Jahresber. Hagenauer Altert. Ver. 4/5, 1912/13, 13 f. Abb. 2. – Espérandieu VII 5563.

Nur eine Seite ganz erhalten; Bildfelder rechteckig.
a. Juno, in Chiton und Mantel (Kopf verschleiert), hält in der gesenkten R. Patera, im l. Arm die Acerra. Über ihrer r. Schulter Pfau.
b. Reste von Mercur.
c. fehlt.
d. Reste von Minerva.
Radtke a. a. O. 14 Abb. 3 bildet den Wulst einer Säulenbasis ab, den er für zu diesem Viergötterstein gehörig hält.

464 VIERGÖTTERSTEIN

Musée de la Ville Haguenau, Inv. R 171
Sandstein. H. 59; Br. 48,5; T. 42
Literatur: Radtke a. a. O. 17 ff. Abb. 5–7. – Espérandieu VII 5554.

Nur das stark verriebene Unterteil erhalten.
a. Unterteil eines nackten Gottes mit danebenstehender weiblicher kleinerer Figur.
b. Mars, mit Lanze und kurzem Waffenrock.
c. fehlt.
d. Undeutliche Reste einer Figur.

465 VIERGÖTTERSTEIN (?)

Musée de la Ville Haguenau
Sandstein. H. noch 67; Br. 91; T. noch 42
Literatur: Radtke a. a. O. 9 ff. – CIL XIII 11678 a. – K. Kraft, Zur Rekrutierung der Alen und Kohorten an Rhein und Donau (1951) 198 Nr. 3124. – Siehe oben S. 43; 46.

Der Stein war in vier handliche Werkstücke zerteilt. Am l. Rand und auf der l. Nebenseite sind Reste eines Ornamentbandes zu erkennen.
a. Inschrift: *In honorem domus d(ivinae) / I(ovi) O(ptimo) M(aximo) / Iun(oni) Reg(inae) s(acrum) / Lucius vet(eranus) / c(o)ho(rtis) XXIIII vol(untariorum) / c(ivium) R(omanorum) f(ecit) / l(ibens) l(aetus) m(erito)*.
Von den Seiten b., c. und d. nichts erhalten.

466 ZWISCHENSOCKEL

Musee de la Ville Haguenau
Sandstein: H. noch 45
Literatur: Radtke a. a. O. 15 f. Abb. 4 a; b. – Espérandieu VII 5577. – Siehe oben S. 57 Anm. 298; 58.

Beschreibung nach Espérandieu:
a. Dioskur; das Pferd, von dem nur das Hinterteil erhalten ist, blickt nach r. Von dem Heros nur

r. Körperhälfte vorhanden. Er trug Chlamys über den Schultern und hielt r. Lanze.
b. fehlt. Dioskur?
c. Teil einer Blattrosette.
d. Blattrosette.
Auf der Oberfläche des Steines Reste einer Pfeilerbasis und eines Pfeilerschaftes.

Seesbach (Kr. Bad Kreuznach; 1)

467 VIERGÖTTERSTEIN

Bad. Landesmuseum Karlsruhe, Inv. C. 90
Sandstein. H. 89; Br. 55; T. 57
Literatur: C. L. Wielandt, Beyträge zur ältesten Geschichte des Landstriches am r. Rheinufer von Basel bis Bruchsal (1811) 199 ff. – Fröhner, Alterthümer 1 Nr. 92. – Haug, Viergöttersteine 130 Nr. 143. – Wagner, Fundstätten 2,79. – Espérandieu G. Nr. 353.

Stark beschädigt und verrieben; oben leicht gewölbte Bildfeldränder; ohne Gesimse.
a. Juno, in Chiton und Mantel (Kopf verschleiert), opfert r. auf runden Altar, hat die L. ohne Attribut gesenkt. Archaistischer Faltensaum am Mantel.
b. Mercur, Mantel auf der r. Schulter geheftet, hält in der gesenkten R. Geldbeutel, in der gesenkten L. Caduceus. Darunter der Hahn.
c. Hercules, Löwenfell über l. Arm (?), stützt r. die Keule auf.
d. Minerva, in Chiton (und Mantel?) und Helm, hält r. den Schild, l. die Lanze. Auf einem niedrigen Sockel l. vor ihr das Käuzchen.

Seligenstadt /Main (Kr. Offenbach; 49)

468 GIGANTENREITER

Landschaftsmuseum Seligenstadt
Sandstein. L. 51; Br. 32
Literatur: Fischer, Viergötterstein 47. – Siehe oben S. 65.

Aus dem Main bei Seligenstadt, zusammen mit dem Schuppendach eines Grabmals. Erhalten Torso des Giganten. Auf der Schulter liegen die Hufe des Pferdes; auf dem l., am Körper angelegten Arm, auf Höhe des Ellenbogens, Rest des Reiterfußes. Der Gigant lag wahrscheinlich weit über die Plinthe vorgereckt. Grobe, ungeschickte Arbeit.

Seltz (Arr. Wissembourg, Bas-Rhin; 156)

469/470 GIGANTENREITER und SCHUPPENSÄULE

Musee de la Ville Haguenau, Inv. R 192
Sandstein. Reiter: H. 57; L. 45. Säule: H. 70,5; Dm. 20,5

Literatur: J. A. Siffer, Bull. Soc. Conservat. Mon. Hist. Alsace 1, 1857, 87. – A. Prost, Bull. Soc. Nat. Antiqu. France 1879, 81 ff. Abb. – E. Wagner, Westdt. Zeitschr. 1, 1882, 42. – F. Hettner, Westdt. Zeitschr. 4, 1885, 381 f. Nr. 15. – Hertlein, Juppitergigantensäulen 7 f. – Espérandieu VII 5559. – F. A. Schäffer, Bull. Soc. Hist. et Arch. Haguenau 7, 1926, 18 ff. Taf. 3 ff. – J.-J. Hatt, Revue d'Alsace 93, 1954, 106. – Ders., Strasbourg, Einleitung ('Meister des Seltzer Jupitergiganten'). – Walter, Colonne 26 Nr. 15. – Siehe oben S. 65; 67.

GIGANTENREITER (469): Bis auf Kleinigkeiten erhalten. Der Gigant kniet, sein Körper ist dick und schwerfällig. Der Reiter trägt Stiefel und Muskelpanzer, dazu den üblichen Reitermantel. In seiner erhobenen Rechten Spuren des eisernen Blitzes.
KAPITELL und SÄULE (470): Hellerer Sandstein als der Reiter, aber mit ihm zusammen gefunden.
Säule aufwärts geschuppt; einfaches Kapitell mit kräftigen Voluten, an jeder Seite ein Kopf. Gesichter jugendlich, unbärtig, nicht klar, ob männlich oder weiblich.

471 GIGANTENREITER

Musée de la Ville Haguenau, Inv. S 55.57
Sandstein. H. 15; Br. 13
Literatur: Hatt, Gallia 14, 1956, 302 Abb. 11.

Oberkörper eines Reiters, der Muskelpanzer und Mantel trug. Der r. Arm war erhoben. Im Stil an Nr. 469 erinnernd.

472 VIERGÖTTERSTEIN

Musée de la Ville Haguenau, Inv. R 194
Sandstein. H. 56; Br. noch 31; T. noch 26
Literatur: Nessel, Bull. Soc. Conservat. Mon. Hist. Alsace 2. Ser. 10, 1879, 14. – Haug, Viergöttersteine 39 f. Nr. 73. – CIL XIII 6073. – Espérandieu VII 5562. – Siehe oben S. 43.

Von dem Stein nur noch Seite d. ganz erhalten; Bildfeld oben halbrund.
a. Reste der Inschrift: *I(ovi) O(ptimo) [M(aximo)] / et Iun[(oni) Reg(inae)] / Stat[---] / Ituto[---] / et Dru[---] / v(otum) s(olverunt) l(ibentes) [l(aeti) m(erito)]*.
b. fehlt.
c. fehlt.
d. Mercur. Mantel über l. Schulter und Arm, r. Arm gesenkt; im l. Arm Caduceus; hinter seinen Füßen der Bock.

473 ZWISCHENSOCKEL

Musée de la Ville Haguenau, Inv. R 196
Sandstein. H. 46,5; Br. und T. 40
Literatur: Siffer, Bull. Soc. Conservat. Mon. Hist. Alsace 2. Ser. 6, 1869, 129. – Haug, Viergöttersteine 40 Nr. 74. – Espérandieu VII 5614. – Siehe oben S. 57 Anm. 298; 58.

Die Herkunft ist nicht ganz geklärt. Im Haguenauer Inventar ist als Herkunftsort Lauterbourg angegeben; nach Haug ist der Zwischensockel jedoch als Grenzstein zwischen Neuweiler und Dürrenseebach verwendet worden (mit Schuppensäule!); er führt ihn aber unter der Herkunft Seltz. Nach Espérandieu stammt er aus Nehwiller-les-Woerth (= Nehwiller-pres-Woerth). Es ist mög-

lich, daß er aus der Sammlung Lambert, Lauterbourg kommt und daher seine Herkunftsangaben so verworren sind (vgl. zu 439/440). Stark abgerieben.
a. leer. Inschrift?
b. Dioskur
c. Gott mit über den Kopf gezogenen Mantel, den l. Arm mit einem Füllhorn (?), die r. Hand mit einem nicht bestimmbaren Attribut gesenkt.
d. Dioskur, wie auf b. nackt vor Pferd stehend; die der Vorderseite abgewandte Hand erhoben (Lanze?).

Sinsheim (Rhein-Neckar-Kreis; 75)

474 VIERGÖTTERSTEIN

Kurpfälzisches Museum Heidelberg
Sandstein. H. 99–102; Br. und T. 62
Literatur: E. Wahle, Fundber. Baden 3, 1933–36, 380. – Ders., Germania 20, 1936, 136. – P. Goessler, Saalburg-Jahrb. 9, 1939, 28. – A. Dauber, Fundber. Baden 19, 1951, 201. – R. Nierhaus, Fundber. Baden 23, 1967, 111 ff., Taf. 65 f. – Siehe oben S. 45; 48; 52 Anm. 268; 269; 270; 53.

Rechteckige Bildfelder, ohne Gesimse erhalten.
a. Oben Inschriftrest: [– – –] / [Vi]cani Saliob[r]/[ig]enses v(overunt). Darunter in einem rechteckigen Feld: Venus und Mars, beide nackt. Sie halten einen Schild zwischen sich, den ein kleiner Amor mit über den Kopf erhobenen Ärmchen stützt. Venus deutet mit dem Zeigefinger der r. Hand auf den Schild, Mars hält l. seine Lanze.
b. Diana, in kurzem Chiton, greift mit der R. in den Köcher über ihrer r. Schulter. In der L. der Bogen. Schuhe. Gesicht abgeschlagen.
c. Apollo, Mantel über der l. Schulter und um das l. Bein, stützt sich l. auf die Lyra.
d. Vulcan, in Exomis, Schuhen und Pileos, stützt r. den Hammer auf den Boden, während er im Arm eine Zange trägt.
Nierhaus datiert den Stein um 170 n. Chr. und vermutet, Dauber folgend, daß er aus der Gemarkung von Steinsfurt, wo der Vicus Saliobrigensis zu vermuten ist, nach Sinsheim verschleppt wurde.

Speyer (167)

Ein Teil der Funde in Speyer war nicht zugänglich. Wahrscheinlich sind sie unter die Kriegsverluste zu rechnen.

475 VIERGÖTTERSTEIN

Hist. Museum der Pfalz, Speyer, Inv. A 63
Sandstein. H. 97; Br. 54; T. 48
Literatur: Ch. Lehman, Chronica der Freyen Reichs-statt Speyr (1612) 21. – J. v. Stichaner, Intelligenzbl. des Rheinkreises 1821, 485. – F. Lehne, Gesammelte Schriften 1 (1836) 207. – Haug, Viergöttersteine 46 Nr. 90. – Hildenbrand, Steinsaal 52 Nr. 163. – Espérandieu VIII 5954. – Siehe oben S. 58.

Seit 1611 bekannt; alle Seiten stark verrieben bzw. abgearbeitet; auf Seiten a. und c. längs gespalten. Rechteckige Bildfelder.

a. Juno, in Chiton und Mantel (Kopf verschleiert?), hält im l. Arm die Acerra, legt die R. vor die Brust. L. neben ihr Pfau.

b. Mercur, Mantel auf der r. Schulter geheftet, hält in der l. Hand den Caduceus, in der gesenkten R. den Geldbeutel.

c. Hercules, Löwenfell über l. Schulter (?), stützt r. die Keule auf.

d. Minerva, in Chiton, Mantel und Helm, hält r. die Lanze, links den kleinen Schild auf einem Sockel.

476 ZWISCHENSOCKEL

Hist. Museum der Pfalz, Speyer, Inv. A 101
Sandstein. H. 45; Br. 44; T. noch 16
Literatur: Lehman a. a. O. 21. – Hildenbrand, Steinsaal 49 Nr. 148. – CIL XIII 11691. – Espérandieu VIII 5953. – Siehe oben S. 57 Anm. 298; 58.

Der Stein, wie der vorige seit 1611 bekannt, stammt vom selben Fundplatz. Möglicherweise gehören sie zusammen. Nur eine Seite mit Resten der beiden anschließenden erhalten. Stark verwaschen.

a. Rest der Inschrift: [---] *Reg(inae?)* / [---] *orat*/ [---]*aug*/ [---]*ania*.

b. Dioskur, der das nach l., zur Inschriftseite schreitende Pferd am Zügel hält. Der Heros steht vor dem Pferd, hält in der L. Lanze; Mantel auf der r. Schulter geheftet.

c. Rest eines Flügels (Victoria?).

d. fehlt.

477 VIERGÖTTERSTEIN

Hist. Museum der Pfalz, Speyer, Inv. 1927/42
Maße und Material nicht bekannt.
Literatur: Siehe oben S. 53 Anm. 272.

Beschreibung nach Speyerer Inventar und dort befindlichem Briefwechsel Sprater–Hertlein. Der Stein war stark fragmentiert.

a. Rest einer Inschrift: *I(ovi) O(ptimo) M(aximo)* / [---].

b. Mercur. Erhalten waren Kopf mit Petasos, Rumpf, Caduceus und Rest des Widders.

c. Victoria. Erhalten waren Kopf, Gewandteile, Fuß mit Globus, Hand mit Schild.

d. Fortuna. Erhalten Kopf und Steuerruder.

478 ZWISCHENSOCKEL

Hist. Museum der Pfalz, Speyer
Sandstein. H. 26; Br. 41; T. 40
Literatur: H. Finke, Ber. RGK 17, 1927 Nr. 155. – J. Scharf, Studien zur Bevölkerungsgeschichte der Rheinlande auf epigraphischer Grundlage (1938) 103. – Siehe oben S. 45; 59.

Auf der Vorderseite des Sockels Inschrift: *I(ovi) O(ptimo) M(aximo)* / *M(arcus) Val(erius) Florus* / *et Ursa Spera(ti) (filia) ex voto* / *p(osuerunt)*.

Auf den anderen Seiten Ornamente: rechteckiger Rahmen, darinnen zwei x-förmige, sich kreuzende Leisten; dazwischen Blattornamente. Von Scharf a. a. O. sicher zu Unrecht ins 1. Jahrhundert n. Chr. datiert.

479 ZWISCHENSOCKEL

Hist. Museum der Pfalz, Speyer, Inv. 99
Sandstein. H. 38; Br. 80; T. noch 35.
Literatur: Hildenbrand, Steinsaal 55 Nr. 181. – Espérandieu VIII 5970. – Siehe oben S. 60.

Stark zerstört; Unterteil und eine Seite fehlen, zwei Seiten nur teilweise erhalten.
a. Mars, mit Panzer, Schild, Helm, kämpft mit Lanze oder Schwert in der R. gegen einen Giganten, der sich mit einem Ast und um den Arm gewundenem Gewandstück wehrt.
b. und d. Gigant bzw. Gott im Kampf.
c. fehlt.

480 ZWISCHENSOCKEL (Wochengötterstein?)

Hist. Museum der Pfalz, Speyer
Sandstein. H. noch 16–24; Br. und T. 49
Literatur: Espérandieu VIII 5979

Oben, unten und an den Kanten stark beschädigt. Erhalten nur Köpfe einiger Götter.
a. Zwei Eroten halten einen Kranz, dessen Innenfläche wohl eine Inschrift trug.
b. Kopf eines bärtigen Gottes; ein zweiter Kopf abgeschlagen (Saturn und Sol?).
c. Kopf abgeschlagen (?); Kopf des Mercur mit Flügeln im Haar; Kopf des Mars mit Helm; der fehlende Kopf könnte Luna gemeint haben.
d. Bärtiger Kopf (Jupiter?); Kopf einer Göttin (Venus?); zwischen beiden undeutliches, geschwungenes (?) Attribut.

481 RANKENSÄULE

Hist. Museum der Pfalz, Speyer, Inv. 785
Sandstein. H. 127; Dm. 73
Literatur: Hildenbrand, Steinsaal 61 Nr. 219 Taf. 6. – Espérandieu VIII 5960. – Sprater, Pfalz 1, 98 Abb. 87–89; 2 Abb. 118. – Walter, Colonne 55 f. Nr. 92. – Ph. Filtzinger, Fundber. Baden-Württemberg 1, 1974, 448 Nr. 4. – Siehe oben S. 63.

Am oberen Ende der Trommel umlaufendes Profil; an einigen Stellen beschädigt. Schaft der Säule mit Weinranken und Trauben, in denen Eroten ernten; dazwischen Vögel (Pfau, Käuzchen) und andere Tiere (Eichhörnchen).

482 KAPITELL mit SCHUPPENSÄULE

Hist. Museum der Pfalz, Speyer
Sandstein. H. gesamt 127. Kapitell: H. 31,5. Basis und Plinthe: H. 18. Dm. Säule 21
Literatur: K. Kaiser u. K. Kilian, Mitt. Hist. Ver. Pfalz 66, 1968, 112.

Übliche Basis. Säulenschaft abwärts geschuppt. Kapitell mit doppeltem Blattkranz, darüber auf jeder Seite über dem Kelchblatt ein Kopf, der nicht weiter charakterisiert ist.

483/484 SCHUPPENSÄULE und PFERDETEILE

Hist. Museum der Pfalz, Speyer, Inv. 1927/34

Vom Dom; erhalten ein Pferdekopf (H. 16) und weitere Pferdereste; dazu Schuppensäulenteile. Möglicherweise Reste einer Gigantenreitergruppe mit zugehöriger Schuppensäule.

Speyer Museum

Im Hist. Museum der Pfalz, Speyer, befinden sich einige Reste von Jupitersäulen, deren Fundort unbekannt bzw. zur Zeit nicht festzustellen ist.

485 VIERGÖTTERSTEIN?

Hist. Museum der Pfalz, Speyer, Inv. A 78
Sandstein. H. 95; Br. 35; T. 35
Literatur: Hildenbrand, Steinsaal 26 Nr. 30. – Espérandieu VIII 6008.

Der Block ist auf drei Seiten abgearbeitet. Auf der vierten Seite ist der Rest eines nackten Gottes erhalten, über dessen l. Schulter ein Mantelrest liegt. Mit dem l. Arm, der nur teilweise erhalten ist, könnte er sich auf einen Pfeiler gestützt haben. Apollo?

486 VIERGÖTTERSTEIN

Hist. Museum der Pfalz, Speyer, Inv. 2991 (A 78 a)
Sandstein. H. 94; Br. 43; T. 42
Literatur: Haug, Viergöttersteine 53 Nr. 111. – Hildenbrand, Steinsaal 39 Nr. 106. – Hertlein, Juppitergigantensäulen 104 Anm. 3. – Espérandieu VIII 5965.

Der Stein, in der Mitte zerbrochen, ist stark beschädigt.
a. Juno, in Chiton und Mantel, in der L. die Acerra, opfert r. aus einer Patera auf balusterförmigen Altar.
b. Reste eines Gottes; erhalten nur die Füße. Mercur?
c. Hercules, stützt r. die Keule auf.
d. Minerva, in Chiton und Mantel, hält r. die Lanze, l. den Schild.

487 KAPITELL mit SCHUPPENSÄULE

Hist. Museum der Pfalz, Speyer
Sandstein. H. 26. Kapitellrest: H. 15; Dm. 20

Abwärtsgerichtete, runde Schuppen; doppelter Blattkranz ohne Reste von Büsten.

488 KAPITELL mit SCHUPPENSÄULE

Hist. Museum der Pfalz, Speyer
Sandstein. H. 26; Dm. 21. Kapitellrest: H. 16

Abwärtsgerichtete Schuppen; doppelter Blattkranz; keine Reste von Büsten.

489 SCHUPPENSÄULE

Hist. Museum der Pfalz, Speyer
Sandstein. H. 34

Einfacher Säulenschaft mit Schuppen.

490 SCHUPPENSÄULE mit BASIS

Hist. Museum der Pfalz, Speyer
Sandstein. H. gesamt 106. Schaft: H. 65; Dm. 52. Basis mit Plinthe: H. 41

Unterste Trommel, abwärtsgeschuppt, Muster in den Stein nur eingeritzt. Die Säule muß zu einem sehr großen Monument gehört haben.

Starzach-Neuhaus (Kr. Tübingen; 107)

491 GIGANTENREITER (?)

Zerstört.
Literatur: Haug–Sixt Nr. 106 Anm. 1. – D. Plank, Fundber. Baden-Württemberg 1, 1974, 520 Nr. 71.

Bei den Ausgrabungen im 19. Jahrhundert wurde nach einer Notiz des Freiherrn v. Ow im Schwäbischen Merkur vom 8. 12. 1880 in den Ruinen des römischen Gutshofs (Bierlingen-Neuhaus) ein Steindenkmal von 'Roß und Reiter' gefunden und zerschlagen.

Stein (Enzkreis; 118)

492 VIERGÖTTERSTEIN

Bad. Landesmuseum Karlsruhe, Inv. C. 10354
Sandstein. H. 74; Br. 45; T. 53
Literatur: E. Wagner, Röm.-Germ. Korrbl. 6, 1913, 92 f. Abb. 31. – Wagner, Fundstätten 2,113. – H. Rott, Die Kunstdenkmale des Amtsbezirks Bretten (1913) 145. – E. Lacroix, P. Hirschfeld u. W. Paeseler, Die Kunstdenkmale des Amtsbezirks Pforzheim Land (1928) 201. – Espérandieu G. Nr. 346.

Bis 1912 im Chor der Kirche vermauert. Dicht unterhalb der Knie der Götter abgeschnitten; an den Kanten stark bestoßen; Reliefs beschädigt. Ohne Gesimse; rechteckige Bildfelder.
a. Juno, in Chiton und Mantel (Kopf verschleiert), hielt l. Acerra (?), in der gesenkten R. wohl die Patera. Über der l. Schulter Pfau?
b. Mercur, Mantel auf der r. Schulter geheftet, setzt mit der R. den Caduceus auf den Boden, hält in der L. den Geldbeutel. Flügel im Haar.
c. Hercules (?); männliche Gestalt mit gesenkten Armen, mit von der l. Schulter hängendem Löwenfell (?).
d. Minerva, in Chiton, Mantel und Helm, trägt ihr Käuzchen im vor die Brust gelegten Arm; die gesenkte L. hielt wohl den Schild.

Stein-Bockenheim (Kr. Alzey-Worms; 14)

493 VIERGÖTTERSTEIN

Mittelrhein. Landesmuseum Mainz, Inv. S 795
Sandstein. H. 58; Br. 40; T. 38
Literatur: Becker, Verzeichnis Nr. 30. – Haug, Viergöttersteine 61 Nr. 131.

Oben schwer beschädigt. Reliefs verwaschen; der unten angearbeitete hohe Sockel bis auf einen zapfenartigen Rest abgeschlagen.
a. Rest einer Göttin in langem Gewand. Juno?
b. Minerva; erkennbar nur untere Partien des Chitons und der r. danebenstehende Lanzenschaft.
c. Hercules, erhalten die nackten Beine, ein Teil des r. Armes mit der Keule.
d. Mercur; in der L. Caduceus erkennbar, in der gesenkten R. Geldbeutel. Neben dem r. Bein Hahn oder Widder.

Steinheim an der Murr (Kr. Ludwigsburg; 87)

494 ZWISCHENSOCKEL (?)

Württemberg. Landesmuseum Stuttgart, Inv. RL 236
Sandstein. H. 81; Br. und T. 70
Literatur: Studion, Vera origo ilustrissimae domus Württemberg. Mskr. (1597) 48 Abb. – Ch. F. Sattler, Geschichte des Herzogtums Württemberg bis 1260 (1757) 196; 215 ff. Taf. 21. – CIL XIII 6456. – Haug–Sixt Nr. 333. – Koepp, Germania Romana² 49 Taf. 28,1. – E. Krüger, Trierer Zeitschr. 4, 1929, 106 Nr. 6. – Espérandieu G. Nr. 696. – Siehe oben S. 43; 46; 54 Anm. 276.

Kanten bestoßen; Reliefs überall stark beschädigt. Ohne Gesimse.
a. Unten: Reliefs von Jupiter, Juno und Genius. Darüber auf Tabula ansata die Inschrift: [I(ovi) O(ptimo) M(aximo) et] Iun[oni] / [Reg]in[ae pr]o sal(ute) / L(uci) Dur(i) A(uli) (fili) Pereg/rini vet(erani) ex c(enturione) vol(untariorum) / et suorum omni/um voto suscepit l(ibens) l(aetus) m(erito).

b. Hercules ringt mit Antäus. Ihm zur Seite steht Minerva, Ge, die Mutter des Antäus sitzt auf dem Boden.
c. Diana, beim Bad, rechts und l. je eine Nymphe, eine dritte spannt hinter der Göttin ein Tuch auf. Über eine Geländewelle blickt l. oben Actäon.
d. Mercur und Fortuna. Mercur, Mantel über l. Schulter, setzt den r. Fuß auf einen Felsen. Im l. Arm großer Caduceus, die R. mit Geldbeutel gesenkt. Fortuna zur Rechten Mercurs, in Chiton und Mantel, trägt im l. Arm Füllhorn, die R. war gesenkt (Steuerruder? Altar?).

Steinsfurt (Stadt Sinsheim, Rhein-Neckar-Kreis; 76)

495/496 GIGANTENREITER und KAPITELL   Taf. 44,1; 45

Bad. Landesmuseum Karlsruhe, Inv. 62/146
Sandstein. Kapitell: H. 69. Säule: Dm. 49,5
Literatur: A. Dauber, Fundber. Baden 22, 1962, 278. – Ders., Nachrbl. Denkmalpflege Baden-Württemberg 3, 1960, 14 f. – B. Cämmerer in: Bad. Landesmuseum Karlsruhe. Neuerwerbungen 1952–1965. Eine Auswahl (1966) Nr. 44 Abb. – Bauchhenß, Arch. Korrbl. 4, 1974, Taf. 86,2. – A. Rommel, Jahrb. Staatliche Kunstsammlungen in Baden-Württemberg 12, 1975, 65 ff. – Bauchhenß, Jupitergigantensäulen 6 Abb. 24. – Siehe oben S. 43; 63; 66; 67.

Aus zahlreichen Fragmenten rekonstruiert.
KAPITELL (495): Doppelter Blattkranz, darüber in der Mitte jeder Seite ein weiblicher Kopf, der bis über die Abacusplatte reicht. Ohne Eckvoluten. Köpfe deutlich als Jahreszeiten charakterisiert: Blüten = Frühling; Ähren mit blütenverzierter Binde = Sommer; Früchte = Herbst; Tuch = Winter.
GIGANTENREITER (496): Der Gigant hockt auf der sehr hohen Plinthe, legt beide Hände auf seine Schlangenbeine. Der Reiter trug Muskelpanzer und flatternden Mantel; in der erhobenen R. bronzener Blitz.

497 VIERGÖTTERSTEIN

Städt. Reiß-Museum Mannheim
Sandstein. H. 113; Br. u. T. 62.
Literatur: Baumann, Denksteine Nr. 17. – Haug, Viergöttersteine 24 Nr. 35. – A. v. Oechelhäuser, Die Kunstdenkmale des Amtsbezirks Sinsheim, Eppingen und Wiesloch (1909) 115. – Wagner, Fundstätten 2, 370. – Espérandieu G. Nr. 421.

Sämtliche Kanten stark abgestoßen, Reliefs teilweise verwaschen. Gesichter aller Götter, Geschlechsteile von Mercur und Hercules abgeschlagen. Bildfelder rechteckig; ohne Gesimse.
a. Juno, in Chiton und Mantel, Schleier, hält im l. Arm Acerra, in der gesenkten, jetzt abgeschlagenen R. wohl die Schale.
b. Merkur, nackt, Geldbeutel in der gesenkten R.; Gestus der fehlenden L. nicht rekonstruierbar.
c. Hercules, Löwenfell über l. Unterarm, stützt r. die Keule auf.
d. Minerva, in Chiton und Mantel, hielt r. die Lanze, l. den Schild. In der r. unteren Bildfeldecke Käuzchen?

Stetten am Heuchelberg (Stadt Schwaigern, Kr. Heilbronn; 80)

498 ZWISCHENSOCKEL   Taf. 46,1–4; 47,1–3

Württemberg. Landesmuseum Stuttgart, Inv. RL 391
Sandstein. H. 69; Dm. 55
Literatur: Ch. F. Sattler, Topographische Geschichte des Herzogtums Württemberg (1784) 25 Abb. – Haug, Wochengötter 47 Nr. 1. – Haug–Sixt Nr. 363. – Koepp, Germania Romana² 31 Taf. 6,2. – Espérandieu G. Nr. 396. – Siehe oben S. 58 Anm. 300.

Runder Zwischensockel; unten Gesims, oben nur leichte Auskehlung. Götterreihe linksläufig, unkanonisch. Teilweise beschädigt, verwaschen. Bildfelder oben halbrund.
a. Sol, Mantel auf der r. Schulter geheftet, streckt r. Hand senkrecht nach oben, legt die L. vor den Körper. Strahlenkranz.
b. Luna, in Chiton und Mantel (Kopf verschleiert), im Haar eine Mondsichel, legt beide Hände an den Körper an.
c. Venus, nackt, stützt die r. Hand in die Hüfte, hält mit der L. einen Spiegel hoch. Lange, bis auf die Schultern fallende Locken.
d. Göttin in Chiton und Mantel, senkt die l. Hand mit Patera, legt die r. vor die Brust. L. neben ihr dürfte ein Altar stehen. Juno?
e. Neptun, Mantel auf der r. Schulter geheftet, stützt das r. Bein auf undeutlicher Unterlage auf, hält in der R. Dreizack, hält in der L. Delphin.
f. Mercur, Mantel auf der r. Schulter geheftet, hält in der gesenkten R. Geldbeutel, in der L. Caduceus.
g. Göttin in Chiton und Mantel (Kopf verschleiert), hält in der r. Hand Geldbeutel, im l. Arm Caduceus. Fortuna? Maia/Rosmerta?

Stettfeld (Gem. Ubstadt-Weiher, Kr. Karlsruhe; 77)

499 SCHUPPENSÄULE

Städt. Reiß-Museum Mannheim
Sandstein. H. noch 32; Dm. 26
Literatur: Baumann, Denksteine Nr. 25. – Wagner, Fundstätten 2,179.

Fragment einer Schuppensäule mit großen, sorgfältig gearbeiteten Schuppen.

Stocksberg (Stadt Brackenheim, Kr. Heilbronn; 81)

500 VIERGÖTTERSTEIN

Städt. Reiß-Museum Mannheim
Sandstein. H. 71; Br. und T. 46

Literatur: A. Lamey, Acta Academiae Theodoro-Palatinae 2, 1770, 45 Taf. 3,2. – Graeff, Antiquarium Nr. 78. – Haug, Viergöttersteine 17 Nr. 17. – Haug, Denksteine Nr. 78. – Espérandieu G. Nr. 436. – Brommer, Vulkan 6 Nr. 22 Taf. 21.

In zwei Teile quer zerbrochen. An allen Kanten bestoßen, Oberfläche verrieben; Gesichter von b. und d. abgeschlagen; Seite a. überarbeitet (Gesicht und r. Hand). Ohne Gesimse; Bildfelder oben halbrund.
a. Juno, in Mantel und Chiton (Kopf verschleiert), hält im l. Arm Acerra, opferte mit der R. aus Patera auf Altar; zwischen Altar und Juno der Pfau.
b. Vulcan, in Exomis, stützt mit der R. Hammer auf Amboß, hält im l. Arm Fackel (Haug: Zange oder Hebeisen).
c. Hercules, Löwenfell über l. Schulter und Arm, stützt r. die Keule auf, trägt in der L. Äpfel. Köcher über der r. Schulter, sein Tragband verläuft schräg über die Brust.
d. Minerva, in Chiton (Ägis mit großem Gorgoneion), Mantel und Helm, hält r. die Lanze, l. den Schild. Über der l. Schulter Käuzchen.

Strasbourg (138)

501 GIGANTENREITER

Musée Arch. Strasbourg, Inv. 9002
Sandstein. L. 38; H. 36
Literatur: Hertlein, Juppitergigantensäulen 7 I. – R. Henning, Denkmäler der elsässischen Altertums-Sammlung in Straßburg im Elsaß (1912) 48 Taf. 43 Nr. 3. – Espérandieu VII 5489. – R. Forrer, Strasbourg – Argentorate préhistorique, gallo-romain et mérovingien 2 (1927) 691 Taf. 136. – J.-J. Hatt, Revue Arch. Est et Centre-Est 7, 1956, 121 f. Abb. 42. – Hatt, Strasbourg Nr. 25.

Hatt schreibt den Reiter seinem 'Meister des Königshoffener Mithräums' zu. Nur Torso des Pferdes und Reiters erhalten. Der r. Arm des Reiters war erhoben; er trug gegürtete Tunica und Mantel, der abweichend von der üblichen Gestaltung nicht im Wind flattert.

502 GIGANTENREITER

Musée Arch. Strasbourg, Inv. 9003
Sandstein. L. 39; H. 16
Literatur: Hertlein, Juppitergigantensäulen 7 II. – Forrer a. a. O. 691 Taf. 99 Abb. 16.

Fragment des Pferderumpfes mit Resten des l. Beines des Reiters.

503 JUPITER und JUNO

Musée Arch. Strasbourg, Inv. 6481 (?)
Sandstein. H. 53; Br. 33
Literatur: F. Hettner, Westdt. Zeitschr. 20, 1901, 291. – Henning a. a. O. 4 Taf. 45,3. – Espérandieu VII 5505. – Forrer a. a. O. 1 Taf. 13. – Ders., L'Alsace romaine (1935) 151. – Hatt, Strasbourg Nr. 58. – Siehe oben S. 7.

Hatt datiert die Gruppe in das Ende des 2. Jahrhunderts. Der Oberkörper Jupiters und Schulter und Kopf Junos fehlen. Das Götterpaar sitzt auf einem bankartigen Thron. Jupiter hat den Mantel um Beine und Hüften geschlungen, die r. Hand hält auf dem Schoß den Blitz! Juno, an seiner r. Seite, hält im l. Arm die Acerra; sie trägt Chiton und Mantel. Beide tragen Schuhe.

504 JUPITER und JUNO

Musée Arch. Strasbourg, Inv. 2426
Sandstein. H. 64; Br. 45; T. 31
Literatur: Espérandieu X 7299. – Hatt, Strasbourg Nr. 148. – Siehe oben S. 7.

Stark verrieben. Jupiter, mit Mantel um Hüften und Beine, hält in der r. Hand den Blitz auf dem Schoß, der l. Arm war mit dem Zepter erhoben. Von Juno ist ein Rest der Kleidung um das l. Bein zu erkennen. Ihr Oberkörper fehlt teilweise. Im l. Arm unkenntlicher Gegenstand (Acerra?).

505/506 VIERGÖTTERSTEIN und KAPITELL

Musée Arch. Strasbourg, Inv. 54.345 bzw. 54.345a
Sandstein. Viergötterstein: H. 90; Br. 42; T. 43. Kapitell: H. 25; Br. und T. 45
Literatur: Hatt, Cahiers Alsaciens 134, 1954, 57 ff. – Ders., Gallia 2, 1954, 488 ff. – Ders., Revue des Arts 4, 1954, 239 Abb. – Ders., Revue Arch. Est et Centre-Est 8, 1957, 74 ff. Abb. 18 f. 21; 23. – Ders., Cahiers Alsaciens 137, 1957, 82. – Ders., Germania 37, 1959, 229 ff. Taf. 29; 30. – H. Schoppa, Die Kunst der Römerzeit in Gallien, Germanien und Britannien (1957) 53 Taf. 63. – Espérandieu XV 9245. – Mercklin, Figuralkapitelle Nr. 311 Abb. 553. – Hatt, Strasbourg Nr. 77.

VIERGÖTTERSTEIN (505): Rechteckige Bildfelder, teilweise abgearbeitet. Der Viergötterstein wird von Hatt der 'Werkstatt des Straßburger Caracalla' zugeschrieben und in den Anfang des 3. Jahrhunderts datiert. Schoppa datiert den Stein in die Mitte des 2. Jahrhunderts.
a. Juno, in Chiton und Mantel (Kopf verschleiert), opfert r. aus Patera auf balusterförmigen Altar, hält l. zepterartige Fackel.
b. Mercur, Mantel über l. Schulter und Arm, hält l. den Geldbeutel, im r. Arm den Caduceus.
c. Hercules, Löwenfell über Kopf und l. Arm gezogen, stützt l. die Keule auf, die R. war gesenkt. Köcher über r. Schulter, der Riemen verläuft schräg über die Brust.
d. Minerva, in Chiton, Mantel, Panzer und Helm, hält r. die Lanze, l. den Schild.
KAPITELL (506): Zwischen vier Akanthusblättern an den Ecken, je ein Kopf; zwei weiblich, zwei männlich, aber ohne Bart.

507 VIERGÖTTERSTEIN

Musée Arch. Strasbourg, Inv. 7266
Sandstein. H. 124; Br. 54; T. noch 18
Literatur: Hertlein, Juppitergigantensäulen 121. – Forrer, Strasbourg – Argentorate Taf. 98; 100. – Espérandieu VII 5515. – Hatt, Strasbourg Nr. 126.

Stark beschädigt; oberer Bildfeldrand leicht geschwungen.
a. fehlt.
b. Reste von Mercur.
c. Hercules, Löwenfell über l. Arm, stützt r. die Keule auf.
d. Minerva, mit Chiton und Mantel, Lanze und Käuzchen.

508/509 VIERGÖTTERSTEIN, SÄULE und KAPITELL

Musée Arch. Strasbourg, Inv. 9000 und 9001.
Sandstein. Viergötterstein: H. 129; Br. 38; T. 37. Säule: H. 74, Dm. 30. Kapitell: H. 36
Literatur: Hertlein, Juppitergigantensäulen 90; 121. – Henning a. a. O. 47 Taf. 43. – Espérandieu VII 5493; 5516. – Forrer a. a. O. 690 Taf. 135, 3; 138. – S. Ferri, Arte romana sul Reno (1931) 156 Anm. 40. – Kähler, Kapitelle 64 M 6. – Hatt, Revue Arch. Est et Centre-Est 8, 1957, 81 f. Abb. 25. – Mercklin, Figuralkapitelle Nr. 306 Abb. 548. – Hatt, Strasbourg Nr. 109; 112.

Sehr schlanker Viergötterstein mit rechteckigen Bildfeldern; unfertig?
a. Juno, in Chiton und Mantel (Kopf verschleiert), hält in der gesenkten R. die Patera.
b. Mercur, Mantel über l. Schulter und Arm, hält im l. Arm den Caduceus, in der gesenkten R. den Geldbeutel. Flügelhut.
c. Hercules, Löwenfell über der l. Schulter, stützt r. die Keule auf; in der l. Hand Äpfel.
d. Minerva, in Chiton (mit Gorgoneion), Mantel und Helm, hält mit der R. das Käuzchen vor die Brust, hebt mit der L. den Schild am Rand hoch (Pfeiler oder Stütze gemalt?).

510–515 SCHUPPENSÄULEN

Forrer, Strasbourg-Argentorate 2 (1927) bildet eine Reihe von Säulenresten mit Schuppenornament ab, die in Strasbourg gefunden wurden. Sie sind im folgenden nach Forrer aufgezählt:

Forrer a. a. O. 691 Taf. 97:
    Abb. 13: Säule mit Basis; Dm. 37.
    Abb. 18: Säule Inv. 9896.
    Abb. 32: Säule mit Kapitellansatz; Dm. 30–34.
    Abb. 33: Säule Inv. 5298; Dm. 30.
    Abb. 34: Säule mit Basis; H. 61.

Forrer a. a. O. 691:
    Abb. 483: Kapitellrest aus der Pergamentergasse.

Stuttgart Museum (95)

516 VIERGÖTTERSTEIN

Württemberg. Landesmuseum Stuttgart
Sandstein. H. 85; Br. 45; T. 45
Literatur: Haug, Viergöttersteine 18 Nr. 18. – Haug–Sixt Nr. 477.

Auf der Oberseite große runde Vertiefung (Tauf- oder Weihwasserbecken?). Überall stark beschädigt; Bildfelder oben gerundet.
a. Juno, in Chiton und Schleier, mit der R. aus Patera auf Altar opfernd. In der L. Zepter; über der r. Hand der Pfau (nach Haug).
b. Mercur, Mantel über der l. Schulter, in der gesenkten l. Hand der Geldbeutel, im r. Arm der Caduceus; unter der r. Hand der Bock, unter der l. undeutliche Reste, wohl der Hahn.
c. Hercules, Löwenfell über l. Schulter und Arm, stützt r. die Keule auf.
d. Minerva, mit Schild in der L., Lanze in der R.; über der l. Schulter das Käuzchen (nach Haug).

Stuttgart-Bad Cannstatt (96)

517–519 JUPITERGIGANTENSÄULE

Privatbes. Bad Cannstatt
Sandstein. H. gesamt etwa 450
Literatur: O. Paret, Germania 9, 1925, 2 ff. Abb. 2 ff. – Ders., Fundber. Schwaben N. F. 3, 1926, 73 Taf. 9; 11; 12. – H. Finke, Ber. RGK 17, 1927 Nr. 189. – Espérandieu G. Nr. 546. – Siehe oben S. 21.

Die Säulenteile wurden zusammen mit dem folgenden Altar und Resten weiterer Götterbilder (Mercur, Diana) in einem römischen Keller gefunden. Erhalten sind:
VIERGÖTTERSTEIN (517): Sockel: H. 29; Br. und T. unten 74, oben 47,5. – Oberes Gesims: H. 26,5; Auflagefläche unten 47,5 × 47,5; größte Ausladung: 84,7 × 84,7; über der größten Ausladung geht die Platte in einen Kegelstumpf über (oberer Dm. 53,5), auf dem wohl der runde Zwischensockel stand.
SÄULE (518): Glatte Säule über reich profilierter Basis; starke Entasis (H. 104; Basis: H. 32; Dm. 45; Dm. Säule unten 30). Vom Kapitell (korinthisch oder tuskisch?) nichts erhalten.
GIGANTENREITER (519): Erhalten der Torso des Pferdes mit den anliegenden Teilen des Reiters. Der Reiter trug glatte Tunica (H. 33; L. 35).

520 JUPITERALTAR

Privatbes. Bad Cannstatt
Sandstein. H. 65; Br. 38; T. 29
Literatur: siehe oben Nr. 517–519

Die Inschrift des Altars lautet: *I(ovi) O(ptimo) M(aximo) / Mariori/us Urbic/us v(otum) s(olvit) l(ibens) l(aetus) m(erito).*

521 GIGANTENREITER

Württemberg. Landesmuseum Stuttgart, Inv. RL 282
Sandstein. H. 25; L. 37
Literatur: W. Barthel, Das Kastell Cannstatt. ORL B 59 (1907) 33 Nr. 8 Abb. – Hertlein, Juppitergigantensäulen 3 I. – Haug–Sixt Nr. 262 Abb. – Espérandieu G. Nr. 538.

Torso des Pferdes mit den anliegenden Körperteilen des Reiters. Die l. Hand des Reiters hielt dicht am Pferdehals die Zügel; der Reiter trug faltenlose Tunica.

522 GIGANTENREITER

Württemberg. Landesmuseum Stuttgart, Inv. RL 318
Sandstein. H. 54; L. 45. Gigant: H. 33
Literatur: Barthel a. a. O. 33 Nr. 7. – Hertlein, Juppitergigantensäulen 3 II. – Haug–Sixt Nr. 265. – Espérandieu G. Nr. 544.

Erhalten der stark verriebene Torso des Pferdes, Oberkörper, Leib und Beine des Reiters und Oberkörper des Giganten. Die l. Hand des Reiters hält am Hals des Pferdes die Zügel; die r. Hand lag neben der Schläfe, die Faust geballt; der Reiter war bärtig. Der Gigant ragte schräg über die Plinthe nach vorne.

523 GIGANTENREITER

Württemberg. Landesmuseum Stuttgart, Inv. RL 257
Sandstein. H. 70; L. 50
Literatur: P. Goessler, Germania 10, 1926, 37 f. Abb. 1; 2a; b. – Paret, Fundber. Schwaben N. F. 3, 1926, 81 Taf. 13. – Koepp, Germania Romana² 37 Taf. 12,2; 13,3. – Espérandieu G. Nr. 540.

Der Gigant, erhalten sind Rumpf, Ansätze der Schlangenbeine und Arme, kniete schräg nach oben gerichtet am vorderen Plinthenrand; er stützte beide Arme auf die Plinthe auf. Der Reiter, dessen Oberkörper erhalten ist, trug glatt anliegende Tunica und den waagerecht nach hinten flatternden Mantel. Die l. Hand des Reiters lag am Pferdehals. Kopf, r. Schulter und r. Arm fehlen.

524 FAHRENDER JUPITER

Württemberg. Landesmuseum Stuttgart
Sandstein. H. 53; Br. 42
Literatur: Goessler a. a. O. 37 Nr. 1. – E. Künzl, Arch. Korrbl. 3, 1973, 223. – Ders., Fundber. Baden-Württemberg 3, 1976, 291. – Siehe oben S. 68.

Fragment eines Zweigespannes: zwei nebeneinander angeordnete Pferdetorsen. Zusammen mit vorhergehender Gruppe gefunden.

525 VIERGÖTTERSTEIN

Württemberg. Landesmuseum Stuttgart, Inv. RL 206
Sandstein. H. 97; Br. 42, T. 34
Literatur: Haug, Viergöttersteine 13 Nr. 3. – Barthel a. a. O. 35 Nr. 22. – Haug–Sixt Nr. 253. – Espérandieu G. Nr. 541.

Nur Seite a. gut erhalten; Kanten bestoßen; Reliefs stark verwaschen. Bildfelder rechteckig, mit sehr hohem unterem Rand.
a. Juno, in Mantel und Chiton (Kopf verschleiert), hält im l. Arm die Acerra, opfert r. aus Patera auf Altar; neben der r. Schulter Pfau; nach Haug neben dem Altar kleine Gestalt einer Adorantin, aber eher Pfeiler für Pfau.
b. Mercur, Mantel auf r. Schulter geheftet, hält in der gesenkten R. den Geldbeutel, im l. Arm Caduceus. Unter der r. Hand Bock oder Hahn. Flügel im Haar.
c. Hercules, Löwenfell über l. Schulter und Arm, stützt r. die Keule auf.
d. Minerva? Göttin in Chiton und Mantel, legt r. Arm (mit Käuzchen) vor die Brust? Oberkörper zerstört.

526 VIERGÖTTERSTEIN

Württemberg. Landesmuseum Stuttgart
Sandstein. H. noch 49; Br. noch 39; T. noch 26
Literatur: Hertlein, Juppitergigantensäulen 119. – Haug–Sixt Nr. 264. – Espérandieu G. Nr. 545.

Erhalten der obere Teil des Steines, stark beschädigt. Bildfelder oben halbrund. Aus einem röm. Brunnen.
a. Rest der Juno (Frau mit verschleiertem Kopf).
b. Mercur, Flügel im Haar, r. Arm gesenkt.
c. Hercules? Breite männliche Gestalt.
d. Minerva, Lanze in erhobener R., l. Arm gesenkt.

527–529 WOCHENGÖTTERSTEIN, ALTAR und SÄULE   Taf. 48,1

Württemberg. Landesmuseum Stuttgart, Inv. RL 201
Sandstein. Wochengötterstein: H. 66; Br. einer Seite: 22. Säule: H. 132; Dm. 30–35; Altar: H. 114; Br. 41; T. 34–39
Literatur: Goessler, Germania 16, 1932, 203 f. Taf. 10,2; 11,1.2. – Paret, Fundber. Schwaben N. F. 7, 1930, 46 Taf. 8.9. – H. Nesselhauf, Ber. RGK 27, 1937 Nr. 101. – Espérandieu XIV 8594 Taf. 97. – Siehe oben S. 57.

1931 in einem Brunnen zusammen mit weiteren Gesimsresten gefunden. Der Wochengötterstein ist sechseckig, der fehlende Gott, Saturn, auf der l. Seite des Altars dargestellt.
WOCHENGÖTTERSTEIN (527): Ohne Gesimse, stark verwaschen. Teile der Seiten d. und e. fehlen. Götter in Ganzfigur, Bildfelder oben halbrund.
a. Sol, nackt, in gesenkter l. Hand Peitsche? R. Hand in Kopfhöhe gehoben.
b. Luna, in Chiton (Kolpos archaisierend geschwungen), hält l. den Saum des Kolpos, den r. Unterarm streckt sie waagerecht ab.
c. Mars, nackt, hält r. Lanze, l. Schild.
d. Mercur, nackt (?), in der gesenkten R. der Geldbeutel.
e. Jupiter, nackt, bärtig, langhaarig, hält l. das Zepter; die R. war gesenkt.
f. Venus, nackt, stützt R. in die Hüfte, hält l. Spiegel auf Gesichtshöhe.

ALTAR (529): Auf der Vorderseite die Inschrift: *I(ovi) O(ptimo) M(aximo) / Paterni(us) / Aprilis / Crescens / v(otum) s(olvit) l(ibens) l(aetus) m(erito)*. Nesselhauf liest die Zeilen 2 und 3: *Patern(o) / Aprili(u)s*.
Auf der l. Seite Saturn: bärtig, Tunica und Mantel, in der r. Hand Harpe, darunter undeutlicher Gegenstand; im l. Arm Füllhorn.
Auf der r. Seite: Genius, Mantel über l. Arm, opfert r. auf Altar; im l. Arm das Füllhorn.

SÄULE (528): Attische Basis; im unteren Teil aufwärts, nach einfachem, eingraviertem Ring abwärts geschuppt.

Stuttgart-Plieningen (97)

530 WOCHENGÖTTERSTEIN

Württemberg. Landesmuseum Stuttgart, Inv. RL 56/8
Sandstein. H. 77; Dm. 54
Literatur: Fundber. Schwaben N. F. 15, 1959, 175 Taf. 61. – Siehe oben S. 57.

Runder Stein; Bildfelder oben halbrund geschlossen.
a. Saturn, bärtig, in Tunica und Mantel, der l. Arm gesenkt, die R. mit der Harpe vor die Brust gelegt.

b. Sol, Mantel über l. Schulter und Arm, hebt die R. in Kopfhöhe, legt die L. angewinkelt vor den Körper.
c. Luna, in langem Chiton, mit Mondsichel im Haar; die L. in Kopfhöhe erhoben, die R. hält undeutliches Attribut.
d. Mars, nackt, mit Helm, hält r. die Lanze, l. den Schild.
e. Mercur, hält im l. Arm den Caduceus, in der gesenkten R. Geldbeutel.
f. Jupiter, bärtig, nackt, hält in der gesenkten R. das Blitzbündel, in der L. das Zepter.
g. Venus, nackt, hält in der erhobenen R. den Spiegel, in der gesenkten L. undeutliches Attribut (Kleidungsstück?).

Stuttgart-Zazenhausen (94)

531 WOCHENGÖTTERSTEIN   Taf. 48,2

Württemberg. Landesmuseum Stuttgart, Inv. RL 269
Sandstein. H. 71; Dm. 60
Literatur: Ch. F. Sattler, Geschichte des Herzogtums Württemberg bis 1260 (1757) 189; 196; 200; 204; 236; 243 f. Taf. 8. – Haug, Wochengötter 27 f. Nr. 3. – Haug–Sixt Nr. 291. – O. Paret, Urgeschichte Württembergs (1921) 125; 213. – Espérandieu G. Nr. 531. – Duval, Semaine 288. – Siehe oben S. 57.

Runder Stein. Bildfelder von Pilastern begrenzt, über die sich Bögen spannen. In den Bogenzwickeln Rosetten. Jupiter und Venus in gemeinsamem Feld. Oberkante teilweise abgeschlagen; Reliefs grob und verwaschen.
a. Saturn, Mantel über l. Schulter und Arm, hält in der gesenkten R. die Harpe; die L. liegt unter dem Mantel. Bärtig.
b. Sol, Mantel über l. Schulter und Arm, hält in der gesenkten R. Peitsche.
c. Luna, in langem Chiton, hebt die R. bis in Schulterhöhe, legt die L. in Hüfthöhe an den Körper.
d. Mars, in Rüstung und Helm, hält r. die Lanze, l. den Schild.
e. Mercur, Mantel über l. Schulter und Arm, hält in der gesenkten R. den Geldbeutel, im l. Arm den Caduceus.
f. Jupiter und Venus: Jupiter nackt, hält l. das Zepter, die R. legt er mit dem Blitz (?) vor die Brust. Venus, ebenfalls nackt, Armhaltung der Kapitolinischen Venus, aber Gewandteil über dem l. Arm.

Surbourg (Arr. Wissembourg, Bas-Rhin; 152)

532 SCHUPPENSÄULE

Kirche, Ostwand der nördlichen Eingangshalle.
Sandstein. H. noch 72; Dm. soweit feststellbar 38

Das Säulenfragment wurde bei den Umbauarbeiten in der Kirche etwa zwischen 1920/30 gefunden (Hinweise Prof. Burg, Haguenau).

Udenheim (Kr. Alzey-Worms; 26)

533 VIERGÖTTERSTEIN

Mittelrhein. Landesmuseum Mainz, Inv. S 368
Kalkstein. H. 118; Br. 58; T. 41
Literatur: G. Behrens, Germania 17, 1933, 300. – P. Kessler, Mainzer Zeitschr. 29, 1934, 71 Abb. 12. – Behrens, ebd. 33, 1938, 39 Nr. 4 Abb. 18. – H. Nesselhauf, Ber. RGK 27, 1937 Nr. 89. – Behrens, Mainzer Zeitschr. 37/38, 1942/43, 47 Taf. 4,4. – F. Behn, Festschrift RGZM 1 (1952) 16; 24. – Weber, Götterweihungen 154. – Fischer, Viergötterstein 46. – Siehe oben S. 24.

Der Stein stammt aus dem Fundament eines Strebepfeilers der Kirche. Für diese Verwendung wurden zwei Seiten abgearbeitet. Über jeder Seite stand der Name des Gottes (vgl. Nr. 39). Flavisch.
a. fehlt.
b. Mercur, Mantel auf der r. Schulter geheftet, hält mit der l. Hand den Caduceus schräg vor den Körper, in der gesenkten R. den Geldbeutel. Flügel an den Knöcheln und im Haar; r. neben ihm der Hahn.
c. fehlt.
d. Minerva, nur Reste der l. Seite mit dem Käuzchen über der l. Schulter erhalten.

Uttenhoffen (Arr. Haguenau, Bas-Rhin; 147)

534 GIGANTENREITER (?)

Verschollen
Literatur: J. A. Siffer, Bull. Soc. Conservat. Mon. Hist. Alsace 2. Ser. 7, 1868, 42. – Espérandieu VII 5627.

Nach Siffer wurde 1843 im Schuttabraum einer Villa eine Reiterstatue ohne den Reiter gefunden.

Waiblingen (Rems-Murr-Kreis; 91)

535 VIERGÖTTERSTEIN

Württemberg. Landesmuseum Stuttgart, Inv. RL 203
Sandstein. H. 90; Br. 40; T. 41
Literatur: Haug, Viergöttersteine 13 Nr. 2. – Haug-Sixt Nr. 301. – Espérandieu G. Nr. 698.

An allen Kanten stark bestoßen, Reliefs verwaschen. Ohne oberes Gesims, unten relativ hoher Sockel.
a. Juno, in langem Gewand (Kopf verschleiert), opfert r. auf Altar. Neben ihrer r. Schulter Pfau?
b. Undeutliche Reste eines Gottes mit erhobenem r. Arm. Nach Haug Mars mit Lanze. Vielleicht Apollo.

c. Hercules, nach l. gewandt, stützt r. die Keule auf; über l. Schulter und Arm das Löwenfell. Hinter der r. Schulter Bogen und Köcher.
d. Minerva, in Chiton, Mantel und Helm (?), hält r. die Lanze, l. den Schild.

Waldmühlbach (Gem. Billigheim, Neckar-Odenwald-Kreis; 72)

536 VIERGÖTTERSTEIN

Bad. Landesmuseum Karlsruhe, Inv. C 4875
Sandstein. H. 126; Br. 63; T. noch 57
Literatur: E. Wagner, Korrbl. Westdt. Zeitschr. 3, 1884 Nr. 146. – Haug, Viergöttersteine 24 Nr. 36. – Wagner, Fundstätten 2, 399. – Espérandieu G. Nr. 222.

Der Stein wurde 1883 in den Mauern der Kirche von Waldmühlbach gefunden. Er ist in zwei Stücke zerbrochen, seine Oberfläche großenteils abgearbeitet.
a. Juno.
b. Mercur, Mantel über l. Schulter und Arm, hielt in der gesenkten R. den Geldbeutel; neben dem r. Fuß Widder, der l. Fuß tritt auf eine Schildkröte.
c. Hercules, Löwenfell um den l. Unterarm, stützt r. die Keule auf; über r. Schulter Bogen und Köcher.
d. Minerva, in Chiton, Mantel und Helm (glatte Ägis mit Gorgoneion), hält r. die Lanze, l. den Schild. L. neben ihr auf Pfeiler das Käuzchen.

Walheim (Kr. Ludwigsburg; 84)

537–539 JUPITERGIGANTENSÄULE   Taf. 48,3

Württemberg. Landesmuseum Stuttgart, Inv. RL 68/160.1–10
Sandstein. H. gesamt: 536. Viergötterstein: H. 99; Br. 54; T. 54. Zwischensockel: H. 78; Dm. 50. Säule: H. 260; Dm. 41–36. Kapitell: H. 51; Dm. 68
Literatur: Ph. Filtzinger, Fundber. Baden-Württemberg 1, 1974, 437 ff. Abb. – Bauchhenß, Jupitergigantensäulen 7; 23 Abb. 18–23. – Siehe oben S. 48; 58 Anm. 300; 63.

Bis auf Gigantengruppe und Basis des Zwischensockels vollständig erhalten.

VIERGÖTTERSTEIN (537): Basis und oberes Gesims eigens gearbeitet, Viergötterstein aus zwei Quaderlagen. An den Seiten c. und d. auf Bildfeldränder Pilaster aufgelegt, darüber konchenförmiger Abschluß. Beides wohl auf a. und b. zu ergänzen.
a. Juno, in Chiton und Mantel (Kopf verschleiert), opferte r. auf Altar, hielt l. das Zepter.
b. Minerva, in Chiton, Mantel und Helm (Ägis?), hält r. die Lanze, l. den Schild. Neben l. Schulter auf Pfeiler das Käuzchen.
c. Hercules, Löwenfell über l. Unterarm, stützt r. die Keule auf.
d. Mercur, hält im l. Arm den Caduceus, die R. mit dem Geldbeutel war gesenkt. Unter der r. Hand Reste des Bocks.

ZWISCHENSOCKEL (538): Rund, ohne Basis, aus zwei Quaderlagen, oberes Gesims angearbeitet. Bildfelder oben konchenartig geschlossen, durch Pilaster voneinander getrennt. Über den Konchen umlaufender Architrav, darüber, über jedem Bildfeld Dreiecksgiebel mit Rosette (?) als Giebelschmuck.
a Jupiter, im Typus des Kapitolinus thronend, l. Hand auf dem Oberschenkel mit Blitzbündel (?).
b. Mercur, in der gesenkten R. Geldbeutel, im l. Arm Caduceus.
e. Göttin in Chiton und Mantel (Kopf verschleiert), r. Arm gesenkt, l. Arm angewinkelt. Sonst keine Attribute erkennbar. Fortuna? Maia?
d. Vulcan, in Exomis, beide Arme gesenkt; unten r. Amboß. In beiden Händen undeutliche Werkzeuge.
e. Göttin in Chiton und Mantel (Kopf verschleiert); beide Arme vor dem Körper angewinkelt. Venus?
f. Mars, in Panzer, ohne Helm (?), hält r. die Lanze, l. den Schild.
g. Victoria, Typ Brescia, nach l. gewandt.
h. Juno, in Chiton und Mantel (Kopf verschleiert?), opfert r. aus Patera auf balusterförmigen Altar. Attribut in der L. nicht genau erkennbar (Acerra?).

KAPITELL und SÄULE (539): Quadratische Plinthe mit attischer Basis; die untere Hälfte des Säulenschaftes abwärts geschuppt; darüber Weinranken, in denen Menschen ernten; Vögel und Tiere im Laub. Kapitell vom Typus M Kählers (vgl. Kähler, Kapitelle 63 ff.): doppelter Blattkranz, darüber Kelchblätter, die die Abacusecken tragen. Auf jeder Seite in der Mitte Rest eines Kopfes.

Wasserwald (Stambach, Com. Haegen, Arr. Saverne, Bas-Rhin; 140)

540–541 JUPITERGIGANTENSÄULE

Musée de la Ville, Saverne
Sandstein. Gruppe: H. 82; L. (ergänzt) 80. Plinthe: 61 × 36 × 6 (ergänzt). Säulensockel: H. 48; obere Fläche 68 × 71. Säule: Dm. unten 46; H. etwa 300
Literatur: A. Fuchs, Anz. Elsäss. Altkde. 1, 1909, 32 Abb. 50. – Hertlein, Juppitergigantensäulen 9. – A. Rift, Ber. RGK 7, 1912, 211 Abb. 110. – E. Wendling, Die kelt.-röm. Steindenkmäler des Zaberner Museums (1912) 22 Nr. 63 d. – Espérandieu VII 5690. – R. Forrer, Strasbourg-Argentorate 2 (1927) Abb. 501. – Ders., L'Alsace romaine (1935) 152; 154. – F. Sprater, Pfälzer Heimat 2, 1951, 68. – P.-Fr. Fournier, Revue Arch. Centre 1, 1962, 122. – A. B. Cook, Zeus. A Study in Ancient Religion II,1² (1964) 75 f. Taf. 3. – Siehe oben S. 6; 25; 43; 67.

Die Säule war zerschlagen und über ein Gebiet von 1000 m² verstreut.

GIGANTENREITER (540): Nur wenige Reste erhalten. Der Gigant kniete auf der Plinthe; sein Oberkörper fehlt; das Hinterteil des Pferdes mit dem Oberkörper und Kopf des Reiters, dazu der Kopf des Pferdes sind erhalten. Der Reiter trug im erhobenen r. Arm einen eisernen Blitz.

SÄULE (541): Der Säulenschaft war glatt. Sein Sockel hatte die Form eines geknickten Pyramidenstumpfs.

Weil im Schönbuch (Kr. Böblingen; 103)

542 GIGANTENREITER

Württemberg. Landesmuseum Stuttgart
Sandstein. H. etwa jeweils 40; L. etwa 35
Literatur: Hertlein, Juppitergigantensäulen 3 II. – Haug–Sixt Nr. 238 Abb. – W. Fischer, Fundber. Baden 1, 1925–28, 24. – Espérandieu G. Nr. 509.

Erhalten sind in zwei Fragmenten der Körper des Giganten und das Vorderteil des Pferdes. Der Körper des Giganten war auf der Plinthe wohl steil aufgerichtet, der jugendliche Kopf leicht gehoben. Die Arme liegen am Körper an, beide hielten wohl eine Keule. Pferdehufe über der Schulter. Kopf und Hals des Pferdes stark verrieben. L. und vorne noch Zügel zu erkennen. Reste der Beine des Reiters vorhanden.

543 GIGANTENREITER

Württemberg. Landesmuseum Stuttgart
Sandstein. H. 38; L. 36
Literatur: Hertlein, Juppitergigantensäulen 3 I. – Haug–Sixt Nr. 235 Abb. – Koepp, Germania Romana² 38 Taf. 14,2. – Espérandieu G. Nr. 511.

Erhalten der Reiter (ohne r. Arm), der Torso des Pferdes und der Oberkörper des Giganten. Der Gigant kniete auf der Plinthe; die Hände liegen neben der Schulter, um die Hufe des Pferdes zu tragen. Der Reiter trägt Tunica, Panzer (?) und flatternden Mantel.

544 GIGANTENREITER

Württemberg. Landesmuseum Stuttgart
Sandstein. H. 17
Literatur: Haug–Sixt Nr. 237 Abb. – Espérandieu G. Nr. 514.

Erhalten nur der Kopf, der anders als Haug–Sixt und Espérandieu schreiben, wohl bärtig war. Gigant?

545 GIGANTENREITER

Württemberg. Landesmuseum Stuttgart
Sandstein. H. 39
Literatur: Haug–Sixt Nr. 236. – Espérandieu G. Nr. 510.

Erhalten sind der Torso und der Kopf eines bärtigen Mannes. Ob er Tunica und Panzer trug, ist nicht zu erkennen, dagegen sind Reste des Mantels zu sehen. Reiter?

Weisenheim am Sand (Kr. Bad Dürkheim; 172)

546 ZWISCHENSOCKEL

Hist. Museum der Pfalz, Speyer, Inv. 1322
Sandstein. H. 124; Kantenlänge je 33 bzw. 35
Literatur: G. Berthold, Mitt. Hist. Ver. Pfalz 17, 1893, 175 f. – Hertlein, Juppitergigantensäulen 83 Anm. 4. – Hildenbrand, Steinsaal 53 Nr. 165 Taf. 1,2. – Espérandieu VIII 5983. – Brommer, Vulkan 9 Nr. 39 Taf. 34. – G. Bauchhenß, Mitt. Hist. Ver. Pfalz 73, 1976, 167 ff. Abb. 1–7. – Siehe oben S. 27; 58 Anm. 300; 59.

Achtkantiger Stein; auf jeder Seite zwei Bildfelder: unten quadratische Felder mit Greifen oder Krateren; obere Bildfelder oben halbrund; ohne Gesimse erhalten; teilweise fast bis zu Unkenntlichkeit zerstört. Spätflavisch-trajanisch.
a. Juno, in Chiton und Mantel, die R. mit unkenntlichem Attribut erhoben, die L. hält Zepter schräg vor den Körper. Unteres Bildfeld: Krater.
b. Hercules, Löwenfell über l. Unterarm, stützt r. die Keule auf. Über r. Schulter Köcher und Bogen. Unteres Bildfeld: Greif.
c. Vulcan, in Exomis, in der L. Zange, r. Hammer. Unten Greif.
d. Venus, Mantel um die Hüften, in der erhobenen L. Spiegel (?), r. von ihr Amor? Unten Krater.
e. Mars; noch zu erkennen Helmbusch, Lanze in der r. Hand und l. Reste des Schildes. Unten Greif.
f. Victoria, die R. mit Siegeskranz in Richtung auf Mars ausgestreckt, im l. Arm Palmzweig; flatternder langer Chiton, der die eine Brust freiläßt. Unteres Feld: Greif?
g. Fortuna, in Chiton und Mantel, im l. Arm das Füllhorn; r. neben ihr lehnt Steuerruder. Unten Krater.
h. Mercur, im l. Arm Caduceus, in der gesenkten R. Geldbeutel; Flügelhut. Im unteren Feld Greif.

547 ZWISCHENSOCKEL

Hist. Museum der Pfalz, Speyer, Inv. A. 73
Sandstein. H. 108; L. je Seite 38
Literatur: Hildenbrand, Steinsaal 61 Nr. 217. – Espérandieu VIII 5984. – Bauchhenß a. a. O. 167 f. Abb. 8. – Siehe oben S. 58 Anm. 300.

Der Stein stammt vom selben Grundstück wie der vorhergehende. Grundfläche sechseckig; stark beschädigt; unten Gesimsplatte angearbeitet; Bildfelder oben halbrund.
a. Jupiter, Mantel über dem l. Oberarm, hält l. das Zepter; die R. mit dem Blitz (?) ist gesenkt.
b. Juno, in Chiton und Mantel, die r. Hand gesenkt, hält l. ein Zepter schräg vor den Körper. Teil des Oberkörpers und Kopf fehlen.
c. Mercur, Mantel über l. Arm, die r. Hand mit Caduceus gesenkt. Kopf fehlt.
d. Venus.
e. Diana, in kurzem Chiton und kniehohen Stiefeln, hält in der l. Hand den Bogen, die R. greift zum Köcher über der r. Schulter.
f. Minerva, in Chiton, Mantel und Helm, hält l. den Schild, r. die Lanze schräg vor den Körper.

Weißenhof (Gem. Löchgau, Kr. Ludwigsburg; 85)

548 FAHRENDER JUPITER Taf. 49

Württemberg. Landesmuseum Stuttgart
Sandstein. H. 105; Plinthe: 65 × 45 × 9
Literatur: G. Sixt, Westdt. Zeitschr. 16, 1897, 293 ff. Abb. – Hertlein, Juppitergigantensäulen 3. – Haug–Sixt Nr. 343 Abb. – Koepp, Germania Romana² 37 Taf. 12,4. – Espérandieu G. Nr. 407. – F. Sprater, Pfälzer Heimat 2, 1951, 68. – E. Thevenot, Revue Arch. Est et Centre-Est 2, 1951, 131 Anm. 1. – A. B. Cook, Zeus. A Study in Ancient Religion II,1 (1964²) 75 Abb. 36. – E. Künzl, Arch. Korrbl. 3, 1973, 224 Taf. 46,1 f. – Ders., Fundber. Baden-Württemberg 3, 1976, 290 f. Abb. 4. – Bauchhenß, Jupitergigantensäulen 19 Abb. 28 f. – Siehe oben S. 68.

Jupiter in Mantel, der auf der r. Schulter geheftet ist, steht auf einem zweispännigen Wagen, von dem der Wagenkorb und das r. Rad erhalten sind. Die l. Hand, nur der am Körper anliegende Oberarm erhalten, hielt wohl die Zügel der Biga. Der r. Arm war nach dem Ansatz und der Streckung der Brustmuskeln erhoben, wohl um den Blitz zu schwingen.
Das Gespann galoppiert über einen Giganten hinweg, auf dessen Schultern die beiden Pferde ihren jeweils inneren Huf legen. Die äußeren Hufe trug der Gigant wohl auf seinen Händen. Der Gigant ist bärtig, mit kräftiger Muskulatur.

549 GIGANTENREITER

Württemberg. Landesmuseum Stuttgart
Sandstein
Literatur: P. Goessler, Fundber. Schwaben 15, 1907, 62 Nr. 3. – Hertlein, Juppitergigantensäulen 4 II. – Haug–Sixt Nr. 578. – Espérandieu G. Nr. 387.

Erhalten sind mehrere Fragmente, die sicher zu einem Gigantenreiter gehörten:
a. Knie eines Reiters mit Resten der Oberschenkelbekleidung; H. 17.
b. Pferdehuf; L. 7,5.
c. Kniefessel eines Pferdes; L. 8.
d. Teil eines Pferdefußes; L. 6.

Welzheim (Rems-Murr-Kreis; 93)

550 GIGANTENREITER

Württemberg. Landesmuseum Stuttgart
Sandstein. H. noch 30; Br. der Basis 23
Literatur: O. Paret, Fundber. Schwaben N. F. 7, 1930–32, 59 Taf. 10.

Erhalten ist der vordere Teil der Plinthe mit dem Oberkörper des Giganten. Der Gigant stützte beide Arme auf die Plinthe, deren vordere Ecken abgeschrägt sind. Über diese schrägen Flächen klammern sich die Finger des Giganten.

Westhofen (Kr. Alzey-Worms; 21)

551 VIERGÖTTERSTEIN

Privatbesitz Westhofen
Ohne Maß- und Materialangaben publiziert
Literatur: B. Stümpel, Mainzer Zeitschr. 70, 1975, 226 f. Taf. 52,1–4.

Der Stein stand lange Zeit an der Gemarkungsgrenze, daher stark zerstört, Reliefs fast unkenntlich. Vielleicht Normalreihe.
a. Reste einer Göttin?
b. Reste eines Gottes.
e. Reste eines Gottes. Hercules?
d. Minerva?

Wiesbaden (38)

552 VIERGÖTTERSTEIN

Städt. Museum Wiesbaden
Sandstein. H. etwa 64; Br. und T. 44
Literatur: W. Dorow, Opferstätte und Grabhügel der Germanen und Römer am Rhein 2 (1821) 8 Taf. 2. – Haug, Viergöttersteine 34 Nr. 57. – H. Lehner, Die antiken Steindenkmäler des Provinzialmuseums in Bonn (1918) Nr. 89. – Espérandieu G. Nr. 7.

Der Stein war bis 1938 im Rhein. Landesmuseum Bonn (Inv. U 180).
Eine Seite zu Trog oder Sarg ausgehöhlt; stark beschädigt; Oberfläche der Relieffiguren fehlt weitgehend.
a. Fortuna, in Chiton und Mantel, hält r. das Steuerruder, im l. Arm das Füllhorn. Nach Dorow l. von ihr am Boden Rad.
b. Reste eines nackten Gottes, der den r. Unterarm quer vor die Brust legt. Nach Haug: Mercur (?). Apollo?
c. ausgehöhlt.
d. Reste einer Gottheit in knielangem Chiton; aufgrund der Reste eines springenden Tieres neben dem l. Fuß sicher Diana. Nach Haug: Mars.

Wiesbaden (Museum)

553 SCHUPPENSÄULE

Städt. Museum Wiesbaden
Sandstein. H. noch 57; Dm. oben 19,8, unten 22

Oben der Rest eines Kapitellansatzes zu erkennen; etwa 35 cm darunter 5,5 cm breite Binde um den Schaft. Oberhalb abwärts, darunter aufwärts geschuppt.

Wiesbaden-Bierstadt (39)

554 VIERGÖTTERSTEIN

Städt. Museum Wiesbaden, Inv. 320
Sandstein. H. 72; Br. 45; T. 41
Literatur: K. Klein u. J. Becker, Nass. Ann. 4,3, 1855, 516 Nr. 45. – CIRh Nr. 1507. – K. Reuter, Nass. Ann. 5,3, 1876, 3 f. – B. Lupus, ebd. 9, 1868, 196. – Haug, Viergöttersteine 34 Nr. 58. – H. Lehner, Westdt. Zeitschr. 17, 1898, 217 ff. – Ders., Führer Wiesbaden Nr. 320. – CIL XIII 7567. – Espérandieu G. Nr. 40. – Siehe oben S. 43; 54.

Der Stein ist stark beschädigt. Oben und unten Gesimsplatten angearbeitet. Figuren ohne Rahmung (?) auf der Steinfläche.
a. Inschrift: I(ovi) O(ptimo) M(aximo) /[I]unoni Reg[inae] / [E]ugenius M/[acri]nus pro sa[lute] / [P]rimitivae con/[iugi]s [et su]oru[m].
b. Apollo, nackt, den l. Fuß etwas hochgestellt, hält l. auf einem Postament die Lyra, die r., über den Kopf gehaltene Hand hält den Mantel, der sich halbkreisförmig über dem Gott bauscht (veste velificans).
c. Hercules, nach r. eilend, l. über der Schulter den Dreifuß haltend, hat die r. Hand mit undeutlichem Attribut gesenkt. Zusammen mit Seite b. ist der Dreifußraub dargestellt.
d. Diana, in kurzem Chiton und knöchelhohen Schuhen, eilt nach r. Ihre r. Hand greift an den Köcher über ihrer Schulter. Das Attribut der l. Hand, wohl der Bogen, fehlt.

Wiesbaden-Igstadt (38)

555/556 THRONENDER JUPITER und KAPITELL   Taf. 50; 51; 52,3

Städt. Museum Wiesbaden, Inv. 293 u. 294
Sandstein. H. 69; Kapitell: H. 23; Br. 53
Literatur: A. Duncker, Hist.-Arch. Analekten aus der römischen Kaiserzeit (1879) 3 ff. Taf. 1,1 (= Nass. Ann. 15, 1879, 1 ff. Taf. 1,1). – J. Keller, Bonner Jahrb. 70, 1881, 2. – F. Hettner, Westdt. Zeitschr. 4, 1885, 373. – Lehner, Führer Wiesbaden 60 Nr. 293 f. – Espérandieu G. Nr. 26. – Schoppa, Steinsaal 12 Nr. 18 Taf. 6 und 15 Nr. 26.

Da Kapitell und Thronender dicht beieinander gefunden wurden, gehören sie wahrscheinlich zusammen.
Jupiter thront auf reich verziertem Thron. Das Zentrum der Thronrücklehne und der beiden Seitenlehnen bildet eine in ein Quadrat komponierte Akanthusrosette. Darum läuft ein Band mit lesbischem Kyma. Äußere Umrahmung der Rücklehne bildet eine dicke Ranke, die aus einem Akanthuskelch wächst. Über diesem quadratischen Feld an der Rücklehne eine Muschel, über der zwei Delphine springen.

Jupiter sitzt in der üblichen Haltung auf dem Thron. Die r. Hand liegt auf dem Oberschenkel; zwischen den Fingern Bohrung für den Blitz. Der l. Arm war erhoben. Links des Gottes auf der Plinthe Reste des Adlers. Der Gott trägt im Haar eine Binde.
Der untere Blattkranz des Kapitells fehlt. Auf der Abacusplatte laufender Hund, in der Mitte jeder Seite eine Blüte. Die Kalathoslippe ist mit einem jonischen Eierstab verziert, Volutenranken fehlen; die oberen Kelchblätter hängen nur wenig über.

Wiesbaden-Schierstein (37)

557–560 JUPITERGIGANTENSÄULE   Taf. 52,1–2; 53

Städt. Museum Wiesbaden, Inv. 14193
Sandstein. H. gesamt etwa 280
Literatur: Otto, Korrbl. Westdt. Zeitschr. 8, 1889 Nr. 118; 149. – A. v. Cohausen, Nass. Ann. 21, 1889, 285. – B. Florschütz, ebd. 22, 1890, 119 ff. Taf. 3 f. – Haug, Viergöttersteine 33 Nr. 56. – CIL XIII 7609. – Hertlein, Juppitergigantensäulen 7. – Koepp, Germania Romana² 34 Taf. 7,4. – Espérandieu G. Nr. 31. – Hahl, Stilentwicklung 27 Taf. 16. – Schoppa, Steinsaal 12 Nr. 19 Taf. 5. – Fischer, Viergötterstein 43; 47. – Siehe oben S. 7; 25; 27; 46; 60; 63; 64; 65; 67.

Zu den Fundumständen siehe Text S. 25 f. Vollständig erhalten; Gigantengruppe teilweise nicht richtig zusammengesetzt.

VIERGÖTTERSTEIN (557): Oberes und unteres Gesims angearbeitet; Oberkante der Nischen über den Köpfen nach oben gewölbt.
a. Inschrift: *I(ovi) O(ptimo) M(aximo) / Vic(cius) Seneca eq(ues) / leg(ionis) XXII P(rimigeniae) Ant(oninianae) p(iae) f(idelis) e/x voto in suo po/suit Grato et Se/leugo co(n)s(ulibus) pri/die Kal(endas) Mart(ias)*. Die Inschrift datiert die Säule auf den 28. 2. 221 n. Chr.
b. Mercur, Mantel über l. Schulter und Unterarm, hält im l. Arm den Caduceus, in der gesenkten R. den Geldbeutel; am abgeschlagenen Kopf Flügel? L. neben dem Gott der Bock, der sich am Kopf kratzt.
c. Hercules, Löwenfell über l. Schulter und Arm, stützt r. die Keule auf.
d. Minerva, in Chiton, Mantel und Helm, hält r. die Lanze, l. den Schild. L. neben ihr auf einem Pfeiler das sehr große Käuzchen.

ZWISCHENSOCKEL (558): Der runde Zwischensockel, mit dem Viergötterstein aus einem Block gearbeitet, ist unverziert (Bemalung?).

SCHUPPENSÄULE (559): Als Basis dienen eine runde Plinthe und ein Torus. Aufwärts und abwärts geschuppt mit trennender Binde. Kapitell mit doppeltem Blattkranz, kräftige Helices. An den Seiten zwischen den Helices gewundene Stengel mit Abacusblüten.

GIGANTENREITER (560): Stark ergänzt; der Gigant lehnt sich von der Hüfte an über die Plinthe nach vorne. Sein r. Schlangenbein beißt in das r. Hinterbein des Pferdes. In seinen Händen sind Keulen ergänzt. Der Reiter trug Tunica und Reitermantel und Schuhe. Seine beiden Arme sind ergänzt, ebenso Vorderhufe, Kopf und Hals des Pferdes.

Wildberg (Kr. Calw; 109)

561 VIERGÖTTERSTEIN

Württemberg. Landesmuseum Stuttgart, Inv. RL 202
Sandstein. H. 100; Br. 64; T. 62
Literatur: Haug, Viergöttersteine 15 f. Nr. 12. – Hertlein, Juppitergigantensäulen 110; 153. – Haug–Sixt Nr. 107. – P. Goessler, Germania 16, 1932, 203. – Espérandieu G. Nr. 608. – Siehe oben S. 52 Anm. 268. 270; 54.

Sehr stark verwaschen; Bildfelder oben halbrund.
a. Diana, in kurzem Chiton, nach l. schreitend, hält l. den Bogen, die R. greift an den Köcher über der r. Schulter; hinter ihr der Jagdhund.
b. Apollo, lehnt mit erhobenem r. Arm an hohem Pfeiler (oben Lyra?); der r. Arm war gesenkt; von Kleidung keine Spuren mehr erkennbar.
c. Victoria, in langem flatterndem Chiton, steht auf dem Globus; die r. Hand war erhoben (Kranz?), die l. gesenkt (Palmzweig?). Flügelreste.
d. Silvan? In knielanger Tunica, die R. mit Hammerstab erhoben; in der gesenkten L. möglicherweise Zweig (Haug). L. neben dem Gott Reste eines Tieres.

Wilferdingen (Gem. Remchingen, Enzkreis; 122)

562 VIERGÖTTERSTEIN

Bad. Landesmuseum Karlsruhe, Inv. C 33
Sandstein. H. noch 74; Br. 50; T. noch 21
Literatur: Fröhner, Alterthümer 1 Nr. 36. – Haug, Viergöttersteine 21 Nr. 27. – Wagner, Fundstätten 2,99. – Espérandieu G. Nr. 354. – E. Lacroix, P. Hirschfeld u. W. Paeseler, Die Kunstdenkmale des Amtsbezirks Pforzheim Land (1938) 257.

Aus der Remchinger Kirche. Im Schloßpark Karlsruhe-Durlach 1854 durch umstürzenden Baum weitgehend zerstört.
a. Juno? erhalten l. Fuß und Reste des langen Gewandes einer Göttin.
b. Mercur, in knielangem Rock, setzt r. den Caduceus auf den Boden auf. L. dicht unter dem Bruch Rest des Geldbeutels?
c. und d. fehlen.

Wimsheim (Enzkreis; 110)

563 VIERGÖTTERSTEIN

SW-Ecke des Kirchturms, Wimsheim
Sandstein. H. 109; Br. 59
Literatur: Haug, Viergöttersteine 14 Nr. 7. – Haug–Sixt Nr. 313. – Espérandieu G. Nr. 521.

Rechteckige Bildfelder.
a. Juno, in Chiton und Mantel (Kopf verschleiert), opfert r. aus Patera auf balusterförmigen Altar; hält l. die Acerra.
b. Mercur, Mantel auf der r. Schulter geheftet, hält in der gesenkten R. den Caduceus, die L. ist vom Mantel bedeckt (?). Flügel im Haar.
c. und d. nicht sichtbar.

Woerth (Arr. Wissembourg, Bas-Rhin; 150)

564 VIERGÖTTERSTEIN

Platz südlich des Rathauses
Sandstein. H. etwa 110; Br. 37; T. 41
Literatur: J. D. Schöpflin, Alsatia Illustrata 1 (1751) 437; 475 f.; 484 Taf. 4,5.6. – J. G. Schweighäuser, Antiquités de l'Alsace 2 (1828) 157. – F. X. Kraus, Kunst und Altertum in Elsaß-Lothringen 1 (1876) 634. – Haug, Viergöttersteine 40 Nr. 75. – E. Herrmann, 9. Jahresber. Ver. Erhaltung Altertümer Weissenburg und Umgebung 1913, 122 ff. Abb. 6 f. – Espérandieu VII 5570.

Der Stein, seit seiner Auffindung 1557 im Freien aufgestellt, ist heute stark verwittert.
a. Juno, in Chiton und Mantel, opfert r. aus Patera auf Altar, hielt l. Acerra.
b. Mercur.
c. Hercules.
d. Minerva, in Chiton und Mantel, hält Lanze und Schild. Über ihrer l. Schulter das Käuzchen?

Worms (20)

Einige der Wormser Gigantensäulenteile stammen aus dem Wormser Dombezirk, unter dem das römische Forum der Stadt lag.

565 GIGANTENREITER

Paulusmuseum Worms
Sandstein. L. 47; H. 24,5

Erhalten der Torso des Pferdes mit Oberschenkeln, Bauch, Gesäß und l. Arm des Reiters. An der Kruppe des Pferdes Ansatzbosse für den flatternden Mantel.

566 GIGANTENREITER

Paulusmuseum Worms, Inv. R. 1665 (verschollen)
Sandstein. L. 46; H. 23,5

Literatur: O. Köhl, Korrbl. Westdt. Zeitschr. 5, 1886 Nr. 2. – A. Weckerling, Die römische Abteilung des Paulus-Museums der Stadt Worms 2 (1887) 78 f. Taf. 6,2. – Hertlein, Juppitergigantensäulen 17. – Espérandieu VIII 6032 (Text). – Fischer, Viergötterstein 46.

Rest eines auf dem Rücken liegenden Giganten, von Pferdeschwanz und -hinterfüßen. Der Stein wurde an der römischen Straße nach Speyer in einer Brückenauffüllung neben einer Quelle gefunden.

567/568 GIGANTENREITER und VIERGÖTTERSTEIN (?)

Domkapitel, Worms
Ohne Material- und Maßangaben publiziert
Literatur: G. Illert, Der Wormsgau 5, 1961/62, 129. – B. Stümpel, Mainzer Zeitschr. 59, 1964, 144.

Illert erwähnt Reste eines Gigantenreiters und eines Reliefs mit Jupiter und Juno, die bei Bauarbeiten am Domplatz gefunden wurden.

569 VIERGÖTTERSTEIN   Taf. 54,1–2

Paulusmuseum Worms, Inv. R. 4694
Sandstein. H. 79; Br. 40; T. 30. Runder Aufsatz: H. 14,5; Dm. 34,6–38
Literatur: Der Wormsgau 3,2, 1952, 95. – F. M. Illert, Der Wormsgau 3,3, 1953, 147 Abb. – G. Illert, Mainzer Zeitschr. 48/49, 1953/54, 66. – Siehe oben S. 54.

Unter dem eigentlichen Viergötterstein ein nur roh bearbeiteter Sockel, der wohl in Boden oder Unterbau eingelassen werden sollte. Oben runder Aufsatz, der vielleicht den Zwischensockel ersetzte. Rechteckige Bildfelder, an Kanten und einzelnen Figuren Beschädigungen.
a. Minerva, in Chiton, Mantel und Helm, hält r. die Lanze, l. den Schild.
b. Hercules, in Ausfallstellung nach r., greift mit dem l. Arm nach den Äpfeln der Hesperiden; in der gesenkten R. die Keule. Zum Motiv vgl. W. Schleiermacher, Germania 17, 1933, 198 ff.
c. Apollo, stützt sich l. auf die am Boden stehende Lyra, auf der er mit der r. Hand zu spielen scheint; Oberkörper und Kopf abgerieben.
d. Mercur, über dem l. Unterarm wohl Mantel, stützt l. den Caduceus auf, trug wohl den Geldbeutel.

570 VIERGÖTTERSTEIN

Verschollen
Literatur: O. Köhl, Korrbl. Westdt. Zeitschr. 9, 1890 Nr. 22; 86. – Haug, Viergöttersteine 54 f. Nr. 116. – Espérandieu VIII 6030. – Brommer, Vulkan 11 Nr. 53.

Dieser und die folgenden drei Viergöttersteine tauchten zwischen dem 16. und 19. Jahrhundert in Worms auf und sind wieder verschollen. Weckerling, Die römische Abteilung des Paulus-Museums der Stadt Worms 1 (1885) 32 hält die ersten drei (570–572) für miteinander identisch. Dem widerspricht jedoch Köhl, dem Haug und die späteren folgten.
Dargestellt waren Juno, Mercur, Hercules und Vulcan.

571 VIERGÖTTERSTEIN

Verschollen
Literatur: Köhl a. a. O. Nr. 88. – Haug, Viergöttersteine 55 Nr. 117. – Brommer, Vulkan 11 Nr. 52.

Auf einer Seite ausgehöhlt; auf den anderen Seiten Vulcan, Hercules und Mercur.

572 VIERGÖTTERSTEIN

Verschollen
Literatur: Köhl a. a. O. Nr. 87. – Haug, Viergöttersteine 55 Nr. 118. – Brommer, Vulkan 11 Nr. 51.

Auf einer Seite ausgehöhlt. Auf den anderen Seiten Hercules, Vulcan und Mars.

573 VIERGÖTTERSTEIN

Verschollen
Literatur: Haug, Viergöttersteine 55 Nr. 119.

Viergötterstein mit Juno, Hercules und Mercur.

574 ZWISCHENSOCKEL   Taf. 54,3

Städt. Museum Wiesbaden, Inv. 243
Sandstein. H. 37; Seitenlänge je 23
Literatur: CIL XIII 6216. – K. Körber, Mainzer Zeitschr. 7, 1912, 23 Nr. 43. – Siehe oben S. 7; 45; 60.

Sechskantiger, unverzierter Stein, auf der Vorderseite die Inschrift, die die Zugehörigkeit zu einer Jupitergigantensäule sichert: *I(ovi) O(ptimo) M(aximo) et Iuno/ni Reg(inae) Intame/lus Eburo et Firmia Lucia / ex voto in s(uo) / p(osuerunt)*.

575 KAPITELL mit SÄULENREST

Paulusmuseum Worms, Inv. R. 1654
Sandstein. H. 38 bzw. 33; Dm. 42
Literatur: Hertlein, Juppitergigantensäulen 91. – Mercklin, Figuralkapitelle Nr. 276 Abb. 504.

Vier Köpfe, über jedem noch eine Abacusblüte. Nach Hertlein: Frau mit Schleiertuch, männlicher Kopf, männlicher Kopf, Frau mit weit herabgezogenem Haar.

576 KAPITELL mit SÄULENANSATZ

Paulusmuseum Worms, Inv. R. 4696
Sandstein. H. 28; Dm. 31
Literatur: F. M. Illert, Der Wormsgau 3,3, 1953, 147 Abb. – Mercklin, Figuralkapitelle Nr. 277 Abb. 498 f.

Das Kapitell wurde zusammen mit dem Viergötterstein Nr. 569 gefunden. Stark verwaschen, die Köpfe daher nicht genau zu erkennen.

577 KAPITELL

Paulusmuseum Worms, Inv. R. 4771
Sandstein. H. 22; Dm. 54
Literatur: Mercklin, Figuralkapitelle Nr. 278 Abb. 501.

Teil eines sehr stark verwaschenen Kapitells mit Köpfen an den Seiten.

Worms-Weinsheim (19)

578 VIERGÖTTERSTEIN

Paulusmuseum Worms, Inv. R. 4651
Sandstein. H. noch 94; Br. 43; T. 64
Literatur: G. Illert, Der Wormsgau 3,4, 1954/55, 240 f. – B. Stümpel, Mainzer Zeitschr. 54, 1959, 77 ff. Abb. 26.

Der Stein war als Grenzstein zwischen Worms-Weinsheim und Wiesoppenheim verwendet. Durch Pflugspuren und Verwitterung stark beschädigt.
a. Göttin in Chiton und Mantel, r. Arm gesenkt. Juno?
b. Beine eines nackten Gottes. Mercur?
c. Hercules, nur Beine und r. daneben die Keule erkennbar.
d. Minerva, in Chiton und Mantel, hält r. die Lanze, l. den Schild.

Würzberg (Stadt Michelstadt, Odenwaldkreis; 59)

579 VIERGÖTTERSTEIN

Fürstl. Wildgarten Eulbach
Sandstein
Literatur: Knapp, Denkmäler des Odenwalds (1813) 64. – O. Köhl, Korrbl. Westdt. Zeitschr. 9, 1890, 171 Nr. 92. – Haug, Viergöttersteine 27 f. Nr. 43. – F. Kofler, Das Kastell Würzberg. ORL B 49 (1896) 8 Anm. 1. – E. Anthes, Westdt. Zeitschr. 16, 1897, 213 Nr. 24. – Espérandieu G. Nr. 219. – F. Behn, Festschrift RGZM 1 (1952) 13 Nr. 35; 16. – Siehe oben S. 29.

Seit Beginn des letzten Jahrhunderts im Eulbacher Wildpark, daher weitgehend verwittert, so daß die Götterfiguren nur schwach zu erkennen sind.
Nach Kofler aus Würzberg. Espérandieu nennt als Fundort Waldbullau; zeitweilig in der Kirche von Michelstadt vermauert.
a. Juno
b. Mercur
c. Hercules
d. Minerva.

Zugmantel (40)

580 SCHUPPENSÄULE

Saalburg-Museum
Literatur: H. Jacobi, Saalburg-Jahrb. 6, 1914–24, 169 f. Taf. 15,6. – P. Merlat, Répertoire des inscriptions et monuments figurées du culte de Jupiter Dolichenus (1951) 335 Nr. 341. – E. Schwertheim, Die Denkmäler orientalischer Gottheiten im röm. Deutschland. EPRO 40 (1974) 65 f. Nr. 56 e. – Siehe oben S. 22.

Zwei Reste einer Schuppensäule aus dem Brunnen im Heiligtum des Jupiter Dolichenus.

Verzeichnisse

VERZEICHNIS DER ABGEKÜRZT ZITIERTEN LITERATUR

Außer den in den Richtlinien und Abkürzungsverzeichnissen der RGK (Fassung von 1975) empfohlenen werden folgende Abkürzungen in Anmerkungen und Katalog verwendet:

Adamy, Sammlungen	R. Adamy, Großherzoglich Hessisches Museum. Die archäologischen Sammlungen. Verzeichnis ihrer Bestände auf Grund der Neuordnung (1897)
Bauchhenß, Jupitergigantensäulen	G. Bauchhenß, Jupitergigantensäulen. Kleine Schriften zur Kenntnis der römischen Besetzungsgeschichte Südwestdeutschlands 14 (1976)
Baumann, Denksteine	K. Baumann, Römische Denksteine und Inschriften der vereinigten Altertumssammlungen in Mannheim. Wiss. Beigabe zum Programm des Gymnasiums zu Mannheim für das Schuljahr 1888/89 Nr. 579 (1890)
Becker, Verzeichnis	J. Becker, Verzeichnis der römischen, germanisch-fränkischen, mittelalterlichen und neueren Denkmäler des Museum der Stadt Mainz 1: Die römischen Inschriften und Steinsculpturen des Museum der Stadt Mainz (1875)
Brommer, Vulkan	F. Brommer, Der Gott Vulkan auf provinzialrömischen Reliefs (1973)
CIRh	W. Brambach, Corpus inscriptionum Rhenanarum. Consilio et auctoritate societatis antiquariorum Rhenanae (1867)
Drexel, Götterverehrung	F. Drexel, Die Götterverehrung im römischen Rheinland. Ber. RGK 14, 1922, 1 ff.
Duval, Semaine	P.-M. Duval, Notes sur la civilisation galloromaine 2: Les dieux de la semaine. Gallia 11, 1953, 282 ff.
Espérandieu G.	É. Espérandieu, Recueil général des bas-reliefs, statues et bustes de la Germanie Romaine (1931)
Fischer, Viergötterstein	U. Fischer, Ein neuer Viergötterstein aus Heddernheim und die Jupitersäulen im Rhein-Main-Gebiet. Nass. Ann. 82, 1971, 31 ff.
Fröhner, Alterthümer 1	W. Fröhner, Die großherzogliche Sammlung vaterländischer Alterthümer zu Karlsruhe. 1. Heft: Die monumentalen Alterthümer (1860)
Führer	Führer zu vor- und frühgeschichtlichen Denkmälern. Hrsg. vom RGZM Mainz in Verbindung mit dem Nordwestdeutschen und dem West- und Süddeutschen Verband für Altertumsforschung 1 ff. (1964 ff.)
Graeff, Antiquarium	G. F. Graeff, Das Großherzogliche Antiquarium in Mannheim 1. Beschreibung der 87 meistens römischen Denksteine (1837)
Gropengießer, Steindenkmäler	E. Gropengießer, Römische Steindenkmäler. Bildhefte des Städt. Reiß-Museums Mannheim 1 (1975)
Hahl, Stilentwicklung	L. Hahl, Zur Stilentwicklung der provinzialrömischen Plastik in Germanien und Gallien (1937)
Hatt, Strasbourg	J.-J. Hatt, Strasbourg Musée Archeologique. Sculptures antiques régionales. Inventaire des collections publiques Françaises 9 (1964)
Haug, Denksteine	F. Haug, Die römischen Denksteine des Großherzoglichen Antiquariums in Mannheim. Wiss. Beil. zu den Programmen des Gymnasiums Mannheim für die Schuljahre 1875/77 Nr. 483 (1877)

Haug, Viergöttersteine	F. Haug, Die Viergöttersteine. Westdt. Zeitschr. 10, 1891, 9 ff.; 125 ff.; 295 ff.
Haug, Wochengötter	F. Haug, Die Wochengöttersteine. Westdt. Zeitschr. 9, 1890, 17 ff.
Haug – Sixt	F. Haug u. G. Sixt, Die römischen Inschriften und Bildwerke Württembergs² (1914)
Hefner, Bayern	J. v. Hefner, Das römische Bayern in seinen Schrift- und Bildmalen³ (1852)
Hertlein, Juppitergigantensäulen	F. Hertlein, Die Juppitergigantensäulen (1910)
Hildenbrand, Steinsaal	F. Hildenbrand, Der römische Steinsaal (Lapidarium) des Historischen Museum der Pfalz zu Speyer (1911)
Kähler, Kapitelle	H. Kähler, Die römischen Kapitelle des Rheingebietes. Röm.-Germ. Forsch. 13 (1939)
Keller, Nachtrag 1	J. Keller, Die römischen Inschriften und Steinskulpturen des Museums der Stadt Mainz. Nachtrag zu dem Beckerschen Katalog (1883)
Keller, Nachtrag 2	J. Keller, 2. Nachtrag zu dem J. Becker'schen Katalog der römischen Inschriften des Museums der Stadt Mainz (1887)
Koepp, Bildkunst	F. Koepp, Römische Bildkunst am Rhein und an der Donau. Ber. RGK 13, 1921, 1 ff.
Koepp, Germania Romana²	F. Koepp, Germania Romana. Ein Bilder-Atlas. Hrsg. von der RGK des DAI. IV: Die Weihedenkmäler² (1928)
Körber, Inschriften	K. Körber, Inschriften (römische, griechische, mittelalterliche (auch Runen-)Inschriften) des Mainzer Museums. Dritter Nachtrag zum Becker'schen Katalog (1900)
Körber, Neue Inschriften	K. Körber, Neue Inschriften des Mainzer Museums. Vierter Nachtrag zum Becker'schen Katalog (1905)
Kunckel, Genius	H. Kunckel, Der römische Genius. Ergh. Röm. Mitt. 20 (1974)
Lambrechts, Contributions	P. Lambrechts, Contributions à l'étude des divinités celtiques (1942)
Lehner, Führer Wiesbaden	H. Lehner, Führer durch das Altertumsmuseum zu Wiesbaden (1899)
Mercklin, Figuralkapitelle	E. v. Mercklin, Antike Figuralkapitelle (1962)
Quilling, Juppitersäule	F. Quilling, Die Juppitersäule des Samus und Severus. Das Denkmal in Mainz und seine Nachbildung auf der Saalburg (1918)
Rink, Genius	E. Rink, Die bildlichen Darstellungen des römischen Genius (1933)
Rupprecht, Dekurionenstand	G. Rupprecht, Untersuchungen zum Dekurionenstand in den nordwestlichen Provinzen des römischen Reichs. Frankfurter Althist. Stud. 8 (1975)
Schoppa, Bildkunst	H. Schoppa, Römische Bildkunst in Mainz (1963)
Schoppa, Götterdenkmäler	Römische Götterdenkmäler in Köln. Die Denkmäler des römischen Köln 22 (1959)
Schoppa, Steinsaal	H. Schoppa, Sammlung Nassauischer Altertümer Wiesbaden, Städt. Museum: Der römische Steinsaal. Schriften des Städt. Museums Wiesbaden 3 (1965)
Sprater, Pfalz	F. Sprater, Die Pfalz unter den Römern, zugleich Führer durch die römische Abteilung des Hist. Museums der Pfalz. Bd. 1 u. 2. Veröffentl. der Pfälzischen Gesellschaft zur Förderung der Wissenschaften 7 u. 8 (1929 u. 1930)
Wagner, Fundstätten	E. Wagner, Fundstätten und Funde aus vorgeschichtlicher, römischer und alamannisch-fränkischer Zeit im Großherzogtum Baden. Bd. 1 u. 2 (1908 u. 1911)
Walter, Colonne	H. Walter, La colonne ciselée dans la Gaule romaine. Annales littéraires de l'Université de Besançon 119 (1970)
Weber, Götterweihungen	L. Weber, Inschriftliche Götterweihungen aus dem Bereich des römischen Mainz (1966)

LITERATUR ZU DEN JUPITERGIGANTENSÄULEN

In das Verzeichnis wurden Arbeiten über Jupitergigantensäulen aufgenommen, die seit der Auffindung der Säule von Merten erschienen sind, soweit sie sich nicht nur auf die Veröffentlichung neuer Funde beschränken. Das Verzeichnis ist chronologisch geordnet.

 1 Kraus, F. X., Römisches Denkmal in Merten. Bonner Jahrb. 64, 1878, 94 ff.
 2 Prost, A., Le monument de Merten. Revue Arch. N. S. 36, 1879, 1 ff.; 65 ff.
 3 Prost, A., La colonne de Merten et le monument de Seltz. Bull. Soc. Nat. Antiqu. France 1879, 68 ff.
 4 Wagner, E., Neptun im Gigantenkampf auf römischen Monumenten. Westdt. Zeitschr. 1, 1882, 36 ff.
 5 Hettner, F., Juppiter mit dem Rad. Westdt. Zeitschr. 3, 1884, 27 ff.
 6 Abel, Chr., Une explication historique des antiquités trouvées à Merten. Mem. Soc. Arch. et Hist. de la Moselle 16, 1885, 1 ff.
 7 Hettner, F., Juppitersäulen. Westdt. Zeitschr. 4, 1885, 365 ff.
 8 Hammeran, A., Korrbl. Westdt. Zeitschr. 4, 1885, 3 ff. Nr. 3.
 9 Donner von Richter, O. u. Riese, A., Heddernheimer Ausgrabungen. Die Heddernheimer Brunnenfunde. Neujahrsbl. für die Mitglieder des Ver. für Geschichte und Altertumskunde zu Frankfurt am Main 1885 und 1886 (1885).
10 Hettner, F., Besprechung von Nr. 9. Korrbl. Westdt. Zeitschr. 5, 1886, 16 ff. Nr. 15.
11 Riese, A., Über die Heddernheimer Gigantensäule. Korrbl. Westdt. Zeitschr. 5, 1886, 126 ff. Nr. 89.
12 Hettner, F., Zu den Juppitersäulen. Korrbl. Westdt. Zeitschr. 6, 1887, 233 ff. Nr. 159.
13 Prost, A., Les deux monuments de Merten et de Heddernheim. Mem. Soc. Arch. et Hist. de la Moselle 17, 1887, 193 ff.
14 Hoffmann, O. A., Die Bagaudensäule von Merten im Museum zu Metz. Jahrb. Ges. Lothr. Gesch. und Altkde. 1, 1888/89, 14 ff.
15 Kraus, F. X., Kunst und Altertum in Elsaß-Lothringen III,2 (1889) 316 ff.
16 Koepp, F., Gigantensäulen. Arch. Anz. 5, 1890, 63 ff.
17 Florschütz, Die Gigantensäule von Schierstein. Nass. Ann. 22, 1890, 119 ff.
18 Haug, F., Die Wochengöttersteine. Westdt. Zeitschr. 9, 1890, 17 ff.
19 Haug, F., Die Viergöttersteine. Westdt. Zeitschr. 10, 1891, 9 ff.; 125 ff.; 295 ff.
20 Prost, A., Les travaux consacrés au groupe de l'anguipède et du cavalier jusqu'en 1891. Étude rétrospective Mem. Soc. Nat. Ant. France 52, 1891, 16 ff.
21 Heuzey, L., Les groupes équestres de la Gaule. Bull. Soc. Nat. Ant. France 1891 121 f.
22 Freidhof, Die sogenannten Gigantensäulen (1892).
23 Müller, G., Die Reitergruppe auf den römisch-germanischen Gigantensäulen (1894).
24 Wagner, E., Römischer Viergötterstein und reitender Jupiter aus Klein-Steinbach, A. Durlach, Baden. Westdt. Zeitschr. 13, 1894, 329 ff.
25 Zangemeister, K., Zur germanischen Mythologie. Neue Heidelberger Jahrb. 5, 1895, 46 ff.
26 Koehl, O., Eine neue Deutung der sog. Jupitergigantensäulen. Korrbl. Westdt. Zeitschr. 14, 1895, 46 ff. 105 ff. Nr. 53.
27 Lehner, H., Saarbrücken (Reiter mit dem Giganten). Korrbl. Westdt. Zeitschr. 15, 1896, 165 ff. Nr. 58.
28 Riese, A., Zur Geschichte des Götterkultes im rheinischen Germanien. Westdt. Zeitschr. 17, 1898, 1 ff.
29 Krüger, E., Ein Beitrag zu den Juppitersäulen. Bonner Jahrb. 104, 1899, 56 ff.
30 Riese, A., Über die sogenannten Juppitersäulen. Jahrb. Ges. lothringische Gesch. und Altkde. 12, 1900, 324 ff.

31 Riese, A., Über die sogenannten Juppitersäulen. Korrbl. Westdt. Zeitschr. 20, 1901, 47 ff. Nr. 21.
32 Sixt, G., Bemerkungen zu den Jupitersäulen. Ergh. Westdt. Zeitschr. 10 (1901) 28 ff.
33 Maass, E., Die Tagesgötter in Rom und in den Provinzen (1902) 171 ff.
34 Toutain, J., Observations sur quelques formes religieuses de loyalisme particulière à la Gaule et à la Germanie romaine. Klio 2, 1902, 201 ff.
35 Forrer, R., Reallexikon der prähistorischen, klassischen und frühchristlichen Altertümer (1907) 389 f. s. v. Juppitersäulen.
36 Hertlein, F., Die Juppitergigantensäulen. Korrbl. Gesamtver. 55, 1907, 481 ff.
37 Riese, A., Die Gigantensäulen, insbesondere die Reiter- und Gigantengruppen, und ihre Literatur seit der Entdeckung der Heddernheimer Säule 1884/85 (1907).
38 Riese, A., Die sogenannten Juppiter- oder Gigantensäulen. Westdt. Zeitschr. 26, 1907, 141 ff.
39 Hertlein, F., Die Juppitergigantensäulen (1910).
40 Haug, F., Besprechung von 39. Berliner Philologische Wochenschr. 1912 Nr. 4.
41 Dragendorff, H., Westdeutschland zur Römerzeit (1912) 110 f.
42 Koepp, F., Besprechung von 39. Röm.-Germ. Korrbl. 5, 1912, 30 ff.
43 Forrer, R., Zur Frage der Jupitergigantensäulen. Röm.-Germ.-Korrbl. 5, 1912, 60 f.
44 Reinach, A., Le Klapperstein, le gorgoneion et l'anguipède. Bull. Mus. Mulhouse 37, 1913, 35 ff.
45 Hertlein, F., Die Jahreszeitensockel an den Juppitergigantensäulen. Korrbl. Gesamtver. 64, 1916, 209 ff.
46 Wissowa, G., Juno auf den Viergöttersteinen. Germania 1, 1917, 175 ff.
47 Hertlein, F., Der Zusammenhang der Juppitergigantengruppen. Germania 1, 1917, 136 ff.
48 Goessler, P., Ein Wochengötterstein mit Gigant. Germania 1, 1917, 118 ff.
49 Hertlein, F., Zu älteren Funden des Juppitergigantenkreises. Germania 1, 1917, 101 ff.
50 Quilling, F., Zu den Gigantensäulen. Korrbl. Gesamtver. 66, 1918, 122 ff.
51 Quilling, F., Die Juppitersäule des Samus und Severus. Das Denkmal in Mainz und seine Nachbildung auf der Saalburg (1918) 167 ff.
52 Jullian, C., Histoire de la Gaule 6 (1920) 93 ff.
53 Hertlein, F., Die Kalenderdaten der Juppitergigantensäulen. Mannus 13, 1921, 88 ff.
54 Koepp, F., Römische Bildkunst am Rhein und an der Donau. Ber. RGK 13, 1921, 27 ff.
55 Drexel, F., Die Götterverehrung im römischen Germanien. Ber. RGK 14, 1922, 53 ff.
56 Roscher V,1 (1916–1924) 87 ff. s. v. Taranis (Höfer).
57 RE Suppl. IV (1924) 689 ff. s. v. Gigantensäulen (Haug).
58 Roscher VI (1924–1937) 305 ff. s. v. Die Viergöttersteine (Höfer).
59 Roscher VI (1924–1937) 864 f. s. v. Giganten (Haug).
60 Nilsson, M. P., Zur Deutung der Jupitergigantensäulen. Archiv Religionswiss. 23, 1925, 175 ff.
61 Cook, A. B., Zeus. A study in ancient religion II,1 (1925) 57 ff.
62 Koepp, F., Die Römer in Deutschland. Monographien zur Weltgeschichte 22[3] (1926) 132; 172 ff.
63 Koepp, F., Germania Romana. Ein Bilder-Atlas. Hrsg. von der RGK des DAI. IV: Die Weihedenkmäler[2] (1928) 1 ff.
64 Linckenheld, E., Heidnische Götterbilder in christlichen Kirchen, vornehmlich im Elsaß und in Lothringen. Elsaßland – Lothringer Heimat 8, 1928, 7 ff.
65 Linckenheld, E., Études de mythologie celtique en Lorrain. I: Le cavalier au géant. Annu. Soc. Hist. et Arch. Lorraine 38, 1929, 126 ff.
66 Linckenheld, E., Neue Götterbilder aus Elsaß und Lothringen. Elsaßland – Lothringer Heimat 10, 1930, 131 ff.
67 Linckenheld, E., Der Gigantenreiter. Sein Kult und Fortleben in den Vogesen. Elsaßland – Lothringer Heimat 11, 1931, 165 ff.

68 RE IV A (1932) 2274 ff. s. v. Taranis (Heichelheim).
69 Behrens, G., Zur Frage der Jupitergigantensäulen. Germania 16, 1932, 28 ff.
70 Kahrstedt, U., Die Kelten in den Decumates agri. Nachr. Ges. Wiss. Göttingen. Phil. Hist. Klasse 1: Altertumswiss.: Alte Gesch. 18 (1933) 278 f.
71 Drioux, G., Les cultes indigènes des Lingones. Essai sur les traditions religieuses d'une cité gallo-romaine avant le triomphe du christianisme (1934) 44 ff.
72 de Vries, J., Altgermanische Religionsgeschichte 1 (1935) 159.
73 Thevenot, É., Les monuments et le culte de Jupiter à l'anguipède dans la cité des Eduens. Mem. Commission Ant. Département Côte-d'Or 1, 1938–41, 427 ff.
74 Morlet, A., Mythologie gauloise. Statue du 'dieu à l'hippophore' decouverte à Neschers (1939).
75 Sarrau, H. de., Le Jupiter à l'anguipède du Petit-Corbin. Rev. Hist. et Arch. Libournais 1940, 14 ff.; 42 ff.; 71 ff. – 1941, 44.
76 Lambrechts, P., Contributions à l'étude des divinités celtiques. Rijksuniversiteit te Gent. Werken uitgegeven door de Fakulteit von de Wijsbegeerte en Letteren 93 (1942).
77 Behrens, G., Germanische und gallische Götter in römischem Gewand. Wegweiser des RGZM 18 (1944) 43.
78 Berchem, D. v., Le culte de Jupiter en Suisse à l'époque gallo-romaine. Revue Hist. Vaudoise 52, 1944, 161 ff.
79 Lambrechts, P., Recherches nouvelles sur la colonne du dieu-cavalier au géant anguipède. Acad. Royal Belgique, Bull. Classe des Lettres 1948, 535 ff.
80 Benoit, F., Le geste d'imposition de la main à Entremont. Revue Arch. 6. Ser. 29/30, 1948 (= Mélanges Ch. Picard I), 48 ff.
81 Benoit, F., La victoire sur le mort et le symbolisme funéraire de l'anguipède. Latomus 8, 1949, 263 ff.
82 Lambrechts, P., La colonne du dieu-cavalier au géant et le culte des sources en Gaule. Latomus 8, 1949, 145 ff.
83 Thevenot, É., Le dieu-cavalier, Mithra et Apollon. La Nouvelle Clio 1/2, 1949/50, 602 ff.
84 Sprater, F., Kultsäulen der Pfalz und Rheinhessens. Prähist. Zeitschr. 34/35, 1949/50, 225 ff.
85 Benoit, F., Les mythes de l'outre-tombe, le cavalier à l'anguipède et l'ecuyère Epona. Coll. Latomus 3 (1950).
86 Hatt, J.-J., 'Rota flammis circumsepta'. A propos du symbole de la roue dans la religion gauloise. Revue Arch. Est et Centre-Est 2, 1951, 82 ff.
87 Sprater, F., Die Jupitersäulen. Ein Beitrag zur Religionsgeschichte der Kelten und Germanen. Pfälzer Heimat 2, 1951, 65 ff.
88 Lambrechts, P., Divinités équestres celtiques ou défunts héroisés? L'Antiquité Classique 20, 1951, 107 ff.
89 Moreau, J., Colonne du dieu-cavalier au géant anguipède dans le territoire de la Sarre. La Nouvelle Clio 4, 1952, 219 ff.; 415.
90 Gricourt, J., Mamertin et le Jupiter à l'anguipède. Latomus 12, 1953, 316 ff.
91 Benoit, F., Monstres hippophores méditerranéens et 'cavalier à l'anguipède' gallo-romain. Ogam 6, 1954, 219 ff.
92 Duval, P.-M., Les dieux de la Gaule. Mythes et religions (1957).
93 Le Roux, F., Taranis, dieu celtique du ciel et d'orage. Ogam 10, 1958, 30 ff. – 11, 1953, 307 ff.
94 Benoit, F., Mars et Mercure. Nouvelles recherches sur l'interpretation gauloise des divinités romaines. Publications des Annales de la Faculté des Lettres Aix-en-Provence (1959) 115 ff.
95 Schoppa, H., Römische Götterdenkmäler in Köln. Denkmäler des römischen Köln 22 (1959) 11 ff.
96 de Vries, J., Keltische Religion. Die Religionen der Menschheit 18 (1961) 31 ff.

97 Fournier, P.-Fr., Le dieu cavalier à l'anguipède dans la cité des Arvernes. Revue Arch. Centre 1, 1962, 105 ff.
98 Eydoux, H.-P., La France antique (1962) 295 ff.
99 Klumbach, H., Gedanken zu dem Skulpturenfund von Hausen an der Zaber. 25. Veröffentl. Hist. Ver. Heilbronn 1966, 7 ff.
100 Hammer, U., Römische Götterdarstellungen auf Jupiter-Säulen in Baden. Zulassungsarbeit zur ersten Dienstprüfung für das Lehramt an Volksschulen. Masch.-Manuskript (1968/69).
101 Hatt, J.-J., Les dieux gaulois en Alsace. Revue Arch. Est et Centre-Est 22, 1971, 200 ff.
102 Klumbach, H., Der römische Skulpturenfund von Hausen an der Zaber (Kreis Heilbronn). Forsch. und Ber. Vor- und Frühgeschichte Baden-Württemberg 5 (1973).
103 Künzl, E., Neue Funde von Steindenkmälern aus Benningen, Kr. Ludwigsburg: Zum Problem der Wagengruppe auf Jupitersäulen. Arch. Korrbl. 3, 1973, 223 ff.
104 Bauchhenß, G., Zur Entstehung der Jupitergigantensäulen. Arch. Korrbl. 4, 1974, 359 ff.
105 Benoit, F., Le symbolisme dans les sanctuaires de la Gaule. Coll. Latomus 105 (1975) 87 ff.
106 Müller, W., Die Jupitergigantensäulen und ihre Verwandten. Beiträge zur Klassischen Philologie 66 (1975).
107 Bauchhenß, G., Jupitergigantensäulen. Kleine Schriften zur Kenntnis der römischen Besetzungsgeschichte Südwestdeutschlands 14 (1976).
108 Cämmerer, B., in: Die Römer in Baden-Württemberg. Hrsg. von Ph. Filtzinger, D. Planck und B. Cämmerer (1976) 169 ff.

KONKORDANZEN ZUM KATALOG

I Inschriften

CIL XIII	Katalog	CIL XIII	Katalog
6010	90	6456	494
6020	402	6554	231
6050	401	6698	314
6073	472	6699	297
6076	262	6702	277–79
6083	443	6704	296
6092	186/7	6718	353
6093	192	6719	333
6098	225–27	6721	310/1
6126	107	6722	292
6129	3	6723	291
6130	7	6724	312
6144	141	6728a	303/4
6216	574	6766	313
6285	182	6795	317
6331	428	7265	362/3
6333	420	7268	360/1
6367	452	7270	359
6395	215	7272	357/8
6397	214	7274	355/6
6419	257	7321	176

Verzeichnisse

CIL XIII	Katalog	CIL XIII	Katalog
7339	149	11691	476
7352	143–46	11728	244
7353	150–53	11729	245
7354	154	11744	389
7460a	458	11806	272–75
7503	80	11807	276
7528	33–35	11813	302
7529	38	11814	366
7530	39	11830 b	298/99
7567	554	11946	159/60
7609	557–60	* 1271	410
11678a	465	* 1272	305

H. Finke, Ber. RGK 17, 1927	Katalog		
155	478	189	520
180	414	353	155–58
183	110/11		

H. Nesselhauf, Ber. RGK 27, 1937	Katalog		
76	5/6	89	533
81	139	99	180
87	11–13	101	527–29

H. Nesselhauf u. H. Lieb, Ber. RGK 40, 1959	Katalog		
125	390	131	85–87; 88
127	72–74	132	64

Annee Épigr.	Katalog
1965 Nr. 183	201

II Espérandieu

Espérandieu	Katalog	Espérandieu	Katalog
IV 3440	116	VII 5566	262
IV 3442	115	VII 5570	564
		VII 5575	261
VII 5356	271	VII 5577	466
VII 5357	270	VII 5592	260
VII 5472	129	VII 5596	399; 400
VII 5489	501	VII 5606	397
VII 5493	508/9	VII 5608	398
VII 5505	503	VII 5609	397
VII 5515	507	VII 5614	473
VII 5516	508/9	VII 5621	402
VII 5540	90	VII 5627	534
VII 5541	89	VII 5634	204
VII 5554	464	VII 5658	460
VII 5559	469/70	VII 5673	200
VII 5562	472	VII 5677	198
VII 5563	463	VII 5686	197

Espérandieu	Katalog	Espérandieu	Katalog
VII 5689	195/6	VIII 5918	188
VII 5690	540/1	VIII 5919	190
VII 5700	439/40	VIII 5920	189
VII 5720	199	VIII 5921	93
VII 5723	323	VIII 5927	192
VII 5724	302	VIII 5953	476
VII 5725	277–79	VIII 5954	475
VII 5727	292	VIII 5956	177
VII 5728	360/1	VIII 5960	481
VII 5729	290	VIII 5965	486
VII 5730	296	VIII 5970	479
VII 5731	297	VIII 5972	122
VII 5733	277–79	VIII 5979	480
VII 5735	366	VIII 5980	456
VII 5736	303/4	VIII 5982	237
VII 5739	285	VIII 5983	546
VII 5740	289	VIII 5984	547
VII 5741	310/1	VIII 5988	225–27
VII 5742	291	VIII 5990	107
VII 5743	305	VIII 5994	457
VII 5748	280	VIII 5995	379
VII 5750	300/1	VIII 5996	7
VII 5751	319	VIII 5999	2
VII 5752	318	VIII 6001	8
VII 5765	282; 352	VIII 6002	4
VII 5776	320	VIII 6008	485
VII 5777	219	VIII 6024	179
VII 5821	317	VIII 6028	267/8
VII 5831	283	VIII 6029	75
VII 5856	357/8	VIII 6030	570
VII 5862	362/3	VIII 6032	178; 566
VII 5864	364	VIII 6037	382
VII 5865	355/6	VIII 6038	131
VII 5866	359	VIII 6041	113
VII 5871	298/9	VIII 6042	9/10
VII 5873	294	VIII 6046	436
VII 5874	306	VIII 6049	19
VII 5877	298/9	VIII 6052	235
VII 5886	316	VIII 6053	132
VII 5887	272–5	VIII 6058	248
VII 5888	276	VIII 6059	9/10
		VIII 6060	133; 134; 135
VIII 5892	443	VIII 6063	191
VIII 5893	444	VIII 6064	136
VIII 5897	445	VIII 6065	371
VIII 5898	446	VIII 6117	221
VIII 5902	438	VIII 6120	234
VIII 5903	447	VIII 6124	78
VIII 5904	405	VIII 6129	77
VIII 5907	186/7	VIII 6130	79
VIII 5913	185	VIII 6132	76
VIII 5914	92	VIII 6140	80
VIII 5915	184	VIII 6144	38
VIII 5916	193	VIII 6146	33–35

Espérandieu	Katalog	Espérandieu	Katalog
VIII 6147	48	G. 93	150–53
VIII 6148	45	G. 94	150–53
VIII 6149	41	G. 95	167
VIII 6150	44	G. 96	171
VIII 6154	46	G. 97	172
VIII 6159	52	G. 100	168
VIII 6160	42	G. 101	143–46
VIII 6161	40	G. 102	147/8; 149
VIII 6167	43	G. 105	169
VIII 6168	84	G. 110	159/60; 164
VIII 6171	39	G. 134	155–58
VIII 6176	50	G. 186	434
		G. 189	435
IX 7244	121	G. 194	433
IX 7245	117	G. 210	229
IX 7246	118	G. 212	392
		G. 217	385
X 7299	504	G. 219	579
X 7321	368	G. 220	392
X 7326	381	G. 222	536
X 7327	324	G. 223	389
X 7329	367	G. 224	269
X 7331	314	G. 226	183
X 7335	364	G. 227	394
X 7344	293	G. 239	110/1
X 7352	295	G. 240	108/9
X 7370	308/9	G. 324	256
X 7380	313	G. 329	255
X 7384	220	G. 336	259
X 7394	353	G. 341	419
		G. 342	28
XI 7747	18	G. 343	27
XI 7748	20	G. 346	492
XI 7749	17	G. 349	239
XI 7750	16	G. 351	232
XI 7751	14	G. 353	467
XI 7752	11–13	G. 354	562
XI 7753	11–13	G. 357	26
		G. 361	422
XIV 8531	181	G. 362	420
XIV 8594	527–29	G. 365	428
		G. 366	461
XV 9245	505/6	G. 367	429
		G. 371	202
G. 7	552	G. 377	404
G. 26	555/6	G. 378	238
G. 31	557–60	G. 380	418
G. 40	554	G. 382	427
G. 71	94–97	G. 383	417
G. 72	94–97	G. 387	549
G. 76	94–97	G. 396	498
G. 77	462	G. 403	203
G. 78	176	G. 407	548
G. 81	236	G. 409	373

Espérandieu	Katalog	Espérandieu	Katalog
G. 411	215	G. 521	563
G. 414	371	G. 526	386
G. 415	387	G. 527	70
G. 421	497	G. 531	531
G. 423	370	G. 538	521
G. 433	218	G. 540	523
G. 436	500	G. 541	525
G. 440	216	G. 544	522
G. 444	217	G. 545	526
G. 463	388	G. 546	517–19
G. 464	205	G. 585	395
G. 469	206	G. 587	242
G. 470	233	G. 597	244
G. 477	378	G. 598	243
G. 478	377	G. 602	396
G. 480	266	G. 607	453
G. 483	127	G. 608	561
G. 486	207	G. 609	448
G. 490	194	G. 610	451
G. 491	29	G. 613	449
G. 505	222	G. 641	450
G. 509	542	G. 658	383
G. 510	545	G. 693	432
G. 511	543	G. 696	494
G. 514	544	G. 698	535
G. 520	125	G. 756	375

III. Zusammenstellung der Jupitersäulen nach den einzelnen Bauteilen:

Ganz rekonstruierbare Säulen: 9/10; 33–35; 66–69; 85–87; 94–97; 100–103; 143–146; 150–153; 155–158; 159/60; 163(?); 208–211; 249–252; 272–275; 277–279; 517–519; 537–539; 540/41; 557–560

Gigantenreiter: 2; 10; 35; 36; 37; 65; 76; 87; 97; 103; 105; 109; 117–120; 126; 128; 132–135; 146; 161; 164–166; 178; 179; 195–200; 204–207; 211; 218; 219; 238; 242; 243; 247; 252; 254; 255; 260; 266; 270; 271; 280–282; 350–352; 354; 370; 375; 376; 381; 392; 393; 396–398; 406; 407; 412; 417; 418; 426; 430; 431; 438; 440–442; 448; 468; 469; 471; 484; 491; 496; 501; 502; 519; 521–523; 534; 540; 542–545; 549; 550; 560; 565; 566; 568

Wagenfahrender Jupiter: 25; 69; 524; 548

Thronender Jupiter: 17; 48; 49; 77; 148; 279; 283; 284; 556

Jupiter und Juno thronend: 153; 158; 285–288; 503; 504

Säulen und Kapitelle (Schuppensäulen, glatte Säulen, Figuralkapitelle; tuskische Säulen etc.): 9; 13; 19–23; 32; 34; 52–63; 68; 74; 81–83; 91; 96; 99; 102; 106; 108; 112; 124; 131; 140; 145; 147; 152; 157; 160; 162; 173–175; (182); 210; 227; 230; 251; 258; 268; 325–349; 372; 374; 385; 401; 409; 415; 423; 424; 439; 445–447; 454; 458; 470; 482; 483; 487–490; 495; 499; 506; 509–515; 518; 528; 532; 541; 553; 555; 559; 576; 577; 580

Gigantenkapitelle: 86; 104; 121; 246

Reliefsäulen: 8; 18; 30; 50; 51; 213; 259; 274; 278; 323; 324; 367–369; 444

Rankensäulen: 31; 217; 259; 481; 539

Zwischensockel: 6; 12; 16; 67; 73; 90; 116; 141; 144; 172; 182; 187; 226; 228; 236; 237; 250; 262; 263; 301; 309; 311; 318–322; 358; 361; 363; 382; 402; 411; 420; 421; 443; 459; 466; 473; 476; 478–480; 494; 498; 538; 546; 547; 558; 574

Wochengöttersteine: 7; 70; 71; 95; 101; 107; 111; 151; 156; 171; 192; 193; 209; 229; 299; 304; 317; 356; 383; 394; 395; 422; 425; 451; 527; 530; 531

Viergöttersteine: 1; 4; 5; 11; 14; 15; 24; 26–29; 33; 38–47; 64; 66; 72; 75; 78–80; 84; 85; 89; 92–94; 98; 100; 110; 113–115; 122; 123; 125; 127; 129; 130; 136–138; 142; 143; 150; 155; 167–170; 176; 177; 181; 183–186; 188–191; 194; 202; 203; 208; 212; 215; 216; 220–225; 232–235; 239; 240; 244; 248; 249; 256; 261; 264; 265; 267; 269; 289–298; 300; 302; 303; 305–308; 310; 312–316; 353; 355; 357; 359; 360; 362; 364; 366; 371; 373; 377–380; 384; 386–391; 399; 400; 403–405; 410; 413; 416; 419; 427–429; 432–437; 449; 450; 453; 455–457; 460–465; 467; 472; 474; 475; 477; 485; 486; 492; 493; 497; 500; 505; 507; 508; 516; 517; 525; 526; 533; 535–537; 551; 552; 554; 557; 561–564; 567; 569–573; 578; 579

Gesimsplatten von Viergöttersteinen: 180; 241

Sonstige Sockelsteine: 159; 277

Altäre: 3; 88; 139; 149; 154; 201; 214; 231; 245; 253; 257; 276; 408; 414; 452; 520; 529

IV. Verzeichnis der Museen

Alzey, Museum: 9–24; 128; 431
Aschaffenburg, Museum der Stadt: 25; 365; 410–411
Baden-Baden, Städt. Museum: 31; 32; 205–207; 439/40
Bad Kreuznach, Karl-Geib-Museum: 33–63
Bingen, Heimatmuseum der Stadt: 76; 77; 81–84
Butzbach, Heimatmuseum: 104
Darmstadt, Hess. Landesmuseum: 78; 100–103; (104); 108; 110/11; 183; 269; 389; 433
Dieburg, Kreis- und Stadtmuseum: 112
Dijon, Musée Arch.: 115; 116
Frankfurt, Museum für Vor- und Frühgeschichte: 143–149; 155–162; 164–166; 170; 173; 174
Frankfurt-Höchst, Heimatmuseum: 175
Haguenau, Musée de la Ville: 124; 204; 262; 463–466; 469–473
Hanau, Hist. Museum der Stadt: 94–99; 236
Heidelberg, Kurpfälzisches Museum: 180; 214; 218; 256–258; 474
Heilbronn, Städt. Museum: 85–88
Ingelheim, Museum 228
Jagsthausen, Berlichingen Museum: 230; 231
Karlsruhe, Bad. Landesmuseum: 26–30; 72–74; 127; 182; 202; 216; 217; 232; 233; 238–241; 266; 388; 392; 404; 417; 418; 422; 427–429; 461; 467; 492; 495/96; 536; 562
Kassel, Hess. Landesmuseum: 317
Köngen, Heimatmuseum: 244; 245
Konstanz, Rosgarten-Museum: 247
Ladenburg, Lobdengau-Museum: 249–254
Mainz, Dom- und Diözesanmuseum: 280; 307
Mainz, Mittelrhein. Landesmuseum: 219; 220; 272–279; 281–305; 308/09; 313–316; 318–352; 354–358; 360–364; 366–369; 493; 533
Mannheim, Reiß-Museum: 5; 141; 184–191; 215; 225–227; 237; 255; 259; 306; 370–375; 387; 393/94; 497; 499; 500
Miltenberg, Heimatmuseum: 385
Mühlacker, Heimatmuseum: 390
München, Prähist. Staatssammlung: 441; 444
Mulhouse, Musée Historique: 260; 397
Neuenstein, Hohenlohe Museum: 229
Neustadt/Odenwald, Breuberg-Museum: 434

Niederbronn-les-Bains, Musée Municipal: 398; 400
Obernburg, Römerhaus: 406–409
Pforzheim, Heimatmuseum im Reuchlinhaus: 114; 412–414; 419–421; 423–426
Saalburg, Museum: 458; 580
Saverne, Musée de la Ville: 195–201; 460; 540/41
Seligenstadt, Landschaftsmuseum: 468
Speyer, Hist. Museum der Pfalz: 2; 3; 5–8; 92; 93; 107; 113; 122; 126; 132–140; 177; 181; 192; 193; 221; 234; 235; 248; 263; 379; 436; 438; 442; 445–447; 456; 457; 475–490; 546; 547
Strasbourg, Musée Arch.: 89; 90; 117–121; 129; 224; 265; 399; 402; 501–515
Stuttgart, Württ. Landesmus.: 65; 66–71; 125; 203; 208–213; 242; 243; 246; 376–378; 383; 386; 395/96; 416; 430; 432; 448–454; 494; 498; 516; 522–531; 535; 537–539; 542–545; 548; 549; 550; 561
Vesoul, Museum: 105; 106
Wiesbaden, Städt. Museum Sammlung Nassauischer Altertümer: 150–154; 167–169; 171; 172; 176; 359; 462; 552–560; 574
Wissembourg, Musée Westerkamp: 1; 264
Worms, Domkapitel: 567/8
Worms, Paulusmuseum: 75; 79; 131; 179; 267/68; 382; 565/566; 569; 575–578
Verschollen: 80; 109; 130; 142; 163; 223; 270; 271; 310–312; 353; 380; 384; 401; 435; 437; 443; 455; 491; 570–573
In Privatbesitz, in Kirchen, Mauern etc., verbaut: 64; 91(?); 123; 194; 222; 261; 381; 391; 403; 405; 415; 459; 517–520; 532; 534; 551; 563; 564; 579

ABBILDUNGSNACHWEIS

Verfasser: Taf. 4,1.3.4; 6,2; 7,1.2; 8,1–3; 9,1–3; 10,2; 11,1.4; 12,1–4; 14,1.2.4; 15,1.2; 16,1.2; 21,1–4; 25,1; 26,2; 30,3.4; 33,1; 37,1; 39,2–4; 40,1.2; 42,1.2.4; 43,1–4; 46,1–4; 47,1–4; 48,1.2; 54,1–3
RGZM: Taf. 1,1.2; 2,1.2; 3,1.2; 4,2; 11,2; 14,3; 15,3; 16,3; 17,1.2; 18,1.2; 19,1–3; 20,1.2; 23,1.2; 24,1.2; 27,1.2; 30,1; 31,1.2; 32,1–3; 33,2.3; 34,1–3; 35,1.2; 36,4; 37,3; 49; 50; 51; 52,1–3; 53,1–4
Bad. Landesmus. Karlsruhe: Taf. 5,1–4; 6,1; 13,1–4; 22,1–4; 25,2.3; 29,1–4; 38,1–4; 40,3.4; 41,1–4; 44,1; 45,1.2
Reiß-Museum Mannheim: Taf. 28,1–3; 39,1
H. Frenz, Frankfurt: Taf. 30,2; 36,1.2; 37,2
Württ. Landesmus. Stuttgart: Taf. 42,3; 48,3
Hess. Landesmus. Darmstadt: Taf. 11,3
Museum Hanau: Taf. 10,1
Kurpfälz. Museum Heidelberg: Taf. 26,1
Hess. Landesmus. Kassel: Taf. 36,3
Prähist. Staatssammlung München: Taf. 44,2

Peter Noelke

Die Iupitersäulen und -pfeiler
in der römischen Provinz
Germania inferior

Meiner Frau

Inhaltsverzeichnis

Vorwort	267
Einleitung	269
Die Gattung und ihr Typenrepertoire	272
Die Statuen	275
Die Stützen	281
Die Sockel	289
Verbreitung, Siedlungsformen, Dedikantenkreis	293
Verbreitung	293
Siedlungsformen	297
Dedikantenkreis	307
Stilistische Entwicklung und Datierung	309
'Schulen' und Werkstätten	335
'Provinzschulen'	335
'Lokalschulen' und Werkstätten	341
Ikonographie	350
Zum römischen Säulen- und Pfeilermonument	351
Die Stützentypen	366
Die Statuentypen	376
Sockeltypen	386
Zu einigen Sockel- und Stützenreliefs	388
Deutungsfragen	391
Eskurs: Zum griechischen Säulen- und Pfeilermonument	407
Katalog	413
A Fundkomplexe	413
B Einzelteile	423
C Iupitersäulen aus dem Gebiet der civitas Tungrorum	490
D Nachträge	496
E Anhang 1: Sonstige Schuppensäulen aus Niedergermanien	500
F Anhang 2: Liste der Iupitersäulen- und -pfeiler außerhalb Galliens und Germaniens	502
Verzeichnisse	508

Vorwort

Dem Iupiter Optimus Maximus geweihte und von Säulen getragene Iupiterstatuen spielten – wie seit den Forschungen des späten 19. Jahrhunderts wohl bekannt – in der Votivplastik der gallisch-germanischen Provinzen eine hervorragende Rolle. Trotz einer umfangreichen Literatur kann aber insbesondere die Diskussion um die Interpretation dieser religions- wie kunstgeschichtlich gleichermaßen bemerkenswerten Gattung nicht als abgeschlossen gelten. Um hier weitere Ansatzpunkte zu gewinnen, ist es einmal notwendig, die Gattung und ihr Typenrepertoire entwicklungsgeschichtlich zu untersuchen. Zum Anderen erscheint es geboten, das Material nicht isoliert zu betrachten und es über die Grenzen der gallisch-germanischen Provinzen hinweg formgeschichtlich wie ikonologisch im Kontext der Säulenmonumente und Iupiterdarstellungen des gesamten Imperiums zu verstehen.

Den Anstoß zu der hier vorgelegten Arbeit gab die mir aufgetragene Katalogisierung der Steindenkmäler des römischen Köln. Hierbei hatte sich bald die Bedeutung Kölns für die Gattung abgezeichnet. Dies ließ die ausstehende systematische Aufnahme und Untersuchung des gesamten niedergermanischen Materials lohnend erscheinen. Daß die Germania inferior nicht eine Randzone, sondern – freilich in beschränkterem Maße und mit ausgeprägten Eigenarten – ein Hauptverbreitungsgebiet dieser Gattung war, ist eines der Ergebnisse.

Eine erste Bearbeitung in Aufsatzform wurde im Frühjahr 1976 abgeschlossen. Das großzügige und dankenswerte Angebot von C. B. Rüger, sie zusammen mit der Dissertation von G. Bauchhenß, 'Die Jupitergigantensäulen in der römischen Provinz Germania superior' als Monographie erscheinen zu lassen, wies den Weg zu einer intensiveren Behandlung der Problematiken der Gattung. Die Schrift von Bauchhenß wurde mir nach Ablieferung des Aufsatzmanuskriptes zugänglich gemacht, wofür dem Verfasser sehr gedankt sei. Ihre Ergebnisse konnten z. T. – wie jeweils angemerkt – übernommen werden.

Die Arbeit wäre bei der Einspannung in die laufenden Dienstgeschäfte nicht zustandegekommen ohne die verständnisvolle Unterstützung durch H. Borger und die selbstlose Hilfe zahlreicher Kollegen, besonders von H. G. Horn, A. B. Follmann-Schulz und F. Gelsdorf in Bonn sowie E. M. Spiegel in Köln. J. H. S. Bloemers (Amersfort), J. Brandt (Grevenbroich), H. Löhr (früher Düren) und T. Panhuysen (Maastricht) wiesen mich auf weitere unpublizierte Stücke in ihren Arbeitsgebieten hin. W. Scharenberg, Jülich, gab

Auskünfte zu den Jülicher Stücken und ermöglichte ihre photographische Dokumentation. M. Green (Cardiff) erteilte Auskünfte zu den Iupitersäulen Britanniens. B. Krause, Trier, machte mich mit einigen Ergebnissen seiner Trierer Dissertation 'Trias Capitolina' bekannt und gab wichtige Hinweise. Ihnen gilt mein besonderer Dank. Den folgenden Museums- und Grabungsleitern, -mitarbeitern und Sammlern bin ich verpflichtet für Auskünfte, Photographien und die Möglichkeit, die ihnen anvertrauten Objekte zu bearbeiten: in Alfter-Oedekoven W. Weber, in Bonn Rheinisches Landesmuseum U. Heimberg, M. Gechter, M. Gross, A. Jürgens, G. Müller, M. Rech, W. Schwellnus, in Duisburg T. Bechert, in Düren W. Bender, J. Gerhards (†), B. Goerres, auf Schloß Dyck der Fürstin Salm-Reifferscheid, in Heerlen J. K. Gielen, J. T. J. Jamar, in Heinsberg A. Lentz (†), L. Gillessen, in Köln H. Hellenkemper, W. Meier-Arendt, G. Strunk, W. Schneider (Domgrabung), Pfarrer Angenendt (St. Maria im Capitol), G. und M. Buhs, in Leiden P. Stuart, in Maastricht J. Sprenger, M. de Grooth, in Mönchengladbach-Rheydt E. Brües, E. Schwinzer, in Neuss I. Feldhaus, M. Tauch, A. Kreuels, in Niederzier W. Rosenkranz, in Nijmegen A. V. M. Hubrecht, A. Gerhartl-Witteveen, in Norf J. Zillikens, in Remagen W. Proft, in St. Odiliënberg P. Gootzen, in Trier W. Binsfeld, in Tongeren J. Smeesters, in Zons H. Blum. W. Piepers ermöglichte die Benutzung des Ortsarchivs des Rheinischen Landesmuseums Bonn. Für Hinweise, Photographien und sonstige Hilfe bin ich verbunden G. Biegel, J. E. Bogaers, G. Daltrop, J. Deckers, O. Doppelfeld (†), W. Eck, G. Eicheler, H. Fußbroich, H. Gabelmann, B. und H. Galsterer, Chr. Grunwald, H. Hecker, H. von Hesberg, O. Höckmann, T. Hürten (†), P. Kaulicke, M. Ludwig, J. Mertens, Chr. Olesch, I. Paar (†), W. Patt, H. von Petrikovits, R. Pirling, G. Precht, J. Raeder, H. Roosens, H. Sichtermann, P. J. Tholen, E. Thomas. Ferner erfuhr ich Unterstützung bei den Rekonstruktionen und in technischen Fragen von H. Weichselbaumer, Bergheim, bei den Zeichnungen von St. Schwyter, Röm.-Germ. Museum Köln, für die Karten von H. Fecke und J. Kraft, Rheinisches Landesmuseum Bonn, bei den zahlreichen Neuaufnahmen von den Photographen des Rheinischen Bildarchivs Köln und des Rheinischen Landesmuseums Bonn. I. Mauz schulde ich Dank für die Hilfe bei der Korrektur. Für die redaktionelle Betreuung bin ich verpflichtet G. Hellenkemper Salies und G. Bauchhenß.

Dank der Anregung, Ermutigung und Unterstützung durch Klaus Parlasca konnte ich die Arbeit in dieser Form abschließen und sie der Philosophischen Fakultät I der Friedrich-Alexander-Universität Erlangen-Nürnberg 1980/1 als Dissertation vorlegen. Hierfür wie für vielfältige Hinweise und Kritik bin ich ihm und nicht zuletzt Christoph Börker zutiefst verpflichtet.

Köln, im Winter 1980

Peter Noelke

Einleitung

Die Entdeckung der Gattung der Iupitersäulen Galliens und Germaniens, das heißt, die Erkenntnis der Zusammengehörigkeit der vielen zunächst isoliert betrachteten sogenannten Göttersteine, also der reliefgeschmückten, z. T. mit einer Weihinschrift an Iupiter Optimus Maximus (IOM) versehenen Sockel, der Säulen mit Schuppen- oder Reliefdekor sowie der zahlreichen Statuen des reitenden und thronenden Iupiter wurde ausgelöst durch die Auffindung dreier vollständig rekonstruierbarer Monumente in Merten, Arr. Boulay (Moselle [1878]), und in Frankfurt-Heddernheim (1884)[1]. Die sich anschließende, bis etwa in die Zeit des ersten Weltkrieges besonders intensiv betriebene Forschung widmete sich vor allem den Fragen der Deutung der Reitergruppe und der religionswissenschaftlichen Einordnung der Gattung überhaupt[2]. Einige wenige Gelehrte deuteten die Reitergruppe trotz der Weihinschriften an IOM weiterhin als Bild des römischen Kaisers, der einen Barbaren unterwirft, und interpretierten die Monumente politisch als Symbol des siegreichen Imperiums[3]. Im Zusammenhang mit den Tendenzen der Zeit spitzte sich die Problemstellung für die meisten Forscher hingegen auf die Frage zu, welche nicht-römischen Götter, keltische oder germanische, in interpretatio Romana[4] an Sockel, Säule und als Statue dargestellt seien[5]. Wenn seit den 20er Jahren besonders in der französischen Literatur die Denkmäler statt dessen mit östlichen Mysterienkulten in Verbindung gebracht oder eschatologisch erklärt wurden[6], so ist dies vor dem Hintergrund der großen Fortschritte in der Erforschung der orientalischen Religionen im Römi-

---

[1] Merten: A. Prost, Revue Arch. N. S. 37, 1879, 1 ff.; 65 ff.; Bauchhenß 4. – Heddernheim: O. Donner von Richter u. A. Riese, Die Heddernheimer Brunnenfunde. Heddernheimer Ausgrabungen (1885); Bauchhenß 4 Nr. 143–149.

[2] Die Forschungsgeschichte kann hier kurz gefaßt und auf die ausführlichere Darstellung von Bauchhenß 10 ff. verwiesen werden. Einen Überblick über die ältere Literatur geben Koepp, Bildkunst 27 ff.; Drexel, Götterverehrung 53 ff.; Koepp, Germania Romana² 8 ff.

[3] Haug, Viergöttersteine 327 ff.; E. Maass, Die Tagesgötter in Rom und den Provinzen (1902) 171 ff.; Riese, Einzelforschungen über Kunst- und Altertums-Gegenstände zu Frankfurt a. M. 1 (1908) 17 ff. Gegen die politische Deutung u. a. M. P. Nilsson, Archiv Religionswiss. 23, 1925, 175 ff.

[4] G. Wissowa, Interpretatio Romana. Römische Götter im Barbarenlande. Archiv Religionswiss. 19, 1916, 1 ff.

[5] H. Lehner, Korrbl. Westdt. Zeitschr. 15, 1896, 165 ff. deutet die im germanischen Siedelland gefundenen Votive auf Wodan, die des gallischen Raumes auf Taranis. Für die 'germanische' Deutung traten vor allem ein F. Hettner, Westdt. Zeitschr. 4, 1885, 380 f. und Hertlein, Juppitergigantensäulen. Weitere Nachweise bei Bauchhenß 11 Anm. 47.

[6] Mysterien: É. Thevenot, La Nouvelle Clio 1/2, 1949/50, 602 ff. – Eschatologisch: F. Benoît, Les mythes de l'outre-tombe. Le cavalier à l'anguipède et l'écuyère Epona. Coll. Latomus 3 (1950) 11 ff.

schen Reich zu sehen. Durch die Ausgrabung (1904) und Rekonstruktion der zum Heile des Kaisers Nero in Mainz errichteten Iupitersäule erhielt die Diskussion neue, in eine ganz andere Richtung weisende Impulse, insbesondere den Anstoß, die heimischen Monumente im Zusammenhang mit den Iupitersäulen Roms und des Mittelmeerraumes zu sehen[7].

Über der Hermeneutik wurde nicht die notwendige Grundlagenarbeit in Gestalt von Materialsammlungen vernachlässigt und Listen der Sockel und der Iupitergigantenreiter, allerdings nicht der anderen Statuentypen und der Stützen vorgelegt[8]. Eine von H. Lehner geplante Bearbeitung der Funde aus der Provinz Niedergermanien ist leider nicht zustande gekommen[9]. Nützliche Vorarbeiten für eine solche Monographie sind durch regionale Fundzusammenstellungen geleistet worden, insbesondere von M. Bös und E. Neuffer für den Raum Jülich–Düren und H. Schoppa für Köln[10]. Der Typus der niedergermanischen Iupiterpfeiler ist bereits von E. Krüger anhand des Fundkomplexes 2 (Taf. 55,1) erkannt worden[11]. Die zahlreichen Neufunde der Nachkriegszeit im gesamten Verbreitungsgebiet haben nicht unwesentlich zu einer Erneuerung der Diskussion beigetragen.

Die Vorlage aller einschlägigen Funde aus der gesamten Provinz Germania inferior ist ein Hauptziel dieser Arbeit. Sie steht damit freilich vor dem Dilemma, daß der Verlauf der principatzeitlichen Westgrenze der Provinz in der Forschung noch immer umstritten ist[12]. In unserem Zusammenhang interessiert vor allem die Frage, ob die civitas Tungrorum während des Principats zur Germania inferior[13] oder – wie vor allem H. v. Petrikovits und C. B. Rüger dargelegt haben[14] – zur Gallia Belgica gehörte und erst bei der diokletianischen Verwaltungsreform der nunmehrigen provincia Germania II zugeschlagen wurde. Beim gegenwärtigen Quellenbestand ist dieses Problem noch nicht sicher zu entscheiden[15]. Daher werden die Iupiter-Monumente aus dem Gebiet der civitas Tungrorum im Anhang behandelt, was auch unter praktischen Gesichtspunkten von Vorteil ist, da eine Bearbeitung der Funde aus Gallien weiterhin aussteht[16]. Allerdings ist auch die genaue Abgrenzung des Territoriums der civitas Tungrorum alles andere als sicher[17]. So bleibt es vorerst Hypothese, wenn wir mit Rüger die Funde aus Maastricht und vom westlichen Maasufer Limburgs als niedergermanisch, aber nicht als tungrisch aufführen (Heel, Kessel, Wessem).

---

[7] K. Körber, Mainzer Zeitschr. 1, 1906, 54 ff.; A. Oxé, ebd. 7, 1912, 28 ff.; Drexel, Götterverehrung a. a. O.; ders., Germania 8, 1924, 59 f. Die weitere Literatur bei Bauchhenß zu Nr. 272–275.

[8] Haug, Viergöttersteine passim. – Hertlein, Juppitergigantensäulen passim. 118 ff. gibt Hertlein auch einen Nachtrag zu der Haugschen Liste der Viergöttersteine sowie 89 ff. ein Verzeichnis der einschlägigen Figuralkapitelle. Die Figuralkapitelle sind zusammenfassend behandelt von Mercklin, Figuralkapitelle 95 ff.; 175 ff.

[9] Röm.-Germ. Korrbl. 5, 1912, 47.

[10] Bös passim; E. Neuffer, Bonner Jahrb. 151, 1951, 307 ff. – Schoppa, Götterdenkmäler 11 ff.

[11] Bonner Jahrb. 104, 1899, 56 ff.

[12] Zuletzt M.-Th. u. G. Raepsaet-Charlier, in: ANRW II 4 (1975) 56 f.

[13] J. E. Bogaers, Bonner Jahrb. 172, 1972, 326 ff.; B. H. Stolte, Gnomon 44, 1972, 413 ff.

[14] H. v. Petrikovits, in: Studien zur europäischen Vor- und Frühgeschichte. Festschr. H. Jankuhn (1968) 115 ff. – Rüger, Germania inferior 32 ff.

[15] Bogaers a. a. O. (Anm. 13) 332.

[16] Eine inzwischen überholte Zusammenstellung der Funde aus Belgien gab F. Cumont, Ann. Fédér. Arch. et Hist. Belgique 21, 1909, 542 ff. Die Funde aus der belgischen Provinz Luxembourg behandelt L. Lefebure, Bull. Trim. Inst. Arch. Luxembourg 3/4, 1972, 1 ff.

[17] L. v. d. Weerd, Antiqu. Class. 4, 1935, 175 ff.; G. Faider-Feytmans, ebd. 21, 1952, 338 ff.

Einleitung

Es wurde ein möglichst vollständiger, auf Autopsie beruhender Katalog angestrebt, doch ist dieses Ziel gewiß nicht erreicht. Manches im Privatbesitz befindliche oder in Gebäuden eingemauerte Denkmal wird mir entgangen sein; mit weiteren Neufunden ist ständig zu rechnen. Einige Stücke wurden während und nach dem zweiten Weltkrieg zerstört oder sind verschollen; andere haben ihre Inventarnummer verloren und konnten nicht oder nicht sicher identifiziert werden. Bei einigen Denkmälern erlaubt mir ihre fragmentarische Erhaltung kein sicheres Urteil, zu welchem Typus oder ob sie überhaupt zur Gattung gehören. Sie sind jeweils am Schluß des nach Typen geordneten Kataloges aufgeführt. Sie werden aber nur dann in den Verbreitungskarten verzeichnet, wenn mir ihre Zugehörigkeit zur Gattung wahrscheinlich zu sein scheint.
Der Katalog ist nach Typen und innerhalb dieser nach Fundorten in alphabetischer Folge geordnet. Dabei sind mehrere Steine im Kölner und Nijmegener Museum trotz fehlender Provenienzen aus Gründen der Wahrscheinlichkeit unter diesen Orten aufgeführt.
Die Materialaufnahme wurde im April 1980 abgeschlossen, wobei einige Denkmäler im Anhang D nachgetragen werden mußten.

Geht es uns auch primär um eine Sammlung und typologische Analyse des Materials, so verlangt die reiche Überlieferung doch eine Untersuchung unter siedlungsarchäologischen Aspekten sowie kunsthistorische Differenzierungen nach Werkstätten und Zeitstellung. Letzteres ist nicht isoliert zu leisten und würde die Heranziehung des Gesamtbestandes an Iupitersäulen und die Betrachtung im Kontext der gesamten Votivplastik des gallisch-germanischen Raumes erfordern. So können hier nur erste Hinweise gegeben werden, zumal keines der niedergermanischen Denkmäler signiert oder inschriftlich datiert ist. Die neue Materialbasis lädt aber auch zum Vergleich mit den Monumenten der Nachbarprovinzen ein, um Eigenarten im Typenrepertoire der Germania inferior herauszuarbeiten. Hier schließen notwendig die zentralen Fragen nach den Vorbildern im Mutterland Italien bzw. nach dem Verhältnis der Gattung zu den einheimischen Kulten an.

Die Gattung und ihr Typenrepertoire

Keines der zahlreichen Säulen- und Pfeilermonumente Niedergermaniens wurde zweifelsfrei in situ gefunden oder besitzt sonstige Hinweise auf seine Aufstellungsform (zu den Fundstellen siehe unten S. 297 ff.). Lediglich ein wohl von einem Iupitergigantenreiter stammendes Fragment aus Tongeren (206) wurde inmitten großer Kalksteinblöcke entdeckt, die von den Ausgräbern analog zu der in Alzey freigelegten Fundamentierung und Einfriedung einer Iupitersäule gedeutet wurden[18]. Vielleicht gehörten die Reste eines Geländers, steinerne Pfosten und Einlassungen für (hölzerne?) Querstangen, die zusammen mit der Iupitersäule aus Kleinbouslar (6 Taf. 55,2) in einem römischen Brunnen geborgen wurden, zur Einfriedung dieses Anathems[19]. Bei zwei in der Nähe des heiligen Bezirkes am Gepaplatz in Neuss beobachteten Fundamentierungen hat Petrikovits den Zusammenhang mit Iupitersäulen erwogen, doch bleibt dies Hypothese[20]. Trotz der schlechten Quellenlage wird man vermuten dürfen, daß die Monumente neben der statisch notwendigen Fundamentierung eine Basis, etwa in Stufenform, und eine Einfriedung besessen haben. Aufschlußreich wäre eine archäologische Untersuchung des einzigen seit der Antike stehengebliebenen Anathems, der Säule von Cussy-la-Colonne (Côte-d'Or) in der Gallia Lugdunensis[21].
Von der Iupitersäule aus Köln-Weidenpesch (10 Taf. 64) haben sich mit größter Wahrscheinlichkeit alle Teile mit Ausnahme des Unterbaues gefunden und bis auf den Kopf der Iupiterfigur mehr oder minder vollständig erhalten: Sockel, Säule und bekrönende Statue. Bei den Votiven aus Kleinbouslar (6 Taf. 55,2) und Rheydt-Mülfort (11 Taf. 65,1) sind die Statuen nur sehr fragmentarisch überliefert. Unklar bleibt zudem, ob 6 nicht – wie die Weidenpescher Säule und mehrere andere niedergermanische Monumente – einst von einem Sockel getragen wurde.

---

[18] G. Behrens, Germania 16, 1932, 28 ff.; Bauchhenß Nr. 9–10. Vgl. auch die Fundamentierung der Säule aus Walheim: Ph. Filtzinger, Fundber. Baden-Württemberg 1, 1974, 437 ff.; Bauchhenß Nr. 537–539.

[19] Lehner 36 Nr. 75.

[20] Petrikovits, Bonner Jahrb. 161, 1961, 482; ders., Novaesium. Führer des Rheinischen Landesmuseums in Bonn 3 (1957) 38. – Die Fundamentierung der 1725/1726 gefundenen Teile des Säulenmonumentes 212 glaubt Faider-Feytmans, Cahiers Mariemont 7, 1976, 13 Abb. 8 entdeckt zu haben.

[21] Espérandieu III 2032. Mercklin, Figuralkapitelle 106 f. Nr. 288 Abb. 522 ff. – Stufenunterbauten sind auch bei den Aufstellungen mehrerer originaler und abgegossener Säulen rekonstruiert worden, z. B. Köln-Weidenpesch 10; Hausen a. d. Zaber: H. Klumbach, Der römische Skulpturenfund von Hausen a. d. Zaber. Forschungen und Berichte zur Vor- und Frühgeschichte in Baden-Württemberg 5 (1973); Bauchhenß Nr. 208–211; Walheim (siehe oben Anm. 18); Große Mainzer Säule (siehe oben Anm. 7): Bauchhenß Nr. 272–275 u. a.

Vergleicht man den Bestand an isoliert überlieferten Iupiterstatuen und -sockeln, so sticht in Niedergermanien sofort das Mißverhältnis zu ungunsten der Sockel ins Auge (ca. 75 Statuen zu ca. 27 Sockeln), während in Obergermanien[22], in der civitas Tungrorum (4 Statuen zu 6 Sockeln) und wohl auch in der Belgica das Gegenteil der Fall ist, wie es bei der größeren Stabilität und der besseren Wiederverwertbarkeit der Sockel als Baumaterial nicht anders zu erwarten ist. Dieser eindeutige Befund führt zu der Vermutung, daß ein Teil der niedergermanischen Iupitermonumente keinen Sockel besaß und direkt oder – was wahrscheinlicher ist – mittels einer Plinthe auf dem Unterbau angebracht war. Die Basis in Alzey, der schon erwähnte Heddernheimer Fund von 1884 und eine Schuppensäule aus Metz mit der Dedikation I(ovi) O(ptimo) M(aximo) auf der Plinthe bieten hierzu vielleicht die Parallelen[23]. Eine solche Plinthe war vielleicht einigen Schuppensäulen angearbeitet (118; 125; 136; 222). Die Mülforter Säule (11 Taf. 65,1) scheint eine gesondert gearbeitete, heute verlorene Plinthe besessen zu haben. Dem entspricht, daß sogenannte Zwischensockel von viereckiger, polygonaler oder kreisrunder Form, die in der Germania superior und Gallia Belgica häufig zwischen Grundsockel und Säule eingeschoben sind, fast ganz fehlen[24]. Nur bei einem achteckigen Kölner Sockel (202 Taf. 96,4) ist eine solche Funktion wahrscheinlich; bei zwei zylindrischen Sockeln, gleichfalls aus Köln (200–201), ist sie denkbar (siehe unten S. 290)[25].

Der geringe Bestand an Sockeln bringt es mit sich, daß aus der Germania inferior kaum Weihinschriften von Iupitersäulen bekannt sind (9 Beispiele). Kleine, dem Iupiter geweihte Altäre, die in der Germania superior häufiger neben der Säule etwa von ihren Stiftern aufgestellt worden sind, scheinen in der unteren Provinz sogar ganz zu fehlen[26].

Die Fundkomplexe belegen für die Germania inferior das Nebeneinander mehrerer Stützentypen: Schuppensäulen (1; 4; 7; 13; 218), Schuppensäulen mit frontalem Reliefschmuck (6 Taf. 55,1; 10 Taf. 64,1; 11 Taf. 65,1) und Pfeiler mit Reliefschmuck (2 Taf. 55,1; 3 Taf. 58; 5 Taf. 60 f.). Für die Säulen mit Weinrankendekor scheint sich wenigstens in der civitas Tungrorum ein Komplex erhalten zu haben (212). Zwei weitere Stützentypen, geglättete Säulen mit Reliefschmuck (166 Taf. 87; 167; 168) und Schuppensäulen mit umlaufendem Reliefschmuck (117 Taf. 88,3), sind zwar nur als Einzelteile bezeugt, ihre Zugehörigkeit ist aber durch besser erhaltene obergermanische Beispiele erwiesen[27]. Ferner waren in der oberen Provinz[28] wie in der Belgica[29] Iupitersäulen mit glattem, völlig schmucklosem, meist mit einem tuskischen Kapitell bekröntem Schaft üblich. Da solche Säulen im Steindenkmälerbestand der Germania inferior stark vertreten sind, ist dies auch für unsere Provinz zu vermuten, doch fehlen bislang entsprechende Befunde.

---

[22] Bauchhenß 6.
[23] Basis in Alzey (siehe oben Anm. 18); Anathem aus Frankfurt-Heddernheim: Espérandieu G. Nr. 102; Bauchhenß Nr. 147–148; Säule in Metz: Espérandieu V 4402, Walter, Colonne 24 f. Nr. 10 Taf. 2.
[24] Bauchhenß 56 ff.
[25] Die zylindrischen wie die schmucklosen quadratischen Sockel werden in der Literatur zumeist als Altäre angesprochen, siehe die Literatur zu 8; 179; 200.
[26] Bauchhenß 42.
[27] Als Beispiel für eine Iupitersäule mit glattem Schaft und Reliefschmuck sei nur die Große Mainzer Iupitersäule genannt: Bauchhenß Nr. 274.
[28] z. B. die Säule aus Frankfurt-Heddernheim, Espérandieu G. Nr. 102; Bauchhenß Nr. 147–148.
[29] z. B. die Säule aus Merten in Metz, Espérandieu V 4425 (siehe oben Anm. 1).

Eine Schuppensäule mit frontalem Reliefschmuck besitzt einen schlichten zylindrischen Sockel (10 Taf. 64); ein Beispiel kam vielleicht ohne Sockel aus (6 Taf. 55,1). Mindestens eine, wahrscheinlich zwei schlichte Schuppensäulen waren mit einem bildlosen rechteckigen Sockel verbunden (1 Taf. 57,2; 218 [?]). Ein Reliefpfeiler ist mit einem rechteckigen bildlosen Sockel (3 Taf. 57,3; vielleicht auch 181), ein anderer mit einem vierseitig reliefierten Sockel (5 Taf. 59) kombiniert.

Die schmale Überlieferungsbasis erlaubt keine gesicherten Aussagen, doch steht zu vermuten, daß die verschiedenen Säulentypen mit verschiedenen Sockeltypen kombiniert oder ohne Sockelung belassen wurden. Für die Reliefpfeiler werden – wenn überhaupt – nur rechteckige, reliefierte oder bildlose Sockel verwendet worden sein.

Als bekrönende Statuen von Iupitersäulen und -pfeilern sind nur zwei Typen im Kontext bezeugt: thronender Iupiter (2 Taf. 55,1; 4; 6–8; 10 Taf. 64; 12–13 Taf. 65,2.3) und stehender Iupiter mit einem Giganten (11). Durch die zahlreichen Befunde aus Obergermanien und Gallien ist ferner gesichert, daß die Iupitergigantenreiter aus Germania inferior und der civitas Tungrorum (15–18; 221 [?]; 203–204; 206 [?], Taf. 67–69; 99) als Bekrönungen von Säulenmonumenten gedient haben. Ob die Reiterfiguren auch auf Pfeilern aufgestellt waren, ist beim Stande der Überlieferung nicht zu entscheiden.

Der Typus des thronenden Iupiter begegnet in unserer Provinz in Verbindung mit verschiedenen Stützentypen: Schuppensäule (4; 7; 13), Schuppensäule mit frontalem Reliefschmuck (6; 10 Taf. 64) und Reliefpfeiler (2 Taf. 55,1). Dieser Befund warnt davor, allzu feste Kombinationsregeln zwischen bestimmten Typen der Einzelteile der Monumente aufzustellen.

Mit einiger Wahrscheinlichkeit ist auch die Gruppe des thronenden Paares Iupiter-Iuno aus Tongeren (205) als Bekrönung einer Iupitersäule anzusprechen, ist diese Verbindung doch durch zwei Fundkomplexe aus Heddernheim gesichert[30]; weitere Beispiele stammen aus Mainz und Straßburg[31].

Durchmustert man die Überlieferung unter dem Gesichtspunkt der Größenverhältnisse, so zeichnet sich ein vielgestaltiges Bild ab[32]. Allerdings wird eine Beurteilung dadurch erschwert, daß nur wenige Monumente vollständig erhalten sind und wir in der Hauptsache auf den Vergleich der Einzelteile angewiesen sind. Während die Säule aus Köln-Weidenpesch (10 Taf. 64) auf eine Höhe von ca. 3,70 m zu veranschlagen ist (ohne Unterbau), hat Neuffer für ein Jülicher Monument, von dem freilich nur der Sockel erhalten ist (186 Taf. 95), bei Annahme eines Zwischensockels eine Höhe von ca. 9 m vermutet. Ein zweites Anathem aus Jülich, von dem Sockel und Teile des Reliefpfeilers überliefert sind (5 Taf. 59–61), wird immerhin über 5 m hoch gewesen sein. Daneben ist mit erheblich kleineren Votiven als der Weidenpescher Säule (10) zu rechnen.

So reicht in der Sockelhöhe die Spanne von 0,49 m (195) über 0,735 m (Köln-Weidenpesch 10) bis zu über 1,40 m (beim Jülicher Sockel 186 Taf. 95). Durch den Vergleich der Säulendurchmesser ist ein noch repräsentativeres Bild zu erreichen. Die große Masse der

---

[30] Koepp, Germania Romana² 35 Taf. 9,1; Bauchhenß Nr. 150–153. – Espérandieu G. Nr. 134; Bauchhenß Nr. 155–158.
[31] Mainz: Espérandieu VII 5739; Bauchhenß Nr. 285. – Bauchhenß Nr. 286. – Bauchhenß Nr. 287. – Bauchhenß Nr. 288. – Straßburg: Espérandieu X 7299; Bauchhenß Nr. 504.
[32] Auf die Größenverhältnisse obergermanischer Monumente geht Fischer, Viergötterstein 45 ein.

Säulen, darunter auch die Weidenpescher (10), hat Durchmesser zwischen 0,20 m und 0,30 m, fünf Säulen messen über 0,40 m, einige weniger als 0,20 m. Auch bei den Statuen vom Typus des thronenden Iupiter ist trotz der meist fragmentarischen Erhaltung ein klares Ergebnis zu gewinnen: die Masse der Figuren (ca. 30) besitzt in etwa ein Drittel Lebensgröße, eine weitere Gruppe (ca. 9) erreicht dagegen nur ein Viertel Lebensgröße, einige wenige Statuen sind halb- (5) oder zweidrittellebensgroß (8 Taf. 62,4; zu den Ioves 71–72 Taf. 79,80 siehe unten S. 278).

Die niedergermanischen Iupitermonumente sind mit Ausnahme einer aus Tuff gemeißelten Remagener Statue (65 Taf. 78,1) aus Kalk- oder Sandstein gearbeitet (siehe unten S. 344 ff.). Nicht mehr zu entscheiden ist, ob ein Kölner Sandsteinsockel und eine Iupiterstatue aus Kalkstein (8a–b Taf. 62,3.4), die zusammen gefunden worden sind, tatsächlich zu einem Anathem gehört haben und an diesem also verschiedene Materialien verwendet worden sind[33]. Der zusammen mit den Schaftteilen der Schuppensäule aus Schwammenauel (218) geborgene Sockelrest ist aus einem schlechteren Buntsandstein gefertigt als die aus Weißsandstein bestehende Säule, doch ist die Zusammengehörigkeit von Sockel und Säule nicht völlig gesichert. Ein marmorner bärtiger Kopf aus der Sammlung Niessen, angeblich aus Köln, kann schon aufgrund des Materials nicht zur Gattung gehört haben[34].

Wie auch sonst in der provinzialrömischen Plastik muß eine farbige Fassung der Monumente vorausgesetzt werden[35]. An dem Jülicher Sockel 186 (Taf. 95) und einer Schuppensäule im Trierer Landesmuseum haben sich Reste der Bemalung erhalten[36].

Die Statuen

Thronender Iupiter (2; 4; 6–8; 10; 12–13; 19–70; 71[?]–72[?])
Reitender Iupiter (15–17; 18[?]; 221[?]; 203–204; 206[?])
Stehender Iupiter (11; 14)
Thronendes Paar Iupiter-Iuno (205)

Als Bekrönung der Iupitersäulen und -pfeiler herrscht in Niedergermanien eindeutig der Typus des thronenden Iupiter vor (mindestens 60 Exemplare). Die Darstellung des über

---

[33] Die Basis des Pfeilers 2 besteht aus Tuff.
[34] C. A. Niessen, Beschreibung Römischer Altertümer³ (1911) 298 Nr. 5669 Taf. 142–143; Klinkenberg 261 f. Abb. 104; Espérandieu VIII 6432, Schoppa, Götterdenkmäler 72 Nr. 8. Der Kopf ist 1978 aus der Neuaufstellung im Praetorium in Köln gestohlen worden. – Die Provenienz kann leider nicht als gesichert gelten, da bei mehreren Marmorstücken zu vermuten ist, daß sie Niessen mit gefälschten Fundortangaben angeboten worden sind. Der Kopf ist ungewöhnlich stark aufgebohrt.
[35] Zur farbigen Fassung der Plastik allgemein, aber unter Ausschluß der Kalk- und Sandsteinplastik P. Reuterswärd, Studien zur Polychromie der Plastik. Griechenland und Rom (1960). – Auf den Schmalseiten eines Minerva-Altares aus Iversheim hat sich die farbige Fassung gut erhalten: M. Clauss, Epigr. Stud. 11 (1976) 15 f. Nr. 21 Taf. 6,3.
[36] Neuffer, Bonner Jahrb. 151, 1951, 308: 'Rote Farbspuren in den Steilfalten des Chitons und auf dem Mantel über der Brust (der Minerva). Rosa am Flügel der Eule. Ein dunkles Grün auf dem Akanthusblatt der rechten Rahmenleiste.' Zur Seite c des Sockels notiert Neuffer a. a. O.: ,Braunrote Farbspuren auf dem Reliefgrund über dem Kentauren.' – Hettner 207 zu Nr. 551: 'Über der Säule eine dicke Kalkfarbe mit Resten von roter und grüner Bemalung.'

einen Giganten hinwegreitenden Gottes begegnet trotz der neu zugewiesenen Denkmäler nur selten (wohl 4–5 Exemplare). Der stehende Iupiter mit hockendem Giganten findet sich nur in zwei schwer zu beurteilenden Beispielen. Von neun Iupiterstatuen ist nur noch der Kopf erhalten und eine zweifelsfreie Zuweisung an einen der drei Typen nicht mehr möglich (73–81). Es ist jedoch wahrscheinlich, daß mehrere Köpfe, wenn nicht alle zu thronenden Ioves gehört haben[37].

Ein anderes Bild bietet sich dagegen in der civitas Tungrorum, wo freilich die Materialbasis sehr schmal ist. Hier hat sich bislang kein thronender Iupiter gefunden, wohl aber zwei oder drei Iupitergigantenreiter sowie die in Niedergermanien nicht bezeugte Gruppe von Iupiter und Iuno[38].

Thronender Iupiter: Die Statuen des thronenden Iupiter folgen alle einem prägnant formulierten Typus, den wir als Capitolinus-Typus bezeichnen wollen (siehe unten S. 381 f.). Der als reifer Mann charakterisierte Gott sitzt auf einem kastenförmigen Thron mit hoher Rückenlehne. In der auf dem Schoß liegenden Rechten hält er das Blitzbündel, in der erhobenen Linken das Zepter, das allerdings nie erhalten ist. Der Gott hat das rechte Bein angezogen und setzt das linke vor (bei 52 umgekehrt). Er ist mit einem Mantel bekleidet, der den Unterkörper verhüllt, im Rücken hochgeführt ist und als Bausch über die linke Schulter fällt, den Oberkörper aber freiläßt. Auch Haar- und Barttracht wiederholen sich: lockiger Vollbart und reich gelocktes, das Gesicht rahmendes Haupthaar mit einer Anastolé in der Stirnmitte.

Geht man von der Drapierung des Mantels am Unterkörper aus, so lassen sich vier Typen unterscheiden:

a. Der Mantel verhüllt beide Beine; der Mantelzipfel fällt vom linken Oberschenkel an der Außenseite herab; zwischen den Beinen bilden sich Zieh- und Hängefalten, deren Verlauf aber stark variiert. Dies ist mit Abstand der häufigste Typus (2 Taf. 55,1; 4; 12 Taf. 66; 13 Taf. 65,2; 19; 21; 23 Taf. 65,2; 25; 26 Taf. 70,3; 28; 30; 31; 33; 38 Taf. 72,1; 40; 41 Taf. 74,1; 44 Taf. 72,3; 50–51; 57; 59; 62 Taf. 77,1; 63; 64; 66; 72 Taf. 80,2). 52 ist eine Variante mit vertauschter Beinstellung.

b. Anders als beim Typus a fällt der Mantelzipfel nicht außen, sondern nach innen herab und überlagert so die Faltenbahnen zwischen den Unterschenkeln (32 Taf. 71,3; 71 Taf. 80,1).

c. Der linke Unterschenkel ist entblößt, der Mantelzipfel fällt wie bei b (8 Taf. 62,4; 22; 24 Taf. 69,3; 27; 34–35; 48; 61).

d. Der linke Unterschenkel ist wie bei c entblößt, der Mantelzipfel fällt jedoch wie bei a vom linken Oberschenkel nach außen herab (7 Taf. 62,1; 39; 65 Taf. 78,1; 68). Bei der Statue 47 Taf. 75,1 ist abweichend nur ein Teil des Unterschenkels entblößt; Iupiter trägt hier außerdem Stiefel.

Es wird später zu prüfen sein, ob die vier Typen auf bestimmte Vorbilder zurückzuführen sind (unten S. 381). Dagegen hängt eine ganze Reihe kleinerer Unterschiede gewiß nicht von bestimmten vorbildlichen Statuen ab. So sind die Beine des Thrones bei einigen

---

[37] Es fehlen z. B. bei allen Köpfen Stege für den erhobenen blitzschwingenden rechten Arm der Gigantenreiter.
[38] Dies trifft auch dann zu, wenn entgegen Rüger das limburgische linke Maasufer zur civitas Tungrorum gehörte.

Statuen brettartig flach mit pointierten Ausschwingungen und Einziehungen gestaltet (Typus I: 2 Taf. 55,1; 8 Taf. 62,4; 23 Taf. 70,1; 71 Taf. 80,1; 72 Taf. 80,2), während sie bei einer größeren Gruppe balusterartig, rundplastisch gestaltet sind (Typus II: 12 Taf. 66; 13 Taf. 65,2; 20–22; 27–28; 32 Taf. 71,3; 35; 37; 38 Taf. 72,1; 40; 42; 44 Taf. 72,3; 46 Taf. 73,2; 48–49; 61; 63–64). Bei einer Capitolinusstatue werden die Armlehnen des Thrones von Stützfiguren getragen (31 Taf. 73,1), ein Motiv, das schon seit archaischer Zeit zur Hervorhebung der Throne diente[39]. Im Gegensatz hierzu sind bei einigen Statuen die Thronbeine und Lehnen nicht angegeben; das Möbel ist undifferenziert als Kubus belassen (26 Taf. 70,4; 30 Taf. 71,2; 52; 62 Taf. 77,2). Mehrere Statuen besitzen eine besonders ausgestaltete Rückenlehne. Sie schließt bei 41 (Taf. 74,3) bogenförmig und volutenartig, aus der sich nach unten zwei Blätter entrollen (ähnlich schon 44 Taf. 72,4). Ein Blattornament schmückt auch bei den Statuen 2 (Taf. 56,2), 26 (Taf. 70,4), 45 (Taf. 73,5), 67 und 72 (Taf. 80,2) das Kopfende der Lehne. Bei 8 (Taf. 62,4) und 64 (Taf. 77,4) sind kreuzförmige Verstrebungen der Rückseite dargestellt[40], während die Rückenlehne von 54 (Taf. 76,4) mit zwei gegenständigen Peltai ausgefüllt ist[41]. Mehr als nur Dekoration ist es, wenn auf der Rückseite das heilige Tier des Gottes, der Adler (46 Taf. 73,4), oder der Sohn des Iupiter, Hercules (24 Taf. 69,4), erscheinen[42].
Sakrale Bedeutung besitzen die Tücher (siehe unten S. 383), die bei der Mehrzahl der Statuen angebracht sind, sei es an der Rückenlehne und den beiden Seiten zwischen den Thronbeinen (2 Taf. 56,1.2; 6–7; 12; 13; 22; 25; 26 Taf. 70,4; 28; 33–35; 38 Taf. 72,2; 40; 41 Taf. 74,2; 42; 44 Taf. 72,4; 48–50; 54 Taf. 76,4; 57–59; 61; 64 Taf. 77,4), sei es nur an den beiden Seiten (8; 19–21; 24; 27; 32 Taf. 71,4; 53 Taf. 76,2; 63; 72 Taf. 80,3) oder lediglich auf der Rückseite (4). Bei mehreren Statuen ist die Befestigung der Tücher ganz konkret durch jeweils ein Paar Ziernägel angedeutet. Die Tücher erfüllen zugleich den praktischen Zweck, den nicht weggearbeiteten Raum zwischen den Thronbeinen zu kaschieren. Bei der großformatigen Statue 8 (Taf. 62,4) ist auf der Plinthe eine Fußbank angegeben, während die Füße sonst auf die Plinthe gesetzt sind. Die Iupiterfigur 61 verzichtet zu Gunsten der Fußbank auf eine Plinthe. – Die Statuen 26 (Taf. 70,4) und 74 (Taf. 82,2) zeigen Iupiter im Schmucke eines Kranzes.
Schließlich seien noch einige Beobachtungen technischer Art mitgeteilt. Nur bei wenigen Statuen ist das Blitzbündel mit aus dem Steinblock gemeißelt (50; 57; 65 Taf. 78,1). Häufiger war es eingesetzt und wohl meist aus Bronze gearbeitet (2 Taf. 55,1; 7 Taf. 62,1; 25; 26 Taf. 70,3; 30 Taf. 71,1; 34; 41 Taf. 74,1; 44 Taf. 72,3; 52; 59; 63; 66 Taf. 78,2). Aus Metall dürfte auch das Zepter in der Linken bestanden haben (Einlassungslöcher in der Plinthe von 2; 41). Der exponierte linke Arm ist zuweilen durch einen von der Schulter

---

[39] Auf dem Sockelrelief 5a sitzt Iupiter gleichfalls auf einem Thron, dessen Armlehnen von Stützfiguren getragen werden. Bei der Statue 41 werden die Armlehnen von einem S-förmigen Ornament getragen. – Zu griechischen Thronen mit Stützfiguren H. Kyrieleis, Throne und Klinen. Studien zur Formgeschichte altorientalischer und griechischer Sitz- und Liegemöbel vorhellenistischer Zeit. Ergh. Jahrb. DAI 24 (1969) 197 ff.; zu römischen Thronen G. M. A. Richter, The Furniture of the Greeks, Etruscans and Romans (1966).

[40] Vgl. hierzu etwa die Bronzestatuette des Iupiter aus Pompeji in Neapel: H. Menzel, in: Festoen. Festschr. A. N. Zadoks-Josephus Jitta (1976) 431 ff. Abb. 1.

[41] Bei der Fortunastatue aus dem Kastell Heddesdorf sind die beiden Schmalseiten je mit einer Pelta geschmückt: Bonn, RLM, Lehner 79 Nr. 157; Skulpturen II Taf. 7,4.

[42] Hercules ist auch auf der Rückseite einer Iupiterstatue aus Trier dargestellt: Hettner 12 f. Nr. 21; Espérandieu VI 4916; IX S. 387 Abb. – Vgl. auch u. S. 314 Anm. 251. Der Adler erscheint auch auf der Rückseite einer Iupiterstatuette in Bingen: Bauchhenß Nr. 77.

schräg nach oben geführten Steg gesichert (30 Taf. 71,1; 34; 43; 45 Taf. 73,5; 66 Taf. 78,2), der Unterarm ist angesetzt und verdübelt (z. B. bei 45 Taf. 73,5). Vereinzelt wurde auch der Kopf gesondert gearbeitet und angedübelt (24 Taf. 69,3; Köpfe 75 Taf. 81,3; 77–78 Taf. 81,4 – zum Capitolinustypus gehörig?).
Zwei Kölner Funde sind so fragmentarisch erhalten, daß sie nicht mehr mit Sicherheit der Gattung zu- oder abgesprochen werden können. Zwar ist der bärtige Mann mit Anastolé-Frisur, Stirnfalten und väterlichem Gesichtsausdruck des einen Bruchstückes mit einiger Wahrscheinlichkeit als Iupiter zu deuten[43]. Indizien gegen die Zuweisung an die Gattung sind die Reliefgebundenheit und die starke Kopfdrehung[44]. Bei dem zweiten Fragment ist nur noch gesichert, daß es zu einer thronenden Figur gehörte[45].
Über diese Differenzierungen des Capitolinustypus ist jedoch nicht seine Geschlossenheit aus den Augen zu verlieren. Sie ist das Hauptargument dafür, über die acht im Kontext mit Teilen von Säulen- oder Pfeilervotiven gefundenen Statuen hinaus auch die zahlreichen anderen hier zusammengetragenen Figuren der Gattung zuzuweisen. Es kommt hinzu, daß die drei Haupttypen der Manteldrapierung (a, c, d) und beide Throntypen (I, II) in den Fundkomplexen vertreten sind.
Typologisch eng verwandt mit den Statuen der Gattung ist eine Iupiterfigur aus Kalkstein, die im Iupiterheiligtum am Kleinen Griechen-Markt in Köln gefunden wurde (72 Taf. 80,2.3). Nach der Drapierung des Mantels gehört sie zum Typus a, der Thron entspricht dem Typus I, auf den Seiten sind zwischen den Pfosten Tücher drapiert. Die Figur ist jedoch fast lebensgroß, so daß sie sich in ihrem Format merklich von den anderen Statuen absetzt und nicht mit Sicherheit einem Säulen- oder Pfeileranathem zuzuweisen ist.
Dies gilt besonders für eine zweite Kölner Iupiterstatue, die weit überlebensgroß ist und auch in der Bildung des Thrones mit niedriger Rückenlehne und ohne Tuchbespannung abweicht (71 Taf. 79). In der Drapierung des Mantels stimmt sie jedoch mit dem Typus b überein. Angesichts monumentaler offizieller Stiftungen wie der Mainzer Säule für Nero und eines neugefundenen Nijmegener Pfeilers (siehe unten) ist eine Zugehörigkeit zu der Gattung nicht auszuschließen. Wahrscheinlicher ist aber, jedenfalls bei 71, daß sie als 'normal' aufgestellte Weihgeschenke oder gar als Kultbilder gedient haben (siehe auch unten S. 305 f.)[46].
Die Gruppe mit dem thronenden Paar Iupiter-Iuno aus Tongeren (205) fügt sich in ihrem Format von ca. Zweidrittellebensgröße noch gerade in den Rahmen der Säulenvotive ein.

---

[43] FO: Köln, Arnoldshöhe; Köln, RGM Inv.-Nr. 37,45 früher in Bonn, RLM; Kalkstein. H. 0,225 m; Br. 0,17 m. Erhalten sind die linke obere Ecke des Bildwerkes einschließlich des antiken Randes links und an der Oberseite sowie Kopf und Hals eines zu seiner Linken gewendeten Gottes mit Anastolé-Frisur, Stirnfalten und väterlichem Gesichtsausdruck. Lehner 37 Nr. 79; Skulpturen II Taf. 2,6.

[44] Die Zuschreibung geht auf Lehner 37 Nr. 79 zurück.

[45] FO: Köln, aus dem spätantiken Vorgängerbau von St. Ursula; Köln, RGM Inv.-Nr. 67, 2173.17; Kalkstein. H. 0,151 m. Erhalten sind die linke obere Ecke des Thrones (von der Figur aus gesehen), der Ansatz der linken Schulter, der linke abgestreckte Oberarm sowie der Ansatz des erhobenen Unterarmes. Über Schulter und Arm fällt ein Bausch des Mantels, der hinten lang herabhängt. Die Thronlehne schließt oben giebelförmig ab. Fundber. RGM Köln 67.7.

[46] Das überlebensgroße Format der Statue von der Clemensstraße läßt an ein Kultbild denken. Sie wurde in der Nähe einer Doppeltempelanlage einheimischen Typs gefunden, über deren Widmung freilich bislang nichts bekannt ist. H. Hellenkemper, Kölner Römer-Illustrierte 1, 1974, 155 hat vermutungsweise Heiligtum und Statue verbunden. J. Bracker, in: Römer am Rhein (Ausstellungskatalog Köln 1967) 150 Nr. 46 schlug das freilich am gegenüberliegenden Ende der Stadt lokalisierte Capitol vor.

Nach der Drapierung des Mantels gehört die Iupiterfigur zum Typus d. Auf der Rückseite des Throns sind der Adler des Iupiter und der Pfau der Iuno dargestellt ähnlich dem Adler auf der Rückseite der Kölner Statue 46 (Taf. 73,4).

Iupitergigantenreiter: Die niedergermanischen Iupitergigantenreiter gehen mit der Masse der Capitolinusstatuen darin überein, daß sie weit unterlebensgroß sind (ca. Einviertellebensgröße) und somit wohl von Stützen ähnlichen Formates getragen wurden. Iupiter ist – jedenfalls bei den besser erhaltenen Gruppen 15 (Taf. 67,3) und 17 (Taf. 68,3) – in militärischer Montur mit Tunika, Panzer und Paludamentum dargestellt. Bei der Statue 17 entspricht auch die Ausrüstung des Pferdes mit Satteldecke, Gurten, phalerae und Zierriemen der von den rheinischen Soldatengrabmalen bekannten[47]. Dies gilt in noch stärkerem Maße für den Reitertorso 18 (Taf. 69,2), der noch zusätzliche vom Sattel ausgehende Zierriemen besitzt und dessen Satteldecke gemustert dargestellt ist. Eine ähnliche Aufzäumung zeigen Reiterstatuen aus Jünkerath und Mainz-Hechtsheim[48]. Diese Parallelen wie auch das Format sprechen für eine Deutung des Torso 18 als Iupitergigantenreiter. Die Statuen dieses Typs zeigen Iupiter über einen zu Boden gegangenen riesenhaften Unhold hinwegreitend, der durch die in Schlangen endigenden Beine als Gigant gekennzeichnet ist. Durch einen übergroßen Kopf, dichte Haar- und Bartmassen, das fratzenhafte Gesicht (17 Taf. 69,1) wird er als dämonisches Wesen charakterisiert. Während der Gigant der Kölner Gruppe (17) am Boden hockt und mit den Händen das Pferd trägt, ist er in Jülich (16 Taf. 68,1) bäuchlings mit flehend erhobener Rechter wiedergegeben. Die Hürther Gruppe (15 Taf. 67,3) ist nicht mehr sicher zu beurteilen. Der Gigant scheint hier mit einer Waffe im Kampf dargestellt zu sein. Bei allen drei Gruppen wird der Gigant allein schon durch seine Haltung als Unterworfener gekennzeichnet; technisch dient er der Reitergruppe als Stütze[49].

Bei einem Kölner Torso (221) ist die Erhaltung leider so ungünstig, daß seine Zuweisung an die Gattung fraglich bleibt. Das Hocken auf dem Boden und die Wendung zu einem Gegner sichern die Herkunft von einer Kampfgruppe. Verwachsener Rücken und Hals deuten auf einen Giganten hin, eine schwache Verdickung auf der rechten Schulter könnte zur Bruchstelle eines Pferdehufes gehören. Sollten diese Vermutungen zutreffen, so waren Iupiter und Gigant – wie bei mehreren obergermanischen Gruppen[50] – direkt aufeinander bezogen und im Kampfgeschehen einander gegenübergestellt.

Eine Gruppe aus Tongeren (203 Taf. 99) ist – abgesehen von der weit höheren künstlerischen Qualität – in der Darstellung der Giganten denkbar anders gestaltet. Ein Gigantenpaar kämpft mit Keulen gegen den Reiter, wobei der eine hockt, der andere rücklings zu Boden gegangen ist. Im Gegensatz zu den ungeschlachten Dämonen der Gruppen 16–17 sind sie in der Tradition der hellenistischen Ikonographie als jugendliche über-

---

[47] Zu diesen: H. Gabelmann, Bonner Jahrb. 173, 1973, 156 ff.; Verf., in: T. Bechert, Steindenkmäler und Gefäßinschriften. Funde aus Asciburgium 4 (1976) 28 ff.
[48] Jünkerath: Hettner 24 f. Nr. 34; Espérandieu VI 5251; Espérandieu XIV S. 86 Taf. 100. – Mainz-Hechtsheim: W. v. Pfeffer, Mainzer Zeitschr. 48/49, 1953/54, 38 Abb. 1; Bauchhenß Nr. 354. Eine Deutung als Grabstatue hat Schoppa, Götterdenkmäler 39 Anm. 18 für den Hechtsheimer Reiter erwogen.
[49] Zu der in der Forschung seit langem diskutierten Frage, ob das Verhältnis von Reiter und Gigant ein antagonistisches oder friedliches sei, richtig Bauchhenß 68 ff.
[50] z. B. Bauchhenß Nr. 9–10 (Alzey); Nr. 85–87 (Böttingen); Nr. 94–97 (Butterstadt); Nr. 126 (Ebernburg); Nr. 143–146 (Heddernheim); Nr. 280 (Mainz); Nr. 397 (Niederbronn).

menschliche Kämpfer wiedergegeben mit athletischen Leibern, deren Muskeln bis zum äußersten angeschwollen sind, mit ungepflegten, struppigen Haaren, mit barbarischen Gesichtern, die in unerträglichem Schmerz zur Grimasse erstarrt sind[51]. Ein weiterer Fund aus Tongeren, die wohl gleichfalls als Gigant zu deutende Figur 206, ist ohne Gefährten, ohne Pathos als längst Besiegter dargestellt, in seiner jugendlich muskulösen Gestalt ist er aber mit der Gruppe 203 zu vergleichen. Einem zusammen mit 203 gefundenen Bruchstück (204) ist abzulesen, daß auch hier Iupiter nur ein einzelner Gigant entgegenstand.

In der militärischen Ausrüstung von Reiter und Pferd ähnelt die Gruppe 203 den rheinischen Monumenten. Es ist noch deutlich zu erkennen, daß Iupiter die Rechte erhoben hatte – die Linke hielt wohl die Zügel – um mit der Waffe auszuholen. Dasselbe Motiv darf auch für die rheinischen Gruppen angenommen werden. Als Waffe ist ein aus Metall gearbeitetes Blitzbündel zu ergänzen, wie es sich bei dem neugefundenen Gigantenreiter von Steinsfurt erhalten hat[52].

Stehender Iupiter: Zwei leider sehr fragmentierte Funde aus Rheydt-Mülfort (11) und Nijmegen ([?] 14 Taf. 67,1.2) deuten darauf hin, daß in der Germania inferior neben dem thronenden und reitenden Iupiter auch stehende bzw. schreitende Iupiterfiguren als bekrönende Statuen dienten, denen ein Gigant zugesellt war. Bei dem im Krieg verschollenen und nicht mehr sicher zu beurteilenden Fragment aus Mülfort kauerte nach Lehner der Gigant links neben dem Gott[53]. Es gehörte wohl zum selben Typus wie zwei gleichfalls sehr fragmentierte obergermanische Statuen, die Iupiter ruhig stehend, die gesenkte Linke auf den Kopf des Giganten legend, zeigen[54]. Der Nijmegener (?) Iupiter (14 Taf. 67,1) wird eher in Aktion dargestellt gewesen sein. Ähnlich wie bei den Iupiterreitern ist der bärtige, von Schmerz erfüllte Gigant am Boden sitzend dargestellt, während Iupiter über ihn 'hinwegschreitet'; anderes bleibt wegen des Erhaltungszustandes unklar[55].

In diesem Zusammenhang ist an ein Weihrelief aus Köln-Merkenich zu erinnern (Taf. 100,2), auf dem der gepanzerte, untersetzt wirkende Iupiter mit Paludamentum in Ausfallstellung erscheint, die Linke auf den Kopf eines am Boden hockenden Giganten aufsetzend, mit einem Blitzbündel in der ausholenden, erhobenen Rechten[56]. Die Verwandtschaft mit dem Gigantenreiter und dem Iupiter in Schrittstellung liegt auf der Hand. Das Relief weicht

---

[51] F. Vian, Répertoire des gigantomachies figurées dans l'art grec et romain (1951); ders., La guerre des géants (1952).

[52] W. Rommel, Jahrb. Staatl. Kunstsammlungen in Baden-Württemberg 12, 1975, 65 ff.; Bauchhenß Nr. 495–496 Taf. 44,1.

[53] Röm.-Germ. Korrbl. 5, 1912, 47.

[54] Mainz: Espérandieu VII 5772; G. Behrens, Germanische und gallische Götter in römischem Gewand. Wegweiser 18 des RGZM Mainz (1944) 48 Abb.; aus Lopodunum-Ladenburg in Mannheim: Espérandieu G. Nr. 325; Koepp, Germania Romana² 34 Taf. 8,3. Vgl. auch den stehenden Iupiter mit Giganten auf einem Viergötterstein aus Mainz in Mannheim, Espérandieu VII 5874; Bauchhenß Nr. 306 mit anderer Deutung. Vgl. auch Hertlein, Germania 1, 1917, 136 ff.

[55] Einen über einen Giganten hinwegschreitenden Iupiter scheint auch eine Gruppe aus Grand wiederzugeben: Espérandieu VI 4897; Hertlein, Juppitergigantensäulen 141 f. Abb. 9.

[56] RLM Bonn Inv.-Nr. 12445, Kalkstein H. 0,32 m. Lehner 27 f. Nr. 53; Skulpturen II Taf. 2,2; Bonner Jahrb. 104, 1899, 62 f. Abb.; Hertlein a. a. O. (Anm. 54) 139 f. Abb. 7; Koepp, Germania Romana² 34 Taf. 8,2; Schoppa, Götterdenkmäler 53 Taf. 27; S. Ferri, Arte Romana sul Reno (1931) 218 Abb. 139; F. Fremersdorf, Urkunden zur Kölner Stadtgeschichte aus Römischer Zeit. Die Denkmäler des Römischen Köln 2² (1963) 63 Taf. 122; Galsterer 23 Nr. 59 Taf. 14; E. M. Spiegel, in: Führer 37,2 (1980) 77 Nr. 40.

sowohl in seiner tektonischen Form wie in dem nicht repräsentativen, den Gott agierend zeigenden Reliefbild von den üblichen Votivplastiken der Provinz ab, was wohl auch als Indiz für die Abhängigkeit von unserer Gattung zu werten ist[57]. Ein stehender Iupiter bekrönte auch die für Nero errichtete Mainzer Iupitersäule[58]. Zwar sind von der bronzenen Statue nur geringe Reste erhalten, doch kann als sicher gelten, daß der Göttervater ruhig stehend, in der gesenkten Rechten das Blitzbündel, in der erhobenen Linken das Zepter, wohl nackt bis auf eine vielleicht als Bausch über die linke Schulter fallende Chlamys (?), begleitet von dem neben ihm hockenden Adler dargestellt war. Dieser Iupitertypus (siehe unten S. 376 f.)[59], der von den Iupiterfiguren mit Giganten zu unterscheiden ist, kehrt zwar auf Weihreliefs aus Köln und Xanten wieder, ist in den germanischen Provinzen sonst wohl nicht oder nicht häufig als Säulenbekrönung benutzt worden (siehe aber unten S. 360)[60]. Eine obergermanische Sandsteinstatue des Typus aus Lopodunum-Ladenburg und ein niedergermanisches Beispiel aus dem Heiligtum von Pesch, Stadt Bad Münstereifel, könnten zur Gattung gehören, aber auch als 'normal gesockelte' Weihe- oder Kultstatuen gedient haben[61]; eine Entscheidung ist nicht mehr möglich.

Die Stützen

Schuppensäulen (1; 4; 7; 13; 218; 82–101; 207–208; 102[?])
Schuppensäulen mit frontalem Reliefschmuck (6; 10–11; 103–114; 115[?]–116[?])
Schuppensäule mit umlaufendem Reliefschmuck (117)
Säulen mit Weinranken (165; 212)
Säulen mit Reliefs (166–168)
Pfeiler mit Reliefschmuck (2–3; 5; 169–175; 176[?]–178[?]; 219[?])

In Niedergermanien herrschte als Stützentyp in der Gattung die einfache Schuppensäule vor, der aber die Schuppensäule mit frontalem Reliefschmuck nicht allzusehr nachstand. Dieses Verhältnis zeigt sich sowohl bei den im Kontext wie bei den isoliert überlieferten

---

[57] Vergleichbare untektonische Reliefformen mit Darstellungen des agierenden Gottes sind auch den Votiven der orientalischen Kulte eigen, siehe etwa die Mithrasreliefs aus Dormagen im RLM Bonn, Lehner 105 f. Nr. 224–225; Skulpturen II Taf. 10,4–5. Auf die Grundzüge der niedergermanischen Votivplastik hoffe ich an anderer Stelle einzugehen.
[58] Quilling, Juppitersäule 150 ff.; Bauchhenß Nr. 275.
[59] H. G. Horn, Jahrb. RGZM 19, 1972, 77 ff.
[60] Köln: RGM Inv.-Nr. 214; Kalkstein. Bei einer Wiederverwendung wurde das Relief aus einem Votivaltar des Altar-Aediculatypus herausgemeißelt. – Schoppa, Götterdenkmäler 48 Taf. 10–11; Römer am Rhein 150 Nr. A 47; G. Ristow, Religionen und ihre Denkmäler in Köln (1975) 26 Taf. 4. – Xanten: Bonn, RLM; Lehner 29 Nr. 56; Skulpturen I Taf. 23,1–2; Horn a. a. O. (Anm. 59) 78 Taf. 11,2.
[61] Ladenburg: Mannheim, Espérandieu G. Nr. 334; Römer am Rhein 151 Nr. A 52. – Pesch: Bonn, RLM Inv.-Nr. 25069–25070; Rotsandstein. H. des Torsos 0,90 m. Erhalten sind der Torso des Iupiter mit erhobenem, mit der Chlamys bedecktem linkem Arm, Ansätzen des rechten Stand- und des linken Spielbeines, ein Adlertorso und ein Lorbeerkranz. – Lehner 38 f. Nr. 82–83; Skulpturen II Taf. 3,2; 5,6; Horn a. a. O. (Anm. 59) 78 Taf. 12,2. Im Heiligtum von Pesch waren nach dem Zeugnis der Säulenreste (115; 155–156) Iupitersäulen aufgestellt, die jedoch zu klein für die knapp lebensgroße Statue sind. Siehe auch Horn, in: Führer 26 (1974) 80; 85.

Stücken[62]. Allerdings ist ein größerer Komplex von Teilstücken und Fragmenten geschuppter Säulen nicht mehr definitiv einem der Typen zuzuordnen (118–164; 215–217; 222), so daß sich theoretisch das Verhältnis verschieben könnte. Ferner ist zu bedenken, daß Schuppensäulen mit und ohne Götterreliefs nachweislich nicht nur für unsere Gattung, sondern auch in verschiedenen Architektur- und Dekorationszusammenhängen verwendet worden sind (siehe unten S. 373 f. und E 1–7). Trotz dieser Unsicherheit wurden alle mir bekannt gewordenen Reste von niedergermanischen Schuppensäulen in den Katalog aufgenommen, sofern nicht konkrete Anhaltspunkte gegen eine solche Interpretation sprechen; diese Objekte sind im Anhang E erfaßt.

Auch die Reliefpfeiler erfreuten sich einer gewissen Beliebtheit (neun und vier unsichere Exemplare), während die anderen Säulentypen keine Bedeutung erlangt haben.

Die Überlieferung in der civitas Tungrorum ist für eine Beurteilung zu spärlich. Bemerkenswert ist aber, daß sich neben Resten von Schuppensäulen (207–208) auch eine Rankensäule gefunden hat (212).

Schuppensäulen – Schuppensäulen mit frontalem Reliefschmuck: Die Säulen sind in der Regel aus mehreren Teilen zusammengefügt und durch Metalldübel in Bleiverguß verbunden (bei 10 Taf. 64 bis auf einen Dübel komplett erhalten). Allerdings ist die Säule aus Rheydt-Mülfort (11 Taf. 65,1) monolith. Die Säulenbasis ist meist separat zusammen mit dem Ansatz des Schaftes gearbeitet (anders 13; 82; 106 Taf. 84,2; 108 Taf. 84,4). Auch bei den Kapitellen ist zur leichteren Anpassung ein Stück des Schaftes mitgearbeitet. Eine Ausnahme macht die Weidenpescher Säule (10 Taf. 64), wo die untere Hälfte des Kapitells in einem Stück mit der oberen Säulentrommel gemeißelt ist. Je nach der Höhe der Säule oder auch der zur Verfügung stehenden Steinblöcke bzw. Rohlinge besteht der Hauptteil des Schaftes aus einem langen Schaftstück (z. B. 1; 88; 93), aus zwei (z. B. 6 Taf. 55,2; 10 Taf. 64), drei oder mehr Trommeln (z. B. 109 Taf. 85,1; 218).

Die Schäfte beider Säulentypen verjüngen sich stark nach oben, wobei die Verjüngung im oberen Teil zunimmt; z. T. verjüngen sie sich auch leicht nach unten. Die Stelle der stärksten Schwellung (Entasis) liegt noch in der unteren Hälfte. Die Säulenschäfte sind gleichsam von einem Gebinde aus Lorbeerblättern umhüllt, die vereinzelt eine Mittelrippe besitzen (10 Taf. 64; 107 Taf. 84,3; 112 Taf. 88,1). Die früher als Schuppenornament mißverstandenen Blätter gehen in der unteren Zone der Säule von der Basis, in der oberen Zone vom Kapitell aus; die Blattspitzen weisen also jeweils zur Säulenmitte[63]. Das Zusammenstoßen der beiden gegeneinander gerichteten Blattzonen im Bereich der stärksten Schwellung wird durch eine hier um den Schaft gewundene Binde kaschiert. Die Taenien sind meist schlicht als ein breites Band mit je einer schmalen abgesetzten Falte rechts und links oder auch – schematischer – gleichsam wie Riemenwerk gestaltet (82; 104 Taf. 83,4). Zuweilen ist die Binde mit einem Flechtband ornamentiert (88; 92; 100; 135) oder mit Zweigen geschmückt (109 Taf. 85,1). Am Schaftansatz der Säule aus Kleinbouslar (6 Taf. 55,2), der wie üblich aus einem Stück mit der Basis gemeißelt ist, ist die Ausarbeitung der Schuppen unterblieben. Bei mindestens einer Säule mit frontalem Reliefschmuck gehen die Schuppen von der Taenie aus; ihre Spitzen sind also zur Basis bzw.

---

[62] 5 Schuppensäulen im Kontext, 23 isoliert überlieferte; 3 Schuppensäulen mit frontalem Reliefschmuck, 12–14 ohne Kontext.
[63] Zur Deutung siehe unten S. 394.

zum Kapitell hin ausgerichtet (109 Taf. 85,1). Einer Kölner Säule (7) fehlt die zweizonige Gliederung, ihre Schuppen sind einheitlich nach unten gerichtet. Wenn die Fragmente aus Schwammenauel (218 Taf. 100,1) von uns richtig rekonstruiert wurden, so wird die Säule zwar durch eine Taenie gegliedert, die Schuppen weisen aber – wie bei 7 – einheitlich nach unten. Basisstücke mit angearbeitetem Schaftteil aus Asberg (118) und Pesch (115 Taf. 86,2) besitzen gleichfalls nach unten gerichtete Schuppen.

Einige wenige niedergermanische Schuppensäulen werden im Anhang E aufgeführt. Dazu gehört das Segment einer Säulentrommel aus Kelz (E 3), das zwar wie üblich in der oberen Zone mit nach unten gerichteten Schuppen verziert und mit einer Taenie umwunden ist, doch ist die untere Zone mit 'Pfeifenkannelur' geschmückt, die ja in der Architektur des römischen Rheinlandes weit verbreitet war. Es ist zu fragen, ob diese auf dem Gelände einer villa rustica gefundene Säulentrommel besonders großen Durchmessers nicht eher zu einem architektonischen Verband, etwa einer Porticus gehörte.

Von besonderem Interesse ist das Fragment einer Schuppensäule, das im Bereich einer Tempelanlage gallo-römischen Typs in der Colonia Ulpia Traiana/Xanten ausgegraben wurde (E 6). Es weist mehrere Eigenarten auf: der geringe Schaftdurchmesser (0,17 m) findet sich nur bei wenigen mutmaßlichen Iupitersäulen, und auch die aufgrund der Entasis zu vermutende geringe Höhe hat nur vereinzelte Parallelen (z. B. 82). Die in einem Stück mit der Basis gearbeitete Plinthe ist zwar vereinzelt zu belegen, allerdings war die Xantener nicht quadratisch, sondern sechseckig (vgl. 222; 125[?]). Ungewöhnlich sind ferner die durchgehend nach oben gerichteten Schuppen. Alle Elemente sind zwar bei Iupitersäulen zu belegen, in der Summe spricht aber einiges dafür, daß die Säule nicht als Stütze einer Iupiterstatue gedient hat[64].

Ein tuskisches Kapitell aus Jülich mit angearbeitetem geschupptem Schaft hat auf dem Abacus ein zapfenartiges Element, in dem ein Eisendübel steckt (E 2). Eine Deutung als Iupitersäule, der auch das geringe Format entgegensteht (Dm. 0,14 m), ist daher wenig wahrscheinlich. Einen ähnlichen als Zapfen dienenden Aufsatz besitzen tuskische Säulen, allerdings mit unverziertem Schaft, aus Bad Kreuznach und aus Neuss, die als Tischbeine dienten[65]. Ein Tisch- oder anderer Möbelfuß aus Montliot, Kanton Châtillon-sur-Seine (Yonne) Frankreich, ist geschuppt und mit einem Götterrelief geschmückt[66]. So ist die Vermutung erlaubt, daß auch die Jülicher Säule als Tisch- oder Möbelbein gedient hat. Ihr lassen sich Schuppensäulen mit Falz auf dem Abacus aus Billig (E 1), Köln (E 4) und

---

[64] Horn möchte die Säule mit der Tempelarchitektur in Verbindung bringen (mündliche Mitteilung).
[65] Bad Kreuznach: B. Stümpel, Mainzer Zeitschr. 73/74, 1978/79, 339 Abb. 32. – Neuss: Zwei Tische im Clemens-Sels-Museum Neuss; Rotsandstein. H. 1,10 m bzw. 1,07 m. K. Koenen, Novaesium, in: Neuss am Rhein. Hrsg. G. Entner (1926) 15 Abb. 1. Ein tuskisches Kapitell mit Falz aus Remagen im RLM Bonn, Lehner 395 Nr. 1027 diente wohl gleichfalls als Tischbein. – In der Belgica und in der Germania superior scheinen diese Anrichtetische häufiger überliefert zu sein, z. B.: Haug, Germania 3, 1919, 103 ff.; ferner: Metz: Musée Archéologique de Metz. La civilisation gallo-romaine dans la cité des Médiomatriques (1964) 30 f. Nr. 120; Dieulouard, Scarponne (Meurthe et Moselle): Gallia 26, 1968, 374 Abb. 2; Schwarzenacker mehrere Beispiele, u. a.: A. Kolling, Funde aus der Römerstadt Schwarzenacker. Bilder und Texte (1971) 43 Taf. 20; 44; Villa von Bierbach: Kolling, Die Villa von Bierbach. Forschungen im römischen Schwarzenacker 2 (1968) 20 Abb. 7,8; Villa von Fremersdorf: Kolling, Ber. Staatl. Denkmalpflege Saarland 24, 1977, 79 Abb. 5,1; verschiedene Funde aus Baden-Württemberg, Die Römer in Baden-Württemberg. Hrsg. Ph. Filtzinger, D. Planck u. B. Cämmerer (1976) Taf. 29; 330 Abb. 147; 434.
[66] Espérandieu IV 3408; Walter, Colonne 108 Nr. 3.

Zülpich (E 7) anschließen, die sich gleichfalls durch geringen Durchmesser und ein tuskisches Kapitell auszeichnen[67]. Für die kleine Schuppensäule mit tuskischem Kapitell aus dem Keller der villa rustica an der Stolberger Straße in Köln (E 5) ist eine solche Deutung ebenfalls denkbar: in ihrer Abacus-Platte befindet sich eine Nut. Schließlich muß auch bei der Schuppensäule mit Reliefschmuck aus Weilerswist (116 Taf. 86,3) gefragt werden, ob sie nicht vielleicht als Tischbein gedient hat. Hierauf deuten die gedrungenen Proportionen der Säule, das im Verhältnis zum Schaft großformatige hohe und stark bewegte Relief wie auch die Darstellung selber hin. Ein Diener mit langem Haar und Tunika, in den Händen Kanne und Griffschale, ist im Kreis der Götterdarstellungen der Gattung gänzlich isoliert, paßt aber gut zum Reliefschmuck von 'Anrichtetischen'[68].
Damit ist bei allen von einem tuskischen Kapitell bekrönten Schuppensäulen die Zugehörigkeit zur Gattung in Zweifel gezogen. Die Verbindung von tuskischem Kapitell und Schuppensäule ist ja auch ungewöhnlich, da zu dieser Ordnung kanonisch ein schlichter unkannelierter Schaft gehört. Ihre Beliebtheit in den Nordwestprovinzen, wo sie die dorische Ordnung 'ersetzt', wird zu der Mischform geführt haben[69]. Möglicherweise blieb sie aber auf den dekorativen Bereich der Möbel etc. beschränkt.
Gesichert sind als Bekrönungen von Iupitersäulen korinthische (6 Taf. 55,2; 10 Taf. 64; 11 Taf. 65,1; 216) und komposite Kapitelle (12 Taf. 66; 160). Bei mehreren Fragmenten von Blattkapitellen erlaubt der Erhaltungszustand keine Bestimmung (121–122; 134; 144). Das Kapitell 155 ist als verkümmerte Fassung des sogenannten Pfeifenblattkapitelles zu verstehen, wobei das Blattwerk in Analogie zum Säulenschaft vereinfacht als Schuppen wiedergegeben ist[70]. Vielleicht gehört auch das verschollene Kölner Kapitell 133 hierher.
Ein Teil der Kapitelle besitzt in der Oberseite ein Dübelloch (10–12; 116; 155; 160), ohne daß sich freilich Spuren von Dübeln erhalten hätten. Von Ausnahmen abgesehen (z. B. 49) finden sich umgekehrt in den Unterseiten der bekrönenden Statuen keine Dübellöcher. Es ist anzunehmen, daß die Dübellöcher routinemäßig eingemeißelt wurden, die Statuen aber vielleicht wie üblich mit der Stütze 'verklebt' wurden. So findet sich bei einigen Iupitermonumenten im Kapitell, nicht aber in der mitgefundenen Iupiterstatue ein Dübelloch (6; 10; 12). Dagegen erwägt G. Precht bei einem neugefundenen korinthischen Sandsteinkapitell aus Hommerschen wegen des Dübellochs im Abacus die Herkunft von einer Iupitersäule[71]. Freilich besitzt nur eine niedergermanische Iupitersäule annähernd gleich großen Durchmesser (0,525 m gegenüber 0,48 m bei 110, wo freilich noch Verjüngung abzurechnen ist). Ohne weitere Teile muß die Bestimmung des Neufundes offen-

---

[67] Für die Deutung von E 6 als Tischbein mag auch der FO in einem Haus sprechen.
[68] Die Figur wird in der Literatur (siehe unten S. 457) als Göttin gedeutet. Dagegen sprechen jedoch Frisur und Tunika. Diese wie auch das Service aus Kanne und Griffschale sprechen für einen Opferdiener bzw. Mundschenken. Zu dem Geschirr und seinen Funktionen: H. U. Nuber, Ber. RGK 53, 1972, 1 ff. – Das Relief des Tischbeins von Tholey zeigt Bacchus: Hettner 51 Nr. 78; S. Loeschcke, Trierer Zeitschr. 7, 1932 Taf. 7; Espérandieu VI 5115; Walter, Colonne 108 Nr. 4.
[69] Die tuskische Ordnung bedarf dringend einer Bearbeitung. Auf die Entstehungsfragen geht ein L. Polacco, Tuscanicae Dispositiones. Problemi di architettura dell'Italia Protoromana (1952); zu den zahlreichen Kapitellen tuskischer Ordnung aus Ostia; P. Pensabene, I capitelli. Scavi di Ostia 7 (1973) 29 ff. Taf. 1–7; eine regionale Zusammenstellung aus der Haute Savoie gibt P. Broise, Gallia 27, 1969, 15 ff.
[70] Kähler, Kapitelle 74 ff.
[71] Bonner Jahrb. 176, 1976, 403 f. Abb. 15. – Die Hilfslinien sind mit denen des Kapitells von 12 zu vergleichen.

bleiben. Von besonderen Statuensockeln, wie er für die bronzene Iupiterstatue der neronischen Mainzer Säule überliefert ist, haben sich keine Reste gefunden.
An den Basen lassen sich vier Typen und mehrere Sonderformen unterscheiden:
  a. Wulst – Plättchen – große Kehle – Plättchen – Wulst – Plättchen – zum Schaft überleitende Kehle (6 Taf. 55,2; 9; 10 Taf. 64; 82; 127; 137; 161).
  b. Die beiden Wülste sind nur durch eine sehr schmale rillenartige Kehle getrennt (11 Taf. 65,1; 13 Taf. 65,3; 86; 106 Taf. 84,2; 124).
  c. Wulst – Plättchen – Kehle – Plättchen – Wulst – Plättchen – kleiner Wulst – Plättchen – überleitende Kehle (92; 131; 138).
  d. Wie c, doch ist die Kehle zwischen den beiden Hauptwülsten rillenartig schmal (108 Taf. 84,4; 139–140; 215[?]).
Basen aus Jülich (125), Köln (136) und aus dem Heiligtum von Pesch (115 Taf. 86,2), besitzen angearbeitete Plinthen, die bei 125 mehreckig gehalten ist. Basen aus Billig (119) und Pesch (156) sind in der zylindrischen Grundform belassen, eine Profilierung ist unterblieben, zum Schaft leitet eine Schmiege über. Bei 119 ist die Basis kranzartig mit horizontal ausgerichteten Schuppen geschmückt.

Schuppensäulen mit frontalem Reliefschmuck: Die Schuppensäulen dieses Typus tragen auf der 'Frontseite' übereinander gestaffelt Reliefs einzelner stehender Gottheiten. Die Figuren sind in sich geschlossen konzipiert, stehen auf einer vorkragenden Konsole und werden zuweilen von einer Konche eingefaßt (6 Taf. 55,2; 107 Taf. 84,3; 109 Taf. 85,1; 113 Taf. 88,2). Meist sind es drei Gottheiten, die in einer bestimmten Auswahl und Abfolge dargestellt werden. Zwei Reliefs sind oberhalb, eines ist unterhalb der Taenie angeordnet. Mehrmals erscheint zuoberst, der bekrönenden Iupiterstatue benachbart, Iuno, gefolgt von Minerva, die die capitolinische Trias vervollständigt (6 Taf. 55,2; 10 Taf. 64,1; 11 Taf. 65,1; 115 Taf. 86,2). Bei mehreren Fragmenten ist dieselbe Abfolge anzunehmen (insbesondere bei 103 Taf. 83,3; 109 Taf. 85,1; 110 Taf. 85,2). Die Gottheit des unteren Registers wechselt. Meist wird ein Gott wiedergegeben: Mercurius (109 Taf. 85,1; 6[?] Taf. 55,2), Hercules (11 Taf. 65,1) oder Mars (110 Taf. 85,2), während auf der Säule aus Weidenpesch (10 Taf. 64,1) auch hier eine Göttin, Victoria, abgebildet ist. Eine Säulentrommel von Kloster Kapellen (108 Taf. 84,4) zeigt gleichfalls im unteren Register eine Göttin: Fortuna. Daneben finden sich auch andere Sequenzen. Auf einem Säulenfragment aus Buchholz, Stadt Mönchengladbach (104 Taf. 83,4), ist Iuno im unteren, Hercules im mittleren (?) Register dargestellt. Auf einer Kölner Säulentrommel ist das untere wie das mittlere Register männlichen Gottheiten vorbehalten: einem nicht mehr zu bestimmenden Gott und Mercurius (111 Taf. 85,3). Zwei Jülicher Schuppensäulen sind mit nur einem im oberen Teil des Schaftes angebrachten Götterrelief geschmückt (106 Taf. 84,2; 105? Taf. 84,1). Bezeichnenderweise ist wohl Iuno, die Gemahlin Iupiters, dargestellt. Ein Säulenfragment aus dem Heiligtum von Pesch, Stadt Bad Münstereifel (115 Taf. 86,2), weist an der Bruchstelle Ansatzspuren auf, die vielleicht auf die Konsole einer Figur zu beziehen sind.
Säulen mit Weinranken: Die Säulen mit Weinrankendekor gehören wie die Schuppensäulen zu den Stützen mit vegetabilischem Schmuck. In Fontaine-Valmont, Prov. Hainaut, Belgien, ist die Trommel einer solchen Säule an derselben Stelle wie ein Viergötterstein gefunden worden, so daß sie wohl als Teil einer Iupitersäule angesprochen werden darf (212). Dieselbe Funktion ist für einen Säulenrest aus Jülich zu vermuten (165 Taf. 88,4).

Aus der Germania superior sind sieben Beispiele bekannt, wobei der Säule aus Walheim besondere Bedeutung zukommt, da sie mit Ausnahme der bekrönenden Statue fast vollständig erhalten ist[72]. Die Walheimer Säule sowie ein Fund aus Lopodunum/Ladenburg sind in der unteren Zone des Schaftes geschuppt[73]. Derselbe Säulentypus ist durch einen Neufund aus Orolaunum/Arlon auch für die Gallia Belgica gesichert[74]. Allerdings ist hier die untere Zone mit Weinranken und die obere mit Schuppen geschmückt. Bei einem anderen, wohl dem ursprünglichen Typus der Rankensäule ist der ganze Schaft mit Weinranken übersponnen[75]. Die Stücke aus Fontaine-Valmont und Jülich (212; 165), die zur unteren Zone des Säulenschaftes gehörten, sind wegen ihres fragmentarischen Zustandes nicht mehr sicher zu bestimmen. Die Jülicher Säule mit ihrer Taenie scheint eher zu dem Mischtypus aus Ranken- und Schuppensäule gehört zu haben.

Säulen mit Reliefs: Der Typus der Iupitersäulen mit glattem Schaft und allseitigen, in mehreren (drei oder vier) Registern übereinander gestaffelten Götterreliefs hat in den germanischen und gallischen Provinzen offensichtlich keine große Verbreitung gefunden. In der Germania inferior ist nur das Fragment eines Säulenschaftes aus Mönchengladbach noch hinreichend zu beurteilen (166 Taf. 87). Zusammen mit dem Rest einer Säulentrommel aus Alzey darf es als eine allerdings späte Umbildung der großen Mainzer Iupitersäule verstanden werden[76]. Von stilistischen Unterschieden abgesehen setzt sich 166 vor allem darin von der neronischen Säule ab, daß die Götterreliefs den Schaft nicht umziehen, sondern quasi auf vier Seiten ausgerichtet sind. Die einzelnen Figuren sind auf Frontalität angelegt, besitzen jeweils eine eigene Konsole, stehen also nicht wie in Mainz auf einem Basisring, und wirken wie appliziert. In der Reliefstruktur ähnelt die Säule aus Mönchengladbach den Schuppensäulen mit frontalem Reliefschmuck.
Der Reliefschmuck einer Säulentrommel aus Iversheim, Stadt Bad Münstereifel (167) ist zu schlecht erhalten, als daß eine Einordnung mit Sicherheit möglich wäre. Hier wie bei dem Fragment einer Säulentrommel aus Nijmegen (168) hat es jedoch den Anschein, als ob die Reliefs weniger isoliert und auf Seitenansichten wie bei 166 und noch mehr als 'Figurenreigen' konzipiert sind. Ein leider sehr fragmentierter Kölner Fund (117 Taf. 88,3) überliefert eine Mischform aus Schuppensäule und Säule mit umlaufenden Reliefs. Der Schaft ist geschuppt und mit Reliefs verschiedener Gottheiten geschmückt, die gleichsam im Reigen die Säule umziehen.

Neben den hier behandelten Säulentypen finden sich in den germanischen, vor allem aber in den gallischen Provinzen mehrere andere Typen reliefierter Säulen bzw. Einzelstücke, die aber nicht als Stützen von Iupiterstatuen gedient haben[77]. So müssen hier eine Säulen-

---

[72] Filtzinger, Fundber. Baden-Württemberg 1, 1974, 437 ff. mit einer Zusammenstellung des obergermanischen Materials; ders., Kölner Römer-Illustrierte 2, 1975, 189 f.; Bauchhenß Nr. 31; 217; 539.
[73] Espérandieu G. Nr. 336; Bauchhenß Nr. 259.
[74] Lefebure a. a. O. (Anm. 16) 1 ff. Abb. 1–3. – Walter, Colonne 56 rechnet noch nicht mit Monumenten dieses Typs als Iupitersäulen.
[75] z. B. die Säule aus Heidelberg-Neuenheim, Espérandieu G. Nr. 444; Bauchhenß Nr. 217 Taf. 25,3.
[76] Künzl, CSIR Deutschland II 1 (1975) 23 f. Nr. 6 Taf. 20–22; Bauchhenß Nr. 18 Taf. 1. Hierher gehört auch das Bruchstück einer Säulentrommel aus Mainz-Weisenau: Espérandieu X 7321; Bauchhenß Nr. 368.
[77] Hierzu Walter, Colonne 41 ff.

trommel mit dem Relief einer Göttin und das Fragment eines mit Binden und Kultsymbolen übersponnenen Säulenschaftes, beide aus Köln, außer Betracht bleiben[78].

Pfeiler mit Reliefschmuck: Die Analyse der Stützen in Pfeilerform wird dadurch erschwert, daß keines der Monumente vollständig erhalten ist. Bei einem Bonner Fund (2 Taf. 55,1) sind die separat aus Tuffstein gearbeitete Basis, bestehend aus Standplatte und Karniesprofil, sowie ein eigenwilliges Kapitell überliefert, das in einem Stück mit dem oberen Register gearbeitet ist. Der Schmuck oberhalb des 'Halsringes' ist gewiß von der Pfeifenkannelur herzuleiten, die aber auf den Seiten stark vereinfacht und nicht mehr verstanden ist. Von einem schmalen Stab abgesetzt folgt das eigentliche Kapitell, bestehend aus Kehle mit Blattwerk und dem Abacus.
Bei den anderen bis zum Schaftende erhaltenen Pfeilern war hingegen das Kapitell gesondert gearbeitet (169 Taf. 89; 172 Taf. 90,2–5; 174 Taf. 91,4; 175 Taf. 92 f.). Möglicherweise waren bei einem Zülpicher Monument Sockel, Plinthe und Basis des Pfeilers aus einem Stück gearbeitet (181). Da der unreliefierte Sockel keine Inschrift besitzt, ist seine Zugehörigkeit zur Gattung aber nicht zu beweisen.
Die Schäfte der Pfeiler waren wohl zumeist aus zwei, zuweilen auch aus mehreren einst verdübelten Blöcken zusammengesetzt (z. B. zwei Blöcke bei 174 Taf. 91,4.5). Die beiden unteren Reliefregister sind aus einem Block (3 Taf. 58; 174 Taf. 91,4; 175 Taf. 92 f.; 171[?] Taf. 90,1), das eine obere Register (2 Taf. 55,1; 175 Taf. 90,1; 169[?] Taf. 89) oder beide oberen Register (174 Taf. 91,4) sind aus einem zweiten Block geschaffen. Ein relativ kleinformatiger Kölner Pfeiler (172 Taf. 90,2–5) ist als Monolith gearbeitet. Die Pfeiler besaßen in der Regel wohl drei übereinander gestaffelte Reliefregister mit stehenden Gottheiten, ein Pfeiler hatte vier, ein weiterer mindestens vier Register (174 Taf. 91,4 bzw. 5 Taf. 60 f.). Im Aufbau sind also Reliefsäulen und -pfeiler eng verwandt.
Die Bildfelder werden allseitig von einer Rahmung eingefaßt, die z. T. von schlichten Leisten, bei einem Kölner Pfeiler (172 Taf. 90,2–5) von einem gedrehten Band und einer zum Reliefgrund vermittelnden Kehle gebildet wird. Eine ornamentierte Rahmung weist bereits der neugefundene Reliefpfeiler aus Nijmegen aus: Fischgrätmuster für die vertikale, Kymatien für die horizontale Rahmung. Die Bildfelder anderer Pfeiler werden von Architekturformen abgeschlossen: ein Giebel mit Rosettenfüllung (2 Taf. 55,1; 171 Taf. 90,1; 175 Taf. 92 f.) sowie im oberen Register von 169 Taf. 89 und 175 ein Bogenarchitrav und darüber ein Dreiecksgiebel mit Rosettenfüllung.
Von einem Giebel mit Rosettenfüllung wird auch das Bildfeld eines neugefundenen, zur Wiederverwendung aber stark zerkleinerten Zülpicher Reliefblocks bekrönt (219 Taf. 97,4). Der Block gehörte aller Wahrscheinlichkeit nach zu einem Monument, das mehrere übereinander gestaffelte Reliefregister besaß. Im mittleren oder oberen Register war Minerva dargestellt, was gleichfalls für die Zugehörigkeit zu den Iupiterpfeilern spricht.

---

[78] Köln, RGM. Espérandieu X 7430; Schoppa, Götterdenkmäler 70 Nr. 107 Taf. 89; Walter, Colonne 90 Nr. 144. – Als kannelierte Säule mit Relief eines gepanzerten Gottes (Mars[?] Iupiter Dolichenus[?]) ist vielleicht eine verschollene Säulentrommel zu deuten, die sich um 1600 in der Sammlung Therlan, Köln, befand: Stephanus Broelmanus, Epideigma, Sive Specimen historiae veteris omnis et purae, florentis atque amplae civitatis Ubiorum ... (1608) Taf. 2 Nr. 17; O. H. Förster, Kölner Kunstsammler vom Mittelalter bis zum Ende des Bürgerlichen Zeitalters (1931) 24 f. Abb. 8. – Bracker, Kölner Römer-Illustrierte 1, 1974, 40 Abb. 86 f. mit verfehlter Deutung. Zum Typus Walter, Colonne 61 ff.

Mit einer solchen Zuschreibung scheint das große Format samt der entsprechenden Plastizität von Giebel und Querleiste nicht vereinbar zu sein (ca. 0,60 m–0,70 m Br. gegenüber maximal 0,48 m Br. bei 5), doch bietet der neue, freilich noch nicht als Iupiterweihung erwiesene Reliefpfeiler aus Nijmegen (siehe unten S. 311 f.) eine Parallele (Br. ca. 0,74 m).

Format wie Bildprogramm des fragmentierten Kölner Reliefpfeilers (177) sprechen hingegen ohne weiteres für seine Zugehörigkeit zur Gattung. Dem steht jedoch die fehlende seitliche Rahmung der Bildfelder entgegen. Hier wie bei einem Fragment vom Bonner Münster (176), das wohl gleichfalls als Reliefpfeiler zu interpretieren ist, verbietet die schlechte Erhaltung eine Entscheidung (siehe auch unten S. 289).

Dagegen ist ein auf drei oder vier Seiten mit Götterreliefs ausgestatteter Kölner Block (173 Taf. 91,1–3) mit Sicherheit den Iupiterpfeilern zuzurechnen. Seine schlanken Proportionen, das auf Profilierung verzichtende Rahmenwerk und vor allem die Skulpturierung von zwei oder Teilen von zwei Registern (vom oberen sind nur auf einer Seite die Füße einer Figur erhalten) aus einem Block stehen der von Ristow vorgeschlagenen Deutung als Sockel und Zwischensockel entgegen[79].

Geht man von der Ausstattung mit Reliefschmuck aus, so lassen sich die folgenden Pfeilertypen unterscheiden:

a. Die Pfeiler tragen auf allen vier Seiten übereinander gestaffelt Götterreliefs (3 Taf. 58; 5 Taf. 60 f.; 175 Taf. 92 f.).

b. Die Pfeiler sind auf drei Seiten mit übereinander gestaffelten Götterreliefs ausgestattet (172 Taf. 90,2–5). Mehreren Pfeilern ist aufgrund des Erhaltungszustandes nicht mehr abzulesen, ob sie auf drei oder – eher – auf allen vier Seiten reliefiert waren (169 Taf. 91,1–3; 171 Taf. 89; 173 Taf. 91,1–3.

c. Die Götterreliefs sind auf die Frontseite beschränkt, die beiden Schmalseiten tragen vegetabilischen Schmuck (2 Taf. 55,1; 170; 176[?]).

Der Pfeiler 174 Taf. 91,4.5 ist als Mischform der Typen b und c zu verstehen. Seine beiden Nebenseiten sind nur im oberen Register mit einem Götterrelief geschmückt, der langgestreckte, nicht in Register untergliederte übrige Teil ist mit einer Akanthusstaude ornamentiert, die einem Krater entwächst.

Die Rückseite der Pfeiler 2 (Taf. 55,1), 170, 174 und 176 (?) ist lediglich geglättet, während sie bei 172 (Taf. 90,5) geschuppt ist, wobei die Blätter einheitlich nach unten gerichtet sind (vgl. die Säule 7). Der Zusammenhang mit den Schuppensäulen wird hieran ebenso deutlich wie die Erkenntnis, daß der Schuppung eine ähnliche vegetabilische Bedeutung zukommt wie den Pflanzendarstellungen von 2, 170 und 176 (?).

Die Verwandtschaft mit den Säulenmonumenten zeigt sich ferner in der Auswahl und Anordnung der dargestellten Gottheiten. Im oberen Register der Frontseite, Iupiter benachbart, erscheint Iuno (2 Taf. 55,1; 5[?] Taf. 60,4; 169 Taf. 89,2; 172 Taf. 90,2; 174 Taf. 91,4; 175 Taf. 92,1). Minerva, die Tochter des Iupiter und dritte in der Trias, hat ihren Platz entweder auf einer Schmalseite des oberen Registers neben Iuno (172 Taf. 90,5; 169[?] Taf. 89) oder – wie auf den Säulen – im zweitoberen Feld der Frontseite (3 Taf.

---

[79] Museen in Köln. Bulletin 15, 1976 Heft 6, 1439 f. Ristow vergleicht mit Recht den pfeilerartigen Straßburger Viergötterstein, Hatt, Strasbourg Nr. 77, Bauchhenß Nr. 505–506, doch sind die niedergermanischen Sockel anders proportioniert und gerahmt. Vor allem ist aber die Deutung des oberen nahtlos sich fortsetzenden Registers als Zwischensockel undenkbar.

58,1; 171 Taf. 90,1; 174 Taf. 91,4; 175 Taf. 93,1). Eine weitere Analogie zu den Schuppensäulen mit Reliefschmuck ist darin zu sehen, daß im unteren Register der Frontseite Götter wie Mercurius oder Mars wiedergegeben sind (171 Taf. 90,1; 172 Taf. 90,2; 175 Taf. 93,1). Aber auch die ausschließliche Darstellung von Göttinnen auf der Frontseite (174 Taf. 91,4) hat eine Parallele unter den Säulen (Säule 10 Taf. 64,1 mit der allerdings nur dreiteiligen Sequenz Victoria – Minerva – Iuno). Hercules (170; 174–175; 3[?]), Fortuna (5; 172–173; 175[?]) und Victoria (5; 172; 174–175) sind ebenfalls auf den Schuppensäulen vertreten. Vulcanus (3; 172; 175), Apollo (174), Venus (3; 172; 5[?]) sind von den geglätteten Säulen mit Götterreliefs bekannt. Nur Neptunus (175), Sol (172; 175; 5[?]) und Luna (175; 5[?]) sind bislang nicht auf Säulen bezeugt.

Vergleicht man den Reliefstil von Säulen- und Pfeilermonumenten, so ergeben sich freilich deutliche Unterschiede. An den Säulen ist ein Antagonismus zwischen dem zylindrischen Säulenschaft und den vereinzelten, auf einer bzw. vier Ansichtsseiten angebrachten und gleichsam schwebenden Götterreliefs zu beobachten. Die Auflösung dieses Gegensatzes wird bei der Säule 110 dadurch versucht, daß die Reliefs in den Schaft eingetieft sind. An den Pfeilern ergibt sich dieser Konflikt nicht. Hier besitzt jede Figur – ähnlich wie bei den Sockeln – ihr eigenes, in sich geschlossenes und gerahmtes Bildfeld. Andererseits wird die tektonische Struktur des Pfeilers als Stütze aufgelöst, die Seiten der Pfeiler gewissermaßen zu hohen Stelen mit mehreren Registern.

Neben den Iupiterpfeilern gab es in der Germania inferior noch weitere pfeilerförmige Votivdenkmäler. Ein Kölner Pfeiler sondert sich schon durch die unregelmäßige Rahmung, das hohe Relief und die niedrige bildhauerische Qualität merklich ab[80].

Die Sockel

Rechteckige Sockel ohne Reliefschmuck (1; 3; 8; 179–180; 181[?]; 214; 220[?])
Vierseitig reliefierte Sockel (5; 9; 182–185; 209–213)
Dreiseitig reliefierte Sockel (186–191)
Sockel mit einem Relief (195–196)
Zylindrische Sockel (10; 200–201)
Achtecksockel (202)

Während in der civitas Tungrorum eindeutig vierseitig reliefierte Sockel, die sogenannten Viergöttersteine, dominieren (fünf von sechs Stücken), verteilt sich in Niedergermanien die Überlieferung gleichmäßig auf vier- und dreiseitig reliefierte Sockel sowie auf rechteckige Sockel ohne Reliefschmuck (je sechs Beispiele). Allerdings ist bei drei Sockeln nicht mehr zu entscheiden, ob sie auf drei oder vier Seiten Reliefschmuck trugen (192–194). Die Säule aus Köln-Weidenpesch (10 Taf. 64) belegt, daß man auch in Niedergermanien schmucklose zylindrische Basen als Sockel von Iupitersäulen verwendete[81]. Aus Gründen

---
[80] Schoppa, Götterdenkmäler 55 Nr. 40 Taf. 38; Römer am Rhein 167 f. Nr. A 116; Ristow, Kölner Jahrb. Vor- u. Frühgesch. 9, 1967/68, 107 f. Taf. 31; E. Schwertheim, Die Denkmäler orientalischer Gottheiten im römischen Deutschland. EPRO 40 (1974) 25 f. Nr. 24 Taf. 68.
[81] Zu Sockeln dieses Typs aus Obergermanien Bauchhenß 6 f.

der Proportion ist es unwahrscheinlich, daß zu diesem Monument noch ein quadratischer Sockel gehörte, der zylindrische also als Zwischensockel diente[82]. Bei den erheblich gedrungener angelegten Rundsockeln 200–201 ist eine solche Funktion allerdings denkbar. In dem achteckigen Sockel 202 (Taf. 96,4) ist in Analogie zu den Monumenten Obergermaniens und der Belgica ein Zwischensockel zu vermuten, wenn er auch im Darstellungsprogramm ohne Parallele ist[83].

Einem oblongem Sockel ohne Reliefschmuck in Zülpich ist ein achteckiges Auflager angearbeitet, das auf einen entsprechenden Zwischensockel schließen läßt (220)[84]. Der Sockel besitzt jedoch weder eine Weihinschrift noch einen Fundzusammenhang, so daß seine Zugehörigkeit nicht zweifelsfrei erwiesen werden kann[85]. Es ist nicht auszuschließen, daß auch der eine oder andere quadratische und fast würfelförmige Sockel als Zwischensockel gedient hat[86].

Die Sockel sind im allgemeinen aus einem Block gemeißelt; die großformatigen Sockel 186 (Taf. 95) und 193 besaßen separat gearbeitete Basen und Bekrönungen. Nur ein Teil der Sockel weist in der Oberseite ein Dübelloch auf (9–10; 182; 184; 188; 195; 200–201; 218), bei anderen war die Säule nicht eigens angedübelt (1; 8; 179–180; 189). Einem Maastrichter Viergötterstein (183) ist die Säulenbasis attischer Ordnung angearbeitet. Bei einem schmucklosen Zülpicher Sockel, dessen Zugehörigkeit zur Gattung aber nicht gesichert ist (181), sind – wie erwähnt – vielleicht Plinthe und Basis mitgearbeitet.

Die Sockel sind zumeist wie folgt gegliedert: Basis bestehend aus Standplatte, häufig sehr hoch (z. B. 9 Taf. 63; 179; 192; 196) und zum Körper vermittelnder Profilierung, oblonger Körper (anders 181; 191 Taf. 63), Bekrönung – bestehend aus vermittelnder Profilierung und Deckplatte[87]. Bei einigen Sockeln kommt ein Auflager (9 Taf. 63; 220[?]) bzw. eine Schmiege (191 Taf. 98; 200) hinzu, oder die Oberkante ist zur Überleitung zur Stützenbasis abgefast (188 Taf. 97,1–3). Als Profilierungen dienen Schmiegen (1 Taf. 57,2; 181[?] Taf. 62,3; 220[?]), Kehlen und Karniesprofile (179; 188 Taf. 57,1–3). Zuweilen sind Plättchen eingeschoben (8 Taf. 62,3; 179; 200–201; 220[?]).

Beim Viergötterstein aus Köln-Weiden (9 Taf. 63) ist das Bildfeld bis zur Standplatte verlängert, das Profil auf die Rahmenleisten beschränkt, so daß diese wie Pilaster mit Basen wirken. Viergöttersteine aus Maastricht (182 Taf. 194; 183) und aus der civitas Tungrorum (209; 212) verzichten zugunsten des Bildfeldes ganz auf profilierte Basen und Bekrönungen. Ein dreiseitig reliefierter Kölner Sockel (189) ist in Vereinfachung des Aufbaues ohne Profilierung geblieben.

Rechteckige Sockel ohne Reliefschmuck: Die Körper dieses Sockeltyps sind ohne Reliefschmuck und ohne seitliche Rahmung gearbeitet. Die Weihinschrift ist auf der Frontseite unmittelbar unter der Bekrönung angebracht und besteht meist nur aus der Formel *I(ovi) O(ptimo) M(aximo)* (1 Taf. 57,2; 3 Taf. 57,3; 8 Taf. 62,3; 179). Auf zwei Sockeln des

---

[82] Das Monument und seine Rekonstruktion wird von mir an anderer Stelle ausführlich publiziert.
[83] Zu achteckigen Zwischensockeln aus Obergermanien Bauchhenß 57 f.
[84] Ein achteckiges Auflager besitzt auch der Viergötterstein aus Udelfangen im RLM Trier: Hettner, 14 ff. Nr. 25.
[85] Selbst die antike Entstehung ist nicht gesichert.
[86] Zu denken ist an 191 und 213. Die Dioskuren, wie sie auf 213 dargestellt sind, begegnen in Sonderheit auf Zwischensockeln, unten Anm. 390.
[87] Zur Terminologie W. Hermann, Römische Götteraltäre (1961) 11 f.

Typs sind auch der Dedikant (180, 214) und die üblichen sakralrechtlichen Formeln (214) angegeben. Unsicher ist, ob auch inschriftlose Sockel dieses Typus zur Gattung gehörten (181; 220)[88].
Der Sockel 218a (Taf. 100,1) trug möglicherweise keine Weihinschrift, doch ist seine Zugehörigkeit zur Schuppensäule (218b) nicht völlig sicher. Die gemeinsame Fundstelle und die Übereinstimmung in den Maßen – sofern sie richtig rekonstruiert worden sind – sind freilich gewichtige Argumente für die Rückführung auf ein Monument (siehe unten S. 497).

Zylindrische Sockel: Die Sockel verzichten wie die vorstehenden auf Reliefschmuck. Neben dem Weidenpescher Sockel mit ausführlicher Weihinschrift (10 Taf. 64,1) steht einer mit der Formel *I(ovi) O(ptimo) M(aximo)* (200), während ein dritter Stein ohne Inschrift geblieben ist (201), wozu die Säule aus Wiesbaden-Schierstein die Parallele bietet[89]. Von den Sockeln müssen zylindrische Statuenbasen und Rundaltäre unterschieden werden[90], die in der Germania inferior jedoch kaum eine Rolle gespielt haben.

Sockel mit Götterreliefs: Die auf drei oder vier Seiten mit Götterreliefs geschmückten Sockel werden von der Forschung mißverständlich als 'Viergöttersteine' bezeichnet, auch wenn auf ihnen mehr oder weniger Personen dargestellt sind. Zu der Gattung gehören wohl auch zwei Sockel, die nur auf der Frontseite ein Götterrelief tragen (195–196). Die Frontseiten zweier (191; 186 Taf. 95), wenn nicht dreier (190) Sockel trugen die Weihinschrift mit der Formel I O M und den Namen der Stifter. Auf einem Jülicher Sockel ist unterhalb der Inschrift ein Bildfeld mit der Darstellung eines Eichenlaubkranzes als Hinweis auf Iupiter angebracht (186 Taf. 95). Ein Aachener Stein (190) zeigt hier einen Adler mit ausgebreiteten Schwingen[91]. Bei einigen dreiseitig reliefierten Steinen ist eine Seite ohne Relief oder Inschrift geblieben, offenbar die Rückseite (187–189).
In der Einfassung der Bildfelder finden sich beträchtliche Unterschiede: schlichte rechteckige Rahmen (189; 195; 209), zuweilen um ein zum Reliefgrund vermittelndes Profil erweitert (5 Taf. 53), Rahmen mit einer Ausbuchtung (191 Taf. 98; 192; 211) oder mit einer abgesetzten Konche über dem Kopf der Relieffigur (188 Taf. 97,1–3; 190; bei 212 plastisch ausgestaltet). Ein Maastrichter 'Viergötterstein' (182 Taf. 94) variiert für jedes Bildfeld das Rahmungsmotiv: Giebel- oder Archivoltenabschluß, abgesetzte oder normale Konche. Der große Jülicher 'Dreigötterstein' (186 Taf. 95) besitzt eine architektonische

---

[88] Vgl. z. B. den Sockel ohne Inschrift aus Altrip, Bauchhenß Nr. 5–6. Die Weihinschrift befindet sich auf dem zugehörigen Zwischensockel.
[89] Espérandieu G. Nr. 31; Bauchhenß Nr. 558 Taf. 52,1.
[90] Rundbasen haben in Griechenland eine bis in das 6. Jh. v. Chr. zurückgehende Tradition: M. Jacob-Felsch, Die Entwicklung griechischer Statuenbasen und die Aufstellung der Statuen (1969). Sie waren auch in der Kaiserzeit geläufig. Vielleicht dienten zwei kleine im Mithraeum südlich des Kölner Doms gefundene inschriftlose Rundsockel als Statuenbasen: Ristow, Mithras im Römischen Köln. EPRO 42 (1974) 14; 27 f. Nr. 28 Abb. 12. – Zu römischen Rundaltären Hermann a. a. O. (Anm. 87) 29 ff. – Aus Niedergermanien ist mir bislang kein Rundaltar bekannt. Ein Rundaltar ist jedoch auf der linken Schmalseite eines mithrischen Weihaltares aus dem Mithraeum am Kölner Dom dargestellt: Galsterer 36 Nr. 125 Taf. 28; Schwertheim a. a. O. (Anm. 80) 17 f. Nr. 11b Taf. 4; Ristow a. a. O. 25 f. Nr. 23 Taf. 3–4.
[91] Bei Sockeln aus Heidelberg, Espérandieu G. Nr. 411; Klumbach a. a. O. (Anm. 21) 31 Abb. 15; Bauchhenß Nr. 215 Taf. 23 f. und aus Hausen a. d. Zaber, Klumbach a. a. O. (Anm. 21) 13 Taf. 3; Bauchhenß Nr. 208 wird die Inschrift von dem Eichenlaubkranz eingefaßt, der von den Schwingen des Adlers getragen wird. Vgl. auch Bauchhenß 48.

Rahmung aus kräftig vorspringenden Pilastern, die mit aus Krateren erwachsenden Pflanzenkandelabern ornamentiert sind. Architektonische und ornamentierte Rahmung zeigt auch ein großformatiges Maastrichter Sockelfragment (193). Zwischen den ornamentierten Pilastern und dem Reliefgrund sind geschuppte (!) Halbsäulen eingeschoben.
Gemeinsam ist allen Sockeln, daß die mit Götterreliefs geschmückten Seiten mit Rahmen eingefaßt sind. Dies trifft nicht für einen auf mehreren Seiten mit Götterreliefs versehenen Sockel aus Zülpich zu (199), so daß seine Zugehörigkeit zur Gattung ungewiß bleibt. Ein Block aus Euskirchen (197), der auf mehreren Seiten Götterreliefs trug und von Lehner den 'Viergöttersteinen' zugerechnet wurde, weicht im Zuschnitt des Bildfeldes so stark von der übrigen Überlieferung ab, daß er wohl ausgeschieden werden muß. Beim Fragment eines Blockes mit dem Relief einer stehenden Göttin aus Wessem (198) erlaubt der Erhaltungszustand keine Entscheidung, doch ist eine Zugehörigkeit wenig wahrscheinlich.
Dargestellt sind zumeist einzelne stehende, zuweilen aber auch sitzende Gottheiten (9d Taf. 63,4; 182a Taf. 94,1; 183a–d; 197[?]). Nur selten begegnen Zweiergruppen: Iupiter und sein Liebling Ganymed (5a Taf. 59,1) sowie Iuno und Minerva, die zur capitolinischen Trias gehören (192a)[92]. Auf fast allen Sockeln erscheint Hercules. Mit Sicherheit fehlt er nur auf dem vollständig erhaltenen Sockel 188 (Taf. 97,1–3), dessen Bildprogramm mit der Sequenz Genius – Ceres – Bacchus überhaupt eine Sonderstellung einnimmt. Bei zwei weiteren Steinen könnte Hercules auf der verlorenen Seite des Sockels dargestellt gewesen sein (186 Taf. 95; 194). So wird es kein Zufall sein, daß auf den Sockeln, die nur auf einer Seite Reliefschmuck tragen, gerade Hercules dargestellt ist (195–196). Erheblich seltener sind Minerva (sechs Beispiele), Apollo (fünf Beispiele), Iuno und Vulcanus (je drei Beispiele) wiedergegeben. Dieses Bild würde sich nur unerheblich verschieben, wenn alle Sockel vollständig erhalten wären. Auf zwei Sockeln sind die Göttinnen der capitolinischen Trias, Iuno und Minerva, zusammen mit dem ihnen verbundenen Hercules dargestellt (187; 191). Hinzu kommt der Bonner Sockel 192, auf dessen Frontseite sie vereint erscheinen, auf den Nebenseiten begleitet von Hercules und Vulcanus. Ungewöhnlich ist es, daß auf dem Kölner Sockel 189 nur männliche Gottheiten dargestellt sind.
Vergleicht man die Sockelreliefs inhaltlich mit dem Darstellungsprogramm der Stützen, so ergeben sich Gemeinsamkeiten wie Unterschiede. Mit wenigen Ausnahmen finden alle Sockelreliefs ihre Entsprechungen auf den Säulen und Pfeilern. Genius, Bacchus und vor allem Iupiter kommen auf den Stützen nicht vor. Andererseits fehlen einige auf den Stützen dargestellte Gottheiten wie Victoria, Diana und Luna auf den Sockeln. Auf den Stützen und besonders den Säulen steht die Darstellung von Iuno und Minerva im Vordergrund, während auf den Sockeln Hercules dominiert. Neben Hercules spielen hier auch Apollo und Vulcanus eine größere Rolle, während sie auf Säulen und Pfeilern nur vereinzelt begegnen. Formal gesehen bieten die Sockel, die keinen Antagonismus von Relief und Bildträger kennen, dem Bildprogramm mehr Möglichkeiten als die Stützen, was sich auch in der Wiedergabe von Götterpaaren, von sitzenden und stärker bewegten Figuren äußert.

---

[92] Iuno und Minerva sind auch auf einem Viergötterstein aus Bad Kreuznach zusammen dargestellt: Espérandieu VIII 6161; Bauchhenß Nr. 40.

Verbreitung, Siedlungsformen, Dedikantenkreis

Verbreitung

Bekanntlich ist bei der Auswertung der Fundstatistik von Steindenkmälern die Einschränkung zu machen, daß die Überlieferung nicht nur durch mittelalterliche und neuzeitliche Ausbau- sowie Forschungstätigkeit, sondern auch durch Faktoren wie spätantike und mittelalterliche Wiederverwendung und Kalkbrennerei mitbestimmt ist. Zu beachten ist ferner, inwieweit sich die Verbreitungsschwerpunkte einer Gattung mit den allgemeinen Fundkonzentrationen der Steindenkmäler decken.

Für die Analyse wie für die Verbreitungskarten sind die Denkmäler ausgeklammert, deren Zugehörigkeit zur Gattung mir unwahrscheinlich erscheint oder deren Provenienz unbekannt ist[93]. Dagegen werden die ohne Fundortangabe in den Museen von Köln und Nijmegen verwahrten Steine unter diesen Orten angeführt, da ihre lokale Herkunft wahrscheinlich ist[94]. Somit kann von 208 Monumenten ausgegangen werden.

Die Gattung der Iupitersäulen und -pfeiler hat in Niedergermanien ihre mit Abstand größte Fundkonzentration im heutigen Stadtkreis Köln (Karte 6 Nr. 29). Von hier stammt mehr als ein Viertel aller Denkmäler (57 Stücke, davon freilich 12 ohne FO). Den zweiten Platz in der Fundstatistik nimmt Jülich (Karte 6 Nr. 39) ein (17 Stücke), gefolgt von Bonn (Karte 6 Nr. 66: 15 Stücke, davon drei ohne sicheren FO) und Nijmegen (Karte 6 Nr. 2: 10 Stücke, davon vier ohne sicheren FO). Während Köln, Bonn und Nijmegen insgesamt die reichsten Steindenkmälerbestände der Provinz besitzen, trifft dies nicht auf Jülich zu, wo die Gattung denn auch das Gros der Steindenkmäler ausmacht[95]. Überhaupt ist der Fundanteil des Hinterlandes mit fast 50% ungewöhnlich hoch, sind die Gebiete westlich der Rheinuferzone im übrigen doch arm an Steindenkmä-

---

[93] Zugehörigkeit unwahrscheinlich: 71; 116; 176–178; 197–199. – Provenienz unbekannt: 80–81; 102; 163–164.

[94] Bei den Nijmegener Steinen 14; 61–63; 113 ist freilich zu bedenken, daß sie erst nachantik nach Nijmegen verschleppt worden sein könnten.

[95] Zu Grabsteinen aus Jülich Verf., Bonner Jahrb. 174, 1974, 545 ff.; ferner der Kalksteinblock eines größeren Grabbaues mit Attisrelief, Jülich, Röm.-Germ. Museum Inv.-Nr. XII/1. – Weihesteine: Matronenaltar im RLM Bonn, CIL XIII 7868; P. J. Tholen, Bonner Jahrb. 175, 1975, 241. Matronenaltäre im Röm.-Germ. Museum Jülich: Neuffer, Bonner Jahrb. 151, 1951, 311 f. Taf. 26; G. Alföldy, Epigr. Stud. 4 (1967) 1 ff. Taf. 1; eingemauert im Hexenturm (?), Verf. a. a. O. 545 f. Anm. 4. Kopf von einer Statue im RLM Bonn, Lehner 85 Nr. 171; Skulpturen II Taf. 8,1.

lern. Neben Jülich treten Zülpich (Karte 6 Nr. 54: 9 Monumente, davon freilich drei fragliche) und Billig (Karte 6 Nr. 56: 5 Beispiele) hervor. Auch das übrige Gebiet der Kreise Euskirchen und Düren mit Ausnahme der südlichen Teile hat zahlreiche Funde geliefert (10 bzw. 15 Stücke). Nach Westen, im Kreis Heinsberg und im Stadt- und Landkreis Aachen (fünf Stücke) dünnt die Überlieferung aus. Es kommt hinzu, daß von den sieben Fundstücken aus dem Kreis Heinsberg sechs aus einem Fundkomplex stammen (Kreuzrath, Gem. Gangelt). Im Gebiet beiderseits der Maas, besonders in Maastricht ist wieder eine gewisse Verdichtung zu beobachten (13 Stücke, davon 6 aus Maastricht [Karte 6 Nr. 8]). In der civitas Tungrorum konzentrieren sich die Funde in Tongeren (Karte 6 Nr. 12: 7 von 12 Stücken).

Während der Südwestzipfel Niedergermaniens bisher fundleer ist, läßt sich weiter im Norden auf dem Gebiet der Stadt Mönchengladbach (Karte 6 Nr. 19–22) wieder ein Schwerpunkt beobachten (6 Stücke). Sieht man von den großen Fundplätzen Bonn, Köln und Nijmegen ab, so sind die Monumente im Rheintal ziemlich dünn gestreut: Remagen (Karte 6 Nr. 69) mit Bandorf (Karte 6 Nr. 67: 3 Stücke), Wesseling (Karte 6 Nr. 34: 1 Objekt), Norf (Karte 6 Nr. 26) und Neuss (Karte 6 Nr. 25: 4 Stücke), Asberg (Karte 6 Nr. 18) und Haus Knipp (Karte 6 Nr. 17: 2 Stücke), Birten (Karte 6 Nr. 16) und Xanten (Karte 6 Nr. 15: 2 Stücke); ganz isoliert ist ein Fund aus Vechten (Karte 6 Nr. 1: 79). Das niederländische Küstengebiet ist bislang fundleer.

Da in der Germania inferior die Abgrenzungen der Territorien der Bürgergemeinden, civitates und des Militärs nur in großen Zügen geklärt sind[96], lassen sich die Funde nur mit Vorbehalten und Unsicherheiten den Verwaltungseinheiten zuordnen. Eindeutig ist aber, daß mindestens etwa die Hälfte der Monumente aus dem Gebiet der civitas Ubiorum bzw. der Colonia Claudia Ara Agrippinensium stammt (im Folgenden CCAA abgekürzt), wobei in der Forschung noch immer umstritten ist, ob und wenn ja wielange und in welchen Grenzen die peregrine civitas der Ubier neben der auf ihrem Territorium errichteten CCAA weiterbestand[97]. Je nachdem man Iuliacum/Jülich und das rechte Ufer der Rur zum Territorium der Ubier bzw. der CCAA oder zum Gebiet der Sunuci rechnet, entfallen auf letztere ca. 31 oder nur neun Weihungen[98]. Aus dem Land zwischen Wurm und Maas unter Einschluß des linken Maasufers, das Rüger mit dem pagus Catual(inus?) identifiziert, andere Gelehrte z. T. aber als Gebiet der Sunuci ansprechen, sind etwa zwanzig Anathemata überliefert[99]. Vom eigentlichen Territorium der Cugerni bzw. der Colonia Ulpia Traiana (im Folgenden CUT abgekürzt) scheinen nur wenige Monumente erhalten zu sein[100], indes aus dem Gebiet der Bataver bzw. des municipium Batavorum vielleicht zehn Beispiele kommen. Die civitas Tungrorum ist mit einem Dutzend

---

[96] Rüger, Germania inferior 51 ff. mit der Karte Abb. 1.
[97] Zu dem noch ungeklärten Verhältnis der civitas Ubiorum zum ager der CCAA H. Schmitz, Colonia Claudia Ara Agrippinensium. Veröffentl. Kölnischen Gesch. Ver. 18 (1956) 49 ff.; ders., RE VIIIA 540 ff. s. v. Ubii; Rüger, Germania inferior 76 ff.; W. Eck, Geschichte in Köln 4, 1979, 9 ff.
[98] Aus dem Gebiet zwischen dem Westufer der Rur und der Wurm stammen: 31; 68; 82; 97; 121; 157; 179; 215; 217; außer den 16 Jülicher Denkmälern kommen vom rechten Uferstreifen der Rur: 12; 95; 150; 160; 218. – Zur Westgrenze des Ubierlandes Schmitz, RE VIIIA, 536 f.
[99] 4; 34–35; 77; 84–85; 93–94; 144–149; 182–184; 187; 190; 193–194: Bogaers a. a. O. (Anm. 13) 310 rechnet einen Teil dieses Gebietes noch zum Territorium der Sunuci.
[100] 69; unsicher ist, ob das Gebiet von Mönchengladbach noch zum Territorium der Ubier oder bereits zu dem der Cugerner gehörte: 11; 66; 98; 104; 158; 166.

Votiven vertreten. Vergleicht man schließlich das Verhältnis der Funde von Zivilland zu Militärterritorium, so bleiben letztere in deutlicher Minderheit (ca. 21 Funde)[101].
Ein differenzierteres Bild ergibt sich, analysiert man die Verbreitung nach den Typen der Statuen, Stützen und Sockel. So finden sich Iupitergigantenreiter nur in dem eng begrenzten Raum Köln–Jülich–Bonn(?), also im Gebiet der Ubier bzw. der CCAA, sowie in der civitas Tungrorum. Die Vorstellung Iupiters als Gigantensieger wird durch die Gruppen mit stehendem Iupiter aus Rheydt-Mülfort, Stadt Mönchengladbach, und Nijmegen, aber auch für den Niederrhein bezeugt. Dagegen ist der Typus des thronenden Iupiter im gesamten Verbreitungsgebiet der Gattung mit Ausnahme der civitas Tungrorum vertreten (Karte 7). Die Schwerpunkte liegen in Köln (19 Stücke, davon 3 ohne FO) und Bonn (8 Stücke, davon eines ohne sicheren FO), nicht aber in Jülich (2 Stücke). Die Iupiterpfeiler sind – wenn der frühe Reliefpfeiler aus Nijmegen einmal außer Betracht bleibt – wieder auf eine bestimmte Region, das Siedlungsgebiet der Ubier bzw. der CCAA, beschränkt: Köln–der Kreis Neuss–Jülich–Zülpich(?)–Bonn. Die meisten Exemplare stammen aus Bonn (3) und Köln (3 Stücke, davon eines ohne sicheren FO). Die Schuppensäulen mit frontalem Reliefschmuck sind wesentlich weiter verbreitet: von Bonn bis Nijmegen und vom Rhein bis zur Rur-Niers-Linie. Weiter westlich sind sie bislang nicht bezeugt. Die Schwerpunkte der Verbreitung liegen in Köln (5) und Jülich (3 Stücke). Dagegen ist die einfache Schuppensäule im gesamten Verbreitungsgebiet anzutreffen (Karte 8). Der Hauptfundplatz ist erwartungsgemäß Köln (9 Stücke, davon eines ohne sicheren FO). Sockel finden sich im gesamten Verbreitungsgebiet der Gattung mit Ausnahme des Niederrheingebietes (Karte 9). Dies mag durch Zufälle der Überlieferung bedingt sein. Nur in Köln samt Umland sind alle Sockeltypen vertreten, darunter alle zylindrischen Sockel. Bemerkenswert ist ferner, daß in Maastricht mehr 'Viergöttersteine' belegt sind als in Köln (2 oder 3 Exemplare gegenüber einem Kölner Fund). Die meisten 'Viergöttersteine' wurden in der civitas Tungrorum gefunden (5 Stücke).
Wie schon erwähnt (oben S. 272) wurde mit Ausnahme des Befundes in Tongeren (206) keines der Monumente in situ angetroffen, wodurch Aussagen zu den Aufstellungsorten und zur Plazierung der Iupitersäulen und -pfeiler sehr eingeschränkt werden. Zahlreiche niedergermanische Anatheme sind nachweislich schon in der Antike zerstört und dann verworfen oder als Spolien wiederverwendet worden.
Das Fragment einer Capitolinusstatue aus Rövenich (67) stammt aus der Verfüllung eines um die Mitte des 3. Jahrhunderts angelegten burgus-Grabens, diente aber nicht als Spolie[102]. Ein Gutteil der Jülicher Funde kommt aus der spätrömischen Befestigungsanlage des vicus, die wohl noch aus dem 3. Jahrhundert datiert (5; 16; 39; 105–106; 123; 125–126; 186)[103]. Möglicherweise stammen auch einige der Zülpicher Funde aus der von K. Böhner vermuteten und jetzt nachgewiesenen spätrömischen Befestigung des vicus[104]. Die im Kastell Divitia/Deutz verbauten Objekte, zwei Statuen und eine Schuppensäule

---

[101] 2; 10 (?); 22–23; 26–29; 49 (?); 57; 58 (?); 64–65; 78–79; 118; 128; 167 (?); 191 (?); 192; 195 (?).
[102] U. Heimberg, Bonner Jahrb. 177, 1977, 586 f.
[103] Bonner Jahrb. 175, 1975, 242 ff. – Zur Datierung Petrikovits, Journal Rom. Stud. 61, 1971, 208 Nr. I, 34.
[104] K. Böhner, in: Führer 25, 114 ff.; Horn, in: Führer 26, 25 ff.; Bonner Jahrb. 149, 1949, 353 f. Entdeckung der Befestigung vor der Therme M. Gechter, Heimberg u. P. Pahlen, Ausgrabungen im Rheinland '78. Das Rheinische Landesmuseum Bonn. Sonderheft 1979, 85 ff.

(47–48; 93), gehören der konstantinischen Periode der Spolienverwendung an. Wie die zahlreichen anderen in der Festung und der zugehörigen Brücke verbauten Weihe- und Grabsteine werden die Monumente am ehesten aus dem Kölner Stadtgebiet nach Deutz verbracht worden sein[105]. Wohl in derselben Zeit sind bei Maastricht die Trommel einer Schuppensäule und ein 'Viergötterstein' für die Fundamentierung der Maasbrücke benutzt worden (149; 183)[106]. Die übrigen Maastrichter Votive sind in der Liebfrauenkirche entdeckt worden (94–95; 182; 193). Diese ist über der spätantiken Stadtbefestigung erbaut, zu deren rascher Errichtung die Monumente als Spolien wiederverwendet worden sind[107]. Der 'Viergötterstein' von Stokkem (184) ist in einer spätantiken Anlage wiederverwendet worden, die wohl auch als Wehranlage am Maasufer zu deuten ist (burgus?)[108].

Am Ende des 4. Jahrhunderts wurden Iupitermonumente zusammen mit anderen Weihesteinen zur Fundamentierung christlicher Kultbauten herangezogen, so zwei Capitolinusstatuen und zwei Pfeiler (24–25; 169–170) für den Kernbau des Bonner Münsters, eine Iupiterstatue aus dem spätantiken Vorgängerbau von St. Ursula in Köln (46) sowie eine Schuppensäulentrommel aus den Vorgängerbauten des Kölner Domes (90)[109].

Zahlreiche Monumente, besonders Sockel sind in mittelalterlichen Kirchen wiederverwendet worden. Eigens erwähnt seien nur die Steine, die zu Weihwasserbecken umgestaltet worden sind (191; 211; 214)[110].

Eine größere Gruppe von Anathemen ist zusammen mit anderen Denkmälern in römische Brunnen geworfen worden, um diese unbrauchbar zu machen und die Macht der Votive zu 'brechen' (1; 6–7; 12; 20–21; 40; 49; 59–60)[111]. Dieser merkwürdige Befund, der zahlreiche Parallelen in Obergermanien und Gallien hat[112], verführte P. Lambrechts zu der Hypothese, im reitenden Iupiter eine Quellgottheit zu vermuten[113]. Für die Zerstörungen sind gelegentlich zeitgenössische Christen verantwortlich gemacht worden[114],

---

[105] Zum Kastell vgl. Vorbericht von G. Precht, Kölner Jahrb. Vor- u. Frühgesch. 13, 1972/73, 120 ff.; ders., in: Der Niedergermanische Limes 163 ff.; Precht u. St. Neu, in: Führer 39, 184 ff. Zu Spolien mit Inschriften siehe Galsterer 131 s. v. Deutz-Kastell. Zu Denkmälern ohne Inschriften u. a. Klinkenberg 341 ff.; Ristow, Kölner Jahrb. Vor- u. Frühgesch. 11, 1970, 82 Nr. 24–25 Taf. 22; 24,1. Zahlreiche weitere Spolien mit und ohne Inschriften wurden 1976 bei einer Grabung von Neu geborgen. Die Publikation der Inschriften erfolgt durch B. und H. Galsterer in Epigr. Stud. (im Druck). Es ist also nicht zulässig, aus den als Spolien verwendeten Weihungen von Angehörigen des numerus Brittonum (Galsterer 20 f. Nr. 39; 46 Taf. 9) auf ein vorkonstantinisches Numerus-Kastell in Deutz zu schließen; anders u. a. Alföldy, Die Hilfstruppen in der römischen Provinz Germania inferior. Epigr. Stud. 6 (1968) 79.

[106] Bogaers, in: Der Niedergermanische Limes 186 ff.

[107] Ders., ebd.

[108] J. Mertens, in: Der Niedergermanische Limes 153. – Zur Wiederverwendung von Iupitersäulen in spätantiken Befestigungsanlagen der Germania I, Bauchhenß 24.

[109] Bonner Münster: Lehner, 1930, 1 ff.; Lehner u. W. Bader, ebd. 136/37, 1932, 3 ff.; Borger, in: Kirche und Burg in der Archäologie des Rheinlandes. Kunst und Altertum am Rhein 8 (1962) 45 ff. – St. Ursula, Köln: Unpublizierte Grabung von E. Kühnemann, Fundber. des RGM Köln 67.7. Zu St. Ursula in Köln zuletzt Borger, Die Abbilder des Himmels in Köln. Kölner Kirchenbauten als Quelle zur Siedlungsgeschichte des Mittelalters 1 (1979) 97 ff.; Hellenkemper, in: Führer 38, 227 ff. – Kölner Dom: W. Weyres, Kölner Dombl. 41, 1976, 84 Abb. 1.

[110] Zu Parallelen aus Obergermanien, Bauchhenß 25 f.

[111] Zum neugefundenen Brunnen von Wüstweiler, der die Iupitersäule 12 enthielt, vgl. W. Schwellnus, Ausgrabungen im Rheinland '79. Das Rheinische Landesmuseum Bonn. Sonderheft 1980, 223 f.

[112] Bauchhenß 25. – Lambrechts, Latomus 8, 1949, 147 f.

[113] Lambrechts a. a. O. 149 f.

[114] W. Müller, Die Jupitergigantensäulen und ihre Verwandten. Beiträge zur Klassischen Philologie 66 (1975) 105 ff.

doch ist ein Zusammenhang mit den Franken- und Alamanneneinfällen des 3. Jahrhunderts im allgemeinen weitaus wahrscheinlicher[115]. So ist der sorgfältig ausgegrabene Brunnen in Köln-Zollstock, der die Monumente 7 und 40 barg, nach der mitgefundenen Keramik im 3. Jahrhundert verschüttet worden[116].

In einigen Fällen sind zwei oder mehr verschiedene Votive zusammen gefunden worden (4/34–35; 7/40; 10/49; 59/60; 77/144–148; 203–204). Dies mag z. T. durch Verschleppung an dieselbe Stelle bedingt sein. Bei den Funden aus Einzelhöfen ist aber zu folgern, daß zwei oder mehr Säulenmonumente auf dem Gelände der villa, wenn nicht nebeneinander gestanden haben. Bemerkenswert ist der Skulpturenfund von Kreuzrath (Karte 6 Nr. 48: 77; 144–148), wo mindestens vier bis fünf Votive auf dem Gelände gestanden haben müssen. Dieselbe Beobachtung wurde auch in Obergermanien gemacht[117].

Siedlungsformen

Im Folgenden seien die niedergermanischen Iupitersäulen und -pfeiler im Kontext der Siedlungsformen betrachtet. Dabei muß freilich ein größerer Teil der Monumente, nämlich die ohne oder ohne genauen Fundort überlieferten, außer Betracht bleiben; und auch die Spolien können nur herangezogen werden, sofern ihr ursprünglicher Aufstellungsort mit einiger Wahrscheinlichkeit zu erschließen ist.

Städte

Bekanntlich besaß die lateinische Sprache lange keinen Terminus, unter dem die in ihrer Rechtsqualität zunächst sehr unterschiedlichen, in ihrer Siedlungsstruktur aber ähnlichen coloniae, municipia und capita civitatum zusammengefaßt wurden[118]. Untersucht werden hier nur die Funde aus dem Stadt- und Vorstadtbereich. Die aus den verwaltungsmäßig zugehörigen Territorien stammenden Votive werden im Zusammenhang der jeweiligen Siedlungstypen behandelt.

Von den so zahlreichen Kölner Funden (vgl. Karte 10) wurden nur relativ wenige innerhalb des Mauerberings der CCAA angetroffen: 42; 89; 109; 111; 132; 134; 172; 189; 201–202[119]. Es ist anzunehmen, daß wenigstens ein Teil dieser Monumente nicht später hierher verschleppt worden ist, sondern intra muros aufgestellt war. Genauere Zuordnungen sind nicht möglich. Lediglich bei der Säule 111 aus dem Bereich des Praetoriums ist denkbar[120], aber beim Fehlen der Inschrift nicht zu erweisen, daß sie von einem An-

---

[115] Fischer, Viergötterstein 37. Siehe auch Bauchhenß 24.
[116] Die Funde werden in der Grabungspublikation vorgelegt werden. Auskünfte zur Datierung der Keramik werden M. Riedel, Köln verdankt. W. Meier-Arendt, in: Führer 39, 121 ff.
[117] Z. B. die beiden Säulen aus Hausen a. d. Zaber: Klumbach a. a. O. (Anm. 21); Bauchhenß Nr. 208–213; mehrere Monumente stammen aus dem Iupiterheiligtum von Köngen: Bauchhenß Nr. 242–245.
[118] Petrikovits, in: Das Dorf der Eisenzeit und des frühen Mittelalters. Abhandl. Akad. Wiss. Göttingen. Phil-Hist. Kl. 3. F. Nr. 101 (1977) 88 f.
[119] Letzte Zusammenfassung zur Topographie des römischen Köln: Hellenkemper, in: ANRW II 4 (1975) 733 ff.
[120] Precht, Baugeschichtliche Untersuchung zum römischen Praetorium in Köln. Rheinische Ausgr. 14 (1973).

gehörigen des officium des Provinzstatthalters geweiht worden ist, zumal Iupitersäulen vereinzelt von Soldaten gestiftet (siehe unten S. 307 f.) und in Köln Weihaltäre von Militärs aus dem Stabe des Statthalters aufgestellt worden sind[121].

Ein weiterer Teil der Kölner Monumente wurde extra muros im Bereich der suburbanen Besiedlung gefunden (17; 41; 43–45; 87–88; 110; 112; 129; 131; 200)[122]. Neben Wohnbebauung sind hier Gewerbebetriebe nachgewiesen[123]. Zu einer solchen mittelkaiserzeitlichen Vorstadtsiedlung gehörten wohl auch die Capitolinusstatuen 44–45 vom Gereonsdriesch. Sie wurden zwar im Zusammenhang mit einem Gräberfeld gefunden, doch hat dies nur eine frühkaiserzeitliche und eine spätrömische Periode, in der Zwischenzeit, im 2. und 3. Jahrhundert, war es überbaut[124]. Schwierigkeiten bereitet die Beurteilung der Funde aus dem Gebiet um St. Severin (87; 129–131). Hier sind bislang nur Gräberfelder nachgewiesen. Möglicherweise sind die Steine aus einem nahegelegenen, aber noch nicht beobachteten suburbium verschleppt worden[125]. Die als Spolien im Dom (90; 135–136), St. Ursula (46) und St. Maria im Capitol (173) verbauten Monumente dürften gleichfalls aus dem Stadtbereich stammen.

Aus dem Stadtbereich der zweiten colonia der Germania inferior, der Colonia Ulpia Traiana (Karte 6 Nr. 15), Xanten, ist bislang nur eine unvollendete Iupiter-Capitolinus-Statue bekanntgeworden (69)[126]. Sie wurde nach dem Bericht des Ausgräbers zusammen mit Architekturfragmenten im Bereich eines Handwerkerviertels südlich des Mauerrings der colonia ausgegraben[127].

Die Nijmegener Denkmäler mit gesicherten Fundorten stammen aus dem Waterkwartier (97; 151–153) und seiner Umgebung (168), also aus dem Gebiet, das für die Zivilsiedlung Ulpia Noviomagus (Karte 6 Nr. 2) in Anspruch genommen wird[128]. Diesem Vorort der Bataver ist wohl im Laufe des 2. Jahrhunderts der Status eines municipium verliehen worden[129]. Möglicherweise standen die Votive einst in der von M. P. M. Daniëls hier entdeckten Doppeltempelanlage gallo-römischen Typs[130].

Aus dem zweiten municipium der Germania inferior, Forum Hadriani/Voorburg-Arentsburg, Prov. Zuidholland, dem Vorort der Canninefates, ist bislang kein Säulenmonument bezeugt[131].

Etwa die Hälfte der Funde aus der civitas Tungrorum stammt aus dem Hauptort Tongeren/Atuatuca Tungrorum (Karte 6 Nr. 12)[132]. Zwei Statuen des Iupitergigantenreiters

---

[121] Hierbei handelt es sich vor allem um Weihungen von Benefiziariern an Iupiter Optimus Maximus und den Genius loci: Galsterer 25 f. Nr. 66; 67; 68; 70; 71; 72; 73; 75 Taf. 14–16. Diese Votive sind in ihrem religiösen Gehalt aber von den Iupitersäulen zu trennen; siehe unten S. 398.

[122] Kartierung bei Spiegel, in: Führer 37,2 Beil. 5. Bei 17 u. 112 ist aber auch eine Verschleppung aus einem Heiligtum intra muros möglich, siehe unten S. 305.

[123] Kartierung bei Hellenkemper u. E. Meynen, Deutscher Städteatlas. Lfg. II Nr. 6 (1979) Taf. 2.

[124] Fundber. des RGM Köln 53.23. Hierauf weist mich Spiegel hin.

[125] Kartierung bei Spiegel a. a. O. (Anm. 122) Beilage 5. – Im Bereich von St. Severin sind mehrere Weihesteine als Spolien in spätantiken Grabanlagen verwendet worden: Galsterer 34 f. Nr. 118 Taf. 25; 42 f. Nr. 163 Taf. 35; 44 Nr. 176 Taf. 37.

[126] Zur CUT zusammenfassend H. Hinz, Colonia Ulpia Traiana, in: ANRW II 4, 825 ff.

[127] Vgl. unten S. 344.

[128] Zum römischen Nijmegen jetzt: Noviomagus. Auf den Spuren der Römer in Nijmegen (Ausstellungskatalog Nijmegen o. J. [1978]).

[129] Bogaers a. a. O. (Anm. 13) 312 ff.; ders., Noviomagus a. a. O. 57 ff.

[130] Oudheidk. Mededelingen N. R. 8, 1927, 70 ff.; Bogaers a. a. O. (Anm. 13) 314 Abb. 4.

[131] Bogaers a. a. O. (Anm. 13) 318 ff.

[132] Zur Topographie von Tongeren: W. Vanvinckenroye, Tongeren Romeinse Stad (1975); J. Smeesters, in: Der Niedergermanische Limes 214 ff. Nr. 64.

wurden in einem Tempelbezirk gallo-römischen Typs entdeckt (203–204)[133]. Von besonderem Interesse ist der Fundplatz der Statue 206. Sie wurde an einer Nebenstraße im Zentrum der antiken Stadt ausgegraben. Ähnlich wird die Aufstellung eines Teils der in den Städten gefundenen Votive vorzustellen sein[134].

Kleinstädte / vici

Auf den Territorien der coloniae, municipia und civitates wuchsen Klein- und Landstädtchen heran, die den Bedürfnissen des Verkehrs, aber auch dem regionalen Gewerbe und Handel dienten[135]. Ein beträchtlicher Teil der Iupitersäulen und -pfeiler war in solchen Siedlungen aufgestellt: Iuliacum/Jülich, Tolbiacum/Zülpich, Belgica vicus/Billig, Traiectum/Maastricht, Coriovallum/Heerlen.
Die Mehrzahl der Jülicher Monumente war zwar als Spolien in der spätrömischen Festung verbaut, sie dürften aber vom Gebiet des vicus Iuliacum (Karte 6 Nr. 39) herbeigeschafft worden sein[136]. Diese Vermutung wird gestützt durch den Sockel 186, den nach der teilweise erhaltenen Weihinschrift die [vic]ani [Ivliac]enses gestiftet haben. Die übrigen Votive stammen aus dem Gebiet des vicus, wie ihn P. J. Tholen kartiert hat[137]. Die Vielzahl der Monumente, ihre z. T. bedeutenden Abmessungen und hohe Qualität (5; 126; 186) lassen auf erheblichen Wohlstand der vicani schließen. Er wird sich sowohl auf die günstige Verkehrslage an der Reichsstraße nach Köln und die guten Lößböden der Bördelandschaft gestützt und den zahlreichen in Jülich beobachteten Gewerbebetrieben Absatzmöglichkeiten geboten haben[138]. Da in Iuliacum ein Militärposten, etwa eine Benefiziarier-Station vermutet wird, ist freilich nicht völlig auszuschließen, daß das eine oder andere Anathem von einem Soldaten gestiftet worden ist[139]. Ähnlich ist die im Siedlungszentrum von Coriovallum/Heerlen (Karte 6 Nr. 7) in der Nähe eines römischen Hauses gefundene Schuppensäule (85) zu beurteilen, wobei die Ruine einer stattlichen Therme noch heute an den Wohlstand dieses vicus erinnert[140].
Die Maastrichter Monumente (93–94; 149; 182–183; 193) waren zwar alle als Spolien wiederverwendet, dürften aber aus dem vicus stammen, der am Maasübergang und als Ausgangspunkt der Straßen zur CUT/Xanten und Ulpia Noviomagus/Nijmegen besonders begünstigt war (Karte 6 Nr. 8)[141]. Die Weihungen aus Zülpich (Karte 6 Nr. 54: 13; 70; 99–101; 181; 199; 219; 220) werden von Bewohnern des vicus Tolbiacum dargebracht worden sein. Nach Ausweis der Thermenanlage erfreute sich der an der Reichsstraße Trier–Köln gelegene Ort eines gewissen Wohlstandes[142]. Es ist denkbar, daß die Monumente spätantik als Spolien wiederverwendet worden sind. Jedenfalls kommen alle Objekte aus dem vermuteten vicus-Areal.

[133] Mertens, Kölner Jahrb. Vor- u. Frühgesch. 9, 1967/68, 101 ff.
[134] Aus dem Stadtgebiet kommt ferner 205.
[135] Zum Problemkreis Petrikovits a. a. O. (Anm. 118).
[136] Zu Iuliacum, Tholen, Bonner Jahrb. 175, 1975, 231 ff.
[137] Tholen a. a. O. 231 ff. – 38; 107; 171.
[138] Tholen a. a. O. 236 ff. Abb. 3.
[139] Tholen a. a. O. 241 f., Rüger, Germania inferior 68. Zu Benefiziarierstationen im Rheinland: Petrikovits, Rheinland 72 ff. Abb. 23. Dieselbe Problematik besteht bei den Funden aus den übrigen vici mit Benefiziarierstationen.
[140] Bogaers, in: Der Niedergermanische Limes 173 f. Nr. 51.
[141] Ders., ebd. 186 ff. Nr. 55.
[142] Zu Zülpich siehe oben Anm. 104. Vom Wohlstand einiger Bewohner zeugt der Block eines großen Grabmonumentes, Heimberg, Das Rheinische Landesmuseum Bonn 1979 H. 5, 67 ff.

Die Denkmäler aus Euskirchen-Billig (Karte 6 Nr. 56: 19–21; 119) stammen aus dem vicus Belgica, der sich am Knotenpunkt dreier Nebenstraßen (Marcomagus/Marmagen-Kastell Wesseling, Belgica/Billig – Bonna/Bonn, Belgica/Billig – Tolbiacum/Zülpich) entwickelt hat[143]. Die Iupiterstatuen 19–21 hatte man in zwei römische Brunnen gestürzt, das Schuppensäulenfragment 119 wurde am Südostrand der Siedlung entdeckt[144].

Die Votive aus Rheydt-Mülfort (Karte 6 Nr. 20: 11; 66; 158) kommen von zwei benachbarten Fundstellen. Sie liegen in der Nähe der von Neuss zur Maas führenden römischen Nebenstraße[145], die sich nach J. Hagen hier mit einer von Köln nach Nordwesten führenden Straße kreuzte[146]. Neben zahlreichen Gräbern wurden Siedlungsreste, darunter Mauern und mehrere Brunnen mit Holzverschalung beobachtet[147]. Leider fehlt bislang eine Zusammenfassung und Auswertung der verschiedenen Aufschlüsse. Trotzdem ist hier schon jetzt ein vicus zu vermuten, dessen Bewohner die Iupitermonumente gestiftet haben dürften[148].

Lagersiedlungen / canabae legionis, vici

Von diesen Klein- und Landstädten sind die sich seit claudisch-neronischer Zeit im Vorfeld der Legions- und Auxiliarfestungen entwickelnden canabae legionis und vici der auxilia verwaltungsrechtlich wie in der Siedlungsstruktur zu trennen[149].

Ein Teil der Bonner Funde (Karte 6 Nr. 66: 26–29) stammt aus einem Gebiet südwestlich des Legionslagers, in dem zahlreiche Gräber beobachtet worden sind[150]. Vielleicht deu-

---

[143] Petrikovits, in: Führer 26, 142 ff.; ders. a. a. O. (Anm. 118) 89 f. Abb. 1,4.

[144] E. aus'm Weerth, Bonner Jahrb. 67, 1879, 155 f. mit der irrtümlichen Deutung als Matronen. Die Identität der 'Matronen' mit zwei der Iupiterstatuen ist Petrikovits entgangen, so daß er in Führer 26, 146 zu drei Iupiterstatuen und zwei 'Matronenbildnissen' kommt. In einem der Brunnen wurde zusammen mit den zwei Iupiterfiguren ein Weihaltar für Diana gefunden: aus'm Weerth a. a. O. 155 f.; Petrikovits, Führer 26, 146; Lehner 86 Nr. 174.

[145] J. Hagen, Römerstraßen der Rheinprovinz² (1931) 231 ff. Die Straße ist auch neuerlich beobachtet worden: Bonner Jahrb. 162, 1962, 569 f.

[146] Hagen a. a. O. 224 ff. Der Ausgangspunkt dieser Straße in der CCAA ist noch ungeklärt. Das von Hagen im Anschluß an die ältere Kölner Forschung vermutete zweite Tor in der Nordmauer ist bislang nicht nachgewiesen; auch fehlen eindeutige Befunde der Straßentrasse im Bereich des Gräberfeldes um St. Gereon.

[147] Fundstelle Ziegelei Arnold, früher Quack; Ortsakte Rheydt des RLM Bonn, Fundstelle Nr. 6: Vasters, Röm.-Germ. Korrbl. 6, 1913, 67 ff.: Anathem 66, römische Keramik, Sarkophagbestattungen; Bonner Jahrb. 133, 1928, 279: Anathem 158, Dachziegel, Keramik, Steinmaterial, Gräber; Kersten, Bonner Jahrb. 145, 1940, 333 ff.: Brandgräber, hölzerner Brunnen, Siedlungsreste; Bonner Jahrb. 159; 1959, 429: hölzerner Brunnen; Bonner Jahrb. 162, 1962, 569 f.: Keramik, Siedlungsfunde, Trasse der römischen Straße; Bonner Jahrb. 172, 1972, 536 f.; weitere Fundmeldungen im Ortsarchiv des RLM Bonn.
Fundstelle Mülgaustraße und Umgebung; Ortsakte Rheydt des RLM Bonn, Fundstelle Nr. 43: G. Müller, Rheinische Ausgr. 10. Beitr. zur Arch. des Römischen Rheinlandes 2 (1971) 219 ff.: Brandgräberfeld, Gruben; Bonner Jahrb. 163, 1963, 552; Bonner Jahrb. 169, 1969, 505: Brandgräber und Siedlungsreste; Bonner Jahrb. 170, 1970, 408: Siedlungsreste; Bonner Jahrb. 175, 1975, 351 f.: Brandgräber.
Fundstelle Marktplatz Mülfort; Ortsakte Rheydt des RLM Bonn, Fundstelle Nr. 25: Bonner Jahrb. 160, 1960, 487: Siedlungsreste; Bonner Jahrb. 173, 1973, 430 f.: Keramik, Mauerreste. Siehe jetzt auch E. Schwinzer, in: Aus der Erde geborgen. Unbekannte römische Funde aus dem Raum Mönchengladbach. Ausstellungskatalog Städt. Museum Schloß Rheydt (1980) 3 ff.
Die Iupitersäule 11 samt Keramik- und Ziegelresten ist an der Fundstelle Nr. 25 zutage getreten (im Ortsarchiv des RLM Bonn irrtümlich mit der Fundstelle Nr. 43 gleichgesetzt). Eine weitere Fundstelle im Bereich des vermuteten vicus: Bonner Jahrb. 172, 1972, 535 f.

[148] Die Funde aus Heel (84) und St. Odiliënberg (194) können von einer villa oder aus einem vicus kommen.

[149] Petrikovits, Rheinland 55 ff.; ders., in: RGA IV, 324 ff. s. v. canabae legionis.

[150] Petrikovits, Rheinland 59 Abb. 19; ders., Kölner Jahrb. Vor- und Frühgesch. 9, 1967/68, 112 ff. Abb. 4; L. Bakker, in: Der Niedergermanische Limes 196 ff.

ten die Votive darauf hin, daß auch dieses Areal z. T. und zeitweise besiedelt war[151]. Die Lücke zwischen den bislang bekannten Siedlungsspuren im Norden, Westen und Süden des Lagers würde damit geschlossen und als Teil der canabae legionis zu deuten sein[152]. Der Sockel 192 kommt aus dem Bereich um die Stiftskirche, den Petrikovits für einen Zivil-vicus in Anspruch nimmt[153]. Mit Rüger halten wir es für wahrscheinlicher, daß auch dieses Gebiet zu den canabae legionis gehörte[154]. Zwei Monumente (2; 23) standen weit südlich des Legionslagers an der 'Limes-Straße', wo sich neben Gräbern gleichfalls vom Militär verwaltete, vornehmlich gewerblich genutzte Siedlungsstellen befanden[155]. Die im spätantiken Kernbau des Bonner Münsters verbauten Anatheme 24–25; 169–170 sind gewiß wie die zahlreichen Votive für die Matronae Aufaniae und Mercurius Gebrinius etc. aus einem oder verschiedenen nahegelegenen Heiligtümern verschleppt worden[156]. Solange die Heiligtümer nicht lokalisiert sind, kann über ihre rechtliche Zugehörigkeit nicht geurteilt werden. Zu bedenken ist aber, daß der zwischen kurfürstlichem Schloß = Universität und Münsterkirche beobachtete Gewerbe-vicus unter militärischer Kontrolle stand[157]. Zumindest ein Teil der Monumente ist also auf dem Territorium der Bonner legio I Minervia errichtet worden.

Aus den canabae der anderen niedergermanischen Stammlegion, der in Vetera (II) stationierten legio XXX Ulpia victrix, könnte die in Birten (Karte 6 Nr. 16) gefundene Iupiterstatue 22 stammen[158].

Zur Entstehungszeit der Iupiterstatuen 57, 78 war Novaesium (Karte 6 Nr. 25) bereits nicht mehr Legionsfestung, sondern Garnison einer Auxiliareinheit, wohl einer ala[159]. Der Torso 57 wurde im Heiligen Bezirk des Auxiliarvicus am Gepaplatz entdeckt, während die Herkunft des auf dem Gelände des Auxiliar-Lagers ausgegrabenen Kopfes 78 unklar bleibt[160].

---

[151] Zu prüfen wäre außerdem, ob die Gräber und die vermutete Siedlungsstelle gleichzeitig sind, siehe etwa den Befund vom Gereonsdriesch in Köln oben Anm. 124. M. Groß vom RLM Bonn weist mich zudem auf Siedlungsreste in dem fraglichen Areal hin, die noch nicht kartiert sind.

[152] Rüger, Germania inferior 74 f. hat bereits eine im Halbkreis um das Legionslager angelegte Siedlung angenommen und als canabae gedeutet.

[153] Petrikovits Rheinland 59; 106 ff.; ders., Kölner Jahrb. a. a. O. (Anm. 150) Abb. 4.

[154] Rüger, Germania inferior 74 f.; ders., in: RGA III, 225 s. v. Bonn.

[155] An den Fundplätzen von 2, dem Park der heutigen Villa Hammerschmidt, und 23, Erste Fährgasse, ist von Rüger, in: RGA III, 228 bereits militärisches Nutzland kartiert worden.

[156] Siehe oben Anm. 109.

[157] Petrikovits a. a. O. (Anm. 150) 114 ff. Abb. 3. Vgl. auch Borger, Bemerkungen zur Entstehung der Stadt Bonn im Mittelalter, in: Aus Geschichte und Volkskunde von Stadt und Raum Bonn. Festschr. J. Dietz (1973) 24 ff. – Lehner 1930, 34 nimmt das Heiligtum der Matronae Aufaniae in den canabae an. Dem scheint die starke Beteiligung des Militärs an ihrem Kult zu entsprechen Lehner a. a. O. 29; Lehner u. Bader, Bonner Jahrb. 136/37, 1932, 159. Zu bedenken ist jedoch, daß unter den Dedikanten auch ein quaestor und zwei decuriones der CCAA belegt sind, Lehner a. a. O. 31.

[158] RE VIII A, 1801 ff. s. v. Vetera (Petrikovits); H. Hinz, Rheinische Ausgr. 12. Beitr. zur Arch. des römischen Rheinlandes 3, 24 ff.; Gechter, in: Der Niedergermanische Limes 106 ff. Nr. 28.

[159] G. Müller, in: Der Niedergermanische Limes 139 ff. Nr. 40; zum Abzug der legio VI victrix nach Vetera: J. C. Mann, Bonner Jahrb. 162, 1962, 162 ff. – Novaesium als Standort einer ala: Müller, in: Ausgrabungen in Deutschland, gefördert von der Deutschen Forschungsgemeinschaft 1950–1975 1 (1975) 398 f.; ders., Die römischen Gräberfelder von Novaesium. Novaesium VII. Limesforschungen 17 (1977) 24.

[160] 57: Petrikovits, Novaesium. Das römische Neuss 36 ff. Abb. 13; ders., Bonner Jahrb. 161, 1961, 483. – Nach Lehner, Bonner Jahrb. 111/12, 1904, 324 f. wurde der Kopf 78 'bei Bau 89' gefunden. Der Kopf ist jedoch erst nach der Auflassung des Legionslagers entstanden. Die Fundstelle liegt innerhalb des Auxiliarlagers, doch ist damit nicht erwiesen, daß das Anathem hier aufgestellt war. Eine spätantike Verschleppung ist nicht ausgeschlossen.

Aus den vici von Auxiliar-Kastellen könnten auch die Funde von Rigomagus/Remagen (Karte 6 Nr. 69: 64–65), Wesseling (Karte 6 Nr. 34: 195) und Fectio/Vechten (Karte 6 Nr. 1: 79) stammen, während das Schuppensäulenfragment 128 von Köln-Alteburg (Karte 6 Nr. 29) zum Lagerdorf der classis Germanica gehörte[161]. Das Bruchstück einer Schuppensäule aus Moers-Asberg (Karte 6 Nr. 18: 118), kommt zwar aus dem vicus Asciburgium, doch war zu seiner vermutlichen Entstehungszeit (2. Jahrhundert?) das Auxiliarkastell schon aufgelassen[162].

Neben den Lagersiedlungen kontrollierten die Legionen ausgedehnte Territorien, die sie auch landwirtschaftlich und gewerblich nutzen[163]. Möglicherweise stammen einige Votive von diesem militärischen Nutzland[164].

Villae rusticae

Charakteristisch für die Besiedlung der Agrargebiete der gallisch-germanischen Provinzen waren Einzelhöfe, villae rusticae, während Dörfer nur in wenig romanisierten Randgebieten bestanden[165]. So ist davon auszugehen, daß die zahlreichen im Hinterland gefundenen Votive in der Regel von villae rusticae kommen[166]. Die Gutshöfe rückten aber auch bis auf wenige hundert Meter an die Städte, vici und Lagersiedlungen heran[167]. So ist in der CCAA bei einigen Fundstellen von Iupitermonumenten ungeklärt, ob sie noch zur Außenbesiedlung der Stadt oder schon zu Gutshöfen gehörten[168]. Etwa zwanzig Monumente sind auf sogenannten Trümmerstellen oder in Brunnen gefunden worden, die aufgrund ihrer Lage am ehesten auf Gutshöfe zurückzuführen sind[169]. Freilich sind nur in

---

[161] Remagen: D. Haupt, in: Der Niedergermanische Limes 208 ff. Nr. 63. Es ist nicht auszuschließen, daß der in der Kirche von Nierendorf als Taufstein wiederverwendete Sockel 191 aus dem Auxiliarvicus verschleppt worden ist. Der Jupiterkopf 73 aus Bandorf wurde zusammen mit einem Mithrasaltar bei einem Bauwerk gefunden, das nicht sicher gedeutet ist, dessen kultische Verwendung aber denkbar ist (siehe unten Anm. 197). Über die rechtliche Zugehörigkeit ist damit nichts ausgesagt. – Bei Wesseling ist dies besonders hypothetisch, da weder der genaue Fundpunkt des Sockels bekannt noch die Existenz des Kastells gesichert ist: Horn, in: Der Niedergermanische Limes 183 ff. Nr. 54. – Vechten: Bogaers, ebd. 62 ff. Nr. 11. – Köln-Alteburg: P. La Baume, ebd. 166 ff. Nr. 49; Spiegel, in: Führer 37, 177 Beil. 5.

[162] Bechert, Asciburgium. Ausgrabungen in einem römischen Kastell am Niederrhein. Duisburger Forsch. 20 (1974) 190. – Ders., Bonner Jahrb. 179, 1979, 475 ff. – Inzwischen konnte Bechert die Auflassung des Alen-Lagers auf die Jahre 83–85 n. Chr. eingrenzen: Roman Frontier Studies 1979 II. Papers presented to the 12th International Congress of Roman Frontier Studies. BAR International Ser. 71 (1980) 501 ff.

[163] Petrikovits, Rheinland 63 ff.; Rüger, Germania inferior 51 ff.

[164] 58. Leider ist der genaue Fundort der Säule 167 in Iversheim nicht bekannt. In der Nachbarschaft des Ortes befand sich das Kalkbrennerzentrum des niedergermanischen Heeres: W. Sölter, Römische Kalkbrenner im Rheinland. Kunst und Altertum am Rhein 31 (1970); Clauss, Epigr. Stud. 11 (1976) 15 ff. mit weiterer Literatur.

[165] Petrikovits a. a. O. (Anm. 118) 121 ff.

[166] Zur villa rustica in den Nordprovinzen siehe Petrikovits, Rheinland 124 ff. mit Literatur, ferner Hinz (Hrsg.), Germania Romana III. Römisches Leben auf germanischem Boden. Beih. Gymnasium 7 (1970).

[167] Petrikovits, Rheinland 127 ff.

[168] Die Kartierung der villae rusticae im Kölner Umland von Fremersdorf bei Schmitz, Colonia Claudia Ara Agrippinensium (1956) Taf. 14 ist inzwischen überholt; siehe jetzt Spiegel, in: Führer 37 Beil. 5. – Der 'Viergötterstein' von Berg (211) wird von R. de Maeyer, De romeinsche villa's in België (1937) 265 und De overblifschen der romeinsche villa's in België (1940) 105 mit einer villa rustica am Stadtrand von Tongeren in Verbindung gebracht.

[169] 1; 6; 7 und 40; 10 und 49; 12; 36; 58–60; 68; 74; 82–83; 98; 104; 120–121; 150; 154; 160; 215–216. An der Fundstelle von 121 ist die Villa durch ein Luftbild nachgewiesen. Die Schuppensäule E 5, die in einer Grube im Kernraum der bekannten villa von Köln-Braunsfeld entdeckt und von Fremersdorf, Bonner Jahrb. 135, 1930, 109 ff., bes. 143 als Rest der porticus erklärt wurde, diente vielleicht als Tischbein, siehe oben S. 283 f.

wenigen Fällen Gutsgebäude nachgewiesen (6; 68; 160; 222). Bei ca. vierzig Denkmälern ist nach der geographischen Lage die Herkunft von einer villa rustica zu vermuten[170]. Die Votive 7, 40 aus Köln-Zollstock (vgl. Karte 10) wurden in einem römischen Brunnen in Tuffsteinsetzung auf Holzrost entdeckt, der mit Keramik, Architekturfragmenten, Grab- und Weihesteinen verfüllt war[171]. Der Brunnen wie die auf dem Gelände beobachteten Schuttschichten mit Resten von Tuffsteinen, Mörtel und Dachziegeln sowie ein Körpergrab mit Münzbeigabe in Bleisarg sind ohne Zweifel auf eine villa rustica zurückzuführen, die ca. 3 km südlich der Stadtmauer lag[172]. Die Monumente aus Köln-Weidenpesch (10; 49) sind weit im Norden der Stadtmauer gefunden worden (ca. 7 km). Aufgrund des dort beobachteten Brunnens, der Architekturreste und des Mühlrades darf hier eine villa rustica vermutet werden[173]. Der Stifter war gemäß der Inschrift Soldat oder Veteran der legio XXX (siehe unten S. 307), so daß nicht auszuschließen ist, daß die villa zum militärischen Nutzland gehörte. Das gleiche gilt für die villa auf dem Galgenberg in Neuss (Karte 6 Nr. 25), auf deren Gelände die Iupiterfigur 58 gefunden wurde. Die Iupitersäule 9 trat ca. 800 m nordöstlich der bekannten Weidener Grabkammer zu Tage[174]. Es wäre denkbar, daß beide Monumente, Grabkammer und Säule, zum selben Gutshof gehörten; eher stammen sie aber von zwei benachbarten Villen[175]. Das Schuppensäulenfragment 120 aus Efferen (Karte 6 Nr. 31) wurde auf dem Gelände einer villa geborgen, von der u. a. ein Gebäuderest, ein Brandgrab und das Bruchstück einer Grabinschrift gefunden wurden[176]. Die bekannte Grabkammer von Efferen liegt ca. 700–800 m weiter westlich und dürfte zum benachbarten Gutshof gehört haben[177].

Aus einer villa am Hang des Vorgebirges in Alfter (Karte 6 Nr. 62) stammt das Votiv 1. Zusammen mit Keramik- und Ziegelbruchstücken hatte es zur Verfüllung eines Brunnens aus Sandsteinquadern gedient[178]. Zum selben Anwesen gehörten ein zweiter ähnlicher Brunnen sowie ein reich mit Beigaben ausgestattetes Körpergrab mit Bleisarg[179].

Einen weiteren Brunnenfund stellt die Säule aus Kleinbouslar (Karte 6 Nr. 47: 6) dar, in deren Umgebung eine Trümmerstätte sowie der Grundriß eines Hauses des bekannten

---

Gegen die Erklärung von Fremersdorf spricht auch, wie O. Doppelfeld, Kölner Jahrb. Vor- u. Frühgesch. 5, 1960/61, 11 gezeigt hat, daß die Grube von der Bauperiode II überlagert wird und zur Periode I in Holzbauweise gehörte.

[170] 3; 8–9; 15; 30–33; 37; 56; 67; 75; 77; 144–148; 95–97; 108; 114; 122; 133; 143; 157; 159; 161; 166; 175; 179–180; 185; 190; 218. – Die Zuordnung der Funde aus Limburg – Grevenbicht (4; 34–35), Heel (84), Kessel (187), St. Odiliënberg (194) ist unsicher. Zumindest bei Heel und St. Odiliënberg ist, wie gesagt, auch an einen vicus zu denken.
[171] Fragment eines Grabsteins: Galsterer 119 Nr. 602 Taf. 112; Votivaltar: Galsterer 39 Nr. 144 Taf. 32.
[172] Fundber. des RGM Köln 74.26. Die Publikation der Grabung ist in Vorbereitung für das Kölner Jahrb. Vor- u. Frühgesch.
[173] Fundber. des RGM Köln 77.68. Die Publikation der Funde durch den Verf. ist in Vorbereitung.
[174] Fremersdorf, Das Römergrab in Weiden bei Köln (1957); J. Deckers u. Noelke, Die Römische Grabkammer in Köln-Weiden. Rheinische Kunststätten 238 (1980).
[175] An einen Zusammenhang mit der Grabkammer dachte L. Weber, Bonner Jahrb. 166, 1966, 572.
[176] Fundber. des RGM Köln 35.36; Germania 20, 1936, 58; Galsterer Nr. 592.
[177] Lehner, Bonner Jahrb. 104, 1899, 168 ff. Die Grabkammer datiert zwar erst aus dem 4. Jahrhundert, doch war die Stelle schon vorher besiedelt.
[178] Beobachtet 1953; Bericht bei den Ortsakten des RLM Bonn.
[179] Brunnen: beobachtet 1962; Bericht bei den Ortsakten des RLM Bonn. – Körpergrab: Aus'm Weerth, Bonner Jahrb. 72, 1882, 117 f. Als Beigaben werden genannt: 2 bronzene 'Mithrassymbole' in Form einer Leiter und einer Waage, 1 Glasphiole, 1 Firnisbecher, beinerne Büchse, 19 Kupfermünzen. Die Münzreihe reicht von 140/143 n. Chr. (Antoninus Pius cos III) bis 275/276 n. Chr. (Tacitus). Aus'm Weerth a. a. O. 118 berichtet außerdem von drei weiteren Körperbestattungen in Holzsärgen mit Beigaben.

Risalittypus, also wohl eines Herrenhauses, beobachtet worden sind[180]. Aus einem Brunnen stammen schließlich auch die beiden Nievenheimer (Karte 6 Nr. 27) Iupiterfiguren (59–60). Der Rest einer Schuppensäule aus Tetz (Karte 6 Nr. 40: 160) wurde auf dem Gelände eines Gutshofes entdeckt, der in typischer Lage in halber Hanghöhe in der Nähe eines Bachlaufes errichtet worden war ('river-side villa')[181]. Die Iupiterstatue 68 von Stolberg (Karte 6 Nr. 51) stammt aus einer villa rustica, deren Herrenhaus Porticus und Eckrisalite besaß[182]. Die Schuppensäule von Kelz (Karte 6 Nr. 46: 216) wurde zusammen mit mehreren Architekturresten gefunden, die auf eine villa schließen lassen[183]. Das Schuppensäulenfragment 222 wurde auf dem Gelände der repräsentativen Risalitvilla am Abhang des Klosterberges bei De Plasmolen (71) ausgegraben[184].

Kurz erwähnt seien abschließend noch die Votive aus Harzheim (Karte 6 Nr. 59: 36), Freialdenhoven (Karte 6 Nr. 41: 31) und Norf (Karte 6 Nr. 26: 154), die von besonders markanten Trümmerstellen (in Norf auch mit Brunnen) stammen und gewiß einst zu villae rusticae gehörten[185].

Heiligtümer

In den gallisch-germanischen Provinzen sind zahlreiche Kultbezirke belegt, die auf dem Lande, häufig in Höhenlagen, errichtet und einheimischen Gottheiten geweiht waren[186]. Ihre Träger waren jedenfalls z. T. noch nicht klar erfaßbare Personalverbände der einheimischen Bevölkerung[187]. Aus dem Heiligtum bei Pesch (Karte 6 Nr. 60), das vornehmlich dem Kult der Matronae Vacallinehae diente, stammen drei Säulenvotive (116; 155–156). Eine weitere Iupitersäule wurde in einem großen Heiligtum für noch unbekannte einheimische Gottheiten bei Fontaine-Valmont (Karte 6 Nr. 14), an der Westgrenze der civitas Tungrorum entdeckt (212)[188]. Die Schuppensäulenfragmente 162 wurden bei Zingsheim (Karte 6 Nr. 70) in der Umgebung des Heiligtums der Matronae Fachineihiae aufgelesen und vielleicht von dort verschleppt[189]. Die Trommel einer

---

[180] Lehner, Bonner Jahrb. 117, 1908, 365; ders., Westdt. Zeitschr. 26, 1907, 321; Lehner 36 Nr. 75 mit Abb. Zur Trümmerstelle H. Jansen, Bonner Jahrb. 166, 1966, 566. Die Entfernung zwischen den beiden Fundstellen beträgt nach Jansen a. a. O. ca. 700 m. Die Iupitersäule könnte daher auch von der Nachbarvilla errichtet worden sein.

[181] Bonner Jahrb. 164, 1964, 542 f. Zu river-side villas im Erftgebiet: Hinz, Kreis Bergheim. Archäologische Funde und Denkmäler des Rheinlandes 2 (1969) 54 Abb. 8.

[182] Zur villa: F. Berndt, Eine römische Villa bei Stolberg. Zeitschr. Aachener Geschver. 4, 1882, 179 ff. (Hinweis H. Löhr).

[183] Bonner Jahrb. 148, 1948, 392. Zur Säulentrommel mit Schuppung und Pfeifenkannelur siehe oben S. 283.

[184] W. C. Braat, Oudheidk. Mededelingen 15, 1934, 4 ff.; ders., in: Germania Romana 3. Beih. Gymnasium 7 (1970) 51.

[185] Harzheim: C. A. Eick, Die römische Wasserleitung aus der Eifel nach Köln (1867) 67 ff.; Lehner, Bonner Jahrb. 125, 1919, 77. – Freialdenhoven: Bonner Jahrb. 169, 1969, 493. – Norf: Bonner Jahrb. 155/56, 1955/56, 489.

[186] Zum gallo-römischen Umgangstempel: H. Wirth, Die quadratischen gallisch-römischen Tempel (Diss. Wien 1931); H. Koethe, Ber. RGK 23, 1933, 10 ff.; M. J. T. Lewis, Temples in Roman Britain (1966) 1–56; L. Süß, Germania 50, 1972, 164 ff.; E. Riha, Der galloömische Tempel auf der Flühweghalde bei Augst. Augster Museumsh. 3 (1980) 32 ff.

[187] Rüger, Gallisch-germanische Kurien. Epigr. Stud. 9 (1972) 251 ff.; ders., in: Renania Romana. Atti dei Convegni Lincei 23. Rom 1975 (1976) 20; 25 f.

[188] Faider-Feytmans, Les dossiers de l'archéologie 21, März–April 1977. La Belgique de César à Clovis 64 ff. mit der älteren Literatur.

[189] Zum Matronenheiligtum von Pesch: Lehner, Bonner Jahrb. 125, 1919, 74 ff.; Horn, in: Führer 26, 76 ff. –

Schuppensäule wurde im Heiligen Bezirk von Kornelimünster (Karte 6 Nr. 53) gefunden (217), in dem nach dem Zeugnis zweier bronzener Votivtäfelchen die einheimischen Gottheiten Varnenus (oder Varneno) und Sunuxsal (Sunucsal) verehrt wurden[190]. Die nicht im Bereich der Umgangstempel, sondern der Südosthalle gefundene Säule ist leider verschollen, so daß nicht zu sichern ist, ob sie tatsächlich zur Gattung gehörte[191].
Den Skulpturenfund von Kreuzrath (Karte 6 Nr. 48: 77; 144–148), zu dem auch eine Minervastatue zählt, möchte H. Cüppers auf ein 'kleineres Heiligtum' zurückführen[192]. Trotz der Vielzahl der Votive (mindestens fünf Säulen) ist dies jedoch nicht zwingend (siehe oben S. 297).
Neben diese ländlichen Wallfahrtsheiligtümer treten die Kultbezirke gallo-römischen Typs in oder bei den Städten. In Nijmegen und Tongeren sind mehrere Monumente in solchen Heiligtümern gefunden worden (97; 151–153; 168[?] bzw. 203–204)[193]. Die Neusser Iupiterstatue 57 stammt aus einem Heiligtum, das wohl gleichfalls einheimischen Gottheiten geweiht war[194]. Bei den Spolien aus dem Kernbau des Bonner Münsters (24–25; 169–170) wurde bereits vermutet (siehe oben S. 301), daß sie aus dem Heiligtum der Matronae Aufaniae, des Mercurius Gebrinius oder einem benachbarten Kultbezirk hierher verbracht worden sind. Am Westrand der CCAA ist eine Doppeltempelanlage beobachtet worden, die, nach ihrer charakteristischen Grundrißgestalt zu urteilen, wohl für einheimische Kulte bestimmt war[195]. Es ist denkbar, aber völlig unbeweisbar, daß einige in der Nähe, außerhalb und innerhalb der Stadtmauer gefundene Monumente von hier verschleppt worden sind[196].
Der Iupiterkopf aus Bandorf (Karte 6 Nr. 67: 73) wurde zusammen mit einem Mithrasaltar in einem Areal gefunden, das dem Mithraskult diente[197].
Die Vermutung ist verlockend, daß der für die romanische Kirche St. Maria im Capitol in Köln wiederverwendete Pfeiler 173 nicht herbeigeschleppt worden ist, sondern aus dem von dem Stift überbauten Capitolium der CCAA stammt[198]. Freilich sind in den wenigen Capitolia des Verbreitungsgebietes der Gattung, die zudem kaum Funde gezeigt haben,

---

Matronenheiligtum bei Zingsheim: W. Sage, Bonner Jahrb. 164, 1964, 297 ff.; Horn a. a. O. 86 ff.; A. Jürgens, Rheinische Ausgrabungen '76. Das Rheinische Landesmuseum Bonn. Sonderheft Januar 1977. 86 f.; Rüger, ebd. 109 f.

[190] E. Gose, Bonner Jahrb. 155/56, 1955/56, 169 ff.
[191] Gose a. a. O. 174: Bau P. Die Schuppensäule wird von Gose nicht erwähnt.
[192] Bonner Jahrb. 159, 1959, 412. Zu denken wäre an ein in der Nachbarschaft eines Gutshofes liegendes Heiligtum, vgl. z. B. Villa von Otrang bei Bitburg: H. Cüppers, in: Führer 33, 290 f. mit der älteren Literatur. – Gutshof von Newel: Cüppers u. A. Neyses, Trierer Zeitschr. 34, 1971, 143 ff.; 195 ff. – Vierherrenborn (?): Binsfeld, in: Führer 34, 289. – Gutshof und Heiligtum der Noreia bei Hohenstein im Glantal, Kärnten: Petrikovits, Jahresh. Österr. Arch. Inst. Beibl. 28, 1933, 145 ff.; wieder abgedruckt: Petrikovits, Beitr. zur römischen Gesch. und Arch. Beih. Bonner Jahrb. 36 (1976) 27 ff. In einem bei einer Villa von Bedburg-Harff ausgegrabenen Gebäude vermutet M. Rech, Rheinische Ausgrabungen '76. Das Rheinische Landesmuseum Bonn. Sonderheft Januar 1977, 106 ff. einen einheimischen Kultbezirk.
[193] Siehe oben Anm. 130 und Anm. 133.
[194] Petrikovits, Der Niederrhein 25, 1958 H. 1/2, 8 ff.
[195] Die Anlage wird kurz besprochen von Hellenkemper, Kölner Römer-Illustrierte 1, 1974, 155; ders., in: ANRW II 4 (1975) 809; ders., in: Führer 39, 7 f.
[196] 17; 112; 172.
[197] Schwertheim a. a. O. (Anm. 80) 40 ff. Das in Bandorf bislang ausgegrabene Gebäude ist nicht als Mithraeum zu deuten.
[198] Zum Kölner Capitol: Doppelfeld, Kölner Jahrb. Vor- u. Frühgesch. 7, 1964, 67 ff.; E. Kühnemann u. W. Binsfeld, ebd. 8, 1965/66, 46 ff.; Hellenkemper, in: ANRW II 4, 804 ff.; ders., in: Führer 39, 23 ff.

bislang keine Säulen- oder Pfeilermonumente entdeckt worden[199]. In einem zweiten Kölner Iupiterheiligtum, das 1891 freigelegt, aber leider nicht archäologisch untersucht worden ist, kam neben zwei dem IOM geweihten Altärchen auch die bereits besprochene Iupiterstatue (72) zutage[200]. Aufgrund ihres Formates haben wir ihre Zugehörigkeit zur Gattung jedoch nicht erweisen können (siehe oben S. 278). Nach den Beschreibungen der Bauarbeiter könnte es sich um einen sogenannten gallo-römischen Umgangstempel gehandelt haben[201].

Die Untersuchung der Verbreitung und siedlungsmäßigen Einbindungen der Gattung hat mehrere überraschende Ergebnisse erbracht:

1) Nur ca. 20 Monumente (= ca. 10%) stammen aus Heiligtümern; davon entfallen bislang vielleicht zwei Votive auf Iupitertempel, eine Beobachtung, die auch für die Gallia Belgica und die Germania superior gilt[202].

2) Die größte Fundkonzentration ist in der Innen- und Vorstadtsiedlung der CCAA zu beobachten (22 Beispiele). Hinzu kommt, daß ein Gutteil der Kölner Spolien gleichfalls zur städtischen Besiedlung gehört haben dürfte. Eine ähnliche Fundhäufung ist in der Hauptstadt der Germania superior, Mogontiacum/Mainz, festzustellen[203], während aus der Hauptstadt der Belgica, der colonia Augusta Treverorum/Trier, nur relativ wenige Anatheme bekannt geworden sind[204]. Die Hauptorte der civitates der Batavi und der Tungri, Ulpia Noviomagus und Atuatuca, sind gut vertreten, wie dies auch von den civitas-Vororten Obergermaniens, etwa Nida/Heddernheim, bekannt ist[205].

3) Die Klein- und Landstädte des Hinterlandes weisen eine bemerkenswert dichte Überlieferung auf (36 Beispiele), während sich die Gattung in den vom Militär verwalteten Gebieten keiner besonderen Wertschätzung erfreut hat, ein Befund, der sich in Obergermanien wiederholt[206].

---

[199] Zum Capitol der CUT: Hinz, Rheinische Ausgr. 10. Beitr. zur Arch. des römischen Rheinlandes 2 (1971) 96 ff. – Zum Capitol der Augusta Raurica: R. Laur-Belart, Führer durch Augusta Raurica⁴ (1973) 44 ff. – Aventicum/Avenches: Bögli, Atti del Convegno internazionale per il XIX centenario della dedicazione del' capitolinum' ... Brescia 1973 (1975) 145 ff.

[200] Klinkenberg 220. – Altäre: RLM Bonn Inv.-Nr. 7625; Kalkstein. H. 0,86 m. Lehner 27 Nr. 52; Skulpturen II Taf. 2,1; Espérandieu VIII 6380; Schoppa, Götterdenkmäler 50 Nr. 20 Taf. 19; Fremersdorf, Urkunden zur Kölner Stadtgeschichte 2² (1963) 63 Taf. 119; Galsterer 21 Nr. 48 Taf. 10; Ristow, Römischer Götterhimmel und frühes Christentum. Bilder zur Frühzeit der Kölner Religions- und Kirchengeschichte (1980) 38 Abb. 36. – Weihaltar des Tib. Clau(dius) Iustus, RLM Bonn Inv.-Nr. 7671; Kalkstein. H. 0,53 m. Lehner 27 Nr. 51; Espérandieu VIII 6392; Galsterer 23 Nr. 57 Taf. 13.

[201] Klinkenberg 220: 'Dieselben (Fundamente) bildeten nach Aussage der Arbeiter ein Rechteck von 10 m Breite und etwas größerer Länge, in das ein anderes in einem Abstande von 2 m bis 2,50 m eingefügt war.' So schon Wirth a. a. O. (Anm. 186) 26 f.

[202] Zu Iupitersäulen aus ländlichen wie städtischen Heiligtümern der Germania superior Bauchhenß 21 ff. In der Belgica sind z. B. zu nennen: Tempelbezirk im Neuhäuser Wald bei Serrig: Binsfeld, in: Führer 34, 283 ff. mit der älteren Literatur. Tempelbezirk im Altbachtal Trier: Gose, Der gallo-römische Tempelbezirk im Altbachtal zu Trier. Trierer Grabungen und Forschungen 7 (1972) 20 f. Abb. 112; 46; 119. Tempelbezirk im Bierbacher Klosterwald (Saar): Kolling, Funde aus der Römerstadt Schwarzenacker. Bilder und Texte 72.

[203] Bauchhenß Nr. 272–333.

[204] Hettner 11 f. Nr. 17–20; 31 f. Nr. 41; W. Weber, Trierer Zeitschr. 40/41, 1977/78, 83 ff.

[205] Fischer, Viergötterstein 32 ff. Abb. 1; Bauchhenß Nr. 143–174.

[206] Zahlreiche Iupitersäulen stammen aus dem vicus Altiaiensis/Alzey: Künzl, CSIR Deutschland II 1 (1975) 13 ff. Nr. 1–13; 40–45; Bauchhenß Nr. 9–23. Iupitersäulen aus obergermanischen Lagersiedlungen Bauchhenß 24.

4) Überraschend ist, daß ca. ein Drittel aller aussagefähigen Monumente zu villae rusticae gehört hat (ca. 60 Beispiele), auf diese etwa der gleiche Fundanteil wie auf die Städte entfällt. Die Gattung erweist sich damit als den speziellen Bedürfnissen der Gutsbesitzer in Form und Gehalt besonders entsprechend. Damit erklären sich auch der ungewöhnlich starke Anteil des Hinterlandes und die Fundkonzentration in den Bördenlandschaften zwischen Ville und Rur. Sie hängt mit der intensiven landwirtschaftlichen Nutzung der fruchtbaren Gebiete zusammen, während die Fundmut der Eifel nicht nur durch deren geringere moderne Erschließung, sondern auch durch ihre schwächer entwickelte antike Agrarstruktur bedingt ist[207]. Eine solche Wechselwirkung ist bereits für das Rhein-Main-Gebiet beobachtet worden[208].

Dedikantenkreis

Die Untersuchung der Verbreitung und der siedlungsmäßigen Einbindung der Iupiter-Monumente hat zwar generelle Hinweise auf das soziale Umfeld der Dedikanten erbracht, über ihre persönliche gesellschaftliche Stellung und ethnische Herkunft könnten aber nur die Weihinschriften Auskunft geben. Doch sind in der Germania inferior einschließlich der civitas Tungrorum nur zehn Weihinschriften von Iupitersäulen erhalten. Davon beschränken sich fünf Inschriften lapidar auf die Widmung: *I(ovi) O(ptimo) M(aximo)* (1 Taf. 57,2; 3 Taf. 57,3; 8 Taf. 62,3; 179; 200), wie dies auch bei Iupitersäulen der anderen Provinzen und bei Weihaltären für IOM begegnet[209]. Auf drei Sockeln ist der Name eines einzelnen Stifters genannt (180; 191 Taf. 98,1; 214). Alle drei sind römische Bürger und Zivilisten. Der Dedikant des in der Kirche von Nierendorf (Karte 6 Nr. 68) wiederverwendeten 'Dreigöttersteins' (191 Taf. 98,1), L. Pisinius Celsus, ist mit J. L. Weisgerber ebenso der ubischen Bevölkerungsgruppe zuzurechnen wie der Stifter des in der Kirche von Gleuel (Karte 6 Nr. 33) wiederverwendeten Sockels (180), C. Iunius Frontinius[210]. Mittelmeerische Herkunft ist dagegen für Clementinus Felix, den Dedikanten des in der Kirche von Zammelen (Karte 6 Nr. 11) wiederverwendeten Sockels 214 anzunehmen.

Leider ist die Inschrift der neuen Iupitersäule aus Köln-Weidenpesch (10 Taf. 64,1) weitgehend verloren. Gesichert dürfte aber sein, daß von einem Angehörigen der legio XXX Ulpia victrix, einem Soldaten oder Veteranen, geweiht worden ist. Angehörige dieser in Vetera stationierten Truppe sind bereits an mehreren Plätzen Niedergermaniens wie des Ubierlandes und speziell im eigentlichen Stadtgebiet der CCAA inschriftlich bezeugt[211]. Centurionen der Legion, die im officium des Statthalters Dienst taten, errichte-

---

[207] Rüger, in: Führer 25, 33 ff., besonders 43 f.
[208] Fischer, Viergötterstein 36. Zur Fundmut in den Mittelgebirgslagen Obergermaniens Bauchhenß 17.
[209] Iupitersäulen: z. B. der achteckige Zwischensockel einer Iupitersäule in Metz, CIL XIII 4467; Espérandieu V 4414; Viergötterstein in Mainz: CIL XIII 6698; Bauchhenß Nr. 314. – Altäre: z. B. die Kölner Weihaltäre Galsterer 21 f. Nr. 48 Taf. 10; 51; 52 Taf. 11.
[210] J. L. Weisgerber, Die Namen der Ubier. Wiss. Abhandl. Arbeitsgemeinschaft Forschung Land Nordrhein-Westfalen 34 (1968) 200 Nr. 108, 402; 34 Nr. 383.
[211] Zur legio XXX V. V. und ihren Angehörigen Ritterling, RE XII, 1822 ff. s. v. legio; im ubischen Gebiet Weisgerber a. a. O. 288 f.

ten den Göttern, darunter auch Iupiter, mehrere Weihaltäre[212]. Zwei Inschriften beurkunden Bautätigkeiten der Truppe in Köln[213]. Einzelne Soldaten und Veteranen der Einheit sind in Köln auch bestattet worden[214]. Das Anathem aus Weidenpesch belegt die mittel- oder unmittelbare Präsenz der 30. Legion nun auch für das Umland der Stadt. Hervorzuheben ist, daß von den fünf Votiven, deren Stifter inschriftlich überliefert sind, immerhin eines von einem Militär gesetzt worden ist. Dies wie der Fund von mehreren Monumenten im Militärbereich (ca. 20 Objekte) spricht dafür, daß Soldaten und Veteranen in einem gewissen Rahmen zu den Dedikanten von Iupitersäulen und -pfeilern gehörten. Diese Vermutung wird auch dadurch gestützt, daß unter den erheblich zahlreicheren obergermanischen Iupitersäulen-Inschriften mehrere Militärs vertreten sind[215].
Von besonderem Interesse ist die Inschrift des Jülicher Sockels 186 (Taf. 95,1). Sie bezeugt, daß Iupitersäulen und -pfeiler nicht nur von Einzelpersonen, sondern auch von gemeindlichen Organen, den vicani Iuliacenses, gestiftet worden sind[216]. Die breitere inschriftliche Überlieferung in der Germania superior zeigt deutlich, daß solche Gemeinde-Weihungen dort durchaus üblich waren[217]. Erinnert sei nur an die von den Mainzer canabarii für Nero errichtete Säule oder an das Anathem der vicani Mogontiacenses vici novi[218]. Da die Rechtsstellung und Gemeindezugehörigkeit von Iuliacum ungeklärt sind, kann vorerst nur vermutet werden, daß die vicani ethnisch gesehen mehrheitlich Einheimische waren. Als öffentliche Stiftung konnte das Jülicher Monument besonders aufwendig und von einer qualifizierten Werkstatt gestaltet werden (siehe unten 347)[219].

---

[212] Weihung I(ovi) O(ptimo) M(aximo) / ceterisque diis / et Genio loci des centurio M. Verecundinius Simplex: Galsterer 24 Nr. 63 Taf. 14; Weihung des centurio T. Flavius Victorinus für die *Matres Paternae Hiannanef* (...): Galsterer 31 Nr. 102 und für Mercurius: Galsterer 34 Nr. 116 Taf. 25; Weihung des centurio Vettius Rufinus: Galsterer 42 Nr. 161 Taf. 35.
[213] Bauinschrift zum Wiederaufbau des Iupiter Dolichenus-Tempels unter der Bauleitung des centurio Priscus: Galsterer 23 f. Nr. 60 Taf. 13; Bauinschrift vom Praetorium: Galsterer 119 Nr. 603 Taf. 112.
[214] Sarkophag für den centurio T. Flavius Superus: Galsterer 58 Nr. 229 Taf. 50; Grabinschrift für den victimarius C. Iulius Firminus und den miles M. Aurelius Antiochus: Galsterer 58 Nr. 230; Sarkophag für den Veteranen C. Severinius Vitalis: Galsterer 59 Nr. 231 Taf. 51; Grabinschrift eines Veteranen: Galsterer 59 Nr. 232 Taf. 51; Grabinschrift für einen Angehörigen der legio XXX: Galsterer 59 Nr. 233.
[215] Bauchhenß 46.
[216] Zu Inschriften niedergermanischer vicani Alföldy, Epigr. Stud. 4 (1967) 4.
[217] Bauchhenß 45.
[218] CIL XIII 11806; Bauchhenß Nr. 272–275. – CIL XIII 6722; Bauchhenß Nr. 292.
[219] Schoppa, Götterdenkmäler 14 möchte die Pfeiler mit Reliefschmuck als Typus für 'öffentliche Weihungen' in Anspruch nehmen. Ein Teil der Votive wie 3 u. 175 sind jedoch aller Wahrscheinlichkeit nach private Stiftungen von Gutsbesitzern.

Stilistische Entwicklung und Datierung

Während in Obergermanien bei immerhin zehn ganz oder teilweise erhaltenen Iupitersäulen das Datum der Weihung oder Wiederherstellung durch Inschriften überliefert ist, trifft dieses bislang auf keinen der niedergermanischen Vertreter der Gattung zu[220]. Politische Verhältnisse und Fundumstände geben nur wenig aus. So dürften die meisten Monumente vor den schweren Germaneneinfällen der Jahre um 260 n. Chr. entstanden sein – sicher ist dies aber nur bei den Monumenten, die von den um 260 n. Chr. aufgegebenen agri decumates der Germania superior stammen[221]. Nachweislich haben in Köln auch nach 260 n. Chr. noch Bildhauerwerkstätten gearbeitet[222]. Die Zerstörung der beiden in einen Brunnen gestürzten Kölner Monumente 7 und 40 ist nach der mitgefundenen Keramik nicht genauer als in die 2. Hälfte des 3. Jahrhunderts zu datieren (siehe oben S. 297). Die in den Befestigungsanlagen des späten 3. und frühen 4. Jahrhunderts verbauten Steine (siehe oben S. 295 f.) besitzen einen freilich allzu weitmaschigen terminus ante quem. Enger einzugrenzen ist vielleicht die Entstehung der Schuppensäule aus Asciburgium (118), da der vicus im Laufe der 2. Hälfte des 2. Jahrhunderts aufgegeben worden ist[223].

Die Datierungen müssen somit auf stilgeschichtlichem Wege gewonnen werden, was jedoch durch das Fehlen einer breit angelegten entwicklungsgeschichtlichen Untersuchung der römischen Plastik Galliens und Germaniens im 2. und 3. Jahrhundert erschwert wird[224]. Es versteht sich, daß für unsere Skizze die inschriftlich datierten Denkmäler bei-

---

[220] Vgl. die tabellarische Zusammenstellung der wichtigsten datierten Skulpturen aus dem römischen Germanien bei Hahl, Stilentwicklung 63 ff. und bei Hatt, Revue Études Anciennes 59, 1957, 79 ff. Die datierten obergermanischen Säulen sind bei Bauchhenß 27 zusammengestellt.

[221] Zur Aufgabe der agri H. Schönberger, Journal Rom. Stud. 59, 1969, 176; zur alemannischen Landnahme K. Weidemann, Jahrb. RGZM 19, 1972, 99 ff.

[222] So ist der Grabstein des Praetorianertribunen Liberalinius Probinus und seiner Tochter, Espérandieu VIII 6449 (ohne Abb.), Galsterer 50 Nr. 196 Taf. 41 aus historischen Gründen wie nach der Frisur der Ehefrau in die Zeit der gallischen Sonderkaiser, also ca. zwischen 260 und 270 n. Chr. zu datieren. Der Grabstein des Severinius und der Secundinia Ursula, Lehner 357 f. Nr. 851, Espérandieu VIII 6495, Galsterer 88 Nr. 382 Taf. 85 dürfte erst im letzten Viertel des 3. Jahrhunderts entstanden sein. Weitere Kölner Beispiele bei Binsfeld, Bonner Jahrb. 160, 1960, 164 ff. – Auf die von Bracker, in: ANRW II 4 (1975) 763 ff. entwickelten Vorstellungen von der Kunst des gallischen Sonderreiches braucht hier nicht eingegangen zu werden.

[223] Siehe o. Anm. 162. Allerdings befand sich in Asciburgium noch im 3. Jahrhundert eine Benefiziarierstation: Bechert, Steindenkmäler und Gefäßinschriften. Funde aus Asciburgium 4 (1976) 22 f., deren Angehörige auch die Iupitersäule geweiht haben könnten.

[224] Die sehr verdienstvolle Arbeit Hahls bietet nur eine kursorische Darstellung, läßt die qualitativen und lokalen Unterschiede außer Betracht und zieht z. T. sehr heterogenes Material heran. Hinzuweisen ist ferner auf die Skizzen von H. Koethe, Jahrb. DAI 50, 1935, 212 ff.; Revue Arch. 1937, 199 ff. und die Abhandlung von Hatt a. a. O. (Anm. 220).

der Germanien, besonders natürlich die obergermanischen Säulenmonumente als Gerüst dienen müssen. Mittelmeerische Skulpturen wurden nur insoweit herangezogen, als sie Teil einer Entwicklungsreihe sind.

Monumente der iulisch-claudischen Zeit

Die zum Heile des Nero unter der Regie des obergermanischen Statthalters P. Sulpicius Scribonius Proculus von den Mainzer canabarii errichtete große Iupitersäule gehört noch immer zu den ältesten Zeugnissen der Gattung in den Nordprovinzen (Taf. 31,1)[225]. Strittig sind jedoch Anlaß und Zeitpunkt der Errichtung des Anathems. Auf die verschiedenen Erklärungs- und Datierungsversuche ist hier nicht einzugehen[226]. Es sei nur festgehalten, daß trotz verschiedener Vorschläge die Säule vorderhand nicht genauer als ab 59 n. Chr. und vor 67 n. Chr., der maximalen Dauer der Statthalterschaft des Scribonius Proculus, datiert werden kann, wobei eher an die Mitte der 60er Jahre zu denken ist[227].

---

[225] Zu den von Hatt vorgelegten Rekonstruktionen von Reliefpfeilern siehe unten S. 313 f.

[226] Eine Zusammenfassung der älteren Literatur gibt E. Neeb, Die Mainzer Iuppitersäule. Erklärungen und Deutungen ihres figürlichen Schmucks (1923), die neuere Literatur bei K. V. Decker u. W. Selzer, in: ANRW II 5,1 (1976) 477 ff.

[227] Quilling, Iuppitersäule und vor allem H. U. Instinsky, Jahrb. RGZM 6, 1959, 128 ff. haben die These entwickelt, daß die Säule als Loyalitätsbekundung gegenüber dem aus Todesgefahr erretteten Nero gestiftet worden sei, und dazu auf die angebliche Verschwörung und Ermordung der Kaisermutter Agrippina (59 n. Chr.) sowie das fehlgeschlagene Komplott des Calpurnius Piso (65 n. Chr.) verwiesen. Während Quilling sich für den späteren Anlaß entschied, bevorzugte Instinsky den früheren, da die dem in der Inschrift genannten Statthalter zur Last gelegte Beteiligung an der Senatsverschwörung seine vorherige Rückkehr von Mainz nach Rom nahelege. Ein neugefundenes Militärdiplom aus Pannonien, auf das mich W. Eck hinweist, S. Dušanić, Germania 56, 1978, 461 ff. bezeugt jedoch für das Jahr 65 n. Chr. Proculus als obergermanischen Statthalter, während eine neugefundene Kölner Bauinschrift des Nero, Eck, Kölner Jahrb. Vor- u. Frühgesch. 13, 1972/73, 89 ff. Taf. 31; Galsterer 45 Nr. 178 Taf. 38 überliefert, daß der Bruder und niedergermanische Kollege des Consulars, P. Sulpicius Scribonius Rufus, noch 66/67 n. Chr. in Köln amtierte. Da die Brüder ihre Legationen gleichzeitig innehatten, RE II, 887 ff. s. v. Scribonius Proculus bzw. Rufus (Groag), ist also gesichert, daß der Initiator der Iupitersäule erst 66/67 n. Chr., also ein bis zwei Jahre nach der pisonischen Verschwörung, aus Mainz abberufen und zusammen mit seinem Bruder direkt aus Germanien zu dem in Griechenland weilenden Nero bestellt und in den Freitod getrieben worden ist. Leider ist jedoch der Dienstantritt der Brüder bei den beiden germanischen Heeren ohne weitere Quellen nicht genauer zu datieren. Für das Jahr 58 n. Chr. sind die Statthalter bekannt, Curtilius Mancia in Ober- und Duvius Avitus in Niedergermanien, E. Ritterling u. E. Stein, Fasti des römischen Deutschland unter dem Prinzipat (1932) 17 Nr. 9; 50 f. Nr. 8, nicht jedoch ihre Abberufung. Läßt man mit den meisten Gelehrten die Amtszeit der Scribonii 58/59 n. Chr. beginnen, so käme man jetzt auf eine Dauer von acht bis neun Jahren, d. h. auf etwa die dreifache der üblichen. Zwar berichtet Cassius Dio (63, 17,3), daß sich die Kommandos der Brüder über eine längere Zeit erstreckt haben, doch hat man zumeist an etwa fünf Jahre gedacht, ihre Amtszeit bis etwa 64 n. Chr. angesetzt und für den Zeitraum bis zum Jahre 67 n. Chr., für den L. Verginius Rufus und Fonteius Capito, Ritterling u. Stein a. a. O. 18 f. Nr. 11; 53 f. Nr. 10 als ober- bzw. als niedergermanische Consulare bezeugt sind, jeweils einen unbekannten Statthalter supponiert. Bechert, Epigr. Studien 8 (1969) 43 ff. glaubte in einer Neusser Inschrift sogar die Schlußsilbe seines Namens erhalten. Will man nicht doch mit Groag bei Ritterling u. Stein a. a. O. 52 außergewöhnlich lange Legationen der Scribonii annehmen, müßte ihnen in Mainz und Köln je ein Anonymus vorausgegangen, nicht gefolgt sein. Denkbar wäre auch, daß die Statthalterschaften des Mancia und des Avitus bis etwa 60 n. Chr. dauerten, da sie erst 57 n. Chr. ihre Ämter antraten. Für die Iupitersäule ziehen diese Überlegungen Daten ab ca. 61/62 n. Chr. nach sich. Will man wegen der Dedikation pro salute Neronis doch an der Verknüpfung mit einem Komplott festhalten, käme dann mit Quilling nur die pisonische Verschwörung in Betracht. Der für die Errichtung zur Verfügung stehende Zeitraum von zwei Jahren ist für ein solch' politisch brisantes Monument durchaus nicht zu kurz. E. Buchner, Röm. Mitt. 83, 1976, 359 berechnet die Bauzeit der ara pacis Augustae in Rom auf 1½ Jahre (vgl. auch die sonstigen dort genannten Bauzeiten). Solange der Beginn der Legatio-

Durch einen Neufund aus Nijmegen ist u. U. nun ein noch früherer Vertreter der Gattung erhalten[228]. In einem konstantinischen(!) Befestigungsgraben am Valkhof wurden bislang zwei weitgehend intakte, aufeinander passende Kalksteinblöcke geborgen, die zu einem aus mindestens drei, wenn nicht fünf Registern bestehenden rechteckigen monumentalen Pfeiler gehörten[229]. Er ist auf allen vier Seiten mit Reliefs geschmückt, wobei die Bildfelder in der Vertikalen von einem durchgehenden Fischgrätmuster, in der Horizontalen von einem lesbischen bzw. ionischen Kyma gerahmt werden. Vor einer detaillierten Besprechung ist die Publikation des Ausgräbers J. H. F. Bloemers abzuwarten. Nur so viel sei hier mit seiner freundlichen Erlaubnis bereits mitgeteilt: Im Zentrum des Reliefschmucks steht ein Togatus, der an einem Altar mit der Inschrift TIB(E)R(IVS)/C(AE)SAR opfert und von einer Victoria, die in der Linken einen Palmzweig hält, mit einem Lorbeerkranz bekränzt wird. In den anderen Bildfeldern dieses Registers erscheinen Apollo, Diana und Ceres. Neben diesen und weiteren Staatsgöttern, u. a. Mars, sind auch untergeordnete Gottheiten wie ein Flußgott dargestellt, was auf ein umfassendes theologisch-politisches Bildprogramm hinweist. In dem Togatus ist ohne Zweifel ein siegreicher Kaiser oder Prinz zu erkennen, wobei ihm mit Apollo, Diana und Ceres Gottheiten zugesellt sind, denen sich das iulisch-claudische Herrscherhaus besonders verbunden fühlte[230]. Wie die Mainzer Säule wird der Pfeiler daher zu einem staatlichen oder gemeindlichen Votiv gehört haben. Solange die Dedikation oder die bekrönende Statue fehlen, bleibt freilich ungewiß, ob der Reliefpfeiler nicht als Stütze für eine andere Götter- oder für eine Kaiserstatue gedient hat (siehe unten S. 351 ff.).

Mit größerer Sicherheit kann hingegen auf dem Wege des Stilvergleichs die Entstehungszeit des Nijmegener Pfeilers ermittelt werden. Vergleicht man den Togatus mit dem Genius der zweitobersten Trommel der Mainzer Säule[231], so setzt sich letztere durch den rhythmischen Schwung der Figur, das Spannungsverhältnis von Körper und Gewand in großen, summarischen, die Körperformen zur Geltung bringenden Stoffpartien und die perspektivische Wiedergabe des Altares merklich von den Nijmegener Reliefs ab. Ihre auf Frontalität ausgerichtete steife und eckige Figurengestaltung, besonders deutlich auch am Apollorelief, der die Körperformen negierende, gleichsam lederharte, mit kleinteiliger Fältelung arbeitende Gewandstil, die noch wenig nuancierten Gesichter, die unstoffliche, bandartige Haarwiedergabe, die Liebe zum Ornamentdekor, seine lineare Ausprägung, all' dies sind Züge, die von der Forschung als Charakteristika der tiberisch-claudischen Zeit erkannt worden sind[232]. Von der Übersteigerung dieser Tendenzen in frühneronischer Zeit mit der Überlängung der Figuren und den gratigen Faltensystemen, wie sie etwa das Grabmal von Nickenich oder eine Frauenstatue aus Aachen zeigt, ist der Nij-

---

nen der Scribonii nicht bekannt ist, bleiben dies jedoch nur Spekulationen, doch ist zumindest die Verknüpfung mit der angeblichen Verschwörung der Agrippina unwahrscheinlich geworden. – Bauchhenß, Jupitergigantensäulen 12 datiert 'kurz nach 59 n. Chr.'.

[228] Für den Hinweis auf seinen Fund, die Möglichkeit ihn zu untersuchen sowie für Auskünfte und Photographien habe ich J. H. F. Bloemers sehr zu danken. Wie mir Bloemers brieflich unter dem 20. 8. 1980 mitteilt, sind bis zum Abschluß der Grabungskampagne nur noch kleinere vielleicht zugehörige Fragmente gefunden worden. G. J. Bothof, Westerheem 29,3, 1980, 238 ff. Abb. 18.

[229] Die Maße der Blöcke sind 0,88 m x 0,725 m x 0,725 m sowie 0,905 m x 0,740 m x 0,740 m. Sie werden im Rijksmuseum Kam, Nijmegen aufbewahrt.

[230] J. Gagé, Apollon romain. Bibliothèque des Écoles Françaises d'Athènes et de Rome 182 (1955) 421 ff.; E. Simon, Jahrb. DAI 93, 1978, 217 ff. Zur Beziehung des Apollo zum Triumph Simon a. a. O. 210 ff.

[231] Kunckel, Genius 28 Taf. 10,2.

[232] Hahl, Stilentwicklung 14 f.; zuletzt Gabelmann, Bonner Jahrb. 179, 1979, 220 ff.

megener Pfeiler noch unberührt[233]. Für ihn sei vorläufig dieselbe Entstehungszeit wie für das Grabmonument des L. Poblicius in Köln und die Stele des P. Clodius in Bonn, die Jahre um 40 n. Chr., vorgeschlagen[234].

In die claudische Zeit hat H. Schoppa die kolossale Kölner Iupiterstatue 71 (Taf. 79) datiert, wobei freilich die von ihm gegebenen Verweise auf stark lokal geprägte Statuen aus dem Inneren Galliens mit ihren anderen Voraussetzungen nur teilweise überzeugen können[235]. Von den motivisch verwandten stadtrömischen Kaiserstatuen im sogenannten Iupiterkostüm[236] hebt sich die Kölner Figur durch die Umsetzung der Körper- und Gewandformen ins Lineare ab. Sie ist jedoch mit den Statuen der iulisch-claudischen Kaiser ganz allgemein durch den Kontrast von glatt dem Bein anliegenden und sich tief zwischen den Schenkeln einsenkenden Gewandpartien verbunden, was wohl über die motivische Verwandtschaft hinausgeht[237]. Vergleicht man sie mit der von einer oberitalischen Werkstatt gearbeiteten Sitzstatue claudischer Zeit in Este, so ergeben sich zwar gewisse Gemeinsamkeiten im Verhältnis von Körper und Gewand, doch ist der Gewandstil der oberitalischen Plastik wesentlich ornamentaler[238]. Das gilt erst recht für eine Gruppe mittelrheinischer Grabmale claudischer Zeit mit der Darstellung sitzender Männer und Frauen aus Mainz, Mainz-Weisenau, Selzen und Koblenz[239]. Bei allen Unterschieden in der Tracht, in der Gattung und wohl auch in der künstlerischen Provenienz sind gewisse Gemeinsamkeiten im Verhältnis von Bein und Mantel, im linearen Gewandstil zu beobachten. Einen allgemeinen Hinweis auf das 1. Jahrhundert gibt schließlich die Blütenranke auf der Rückenlehne des Throns, wozu an den Rahmendekor oberitalischer Grabstelen erinnert sei[240]. Zusammengenommen sprechen die Indizien für eine Datierung der Iupiterstatue um oder bald nach der Mitte des 1. Jahrhunderts, also in die Frühzeit der CCAA[241].

Der Nijmegener Reliefpfeiler und die Kölner Iupiterstatue gehören damit zu den frühesten erhaltenen Sakralplastiken am Rhein. Ihnen folgen der zum Heile des Nero von den

---

[233] Nickenich: Neuffer, Germania 16, 1932, 286 ff.; Gabelmann a. a. O. 241 ff. Abb. 24. – Aachen: Gabelmann a. a. O. 209 ff.

[234] Precht, Das Grabmal des L. Poblicius (1975); Gabelmann a. a. O. 230 ff. Abb. 16–20; Verf., in: Führer 39, 104. – Stele des Clodius: Gabelmann, Bonner Jahrb. 172, 1972, 105; 134 Abb. 27; zur Datierung Verf., Neusser Jahrb. 1977, 9. Dieselbe Datierung vertritt auch T. Panhuysen, Maastricht (mündliche Mitteilung).

[235] Schoppa, Götterdenkmäler 11; Vergleichsstücke: 39 Anm. 3: Statuen von Thronenden aus Langres, Espérandieu IV 3361; Naix, Espérandieu VI 4678; Sommerécourt, Espérandieu VI 4831.

[236] H. G. Niemeyer, Studien zur statuarischen Darstellung der römischen Kaiser. Monumenta Artis Romanae 7 (1968) 59 ff.

[237] Niemeyer a. a. O. 104 ff. Nr. 83–92 Taf. 28–31. Siehe auch K. Fittschen, Bonner Jahrb. 170, 1970, 545; 550 zu Nr. 83. H. Jucker, Gnomon 51, 1979, 484 und E. Fabbricotti, Galba (1976) 59 ff. Taf. 8–9 haben nachgewiesen, daß die sogenannte Galbastatue des Vatikan als Pasticcio des 18. Jahrhunderts aus dieser Gruppe auszuschließen ist.

[238] Museum Este: Ferri a. a. O. (Anm. 56) 133 ff. Abb. 77 f.

[239] F. Kutsch, Eine Mainzer Bildhauerwerkstätte claudischer Zeit. Schumacher-Festschr. (1930) 270 ff.; Klumbach, Mainzer Zeitschr. 31, 1936, 33 ff.; Bauchhenß, Jahrb. RGZM 22, 1975, 81 ff.

[240] Vgl. z. B. G. A. Mansuelli, Le stele romane del territorio Ravennate e del Basso Po (1967) 121 ff. Nr. 8–9 Taf. 3–6.

[241] In der Schmiegsamkeit und Schönlinigkeit der Mantelwiedergabe ist vielleicht auch das Apollo-Relief aus dem Theater von Arles zu vergleichen: Espérandieu I 138; Schoppa, Die Kunst der Römerzeit in Gallien, Germanien und Britannien (1957) 50 Taf. 27 f.; A. Alföldi, Die zwei Lorbeerbäume des Augustus. Antiquitas 3,14 (1973) 54 Taf. 25,2. – Die von mir, Germania 54, 1976, 416 f. geäußerte Datierung in das frühere 2. Jahrhundert sei damit zurückgenommen.

cives Remi dem Mars Camulus geweihte Altar in Rindern, ein neugefundener, dem Mars Cicollvis gewidmeter Altar derselben Werkstatt aus Xanten und in Obergermanien die Mainzer Säule[242]. Stehen diese Monumente vorerst noch isoliert da, so ist zu bedenken, daß die durch schriftliche oder archäologische Quellen bezeugten niedergermanischen Heiligtümer vorflavischer Zeit – die vor 9 n. Chr. gestiftete ara Ubiorum, das mit der Deduktion der Kolonie errichtete Kölner Capitol, die Tempel des Mercurius Augustus und des Mars in Köln wie auch die einheimischen Heiligtümer in der 'Provinz' – Kult- und Votivplastiken voraussetzen[243].
Auch aus dem Inneren der Gallia comata ist ein Iupiter-Monument dieser Epoche überliefert: ein 'publice' zu Ehren des Kaisers Tiberius dem IOM von den nautae Parisiaci errichtetes Weihgeschenk (Taf. 103,1)[244]. J.-J. Hatt hat den mit der Inschrift und auf drei Seiten mit Reliefs versehenen Stein zusammen mit zwei weiteren unter dem Chor von Notre-Dame de Paris gefundenen (Taf. 103,3.4), mit Götterdarstellungen geschmückten Kalksteinblöcken gleicher Grundfläche zu einem Pfeiler rekonstruiert, diesem als Sockel einen an derselben Stelle verbauten vierseitig reliefierten größeren Block zugewiesen und als Bekrönung eine Statue des thronenden Iupiter angenommen. Bei unzureichendem Publikationsstand und ohne erneute Autopsie ist die Frage, ob der Dedikationsblock nach stilistischen Gesichtspunkten zum selben Monument wie die Göttersteine gehört haben kann, nicht zu entscheiden, doch scheint mir dies nicht unmöglich zu sein[245]. Freilich

---

[242] Künzl, Römische Steindenkmäler, Rheinisches Landesmuseum Bonn. Kleine Museumsh. 2 (1967) Nr. 17; Instinsky a. a. O. (Anm. 227) 140 f. Taf. 59; Alföldi a. a. O. 38 mit der richtigen Herleitung des Bildschmucks von der corona civica und den laurus Palatinae des Augustus. – Die Kenntnis des bedeutsamen Neufundes aus Xanten verdanke ich C. B. Rüger, der ihn auch in den Bonner Jahrb. veröffentlichen wird.

[243] Ara Ubiorum: Tacitus, Ann. 1; 52,2. Die Lage und Gestalt des Heiligtums ist trotz zahlreicher Hypothesen weiterhin ungeklärt: Hellenkemper, in: Führer 38, 163 ff. – Ein vorflavisches Heiligtum des Mercurius Augustus ist durch die Inschrift Galsterer 35 Nr. 121 Taf. 26 zu erschließen, die eine Wiederherstellung des Heiligtums durch Kaiser Titus bezeugt. – Durch den Beinamen Augustus wird eine Beziehung zum Herrscherhaus hergestellt, K. Latte, Römische Religionsgeschichte. Handb. der Altertumswiss. V, 4² (1967) 324 f.; vgl. auch F. Staehelin, Die Schweiz in römischer Zeit³ (1948) 503 ff. mit weiterer Literatur. Zahlreiche Beispiele für verschiedene Götter mit diesem Beinamen finden sich in Gallien, Obergermanien, den Donauprovinzen, aber auch in anderen Provinzen des Reiches und seltener in Italien: Ruggiero, Dizionario epigrafico I, 925 f., Thesaurus linguae latinae II, 1393 ff. Mercurius Augustus z. B.: CIL XII 2594–2595 (Genf); CIL XIII 5056 (Yverdon); CIL XIII 5174 (Solothurn); CIL XIII 5259–5260 (Augst); CIL III 5794 (Augsburg). Speziell bei Mercurius Augustus stellt sich aber die Frage, ob es sich hier nicht in der Frühzeit um eine Verehrung des Kaisers Augustus als Novus Mercurius handelt, die auch in Literatur und Kunst einen Niederschlag gefunden hat, Staehelin a. a. O. 505 Anm. 2 mit der älteren Literatur; I. Scott Ryberg, Rites of the State Religion in Roman Art. Mem. American Acad. Rome 22, 1955, 38 f.; V. v. Gonzenbach, in: Helvetia Antiqua. Festschr. E. Vogt (1966) 194. Das Kölner Heiligtum – träfe auf es diese Interpretation zu – wäre dann in augusteische Zeit zu datieren. – Die Identifizierung des in der Inschrift genannten Heiligtums des Mercurius Augustus mit dem unter dem Südportal des Kölner Doms ausgegrabenen Podiumstempel ist nicht gesichert, Hellenkemper a. a. O. 30 ff. – Mars: Sueton, Vit. 8,1; 10,3. Zur Lokalisation Hellenkemper, Kölner Jahrb. Vor- u. Frühgesch. 13, 1972/73, 102 ff. – Der erste Tempel in Elst, Gelderland, wurde beim Bataver-Aufstand zerstört: Bogaers, De Gallo-Romeinse Tempels te Elst in de Over-Betuwe (1955) 125. Beim Heiligtum von Pesch ist die erste Periode noch nicht genau datiert, Horn, in: Führer 26, 78.

[244] Espérandieu IV 3132–3135; XV Taf. 113; Koepp, Bonner Jahrb. 125, 1919, 52 ff. Taf. 5–6; Hahl, Stilentwicklung 14 Taf. 5,1; Hatt, Revue Arch. 39, 1952, 68 ff.; ders., Revue Arch. 42, 1953, 68 f. Abb. 6; P.-M. Duval, Mon. Piot 48, 1956, 63 ff.; Hatt, Revue Études Anciennes 67, 1965, 109 f.; ders., Kelten und Galloromanen. Archaeologia Mundi (1970) 272 Abb. 138.

[245] Eng verwandt sind die beiden von Hatt zuoberst angeordneten Blöcke, man vergleiche etwa die Reliefs des Smert[rios] und des Esus. Doch ist auch die Wiedergabe der paludamenta beim Mars des mutmaßlichen Sockels und der Dioskuren des 'Pfeilers' nicht zu unterschiedlich.

widersprechen die von Hatt rekonstruierten profilierten Basen und Bekrönungen, die zwischen den Registern starke Zäsuren schaffen, der Struktur eines Pfeilers. Die Anordnung der Blöcke im einzelnen bedarf noch weiterer Diskussion[246]. Für das von Hatt erschlossene Vorkommen des Typus des Iupiterpfeilers in Paris spricht schließlich auch ein sehr qualitätvoller Pfeilerblock des 2. Jahrhunderts[247].

Monumente der flavischen Zeit

Durch stilkritische Untersuchungen ist es der Forschung gelungen, trotz des Fehlens von inschriftlich datierten Zeugnissen einige obergermanische Monumente der flavischen Epoche zuzuweisen[248]. Hierbei handelt es sich ausschließlich um reliefierte Sockel und Zwischensockel aus Alzey (Taf. 2,1.2), Mainz, Bad Kreuznach (Taf. 3,1.2) und Weisenheim am Sand[249]. Ein weiterer Mainzer Sockel ist vielleicht zusätzlich durch die Lebensdaten eines der Stifter in diesen Zeitraum datiert[250]. Eine knapp lebensgroße Iupiterstatue aus Trier, deren Zugehörigkeit zur Gattung freilich nicht gesichert ist, entstammt gleichfalls dieser Epoche[251]. In dem geschlosseneren Aufbau, der wulstigeren Faltengebung führt sie deutlich über die kolossale Kölner Iupiterfigur hinaus. Dies gilt erst recht für die Kölner Capitolinusstatue vom Kleinen Griechenmarkt (72 Taf. 80,2). Die Gewandbehandlung ist hier schon erheblich stofflicher und lockerer. Eine zweite Trierer Iupiterstatue zeigt zwar ähnliche Faltenmotive wie die vom rechten Knie ausgehende Steilfalte, doch weist der erheblich voluminösere Gewandstil auf eine Entstehung im 2. Jahrhundert hin[252]. In flavischer Zeit lassen sich, wenn auch in bescheidenem Maße, in Niedergermanien auch die ersten privaten Weiheplastiken nachweisen[253].

Von Trajan bis Antoninus Pius

Sockel 186; 191. – Säule 110. – Statuen 44; 81

Ein Mainzer 'Dreigötterstein' (Taf. 33,1) leitet in das 2. Jahrhundert über, denn die Haarbehandlung am Fortuna-Relief hat spätflavisch-trajanische Modefrisuren zur Vorausset-

---

[246] So gehört das Relief mit Iupiter gewiß auf die Frontseite, wie Hatt zunächst, Revue Arch. 39, 1952, 76 Abb. 4 auch angenommen hatte. – Der Iupiter erscheint in einem Typus, der ab Claudius für Kaiserstatuen benutzt worden ist, Niemeyer a. a. O. (Anm. 236) 61; 107 f. Taf. 32; 34 f. Das Pariser Relief läßt vermuten, daß entgegen Niemeyer ein entsprechender Iupitertypus existierte; siehe auch Fittschen a. a. O. (Anm. 237) 545.
[247] Espérandieu IV 3147; XV Taf. 113 f.; Hahl, Stilentwicklung 58 Anm. 15.
[248] Die Übersicht bei Hahl, Stilentwicklung 36 ff.; Bauchhenß 27.
[249] Klumbach, Mainzer Zeitschr. 26, 1931, 141 ff. Taf. 19; Bauchhenß Nr. 16 Taf. 2. – Espérandieu VII 5729; Bauchhenß Nr. 290. – Espérandieu VII 5740; Bauchhenß Nr. 289. – Espérandieu VIII 6171; Bauchhenß Nr. 39 Taf. 39. – Bauchhenß, Mitt. Hist. Ver. Pfalz 73, 1976, 167 ff. Abb. 1–7; Bauchhenß Nr. 546.
[250] Espérandieu VII 5742; Hahl, Stilentwicklung 37 f.; Bauchhenß Nr. 291.
[251] Hettner 12 f. Nr. 21; Espérandieu VI 4916; IX S. 387; R. Schindler, Führer durch das Landesmuseum Trier[2] (1977) 35 Abb. 1. – Datierung: Koethe, Revue Arch. 1937 II, 212 f. Abb. 4. – Die Ornamentik der Rückseite des Throns ist verwandt mit dem flavischen Zwischensockel aus Alzey (Anm. 249), worauf schon F. Behn, Mainzer Zeitschr. 24/25, 1929/30, 94 f. hingewiesen hat.
[252] Hettner 11 f. Nr. 17–18; Espérandieu VI 4922; IX S. 388.
[253] z. B. Weihaltar für IOM und Genius imperatoris aus Köln, Galsterer 24 Nr. 64 Taf. 14; Weihinschrift für Mercurius aus Sechtem: A. Oxé, Bonner Jahrb. 108/109, 1902, 246 ff.; CIL XIII 8153.

zung²⁵⁴. Der Jülicher Sockel 186 (Taf. 95) schließt sich in den kannelurartigen Falten des unteren Chitonteils den schräg dagegengesetzten des Mantels an, doch ist das Jülicher Relief schon etwas aufgelockerter. Dagegen hat es die Stilstufe des frühantoninischen Neumagener Grabmals des C. Albinius Asper durchaus nicht erreicht²⁵⁵. Das gilt auch für den motivisch verwandten Ornamentschmuck des Bildrahmens. Ein Rückblick auf die Blattkandelaber der großen Mainzer Iupitersäule macht den weit größeren Abstand vom Neronischen deutlich: die Jülicher Kandelaber sind flach und gleichförmig geworden. Eine Entstehung von 186 im ersten oder zweiten Jahrzehnt des 2. Jahrhunderts kann damit als gesichert gelten²⁵⁶.

Trotz der gattungsbedingt schlichteren Arbeit und der schlechten Erhaltung ist die Kölner Schuppensäule mit Reliefschmuck 110 (Taf. 85,2) anzuschließen. Verwandt ist die räumliche Reliefauffassung, wie sie in der Drehung der Figuren und den schräggestellten von innen gesehenen Schilden mit den darüber fallenden Mantelzipfeln zum Ausdruck kommt. Ähnlich sind auch die dicht gestaffelten, kannelurartigen Chitonfalten. Gegenüber dem Jülicher Sockel ist freilich schon eine gewisse Lockerung und stärkere Schwingung zu beobachten, was auf eine etwas spätere Entstehung, etwa am Ende der hadrianischen Zeit, schließen läßt. Durch die relativ frühe Entstehung der Säule 110 werden auch zwei Eigenheiten ihres Reliefschmucks als Experimente verständlich: die erheblich kleinere Proportionierung der unteren Gottheit und die Eintiefung der Figuren in den Säulenschaft.

In dieselbe Zeit oder etwas später ist der 'Dreigötterstein' aus Nierendorf zu datieren (191 Taf. 98). Zieht man etwa das motivisch gut vergleichbare Luna-Relief des trajanischen Mainzer Sockels, aber auch den Jülicher Stein heran, so werden die Fortschritte in der rhythmischen Durchgliederung wie in der Stofflichkeit der Gewandbehandlung trotz geringerer Qualität deutlich.

Aus der Zeit des Antoninus Pius ist erstmals auch der Kopf einer Iupiterstatue überliefert: 81 (Taf. 83,1.2). Das breitflächige, ebenmäßige Gesicht mit dem väterlich-gütigen Ausdruck ähnelt einer Iupiterstatue von der via Appia bei Rom, die zusammen mit dem übrigen Fundkomplex an Statuen und Inschriften in eben diese Zeit datiert wird²⁵⁷. Anzuschließen ist ein in Köln gefundener Sarapiskopf aus Chloritschiefer, der sich freilich – gerade auch im Vergleich mit 81 – als mittelmeerische Arbeit zu erkennen gibt²⁵⁸. Versuchsweise sei hier auch der Torso einer Iupiterstatue des Capitolinustypus eingeordnet (44 Taf. 72,3.4), der in der straffen Aufrichtung des Oberkörpers, dem energischen Vor- und Zurücksetzen der Beine mit der Statue von der via Appia zu vergleichen ist. Die

---

²⁵⁴ Espérandieu VII 5727; Bauchhenß Nr. 292 Taf. 33,1. Gute Abb. bei Ferri a. a. O. (Anm. 56) Abb. 157 f., 160; Schoppa, Bildkunst Taf. 12.
²⁵⁵ W. v. Massow, Die Grabmäler von Neumagen (1932) 42 ff. Nr. 4 Taf. 1,4; Hahl, Stilentwicklung 23 f. Taf. 8; Gabelmann, Bonner Jahrb. 172, 1972, 124 Abb. 33; K. Polaschek, in: G. Weisgerber, Das Pilgerheiligtum des Apollo und der Sirona von Hochscheid im Hunsrück (1975) 59 f. mit der richtigen Datierung.
²⁵⁶ So schon Verf., Kölner Römer-Illustrierte 2, 1975, 149 (Abb. ist seitenverkehrt); anders Neuffer, Bonner Jahrb. 151, 1951, 310 mit Datierungsvorschlag: Ende 1. Jahrhundert.
²⁵⁷ Rom. Thermenmuseum, H. 0,80 m. Lunensischer Marmor. G. Annibaldi, Not. Scavi 1935, 77 f. Abb. 1. Eine eng verwandte Statue von derselben Fundstelle, Annibaldi a. a. O. 78 Abb. 2.
²⁵⁸ Köln, RGM Inv.-Nr. V 305, K. Parlasca, Kölner Jahrb. Vor- u. Frühgesch. 1, 1955, 19 Nr. 9 Taf. 9; G. Grimm, Die Zeugnisse ägyptischer Religion und Kunstelemente im römischen Deutschland. EPRO 12 (1969) 153 f. Nr. 35 Taf. 34; W. Hornbostel, Sarapis. Studien zur Überlieferungsgeschichte, den Erscheinungsformen und Wandlungen der Gestalt eines Gottes. EPRO 32 (1973) 242.

Beschränkung auf wenige diagonal gespannte Faltenzüge findet sich ähnlich bei einer weiteren aus Rom stammenden Iupiterfigur, die sich nach der Modellierung des Kopfes sicher in frühantoninische Zeit datieren läßt[259]. Der gedrungene, kräftige Körperbau, aber auch einzelne Gewandmotive wie der über die linke Thronlehne hängende Mantelzipfel lassen sich in einem allgemeineren Sinne mit den Sockelreliefs (191 Taf. 98) vergleichen. Der Rückblick auf die Kölner Statue 72 (Taf. 80,2.3) zeigt deutlich die inzwischen eingetretene Minderung der Plastizität und des Spannungsverhältnisses von Körper und Gewand. So ist auch eine Entstehung von 44 zu Anfang der Regierungszeit des Marcus denkbar (siehe auch Anm. 265).

Monumente aus der Zeit des Marcus und Commodus

Sockel 187–188. – Pfeiler 172; 219. – Säulen 109; 116. – Statuen 7; 24; 45; 76; 79–80

Nach dem Stande der Überlieferung beginnt im Rheinland mit dem Jahre 164 n. Chr., d. h. dem Konsulat des M. Pompeius Macrinus und des P. Iuventius Celsus, die Reihe der durch Konsulnangabe datierten figürlich gestalteten Weiheplastiken[260]. Um den bekannten von Q. Vettius Severus geweihten Matronenaltar dieses Jahres aus dem Bonner Münster hat Hahl einen Kreis von Werken gruppieren können, darunter auch den Kölner Iupiterpfeiler 172 (Taf. 90,2–5)[261]. In der Tat stimmen seine Darstellungen der Iuno, Minerva und Ceres eng mit den Dienerinnenreliefs der Schmalseiten des Matronenaltares überein. Das gleiche gilt für die Reliefsäule 116 (Taf. 86,3). Von den Monumenten der ersten Jahrhunderthälfte setzen sich die drei Steine u. a. durch gestrecktere Proportionen, verstärkte Schwingung und eine großflächigere, mehr vereinheitlichte Gewandbehandlung ab. Bei den Pfeilerreliefs sind die sich zwischen und neben den Beinen bildenden Steilfalten etwas stärker isoliert, der Stoff ist gleichsam fließender gegeben. Sie weisen damit schon auf den Bonner Matronenaltar des M. Pompeius Potens voraus[262]. Die Kölner Schuppensäule mit Reliefschmuck 109 (Taf. 85,1) geht im Gewandstil eng mit den Pfeilerreliefs 172 zusammen. Den Dienerreliefs der Weihung des Potens schließen sich der 'Dreigötterstein' aus Kessel (187 Taf. 96,1–3) und das Zülpicher Pfeiler(?)fragment (219 Taf. 97,4) an[263]. Die Tendenz zur vereinheitlichten großflächigen, mit einigen Kerben gegliederten, mit tief eingeschnittenen Steilfalten kontrastierenden Gewandbehandlung ist ihnen gemeinsam. Eine Vestastatue in Xanten und das Bonner Minervarelief aus Plaidt stehen auf dem Höhepunkt dieser Entwicklung[264]. In dieselbe Zeit gehört, wie be-

---

[259] Bonn, Akad. Kunstmuseum Inv.-Nr. B 60, H. 0,44 m; lunensischer Marmor. A. Greifenhagen, in: Photographische Einzelaufnahmen antiker Sculpturen. Serie XV A (1937) 12 Nr. 4232.
[260] Zu neugefundenen datierten Steindenkmälern siehe u. Anm. 293; 310; 341.
[261] Hahl, Stilentwicklung 38 f. – Altar des Vettius Severus: Lehner 1930, 11 Nr. 19 Taf. 8–9; Hahl, Stilentwicklung 24 f. Taf. 9–10; Petrikovits 56 f. Nr. 17 Abb. Aus demselben Jahr stammt der Kölner Iupiteraltar Galsterer 24 Nr. 63 Taf. 14. Bereits in das Jahr 160 n. Chr. ist der Bonner Altar Lehner 7 f. Nr. 11; Lehner 1930, 33 Taf. 27 datiert, der jedoch nur ornamentalen Schmuck auf den Schmalseiten trägt.
[262] Lehner 1930, 13 Nr. 23 Taf. 13; Künzl a. a. O. (Anm. 242) Nr. 2.
[263] Einen ähnlichen Giebelschmuck wie 219 zeigt ein Kölner Giebel von einer Aedicula, Espérandieu X 7432; Schoppa, Götterdenkmäler 55 Nr. 41 Taf. 39; Ristow a. a. O. (Anm. 200) 29 Abb. 12. Das Giebelrelief ist gleichzeitig mit den Pfeilerreliefs 172.
[264] Espérandieu IX 6585; Koepp, Germania Romana² 39 Taf. 15,7; Hahl, Stilentwicklung 39. – Espérandieu VIII 6211; Hahl, Stilentwicklung 39; Petrikovits 52 f. Nr. 14 Abb. 15.

reits Hahl gesehen hat, der Sockel aus Trier-Ehrang[265]. Dies ist nicht nur den Reliefs der
Iuno und Minerva abzulesen, auch die Herculesdarstellungen der Sockel von Ehrang und
Kessel ähneln sich in der überaus muskulösen Modellierung der Beine.
Die Abgrenzung der Gruppe nach oben bereitet einige Schwierigkeiten, da sich zu dem
Iupitersockel des Jahres 170 n. Chr. aus Mainz-Kastel (Taf. 33,2), dem ersten durch
Konsulnangabe datierten Iupitermonument, aufgrund seiner besonders niedrigen Qualität
kaum Vergleichsmöglichkeiten ergeben[266]. Die Lücke mag eine auf das Jahr 178 n. Chr.
datierte Weihung aus Carnuntum schließen[267]. Ihre ausschwingenden Reliefdarstellungen
der Fortuna und des Genius entsprechen den entwickeltsten Reliefs unserer Gruppe
und datieren diese in die Spätzeit des Marcus.
Der Kölner Reliefsockel 188 (Taf. 97,1–3) gehört bereits der folgenden Stilstufe an. Die
Gewandbehandlung ist noch summarischer, Chiton bzw. Chlamys werden von wenigen
eingetieften Falten gegliedert, die Figuren sind gedrungener, in ihrer Bewegung eckiger.
Ein in das Jahr 181 n. Chr. datiertes Geniusrelief aus Altrip ist wegen seiner geringeren
Qualität nur bedingt vergleichbar, doch lassen sich in der Wiedergabe von Oberkörper
und Mäntelchen Gemeinsamkeiten feststellen[268]. Das aus dem Jahre 207 n. Chr. stammende Geniusrelief von Nassenfels ist dagegen merklich gestreckter proportioniert, von
einer S-förmigen Schwingung durchzogen; sein Mäntelchen schmiegt sich dem Körper an
und läßt die Schenkel durchscheinen[269]. In dieselbe Zeit wie der Sockel gehören der Kölner Matronenaltar des M. Catullinius Paternus und der Bonner Matronenaltar der Flavia
Tiberina, die sich von den Matronenaltären der vorausgehenden Stufe in ähnlicher Weise
abheben, was sich an den Dienerreliefs der Nebenseiten gut ablesen läßt[270]. So empfiehlt
sich eine Datierung in die Zeit des Commodus. Ein Mainzer Viergötterstein, dessen Genius- und Apollodarstellungen mit 188 (Taf. 97,1–3) motivisch eng verwandt sind, steht
dem Relief des Jahres 207 n. Chr. schon näher[271].
Die Iupiterköpfe 80 und 79 lassen sich mit Gewißheit in die mittel- bis spätantoninische
Zeit datieren. Der Kopf 79 weist bereits die Zuspitzung des Gesichtes, die verhangenen
Lider, die wulstigen Brauen auf, Züge, die charakteristisch für die Zeit des Commodus
sind. Im Vergleich mit dem Kopf 81 (Taf. 83,2) macht sich die Schrumpfung der plastischen Substanz, besonders an der Kalotte, andererseits die Belebung des Gesichtes bemerkbar.
Die Iupitertorsen 7 (Taf. 62,1.2) und 24 (Taf. 69,3.4), die freilich den Capitolinustypen d
und c folgen, möchte ich hier versuchsweise einordnen, da sie sich den beiden frühanto-

---

[265] Espérandieu VI 5233; Hahl, Stilentwicklung 38; Polaschek a. a. O. (Anm. 255) 63 Taf. 86–87. – In diese Epoche gehört auch die bekannte Aedicula aus Mainz-Kastel im Mittelrheinischen Landesmuseum Mainz, Espérandieu VII 5779; F. Oehlmann, in: Festschr. A. Oxé (1938) 183 ff.; Ristow, in: Römer am Rhein 158 Nr. A 81 Taf. 40; R. Wiegels Germania 51, 1973, 543 ff. Die Tuchdraperien sind mit der Thronrückseite von 44 zu vergleichen und vielleicht etwas weiter entwickelt.
[266] Espérandieu VII 5866; Hahl, Stilentwicklung 25 Taf. 12; Bauchhenß Nr. 359 Taf. 33,2.
[267] M.-L. Krüger, CSIR Österreich I 3 (1970) 22 f. Nr. 193 Taf. 24.
[268] Espérandieu VIII 5993; Hahl, Stilentwicklung 25 f. Taf. 13,1; Kunckel, Genius 100 Nr. C I 2 Taf. 68.
[269] Espérandieu G. Nr. 707; 717; Koepp, Germania Romana² 41 Taf. 17,1; Hahl, Stilentwicklung 26 f. Taf. 13,2; F. Wagner, G. Gamer u. A. Rüsch, CSIR Deutschland I 1 (1973) 69 Nr. 235–237 Taf. 69–70.
[270] Espérandieu VIII 6401; Schoppa, Götterdenkmäler 61 f. Nr. 68 Taf. 63–64; Galsterer 30 f. Nr. 97 Taf. 22. – Lehner 1930, 7 Nr. 6 Taf. 2–3. Alföldy, Die Legionslegaten der römischen Rheinarmeen. Epigr. Stud. 3 (1967) 46 Nr. 54 datiert das Legionskommando des Gemahls der Stifterin, Claudius Stratonicus, auf 184–186 n. Chr.
[271] Espérandieu VII 5873; Kunckel, Genius 107 Nr. CI 69 Taf. 83; Bauchhenß Nr. 294.

ninischen stadtrömischen Werken anschließen. Der Abstand zu 44 wäre nur gering zu veranschlagen.

Bei den Iupiterköpfen 45 (Taf. 73,5), 76 und 78 (Taf. 81,4) werden Kalotten- und Barthaar differenzierter gestaltet, einzelne Lockenzüge herausgearbeitet. Im Gesicht treten Stirn- und Jochbein hervor, es erhält ein gewisses Pathos, was durch Drehung des Kopfes verstärkt wird. Die Köpfe 45 und 76 sind wohl noch in die Zeit des Commodus zu datieren. Die von einer lokalen Werkstatt gearbeitete Sandsteinstatue dieses Kaisers als Hercules aus Köngen zeigt ein ähnlich langgestrecktes Gesicht, die Akzentuierung des Karnates und den pathetischen Ausdruck[272]. Mit dem Neusser Iupiterkopf 78 kommen die beschriebenen Tendenzen noch stärker zur Geltung – er gehört bereits in die Zeit des Septimius Severus.

Die am Commodusporträt von Köngen vollzogene Umsetzung des Bart- und Haupthaares zu Buckellocken klingt bei 45 und 78 nur leicht an, während es bei einer größeren Gruppe von Plastiken ornamental zu 'Kugeln' stilisiert wird[273].

Monumente aus der Zeit des Septimius Severus

Sockel 182. – Reliefpfeiler 169; 173. – Schuppensäulen mit Relief 107; 112–113. – Statuen 40–41; 43; 51; 58(?); 78; 203

Für die severische Zeit ist ein kräftiges Anwachsen des Fundstoffes zu beobachten, ein Phänomen, das auch in den anderen Gattungen der Votivplastik festzustellen ist und gewiß nicht zufällig, sondern durch die wirtschaftliche Blüte der Nordwestprovinzen mitbedingt ist. Auszugehen ist von den inschriftlich datierten Denkmälern, einem 'Dreigötterstein' des Jahres 203 n. Chr. aus Augsburg (F 12), einem aus dem Jahr 206 n. Chr. stammenden Mainzer Viergötterstein (Taf. 33,3), dem bereits erwähnten Geniusrelief von Nassenfels und zwei Dadophorenreliefs aus Stockstadt von 210 n. Chr.[274]. Als charakteristisch sind überlängte, nur leicht geschwungene Figuren mit geschlossenem Kontur, großflächiger Modellierung und z. T. eine schwere, die Körperformen verhüllende Gewandbehandlung anzusehen. Den Übergang von der spätantoninischen Gruppe bilden zwei Mainzer Schuppensäulen mit Reliefschmuck (Taf. 31,2)[275]. Schon um die Jahrhun-

---

[272] Haug – Sixt Nr. 191; M. Wegner, Die Herrscherbildnisse in antoninischer Zeit. Das römische Herrscherbild II 4 (1939) 271 f.; B. Cämmerer, in: Die Römer in Baden-Württemberg, hrsg. von Ph. Filtzinger, D. Planck u. Cämmerer (1976) 184 Taf. 52 a–b; H. Wrede, Die spätantike Hermengalerie von Welschbillig. Röm.-Germ. Forsch. 32 (1972) 98 Anm. 46 mit Zurückweisung der verfehlten Deutung auf Iulianus durch Bracker, in: Römer am Rhein 145 Nr. A 30 Taf. 30; U. Hausmann, Römerbildnisse. Württembergisches Landesmuseum Stuttgart (1975) 45 f. Abb. 69; Künzl, Fundber. Baden-Württemberg 3, 1977, 320 Abb. 27.

[273] z. B. Herme des Iupiter-Ammon aus Erftstadt-Lechenich im RLM Bonn, Lehner 108 f. Nr. 229; Skulpturen II Taf. 10,6; Espérandieu VIII 6314; Grimm a. a. O. (Anm. 258) 174 f. Nr. 71 Taf. 48. – Kopf einer Merkurstatue aus Ettlingen: Bracker, in: Römer am Rhein 153 Nr. A 56 Taf. 36; Cämmerer a. a. O. (Anm. 272) 181 f. Taf. 59. – Hercules des Straßburger Viergöttersteins u. Anm. 276.

[274] Espérandieu VII 5730; X S. 30; Hahl, Stilentwicklung 26 Taf. 14,1–2; Bauchhenß Nr. 296 Taf. 33,3. – Espérandieu G. Nr. 285–286; Hahl, Stilentwicklung 27 Taf. 13,3–4.

[275] Kleine Mainzer Iupitersäule: Espérandieu VII 5725; 5733; X S. 30; Bauchhenß Nr. 277–279 Taf. 31,2. Ihr Kapitell wird von Kähler, Kapitelle 43 in die Mitte des 2. Jahrhunderts datiert, doch beruht dies vornehmlich auf dem Vergleich der Reliefs mit dem Bonner Matronenaltar von 164 n. Chr. Die zweite Mainzer Säule: Espérandieu X 7327; Bauchhenß Nr. 323.

dertwende, etwa in der Zeit des Augsburger Sockels, sind zwei besonders qualitätvolle Viergöttersteine aus Straßburg und Hausen a. d. Zaber anzusetzen[276]. Ihnen steht ein Hochrelief des Mercurius in Augsburg in nichts nach[277]. Erst am Ende der Regierungszeit des Severus zusammen mit dem 'Kaiseraltar' des Jahres 211 n. Chr. aus Eining, dürfte ein Sockel aus Godramstein entstanden sein (Taf. 20)[278].

An niedergermanischen Iupitermonumenten sei zuerst der Maastrichter Sockel 182 (Taf. 94) genannt. Die Reliefs des Apollo und des Sol(?) stehen im Rhythmus, in der gestreckten Proportionierung sowie in der Wechselwirkung von Körper und Gewand dem Genius von Nassenfels nicht mehr fern. Das gleiche gilt für ein Kölner Mercur- und ein Remagener Geniusrelief[279]. Den schlanken Körpern entsprechen schmale, ebenmäßige Gesichter, wie sie auch am Straßburger Sockel zu beobachten sind[280]. Die severische Entstehungszeit des Maastrichter Sockels wird vollends deutlich beim Vergleich der Fortuna mit der Ceres des Kölner 'Dreigöttersteins' 188 (Taf. 97,1–3). Die Fortuna des Kölner Pfeilerfragmentes 173 (Taf. 91) ist dagegen orthogonal mit geschlossenem Kontur konzipiert. Die Schwelle zum neuen Jahrhundert hat auch ein Jülicher Schuppensäulenfragment (107 Taf. 84,3) überschritten. Das langgestreckte, schmale Gesicht der Iuno ist trotz der starken Beschädigung mit den Straßburger Sockelreliefs zu vergleichen[281]. Zwei Bruchstücke von Schuppensäulen mit Götterreliefs aus Köln (112 Taf. 88,1) und Nijmegen (113 Taf. 88,2) gehören nach dem Gewandstil ebenfalls in das 3. Jahrhundert. Den Bonner Reliefpfeiler 169 (Taf. 89) wird man aufgrund der schlanken Proportionen wie des Gewandstils dem Ende der Regierungszeit des Severus zuweisen[282].

Für die Beurteilung der Statuen sei von der Iupiterstatue der Mainzer Säule (Taf. 31,2) ausgegangen. In ihrem Gesicht prägt sich die innere Erregung noch deutlicher aus als an 45 (Taf. 73,5) und 76. Es wird gerahmt von hochstrebenden Haarbüscheln, die nun deutlich vom Kalottenhaar abgesetzt werden. Der Körper wird nicht minder vom Pathos erfaßt: Die Brustmuskeln schwellen an (siehe schon 45), die Beine sind weit vor- bzw. zurückgesetzt, zwischen ihnen verspannen sich die Mantelpartien oder bilden tief eingeschnittene Faltentäler. Diese Tendenzen bereiten sich bei zwei Kölner Torsen (40; 51) und einem Neusser Fragment (58), das trotz seiner schlechten Erhaltung aufgrund der verwandten Draperie vielleicht hier angeschlossen werden darf, und dem Hercules des Maastrichter Sockels erst vor. Die Iupiterstatue 41 (Taf. 74) geht noch einen wesentlichen

---

[276] Hatt, Strasbourg Nr. 77; Bauchhenß Nr. 505–506. Die Datierung von Schoppa, Die Kunst der Römerzeit in Gallien, Germanien und Britannien 53 Taf. 63 'Mitte 2. Jahrhundert n. Chr.' ist zu früh. – Klumbach a. a. O. (Anm. 21) 17 f. Nr. 7 Taf. 18–21; Bauchhenß Nr. 212.

[277] Koepp, Germania Romana² 43 Taf. 19,1; CSIR Deutschland I 1, 49 Nr. 145 Taf. 45.

[278] Mannheim, Reiß-Museum, Espérandieu VIII 5907; Hahl, Stilentwicklung 40; Gropengießer, Steindenkmäler 21 f. Taf. 24–25; Bauchhenß Nr. 186 Taf. 20. Zum Eininger Altar: CSIR Deutschland I 1, 109 f. Nr. 477 Taf. 136 mit der älteren Literatur.

[279] Köln, RGM Inv.-Nr. 218; Schoppa, Götterdenkmäler 56 f. Nr. 46 Taf. 45. – Remagen, Heimatmuseum, Lehner 93 Nr. 193; Skulpturen II Taf. 8,6 (Abguß); Espérandieu VIII 6334; Kunckel, Genius 109 Nr. C I 84.

[280] Der Kopf eines Merkur aus Ettlingen, Bracker, in: Römer am Rhein 153 Nr. A 57 Taf. 37; Horn, Bonner Jahrb. 172, 1972, 150 Abb. 8; Cämmerer a. a. O. (Anm. 272) 263 Abb. 100 wird nach dem Commodus aus Köngen am Ende des Jahrhunderts entstanden sein.

[281] Die Kölner Kalksteinstatuette einer Göttin Espérandieu X 7426; Schoppa, Götterdenkmäler 70 Taf. 88 ist aufgrund der freieren Haarbehandlung etwas früher, der Kölner Fortunakopf, Köln RGM Inv.-Nr. 53,953 gleichzeitig anzusetzen. Doppelfeld, Der Rhein und die Römer² (1974) XIII Abb. 107 datiert ihn hingegen in das 1. Jahrhundert.

[282] Hahl, Stilentwicklung 41 datiert allgemein in das 1. Viertel des 3. Jahrhunderts.

Schritt weiter. Das Haar umgibt das nun wieder breite Gesicht wie eine Folie, Haarbüschel wie die Bartlocken sind gegensätzlich angeordnet, fern jeder Schematisierung, die Strähnen des Kalottenhaares sind detailliert ausgearbeitet. Der Oberkörper wirkt wie aufgepumpt, besonders die Brustmuskeln wirken wie angeschwollen. Die Beine sind wie im Schritt entgegengesetzt, entsprechend angespannt ist die Manteldrapierung. Der 'barocke' Stil der Statue äußert sich selbst in den balusterartigen Armlehnen, der hochgeschwungenen, üppig ornamentierten Rückenlehne und den 'luftigen' Tuchdraperien am Thron (vgl. dagegen 44 Taf. 72,3.4). In der pathetischen Steigerung und der Zergliederung der plastischen Masse ist ein Kölner Statuenfragment (43) noch weiter entwickelt: Kopf- und Barthaar sind zu einem flatternden Lockengewirr aufgelöst.

Der Stilstufe der hier betrachteten Iupiterstatuen entspricht unter den stadtrömischen Werken der sogenannte Iupiter Verospi in den vatikanischen Museen, der gewiß zu Recht in die severische Zeit datiert worden ist[283]. In der Auflösung des Haupthaares zu schlangenartigen Strähnenbündeln, der Umwandlung der Bartlocken zu Buckeln ist eine weitere Statue der vatikanischen Museen schon fortgeschrittener[284]. Ihr entspricht das Kölner Fragment 43. Die Entwicklung der Sitzfigur selbst ließe sich im Mittelmeergebiet an zahlreichen Sarapisstatuen verfolgen. Für den Stilwandel vom Antoninischen zum Severischen sei hier nur auf Marmorstatuen in Neapel und früher im Londoner Kunsthandel verwiesen[285]. Letztere zeigt eine ähnlich gegensätzliche Beinstellung und Gewandverspannung wie 41 (Taf. 74).

Ein 'Horizont' von Statuen der capitolinischen Trias aus der Regierungszeit des Septimius Severus läßt sich für Pannonien wahrscheinlich machen. Die kolossale Kultbildgruppe aus Scarbantia/Sopron ist wohl kaum, wie meist in der Literatur vermutet, in die erste Hälfte des 2. Jahrhunderts, sondern in die spätantoninische, eher sogar – soweit der schlechte Erhaltungszustand ein Urteil erlaubt – in die Zeit des Septimius Severus zu datieren[286]. Sie gehörte dann zu den Wiederaufbaumaßnahmen nach Abschluß der Kriege gegen Markomannen, Quaden und Sarmaten, die durch den in Carnuntum zum Kaiser erhobenen ehemaligen Statthalter Pannoniens, Septimius Severus, gefördert worden sind[287]. In

---

[283] Aus Rom, Marmor, H. des ergänzten Zustandes 2,305 m, nur der Oberkörper ist antik. W. Amelung, Die Sculpturen des Vaticanischen Museums II (1908) 519 Nr. 326 Taf. 73; W. Helbig, Führer durch die öffentlichen Sammlungen klassischer Altertümer in Rom I. Die Päpstlichen Sammlungen im Vatikan und Lateran (1963) 130 f. Nr. 176 (H. v. Steuben); A. Rumpf, Stilphasen der spätantiken Kunst. Arbeitsgemeinschaft Forsch. Land Nordrhein-Westfalen. Geisteswiss. 44 (1957) 13 f. Taf. 8,35 mit verfehlter Datierung in das 4. Jahrhundert; H. Sichtermann, in: Th. Kraus, Das römische Weltreich (1967) 248 Taf. 274.

[284] Marmor, H. 0,68 m, Amelung a. a. O. I (1903) 880 Nr. 214 Taf. 113.

[285] Hornbostel a. a. O. (Anm. 258) 249 f. Abb. 146 Taf. 83 u. 250 Abb. 214 Taf. 132.

[286] Sopron: C. Praschniker, Jahresh. Österr. Arch. Inst. 30, 1937, 110 ff. Taf. 2–5; K. Sz. Póczy, Scarbantia. Die Stadt Sopron zur Römerzeit (1977) 17 ff. Taf. 14–15. – Neurestaurierung und -aufstellung, A. Mócsy, Pannonia and Upper Moesia. History of the Provinces of the Roman Empire (1974) 181; 324 Taf. 27a. – Während Póczy a. a. O. in hadrianische Zeit datiert, sprechen sich Praschniker a. a. O. 129 ff. und ihm folgend W. Jobst, Jahresh. Österr. Arch. Inst. 49, 1968/71 Beibl. 276 Anm. 57 für die Zeit des Antoninus Pius aus. In antoninische Zeit würde ich zwei Iupiterköpfe aus Virunum datieren: G. Piccottini, CSIR Österreich II 1 (1968) 19 f. Nr. 16–17 Taf. 21. Freilich ist zu bedenken, daß Kolossalstatuen häufig 'später' wirken. Auch der Vergleich mit den beiden frühantoninischen stadtrömischen Iupiterstatuen, o. Anm. 283 f. und der mittel- bis spätantoninisch datierten Sarapisstatue von Sarsina, Mansuelli, Röm. Mitt. 73/74, 1966/67, 159 ff. Taf. 55–57, Hornbostel a. a. O. (Anm. 258) 187 f. Abb. 124 Taf. 68 spricht gegen eine Ansetzung der Kultgruppe vor den Markomannenkriegen.

[287] Mócsy, Pannonien und die Soldatenkaiser, in: ANRW II 6 (1977) 557 ff., besonders 571 ff.

der aufgelösten Haarbehandlung, den 'aufgepumpten' Körperformen und der verspannten Anlage des Unterkörpers ist die Trias von Scarbantia durchaus mit den Kölner Statuen zu vergleichen.
Während die Kultbilder von Scarbantia aus Marmor bestehen und wohl von einer zugereisten Bildhauerwerkstatt (aus Oberitalien?) geschaffen worden sind[288], wurde die aus Sandstein verfertigte capitolinische Trias vom Pfaffenberg bei Carnuntum von einheimischen Künstlern gearbeitet[289]. Der Ausgräber, W. Jobst, konnte sie als Kultbilder des unter Septimius Severus neugebauten Capitolinus-Tempels erweisen. Trotz der ausgeprägt lokalen Züge mit ihrer Tendenz zur ornamentalen Umsetzung des Organischen (Augen, Bart) kann der Carnuntiner Iupiter unserer Zeitstufe zugerechnet werden[290].
In den Norden des Reiches zurückkehrend ist ein Marmorrelief der capitolinischen Trias aus Trier heranzuziehen, das wohl in den 80er oder 90er Jahren entstanden und mit dem Neusser Kopf 78 (Taf. 81,4; 82,4) zu vergleichen ist[291]. – Eine Geniusstatue aus Öhringen, die vielleicht in das Jahr 207 n. Chr. datiert ist, erinnert in der übersteigerten Modellierung der Muskulatur an unsere Iupiterstatuen[292]. Die 'lederne' Gewandwiedergabe, wie sie noch für 51 charakteristisch ist, zeigt auch die Fortunastatue aus Bermel, die von der Forschung in die spätantoninische oder severische Zeit datiert wird[293]. Das bedeutendste Werk dieser Epoche und zugleich eines der qualitätvollsten Monumente der Gattung überhaupt stellt die Iupitergigantengruppe aus Tongeren dar (203 Taf. 99). Durch eine falsche Interpretation der Fundumstände wurde sie zunächst in die flavische Zeit datiert, wovor schon die völlig andere Gestaltung der flavischen Reitersoldatenstelen warnen sollte[294]. A. Cahen-Deelhaye gebührt das Verdienst, die Gruppe aus dieser historischen Isolation befreit zu haben, indem sie sich – freilich ohne eingehende Argumentation – für einen Ansatz in antoninische Zeit aussprach[295]. Die schwellenden, 'aufgepumpten' Körper der beiden Giganten ähneln jedoch eher den frühseverischen Iupiterstatuen, die auch ähnlich aufgebohrte Haarbüschel aufweisen wie die Giganten und die Pferdemähne. Die Figur des gewappneten Iupiter ist nach der Bildung des Paludaments und der Pteryges mit den Kölner Aeneasgruppen zu vergleichen, die m. E. in spätantoninische bis frühseverische Zeit zu datieren sind[296]. Die bislang älteste inschriftlich datierte Gigantenreitergruppe, die Schiersteiner Säule von 221 n. Chr. (Taf. 52,2), ist hingegen im Aufbau dynamischer, in der Formung etwa der Haare und der Pferdemähne jedoch wesentlich

---

[288] Praschniker a. a. O. (Anm. 286) 131 f.
[289] Jobst a. a. O. (Anm. 286) 272 ff. Abb. 21 f.; ders., Antike Welt 1976, 2, 25 f. Abb. 9–10; ders., in: ANRW II 6, 711 ff. Taf. 5,12. Zur Kultbildstatue des hadrianischen Tempels: Ders., 11. Juni 172 n. Chr. Der Tag des Blitz- und Regenwunders im Quadenlande. Sitzber. Österr. Akad. Wiss. 335 (1978) 21 f. Abb. 6–7 (noch ohne Abb. des inzwischen gefundenen Kopfes).
[290] Jobst a. a. O. (Anm. 286) 275 f. hat bereits die Kölner Statue 41 verglichen. Noch näher steht 43.
[291] Trier, RLM, H. 0,38 m, Espérandieu VI 4927, Schindler a. a. O. (Anm. 251) 28 Abb. 74; Praschniker a. a. O. (Anm. 286) 124 Abb. 37; A. Zadoks-Jitta, Journal Rom. Stud. 28, 1938, 52 f. Taf. 3; H. Sauer, Arch. Anz. 1950/51,81 Abb. 7. Das Relief ist wohl etwas früher als 41 anzusetzen.
[292] V. M. Strocka, Fundber. Schwaben NF 18 I, 1967, 126 f. Taf. 35,3.
[293] Lehner 77 Nr. 153; Espérandieu VIII 6214; Parlasca, Jahrb. RGZM 8, 1961, 84 ff. Taf. 38,3; 40,2 41,2; Petrikovits 53 f. Nr. 15 Abb.
[294] Siehe die Literatur u. S. 490, so auch Bauchhenß, Arch. Korrbl. 4, 1974, 362. – Zu den Reiterstelen Gabelmann, Bonn Jahrb. 173, 1973, 171 f.; Verf., in: T. Bechert, Steindenkmäler und Gefäßinschriften. Funde aus Asciburgium 4, 28 ff.
[295] Archaeologica Belgica 219 (1979) 14.
[296] Verf., Germania 54, 1976, 409 ff.

abstrakter[297]. So empfiehlt sich für 203 eine Datierung um die Jahrhundertwende. Der zweite Gigant aus Tongeren (206) dürfte nach der Modellierung des Körpers etwa gleichzeitig, vielleicht etwas früher entstanden sein (vgl. 45 Taf. 73,5). Die Datierung der niedergermanischen Monumente (15–18 Taf. 67–69; 221) hätte nur im Zusammenhang der Zeitbestimmung sämtlicher Gigantenreiter Aussicht auf Erfolg und muß daher ausgeklammert werden.

Monumente der mittel- und spätseverischen Zeit

Säulen 6; 11; 104; 106; 166. – Pfeiler 2–3; 5. – Statuen 2; 6; 8; 12; 26; 29; 67; 73; 205

Das schon für die Regierungszeit des Septimius Severus festgestellte Ansteigen der plastischen Produktion verstärkt sich noch unter seinen Nachfolgern. Die Folge ist eine größere Formenvielfalt, die bei der Rekonstruktion der Stilentwicklung zu berücksichtigen ist. Komplizierend kommt hinzu, daß bei zwei inschriftlich festgelegten Werken nur die Restaurierung datiert ist. Ein Monument aus Nida/Frankfurt-Heddernheim wurde nach der Weihinschrift auf dem Viergötterstein im Jahre 240 n. Chr. wiederhergestellt (*in suo restituerunt*)[298]. Sie steht über einer eradierten Inschrift, die ihrerseits von einer Restaurierung kündete (*in suo ex voto renovavit*). Der Viergötterstein mit der 'renovierten' Fassung des Monumentes ist also vor 240 n. Chr. entstanden und vielleicht bei dem schweren Alamanneneinfall des Jahres 235 n. Chr. beschädigt worden[299]. Eine Iupitersäule aus Mainz-Kastel (Taf. 34,3) wurde laut Weihinschrift des Sockels im Jahre 242 n. Chr. wiederhergestellt (*restituit*)[300]. Da die Inschrift nicht auf Rasur steht, ist hier damit zu rechnen, daß Sockel und angearbeiteter Zwischensockel erst 242 n. Chr. geschaffen worden sind[301].

Der Votivaltar für eine germanische Göttin aus Zennewijnen, Betuwe, datiert in das Jahr 222 n. Chr., und eine Xantener Silvanusstatue aus der Regierungszeit des Alexander Severus führen die Tradition der langgestreckten, leicht geschwungenen Figuren weiter[302]. Aufgrund ihrer schlanken Proportionierung, der Rhythmisierung und der reichen, gegensätzlichen Gewandbehandlung dürfte die 'große Minervastatue' aus Öhringen schon dem zweiten oder dritten Jahrzehnt des 3. Jahrhunderts angehören[303]. Ein Dieburger Viergöt-

---

[297] Siehe unten Anm. 307. – Ein 1973 entdecktes Iupitergigantenreitermonument aus Nida/Frankfurt-Heddernheim, Fischer, Fundber. Hessen 15, 1975, 611; Bauchhenß Nr. 161–162, das Iupiter wie 15, 17–18, 203 in militärischer Ausrüstung zeigt, ist gleichfalls später als 203 zu datieren. Die Mähne des Pferdes und die Falten der Tunika sind wesentlich schematischer und abstrakter.

[298] CIL XIII 7352; Espérandieu G. Nr. 101; Hahl, Stilentwicklung 28 f. Taf. 19; Bauchhenß Nr. 143–146.

[299] Hahl, Stilentwicklung 28; Bauchhenß

[300] CIL XIII 7265; Espérandieu VII 5862; Hahl, Stilentwicklung 29 Taf. 21,2; Bauchhenß Nr. 362–363 Taf. 34,3.

[301] So schon Hahl, Stilentwicklung 28 Anm. 118, anders Bauchhenß 27, der nicht zwischen den verschiedenen Befunden bei dem Heddernheimer und dem Mainzer Votiv differenziert.

[302] Oxé, Oudheidk. Mededelingen 12, 1931, 1 ff.; Hahl, Stilentwicklung 27 f. Taf. 15; Espérandieu XIV 8573 Taf. 88. – Lehner 101 Nr. 214; Skulpturen II Taf. 9,7; Espérandieu IX, 6583; Hahl, Stilentwicklung 27.

[303] Espérandieu G. Nr. 669; Hahl, Stilentwicklung 42 f. mit Datierung in die nachseverische Zeit; Strocka a. a. O. (Anm. 292) 122 ff. Taf. 34 verweist zu Recht auf die Verwandtschaft mit dem Öhringer Genius, a. a. O. Taf. 30; 32, der vielleicht zwischen 198 und 209 n. Chr. zu datieren ist. Noch in das erste Jahrzehnt gehört ein Minervarelief aus Heddernheim, Espérandieu G. Nr. 104; Hahl, Stilentwicklung 40.

terstein übersteigert die Streckung der Proportionen (Taf. 12)[304]. Beim Straßburger Viergötterstein aus dem zweiten Jahrhundertdrittel, dem sich zahlreiche Nachfolger besonders aus dem Hinterland von Germania superior und Gallia Belgica anschließen ließen, verkümmern die Figuren dann zu starren, puppenartigen Gebilden[305]. Ein Sockel aus Mainz-Kastel aus dem Jahre 225 n. Chr. und der erwähnte wohl vor dem Jahre 235 n. Chr. entstandene Heddernheimer Viergötterstein behalten zwar die gestreckten Proportionen bei, straffen jedoch den Aufbau und konzentrieren sich auf eine großflächige Wiedergabe von Gewändern und Mänteln[306]. Die Reliefs des Hercules und des Mercurius der aus dem Jahre 221 n. Chr. stammenden Schiersteiner Säule (Taf. 53) weisen dagegen besonders gedrungene Proportionen auf[307]. Daß dies kein Einzelfall war, bezeugt das Mainzer Geniusrelief des Jahres 234 n. Chr.[308]. Es ist ebenfalls gedrungener als die Heddernheimer Geniusstatue von 230 n. Chr.[309]. Ein im Jahre 226 n. Chr. geweihter Altar für Hercules Magusanus aus Bonn zeigt ebenso untersetzte Figuren wie der spätseverische Matronenaltar aus Nettersheim[310]. Ein besonders signifikantes Beispiel ist die 'kleine Minervastatue' aus Öhringen, die in das Jahr 232 n. Chr. datiert[311]. Beide Proportionierungen gingen offensichtlich eine Zeitlang nebeneinander her, z. T. Ausdruck der Qualitätsschwankungen einer verunsicherten Epoche. Daneben spielte jedoch das ikonographische Moment eine Rolle. Bestimmte Gottheiten, besonders der athletische Hercules, wurden mit Vorliebe gedrungen dargestellt.
Die Iuno des Bonner Iupiterpfeilers 2 (Taf. 55,1) ordnet sich zwischen den Mainzer Sockelreliefs von 206 und 225 n. Chr. ein. In dem summarisch werdenden Gewandstil nähert sie sich bereits dem Stein des Jahres 225 n. Chr. und einem zweiten eng verwandten Mainzer Sockel[312]. Doch ist sie noch freier bewegt – so greift die Hand mit der Opferschale auf den Rahmen über – das Faltenrelief ist noch reicher. In dieselbe Zeit gehört die Säule aus Kleinbouslar (6 Taf. 55,2). Eine Bestätigung dieses Ansatzes bringen die Reliefs eines Statuensockels aus Carnuntum, der in das Jahr 219 n. Chr. datiert ist[313]. Die gedrungene, muskulöse Figur des Hercules steht hingegen dem Schiersteiner Sockel von 221 n. Chr. nahe. Ferner ist die Jülicher Säule 106 (Taf. 84,2) zu nennen, die auch in ihrem geschlossenen Kontur mit dem Sockel aus Mainz-Kastel übereinstimmt.

Zwischen den beiden Mainzer Sockeln fügt sich der Viergötterstein von Amberloup (209) ein, dessen Figuren durch ihren gestreckten, straffen Aufbau auffallen. Im Umkreis der

---

[304] Espérandieu G. Nr. 239; Hahl, Stilentwicklung 40 f.; Bauchhenß Nr. 110–111 Taf. 12. Anzuschließen ist ein Sockel in Bad Kreuznach, Espérandieu VIII 6154; Bauchhenß Nr. 46.
[305] Hatt, Strasbourg Nr. 109; Espérandieu VII 5493; Bauchhenß Nr. 508–509.
[306] Espérandieu VII 5728; X S. 30; Hahl, Stilentwicklung 27 Taf. 14,3–4; Horn a. a. O. (Anm. 280) 155 Nr. 18 Abb. 12; Bauchhenß Nr. 360–361.
[307] Espérandieu G. Nr. 31; Hahl, Stilentwicklung 27 Taf. 16; Horn, Bonner Jahrb. 170, 1970, 244 Abb. 8; Bauchhenß Nr. 557–560 Taf. 52,1 u. 53.
[308] Espérandieu VII 5769; X S. 41; Hahl, Stilentwicklung 30; Kunckel, Genius 101 Nr. CI 11 Taf. 68,2.
[309] Espérandieu G. Nr. 111; Hahl, Stilentwicklung 30 Taf. 22,2; Fischer, Römische Steine aus Heddernheim im Museum für Vor- und Frühgeschichte der Stadt Frankfurt. 2. Bildh.² (1971) Abb. S. 12; Kunckel, Genius 101 Nr. CI 10 Taf. 68,3.
[310] Hercules: Horn a. a. O. (Anm. 307) 233 ff. Abb. 1–2; 10–11. – Matronenaltar: Lehner 131 Nr. 278; Skulpturen II Taf. 11,2; Espérandieu VIII 6307; Hahl, Stilentwicklung 29 Taf. 11,1. Siehe dagegen die überlängten Figuren des Bonner Matronenaltars, Lehner 1930, 14 f. Nr. 28 Taf. 15.
[311] Espérandieu G. Nr. 668; Hahl, Stilentwicklung 29 Taf. 20,1; Strocka a. a. O. (Anm. 292) 119 ff. Taf. 33.
[312] Espérandieu VII 5736; Bauchhenß Nr. 303–304.
[313] Krüger a. a. O. (Anm. 267) 10 f. Nr. 152 Taf. 3.

Schiersteiner Säule und des Sockels aus Mainz-Kastel sind schließlich auch die Schuppensäule mit Reliefschmuck aus Rheydt-Mülfort (11 Taf. 65,1) und – mit einem gewissen Abstand – das Säulenfragment aus Mönchengladbach-Buchholz (104 Taf. 83,4) einzuordnen. Gegen eine Datierung von 11 erst in die 30er Jahre spricht die artikulierte Modellierung des Hercules, die sich merklich von dem 'schwammigen' Körperideal der Folgezeit abhebt (siehe unten S. 328) und mit dem Heddernheimer Genius von 230 n. Chr. zu vergleichen ist.

In die Reihe der Matronensteine mit Dienerreliefs auf den Schmalseiten ist hier der Bonner Altar des C. Candidinius Verus einzufügen, der seinen Platz zwischen dem Mainzer Sockel von 206 n. Chr. und dem aus Mainz-Kastel von 225 n. Chr. findet[314]. Dagegen entsprechen die Dienerreliefs eines Kölner Iupiteraltars in ihrem geschlossenen Kontur und der Vereinfachung des Gewandstils voll und ganz dem jüngeren der Mainzer Sockel[315]. Die spätere Entstehung des Kölner Steins äußert sich auch in der abstrakteren Bildung des die Figuren tragenden Blattsockels. Gänzlich zum Ornament erstarrt ist er dann auf dem Xantener Iupiteraltar des Jahres 232 n. Chr.[316]. Auch im Vergleich mit dem Bonner Reliefpfeiler (2 Taf. 55,1) und der Säule aus Kleinbouslar (6 Taf. 55,2) wirken die Altarreliefs bereits erstarrter.

Die Entwicklung wird weitergeführt von dem Iupiterpfeiler auf Schloß Dyck (3 Taf. 58) und der ihm eng verwandten Reliefsäule aus Mönchengladbach (166 Taf. 87). Beide Monumente zeigen einen deutlichen Schwund an Plastizität, eine Tendenz zur Verflächigung, die schon an den Reliefs der vorausgehenden Stufe zu bemerken ist. Haben wir die Renovierung der Heddernheimer Sockelreliefs zu Recht vor 235 n. Chr. datiert, wären auch die niedergermanischen Monumente in das dritte oder frühe vierte Jahrzehnt des 3. Jahrhunderts einzuordnen. Sofern der schlechte Erhaltungszustand nicht täuscht, sind hier der Jülicher Reliefpfeiler (5 Taf. 59–61) sowie der Achtecksockel 202 (Taf. 96,4) anzuschließen, deren Figuren sich teilweise durch überlängte Proportionen auszeichnen.

Die Iupiterfigur des Pfeilers 2 (Taf. 55,1; 56,1.2) gibt sich sofort als Weiterentwicklung der Statuen 41 (Taf. 74) und 43 zu erkennen. Das jüngere Götterbild hat an Tiefenerstreckung verloren, ist statt dessen in die Breite entwickelt. Das Muskelrelief ist flacher geworden, sich überlagernde Faltenpartien mit ihrer Schattenwirkung täuschen Tiefe vor. Nicht weniger deutlich ist der Wandel in der Wiedergabe des Haares: Der Ansatzpunkt

---

[314] Lehner 1930, 11 f. Nr. 20 Taf. 10; Hahl, Stilentwicklung 52; Petrikovits 60 ff. Nr. 19 Abb.
[315] Schoppa, Götterdenkmäler 49 Nr. 14 Taf. 14–15; Galsterer 22 Nr. 52 Taf. 11; Ristow a. a. O. (Anm. 200) Abb. 2. Auf der Frontseite des Altares sind dem Altaraufsatz en miniature die Büstenreliefs der capitolinischen Trias vorgeblendet, die gleichsam dem Abschlußprofil des Altarkörpers entwachsen. In der Mitte ist der bärtige Iupiter dargestellt, zu seiner Linken die verschleierte Iuno, zu seiner Rechten Minerva. – Auf derselben Entwicklungsstufe wie die Reliefs des Kölner Altares stehen die Dienerdarstellungen des neugefundenen Matronenaltars aus Gelduba/Krefeld-Gellep im Museumszentrum Burg Linn: R. Pirling, Ausgrabungen im Rheinland '77. Das Rheinische Landesmuseum Bonn. Sonderheft 1978, 140 Abb. 123, die freilich von wesentlich bescheidenerer Qualität sind. Das Matronenrelief ist eng verwandt mit dem spätseverischen Altar aus Nettersheim, oben Anm. 310. Wesentlich vegetabilischer ist der Akanthuskandelaber noch auf mehreren Nehalenniaaltären aus Colijnsplaat: Deae Nehalenniae (Ausstellungskatalog Middelburg 1971) 63 Nr. 5 Abb.
[316] Bonn, RLM Inv.-Nr. U 8. Lehner 29 Nr. 56; Skulpturen I Taf. 23,1–2; Espérandieu IX 6578; Koepp, Germania Romana² 30 f. Taf. 5,3–4; Oxé a. a. O. (Anm. 302) 8 Abb. 7; Hahl, Stilentwicklung 28 Taf. 17,1–2; Horn, Jahrb. RGZM 19, 1972, 78 Taf. 11,2. Zu überlegen wäre, ob in den Büsten über den Schmalseiten rechts Iuno und links Minerva als Kultgenossinnen in der capitolinischen Trias dargestellt waren ähnlich wie bei dem Kölner Altar Anm. 315. Allerdings ist das Attribut der 'Iuno' nicht sicher zu bestimmen und ähnelt eher einem Füllhorn als einem Zepter oder einer Fackel.

der das Gesicht rahmenden Locken wie der Strähnen des Kalottenhaares ist nicht mehr greifbar, sie verselbständigen sich, gewinnen ornamentalen Charakter. Diese Tendenz zum Ornamentalen und Linearen äußert sich nicht weniger in der Wiedergabe der Stoffdraperie am Thron, besonders der Säume an der Thronrückseite, in den 'schwalbenschwanzartig' gegebenen Quetschfalten des Thronkissens wie in der Feinheit der die Rückenlehne schmückenden Blattrosette mit ihrer starken Helldunkelwirkung[317]. Diese Liebe zur Ausschmückung des Throns teilt 2 mit einem Bruchstück aus Freialdenhoven (31 Taf. 73,1). Täuscht der traurige Erhaltungszustand nicht, so gehört diese Figur auch nach der angespannten Beinhaltung und den tief eingeschnittenen Falten in die Gruppe um 41 oder 2. Die Beurteilung der Statue 64 ist gleichfalls durch den schlechten Erhaltungszustand erschwert. Im breiten und straffen Aufbau des Körpers ist sie mit 2 zu vergleichen.

Der Iupiter der in denselben Zeitraum datierten Säule von Kleinbouslar (6) spiegelt gleichfalls die Tendenz zur Reduktion des Volumens, zur Helldunkelwirkung durch sich kreuzende eingetiefte Falten. Nur in der bauschigeren Modellierung der Throndraperie erinnert er noch an 41. Ähnliches gilt für die Throndraperie der Statue 8 (Taf. 62,4), die zum Capitolinustypus c gehört. In der 'Zerklüftung' des Faltenreliefs geht sie freilich über die beiden anderen Figuren hinaus[318]. Eine Iupiterstatue aus Wiesbaden-Igstadt (Taf. 50 f.) schließt sich in der Modellierung des Körpers wie im Faltenrelief der Gruppe an[319]. Ihr Thron ist noch erheblich prunkvoller ausgestattet als der von 2 und 31. Dagegen ist der Thron einer Iupiterstatue aus Beda/Bitburg betont schlicht gehalten[320]. Der voluminöse Körperbau wie die straffe Haltung erinnern aber an 2. Wenn die Abbildungen nicht täuschen, gehört schließlich auch die verschollene Gruppe von Iupiter und Iuno aus Tongeren (205) hierher, doch sei eine spätere Entstehung nicht ausgeschlossen.

Als Bestätigung für den Ansatz dieser Stilstufe in die Zeit bald nach Septimius Severus mag dienen, daß der Mercurius des Mainz-Kasteler Sockels von 225 n. Chr. in der Breitendehnung des Körperbaues noch einen Schritt weitergeht. Eine Sarapisstatue mittel- bis spätseverischer Zeit aus Ostia ist mit 8 und dem Wiesbadener Iupiter im Gewandstil wie in der Anlage des Kopfes zu vergleichen[321]. Eine Capitolinusfigur aus Sarmizegetusa bezieht sich auf dieselbe Stilstufe, bringt aber in provinzieller Weise die Faltenzüge durch Bohrgänge zur Geltung[322].

Als Leitstück für die folgende Zeitstufe mag die Statue 26 (Taf. 70,3.4) dienen. Lockerung der Anspannung, Verflächigung und Ornamentalisierung haben sich ganz erheblich verstärkt. Am deutlichsten kommt dies am Unterkörper zum Ausdruck: die Beine sind nur noch wenig vor- und zurückgesetzt, sie liegen fast in einer Ebene, das Bündel diver-

---

[317] Die Draperie der Statue 41 ist mit der eines Domburger Nehalenniaaltares in Leiden, A. Hondius-Crone, The Temple of Nehalennia at Domburg (1955) 32 f. Nr. 5 zu vergleichen, der mit Hahl, Stilentwicklung 53 Taf. 11,2 in das erste Viertel des 3. Jahrhunderts zu datieren ist. Die zeichnerische Wiedergabe bei 2 erinnert an einen Nehalenniaaltar aus Colijnsplaat, Deae Nehalenniae a. a. O. (Anm. 315) 66 f. Nr. 12. Die Wiedergabe der Rosette von 2 steht zwischen den Bonner Matronenaltären von 204 n. Chr., Lehner 1930 Nr. 25 Taf. 14 und 233 n. Chr., Lehner 1930 Nr. 15 Taf. 7.
[318] Zu vergleichen ist der Iupiter aus Pont-sur-Sambre (Nord), Espérandieu XV 9230 Taf. 103.
[319] Espérandieu G. Nr. 26; Bauchhenß Nr. 555–556 Taf. 50 f.; 52,2.
[320] Trier, RLM; Hettner 13 f. Nr. 22; Espérandieu VI 5245.
[321] Hornbostel a. a. O. (Anm. 258) 276 f. Abb. 278 a–c.
[322] Museum Deva. D. Isac, Acta Mus. Napocensis 11, 1974, 75 Taf. 3,4; Römer in Rumänien (Ausstellungskatalog Köln 1969) 193 Nr. F 9; D. Alicu, C. Pop u. V. Wollmann, Figured Monuments from Ulpia Traiana Sarmizegetusa. B. A. R. International Series 55 (1979) 79 Nr. 48 Taf. 13; Neg. DAI Rom 70.3285.

gierender Faltenstrahlen hat sich auf eine oder zwei Diagonalfalten reduziert, vom rechten Knie fällt eine durch eine 'Kannelur' untergliederte Steilfalte herab. Kopf und Oberkörper haben an Volumen verloren. Die Strähnen von Haar und Bart sind zu großen Buckeln stilisiert. Das Motiv der Diagonalfalten, gepaart mit wenigen kurzen Bogenfalten zwischen den Knien, zeigen auch die Ioves 12 (Taf. 66) und 57. In der Ausbreitung der Mantelsäume am Thron, der zeichnerischen Wiedergabe der Draperien und dem Fehlen einer vom rechten Knie herabhängenden Steilfalte erinnert der erstere noch an 2.

Trotz starker Verwitterung läßt sich das Votiv 10 (Taf. 64) mit einiger Wahrscheinlichkeit dieser Zeitstufe zuordnen. Die Anlage des Unterkörpers ist mit 23 (Taf. 70,1.2) zu vergleichen. Während die Säulenreliefs nicht mehr zu beurteilen sind, weisen die starken Punktbohrungen am Kapitell auf eine Entstehung in severischer Zeit hin[323]. Gekielte Schuppen finden sich an den frühseverischen Reliefsäulen 112 und 107 (Taf. 84,3) sowie z. B. an der Heddernheimer Säule von 239 n. Chr. Nur als Vermutung sei erwogen, ob die zum Capitolinustypus c zählende Nijmegener Statue 61 zu der Gruppe gehört. In der zeichnerischen Wiedergabe der Throndraperien ähnelt sie 12.

Der Iupiter 29 stimmt in mehreren Details der Haar- und Bartwiedergabe mit 2 überein (siehe unten S. 348). Seine spätere Entstehung zeigt sich jedoch in der abgeflachten Kurve der Schädelkalotte, die in die Thronlehne übergeht, der Verschmelzung von Stirn- und Haupthaar, seiner fortschreitenden Vereinfachung und Ornamentalisierung, die sich u. a. in der Zusammenfassung des Kinnbartes in zwei großen gegenständigen Schneckenlocken äußert (vgl. dagegen 41 Taf. 74 u. 43). Dieselben Beobachtungen gelten für den Kopf 73 (Taf. 81,1; 82,1), wobei sich eine detaillierte Beschreibung erübrigt. Ein wesentlicher Unterschied zu 2 und 26 liegt im Aufbau des Gesichtes: die breite, rundliche Form wird von einer langrechteckigen mit prononcierten Einzelteilen abgelöst. Nach Maßgabe der Verbindung von Kopf und Thronlehne darf vielleicht auch der arg zerstörte Iupiter 67 in etwa hier eingeordnet werden.

Was die Zeitbestimmung der Gruppe anbetrifft, so möchte ich an die 20er Jahre denken. In der Kopfbildung ist vielleicht der Hercules Magusanus des in das Jahr 226 n. Chr. datierten Altares zu vergleichen (oben Anm. 310). Eine Sarapisstatue des Capitolinischen Museums in Rom, die sich schon in der Modellierung des Kopfes als severisch zu erkennen gibt, weist ein ganz übereinstimmendes Faltensystem mit vereinzelten Diagonal- und vom Knie ausgehenden Steilfalten auf[324]. Das eigentümliche Motiv findet sich selbst bei Iupiterstatuen aus Pannonien und Dakien[325]. Selbstverständlich wurde es auch für andere thronende Gottheiten verwandt, so für eine Minervastatue aus Kreuzrath, die in der Ausbreitung des Mantels vor dem Thron mit 12 (Taf. 66), in der Wiedergabe der Throndraperie mit 57 übereingeht[326]. Zur Wiedergabe der Stoffdrapierung auf der Thronrückseite ist schließlich ein Kölner Iupiteraltar zu vergleichen, der von uns ebenfalls in die 20er Jahre datiert worden ist (oben S. 324 Anm. 315).

---

[323] Vgl. z. B. Kähler, Kapitelle Taf. 8 H 25, Taf. 10 M. 4.

[324] Hornbostel a. a. O. (Anm. 258) 276 Abb. 274. Anzuschließen ist eine Iupiterstatue in Carnuntum, Krüger, CSIR Österreich I 2 (1967) 11 Nr. 2 Taf. 1.

[325] Aus Brigetio/Szőny, Paulovics, Arch. Ért. 1940, 39 f. (italienisches Resümee) Taf. 9,14–15; aus Alba Iulia/Apulum, Isac a. a. O. (Anm. 322) 70 ff. Nr. 2; Ferri, Arte Romana sul Danubio (1933) 176 Abb. 207; FO unbekannt aus Transsylvanien im Museum Bruckenthal, Isac a. a. O. 77 f. Nr. 16 Taf. 1,3. – In spätseverische Zeit ist wohl auch der Iupiter aus Vetel in Deva zu datieren, Isac a. a. O. 76 Nr. 12 Taf. 3,1.

[326] Heimatmuseum Heinsberg; Cüppers, Bonner Jahrb. 159, 1959, 411 Taf. 54,3–4.

Es erhebt sich die Frage, ob mit dieser Datierung die Zeitstellung des Kapitells von 12 (Taf. 66) übereingeht. Kompositkapitelle mit Rosettenfüllung in den Voluten und mit einem Blatt an den Ecken, das die Nahtstelle kaschiert, finden sich in der Rheinzone nur selten. Typologisch eng verwandt ist ein Schuppensäulenkapitell in Mainz, das von Kähler in dieselbe Zeit wie die sogenannte kleine Mainzer Iupitersäule, d. h. nach unserer Chronologie an das Ende des 2. Jahrhunderts datiert wird[327]. In ihrer abstrakteren, stärker auf Licht-Schatteneffekte abgestellten Modellierung sind die Kapitelle aus Tetz (160) und Kelz (216) sowie das Figuralkapitell der Säule von Hausen a. d. Zaber (siehe unten Anm. 336) erheblich später anzusetzen. Das wenige Vergleichsmaterial erlaubt keine präzise Datierung, so daß ich die Frage der Zusammengehörigkeit von Säule und Statue – wobei auch die Möglichkeit späteren Ersatzes mit in Betracht zu ziehen ist – nicht definitiv entscheiden kann[328].

Monumente aus dem zweiten Drittel des 3. Jahrhunderts

Sockel 9. – Säulen 103; 108; 114; 117; Pfeiler 171; 174–175. – Statuen 19–21; 23; 25; 28; 30; 32–34; 37–38; 46; 47; 49; 53–54; 59; 62–63; 65–66; 68; 70; 74–75; 77

Aus den 30er und 40er Jahren des 3. Jahrhunderts ist eine dichte Folge inschriftlich datierter Denkmäler überliefert, die auf eine anhaltende Produktivität der rheinischen Steinmetz- und Bildhauerwerkstätten schließen läßt. Nach der Jahrhundertmitte setzen die datierten Steine weitgehend aus, was jedoch nicht Zufall ist, sondern in einem starken Produktionsrückgang begründet sein wird.

Der bereits erwähnte 'Dreigötterstein' des Jahres 242 n. Chr. aus Mainz-Kastel unterscheidet sich ganz erheblich von dem auf 225 n. Chr. datierten Sockel. Die Figuren schwingen aus, spreizen sich, setzen die Attribute weit weg, entfalten sich in die Breite bei anhaltender Reduktion des plastischen Volumens. Im Gewandstil ist wieder eine Bereicherung zu beobachten. Dem Zwischensockel der 240 n. Chr. restaurierten Heddernheimer Iupitersäule, der im Gegensatz zum Hauptsockel wohl erst 240 n. Chr. anläßlich der Wiederherstellung geschaffen worden ist, läßt sich das Ausbreiten in die Fläche noch deutlicher ablesen. Dies gilt vielleicht auch für den stark zerstörten Heddernheimer Sockel des Jahres 239 n. Chr.[329]. Dagegen zeigt ein Mainzer 'Dreigötterstein' des Jahres 246 n. Chr. (Taf. 34,2) bereits wieder festumrissene, blockhafte Gestalten[330]. So wird man Beginn und Höhepunkt dieser Stilstufe ins 4. Jahrzehnt des 3. Jahrhunderts ansetzen und dazu auf den freilich wenig qualitätvollen Stuttgarter Altar für die Quadruviae des Jahres 230 n. Chr. und auf das Mainzer Geniusrelief von 234 n. Chr. verweisen[331]. Um die datierten Werke läßt sich ein besonders großer Kreis von obergermanischen Sockeln gruppieren, von dem hier nur eine Auswahl erwähnt werden kann. Viergöttersteine aus Mannheim-Neckarau, Bingen und Godramstein zeigen sehr schön die ausschwingenden flachen

---

[327] Kähler, Kapitelle 78 Nr. R 2 Taf. 13 mit Datierung in die Mitte des 2. Jahrhunderts.
[328] Vgl. u. S. 422.
[329] Espérandieu G. Nr. 93–94; Hahl, Stilentwicklung 28 Taf. 18; Bauchhenß Nr. 150–153 Taf. 15,2.3.
[330] Espérandieu VII 5856; X S. 46 f.; Hahl, Stilentwicklung 29 Taf. 21,3; Bauchhenß Nr. 357–358 Taf. 34,2.
[331] Espérandieu G. Nr. 557; Hahl, Stilentwicklung 29 Taf. 20,2. Filtzinger a. a. O. (Anm. 272) 522 Abb. 299; ders., Fundber. Schwaben N. F. 19, 1971, 205 Nr. 47 Abb. 15.

Figuren, die ihre Attribute, z. B. Zange, Keule, Steuerruder, weit von sich stellen[332]. Trotz niedriger Qualität ist auch ein Sockel aus Bad Kreuznach hier einzuordnen[333]. Als niedergermanisches Beispiel mag ein Kölner Iupiteraltar von ebenfalls sehr geringer Qualität dienen (oben Anm. 60). Für die Belgica ist auf den Viergötterstein von Udelfangen zu verweisen[334]. Der Sockel aus Böhl-Iggelheim (Taf. 27) und sich ihm anschließende bescheidene Arbeiten aus Alzey werden am Anfang der Gruppe stehen[335], während ein Mainzer Viergötterstein und die Säule aus Hausen a. d. Zaber schon erste Erstarrungstendenzen zu erkennen geben[336].

Diese kommen in den 40er Jahren etwa mit dem Viergötterstein der Walheimer Säule (Taf. 48,3) voll zur Geltung[337]. Die Figuren erstarren gleichsam, ordnen sich in ihrem Kontur dem Bildfeld unter, verlieren an Räumlichkeit. Die Gewandfältelung gewinnt ein ornamentales Eigenleben, was bereits am Xantener Altar der capitolinischen Trias vom Jahre 239 n. Chr. zu beobachten ist[338]. Bezeichnend für die beschriebene Entwicklung in den 30er und 40er Jahren ist es, wenn die Tuniken der Kultdiener des Altares von 239 n. Chr. im Gegensatz zu denen des Votivs von 232 n. Chr. von einem Gewirr eingeritzter Faltenzüge zergliedert werden. Ist der Stoff auf dem älteren Altar noch bauschig, so liegt er jetzt flach an. Nicht weniger einschneidend ist der Wandel im Aufbau der Figuren. Waren die Diener des Altares von 232 n. Chr. noch gegensätzlich, gespreizt bewegt, so sind sie jetzt erstarrt, die Beine sind zur Seite 'geklappt'. Bezeichnend der Unterschied beim Tragen des Opfertieres, das nun leblos und horizontal gehalten wird. Lehrreich ist auch der Vergleich der Iupiterdarstellung selbst. Hier ein breit ausladender, von Muskeln gegliederter, dort ein walzenförmiger, gleichsam verfetteter Leib. Hier ein plastischer, mit Faltenstegen und -tälern arbeitender Gewandstil, dort eine flache, wie angeklebt wirkende Wiedergabe des Mantels. Das breite, rundliche Gesicht mit den prononcierten Jochbeinen, dem folienartigen Haar wird abgelöst von einem blockförmigen Kopf mit dichtanliegender Haarkappe. Daß hier nicht Zufälligkeiten im Spiel sind, sondern sich ein allgemeiner Stilwandel vollzieht, kann der Blick auf die Geniusstatuen der Jahre 230 n. Chr. aus Nida/Frankfurt-Heddernheim (oben Anm. 309) und 239 n. Chr. aus Niederbieber (unten Anm. 350) ebenso lehren wie die Entwicklung der Matronendarstellung.

---

[332] Espérandieu G. Nr. 409; Gropengießer, Steindenkmäler 20 f. Taf. 22–23; Bauchhenß Nr. 373. – Espérandieu VIII 6124; Koepp, Germania Romana² 37 Taf. 12,1; Bauchhenß Nr. 78. – Espérandieu VIII 5918; Ferri a. a. O. (Anm. 56) Abb. 152 f.; Bauchhenß Nr. 188.

[333] Espérandieu VIII 6149; Bauchhenß Nr. 41.

[334] Hettner 14 ff. Nr. 25; Espérandieu VI Nr. 5230.

[335] Espérandieu VIII 5988; Gropengießer, Steindenkmäler 22 f. Taf. 26–27; Bauchhenß Nr. 225–227 Taf. 27. – Künzl, CSIR Deutschland II 1, 20 ff. Nr. 3 Taf. 9–17; 32 f. Nr. 19 Taf. 36–39; Bauchhenß Nr. 11–13. Künzl a. a. O. 22 u. 33 datiert beide Alzeyer Sockel '200–230 n. Chr.'. – In diese Periode gehören auch die Sockel aus Mainz-Kastel, Espérandieu VII 5865; Bauchhenß Nr. 355–356 Taf. 34,1 und Mainz, Espérandieu VII 5877; Bauchhenß Nr. 298–299 sowie die Säule aus Berwangen in Karlsruhe: Cämmerer a. a. O. (Anm. 272) 183 Taf. 61a; Bauchhenß Nr. 72–74 Taf. 6,1.

[336] Espérandieu VII 5886; Bauchhenß Nr. 316. – Klumbach a. a. O. (Anm. 21) 12 ff. Taf. 3–17; Bauchhenß Nr. 208–211. Der Sockel aus Heidelberg-Heiligenberg, Espérandieu G. Nr. 411, Gropengießer, Steindenkmäler 19 f. Taf. 20 f., Bauchhenß Nr. 215 Taf. 23 f. stimmt zwar typologisch in der Frontseite und in etwa auch zeitlich überein, ist jedoch entgegen Klumbach a. a. O. 31 und Bauchhenß S. 28 von einer erheblich schwächeren Werkstatt gearbeitet.

[337] Filtzinger, Fundber. Baden-Württemberg 1, 1974, 437 ff.; Bauchhenß Nr. 537–539 Taf. 48,3.

[338] Bonn, RLM Inv.-Nr. U 10; Lehner 53 f. Nr. 110; Skulpturen II Taf. 3,8; Espérandieu IX 6577; Koepp, Germania Romana² 32 Taf. 6,6; Hahl, Stilentwicklung 28 Taf. 17,3; A. Betz, Jahresh. Österr. Arch. Inst. 30, 1937 Beibl. 313 Abb. 88; Oxé a. a. O. (Anm. 302) 8 Abb. 8, Petrikovits 47 ff. Nr. 11 Abb.

So zeigt der Bonner Matronenaltar von 235 n. Chr. gegenüber den mittelseverischen Steinen (oben Anm. 314) ganz entsprechende Tendenzen zu begradigten, walzenartigen, unstofflichen Formen[339].
Bei einem Sockel aus Au am Rhein (Taf. 5), einem Relief aus Neu-Saarwerden (Basse-Lorraine) und einem Viergötterstein aus Nida/Heddernheim ist die Gewandung durch eine Vielzahl kurzer, unruhiger, häufig gegenläufiger Furchen und Wülste zerfasert[340]. Bei der Victoria der Bitburger Bauinschrift von 253 n. Chr. hat sich die Faltenwiedergabe zu impressionistischen ungleichmäßig verteilten Ritzungen aufgelöst[341]. Im Aufbau der Figuren setzt in den 40er Jahren eine Umwandlung ins blockhaft Geschlossene ein. Dies wird zum ersten Mal am Mainzer 'Dreigötterstein' von 240 n. Chr. spürbar. Die Figuren werden gleichsam zu einem Block zusammengedrängt. Die Gewandbehandlung wird auf wenige summarisch gehaltene Faltenzüge reduziert.
An niedergermanischen Monumenten ist hier in erster Linie der Reliefpfeiler von Rommerskirchen (175 Taf. 92 f.) zu nennen. Besonders die Darstellungen des Mars, der Virtus und der Iuno schließen sich in flächiger Ausbreitung und Rhythmisierung den Werken der 30er Jahre an. Vergleicht man aber etwa die Luna mit der motivisch eng verwandten Iuno des Viergöttersteins von Iggelheim, so wird der schon geschlossenere, vereinheitlichte Aufbau des niedergermanischen Reliefs evident. In den genannten Zeitraum weist auch die Modellierung der männlichen Körper. So steht das Solrelief mit seinem schwammigen und 'walzenförmigen' Körper dem Xantener Iupiteraltar von 239 n. Chr. näher als dem noch artikulierteren Xantener Iupiteraltar von 232 n. Chr. oder gar der Heddernheimer Geniusstatue von 230 n. Chr. (oben Anm. 309). Trotz schlechter Erhaltung und geringer Qualität ist der Kölner Pfeiler 174 (Taf. 91,4) hier einzuordnen. Mit seinen geschwungenen, ausgreifenden Figuren ist er entwicklungsgeschichtlich eher noch älter als das Rommerskirchener Votiv. Das Kölner Fragment einer Schuppensäule mit umlaufenden Reliefs (117 Taf. 88,3) ist ebenso anzuschließen wie die allerdings sehr bescheidene Bonner Schuppensäule mit Reliefschmuck 103 (Taf. 88,3), deren Oberfläche freilich stark verrieben ist. Falls der schlechte Erhaltungszustand nicht täuscht, so ist das Jülicher Pfeilerfragment 171 (Taf. 90,1) schon etwas später anzusetzen. In der Gewandbehandlung macht sich die Ornamentalisierung bemerkbar, wie sie von dem Sockel aus Au am Rhein und seinen Verwandten auf die Spitze getrieben wird. Die Nähe zum Pfeiler aus Rommerskirchen und zugleich eine gewisse Weiterentwicklung sind auch dem Rosettenschmuck im Giebel des Bildfeldrahmens abzulesen, der in Jülich flüchtiger und weitgehend in Bohrtechnik gearbeitet ist. Starker Einsatz des Bohrers ist ferner an den Sockelreliefs aus Köln-Weiden (9 Taf. 63) zu beobachten. Die Ausbreitung vor dem Grund verbindet den Sockel mit den Werken der 30er Jahre. Der schwammige walzenförmige Körper des Hercules geht eng mit dem jüngeren Xantener Iupiterrelief überein. Im flachen Reliefstil, in der Frontalität, im gleichförmigen Faltenrelief wie in der Verwendung des Bohrers schließen sich die Dienerinnenreliefs des Bonner Aufanienaltares des T. Iulius Titianus an[342].

---

[339] Lehner 1930, 12 Nr. 21 Taf. 11; Hahl, Stilentwicklung 29 Taf. 11,3.
[340] Au: Espérandieu G. Nr. 357; Bauchhenß Nr. 26 Taf. 5. Hierher gehört auch das Minervarelief aus Rheinzabern in Speyer, Espérandieu VIII 5910; Bauchhenß, Arch. Korrbl. 7, 1977, 59 Taf. 14,3. – Neu-Saarwerden: Espérandieu IX 7242; Ferri a. a. O. (Anm. 56) Abb. 156. – Heddernheim: Bauchhenß Nr. 170.
[341] Trierer Zeitschr. 24/26, 1956/58, 539 Taf. 16; Schindler a. a. O. (Anm. 251) 46 Abb. 138.
[342] Lehner 1930, 16 Nr. 33 Taf. 18.

Noch einen Schritt weiter in der Auflösung des Zusammenhangs von Körper und Gewand, der Ignorierung der stofflichen Qualitäten, der Verselbständigung der Faltenmotive geht die Schuppensäule mit Reliefschmuck von Kloster Kapellen (108 Taf. 84,4). Wenn der schlechte Erhaltungszustand nicht täuscht, gehören schließlich Schuppensäulen mit Reliefschmuck aus Wissersheim (114 Taf. 86,1) und Mainz in die Gruppe[343].

Ausgangspunkt für die Untersuchung der Statuen der Stilstufe ist der Bonner Iupiter 23 (Taf. 70,1.2). Wie die Figur 26 (Taf. 70,3.4) zeigt er die charakteristischen Diagonal- und Steilfalten, wobei sich nun am linken Knie gleichfalls eine Steilfalte bildet. An einer Kölner (52) und vor allem an einer Nijmegener Statue (62 Taf. 77,1.2) hat sich daraus ein N-förmiges Faltensystem entwickelt. Anders als bei den älteren Werken sind die Falten aber nicht mehr straff geführt, sondern hängen leicht durch (so auch 25; 63), wobei sich Ursprung und Verlauf der Faltenzüge z. T. nicht mehr nachvollziehen lassen. Das Nachlassen der Anspannung wird besonders im Aufbau der Figuren deutlich. Der Oberkörper schiebt sich nach vorn, er gerät gleichsam ins Rutschen, das eine Bein wird weit nach vorn gestellt, so daß die Figuren an Tiefe gewinnen (besonders deutlich 25 u. 62). Dies kann bei der Statue 21 wie bei einem Bad Kreuznacher Iupiter freilich nicht darüber hinwegtäuschen, daß sie fast zum Hochrelief reduziert sind[344]. Das Streben nach Räumlichkeit, das erkauft wird mit einer Verunklärung des Sitzmotivs und des organischen Zusammenhangs, läßt sich auch an mehreren Sitzstatuen anderer Gottheiten, ja selbst an stehenden Figuren beobachten[345].

Eigens erwähnt sei die eindrucksvolle thronende Statue der Dea Candida aus Nida/Frankfurt-Heddernheim[346]. Neben dem 'gleitenden Sitz' ist die kubische Zusammenfassung des Unterkörpers, seine nahezu pfeilerhafte Geschlossenheit bestimmend für die Figur. Dies wie die schon ganz ornamentale Wiedergabe der Fältelung des Chitonunterteils weisen darauf hin, daß die Statue bereits etwas später anzusetzen ist. Die segelartig gespannte Drapierung des Mantels findet sich in der Folgezeit bei verschiedenen sitzenden Gottheiten, darunter auch bei Iupiter und Iuno.

Der Stilwandel wirkt sich nicht zuletzt in der Modellierung des Kopfes aus. Im Gegensatz zu den rundlichen Gesichtern, die bislang vorherrschten, besitzen die Statuen jetzt langrechteckige Köpfe, wie es sich schon mit 29 und 73 (Taf. 81,1; 82,1) vorbereitete. Anders als bei den letztgenannten Köpfen sind Haar- und Bartlocken nun zu wenigen dicken, durch tiefe Einschnitte isolierten Flechten zusammengefaßt. Diese schlangenartigen Wülste wahren weder den organischen Zusammenhang noch sind sie von ornamenta-

---

[343] Espérandieu X 7329; Brommer, Vulkan 6 Nr. 20 Taf. 20; Bauchhenß Nr. 367.
[344] Espérandieu VIII 6147; Bauchhenß Nr. 48.
[345] Sitzend: Isisstatue aus Köln im RGM Köln, Espérandieu VIII 6402; Schoppa, Götterdenkmäler 71 Nr. 113 Taf. 92; Grimm a. a. O. (Anm. 258) 132 ff. Nr. 14 Taf. 19–21 mit der Bibliographie. – Fortunastatue aus Köln im RGM Köln, Espérandieu VIII 6431; Schoppa, Götterdenkmäler 66 Nr. 92 Taf. 79 (Falscher Tafelnachweis). – Minervastatue aus Nijmegen in Leiden, Daniëls – Brunsting 28 f. Nr. 25 Taf. 6. Wesentlich später ist die Fortuna aus Poelich im RLM Trier entstanden, Espérandieu VI 5263; Koethe a. a. O. (Anm. 251) 232 Abb. 10. – Stehend: z. B. Geniusstatuen aus Dieburg, Kreismuseum Dieburg, Kunckel, Genius 105 Nr. CI 50 Taf. 72,2; aus Köln im RGM Köln, Ristow a. a. O. (Anm. 200) 37 Abb. 35; Bronzestatuette eines Genius vom Jahre 246 n. Chr. aus Niederbieber jetzt im RLM Bonn, Kunckel, Genius 113 Nr. CII 1 Taf. 90; 'kleine Minerva' aus Öhringen, o. Anm. 311.
[346] Frankfurt, Museum für Vor- und Frühgeschichte; Fischer, Städel-Jahrb. NF 1, 1967, 64 ff. Abb. 1–4; ders. a. a. O. (Anm. 309) 18 f.

lem Reiz und stehen in krassem Mißverhältnis zur Kopfgröße. In der Wiedergabe von Kopf und Haar schließt sich eine Statue vom Pfaffenberg bei Carnuntum an, in der Jobst eine Darstellung des Iupiter Casius erkannt hat[347]. Der Iupiterkopf 75 (Taf. 81,3; 82,3) erinnert in der folienartigen Einrahmung des Gesichtes zwar noch an 29, in der Reduktion des plastischen Volumens, bei der die gesamte Wölbung des Hinterkopfes weggefallen ist, geht er jedoch schon einen Schritt weiter. Das Gesicht nimmt kubische Formen an. Der Bart springt weit vor, um dem Kopf so Tiefe zu geben. Kalotten- und Barthaar sind zu wenigen Strähnen zusammengefaßt und rollen sich zu großen Spiralen ein. Die gleiche Ornamentalisierung kehrt bei Iupiterköpfen aus Heidelberg und Öhringen wieder[348].

Die Datierung der Gruppe wird dadurch erschwert, daß keine der Statuen zusammen mit Stütze oder Reliefsockel überliefert ist. Die im Jahre 239 n. Chr. geweihte Säule aus Nida/Frankfurt-Heddernheim ist in der bekrönenden Gruppe von Iupiter und Iuno leider schlecht erhalten und weicht typologisch ab, so daß der Vergleich auf Allgemeines beschränkt bleibt. Die Iuno ist z. B. in dem 'gleitenden Sitz' dargestellt, die Modellierung der Mantelfalten ist vergleichbar. Der leider undatierte von einer tuskischen Säule getragene Heddernheimer Iupiter ordnet sich der Gruppe in etwa ein[349]. Die artikulierte Wiedergabe des Körpers von 23 (Taf. 70,1.2) ist mit dem Heddernheimer Genius von 230 n. Chr. und dem Xantener Iupiter von 232 n. Chr. und nicht mit dem Genius von Niederbieber[350] und dem jüngeren Xantener Iupiteraltar, die beide aus dem Jahre 239 n. Chr. stammen, zu vergleichen. Der Wandel von rundlichen zu kubischen Köpfen vollzog sich wie erwähnt in den 30er Jahren zwischen den beiden Xantener Iupiteraltären.

So empfiehlt sich eine Datierung in die 30er Jahre. Eine gewisse Bestätigung bringt der Vergleich mit dem leider stark fragmentierten Reiter der Hausener Säule, die wir in die späten 30er Jahre datiert hatten (siehe oben S. 328). Die Barthaare sind hier in ähnlicher Weise in dicke Wülste isoliert wie bei 23.

Mit der Statue in Schloß Dyck (30 Taf. 71,1.2) wird das Faltensystem weiter aufgelöst. Zwar ist die vom rechten Knie ausgehende Steilfalte beibehalten, doch hängen die einstige Diagonalfalte und weitere Querfalten durch, lassen tiefe und breite Täler zwischen sich aufklaffen, so daß der stoffliche Zusammenhang verlorengeht. Der Körper bildet eine ungemein kompakte, teigige, wenig artikulierte Masse. Hierin wie in dem Kontrast zu dem kleinformatigen Kopf verraten sich darüber hinaus handwerkliche Schwächen des Bildhauers. Sie wirken sich im Gesicht nicht minder aus, etwa in der knolligen Nase und den

---

[347] Jobst, in: ANRW II 6, 716 Taf. 8; ders., 11. Juni 172 n. Chr. Der Tag des Blitz- und Regenwunders im Quadenlande (1978) 32 ff. Abb. 27–30 mit Datierung um 210 n. Chr.
[348] Heidelberg, Kurpfälzisches Museum, Espérandieu G. Nr. 433a; Schoppa, Die Kunst der Römerzeit in Gallien, Germanien und Britannien 57 Taf. 91 mit Datierung in die zweite Hälfte des 2. Jahrhunderts; Filtzinger, Planck u. Cämmerer a. a. O. (Anm. 272) 283 Abb. 115. – Stuttgart, LM, Espérandieu G. Nr. 673; Ferri a. a. O. (Anm. 56) Abb. 180.
[349] Espérandieu G. Nr. 102; Bauchhenß Nr. 147–148.
[350] Espérandieu G. Nr. 4; Hahl, Stilentwicklung 30 Taf. 22,1; Petrikovits 54 Nr. 16 Abb. 14; Kunckel, Genius 101 f. Nr. CI 13 Taf. 69.

Schlitzaugen. Die Verbreiterung des Untergesichtes und die ornamentale Umwandlung des Haares und besonders des Bartes mit seinen aneinandergereihten Korkenzieherlocken spiegeln in depravierter Weise Zeittendenzen wieder[351].

Wegen ihres voluminösen Körperbaues sei eine Statue aus Grevenbicht (34) an dieser Stelle angeführt, die zum Capitolinustypus c gehört. Sie geht schon deutlich über den zuletzt besprochenen Vertreter dieses Typus (61) hinaus und dürfte daher gleichfalls der Gruppe um 23 (Taf. 70,1.2) angehören. – Zwei arg beschädigte Kölner Statuen (53 u. 54 Taf. 76) seien hier versuchsweise genannt, da sie mächtige Körper und den 'gleitenden Sitz' verbinden.

Ein größerer Kreis von Statuen läßt sich um den Iupiter aus Rheydt-Mülfort (66 Taf. 78,2.3) gruppieren. Die Figuren sind von neuer Anspannung erfüllt. Zwischen den Beinen entsteht ein reiches Faltenrelief, wobei dickere Wülste, Grate und Faltentäler wechseln. Zunächst mag man an die Werke der frühseverischen Epoche denken, doch ist bei einigen der Statuen wie 19–20, 28 u. 33 schon die tief ausgehöhlte, verschattete Fältelung, wie sie bereits bei 30 und 34 begegnete, ein Hinweis auf die spätere Entstehung. Ein untrügliches Indiz ist wieder der gleichsam gleitende Sitz (besonders bei 70). Bei den Ioves 66 (Taf. 78,2.3) und 59 äußert sich die Anspannung auch in dem aufgeblähten Thorax und dem merkwürdig eingezogenen Unterleib. Der Kopf der Statue 66 steht in der Tradition von Plastiken wie 23 (Taf. 70,1.2), hat jedoch weiter an Volumen, in der Zeichnung, etwa der Haare, an Differenzierung verloren; die Betonung des Untergesichtes teilt er mit 30 (Taf. 71,1.2). Der Capitolinustypus c wird von der Kölner Statue 48 fortgesetzt.

Derselben Zeitstufe dürften die obergermanischen Gruppen von Iupiter und Iuno aus Nida/Frankfurt-Heddernheim, Mainz und Straßburg angehören[352]. Die breite, kannelurartige, vom Knie der Iuno ausgehende Steilfalte ist mit 30, die dichte Folge zwischen den Beinen hängender Faltenbögen ist eher mit 66 zu vergleichen. Schließlich ist hier das Iupiter-Iunorelief des Mainzer Dativius Victor-Bogens zu nennen, das 66 (Taf. 78,2.3) zudem in der überlängten Proportionierung und dem 'gleitenden Sitz' ähnelt[353]. Die von dem *dec(urio) civit(atis) Taun(ensium)* Dativius Victor gelobte und von seinen Söhnen ausgeführte Stiftung muß einige Zeit vor der Aufgabe der agri decumates (um 260 n. Chr.) entstanden sein, so daß sich für unsere Stilstufe wenigstens ein terminus ante quem ergibt. Die zu dem Heddernheimer Anathem gehörenden Sockelreliefs sind im Anschluß an die Walheimer Säule (oben Anm. 337) in die 40er Jahre zu datieren.

---

[351] In der Ornamentalisierung des Barthaares geht 30 über den reitenden Iupiter und das Iupiterrelief des Zwischensockels der Säule von Hausen a. d. Zaber hinaus. Das gilt auch für ein Kopffragment aus St. Wendel in Trier, Hettner 70 Nr. 125; Espérandieu VI 5110; Ferri a. a. O. (Anm. 56) 128. Das Kalottenhaar eines Fragmentes von derselben Fundstelle in Trier, Hettner 70 Nr. 126, Ferri a. a. O. Abb. 180 geht in der Ornamentalisierung gleichfalls über die Stufe von 29 u. 73 hinaus. – Dagegen sind die Korkenzieherlocken einer thronenden Sarapisstatue aus Fectio/Vechten in Utrecht, Espérandieu XIV 8576 Taf. 89 f., A. N. Zadoks – Josephus Jitta, Portrait of an Emperor, in: Miscellanea I. Q. v. Regteren Altena (1969) u. Sonderdruck des Bonnefantenmuseums Maastricht (1970) 8 Abb. 4; Hornbostel a. a. O. (Anm. 258) 280; 410 Abb. 366 a–b als ikonographisch bedingter Archaismus zu verstehen. Der in der Verfüllung des Grabens des Steinkastells gefundene Kopf ist durch den Fundzusammenhang vorerst nicht genauer zu datieren, da der Zeitansatz für die Errichtung des Steinkastells noch zwischen ca. 150 und 200 n. Chr. schwankt; Bogaers, in: Der Niedergermanische Limes 62.

[352] Espérandieu G. Nr. 134; Bauchhenß Nr. 155–158. – Bauchhenß Nr. 287 Taf. 32,3 (das Stück ist mir nur durch den Katalog von Bauchhenß bekannt). – Espérandieu VII 5505; Hatt, Strasbourg Nr. 58; Bauchhenß Nr. 503.

[353] Espérandieu VII 5826; H. v. Gall; Jahrb. RGZM 15, 1968, 98 ff.; K.-V. Decker u. W. Selzer, in: ANRW II 5,1 (1976) 507 ff. Abb. 12.

Die Iupiterköpfe 74 (Taf. 81,2) und 77 leiten zur folgenden Stilstufe über. Das längliche, schmale Gesicht ist zu einem Block zusammengepreßt, dem Haar und Bart gleichsam wie aufgebauschte Perücken umgehängt sind. Dies wie der starre Blick verleihen den Köpfen die eigentümliche Spannung. Betrachtet man sie im Profil, so zeigt sich, daß sie kaum Hinterkopf besitzen, sie sind fast zum Hochrelief geworden.

Bei 74 (Taf. 81,2) sind zwar einzelne Haarbüschel angegeben, der große Abstand zum severischen Haarstil zeigt sich aber sofort. So sind die Strähnen des Kalottenhaares ganz schematisch fast wie ein Fischgrätenmuster gearbeitet. Die Tendenz, organische in stereometrische Formen umzusetzen, kommt in der Wiedergabe der Körper nicht weniger zum Zuge. Bei den Ioves 32 (Taf. 71,3.4) und 38 (Taf. 72,1.2) ist er walzenförmig gebildet. Die Gestaltung des Throns bleibt weitgehend dem Block verhaftet, der Eindruck eines Möbels wird nicht mehr evoziert, wie auch die eingeritzten Draperien und Polster unstofflich abstrakt bleiben.

Die Kölner Figur 47 (Taf. 75) besitzt kaum noch Tiefenerstreckung, sie breitet sich vor dem Thron wie vor einem Reliefgrund aus, wobei die Unterschenkel in die Fläche 'geklappt' sind. Die Mantelfalten einschließlich des Schulterbausches wie die Throndraperien sind gleichförmig, ornamental gegeben. Ähnliches gilt für die zum Capitolinustypus d zählenden Statuen 65 (Taf. 78,1) und 68, bei denen das Mißverhältnis zum Thron noch stärker in die Augen springt. Eine neugefundene Fortunastatue aus Köln sowie eine zweite Glücksgöttin im Bonner Landesmuseum sind in gleicher Weise reliefartig gebunden[354].

Entsprechende Tendenzen sind auch in anderen Werkstätten nachweisbar. So zeigt eine Mainzer Gruppe von Iupiter und Iuno (Taf. 32,2) im Vergleich zu den Werken der früheren Stilstufe ein ähnliches Flächigwerden und Abstrahieren in der Wiedergabe von Körper und Gewand[355]. Das gleiche gilt für eine Iupiterstatue aus Schwarzenacker[356]. Mehreren Capitolinusfiguren aus Dakien sind gleichfalls die Umsetzung ins Stereometrische und die schematisierten, straffen, gleichlaufenden Faltenzüge eigen[357].

Die Untersuchung der Reliefs hatte ergeben, daß der Trend zur abstrakt stereometrischen Formensprache beim Viergötterstein des Jahres 246 n. Chr. aus Mainz-Kastel voll zum Durchbruch kam. So empfiehlt sich für die Statuen dieser Stufe ein Ansatz um die Jahrhundertmitte.

Mit den Statuen 49, 37 und 46 (Taf. 73,2–4) erreicht die Depravation des Typus ein entscheidendes Stadium. Die Figuren lösen sich nicht mehr aus dem Block, Thron, Polster und Draperien sind zu einem Klotz mit abstrakten Strichelungen oder Wülsten verkümmert. Ein entsprechender Prozeß läßt sich auch in der übrigen Votivplastik Germaniens und Galliens ablesen. Als Beispiele seien genannt eine Kölner Mercurstatue, Sitzfiguren des Pluto und des Neptunus aus Bonn[358]. Er ließe sich auch gut an den zahlreichen Bil-

---

[354] Köln, RGM Inv.-Nr. 76,472.3, unpubliziert. Die Statue war mit dem Genius o. Anm. 345 und weiteren Statuen und Reliefs in einem Turm des konstantinischen Kastells Divitia/Deutz verbaut. – Bonn, RLM Inv.-Nr. A 1422; FO unbekannt; Lehner 84 Nr. 166; Skupturen II Taf. 6,3.

[355] Mainz, LM, Espérandieu VII 5739; X S. 33; Bauchhenß, Jupitergigantensäulen Abb. 31; Bauchhenß Nr. 285 Taf. 32,2.

[356] Kolling, Funde aus der Römerstadt Schwarzenacker 55 f. Taf. 79.

[357] Isac a. a. O. (Anm. 322) 75 Nr. 7 Taf. 1,2; 78 Nr. 18 Taf. 2,2.

[358] Köln, RGM Inv.-Nr. 471; Espérandieu VIII 6423; Schoppa, Götterdenkmäler 56 Nr. 44 Taf. 42; Galsterer 35 Nr. 119 Taf. 26. Die Wiedergabe von Thron und Polster ist eng verwandt mit 49. – Bonn, RLM, von der Münsterkirche, Lehner 1930, 22 Nr. 54 Taf. 23,2; Espérandieu XI 7785. – Bonn, RLM Inv.-Nr. 17236 aus Bonn, Lehner 96 Nr. 200; Skulpturen II Taf. 8,9; Espérandieu VIII 6233.

dern der Epona, der Herecura und anderer thronender Göttinnen darstellen[359]. Als Datierung dieses Komplexes wird man bereits an das dritte Jahrhundertviertel denken müssen. Damit ist, soweit ich sehe, die Geschichte der Gattung in der Germania inferior abgeschlossen. Die Votivplastik selbst lebte aber auf bescheidenem Niveau noch eine Weile fort[360].

---

[359] Epona: z. B. Relief im LM Stuttgart aus Köngen, Espérandieu G. Nr. 586; Ristow, in: Römer am Rhein 162 Nr. A 92 Taf. 41; Schoppa, Götterdenkmäler 56 Taf. 90 und aus Hausen a. d. Zaber, Klumbach a. a. O. (Anm. 21) 21 f. Taf. 27–29. Eponasteine der zweiten Hälfte des 3. Jahrhunderts bei Hahl, Stilentwicklung 48. – Herecura: z. B. die Funde aus Hausen a. d. Zaber, Klumbach a. a. O. (Anm. 21) 22 f. Taf. 30.

[360] Zur Votivplastik im späteren 3. Jahrhundert Hahl, Stilentwicklung 43; 48; Koethe a. a. O. (Anm. 251) 232 f.; Binsfeld, in: Festschr. 100 Jahre Rheinisches Landesmuseum Trier (1980) 263 ff. An Denkmälern aus Niedergermanien gehören z. B. hierher: Thronende Göttin vom Bonner Münster im RLM Bonn, Lehner 1930, 24 Nr. 59 Taf. 25,1; Espérandieu XI 7786. – Thronende Göttin aus Nijmegen im Rijksmuseum Nijmegen, Brunsting-Daniëls 28 Nr. 21 Taf. 6. – Thronende Minerva aus Heerlen im Rijksmuseum Leiden, Espérandieu IX 6670. – Die Chronologie dieser Periode bedarf jedoch noch weiterer Diskussion.

Schulen und Werkstätten

Die sich abzeichnenden Schwerpunkte der Verbreitung der Iupitersäulen und -pfeiler in Niedergermanien und ihre siedlungsmäßigen Zusammenhänge ziehen die Fragen nach Werkstätten und regional bedingten Werkstattgruppen nach sich, die wir hilfsweise 'Schulen' nennen wollen. Diese Fragen können freilich nicht isoliert ohne die Aufarbeitung und Einbeziehung der gesamten Votivplastik der Provinz beantwortet werden. Da dies den Rahmen der Untersuchung sprengen würde, können hier nur einige kursorische Beobachtungen angestellt werden. Zuvor ist jedoch zu klären, wie sich das für die Germania inferior festgestellte Typenrepertoire zu dem des übrigen Verbreitungsgebietes und speziell zu dem der Germania superior und der Gallia Belgica verhält, ob sich so etwas wie 'Provinzschulen' feststellen lassen.

'Provinzschulen'

Vergleicht man die Typen der bekrönenden Statuen, so bietet sich in den beiden Germanien ein völlig konträres Bild. Während in der Germania inferior der thronende Iupiter, der Capitolinustypus, vorherrscht und der Gigantenreiter nur vereinzelt und engräumig belegt ist (mindestens 59 Exemplare gegenüber maximal fünf Exemplaren), bildet er in der Germania superior die übliche Bekrönung. Capitolinusstatuen sind dort nur selten und auf das Rhein-Main-Gebiet um Mainz beschränkt (106 Exemplare gegenüber neun Exemplaren)[361]. Eine Gegenüberstellung der ober- und niedergermanischen Capitolinusstatuen erlaubt weitere Differenzierungen. So ist in Obergermanien bislang nur der Capitolinustypus a (beide Beine verhüllt, keine Mittelfalten, siehe oben S. 276) bezeugt[362]. Dem Bad Kreuznacher Iupiter fehlt allerdings der Schulterbausch (oben Anm. 344). Lediglich die Statue aus Wiesbaden-Igstadt ähnelt dem Typus b, doch ist bei ihr der Mittelzipfel verknotet (oben Anm. 319). Erhebliche Unterschiede finden sich auch in der Gestaltung der Throne. So sind in Obergermanien die Throne nur z. T. mit Tuchdraperien ausgestattet, während in Niedergermanien die Wiedergabe von Attributen oder Traban-

---

[361] Die Angaben zu Obergermanien beruhen auf dem Katalog von Bauchhenß.
[362] Kleine Mainzer Iupitersäule (oben Anm. 275); Frankfurt-Heddernheim (oben Anm. 349); Alzey, Künzl, CSIR Deutschland II 1, 27 f. Nr. 13 Taf. 28–29; Bauchhenß Nr. 17 Taf. 4,2.

tenfiguren auf den Schmalseiten der Statuen nicht belegt ist[363]. Im Gegensatz zu den Statuen der Germania inferior sind die obergermanischen Ioves typologisch wie stilistisch zudem sehr inhomogen. Der Iupiter der Kleinen Mainzer Iupitersäule entspricht hingegen den niedergermanischen Plastiken voll und ganz.

In der Gallia Belgica herrscht als Bekrönungstypus der Iupitersäulen gleichfalls bei weitem der Gigantenreiter vor[364]. Doch dürften mehrere Capitolinusstatuen aus Trier und den Territorien der Treverer und der Mediomatriker zu Iupitersäulen gehört haben. In der Drapierung des Himation folgen einige dem Typus a[365], andere dem Typus c (= entblößtes linkes Bein, Mittelzipfel)[366]. Wie in Niedergermanien sind bei einigen Statuen zwischen den Thronbeinen Tücher gehängt[367]. In der Form der Throne und in der Beigabe des Adlers weichen die Figuren jedoch von den niedergermanischen ab.

Die Fülle, Homogenität, bei gleichzeitiger relativer Formenvielfalt und die Qualität der niedergermanischen Capitolinusstatuen lassen es als sicher erscheinen, daß der Typus nicht aus den Nachbarprovinzen übernommen, sondern in der Germania inferior selbst

[363] Bei der Statue in Bad Kreuznach (o. Anm. 344) ist seitlich jeweils ein Jüngling dargestellt – Ganymed und Mercurius (?). Die Statue in Alzey Taf. 4,2 zeigt links das Rad, rechts den Adler. Während die Statue in Bad Kreuznach ohne Rückenlehne auskommt, besitzt die Mainzer Statue Espérandieu VII 5831; Bauchhenß Nr. 283 Taf. 32,1 eine besonders hohe Lehne mit volutenförmigem oberem Abschluß. Tuchdrapierung hat die Mainzer Statue Bauchhenß Nr. 284 und in abgewandelter Form die Alzeyer Figur. Die Wiesbadener Statue nimmt durch ihre überreiche Ornamentierung der Seiten wie der Rückenlehne eine Sonderstellung ein, vgl. die Beschreibung bei Bauchhenß Nr. 555–556 und Taf. 52 f.

[364] Eine Zusammenstellung der Iupitergigantenreiter der Belgica fehlt bislang. Hier kann nur eine vorläufige Liste ohne Anspruch auf Vollständigkeit und Richtigkeit in der Zuweisung zu den Territorien gegeben werden.
Civitas Treverorum: Trier: Gose, Der gallo-römische Tempelbezirk im Altbachtal zu Trier 20 f. Abb. 112; 46; Espérandieu VI 4954. – Espérandieu VI 5228; Bonner Jahrb. 128, 1923, 153 (Hinweise Binsfeld). – Ehrang: Hettner 18 ff. Nr. 27–31; Espérandieu VI 5233; IX S. 412 f. – ebd.: Hettner 23 f. Nr. 32; Espérandieu VI 5246. – Jünkerath: Hettner 24 f. Nr. 34; Espérandieu VI 5251; XIV Taf. 100. – Arlon: Lefebure a. a. O. (Anm. 16) 13 ff. Abb. 11; Espérandieu V 4024. – Virton: Espérandieu V 4119; A. Geubel, Pays Gaumais 11, 1950, 81 ff. Abb. Luxemburg: Espérandieu V 4232; E. Wilhelm, Pierres sculptées et inscriptions de l'époque romaine. Catalogue Musée d'Histoire et d'Art Luxembourg (1974) 49 Nr. 313 Abb. S. 106. – Espérandieu V 4276; Wilhelm a. a. O. 49 Nr. 314. – Verschiedene FO, RLM Trier: Espérandieu XI 7728. – Trierer Zeitschr. 24–26, 1956–1958, 508 Abb. 98; Binsfeld, in: Führer 34, 58 Abb. 3. – Trierer Zeitschr. 6, 1931, 179 f. E. V. 62, 34, unpubliziert (Hinweis Binsfeld). – FO unbekannt, im RLM Trier: Hettner 24 Nr. 33.
Civitas Mediomatricorum: Espérandieu V 4423; 4425; 4465; 4493; Espérandieu VI 4504–4505; 4507; 4512; 4514; 4518; 4521; 4527; 4530; 4532; 4533; 4549; 4557; 4612; IX 7238; 7243; 7269 (J. Moreau, La Nouvelle Clio 4, 1952, 224 Nr. 7); 7272 (Moreau a. a. O. 222 Nr. 2); 7273 (Moreau a. a. O. 224 Nr. 8); Espérandieu XI 7712 (Moreau a. a. O. 225 Nr. 11); Espérandieu XV 9231 Taf. 103 f.; Musée Archéologique de Metz. La civilisation gallo-romaine dans la cité des Médiomatriques (1964) 40 Nr. 178; Gallia 18, 1960, 226 ff. Abb. 27–30; ebd. 28, 1970, 315 Abb. 49. Weitere Funde bei Hertlein, Iuppitergigantensäulen 9 ff. Für das Saarland Moreau a. a. O. 223 Nr. 3; Nr. 5; 224 f. Nr. 9; 225 Nr. 10; 228 Nr. 17; 229 Nr. 18; Nr. 19; 229 f. Nr. 20; 230 Nr. 21; 231 Nr. 22.
Weitere Civitates: Espérandieu V 3777; 3920; Espérandieu VI 4639; 4660; 4670; 4694; 4765; 4768; 4898; 4900.

[365] RLM Trier aus Trier: oben Anm. 252; Hettner 12 Nr. 20; Espérandieu VI 4925; wohl nicht zu einer Säule gehörig o. Anm. 251; Inv.-Nr. ST.2897; Espérandieu VI 5257 (der Text bezieht sich irrtümlich auf die Iupiterstatue aus Idenheim, Hettner 14 Nr. 23; Hinweis Binsfeld); aus Schwarzenacker im LM Saarbrücken, oben Anm. 356. Bei einem Kopf aus Völklingen-Lauterbach, Saarbrücken im LM Saarbrücken, Espérandieu IX 7271, Moreau a. a. O. (Anm. 364) 222 Nr. 1; Kolling, Ber. Staatl. Denkmalpflege Saarland 24, 1977, 90 Taf. 16 ist fraglich, ob er zu einem Gigantenreiter oder zu einer Statue des Capitolinustypus gehörte.

[366] Trier, RLM, FO unbekannt; Hettner 14 Nr. 24; Espérandieu VI 5010; IX S. 393; Espérandieu VI 4920. Pont-sur-Sambre (Nord) oben Anm. 318 – unsicher ob zur Gattung gehörig. – Bei einer Statue aus Bitburg im RLM Trier, oben Anm. 320 sind beide Beine unbedeckt.

[367] Z. B. bei der Trierer Statue oben Anm. 252 und der Bitburger Statue oben Anm. 320.

in die Gattung eingeführt und wohl von hier aus weiterverbreitet worden ist. Hierfür spricht auch, daß der Typus als Säulenbekrönung zuerst in Köln begegnet.

Die Gruppe 205 aus Tongeren verbindet den im Capitolinustypus d gegebenen Iupiter mit der zu seiner Rechten thronenden Gemahlin Iuno. Die Göttin trägt einen schleierartig über den Kopf gezogenen Mantel, die Rechte ist vorgestreckt, die Linke hält vor der Brust ein Attribut, das Rad. Der Typus hat seine Entsprechungen bislang nur in der Germania superior mit Funden aus Mainz, Nida/Frankfurt-Heddernheim und Straßburg[368]. Trotz gewisser Unterschiede: Capitolinustypus d statt Typus a, fehlende Gürtung des Chitons der Iuno, andere Attribute in der Linken der Göttin dürften 205 wohl obergermanische Gruppen als Vorbilder gedient haben[369]. Dem Fehlen von Iupiter-Iuno-Gruppen in Niedergermanien entspricht, daß die allerdings wenigen Weihinschriften hier stets nur Iupiter nennen, während die Monumente in Obergermanien häufig auch Iuno Regina gewidmet sind[370].

Das vereinzelte und auf ein kleines Gebiet beschränkte Vorkommen von Iupitergigantenreitern in der Germania inferior erlaubt den Schluß, daß dieser Typus aus der Germania superior oder der Gallia Belgica übernommen worden ist. Vor einer raschen Herleitung ist zu bedenken, daß die Gruppe aus Tongeren (203 Taf. 99) zu den frühesten und qualitätvollsten der Gattung gehört (siehe oben S. 321). Auch in der Zweizahl der Giganten nimmt sie eine Sonderstellung ein, die sie aber mit Gruppen im Mainzer und im Speyrer Museum teilt[371].

Die Figur 206 besitzt, falls sie zu Recht als gefesselter Gigant interpretiert worden ist, gleichfalls eine Parallele in Obergermanien: die Butzbacher Säule (unten Anm. 378). Die Typen des fratzengestaltigen, den Reiter tragenden, am Boden hockenden oder bäuchlings liegenden Giganten, wie ihn die Kölner (17 Taf. 68,3) bzw. Jülicher (16 Taf. 68,1.2) Gruppe vertreten, haben ihre Entsprechungen in der Germania superior wie in der Belgica[372]. Das gleiche gilt für die militärische Montur der Reiter 17–18 (Taf. 69; siehe oben S. 279).

Die Vorstellung von Iupiter als Gigantensieger besaß in der Germania inferior nur geringe Geltung. So wundert es nicht, daß der in Obergermanien durch mehrere Gruppen vertretene Typus, der Iupiter auf der Biga über einen Giganten hinwegfahrend zeigt, in Niedergermanien nicht belegt ist[373].

Ähnlich wie bei den Statuen lassen sich auch für die Stützentypen Einflüsse von außerhalb der Provinz wie Eigenarten der Germania inferior beobachten. Die Säulen mit Reliefs (166 Taf. 87; 167; 168) wurden bereits im Zusammenhang mit der in flavischer Zeit

---

[368] Oben Anm. 355; Mainz, LM, Bauchhenß Nr. 285 Taf. 32,2; Nr. 286–288 Taf. 32,3. – Vgl. Anm. 352. – Espérandieu X 7299; Bauchhenß Nr. 504.

[369] An keiner der obergermanischen Statuengruppen hält Iuno das Rad, das aber als Attribut obergermanischer Iupitergigantenreiter wohlbekannt ist, Bauchhenß 73 ff. Bei den Straßburger Gruppen hält Iuno in der Linken die Pyxis, vielleicht auch bei dem Heddernheimer Paar Bauchhenß Nr. 155–158.

[370] Bauchhenß 42 ff.

[371] Mainz: Ferri a. a. O. (Anm. 56) 93 Abb. 50; Bauchhenß Nr. 350. – Speyer: aus Eschweiler Hof, Gem. Kirkel, Saar-Pfalz-Kr., also aus der Belgica; Moreau a. a. O. (Anm. 364) 224 f. Nr. 9.

[372] Giganten mit fratzenartigem Gesicht Espérandieu VIII 6090; Espérandieu VI 4511; Espérandieu VII 5720; Bauchhenß Nr. 199 Taf. 21,4. Zur Haltung der Giganten in Obergermanien Bauchhenß 65 f.; hockender, fratzenhafter Gigant aus Trier-Ehrang, Espérandieu VI 5246.

[373] Künzl, Arch. Korrbl. 3, 1973, 223 ff.; ders. Fundber. Baden-Württemberg 3, 1977, 290 f. mit Verbreitungskarte Abb. 5; Bauchhenß Nr. 25 Taf. 4,3.4; 66–69; 524; 548 Taf. 49.

in Obergermanien einsetzenden, von der Mainzer Säule für Nero ausgehenden Tradition gebracht (siehe oben S. 286).

Zu den Säulen mit Weinrankendekor (165 Taf. 88,4; 212) wurden ebenfalls schon die Parallelen aus Obergermanien benannt. Hauptverbreitungsgebiet dieses Typus ist in den Nordprovinzen jedoch Gallien[374]. So dürften die aus dem Grenzgebiet zur civitas der Nervier stammende Säule 212 und vielleicht auch das Jülicher Monument 165 von dort angeregt worden sein.

Der beliebteste Stützentypus in den beiden Germanien wie in der Belgica war die einfache Schuppensäule. Wo sie für die Gattung adaptiert worden ist, läßt sich nicht mehr feststellen. Hier wie dort zeichnet sich die Masse der Schuppensäulen durch die zweizonige Anlage mit den von Basis bzw. Kapitell ausgehenden, zur Mitte hin orientierten, durch eine Taenie getrennten Schuppen aus. Hier wie dort gehen bei einigen wenigen Beispielen die Schuppen von der Taenie aus oder sind, ohne zu alternieren, einheitlich nach unten gerichtet[375]. Im gesamten Verbreitungsgebiet finden sich vereinzelt gekielte Schuppen[376]. Ebenso stimmt die Gestaltung der Taenien einschließlich der gelegentlichen Ornamentierungen überein[377]. Selbst in technischen Details wie dem vereinzelten Verzicht auf Schuppung des Schaftansatzes oder der Fertigung von Sockel und Säulenbasis aus einem Block finden sich Parallelen in den benachbarten Provinzen[378].

Deutliche Unterschiede sind hingegen bei den Kapitelltypen zu beobachten. In Obergermanien wie in der Gallia Belgica schließt die Mehrzahl der Monumente mit einem Figuralkapitell ab. Die Kapitelle sind entweder mit Halb- und Ganzfiguren von Giganten versehen oder dem Blattkorb entwachsen Protomen von Personifikationen, etwa der vier Jahreszeiten, während in Niedergermanien Figuralkapitelle überhaupt kaum vorkommen[379].

In der unteren Provinz gehört ein erheblicher Teil der Säulen zu dem anspruchsvolleren Typus der Schuppensäule mit Reliefschmuck, während er in Obergermanien nur vereinzelt auftritt und auf das Gebiet von Mainz beschränkt bleibt; in Gallien scheint er sogar ganz zu fehlen. Das besterhaltene obergermanische Beispiel ist die Kleine Mainzer Iupitersäule (oben Anm. 275). Sie stimmt im Aufbau mit schlichtem rechteckigem Inschrift-

---

[374] Walter, Colonne 41 ff. Neufund aus Fremersdorf, Kr. Saarlouis: Kolling a. a. O. (Anm. 365) 76 ff. Taf. 11.

[375] Schuppen von der Taenie ausgehend: z. B. Figuralkapitell mit aufwärts gerichteten Schuppen in Bad Kreuznach, Espérandieu VIII 6159; Mercklin, Figuralkapitelle 98 Nr. 247 Abb. 467; Bauchhenß Nr. 52. – Schuppen nach unten gerichtet: z. B. Schuppensäule in Speyer, Römer am Rhein 147 f. Nr. A 39; Bauchhenß Nr. 482.

[376] Niedergermanien: 10; 107; 112; Obergermanien: Säule aus Altrip: Espérandieu VIII 6001; Bauchhenß Nr. 8 Taf. 4,1. – Heddernheimer Säule von 239 n. Chr.: Bauchhenß Nr. 150–153 Taf. 15,2; o. Anm. 329. – Mainz, LM; Bauchhenß Nr. 324; o. Anm. 327. – Pforzheim, Espérandieu G. Nr. 362; Bauchhenß Nr. 423. Gallia Belgica: Trier RLM ohne FO, Hettner 207 Nr. 551 Abb. – Arlon, o. Anm. 74. – Vieux Virton, Geubel, Pays Gaumais 11, 1950, Abb. S. 84; Lefebure a. a. O. (Anm. 16) 5 Abb. 4. Lugdunensis: Reliefpfeiler aus Paris, oben Anm. 247.

[377] Zum Flechtbanddekor der Kölner Säulen 88 u. 92 ist die Säule in Trier oben Anm. 376 zu vergleichen.

[378] 6 und Säule aus Butzbach, Bauchhenß Nr. 100–103 Taf. 10,2. – 183 sowie 181 (?) und 'Viergötterstein' aus Reims, Espérandieu V 3665.

[379] Giganten: Mercklin, Figuralkapitelle 151; 175 f.; 181 Abb. 818 ff.; Bauchhenß 64. – Jahreszeiten: Mercklin, Figuralkapitelle 85; 95 ff. Abb. 447 ff.; Bauchhenß 63 f. – Das von Mercklin, Figuralkapitelle 98 Nr. 246 Abb. 462 aufgeführte Pilasterkapitell aus Köln-Alteburg, Köln, RGM Inv.-Nr. 31,281 sowie ein in der spätantiken Maasbrücke verbautes Pfeilerkapitell mit Gigantomachie im Bonnefantenmuseum Maastricht, Panhuysen, Hermeneus 52, 1980, 95 Abb. 16 f. sind bislang die einzigen mir bekannten Figuralkapitelle Niedergermaniens.

sockel, attischer Säulenbasis, Schaft mit gegeneinander gerichteten, durch eine Taenie getrennten Schuppen, korinthischem Kapitell, Iupiter Capitolinusstatue wie in Anordnung und Programm der Reliefs – Mercurius, Minerva, Iuno – weitgehend mit den niedergermanischen Säulen, etwa der von Kleinbouslar (6 Taf. 55,1) überein. Ein zweiter Mainzer Fund mit den Reliefs des Vulcanus und einer Göttin darüber (oben Anm. 343) sowie Säulentrommeln aus Altrip (oben Anm. 376) und Bad Kreuznach mit Darstellung der Fortuna bzw. der Minerva entsprechen gleichfalls mehr oder minder den Monumenten der Germania inferior[380]. Dagegen vermischt ein weiteres Votiv aus Mainz den Typus mit dem der glatten Reliefsäule (o. Anm. 275). Die untere Zone ist geglättet und ähnlich wie bei 166 (Taf. 87) mit vier Götterreliefs geschmückt, die obere Zone ist geschuppt und mit übereinander gestaffelten Götterreliefs versehen. Eine neugefundene Säule aus Bad Kreuznach, von der ich durch G. Bauchhenß Kenntnis erhielt, setzt sich aus geschupptem Schaftansatz und glattem Schaft mit Götterreliefs zusammen[381]. Dagegen ist ein Fragment vom Mont-Berry (Oise) als vereinfachende Verschmelzung von 'Dreigötterstein' und Schuppensäule zu verstehen, bei der Sockelgesims und Säulenbasis weggefallen sind[382].

Die Frage nach der Herkunft der Schuppensäule mit frontalem Reliefschmuck kann vorerst nur mit aller Vorsicht beantwortet werden. Die stärkere und weitere Verbreitung des Typus in Niedergermanien spricht für diese Provinz, zumal hier die ältesten Beispiele entdeckt worden sind. Die in der Germania superior ausgeführten Experimente, die sich um die Verschmelzung des dort bodenständigen Typus mit glattem Schaft und umlaufenden Reliefs bemühten, sind kein Gegenargument (siehe auch die Kölner Schuppensäule 117 Taf. 88,3 mit umlaufendem Reliefschmuck).

Iupiterpfeiler scheinen in der Belgica und in den Gebieten der Germania superior zu fehlen, in denen sich die Säulenvotive konzentrieren. Neben der Germania inferior kannte jedoch auch das Innere Galliens mit Götterreliefs geschmückte Pfeilermonumente. Zwar ist die Rekonstruktion, Interpretation oder Datierung des einen oder anderen von Hatt für die Gattung in Anspruch genommenen Monumentes noch strittig, doch ist das Vorkommen des Typus im Westen der Germania superior und in der Lugdunensis nicht zu bezweifeln[383]. Angesichts der großen ikonographischen und stilistischen Unterschiede kann freilich von einer Abhängigkeit der rheinischen Monumente von den innergallischen Reliefs keine Rede sein[384]. Auf der Grundlage von Pfeilerdenkmälern wie dem Nijmegener, die in der Tradition der römischen Reichskunst entstanden sind (siehe unten S. 365), hat sich in Niedergermanien vielmehr ein eigenständiges Typenrepertoire an Iupiterpfeilern entwickelt. Das älteste erhaltene Beispiel, der Kölner Pfeiler 172 (Taf. 90,2–4), läßt noch in der Rahmung der Bildfelder diese Herkunft erkennen. Die den Pfeilern innewohnende Möglichkeit, sie ohne Konflikt mit dem Grund mit Reliefschmuck auszustat-

---

[380] Espérandieu VIII 6176; Bauchhenß Nr. 50.
[381] Bauchhenß Nr. 51.
[382] Espérandieu V 3849; Walter, Colonne 27 Nr. 22.
[383] Siehe auch oben Anm. 244, außerdem Hatt a. a. O. (Anm. 220) 86 ff. – G. Ch. Picard, Gallia 35, 1977, 90; 97 f. berücksichtigt in seiner Typologie nur den Pfeiler der nautae Parisiaci und den von Mavilly.
Zum Pariser Pfeiler von St. Landry siehe oben Anm. 247. Der dreiseitig reliefierte Pfeiler ist wie 172 auf der Rückseite geschuppt. Ein großer Reliefpfeiler, auf dessen Frontseite Minerva und Iuno übereinandergestaffelt dargestellt sind, aus Vinsobres bei Nyons (Drôme) Gallia 29, 1971, 437 ff. Abb. 42 dürfte gleichfalls zur Gattung gehören und schon aus der ersten Hälfte des 1. Jahrhunderts stammen, siehe unten S. 365.
[384] Hatt a. a. O. (Anm. 220) 90 f.

ten, kam der niedergermanischen Tendenz zur plastischen Dekoration der Stütze entgegen, wie sie sich auch in den Schuppensäulen mit Götterreliefs äußert.

Abschließend seien Typen und Bildprogramme der Sockel verglichen. Angesichts der relativ geringen Überlieferung an niedergermanischen Sockeln wurde bereits die Vermutung geäußert (siehe oben S. 273), daß im Gegensatz zu den übrigen Verbreitungsgebieten ein Gutteil der Votive dieser Provinz auf sie verzichtete. Der geringen Rolle, die ihnen hier zugemessen wurde, entspricht es, daß ca. ein Drittel ohne Reliefschmuck blieb, was in Obergermanien die Ausnahme ist[385].

Die Rahmungsformen der reliefgeschmückten Sockel stimmen weitgehend mit denen Obergermaniens und Galliens überein: einfache rechteckige Rahmen, Rahmen mit aufgebogenem oder konchenförmigem Abschluß sind auch dort gebräuchlich. Sowohl in Ober- wie in Niedergermanien finden sich Sockel, die auf drei oder auf vier Seiten Götterreliefs tragen, doch ist der einfachere Sockeltyp in der Germania superior relativ gesehen weit seltener[386].

Im Bildprogramm der niedergermanischen Sockel fehlt die in der oberen Provinz und in der Belgica dominierende Götterkonstellation: Iuno – Minerva – Mercurius – Hercules, die sogenannte Normalreihe[387]. Bei zwei Sockeln aus dem Grenzgebiet von civitas Tungrorum und civitas Treverorum (209–210), könnte die 'Normalreihe' dargestellt gewesen sein. Auf zwei niedergermanischen 'Dreigöttersteinen' (187; 191) erscheint die 'Normalreihe' reduziert auf Iuno – Hercules – Minerva, eine Zusammenstellung, die in Obergermanien gleichfalls beliebt war[388]. Auch die übrigen auf niedergermanischen Sockeln wiedergegebenen Gottheiten Apollo, Vulcanus, Mercurius, Iupiter, Sol, Mars, Bacchus, Genius, Fortuna, Ceres kehren in den beiden anderen Provinzen und in etwa entsprechender relativer Häufigkeit wieder[389]. Ein Sockel aus der civitas Tungrorum (213) zeigt auf den beiden Nebenseiten die Dioskuren als Pferdeführer, was seine Parallele in einer kleinen Gruppe obergermanischer Zwischensockel findet[390]. Es begegnen jedoch auch Göttervereine, die jeweils in den anderen Provinzen keine Pendants haben, z. B. der Kölner Sockel mit der Zusammenstellung von Genius – Ceres – Bacchus (188).

Festzuhalten bleibt, daß bei den Sockeln ein deutlicher Einfluß Obergermaniens zu beobachten ist, sich aber auch einige niedergermanische Eigenheiten bemerkbar machen. Sie äußern sich vornehmlich in der Beschränkung oder in der Negation von Reliefausstattung. Derselben Tendenz entspricht das fast völlige Fehlen von Zwischensockeln (oben S. 290) oder der Verzicht auf Sockel überhaupt. Die für die zylindrischen und achteckigen Zwischensockel der Germania superior und der Gallia Belgica bevorzugte Darstellung der Wochengötter fehlt sogar ganz[391].

---

[385] z. B. der Sockel der Kleinen Mainzer Iupitersäule o. Anm. 275.

[386] Leider wird in der Forschung gewohnheitsmäßig stets von 'Viergöttersteinen' gesprochen, gleichgültig wieviel Gottheiten dargestellt und wie viele Seiten reliefiert sind, vgl. die Bemerkung von Hertlein, Juppitergigantensäulen 94. Nach dem Katalog von Bauchhenß sind u. a. folgende obergermanische Sockel nur auf drei Seiten mit Götterreliefs geschmückt: Heddernheim: Bauchhenß Nr. 143; 150; 155. Mainz: Bauchhenß Nr. 291; 292; 302; 310; 353; 357; 360; 362; 366. Verschiedene FO: Bauchhenß Nr. 176; 208; 215; 239; 244; 389; 390; 554; 557.

[387] Haug; Viergöttersteine 320; Bauchhenß 48 ff.

[388] Bauchhenß 51.

[389] Siehe die Zusammenstellung bei Bauchhenß 51.

[390] Künzl, Fundber. Baden-Württemberg 3, 1977, 302 mit Abb. 5 (Verbreitungskarte); Bauchhenß 57 f. und Karte 4.

[391] Zu den Wochengöttern M. P. Nilsson, Archiv Religionswiss. 23, 1925, 186 ff.; Duval, Semaine; Bauchhenß 56 ff.

Auf der anderen Seite zeichnet sich in Niedergermanien eine stärkere Neigung zur plastischen Ausgestaltung der Stützen ab. Dies gilt sowohl für die Schuppensäulen mit Relief wie für die Reliefpfeiler. Sie übernahmen weitgehend die Aufgaben, die im übrigen Verbreitungsgebiet der Gattung die Reliefsockel erfüllten, eine Annahme, für die auch die weitgehende Übereinstimmung der Bildprogramme von Stützen und Sockeln spricht (siehe oben S. 292). Zur schlichteren Ausführung der niedergermanischen Säulen gehört ferner der Verzicht auf Figuralkapitelle. Bei den bekrönenden Statuen schließlich erwies sich das obergermanische Typenrepertoire zwar als erheblich breiter und in Bezug auf den Gigantenreiter auch als vorbildlich, doch konnte die Adaption des Capitolinustypus für die Gattung vermutungsweise in der Germania inferior lokalisiert werden.

Die verschiedenen hier herausgearbeiteten und noch einmal zusammengefaßten Charakteristika des niedergermanischen Materials wie seine Geschlossenheit, die sich besonders bei der Analyse des Capitolinustypus äußerte, lassen sich unter dem Notbegriff 'Provinzschule' subsumieren[392]. Denn entsprechende Differenzierungen in der Plastik der beiden Provinzen sind auch für die Votivaltäre und die Grabreliefs aufzuzeigen[393]. Unterhalb der Ebene grundsätzlicher Gemeinsamkeiten finden sich typologische und stilistische Unterschiede, die sich mit den antiken administrativen Grenzen decken.

'Lokalschulen' und Werkstätten

Mit Ausnahme der von Samus und Severus geschaffenen großen Mainzer Iupitersäule (*Samus et Severus Venicari f[ilii] sculpserunt*) ist keines der Monumente signiert, wie ja überhaupt lateinische Bildhauersignaturen zu den Ausnahmen gehören[394]. Einige wenige Bildhauer und Steinmetzen[395] sind uns in den Nordprovinzen durch ihre Weih- oder

---

[392] Verf. ist sich der Problematik des Begriffes 'Schule' durchaus bewußt, doch ist er bislang durch keinen treffenderen Terminus ersetzt.

[393] Vorläufig Verf., Römische Grabreliefs der Rheinzone mit Mahldarstellungen (ungedruckte Bonner Magister-Arbeit 1973) 64 ff.

[394] Die auf zahlreichen Steindenkmälern befindlichen Zeichen sind nach Röder, Kölner Jahrb. Vor- u. Frühgesch. 5, 1960/61, 44 keine Steinmetzzeichen, sondern Steinbruchmarken. – Zu Künstlersignaturen: J. M. C. Toynbee, Some Notes on Artists in the Roman World. Collection Latomus 6 (1951) 26 f. Eine Liste, in der aber die Bildhauer aus den Nordprovinzen fehlen, gibt B. Andreae, Römische Kunst² (1974) 633 f. – Eine Signatur trägt ein Sandsteinblock mit Gigantomachie aus Berkach im LM Darmstadt: CIL XIII 6428; Espérandieu G. Nr. 181: *Xysticus scalpsit*. – Eine Signatur aus Dalmatien: Weihrelief für Diana im Museum Split, signiert *Maximianus sculpet*, CIL III 8509; Guide to the Archaeological Museum at Split (1973) 38. Signatur aus Aquae (Dakien) *Saturnin(us) sculpsit*: CIL III 1413. Siehe auch unten F 10.

[395] In der provinzialrömischen Forschung wird häufig von Steinmetzen statt von Bildhauern gesprochen, um den handwerklichen Charakter der Arbeiten zu betonen, z. B. Petrikovits, Gnomon 24, 1952, 478; ders., Römisches Militärhandwerk. Archäologische Forschungen der letzten Jahre. Anz. Österr. Akad. Wiss. Wien. Phil.-Hist. Kl. 111 (1974) Nr. 1, 14, wieder abgedruckt, in: Beiträge zur römischen Geschichte und Archäologie (1976) 607. Im Sprachgebrauch von klassischer Archäologie und Kunstgeschichte wird der Bildhauer in der Tat einseitig als Künstler verstanden. Beides ist untechnischer Sprachgebrauch. Bildhauer ist heute ein handwerklicher Lehrberuf. Daneben gibt es den akademischen Bildhauer. Dem Steinmetz, ebenfalls ein handwerklicher Lehrberuf, der heute meist zusammen mit dem des Bildhauers erlernt wird, obliegt das Zuschlagen der Blöcke, das Meißeln von Profilen, Inschriften u. a. Der Begriff Steinmetz kann also nicht zur qualitativen, sondern nur zur funktionalen Differenzierung bei Bildwerken benutzt werden. In der Antike wurde einmal nach dem bearbeiteten Material unterschieden: Marmorarius – lapidarius. Sculptor ist wohl mit Bildhauer zu übersetzen, quadratarius als Steinmetz? Siehe auch I. Calabi Limentani, Studi sulla società romana (1958) 159 ff.; W.-D. Heilmeyer, Korinthische Normalkapitelle. Studien zur Geschichte der römischen Architekturdekoration. Ergh. Röm. Mitt. 16 (1970) 18 ff.

Grabinschriften überliefert[396]. Für Werkstattzuschreibungen sind wir damit allein auf Stilvergleiche angewiesen. Es sei vorausgeschickt, daß sich nur in vereinzelten Fällen Iupitermonumente bestimmten Betrieben zuweisen lassen. Um trotzdem zu einer gewissen Vorstellung von den Produktionsverhältnissen in der Germania inferior zu gelangen, werden zunächst ganz allgemein die Erkenntnisse zu lokalen Werkstattgruppen und Betrieben der Provinz zusammengetragen. Die Untersuchung der verwendeten Steinmaterialien sowie Stilvergleiche erlauben sodann gewisse Konkretisierungen und Ergänzungen.

In Köln sind seit tiberischer Zeit Bildhauerwerkstätten nachweisbar, die zunächst ausschließlich Grabplastiken anfertigten[397]. Anhand der zahlreichen Grabstelen mit Mahlszene lassen sich für die flavische Zeit mehrere nebeneinander arbeitende Werkstätten unterscheiden, die sich einerseits in Stil und Qualität deutlich voneinander absetzen, sich andererseits aber gegenüber den Mahlreliefs anderer Orte zusammenschließen, so daß von einer Kölner Bildhauerschule gesprochen werden kann[398]. Neben der Sepulkral- nahm allmählich die Votivplastik breiteren Raum ein (oben Anm. 253). Für das 2.–3. Jahrhundert ist immerhin eine Kölner Bildhauerwerkstatt inschriftlich bezeugt: Ein gewisser Desideratus, der sich sowie Frau und Sohn einen Reliefsarkophag aus Buntsandstein anfertigte oder anfertigen ließ, bezeichnet sich als *neg(otiator) artis lapidariae*[399]. Es ist anzunehmen, daß Desideratus auf die Herstellung von Sarkophagen spezialisiert war[400]. Die qualitätvolleren Matronen- und Mercuraltäre vom Bonner Münster sind von Lehner versuchsweise zwei Kölner Werkstätten zugeschrieben worden[401]. Da die Hauptstücke von Decurionen bzw. einem Magistrat der CCAA geweiht worden sind, sprechen auch äußere Gründe für diese Vermutung. Durch den Altar für die Matronae Boduneihae und einige leider stark fragmentierte, im spätantiken Atrium von St. Gereon wiederverwen-

---

[396] Auf seinem Grabstein im Museum Bordeaux ist der *scu(lptor) M. Sec(...) Amabilis* bei der Arbeit dargestellt, F. Braemer, Les stèles funéraires à personnages de Bordeaux Ier–IIIe siècles (1959) 56 Nr. 34 Taf. 10,29. Ein gewisser *Aureli(us) Leoni[s] [---] artis caracte[raria]e* in Lyon scheint sich nach seiner Grabinschrift, CIL XIII 1982; P. Wuilleumier, Lyon. Métropole des Gaules (1953) 54 auf die Anfertigung von Inschriften spezialisiert zu haben. Die ars quadrataria übte ein gewisser Silvestrius Silvinus in Dieburg aus, wo er ein Dianarelief CIL XIII 6434, F. Behn, Das Mithrasheiligtum zu Dieburg. Röm.-Germ. Forsch. 1 (1928) 43 f. und zusammen mit seinem Bruder, einem Schuster, das bekannte Mithrasrelief, H. Finke, Ber. RGK 17, 1927, 60 f. Nr. 187; Behn a. a. O. 23 f., Schwertheim a. a. O. (Anm. 80) 160 ff. Taf. 31 f. gestiftet hat. Siehe auch Anm. 415. Aus Dakien sind drei lapidarii bekannt: CIL III 1365; 1601; 7895.

[397] Folgende Stelen sind jeweils einer Werkstatt zugeschrieben worden: a. Grabstelen des C. Vetienius und des C. Deccius in St. Germain-en-Laye: P. La Baume, Museen in Köln. Bulletin 8, 1969 H. 9, 786 f.; b. Grabstele eines Schiffssoldaten und ein fragmentiertes Gegenstück im RGM Köln: H. Gabelmann, Bonner Jahrb. 172, 1972, 106 Anm. 114 Abb. 25–26; c. Grabstelen des Gatus, Ocellio, Bienus und ein Stein ohne Inschrift im RGM Köln: J. Röder, Kölner Jahrb. Vor- u. Frühgesch. 5, 1960/61, 42 ff. Taf. 11.

[398] Verf., Römische Grabreliefs der Rheinzone mit Mahldarstellungen 72 ff. Ich hoffe, hierauf in größerem Zusammenhang einzugehen. Die von Alföldy, Die Hilfstruppen der römischen Provinz Germania inferior. Epigr. Stud. 6 (1968) 170 ff. vertretene Zuschreibung nahezu aller niedergermanischen Mahlreliefs an eine Kölner Werkstatt flavischer Zeit trifft nicht zu, skeptisch schon H. Chantraine, Germania 50, 1972, 322 f. Alföldy hat sich von den Gemeinsamkeiten der 'Provinzschule' täuschen lassen.

[399] RGM Köln, Galsterer 78 Nr. 325 Taf. 71; Espérandieu VIII 6437; O. Schlippschuh, Die Händler im römischen Kaiserreich in Gallien, Germanien und den Donauprovinzen Rätien, Noricum und Pannonien (1974) 60; Verf., in: Führer 37, 147 Abb. 15.

[400] Verf. a. a. O. (Anm. 399).

[401] Lehner 1930, 40 ff.; W. Schleiermacher Ber. RGK 23, 1934, 136 f. schreibt den Kölner Werkstätten noch weitere Altäre aus der Provinz zu. – Die von J. Poppelreuter, Röm.-Germ. Korrbl. 3, 1910, 2 f. der Werk-

dete Votive für die Matronae Aufaniae sind nun auch aus Köln den Bonner Funden ebenbürtige Werke bekannt⁴⁰². Doch reichen die Erkenntnismöglichkeiten für die Entscheidung solcher Fragen vorerst nicht aus. Einige der von Lehner als Werkstatteigentümlichkeiten oder -unterschiede gewerteten Merkmale sind tatsächlich durch gemeinsame bzw. abweichende Zeitstellung bedingt⁴⁰³.

Neben Köln traten schon im 1. Jahrhundert weitere lokale Schulen oder zumindest Werkstätten für Grabplastik hervor, so in Bonn und am unteren Niederrhein, wohl im Xantener Raum. Dies läßt sich wiederum am besten, doch nicht ausschließlich, an den Mahlstelen ablesen⁴⁰⁴. Eine in der Bosse verworfene Kalksteinstatue eines Gottes, wohl des Mercurius, zeugt für die Tätigkeit einer Werkstatt für Weiheplastiken in Bonn⁴⁰⁵. Es darf als sicher gelten, daß zumindest ein Teil, wenn nicht die Masse der in die Bonner Heiligtümer gestifteten Votive von ortsansässigen Betrieben geschaffen worden ist. Lehner dachte dabei freilich in erster Linie an die zahlreichen aus Trachyt vom nahen Drachenfels gearbeiteten Votive⁴⁰⁶. Dieses für Bildhauerarbeiten wenig geeignete Hartgestein stand wohl nur Angehörigen des Militärs für Weihe- und Grabsteine zur Verfügung, das die Brüche am Drachenfels und wohl auch in Berkum betrieb⁴⁰⁷. Allerdings haben auch

---

statt des Kölner Vagdavercustisaltares, Galsterer 40 Nr. 146 Taf. 32 zugeschriebenen Altäre sind Arbeiten ganz verschiedener Werkstätten.

⁴⁰² Matronae Bouduneihae: Köln, RGM; Ristow, Kölner Jahrb. Vor- u. Frühgesch. 11, 1970, 81 Nr. 20 Taf. 21; ders., a. a. O. (Anm. 200) 42 Abb. 47; Galsterer 31 Nr. 98 Taf. 22. Die Verbindung mit den auf Globen stehenden Victorien zeigt auch der Bonner Altar Lehner 1930, 11 f. Nr. 20 Taf. 10. Der Kölner Altar besaß auf den Schmalseiten gleichfalls Dienerreliefs, die bei der Wiederverwendung abgemeißelt worden sind; vgl. den Kölner Matronenaltar oben Anm. 270; Galsterer 41 Nr. 156 Taf. 34. – Matronae Aufaniae: Köln RGM FB. 77.35; die mit Inschrift erhaltenen Stücke werden von B. und H. Galsterer, Epigr. Stud. 12 (im Druck) publiziert.

⁴⁰³ So schon Hahl, Stilentwicklung 53 Anm. 97.

⁴⁰⁴ Verf. a. a. O. (Anm. 393) 78 ff. mit Zuschreibung der Bonner Grabstelen mit Mahlszene des C. Iulius Verecundus Lehner 250 f. Nr. 637; Skulpturen II Taf. 16,1; Espérandieu VIII 6262 und Lehner 284 Nr. 699; Skulpturen II Taf. 21,3; Espérandieu VIII 6270 an dieselbe Werkstatt. So auch Bauchhenß, CSIR Deutschland III 1 (1978) 46 ff. Nr. 30–31 Taf. 31–33. Die von Panhuysen, Bull. Ant. Besch. 54, 1979, 215 geäußerte Kritik ist unberechtigt. Verf., Bonner Jahrb. 174, 1974, 556 ff.

⁴⁰⁵ Bonner Jahrb. 146, 1941, 371 Taf. 46,2; Espérandieu XIV 8546 Taf. 75. Hiervon zu unterscheiden sind Plastiken, die unvollendet geblieben, aber wohl verwendet worden sind: Duisburg, Niederrheinisches Museum, aus Asciburgium/Moers-Asberg: Bechert, Bonner Jahrb. 179, 1979, 498 Abb. 16–17; Bonn, RLM, Kalkstein, von der Adenauerallee, Lehner 280 f. Nr. 689; Skulpturen II Taf. 19,3–4; Bauchhenß, CSIR Deutschland III 1, 57 f. Nr. 45 Taf. 42–43. Die Datierung in flavische Zeit ergibt sich durch die Verwandtschaft in der Darstellung der Lorbeerbäume mit der des Mahlreliefs des Longinus Biarta, Galsterer 63 f. Nr. 256 Taf. 56; Espérandieu VIII 6483.

⁴⁰⁶ Lehner 1930, 43. – Aus Trachyt sind z. B. folgende Bonner Votive und Grabsteine gearbeitet: Matronenaltäre vom Bonner Münster, Lehner 1930, 6 Nr. 3; 6 Nr. 4; 7 Nr. 5; 8 Nr. 8; 9 Nr. 11; 9 Nr. 12; 10 Nr. 16. – Ehreninschrift für Antoninus Pius, Lehner 7 f. Nr. 11. - Iupiteraltäre: Lehner 25 Nr. 47; 25 f. Nr. 48. Iupiter und andere Götter: Lehner 48 f. Nr. 103; 50 f. Nr. 106. – Herculesaltäre: Lehner 66 f. Nr. 135; 67 Nr. 136; Horn, Bonner Jahrb. 170, 1970, 233 ff. – Victoriaaltäre: Lehner 74 f. Nr. 150; 75 Nr. 151. – Fortunaaltäre: Lehner 80 f. Nr. 160; 81 Nr. 161; 82 Nr. 162. – Geniusaltar: Lehner 93 Nr. 192. – Verschiedene Gottheiten: Lehner 72 ff. Nr. 149. Ein aus dem Gebiet des Legionslagers stammender Altar für Aesculapius und Hygia, H.-G. Kolbe, Bonner Jahrb. 161, 1961, 85 ff. Nr. 1 dürfte auch von einem Militär gestiftet worden sein. – Soldatengrabsteine: Lehner 229 Nr. 608; 229 f. Nr. 609; 230 f. Nr. 610; 277 f. Nr. 678. Bei den Grabmalresten Lehner 324 Nr. 809; 327 f. Nr. 816 sind die Inhaber nicht bekannt. Ein Quader eines Grabmals stammt aus dem Bereich des Legionslagers, Bauchhenß, CSIR III 1, 50 f. Nr. 55.

⁴⁰⁷ Röder, Bonner Jahrb. 174, 1974, 509 ff.

Kölner, Xantener und andere Werkstätten im Auftrage von Soldaten vereinzelt Trachyt verwendet[408]. Für unsere Gattung, etwa für die Sockel, ist er nicht benutzt worden.

Für die CUT hat H. Borger anhand einer 'verworfenen Iuppiter-Figur' (69) sowie 'vieler anderer Architekturbruchstücke' auf eine Bildhauerwerkstatt im Bereich südlich des Südtores der Stadt geschlossen[409]. Durch die Entdeckung mehrerer Töpferöfen in der Nachbarschaft ist zumindest die gewerbliche Nutzung dieses Areals gesichert[410]. Die beiden neronischen dem Mars geweihten Votivaltäre (siehe oben Anm. 242) sind – wie Rüger zeigen wird – von einer wohl in der Vorgängersiedlung der CUT ansässigen Werkstatt gearbeitet worden. Die beiden Iupiterreliefs der Jahre 232 n. Chr. und 239 n. Chr. stehen sich in der tektonischen Gestaltung, besonders in ihrer Ornamentierung so nahe, daß sie aus derselben Xantener Werkstatt stammen dürften[411].

Doch waren Bildhauerwerkstätten durchaus nicht – wie man denken könnte – auf die größeren Städte und Siedlungen beschränkt. Im Zuge der wirtschaftlichen und kulturellen Entwicklung Niedergermaniens ließen sich auch außerhalb der Zentren an kleineren Orten, selbst im Hinterland Bildhauer und Steinmetzen nieder[412]. Mit einiger Wahrscheinlichkeit hat man dies auch für die größeren Heiligtümer wie das Matronenheiligtum bei Morken-Harff mit ihren Serien gleichförmiger Votive angenommen[413]. Daneben werden in der Forschung auch reisende Bildhauer vermutet[414]. Durch vereinzelte Signaturen sind lediglich zugereiste Bildhauer gesichert[415].

Die Iupiterstatue 65 (Taf. 78,1) aus Remagen ist als einziges Monument der Gattung aus Tuff gearbeitet[416]. Dieses vulkanische Bimsgestein mit reichlichen Einsprenglingen steht

---

[408] Köln: Dianaaltäre: Galsterer 15 Nr. 14; 15 Nr. 15; 14 Nr. 12; Fragment eines Weihaltares, Gottheit und Dedikant nicht überliefert: Galsterer 44 Nr. 175 Taf. 37. – Grabsteine: Lehner 256 Nr. 648; Galsterer 61 f. Nr. 248; 70 Nr. 290 Taf. 63. Der Inhaber des Grabmals Lehner 341 Nr. 862 ist unbekannt. – Xanten: Mithrasaltar: Lehner 107 Nr. 226. Altar für die Matres: Lehner 157 Nr. 345. – Altar eines nicht überlieferten Gottes aus Remagen: Lehner 211 Nr. 557. Der Philosoph Q. Aelius Egrilius Evaretus, dessen Trachytgrabmal in Wesseling gefunden wurde, Lehner 334 f. Nr. 844, nennt sich bezeichnenderweise amicus des Statthalters. Unbestimmtes Grabsteinfragment in Nijmegen, Daniëls-Brunsting 42 f. Nr. 61. – Ein Matronenaltar aus Wachtberg-Berkum, Lehner 130 Nr. 276, ist vielleicht von Privatleuten gestiftet worden. Angesichts der Nähe der Brüche und der Tatsache, daß es sich um ein Einzelstück handelt, spricht der Stein nicht gegen unsere These.

[409] Bonner Jahrb. 160, 1960, 326; 329. Leider ist dieser wichtige Befund unpubliziert.

[410] Borger a. a. O. (Anm. 409) 326 ff.; Heimberg u. Rüger, Rheinische Ausgrabungen 12. Beitr. zur Arch. des römischen Rheinlandes 3 (1972) 84 ff.

[411] Oxé a. a. O. (Anm. 302) 1 ff. Die Zuweisung des Altars aus Zennewijnen, Betuwe überzeugt nicht.

[412] Verf. Bonner Jahrb. 174, 1974, 558 (Grabreliefwerkstatt in Jülich), zu Plastiken in Jülich o. Anm. 95, Bauchhenß, CSIR Deutschland III 2 (1979) 14 (zu Grabstelen aus Übach-Palenberg). Werkstattfunde aus Stuttgart–Bad Cannstatt; O. Paret, Germania 9, 1925, 13 f.

[413] Kolbe, Bonner Jahrb. 160, 1960, 50 ff., besonders 123 f.; Röder, ebd. 137 ff. Gleiches vermutet Alföldy, Epigr. Stud. 5, 82 ff. aufgrund der Schreibungen und der Schriftformen für das Matronenheiligtum von Pesch.

[414] Durch weitgehend verfehlte Werkstattzuschreibungen kommt E. Gerster, Mittelrheinische Bildhauerwerkstätten im 1. Jahrhundert n. Chr. (1938) zur Annahme einer starken Mobilität der Werkstätten. Strocka a. a. O. (Anm. 292) 130 f. rechnet mit 'Wanderbildhauern', die von Ort zu Ort gezogen seien, um die Aufträge dann an Ort und Stelle auszuführen. Mit der Zuwanderung gallischer Bildhauer nach Obergermanien rechnet auch Panhuysen Arch. Korrbl. 10, 1980, 63 f.

[415] So ist in Aquae Sulis/Bath ein *Priscus Touti f(ilius) lapidariu[s] cives Car[nu]tenus,* ein Gallier, bezeugt: R. G. Collingwood u. R. P. Wright, The Roman Inscriptions of Britain (1965) Nr. 149. Aus demselben Heiligtum stammt die Weihung eines lokalen Bildhauers: a. a. O. Nr. 151: *Sulevis/Sulinus/scultor/Bruceti f(ilius)/ sacrum f(ecit) l(ibens) m(erito).* Toynbee a. a. O. (Anm. 394) 26. Auch die Bildhauer der Mainzer neronischen Iupitersäule, *Samus et Severus Venicari f(ilii)* waren nach dem Vatersnamen Gallier, die wohl für den Auftrag nach Mainz gerufen worden sind.

[416] Abgesehen von der Basis des Iupiterpfeilers 2.

im Bereich der Pellenz und des Brohltales transportgünstig in der Nähe des Rheinstromes an und ist in römischer Zeit ob der leichten Bearbeitungsmöglichkeiten als Baumaterial äußerst beliebt gewesen[417]. Aufgrund seiner porösen Konsistenz ist es hingegen relativ selten für Reliefs und Rundplastiken verwendet worden[418]. Die Masse der aus Tuff gefertigten Denkmäler machen Weihaltäre aus dem Steinbruchgebiet des Brohltales aus. Sie waren dem Hercules z. T. zusammen mit IOM von einzelnen Soldaten oder Militärabteilungen gesetzt, die zur Steingewinnung hierher abkommandiert waren[419]. Außerhalb dieses Bereiches und des angrenzenden Mittelrheingebietes zwischen Andernach und Remagen finden sich nur vereinzelt Tuffsteinaltäre[420]. Eine Rundplastik aus Tuff ist mir überhaupt nicht bekannt geworden[421]. So spricht alles dafür, daß die Iupiterstatue 65 von einer Remagener, zumindest aber einer mittelrheinischen Werkstatt gearbeitet worden ist. In dieselbe Richtung weist die Verwendung von Sandsteinsorten, die vornehmlich regionale Verbreitung besaßen. So dürfte das Material der Iupiter-Monumente aus Kreuzrath (Karte 6 Nr. 48: 77; 144–148) und Kleinbouslar (Karte 6 Nr. 47: 6), ferner eines Teils der Denkmäler aus dem Kreise Düren, ein gelber bis brauner, grobkörniger, quarzithaltiger Sandstein, aus den Brüchen von Doveren stammen[422]. Dies würde für die Anfertigung in lokalen Werkstätten sprechen.

Ein erheblicher Teil der niedergermanischen Votive ist aus dem feinen weißlichen Sandstein des Liedberges gemeißelt[423]. Bei den in der Nähe des Vorkommens gefundenen Stücken aus Mönchengladbach und dem Kreise Neuss wird man auf lokale Werkstätten schließen dürfen (11 Taf. 65,1; 66 Taf. 78,2; 104 Taf. 83,4; 166 Taf. 87; 3 Taf. 58; 30 Taf. 71,1; 32 Taf. 71,3; 57; 175 Taf. 52 f.). Der Stein scheint aber aufgrund seiner guten Verarbeitungsmöglichkeiten auch weiter in das Hinterland, in das Gebiet des Kreises Düren, verhandelt worden zu sein.

Eine relativ kleine Gruppe von Anathemen ist aus rötlichen bis gelblichen Buntsandsteinen geschaffen, die im Triasgebiet der Nordeifel anstehen[424]. Die aus der Nachbarschaft der Brüche stammenden Votive wird man wiederum für lokale Werkstätten in Anspruch

---

[417] Röder, Bonner Jahrb. 157, 1957, 213 ff.; ders., ebd. 159, 1959, 47 ff.
[418] Ders., Bonner Jahrb. 157, 1957, 217 f.
[419] Lehner 55 ff. Nr. 113–131; Bonner Jahrb. 140/41, 1936, 449 f. Taf. 13,2; Hagen, Germania 6, 1922, 78 ff. (die beiden Altäre befinden sich jetzt im RLM Bonn, Inv.-Nr. 42,34 u. 42,35); Röder a. a. O. (Anm. 418) 228 f.; R. Saxer, Untersuchungen zu den Vexillationen des römischen Kaiserheeres von Augustus bis Diokletian. Epigr. Stud. 1 (1967) 74 ff. – Einige weitere Votive für andere Gottheiten: Lehner 84 f. Nr. 167–168 (Apollo); Lehner 210 Nr. 554 (unbekannt); Bonner Jahrb. 133, 1928, 283 (unbekannt).
[420] Andernach: Museum Kam, Nijmegen: Daniëls–Brunsting 34 Nr. 36–37 (Hercules Saxanus); RLM Bonn: Lehner 44 f. Nr. 97 (IOM – Iuno – Mars – Hercules); 71 Nr. 145 (Minerva); 199 f. Nr. 525 (Matres). – Niederbieber: Lehner 210 f. Nr. 555 (unbekannt). – Vinxtbach: Lehner 92 f. Nr. 191 (Grenzgötter, Genius loci, IOM); 96 f. Nr. 201 (Nymphen). – Remagen: Lehner 117 Nr. 244 (Sunuxal). – Apollo-Altar aus Bonn: Bonner Jahrb. 146, 1941, 364 f. Taf. 52; Espérandieu XIV 8547 Taf. 76. Ein Kölner Fortuna-Relief besteht entgegen Lehner 82 f. Nr. 163 u. Galsterer 17 f. Nr. 27 nicht aus Tuff, sondern aus Kalkstein, so schon richtig Espérandieu VIII 6458; Schoppa, Götterdenkmäler 66 Nr. 90 Taf. 77.
[421] Auch für Grabreliefs ist Tuff nur vereinzelt benutzt worden: Stele des Valentinus aus Andernach im RLM Bonn, Lehner 309 f. Nr. 773; Skulpturen II Taf. 26,6; ein Relief unklarer Verwendung wohl sepulkraler Bedeutung mit Darstellung einer Tür im RLM Bonn ist ohne Provenienz, Bauchhenß, CSIR Deutschland III 2, 65 Nr. 92 Taf. 56.
[422] Zum Vorkommen J. Frechen, Bonner Jahrb. 160, 1960, 134. Hierfür wie für das Folgende wären freilich mineralogische Analysen an Dünnschliffen notwendig.
[423] Frechen a. a. O. 133 ff.; Röder, Bonner Jahrb. 160, 1960, 140; 144; K. Grewe, Rheinische Ausgrabungen '76. Das Rheinische Landesmuseum Bonn. Sonderheft Januar 1977, 154 ff.; Bauchhenß CSIR Deutschland III 2, 12 Abb. 3.
[424] Frechen a. a. O. 134 f.; Röder a. a. O. 144.

nehmen (19–21 Taf. 67,4; 119; 115 Taf. 86,2; 155–156; 167). In geringem Umfang ist das Gestein auch in entferntere Gebiete bis hin nach Köln (134) und Bonn (169; 192) vertrieben worden.

Nur wenige der aus dem Hinterland stammenden Iupitermonumente bestehen aus dem bekannten lothringischen Jurakalk vom Oberlauf der Mosel im Gebiet von Norroy (75 Taf. 81,3; 97; 107 Taf. 84,3; 186 Taf. 95; 179; 181; 219 Taf. 57,4)[425]. Diesen sieben Beispielen stehen ca. 69 Arbeiten aus den verschiedenen Sandsteinen gegenüber[426]. Im Rheintal liegen die Verhältnisse genau entgegengesetzt: auf ca. 88 Votive aus Kalkstein kommen ca. 14 aus Sandstein (73 Taf. 81,1; 74 Taf. 81,2; 103 Taf. 83,3; 169 Taf. 89; 192; 1 Taf. 57,2; 120; 8a Taf. 62,3; 49; 110 Taf. 85,2; 135; 134; 189; 57). Die Gründe liegen auf der Hand. Für die am Rheinstrom liegenden Orte blieben die zu Schiff über Mosel und Rhein herangeschafften lothringischen Kalksteine in den Transportkosten relativ günstig, während sie sich für die Betriebe im Hinterland durch den aufwendigen Landtransport erheblich verteuerten, so daß man auf die billigeren, freilich weniger qualitätvollen Steinsorten der Region auswich.

Im Stromgebiet der Maas überwiegt gleichfalls der Kalkstein (93–94; 149; 182 Taf. 94; 183; 193; 184; 84; 187 Taf. 96,1–3). Lediglich die Weihungen aus Grevenbicht sind aus Sandstein (4; 34–35). In der civitas Tungrorum sind sogar sämtliche Iupitermonumente, sofern sie noch zu beurteilen sind, aus Kalkstein gearbeitet. Die Kalksteinblöcke werden zu Schiff auf der Maas herangeschafft worden sein[427].

Die Untersuchung der verwendeten Steinsorten hat weitere Hinweise darauf erbracht, daß neben den Betrieben in den Zentren auch in den kleineren Orten Werkstätten arbeiteten, die Iupitermonumente herstellten.

Weitere Aufschlüsse wären durch eine umfassende Stilanalyse der niedergermanischen Votivplastik zu gewinnen. Erfolgversprechend dürfte die Untersuchung der Votivaltäre, besonders der Matronensteine sein, worauf hier aber verzichtet werden muß. Neben den Zentren Köln und Bonn zeichnen sich schon jetzt Werkstätten in der Nordeifel, in Zülpich und Jülich ab[428]. Auf die Rolle der Heiligtümer wurde schon hingewiesen (oben S. 344). Wegen ihrer Eigenart und Qualität seien hier noch die für die Nehalenniaheiligtümer von Domburg und Colijnsplaat arbeitenden Werkstätten erwähnt[429]. In unserer Gattung lassen sich allerdings nur in enttäuschend wenigen Fällen Werkstattzusammenhänge beobachten, zumal die Unterscheidung von Zeit- und Werkstattstil überlieferungsbedingt teilweise problematisch bleibt.

---

[425] Röder, Kölner Jahrb. Vor- u. Frühgesch. 5, 1960/61, 38 ff.

[426] Auch unter den Matronenaltären von Morken-Harff und Pesch überwiegen die Arbeiten aus Sandstein.

[427] Es scheint sich nicht um die wenig qualitätvollen Kalksteine vom St. Pieterberg bei Maastricht und Kunrade bei Heerlen, Frechen a. a. O. 135, sondern um Jurakalke von der oberen Mosel oder Maas zu handeln, Panhuysen, in: Festoen. Festschr. A. N. Zadoks – Josephus Jitta. Scripta Archaeologica Groningana 6 (o. J. [1976]) 465 ff.

[428] So tragen die Matronenaltäre aus dem Heiligtum von Nettersheim im RLM Bonn, Lehner 130 ff. Nr. 277–312 ihr eigenes Gepräge und dürften in lokalen Werkstätten geschaffen worden sein. – Matronenaltäre aus Zülpich und Umgebung, z. B. Bonn, RLM, Lehner 124 f. Nr. 260; Lehner 194 f. Nr. 514; Lehner 146 f. Nr. 323. – Jülich: Neuffer, Bonner Jahrb. 151, 1951, 311 f. Taf. 26. Sehr ähnlich ist der Matronenaltar aus Altdorf, Bonner Jahrb. 139, 1934, 187 f. Taf. 17; Alföldy, Epigr. Stud. 4 (1967) 1 ff. Eine Zusammenstellung der Funde aus dem Altkreis Düren gibt J. Gerhards, Kölner Jahrb. Vor- u. Frühgesch. 14, 1974, 101 ff. Eine Zusammenstellung der Funde aus dem Altkreis Jülich fehlt noch.

[429] Hondius-Crone a. a. O. (Anm. 317); Deae Nehalenniae a. a. O. (Anm. 315); P. Stuart, Arch. Korrbl. 2, 1972, 299 ff.; Stuart u. Bogaers, Jahresber. aus Augst und Kaiseraugst 1, 1980, 49 ff.

So dürften die drei aus dem gleichen rötlichen Sandstein gearbeiteten Capitolinusstatuen (19–21) aus Euskirchen-Billig (Karte 6 Nr. 56) auch in Belgica vicus geschaffen worden sein. Eine engere stilistische Beziehung ist jedoch nicht festzustellen, was nicht nur durch die schlechte Erhaltung bedingt ist. Eine Besonderheit stellt die mit einem schuppenartigen Kranz geschmückte Basis 119 aus Billig dar. Sie ist als bescheidene Nachahmung von Schmuckbasen etwa aus Köln zu verstehen[430].

Die beiden Zülpicher (Karte 6 Nr. 54) Ioves (13 Taf. 65,2; 70) sind augenscheinlich von derselben wohl ortsansässigen Werkstatt gefertigt worden. Ihnen sind die besonders schwammigen Körper gemeinsam. Das neugefundene Pfeilerfragment 219 fällt hingegen durch seine Größe, das Material, Kalkstein, wie durch seine Qualität aus dem Rahmen der Zülpicher Votive. Die Stifter dieses aufwendigen Monumentes könnten die vicani Tolbiacenses gewesen sein (vgl. 186 Taf. 95)[431], die den Auftrag an eine bedeutende überregionale Werkstatt vergeben haben.

Das Weihgeschenk der vicani Iuliacenses (186) ist gleichfalls von einer herausragenden Werkstatt geschaffen worden. Ornamentik und Reliefstil wurden bereits unter chronologischen Gesichtspunkten mit dem Neumagener Grabmal des C. Albinius Asper verglichen (oben Anm. 255). Eine Zuschreibung von 186 an eine Werkstatt der Belgica ist erwägenswert, aber durchaus nicht zwingend. Auch im nahegelegenen Köln wurden neben schlichteren Stelen im 2. Jahrhundert weiterhin aufwendige Grabmale und Grabbauten geschaffen, wie trotz bruchstückhafter Überlieferung in ersten Umrissen sichtbar wird[432]. So hat man sich das von einem gewissen C. Iulius Verecundus errichtete Kölner Grabmal ganz ähnlich wie das Neumagener Monument vorzustellen[433]. Zum Ornamentschmuck der Giebelsima des Bildfeldrahmens von 219 wurde schon auf das Giebelchen einer Kölner Aedicula verwiesen (siehe oben Anm. 263). Es spricht damit einiges dafür, daß 186 und 219 (Taf. 97,4) von Kölner Werkstätten geschaffen worden sind.

Die beiden Jülicher Reliefpfeiler (5 Taf. 59–61; 171 Taf. 90,1), gleichfalls von beachtlichen Ausmaßen, sind zu schlecht erhalten, als daß ihre Werkstattzugehörigkeit geklärt werden könnte. Bei den meisten anderen Monumenten aus Jülich wird man lokale Entstehung annehmen können. Die beiden reliefgeschmückten Säulen 105 (Taf. 84,1) und 106 (Taf. 84,2) sind typologisch eng verwandt.

Eine weitere Werkstattgruppe ist in der Nähe der Sandsteinbrüche des Liedberges zu vermuten. So setzt die Schuppensäule mit Reliefschmuck 104 (Taf. 83,4) aus Buchholz (Karte 6 Nr. 22) ohne Zweifel Werke wie die bekannte Säule aus Rheydt-Mülfort (Karte 6 Nr. 20: 11 Taf. 65,1) voraus[434]. Die Reliefsäule 166 (Taf. 87) aus Mönchengladbach (Karte 6 Nr. 19) und der Reliefpfeiler 3 (Taf. 58) von Schloß Dyck (Karte 6 Nr. 23) gehen in dem besonders flachen Relief, aber auch in der Gestaltung der Figuren – man ver-

---

[430] Stadtrömische Schmuckbasen mit Blattkränzen: M. Wegner, Schmuckbasen des antiken Rom (1965) Taf. 10 a; 11 a; 18 a; 19 a; 20 a–b; 21 a–c; 30 b; 31 a; 32 b. – Fragment einer Kölner marmornen Schmuckbasis aus dem Capitolsbereich: Kühnemann u. Binsfeld, Kölner Jahrb. Vor- u. Frühgesch. 8, 1965/66, 50 Taf. 20,1–2; Bracker, Kölner Römer-Illustrierte 1, 1974, 76.

[431] So genannt auf einem Weihaltar für die Iunones aus Zülpich im RLM Bonn, Lehner 207 Nr. 545.

[432] Zur Kölner Grabplastik Klinkenberg, Die römischen Grabdenkmäler Kölns. Bonner Jahrb. 108/9, 1902, 80 ff. und vorläufig Verf., in: Führer 37, 124 ff.

[433] Köln RGM, Galsterer 80 Nr. 339 Taf. 75; Verf. a. a. O. (Anm. 432) 129 Abb. 3.

[434] Die riemenartige Wiedergabe der Taenie von 104 findet eine Entsprechung in der Schuppensäule aus Altdorf (82), doch reicht dieses Indiz für eine Werkstattzuschreibung wohl nicht aus.

gleiche die Darstellungen von Minerva und Rosmerta (?) – so weit überein, daß ein Werkstattzusammenhang zu erwägen ist. Als Standort der Betriebe kommt vor allem der in Rheydt-Mülfort vermutete vicus in Frage (oben S. 300).

Vergleicht man die drei vermutlich aus Nijmegen stammenden Capitolinusstatuen (61–63) mit den Kölner und Bonner Funden, so sticht sofort ihre merklich niedrigere Qualität ins Auge. Besonders die Statue 62 (Taf. 77,1.2) mit ihrem überdimensionierten Arm, den brettartigen Falten, den stehengelassenen Steinpartien muß als mißlungen bezeichnet werden. Untereinander sind die Figuren jedoch zu verschieden, als daß sie einer Werkstatt zuzuschreiben wären. Die Schuppensäule mit Relief (113 Taf. 88,2) sondert sich sowohl durch den Typus der Minerva wie durch die plastische Gestaltung der Konche ab (vgl. aber die Konche von 107 Taf. 84,3).

Von den Bonner Iupiterstatuen stehen sich 2 (Taf. 55,1) und 29 nahe. Obwohl der Kopf 29 erst der folgenden Zeitstufe angehört, finden sich in der Wiedergabe der Schläfenlocken und der Strähnen des Kalottenhaares so enge Übereinstimmungen, daß für die beiden Werke dieselbe Werkstatt anzunehmen ist. Ein typologisches Detail, die vorne hornartig abschließenden Seitenlehnen, verbindet 2 mit dem Iupiter 23, der freilich sonst denkbar verschieden gestaltet ist. Dieselbe Stilisierung des Typus der geschweiften Seitenlehne zeigt ein Bonner Matronenaltar[435]. – Vielleicht ist es kein Zufall der Überlieferung, daß nur die beiden Bonner Ioves 26 und 74 bekränzt sind.

Einige Einzelbeobachtungen zu den Funden aus Köln seien angeschlossen. Die Capitolinusstatuen 41 (Taf. 74), 43 u. 45 (Taf. 73,5) zeichnen sich durch eine äußerst muskulöse Modellierung des Thorax mit besonderer Hervorhebung der Brust aus. 43 und 45 verbindet zudem die Verwendung eines Steges an der linken Schulter. Über die zeitliche Nähe hinaus wird hier vielleicht ein Werkstattzusammenhang greifbar. Der Iupiter 49 und eine Kölner Statue des thronenden Mercurius (oben Anm. 358) ähneln sich in der wurstartigen Stilisierung des Polsters und in der Wiedergabe der Draperien. – Die Taenien der Schuppensäulen 88, 92 und 135 sowie der Zülpicher Säule 101 sind übereinstimmend mit einem Flechtband, 109 (Taf. 85,1) mit Zweigen geschmückt. Da die Binden der zahlreichen anderen niedergermanischen Säulen undekoriert sind, liegt in ihrer Ausschmückung vielleicht eine Kölner Eigenart vor.

Die dominierende Stellung Kölns ergibt sich sowohl aus der Zahl der Monumente und der hier festzustellenden größten Breite des Typenrepertoires (oben S. 295) als auch aus der Kontinuität der Entwicklung vom 1. Jahrhundert bis in die zweite Hälfte des dritten. So stellt sich die Frage, ob einige der für die niedergermanische Schule vermuteten Eigenarten – Einführung des Capitolinustypus in die Gattung, Entwicklung der Schuppensäule mit Reliefschmuck – nicht von Köln ausgegangen sind. Für diese Vermutung werden sich bei der Untersuchung der Ursprünge der Gattung noch weitere Indizien ergeben (siehe unten S. 382). Die mehrmals beobachtete typologische Homogenität der niedergermanischen Funde mag ebenfalls in der Ausstrahlung der Kölner Schule begründet sein. Bei aller Geschlossenheit sind aber die Qualitätsunterschiede zwischen den Funden aus Köln sowie Bonn und der Masse der Votive aus dem Hinterland nicht zu übersehen[436].

---

[435] Lehner 1930, 17 Nr. 37 Taf. 19,1.
[436] Einzelne Kölner Monumente sind freilich auch von niedriger Qualität wie der Iupiter 52 und der Sockel 189.

Mehr als ein Viertel der Anatheme stammt von villae rusticae. Sie dürften von Werkstätten geschaffen worden sein, die in den benachbarten vici oder Städten ansässig waren[437]. Bei den Weihungen aus dem engeren Umland Kölns wie 10 (Taf. 64) u. 49 ist dies typologisch wie stilistisch evident. Trifft unsere Annahme einer 'Liedberger Werkstattgruppe' und deren Lokalisierung in dem vermutlichen vicus Rheydt-Mülfort zu, so sind ihre Arbeiten auch in den benachbarten Villen vertreten (104 Taf. 83,4; 166 Taf. 87; 3 Taf. 57,3; 58). Wegen der Bruchgefahr wird die Ausarbeitung jedoch eher an Ort und Stelle erfolgt sein[438].

Die typologische Sonderstellung der Funde aus dem Maasgebiet und der civitas Tungrorum wurde bereits hervorgehoben. Ihr entsprechen deutliche stilistische Unterschiede gegenüber den Monumenten der Rheinzone. Erwähnt seien nur die den Kontur begleitenden Bohrrillen der Maastrichter Sockel 182 (Taf. 94) u. 193, die auch an einem etwa gleichzeitigen Maastrichter Grabrelief wiederkehren[439]. Während sie in den rheinischen Werkstätten nicht mehr üblich waren, erfreuten sie sich in der Grab- und Weiheplastik der Belgica anhaltender Wertschätzung[440]. Auch die Ausschmückung der Bildfeldrahmung des Maastrichter Sockels 193 durch eine eingestellte geschuppte Halbsäule hat eine Parallele in einem Grabmal in Metz[441]. Es ist zu vermuten, daß die Maastrichter Werkstätten starke Impulse aus der Belgica empfangen haben, doch sind hierzu die Forschungen von Panhuysen abzuwarten[442].

---

[437] Zwar unterhielten manche Gutshöfe auch Gewerbebetriebe der Metallverarbeitung oder Töpfereien, Petrikovits, Rheinische Geschichte I, 1. Altertum (1978) 138 f., doch werden dazu gewiß nicht Bildhauer- und Steinmetzwerkstätten gehört haben.
[438] So auch Klumbach a. a. O. (Anm. 21) 31.
[439] Mahlrelief, Spolie aus der Maasbrücke, Maastricht, Bonnefantenmuseum, Inv.-Nr. R 4822. Eine Photographie verdanke ich Panhuysen.
[440] Gabelmann, Bonner Jahrb. 173, 1973, 172 ff. – Weber, Trierer Zeitschr. 40/41, 1977/78, 92.
[441] Museum Metz, Espérandieu V 4306; Musée Archéologique de Metz. La civilisation gallo-romaine ... 36 Nr. 158; Gabelmann, Bonner Jahrb. 177, 1977, 243 Abb. 32.
[442] Er bereitet auch im Rahmen des CSIR die Edition der für diese Fragen wichtigen Spolienfunde von der spätantiken Maastrichter Brücke vor.

Ikonographie

In der umfangreichen Literatur zu den Iupitersäulen der gallisch-germanischen Provinzen hat die Frage nach den Ursprüngen der Gattung, den Vorbildern der einzelnen Typen und ihrer Elemente nur wenig Beachtung gefunden. Hierbei wird die Interpretation der Gattung als Phänomen der einheimischen Religionen gewiß eine Rolle gespielt haben. Dagegen hatte A. Oxé (o. Anm. 7) bereits 1912 die Vorbilder der neronischen Mainzer Säule in Rom vermutet und auf eine oder zwei literarisch überlieferte republikanische Iupitersäulen im Kapitolsbezirk hingewiesen (Liste F 1–2).
Mehr oder weniger unbeachtet blieb die Literatur, die unsere Gattung im Zusammenhang des römischen Säulenmonumentes oder römischer Gigantomachien (siehe u. S. 299 f.) ansprach. So hatten H. Thiersch und ihm folgend W. Haftmann die Iupitersäulen Galliens und Germaniens als eine Seitenlinie der römischen Göttersäule erklärt[443]. E. Strong sah in der Mainzer Säule einen Vorläufer der columna cochlis, der Trajans- und Marcussäule, was aber von G. Becatti zurückgewiesen worden ist[444].
In der Literatur zu den Monumenten Galliens und Germaniens hat erst Bauchhenß, der auch das Verständnis der Textüberlieferung zur stadtrömischen Säule weiter fördern konnte, die These Oxés wieder aufgegriffen und auf einige weitere Iupiter- und Göttersäulen hingewiesen[445]. Zudem hat er eine m. E. schlüssige Herleitung der Bildform der Iupitergigantengruppen vorgeschlagen (siehe unten S. 378 f.)[446], während E. Künzl die Ikonographie des wagenfahrenden Gigantensiegers untersucht hat (siehe unten S. 379 f.)[447]. Die Typologie des thronenden Iupiter wird durch die Dissertation von B. Krause weitere Klärung erfahren (siehe unten S. 381). Die einschlägigen Säulentypen sind von H. Walter für den gallisch-germanischen Raum zusammengestellt und im Zusammenhang mit den Schuppen-, Ranken- und Reliefsäulen anderer Gattungen behandelt worden[448].
Aus dem Stand der Forschung ergibt sich für uns vor allem die Aufgabe, die Vorbilder für die Aufstellung der Iupiterstatuen auf Säulen und Pfeilern sowie die Herkunft der

---

[443] H. Thiersch, Pharos. Antike – Islam – Occident. Ein Beitrag zur Architekturgeschichte (1909) 152. – Haftmann 37.
[444] E. Strong, Burlington Magazine 25, 1914, 153 ff., dies., La scultura Romana da Augusto a Costantino 1 (1923) 98 f.; 2 (1926) 155 f.; so auch A. B. Cook, Zeus. A Study in Ancient Religion II, 1 (1925) 100 ff. – G. Becatti, La colonna coclide istoriata (1960) 11 ff.
[445] Bauchhenß, Jupitergigantensäulen 14 ff.; 72 f. Abb. 45; Bauchhenß 39 ff.
[446] Arch. Korrbl. 4, 1974, 362; Jupitergigantensäulen 21; Bauchhenß 69 ff.
[447] Arch. Korrbl. 3, 1973, 223 ff.; ders., Fundber. Baden-Württemberg 3, 1977, 290 f.
[448] Walter, Colonne 38 ff., 56 ff., 100 ff.

Stützentypen, besonders der Schuppensäule zu untersuchen. Lohnend wäre auch, der Ikonographie der Stützen- und vor allem der Sockelreliefs nachzugehen. Der beste Ausgangspunkt hierfür ist jedoch das reiche obergermanische Material, so daß wir uns mit einigen Hinweisen begnügen müssen.

Zum römischen Säulen- und Pfeilermonument

Zum Verständnis der Gattung ist es notwendig, nicht nur Iupitersäulen in Rom und den Provinzen heranzuziehen; sie muß im Gesamtzusammenhang der römischen Säulen- und Pfeilermonumente gesehen werden. In dem gebotenen Rahmen haben wir uns auf eine Skizze zu beschränken und nehmen zu der Entstehung und Entwicklung der Gattung in der griechischen Kunst nur in einem Exkurs Stellung (siehe unten S. 407 ff.).

Rom und das Mittelmeergebiet

Die für L. Minucius, praefectus annonae des Jahres 439 v. Chr., errichtete Ehrensäule wird als eines der ältesten Beispiele der Gattung in Rom überliefert[449]. Die frühesten Quellen für die Säule sind Darstellungen auf Denaren der Münzmeister C. und Ti. Minucius Augurinus aus dem letzten Drittel des 2. Jahrhunderts v. Chr.[450]. Als nächstes Denkmal ist die columna Maenia auf dem Forum bezogen, die eine Reiterstatue des C. Maenius trug. Mit ihr wurde der Consul des Jahres 338 v. Chr. für die Unterwerfung der Latiner, besonders der Seestadt Antium geehrt, während die Schnäbel der an ihn ausgelieferten Schiffe an der Rednertribüne des Forums befestigt wurden[451]. Damit war der Weg für die columnae rostratae gebahnt, wie sie C. Duilius für den ersten römischen Seesieg, die Schlacht von Mylai gegen die Punier (260 v. Chr.), zuerkannt und auf dem Forum sowie im Circus Maximus aufgestellt worden sind[452]. Nur wenig jünger ist das für M. Aemilius Paullus errichtete Monument selben Typs auf dem Capitol[453]. Weitere Ehrensäulen werden für Scipio Africanus maior bezeugt (Ennius, frg. var. 2)[454].
Es wird in der lückenhaften Überlieferung begründet sein, daß aus der späteren Republik

---

[449] O. Vessberg, Studien zur Kunstgeschichte der römischen Republik (1941) 19 f.; Quellen Nr. 51–53. – T. Hölscher, Röm. Mitt. 85, 1978, 336 f. Taf. 130,4. Die antike Tradition datiert das Monument für den Augur Attus Navius sogar in die Königszeit. Dem folgt Becatti a. a. O. (Anm. 444) 33 f., anders Vessberg a. a. O. 85 und vor allem Hölscher a. a. O. 332 f.

[450] Vessberg a. a. O. (Anm. 449) Taf. 12,1–2; G. Fuchs, Architekturdarstellungen auf römischen Münzen der Republik und der frühen Kaiserzeit. Antike Münzen und geschnittene Steine 1 (1969) 10; 94 Taf. 1,1–5.

[451] Vessberg a. a. O. (Anm. 449) 21 f.; Quellen Nr. 59–61; Hölscher a. a. O. (Anm. 449) 338 f.; ausführliche Quellenanalyse bei E. Welin, Studien zur Topographie des Forum Romanum. Acta Inst. Regni Sueciae 6 (1953) 130 ff. Welin diskutiert auch die Überlieferung zu den übrigen republikanischen Säulenmonumenten.

[452] Vessberg a. a. O. (Anm. 449) 24; Quelle Nr. 71; Nash, Bildlexikon zur Topographie des antiken Rom 1, 282 Abb. 333; Helbig⁴ II (1966) 471 ff. Nr. 1680 (E. Meinhardt) – Inschrift zur Erneuerung des Monumentes im frühen 1. Jahrhundert n. Chr.; Hölscher a. a. O. (Anm. 449) 322. M. F. Fischer, Storia dell' Arte 4, 1969, 369 ff. (zum Nachleben der columna rostrata seit der Renaissance).

[453] Haftmann 25; Becatti a. a. O. (Anm. 444) 41.

[454] Haftmann 25; Becatti a. a. O. (Anm. 444) 39.

in Rom kaum Ehrensäulen bekannt sind[455]. Ihre anhaltende Bedeutung ist aber indirekt daraus zu erschließen, daß dem ermordeten Caesar vom Volk eine Säule aus numidischem Marmor gesetzt wurde (Sueton, Iul. 85), die der Konsul Cornelius Dolabella beseitigen ließ. Die den Promagistraten in den östlichen Provinzen dedizierten Monumente stehen dagegen in der Tradition des hellenistischen Herrscherkults (siehe unten S. 411) und sind von den stadtrömischen Ehrensäulen zu trennen.

Die republikanische Tradition der columna rostrata wurde von Augustus wieder aufgegriffen. Nach dem Seesieg über Sex. Pompeius bei Naulochos (36 v. Chr.) wurde ihm auf dem Forum eine columna rostrata mit seiner goldenen Bildnisstatue im Habitus des Imperator errichtet[456]. Sie könnte mit dem auf Münzen wiedergegebenen Denkmal identisch sein[457], wahrscheinlicher ist auf ihnen aber eine der vier bronzenen Säulen dargestellt, die nach dem Sieg über Ägypten für ihn und Agrippa gestiftet und später von Domitian auf das Kapitol versetzt worden sind[458]. Eine vom Senat zur Ehrung des Galba beschlossene columna rostrata, die an der Stelle der Ermordung des Kaisers aufgestellt werden sollte, wurde auf Betreiben Vespasians nicht ausgeführt (Sueton, Galba 23)[459].

Für Plinius bzw. seine Quelle stand fest, daß Rom die Sitte der Ehrenstatue von den Griechen übernommen hatte: *Primus tamen honos coepit a Graecis, nullique arbitror plures statuas dicatas quam Phalereo Demetrio Athenis...* (Plinius, nat. 34, 27). Eine Datierung der Übernahme der Gattung in Rom wird nicht gegeben. Der Hinweis auf die zahlreichen Ehrenstatuen des Demetrios von Phaleron ist jedoch in dem Sinne passend, als in dieser Zeit, d. h. im Frühhellenismus, diese Gattung im besonderen Maße in den Dienst der politischen Propaganda gestellt wurde. Die Erforschung der griechischen Ehrenstatuen zeigt, daß sie ihre erste Blüte bereits im späteren 5. Jahrhundert v. Chr. erfuhren[460]. Insoweit steht die Nachricht des Plinius, daß in Rom 439 v. Chr. erstmals auf Volksbeschluß eine Ehrensäule, nämlich die für L. Minucius, errichtet und solche Ehrungen früher nur vom Senat ausgesprochen worden seien, im Einklang mit unserer Überlieferung. Die 'Erhebung' der Bildnisstatuen auf Säulen ist in Griechenland in dieser Zeit jedoch nur für den privaten Bereich bezeugt (siehe unten S. 409). Die Errichtung offizieller Ehrensäulen wurde hier im Frühhellenismus üblich, doch könnte die Sitte in monarchisch regierten Staaten früher eingesetzt haben (siehe unten S. 409 f.). O. Vessberg versuchte den Widerspruch dadurch aufzulösen, daß er das hohe Alter der columna Minucia anzweifelte, während Becatti die römische Ehrensäule als bodenständige etruskisch-römische Entwicklung erklärte[461].

---

[455] Auf Denaren des Münzmeisters L. Marcius Censorinus aus den 80er Jahren des 1. Jahrhunderts v. Chr. erscheint z. B. zusammen mit der Statue des Marsyas auf dem Forum eine nicht bekannte Ehrensäule (?) Fuchs a. a. O. (Anm. 450) 100 Taf. 14; 146–147.

[456] Vessberg a. a. O. (Anm. 449) 78; Quelle Nr. 309; Becatti a. a. O. (Anm. 444) 41.

[457] So Becatti a. a. O. (Anm. 444). P. Zanker, Forum Romanum. Monumenta Artis Antiquae 5 (1972) 33 Anm. 68 macht Bedenken gegen die Identifizierung geltend.

[458] So Fuchs a. a. O. (Anm. 450) 40 Taf. 7; 84 f.; die Quelle, Servius Grammaticus, bei Becatti a. a. O. (Anm. 444) 41 Anm. 83.

[459] Haftmann 31 f.; Becatti a. a. O. (Anm. 444) 41 f.

[460] Hölscher, Jahrb. DAI 89, 1974, 84 ff.

[461] Vessberg a. a. O. (Anm. 449) 19 f.; Hölscher a. a. O. (Anm. 449) 336 f. sieht in dem Monument eine Grabsäule, die erst später zur Ehrensäule umgedeutet worden sei. So schon Welin a. a. O. (Anm. 451) 156 ff. Abb. 8 f. – Becatti a. a. O. (Anm. 444) 34 ff.

An einer formalen Abhängigkeit vom griechischen Säulenmonument ist aber kaum zu zweifeln. Seine Adaptierung als Staatsdenkmal scheint dagegen in Rom unabhängig von Griechenland vollzogen worden zu sein. Dafür spricht auch die bemerkenswerte Tatsache, daß die römischen Monumente zumeist in den Zentren der Stadt, besonders auf dem Forum errichtet wurden, während die griechischen Ehrensäulen und -pfeiler bis tief in den Hellenismus hinein in die Heiligtümer geweiht wurden (siehe unten S. 410)[462]. Ein weiteres Problem ist die Herleitung der columna rostrata[463]. Nur so viel sei hier angemerkt: die Weihung von Kriegsbeute, die Anbringung von erbeuteten oder in Edelmetall nachgebildeten Waffen etc., darunter auch Schiffsteilen an Tempeln und wohl auch an Votivmonumenten bzw. die Reliefdarstellung derselben war in Griechenland wie in Rom weit verbreitet[464]. Ein eigener Typus der 'Trophäensäule', aufgestellt auf dem Marktplatz, scheint in Griechenland jedoch nicht ausgebildet worden zu sein[465].

Die Ehrensäulen bildeten die Hauptwurzel für die Trajanssäule[466]. Das von Senat und Volk dedizierte Monument feiert den Geehrten nun aber nicht mehr 'naiv' allein durch das Vorzeigen von Beutestücken bzw. deren Nachbildung oder durch Inschriften, sondern durch die Monumentalillustration der Kriegskommentare. Der Aufstellungsort ist nicht ein überkommener öffentlicher Platz, sondern das eigene Forum.
Neben dieser trajanischen Neuschöpfung, der columna cochlis, die in der Marcussäule sowie – im neuen Rom, Konstantinopel, – in den Säulen für Theodosius und Arcadius ihre Nachfolger fand[467], lebte der Säulentypus ohne reliefierten Schaft weiter. Dazu gehörten Säulen mit schlichtem Sockel wie solche mit programmatischem Reliefschmuck am Sockel, allen voran das Denkmal für den Divus Antoninus Pius[468].
Während für die Zeit der Soldatenkaiser nur sehr zweifelhafte Nachrichten der Historia

---

[462] Als Parallele kann gelten, daß römische Feldherren wie L. Mummius Beutestücke in Griechenland in Heiligtümer weihten, während sie sie in Rom und Italien meist im 'politischen Raum' aufstellten: G. Waurick, Jahrb. RGZM 22, 1975, 36 f.

[463] G. Ch. Picard, Les trophées romains. Bibl. Écoles Franç. d'Athènes et de Rome 187 (1957) 121 f. vermutet Herkunft vom Tropaion.

[464] Siehe etwa die Weihungen von Kriegsbeute aus den Perserkriegen: W. Gauer, Weihgeschenke aus den Perserkriegen. Istanbuler Mitt. Beih. 2 (1968) passim. Genannt seien nur der von den Spartanern und ihren Verbündeten nach der Schlacht von Tanagra am Giebel des Zeustempels von Olympia angebrachte goldene Schild (Pausanias 5, 10, 4) und die von den Athenern am Gebälk des Apollontempels von Delphi angebrachten goldenen Schilde angeblich aus dem Erlös der Beute von Marathon und Plataeae (Pausanias 10, 19, 4), Gauer a. a. O. 26 f. mit weiteren Beispielen. Schilde waren am Pfeiler der Messenier und Naupaktier in Olympia (u. Anm. 27) und an einem Pfeiler in Thermos dargestellt: E. G. Stikas, Arch. Ephemeris 1961, 173 ff. Abb. 24–30; Jacob-Felsch 84. Zur Weihung von Waffen in die Heiligtümer Roms Waurick a. a. O. (Anm. 462) 40 ff.

[465] Anregend werden wohl die an Säulen angebundenen Waffen- und Geräteweihungen gewesen sein, die sehr häufig dargestellt sind und auch literarisch z. B. durch Livius (40, 51, 3) bezeugt sind Waurick a. a. O. (Anm. 462) 42; Vessberg a. a. O. (Anm. 449) 31 mit falscher Interpretation.

[466] Nash a. a. O. (Anm. 452) 1, 283 ff.; Gauer, Untersuchungen zur Trajanssäule. Monumenta Artis Romanae 13 (1977). Zum Zusammenhang von Ehrensäulen und Trajanssäule auch Picard a. a. O. (Anm. 463) 389 f.

[467] W. Müller-Wiener, Bildlexikon zur Topographie Istanbuls (1977) 258 ff.; 250 ff.; J. Kollwitz, Oströmische Plastik der theodosianischen Zeit. Studien zur spätantiken Kunstgeschichte 12 (1941) passim.

[468] Schlichter Sockel: Ehrensäulen auf dem Forum Romanum u. a. auf der Nordseite der Basilica Iulia: F. Coarelli, Guida archeologica di Roma (1975) 67 f.; siehe auch u. Anm. 471. – Säule für Antoninus Pius: Nash a. a. O. (Anm. 452) 270 ff.; L. Vogel, The Column of Antoninus Pius (1973).

Augusta über kaiserliche Ehrensäulen vorliegen[469], wurde die Kaisersäule im Dominat zum festen Bestandteil der herrscherlichen Repräsentation in den Hauptstädten und behauptete diesen Rang bis in die byzantinische Zeit[470]. In Rom reicht die Kette vom Fünfsäulenmonument der Tetrarchen bis zur Säule des Phokas[471], in Konstantinopel vom Denkmal Konstantins bis zur Säule Iustinians[472].

P. Zanker hat die sepulkralen Bezüge in der Gestaltung des Sockels der Trajanssäule und ihrer unmittelbaren Nachfahren hervorgehoben[473]. Zugleich hat er an die Gattung der Grabsäulen erinnert, die in der Tat in Italien bekannt war[474]. Hinzuzufügen ist, daß schon in den Säulen für Caesar und für Galba die Tendenz zum Apotheosemonument angelegt war. Schließlich erinnerte die Trajanssäule auch an die römischen Göttersäulen. In dem Maße, wie der Kaiser und seine Familie den Göttern angeglichen wurden, verwischten sich die Grenzen zwischen Götter- und Ehrensäule. Dieser Prozeß ist beim Fünfsäulenmonument des Forum Romanum abgeschlossen. Die Säulen der Tetrarchen und die Iupiters, des Schutzgottes des Senior-Augustus Diokletian, sind in einem Monument vereinigt. Durch zentrale und erhöhte Aufstellung wie durch den Statuentypus wird die Iupitersäule (F 3 Taf. 102,2) freilich von den Kaisersäulen abgesetzt.

Die Göttersäule läßt sich gleichfalls bis in die republikanische Zeit zurückverfolgen. Die im Zusammenhang der omina vor der Verschwörung des Catilina überlieferte(n) Iupitersäule(n) wurde(n) schon kurz erwähnt (oben S. 350, F 1–2). Zum Jahre 182 v. Chr. berichtet Livius (40, 2, 1–3), daß bei einem Unwetter u. a. im Circus Maximus Säulenmonumente umgestürzt seien[475]. Es ist anzunehmen, daß sich darunter auch Göttersäulen befanden. Auf zahlreichen, allerdings kaiserzeitlichen Darstellungen des Circus Maximus werden auf der Spina Säulen mit Victoria und einer weiteren Göttin wiedergegeben[476].

---

[469] Haftmann 32. Überliefert für Alexander Severus, Claudius II.: SHA Alex. Sev. 28,6; Claud. 3,2–6. Kritische Wertung der Überlieferung bei Th. Pekáry, Bonner Historia-Augusta-Colloquium 1968–1969. Antiquitas 4,7 (1970) 155; 166; E. Merten u. A. Rösger, in: Historia Augusta eingeleitet und übersetzt von E. Hohl 1 (1976) 507 Anm. 165 mit der älteren Literatur. – Eine in das 3. Jahrhundert datierende pannonische Tonmodel Alföldi, in: Laureae Aquincenses memoriae V. Kuszinszky dicatae. Diss. Pannonicae Ser. 2 Nr. 10 (1938) 325; 335 f. Taf. 52 zeigt zwar zwei Ehrensäulen mit Reiterstatuen, die einen Triumphbogen flankieren, doch ist wohl kein bestimmtes Monument wiedergegeben.

[470] Zur Interpretation noch immer Kollwitz a. a. O. (Anm. 467) passim.

[471] Tetrarchenmonument: vgl. F 3. – Phokassäule: Nash a. a. O. (Anm. 452) 280 f.

[472] Säule Konstantins: Müller-Wiener a. a. O. (Anm. 467) 255 ff.; Kollwitz a. a. O. (Anm. 467) 9 f. Möglicherweise waren auch die Tetrarchengruppen am Palazzo San Marco in Venedig ursprünglich an zwei Ehrensäulen in Byzantion angebracht: Säule Iustinians: Müller-Wiener a. a. O. (Anm. 467) Abb. 266 f.; zu weiteren Säulenmonumenten in Konstantinopel Müller-Wiener a. a. O. 52; 54 f.

[473] Arch. Anz. 1970, 533 ff.; Gauer a. a. O. (Anm. 466) 74 f.

[474] Grabsäulen in Pompeji Zanker a. a. O. (Anm. 473) 533 Abb. 61. Eine Grabsäule in Padua CIL V 2931; C. Gasparotto, Padova Romana (1951) 127 Abb. 50.

[475] Vessberg a. a. O. (Anm. 449) 31, Quelle Nr. 111.

[476] Grabrelief in Rom, Vatikan, früher Lateran Helbig[4] I (Anm. 283) 724 f. Nr. 1010 (Simon). – Kindersarkophage im Vatikan Lippold, Die Skulpturen des Vatikanischen Museums III, 2 (1956) 78 f. Nr. 614c Taf. 35; 260 f. Nr. 38 Taf. 120. – Fragment eines Sarkophages im Vatikan Nash a. a. O. (Anm. 452) 2, 32 Abb. 710; Buchner, Röm. Mitt. 83, 1976, 331 Taf. 112,1. – Sarkophagrelief in Florenz, Uffizien Mansuelli, Galleria degli Uffizi. Le sculture 1 (1958) 232 f. Nr. 251 Abb.; Sarkophagrelief in Foligno Nash a. a. O. Abb. 712; Buchner a. a. O. 331 Taf. 112,2. – Kindersarkophag in Neapel: H. Sichtermann, in: Th. Kraus, Das römische Weltreich (1967) 236 Taf. 225 b. – Mosaik in Barcelona A. Balil, in: La mosaïque Gréco-Romaine. Actes du Colloque International sur la Mosaïque Gréco-Romaine Paris 1963 (1965) 29 ff. Abb. 11; M. Tarradell, Arte Romana en España (1969) Abb. 2,5. – Campanareliefs A. H. Borbein, Campanareliefs. Typologische und stilkritische Untersuchungen. Röm. Mitt. Ergh. 14 (1968) 41 Taf. 6,2. Auf der Spina des Hippo-

Auf Denaren des Münzmeisters C. Marcius Censorinus erscheint im Zusammenhang eines Hafenbildes Victoria auf einer Säule (80er Jahre des 1. Jahrhunderts v. Chr.)[477]. Die von Octavian nach Beendigung des Krieges gegen Ägypten in die Curia geweihte berühmte Victoria stand wohl gleichfalls auf einer Säule[478].

Für das Forum in Iader/Zadar werden zwei einzelne freistehende Säulen vermutet, die wohl Götter- oder Ehrenstatuen getragen haben[479].

Der von Hadrian am Forum Romanum erbaute Tempel der Venus und Roma wurde von einem Säulenpaar flankiert, dessen bekrönende Statuen freilich nicht gedeutet sind[480]. Wie die Iupitersäule des Tetrarchenmonuments vom Forum Romanum zeigt (F 3), lebte die Gattung der Göttersäule in Rom bis in die Spätantike weiter. Das Christentum führte ihre Tradition insofern fort, als nun Kreuze oder Statuen von Aposteln, Evangelisten, Heiligen und Engeln auf Säulen errichtet wurden[481]. Aus der Fülle der Zeugnisse seien nur die von Konstantin gestiftete Säule mit Kreuz in Konstantinopel und das (justinianische?) Viersäulenmonument wohl für die Evangelisten auf der Arkadiané in Ephesos genannt[482]. In der Flächenkunst erhielt das Säulenmonument hingegen zumeist eine negative Bedeutung: es wurde zum Topos für Götzenbild[483]. In dieser Funktion konnte es sowohl in alttestamentarischen Kontexten, etwa der Zerstörung des Bel[484], als auch in Heiligenviten mit ihren immer wiederkehrenden Berichten von Götzenzerstörungen Eingang finden. Eine der eindrucksvollsten Darstellungen findet sich unter den Mosaiken von San Marco in Venedig mit dem Sturz einer Marssäule durch den Apostel Philippus[485].

Neben den vom Staat bzw. seiner Führungsschicht errichteten Monumenten stehen die bescheidenen Votivsäulen der breiten Bevölkerungskreise. Eigens erwähnt seien eine von den magistri vici gestiftete Säule, die laut Inschrift eine 50 Pfund schwere, wohl aus Me-

---

droms von Konstantinopel wurden neben den Obelisken gleichfalls Säulenmonumente aufgestellt Müller-Wiener a. a. O. (Anm. 467) 64 ff. Für den Hippodrom in Olympia überliefert Pausanias (6, 20, 10) eine bronzene Statue der Hippodameia auf der Zielsäule. Im Zusammenhang mit den Circusspielen steht auch eine Säule, die ein Viererkollegium in Carthago Nova (Cartagena) dem Genius oppidi gestiftet hat CIL II 3408; Galsterer, Untersuchungen zum römischen Städtewesen auf der iberischen Halbinsel. Madrider Forsch. 8 (1971) 29 f. Anm. 131.

[477] Fuchs a. a. O. (Anm. 450) 14 f. Taf. 1,13; 2,14.
[478] Hölscher, Victoria Romana (1967) 40 Taf. 1,9; 1,11. Siehe auch die Bronzestatuette einer Victoria auf gewundenem Säulenschaft im Museum of Fine Arts Boston: Romans and Barbarians (Ausstellungskatalog Boston 1976) 114 Nr. 122.
[479] Unpubliziert. Modell von Capitol und Forum mit Erwähnung der Säulen im Führungsblatt des Arhevloski Muzej Zadar. Siehe auch Gabelmann, Jahrb. RGZM 18, 1971, 129 Taf. 25,1; J. J. Wilkes, Dalmatia (1969) 368 f.
[480] Thiersch a. a. O. (Anm. 443) 152 Abb. 214; ders., Jahrb. DAI 28, 1913, 266 f. Abb. 1 mit Abb. einer Münze mit der Darstellung des Säulenpaares. Zum Tempel Nash a. a. O. (Anm. 452) 2, 496 ff.; Zu den Münzen: M. Pensa, Rivista Ital. Num. 80, 1978, 56 Taf. 2–4.
[481] Haftmann 40 ff.
[482] Haftmann 46. – W. Wilberg, in: Forschungen in Ephesos 1 (1906) 132 ff.; J. Keil, Führer durch Ephesos[5] (1964) 72 Abb. 34; C. Foss, Ephesus after Antiquity. A late antique Byzantine and Turkish City (1979) 57 Abb. 16 mit weiterer Literatur.
[483] Haftmann 52 ff.
[484] Siehe etwa die Elfenbeinpyxis aus Moggio (Udine) in Washington, D. C.: K. Weitzmann, Catalogue of the Byzantine and Early Mediaeval Antiquities in the Dumbarton Oaks Collection III. Ivories and Steatites (1972) Nr. 18 Taf. 16 f.; Farbtaf. 2; W. F. Volbach, Elfenbeinarbeiten der Spätantike und des frühen Mittelalters. Kataloge Vor- und Frühgeschichtlicher Altertümer 7[3] (1976) 107 Nr. 168 Taf. 85.
[485] L. Lindenschmit, Mainzer Zeitschr. 1, 1906, 68; O. Demus, Die Mosaiken von San Marco in Venedig 1100–1300 (1935) 33 Taf. 17; Haftmann 84.

tall vorzustellende Statue trug[486]; ferner eine von einem Tempelhüter geweihte Säule für Hercules[487] und schließlich ein von zwei Veteranen dem Genius errichtetes Säulchen. Nach der ansprechenden Vermutung Oxés dankten sie damit bei ihrer Entlassung dem Genius ihrer Centuria[488]. Eine systematische Nachsuche würde gewiß noch zahlreiche weitere Beispiele aus Rom und Italien erbringen.

Abschließend noch einige Hinweise zur Aufstellung von Götter- und Ehrensäulen. Neben Heiligtum und Forum wurden bereits weitere öffentliche Bereiche als Aufstellungsorte genannt: Circus und Säulenstraße[489]. Auch in einem weiteren städtischen Kommunikationszentrum begegnen Säulenmonumente: im Theaterbereich[490]. Besonders effektvoll waren Säulen und Pfeiler, die an der Hafeneinfahrt oder markanten Stellen des Stadtprospektes aufgestellt waren. Hierauf weisen nicht nur zahlreiche bildliche Darstellungen wie das bekannte Wandbild aus Stabiae in Neapel hin[491]. Flavius Josephus (bel. Iud. 1, 21, 7) überliefert, daß König Herodes I. die Hafeneinfahrt von Caesarea mit Säulenmonumenten ausstatten ließ[492]. Der Endpunkt der via Appia am Hafen von Brindisi war durch ein Säulenpaar markiert[493]. Auch Brückenrampen wurden gerne mit Säulen flankiert, wie an der Brücke von Kiahta in Kommagene noch heute zu sehen ist[494]. In der Wandmalerei finden sich Säulen besonders häufig im Zusammenhang mit Villendarstellungen[495]. Ein Figuralkapitell aus Lorium bei Rom könnte von einer Ehrensäule herrühren, die auf dem Gelände einer Villa gestanden hat[496].

Die Nordprovinzen

Sehen wir von den Iupitermonumenten zunächst einmal ab, so sind Säulen- und Pfeilermale nur selten in den Nordprovinzen bezeugt. An Ehrensäulen sind vor allem die zwei von Jobst wiedergewonnenen Kaisersäulen aus dem Iupiterheiligtum auf dem Pfaffenberg bei Carnuntum zu nennen. Die von einer korinthischen Säule getragene Statue des stehenden Marcus Aurelius ist zudem mit einem bestimmten militärisch-religiösen Ereignis des Jahres 172 n. Chr., dem Blitz- und Regenwunder im Quadenlande während der

---

[486] Rom, Thermenmuseum. Helbig[4] III (1969) 303 f. Nr. 2375 (H. Zosel). Hat die Säule die Statue eines Lar getragen?
[487] Rom, Vatikanische Museen. Der Schaft ist mit Efeublättern geschmückt. Lippold, Die Skulpturen des Vatikanischen Museums III, 2, 163 Nr. 16 Taf. 79.
[488] Oxé, Röm. Mitt. 57, 1942, 28 Nr. 11 Abb. 11.
[489] Neben den Säulen der Arkadiané (oben Anm. 482) ist an die Tiberiussäule in Antiochia zu erinnern, die auf einer platzartigen Erweiterung der Säulenstraße stand (unten S. 411 Anm. 53).
[490] Z. B. in Sagalassos K. Lanckoroński, Städte Pamphyliens und Pisidiens 2 (1892) 130, 136 f.
[491] Fuchs a. a. O. (Anm. 450) 62 Taf. 20, 160 mit weiterer Literatur.
[492] Thiersch, a. a. O. (Anm. 443) 152.
[493] Mercklin, Figuralkapitelle 170 f. Nr. 411 Abb. 809.
[494] z. B. Pons Aelius in Rom Thiersch a. a. O. (Anm. 443) 152 Abb. 215; Pensa a. a. O. (Anm. 480) 66 ff. Taf. 6. Nach den Inschriften wurden bei Kiahta mit Säulen geehrt Septimius Severus, Iulia Domna, Caracalla und wohl Geta: Thiersch a. a. O. 153; P. Gazzola, Ponti Romani 2 (1963) 172 f.; J. Wagner, Antike Welt 6, 1975. Sondernummer Kommagene 78 Abb. 96; Hellenkemper, in: Studien zu den Militärgrenzen Roms 2. Beih. Bonner Jahrb. 38 (1977) 465 Taf. 52.
[495] Rostowzew, Röm. Mitt. 26, 1911, 72 ff.
[496] B. M. Felleti Maj, Not. Scavi 1955, 199 ff. führt das Monument auf eine Ehrensäule für Antoninus Pius zurück. Mercklin, Figuralkapitelle 128 Nr. 341 Abb. 640–643.

Markomannenkriege, verknüpft⁴⁹⁷. Eine auf der sella curulis sitzende Figur mit angearbeitetem Blattkapitell (?) ist von Jobst mit einiger Wahrscheinlichkeit als Bekrönung einer Säule erklärt und mit einer Hadriansinschrift verbunden worden⁴⁹⁸. Für dieses Anathem ist gleichfalls ein lokaler Bezug denkbar, etwa die Erhebung der Stadt zum municipium Aelium. Die Carnuntiner Statuen lenken den Blick auf die Gruppe der von lokalen Werkstätten gearbeiteten Kaiserstatuen. Die Zahl der durch die Attribute sicher bestimmbaren Köpfe und Statuen aus Kalk- oder Sandstein ist ebenfalls denkbar klein⁴⁹⁹.

Neben solchen offiziellen Monumenten wird es gewiß in größerer Zahl private Ehrensäulen gegeben haben. Als Beispiel sei eine Säule aus Apulum (Dakien) angeführt, die zu Ehren des Commodus von einem Veteranen der XIII. Legion seinen Kameraden errichtet worden ist⁵⁰⁰.

Die Gattung der Grabsäule scheint gleichfalls in den Provinzen bekannt geworden zu sein. Darauf deuten jedenfalls Funde aus Apulum hin (siehe unten Anm. 521).

Der Typus der Göttersäule ist gleich zu Beginn der Romanisierung Galliens im Dienste der römischen Religions- und Provinzialpolitik in unser Gebiet gelangt. Nach Ausweis zweier Lyoner Münzserien augusteischer Zeit (Bronze- und Kupferprägungen) wurde die im Jahre 12 v. Chr. geweihte Ara Romae et Genii Augusti, die Ara Galliarum bei Lyon, von zwei Säulen flankiert, die Statuen der Victoria mit Kranz und Palmzweig trugen, von denen inzwischen auch Teile wiedergefunden worden sind⁵⁰¹. Denkbar wäre, daß bei der als germanisches Gegenstück gedachten Ara Ubiorum in Köln (o. Anm. 243) gleichfalls Säulenmonumente aufgestellt waren⁵⁰². Offiziellen Charakter trägt ferner die Victoriasäule aus Buntsandstein, die 231 n. Chr. von einem Cohortenpraefecten vor der porta principalis dextra des Auxiliarkastells Miltenberg-Altstadt, vielleicht zusammen mit einem Gegenstück, geweiht worden ist⁵⁰³. Eine öffentliche Weihung werden vielleicht auch *columna et statua* gewesen sein, die ein gewisser Q. Martius Optatus in Straßburg-Koenigshofen gestiftet hat, wie sein dem Genius des vicus canabarum und seiner Bewohner geweihter Altar verkündet⁵⁰⁴. Verwaltungs- und sakralrechtlich liegt hier eine Parallele

---

⁴⁹⁷ Jobst, 11. Juni 172 n. Chr. Der Tag des Blitz- und Regenwunders im Quadenlande (Anm. 289) 23 ff. Abb. 8–12.

⁴⁹⁸ Jobst, in: Roman Frontier Studies. Papers presented to the 12ᵗʰ International Congress of Roman Frontier Studies. B. A. R. International Series 71 (1980) 660; 662 Taf. 43,2.

⁴⁹⁹ Siehe die Statue des Commodus (?) vom obergermanischen Limes (Anm. 272); unterlebensgroßer Sandsteinkopf eines antoninischen Kaisers aus Benningen, Kr. Ludwigsburg: Künzl, Fundber. Baden-Württemberg 3, 1977, 317 ff. Abb. 26. Als antoninisches Kaiserporträt ist vielleicht auch ein überlebensgroßer Sandsteinkopf mit Kranz aus der Umgebung von Meisenheim, Kr. Bad Kreuznach, im Museum Worms zu deuten: Weckerling, Westdt. Zeitschr. 8, 1889, 268 Taf. 8,1; Espérandieu VIII 6025. Zur Problematik einer Kölner Panzerstatue aus Kalkstein vgl. vorläufig Verf., Germania 54, 1976, 417 Taf. 45,2.

⁵⁰⁰ CIL III 1172.

⁵⁰¹ Zur Datierung der Münzserien K. Kraft, Bonner Jahrb. 155/56, 1955/56, 95 ff. – Zur Ara Galliarum: H. Dragendorff, Jahrb. DAI 52, 1937, 111 ff.; Th. Kraus, Die Ranken der Ara Pacis (1953) 49; A. Audin u. P. Quoniam, Gallia 20, 1962, 103 ff. (zu den Resten der Victorien und der Säulen); Alföldi, a. a. O. (Anm. 241) 37. Die Deutung der Victorien als Säulenmonumente findet sich schon bei Audin u. Quoniam a. a. O.; Audin, Lyon (1966) 77 f.; H. v. Hesberg, in: ANRW II 16,2 (1978) 949.

⁵⁰² Das von Behrens, Mainzer Zeitschr. 39/40, 1944; 45, 11 ff. Abb. 12, 15 f. rekonstruierte Zweisäulenmonument mit Götterstatuen in Alzey bleibt hypothetisch: Künzl, CSIR Deutschland II 1, 45 f. Nr. 55 Taf. 51.

⁵⁰³ B. Beckmann, Arch. Korrbl. 5, 1975, 307 ff. Taf. 81 f. mit Hinweis auf eine zweite, schon 1875 gefundene Säule ungeklärter Bestimmung.

⁵⁰⁴ Sandsteinaltar, 1870 im Straßburger Museum vernichtet CIL XIII 5967; R. Forrer, Strasbourg-Argentorate 2 (1927) 727 Taf. 98.

zur neronischen Mainzer Iupitersäule vor[505]. Ein privates Votiv war hingegen ein als *signum cum base* bezeichnetes, dem Mercurius geweihtes Säulenmonument in Augsburg[506]. Eine kleine Sandsteinsäule tuskischer Ordnung aus Eisenberg, Donnersbergkreis, auf die Bauchhenß hinweist, trägt am Schaft eine Inschrifttabula mit der Weihung eines Soldaten der legio XXII an Mars[507].

Im Mithraskult waren ebenfalls Säulenvotive gebräuchlich. So sind im Mithraeum von Sarmizegetusa (Dakien) mehrere Säulenmonumente, darunter einige (?) mit Figuralkapitell entdeckt worden; aus Caerlon/Isca Silurum (Britannien) stammt eine tuskische Säule, die Weihung eines Legionssoldaten an invictus Mithras[508]. Den syrischen Göttern IOM Heliopolitanus und Venus Victrix wurde in Carnuntum eine Säule gesetzt[509].

Schließlich wurden auch einheimische Gottheiten mit Säulenmonumenten geehrt. Bekannt ist die Sandsteinsäule tuskischer Ordnung aus dem Heiligtum des Lenus Mars bei Pommern, Kr. Cochem-Zell, die auf den vier Seiten des Abacus eine metrische griechisch-lateinische Weihinschrift trägt[510]. Ein scheibenförmiges Auflager mit Eisendübel diente wohl zur Befestigung des Götterbildes. Aus demselben Heiligtum dürfte ein Figuralkapitell aus Sandstein stammen, dessen eine Seite als Inschrifttafel gestaltet ist und die Widmung an Lenus Mars enthält[511]. Aus der Nachbarschaft des Trierer Lenus Marsheiligtums stammt ein auf drei Seiten geschuppter Pfeiler für Mars Iovantucarus[512].

Auf eine gewisse Verbreitung der Göttersäulen läßt auch ein Mainzer Grabrelief des 3. Jahrhunderts schließen, auf dem, die idyllische Darstellung von Angelfischer und Hirt trennend, in der Bildmitte eine Säule mit Blattkapitell allerdings ohne bekrönende Figur

---

[505] Zum Verwaltungsrechtlichen Petrikovits, in: RGA IV 328 s. v. Canabae legionis.

[506] Säule tuskischer Ordnung aus Kalkstein, Dm. des Säulenschaftes 0,19 m. F. Wagner, Germania 1, 1917, 88 ff. Abb. 1; ders., Ber. RGK 37/38, 1958, 223 Nr. 23 Taf. 11; H. J. Kellner, Die Römer in Bayern² (1972) 110 Abb. 91; Bauchhenß 9. – Auf zwei Basen von Mercurstatuen aus Birrens in Edinburg sind entgegen CIL VII 1069 f. keine Holzsäulen genannt. Nach Collingwood u. Wright, The Roman Inscriptions of Britain I (1965) 644 f. Nr. 2102 f. ist collign(io) bzw. colligni statt col(umnam) lign(eam) bzw. col(umnae) ligni(ae) zu lesen.

[507] Speyer, Hist. Mus. der Pfalz, H. noch 0,55 m. H. Nesselhauf u. H. Lieb, Ber. RGK 40, 1959, 165 f. Nr. 114; F. Sprater, Das römische Eisenberg (o. J. [1952]) 24 ff. Abb. 14; Bauchhenß 9.

[508] M. J. Vermaseren, Corpus Inscriptionum et Monumentorum Religionis Mithriacae 2 (1960) 298 f. Nr. 2028–2031 mit Hinweis auf weitere Stücke; Mercklin, Figuralkapitelle 197 Nr. 481 Abb. 920 f. Alicu-Pop u. Wollmann a. a. O. (Anm. 322) 116 Nr. 253 Taf. 40. Museum Caerleon, Kalkstein, H. 1,165 m, im Kastellbad wiederverwendet. Collingwood u. Wright a. a. O. (Anm. 506) 110 Nr. 322; Vermaseren a. a. O. (Anm. 508) 1 (1956) 283 Nr. 809; E. u. J. R. Harris, The Oriental Cults in Roman Britain (1965) 45.

[509] In Wien: CIL III 11137. – Für IOM Heliopolitanus und Venus Victrix: Bad Deutsch-Altenburg, Museum Carnuntinum, Marmor. CIL III 11139; E. Swoboda, Carnuntum. Seine Geschichte und seine Denkmäler⁴ (1964) 195 f.

[510] Bonn, RLM, H. 0,26 m. Lehner 115 ff. Nr. 242; Petrikovits, Rheinische Geschichte I, 1, Altertum. 163; H. Eiden, in: Ausgrabungen in Deutschland gefördert von der Deutschen Forschungsgemeinschaft 1950–1975. 2 (1975) 64; Bauchhenß 9. Dieselbe Funktion könnte auch ein tuskisches Kapitell mit Aufschnürung und Dübelloch ohne Inschrift von derselben Fundstelle gehabt haben: RLM Bonn Lehner 394 Nr. 1023.

[511] Bonn, RLM Inv. Nr. 75.1512, H. 0,21 m. Dm. Schaft 0,12 m. Rüger, Rheinische Ausgrabungen '75. Das Rheinische Landesmuseum Bonn. Sonderheft 1976, 69 Abb. 60. Dübelloch und Falz im Abacus dienten wohl zur Befestigung der Statue.

[512] Gose, Der Tempelbezirk des Lenus Mars in Trier (1955) 36 f. Abb. 30. – Dagegen ist ein Kapitell tuskischer Ordnung mit angearbeitetem Teilstück des Schaftes erst in zweiter Verwendung und auf dem Kopf stehend als Sockel eines Weihgeschenkes für den Gott benutzt worden: Gose a. a. O. 38 f. Abb. 34.

auf hohem Sockel erscheint[513]. Wie in der hellenistisch-römischen Flächenkunst (siehe unten S. 408) wird sie ein ländliches Heiligtum bezeichnen, während der Baum vor dem Hirten für Landschaft steht.

Wie in den Mittelmeerprovinzen so gehören auch im Norden Zerstörungen von Tempeln, heiligen Bäumen, Statuen und eben von Göttersäulen zum festen Bestand der Heiligenviten, darunter auch der des Martin von Tour[514]. In der spätmittelalterlichen Kunst des Nordens ist die Göttersäule der Topos für Götzenbild, dessen Verehrung die Heiligen verweigern und dessen Macht sie durch Zerstörung brechen[515]. Daß die Künstler hierbei nicht von überkommenen Säulenmonumenten Galliens und Germaniens ausgingen, sondern der Bildtradition folgten, geht schon aus den Darstellungen selbst mit ihren Wiedergaben kostbarer Gesteine für die Säulen hervor[516].

Iupitersäulen und -pfeiler außerhalb Galliens und Germaniens

Schließlich sind die Iupitersäulen und -pfeiler außerhalb Galliens und Germaniens in die Betrachtung einzubeziehen. Die Monumente aus Rom und den Provinzen sind – unter Ausschluß des griechischen Ostens – zur besseren Übersicht in einer Liste zusammengestellt (F), die freilich keinen Anspruch auf Vollständigkeit erhebt.

Neben den ein oder zwei literarisch bezeugten und nur durch die Verknüpfung mit der Verschwörung des Catilina überlieferten Iupitersäulen im republikanischen Capitolsbezirk (F 1–2) ist mir aus Rom lediglich ein Monument bekannt, die Mittelsäule des Tetrarchendenkmals am Forum Romanum (F 3). Wie bereits H. P. L'Orange dargelegt hat, verdankt sie ihre Errichtung der besonderen Verbundenheit des Senior Augustus, des Ioviers Diokletian, mit Iupiter. Sie ist damit noch immer eng an das Wohl des Staates gekoppelt[517].

Gerade vor dem Hintergrund weniger stadtrömischer Monumente überrascht die relative Häufigkeit von Iupitersäulen in Dakien (F 4–F 8). Überliefert ist jeweils der lediglich ge-

---

[513] Behrens, Germania 16, 1932, 31 f. Abb. 5 (mit der älteren Literatur); ders., Mainzer Zeitschr. 44/45, 1949/50, 56 Abb. 10; Espérandieu VII 5825; F. Gerke, Die christlichen Sarkophage der vorkonstantinischen Zeit. Studien zur spätantiken Kunstgeschichte 11 (1940) 306 Taf. 47,2; ders., Der Trierer Agricius Sarkophag Beih. Trierer Zeitschr. 2 (1949) 13; RAC VII 1076 s. v. Fisch, Fischer, Fischfang (Engemann).

[514] RAC II 1228 ff. s. v. Christianisierung (F. W. Deichmann); RAC X 612 ff. s. v. Germania (Petrikovits); Müller a. a. O. (Anm. 114) 30 f. Die Quellen zu Martin von Tour bei Müller a. a. O. 30 f. und vor allem bei Bauchhenß 9.

[515] E. Forssman, Säule und Ornament. Studien zum Problem des Manierismus in den nordischen Säulenbüchern und Vorlageblättern des 16. und 17. Jahrhunderts (1956) 40 ff.; Lexikon der Christlichen Ikonographie II 179 ff. s. v. Götzenbild (W. Kemp).

[516] z. B. auf einer Altartafel des Kölner Meisters der Georgslegende im Wallraf-Richartz-Museum Köln Forssman a. a. O. (Anm. 515) Taf. 4; H. M. Schmidt, Der Meister des Marienlebens und sein Kreis (1978) 214 ff. Nr. 25 Abb. 74.

[517] Lactantius, mort. pers. 19,2 nennt als Ort der Abdankung des Diokletian und der Investitur seines Nachfolgers Galerius eine Iupitersäule *ibi columna fuerat erecta cum Iovis signo* L'Orange, Röm. Mitt. 53, 1938, 28 Anm. 2; Kähler, Das Fünfsäulendenkmal für die Tetrarchen auf dem Forum Romanum 5; Bauchhenß 17 unweit bei Nikomedeia. Die Säule war von Diokletian an der Stelle seiner Proklamation zum Kaiser errichtet worden, RE VIIA, 2423; 2490 s. v. Valerius Diocletianus (W. Enßlin).

glättete Schaft mit tuskischem Kapitell, auf dem direkt die Weihinschrift für IOM angebracht ist. Von Sockelungen und Bekrönungen hat sich im Kontext nichts erhalten. Es ist aber durchaus wahrscheinlich, daß auch diese Säulen von Statuen bekrönt waren. So trug etwa die gleichfalls ganz schlicht gehaltene Säule tuskischer Ordnung in Augsburg (oben Anm. 506) laut der auf dem Schaft angebrachten Weihinschrift an Mercurius eine Statue (*signum*). In diesem Zusammenhang ist an die zahlreichen z. T. aus Kalkstein, z. T. aus Marmor gearbeiteten Statuen des thronenden Iupiter aus Dakien zu erinnern[518]. Sie gehören zu verschiedenen Typen, darunter auch zu dem von uns als Capitolinustypus bezeichneten (oben S. 276) in den Ausprägungen a und b (= Mantel mit Mittelzipfel)[519]. Die Fundorte der Säulen liegen im Verbreitungsgebiet der Iupiterstatuen[520]. Zudem ist die Fundkonzentration der Iupiterstatuen im Vergleich mit anderen Provinzen ungewöhnlich. So sei gefragt, ob nicht einige der deutlich unterlebensgroßen Figuren aus Kalkstein zu Säulenmonumenten gehört haben.

Neben den Iupitermonumenten sind aus Dakien und besonders aus Apulum auch Säulen für andere Gottheiten sowie Grabsäulen überliefert[521]. Sie entsprechen in der Gestaltung z. T. den Iupitersäulen.

Im Gegensatz zum bislang fundleeren Moesien sind aus Pannonien ebenfalls Iupitermonumente bezeugt (F9–11). Als gesichertes Zeugnis kann freilich nur die Säule aus Aquincum gelten, von der wohl – die Publikation steht noch aus – die entscheidenden Elemente Inschriftsockel, Säule und Iupiterstatue, erhalten sind (F9). Einem Reliefpfeiler in Tata vielleicht aus Brigetio hierher verschleppt, fehlen leider Inschrift und Statue, so daß seine Zuweisung an die Gattung Hypothese bleibt (F10). Schober hat in umsichtiger Weise als Bekrönung des Pfeilers auch an eine Kaiserstatue gedacht[522]. Nach dem Fund der Budapester Iupitersäule ist eine analoge Deutung des Pfeilers allerdings erheblich wahrscheinlicher geworden[523].

Eine zweite Frage ist es, ob Pfeiler wie Säule von Vorbildern aus Gallien und Germanien abhängen, wie die neuere Forschung meist annimmt[524]. Mit Recht hat Schober jedoch darauf hingewiesen, daß sich F 10 'in der Auswahl der Götterreihe und in dem echt pannonischen Übermaß an gegenständlichem und dekorativem Schmuck... deutlich (von den rheinischen Beispielen) unterscheidet'. Da durch die eng mit der römischen Staatskunst verbundenen neugefundenen Pfeiler aus Nijmegen und Vinsobres (Drôme) in der Narbonensis (unten Anm. 549) definitiv geklärt ist, daß der Typus des Reliefpfeilers nicht

---

[518] Isac, Acta Mus. Napocensis 11, 1974, 61 ff. Taf. 1–3; V. Moga, ebd. 81 ff. Abb.; Wollmann, Apulum 15, 1977, 676 Taf. 2; Römer in Rumänien (Ausstellungskatalog Köln 1969) 193 Nr. F 10. Die Iupiterstatue aus Apulum in Budapest Isac a. a. O. 72 Nr. 3 ist identisch mit Ferri, Arte Romana sul Danubio Abb. 208 f. Siehe auch o. Anm. 322; 325.

[519] Zum Typus b gehören z. B. die Statuen Isac a. a. O. 72 Nr. 3; 75 Nr. 9 Taf. 3,4.

[520] Aus Apulum stammen die Statuen Isac a. a. O. 70 ff. Nr. 1–8; aus Ampelum Wollmann a. a. O. (Anm. 518).

[521] Säule für Aesculapius und Hygia früher in der bischöflichen Sammlung Cluj (Klausenburg) verschollen CIL III, 974; Wollmann a. a. O. (Anm. 518) 677 Taf. 13. Zu den Mithrassäulen aus Sarmizegetusa siehe o. Anm. 508. – Grabsäulen: Alba Iulia, Museum. Römer in Rumänien 268 Nr. G 187; D. Berciu, Daco-Romania. Archaeologia Mundi (1978) Abb. 102. Früher in der bischöflichen Sammlung Cluj (Klausenburg), verschollen CIL III 1228; Wollmann a. a. O. 677 Taf. 13.

[522] Belvedere 6, 1924, 189.

[523] Über den Typus der bekrönenden Statue kann nur spekuliert werden. Eine Iupiterstatue des Capitolinustypus aus Brigetio wird von Paulovics, Arch. Ért. 3. Ser. 1, 1940, 39 f. Taf. 9,15 als Teil einer Triasgruppe angesprochen.

[524] RE Suppl. IX 761 s. v. Pannonia (Mocsy); Alföldy, Germania 42, 1964, 59.

am Rhein entstanden ist (siehe unten S. 365), wird man den Pfeiler F 10 eher mit Schober als ein 'unabhängig aus der gleichen Wurzel entsprossenes' Werk auffassen[525]. Ähnliches gilt für die Budapester Säule. Schmucklose Säulenschäfte und Statuen des sogenannten Conservatortyps als Bekrönung sind während des 2. und 3. Jahrhunderts in Gallien und Germanien ausgesprochen selten (siehe oben S. 281). Der Reliefsockel aus Savaria/Szombathely (F 11) schließlich ist in tektonischem Aufbau (verkröpfte Säulen) wie im Ornamentdekor (Strigiles) so verschieden von den westlichen Sockeln, daß eine Abhängigkeit nicht anzunehmen ist. Freilich ist auch die Zugehörigkeit von F 11 zur Gattung unsicher.

Angesichts der Handelsbeziehungen zwischen Pannonien und der Rheinzone sind zwar künstlerische Einflüsse keineswegs von vornherein auszuschließen; trotzdem dürften die Vorbilder der Gattung eher aus Italien gekommen sein[526]. Gegen eine 'Donauabwärtswanderung' der Gattung spricht zudem, worauf Schober bereits hingewiesen hat, das Fehlen von Iupitersäulen und -pfeilern in Noricum.

Anders liegen die Verhältnisse in Raetien. Der 'Dreigötterstein' aus Augsburg (F 12) und die Iupitergigantenreitergruppe aus Weißenburg (F 14) stimmen so weit mit den Monumenten der Nachbarprovinz Obergermanien überein, daß sie als 'Ableger' erklärt werden müssen[527]. Die Sitte, neben der Säule einen Weihaltar aufzustellen, wie sie der Stein aus Niederstotzingen belegt (F 13), ist geradezu charakteristisch für Obergermanien[528]. Die (vereinzelte) Aufnahme obergermanischer Typen in Raetien ist keine isolierte Erscheinung. Sie ist auch in der raetischen Grabplastik hinreichend nachzuweisen[529]. Schließlich wird es kein Zufall sein, daß die Iupitermonumente gerade im Westteil der Provinz gefunden worden sind.

Ausführlicher ist auf die Iupitermonumente aus Britannien einzugehen (F 15–F 24). Allerdings ist nur ein Denkmal absolut als Säulenmonument verbürgt: ein Inschriftsockel aus Corinium/Cirencester, auf dem die Errichtung von *signum* und *columna* ausdrücklich erwähnt wird (F 17)[530]. Ein Sockel aus Noviomagus/Chichester trägt auf der Front die Weihinschrift an IOM, auf den anderen Seiten Götterreliefs. Sie weichen zwar im Bildprogramm von den kontinentalen 'Vier'- und 'Dreigöttersteinen' ab, doch ist die Zugehörigkeit von F 15 zur Gattung mehr als wahrscheinlich. Bei einem 'Drei'- oder 'Viergötterstein' aus Lindum/Lincoln erlaubt die schlechte Erhaltung keine sichere Entscheidung (F 23). Die Ornamentierung der Bildfeldrahmung, ihr Abschluß durch Archivolten wie die Darstellung eines Genius passen durchaus zu einer Iupitersäule[531]. Auf dem achtseitigen Sockel aus Great Chesterford dürften die Wochengötter wiedergegeben sein (F 19)[532]. In Analogie zu den zahlreichen Zwischensockeln mit Wochengötterdarstellung in Ober-

---

[525] a. a. O. (Anm. 522).
[526] Zu erinnern ist etwa an die Kaufleute-Korporation der cives Agrippinenses Transalpini in Aquincum: Schmitz, Colonia Claudia Ara Agrippinensium 73 f.; vgl. ferner Fremersdorf, Rheinischer Export nach dem Donauraum, in: Laureae Aquincenses memoriae V. Kuzsinszky dicatae. Diss. Pannonicae Ser. 2 Nr. 10 (1938) 168 ff.
[527] So schon Bauchhenß 15.
[528] Bauchhenß 15; siehe oben S. 273.
[529] G. Ulbert, in: CSIR Deutschland I 1, 17.
[530] So schon E. Hübner, Korrbl. Westdt. Zeitschr. 10, 1891, 254 f.; Hertlein, Juppitergigantensäulen 53. Bauchhenß nennt als Iupitersäulen aus Britannien neben F 17 auch F 15.
[531] Zu Geniusdarstellungen auf den Sockeln von Iupitermonumenten vgl. Nr. 188 und Bauchhenß 51.
[532] Die männliche Gottheit zwischen Mercurius und Venus ist dann wohl als Iupiter zu deuten.

germanien und Gallien darf F 19 ebenfalls der Gattung zugerechnet werden. Bei einem in geringen Resten überkommenen achtseitigen Sockel aus Irchester kann eine solche Deutung nur vermutet werden (F 20).

Von besonderem Interesse sind zwei fragmentierte Säulenschäfte aus Viroconium/ Wroxeter, die geschuppt sind und auf der 'Frontseite' Götterreliefs, nämlich Bacchus bzw. Amor, tragen (F 21–22). Sie ähneln darin einem in Niedergermanien weit verbreiteten, aber auch in der Umgebung von Mainz bekannten Typus der Iupitersäule (oben S. 338 f.). Angesichts relativ großer Unterschiede im Durchmesser müssen F 21 und F 22 zu zwei Monumenten gehört haben[533]. Der Erhaltungszustand erlaubt den Schluß, daß F 21–22 nicht wie die meisten kontinentalen Säulen dieses Typs mit drei übereinandergestaffelten, sondern – wie die Jülicher Säulen 106 u. 105 (?) – nur mit einem Götterrelief ausgestattet waren. Die untere Zone von F 21 ist mit einem Rautenmuster geschmückt. Die Kombination von Schuppen- und Rautenmuster kehrt an einer Londoner Säulentrommel wieder[534]. Bei ihr ist freilich die untere Zone mit nach oben gerichteten gekielten Schuppen und, durch eine mit einem Flechtband ornamentierte Taenie getrennt, die obere Partie mit dem Rautenmuster geschmückt. Eine Funktion als Iupitersäule kann – wie bei einem zweiten Londoner Schuppensäulenfragment – nur vermutet werden[535]. Bei einem Schuppensäulenrest aus Cataractonium/Catterick spricht zusätzlich das angearbeitete Figuralkapitell mit Dübelloch im Abacus für eine solche Deutung (F 24). Der untere Teil einer zweiten Schuppensäule aus Catterick samt ansitzender Basis mit Plinthe (zu F 24) sowie das Bruchstück einer mächtigen Säulentrommel mit gekielten Schuppen aus Eburacum/York sind wiederum nur hypothetisch anzuführen[536]. Das gilt auch für das Figuralkapitell mit Dübelloch im Abacus in Cirencester (F 18). Zwar sind Figuralkapitelle in Obergermanien und Gallien fester Bestandteil der Gattung, doch wurden sie auch dort in anderen Kontexten verwendet[537].

Besonders bedauerlich ist, daß für einen Block aus Rutupiae/Richborough keine gesicherte Erklärung gegeben werden kann (F 16); nur seine sakrale Bedeutung steht wegen der Darstellung einer Göttin auf der Frontseite außer Zweifel. Aufgrund der 'säulenartigen' Schuppung der Schmalseiten mit gegenständigen, durch eine Taenie getrennten gekielten Blättern sei eine Interpretation als Iupiterpfeiler erwogen. Zu vergleichen sind ein Kölner (172) und ein Pariser (oben Anm. 247) Pfeiler, die jedoch nur auf der Rückseite geschuppt sind; ferner ein Bonner (2) und ein Kölner (?) Pfeiler (174) mit vegetabilischem Schmuck auf den Nebenseiten. Zu erinnern ist schließlich an den auf drei Seiten ge-

---

[533] F. Haverfield u. M. V. Taylor, in: Victoria County History Shropshire 1 (1908) 253 erwägen für die beiden Stücke Herkunft von derselben Anlage („the same structure").

[534] Als Spolie in einem spätantiken Stadtmauerturm verbaut, London Museum. H. ca. 0,95 m, Dm. 0,225 m. Royal Commission on Historical Monuments, Roman London. An Inventory of the Historical Monuments in London 3 (1928) 100 Nr. 8 Taf. 19.

[535] Von der King William Street, London Museum Inv.-Nr. A 22642; Kalkstein; ca. 0,10 m hoher Splitter eines Säulenschaftes. Unpubliziert.

[536] Yorkshire Museum York; Sandstein; H. 1,04 m, Dm. 0,53 m. Royal Commission on Historical Monuments, Eburacum, Roman York. An Inventory of the Historical Monuments in the City of York 1 (1962) 112 Nr. 9 Taf. 48.

[537] Figuralkapitelle begegnen häufig an Grabbauten und wohl auch in der sonstigen Architektur der Nordprovinzen: Mercklin, Figuralkapitelle 149 f.; 151.

schuppten Trierer Marspfeiler (Anm. 512). Möglicherweise hat also auch der Typus des Iupiterpfeilers Eingang in die Sakralplastik Britanniens gefunden[538].

Gänzliche Ungewißheit herrscht in bezug auf die Typen der bekrönenden Statuen. Aus Britannien sind nur wenige und geringe Reste von Iupiterstatuen bekannt geworden, die z. T. schon durch ihre Fundumstände als Bekrönungen von Säulenmonumenten ausscheiden[539]. Bei dem Fragment einer Reitergruppe aus dem Tempelbezirk von Wroxeter wird eine Deutung als Iupitergigantenreiter erwogen[540].

Trotz der Unsicherheiten bei der Zuweisung des einen oder anderen Stückes zeichnet sich ab, daß der größte Komplex an Iupitermonumenten außerhalb der gallisch-germanischen Provinzen in Britannien beheimatet ist. Der Hauptteil der Funde stammt aus Süd- und Mittelengland; nur F 24 und die Yorker Schuppensäule kommen aus dem Norden. Ebenso deutlich ist die Herkunft aus Siedlungen, die zur Entstehungszeit der Denkmäler unter ziviler Verwaltung standen[541].

Es erhebt sich nun die Frage, ob die Iupitermonumente Britanniens ähnlich den raetischen von Gallien und Germanien beeinflußt worden sind. Mehrere Indizien weisen in diese Richtung, z. B. – ihre richtige Interpretation vorausgesetzt – die Verwendung von achtseitigen Reliefsockeln mit der Darstellung der Wochengötter (F 19–20). Die Schuppensäulen mit Götterreliefs (F 21–22) sind ein so ungewöhnlicher Stützentyp, daß kontinentale, vielleicht niedergermanische Vorbilder zu vermuten sind[542]. Gallische Vorbilder kommen schließlich für die wenigen Figuralkapitelle in Betracht (F 18, zu F 20). In diesem Zusammenhang sei auf das Votiv eines gallischen Steinmetzen oder Bildhauers in Aquae Sulis/Bath hingewiesen[543].

Daneben lassen sich gewisse Eigenarten der Monumente Britanniens beobachten wie das

---

[538] Lewis, Temples in Roman Britain 43 erwähnt Fragmente eines großen Pfeilers mit korinthischem Kapitell aus dem Tempelbezirk von Springhead (Kent) und erwägt eine Deutung als Iupiterpfeiler.

[539] Aus Corstopitum/Corbridge: Museum Corbridge; Sandstein: nackter stehender Iupiter mit dem Blitzbündel in der gesenkten Rechten, die Linke wohl erhoben. – Stehender Iupiter im Mantel mit dem Zepter in der Linken, aus dem Fahnenheiligtum des Lagers. – Bekränzter Iupiterkopf. E. J. Phillips, CSIR Great Britain I 1 (1977) 5 Nr. 10; 9; 11 Taf. 2 f. Ein lebensgroßer Adler aus Kalkstein, Kopf und Teil der Beine verloren, aus Corinium im Museum Cirencester (Wacher, The Towns of Roman Britain Abb. 60) könnte ebenso zu einer Iupiterstatue gehört haben wie ein ähnliches bei Gloucester gefundenes Adlerfragment: Journal Rom. Stud. 49, 1959, 127 Taf. 18,6. Der Bronzeadler aus Calleva Atrebatum/Silchester (G. C. Boon, Roman Silchester [1957] 99 ff. Taf. 15; ders., Silchester. The Roman Town of Calleva [1974] 119 f. Taf. 34 c; Toynbee, Art in Britain under the Romans 129 Taf. 35 b; Horn, Jahrb. RGZM 19, 1972, 69; 80 Taf. 8,3) gehörte wohl zu einer Iupiterstatue, doch spricht schon der Fundort in der Forumsbasilika gegen eine Zurückführung auf eine Iupitersäule in Analogie zur neronischen Mainzer Säule.

[540] Lewis, Temples in Roman Britain 70.

[541] Nur die Yorker Schuppensäule (oben Anm. 536) stammt wohl aus den canabae legionis von Eburacum (Fundstelle Nessgate).

[542] Die Ausrichtung der Schuppen zur Schaftmitte bei F 16, F 21 und den Säulentrommeln in London (Anm. 534) und York (Anm. 536) stimmt mit der Masse der Säulen Galliens und Germaniens überein. Die Ausrichtung zum Kapitell bzw. zur Basis wie bei F 24 findet sich gelegentlich auch auf dem Kontinent vgl. o. S. 338; zu den gekielten Schuppen ebd.

[543] Siehe oben Anm. 415. – Collingwood u. Wright a. a. O. (Anm. 506) 24 f. halten F 15 wegen des Reliefstils und der Widmung *In honorem domus divinae* für eine gallische Arbeit. Zu der Formel M.-Th. Raepsaet-Charlier, in: ANRW II, 3 (1975) 232 ff., besonders 240. Wenn F 16 tatsächlich zu einem Iupiterpfeiler gehört hätte, wäre es gleichfalls in diesem Zusammenhang anzuführen. F. N. Pryce, in: J. P. Bushe-Fox, First Report on the Excavation of the Roman Fort at Richborough, Kent 37 ff. hat den Reliefstil bereits mit gallischen Skulpturen verglichen, aber auch auf Unterschiede hingewiesen.

Bildprogramm von F 15[544]. Für die Verbindung von Schuppen- und Rautenmuster bei F 21 und einer Londoner Säule (Anm. 534) ist mir keine Parallele unter den Iupitersäulen bekannt. Allerdings sind Säulen mit Rautendekor selbst keineswegs eine lokale Eigenart und im Mittelmeergebiet und auch in den Nordprovinzen durchaus verbreitet[545].
Vergleichen wir nun die Iupitersäulen Galliens, Germaniens, Britanniens und Raetiens mit den sonstigen Göttersäulen dieser Provinzen, so springen sofort das gewaltige zahlenmäßige Übergewicht, aber auch die anspruchsvollere Gestaltung der ersteren ins Auge. Die übrigen Göttersäulen begnügen sich – von den Victoriasäulen des Lyoner Altars zunächst abgesehen – mit schmucklosen Schäften samt meist tuskischen Kapitellen; statt auf einem mehr oder weniger ausgestalteten Sockel sind ihre Weihinschriften direkt oder mittels Täfelchen auf dem Schaft selbst angebracht. Nur ein oder zwei obergermanische Iupitersäulen folgen gleichfalls diesem schlichten Schema[546].
Aufgrund ihrer Quantität wie ihrer Qualität heben sich also die Iupitersäulen und -pfeiler des besagten Raumes ganz wesentlich von den übrigen Göttersäulen ab. Dies gilt nicht oder nicht voll für Dakien, wo zwar mehrere Iupitersäulen gefunden wurden (F 4–F 8), diese aber ähnlich anspruchslos wie die übrigen Götter- und die Grabsäulen der Provinz gehalten sind. Dies gilt vor allem nicht für Rom und Italien, wo Iupitersäulen keineswegs eine prominente Rolle spielen (F 1–F 3). Am häufigsten waren dort Ehrenstatuen zu beobachten (oben S. 351 ff.), während unter den Göttersäulen keine Gottheit dominiert. Dies ist bereits an den griechischen Säulen- und Pfeilerdenkmälern festzustellen, unter denen sich nur wenige Anatheme für Zeus befinden[547].
Ein differenzierteres Bild unserer Gattung ergibt sich aber, wenn wir die Ergebnisse der chronologischen Analyse berücksichtigen. Danach ist die große Masse der Zeugnisse in die zweite Hälfte des 2. und die erste Hälfte des 3. Jahrhunderts zu datieren, während aus dem 1. und dem frühen 2. Jahrhundert nur einzelne Säulen und Pfeiler stammen. Bis zum Wandel in der Zeit des Marcus nahmen die Iupitermonumente keine dominierende Stellung ein. In der frühen Kaiserzeit sind sie also im Kontext der übrigen Säulenmonumente zu interpretieren.

1) In der iulisch-claudischen Zeit sind nicht nur Ioves, sondern auch Statuen anderer Gottheiten auf monumentalen Säulen und Pfeilern aufgestellt worden. Wichtigstes und bislang ältestes Beispiel im Norden des Reiches sind die Victoriasäulen im Zentralheiligtum der Gallia comata bei Lyon. Sie stehen ohne Zweifel in stadtrömischer Tradition, wobei speziell an die von Octavian in die Curia geweihte Victoria zu denken ist[548]. In-

---

[544] Die Gestaltung von F 17 sei in diesem Zusammenhang nicht bewertet, da der Sockel bei der Restituierung ersetzt oder überarbeitet worden ist.

[545] Petrikovits, Germania 23, 1939, 274. In den Nordprovinzen: Säulentrommel aus dem Amphitheater der CUT-Xanten: Petrikovits a. a. O. 274 Abb. 1 mit Hinweisen auf Darstellungen auf gallischer TS.

[546] Mainzer Säule für IOM und Iuno Regina: Bauchhenß Nr. 333 – das Stück ist mir nur durch den Katalog von Bauchhenß bekannt. Eine kleine Sandsteinsäule mit Standplatte, Säulenbasis, unkanneliertem Säulenschaft mit Inschrifttabula und tuskischem Kapitell von der Saalburg L. Jacobi, Das Römerkastell Saalburg (1897) 278 Nr. 12; CIL XIII 7640 a; Bauchhenß Nr. 458 ist in der Lesung auf I(ovi) [O(ptimo)] M(aximo) oder I(nvicto) M(ithrae) umstritten. Die erstere ist wahrscheinlicher und wird auch im Museum gegeben.

[547] Säule mit Zeusstatue neben dem Pelopion in Olympia Pausanias 5, 24,5. Zwei Säulen vor dem Altar des Zeus Lykaios mit vergoldeten Adlerfiguren Pausanias 8, 38, 7.

[548] Wie Alföldi a. a. O. (Anm. 241) 37 gezeigt hat, spielen Kranz, Lorbeerbäume und Laren, wie sie auf den Münzserien dargestellt sind, auf die Ehrungen für Augustus im Jahre 27 v. Chr. an.

nerhalb der privaten Votivplastik der mittleren Kaiserzeit spielten Säulen- und Pfeilermonumente nur eine untergeordnete Rolle.

2) Die ersten Iupitermonumente des Nordens, der Pariser und der Nijmegener Pfeiler(?) wie die Mainzer Säule, sind offizielle Stiftungen und durch Inschrift und Bildprogramm eng mit der Verehrung des Herrscherhauses verknüpft. Von der flavischen bis in die hadrianische Zeit spielten offizielle Votive weiter die Hauptrolle, die privaten Weihungen setzten ein; die Verbindung mit dem Herrscherhaus löste sich auf.

3) Außerhalb der Gallia comata, der beiden Germanien sowie der von ihnen beeinflußten Provinzen Raetien und Britannien sind ebenfalls Iupitersäulen und -pfeiler gefunden worden. Auch sie könnten von offiziellen Monumenten in ihren Provinzen abhängen (F 11 ?).

In diesem Zusammenhang ist nun auf einen Pfeiler aus Vinsobres bei Nyons (Drôme) in der Narbonensis zu verweisen[549], der auf drei oder vier Seiten übereinandergestaffelt Götterreliefs trug. Auf der Frontseite sind Iuno und Minerva erhalten, die gewiß – wie bei den rheinischen Pfeilern und Säulen (siehe oben S. 285; 288) – eine bekrönende Iupiterstatue als Haupt der capitolinischen Trias voraussetzen. Der neue Iupiterpfeiler ist bereits von seinem Herausgeber, M. Leglay, in das 1. Jahrhundert gesetzt worden, eine Datierung, die sich vielleicht auf die claudisch-neronische Zeit eingrenzen läßt[550]. Damit ist ein weiteres frühes Iupitermonument außerhalb des Verbreitungsgebietes unserer Gattung gewonnen[551]. Angesichts des hohen künstlerischen Entwicklungsstandes der Narbonensis kann nordgallischer Einfluß ausgeschlossen und mit Vorbildern in der Provinzhauptstadt Narbo Martius/Narbonne und den großen Koloniestädten gerechnet werden.

4) Die frühkaiserzeitlichen Iupitermonumente in den Provinzen standen ähnlich den Victoriasäulen der Ara Galliarum als besonders repräsentative und effektvolle Sockelform im Dienste der Propagierung der Staatskulte, besonders des IOM als des obersten Hüters des Reiches und des ihm eng verbundenen Kaisers. Die direkten oder eher indirekten Vorbilder waren stadtrömische Göttersäulen und -pfeiler, wobei man zuerst, aber nicht ausschließlich an Iupitermonumente denken wird, an die literarisch bezeugten wie an weitere nicht überlieferte[552]. Im Gegensatz zu den anderen Göttersäulen erfuhr unsere Gattung jedoch während der zweiten Hälfte des 2. Jahrhunderts eine stürmische Verbreitung in Nordostgallien und Teilen der beiden Germanien, die auch in das innere und westliche Gallien, nach Britannien und Raetien ausstrahlte[553]. Nach den Gründen wird im Zusammenhang der Deutung zu fragen sein (unten S. 406).

---

[549] M. Leglay, Gallia 29, 1971, 437 ff. Abb. 42. Kalkstein; H. 2,10 m, Br. 0,57 m.
[550] G. Ch. Picard, Gallia 35, 1977, 90 erwägt in Analogie zu den niedergermanischen Pfeilern eine Datierung in das 2. Jahrhundert.
[551] Aus der Narbonensis stammen nur vereinzelte Viergöttersteine z. B. aus Vernègues (Bouches du Rhône) Haug, Viergöttersteine 156 Nr. 207; Espérandieu I 127; Espérandieu II 449 f. mit Abb.
[552] Von Iulius Obsequens 49 werden zum Jahre 96 v. Chr. weitere Iupitersäulen im Capitolbezirk erwähnt, deren vergoldete Statuen vom Blitzschlag zerstört wurden. Cook a. a. O. (Anm. 444) 46.
[553] Ältere Verbreitungskarten der Gattung: Lambrechts, Contributions Taf. 23 f. Eine neuere Verbreitungskarte bietet Bauchhenß, Jupitergigantensäulen, Beilage (ohne den Pfeiler aus Vinsobres).

Die Stützentypen

Ein konstituierendes Merkmal der Iupitersäulen und -pfeiler des gallisch-germanischen Raumes sind ihre figürlich oder ornamental gestalteten Schäfte. 'Normal' kannelierte oder nur geglättete Stützen treten ihnen gegenüber wie erwähnt völlig zurück (oben S. 273). Daraus ergibt sich die Frage, ob diese Stützentypen bzw. bestimmte Ausprägungen in unserem Gebiet und speziell für unsere Gattung entwickelt oder ob sie aus der 'klassischen' Kunst entlehnt worden sind.

Reliefsäulen und -pfeiler

Begonnen sei mit den durch Götterreliefs geschmückten Säulen und Pfeilern, also den Stützentypen, die für die frühesten Monumente der Gattung, die neronische Mainzer Säule, den Nijmegener und Pariser Pfeiler nebst Verwandten, verwendet worden sind.
Schon bald nach der Entdeckung der Mainzer Iupitersäule hat die Forschung auf die columnae caelatae der griechischen Architektur hingewiesen[554]. Mit Recht betonte jedoch Hélène Walter[555], daß bei den Tempelsäulen von Ephesos, Didyma und anderen Orten Ioniens nur eine Trommel mit einem Reigen von Göttern und Heroen geschmückt ist[556]. Noch im Fluß ist die Diskussion um die Frage, ob die Reliefs zum Schmuck der untersten oder obersten Säulentrommel dienten[557]. Dem tektonischen Empfinden der Griechen hat es jedenfalls widersprochen, den gesamten Säulenschaft mit figürlichen Reliefs zu überziehen[558]. Dies gilt für die Säulen in architektonischen Zusammenhängen wie für die zahlreichen Weihgeschenkträger. So ist denn auch die Tradition der columnae caelatae auf Ostionien und wenige Bauwerke beschränkt geblieben.
Aus der Kaiserzeit sind im Mittelmeergebiet kaum Säulen mit umlaufendem Reliefschmuck bekannt. Mehrere aus Rom stammende Säulenkomplexe mit der Darstellung ägyptischer Kulte, z. T. im ägyptisierenden Stil, darunter ein wohl zur Ausstattung des Tempelbezirks der Isis und des Sarapis auf dem Marsfeld gehöriger, nehmen eine Sonderstellung ein[559]. Der Reliefschmuck dieser Monumente dürfte sich auf den Schaftansatz

---

[554] Strong, Burlington Magazine 25, 1914, 162.
[555] Walter, Colonne 114 f.
[556] Ephesos: D. G. Hogarth, Excavations at Ephesos. The Archaic Artemisia (1908) 293 ff.; F. N. Pryce, Catalogue of Sculpture in the Department of Greek and Roman Antiquities of the British Museum I,1 (1928) 47 ff.; A. H. Smith, A Catalogue of Sculptures in the Department of Greek and Roman Antiquities II (1900) 165 ff. Taf. 23; G. Gruben, Die Tempel der Griechen³ (1980) 348 ff. Abb. 289–298. Zur Architekturplastik des älteren wie des jüngeren Artemisions von Ephesos werden Dissertationen angefertigt von U. Muß, Bonn, bzw. A. Rügler, Berlin. – Didyma: K. Tuchelt, Die archaischen Skulpturen von Didyma. Istanbuler Forsch. 27 (1970) 99 ff. Taf. 72–74; Gruben, Jahrb. DAI 78, 1963, 102 ff.; ders., a. a. O. (1980) 359 ff. Abb. 299. – Der hellenistische Apollon Smintheus Tempel in Chryse, Troas besaß gleichfalls columnae caelatae: Bingöl, Belleten 44, 1980, 257 ff. Abb. (Hinweis U. Muß).
[557] Für die letztere Rekonstruktion treten ein A. Bammer, Jahresh. Österr. Arch. Inst. 47, 1964–1965, 133 ff.; H. Wiegartz, Marburger Winckelmann-Programm 1968, 41 ff.; für diese Rekonstruktion wird U. Muß weitere Argumente vortragen.
[558] Strong a. a. O. (Anm. 554).
[559] Zwei Säulenbasen wohl aus Rom in den Vatikanischen Museen Lippold, Die Skulpturen des Vatikanischen Museums III, 2, 226 ff. Nr. 33 Taf. 59, 270 ff. Nr. 40 Taf. 59, 123; Helbig⁴ I (Anm. 283) 420 ff. Nr. 529 (Simon). Zum Fragment einer ägyptisierenden columna caelata aus Rom im Ägyptischen Museum Berlin: Parlasca, Forsch. u. Ber. der Staatl. Museen 18, 1977, 60 ff. Nr. 3 Taf. 12,3 mit Hinweis auf ein Fragment vom Sarapistempel in Pergamon, ebd. 62 f. Taf. 12,2. – Tempelbezirk der Isis und des Sarapis: drei Säulen-

beschränkt haben, wie die im oberen Teil glatten Granitsäulen aus dem Tempelbezirk belegen. Vorbilder oder Parallelen zum Mainzer Iupitermonument mit seiner Aufteilung des gesamten Säulenschaftes in mehrere (fünf) übereinandergestaffelte, durch Profile getrennte Register mit Götterreigen sind bislang nicht überliefert. Walter u. a. haben daher die These vertreten, daß dieser Säulentypus in Gallien entwickelt worden ist[560]. Für diese Annahme könnte z. B. die gallische Herkunft der Bildhauer der Mainzer Säule, Samus und Severus, sprechen (oben S. 341). Ferner ist es sicher kein Zufall, daß relativ zahlreiche reliefierte Säulen mit szenischen Darstellungen, mit der Wiedergabe von Kultgeräten u. a. sowie mit vegetabilischem Dekor aus Gallien stammen (siehe unten S. 370)[561]. Zum Kreis dieser Bildhauer oder Steinmetzen könnten auch Q(uintus) Iul(ius) Iulianus und Publicius Crescentinus gehört haben, die auf einem Weihaltar aus Marignac in der Nähe der Marmorbrüche von Saint-Béat (Haute Garonne) bekunden: *. . . qui primi hinc columnas vicenarias celaverunt et et (sic) exportaverunt . . .*[562].

Aus der Tradition der gallischen Reliefsäulen mit szenischen Darstellungen, darunter Kampfbildern, ist auch die eine Iupitersäule aus Hausen a. d. Zaber zu verstehen[563]. Die erhaltene Trommel zeigt in friesartiger, umlaufender Komposition den Kampf der Götter und Giganten, womit das Anathem eine Sonderstellung in der Gattung einnimmt. Ohne Zweifel kam die 'colonne ciselée' der Disposition der Gallier für alles Schmückende in besonderem Maße entgegen.

Auf der anderen Seite ist freilich zu beachten, daß die angeführten Säulen wesentlich später als das Mainzer Votiv im 2. und 3. Jahrhundert entstanden sind und typologisch abweichen. 'Nachfolger' der neronischen Säule, die ebenfalls erst aus der mittleren Kaiserzeit datieren, sind aus der Mainzer Region, aus Niedergermanien (oben S. 286) und wohl auch aus dem östlichen Gallien überliefert[564]. Gegen eine Entstehung unseres Säulentypus in Gallien, etwa in der Narbonensis, spricht nicht die römische Ikonographie der Reliefs der Mainzer Säule und ihre Beziehung zur römischen Staatskunst[565]. In diesem Zusammenhang darf vielleicht auf die zahlreichen frühkaiserzeitlichen Ehrenbögen der Narbonensis verwiesen werden. Neben den Bindungen an die römische Staatskunst hat Th. Kraus ihre 'gallische Komponente' herausgestellt und in der Architektur Galliens 'atektonische' Züge beobachtet, die sich z. B. auch in einem 'horror vacui' äußerten[566]. Eine so geartete gallische Struktur mag die Entstehung, zumindest aber die Verbreitung

---

schäfte im Kapitolinischen Museum Rom und ein im 18. Jahrhundert von dem Schaft abgearbeitetes Relieffragment in Florenz, Archäologisches Museum: Helbig[4] II, 42 f. Nr. 1194 (Parlasca); Parlasca a. a. O. 62; A. Roullet, The Egyptian and Egyptianizing Monuments of Imperial Rome. EPRO 20 (1972) 57 f. Nr. 16–19 Taf. 25–34 Abb. 37–47.

[560] Walter, Colonne, 116 mit weiterer Literatur.

[561] Walter, Colonne, 91 ff.; 61 ff.

[562] Im Museum Toulouse, CIL XIII 38; Weihung an die für die Steingewinnung 'zuständigen' Gottheiten Silvanus und die Montes Numidi; eine andere Interpretation vertritt F. Heichelheim: RE XVII 1343 s. v. Numidae.

[563] Klumbach a. a. O. (Anm. 21) 19 ff. Nr. 10 Taf. 22–26; Bauchhenß Nr. 213.

[564] z. B. die Trommel einer Kalksteinsäule mit Götterreigen von Victoria – Göttin (?) – Mars – Mercurius – Roma, H. 0,75 m, angeblich aus Nancy im Israel Museum Jerusalem: The Israel Museum News 8, 1970, 30. Photographien und Auskünfte verdanke ich U. Avida, Jerusalem. – Die Funktion einer Säule mit Götterreliefs in Metz, Espérandieu V 4286 ist unsicher.

[565] Die Vorbilder der Mainzer Säule suchte in der Narbonensis z. B. A. v. Domaszewski, Archiv für Religionswiss. 9, 1906, 303 ff.

[566] Röm. Mitt. 72, 1965, 174 ff.

der Reliefsäulen und -pfeiler gefördert haben. Strikt auszuschließen ist aber eine italische Entstehung des Säulentypus nicht, zumal die Gestaltung der republikanischen Iupitersäulen (F 1–2) unbekannt ist[567].

Die gleiche Aporie ergibt sich für die Iupiterpfeiler und sonstigen gallischen Reliefpfeiler. Zu den frühkaiserzeitlichen Monumenten aus Vinsobres (Anm. 549 f.), Nijmegen und Paris mit ihren Verwandten, die allseitig mit übereinandergestaffelten Götterreliefs 'besetzt' sind, haben sich weder in Griechenland noch in Italien bislang Vorbilder gefunden. Die sogenannten Ornamentpfeiler, zu denen Beispiele aus Rom, Pompeji und Caesarea/Cherchel erwähnt seien[568], sind zwar auch auf drei oder vier Seiten mit Reliefs geschmückt, die z. T. in Registern übereinander angeordnet sind, doch bleiben sie im wesentlichen – ähnlich den entsprechenden Säulentypen – dem ornamentalen Bereich verpflichtet. Näher verwandt ist ein kleiner mehrseitig reliefierter Pfeiler in Florenz, dessen Götterreliefs in mehreren Registern übereinander angeordnet waren[569]. Freilich ist er merklich später entstanden.

Säulen mit Weinrankendekor

Die Frage nach der Herkunft des Säulentypus, dessen Schaft mit Weinranken – häufig bevölkert mit Wesen der dionysischen Welt – geschmückt ist, läßt sich mit hinreichender Sicherheit klären. Bereits J. B. Ward Perkins hat auf den Typus aufmerksam gemacht und auch mehrere Beispiele aus Gallien angeführt[570]. Seine Annahme einer hellenistischen, östlichen Entstehung des Typus ist denkbar, jedoch beim Stande der Überlieferung nicht zu beweisen. Die Existenz kleinasiatischer Rankensäulen der Kaiserzeit weist aber vielleicht in diese Richtung[571]. In diesem Zusammenhang ist nicht unerheblich, daß der Typus in Kleinasien auch für die Monumentalarchitektur, nämlich für den Hadrianstempel in Kyzikos verwendet worden ist[572]. Möglicherweise sind die Rankensäulen Nordafrikas, z. B. eine Säule in Karthago, von einer in diesem Reichsteil tätigen kleinasiatischen Bauhütte vermittelt worden[573].

In Italien ist der Säulentypus bereits seit spätrepublikanischer Zeit bekannt, wie Darstel-

---

[567] Bauchhenß 40 f. tendiert in diese Richtung.
[568] Fittschen, in: H. G. Horn u. Chr. B. Rüger (Hrsg.), Die Numider. Reiter und Könige nördlich der Sahara. Kunst und Altertum am Rhein Nr. 96 (1979) 241 f. Taf. 45–49 mit weiterer Literatur.
[569] A. Minto, in: Hommages à J. Bidez u. F. Cumont: Collection Latomus 2. (1954) 210 ff. Taf. 11.
[570] Journal Rom. Stud. 41, 1951, 22 ff.
[571] Zu nennen sind die allerdings gewundenen Rankensäulen aus Ephesos: Wegner, Jahresh. Österr. Arch. Inst. 51, 1976/77 Beibl. 58 ff. Abb.; ferner die ebenfalls gewundenen Säulen östlichen Ursprungs aus Alt-St. Peter in Rom, Ward Perkins a. a. O. (Anm. 570) 24 ff. Taf. 3–5 und St. Chiara in Neapel, ebd. 26 f. Taf. 6. Weitere Rankensäulen aus Kleinasien: Ward Perkins a. a. O. 29; Halbsäule im Archäologischen Museum Istanbul: G. Mendel, Musées Impériaux Ottomans. Catalogue des sculptures grecques, romaines et byzantines 3 (1914) 424 ff. Nr. 1179 Abb.; B. Ashmole, Journal Warburg and Courtauld Institutes 19, 1956, 186 Taf. 39b–c. Zur Nachwirkung der gewundenen Rankensäulen von Alt-St. Peter in der Neuzeit Forssman a. a. O. (Anm. 515) 43 ff.
[572] Ashmole a. a. O. (Anm. 571) 179 ff. Taf. 36–38, 39d–e; M. Lyttelton, Baroque Architecture in Classical Antiquity (1974) 261 ff. Abb. 178, 180 f.; E. Akurgal, Ancient Civilizations and Ruins of Turkey⁴ (1978) 47 Taf. 29.
[573] Vor dem Antiquarium in Karthago aufgestellt, Filtzinger, Fundber. Baden-Württemberg 1, 1974, 450 Abb. 10; Neg. DAI Rom 75. 1207. – Zur Tätigkeit einer Bauhütte aus Aphrodisias in Leptis Magna zuletzt Heilmeyer a. a. O. (Anm. 395) 22 f.

lungen in der Wandmalerei zweiten Stils, z. B. aus den Villen von Boscoreale und Oplontis erschließen lassen[574]. Aus Pompeji wie aus Rom und Ostia stammen mehrere kleine marmorne Rankensäulen[575], die vornehmlich als Ausstattung der Gärten und als Geräteständer gedient haben[576]. Daneben finden sich jedoch auch größere Säulen, die zu Gebäuden gehört haben werden, darunter auch eine relativ frühe Säulentrommel in Capua[577]. In diesem Zusammenhang sei auch auf die Frontsäulen des auf einem der Reliefs des Hateriergrabes in Rom dargestellten Grabtempels hingewiesen, die mit Weinranken geschmückt sind[578]. Neben einfachen Rankensäulen finden sich in Italien auch Stützen, bei denen die Ranken von allerlei Getier und dem Gefolge des Dionysos bevölkert werden (oben Anm. 577). Auf die gleichfalls recht häufigen Pfeiler und Pilaster mit Rankendekor wurde bereits kurz hingewiesen (oben S. 368).

Rankensäulen lassen sich aber auch in den Provinzen nachweisen, in der Hispania, in den Donauprovinzen, wo sie besonders als Rahmung von Grabstelen dienten[579], und eben auch in Gallien und Germanien. Als Vermittler wird man entgegen Ward Perkins nicht Kleinasien, sondern Italien selbst ansehen.

Da das Weinrankenmotiv auch im christlichen Sinne gedeutet werden konnte, wurde der

---

[574] Ph. Williams Lehmann, Roman Wall Paintings from Boscoreale in the Metropolitan Museum of Art (1953) Taf. 11–20, 33. – A. de Franciscis, in: B. Andreae u. H. Kyrieleis (Hrsg.), Neue Forschungen in Pompeji (1975) Abb. 15, 17 (= Die Pompejanischen Wandmalereien in der Villa von Oplontis [1975] Abb. 17, 23).

[575] Pompeji: Haus der Vettier, Peristylgarten: V. Spinazzola, Le arti decorative in Pompei e nel Museo Nazionale di Napoli (1928) 25 f. Taf. 66 f.; Kraus, Lebendiges Pompeji. Pompeji und Herculaneum, Antlitz und Schicksal zweier antiker Städte (1973) 75 Abb. 88; H. Eschebach, Pompeji (1978) Abb. 142. Rankensäulchen als Fontäne im Sommer-Triclinium der Casa del Mosaico di Nettuno e di Anfitrite Kraus a. a. O. 141 Abb. 163. – Rom: Rom, Vatikanische Museen: W. Amelung, Die Sculpturen des Vaticanischen Museums II (1908) 74 Nr. 26 Taf. 6 (Efeuranken); 282 Nr. 102 Taf. 25; Lippold, Die Skulpturen des Vaticanischen Museums III, 1 (1936) 2 Taf. 2; ders., Die Skulpturen des Vaticanischen Museums III, 2 (1956) 132 Taf. 63; Rom, Konservatorenpalast, H. Stuart Jones, The Sculptures of the Palazzo dei Conservatori (1926) 241 Nr. 52 Taf. 99. – Ostia: Erwähnt von Toynbee u. Ward Perkins, Papers Brit. School Rome 18, 1950, 26.

[576] Rankensäulen unbekannten FO, aber wohl aus Italien: Früher Slg. F. Trau, Wien: Antikensammlung Nachlaß F. Trau, Wien III. Teil. Auktion Galerie Fischer Luzern vom 29. 11. 1955 25 Nr. 365 Taf. 10; Walter, Colonne 45; Rhode Island School of Design, Providence; B. Sismondo Ridgway, Classical Sculpture. Catalogue of the Classical Collection. Museum of Art. Rhode Island School of Design, Providence (1972) 114 Nr. 47. – Auf einem bronzenen Reliefspiegel unbekannten FO in Providence ist hinter einem Opferaltar eine Rankensäule mit Götterstatue – Dionysos mit Panther (?) – dargestellt: D. G. Mitten, Classical Bronzes. Catalogue of the Classical Collection. Museum of Art. Rhode Island School of Design, Providence (1975) 183 Nr. 61.

[577] Capua, Museo Campano. Das Stück ist mir nur durch das Neg. DAI Rom 71.1655 bekannt. Rankensäulen früher im Lateran, jetzt Vatikan, Museo Gregoriano Profano Inv.-Nr. 10096–10097; K. J. Rončevskij, Chudožestvennye motivy v drevnem rimskom zodčestve. I. Detali orderov. Ploskija pokrytija (1905) Abb. 79.

[578] Helbig⁴ I, 776 ff. Nr. 1075 (Simon); Kähler, Rom und seine Welt (1960) 248 Taf. 157; Kraus, Das Römische Weltreich (1967) 229 Taf. 200; W. M. Jensen, The Sculptures from the Tomb of the Haterii. University Microfilm International (1978) 168 f.; passim.

[579] Hispania: Säule im Regionalmuseum Beja (Baixo Alentejo): G. Gamer, Madrider Mitt. 11, 1970, 129 ff. Taf. 31–33; ders., Actas do II. Congresso Nacional de Arqueologia (1971) 487 ff. Taf. 1–3. – Donauprovinzen: Noricum, Celeia/Celje: V. Hoffiller u. B. Saria, Antike Inschriften aus Jugoslavien 1 (1938; Nachdruck 1970) 27 ff. Nr. 55 Abb.; Nr. 56 Abb.; Nr. 57 Abb. Pannonia, Poetovio/Ptuj: ebd. 180 Nr. 399 Abb.; 183 Nr. 406 Abb.; 204 f. Nr. 457 Abb. Savaria/Szombathely: Mócsy u. Szentléleky, Die Römischen Steindenkmäler von Savaria 102 Nr. 101 Abb. 84.

Typus von der frühchristlichen und frühmittelalterlichen Kunst, nicht zuletzt den Säulensarkophagen, übernommen[580].

Neben der Abhängigkeit vom italischen Mutterland ist die Sonderstellung der Rankensäulen Galliens und Germaniens zu beachten, wie sie durch den Katalog Hélène Walters nebst den inzwischen gegebenen Nachträgen (oben S. 285, Anm. 377) deutlich geworden ist[581]. In diesem Gebiet sind mehr Rankensäulen nachweisbar als irgendwo sonst im Imperium. Zwei Gründe bieten sich als Erklärung für das massierte Vorkommen an: die schon im Zusammenhang mit den Reliefsäulen erwähnte 'Disposition der Gallier für alles Schmückende' und die große Verbreitung der Iupitersäulen, denen ja zahlreiche der nicht architektonisch verwendeten Rankensäulen (entgegen Walter) z. T. nachweisbar, z. T. vermutungsweise zuzurechnen sind (oben S. 285 f.).

Schuppensäulen

Säulen, die mit schuppenartig stilisiertem, gleichförmig angeordnetem Blattwerk überzogen sind, werden uns zuerst durch Darstellungen in der römischen Wandmalerei des frühen zweiten Stils überliefert[582]. Die vorgemauerten, stukkierten, mit nach oben gerichteten Schuppen bemalten Halbsäulen einer Porticus der Villa von Oplontis bei Pompeji stehen an der Grenze zur Architektur[583]. Charakteristisch für den Schuppendekor in der römischen Wandmalerei sind die gleichbleibende Ausrichtung der Blätter nach oben und die zweifarbige Anlage des einzelnen Blattes z. B. in Grün und Rot.

Zusammen mit anderen Motiven ging die Schuppensäule in das Repertoire der Malerwerkstätten in den Nordprovinzen, besonders Britanniens über. Die freilich sehr fragmentierten Wandmalereien aus der Villa von Commugny (Vaud), die in das zweite Viertel des 1. Jahrhunderts datiert werden, zeigen eine sehr kleinteilige, an Palmstämme erinnernde Musterung[584]. Dagegen ähneln die rautenförmigen Schuppen auf den Säulen einer Wand des 2. Jahrhunderts aus Verulamium St. Albans (Hertfordshire) eher einem Netzwerk[585]. Schließlich sind die spätantiken Wandmalereien aus den Villen von Rudston (Yorkshire) und Lullingstone (Kent) zu nennen, wobei letztere mit ihrer blattmäßigen, durchgehend nach oben gerichteten Stilisierung der Hauptform des Schuppenmusters entsprechen[586].

---

[580] Säulen: Ward Perkins, Journal Rom. Stud. 41, 1951, 28 ff. mit Beispielen aus Kleinasien, Nordafrika, Gallien. Gamer a. a. O. (Anm. 579) 136 ff. Taf. 34 mit Beispielen aus der Hispania. Frühchristlicher Säulensarkophag in Arles: F. Benoit, Sarcophages paléochrétiens d'Arles et de Marseille. Gallia Suppl. 5 (1954) 36 Nr. 5 Taf. 4–5; Schoppa, Die Kunst der Römerzeit in Gallien, Germanien und Britannien 61 Taf. 140.

[581] Walter, Colonne 41 ff. Taf. 6–17, Abb. 4 (= Verbreitungskarte).

[582] H. G. Beyen, Die pompejanische Wanddekoration vom zweiten bis zum vierten Stil II,1 (1960) 396 f. Abb. 14, 86–88; 217 f. mit irriger Rückführung auf Mosaiksäulen.

[583] Franciscis a. a. O. (Anm. 574) 9 ff. Abb. 37 (= Die Pompejanischen Wandmalereien in der Villa von Oplontis Abb. 37).

[584] W. Drack, Die Römische Wandmalerei der Schweiz. Monographien zur Ur- und Frühgeschichte der Schweiz 8 (1950) 15; 70 Taf. 5, dazu die Rez. von Parlasca, Gnomon 24, 1953, 156.

[585] Toynbee a. a. O. (unten F 18) 194 f. Nr. 172 Abb. 201 u. a. a. O. (Anm. 539) 217 Taf. 52; Bauchhenß 62.

[586] Rudston: Liversidge, in: I. M. Stead, Rudston Roman Villa. Yorkshire Arch. Society Monograph (1980) 143, 145; dies., in: Roman Life and Art in Britain. B. A. R. 41, (1977) 95. – Lullingstone: Toynbee a. a. O. (Anm. 539) 221 ff. Taf. 54.

Eine weit größere Resonanz hat das Schuppenmotiv in der kaiserzeitlichen Grabplastik gefunden. So werden mehrere stadtrömische Urnen und Grabaltäre von Pilastern mit nach oben gerichteten, gekielten, durchlaufenden Schuppen gerahmt[587]. Auf oberitalischen Grabstelen und -altären sind des öfteren die rahmenden Halbsäulen mit nach oben gerichteten, verhältnismäßig vegetabilisch gestalteten Blättern eingehüllt[588].
Von Oberitalien, wohl Aquileia breitete sich die Schuppensäule als Stelenrahmung in den umliegenden Provinzen aus. Bei den Grabsteinen Dalmatiens sind die Säulenschäfte durchgehend nach oben geschuppt[589]. In Noricum und Pannonien herrscht hingegen ein Mischtypus vor[590]: eine kürzere untere Zone ist mit nach oben gerichteten z. T. schilfförmigen Blättern geschmückt, der Hauptteil des Schaftes ist spiralförmig kanneliert[591]. Dieser Typus wurde von Pannonien aus nach Moesia superior vermittelt[592]. Von Oberitalien aus wird das Motiv – in Verbindung mit den Typen des Stelenaufbaues insgesamt –[593] zu den Grabmalwerkstätten der Rheinzone gelangt sein. Das früheste Beispiel,

---

[587] Urne im Thermenmuseum Rom: W. Altmann, Die Römischen Grabaltäre der Kaiserzeit (1905) 153 f. Nr. 184 Abb. 126. – Urne früher im Lateran, jetzt Vatikan, Museo Gregoriano Profano CIL VI 19154. – Urne von der Isola Sacra in Ostia, H. Thylander, Inscriptions du port d'Ostie. Acta Inst. Rom. Regni Sueciae Series 8°. 4 (1952) 85 f. Nr. A92 Taf. 30,1. – Capri, Villa San Michele, Thylander, Acta Inst. Rom. Regni Sueciae Series 4, 22. Opuscula Romana 4 (1962) 137 f. Nr. 19 Taf. 7. Für Hinweise sei F. Sinn gedankt. – Grabaltar früher im Lateran, jetzt Vatikan, Museo Gregoriano Profano: O. Benndorf u. R. Schöne, Die Antiken Bildwerke des Lateranensischen Museums (1867) 21 Nr. 33. – Ein Sarkophag, früher im römischen Kunsthandel: M. Gütschow, Röm. Mitt. 46, 1931, 111 Taf. 13 besitzt Mittelpilaster mit nach unten gerichteten Schuppen. Er ist typologisch von den Urnen und Grabaltären abhängig.

[588] Aquileia, Museo Nazionale: V. Santa Maria Scrinari, Museo Archeologico di Aquileia. Catalogo delle Sculture Romane (1972) 114 ff., 131 Nr. 335, 374–375 Abb. – Grabaltar aus Iulium Carnicum/Zuglio: CIL V 1801; P. M. Moro, Iulium Carnicum (1956) 141 f.; 227 Nr. 63 Abb. 55. – Stelen aus Ravenna in Ravenna, Museo Nazionale, Mansuelli, Le stele Romane del territorio Ravennate e del Basso Po 115 f. Nr. 1 Abb. 1; 117 Nr. 3 Abb. 3. – FO unbekannt im Museo Civico Ferrara, Mansuelli a. a. O. 116 f. Nr. 2 Abb. 2.

[589] Split, Archäologisches Museum aus Andetrium/Muć: H. Hofmann, Römische Militärgrabsteine der Donauländer. Sonderschr. Österr. Arch. Inst. 5 (1905) 70 f. Abb. 49; S. Rinaldi Tufi, Stele funerarie con ritratti di età Romana nel Museo Archeologico di Spalato. Atti Accad. Naz. Lincei. Memorie 8. Ser. 16,3 (1971) 99 Nr. 13 Taf. 5,3; Wilkes, Dalmatia 148 Taf. 14. – Museum Zadar aus Asseria: M. J. Abramić, Führer durch das K. u. K. Staatsmuseum in S. Donato in Zara (1912) 44 f. Abb.; A. Schober, Die Römischen Grabsteine von Noricum und Pannonien. Sonderschr. Österr. Arch. Inst. 10 (1923) 193 Abb. 201.

[590] Auf diesen Mischtypus weist schon hin V. Chapot, La colonne torse et le décor en hélice dans l'art antique (1907) 100 Abb. 120 f.

[591] P a n n o n i e n : Savaria/Szombathely: Mócsy u. Szentléleky a. a. O. (Anm. 579) 104 ff. Nr. 110 Abb. 93; Nr. 116 Abb. 101; Nr. 118 Abb. 99; Nr. 120 Abb. 103; Nr. 124 Abb. 107; Nr. 134 Abb. 117; Nr. 135 Abb. 118. – Poetovio/Ptuj: Hoffiller u. Saria a. a. O. (Anm. 579) 1, 166 ff. Nr. 373 Abb.; Nr. 375 Abb.; Nr. 447 Abb.; Nr. 448 Abb.; Nr. 450 Abb.; Nr. 451 Abb.; Nr. 457 Abb. – Aquincum/Budapest: G. Erdélyi, A Római köfaragás és köszobrászat Magyarországon (1974) Abb. 28 (durchgehend geschuppt). – Intercisa/Dunapentele: G. Erdélyi u. F. Fülep in: L. Barkóczi u. a., Intercisa 1 (1954) 238 f. Nr. 35 Taf. 39,3; 254 Nr. 171 Taf. 61,6. – Sirmium/Mitrovica: Ferri a. a. O. (Anm. 325) 236 ff. Abb. 301 f. (Säulensarkophag mit gegenständiger Schuppung). Weitere Funde aus Pannonien: Barkóczi u. Mócsy, Die Römischen Inschriften Ungarns 2 (1976) 52 ff. Nr. 327 Abb. 31; Nr. 330 Abb. 34; 210 Nr. 574 Abb. 179.
N o r i c u m : Flavia Solva/Leibnitz: W. Modrijan u. E. Weber, Steiermärkisches Landesmuseum Joanneum. Die Römersteinsammlung im Eggenberger Schloßpark 1. Schild von Steier 12, 1964/65 (= zugleich Sonderdruck des Museums) 49 f. Nr. 174 Abb.; 100 f. Nr. 103 Abb.; 101 Nr. 104 Abb. – Celeia/Celje: Hoffiller u. Saria a. a. O. (Anm. 579) 30 Nr. 60 Abb.; V. Kolšek, Celeia – Steindenkmäler (1967) 32 Nr. 67; Nr. 69. Lauriacum/Enns: L. Eckhart, CSIR Österreich III, 2 (1976) 34 f. Nr. 28 Taf. 9. Weitere Funde aus Noricum: Hoffiller u. Saria a. a. O. (Anm. 579) 10 f. Nr. 19 Abb.; G. Alföldy, Noricum. History of the Provinces of the Roman Empire (1974) Taf. 20,32.

[592] Viminacium/Kostolac: Mócsy, Pannonia and Upper Moesia 180 f. Taf. 6a–b.

[593] Hierzu Gabelmann, Bonner Jahrb. 172, 1972, 65 ff.

die bekannte Stele des Mainzer aquilifer Cn. Musius aus tiberischer Zeit, folgt jedoch dem Mischtypus mit spiralförmiger Kannelur des oberen Schaftteils[594]. An der Pilasterrahmung der claudischen Stele des Tib. Iulius Abdes aus Bingerbrück wechseln nach unten gerichtete Schuppen und Pfeifenkannelur[595]. Lediglich bei einer Kölner Stele des frühen 2. Jahrhunderts ist die freilich nur geritzte Rahmung durchlaufend nach oben geschuppt[596]. Von rheinischen Vorbildern dürften wiederum die wenigen einschlägigen Grabstelen Britanniens abhängen (zu Grabbauten mit geschuppten Stützen siehe unten S. 375 f.)[597].

Gelegentlich kommen Schuppensäulen auch in der Kleinkunst zur Darstellung. Als Beispiele seien zwei spätantike, bronzene Beschlagbleche genannt. Auf der sogenannten Tensa Capitolina aus Mittelitalien sind die Szenen der Achilleis alternierend von senkrecht und spiralförmig kannelierten sowie geschuppten Säulen gerahmt[598]. Auf einem Kastenrelief aus Augst oder Kaiseraugst werden die Arkaden, in denen verschiedene Götterbilder erscheinen, von Säulen getragen, die in der unteren Zone geschuppt, in der oberen kanneliert sind[599]. Schließlich ist der Typus auch von der frühmittelalterlichen Kleinkunst übernommen worden[600].

Die zahlreichen Darstellungen von Schuppensäulen und -pfeilern in der römischen Wandmalerei, besonders während des sich an gebauter Architektur orientierenden zweiten Stils, wie die Beliebtheit des Schuppenmotivs bei den Rahmungssystemen lassen vermuten, daß diese Typen in Italien tatsächlich auch als Stützen Verwendung fanden. Ähnlich wie bei den Rankensäulen sind aber lediglich einige wenige und vereinzelte Stücke meist ohne ihren Funktionszusammenhang überliefert. Vier mit Mosaik überzogene Säulen aus Pompeji sind nur in der unteren Zone mit dem Schuppenmuster geschmückt, darüber sind Streifen mit figürlichen Darstellungen im Wechsel mit Blütenmustern angebracht[601]. Diese Mosaiksäulen, die zur Ausstattung der Brunnenanlage der Casa delle

---

[594] Mainz, Mittelrheinisches Landesmuseum, Espérandieu VII. 5790; Gabelmann a. a. O. 132 Nr. 10 mit weiterer Literatur.

[595] Karl-Geib-Museum Bad Kreuznach, Espérandieu VIII 6137; Gabelmann a. a. O. (Anm. 593) 136 Nr. 30. Das Familiengrabmal aus Mainz-Weisenau: Espérandieu X, S. 240 f.; Schoppa, Römische Bildkunst in Mainz (1963) 27 Taf. 6; Gabelmann a. a. O. 136 Nr. 38 kombiniert Spiralkannelur mit nach unten gerichteten Schuppen in der unteren Zone.

[596] Köln, RGM, Galsterer 74 Nr. 304 Taf. 66. Von Pilastern mit eingeritzten, nach oben gerichteten Schuppen wurde auch ein Grabmonument gerahmt, das antik wiederverwendet worden ist: Galsterer 92 Nr. 410 Taf. 89.

[597] Grabstelenfragment mit nach unten gerichteten Schuppen in Lincoln: Toynbee a. a. O. (Anm. 539) 201 Taf. 48. Grabstelenfragment mit nach unten gerichteten Schuppen in Carlisle, Collingwood u. Wright a. a. O. (Anm. 506) 319 Nr. 958 Abb.

[598] Rom, Konservatoren-Palast, Stuart Jones a. a. O. (Anm. 575) 179 ff. Nr. 13 Taf. 68–73; Helbig[4] II, 357 ff. Nr. 1546 (Simon).

[599] Berlin, Antikenmuseum: Ristow, in: Römer am Rhein 243 f. Nr. C 199 Taf. 90; H. Buschhausen, Die spätrömischen Metallscrinia und frühchristlichen Reliquiare. Wiener Byz. Studien 9 (1971) 50 f. Nr. A 19 Taf.; A. Kaufmann-Heinimann, Die römischen Bronzen der Schweiz I. Augst (1977) 109 f. Nr. 167 Taf. 106–108; W. A. Childs, in: K. Weitzmann (Hrsg.), The Age of Spirituality. Late Antique and Early Christian Art. Ausstellungskatalog New York 1977 (1979) 139 f. Nr. 117.

[600] Karolingisches Elfenbeinrelief im Metropolitan Museum New York: H. Schnitzler, in: Karl der Große. Werk und Wirkung. Ausstellungskatalog Aachen 1965, 338 f. Nr. 524 Abb. 102. Karolingisches 'Diptychon Harrach' als Leihgabe im Schnütgen-Museum Köln: Schnitzler a. a. O. 341 f. Nr. 527 Abb. 101; ders., Das Schnütgen-Museum. Eine Auswahl[4] (1968) 18 ff. Nr. 3c Abb.

[601] Spinazzola a. a. O. (Anm. 575) Taf. 192; D. Joly, in: Actes du Colloque International sur la Mosaïque Gréco-Romaine 57 Abb. 5. F. S. Sear, Roman Wall and Vault Mosaics. Ergh. Röm. Mitt. 23 (1977) 83 Taf. 30,1–2; 31,1.

Colonne a Mosaico gehörten, nehmen noch eine Zwischenstellung zu den gemalten Säulen ein. Ein marmorner, wohl monolither Säulenschaft mit nach oben gerichteten Schuppenspitzen wird in den Vatikanischen Museen aufbewahrt[602]. Die untere Blattreihe besteht aus schilfähnlichen länglichen Schuppen, wie sie gelegentlich auch auf den Grabmalrahmungen begegnen. Eine marmorne Säulentrommel im Museo Bardini, Florenz, besitzt hingegen nach unten gerichtete, gekielte Schuppen[603]. Die Binde ist mit einem Flechtband geschmückt, das von kordelartigen Streifen eingefaßt wird, eine Ornamentierung, die an den Schuppensäulen unseres Gebietes wiederkehrt (oben S. 338). Am sogenannten Clitumnus-Tempel bei Spoleto, einer in der Datierung noch umstrittenen frühchristlichen Kirche, sind neben zwei spiralförmig kannelierten auch zwei Säulen mit nach oben gerichteten Schuppen wiederverwendet[604]. Daneben finden sich stärker vegetabilisch gegebene Blattsäulen. Die bereits erwähnte Votivsäule für Hercules im Vatikan (oben Anm. 487) ist mit detailliert wiedergegebenen Efeublättern samt Beeren geschmückt. Ein Säulenschaft des früheren Lateranmuseums und sein Gegenstück im Kreuzgang der Lateransbasilika, die zum selben Komplex gehört haben werden, sind mit stark ausgebohrten Efeublättern nebst Beeren verziert[605]. Die Binde ist als breites Band mit Reliefdarstellungen des dionysischen Thiasos gestaltet. Wie bei der Säulentrommel im Museo Bardini gehen die Blätter von der Taenie aus[606].

Wie bei der Rankensäule bleiben Zeit und Ort der Entstehung des Typus unklar. Denkbar wäre, daß hölzerne oder toreutische Stützen ephemerer hellenistischer Anlagen wie des Festzeltes Ptolemaios'II. in Alexandria mit seinen 'Zeltstangen' in Gestalt von Palmen und Thyrsoi als Vorbilder gewirkt haben[607]. Größere Verbreitung fanden Ranken- und Schuppensäulen dann jedoch erst im Römischen. Dies wird einen strukturellen Grund haben, wozu auf die von H. von Hesberg beobachtete geminderte tektonische Einbindung der römischen Säule und ihre Fähigkeit hingewiesen sei, 'andere Formen- und Oberflächenqualitäten anzunehmen'[608].

Fragen wir nun nach der Verbreitung von Schuppensäulen außerhalb Italiens, so ergibt sich ein deutliches Bild: Der Typus ist – auch bei Ausklammerung der Iupitersäulen – vor allem in den nördlichen Provinzen anzutreffen. Für die Donauprovinzen vermag ich lediglich einen Befund aus Scarbantia/Sopron zu nennen, wo Schuppensäulen vor ihrer

---

[602] H. 1,12 m, Dm. 0,25 m, ohne FO. Lippold, Die Skulpturen des Vatikanischen Museums III, 2, 157 Nr. 6 Taf. 76. Siehe auch die Säule Rončevskij a. a. O. (Anm. 577) Abb. 81.

[603] Unpubl., vermutlich aus Italien, Inv.-Nr. 94/48–49 H. 1,03 m, max. Dm. 0,55 m. Neg. DAI Rom 65.2205. Für freundliche Hinweise habe ich A. M. Esposito und J. Raeder zu danken.

[604] C. Pietrangeli, Spoletium (1939) 82 Taf. 16; F. W. Deichmann, Röm. Mitt. 58, 1943, 106 ff. Abb. 12 mit Datierung in die langobardische Zeit; M. Salmi, Annu. Scuola Arch. Atene 24–26, 1946–48, 361 ff., besonders 369 Abb. 23 mit Datierung in das 5. Jahrhundert; P. Verzone, Werdendes Abendland. Kunst der Welt (1967 [Paperback 1979]) 134 ff. Abb. S. 132 mit Datierung in das 7. Jahrhundert. – J. J. Emerick, The Tempietto del Clitunno Near Spoleto. Diss. Univ. of Pennsylvania, Penn. (1976), mir nicht zugänglich.

[605] Säulenschaft: jetzt im Vatikan, Museo Gregoriano Profano, H. 1,55 m, Marmor. Benndorf u. Schöne a. a. O. (Anm. 587) 203 f. Nr. 324; Photographie im DAI Rom Inv.-Nr. 2881. Zwei Hälften einer Marmorsäule, Inv.-Nr. 81. Benndorf u. Schöne a. a. O.; Platten-Nr. 6365–6366 DAI Rom.

[606] Zu einer Säulentrommel mit Lorbeerblättern samt Beeren und einer Taenie, die der der Säule des Museo Bardini entspricht, bei E. Wurz, Plastische Dekoration des Stützenwerkes in Baukunst und Kunstgewerbe des Altertums (1906) 87 Abb. 53.

[607] F. Studniczka, Das Symposion Ptolemaios II. Abhandl. Sächsischen Ges. der Wiss. 30, 2 (1914) 35 ff.

[608] H. v. Hesberg, in: P. Zanker (Hrsg.), Hellenismus in Mittelitalien. Abhandl. Akad. Wiss. Göttingen 97 (1976), 446.

spätantiken Wiederverwendung vielleicht für eine Porticus verwendet worden sind[609]. Diese spärliche Überlieferung steht in deutlichem Gegensatz zur Beliebtheit des Schuppenmotivs in der Grabplastik der Donauprovinzen. Dies bestätigt unsere Vorstellung, daß das Motiv unabhängig von der Architektur in Verbund mit den Rahmungstypen der Sepulkralkunst in die Provinzen gelangte.

Umgekehrt findet sich in Gallien und Germanien eine relativ große Zahl von Schuppensäulenkomplexen, während das Motiv hier für die Grabreliefs nur eine untergeordnete Rolle spielte. Dazu gehören die Säulen der scenae frons des Kulttheaters von Augusta Ambianorum/Eu (Seine-Maritime), die mit nach unten gerichteten Schuppen verziert sind, wie die für das Bühnengebäude des Pariser Theaters in der rue Monge verwendeten Säulen und Halbsäulen mit nach unten gerichteten Schuppen[610]. Die Innensäulen der Basilika von Venta Silurum/Caerwent (Monmouthshire) waren nach dem Grabungsbericht geschuppt[611]. In Mont-Dore (Puy-de-Dôme) ist die größere obere Zone der mächtigen Säulen eines Gebäudes, das wohl als Tempel zu deuten ist, mit nach unten gerichteten gekielten Schuppen geschmückt[612]. Im heiligen Bezirk von Champlieu (Oise) kommen ebenfalls Schuppensäulen vor[613]. Halbsäulen und Pilaster mit nach unten gerichteten gekielten Schuppen dienen zur Ausgestaltung mehrerer Ehrenbögen. Bekanntestes Beispiel ist die Porte Noire in Besançon[614]; daneben sind Bögen in Paris und London zu nennen[615].

Unser Stützentypus ist ferner in der Villenarchitektur anzutreffen. Zu nennen ist die Villa von Sainte-Nitasse (Saône-et-Loire) wie eine Porticus der bekannten Großvilla von Nennig[616]. Hier ist freilich nur der Schaftansatz geschuppt, während das Hauptstück der Säule kanneliert ist. Dieselbe Kombination kehrt bei einer Säulentrommel aus Kelz wieder (E 3), für die bereits eine Deutung als Porticussäule vorgetragen wurde (oben S. 283). In diesem Zusammenhang muß ein Schuppensäulenrest aus der CUT – Xanten erwähnt werden, der im Hof eines Hauses ausgegraben und für eine Porticus aus Schuppensäulen in Anspruch genommen worden ist[617]. Während bei einigen isoliert überlieferten Schuppensäulen Architekturfunktion denkbar erscheint[618], wurde für mehrere klein-

---

[609] Póczy, Scarbantia. Die Stadt Sopron zur Römerzeit (1977) 20.

[610] Eu: M. de Boüard, Gallia 24, 1966, 270 Abb. 20; ders., Gallia 26, 1968, 370 ff. Abb. 17 f.; Walter, Colonne 23 Nr. 5. – Paris: P.-M. Duval, Paris antique (1961) 186 Abb. 96; 99.

[611] Archaeologia 61, 1909, 572 (Hinweis G. C. Boon).

[612] M. Durand-Lefebure, Les vestiges antiques et le culte des sources au Mont-Dore (1926) Taf. 1, 6 f.; A. Grenier, Manuel d'archéologie gallo-romaine IV, 2 (1960) 426 ff.; Mercklin, Figuralkapitelle 181 Nr. 438 Abb. 839; Walter, Colonne 72 ff. Nr. 117–121.

[613] Grenier a. a. O. III, 1 (1958) 407 ff.; Espérandieu V 3806; 3840; Walter, Colonne 23 Nr. 4.

[614] Kraus, Röm. Mitt. 72, 1965, 171 ff. Taf. 65–67; Walter, Colonne 21 Taf. 1.

[615] Paris: Hatt, Revue Arch. 1953, II, 52 ff.; R. Amy, Revue Arch. 1954, I, 205 ff.; Duval a. a. O. (Anm. 610) 204 ff. Abb. 109. – London: Die Blöcke eines vielleicht eintorigen Bogens wurden in der Spätantike für die Londoner Stadtmauer wiederverwendet, ausgestellt im Museum of London. Die einstige Verwendung eines geschuppten Pilasters, der in der spätantiken Stadtmauer von Bordeaux wiederverwendet worden ist, bleibt unsicher; R. Étienne, Bordeaux Antique (1962) 206 Taf. 25.

[616] Sainte-Nitasse: R. Martin, Gallia 26, 1968, 506 f.; Walter, Colonne 24 Nr. 8. – Zu einer Villa gehörten wohl auch die Schuppensäulenreste aus Neris (Allier) Walter, Colonne 74 ff. Nr. 122 Taf. 27. – Zur Villa von Nennig: H. Mylius, Bonner Jahrb. 129, 1924, 109 ff. ohne Erwähnung der Schuppensäulen.

[617] Heimberg, Das Rheinische Landesmuseum Bonn 1972, 39 Abb. Die von der Ausgräberin erwähnten 'geschuppten Tuffsteinsäulen' sind leider z. Z. im RLM Bonn nicht aufzufinden und zu überprüfen.

[618] Säule in Bordeaux: Espérandieu II S. 120 Abb.; Walter, Colonne 24 Nr. 9. Halbsäulen in Sens (Yonne) Walter, Colonne 23 Nr. 3.

formatige Exemplare bereits eine Verwendung als Möbelstütze etc. diskutiert (oben S. 283 f.). Einige Schuppensäulen Britanniens konnten nicht eindeutig der Gattung der Iupitersäulen oder der Architektur zugewiesen werden (oben S. 362). Für eine Verbreitung des Typus in der Architektur könnte sprechen, daß in der romanischen Ernulf-Krypta der Kathedrale von Canterbury neben anderen ornamentierten Säulenschäften auch eine Schuppensäule begegnet[619].

Schließlich ist auf einige Grabbauten des 3. Jahrhunderts in der Belgica hinzuweisen, die von gegenständig geschuppten, mit einer Taenie umwundenen Pilastern eingefaßt werden[620]. Sie befinden sich z. T. auf der Rückseite der Monumente, während die Pilaster der Front mit aufwendigerem Ranken- und Blattschmuck ausgestattet sind. Wahrscheinlicher als die Vermutung, daß diese Schuppenpilaster noch in der Tradition der Grabreliefs des 1. Jahrhunderts stehen, ist die Annahme einer Abhängigkeit von den Schuppensäulen und -pfeilern der Sakral- oder Profanarchitektur[621]. Entsprechendes gilt für einen Kölner Votivaltar für die Matronen, dessen Pilaster in der unteren Zone geschuppt, in der oberen kanneliert sind[622].

Wie bei den Rankensäulen kann kein Zweifel bestehen, daß der Typus der Schuppensäule aus Italien übernommen worden ist. Ebenso deutlich ist aber auch die besondere Wertschätzung dieses Typus in Gallien, Germanien und – in geringerem Maße – in Britannien. Die Ursache wird wiederum in der besonderen gallischen Disposition für Ornament und Verzierung zu suchen sein.

Abschließend bleibt die Herkunft des Schuppensäulentypus mit frontalen, übereinandergestaffelten Götterreliefs zu untersuchen (zuletzt oben S. 362 f.). Eine gewisse Verwandtschaft mit unseren Säulen besitzt ein Stützentypus, dessen glatter Schaft im oberen Drittel oder in halber Höhe mit einem einzelnen Götterrelief geschmückt ist. Vertreter dieses Stützentypus begegnen sowohl in Bauzusammenhängen wie bei Säulenmonumenten, doch hat diese atektonische wie unrepräsentative Säulenform wenig Anklang gefunden. Zwei Säulenpaare (?) einer Porticus in Tomis/Constanza (Moesia inferior) sind mit unscheinbaren Reliefs der pferdeführenden Dioskuren und des Hercules mit den Rossen des Diomedes bzw. mit dem erymanthischen Eber vor Eurystheus versehen[623]. Einige Säulen von einer der Kolonnaden in Perge (Pamphylia) sind mit kleinen Reliefs einzelner stehender Gottheiten geschmückt[624]. Eine dem Bacchus gewidmete Säule aus Mactaris/Maktar (Africa proconsularis) trägt neben der Weihinschrift auch die Reliefdarstellung des verehrten Gottes[625]. Als Vorbilder dieses Stützentypus hat G. Bordenache auf die Säulen mit

---

[619] L. Lang-Sims, Canterbury Cathedral (1979) Abb. S. 139; J. Keates u. A. Hornak, Canterbury Cathedral (1980) Abb. S. 16.

[620] Neumagen: v. Massow, Die Grabmäler von Neumagen 154 ff. Nr. 183 Abb. 104a; 158 ff. Nr. 184 Abb. 106; 163 ff. Nr. 185 Abb. 110; 182 Nr. 214–215 Taf. 39, 43. Buzenol: Mertens, Sculptures romaines de Buzenol. Archaeologia Belgica 42 (1958) 27 Nr. 10 Taf. 10. Siehe auch das Metzer Grabmal oben Anm. 441, Walter, Colonne 21 Nr. 2.

[621] Kraus a. a. O. (Anm. 614) 177 vermutet umgekehrt bei der Porte Noire eine Beeinflussung durch die Grabplastik.

[622] Espérandieu VIII 6412; Schoppa, Götterdenkmäler 60 Nr. 62 Taf. 57 f.; Galsterer 28 Nr. 83 Taf. 18.

[623] G. Bordenache, in: Hommages à M. Renard 3. Collection Latomus 103 (1969) 81 ff. Abb. 1, Taf. 29–31; dies., in: Römer in Rumänien 206 Nr. F 64–65 mit weiterer Literatur.

[624] Bordenache in: Hommages à M. Renard a. a. O. 84 Taf. 32.

[625] Tunis, Musée du Bardo, CIL VIII 23399 (Literaturhinweis H. Galsterer). Abguß: Museo della Civiltà Romana. Catalogo (1958) 620 Nr. 66. Hinzuweisen ist ferner auf eine Säule mit Götterrelief vor dem Musée National de Carthage, R. P. Delattre, Musée Lavigerie de Saint-Louis de Carthage. Musées de l'Algérie et

Konsole und an den Schaft 'gelehnter' rundplastischer Statue hingewiesen, die ja im Osten des Reiches, besonders für Säulenstraßen, so ungemein beliebt waren[626].
Als spätantike Beispiele seien die porphyrnen Säulenpaare für die Tetrarchen aus Konstantinopel in Venedig und in der Vatikanischen Bibliothek mit der Reliefdarstellung ihrer concordia sowie die frühchristlichen Säulen mit den Martyriumsdarstellungen des Achilleus und des Nereus in der Kirche dieser Heiligen in Rom genannt[627].
Es bedarf keiner weiteren Begründung, daß diese Reliefsäulen nicht als Vorbilder unserer Iupitermonumente in Betracht kommen. Unser Stützentypus gibt sich vielmehr als bodenständige Neuschöpfung zu erkennen, die den überkommenen Typus der Schuppensäule mit einer auf Einansichtigkeit und Frontalität reduzierten Form der Reliefsäule kombiniert und so dem Streben nach Verschmelzung von Ornament und Bild in besonderer Weise entspricht. Es ist anzunehmen, daß der Typus eigens für die Gattung der Iupitersäulen entwickelt und sonst kaum verwendet worden ist (siehe aber oben S. 284 zu Nr. 116). Die 'normale' Schuppensäule wurde dagegen – wie zu zeigen war – in den Nordprovinzen durchaus auch in verschiedenen Bereichen der Architektur eingesetzt. In Niedergermanien finden sich für eine solche Verwendung mehrere Indizien (oben S. 374), eindeutige Befunde wie in Gallien und Britannien stehen aber noch aus[628].

Die Statuentypen

Stehender Iupiter

Die älteste wenigstens in geringen Resten überlieferte Statue unserer Gattung, die Bekrönung der neronischen Mainzer Säule, zeigte Iupiter stehend, begleitet von seinem Adler, in der Rechten das Blitzbündel, in der Linken das Zepter (oben S. 281). Die wenigen der Einschmelzung entgangenen Fragmente der Bronzefigur vermitteln jedoch keine genauere Vorstellung von der Statue, so daß eine Zuweisung an einen der verschiedenen, in der Kaiserzeit nebeneinander hergehenden Iupitertypen unmöglich ist[629]. Es bleibt damit un-

---

de la Tunisie (1900) Taf. 10,4 (nur Bild), Neg. DAI Rom 66.764 und eine Säule mit Relief des Mars im Ungarischen Nationalmuseum Budapest; Z. Kádár, in: Mócsy u. Szentléleky, Die Römischen Steindenkmäler von Savaria 51 Anm. 38.

[626] Bordenache a. a. O. (Anm. 624) 84 ff.

[627] Säulen der Tetrarchen: Siehe oben Anm. 472. Helbig⁴ I, 369 f. Nr. 470 (v. Heintze); M. Bergmann, Studien zum römischen Porträt des 3. Jahrhunderts n. Chr. Antiquitas 3, 18 (1977) 163 ff. Taf. 49. – Säulen in Rom: C. Galassi Paluzzi, La Basilica dei SS. Nereo ed Achilleo e la Catacomba di Domitilla (o. J.) 46 Abb. 11; H. Brandenburg, Roms frühchristliche Basiliken des 4. Jahrhunderts (1979) 156 ff. Abb. (Literaturhinweise J. Deckers); Neg. DAI Rom 69.2224.

[628] Lehners Rekonstruktion des Sechseckbaues M im Tempelbezirk bei Pesch, Bonner Jahrb. 125, 1919, 144 ff. Taf. 31, 33, o. Anm. 189 mit Schuppensäulen ist freilich nicht zu halten, vgl. S. 467 zu Nr. 155. – Für den Stumpf einer Schuppensäule aus der CUT-Xanten (Nr. E 6) erwägt H. G. Horn (mündlich) einen Zusammenhang mit der Architektur des an der Fundstelle nachgewiesenen Tempels, vgl. aber oben S. 283.

[629] Eine Typenbestimmung ist auch bei mehreren Bronze- und Steinstatuen Iupiters nicht mehr möglich, Horn, Jahrb. RGZM 19, 1972, 63 ff. Taf. 3 ff.; 8,3; 9,1; 13; o. Anm. 539. – Zwei nur durch eine Kralle bezeugte Bronzeadler aus Eisenberg wurden von H. Menzel, Die Römischen Bronzen aus Deutschland 1. Speyer (1960) 20 f. Nr. 28 Taf. 32 als Reste von Iupitersäulen in der Art der Mainzer gedeutet. Eine bronzene Kalotte samt Blitzbündel aus Womrath, Rhein-Hunsrück-Kreis, und eine bronzene Kalotte aus Weißenthurm, Kr. Mayen-Koblenz, beide im RLM Bonn, Menzel, Römische Bronzen. Eine Auswahl.

bekannt, ob der Gott völlig nackt war oder ein Mäntelchen trug, das die linke Körperseite bedeckte oder nur als kurzer Bausch über die linke Schulter fiel und im Rücken lang herabhing[630]. Zum letzteren Typus gehören die Sandsteinstatuen aus Lopodunum/Ladenburg und dem Matronenheiligtum von Pesch (oben Anm. 61) sowie die Reliefs der Iupiteraltäre aus Köln und Xanten (oben Anm. 60). Wie die Statue der Budapester Säule (F 9) und die zahlreichen Kleinbronzen des Typus gehen sie letztlich, trotz zahlreicher Varianten, auf ein berühmtes, freilich nicht sicher zu bestimmendes griechisches Zeusbild zurück[631].

Von diesen Typen wurden bereits die Statuen unterschieden, bei denen Iupiter ein am Boden kauernder Gigant zugeordnet ist (oben S. 280). Zwei Fassungen zeichnen sich ab: der Gott erscheint in idealer Nacktheit oder in militärischer Ausrüstung[632]. Zu beiden Iupitertypen ist mir keine Parallele aus Griechenland oder Italien bekannt. Als Vorbilder kommen daher wohl vielmehr die Kaiserdarstellungen in Betracht, die dem Herrscher als Zeichen seiner siegreichen virtus einen unterworfenen Barbaren zugesellen[633]. Neben einer Gruppe von Panzerstatuen finden sich auch Darstellungen, die den Herrscher nackt und göttergleich wiedergeben[634]. Hierzu gehört aus dem Bereich der nördlichen Provinzen eine Sandsteinstatue aus Saint-Christophe-le-Chaudry (Cher)[635].

Kunst und Altertum am Rhein Nr. 20 (1969) 70 f. Nr. 49; 51; 50 Abb. stammen von kolossalen Iupiterstatuen, doch ist ihr Typus nicht mehr zu bestimmen.

[630] Zum Typus des nackten Iupiter: J. Dörig, Jahrb. DAI 79, 1964, 257 ff. Abb. 1–11; Boucher, Revue Arch. 1975 II, 256 f. Abb. 7–8; A. Leibundgut, Die Römischen Bronzen der Schweiz 3. Westschweiz, Bern und Wallis (1980) 14 ff. Taf. 4–13. Zu diesem Typus (oder zum Typus mit Schultermäntelchen) gehörte wohl auch das Kultbild des Iupiter Tonansheiligtums am Capitol in Rom, Nash, Bildlexikon zur Topographie des antiken Rom I, 535 f. Abb. 661 f. – Zum Typus mit Mäntelchen: E. Berger, Röm. Mitt. 76, 1969, 66 ff. Taf. 23–35; Boucher, Gallia 32, 1974, 149 Abb. 16 f.; Leibundgut a. a. O. 9 ff. Taf. 1–3. – Zum Typus mit Schulterbausch: Boucher, Latomus 35, 1976, 340 ff. Taf. 19–29. Nach diesem Typus ist die Statue der Mainzer Säule von dem Bildhauer C. Nebel rekonstruiert worden: Quilling, Iupitersäule 163 f. Taf. gegenüber S. 14. – Einen kurzen Überblick der Iupitertypen gibt auch A. Kaufmann-Heinimann, Die Römischen Bronzen der Schweiz 1. August (1977) 17.

[631] So auch Boucher, Latomus 35, 1976, 354.

[632] Der Torso eines Gepanzerten aus dem Forst von Châtillon-sur-Seine (Côte-d'Or): R. Martin, Gallia 22, 1964, 316 Abb. 31 f., wird eher Iupiter als den Kaiser darstellen. – Auf dem Relief aus Köln-Merkenich (oben Anm. 56) ist in dem Gepanzerten nach der Weihinschrift sicher Iupiter zu erkennen. In der Ausfallstellung entspricht ihm das Sockelrelief einer Iupitersäule aus Vienne-en-Val (Loiret), G. Ch. Picard, Gallia 28, 1970, 256, Abb. 2.

[633] Niemeyer, Studien zur statuarischen Darstellung der römischen Kaiser 52.

[634] Panzerstatuen: Niemeyer a. a. O. (Anm. 633) 77 Anm. 431; K. Stemmer, Untersuchungen zur Typologie, Chronologie und Ikonographie der Panzerstatuen. Archäologische Forschungen 4 (1978) 33 Nr. III,4 Taf. 17,4; 37 f. Nr. III,13 Taf. 22,1; 42 f. Nr. III,21a Taf. 25,2–5; 43 f. Nr. III,23 Taf. 26,1; 48 Nr. IV,3 Taf. 29,1–2; 67 Nr. V,21 Taf. 42,3, 43,2. Von diesen Panzerstatuen sind die Denkmäler zu unterscheiden, bei denen der Kaiser ein Bein auf den Barbaren setzt: Hadriansstatue aus Hierapytna in Istanbul, M. Wegner, Hadrian. Das Römische Herrscherbild II,3 (1956) 98 Taf. 13a, 16c; Niemeyer a. a. O. 97 Nr. 53 Taf. 17,2. Signumscheibe aus Niederbieber, jetzt im RLM Bonn, Inv.-Nr. 77,0131 mit nicht mehr identifiziertem Herrscher, Neuffer, Festschr. B. Oxé (1938) 191 ff.; G. Nottbohm, in: Neue Beiträge zur Klass. Altertumswissenschaft. Festschr. B. Schweitzer (1954) 364 ff. Taf. 82; Römer am Rhein 210 Nr. C 46; Niemeyer a. a. O. 52 Anm. 429; La Baume, Bonner Jahrb. 177, 1977, 565 f. Abb. 1 mit weiterer Literatur. – Nackter Kaiser: z. B. Claudius-Kameo in Wien, F. Eichler u. E. Kris, Die Kameen im Kunsthistorischen Museum Wien (1927) 62 Nr. 20 Taf. 7,24; A. Alföldi, Röm. Mitt. 50, 1935, 121 Taf. 24,5.

[635] Ch. Picard, Gallia 19, 1961, 314 Abb. 4–7; Espérandieu XV 8961 Taf. 61 mit Deutung auf Kaiser und Barbar; G. Ch. Picard, Gallia 35, 1977, 97 Anm. 34 mit Deutung der Statue auf Iupiter; Niemeyer a. a. O. (Anm. 633) 77 Anm. 431. Zuweilen wird dem Iupiter auch statt des Giganten in direkter Anlehnung an die Kaiserstatuen ein Barbar zugesellt, Picard a. a. O.; A. C. Levi, Barbarians on Roman Imperial Coins and Sculpture. Numismatic Notes and Monographs Nr. 123 (1952) 36 ff.

Iupitergigantenreiter

Die Forschung hat seit langem erkannt, daß Iupiter zu Fuß oder im Streitwagen und in idealem Habit, aber nicht zu Pferde und in militärischer Montur gegen die Giganten kämpfend dargestellt wird[636]. Ein reitender Zeus-Iupiter und die Rüstung des Gottes waren überhaupt nur in bestimmten östlichen Kulten bekannt[637].

So muß in anderen ikonographischen Bereichen nach den motivischen Vorbildern der Reitergruppen gesucht werden. In der Rheinzone wird man sogleich an die stattliche Gruppe der Reitergrabsteine denken, von denen zwei Typen den Kavalleristen im Kampf gegen einen zu Boden gegangenen Barbaren zeigen (oben Anm. 294). Auf den Grabsteinen wird jedoch eine in Gang befindliche, selten eine abgeschlossene Kampfhandlung wiedergegeben[638]. Dies wie der von Bauchhenß betonte Gattungsunterschied von Freiplastik und Relief sprechen gegen eine solche Ableitung[639]. Entscheidend ist jedoch der zeitliche Hiatus zwischen den beiden Denkmälerkreisen. Während das Motiv des kämpfenden Reiters in der rheinischen Grabkunst bereits in spätflavischer Zeit ausklingt, setzen die Gigantenreiter u. E. erst in spätantoninisch-severischer Zeit ein (o. S. 321 f.). Bauchhenß hat daher, ältere Vorschläge wieder aufgreifend, auf Darstellungen des reitenden Kaisers mit Barbaren hingewiesen[640]. Zwei Grundtypen sind zu unterscheiden, wobei der eine das Pferd in ruhigem Paßgang zeigt, einen Huf auf einen am Boden liegenden Barbaren setzend. Bei diesem Typus, der zuerst auf Münzen Trajans greifbar wird, ist der Barbar zum Siegeszeichen des Princeps reduziert[641]. Diese Darstellung, die durchaus rundplastische Vorbilder gehabt haben mag, ist insoweit mit einem Teil der Iupitergruppen vergleichbar, als der Gegner jeweils, von gleichsam magischen Kräften des Reiters bezwungen, zu dessen Attribut geworden ist[642]. Motivisch steht jedoch der andere Haupttypus einem Teil unserer Gruppen näher: Er zeigt den Kaiser in der Levade reitend im Kampf gegen einen am Boden hockenden Barbaren. Er begegnet seit flavischer Zeit in der Münzprägung[643], wird aber gewiß in der Freiplastik verbreitet gewesen sein, wobei nicht nur an den berühmten Equus Domitiani des Forum Romanum, sondern auch an kaiserliche Standbilder auf den Attiken von Triumphbögen zu denken ist[644]. Die Tradi-

---

[636] Bauchhenß 68 ff.

[637] Bauchhenß 72 f. In diesem Zusammenhang ist auch auf eine wohl aus Kleinasien stammende Reitergruppe in Boston hinzuweisen, die als anatolischer Zeus interpretiert wird: M. B. Comstock u. C. C. Vermeule, Sculpture in Stone. The Greek, Roman and Etruscan Collections of the Museum of Fine Arts Boston (1976) 135 Nr. 213 Abb.; Romans and Barbarians (Ausstellungskatalog Boston 1976) 54 Nr. 73.

[638] Auf zwei Mainzer Reitergrabstelen ist der Barbar als tot charakterisiert: Espérandieu VII 5876; X 7402; K. Schumacher u. H. Klumbach, Germanendarstellungen. Kataloge des RGZM Mainz Nr. 1⁴ (1935) 19 Nr. 76 Taf. 27.

[639] Bauchhenß 70.

[640] Bauchhenß 70 f.

[641] BMC Empire III Nr. 137 Taf. 11,12.

[642] z. B. den berühmten Equus Traiani auf dem Trajansforum in Rom, H. v. Roques de Maumont, Antike Reiterstandbilder (1958) 52; Zanker, Arch. Anz. 1970, 508 f. Abb. 8 f.

[643] Vespasian: BMC Empire II Nr. 622; 634 Taf. 25,2; Nr. 653 f. Taf. 26,3. – Domitian: Nr. 339–341 Taf. 73,2; Nr. 380 Taf. 75,7; Nr. 409 Taf. 77,6. – Trajan: Nr. 245 f. Taf. 13,15; Nr. 833–841 Taf. 31,2–5; Nr. 900–903 Taf. 34,8–9; Nr. 942–943 Taf. 36,11; v. Roques de Maumont a. O. (Anm. 642) 53 Abb. 27b; R. Brilliant, Gesture and Rank in Roman Art. Mem. Connecticut Acad. Arts 14 (1963) 89 ff. Abb. 2.99; 2.104; 2.107; 110 f. Abb. 3,15; Zanker a. a. O. (Anm. 642) 505 Abb. 9.

[644] Equus Domitiani: Nash, Bildlexikon zur Topographie des antiken Rom I, 389 Abb. 475 f. – Attiken von Triumphbögen: auf dem Bogen des Drusus maior in Rom, dargestellt auf claudischen Münzen, BMC Empire I Nr. 95–103 Taf. 33,11–14, war z. B. eine Statue des Prinzen im Kampfschema aufgestellt. Zum Bogen

tion dieser Ehrenstatuen im Kampfschema ist wohl bis in den Hellenismus zurückzuverfolgen[645].

Eine motivische Verwandtschaft zwischen den kaiserlichen Reiterbildern und den Iupitergruppen ist nicht zu leugnen. So gewinnt die vor allem von Bauchhenß vertretene Ableitung der Gigantenreiter aus der kaiserlichen Triumphalkunst ein hohes Maß an Wahrscheinlichkeit. Sie findet vermutlich ihre Parallele in der Herkunft des stehenden Iupiter mit Giganten aus demselben Bereich (siehe oben). Die Schöpfer der neuen Iupitertypen hätten dann den Barbaren mit dem aus der hellenistisch-römischen Ikonographie übernommenen schlangenbeinigen Giganten vertauscht.

Eine andere nicht mehr zu klärende Frage ist es, welcher Art die Vorlagen der Bildhauer in der Konzeptionsphase waren. Standen ihnen direkt oder indirekt von mittelmeerischen oder lokalen Werkstätten gearbeitete Staatsmonumente der Region vor Augen oder waren sie lediglich auf die verschiedenen Quellen der Bildtradition, u. a. die Münzen, angewiesen[646].

Iupiter in der Biga

Der durch einige wenige obergermanische Gruppen überlieferte Iupitertypus, der den Gott zu Wagen im Kampf gegen einen Giganten zeigt (oben S. 337), entspricht hingegen im Kern der griechisch-römischen Zeus-Iupiterikonographie[647]. Allerdings erscheint der Göttervater dort auf der vornehmeren Quadriga. Die Biga unserer Gruppen wird man als Vereinfachung interpretieren dürfen, die sich zudem wegen ihrer geringeren Breite für die Säulen- oder Pfeilermonumente anbot. Künzl verweist zu dem Bildthema auf Bronze-Medaillons des Antoninus Pius[648]. Oxé wollte in ihnen einen Nachklang der berühmtesten Iupiter-Quadriga Roms erkennen, des bronzenen Gespanns mit der vergoldeten Statue des Gottes, die als Zentralakroter den Capitolstempel bekrönte[649]. Freilich ist keineswegs sicher, ob Iupiter hier im Kampf mit einem Giganten dargestellt war. Hingegen bezeugen kleinasiatische Provinzialprägungen des 2. und 3. Jahrhunderts n. Chr., die

---

Kähler, RE VII A, 382 Nr. 12 s. v. Triumphbogen; v. Roques de Maumont a. a. O. (Anm. 642) 50 f. Abb. 25.

[645] H. B. Siedentopf, Das Hellenistische Reiterdenkmal (1968) 25, 68, 71.

[646] Zu Ehrenbögen in den Nordprovinzen Kähler a. a. O. (Anm. 644) 414 f. Die steinernen und bronzenen Herrscherbildnisse in den Nordprovinzen bedürfen noch einer Zusammenstellung, vgl. aber Gamer, Germania 46, 1968, 53 ff.; ders., Kaiserliche Bronzestatuen aus den Kastellen und Legionslagern an Rhein- und Donaugrenze des Römischen Imperiums (Diss. München 1963 [1969]). Als Kaiser werden die beiden unvollendet im Steinbruch von Breitfurt, Gem. Blieskastel, Saar-Pfalz-Kreis, stehengelassenen lebensgroßen Reiterstatuen aus Sandstein im Besitz des Speyrer Museums gedeutet: v. Roques de Maumont a. a. O. (Anm. 642) 66 ff. Abb. 35 mit Deutung auf Postumus und seinen Sohn; ihm schließt sich an Kolling, Funde aus der Römerstadt Schwarzenacker 73 f. Taf. 117 f. mit weiterer Literatur. v. Roques de Maumont a. a. O. 64 Abb. 33 möchte ferner eine zu einem Säulenmonument gehörige unterlebensgroße Reiterstatue aus Grand (Vosges) im Museum Nancy, Espérandieu VI 4898 als Kaiserstatue deuten und schlägt eine Identifizierung mit Maximinianus Herculius vor. Zu überlegen ist auch, ob nicht Iupiter ohne Gigant dargestellt ist. Deutungen wie Benennungen beider Komplexe bleiben vorerst unsicher. – Zu lokalen Kaiserstatuen siehe oben Anm. 449.

[647] F. Vian, La guerre des Géants. Le mythe avant l'époque hellénistique (1952) 51 passim; Bauchhenß 68.

[648] Arch. Korrbl. 3, 1973, 224 Taf. 46,4; F. Gnecchi, I medaglioni Romani 2. Bronzo (1912) 14 f. Nr. 49 f. Taf. 49. Auf Bronzemedaillons des Marcus Aurelius bekämpft Iupiter in der Quadriga den König der Quaden, Gnecchi a. a. O. 28 Nr. 11 Taf. 60; Künzl a. a. O. Taf. 46,3.

[649] Oxé, Mainzer Zeitschr. 7, 1912, 35. – Quadriga vom Capitol: A. M. Colini, Bull. Comunale 53, 1926, 161 ff., besonders 191 ff.

häufiger Zeus im Gigantenkampf auf dem Wagen wiedergeben, die Verbreitung des Bildmotivs in der mittleren Kaiserzeit[650]. So liegt es nahe, die obergermanischen Gruppen aus der Tradition der griechisch-römischen Gigantomachien herzuleiten[651].

Thronender Iupiter

Die Frage nach den Vorbildern der Statuen des thronenden Iupiter ist nicht isoliert für unsere Gattung, sondern im Zusammenhang der gesamten ungewöhnlich reichen Überlieferung dieser Typen zu behandeln. Neben den thronenden Ioves aus den beiden Germanien und der Gallia Belgica, von denen einige Stücke wohl nicht zu unserer Gattung gehört haben (o. S. 278; 314), wurden bereits Statuen aus dem übrigen Gallien, aus Pannonien, Dakien (o. Anm. 518) und Rom erwähnt, denen noch weitere Beispiele, darunter aus Dalmatien, hinzuzufügen sind[652]. Dagegen erscheinen thronende Iupitertypen nur verhältnismäßig selten auf Reliefs, zumeist im Kontext der Capitolinischen Trias[653]. Sehr zahlreich, in der Verbreitung sogar noch weiter gestreut, sind dagegen Bronzestatuetten dieser Typen, denen sich einige Silberfiguren anschließen[654]. Allerdings ist im Verbreitungsgebiet unserer Säulenmonumente keinesfalls eine analoge Fundkonzentration an Bronzestatuetten zu beobachten[655]. Von besonderem Interesse ist eine Kleinbronze,

---

[650] Vian, Répertoire des gigantomachies figurées dans l'art grec et romain (1951) 112 ff. Nr. 543–558 Taf. 60.

[651] Künzl a. a. O. (Anm. 648) – Nicht völlig auszuschließen ist aber auch hier ein Einfluß der Triumphalkunst, die ja bekanntlich den Kaiser in der Quadriga mit niedergeworfenen Barbaren darstellt, vgl. z. B. den spätrömischen sogen. Licinius-Kameo, H. v. Heintze, in: Th. Kraus, Das Römische Weltreich 285, Taf. 387b; H. Fuhrmann, Schweizer Münzbl. 17, 1967, 58 ff.

[652] Gallien: siehe oben Anm. 318. Ferner Iupiterstatuen in Narbonne, Espérandieu IX 6895 und in Toulouse, Espérandieu II 1045. Statuen anderen Typs, unten Anm. 662. – Pannonien: siehe oben Anm. 286; 289; 324. Ferner Iupiterstatue aus Carnuntum im Museum Carnuntinum, Bad Deutsch-Altenburg, Krüger, Die Rundskulpturen des Stadtgebietes von Carnuntum. CSIR Österreich I, 2, 11 Nr. 1 Taf. 1. – Rom: siehe oben Anm. 257; 259; 283 f. Hinzuweisen ist ferner auf einen Torso im Museo Nazionale Neapel, A. Michaelis, in: H. Egger, Codex Escurialensis. Sonderschr. Österr. Arch. Inst. 4 (1906) 135 ff. Abb. 56–58. – Dalmatien: Marmorstatue aus Salona im Museum Split, M. Gorenc, Antikna Skulptura u Hrvatskoj (1952) Abb. 43. – Marmorner Iupiter aus Salamis: V. Karageorghis, Sculptures from Salamis 1 (1964) 31 f. Nr. 25 Taf. 29.

[653] Reliefs: Kalksteinrelief aus Aquae/Baden (Aargau) im Historischen Museum Baden, Espérandieu VII 5449; R. Degen, in: Die Römische Epoche. Ur- und Frühgeschichtliche Archäologie der Schweiz 5 (1975) 129 Abb. 9. Marmoraltar aus Brixia/Brescia, ebd. Museo Civico, H. Dütschke, Antike Bildwerke in Turin, Brescia, Verona und Mantua. Antike Bildwerke in Oberitalien 4 (1880) 125 Nr. 319. – Capitolinische Trias: Marmorrelief in Trier (oben Anm. 291; Marmorrelief in Kiel, H. Sauer, Arch. Anz. 1950/51, 73 ff. Abb. 1 f. Relieffragment in Savaria/Szombathely, Kádár, in: Mócsy u. Szentléleky, Die Römischen Steindenkmäler von Savaria 48, 99 Nr. 89 Abb. 72. Kalksteinrelief in Alise-Sainte-Reine, Espérandieu III 2346; J. Le Gall, in: Hommages à A. Grenier II. Collection Latomus 58 (1962) 980 ff. Taf. 198,3. Travertinrelief im Thermenmuseum Rom, Simon, Jahrb. DAI 75, 1960, 148 Abb. 8. Siehe ferner u. Anm. 677.

[654] Bronze: K. A. Neugebauer, Arch. Anz. 1922, 100 zu Nr. 48; H. Menzel, Jahrb. RGZM 10, 1963, 192 ff. Taf. 30–34; ders. in: Festoen (o. Anm. 40) 431 ff. Abb. 1–3; R. Fleischer, Die römischen Bronzen aus Österreich (1967) 31 f. Nr. 14 Taf. 8 (Statuette wohl aus Carnuntum); M. Comstock u. C. C. Vermeule, Greek, Etruscan and Roman Bronzes in the Museum of Fine Arts Boston (1971) 115 Nr. 122. – Silber: London, British Museum aus dem Schatzfund von Mâcon (Saône-et-Loire), H. B. Walters, Catalogue of the Silver Plate in the British Museum (1921) 10 f. Nr. 35 Taf. 6; A. B. Cook, Zeus. A Study in Ancient Religion II, 755 Taf. 32,2; ebd. aus Italien, Walters a. a. O. 11 Nr. 36 Abb. 7. Cook a. a. O. 756 f. Abb. 699.

[655] Außer den Statuetten unten Anm. 656 und aus Mâcon (o. Anm. 654) kenne ich nur die Bronzen aus West Stoke (Sussex) im British Museum London, Toynbee, Art in Britain under the Romans 65 Taf. 13c–d; Menzel, Jahrb. RGZM 10, 1963, 194 f. Taf. 34,2 und Basel, Kaufmann-Heinimann, Die Römischen Bronzen der Schweiz 1. Augst. 19 Nr. 4 Taf. 4. Die Bronzestatuette aus Tournus (Saône-et-Loire), Menzel a. a. O. 195 Taf. 34,4 folgt einem anderen Typus, vgl. u. Anm. 662.

die in der Vorgängersiedlung der CUT-Xanten ausgegraben wurde[656]. Die in die flavische Zeit datierte Figur ist wohl als Importstück anzusehen. Eigens erwähnt sei schließlich eine Terrakotte, die sicher einer rheinischen, wohl Kölner Werkstatt des späteren 2. Jahrhunderts zugeschrieben werden kann[657].

Die Forschung geht seit langem davon aus, daß der Hauptstrom dieser ungewöhnlich breiten, verschiedene Reichsteile erfassenden Überlieferung einer Hauptquelle entspringen muß: der Kultstatue im Iupitertempel auf dem Kapitol in Rom[658]. Von diesem höchsten Kultbild der römischen Staatsreligion und der ihm zugesellten Statuen der Iuno und Minerva sind vier Fassungen direkt oder indirekt literarisch überliefert: die archaischen Terrakotta-Kultbilder des am Ende der Königszeit gestifteten Tempels, die sullanischen, zwischen 83 und 69 v. Chr. in der Gold-Elfenbeintechnik gearbeiteten Kolossalstatuen des Bildhauers Apollonios und ihre Erneuerungen nach den Bränden des Kapitols (69 n. Chr. und 80 n. Chr.) unter Vespasian und Domitian[659]. B. Krause unternimmt in einer Trierer Dissertation den Versuch, die Überlieferung in die Bildtraditionen der sullanischen und der beiden flavischen Kultbildgruppen zu scheiden[660]. Nach Krause gehen die kolossale Kölner Iupiterstatue 71 (?) sowie die Figur 32 aus Glehn, also unser Typus b, auf das sullanische, unser Typus d auf das vespasianische und der Typus a, also die Masse der niedergermanischen Ioves sowie die obergermanischen Beispiele (oben Anm. 362 f.) und ein Teil der gallischen (oben Anm. 365) auf das domitianische Kultbild zurück. Unser Typus c samt seinen Parallelen aus der Belgica (oben Anm. 366) und aus dem übrigen Gallien spiegelt nach Krause hingegen keine Fassung des hauptstädtischen Kultbildes wider[661]. Daneben sind auch in unserem Gebiet – aber nicht in unserer Gattung – noch weitere Typen des thronenden Iupiter, etwa mit lang herabhängendem, die linke Körperseite bedeckendem Mantel, zu beobachten[662].

Für die Diskussion der Zuschreibungen Krauses muß zunächst die Veröffentlichung sei-

---

[656] D. v. Detten, Ausgrabungen im Rheinland '78. Das Rheinische Landesmuseum Bonn. Sonderheft Januar 1979. 150 Abb. 136.
[657] Köln, RGM Inv.-Nr. 24,10, ohne FO. Fremersdorf, Neuerwerbungen des Römisch-Germanischen Museums während der Jahre 1923–1927. Die Denkmäler des Römischen Köln 1² (1964) 20 Taf. 51; Römer am Rhein 301 Nr. E 137. – Eine Kölner Terrakotte anderen Typs u. Anm. 662. Bei einer Terrakotte aus Leudersdorf, Gem. Üxheim, Kr. Daun, im RLM Trier, Inv.-Nr. 933, Hettner, Jahresber. Trier 1878–1881, 56 Nr. 1 sind beide Unterschenkel unbedeckt geblieben, nur ein Mantelzipfel fällt zwischen den Beinen herab, zu vergleichen ist eine Bitburger Sandsteinstatue (oben Anm. 320). Eine Terrakotte anderen Typs aus Leudersdorf u. Anm. 662. Für Auskünfte sei K. Goethert-Polaschek gedankt. – Eine Tonmatrize des thronenden Iupiter aus Flavia Solva habe ich mir im Steiermärkischen Landesmuseum Joanneum Graz notiert. Die Typen werden auch von der Glyptik aufgenommen, vgl. z. B. Gemmen aus Alzey und von der Saalburg, A. Krug, Germania 56, 1978, 493 f. Nr. 18 Taf. 52; 503 Nr. 50 Taf. 56.
[658] Nash, Bildlexikon zur Topographie des antiken Rom I, 530 ff.
[659] Roscher, ML II, 705 ff. s. v. Iuppiter (Aust); Zadoks-Jitta, Journal Rom. Stud. 28, 1938, 50 ff.; H. Jucker, Jahrb. Hist. Mus. Bern 38-39, 1959-1960, 289 ff. Taf. 1 f.
[660] 'Trias Capitolina. Ein Beitrag zur Rekonstruktion der hauptstädtischen Kultbilder und deren statuentypologischer Ausstrahlung im römischen Weltreich'. Das Manuskript der Arbeit konnte ich nicht mehr einsehen.
[661] Ioves aus Pont-sur-Sambre (o. Anm. 318) und Narbonne (oben Anm. 652).
[662] Marmorstatue in Beaucaire (Gard) Espérandieu IX Nr. 6864. Bronzestatuette aus Tournus (oben Anm. 655). Terrakotte aus Leudersdorf im RLM Trier, Inv.-Nr. 934, Hettner a. a. O. 56 Nr. 2, Schindler, Führer durch das Landesmuseum Trier² Abb. 105. Terrakotte des Kölner Töpfers Alfius aus Mainz, H. Klumbach, Kölner Jahrb. Vor- u. Frühgesch. 9, 1967/68, 58 ff. Taf. 13. – Eine stark ergänzte, aus Privatbesitz stammende Marmorstatue in Lyon, Espérandieu III 1810; Cook a. a. O. 759 f. Taf. 35 bleibt besser außer Betracht.

ner Thesen abgewartet werden. Es darf jedoch schon jetzt festgehalten werden, daß die große Mehrzahl der thronenden Ioves unserer Gattung in der Tradition der hauptstädtischen Capitolinusstatuen steht[663]. Als Vorbilder sind in der Konzeptionsphase aber nicht die verschiedenen Fassungen des hauptstädtischen Kultbildes anzunehmen, sondern eher die in den Capitolia der Provinzen vorauszusetzenden Kultbildgruppen[664].

Ähnlich wie in der Architektur der aedis wird man hier in der Gestalt der Statuen dem exemplum der Hauptstadt gefolgt sein[665]. Unter der Voraussetzung, daß die Capitolia bald nach der Deduktion der coloniae gestiftet worden sind, wären dann u. a. in Trier und Köln Triasgruppen der sullanischen, in Avenches der vespasianischen und in Xanten der domitianischen Fassung zu vermuten. Tatsächlich ist aber nach den Grabungsbefunden mit längeren Bauverzögerungen und daher u. U. auch mit späteren Kultbildfassungen zu rechnen[666]. Neben den Kultbildern kommen jedoch auch andere Quellen der Bildtradition in Frage, etwa die erwähnten, z. T. wohl aus Italien importierten Bronzestatuetten.

Die einzelnen Bildhauerwerkstätten haben bei der Anfertigung der Votivplastiken ihre Vorbilder jedoch durchaus nicht streng zu kopieren versucht. Sie vereinfachten, z. B. durch Weglassen des Adlers, und variierten, etwa in der Bildung des Throns, der Gewandfalten, der Muskulatur oder der Frisur, vom Zeit- und Werkstattstil ganz abgesehen. Anders als den Kopistenateliers, die opera nobilia der griechischen Plastik zu reproduzieren suchten, kam es ihnen nur auf die Erfassung des Typischen an.

Näher besprochen seien die Varianten in der Wiedergabe des Thrones. In der Hauptsache sind zwei Pfostentypen zu unterscheiden (oben S. 277): Typus I und II. Während Typus I in seiner brettartig flachen Form eine Vereinfachung einer geläufigen griechisch-römischen Thronform darstellt, ist der balusterartige Typus II wohl eine regionale Sonderform, die den üblichen zylindrischen Pfostentypus umsetzt[667].

---

[663] So auch Bauchhenß 198.
[664] Zu den Capitolia o. Anm. 198 f. Siehe auch M. Cagiano de Azevedo, I 'Capitolia' dell'Impero Romano. Atti Pont. Acc. Rom. di Arch. Serie III. Memorie 5,1 (1940). Vielleicht ist in einer akrolithen Minervabüste aus dem Capitolium von Avenches, Bögli a. a. O. (Anm. 199) 149 Taf. 4; Leibundgut, in: Die Römische Epoche. Ur- und frühgeschichtliche Archäologie der Schweiz 5. 81 Abb. 22 ein Rest der Kultbildgruppe erhalten. – Die Kölner Statue 71 hat Bracker, in: Römer am Rhein 150 Nr. A 46 vermutungsweise als Kultbild des Kölner Capitols angesprochen. Datierung (oben S. 312), Typus und Format würden dazu passen, doch sprechen dagegen die weit entfernte Fundstelle und die für ein höchstes Kultbild doch merkwürdige, wohl spätrömische Wiederverwendung (oben S. 278). Definitive Argumente sind weder für die eine noch die andere Ansicht beizubringen. – O. Doppelfeld, Vom Unterirdischen Köln (1979) 93 ff. Farbtaf. mit weiterer Literatur und G. Biegel, in: H. Keller (Hrsg.), Kunst, Kultur, Köln 2 (1979) 172 f. möchten im Brustbild des IOM Capitolinus auf der Vorderseite der anonymen Aurei und Denare des Jahres 68/69 n. Chr. einen Nachklang des Kölner Kultbildes erkennen. Allerdings ist das Argument, Capitolia wären an den Besitz des ius Italicum gebunden gewesen, nicht stichhaltig. Siehe auch E. P. Nicolas, De Néron à Vespasien. Collection d'Études Anciennes (1979) 1389 ff. Nr. 104–106 Taf. 18 f. Gegen eine Verbindung dieser Emissionen mit Vitellius und Köln wendet sich P.-H. Martin, Die anonymen Münzen des Jahres 68 nach Christus (1974) 30; 46; 81 f. Nr. 95–97 Taf. 8 f.
[665] Für die architektonische wie die plastische Gestaltung ist in Gallien und Germanien jedoch auch mit einer Mittlerstellung Oberitaliens zu rechnen, Ward-Perkins, Journal Rom. Stud. 60, 1970, 1 ff.
[666] So soll die Keramik aus den Fundamentbereichen des Capitols der CCAA flavisch sein, Hellenkemper, in: Führer 39, 25 f.; Bögli a. a. O. (Anm. 199) 146 datiert die erste Phase des Capitols der vespasianischen Gründung Aventicum in spätflavische bis trajanische Zeit. Der Akrolith der Minerva ist wohl trajanisch bis frühhadrianisch zu datieren.
[667] Richter, The Furniture of the Greeks, Etruscans and Romans 99 Abb. 482–485, 487–489. Ferner die Iupiterstatuen Anm. 257; 283 f. – Zylindrische Pfosten: Richter a. a. O. 98 Abb. 476–481.

Auf die seitlich oder hinten angebrachten Tücher wurde bereits hingewiesen (oben S. 277). Die Verhüllung von Thron oder Kline der Götter, darunter auch des Iupiterthrones, und – in Angleichung – der kaiserlichen Familie findet sich gelegentlich auch in Darstellungen aus Rom und Italien[668]. Sie war rituelles Gebot beim lectisternium wie bei anderen kultischen Handlungen – wohl als Ausdruck besonderer sakraler Weihe[669]. In Germanien und Gallien ist die Verhüllung gleichfalls nicht auf Iupiter beschränkt, sondern z. B. bei Statuen des Mercurius (oben Anm. 358), Pluto (oben Anm. 358), Minerva, Fortuna, Isis (oben Anm. 345), der Matronen und der Nehalennia anzutreffen[670]. Die Tücher finden sich zudem losgelöst von den Möbeln auf der Rückseite von Votivaltären des Iupiter (oben Anm. 315; 338), der Matronen und der Nehalennia[671]. Die Art der Anbringung wie die Häufigkeit lassen erkennen, daß die Verhüllung nur noch im allgemeinen Sinne sakrale Bedeutung besaß und der dekorativ-technische Aspekt im Vordergrund stand[672].

Die Bildhauer der Ioves aus Köln (46) und Bingen (oben Anm. 42) sowie der Gruppe von Iupiter und Iuno aus Tongeren (205) haben als 'Ausgleich' für den Wegfall des Adlers (und des Pfaus) bei fast allen Capitolinusstatuen unserer Gattung das heilige Tier des Göttervaters (und das seiner Gemahlin) auf der Rückseite des Thrones wiedergegeben[673]. Dies muß wohl als provinziale Sonderentwicklung verstanden werden, die sich nicht scheut, die Statuenrückseite als Reliefträger zu benutzen. Noch markanter ist diese Tendenz an den Monumenten ausgeprägt, auf denen an Rück- oder Nebenseite Götterfiguren dargestellt sind[674].

---

[668] Kaiserthron: A. Alföldi, Röm. Mitt. 50, 1935, 134 ff. Abb. 15 Taf. 14; siehe auch unten Anm. 680; H. Herter, Wiener Studien 79, 1966, 556 ff., besonders 566 ff. – Pompejanische Wandbilder mit Darstellung des verhüllten Iupiterthrons: A. B. Cook, Zeus. A Study in Ancient Religion 1, 34 ff. Taf. 1. u. Frontispiz, Taf. 6. Silbermedaillons des Hadrian mit Iupiter auf verhülltem Sitz: Gnecchi a. a. O. (Anm. 648) 1, Oro ed Argento. 44 Nr. 2 Taf. 21; 11 f.; H. Dressel. Die römischen Medaillone des Münzkabinetts der Staatlichen Museen zu Berlin bearbeitet von K. Regling (1973) 16 ff. Nr. 4 Taf. 1. Pompejanisches Wandbild mit Kultstatue des Dionysos, Richter a. a. O. (Anm. 667) Abb. 484; Hochzeitswagen des Neptun und der Amphitrite auf der Domitius-Ara in der Münchner Glyptothek, Kähler, Seethiasos und Census. Die Reliefs aus dem Palazzo Santa Croce in Rom. Monumenta Artis Romanae 6 (1966) Taf. 2.

[669] In diesen Zusammenhang gehören wohl auch die beiden verhüllten Marmorthrone aus Rom in der Münchner Glyptothek, Richter. a. a. O. 99 Abb. 482 f.

[670] Minerva: Statuen aus Kreuzrath (oben Anm. 326) und aus Alsdorf, Kr. Aachen, früher im Heimatmuseum Aachen, im Krieg verschollen, Espérandieu IX 6572. – Fortuna: Statuen aus Köln (oben Anm. 345) und aus Flerzheim, Gem. Rheinbach, Rhein-Sieg-Kreis, Bonn, RLM, Rüger, Das Rheinische Landesmuseum Bonn 1974, 49 f. – Matronen: Statuen aus Köln-Alteburg im RGM Köln, Inv.-Nr. 78,16 und Bonn im RLM Bonn, Lehner 215 Nr. 566; Skulpturen II Taf. 14,2. – Nehalennia: aus Colijnsplaat, Provinz Zeeland, Leiden, Rijksmuseum, unpubliziert.

[671] Matronen: Altäre aus Nettersheim, Kr. Euskirchen, im RLM Bonn, Lehner 138 Nr. 295 und aus Bonn, Münsterkirche (o. Anm. 314). – Nehalennia: Altäre aus Domburg, Provinz Zeeland (oben Anm. 317) und Hondius-Crone a. a. O. (Anm. 317) 44 ff. Nr. 10; aus Colijnsplaat, Provinz Zeeland (o. Anm. 317) und Deae Nehalenniae a. a. O. (Anm. 315) 68 Nr. 17 Abb.

[672] Die Anbringung eines Tuches an einem Votivaltar ist mir außerhalb Niedergermaniens kaum begegnet; ein Beispiel ist mir aus Chester (Cheshire) im dortigen Museum bekannt, und zwar ein Altar für den Genius loci, Collingwood u. Wright, The Roman Inscriptions of Britain 149 Nr. 450. Auf der Rückseite der Aedicula aus Mainz-Kastel (oben Anm. 265) erscheint Iuno zwischen vela.

[673] Bei einigen Statuen aus der Gallia Belgica ist der Adler mehr oder minder rundplastisch dargestellt, aus Trier (oben Anm. 365); aus Bitburg (oben Anm. 320). Bei der Trierer Statue (oben Anm. 251) ist die Zugehörigkeit zur Gattung unsicher.

[674] Bonner Statue 24; Trierer Statue, oben Anm. 251; Statue aus Bad Kreuznach, oben Anm. 344 und 363; Statue aus Pont-sur-Sambre, oben Anm. 318.

Thronendes Paar Iupiter-Iuno

Der Typus mit thronendem Paar Iupiter-Iuno, für den sich Beispiele aus Tongeren (205) und Obergermanien nachweisen ließen (oben Anm. 352; 355; 368), sei hier nur kurz behandelt. Die Ioves schließen sich z. T. den Capitolinustypen an (z. B. 205 dem Typus d), so daß man vermuten möchte, die Gruppen seien eine reduzierte Fassung der capitolinischen Kultbilder, zumal nach Krause die spätrepublikanische Fassung der Gruppe die beiden Göttinnen thronend wie Iupiter zeigte[675]. Dem steht aber die Tatsache entgegen, daß die wenigen erhaltenen Darstellungen der capitolinischen Trias Iuno an Iupiters linker und nicht an seiner rechten Seite zeigen (oben Anm. 338). Dagegen war Iuno im Giebel des domitianischen Capitolstempels thronend zur Rechten ihres Gemahls wiedergegeben, wie der bekannten Darstellung des domitianischen Capitolstempels auf dem Relief des Konservatorenpalastes mit dem Opfer des Marcus abzulesen ist, während sie im Tempel stehend zur Linken erschien[676]. Außerdem ist sie hier – wie dies auch unsere Gruppen zeigen – verschleiert und mit hoher Gürtung dargestellt. So ist zu fragen, ob unsere Iupiter-Iunogruppen in der Tradition der Giebelplastiken stehen. Andererseits war in Gallien und Obergermanien – wie W. Schleiermacher mit Recht betont hat – die Darstellung von Götterpaaren besonders beliebt. Hingegen ist die Wiedergabe von Iupiter und Iuno als Zweifigurengruppe im übrigen Reich einschließlich Niedergermaniens recht selten[677]. Es ist daher durchaus denkbar, daß die Gruppe unter Benutzung der überkommenen Typen in Obergermanien oder Gallien konzipiert worden ist, wofür vielleicht auch ihre uneinheitliche Überlieferung spricht[678].

Damit sind die in den gallisch-germanischen Provinzen nachgewiesenen Bekrönungstypen behandelt. Ganz anderer Art ist die Bekrönung, die auf der linken Seite eines Altares in Aschaffenburg erscheint, der um 178 n. Chr. von einem Centurio dem IOM geweiht worden ist[679]. Sie zeigt ein Säulenmonument, das aus Sockel, Säule und bekrönendem

---

[675] Als Nachklang der sullanischen Gruppe sei etwa auf die Gruppe von Kleinbronzen aus Pompeji in Neapel verwiesen, oben Anm. 40 (Iupiter); die ganze Gruppe ist abgebildet bei H. v. Heintze, Jahrb. d. Max-Planck-Gesellschaft 1961, 1, 48 Abb. 17.

[676] Colini, Bull. Comunale 53, 1926, 181 ff.; Simon, Jahrb. DAI 75, 1960, 147 f. Abb. 7 mit einleuchtender Erklärung der anderen Position der Minerva. – Einen Triastypus mit thronenden Göttinnen, aber in der üblichen 'Sitzverteilung' zeigen Bronzemedaillons des Hadrian und des Antoninus Pius, Gnecchi a. a. O. (Anm. 648) 3, 20 Nr. 98 f. Taf. 146,5–6; 2, 16 Nr. 66 Taf. 50,5; H. Sauer, Arch. Anz. 1950/51, 80 f. Abb. 3 f.

[677] Schleiermacher, Ber. RGK 23, 1934, 110 ff., besonders 116 f. Sonstige Gruppen des Paares: Relief aus Aquincum im Aquincum-Museum Budapest, Paulovics, Arch. Ért. 3. Ser. 1, 1940, 40 Taf. 9,17; Erdélyi (oben Anm. 591) Abb. 167. Relief mit stehendem Paar aus Aquincum im Nationalmuseum Budapest, Erdélyi a. a. O. Abb. 166.

[678] So weicht die eine Heddernheimer Gruppe (oben Anm. 329) in der Drapierung des Mantels der Iuno, die andere (oben Anm. 352) in der Drapierung der oberen Mantelpartie des Iupiter ab.

[679] Museum Aschaffenburg, rötlicher Sandstein, H. 1,68 m; auf der rechten Schmalseite sind gekreuzte Füllhörner dargestellt. CIL XIII 6644; Espérandieu G. Nr. 263. Derselbe Centurio hat dem IOM noch einen weiteren Altar geweiht: CIL XIII 6645. Einen Altar, CIL XIII 6630, hat der Offizier für IOM und weitere Götter am 13. August 178 n. Chr. gestiftet. Einen vierten Altar hat seine Truppe am selben Tage geweiht, CIL XIII 6629. – Die Altäre sind zum Bau der mittelalterlichen Stadtbefestigung von einem der Kastelle des Main-Limes nach Aschaffenburg verschleppt worden. Wie mir D. Baatz dankenswerterweise brieflich mitteilt, ist z. Z. das Kastell des von Firminus kommandierten Numerus Britonum noch nicht sicher zu bestimmen, anders F. Drexel, Röm.-Germ. Korrbl. 3, 1910, 3.

Blitzbündel besteht. Blitzbündel sind in der Tat als Weihegaben für Iupiter bezeugt[680]. Eine Darbringung auf Säulen oder Pfeilern wird zwar sonst nicht überliefert, doch ist durchaus denkbar, daß das Altarrelief einen weiteren Typus der Iupitersäule widerspiegelt.

Schließlich ist zu erwägen, ob auch der Adler, das heilige Tier des Iupiter, als Säulenbekrönung gewählt wurde. Neben Adlerfiguren, die als Apotheosezeichen in der Grabkunst Verwendung fanden, begegnen Adlerstatuen in der Staats- und Votivplastik[681]. Auf einem monumentalen Felsrelief bei Amastris (Pontus et Bithynia), der Weihung eines praefectus fabrum, ist u. a. eine Säule tuskischer Ordnung dargestellt, die einen Adler mit Olivenzweig in den Fängen trägt[682]. Die Weihung galt freilich nicht Iupiter, sondern dem Kaiser Claudius, der ja besonders häufig iupiterähnlich dargestellt worden ist[683]. Kontrovers ist hingegen die Bestimmung und Interpretation des Vogels, der auf zwei Sesterzserien Trajans als Bekrönung der Trajanssäule in Rom erscheint[684]. Für Iupitersäulen mit bekrönender Adlerfigur ergeben sich bislang nur unsichere Hinweise[685]. So ist die Annahme umstritten, daß in der Hauptszene des Trierer Mysterienmosaiks von der Johann-Philipp-Straße hinter dem Altar mit dem Ei der Dioskuren und Helenas eine Iupitersäule mit Adler dargestellt sei[686]. Wenigstens für Zeus sind durch Pausanias (8, 38, 7) zwei Säulen mit vergoldeten Adlern vor dem Altar des Lykeions überliefert[687].

---

[680] Ein goldenes, 50 Pfund schweres Blitzbündel wurde Iupiter im zweiten Punischen Krieg geweiht: Livius 22, 1, 17. Auf Münzen der flavischen Kaiser sowie des Trajan und Antoninus Pius erscheint ein verhüllter Thron, auf dem ein Blitzbündel niedergelegt ist. A. B. Cook, Zeus. A Study in Ancient Religion II, 810 f. Abb. 775 f.; Alföldi, oben Anm. 668. Zu Weihungen von Blitzbündeln auch RAC X 1145 s. v. Gewitter (W. Speyer).

[681] Adler in der Grabkunst: vgl. etwa die Kalksteinadler aus Dakien, Ferri, Arte Romana sul Danubio 290 Abb. 376–378; Römer in Rumänien 259 f. Nr. G 158 Taf. 33; ferner die Adler auf den Säulen des Grabtempels vom Reliefschmuck des Hateriergrabes (oben Anm. 578). – Adler in der Staats- und Votivplastik: z. B. die Adler aus Aquileia, Santa Maria Scrinari (oben Anm. 588) 96 Nr. 284–285, 209 Nr. 8 Abb. Vgl. auch Horn, Jahrb. RGZM 19, 1972, 75 f.

[682] H. nach CIL 3,74 m. Daneben ist ein Relief mit der Statue eines Togatus oder Palliatus angebracht. CIL III 321; 6983; C. C. Vermeule, Roman Imperial Art in Greece and Asia Minor (1968) 213; 452.

[683] Niemeyer, Studien zur statuarischen Darstellung der römischen Kaiser 58 ff.; A. Dähn, Zur Ikonographie und Bedeutung einiger Typen der römischen männlichen Porträtstatuen (Diss. Marburg 1973) 12 ff., 16 ff.

[684] Becatti, La colonna coclide istoriata 26 ff. Taf. 2 c–d mit der älteren Literatur interpretiert den Vogel, der auf Sesterzen des fünften und sechsten Konsulates des Kaisers die Säule bekrönt, allerdings als Eule der Minerva.

[685] Bei der dakischen Iupitersäule F 4 ist wegen des in der Inschrift erwähnten Adlers eine solche Bekrönung denkbar.

[686] Die Deutung der Hauptszene des Trierer Mysterienmosaiks von der Johann-Philipp-Straße ist kontrovers. H. Eiden, Trierer Zeitschr. 19, 1950, 62 Beil. 7; Moreau, Das Trierer Kornmarktmosaik. Monumenta Artis Romanae 2 (1960) 10 Farbtaf. 1; Müller, Die Jupitergigantensäulen und ihre Verwandten 69 erkennen hinter dem Altar eine kannelierte Säule mit Kapitell und dem Adler des Iupiter darüber, siehe dagegen Parlasca, Trierer Zeitschr. 20, 1951, 115 f. Abb. 2; ders., Die römischen Mosaiken in Deutschland. Röm.-Germ. Forschungen 23 (1959) 56 f. Taf. 54–55; Grimm, Die Zeugnisse ägyptischer Religion und Kunstelemente im römischen Deutschland 75 f.

[687] Bei einer großen bronzenen Adlerfigur im J. P. Getty-Museum, Malibu, erwägt C. C. Vermeule, in: Eikones. Festschr. H. Jucker. 12. Beih. Antike Kunst (1980) 188 Taf. 62,2 Herkunft von einem Säulenmonument.

Sockeltypen

Ein gewiß nicht unbedeutender Teil der Iupitersäulen, besonders in der Germania inferior, war lediglich mittels einer Plinthe dem Fundament aufgesetzt (oben S. 273). In dieser einfachsten, aus der Architektur übernommenen Form der Aufstellung wurde bereits bei den frühesten Säulenmonumenten der archaisch griechischen Zeit wie der Sphinx-Säule der Naxier in Delphi verfahren (unten S. 407 Anm. 8). Die Form blieb lange bis in den Hellenismus und die Kaiserzeit hinein in Gebrauch[688]. Ein wichtiger Schritt in der Entwicklung der Gattung, der wohl im Hellenismus vollzogen wurde, war die Einführung von Sockeln. Nun brauchte die Inschrift nicht mehr auf Kapitell oder Schaft angebracht zu werden; zudem bot der Sockel Platz für Reliefschmuck. Möglicherweise erfolgte die Aufsockelung in Anlehnung an eine Tendenz in der gebauten Architektur des Hellenismus, die Säulen korinthischer Ordnung zuweilen durch zunächst noch sehr gedrungene Postamente anzuheben[689]. Die Form der Sockel wurde anscheinend von Statuenbasen übernommen[690]. Dagegen kommen die mit mythologischen Reliefs geschmückten Säulenpostamente kleinasiatischer Großtempel wie der Artemisia von Ephesos und Sardeis nicht als Vorbilder in Frage[691]. In ihrer Tradition stehen vielleicht die mit Szenen aus der Gigantomachie ausgestatteten Säulenpostamente des Tempels am severischen Forum in Leptis Magna (unten Anm. 760).

Die Aufsockelung von Säulenmonumenten wurde in Rom spätestens in iulisch-claudischer, wahrscheinlich jedoch schon in republikanischer Zeit geläufig. So besaß die frühkaiserzeitliche Erneuerung der columna rostrata des C. Duilius eine quaderförmige, querrechteckige Basis, deren Frontseite die Ehreninschrift trug (oben Anm. 452). Da die Dedikation das ursprüngliche elogium nachbildet, ist bereits für das 3. Jahrhundert v. Chr. eine ähnliche Basis zu vermuten. Die augusteische Grabsäule von der Porta Nolana in Pompeji wird von einem oblongen, oben und unten mit Karniesprofilen eingefaßten Sockel mit Inschrift auf der Frontseite getragen[692].

Unklar bleibt vorerst, seit wann die Sockel der Ehrensäulen mit Reliefs geschmückt wurden. Das Postament der Trajanssäule mit den in Flachrelief wiedergegebenen Beutewaffen aus den Dakerkriegen knüpft in dieser Hinsicht wohl an die Tradition der älteren 'Trophäensäulen' an. Hochreliefs mit szenischen Darstellungen setzten erst mit der Säule für Antoninus Pius ein, um dann bis in die Spätantike neben den schmucklosen Postamenten einherzugehen[693]. Als Vorbilder für die Reliefsockel unserer Iupitersäulen und -pfeiler, die ja seit den Anfängen der Gattung mit den Repräsentationsbildern einzelner Götter

---

[688] z. B. die Säule des Herakleides in Olympia, unten S. 411 Anm. 50.

[689] z. B. die Exedrasäulen der Casa del Fauno in Pompeji, J. Engemann, Architekturdarstellungen des frühen Zweiten Stils. Ergh. Röm. Mitt. 12 (1967) 20 Taf. 51,1; E. La Rocca, M. de Vos Raaijmakers u. A. de Vos, Lübbes Archäologischer Führer Pompeji (Bergisch Gladbach 1979) 267 Abb. 119. – Aediculasäulen in den fauces dieses Hauses: Engemann a. a. O. Taf. 49,1; oecus tetrastylus der Casa delle Nozze d'Argento: Engemann a. a. O. Taf. 56.

[690] Vgl. die von Jacob-Felsch 90 als 'Quaderbasen' bezeichneten Sockel.

[691] Ephesos: Smith (oben Anm. 556) 173 f. Taf. 23; Gruben (oben Anm. 556) 358 Abb. 298. Sardeis: Gruben, Athen. Mitt. 76, 1961, 180 Taf. 5.

[692] Oben Anm. 474; ferner La Rocca, de Vos Raaijmakers u. de Vos a. a. O. (Anm. 689) 322.

[693] Reliefierte Postamente besitzen neben den Säulen für Trajan und Antoninus Pius die Säulen für Marcus Aurelius und für die Tetrarchen in Rom, für Konstantin, Theodosius (?), Arcadius, Marcian in Konstantinopel.

oder Götterpaare geschmückt waren, kommen jedoch nicht die Ehren-, sondern die publice errichteten Göttersäulen in Betracht. Freilich vermittelt die dürftige Überlieferung keinerlei Vorstellung von ihrer Gestaltung. Einzelne stadtrömische Statuenbasen und Votivaltäre mit Götterreliefs auf den vier Seiten nähren die Vermutung, daß die Sockel der republikanischen und kaiserzeitlichen Götter- und speziell der Iupitersäulen mit Reliefschmuck versehen waren[694]. Die Votive der einfachen Bürger verzichteten wohl häufig auf ein Postament und trugen die Inschrift auf Schaft oder Kapitell, in Rom (oben Anm. 487 f.) wie in den Provinzen (z. B. oben Anm. 506–512).

Eine weitere Aporie ergibt sich dadurch, daß die neronische Mainzer Säule sowie – wenn richtig rekonstruiert – der tiberische Iupiterpfeiler aus Paris eine doppelte Sockelung besitzen und sich dieser Aufbau aus 'Basis- und Zwischensockeln' dann während des 3. Jahrhunderts in Gallien und Obergermanien großer Beliebtheit erfreute. Dagegen scheint man eine solche abgestufte Sockelung im Mittelmeergebiet selten gewählt zu haben. Nach Ausweis der vor der Restaurierung des Monumentes angefertigten Zeichnungen besaß die Marcussäule in Rom einen unteren zweizonigen Sockel mit der Dedikation und Reliefschmuck, auf dem Girlanden tragende Victorien (?) und die submissio von Barbaren dargestellt waren. Darüber muß sich ein kleinerer oberer Sockel befunden haben, von dem schon im 16. Jahrhundert nur noch der Kern erhalten war[695].

Für die in unserer Gattung während des 3. Jahrhunderts weit verbreitete Kombination von viereckigem Grund- und polygonalem oder rundem Zwischensockel vermag ich erst recht keine Vorbilder zu nennen. Die zylindrische Grundform als solche ist allerdings von Statuenbasen und Altären bestens bekannt[696]. Polygonale Postamente, eine Abart der Zylinderform, sind seltener, vornehmlich als Götter- und Grabaltäre bezeugt. Ein größerer Komplex fand sich in Oberitalien und Gallien. Nach der ansprechenden Vermutung von H. Gabelmann gab er das Vorbild für die Grundform unserer Zwischensockel ab[697].

Damit deuten mehrere Indizien darauf hin, daß die Bildhauer des gallisch-germanischen Raumes in der Ausbildung der Anathemsockel eigene Wege gingen. Zumindest in der Bevorzugung der zweiteiligen Sockelung, der reichen Reliefausstattung und der atektonischen Kombination unterschiedlicher Sockelformen schlägt sich ihre Eigenart nieder.

---

[694] W. Hermann, Römische Götteraltäre (1961) 60 ff.; 63; 65 f.; Altar der Dioskuren vom lacus Iuturnae auf dem Forum Romanum: Hermann a. a. O. 122 ff. Nr. 54; Nash a. a. O. (Anm. 452) 2, 9 Abb. 677–680. Sockel mit Götterreliefs aus Rom, (früher?) in der Villa Casali, F. Matz u. F. v. Duhn, Antike Bildwerke in Rom 3 (1882) 96 f. Nr. 3642; Haug, Viergöttersteine 159 Nr. 218.

[695] E. Petersen, A. v. Domaszewski u. G. Calderini, Die Marcus-Säule auf Piazza Colonna in Rom (1896) 8 f. Taf. 2; H. Fuhrmann, Röm. Mitt. 52, 1937, 261 ff. Taf. 57 f.; Becatti a. a. O. (Anm. 444) 51 ff. Taf. 5; Nash a. a. O. (Anm. 452) 1, 276 Abb. 327.

[696] Hermann a. a. O. (Anm. 694) 29 ff.; 67 ff. Die einstige Funktion der beiden mit Opferreliefs geschmückten spätrepublikanischen zylindrischen Sockel in Civita Castellana und Villa Borghese ist noch ungeklärt, Hermann a. a. O. 68; G. Kaschnitz v. Weinberg, Zwischen Republik und Kaiserreich. Rowohlts Deutsche Enzyklopädie Nr. 137 (1961) 36 ff.; 38 ff. Abb. 1 f.; Helbig⁴ II Nr. 1958 (Simon).

[697] Aquileia Nostra 38, 1967 18 ff., besonders 48 ff. Zustimmend H. B. Wiggers, in: RE Suppl. XIV, 948 s. v. Wochengöttersteine. Nachzutragen ist ein Achteckaltar in Autun, Espérandieu III 1853. – Der polygonale Sockeltypus ist gewiß nicht für die 'Wochengöttersteine' spontan entwickelt, sondern aus dem Typenrepertoire der Postamente übernommen worden, anders Bauchhenß 56 f. – Vgl. auch den vielleicht zu einem Iupitermonument gehörigen Sechssecksockel mit Götterreliefs aus Savaria F 11 und den mit einer Opferszene geschmückten Sechseckaltar der Villa Medici in Rom, M. Cagiano de Azevedo, Le antichità di Villa Medici (1951) 86 f. Nr. 119 Taf. 36,65; Gabelmann a. a. O. 50 Anm. 20. Den Zusammenhang der polygonalen und runden Basen bzw. Altäre betont Hermann a. a. O. 31.

Zu einigen Sockel- und Stützenreliefs

Die Ikonographie der Götterdarstellungen auf den Sockeln und Stützen unserer Gattung folgt weitgehend dem geläufigen Typenrepertoire. Dies muß aber auf breiter, durch Einzeluntersuchungen abgesicherter Basis erst noch erforscht werden. Wir greifen daher nur einige Aspekte heraus und beschränken uns auf die Germania inferior.

Besonderes Interesse erwecken die Reliefs mit Iuno und Minerva, bei denen sich die Frage aufdrängt, ob sie in dem oben besprochenen typologischen Sinne (S. 382) letztlich in der Tradition der flavischen Kultbilder des römischen Capitols stehen. Nach den Untersuchungen Krauses zur Trias Capitolina dürfte einer der Iuno- und einer der Minervatypen von den Kultbildern abhängen. Der Typus der Iuno ist wie folgt zu definieren: In der gesenkten Rechten hält die Göttin die Opferschale, in der angehobenen Linken das Zepter; das rechte ist Stand-, das linke Spielbein; die Göttin trägt einen Peplos mit Überschlag, der unter- und übergegürtet ist. Über den Kopf ist schleierartig ein Mantel gezogen, der in einem Zipfel über die linke Schulter fällt und im Rücken lang herabhängt. Mehrere Säulen- und Pfeilerreliefs können dem Typus zugewiesen werden: 2, 11, 104, 107, 172. Minerva hielt nach Krause in der erhobenen Rechten die Lanze, in der gesenkten Linken den Schild. Über Chiton und Ägis trägt sie einen diagonal über die linke Schulter geführten Mantel. Die Monumente mit capitolinischer Iuno übernahmen weitgehend auch den Minervatypus: 3, 6, 11, 109, 172. – Auf die verschiedenen anderen Iuno- und Minervatypen kann hier nicht eingegangen werden.

Ein Teil der Herculesdarstellungen spiegelt in mehreren Brechungen einen bestimmten Typus wider: Mit der gesenkten Rechten stützt sich der Gott auf eine auf den Boden gesetzte Keule, das rechte Bein so entlastend; um die angewinkelte Linke ist das Löwenfell geschlungen, in der Hand hält er die Äpfel der Hesperiden: 11, 187, 189 (seitenverkehrt), 5, 9, 104, 190 (mit linkem Spielbein). Der Typus, der in Gallien und Germanien starken Anklang gefunden hat, wird auf ein in Rom stehendes Werk zurückgehen[698]. Dagegen wiederholt der Hercules des 'Dreigöttersteins' aus Nierendorf (191), der sich ermattet auf die unter die linke Achsel geschobene Keule lehnt und die Rechte entspannt auf den Rücken legt, letztlich eine Plastik der griechischen Spätklassik, den 'Hercules Farnese'. Dieses Meisterwerk des Lysipp ist gerade auch im 2. und 3. Jahrhundert häufig kopiert oder 'zitiert' worden[699].

Der Apollo des Pfeilers 174, der auf eine cithara gestützt im selben Ruhegestus, aber mit vorgestelltem linkem, durch einen Mantelzipfel verhülltem Spielbein und fülligem, effeminiertem Körper dargestellt ist, gibt sich als spätes Glied eines langen Überlieferungsstranges zu erkennen, der von dem spätklassischen Apollo Lykeios und seiner späthellenistischen Umbildung zum citharoedus ausgeht[700].

---

[698] Vgl. z. B. das Weihrelief für Hercules Iulianus, Iupiter Caelius und den Genius des Mons Caelius im Konservatorenpalast Rom, Helbig⁴ II Nr. 1806 (Simon); Kunckel Genius 59; 109 Nr. CI 85 Taf. 88,1. – Herculesdarstellungen dieses Typus aus den Nordprovinzen z. B. Horn, Bonner Jahrb. 170, 1970, 240 ff. Abb. 1; 3; 8.

[699] Lippold a. a. O. (unten S. 409 Anm. 28) 281 f. Taf. 101,1; P. Moreno, Lisippo 1 (1974) 139 ff. Nr. 21 mit der Literatur. Der Typus wird z. B. von einem kolossalen Figuralkapitell der Caracallathermen in Rom zitiert, v. Mercklin, Figuralkapitelle 158 f. Nr. 385a Abb. 752.

[700] Lippold a. a. O. 238 f. Taf. 84,1. Zum Citharoedus Lippold a. a. O. 329; M. Bieber, The Sculpture of the Hellenistic Age (1955) 160 Abb. 678–681; Helbig⁴ II Nr. 1383 (v. Steuben); Bauchhenß, Jupitergigantensäulen 24 f. Abb. 47.

Der Bacchus des Kölner Sockels 188, der ein Pendant im Apollorelief eines Mainzer Viergöttersteines hat (oben Anm. 271), geht auf ein späthellenistisches oder kaiserzeitliches Vorbild zurück, das in klassizistischer Weise zwei Ruhemotive – das vom Apollon Lykeios bekannte Aufstützen des linken Armes nebst der entspannt auf den Hinterkopf gelegten rechten Hand und das besonders für Satyrdarstellungen beliebte Überkreuzen der Beine – kombiniert. Die nicht wenigen Marmorstatuen und Kleinbronzen stellen sowohl Bacchus wie Apollo in diesem Typus dar. Einige Bronzestatuetten aus dem Norden deuten den Weg der Verbreitung des Typus in den rheinischen Werkstätten an[701].
Innerhalb der sehr zahlreichen provinzialrömischen Vulcanusdarstellungen nimmt der Sockel 9 aus Köln-Weiden eine Sonderstellung ein: Der Gott erscheint sitzend beim Schmieden einer Beinschiene. F. Brommer setzt mit Recht eine Schöpfung der Flächenkunst aus dem klassischen Bereich voraus, die die Anfertigung der Waffen des Achilleus zum Thema hatte[702]. Der Viergötterstein gehört damit zu den wenigen Sockelreliefs unserer Gattung, die einen Mythos wiedergeben (vgl. 195; 202 [?]).
Aus der römischen Triumphalkunst entlehnt ist hingegen der Bildtypus der Victoriareliefs des Jülicher und Rommerskirchener Pfeilers (5 bzw. 175), der auch von mehreren obergermanischen Viergöttersteinen und sonstigen provinzialrömischen Plastiken benutzt worden ist. Die nach rechts gewendete, den linken Fuß auf einen Helm oder globus (175) etc. setzende Siegesgöttin hält mit der Linken einen Schild, auf den sie bei einem Teil der Überlieferung (so auch 5) die Ruhmestaten schreibt. Hinter dem Typus verbirgt sich zwar die späthellenistische Umbildung einer Aphroditestatue des 4. Jahrhunderts v. Chr., der sogenannten Aphrodite von Capua, doch werden die rheinischen Bildhauer ihn durch römische Siegesmonumente und die in claudischer Zeit einsetzenden Münzbilder kennengelernt haben[703].
Schließlich sind auch regionale Besonderheiten zu erwarten. So konnte H. G. Horn den Typus des Mercurius, der sich auf den caduceus stützt, als eine Eigentümlichkeit des gallisch-germanischen Raumes erweisen (166)[704].

Die ikonographischen Untersuchungen haben ein komplexes Resultat erbracht, aber auch Fragen offen gelassen oder überhaupt erst aufgeworfen. Unsere Gattung erwies sich als ein Zweig der römischen Göttersäule, der auf der Grundlage der Iupitersäulen Roms im gallisch-germanischen Raum und seinen Nachbargebieten außergewöhnlich zahlreiche

---

[701] Zum Typus A. Leibundgut, Die römischen Bronzen der Schweiz II. Avenches (1976) 26 f. Bacchusstatuette aus Avenches, ebd. 25 ff. Nr. 13 Taf. 7–10; Apollonstatuetten aus Almenum (Friesland) und Reims, Menzel in S. Doeringer (Herausgeber), Art and Technology. A Symposium on Classical Bronzes (1970) 222 f. Abb. 1 f., Boucher, Recherches sur les bronzes figurés de la Gaule pré-romaine et romaine. Bibl. Écoles Franç. d'Athènes et de Rome 228 (1976) 131 Taf. 48,218–219; S. Reinach Répertoire de la statuaire grecque et romaine II (1897) 95,7. Apollonstatue aus dem Heiligtum von Hochscheid, Kr. Bernkastel-Wittlich, im RLM Trier, Polaschek, in: G. Weisgerber, Das Pilgerheiligtum des Apollo und der Sirona von Hochscheid im Hunsrück (1975) 58 f.; 62 f. Taf. 53,1–2; 54 f. – Satyrtypus: Bieber a. a. O. 38 Abb. 86.
[702] Brommer, Vulkan 31 f. Taf. 7; ders., Hephaistos. Der Schmiedegott in der antiken Kunst (1978) 108.
[703] Hölscher a. a. O. (Anm. 478) 122 ff. Taf. 11,5–6; 8–10; zur Victoria von Brescia, ders., in: Antike Plastik 10 (1970) 67 ff. Taf. 54–58; zu provinzialrömischen Darstellungen Schoppa, Bonner Jahrb. 158, 1958, 286 ff.; zur Gruppe von Schlossau zuletzt J. Oldenstein, Fundber. Hessen 19/20, 1979/80, 779 ff. Die Deutung unserer Pfeilerreliefs schon richtig bei Neuffer, Bonner Jahrb. 151, 1951, 198.
[704] Horn, Bonner Jahrb. 172, 1972, 144 ff.; 151 ff. mit Verbreitungskarte. Hinzugekommen ist der Sockel aus dem Trierer Dombezirk: Weber, Trierer Zeitschr. 40/41, 1977/78, 83 ff., besonders 92 f. Abb. 1 f.; 6. Vielleicht ist der Typus in Anlehnung an den des sich auf die Keule stützenden Hercules entstanden.

und vielgestaltige Ableger hervorgebracht hat. Für die Säulen mit Weinranken- wie mit Schuppendekor ließen sich die Vorbilder in Italien aufzeigen. Die Spielart der Schuppensäule mit Götterrelief erwies sich hingegen als regionale, wohl niedergermanische Sonderentwicklung, die nach Obergermanien und Britannien ausstrahlte[705]. Bei den Säulen- und Pfeilermonumenten mit übereinandergestaffelten Götterreliefs ließ sich die Frage nach der Herkunft der Typen nicht eindeutig beantworten; eine keltische Komponente wurde für möglich gehalten. Noch deutlicher ist das Nebeneinander von Übernommenem und Eigenständigem bei den Statuen. Der stehende (ohne Giganten), der thronende wie der im Wagen fahrende Iupiter entstammen der griechisch-römischen Zeus-Iupiterikonographie, während die reitenden und stehenden Ioves mit Giganten als an der Kaiserikonographie orientierte Neuschöpfungen für unsere Gattung zu gelten haben. Die Grundformen der Sockelung ließen sich zwar auf römische Vorbilder zurückführen, ihr üppiger Reliefschmuck und vor allem die in Obergermanien und Gallien beliebte atektonische Kombination zweier verschiedener Sockeltypen verrieten jedoch einheimische Tendenzen.

Einige Fragen schließen sich an: Sind die Schuppen- und die Weinrankensäule schon in Italien oder erst im Norden für die Gattung adaptiert worden? Immerhin ist ja eine stadtrömische Blattsäule inschriftlich als Weihgeschenk für Hercules bezeugt (oben Anm. 487), wird sich der Lorbeerblatt- bzw. der Weinrankendekor in kultische Beziehung zu Iupiter bringen lassen (unten S. 394). Angesichts der dürftigen Überlieferung in Italien ist eine Entscheidung jedoch nicht möglich. Die Statuen des stehenden Iupiter wie die der Ioves zu Pferde oder Wagen überzeugen ohne weiteres als Bekrönungen der Säulen, gehören solche Statuen- und Gruppenmotive doch zum üblichen Repertoire von Säulen- oder Pfeilermonumenten (S. 409ff.). Dagegen scheinen die Figuren des thronenden Göttervaters und erst recht des Paares Iupiter–Iuno in einem inneren Widerspruch zum vertikal orientierten Säulen- und Pfeilermonument zu stehen. Sehen wir einmal von dem Sonderfall der kommagenischen Grabsäulen mit Herrscherpaar ab (unten S. 410 Anm. 48), so finden sich wohl aus diesem Empfinden heraus thronende Figuren kaum als Säulenbekrönungen. Es stellt sich die Frage, ob diese Iupitertypen zuerst in den beiden Germanien für die Säulenmonumente adaptiert worden sind[706].

Unabhängig davon, wie man die beobachteten Phänomene im einzelnen bewertet und die angeschnittenen Fragen beantwortet, zeichnen sich bei allen aufgezeigten Abhängigkeiten deutlich schöpferische Elemente in der Kunst der gallisch-germanischen Provinzen ab. Unbekümmertheit um die tektonischen Bindungen der griechisch-römischen Tradition und ein wacher Sinn für Ausschmückung und Ornament gehören dazu, wie sie sich auch in anderen Gattungen, häufig noch unmittelbarer, aussprechen[707].

---

[705] Den in den Anmerkungen 623–625 zum Vergleich herangezogenen mittelmeerischen Säulen mit glattem Schaft und einzelnem Götterrelief ist eine Säule aus Ostia mit Relief und Inschrift des Genius Castrorum Peregrinorum hinzuzufügen, auf die ich erst jetzt aufmerksam werde: Squarciapino, Atti Pontificia Accademia Rom. Archeologia 44, 1971/72, 173 ff. Abb. 1. Squarciapino a. a. O. 177 ff. Abb. 2–3 bespricht auch die von uns behandelten Säulen aus Mactaris und Karthago sowie das übrige Vergleichsmaterial.

[706] Wenn ich richtig sehe, hat nur Fischer, Viergötterstein 39 auf dieses Problem kurz aufmerksam gemacht.

[707] Hingewiesen sei etwa auf den Bronzeschaft (H. 18 cm) aus dem vicus des Kastells Eining, Museum Abensberg, der in drei Zonen übereinander mit jeweils drei Götterreliefs geschmückt ist: Schleiermacher, Bonner Jahrb. 158, 1958, 262 ff. Taf. 53.

Deutungsfragen

Im Mittelpunkt der ausgedehnten Literatur zu den Iupitersäulen stehen, wie eingangs dargelegt, zumeist Fragen der Deutung. Wenn die Gattung hier vornehmlich unter formgeschichtlichen Gesichtspunkten untersucht worden ist, soll die hermeneutische Problematik doch wenigstens kurz behandelt werden. Das von uns zusammengetragene reiche niedergermanische Material wie auch die zahlreichen Iupiter- und sonstigen Göttersäulen in anderen Teilen des Reiches verbreitern die Grundlage der Diskussion. Insbesondere seien aber die typologischen, chronologischen und ikonographischen Ergebnisse in die Betrachtung einbezogen. Manche Interpretationen leiden gerade unter der Vernachlässigung dieser Aspekte. So sind zunächst die Ausgangspunkte dieser Deutungsversuche zu überprüfen sowie unsere typologische Definition der Gattung als Grundlage unserer Interpretation nochmals darzulegen.

Ausgangspunkt der meisten Deutungsvorschläge ist eine sogenannte kanonische Iupitergigantensäule, die aus bekrönender Iupitergigantengruppe, Figuralkapitell, einfacher Schuppensäule, Viergötterstein sowie einem gleichfalls mit Götterreliefs versehenen Zwischensockel besteht. Als ihr Vorbild wird seit langem die neronische Mainzer Iupitersäule angesehen. Die anderen Bekrönungs- und Stützentypen werden gewissermaßen als Sonderfälle oder als Erscheinungen in Randgebieten behandelt. Diese Betrachtungsweise wird jedoch den chronologischen, typologischen wie statistischen Gegebenheiten nicht gerecht. Die zu den bislang ältesten Iupiterreitern zählende Gruppe aus Tongeren (203) gehört nicht in die flavische, sondern erst in die spätantoninische oder – wie ich vermute (oben S. 321 f.) – in die frühseverische Zeit; die erste inschriftlich datierte Reitergruppe aus Schierstein (oben Anm. 307) stammt sogar erst aus dem Jahre 221 n. Chr.[708]. Dagegen hat es den Anschein, daß die Adaptierung der Iupiterfiguren vom Capitolinustypus für die Gattung (oben S. 314 ff.) eher erfolgt ist als die Konzipierung des Gigantenreiters; der Typus des stehenden Iupiter (ohne Giganten) ist durch die Mainzer Säule ohnehin schon für die neronische Zeit bezeugt. Die Priorität der Säulen mit stehenden wie der mit thronenden Statuen ist nur natürlich, da sie ja mit bereits vorhandenen Statuentypen auskommen. Bei ca. 80 Capitolinusstatuen aus den beiden Germanien und der Belgica und einem Vorkommen während fast der gesamten Dauer der Gattung können diese keines-

---

[708] Die Frühdatierung des Typus durch Bauchhenß beruht auf der flavischen Datierung der Gruppe aus Tongeren (203). Richtig dagegen schon Müller a. a. O. (Anm. 114) 22 Anm. 27, der die Gruppe 'nach 200' datiert. Mit dem in das Jahr 170 n. Chr. datierten 'Viergötterstein' aus Mainz-Kastel (oben Anm. 266) wird häufig der Beginn der Gigantensäulen verknüpft. Doch kann der Sockel auch einen anderen Statuentypus getragen haben. So schon richtig Fischer, Viergötterstein 42.

falls mehr als Randerscheinung eingestuft und bei der Interpretation ausgeklammert werden. Es kommt hinzu, daß die Capitolinusstatuen, die Gruppen mit thronendem Paar Iupiter–Iuno bzw. beide Typen zusammen auch außerhalb Niedergermaniens, nämlich in Trier, Mainz und seiner Umgebung häufiger oder zumindest nicht seltener als die Reitergruppen als Bekrönung dienten[709].

Ferner geht es nicht an, die einfache Schuppensäule als den 'kanonischen' Stützentypus zu erklären. Die mit Götterreliefs geschmückten Säulen und Pfeiler gehen ihr nicht nur voraus, sie bleiben auch während der gesamten Laufzeit der Gattung in bescheidenem Umfang in Gebrauch. Die einfache Schuppensäule ist keineswegs an die Gigantenreitergruppe gebunden, sondern dient auch Capitolinusstatuen und der Gruppe von Iupiter und Iuno als Stütze[710]. In Bezug auf Statuen- und Stützentypen können ebensowenig Kombinationsregeln (siehe schon oben S. 274) wie zwischen Statuen- oder Stützen- und Sockeltypen aufgestellt werden (siehe auch oben S. 273 f.)[711].

Die partielle Austauschbarkeit der Teile zeigt, daß es sich um eine in sich geschlossene Monumentengruppe innerhalb der regionalen Votivplastik, um eine eigene Gattung handelt. Ihr Merkmal ist die Präsentation der Iupiterstatue auf einer hohen Stütze: *signum cum columna*. Dabei waren in gewissen Zentren der Verbreitung (oben S. 335 f.) bestimmte Sockel-, Stützen- und Statuentypen gleichzeitig in Gebrauch, während im Hinterland bestimmte Typen wie der Gigantenreiter vorherrschten. Die Iupitergigantensäule ist mithin nur eine wohl relativ spät auftretende, in Teilen der Germania superior und Galliens aber äußerst beliebte Spielart der Iupitersäule. Sie kann damit nur einer von mehreren Ausgangspunkten der Interpretation sein[712].

So ist der Ansatz von Bauchhenß besonders interessant, wenn er von einem Stützentypus, der einfachen Schuppensäule, ausgehend in Weiterführung älterer Vorschläge die

---

[709] In Mainz stehen drei Reitergruppen (Bauchhenß Nr. 280–282) drei thronende Ioves (Bauchhenß Nr. 279; 283–284) sowie vier Gruppen des thronenden Paares (Bauchhenß Nr. 285–288) gegenüber. In Heddernheim weist Bauchhenß fünf Reitergruppen (Bauchhenß Nr. 146; 162; 164–166), einen Iupiter Capitolinus (Bauchhenß Nr. 148) sowie zwei Paargruppen nach (Bauchhenß Nr. 153; 158). In Straßburg stehen sich zwei Reiter- und zwei Paargruppen (Bauchhenß Nr. 501–502 bzw. Nr. 503–504), in Alzey und Bingen jeweils ein reitender und ein thronender Iupiter (Nr. 10/17 bzw. Nr. 76/77) gegenüber.

[710] Anders Bauchhenß 7 f.; Müller a. a. O. (Anm. 114) 24. Einfache Schuppensäulen begegnen in Niedergermanien als Träger von Capitolinusstatuen (4; 7; 13), in Obergermanien als Stützen für die Paargruppen (Bauchhenß Nr. 150–153; 155–158). Gigantenreiter werden auch von Säulen mit geglätteten Schäften getragen, z. B. in Merten (oben Anm. 1), die aber auch für den Capitolinustypus eingesetzt wurden, z. B. in Heddernheim (Bauchhenß Nr. 147–148).

[711] Die beiden Heddernheimer Säulen mit thronendem Paar (Bauchhenß Nr. 150–153; 155–158) unterscheiden sich in den Sockeln nicht von den Iupitergigantensäulen. Wahrscheinlich werden die meisten niedergermanischen Reliefsockel zu Säulen mit Capitolinusstatue gehört haben. – Entsprechend ist die von Bauchhenß, Jupitergigantensäulen publizierte Verbreitungskarte zu modifizieren. Auf ihr sind Schuppensäulen, Zwischensockel und Sockel als Belege für Säulen mit Iupitergigantenreiter kartiert. – Zur Frage des Vorkommens von Iupitersäulen in der Schweiz: E. Vogt, Der Lindenhof in Zürich (1948) 140 ff. Abb. 29 Taf. 31,5–6; M. Bossert, in: M. Verzár, Un temple du culte impérial. Aventicum II. Cahiers d'Archéologie Romande 12 (1977) 47 ff. Taf. 26–32 mit unsicheren Zuweisungen (Hinweis F. Sinn).

[712] Schon Koepp, Bildkunst 43 erkannte die Wichtigkeit der Frage, ob mehrere Säulentypen nebeneinander hergingen: 'Es ist zu hoffen, daß wir … Anhaltspunkte gewinnen …, ob gleichzeitiges Bestehen der verschiedenen Denkmäler anzunehmen ist, was für die Deutung von nicht geringer Wichtigkeit scheint'. Ähnlich auch Drexel, Götterverehrung 56 f. Die späte Ausbildung der 'kanonischen Iupitersäule' betont auch Fischer, Viergötterstein 44. G. Ch. Picard, Gallia 35, 1977, 105 f. betont wie wir die Einheit der Gattung und setzt zu einer entwicklungsgeschichtlichen Differenzierung an. Er datiert aber weiterhin einige Gigantenreiter in das 1. Jahrhundert. Als Argument dient lediglich die an die Reitergrabstelen des 1. Jahrhunderts erinnernde Ausrüstung der Pferde.

These aufstellt: „Der in Obergermanien und Gallien so weit verbreitete Brauch der Iupitergigantensäulen läßt sich also auf zwei Wurzeln zurückführen: Die einheimische, weitgehend keltische Bevölkerung brachte die Vorstellung eines in Baumform zu verehrenden Gottes mit. Die Große Mainzer Iupitersäule, die ganz in römischer Tradition steht, gab den Anstoß für eine Übersetzung des Baumkultes in Steindenkmäler" (S. 41)[713].
Hierzu verweist er – wie auch unabhängig von ihm W. Müller – auf die Nachricht des Maximus von Tyros, daß die Kelten ihren höchsten Gott in Gestalt einer hohen Eiche verehren (logoi 8,8)[714]. Bauchhenß und Müller vermuten in den Schuppensäulen sowie besonders in der mit Eichenlaub überzogenen Säule aus Hausen a. d. Zaber einen Nachklang dieser Vorstellungen. Die kultische Verehrung von Bäumen ist in verschiedenen antiken Religionen, nicht nur in der keltischen, gewiß nicht zu unterschätzen. Zu erinnern ist nur an die Eiche des Zeus (!) von Dodona, den Lygos der Hera von Samos, manche kleinasiatischen Mutterkulte und nicht zuletzt die Matronen der Germania inferior[715]. Abgesehen davon, daß sich die Schuppensäulen ohne jeden Zweifel auf Vorbilder in Italien zurückführen (oben S. 370) und auch in der Architektur der Nordprovinzen nachweisen lassen (oben S. 370 f.), sprechen gegen eine Interpretation als Eichenstämme die Taenie, das Alternieren der Schuppen und die aus dem Kontext zu erschließende Bedeutung der Schuppen, die hier eben nicht Baumrinde meinen.
Mit dem Schuppenmuster wurden je nach Zusammenhang z. T. seit archaischer Zeit u. a. Schuppen von Meer- oder Schlangenwesen (z. B. von Tritonen und Giganten), Gefieder, Dachschindeln, besonders von Grabbauten, Baumrinde, Schuppen von Pinienzapfen und vor allem das Blattwerk von Kränzen sowie der Polster ionischer Kapitelle und Altäre wiedergegeben[716]. Daß mit den Schuppen unserer Säulen Blätter gemeint sind, ergibt sich schon aus der Verwandtschaft mit den Altarpulvini, die gleichfalls Binden, die sogenannten baltei, und alternierende 'Schuppen' besitzen[717]. Ferner spricht hierfür die Analogie

---

[713] Bauchhenß, Arch. Korrb. 4, 1974, 361 ff.; ders., Jupitergigantensäulen 16 f.; Bauchhenß 32 ff.

[714] Müller a. a. O. (Anm. 114) 27 ff.

[715] Dodona: S. Dakaris, Neue Ausgrabungen in Griechenland. Antike Kunst. Beih. 1 (1963) 35 ff. – Samos: H. Walter, Das griechische Heiligtum. Heraion von Samos (1965) 14 f. Abb. 8. – Kleinasiatische Mutterkulte: Hahl, Germania 21, 1937, 262 Abb. 1. – Matronen: Hahl a. a. O. 258 ff.; Petrikovits 58.

[716] Die richtige Deutung der Schuppendächer als Schindeldeckung schon bei Drexel, Röm. Mitt. 35, 1918, 51; H. Dragendorff u. E. Krüger, Das Grabmal von Igel (1924) 93. Inzwischen sind rautenförmige Dachschindeln aus Schiefer schon häufiger durch Grabungen nachgewiesen, z. B. J. Liversidge, in: A. L. F. Rivet, The Roman Villa in Britain (1969) 157 Abb. 4,20. Bei dem Xantener Iupiteraltar (oben Anm. 338) sind die 'Dachschindeln' der Altaraedicula durch Schuppung angegeben. Beim Giebeldach einer kleinen Aedicula vom Bonner Münster sind die Schindeln schematischer durch ein Rautenmuster dargestellt, Lehner u. Bader, Bonner Jahrb. 136/137, 1932, 150 Nr. 105 Taf. 27a. Damit entfällt die von F. Oelmann, in: Studi Aquileiesi offerti . . . a G. Brusin (1953) 178 ff. vorgetragene Deutung als Blattwerk. Baumstämme mit gefesselten Barbaren auf den Zinnenreliefs des Tropaeum von Adamklissi, F. B. Florescu, Das Siegesdenkmal von Adamklissi. Tropaeum Traiani (1965) 510 ff. Auf einem Relief in Celje, Kolšek (oben Anm. 591) a. a. O. 27 Nr. 16 ist der Stamm einer Palme durch Schuppen wiedergegeben. Die Reliefs von Adamklissi benutzt Bauchhenß 63 als Argument für seine These. Ihre Schuppung ist aber einheitlich von unten nach oben gerichtet. – Pinienzapfen: Siehe etwa die vom Verf., Germania 54, 1976, 421 zusammengestellten Mittelakrotere von Grabbauten. – Polster von Kapitellen etc.: O. Bingöl, Das ionische Normalkapitell in hellenistischer und römischer Zeit in Kleinasien. Istanbuler Mitt. Beih. 20 (1980) 129 f. – Hermann a. a. O. (Anm. 694) 14 f.

[717] z. B. die Matronenaltäre vom Bonner Münster, Lehner 1930, 7, 15 f. Nr. 7, 29–30 Taf. 4–5, 16–17. Bei anderen Altären fehlt die Binde, die Richtung der Schuppen alterniert nicht: Lehner 1930, 13 f. Nr. 24–25 Taf. 11–12, 14. Vorherrschend sind – vor allem in Köln – jedoch Altäre, bei denen die Blätter vertikal orientiert sind. Bonn: Lehner 1930, 11 Nr. 19 Taf. 8–9. Köln: Schoppa, Götterdenkmäler 60 Nr. 62, 61 f. Nr. 68 Taf. 57–58, 63–64; oben Anm. 622; 270.

zu den Säulen, die mit naturalistischer gegebenen Blättern samt Früchten von Efeu (oben Anm. 605–606) oder Eiche (Säule von Hausen a. d. Zaber) überzogen sind. Schließlich ist an die Säulen zu erinnern, deren Schaft aus einer Schuppen- und einer Weinrankenzone mit Laub und Beeren zusammengesetzt ist (oben S. 286). Darüber hinaus lassen sich die 'Schuppen' noch genauer als stilisierte Lorbeerblätter bestimmen. Denn die 'Schuppung' mehrerer stadtrömischer Schmuckbasen (oben Anm. 430), darunter die der Trajanssäule, und besonders einiger stadtrömischer Säulenschäfte, weist außer gekielten Blättern auch die charakteristischen Beeren auf. Ähnlich sind denn auch die Blätter der Lorbeerbäume auf zahlreichen niedergermanischen Weihe- und Grabsteinen wiedergegeben. Die rechte Schmalseite eines spätseverischen Matronenaltares aus Nettersheim ist als Pendant zu dem üblichen Bäumchen auf der linken Seite geschuppt (oben Anm. 310). Schließlich sind auf einem Soldatengrabstein vom Kastell Niedernberg die Blätter des Lorbeerkranzes gleichfalls durch ein Schuppenmuster wiedergegeben[718].

Sind die Schuppensäulen also nicht aus dem keltischen Eichenkult zu erklären, so ist damit nicht jede religiöse Deutung ausgeschlossen. Die Schuppensäulen wurden bereits mit der Schuppung der Altarpulvini verglichen[719]. Der Gedanke liegt nahe, daß Lorbeergewinde und Taenie der Säulen eine entsprechende kultische Funktion, nämlich sakrale Weihung übernehmen sollten[720]. Freilich möchte man bei Iupitersäulen eigentlich das dem Iupiter heilige Eichenlaub als Schmuck des Schaftes erwarten[721]. Es findet sich jedoch nur bei der schon der Spätzeit der Gattung angehörenden Säule aus Hausen a. d. Zaber sowie als Kranz auf den Frontseiten von Sockeln derselben Fundstelle sowie aus Heidelberg-Heiligenberg (oben Anm. 91) und Jülich (186). Neben der Eiche war dem Iupiter jedoch auch der Lorbeerbaum heilig, was schon das Erstaunen des älteren Plinius erregt hat (nat. 15, 134)[722]. Bekanntlich wurde etwa der Triumphator u. a. durch Verleihung eines Lorbeerzweiges dem obersten Gott angeglichen. Zum Abschluß des Triumphes wurde dieser Zweig dem Capitolinischen Kultbild in den Schoß gelegt. Auf einem Sockel in Luxemburg wird die Dedikation an IOM von einem Lorbeerkranz eingefaßt[723]. Der Thron einer Iupiterstatue im Vatikan (oben Anm. 284) ist mit einem Lorbeerbäumchen geschmückt. So wird die Verwendung von Lorbeerblattsäulen für unsere Monumente durchaus auch einen religiösen Sinn gehabt, die Säulen als dem Iupiter geheiligt bezeichnet haben.

Die Verwendung von Weinrankensäulen für unsere Gattung dürfte gleichfalls einen kultischen Hintergrund haben[724]. Der Wettergott Iupiter wurde in Italien zum Schutz des Weinbaues angerufen, zu seinen Ehren wurden mehrere Feste, darunter die vinalia vor der Weinlese gefeiert, die Weinlese durch den flamen Dialis eröffnet[725].

---

[718] Im Museum Aschaffenburg, L. Hefner, Germania 44, 1966, 398 ff. Abb. 2.
[719] Verf., Kölner Römer-Illustrierte 2, 1975, 188; so auch Bauchhenß 63.
[720] Kultisch-magische Bedeutung mißt auch Oelmann a. a. O. (Anm. 716) 179 f. den Schuppen der Säulen und pulvini bei.
[721] Zur Bedeutung der Eiche im Kult des Zeus und Iupiter RAC IV 748 ff. (H. Marzell u. C. Centlivres).
[722] RE XIII 1440 f. s. v. Lorbeer (Steier).
[723] Espérandieu V 4223; Wilhelm a. a. O. (Anm. 364) 45 f. Nr. 304. Auf der rechten Seite sind zwei peltae dargestellt, vgl. dazu die Kölner (?) Iupiterstatue 54, die auf der Rückseite mit zwei gegenständigen peltae geschmückt ist.
[724] So schon Bauchhenß 63.
[725] G. Wissowa, Religion und Kultus der Römer. Handb. klass. Altertumswiss. 4,5² (1912 [Nachdruck 1971]) 115; RE XIX 1131 s. v. Iuppiter (Thulin); K. Latte, Römische Religionsgeschichte. Handb. Altertumswiss. 5,4 (1960) 74 ff.

Die vereinzelt angenommene Beziehung der Säulen mit Weinranken zu den Dionysos- oder Mithrasmysterien wird damit unwahrscheinlich[726].

Passen Lorbeerblatt- und Weinrankensäule durchaus zum italisch-römischen Iupiter, so sind Göttersäulen und -pfeiler, wie gezeigt (oben S. 354 ff.), eine für Monumente der römischen Staatskulte, darunter auch des Capitolinischen Iupiter, adäquate Sockelform. Die meisten anderen ikonographischen Elemente unserer Gattung lassen sich ebenfalls auf den Capitolinischen Iupiter zurückführen.

In dieselbe Richtung weisen die Dedikationen. Die freilich wenigen niedergermanischen Weihinschriften (1, 3, 8, 10, 179–180, 186, 191, 200, 214), die beiden britischen (F 15, 17), mehrere gallische sowie ein Teil der obergermanischen sind an IOM gerichtet[727]. Zahlreiche obergermanische Monumente sowie das raetische Votiv F 13 sind zusätzlich der Iuno Regina geweiht (oben S. 42 f.).

Die Inschriften wie die genannten ikonographischen Bezüge legen den Schluß nahe, daß unsere Denkmäler als Anatheme des römischen Staatskultes der Trias Capitolina aufzufassen sind[728]. Einer solchen Deutung stehen jedoch einige nicht außer acht zu lassende Sachverhalte entgegen.

Es wurde bereits betont, daß seit der zweiten Hälfte des 2. Jahrhunderts aus Rom und den meisten Gebieten des Imperium nur wenige und vereinzelte Iupiteranatheme bekannt sind. Dagegen ist eine ungewöhnliche Fundkonzentration in den beiden Germanien und in der Belgica zu beobachten, während die Überlieferung im übrigen Gallien, in Raetien und Britannien ausdünnt. Bei Denkmälern des römischen Staatskultes ist ein solches Fundbild kaum verständlich.

Das gleiche gilt für die Tatsache, daß mehrere Iupitersäulen in Heiligtümer einheimischer Gottheiten gestiftet worden sind. Erinnert sei nur an die gesicherten Befunde aus dem Matronenheiligtum von Pesch und den gallo-römischen Tempelbezirken noch unbekannter einheimischer Gottheiten in Nijmegen, Tongeren und Fontaine-Valmont. Für die zahlreichen hypothetischen Fälle begnügen wir uns mit einem Verweis auf das Verbreitungskapitel (oben S. 304 ff.). Lediglich der Pfeiler 173 stammt möglicherweise aus dem Capitol der CCAA (zum Heiligtum vom Kleinen Griechenmarkt siehe unten S. 399)[729]. In dieselbe Richtung deuten die Befunde, in denen ein Iupiteranathem zusammen mit dem Votiv einer anderen Gottheit angetroffen wird. Dies gilt z. B. für die beiden Iupitersäulen (7; 40) aus der villa rustica in Köln-Zollstock (oben S. 303), die zusammen mit der Weihung für eine lokale einheimische Göttin in einen Brunnen geworfen worden sind[730]. Der Pfeiler von Rommerskirchen (175) war in der Pfarrkirche, zwei Altäre der Matronae Rumanehae waren in unmittelbarer Nachbarschaft im Pfarrhaus verbaut[731].

---

[726] Die Mysteriendeutung: Filtzinger, Fundber. Baden-Württemberg 1, 1974, 450 ff. wird bereits abgelehnt von Kolling, Ber. Staatl. Denkmalpflege Saarland 24, 1977, 80 ff.
[727] z. B. Säule in Metz, oben Anm. 23. Zu den obergermanischen Votiven Bauchhenß 42 f.
[728] Oxé und Drexel oben Anm. 7.
[729] Der Viergötterstein aus Vernègues (oben Anm. 551) stammt aus einem Tempel, der nach einer Inschrift (CIL XII 501) wohl dem Iupiter Tonans gewidmet war: Grenier, Manuel d'Archéologie Gallo-Romaine II, 1, 280 ff. Ist es ein Zufall, daß in derselben Gegend, nach einem Votivaltar (Espérandieu II 1691) zu urteilen, der 'Radgott' verehrt wurde?
[730] Altar oder Statuenbasis aus Kalkstein im RGM Köln. Auf der Frontseite die Inschrift: [Deae?]/Travala[·]/hae. Galsterer 39 Nr. 144 Taf. 32.
[731] M. Clauss, Epigr. Studien 11 (Köln 1976) 29 Nr. 43–44 Taf. 12,2; 13,1. In der Pfarrkirche von Laurensberg, Stadt Aachen, in der der Sockel 190 verbaut war, wurde auch eine Inschrift für Mercurius wiederverwendet, die vom Mitglied einer einheimischen curia gesetzt wurde und gewiß den gallisch-germanischen Mercurius meint, Rüger, Epigr. Stud. 9 (1972) 251 ff.

Dagegen wurden die Kreuzrather Iupiterdenkmäler (77; 144–148) zusammen mit einer Minervastatue (oben Anm. 326), die Ioves 20–21 aus Billig aus einem römischen Brunnen zusammen mit einem Dianaaltar geborgen (oben Anm. 144). Der Iupiterkopf 73 aus Bandorf fand sich zusammen mit einem Mithrasaltar (siehe unten Anm. 791).
Schließlich sind die nicht wenigen Befunde aus der Germania superior und der Gallia Belgica zu berücksichtigen, die die Aufstellung von Iupitersäulen in Heiligtümern einheimischer Gottheiten bzw. die Vergesellschaftung mit Votiven dieser Kulte bezeugen (oben Anm. 202).
Wertvolle Hinweise wären von der Herkunft der Stifter unserer Denkmäler zu erwarten, doch ist in Niedergermanien die Überlieferung allzu dürftig. Bei zwei Dedikanten hat Weisgerber ubische Herkunft nachgewiesen (oben S. 307). Ein reiches Namenmaterial liegt hingegen aus dem Matronenheiligtum von Pesch vor, in dem unsere Gattung ja auch vertreten war (115; 155–156, Iupiter-Statue oben Anm. 61). Nach den Untersuchungen von G. Alföldy gehören die auf den Matronensteinen überlieferten Stifter fast ausschließlich der gallischen und germanischen Bevölkerung an[732]. Entsprechendes ist für die Dedikanten der Iupitermonumente zu erwarten. Bei der Analyse der Verbreitung war schon auf den ungewöhnlich hohen Fundanteil des Hinterlandes, speziell von Gutshöfen abgehoben worden (oben S. 293; 302 ff.). Man wird davon ausgehen dürfen, daß die Bevölkerung hier vorwiegend einheimischen Ursprungs war. Ähnliches gilt für die zahlreichen ländlichen Funde aus den beiden Nachbarprovinzen[733].
Weitere Aufschlüsse bringt der Vergleich unserer Gattung mit den sonstigen Iupiterweihungen der Germania inferior. Dabei handelt es sich um 86 Votivaltäre, die sich nach der Dedikation in mehrere Gruppen gliedern. Einen in sich geschlossenen Komplex bilden die Altäre, die dem IOM und dem Genius loci geweiht sind[734]. Sie wurden meist von Benefiziariern im Zusammenhang mit ihrem Kommando errichtet. Eine größere Gruppe von Votiven des Militärs verbindet die Verehrung des IOM und des Genius loci mit dem Kult verschiedener anderer Gottheiten; darunter auch der Iuno Regina bzw. der Iuno Regina und Minerva, also der Trias Capitolina[735]. Einige Altäre wenden sich an IOM

---

[732] Alföldy, Epigr. Studien 5 (1968) 77 ff. – Zum entsprechenden Dedikantenkreis des Matronenheiligtums von Morken-Harff, Weisgerber, Bonner Jahrb. 162, 1962, 107 ff. = Rhenania Germano-Celtica. Gesammelte Abhandlungen (1969) 385 ff.
[733] Zu Obergermanien Bauchhenß 19.
[734] Sofern nicht anders angegeben, handelt es sich hier und in den folgenden Anmerkungen um inschriftlich gesicherte Weihungen des Militärs. Es werden nur die FO mitgeteilt. Remagen: H. Eiden, Zehn Jahre Ausgrabungen an Mittelrhein und Mosel. (Ausstellungskatalog Koblenz 1976) 47 f. Abb. 36. – Belgica vicus: CIL XIII 7956/7; Lehner 48 Nr. 102. – Bonn: CIL XIII 7997. – Köln: CIL XIII 8204–8207; Galsterer 25 Nr. 67–68; 70–71. CIL XIII 8494; Galsterer 26 Nr. 73. CIL XIII 1251; Galsterer 26 Nr. 66. CIL XIII 12053; Galsterer 26 Nr. 72. Vermutliche Benefiziarieraltäre: Galsterer 24 f. Nr. 65. Nesselhauf, Ber. RGK 27, 1937 Nr. 219; Galsterer 25 Nr. 69. – Gressenich: wohl zivil, CIL XIII 7844. – Neuss: Dedikant ungenannt, CIL XIII 8543; Lehner 52 f. Nr. 109. – Xanten: CIL XIII 8621. – Qualburg: vielleicht Benefiziarier, CIL XIII 8700. – Nijmegen: CIL XIII 8719; Daniëls u. Brunsting 32 Nr. 34. Dedikant unbekannt, CIL XIII 8720–8722; Daniëls u. Brunsting 35 f. Nr. 40–41, 49. – Holdeurn: Dedikant unbekannt, H. Nesselhauf u. H. Lieb, Ber. RGK 40, 1959 Nr. 255; Daniëls u. Brunsting 38 Nr. 47.
[735] IOM, Genius loci und andere: Remagen: Mars, Hercules, Mercurius, Ambiomarcae, CIL XIII 7789; Lehner 46 Nr. 99. Rhenus CIL XIII, 7790–7791. – Bonn: Tutela, Nesselhauf, Ber. RGK 27, 1937 Nr. 184. Fortuna, wohl Benefiziarier, CIL XIII 8001; Lehner 48 f. Nr. 103. Dii Deaeque omnes, CIL XIII 8015; Lehner 49 f. Nr. 104. – Köln: Ceterique dii, CIL XIII 8203; Galsterer 24 Nr. 63. Serapis, CIL XIII 12052; Galsterer 26 Nr. 75. – Fectio: Oceanus, Rhenus, CIL XIII 8810. Wahrscheinlich gehört hierher auch der Kölner Altar für IOM, die *ceteri dii deaeque omnes* und einen Genius, CIL XIII 8493; Galsterer 24 Nr. 62, Dedikant unbekannt. – IOM, Iuno und Minerva: Asciburgium: Iuno Regina, wohl Benefiziarier, CIL XIII

und einen anderen Genius, besonders an den des Kaisers[736]. Eine kleinere Gruppe von Altären, darunter einzelne von Zivilisten gestiftete, gilt IOM und weiteren Gottheiten, italischen wie orientalischen und einheimischen[737]. Weihungen für IOM und Iuno sowie Anatheme für die Trias Capitolina, z. T. auch in Verbindung mit anderen Gottheiten, sind hingegen recht selten[738]. Die größte Gruppe der Altäre ist dem IOM allein geweiht[739].

Lediglich in der letzten Gruppe finden sich in nennenswertem Umfang Zivilisten unter den Stiftern (ca. ein Drittel). In allen anderen Komplexen ist weitgehend nur das Militär vertreten. Ein entsprechendes Bild zeigt die Analyse der Verbreitung. Die große Masse der Votive entstammt dem Grenzgebiet, dem Hauptquartier des Provinzheeres in Köln, den Legions- und Hilfstruppenlagern sowie den Benefiziarierstationen am Rhein. Von den wenigen Funden des Hinterlandes kommen zwei Altäre (oben Anm. 736) aus dem Kalkbrennerzentrum des niedergermanischen Heeres bei Iversheim (oben Anm. 164), während der Stein aus Belgica vicus (oben Anm. 734) von einem Benefiziarier des dortigen Straßenpostens gesetzt worden ist[740]. Nur drei Weihungen aus dem Hinterland sind möglicherweise von zivilen Gutsbesitzern dargebracht worden[741].

8589; Bechert, Steindenkmäler und Gefäßinschriften. Funde aus Asciburgium 4. 23. – Xanten: Iuno Regina, Zivilist (?), CIL XIII 8623. – Forum Hadriani: Iuno Regina, Minerva, CIL XIII 8809. – Fectio: Iuno Regina, Minerva, Neptunus, Oceanus, Rhenus, Dii omnes deaeque, CIL XIII 8811.

[736] Bonn: Genius des Kaiserhauses, Hercules, Silvanus, CIL XIII 8016; Lehner 50 Nr. 105. Genius des Kaisers und Genius des Lagers, U. Schillinger-Häfele, Ber. RGK 58, 1977 Nr. 169. – Iversheim: Genius vexillationis, CIL XIII 7945–7946. – Köln: Genius des Kaisers, Nesselhauf u. Lieb a. a. O. (Anm. 734) Nr. 212; Galsterer 24 Nr. 64.

[737] Bonn: Mars Propugnator, Victoria, CIL XIII 8017; Lehner 50 f. Nr. 106. – Köln: Ceteri dii deaeque omnes, CIL XIII 8202; Galsterer 24 Nr. 61. Matrones, Zivilist, Köln, RGM Inv.-Nr. 79, 20, unpubliziert. – Fectio: Sol invictus, Apollo, Luna, Diana, Fortuna, Mars, Victoria, Pax, CIL XIII 8812.

[738] Köln: IOM und Iuno, CIL XIII 8495; Galsterer 21 f. Nr. 46. Stand des Dedikanten unbekannt, Galsterer 26 Nr. 74. – Xanten: IOM und Iunones omnes, CIL XIII 8622. – Remagen: IOM, Iuno, Victoria, Dii ac Deaeque omnes, CIL XIII 7793. – Xanten: Trias Capitolina, wahrscheinlich vom Militär, CIL XIII 8624; Lehner 54 Nr. 111. CIL XIII 8625; oben Anm. 338. – Remagen: Trias und Victoria, Fortuna, CIL XIII 7792; Lehner 46 f. Nr. 100. – R. v. Kienle, Abhandl. zur Saarpfälz. Landes- und Volksforschung 1, 1937, 23 ff. möchte die ungewöhnlich zahlreichen Weihungen für IOM und Iuno Regina aus bestimmten Teilen Obergermaniens auf ein germanisches Götterpaar zurückführen. Dies scheitert schon an den wenigen diesbezüglichen Weihungen aus Niedergermanien. Außerdem unterscheidet v. Kienle nicht zwischen Säulenmonumenten und sonstigen Votiven.

[739] Remagen: Eiden a. a. O. (Anm. 734) 46 f. Abb. 35. – Bonn: CIL XIII 8012; Lehner 25 Nr. 47. Dedikant ungenannt, CIL XIII 12040; Lehner 25 Nr. 46. IOM Conservator, CIL XIII 8014; Lehner 25 f. Nr. 48. – Gleuel: Zivilist, CIL XIII 8163; Lehner 26 Nr. 50. – Köln: CIL XIII 8197; Galsterer 22 Nr. 54. CIL XIII 8198; Galsterer 22 ff. Nr. 55. Zivilisten, CIL XIII 8199–8200; Galsterer 23 Nr. 56–57. CIL XIII 12050; Galsterer Nr. 58. Nesselhauf u. Lieb a. a. O. (Anm. 734) Nr. 211; Galsterer 22 Nr. 53b. Dedikant unbekannt, Nesselhauf u. Lieb a. a. O. Nr. 210; Galsterer 22 Nr. 53a. H. Finke, Ber. RGK 17, 1927 Nr. 51; Galsterer 22 Nr. 51. Dedikant ungenannt, Nesselhauf u. Lieb a. a. O. Nr. 209; Galsterer 22 Nr. 52; oben Anm. 315. – Worringen: CIL XIII 8517; Lehner 28 Nr. 54. – Erkelenz: CIL XIII 7896; Galsterer 118 Nr. 594. – Hoeningen: Dedikant unbekannt, Nesselhauf u. Lieb a. a. O. Nr. 237. – Neuss: Zivilisten, CIL XIII 8540–8543; Lehner 28 f. Nr. 55. Dedikant unbekannt, Nesselhauf u. Lieb a. a. O. Nr. 241. – Asciburgium: CIL XIII 8588; Bechert a. a. O. (Anm. 294) 22. – Xanten: CIL XIII 8615–8616; Lehner 29 f. Nr. 58, 57. IOM Conservator, oben Anm. 316. Zivilist, CIL XIII 8614; Lehner 31 Nr. 60. CIL XIII 8618; Lehner 31 Nr. 60. – Nijmegen: CIL XIII 8715; Daniëls u. Brunsting 30 f. Nr. 30. Zivilisten, CIL XIII 8716–8717; Daniëls u. Brunsting 31 f. Nr. 31–32. IOM Domesticus, CIL XIII 8718; Daniëls u. Brunsting 32 Nr. 33. – Fectio: CIL XIII 12086. – Herwen, Prov. Gelderland: Nesselhauf u. Lieb a. a. O. Nr. 257. – Valkenburg: Stifter unbekannt, Nesselhauf a. a. O. (Anm. 734) Nr. 262.

[740] Zu den Benefiziarierstationen am Limes und an Fernstraßen im Hinterland: Petrikovits, Rheinland 72 ff.

[741] Gressenich, Stadt Stolberg, Kr. Aachen, oben Anm. 734. – Gleuel, Gem. Hürth, Erftkreis, oben Anm. 739. – Hoeningen, Gem. Rommerskirchen, Kr. Neuss, oben Anm. 739.

Dedikantenkreis und Verbreitungsgebiet der Iupiteraltäre weichen damit ganz erheblich von denen der Säulenmonumente ab[742]. Die Schwerpunkte der Anatheme lagen im zivilen Bereich, in den Städten und auf den Gutshöfen (oben S. 306 f.), während das Militärland nur eine geringe Rolle spielte (oben S. 300 ff.). So liegt die Vermutung nahe, daß die Masse der Votive beider Gattungen auch verschiedenen religiösen Bereichen angehören. Die von Soldaten errichteten Iupiteraltäre wird man in erster Linie als Weihungen an den höchsten Staatsgott und göttlichen obersten Befehlshaber des Heeres werten[743]. In einzelnen Fällen wird jedoch auch hier ein einheimischer Gott gemeint sein, so bei der Weihung eines Nijmegener Veteranen keltischer Herkunft an IOM Domesticus (oben Anm. 739), wie sich ja das Militär durchaus an der Verehrung der einheimischen Gottheiten beteiligte[744]. Umgekehrt ergibt sich aus diesem Befund ein weiteres Argument gegen die rein römische Deutung der Iupitersäulen und -pfeiler und wohl ein Indiz für die Annahme einer einheimischen Komponente.

In einem Fall, der Gruppe mit thronendem Paar aus Tongeren (205), wird durch ein Attribut eine einheimische Komponente sichtbar: Iuno hält in der angewinkelten Linken ein Rad. Bei einer obergermanischen Iupiterfigur, der Capitolinusstatue aus Alzey (oben Anm. 362), ist ein Rad auf der linken Seite des Throns angebracht. Häufiger begegnet das Rad beim Iupitergigantenreiter: Bauchhenß konnte neun Beispiele aus Obergermanien und Gallien zusammentragen[745]. Hinzu kommen fünf Sockel mit Reliefs des stehenden, ein Rad haltenden Iupiter aus der Belgica und dem angrenzenden Obergermanien[746].

Die Forschung hat seit langem erkannt, daß dieses Attribut im Zusammenhang mit dem sogenannten Radgott zu sehen ist[747]. Zeugnisse seiner Verehrung begegnen in weiten Teilen des keltischen Siedlungsgebietes, z. B. in Noricum, in Germanien, Britannien und vor allem in Gallien[748]. Neben Statuen, Reliefs, Kleinbronzen und Terrakotten der stehenden, meist nackt und bärtig dargestellten Gottheit finden sich groß- und kleinformatige Votivräder sowie Weihaltäre mit dem Radzeichen[749]. In zahlreichen Inschriften wird der 'Radgott' als IOM angesprochen sowie durch Typus und die Attribute Blitzbündel wie Adler als Iupiter wiedergegeben. Die Beschränkung des 'Radgottes' auf das keltische bzw. keltisch beeinflußte Siedlungsgebiet läßt keinen Zweifel, daß der IOM mit dem Rad die interpretatio Romana eines hohen keltischen Gottes ist. Dagegen ist seine Identifizie-

---

[742] Leider fehlt eine entsprechende Zusammenstellung für die Germania superior. Für das Rhein-Maingebiet hat Fischer, Viergötterstein 44 beobachtet: 'Dieses Verbreitungsbild ist nicht mit dem der Jupitersäulen kongruent'. In der verdienstvollen Studie v. Kienles, Archiv Religionswiss. 35, 1938, 270 ff. wird nicht zwischen den Säulenmonumenten und den übrigen Iupitervotiven geschieden.

[743] Zur Verehrung des IOM und der Trias Capitolina im römischen Heer, v. Domaszewski, Westdt. Zeitschr. 14, 1895, 22 f. = Aufsätze zur römischen Heeresgeschichte (1972) 102 ff.

[744] Vgl. z. B. die zahlreichen Matronenweihungen von Militärs vom Bonner Münster, oben Anm. 157.

[745] Bauchhenß 73 mit Anm. 369. Siehe auch Fischer, Viergötterstein 45 f.

[746] Bauchhenß 74 mit Anm. 375.

[747] Zum 'Radgott': Drexel, Götterverehrung 23 f.; RE IV A 2274 ff. s. v. Taranis (Heichelheim); Lambrechts, Contributions 66 ff.; J. de Vries, Keltische Religion (1971) 31; eine zusammenfassende Studie zum 'Radgott' wird von M. Green vorbereitet: The Wheel as a Cult-Symbol in the Romano-Celtic World (with special reference to Gaul and Britain [Diss. Cardiff 1981]).

[748] Noricum: E. Polaschek, Carinthia I 132, 1942, 53 ff. Abb.; Egger, Jahresh. Österr. Arch. Inst. 43, 1956–1958, 44 ff. Abb. 30; G. Alföldy, Noricum 22, 137. – Britannien: Green, Latomus 38, 1979, 345 ff. – Gallien: Lambrechts, Contributions 67 ff.; Green a. a. O. 352 ff.

[749] Lambrechts, Contributions 67 ff.; Green a. a. O.

rung mit dem gleichfalls als IOM verehrten keltischen Gewittergott Taranis nicht gesichert, wie Bauchhenß eingehend dargelegt hat[750].
Zumindest an denjenigen Anathemen unserer Gattung, die mit dem Radattribut ausgestattet sind, ist also mit Sicherheit ein keltischer Zug festzustellen.
Die Verehrung des 'Radgottes' ist in der Germania inferior u. a. anhand von Votivrädern nachzuweisen[751]. Wichtigstes Zeugnis ist jedoch ein Weihaltar aus dem Heiligtum am Kleinen Griechen-Markt in Köln, der auf der Frontseite unter der Dedikation an IOM ein achtspeichiges Rad trägt (Taf. 100,3)[752]. Ein weiterer Hinweis, daß IOM hier die interpretatio Romana eines keltischen Gottes war, ist der vermutliche Bautypus des Heiligtums: ein gallo-römischer Umgangstempel (oben S. 306). Aus dem Kultbezirk stammen ferner ein Altar für IOM (oben Anm. 200; 739) sowie die vermutungsweise als Säulenbekrönung angesprochene Capitolinusstatue 72, beide ohne Rad. Es ist nicht zu erwarten, daß in dem kleinen Heiligtum zwei verschiedene Kulte Iupiters gepflegt wurden; deshalb steht zu vermuten, daß auch Monumente ohne das Attribut diesem keltischen, dem italischen Iupiter angeglichenen Gott gelten. Aufschlußreich ist in diesem Zusammenhang die bronzene Capitolinusstatuette aus Xanten, die nachträglich mit Torques 'umhängt' und so als keltische Gottheit interpretiert worden ist (oben Anm. 656)[753].
Abschließend ist der eigentümlichste Typus der Gattung, der Iupitergigantenreiter, zu untersuchen. Das Fehlen dieses Typus in Kunst und Literatur Roms wie Italiens und seine große Beliebtheit in Teilen Galliens und Germaniens spricht klar gegen eine Deutung als 'klassischer' Iupiter. Die statt dessen von einigen Gelehrten des 19. Jahrhunderts verfochtenen Identifizierungen mit bestimmten römischen Kaisern des 3. Jahrhunderts und ihren Siegen über die Germanen sind mit Recht seit langem abgetan. Dagegen ist die von A. Riese (o. Anm. 3) und F. Haug entwickelte politische Deutung, die in dem 'gigantenbezwingenden Iupiter eine allegorische Darstellung der über die Barbaren siegenden römischen Kaisermacht' (Haug) sah, trotz mehrfacher Zurückweisung (o. Anm. 5) von einigen Autoren wieder aufgegriffen worden und erfordert erneute Diskussion[754].
Der Kampf der Olympier gegen die Giganten galt den Griechen seit ihren großen Siegen über Perser und Punier (um 480 v. Chr.) als das göttliche Analogon zu ihren Kriegen gegen die Barbaren[755]. Besonders die Herrscher Pergamons wurden nicht müde, ihre Feldzüge gegen die Keltenstämme Kleinasiens durch freiplastische Gruppen und Relieffriese in Beziehung zur Gigantomachie zu setzen[756]. Auch hierin hat Rom das Erbe der Pergamener angetreten. In Dichtung wie Bildkunst wurden Aufruhr und Untergang der Gi-

---

[750] Drexel, Götterverehrung 24; Heichelheim (o. Anm. 747) 2275 ff.; Lambrechts Contributions 77 ff.; Hatt, Revue Et. Anc. 67, 1965, 91 ff.; Müller a. a. O. (Anm. 114) 49 f. – Bauchhenß 79 ff.
[751] z. B. Sandsteinrad aus Niederzier, Kr. Düren: Gerhards, Bonner Jahrb. 146, 1941, 352 Abb. 80.
[752] Oben Anm. 200. Zu vergleichen sind mehrere Altäre aus der Narbonensis, Lambrechts, Contributions 69 f. und aus Britannien, Lambrechts, Contributions 70; Green a. a. O. (Anm. 748) 363 Nr. 1–4; Collingwood u. Wright, The Roman Inscriptions of Britain Nr. 1983; 1981; 827; 1877.
[753] Zu Gottheiten mit Torques, A. Riese, Westdt. Zeitschr. 17, 1898, 38.
[754] z. B. oben Anm. 3; ferner Maass a. a. O. (Anm. 3) 171 ff.; S. A. Strong, Burlington Magazine 25, 1914, 163; Koepp, zuletzt Bildkunst 43 f.; Cumont, Revue Arch. 1912 II, 211.
[755] Zuletzt E. Thomas, Mythos und Geschichte. Untersuchungen zum historischen Gehalt griechischer Mythendarstellungen (1976) 25 ff.
[756] E. Simon, Pergamon und Hesiod (1975) 48 ff.; Thomas a. a. O. 27 f.

ganten zum mythischen exemplum der Bezwingung der Reichsfeinde, wobei der Kaiser mit Iupiter verglichen wurde[757]. Größere Bedeutung gewann das Thema aber erst – wie G. Kleiner herausgearbeitet hat – in antoninischer Zeit[758]. Bekannt sind u. a. Darstellungen auf Medaillons des Antoninus Pius (oben Anm. 648), auf Münzen mehrerer Kaiser und auf Provinzialprägungen einiger kleinasiatischer Städte (oben Anm. 650), auf Relieffriesen in Rom und Aphrodisias sowie auf einer Gruppe stadtrömischer Sarkophage[759]. Von besonderem Interesse sind die Sockelreliefs des Tempels am severischen Forum in Leptis Magna[760]. Gemeinsam mit den olympischen Göttern kämpfen Gottheiten wie Isis und Sarapis, die Schutzgötter der severischen Familie, während an den Ecken der Säulensockel Tropaia angebracht sind. Es kann kein Zweifel sein, daß die Gigantenthematik zu einem Reflex auf den Wiederbeginn der Kriege gegen Parther und Germanen wurde. Daneben schrieb man Iupiter selbst entscheidenden Anteil am Kampf gegen die Barbaren zu. Auf einer Medaillonprägung des Marcus Aurelius, die wohl auf das sogenannte Blitz- und Regenwunder im Quadenlande zu beziehen ist, erscheint Iupiter auf der Quadriga und besiegt wie in der Gigantomachie den Gegner, einen Barbaren, mit dem Blitz[761]. Auf die Statuen des stehenden Iupiter mit einem Barbaren zu Füßen aus Gallien wurde bereits hingewiesen (oben Anm. 635).

Von dieser politischen Bedeutung griechisch-römischer Gigantomachien ausgehend hat nun Kleiner die Iupitergigantenreiter und die sonstigen Gigantomachien unseres Gebietes als Ausdruck der Germanennot und der Hoffnung auf ihre Überwindung durch den Kaiser als Iupiter erklärt[762]. G. Ch. Picard sieht in den Gruppen einen altkeltischen Reitergott, der in der Zeit der Germaneneinfälle die Bedeutung eines 'symbole de la victoire sur les barbares' annahm und in den gallisch-germanischen Provinzen als spezifische Loyalitätsbekundung gegenüber Kaiser und Reich diente[763].

Auch diese modifizierte politische Deutung hält mehreren Tatbeständen nicht stand und muß aufgegeben werden:

1. In den von Barbarenüberfällen besonders heimgesuchten keltischen Gebieten Britannien, Raetien, Noricum und Pannonien finden sich (fast) keine Iupitergigantenreiter.
2. Im fraglichen Zeitraum wurden die Monumente fast nur noch von individuellen Stiftern und nicht mehr vom Staat oder gemeindlichen Körperschaften errichtet. Unter den Dedikanten ist das Militär nur schwach vertreten.
3. Die Capitolinusstatuen und die Gruppen mit dem thronenden Paar Iupiter–Iuno bleiben unerklärt.
4. Weder Inschriften noch Götterreliefs zeugen von einer besonderen Siegesideologie.

---

[757] RAC X 1254 f. s. v. Gigant (W. Speyer).
[758] G. Kleiner, Das Nachleben des pergamenischen Gigantenkampfes. 105. Winckelmannprogramm Berlin (1949) passim.
[759] Relieffries Rom: Kleiner a. a. O. 5 ff. Abb. 2, 4, 6. – Aphrodisias: Kleiner a. a. O. 24 ff. Abb. 14, 16–17. – Sarkophage: Kleiner a. a. O. 17 ff. Abb. 10.
[760] M. F. Squarciapino, Sculture del foro Severiano di Leptis Magna. Monografie di Archeologia Libica 10 (1974) 7 ff., besonders 58 Taf. 1–21 mit der älteren Literatur. Siehe auch diess., Leptis Magna (1966) 99 ff. Abb. 56–63.
[761] Oben Anm. 648; ferner W. Zwikker, Studien zur Markussäule I. Allard Piersonstichting 8 (1941) 133 f.; 217; 230; Jobst a. a. O. (Anm. 347) 15.
[762] Kleiner a. a. O. (Anm. 758) 20.
[763] Picard, Gallia 35, 1977, 112 f.; ähnlich auch A. C. Levi, Barbarians on Roman Imperial Coins and Sculpture 38 Anm. 68.

Die wenigen sonstigen Darstellungen des Gigantenkampfes oder eines Giganten als Stützfigur belegen zwar, daß der griechisch-römische Gigantenmythos in unserem Gebiet bekannt war, tragen aber gleichfalls keine politischen Züge[764]. Einzig die mit Giganten geschmückten Archivoltenreliefs der Porte Noire in Besançon sind zusammen mit den Victorien in den Zwickeln mit aller Wahrscheinlichkeit aus der Triumphalsymbolik zu deuten[765].

Ist mit dem Iupitergigantenreiter weder der Olympier noch der Iupiter-Kaiser gemeint, so spricht angesichts der Verbreitung einiges dafür, hinter den Reitern, nicht nur den mit einem Rad versehenen, eine einheimische Hauptgottheit zu erkennen. Beim Fehlen literarischer und inschriftlicher Quellen bleibt ihr Name und besonders die Bedeutung ihres in Gigantengestalt wiedergegebenen Widersachers unbekannt[766].

Im Blick auf die gesamte Gattung muß zwar eingeräumt werden, daß die angestellten Beobachtungen z. T. unsicher bleiben. Zusammengenommen ergeben sie jedoch gewichtige Argumente für die These, daß mit unserer Gattung Vorstellungen der Religion der Einheimischen zum Ausdruck gebracht wurden. Allerdings geht die Dedikation bislang nur in einem und zudem aus Pannonien stammenden Beispiel, der Budapester Säule mit stehendem Iupiter (ohne Giganten), an einen Gott mit keltischem Beinamen, an IOM Teutanus Conservator, wird Iupiter mit dem auch literarisch bezeugten keltischen Teutates identifiziert (F 9)[767]. Das sonstige Fehlen einheimischer Beinamen versagt uns zwar die definitive Gewißheit, ist aber – wie Wissowa in größerem Zusammenhang gezeigt hat – auch kein Gegenargument[768]. Warum gerade der Empfänger unserer Denkmäler im Gegensatz zu mehreren als IOM angesprochenen orientalischen wie einheimischen Haupt-

---

[764] Reliefsäule aus Hausen a. d. Zaber, oben Anm. 21. – Iupitermonument von Yzeures (Indre-et-Loire), Espérandieu IV 2997; Picard a. a. O. 99 ff. Abb. 6. – Fries vom gallo-römischen Tempel in Lousonna/Vichy (Vaud), D. van Berchem, Revue Historique Vaudoise 1944, 3 ff. Abb. 1 f. – Thermen von Sens (Yonne), Espérandieu IV 2856. – Viergötterstein aus Mainz, Hercules im Kampf mit einem Giganten, Espérandieu VII 5731; Bauchhenß Nr. 297. – Block unbekannter Bestimmung, vielleicht ein Zwischensockel, in Speyer, Espérandieu VIII 5970; Bauchhenß Nr. 479. – 'Dreigötterstein' aus Frankfurt-Unterliederbach, Espérandieu G Nr. 78; Bauchhenß Nr. 176. – Wochengötterstein aus Neckartailfingen, Kr. Eßlingen, Espérandieu G Nr. 585; Bauchhenß Nr. 395. – Relief unklarer Bestimmung mit Götterdarstellungen aus Berkach, oben Anm. 394. – Weihaltar für Iupiter Dolichenus aus Mainz, Espérandieu VII 5758; Schwertheim a. a. O. (Anm. 80) 120 f. Nr. 101b Taf. 110. – Minerva von Plaidt, Gigant stützt den Schild der Göttin, oben Anm. 264. – Figuralkapitelle obergermanischer und gallischer Iupitersäulen, oben Anm. 379. – Figuralkapitelle von Grabbauten, Mercklin, Figuralkapitelle 151; 175 ff. Nr. 421; 425–429. Kapitell in Maastricht, oben Anm. 379.

[765] Kraus, Röm. Mitt. 72, 1965, 177 f.

[766] Wir schließen uns darin der Deutung von Bauchhenß 81 f. an; vgl. auch die vorsichtigen Beurteilungen durch Nilsson, oben Anm. 3; de Vries, oben Anm. 747; Wiggers, RE Suppl. XIV 948 s. v. Wochengötterstein. Zu den älteren Deutungen der Iupitergigantensäulen auf den keltischen Taranis, den germanischen Wodan oder Ziu, oben Anm. 5. Für die Deutung auf Taranis treten ferner ein Heichelheim, Proc. Cambridge Antiqu. Society 37, 1937, 56 ff.; ders., RE Suppl. VII, 220 ff. s. v. Gigantensäulen (mit unsicheren Hinweisen auf mittelalterliche Sagen in England); Lambrechts, Contributions 81 ff.; Beziehung zu Quellgottheiten, ders., oben Anm. 112; v. Berchem, oben Anm. 764. Behrens, Germania 16, 1932, 33 ff., ders., Germanische und gallische Götter in römischem Gewand. Wegweiser 18 RGZM (1944) 44 ff. vermutet eine Tradition aus der La-Tène-Zeit. Als interpretatio Romana keltischer wie germanischer Gottheiten erklärt F. Sprater, Pfälzer Heimat 2, 1951, 65 ff. sowohl die bekrönenden Iupiterfiguren wie die Reliefs der Sockel.

[767] Teutates wird sonst mit Mars gleichgesetzt, RE IV A 1153 ff. s. v. (W. Göber).

[768] Wissowa a. a. O. (Anm. 4) 19.

göttern ohne herkunftsbezogenen Beinamen blieb, darüber können nur Spekulationen angestellt werden[769].

In der Frage der 'ethnischen' Zuordnung des Gottes hat sich weitgehend die Herleitung aus dem Keltischen durchgesetzt, während die besonders von Hertlein vertretene Identifizierung mit einem germanischen Gott kaum Anklang gefunden hat[770]. Für den Bereich der Germania superior hat Bauchhenß das Vorherrschen des gallischen Elementes noch einmal eingehend dargelegt[771]. So trägt auch ein Teil der Dedikanten keltischstämmige Namen[772]. Keltisch besiedelt oder dominiert waren auch die Randgebiete der Gattung: Britannien, Raetien und Pannonien. Entsprechend weisen sie mehr oder minder zahlreiche Zeugnisse keltischer Gottheiten auf[773].

Anders liegen die Verhältnisse in der von germanischen Stammesverbänden besiedelten Germania inferior. J. Moreau hat daher die in Niedergermanien besonders häufigen Säulen mit Capitolinusstatue wie auch die Monumente mit thronendem Paar und mit stehendem Iupiter als germanische Interpretation einer gallischen Votivform erklärt[774]. Freilich trifft schon seine Prämisse, die germanische Besiedlung des nördlichen Obergermaniens, nicht zu[775]. Die Erklärung ist auf einer anderen Ebene zu suchen.

Im Mittelpunkt des religiösen Lebens der Germania inferior, insbesondere der civitas Ubiorum stand – nach der Zahl der Votive zu urteilen – die Verehrung der Matres/Matronae[776]. Die Matronenverehrung hat man immer schon im Zusammenhang mit den Mutterkulten in weiten Teilen des keltischen Siedlungsgebietes von Pannonien über Oberitalien und Gallien bis Britannien gesehen[777]. Angesichts der großen Zahl der Votive aus der Germania inferior – mehr als die Hälfte der Weihinschriften stammt von hier – und der Vielzahl germanischer Beinamen wird man sich mit der Annahme einer bloßen Übernahme aus Gallien nicht begnügen[778]. Die Ubier und ihre Nachbarn dürften vielmehr verwandte Vorstellungen in den gallo-römischen Matronenkult eingebracht haben, wobei hier nicht zu erörtern ist, ob dieser Mutterkult zum keltischen Substrat im Land

---

[769] Außer Taranis wird z. B. auch Sucellus mit Iupiter gleichgesetzt, CIL XIII 6730 (Mainz): *I(ovi) o(ptimo) m(aximo) Sucaelo et gen(io) loci...* v. Domaszewski, Philologus 61, 1902, 22 = Abhandlungen zur Römischen Religion 1909 [Nachdruck 1977]) 81 f. Als keltisch gilt auch der in Apulum (Dacia) verehrte IOM Bussurigius, C. Daicoviciu, Dacia 7/8, 1937–40, 306 f. Nr. 7. – Auch die bislang bekannten Votive für den sicher keltischen 'Radgott' nennen nur IOM.

[770] Zustimmend A. B. Cook, Zeus. A Study in Ancient Religion II, 1, 81 ff. v. Kienle a. a. O. (Anm. 742) 276 ff. interpretiert die zahlreichen obergermanischen Weihungen an IOM und Iuno Regina, das sind zumeist Iupitersäulen, als interpretatio Romana eines germanischen Götterpaares.

[771] Bauchhenß 17 ff.

[772] z. B. C. Vettius Connougus, der Stifter einer Säule von Hausen a. d. Zaber: Klumbach a. a. O. (Anm. 21) 13. Auf die keltischen Namen der meisten Stifter weist schon hin R. Forrer, Röm.-Germ. Korrbl. 5, 1912, 60.

[773] Keltische Götter in Pannonien: G. Alföldy, Germania 42, 1964, 54 ff. – Raetien: Kellner, Die Römer in Bayern 110 ff. – Britannien: Sh. Frere, Britannia. A History of Roman Britain. History of the Provinces of the Roman Empire (1967) 326 ff.; Green, A Corpus of Religious Material from the Civilian Areas of Roman Britain. B. A. R. 24, 1976, 17 ff.

[774] La Nouvelle Clio 4, 1952, 221 Anm. 1; ähnlich auch Kl. Pauly II, 796 s. v. Gigantensäulen (L. Weber).

[775] Bauchhenß 19 f. weist darauf hin, daß in der Germania superior kaum germanische Kulte nachzuweisen sind.

[776] M. Ihm, Bonner Jahrb. 83, 1887, 1 ff.; S. Gutenbrunner, Die germanischen Götternamen der antiken Inschriften (1936) 116 ff.; Petrikovits, Bonner Jahrb. 165, 1965, 192 ff.; ders., RAC X 568 ff. s. v. Germania mit der weiteren Literatur.

[777] Anders Gutenbrunner a. a. O. 124 f.

[778] Gutenbrunner a. a. O. 201 ff.

zwischen Rhein und Maas oder zum germanischen Kern der Ubier gehörte[779]. Zu bedenken ist auch, daß die Matronenheiligtümer wie die Kultbauten anderer einheimischer Gottheiten Niedergermaniens im Typus der gallo-römischen Umgangstempel errichtet wurden, was nicht nur stilistische, sondern auch religiöse Affinäten voraussetzt[780].
Die Beliebtheit der Iupitersäulen und -pfeiler in der Germania inferior ist m. E. analog zu den Matronenkulten aus verwandten religiösen Vorstellungen zu erklären, wofür auch die weitgehende Übereinstimmung in der Verbreitung sowie die mehrfach beobachtete Verehrung im selben Heiligtum sprechen[781]. Die Vorstellung eines reitenden und kämpfenden Hauptgottes scheint in Niedergermanien jedoch keine oder nur schwache Wurzeln gehabt zu haben. Die wenigen Gruppen mit Gigantenreiter (15–18; 221) oder stehendem Gigantensieger (11; 14) könnten von zugewanderten Galliern gestiftet bzw. angeregt worden sein, die ja in Handel und Handwerk der Germania inferior eine wichtige Rolle gespielt haben[782]. So wurden denn auch über den erwähnten 'Radgott' hinaus mehrere keltische Gottheiten in Niedergermanien verehrt[783].
Die Bevorzugung des Capitolinustypus als Bekrönung unserer Anatheme geht nicht auf germanische Vorstellungen zurück, sie ist im Gegenteil Ausdruck fortgeschrittener Romanisierung, die vor allem von der Veteranenkolonie Köln und ihrem Capitol ausging[784].
Könnte man das Festhalten an den traditionellen stadtrömischen Iupitertypen auch lediglich ikonographisch bewerten, so reicht eine solche Interpretation nicht für die Deutung des Bildprogramms der Säulen, Pfeiler und Sockel aus. Wenn auf fast allen Reliefsäulen und -pfeilern und vielen Sockeln Iuno und Minerva, die Paredroi in der Trias Capitolina, dem Iupiter zugesellt sind (oben S. 285; 288; 292; 340), so muß bei den Stiftern der Anatheme auch die Vorstellung der römischen Trias eine Rolle gespielt haben.
Mercurius und Hercules, die zur 'Normalreihe' der obergermanischen und gallischen Viergöttersteine gehören und auch auf Sockeln wie Stützen Niedergermaniens stark vertreten sind (oben S. 285; 288; 292), stehen in einem engen Verhältnis zur Trias Capitolina. Beide waren – worauf Bauchhenß hingewiesen hat – im Giebel des capitolinischen Iupitertempels in Rom dargestellt[785]. Nach einer Sesterzserie des Vespasian zu urteilen, wa-

---

[779] Weisgerber a. a. O. (Anm. 210) 172 ff., besonders 186 ff., 419 ff.; Petrikovits RAC X 569 f.
[780] Oben Anm. 186. Ferner: Rodwell, Temples in Roman Britain. A Revised Gazetter, in: W. Rodwell (Hrsg.), Temples, Churches and Religion in Roman Britain 557 ff.; P. D. Horne u. A. C. King, Romano-Celtic Temples in Continental Europe. A. Gazetteer. Ebd. 369 ff.
[781] Die Verbreitungskarte bei Gutenbrunner a. a. O. [239] ist freilich überholt. – Vielleicht ist der Stifter des Kölner Altares für den keltischen IOM Tib. Claudius Iustus (o. Anm. 226) identisch mit dem Dedikanten eines Matronenaltares vom Bonner Münster, M. Siebourg, Bonner Jahrb. 138, 1933, 110. – Der Paredros der Matronen scheint aber eher Mercurius gewesen zu sein: Rüger, Epigr. Studien 9 (Bonn 1972) 258.
[782] Vgl. das reiche Material bei Weisgerber a. a. O. (Anm. 210) 173 ff.; ferner die Kölner Grabsteine Galsterer 75 Nr. 310 f.
[783] Apollo Grannus: CIL XIII 7975 (Erftstadt-Erp). CIL XIII 8007; Lehner 72 ff. Nr. 149 (Bonn). CIL XIII 8712 (bei Arnheim). Nesselhauf u. Petrikovits, Bonner Jahrb. 167, 1967, 268 ff. (Aachen, Dedikation nur an Apollo). – Mars Camulus: oben Anm. 242 (Rindern). – Mars Cicollvis: o. Anm. 242 (Xanten). – Mercurius Advernus oder Arvernus: CIL XIII 7845 (Langerwehe-Wenau). CIL XIII 8709 (Roermond). CIL XIII 8579; Lehner 89 f. Nr. 184. CIL XIII 8580; Lehner 90 Nr. 185 (beide Gripswald, Meerbusch-Ossum). CIL XIII 8164; Lehner 110 Nr. 231; Galsterer 13 Nr. 1. CIL XIII 8235; Galsterer 35 Nr. 120 (beide Köln). – Mercurius Cissonius: CIL XIII 8237; Galsterer 36 Nr. 122 (Köln). Ein neugefundenes Altarbruchstück aus Köln-Deutz ist vielleicht auf Mercurius Cissonius zu ergänzen, B. u. H. Galsterer, Epigr. Studien 12 (im Druck). – Terrakotten und Bronzestatuetten sind außer Betracht geblieben.
[784] Ähnlich auch Behrens, Germania 16, 1932, 35.
[785] Bauchhenß 50; oben Anm. 676.

ren ihre Statuen im Temenos neben dem Tempel aufgestellt[786]. Andererseits ist durch Schriftquellen und Inschriften hinreichend bekannt, daß Mercurius und Hercules auch die interpretatio Romana eines gallischen bzw. germanischen Hauptgottes waren[787]. Hinter Apollo, Mars, Silvanus (in Niedergermanien nicht belegt), Diana u. a. können sich ebenfalls einheimische Gottheiten verbergen[788]. Dies gilt schließlich auch für Vulcanus, der in unserer Gattung, auch in Niedergermanien, ungewöhnlich häufig wiedergegeben ist[789]. Freilich läßt sich – wie Bauchhenß mit Recht betont – nur bei wenigen obergermanischen und gallischen Sockeln anhand der Attribute keltische Bedeutung nachweisen[790]. Rein keltische Gottheiten (u. a. Cernunnos, Smertrius, Esus) sind auf dem frühen Pariser Pfeiler (oben Anm. 244) und seinen Verwandten dargestellt. Andere in unserer Gattung zur Darstellung gelangte Gottheiten wie Victoria, Virtus, Venus, Liber Pater/Bacchus, Sol und Luna sind dagegen als römisch anzusprechen.

So haben sich im Reliefprogramm unserer Gattung römische wie einheimische Vorstellungen niedergeschlagen, während orientalische – wenigstens in der Germania inferior – fehlen[791].

Diese Synthese von Römisch-Italischem und Einheimischem ist auch charakteristisch für die Gattung im Ganzen[792]. Zwar ließen sich die Denkmalform und die meisten Elemente

---

[786] RIC II (Vespasian) 82 Nr. 577 Taf. 3,37.

[787] Caesar, Gall. 6, 17, 1–2; Tacitus, Germ. 9. Wissowa a. a. O. (Anm. 4) 9 ff. Zu Mercurius, RE XV 975 ff. s. v. (Heichelheim).

[788] Zu Mars RE XIV 1919 ff. s. v. (Heichelheim). Zu Silvanus v. Domaszewski a. a. O. (Anm. 769) 20 ff. (80 ff.); allgemein v. Kienle a. a. O. (Anm. 742) 252 ff.

[789] Brommer, Vulkan, zustimmend Schleiermacher, Germania 53, 1975, 250 f. dazu die Rez. von H. G. Horn, Bonner Jahrb. 177, 1977, 771 ff. mit kritischen Bemerkungen zu den von Brommer vermuteten einheimischen Elementen. – Folgende niedergermanische Vulcandarstellungen sind in Brommers Katalog nachzutragen: Reliefpfeiler Schloß Dyck = 3. – Reliefpfeiler aus Rommerskirchen = 175. – 'Dreigötterstein' aus Laurensberg, Stadt Aachen = 190. – Reliefsockel aus Bonn = 192. – Sockel (?) aus Zülpich = 199.

[790] Bauchhenß 54 f. So bei einigen Sockeln, auf denen Silvanus den Schlegel des Succellus trägt; vgl. ferner die Sockel mit Relief des Iupiter mit dem Rad, oben Anm. 746. Mit Recht hat Bauchhenß, Mitt. Hist. Ver. Pfalz 73, 1976, 172 f. Bedenken gegen eine generelle Gleichsetzung mit einheimischen Gottheiten vorgebracht, wie sie u. a. Verf., Kölner Römer-Illustrierte 2, 1975, 188 geäußert hat.

[791] Als orientalische Gottheit wird der Gigantenreiter interpretiert von Riese, Jahrb. Ges. Lothringische Gesch. u. Altkde. 12, 1900, 324 ff.; ders., Westdt. Zeitschr. Korrbl. 20, 1901, 47 ff. – E. Thevenot, La Nouvelle Clio 1/2, 1949/1950, 602 ff. postuliert engere Beziehungen zwischen dem Gigantenreiter und Mithras sowie Apollo. Schon der Ausgangspunkt Thevenots, das angeblich identische Verbreitungsgebiet, ist verfehlt. Daß in derselben Siedlung Kulte ganz verschiedener Herkunft gepflegt wurden, ist charakteristisch für die römischen Grenzprovinzen und hat nichts mit 'affinités' zu tun. In Obergermanien sind nur eine Rankensäule (Bauchhenß Nr. 217), und ein 'Viergötterstein' (Bauchhenß Nr. 216) aus Heidelberg-Neuenheim in einem Mithraeum gefunden worden, Bauchhenß 22. In Niedergermanien wurde der Iupiterkopf aus Bandorf (73) zusammen mit einer Mithrasinschrift geborgen. Aus dem Dolichenum beim Kastell Zugmantel stammen die Reste einer Schuppensäule, Bauchhenß 22 Nr. 580. – Am Dativius Victor-Bogen in Mainz (oben Anm. 353), der IOM Conservator geweiht ist, vermutet H. v. Gall, Jahrb. RGZM 15, 1968, 98 ff. astrale orientalische Elemente und verweist dazu besonders auf die Archivoltenreliefs mit Tierkreiszeichen. Durch das Relief mit dem thronenden Paar Iupiter-Iuno im Scheitel des Durchgangsbogens sowie dem Blätter- und Weinrankendekor von Frontseite und Bogenleibung ist der Bogen mit den Mainzer und Heddernheimer Säulen mit Statuen des Götterpaares verwandt. Insbesondere werden orientalische Elemente hinter den Wochengöttern zahlreicher Zwischensockel Obergermaniens und Galliens vermutet. – Von verschiedenen Forschern, besonders von F. Benoit, Les mythes de l'outretombe. Le cavalier à l'anguipède et l'écuyère Epona 16 ff. wird eine sepulkrale Bedeutung des Gigantenreiters vertreten. Gegen diese Vermutung spricht die Beobachtung, daß Iupitersäulen und -pfeiler zumindest in den beiden Germanien nicht in Nekropolen aufgestellt waren.

[792] Die Verbindung von römischen und gallisch-germanischen Göttern findet sich auch auf den Weihesteinen der equites singulares, die z. T. aus Germanien stammten: Drexel, Germania 8, 1924, 49 ff.; M. Speidel,

auf römische Vorbilder zurückführen, daneben waren jedoch in der Sockelung, der Reliefierung der Stütze und vor allem in den Statuengruppen mit Iupiter und Giganten bodenständige Entwicklungen festzustellen bzw. zu vermuten. Waren die Anatheme zunächst vom römischen Staat initiiert und von den Gemeinden und Korporationen errichtet worden, so wurden sie im Laufe des 2. Jahrhunderts zu einem beliebten Weihgeschenk von Handel und Gewerbe treibenden Bürgern, seltener von einfachen Soldaten, besonders aber von Gutsherren. Neben Dedikanten römischer Herkunft traten vor allem gallische und germanische Provinziale. Wie die Bevölkerung anderer Reichsteile setzten sie ihren Hauptgott (und seine Gemahlin) mit IOM (und Iuno Regina) gleich[793]. In bestimmten Kreisen der gallischen Bevölkerung, vor allem im wenig romanisierten Hinterland, war die Vorstellung dieses obersten Gottes als zu Pferde reitender, über einen Unhold triumphierender Himmelsherr noch lebendig. Deshalb wollte man sich nicht mit den römischen Iupitertypen begnügen, schuf in Anlehnung an die Kaiserikonographie eigene Typen und brachte zuweilen das Radzeichen an. Aus dem Wunsch heraus, sich auch des Wohlwollens anderer, besonders der Iupiter nahestehenden oder der im besonderen Falle wichtigen römischen bzw. einheimischen Gottheiten zu versichern, wurden diese auf Stütze und Sockel dargestellt. So bedienten sich Römer wie gallische und germanische Provinziale der Gattung, um Wünsche und Dank für die Wohlfahrt von Haus und Hof, Feldern und Herden, von Handel und Gewerbe in besonders repräsentativer Form zum Ausdruck zu bringen. Die Kernfrage, warum gerade im ostgallisch-germanischen Raum und warum nur für IOM das Säulen- und Pfeilermonument (und nicht die üblichen Relief- und Statuenvotive) zur dominierenden Gattung wurde, ist damit aber nicht voll beantwortet[794]. Über das Streben nach Repräsentation hinaus müssen hier bestimmte religiöse Vorstellungen der einheimischen Bevölkerung eine Rolle gespielt haben, die aber in den wenigen uns erhaltenen literarischen Quellen zur keltischen Religion keinen Niederschlag gefunden haben[795].

Die Equites Singulares Augusti. Antiquitas 1, 1 (1965) 68 ff. – Ferner ist auf einen von Soldaten der 30. Legion in Remagen errichteten Altar hinzuweisen (oben Anm. 735), der neben IOM, Genius loci, Mars, Hercules, Mercurius auch den sicher einheimischen Ambiomarcae geweiht ist. Eine ähnliche Weihinschrift, allerdings ohne IOM, wurde neuerdings in Köln gefunden, B. u. H. Galsterer, Epigr. Studien 12 (im Druck).

[793] Wissowa a. a. O. (Anm. 725) 129: '... in der westlichen wie in der östlichen Reichshälfte werden mit Vorliebe die einheimischen Hauptgottheiten mit IOM gleichgesetzt...'.

[794] Bislang ist mir nur ein Relief mit militärisch gewappnetem Iupiter als Gigantenbezwinger bekannt: Köln-Merkenich, oben Anm. 56. Bei mehreren stehenden oder schreitenden Iupiterstatuen mit und ohne Giganten ist die Zugehörigkeit zur Gattung – wie erwähnt – unsicher, oben Anm. 61; 632. Hertlein, Germania 1, 1917, 136 ff.

[795] Müller a. a. O. (Anm. 114) glaubt mit Hilfe von früh- bis spätmittelalterlichen Quellen, besonders aus Irland die den Iupitergigantensäulen zugrunde liegenden keltischen Vorstellungen wiedergewinnen zu können. Die Schuppensäule sei demnach 'die keltische Welteiche, die keltische Weltstütze' (S. 34). Die Existenz italisch-römischer Blattsäulen wird geleugnet (S. 26). Die 'Zweiteilung (des geschuppten Schaftes) ... läuft auf die Vorstellung eines vom Himmel herabhängenden und zugleich von der Erde hinaufwachsenden Baumes heraus' (S. 32). Über die Etymologie von 'Rad' wird der keltische 'Radgott' zum 'Jahrgott' (S. 55), auf den die vier Jahreszeiten der Figuralkapitelle und die Wochengötter der Zwischensockel bezogen werden. Der Gigant wird als 'Atlasriese', als 'Trägerriese' gedeutet (S. 75). Dazu werden die Gruppen kämpferischen Charakters als römische Umgestaltungen erklärt (S. 74), die Beziehung zur Triumphalikonographie ignoriert. Ein Zusammenhang mit der neronischen Mainzer Säule, mit den anderen Säulentypen und Pfeilern, den übrigen Statuentypen wird bestritten (S. 79 ff.), gewisse Beziehungen mit einer 'Urverwandtschaft' zwischen Keltischem und Italischem erklärt (S. 86). – Die Rez. von G. Gamer, Gnomon 50, 1978, 615 ff. beschränkt sich auf ein weitgehend zustimmendes Referat. Neben einer Reihe von treffenden Beobachtungen,

Dagegen ist die Entstehung der meisten Anatheme in der zweiten Hälfte des 2. und der ersten Hälfte des 3. Jahrhunderts nicht spezifisch für unsere Gattung. Die Masse der Votivdenkmäler der gallisch-germanischen Provinzen entstammt diesem Zeitraum[796]. Man hat darin eine Wiedergeburt der einheimischen Kulte sehen wollen, doch reicht diese Erklärung allein nicht aus, da auch die italischen und orientalischen Religionen an diesem Prozeß teilhatten[797]. M. Siebourg hat mehrere Votive aus der Regierungszeit des Marcus Aurelius mit der großen Pest in Verbindung gebracht, die während des Partherkrieges ausbrach und 'von den Grenzen der Perser bis zum Rhein und nach Gallien alles mit Ansteckung und Sterben verseuchte' (Ammianus Marcellinus 23, 6, 24)[798]. Die Vermehrung der Votive ist jedoch nicht auf die Pestzeit und einzelne kriegerische Ereignisse beschränkt. Die intensivere Hinwendung zu den Göttern, die Flut der Votive einschließlich solcher der Kleinkunst, das Aufblühen der einheimischen wie der orientalischen Kulte war Ausdruck einer anhaltenden Krise, die das Reich in allen Bereichen zutiefst erschütterte und auch religiöse Neuorientierung forderte.

z. B. zur Datierung der Gigantenreiter (oben Anm. 708) und der berechtigten Kritik an Hertlein (S. 88 ff.), die aber durch Mängel in der Denkmälerkenntnis beeinträchtigt wird (für die Germania inferior wird von einem Gigantenreiter [17] und acht [!] thronenden Ioves ausgegangen und damit auf die Bedeutungslosigkeit des dortigen Iupiterkultus und seinen rein römischen Charakter geschlossen S. 15 ff.; 83; 89 f.) steht jedoch der rein spekulative Charakter der Interpretation, die große zeitliche wie räumliche Distanzen und die Verschiedenheit der Kontexte nicht anficht.

[796] Man vergleiche etwa die Chronologie der Mainzer Weihinschriften, L. Weber, Inschriftliche Götterweihungen aus Mainz (1966) passim. Decker u. Selzer (oben Anm. 353) 519 ff.

[797] Westdt. Zeitschr. 17, 1898, 1 ff., besonders 13 ff.; zuletzt Müller a. a. O. (Anm. 114) 20 f. – Zur Datierung der Denkmäler orientalischer Kulte: Grimm a. a. O. (Anm. 258) 87 ff.; Schwertheim a. a. O. (Anm. 80) 269 ff.

[798] Bonner Jahrb. 138, 1933, 116 ff.; ähnlich auch Fremersdorf, in: Mouseion. Festschr. O. H. Förster (1960) 86 f., der aber den Aufsatz Siebourgs nicht zitiert.

EXKURS: ZUM GRIECHISCHEN SÄULEN- UND PFEILERMONUMENT

Außer Betracht bleiben hier Säulen und Pfeiler als anikonische Kultmale[1]. Wir beschränken uns auf Monumente, die als Sockel für Statuen oder Gegenstände dienten; reine Inschriftenträger werden nicht behandelt. Die Rolle des Säulen- und Pfeilermonuments in der Kunst des Alten Orients[2] kann hier ebensowenig diskutiert werden wie die Frage, ob die zahlreichen späthellenistischen und kaiserzeitlichen Monumente Syriens und des südlichen Kleinasiens[3] als Wiederbelebung orientalischer Traditionen angesprochen werden können[4].
In Griechenland lassen sich die Anfänge der Gattung bis in das späte 7. Jahrhundert zurückverfolgen[5]. Eine führende Rolle scheint bezeichnenderweise Ionien gespielt zu haben[6], wie die ionische Säule auch in Attika für die Gattung bevorzugt und auch in anderen Landschaften verwendet worden ist[7]. Das bekannteste unter den erhaltenen frühen Monumenten ist die von den Naxiern in Delphi geweihte Säule, die einer Sphinx als Basis diente[8]. Im Laufe des 6. Jahrhunderts wurde es üblich, außer diesen dämonischen Wesen und Tieren Bilder der Götter, darunter auch Niken[9], aber auch Statuen von Sterblichen, besonders Korai[10] und Kouroi[11], auf Säulen und Pfeilern[12] in Hei-

---

[1] H.-V. Herrmann, Omphalos (1959) 31 ff.
[2] H. Thiersch, Pharos. Antike, Islam und Occident (1909) 149 f. leitet von ihnen die frühgriechischen Monumente ab.
[3] z. B. Säulenpaar im Heiligtum der Astarte/Europa in Sidon auf kaiserzeitlichen Münzen: M. J. Price u. B. L. Trell, Coins and their Cities. Architecture on the Ancient Coins of Greece, Rome and Palestine (1977) 156 ff. Abb. 277; Säule von Yaat in der Ebene um Baalbek: D. Krencker u. W. Zschietzschmann, Römische Tempel in Syrien. Denkmäler antiker Architektur 5 (1938) 156 f. Abb. 224–227; Thiersch a. a. O. (Anm. 2) 153 f.; Säulenpaar im Heiligtum des Zeus und Herakles in Selge, Pisidien auf städtischen Münzen der Zeit des Alexander Severus Price u. Trell a. a. O. 143 f. Abb. 252 f.
[4] Thiersch a. a. O. (Anm. 2) 151 f.; Price u. Trell a. a. O. (Anm. 3) passim.
[5] Jacob-Felsch 15 f.
[6] Jacob-Felsch 15 ff.
[7] A. Raubitschek, Bull. Inst. Bulg. 12, 1938, 162 ff.; Jacob-Felsch 33 ff.; W. Alzinger, in: Classica et Provincialia. Festschr. E. Diez (1978) 30 verbindet die Entstehung der ionischen Säule mit dem Säulenanathem. Auf die Bedeutung ionischer Säulen als Weihgeschenkträger weist auch hin O. Bingöl, Das ionische Normalkapitell in hellenistischer und römischer Zeit in Kleinasien. Istanbuler Mitt. Beih. 20 (1980) 127. Einige ionische Kapitelle von Anathemsäulen publiziert S. Karusu, Boreas 1, 1978, 9 ff. Taf. 2 f. Ionische Kapitelle aus Delos und Olympia G. Roux, L'architecture de l'Argolide aux IVe et IIIe siècles avant J.-C. (1961) 342 Taf. 90,3–4. Zu Säulenmonumenten mit äolischem Kapitell Jacob-Felsch 16 Anm. 54; Ph. P. Betancourt, The Aeolic Style in Architecture (1977) 140 f. Nr. 34–37; 39.
[8] P. Amandry, Fouilles de Delphes II, 4 (1953) 1 ff. Taf. 1–15; J. G. Pedley, Greek Sculpture of the Archaic Period. The Island Workshops (1976) 26 ff. Taf. 3–4; Jacob-Felsch 109 f. Nr. I, 5 mit der älteren Literatur.
[9] Nike des Kallimachos auf der Athener Akropolis: Raubitschek, Dedications from the Athenian Akropolis. A Catalogue of the Inscriptions of the sixth and fifth Centuries B. C. (1949) 18 f. Nr. 13; Jacob-Felsch 127 Nr. 30. Zur Nike von Delos Jacob-Felsch 160 f. Nr. 2.1–2.
[10] z. B. die Kore der Athener Akropolis Raubitschek a. a. O. 9 f. Nr. 5; Jacob-Felsch 117 Nr. 14; siehe auch G. M. A. Richter, Korai, Archaic Greek Maidens (1968) 16.
[11] Säulenschaftbasis und Plinthe mit Kourosfüßen in Delos: Richter, Kouroi. Archaic Greek Youths (1960) 15; Jacob-Felsch 119 Nr. 17.
[12] Archaische Pfeileranatheme z. B. Raubitschek a. a. O. (Anm. 9) 211 ff.; Jacob-Felsch 193 ff.

ligtümern aufzustellen. Ionien wird hieran weiterhin wesentlichen Anteil gehabt haben, doch stammt der größte archaische Fundkomplex überlieferungsbedingt von der Athener Akropolis[13]. Nicht oder nicht viel jünger wird die Sitte sein, den Göttern kostbare Gerätschaften und Prunkgefäße, z. B. Dreifüße, auf Säulen und Pfeilern darzubringen[14].

Schließlich läßt sich auch die Gattung der Grabsäulen und -pfeiler bis in archaische Zeit zurückverfolgen[15]. Als eines der bedeutendsten Beispiele sei die ionische Säule des Archilochos von Paros genannt, die eine Sphinx getragen haben wird[16]. Doch finden sich unter den frühen Grabmonumenten auch solche dorischer Ordnung, wie ja dorische Säulen durchaus für Anatheme verwendet worden sind[17].

Die Gattung der Grabsäulen erfreute sich besonders im Osten der griechischen Welt – aber nicht nur dort – bis in den Späthellenismus großer Beliebtheit[18], wie ihre Darstellung auf zahlreichen Grabstelen belegt[19]. Besonders erwähnt sei die Grabsäule der berühmten Hetäre Laïs in Korinth, die nach der Beschreibung des Pausanias (2, 2, 4) wie nach den severischen Münzbildern[20] eine Tierkampfgruppe, Löwin mit Widder zwischen den Pranken, trug.

Ebenso müssen in den Heiligtümern Monumente mit kostbaren Gerätschaften und Gefäßen, Epithemata, weit verbreitet gewesen sein. Darauf deuten jedenfalls die zahlreichen Wiedergaben in der Flächenkunst, etwa in der Wandmalerei[21], auf Mosaiken[22] und Metallgefäßen[23] hin. Sie wurden (wie die Monumente mit Götterbild) geradezu zum Topos für Heiligtum, speziell für das ländliche: '... Säulen und Pfeiler mit Gefäßen gehören zum festen Bestande der landschaftlichen Typik und finden sich als solche im verschiedensten Zusammenhange, als Hauptmale kleiner ländlicher Heiligtümer, in größeren neben dem Götterbilde zusammen mit anderen Trägern von Weihgeschenken und Kultgeräten, einzeln oder mit Bäumen und kleinen Bauten gruppiert im Feld, am Wasser, auf Hügeln und Vorgebirgen' (E. Pfuhl)[24]. Als erhaltene Monumente seien die Tänzerinnensäule in Delphi[25] und die Choregensäulen in Athen[26] genannt.

---

[13] Raubitschek a. a. O. (Anm. 9) 3–60; 211–336.

[14] Haftmann 13. Das bedeutendste Beispiel ist die von 31 Städten nach der Schlacht von Plataiai geweihte bronzene Schlangensäule mit goldenem oder vergoldetem Dreifuß im Apollonheiligtum von Delphi: Gauer, Weihgeschenke aus den Perserkriegen 75 ff.; Darstellungen von Säulen mit Dreifüßen Gauer a. a. O. 84.

[15] Haftmann 9 f.

[16] Richter, The Portraits of the Greeks 1 (1965) 67 Abb. 233; Jacob-Felsch 33, 189 Nr. 121.

[17] Raubitschek a. a. O. (Anm. 7) 160 ff.; Jacob-Felsch 17, 35 f.; 189 f. Nr. 127–131. Ferner die Säule in Olympia W. Dittenberger u. K. Purgold, Die Inschriften von Olympia. Olympia V (1896) 793 Nr. 946.

[18] W. Vollgraff, Le pilier tombal. Comptes Rendus Paris 1946, 281 ff. Zur Darstellung von Grabsäulen auf attischen Lekythen der hochklassischen Zeit: Herrmann a. a. O. (Anm. 1) 51 Anm. 150.

[19] E. Pfuhl, Jahrb. DAI 20, 1905, 50 ff.; E. Pfuhl u. H. Möbius, Die ostgriechischen Grabreliefs II (1979) 588 s. v. Pfeiler; 589 s. v. Säule, Beispiele für hellenistische Grabpfeiler in Kleinasien: Pfuhl, Jahrb. DAI a. a. O. 70 ff.; in Großgriechenland und Sizilien ebd. 75 ff.; Grabsäulen auf großgriechischen Vasen des 4. Jahrhunderts v. Chr.: H. Lohmann, Grabmäler auf unteritalischen Vasen. Archäologische Forschungen 7 (1979) Taf. 1; 3; 6; 22; 53.

[20] Price u. Trell a. a. O. (Anm. 3) 85 Abb. 149. Zu Tierkampfgruppen auf Grabmalen: F. Hölscher, Die Bedeutung archaischer Tierkampfbilder (1972) passim, besonders 65.

[21] M. Rostowzew, Röm. Mitt. 26, 1911, 180 s. v. Säule mit Epithem; W. J. T. Peters, Landscape in Romano-Campanian Mural Painting (1963) passim, besonders 44 f.

[22] z. B. Fischmosaik von Palestrina mit Poseidonheiligtum: A. Steinmeyer-Schareika, Das Nilmosaik von Palestrina und eine ptolemäische Expedition nach Äthiopien (1978) 98 f.; beide Mosaikkopien mit Darstellung der Sieben Weisen: Richter a. a. O. (Anm. 16) 1, 82 Abb. 316; 319; K. Gaiser, Das Philosophenmosaik in Neapel. Abhandl. Heidelberger Akademie Phil.-hist. Klasse 1980, 2; Eine Darstellung der platonischen Akademie; Hirtenmosaik aus der Villa Hadriana: B. Nogara, I mosaici antichi del Vaticano e del Laterano (1910) 20; Helbig a. a. O. (oben S. 320 Anm. 283) I 146 f. (K. Parlasca) mit Hinweis auf die falsche Ergänzung des Monuments.

[23] z. B. Silbercalathus aus Wardt-Lüttingen bei Xanten im RLM Bonn: Künzl, Bonner Jahrb. 169, 1969, 321 ff., besonders 348 ff. mit zahlreichen Hinweisen auf Darstellungen in den verschiedenen Gattungen.

[24] Jahrb. DAI 20, 1905, 63.

[25] J. Pouilloux u. G. Roux, Énigmes à Delphes (1963) 123 ff. Taf. 23–28; Jacob-Felsch 67.

[26] Zwei Säulen mit korinthischen Kapitellen sind am Südabhang der Akropolis erhalten: J. Travlos, Bildlexikon

Schließlich wurden in klassischer und hellenistischer Zeit weiterhin Götterbilder auf Säulen und Pfeilern aufgestellt. Nur wenige Beispiele sind erhalten wie die bekannte von den Messeniern und Naupaktiern in der Zeit des Peloponnesischen Krieges nach Olympia (und Delphi?) geweihte Nike auf hohem, dreieckigem Pfeiler[27]. Nur literarisch bezeugt sind die für einen Wettbewerb geschaffenen Athenastatuen auf hohen Säulen des Phidias und des Alkamenes (Tzetz., hist. var. 8, 340)[28]. Zahlreich sind aber wieder die Darstellungen in der Flächenkunst[29], darunter auch auf Weihreliefs[30] und attischen wie unteritalischen Vasen[31]. Leider ist nicht mehr zu klären, ob die rechts und links des Tempels der Athena Alea in Tegea postierten Weihgeschenksäulen ionischer Ordnung Götterbilder trugen[32].

Die Weihgeschenksäulen mit Standbild eines Sterblichen erfuhren im 5. Jahrhundert v. Chr. einen tiefgehenden Wandel, der einherging mit der Herausbildung des Individualporträts[33] und des politischen Denkmals[34]. Man weihte die eigene Bildnisstatue oder ließ dies von anderen vollziehen[35]. Es ist symptomatisch, daß gerade ein Sophist, Gorgias von Leontinoi, seine goldene Bildnisstatue im Apollonheiligtum von Delphi aufstellte (Pausanias 10, 18, 7; Plinius, nat. 33, 83)[36], während sein attischer Schüler Isokrates im Olympieion von Athen durch seinen Adoptivsohn eine bronzene Statue auf einer Säule erhielt (Pausanias 1, 18, 8)[37]. Besonderes Aufsehen erregte die Hetäre Phryne von Thespiae, die ihre von Praxiteles geschaffene vergoldete Statue auf hohem Pfeiler im delphischen Apollonheiligtum aufstellen ließ (Athenaeus 13, 591 b)[38].
Es ist durchaus denkbar, daß es im späten 5. oder im 4. Jahrhundert einzelnen Staatsmännern gelang, sich durch Ehrensäulen oder -pfeiler hervorheben zu lassen. *Columnarum ratio erat attoli super ceteros mortales ...*, wie Plinius (nat. 34, 27) treffend die Funktion der Ehrensäule definiert.
Zu einem der wichtigsten und gängigsten Mittel im Dienste politischer Repräsentation und Propaganda in den großen Heiligtümern wurden Säulen- und Pfeilermonumente aber erst im Frühhellenismus. Entscheidenden Anteil werden die Diadochen oder ihre Nachfolger gehabt haben. Eines der frühesten erhaltenen Beispiele ist das Säulenpaar mit den Statuen des Ptolemaios II. Philadelphos und seiner Gemahlin und Schwester Arsinoe II. in Olympia, das offiziell von ihrem Nauar-

zur Topographie des antiken Athen (1971) 562 Abb. 704. Nach Chr. Börker, Blattkapitelle. Untersuchungen zur kaiserzeitlichen Architekturornamentik in Griechenland (1965) 141 sind die Säulen in der späten Kaiserzeit aus Spolien zusammengesetzt worden, wobei die Kapitelle dem 1. Jahrhundert v. Chr. angehören.

[27] Zum Pfeiler in Olympia mit der marmornen Nike des Paionios: Jacob-Felsch 56 ff.; 135 f. Nr. 39 mit der älteren Literatur; K. Herrmann, Jahrb. DAI 87, 1972, 232 ff.; T. Hölscher, ebd. 89, 1974, 70 ff. Zum Pfeiler in Delphi mit bronzener Statue, vielleicht einer Nike: Jacob-Felsch 57; 199 Nr. 182; Herrmann a. a. O. 253 f.; Hölscher a. a. O. 76. Ein zweiter delphischer Pfeiler kann nicht sicher zugeschrieben werden, zuletzt Hölscher a. a. O. 81.
[28] G. Lippold, Die Griechische Plastik. Handb. Arch. III, 5 (1950) 184 Anm. 6; L. A. Schneider, Asymmetrie griechischer Köpfe vom 5. Jh. bis zum Hellenismus (1973) 43 f.
[29] Darstellungen in der Wandmalerei Rostowzew a. a. O. (Anm. 21) 182 s. v. Statue auf Säule; Peters a. a. O. (Anm. 21) passim; Stuckreliefs der Farnesina: Rostowzew a. a. O. 34 Abb. 11–13; H. Mielsch, Römische Stuckreliefs. Röm. Mitt. Ergh. 21 (1974) 111 f. Taf. 3.
[30] z. B. bronzenes Weihrelief mit Artemis auf einem Pfeiler aus Delos Lippold a. a. O. (Anm. 28) 318 Taf. 115,1; J. Marcadé, Au musée de Délos. Étude sur la sculpture hellénistique en ronde bosse découverte dans l'île. Bibl. Écoles Franç. d'Athènes et de Rome 250 (1969) 87 Taf. 39. Sogenanntes Münchner Weihrelief mit Apollo und Artemis auf einem Pfeiler: Lippold a. a. O. (Anm. 28) 339 Taf. 125,1; R. Lullies u. M. Hirmer, Griechische Plastik[4] (1979) 135 f. Taf. 278.
[31] K. Schefold, Jahrb. DAI 52, 1937, 30 ff., besonders 70 f.
[32] Thiersch, Jahrb. DAI 28, 1913, 266 ff.; Ch. Dugas, J. Berchmans u. M. Clemmensen, Le sanctuaire d'Aléa Athéna à Tégée (1924) 65.
[33] D. Metzler, Porträt und Gesellschaft. Über die Entstehung des griechischen Porträts in der Klassik (1971).
[34] Zum politischen Denkmal Hölscher a. a. O. (Anm. 27) 84 ff.
[35] Haftmann 16 f.
[36] Haftmann 16; Richter a. a. O. (Anm. 16) 1, 120; Metzler a. a. O. (Anm. 33) 284 f., 329; Jacob-Felsch 56.
[37] Haftmann 16 f.; Richter a. a. O. (Anm. 16) 2, 209.
[38] RE Suppl. V, 87 f. s. v. Delphoi (Schober) mit weiteren Quellen; Richter a. a. O. (Anm. 37) 246.

chen Kallikrates dem Zeus gestiftet wurde[39]. Für seinen Bundesgenossen, den Spartanerkönig Areus, stiftete Ptolemaios II. wohl seinerseits ein Säulenanathem[40]. Zwei prunkvolle Säulenmonumente mit goldenen Statuen für Ptolemaios II. sind literarisch überliefert (Athenaeus 5, 35 b); ein dem olympischen ähnliches Bathron in Samothrake wird ihm zugeschrieben[41]. Seleukiden und Antigoniden dürften den Königen Ägyptens kaum nachgestanden haben. Erhalten sind freilich nur Monumente späterer Zeit, ein Pfeiler Antiochos' III. in Delos[42] und eine von den Makedonen den Großen Göttern von Samothrake geweihte Säule mit Bronzestatue zu Ehren Philipps V.[43].

Mit den Erben Alexanders traten die aufsteigenden hellenistischen Könige und Politiker auch auf diesem Felde in Konkurrenz. Dieser Agon wurde vor allem im delphischen Apollonheiligtum ausgetragen. Neben anderen sind hier allein vier Pfeileranatheme für pergamenische Herrscher als Stiftungen der Aitoler oder der delphischen Amphiktyonen bezeugt[44]. Mit der Ehrung für Eumenes II., die von seiner Reiterstatue bekrönt wurde[45], wetteiferte der in der Nachbarschaft postierte Pfeiler ähnlicher Form und Größe für Prusias II. von Bithynien[46], wie sein Gegenstück von den Aitolern gestiftet. Die führenden Familien der Aitoler suchten im 3. Jahrhundert, in der Zeit der Vorherrschaft ihres Stammesbundes über Delphi, gleichfalls ihr Prestige durch aufwendige Anatheme zu heben. Dazu gehören mehrere sogenannte Zweisäulenmonumente[47], bei denen zwecks Aufstellung einer Reitergruppe, mehrerer Standbilder oder Weihgegenstände ein Säulenpaar mit einem Gesims überspannt wurde[48]. Ist mit diesem Typus die Grenze zur Architektur erreicht, so gilt dies erst recht für die turmartigen Sockel, die zur Aufnahme der repräsentativsten Statuenform, der Viergespanngruppe, dienten. Bekanntestes Beispiel ist das für einen hellenistischen Herrscher, wohl Eumenes II., erbaute Monument vor den Propyläen der Athener Akropolis[49].

[39] Haftmann 17; Jacob-Felsch 192 Nr. 144; W. Hoepfner, Zwei Ptolemaierbauten. Das Ptolemaierweihgeschenk in Olympia und ein Bauvorhaben in Alexandria. Athen. Mitt. Beih. 1 (1971).

[40] Dittenberger u. Purgold, Die Inschriften von Olympia 433 f. Nr. 308; Hoepfner a. a. O. (Anm. 39) 47.

[41] Säulenweihung vor der Stoa im Heiligtum der Großen Götter von Samothrake zuletzt Hoepfner a. a. O. (Anm. 39) 48 f.

[42] IG XI, 4 1111; Ph. Bruneau u. J. Ducat, Guide de Délos (1965) 96.

[43] J. R. McCredie, in: Neue Forschungen in griechischen Heiligtümern. Hrsg. U. Jantzen (1976) 96 Abb. 4 (Hinweis Chr. Börker).

[44] G. Daux, Inscriptions depuis le Trésor des Athéniens jusqu'aux Bases de Gélon. Fouilles de Delphes III, 3 (1943) 201 ff.; H. B. Siedentopf, Das hellenistische Reiterdenkmal (1968) 63 f.; 110 f. Nr. 69–73; Jacob-Felsch 197 f. Nr. 173; 178–180.

[45] F. Courby, La terrasse du temple. Fouilles de Delphes II, 1 (1927) 275 ff. Abb. 220 f.; Siedentopf a. a. O. (Anm. 44) 110 Nr. 69; Jacob-Felsch 197 Nr. 173.

[46] Courby a. a. O. (Anm. 45) 262 ff. Abb. 206; Siedentopf a. a. O. (Anm. 44) 110 f. Nr. 70; Jacob-Felsch 197 Nr. 174.

[47] Courby a. a. O. (Anm. 45) 257 ff.; Amandry, Bull. Corr. Hellénique 68/69, 1944/45, 439 ff.; Siedentopf a. a. O. (Anm. 44) 63 f.; Jacob-Felsch 192 f. Nr. 145–148. Das Ptolemaierweihgeschenk in Olympia war entgegen Jacob-Felsch 192 Nr. 144 nach der Rekonstruktion Hoepfners (Anm. 39) nicht durch ein Gebälk verbunden.

[48] Nach den zahlreichen Darstellungen in der Flächenkunst zu urteilen (oben Anm. 21–22), müssen sich Zweisäulenmonumente auch außerhalb Delphis Beliebtheit erfreut haben. Zweisäulenmonument in Delos: Jacob-Felsch 193 Nr. 149. Ein Zweisäulenmonument in Olympia datiert A. Mallwitz, Olympia und seine Bauten (1972) 104 f. Abb. 84 f. in frühhellenistische Zeit. Vielleicht stehen auch die Zweisäulenmonumente, die in Sesönk den Grabhügel kommagenischer Herrscher markieren, in dieser Typologie: K. Humann u. O. Puchstein, Reisen in Kleinasien und Nordsyrien (1890) 213 ff. Taf. 15; Hoepfner, Antike Welt 6, 1975. Sondernummer Kommagene 44 f. Abb. 73. – In Karakusch wird der Grabhügel von Gruppen aus drei Säulen eingefaßt, die aber nicht verbunden sind: Humann u. Puchstein a. a. O. 218 ff. Taf. 16–17; F. K. Dörner, Antike Welt 6, 1975. Sondernummer Kommagene 60 ff. Abb. 38 f.; 41; 88. Schließlich dürften auch die Zweisäulen- und Zweipfeilermonumente des 2. Jahrhunderts n. Chr. in Nordsyrien in dieser Tradition stehen G. Tschalenko, Villages antiques de la Syrie du Nord (1953) 35 f., 191 ff. Taf. 61 f., 171, 175; G. Behrens, Mainzer Zeitschr. 39/40, 1944/45, 13 Abb. 13 f.; 17–19. – Gegen die These, daß die hellenistischen Zweisäulenmonumente Vorbild für die römischen Ehrenbögen waren F. Noack, Vorträge Bibliothek Warburg 1925/26, 162 ff.

[49] Travlos a. a. O. (Anm. 26) Abb. 622; Siedentopf a. a. O. (Anm. 44) 30; Jacob-Felsch 100; 198 Nr. 177 mit Zuschreibung der Originalweihung an einen Attaliden; Hoepfner a. a. O. (Anm. 39) 49.

Daneben wurde aber auch bis in die Kaiserzeit die Tradition des einfachen Säulen- und Pfeilermonumentes, nun meist mit korinthischem, seltener mit ionischem oder dorischem Kapitell fortgesetzt[50].

Die Inschrift einiger Monumente nennt allein die Verdienste des Geehrten, nicht aber die Widmung an die Gottheit[51]. Damit ist die Entwicklung vom Weihgeschenk zum Denkmal politisch-propagandistischer Funktion abgeschlossen. So war es nur konsequent, wenn L. Aemilius Paullus, der Sieger von Pydna, den für seinen Gegner, König Perseus, in Delphi errichteten Pfeiler okkupierte und ihn durch Inschrift, Relieffries und Reiterstatue in sein persönliches Siegesmal umwandelte[52]. Der Pfeiler des Makedonensiegers steht am Anfang einer langen Reihe von Monumenten, die den neuen Herren aus Rom, Magistraten der Republik und schließlich Angehörigen des Kaiserhauses, in griechischen Heiligtümern und Städten errichtet worden sind[53].

Ein weiterer, aber wohl schwächerer Zweig des griechischen Säulen- und Pfeilermonumentes muß wenigstens erwähnt werden: die losgelöst von den Heiligtümern an den politischen Brennpunkten der Städte aufgestellten Denkmäler. 'Normal gesockelte' Ehrenstatuen zeitgenössischer Persönlichkeiten, besonders der Politiker, begannen sich schon seit dem späteren 5. Jahrhundert v. Chr. die Agora und andere Orte zu 'erobern'[54]. Seit wann hierzu auch Säulen und Pfeiler als die repräsentativsten und politisch relevantesten Sockelformen benutzt wurden, bleibt unsicher. Das prominenteste Beispiel ist der für Attalos II. vor der von ihm gestifteten Stoa errichtete Pfeiler mit Quadriga auf der Athener Agora[55]. In Pergamon[56] wie in anderen hellenistischen Residenzen werden solche Monumente gewiß ihre Rolle im Herrscherkult gespielt haben.

---

[50] Delphi: Jacob-Felsch 191 f. Nr. 141; 143; Olympia: E. Kunze, 5. Bericht über die Ausgrabungen in Olympia (1956) 169 ff. mit Verweisen auf Dittenberger u. Purgold. a. a. O. (Anm. 40) 399 f. Nr. 272; 327 f. Nr. 207; 535 ff. Nr. 445; 551 f. Nr. 461; 559 f. Nr. 471. Eine Säule mit Statue in einem Heiligtum ist auf Provinzialprägungen des Koinon der Makedonen in der Zeit des Severus Alexander dargestellt: Thiersch. a. a. O. (Anm. 2) 152 Abb. 216 f.; Price u. Trell a. a. O. (Anm. 3) 451. – Säulen mit korinthischem Kapitell aus Pergamon, Gymnasium: K. Ronczewski, Arch. Anz. 1932, 70 Abb. 23; Myrina: Heilmeyer, Korinthische Normalkapitelle 78 Anm. 309; Klaros, Apollonheiligtum: L. Robert, Türk Ark. Dergisi 9, 1959, 35; K. Tuchelt, Frühe Denkmäler Roms in Kleinasien 1. Roma und Promagistrate. Istanbuler Mitt. Beih. 23 (1979) 168; Klaros, Säule für Sex. Appuleius: Tuchelt a. a. O. 168 Taf. 8. – Daneben werden weiterhin ionische Kapitelle für Säulenanatheme verwendet, z. B. Kapitell in Epidauros: Roux a. a. O. (Anm. 7) 339 ff. Taf. 90,1; dorische Säulen in Magnesia a. Maeander: Tuchelt a. a. O. 181; in Pergamon, unterer Markt: H. v. Prott u. W. Kolbe, Athen. Mitt. 27, 1902, 89 f. Nr. 73 Abb.; in Samothrake: oben Anm. 43.

[51] Dies gilt z. B. für die delphischen Pfeilermonumente des Eumenes II., des Prusias II., des Aemilius Paullus.

[52] Courby a. a. O. (Anm. 45) 302 ff.; H. Kähler, Der Fries vom Reiterdenkmal des Aemilius Paullus in Delphi. Monumenta Artis Romanae 5 (1965); Siedentopf a. a. O. (Anm. 44) 111 Nr. 71; Jacob-Felsch 99, 197 Nr. 175; zur Inschrift G. Waurick, Jahrb. RGZM 22, 1975, 14 Nr. 9; 16.

[53] Von M. Vipsanius Agrippa okkupierter Pfeiler vor den Propyläen der Athener Akropolis oben Anm. 49. – Pfeiler für Attalos II. auf der Agora unten Anm. 55, an Tiberius umgewidmet. – Säule für den Proconsul Sex. Appuleius an der Heiligen Straße zum Apollonheiligtum von Klaros: Tuchelt a. a. O. (Anm. 50) 168 Taf. 8. – Pfeiler für den Proconsul Q. Tullius Cicero in Klaros: Tuchelt a. a. O. 165. – Säule für den Sohn des Legaten L. Afranius in Magnesia a. Maeander: Tuchelt a. a. O. 181. – Säule mit Bronzestatue des Tiberius auf der Säulenstraße in Antiochia: A. Schenk Graf von Stauffenberg, Die römische Kaisergeschichte bei Malalas (1931) 446 (Text) 463; P. Zanker, Arch. Anz. 1970, 536 Anm. 144; G. Downey, Ancient Antioch (1963) 85. – Säule für Kaiser Caius und seine Schwester in Delphi: Courby a. a. O. (Anm. 45) 269 ff.; Schober a. a. O. (Anm. 38) 98 f. Nr. 155; Haftmann 19; Jacob-Felsch 98 Anm. 309. Wahrscheinlich gehört hierher ein Pfeilermonument in Delphi: Courby a. a. O. 277 ff.; Siedentopf a. a. O. (Anm. 44) 27 f.; 112 Nr. 73; Jacob-Felsch 101 Anm. 317.

[54] Jacob-Felsch 74; Metzler a. a. O. (Anm. 33) 351 ff.

[55] E. Vanderpool, Hesperia 28, 1959, 86 ff.; Travlos a. a. O. (Anm. 26) 505; Hoepfner a. a. O. (Anm. 39) 49.

[56] Auf Beschluß des Demos von Pergamon sollte dem Attalos III. wegen seiner Verdienste auf der Agora neben dem Zeusaltar eine goldene Reiterstatue auf einer Marmorsäule errichtet werden. Siedentopf a. a. O. (Anm. 44) 22; 86 Nr. 13. Zu weiteren Säulenfunden aus dem Stadtgebiet von Pergamon siehe oben Anm. 50.

Katalog

Es werden zuerst die wenigstens teilweise erhaltenen Monumente aufgeführt. Die Masse der Denkmäler sind Einzelstücke, die nach Statuen-, Stützen- und Sockeltypen geordnet sind. Innerhalb der Typen ist alphabetisch nach Fundorten gegliedert. Die Funde aus dem Gebiet der civitas Tungrorum sind in einem Anhang behandelt. Einige nach Abschluß des Kataloges gefundene bzw. bekanntgewordene Stücke sind in einem Nachtrag aufgeführt.

Mir nicht zugängliche oder nicht durch Abbildungen dokumentierte Stücke sind mit einem * gekennzeichnet.

A Fundkomplexe

1   ALFTER (Rhein-Sieg-Kreis)   Taf. 57,2

Aus einem römischen Brunnen
Privatbesitz Rechtsanwalt W. Weber, Alfter-Oedekoven
Rötlicher Sandstein. a: H. 0,82 m; Br. 0,615 m; T. 0,58 m; Buchstabenh. 0,075 m. – b: H. 0,45 m; 0,42 m; 0,40 m; Dm. maximal 0,39 m
Unpubliziert. Siehe oben S. 273 f.; 282; 290; 296; 302 A. 169; 303; 307; 346; 395.
Neg. Verf.

a. Sockel: Auf der Rückseite ist das Gesims abgeschlagen, Oberfläche abgewittert.
Der Sockel von annähernd quadratischer Grundfläche besteht aus der Basis aus Standplatte und Schmiege, glatt gelassenem Körper und Bekrönung aus Hohlkehle und Deckplatte, deren Oberseite auf Anschluß für die Säule gearbeitet ist. Auf der Frontseite befindet sich die Inschrift: *I(ovi) O(ptimo) [M(aximo)]*.

b. Säule: Erhalten sind drei Bruchstücke des Hauptteiles des Schaftes, der oben und unten Stoßfläche und Dübelloch besitzt. Der Schaft wird durch eine Binde in zwei Zonen geteilt, wobei die Schuppen der unteren nach oben, die der oberen nach unten gerichtet sind.

2   BONN   Taf. 55,1; 56,2; 57,1

Adenauerallee, Garten der Villa Hammerschmidt
Bonn, RLM Inv.-Nr. LXXVII
Kalkstein und Tuff (Basis). a: Basis: H. 0,14 m; Br. 0,326 m; T. 0,285 m; Schaft mit Kapitell: H. 0,59 m; Br. 0,215 m; T. 0,175 m. – b: H. 0,45 m

Lehner 32 f. Nr. 64; Skulpturen I Taf. 24,4; Espérandieu VIII 6220; E. Krüger, Bonner Jahrb. 104, 1899, 56 f. Taf. 10; Koepp, Germania Romana² 35 Taf. 8,4. Siehe oben S. 270; 273 f.; 276 f.; 287 f.; 295; 301; 323 ff.; 348; 362; 388.
Neg. Landesbildstelle Rheinland, Düsseldorf 25/5258/1; RLM Bonn XVII,2 (13 × 18); 6079–6080 (9 × 12)

a. Pfeiler: Erhalten ist das obere Register des Pfeilers samt Kapitell.
Ergänzungen am Reliefrahmen und am Kapitell.
Die Basis besteht aus Standplatte und Karniesprofil.
Der Pfeiler besitzt nur auf der Frontseite oblonge Bildfelder, die seitlich von breiten Leisten, in der Horizontalen von Giebeln mit Rosettenfüllung (nicht das obere Register) eingefaßt werden. Die beiden Nebenseiten sind jeweils mit einem Lorbeerbaum in Flachrelief geschmückt, die Rückseite ist glatt belassen.
Im erhaltenen oberen Register ist Iuno dargestellt, in der gesenkten abgespreizten Rechten die Opferschale, in der Linken das Zepter. Sie trägt einen Peplos mit Überschlag sowie einen Mantel, der schleierartig über das Haupt gelegt ist, als Zipfel über die linke Schulter fällt und hinten lang herabhängt. Die mit einem Diadem geschmückte Göttin wendet das Haupt dem rechten Standbein zu.

b. Statue: Am Iupiter sind verloren der linke Arm und die entsprechende Partie der Rückenlehne. Das Gesicht bis auf das linke Auge und den Bartansatz ist abgesplittert, der linke Oberschenkel sowie eine Partie der Rückenlehne rechts sind weggebrochen; Bestoßungen u. a. am rechten Unterschenkel; Ausbesserungen an der Plinthe.
Iupiter, mit lockiger Frisur und vollem Bart, hat das linke Bein vorgesetzt, das rechte energisch angezogen. Die rechte Hand liegt auf dem Knie und hielt das eiserne Blitzbündel (Einlaßkanal, Rostspuren), während die linke abgewinkelt war; zur Aufnahme des Zepters diente wohl das Loch in der Plinthe. Über der linken Schulter befindet sich ein Puntello mit Dübelloch. Der Unterkörper wird von einem Mantel verhüllt. Die Vorderpfosten des Thrones gehören zum Typus I und sind brettartig flach gebildet. Der obere giebelförmige Abschluß der Rückenlehne ist mit einer Rosette gefüllt. Das Sitzkissen ist durch eine Querfalte angedeutet. An den Seiten zwischen den Thronpfosten und auf der Rückseite sind Tücher drapiert.

3 Bei SCHLOSS DYCK (Gem. Jüchen, Kr. Neuss)   Taf. 57,3; 58

Schloß Dyck (Abgüsse von Sockel und Pfeiler: Bonn, RLM Inv.-Nr. 76,0002)
a: H. 0,70 m; Br. ca. 0,60 m; T. 0,55 m. – b: H. 0,75 m; Br. 0,335 m; T. 0,345 m
CIL XIII 8535; P. Vasters, Röm.-Germ. Korrbl. 7, 1914, 23 f. Abb. 10; Bonner Jahrb. 172, 1972, 440 (Restaurierung). Siehe oben S. 273 f.; 288 ff.; 303 A. 170; 307; 324; 345; 347; 349; 388; 395.
Neg. Verf.; RLM Bonn 9298–9305 (13 × 18)

a. Sockel: Teile der Basis, besonders der Seite b, und des Gesimses bis auf das der Seite b sind abgeschlagen.
Der Sockel ist aufgebaut aus der Basis aus Standplatte und Kehle, glatt gelassenem Körper und Bekrönung aus Kehle und Deckplatte. Auf der Frontseite die Weihinschrift: I(ovi) O(ptimo) M(aximo).

b. Pfeiler: Erhalten sind der obere Abschluß eines unteren Registers sowie ein oberes Register ohne Abschluß. Das untere Register ist vom RLM Bonn ohne Reliefierung in Kunststein ergänzt worden.
Der Pfeiler ist auf allen vier Seiten mit Reliefs geschmückt. Die Bildfelder sind in der Horizontalen von breiten Stegen, in der Senkrechten von schmalen Leisten eingefaßt, die vielleicht ornamentiert waren.
Unteres Register – Bildfelder:
a. Ein bärtiger Gott – Hercules (?)

b. Ein Gott mit dem Hammer – Vulcanus
Oberes Register – Bildfelder:
a. Venus hat um den Unterkörper einen Mantel geschlungen, die Brust ist nur mit einem Busenband bedeckt. In der angewinkelten Linken hält sie ein Schmuckkästchen.
b. Eine Göttin in Chiton und schräg drapiertem Mantel hält in der gesenkten Rechten ein Attribut, vielleicht einen Beutel, während sie mit der abgespreizten Linken den Mantel lüpft. Vasters a. a. O. deutet mit einiger Wahrscheinlichkeit auf Rosmerta.
c. Die Göttin in Chiton und schräg drapiertem Mantel hält in der gesenkten Rechten ein Gewinde, in der angewinkelten Linken ein weiteres Attribut. Vasters a. a. O. deutet auf Ceres.
d. Minerva, bekleidet mit einem schräg über die linke Schulter drapierten Mantel, hält in der Rechten die Lanze, während die Linke auf einen Ovalschild gelegt ist, der auf einer Basis steht.

4 GREVENBICHT (Prov. Limburg, Niederlande)
Houtstraat; zusammen mit 34 u. 35 gefunden
Maastricht, Bonnefantenmuseum Inv.-Nr. 747 B (Platte); 747 C (Säulenbasis); 747 D (Schaft); 747 A (Iupiter)
Sandstein. a: H. 0,19 m. – b: Basis: H. 0,085 m; Säulenschaft: H. 0,31 m; Dm. 0,215 m. – c: H. 0,235 m
Unpubliziert; Hinweis T. Panhuysen. Siehe oben S. 273 f.; 276 f.; 297; 303 A. 170; 346.

a. Sockel (?): Erhalten ist eine Ecke einer Platte, die wohl Blattdekor besaß. Sie gehörte vielleicht zum Sockel.

b. Säule: Erhalten ist ein Segment der Säulenbasis mit zwei Wülsten. Der untere auf Anschluß gearbeitete Abschluß ist erhalten, die Oberkante ist weggebrochen.
Erhalten ist das Bruchstück einer Säulentrommel mit nach unten gerichteten Schuppen. Sie ist oben und unten abgebrochen, doch ist oben noch ein Rest des Dübelloches erhalten.

c. Statue: Verloren sind der Kopf, der linke Arm sowie das Unterteil von den Knien an.
Iupiter hat das linke Bein vor-, das rechte zurückgesetzt. Die rechte Hand liegt auf dem Knie und hielt das Blitzbündel. Der Mantel verhüllt den Unterkörper und fällt in einem Bausch über den linken Oberschenkel. Die Seitenlehnen des Thrones sind balusterartig gebildet. Die Rückseite des Thrones ist mit einem Tuch drapiert.

5 JÜLICH (Kr. Düren)   Taf. 59–61

Aus der Pfarrkirche St. Maria-Himmelfahrt
Jülich, Röm.-Germ. Museum Inv.-Nr. 192 D 2 (Sockel); 192 D 3–4 (Pfeiler)
Sandstein. a: H. 0,93 m; Br. 0,54 m; T. 0,52 m. – b: H. des unteren Blockes 0,93 m; des oberen 1,18 m
Neuffer, Bonner Jahrb. 151, 1951, 310 f. Taf. 21–25. Siehe oben S. 273 f.; 276 A. 39; 287 ff.; 291 f.; 295; 299; 324; 347; 388 f.
Neg. RLM Bonn 6341–6342; 6346–6359 (13 × 18)

a. Sockel: Der Sockel ist sehr stark beschädigt, seine Oberfläche erheblich bestoßen und verwittert; die Kante der Seiten b/c ist weggebrochen, an Basis und Gesims sind größere Partien abgeschlagen bzw. abgemeißelt. Bis auf den Iupiter sind bei allen Figuren die Gesichtszüge ausgelöscht.
Der Sockel von annähernd quadratischer Grundfläche ist aufgebaut aus der Basis aus Standplatte und Profil, Körper und Bekrönung. Der Körper trägt auf allen vier Seiten Reliefschmuck, wobei auf der Frontseite zwei Figuren erscheinen und über diesen ein breiteres Feld freigelassen ist, wohl zur Aufnahme der Inschrift. Die oblongen Bildfelder werden von einem sehr breiten Rahmen eingefaßt, der zum Reliefgrund hin mit einem Profil abschließt. Bearbeitungsspuren am Rahmen der Ecke d/a deuten auf Ornamentierung hin.
a. Auf einem kunstvollen Thron mit einer Stützfigur als Pfosten (Kentaur?) sitzt der bärtige Iupiter

in Schrägansicht. Unterkörper und Rücken werden vom Mantel verhüllt, in der Linken hält er das Zepter, die Rechte ist um die Schulter Ganymeds gelegt. Der Jüngling ist frontal mit linkem Spielbein dargestellt, die Rechte grüßend erhoben, in der Linken das pedum, um den Arm die Chlamys geschlungen. Die spitze Mütze bezeichnet ihn als Phryger. In der linken Ecke des Bildfeldes erscheint der Adler des Iupiter auf einem globus.
b. Göttin in Chiton (?) und Mantel.
c. Dargestellt ist der bärtige Hercules, in der gesenkten Rechten die Keule, in der angewinkelten Linken ein Attribut, wohl einen Becher, um den Arm das Löwenfell geschlungen. Er hat das linke Spielbein leicht zur Seite gesetzt.
d. Der Gott stützt sich mit dem linken Arm auf einen Pfeiler, das linke Spielbein angewinkelt. Die Rechte ist in die Hüfte gestützt und hält einen Gegenstand, vielleicht ein Plektron, die Linke faßt wohl die Lyra – Apollo.

b. Pfeiler: Erhalten sind zwei Blöcke eines Pfeilers mit Reliefs. Die Rahmen der Bildfelder und die Reliefs sind stark beschädigt und verwittert, die Epidermis ist völlig verloren.
Der Pfeiler trägt auf allen vier Seiten Reliefschmuck. Die oblongen Bildfelder sind durch schlichte Leisten eingefaßt.
Register I: a. Stehender Gott, mit der angewinkelten Linken einen Gegenstand fassend (Neuffer a. a. O. Taf. 23,3).
b. Fortuna, zur Frontseite gewendet mit linkem Spielbein. Die Rechte ist auf das Steuerruder gestützt, in der angewinkelten Linken hielt sie das Füllhorn. Die Göttin ist mit Chiton und schräg drapiertem Mantel bekleidet (Neuffer a. a. O. Taf. 23,4).
c. Dargestellt ist ein stehender, fast nackter Gott mit lockigem Haar, die rechte Hand gesenkt, die linke vielleicht auf einen Pfeiler gestützt. Der Mantel umspielt das rechte Bein. Der mit Stiefeln bekleidete Gott ist vielleicht als Liber Pater-Bacchus zu deuten (Neuffer a. a. O. Taf. 23,1).
d. Der auf dem rechten Standbein stehende Gott hat beide Arme gesenkt, den Kopf zur Frontseite gewendet. Er ist bekleidet mit einem Mantel, der über der rechten Schulter gefibelt ist, und trägt vielleicht einen Flügelhut – Mercurius? (Neuffer a. a. O. Taf. 23,2).
Register II: Es war aus einem Block mit dem ersten Register gearbeitet. Es sind z. T. noch Ansätze der Füße erhalten.
Register III: a. Die stehende Göttin in Gewand und Mantel hat die Rechte gesenkt, sie ist mit einem Diadem oder einer lunula geschmückt – vielleicht Luna (Neuffer a. a. O. Taf. 24,1 u.).
b. Die Göttin ist zur Frontseite gewendet, das linke Bein ist Spielbein, die Rechte ist abgestreckt. Der Mantel umschließt vorn nur den Unterkörper – Venus ([?] Neuffer a. a. O. Taf. 25,2 u.).
c. Victoria ist nach rechts gewendet, mit der Linken hält sie einen ovalen, auf einen Pfeiler gestellten Schild, auf den sie mit der Rechten schreibt. Das linke Bein setzt sie wohl auf den globus. Der Mantel verhüllt nur den Unterkörper (Neuffer a. a. O. Taf. 24,2 u.).
d. Dargestellt ist ein Gott mit spitzer Mütze und Himation, das den Oberkörper freiläßt – Sol? (Neuffer a. a. O. Taf. 25,1 u.).
Register IV: a. Stehende Göttin in Chiton mit Überschlag und Stiefeln, linkes Spielbein – vielleicht Virtus (Neuffer a. a. O. Taf. 24,1 o.).
b. Stehender Gott mit linkem Spielbein (Neuffer a. a. O. Taf. 25,2 o.).
c. Stehende Göttin im Chiton mit linkem Spielbein – Minerva? (Neuffer a. a. O. Taf. 24,2 o.).
d. Stehende Göttin im Chiton mit schräg drapiertem Mantel (Neuffer a. a. O. Taf. 25,1 o.). In der Göttin der Seite d ist Iuno zu vermuten.

6   KLEINBOUSLAR (Stadt Erkelenz, Kr. Heinsberg)   Taf. 55,2; 56,3.4

Aus einem römischen Brunnen
Bonn, RLM Inv.-Nr. 17928 (Säule); 17929 (Statue)

Sandstein. a: H. in ergänztem Zustand: 2,075 m; Dm. maximal 0,29 m. – b: H. 0,335m
Lehner 35 Nr. 74; Skulpturen II Taf. 3,3; H. v. Petrikovits, in: Aus Rheinischer Kunst und Kultur. Auswahlkatalog des Rheinischen Landesmuseums Bonn (1963) 49 ff. Nr. 12 Abb. 10; Espérandieu IX 6612; Koepp, Germania Romana² 33 Taf. 7,1; Kähler, Kapitelle 50 Nr. 40; Walter, Colonne 34 f. Nr. 40; J. Liversidge, Everyday Life in the Roman Empire (1976) 191 Abb. 86. Siehe oben S. 272 ff.; 277; 282; 284; 285; 296; 302 A. 169; 303 f.; 323 ff.; 339; 345; 388.
Neg. RLM Bonn 8330 (13 × 18); 3607 (13 × 18); Landesbildstelle Rheinland, Düsseldorf 25/5252/1–25/5254/3; RLM Bonn Film 1044/80 (Statue)

a. Säule: Die untere Säulentrommel ist modern aus drei Fragmenten wieder zusammengesetzt, die Stoßkanten der Trommel sind ausgebrochen und ergänzt. Bestoßungen an der Basis, an Schaft und Kapitell. Die Oberfläche ist z. T. stark verwittert, besonders auch an den beiden unteren Götterreliefs.
Die Säule setzt sich aus vier Teilen zusammen: Basis mit Ansatz des Schaftes, zwei Trommeln, korinthischem Kapitell mit Endstück des Schaftes und Dübelloch in der Abacusplatte. Die Basis attischer Ordnung wird von einem doppelten Wulst und einer trennenden Hohlkehle sowie einem kleinen Wulst gebildet. Der Ansatz des Schaftes ist nicht geschuppt. Der Schaft wird durch eine noch schwach feststellbare Binde in zwei Zonen geteilt. In der unteren sind die Schuppen nach oben, in der oberen sind sie nach unten gerichtet. Die Götterfiguren stehen auf Konsolen, über ihnen befindet sich eine Konche.
Register I: Der Gott hat das linke Spielbein zur Seite gesetzt, den rechten Arm gesenkt und den linken leicht angewinkelt, um den die Chlamys geschlungen ist. Da die Attribute nicht einwandfrei zu identifizieren sind, fällt die Benennung schwer. Petrikovits a. a. O. erkennt in der Rechten des Gottes einen Geldbeutel, in der Linken den caduceus und deutet auf Mercurius.
Register II: Minerva hält in der erhobenen Rechten die Lanze, die gesenkte Linke ist auf den ovalen, am Boden stehenden Schild gestützt. Sie ist bekleidet mit einem Chiton und einem schräg über die Schulter drapierten Mantel und trägt einen korinthischen Helm mit Federbusch. Der Kopf ist zum Spielbein gedreht.
Register III: Iuno hält in der gesenkten Rechten die Opferschale, in der angewinkelten Linken das Zepter. Sie trägt einen Peplos mit Überfall und hoher Gürtung. Der Kopf ist leicht zum rechten Standbein gewendet.

b. Statue: Von der Iupiterfigur ist nur das Unterteil mit dem Ansatz des Oberkörpers erhalten. Ein Teil des linken Beines und der Plinthe sind weggebrochen.
Der Unterkörper des Iupiter ist vom Mantel verhüllt. Die Seiten und die Rückseite des Thrones sind mit Tüchern drapiert.

Nach Lehner, Westdt. Zeitschr. 26, 1907, 321 und Bonner Jahrb. 117, 1908, 365 wurde ein 'inschriftloser Altar' mitgefunden. Leider ist das unter Nr. 17930 inventarisierte Stück weder in Lehners Katalog aufgenommen noch heute im RLM Bonn nachzuweisen.

7 KÖLN-ZOLLSTOCK Taf. 62,1.2

Raderthalgürtel, aus einem römischen Brunnen, zusammen mit 40; Fundber. des RGM Köln 74.26
Köln, RGM Inv.-Nr. 74,1694 (Säule); 74,1696 (Iupiter)
Kalkstein. a: H. 0,92 m; Dm. maximal 0,21 m. – b: 0,38 m
Museen in Köln, Bulletin 15, 1976, 1439 Abb.; E. Spiegel, Die römische Besiedlung im Stadtkreis Köln, in: Führer 37 (1980) 81 Nr. 125 Beilage 5. Siehe oben S. 273 f.; 277; 283; 296 f.; 302 A. 169; 303; 317 f.; 395.
Neg. Rhein. Bildarchiv Köln 146995; L 7503/04; L 7503/05; L 7503/07

a. Säule: Erhalten ist ein Teil des Säulenschaftes mit nach unten gerichteten Schuppen. Ein kleiner Rest des oberen Abschlusses am Dübelloch ist erhalten.
Vielleicht gehörte eine in Streulage auf dem Gutshof gefundene Säulenbasis aus Kalkstein Inv.-Nr. 74,1699 (H. 0,195 m, Dm. des Schaftansatzes 0,22 m) zu dieser oder zu der für die Iupiterstatue 40 anzunehmenden Säule. Die Oberfläche des Schaftansatzes (mit Dübelloch) ist freilich völlig abgewittert und läßt keine Schuppung mehr erkennen.

b. Statue: Verloren sind der Kopf, der linke Arm, ein Teil des rechten, der linke Unterschenkel samt Fuß, der rechte Fuß bis auf einen Rest, die Plinthe bis auf einen Rest; der Rand der Rückenlehne ist weggebrochen, die Oberfläche ist stark verwittert.
Iupiter hat das rechte Bein zurück-, das linke vorgesetzt. Die rechte Hand liegt auf dem Knie und hielt das Blitzbündel (Kanal zum Einsetzen des Metallstückes), die linke war erhoben und faßte wohl das Zepter. Der Mantel verhüllt den Unterkörper, ist über das linke Knie geführt, den linken Unterschenkel freilassend, und fällt als Bausch über die linke Schulter. Die Rückenlehne des Thrones schließt giebelförmig ab. Der Raum zwischen den Thronpfosten sowie der untere Teil der Thronrückseite sind mit Tüchern drapiert.

8 KÖLN Taf. 62,3.4

Vor dem Gereonstor
Köln, RGM Inv.-Nr. 384 (Sockel); 181 (Statue)
Sandstein (Sockel) u. Kalkstein (Statue). a: H. 1,14 m; Br. oben 0,78 m; T. oben 0,76 m. – b: H. 0,51 m
CIL XIII 8195; Klinkenberg 255; Galsterer 21 f. Nr. 49 Taf. 11; Schoppa, Götterdenkmäler 47 Nr. 4 Taf. 7 (Statue). Siehe oben S. 274 f.; 277; 290; 303 A. 170; 307; 325; 346; 395.
Neg. Rhein. Bildarchiv Köln 34433 (Statue); 174905 (Sockel)

a. Sockel: Der Sockel ist aus zwei etwa gleichen Hälften zusammengesetzt. Die Bekrönung ist stark bestoßen, die weitgehend zerstörte Basis ist größtenteils ergänzt, die Oberfläche stark verwittert.
Der annähernd quadratische Sockel ist aufgebaut aus der Basis aus Standplatte und doppelter Kehle, glatt belassenem Körper, Bekrönung aus doppelter Kehlung, Deckplatte und Schmiege für einen zylindrischen Aufbau. Auf der Frontseite die Weihinschrift: I(ovi) O(ptimo) M(aximo).

b. Statue: Erhalten ist nur der Unterkörper. Der linke Unterschenkel ist verloren, das rechte Bein sowie Fußbank, Plinthe, Thronlehnen und rechter Fuß sind bestoßen.
Iupiter hat das rechte Bein leicht zurück- und zur Seite gesetzt, die Füße ruhen auf einem besonderen oben profilierten Schemel. Der Mantel verhüllt den Unterkörper des Gottes, läßt aber den linken Unterschenkel frei. Ein Zipfel ist über das linke Knie geführt und fällt zwischen den Unterschenkeln herab. Die vorderen Thronpfosten sind brettartig flach im Typus I gebildet. Der obere Teil der Rückenlehne ist mit einem X-förmigen Balkenkreuz dekoriert. Der Raum zwischen den Thronpfosten ist mit Tüchern drapiert.
Die beiden Steine wurden zusammen gefunden. Da sie aber aus unterschiedlichem Material gearbeitet sind, ist ihre Zugehörigkeit zweifelhaft.

9 KÖLN-WEIDEN Taf. 63

Ludwig-Jahn-Straße
Bonn, RLM Inv.-Nr. 63.1209 (Sockel); 63.1208 (Säule)
Kalkstein. a: H. 0,625 m; Br. 0,43 m; T. 0,435 m. – b: H. 0,31 m; Dm. maximal 0,24 m

Bonner Jahrb. 166, 1966, 572; Brommer, Vulkan 4; 31 f. Nr. 7 Taf. 7; H. G. Horn, Bonner Jahrb. 172, 1972, 144 Anm. 5; E. Spiegel, Führer 37 Nr. 85. Siehe oben S. 285; 290; 292; 303; 329; 388; 389.
Neg. RLM Bonn 22390–22393 (9 × 12); Film 1034/80,11 (Basis)

a. Sockel: Zahlreiche Bestoßungen, vor allem an Basis und Rahmen der Seiten c/d; kleinere Bestoßungen am Rahmen von a, bestoßen sind auch die vier Oberkanten.
Der Sockel ist über quadratischer Grundfläche aufgebaut und besteht aus der Basis aus hoher Standplatte und einem Karnies, das auf die Ecken reduziert ist, dem Körper mit vier Bildfeldern sowie der Bekrönung aus Karniesprofil, Deckplatte und einem zurückspringenden Auflager, der Plinthe. Hierin befinden sich ein Dübelloch mit Bleierguß sowie ein Gußkanal. An den Reliefs fällt die starke Punktbohrung auf.
a. Mercurius mit Flügelhut, Flügelschuhen und Chlamys ausgestattet, die über der rechten Schulter gefibelt ist und im Rücken lang herabhängt. In der gesenkten Rechten hält er den Geldbeutel, während er den caduceus lässig in der Linken herabhängen läßt. Der Gott stützt sich mit dem linken Arm auf einen Pfeiler mit Basis und setzt dabei das rechte Spielbein zurück.
b. Die Göttin trägt Chiton und schräg drapierten Mantel und ist mit einem Diadem geschmückt. Sie hält in der gesenkten Rechten Gegenstände, vielleicht zwei Früchte, in der angewinkelten Linken trägt sie wohl einen Korb mit Früchten – vielleicht Fortuna.
c. Der bärtige Hercules steht auf dem rechten Standbein, die gesenkte Rechte auf die Keule gestützt, um den angewinkelten linken Arm das Löwenfell geschlungen. In der linken Hand hält er einen Apfel, den Bogen hat er schräg über den Körper gehängt.
d. Vulcanus ist beim Schmieden wiedergegeben. Er sitzt auf einem Felsen, das linke Bein vor-, das rechte, gestiefelte zurückgesetzt. Vor sich auf dem Amboß hält er mit der Linken eine Beinschiene, in der angewinkelten Rechten den Hammer. Pilus und Exomis kennzeichnen den bärtigen Gott als Handwerker.

b. Säule: Von der Säule sind erhalten die Basis attischer Ordnung mit doppeltem Wulst und trennender Hohlkehle samt dem Ansatz des Schaftes mit nach oben gerichteten Schuppen, zu dem eine Kehle überleitet. Oben und unten Stoßfläche mit Dübelloch samt Eisendübel, Bleierguß und Gußkanal. An den Wülsten sowie am oberen Ende des Schaftes sind kleinere Partien abgeschlagen.

10 KÖLN-WEIDENPESCH Taf. 64

Südwestlich der Neusser Landstraße, in der Nähe der Fundstelle der Iupiterstatue 49
Köln, RGM Inv.-Nr. 79,1.1 (Sockel); 79,1.2 (Basis mit Ansatz des Säulenschaftes); 79,1.3 (untere Säulentrommel); 79,1.4 (obere Säulentrommel mit Ansatz des Kapitells); 79,1.5 (oberer Teil des Kapitells); 79,1.6 (Statue)
Kalkstein. Gesamth. noch 3,53 m. a: H. 0,735 m; Dm. unten 0,575 m. – b: H. 2,29 m. – c: H. 0,505 m
Verf., Museen der Stadt Köln. Bulletin 7, 1979, 1731 ff. Die ausführliche Publikation des Monuments wird durch den Verf., die der Inschrift von B. und H. Galsterer für Epigr. Stud. vorbereitet. E. Spiegel, in: Führer 37 Nr. 57. Siehe oben S. 272 ff.; 282; 284 f.; 289 ff.; 295; 297; 302 A. 169; 307; 326; 349; 395.
Neg. Rhein. Bildarchiv Köln 174901–174903; 170748–170759; L 4995/10A–L 4995/20A

Ein Kunststoffabguß des Monuments wurde auf dem Grundstück der Finder in Köln-Merkenich aufgestellt.
Die einzelnen Werkstücke des Monuments mit Ausnahme der Statue waren durch Eisendübel in Bleierguß miteinander verbunden (z. T. erhalten).
Die Oberfläche des Monumentes ist – besonders auf der 'Frontseite' – stark abgewittert. Abgeschlagene oder ausgewitterte Partien wurden z. T. mit Minéros geschlossen bzw. ergänzt, doch wurde nichts Figürliches ergänzt.

a. Sockel: Die Oberfläche einschließlich der Inschriftpartie ist stark abgewittert. Zwei abgeschlagene Partien des oberen Profils sind ergänzt.
Der Sockel von kreisrunder Grundfläche besteht aus der Basis aus Standplatte und Kehle, dem zylindrischen Körper mit Weihinschrift und der Bekrönung aus Kehle und Wulst. Unter- und Oberseite sind auf Anschluß gearbeitet und besitzen Dübellöcher. Die Inschrift ist nur noch teilweise zu lesen:
- - - I - - - / - - - O / - - - /
- - - N (?) VLLC (?) - - - / - - - O (?) - - - XXX VV - - -
Neben der Weihung I(ovi) O(ptimo) M(aximo) enthielt die Inschrift wohl in Zeile 3 den Namen des Dedikanten, der in Zeile 4 als Angehöriger der legio XXX V(lpia) v(ictrix) bezeichnet wird.

b. Säule: Restauriert ist an der Basis eine Partie des oberen Wulstes und des Schaftansatzes, an der unteren Trommel ist oben ein größerer Splitter wieder angesetzt, die obere Trommel ist aus zwei Hauptstücken und zahlreichen Splittern zusammengesetzt, größere Fehlstellen, u. a. am rechten Bein und dem Oberkörper der Relieffigur sind ausgefüllt worden, am Kapitell sind das Mittelstück und die rechte Volute der Frontseite wieder angesetzt.
Die Säule ist aufgebaut aus der Basis attischer Ordnung aus zwei Wülsten mit trennender Hohlkehle samt Ansatz des Säulenschaftes, einer unteren und einer oberen Säulentrommel, letztere mit Ansatz des Kapitells und dem Hauptstück des Kapitells, das der korinthischen Ordnung angehört. Der geschuppte Säulenschaft wird durch eine über dem Victoria-Relief verlaufende schlichte Binde in zwei Zonen geteilt, wobei die Schuppen der unteren Zone nach oben, die der oberen Zone nach unten gerichtet sind. Reliefs mit stehenden Gottheiten sind in drei Register übereinander gestaffelt.
Register I: Die Göttin steht auf einem kugeligen Gegenstand, der wohl als globus zu deuten ist. In der erhobenen Rechten hält sie einen Kranz, während sie in der gesenkten Linken ein längliches Objekt, wohl einen Palmzweig hält – Victoria.
Register II: Die mit dem rechten Standbein auf einer Konsole stehende Göttin ist an dem Helm mit Busch als Minerva zu erkennen. Die gesenkte Rechte hält den Schild, die erhobene Linke die Lanze – von beiden Waffen haben sich geringe Spuren erhalten.
Register III: Die Reste der Frisur in der Stirn und im Nacken, vor allem aber der schleierartig vom Haupt herabhängende Mantel, der in einem Bausch über die rechte Schulter fällt, sichern die Bestimmung der Figur als weiblich. Die Göttin hält in der erhobenen Rechten ein stabartiges Attribut, vielleicht eine Fackel. Die Linke war gesenkt und hielt möglicherweise eine Schale über einem Altar. Eine Deutung auf Iuno liegt nahe.

c. Statue: Verloren sind der Kopf, der linke Arm bis auf den Ansatz, der rechte Unterarm bis auf den Rest der Hand, Teile der Rückenlehne. Die Bodenplatte ist aus fünf Bruchstücken zusammengesetzt; links ist eine größere Partie ergänzt.
Iupiter hat das linke Bein vor-, das rechte zurückgesetzt. Die auf dem Knie liegende Rechte wird das Blitzbündel, die linke das Zepter gehalten haben. Der Mantel verhüllt den Unterkörper und fällt als Bausch über die linke Schulter. Über die Rückenlehne, sie ist durch einen Quersteg unterteilt, ist ein Tuch drapiert.

11 RHEYDT-MÜLFORT (Stadt Mönchengladbach)   Taf. 65,1

Bei der Missionsschule, heute Mülfort-Markt
Mönchengladbach, Städt. Museum Schloß Rheydt Inv.-Nr. R 1
Sandstein. a: H. 1,515 m; Dm. maximal etwa 0,24 m. – b: L. der Plinthe noch 0,33 m; Br. ursprünglich ca. 0,26 m (Hertlein)
Schurz, Röm.-Germ. Korrbl. 5, 1912, 24 f. Abb. 12; H. Lehner, ebd. 47; F. Hertlein, Germania 1, 1917, 101 f. Abb. 1; Espérandieu IX 6614; Koepp, Germania Romana² 34 Taf. 7,3; Kähler, Kapitelle 63; 67 Taf. 10;

S. Ferri, Arte romana sul Reno (1931) 85 f. Abb. 29; Walter, Colonne 35 Nr. 41; E. Brües, Städtisches Museum Schloß Rheydt. Führer durch die Sammlungen II. Vorburgmuseum. Abt. Bodenfunde – Stadtgeschichte (1979) 44 Abb. 22 f; dies., Das Rheinische Landesmuseum Bonn 1973, 32 Abb. (Detail der Minerva); H. G. Horn, Bonner Jahrb. 172, 1972, 159 Nr. 44; E. Schwinzer, in: Städtisches Museum Schloß Rheydt Mönchengladbach (1980) 116 f. (Neuaufstellung). Siehe oben S. 272 ff.; 280; 282; 284 f.; 300; 324; 345; 347; 388; 403.

a. Säule: Die Säule ist im oberen Teil gebrochen (Bruchlinie in Brusthöhe der Iuno). Am Kapitell sind die Voluten bis auf jeweils eine weggebrochen; kleinere Bestoßungen und Ausbesserungen. Ergänzungen wurden an der Säulenbasis, am Oberkörper der Iuno und an den benachbarten Schuppen vorgenommen.
Die monolithische Säule besteht aus einer Basis attischer Ordnung mit zwei Wülsten, die durch eine Hohlkehle getrennt sind, einem kleinen überleitenden Wulst, dem geschuppten Schaft, der auf der Frontseite drei übereinandergestaffelte Götterreliefs trägt, und einem korinthischen Kapitell mit Dübelloch oben. Die Schuppen sind bis zur Konsole der Minerva nach oben, im übrigen Teil nach unten gerichtet.
Register I: Hercules ist mit rechtem Spielbein und leichter Wendung zu dieser Seite dargestellt. Über die linke Schulter hat er das Löwenfell geschlungen. Die Rechte stützt sich auf die Keule, in der angewinkelten Linken hält der bärtige Gott einen großen Apfel.
Register II: Minerva hält in der erhobenen Rechten die Lanze und mit der Linken einen ovalen, am Boden stehenden Schild. Die Göttin trägt einen Helm mit crista, Chiton und einen schräg über die linke Schulter drapierten Mantel. Auf der Brust ist die rechte Hälfte der Ägis zu erkennen. Sie hat das linke Spielbein leicht zur Seite gesetzt und wendet sich nach dort.
Register III: Iuno hält in der gesenkten Rechten die Opferschale, in der Linken das Zepter. Die Göttin ist in einen Peplos mit doppeltem Umschlag und einen Mantel gekleidet, der schleierartig vom Kopf auf die Schultern fällt. Ein Diadem schmückt ihr Haupt. Die Göttin dreht sich nur leicht dem linken Spielbein zu.

b. Statue: Von der bekrönenden Statue waren früher erhalten ein Teil der Plinthe mit dem linken Fuß des stehenden Iupiter sowie 'Brust, Hinterleib, Schlangenfuß' (Schurz a. a. O.) des am Boden kauernden Giganten. Das Bruchstück ist durch Kriegseinwirkung verlorengegangen.

SCHWAMMENAUEL: siehe unten Nachtrag 218

12 WÜSTWEILER (Gem. Niederzier, Kr. Düren)   Taf. 66

Fundplatz Hambach 500, aus einem Brunnen
Außenstelle Braunkohle des RLM Bonn Inv.-Nr. HA 500, 1658–20
Rötlicher Sandstein: a: H. 0,38 m; diagonaler Dm. des Kapitells: ca. 0,47 m. – b: H. ca. 0,37 m
Verf., Ausgrabungen im Rheinland '79. Das Rheinische Landesmuseum Bonn. Sonderheft 1980 196 ff. Zur Fundstelle: W. Schwellnus, M. Gechter, W. Göbel u. W. Janssen, Ausgrabungen im Rheinland '78. Das Rheinische Landesmuseum Bonn. Sonderheft 1979, 181 ff. Hinweise G. Müller und W. Schwellnus. Siehe oben S. 274; 276 f.; 284; 296; 302 A. 169; 326 f.
Neg. Verf. u. RLM Bonn 23914–23917 (9 × 12)

Säule und Statue könnten von demselben Monument stammen. Hierfür sprechen außer der gemeinsamen Fundstelle das gleiche Material und das Format. Daß die Statuenplinthe kein Dübelloch besitzt, teilt sie mit den meisten anderen Iupiterstatuen, während das Kapitell gewohnheitsmäßig mit einem Dübelloch versehen worden ist (vgl. das Monument 10). Zur Frage der Gleichzeitigkeit siehe S. 327.

a. Säule: Erhalten ist das Kapitell mit dem Ansatz des Säulenschaftes. Beschädigt sind drei der Voluten sowie die vier Abacusblüten. Das Werkstück besitzt unten und oben ein Dübelloch. Auf der Oberseite sind die Spuren des Spitzeisens sowie die eingerissenen Hilfslinien des Bildhauers stehengelassen: Achsenkreuz, mehrere konzentrische Kreise sowie Kreissegmente auf den Voluten.
Der Ansatz des Säulenschaftes zeigt zwei Reihen nach unten gerichteter Schuppen. Die Säule wird bekrönt von einem Kompositkapitell, das aufgebaut ist aus den Kranz- und Hochblättern, den Pfeifenblättern, einem eingrenzenden Flechtband, ionischem Eierstab, diagonal gestellten Voluten mit Zwickelrosetten und dem Abacus mit einer Blüte auf jeder Seite. Von den Ecken des Abacus hängt jeweils ein Blatt herab, das die Nahtstelle zwischen den Voluten verdeckt und dem Überfall der Hochblätter aufsitzt.

b. Statue: Erhalten sind das Unterteil der Statue mit zwei kleinen anpassenden Stücken der Plinthe sowie ein anpassendes Fragment des Oberkörpers.
Iupiter hat das linke Bein vorgesetzt, das rechte angezogen. Die rechte Hand lag auf dem Oberschenkel (Absplitterung), die linke wird erhoben gewesen sein. Der Mantel verhüllt den Unterkörper, hängt rechts und links in Zipfeln über dem Thron, ist im Rücken hochgeführt und fällt schließlich als Bausch über die linke Schulter. Die Thronpfosten sind balusterartig im Typus II gegeben. Zwischen den Pfosten sind Tücher drapiert ('genagelt'); die Seitenlehnen sind durch eine Art Zungenmuster wiedergegeben. Das auf der Rückenlehne drapierte Gewand besitzt mit Bleigewichten beschwerte Zipfel. Der obere Abschluß der Rückenlehne ist bogenförmig geschwungen und ornamentiert.

Zusammen mit a und b wurden mehrere skulptierte Sandsteinfragmente gefunden, die aber nicht zugehören. Darunter sind ein Teil eines angewinkelten Armes (?), der aber größer proportioniert ist als der Iupiter, und ein Fragment mit Falten- oder Blattornamentlinien. Es wäre denkbar, daß der Arm, aber auch das zweite Fragment zu einer weiteren Jupiterstatue gehört haben, die dann ebenfalls als Bekrönung der Säule in Frage käme (zu zwei Ioves von einer Fundstelle vgl. z. B. 7–40; 10–49).

13 ZÜLPICH (Kr. Euskirchen) Taf. 65,2.3

Unter der Pfarrkirche St. Peter
Zülpich, Heimatmuseum Inv.-Nr. 54/1 (Säulenschaft); 54/4 (Statue)
Sandstein. a: H. 1,125 m; Dm. maximal 0,26 m. – b: H. 0,43 m
Unpubliziert. Siehe oben S. 273 f.; 276 f.; 282; 285; 299; 347.
Neg. Landesbildstelle Rheinland, Düsseldorf 1962: 38/2339/13; 38/2309/2

a. Säule: Verloren ist das obere Schaftende mit dem Kapitell, ein Teil der Basis ist weggebrochen, die Oberfläche verwittert.
Von der Säule sind erhalten die Basis attischer Ordnung mit zwei Wülsten und trennender Hohlkehle sowie der mit der Basis in einem Stück gearbeitete Hauptteil des Schaftes. Er wird durch eine Binde in zwei Zonen geteilt. Die Schuppen der unteren sind nach oben, die der oberen nach unten gerichtet.

b. Statue: Verloren sind der rechte Arm sowie der linke bis auf den Ansatz; die Füße sind weggebrochen, das Gesicht ist abgeschlagen, ebenso die oberen Ecken der Thronlehne, der Unterkörper stark bestoßen; der Kopf ist wieder angesetzt.
Iupiter hat das linke Bein vorgesetzt; die Rechte lag auf dem Knie, die Linke war erhoben. Der Mantel verhüllt den Unterkörper und fällt als Bausch über die linke Schulter. Der Thron, dessen Rückenlehne bogenförmig abschließt, ist mit balusterartigen Pfosten des Typus II ausgestattet. Das

Sitzkissen ist als Wulst angegeben. Zwischen den Thronpfosten und an der Rückenlehne sind Tücher drapiert.

B Einzelteile

Statuen

Stehender Iupiter

14 Unbekannt, wohl NIJMEGEN (Prov. Gelderland, Niederlande) Taf. 67,1.2

Nijmegen, Rijksmuseum Kam Inv.-Nr. B.A. I 6
Kalkstein. H. 0,36 m
Daniëls u. Brunsting 25 Nr. 6 Taf. 4; Espérandieu IX 6623. Siehe oben S. 280; 403.

Erhalten ist das vorgestreckte rechte Bein des stehenden Iupiter, das linke war zurückgesetzt. Im Schritt befindet sich ein am Boden sitzender, hoch aufgerichteter Gigant, dem Betrachter den Rücken zukehrend, den Kopf umgewendet. Mit dem linken Arm stützt er sich auf. Der Leib endet als Schlangen. Der Gigant ist bärtig mit schmerzvoll geöffnetem Mund dargestellt. Auf ihm ist eine zweite Figur mit erhobenem rechtem Arm zu erkennen. Der hintere Teil des Giganten sowie der Körper des Iupiter sind verloren. So ist das Motiv der Gruppe nicht mehr genau zu bestimmen.

RHEYDT-MÜLFORT: siehe oben 11b

Reitender Iupiter

15 HÜRTH-HERMÜLHEIM (Erftkr.) Taf. 67,3

Braunkohlengrube Hürther Berg. Geborgen durch die damalige Röm.-Germ. Abt. des Wallraf-Richartz-Museums Köln, an das RLM Bonn abgegeben; Fundber. des RGM Köln 41.11
Bonn, RLM Inv.-Nr. 42.7 a–b
Kalkstein. H. des Torsos 0,40 m, der Plinthe mit Unterteil 0,22 m
Bonner Jahrb. 148, 1948, 325. Siehe oben S. 274; 279; 303 A. 170; 322; 403.
Neg. Rhein. Bildarchiv Köln 55232. RLM Bonn 12841–12844 (9 × 12)

Erhalten ist das Pferd bis auf den Kopf, die Vorderläufe und ein Zwischenstück der Hinterläufe. Der Schwanz war separat gearbeitet und angedübelt (Dübelloch, Ansatzspur). Vom Reiter sind Kopf, Unterarme und Füße verloren. In einem zweiten, nicht anpassenden Fragment sind erhalten ein Teil der Plinthe mit teilweise originaler Seitenkante, die Hinterhufe des Pferdes, die rechte Hand des Giganten, nicht näher bestimmbare Teile seines Körpers (Oberschenkel?). Die rechte Seite der Gruppe ist stark abgewittert.
Die Zusammengehörigkeit der beiden Fragmente ist wahrscheinlich. Die größeren Proportionen des Giganten finden sich auch bei den Gruppen 16–17.

Iupiter galoppiert über einen Giganten, der wohl mit dem Rücken am Boden liegt und mit der Rechten einen Gegenstand, vermutlich als Waffe hält. Der Reiter trägt die Tunika, einen Panzer mit pteryges (?) sowie einen zurückwehenden Mantel. Von der Ausrüstung des Pferdes sind Zügel und ein Brustgurt zu erkennen.

16 JÜLICH (Kr. Düren)   Tafel. 68,1.2

Düsseldorfer Str., verbaut in der ehemaligen Jesuitenkirche
Jülich, Röm.-Germ. Museum Inv.-Nr. 201 D1
Sandstein. H. 0,43 m
J. Halbsguth, Jülicher Volkszeitung vom 28. 5. 1953; sonst nicht publiziert. Siehe oben S. 274; 279; 295; 322; 337; 403.
Neg. RLM Bonn Film 1046/80, 1.2.9

Verloren sind die Köpfe von Reiter und Pferd, Vorderbeine und Schwanz des Pferdes; der Oberkörper des Reiters ist weitgehend abgeschlagen. Von der Plinthe ist die Vorder- und eine Langseite erhalten.
Iupiter galoppiert über einen am Boden liegenden Giganten, dessen Hinterbeine in nach vorn gewundenen Schlangen enden. Er hat die Rechte (flehend?) zum Reiter erhoben, während der linke Arm am Boden aufgestützt ist. Nach der breiten Kopffläche zu urteilen, war das Gesicht des Giganten ähnlich wie bei 17 als dämonische Fratze gestaltet.

17 KÖLN   Taf. 68,3; 69,1

Am Rinkenpfuhl
Köln, RGM Inv.-Nr. 657
Kalkstein. H. 0,50 m
J. Poppelreuther, Korrbl. Westdt. Zeitschr. 25, 1906, 129 ff. Abb. 1; Klinkenberg 262 f. Abb. 105; Hertlein, Juppitergigantensäulen 22; Koepp, Germania Romana² 37 Taf. 12,3; Schoppa, Götterdenkmäler 53 Nr. 29 Taf. 28 f.; F. Fremersdorf, Urkunden zur Kölner Stadtgeschichte aus römischer Zeit² (1963) 63 Taf. 120 f.; Espérandieu VIII 6425; Ferri, Arte romana sul Reno 89 Abb. 35; G. Ristow, in: Römer am Rhein (Ausstellungskatalog Köln 1967) 147 A 39; ders., Religionen und ihre Denkmäler in Köln (1975) 23 Abb. 3; ders., Römischer Götterhimmel und frühes Christentum (1980) 38 Abb. 37. Siehe oben S. 274; 279; 298; 322; 337; 403.
Neg. Rhein. Bildarchiv Köln 39153; 75707; 22275; 27608

Verloren sind der Oberkörper des Reiters, sein linker Unterschenkel, der Kopf des Pferdes, seine beiden Hinterläufe bis auf die Hufe, das Schlangenkopfende des rechten Gigantenbeines, sowie Teile der Vorderläufe des Pferdes, seines Schweifes, der Unterarme des Giganten und der Plinthe. Der Kopf des Pferdes war mit Hilfe eines Dübels angesetzt (Dübelloch). Der Zwischenraum von Hinterteil und Schweif des Pferdes ist aus Gründen der Stabilisierung stehengelassen und die Plinthe entsprechend nach hinten verlängert. Für den Vorderteil der Gruppe dient der am Boden hockende Gigant als Stütze.
Iupiter galoppiert über einen am Boden kauernden Giganten hinweg, der mit den Armen die Hufe des Pferdes packt. Das als dämonisch charakterisierte, von struppigem Haar und Bart eingefaßte Gesicht mit den großen, tiefliegenden Augen, dem geöffneten, fast zahnlosen Mund ist vom Schmerz gezeichnet. Die Beine des Giganten laufen in Schlangen mit angriffslustig geöffneten Mäulern aus. Iupiter ist als Feldherr dargestellt, gewappnet mit einem Panzer, der eine Reihe Lederlaschen besitzt, indes die untere Partie als Tunika aufzufassen ist. Von der Ausrüstung des Pferdes sind angegeben: Sattel, Satteldecke sowie Brust- und Schweifüberriemen, die jeweils mit phalerae geschmückt sind.

Zugehörigkeit fraglich:

18 Fundort unbekannt, vielleicht BONN   Taf. 69,2

Die Herkunft des Neufundes konnte nicht mehr verläßlich festgestellt werden
Bonn, RLM Inv.-Nr. 69.0317
Kalkstein. H. 0,31 m
Unpubliziert. Siehe oben S. 274; 279; 322; 337; 403.
Neg. RLM Bonn Film 1044/80

Erhalten ist der hintere Teil des Pferdes mit den Oberschenkeln der Hinterhand; der Schwanz ist weggebrochen. Vom Reiter ist ein Ansatz mit den Oberschenkeln erhalten. Die Oberfläche ist z. T. stark verrieben.
Von der Ausrüstung des Pferdes sind zu erkennen: ein Rest des Sattels, die geschuppte Satteldecke mit Fransensaum, der zur Schweifrübe führende Sattelriemen mit phalera sowie ein vom Sattel herabhängender dreifach gegliederter Zierriemen.

KÖLN (?): siehe unten Nachtrag 221

Thronender Iupiter

19 BILLIG (Stadt Euskirchen)   Taf. 67,4

Bonn, RLM Inv.-Nr. A 1236
Rötlicher Sandstein. H. 0,25 m
Lehner 34 Nr. 71; H. v. Petrikovits, in: Führer 26 (1974) 146. Siehe oben S. 276 f.; 300; 332; 345 ff.
Neg. RLM Bonn 232 (13 × 18)

Erhalten sind der Unterkörper mit dem Ansatz des Oberkörpers; die Rückseite und die Plinthe sind abgeschlagen. Die Oberfläche ist stark verrieben.
Der thronende, in einen Mantel gehüllte Gott hat das linke Bein vorgesetzt. Der Raum zwischen den Thronpfosten ist mit einem Tuch drapiert.

20 BILLIG (Stadt Euskirchen)

Bonn, RLM Inv.-Nr. 1144
Rötlicher Sandstein. H. 0,28 m
Lehner 34 Nr. 72; Petrikovits, in: Führer 26 (1974) 146. Siehe oben S. 277; 300; 332; 345 ff.; 396.
Neg. RLM Bonn Film 1034B/80, 1–4; 1044/80

Erhalten ist der Unterkörper mit dem Ansatz des Oberkörpers, verloren jedoch auch die Unterschenkel des Gottes sowie die Plinthe; die Oberfläche ist stark verrieben.
Der Unterkörper des Gottes ist in einen Mantel gehüllt, der zwischen den Beinen tiefe Faltenmulden bildet. Die Thronpfosten sind balusterartig im Typus II ausgebildet. Das Sitzkissen ist nur angedeutet. Der Raum zwischen den Pfosten ist mit Tüchern drapiert.

21   B I L L I G (Stadt Euskirchen)

Bonn, RLM Inv.-Nr. 1144a
Rötlicher Sandstein. H. 0,29 m
Lehner 35 Nr. 73; Petrikovits, in: Führer 26 (1974) 146. Siehe oben S. 276 f.; 300; 345 ff.; 396.
Neg. RLM Bonn 5842 (9 × 12); 551 (13 × 18); Film 1034 B/80, 6.8–10

Erhalten ist der Unterkörper des Gottes mit dem Ansatz des Oberkörpers. Der Hauptteil der Füße und der Plinthe sind weggebrochen.
Der Gott hat das rechte Bein zurück-, das linke vorgesetzt. Der Unterkörper wird vom Mantel verhüllt. Die Pfosten des Thrones sind balusterartig im Typus II gebildet. Das Sitzkissen ist durch Falten wiedergegeben. Im Raum zwischen den Pfosten sind Tücher drapiert.

22   B I R T E N (Stadt Xanten, Kr. Wesel)

Bonn, RLM Inv.-Nr. 18119
Kalkstein. H. 0,31 m
Lehner 37 Nr. 80; Espérandieu IX 6599. Siehe oben S. 276; 295; 301.
Neg. RLM Bonn 415; 637

Verloren sind der Kopf, der linke Arm bis auf einen Ansatz, das linke Bein, die Plinthe samt Füßen; erhebliche Bestoßungen. Die Mörtelspuren deuten darauf hin, daß die Statue wiederverwendet war.
Iupiter hat das linke Bein vor-, das rechte zurückgesetzt. Er hielt in der erhobenen Linken das Zepter, während die Rechte auf dem Knie liegt und das Blitzbündel faßte (Bohrkanal). Der Mantel verhüllt den Unterkörper, hängt, den linken Unterschenkel freilassend, in einem Zipfel über dem linken Knie und fällt in einem Bausch über die linke Schulter. Die Thronpfosten sind balusterartig im Typus II gegeben. Der Raum zwischen den Thronpfosten sowie die giebelförmig abschließende Rückenlehne des Thrones sind mit Tüchern drapiert ('genagelt').

23   B O N N   Taf. 70,1.2

An der Ersten Fährgasse
Bonn, RLM Inv.-Nr. U 177
Kalkstein. H. 0,51 m
Lehner 33 Nr. 65; Skulpturen I Taf. 24,2; Espérandieu VIII 6218. Siehe oben S. 276; 295; 301; 326; 330 ff.; 348.
Neg. RLM Bonn 5511–5515 (13 × 18); 17665–17666 (9 × 12); Landesbildstelle Rheinland, Düsseldorf 25/5253/4

Die Figur ist im Museum der Säule aus Kleinbouslar (6) aufgesetzt. Der linke Unterarm des Gottes ist verloren. Die rechte Partie der Rückenlehne, ein Stück der Plinthe links sowie ihre rechte vordere Ecke sind weggebrochen. Bestoßungen u. a. am rechten Thronpfosten, am rechten Knie, am linken Fuß. Der Kopf war gebrochen und ist wieder angesetzt. Kleine Ausbesserungen sind an der Plinthe angebracht.
Iupiter hat das linke Bein vorgesetzt, das rechte angezogen. Er wendet den Kopf mit dem gelockten, über der Stirn eine Anastolé bildenden Haar, dem vollen Bart, der in der Mitte zwei Schnekkenlocken bildet, leicht nach links. In der abgewinkelten erhobenen Linken hielt er wohl das Zepter, während die Rechte auf dem Knie liegt. Sie ist durchbohrt zur Aufnahme des Blitzbündels. Der Mantel verhüllt den Unterkörper und fällt als Bausch über die linke Schulter. Die vorderen Pfosten des Thrones sind brettartig flach im Typus I gebildet.

24 BONN   Taf. 69,3.4

Aus dem spätantiken Vorgängerbau der Münsterkirche
Bonn, RLM Inv.-Nr. D 334
Kalkstein. H. 0,31 m
Lehner, Bonner Jahrb. 136/37, 1932, 146 Nr. 87 Taf. 23; Espérandieu XI 7778. Siehe oben S. 276 ff.; 296; 301; 305; 317 f.
Neg. RLM Bonn 1569–1570 (18 × 24)

Verloren sind der Kopf, beide Arme, das linke Bein, die Plinthe mit den Füßen. Der Oberkörper und der rechte Oberschenkel sind stark bestoßen. Der Kopf war mittels eines Dübels angesetzt (Dübelloch).
Der Gott hat das linke Bein vorgesetzt. Der Unterkörper ist mit einem Mantel verhüllt, der den linken Unterschenkel freilassend in einem Zipfel zwischen den Unterschenkeln herabfällt. Die Seiten zwischen den Thronpfosten sind mit einem Tuch drapiert. Auf der Rückseite ist eine stehende männliche Figur dargestellt, in der gesenkten Rechten eine Keule, links wohl das Löwenfell – Hercules.

25 BONN

Aus dem spätantiken Vorgängerbau der Münsterkirche
Bonn, RLM Inv.-Nr. D 333
Kalkstein. H. 0,27m
Lehner, Bonner Jahrb. 136/37, 1932, 146 Nr. 88 Taf. 24; Espérandieu XI 7776. Siehe oben S. 276 f.; 296; 301; 305; 330.
Neg. RLM Bonn 1568 (18 × 24)

Erhalten ist nur das Unterteil der Statue mit dem rechten Unterarm. Das Vorderteil der Plinthe mit der linken Fußspitze ist weggebrochen; Bestoßungen.
Der Gott hat das rechte Bein zurück-, das linke vorgesetzt. Die rechte auf dem Knie liegende Hand hielt das gesondert gearbeitete Blitzbündel (Einlassungsloch). Der Unterkörper wird vom Mantel verhüllt. Die vorderen Thronpfosten sind balusterartig im Typus II gegeben. Das Sitzkissen ist nur angedeutet. Der Raum zwischen den Pfosten sowie die Rückenlehne sind mit Tüchern drapiert.

26 BONN   Taf. 70,3.4

Paulstraße
Bonn, RLM Inv.-Nr. 11717
Kalkstein. H. 0,44 m
Lehner 33 Nr. 66; Skulpturen I Taf. 24,3; Espérandieu VIII 6216; Petrikovits 50 f. Siehe oben S. 276 f.; 295; 300; 325 f.; 330; 348.
Neg. RLM Bonn 5832 (9 × 12)

Die Statue war früher der Säule aus Kleinbouslar aufgesetzt. Weggebrochen sind die oberen seitlichen Partien der Rückenlehne, der rechte Arm bis auf den Ansatz und die Hand, der linke Unterarm, der vordere Teil der Plinthe mit dem linken Fuß; Bestoßungen an der rechten Hand und am linken Unterschenkel. Der Kopf ist wieder angesetzt.
Der bärtige, mit einem geflochtenen Haarreif geschmückte Gott hat das linke Bein vorgesetzt. In der auf dem Knie ruhenden Rechten hielt er das gesondert eingesetzte Blitzbündel (Bohrkanal), in der erhobenen, einst angedübelten Linken ein Zepter. Der Mantel verhüllt den Unterkörper und fällt in einem Bausch über die linke Schulter. Thronpfosten und Sitzkissen sind nicht näher ausgebildet. Im Raum zwischen den Pfosten und an der Rückenlehne des Throns sind Tücher drapiert, den Zwickel der bogenförmig abschließenden Rückenlehne füllt ein Blattornament.

27 BONN

Heerstraße
Bonn, RLM Inv.-Nr. A 1426
Kalkstein. H. 0,24 m
Lehner 33 Nr. 67. Siehe oben S. 276 f.; 295; 300.
Neg. RLM Bonn 233 (13 × 18)

Erhalten ist der Unterkörper des Gottes. Weggebrochen sind Teile des rechten Ober- und des linken Unterschenkels sowie der Plinthe.
Der Gott hat das linke Bein kräftig vor-, das rechte zurückgesetzt. Der Mantel verhüllt den Unterkörper bis auf das linke Bein und fällt in einem Zipfel vom linken Knie zwischen den Unterschenkeln herab. Die Pfosten des Thrones sind balusterartig im Typus II gegeben. Zwischen den Pfosten sind Tücher drapiert.

28 Angeblich BONN

Dorotheenstraße
Bonn, RLM Inv.-Nr. 49.10
Kalkstein. H. 0,30 m
Bonner Jahrb. 150, 1950, 135. Siehe oben S. 276 f.; 295; 300; 332.
Neg. RLM Bonn Film 1034/80,1–4

Verloren sind der Kopf, der linke Arm bis auf den Ansatz, ein Teil der Rückenlehne rechts, ein Teil der Plinthe mit dem linken Fuß, der rechte Unterarm ist abgeschlagen; kleinere Bestoßungen und starke Abwitterungen.
Iupiter hielt mit der Linken das Zepter, die Rechte liegt auf dem Knie und hielt das Blitzbündel. Das linke Bein ist vorgesetzt. Der Mantel verhüllt den Unterkörper und fällt als Bausch auf die linke Schulter. Die Pfosten des Thrones sind balusterartig im Typus II gegeben. Das Sitzkissen ist nur angedeutet. Zwischen den Pfosten sowie an der Rückenlehne sind Tücher drapiert.

29 BONN

Wolfstraße
Bonn, RLM Inv.-Nr. 12487
Kalkstein. H. 0,12 m
Lehner 34 Nr. 68; Skulpturen II Taf. 2,7; Espérandieu VIII 6223. Siehe oben S. 295; 300; 326; 330 f.; 348.
Neg. RLM Bonn 619 (13 × 18)

Erhalten sind Kopf und Hals sowie der Ansatz der giebelförmig abschließenden Rückenlehne des Throns. Die Locken über dem rechten Auge sind weggebrochen, kleinere Bestoßungen am linken Auge und am Mund. Der Kinnbart ist zu zwei großen Korkenzieherlocken zusammengefaßt.

BONN: siehe auch oben 2b.

30 Bei SCHLOSS DYCK (Gem. Jüchen, Kr. Neuss) Taf. 71,1.2

Schloß Dyck
Sandstein. H. 0,53 m

C. Koenen, Bonner Jahrb. 81, 1886, 157 ff. Taf. 6; P. Vasters, Röm.-Germ. Korrbl. 7, 1914, 25 f. Abb. 11; Koepp, Germania Romana² 35 Taf. 8,5. Siehe oben S. 276 ff.; 303 A. 170; 331 ff.; 345.
Neg. Landesbildstelle Rheinland, Düsseldorf 12/435

Weggebrochen sind der linke Arm bis auf den Ansatz, der obere Abschluß der Thronlehne sowie kleine Partien an der Plinthe.
Der Gott hat das rechte Bein weit zurück-, das linke leicht vorgesetzt. Der linke Arm war abgestreckt und erhoben, während die Rechte auf dem Knie ruht und das wohl metallene Blitzbündel hielt, das in die steinerne 'Hülse' eingesetzt war. Der Mantel verhüllt den Unterkörper, ist im Rücken hochgeführt und hängt als Bausch über die linke Schulter. Das Barthaar ist zu Korkenzieherlocken stilisiert. Der Thron ist nur summarisch gearbeitet.

31   FREIALDENHOVEN (Gem. Aldenhoven, Kr. Düren)   Taf. 73,1

Jülich, Röm.-Germ. Museum Inv.-Nr. 528 D1
Sandstein. H. 0,27 m
Bonner Jahrb. 169, 1969, 493. Siehe oben S. 276; 303 A. 170; 304; 325.
Neg. RLM Bonn Film 1046/80,11–12

Erhalten ist nur die linke Hälfte des Unterteils mit dem Ansatz des Oberkörpers, dem linken Bein, dem oberen Teil der linken Seitenlehne und einem Teil der Rückenlehne.
Iupiter hat das linke Bein vorgesetzt. Sein Unterkörper ist vom Mantel verhüllt. Als vorderes Thronbein dient eine Stützfigur. Das Sitzkissen ist durch Wülste angedeutet. Zwischen den Pfosten und an der Rückenlehne sind Tücher drapiert.

32   GLEHN (Stadt Neuss)   Taf. 71,3.4

Neuss, Clemens-Sels-Museum Inv.-Nr. 1978/197
Sandstein. H. 0,45 m
Unpubliziert. Hinweis M. Tauch. Siehe oben S. 276 f.; 303 A. 170; 333; 345.
Neg. Verf.

Verloren sind der Kopf bis auf den Ansatz des Nackenhaares, der Hals bis auf einen Rest, der linke Unterarm, die rechte Hand, die Füße samt Plinthe; die rechte obere Ecke der Rückenlehne ist weggebrochen; die Unterschenkel sowie der Mantelbausch auf der linken Schulter sind stark bestoßen.
Iupiter hat das rechte Bein angezogen, das linke vorgesetzt. Der linke Arm war abgestreckt und hielt das Zepter, während die Rechte auf dem Knie ruht und das Blitzbündel hielt. Der Mantel verhüllt den Unterkörper, wobei ein Zipfel zwischen den Schenkeln herabfällt. Auf der linken Schulter ist der Mantel gebauscht. Die Pfosten des Thrones sind balusterförmig im Typus II gebildet. Das Sitzkissen ist schwach angedeutet. Zwischen den Pfosten des Thrones sind Tücher drapiert.

33   GOLZHEIM (Gem. Merzenich, Kr. Düren)

Düren, Leopold-Hoesch-Museum Inv.-Nr. 1328
Sandstein. H. 0,365 m
Bös 155. Siehe oben S. 276 f.; 303 A. 170; 332.
Neg. Verf.

Erhalten sind das Unterteil der Figur und der Ansatz des Oberkörpers. Ein Teil der Plinthe ist rechts und links abgeschlagen, der rechte Unterschenkel und Fuß sind bestoßen; die Oberfläche ist stark verwittert.

Iupiter hat das linke Bein vor-, das rechte energisch zurückgesetzt. Die rechte Hand liegt auf dem Knie und hielt wohl das Blitzbündel. Zwischen den Thronpfosten und an der Rückenlehne des Throns sind Tücher drapiert.

34 GREVENBICHT (Prov. Limburg, Niederlande)

Houtstraat, zusammen mit 4 u. 35
Maastricht, Bonnefantenmuseum Inv.-Nr. 748
Sandstein. H. 0,665 m
T. Panhuysen, Hermeneus 52, 1980, 97 Abb. 23. Siehe oben S. 276 ff.; 297; 303 A. 170; 332; 346.

Verloren sind der Kopf bis auf den Ansatz mit einem Rest des Haares (besonders rechts), der Hauptteil des linken Unterarmes, eine Partie am rechten Unterarm, der linke Fuß, die Zehen des rechten Fußes, der größere Teil der Fußplatte, etwa das rechte Drittel der Rückenlehne.

Iupiter hat das rechte Bein angewinkelt, das linke vorgestellt. Die rechte Hand liegt auf dem Oberschenkel und hielt das Blitzbündel (Bohrkanal für den Metalleinsatz). Der linke Arm ist erhoben. Zu seiner Festigung diente wohl ein Puntello. Der Oberkörper ist breit und muskulös gegeben. Der Mantel verhüllt das rechte Bein, während das linke entblößt ist. Ein Bausch des Mantels fällt zwischen den Beinen herab und endet in einem Zipfel, der vom linken Oberschenkel herabhängt. Der Mantel ist im Rücken hochgeführt und fällt als Bausch über die linke Schulter. Zwischen den Pfosten sowie an der Rückenlehne des Thrones sind Tücher drapiert. Das Sitzkissen ist angedeutet.

35 GREVENBICHT (Prov. Limburg, Niederlande)

Houtstraat, zusammen mit 4 u. 34
Maastricht, Bonnefantenmuseum Inv.-Nr. 2540 A
Sandstein. H. 0,57 m
Hinweis T. Panhuysen. Siehe oben S. 276 f.; 297; 303 A. 170; 346.

Verloren sind der Kopf, die Schultern mit beiden Armen, Teile beider Beine, die Füße, die Standplatte, Teile der Rückenlehne sowie der Seiten des Thrones; aus mehreren Fragmenten zusammengesetzt.

Iupiter hat das rechte Bein angezogen, das linke leicht vorgesetzt. Der Mantel verhüllt das rechte Bein, fällt in einem Bausch zwischen den Beinen herab und endet in einem Zipfel, der über den linken Oberschenkel herabhängt, wobei das linke Bein weitgehend entblößt bleibt. Der Mantel ist im Rücken hochgeführt und fällt in einem Bausch über die linke Schulter (Ansatzrest). Die vorderen Pfosten und die Seitenlehnen des Thrones sind balusterartig im Typus II gestaltet. Zwischen den Pfosten sowie an der Rückenlehne (?) sind Tücher drapiert. Das Sitzkissen ist angedeutet.

GREVENBICHT: siehe auch oben 4d.

36* HARZHEIM (Gem. Mechernich, Kr. Euskirchen)

Vom Gelände eines römischen Gutshofes

Früher im Besitz von Bürgermeister Schmitz in Mechernich; der Verbleib ist nach Auskunft von T. Hürten (†) unbekannt.
Sandstein. H. 0,39 m
C. A. Eick, Die römische Wasserleitung aus der Eifel nach Köln (1867) 69; Bonner Jahrb. 125, 1919, 77. Siehe oben S. 302 A. 169; 304.

Gesicht, der linke Unterarm sowie die rechte Hand sind verloren.
'Die Statue besteht aus grobkörnigem und dabei sehr gebrächem Sandstein der Umgebung und hat eine Höhe von 15 Zoll. Das Gesicht, die rechte Hand und der linke Vorderarm fehlen, doch sind die reichen Haarlocken des Hauptes, welche bis auf die Schultern fallen, noch deutlich erkennbar. Der Gott ist in würdevoller Haltung, auf einem breiten Sessel sitzend, dargestellt und mit einem leichten Gewande bekleidet, das unter der Brust durch ein Cingulum geschürzt wird. Der rechte Vorderarm ruht auf der Seitenlehne des Sessels und scheint die Hand irgend etwas gehalten zu haben. Das rechte Bein ist ein wenig höher gestellt und bis zur Hälfte des Oberschenkels entblößt, indem das Gewand nach der linken Seite zurückgeschlagen ist und dort bis auf die Knöchel herabfällt; das linke ist dagegen etwas zurückgesetzt. Da weiter alle Attribute fehlen, auch der Fuß der Statue einige Beschädigungen erlitten hat, so scheint eine bestimmte Deutung derselben schwierig; doch dürften wir vielleicht einen Iupiter oder Lar des Hauses in ihr zu suchen haben' (Eick a. a. O.).

37 HEIMERZHEIM (Gem. Swisttal, Rhein-Sieg-Kr.)

Bonn, RLM Inv.-Nr. 42.78
Sandstein. H. 0,225 m
Bonner Jahrb. 148, 1948, 388 (dort als Altar angesprochen). Siehe oben S. 303 A. 170; 333.
Neg. RLM Bonn Film 1070/80,4–9

Erhalten sind nur die rechte Seitenlehne des Thrones und der Ansatz der Vorderseite mit einem Zipfel des herabhängenden Mantels. Unter der Seitenlehne ist ein Tuch drapiert. Der Thronpfosten ist balusterartig im Typus II gebildet. Das Sitzkissen ist durch Fältelung angegeben.

38 JÜLICH (Kr. Düren)   Taf. 72,1.2

Dr. Weyer-Straße
Jülich, Röm.-Germ. Museum Inv.-Nr. 210 D 1
Sandstein. H. 0,36 m
Halbsguth, Jülicher Volkszeitung vom 11. 8. 1955; sonst unpubliziert. Siehe oben S. 276 f.; 333.
Neg. Verf.; RLM Bonn Film 1046/80,5–6.9–10

Verloren sind der Kopf mit der linken Brustpartie sowie der linke Arm. Der rechte Unterarm, samt Hand, der Unterkörper sowie die Plinthe sind abgeschlagen.
Iupiter hat das linke Bein leicht vorgesetzt, in der rechten auf dem Knie ruhenden Hand hielt er wohl das Blitzbündel, während die Linke erhoben war. Der Mantel verhüllt den Unterkörper und fiel als Bausch über die linke Schulter. Die Thronpfosten sind balusterartig im Typus II gebildet. Das Sitzkissen ist als Wulst gegeben. Zwischen den Pfosten und an der Rückenlehne des Thrones sind Tücher drapiert. Die Rückenlehne schließt oben mit seitlichen Voluten ab.

39 JÜLICH (Kr. Düren)

Aus der Pfarrkirche St. Maria-Himmelfahrt
Früher Jülich, Heimatmuseum; wohl bei den Kriegswirren verschollen
Sandstein. H. 0,23 m (Bös)
Bös 156 Nr. f; Hagen, Bonner Jahrb. 131, 1926, 368. Siehe oben S. 276; 295.

'Torso des thronenden Jupiter in guter Arbeit' (Bös a. a. O.).
Nach einer Photographie vom Juni 1930 im Archiv des Museums Düren, die mir H. Löhr vermittelte, war nur das Unterteil der Statue erhalten. Es ist deutlich zu erkennen, daß der vorgesetzte linke Unterschenkel vom Himation nicht verhüllt war, die Statue zum Capitolinus-Typ d gehörte.

KLEINBOUSLAR: siehe oben 6b.

40 KÖLN-ZOLLSTOCK

Raderthalgürtel, aus einem römischen Brunnen zusammen mit 7
Köln, RGM Inv.-Nr. 74,1695
Kalkstein. H. 0,30 m
Spiegel, in: Führer 37 a. a. O. Siehe oben S. 276 f.; 296 f.; 302 A. 169; 303; 319; 395.
Neg. Rhein. Bildarchiv Köln L 7503/01; L 7503/03

Erhalten ist das Unterteil mit dem Ansatz des Oberkörpers. Der linke Fuß ist verloren, der größte Teil der Plinthe weggebrochen; die Pfosten des Thrones sind bestoßen, die Oberfläche insgesamt ist stark verwittert.
Iupiter hat das linke Bein energisch vor-, das rechte zurückgesetzt. Die rechte Hand liegt auf dem Knie und hielt wohl das Blitzbündel. Der Mantel verhüllt den Unterkörper. Die vorderen Pfosten des Thrones sind balusterförmig im Typus II gebildet. Zwischen den Pfosten und an der Rückseite des Thrones sind Tücher drapiert.

41 KÖLN   Taf. 74,1–3

Vor dem Weyertor
Köln, RGM Inv.-Nr. 480
Kalkstein. H. in ergänztem Zustand 0,47 m
Klinkenberg 263 f. Abb. 83; Espérandieu VIII 6378; Fremersdorf, Urkunden zur Kölner Stadtgeschichte aus römischer Zeit[2] (1963) 58 Taf. 97; Schoppa, Götterdenkmäler 47 Nr. 2 Taf. 5 f.; Ristow, in: Römer am Rhein 151 Nr. A 50; ders., Kölner Römer-Illustrierte 1, 1974, 154; ders., Religionen und ihre Denkmäler in Köln 23 Abb. 6; ders., Römischer Götterhimmel und frühes Christentum (1980) 27 Abb. 7; Borger, Das Römisch-Germanische Museum Köln (1977) 63. Siehe oben S. 276 f.; 298; 319 f.; 324 f.; 348.
Neg. Rhein. Bildarchiv Köln 75313; 75280–75282; RGZM Mainz T 67/2262–T 67/2264 (jetziger Zustand)

Dem Torso ist jetzt statt des verlorenen ein anderer Kopf aufgesetzt worden (= 76), der Zwischenraum in Gips ergänzt.
Der linke Unterarm ist verloren. Teile der Lehnen und der Plinthe sind weggebrochen. Der Kopf, der gebrochen und wieder aufgesetzt war, ist durch Kriegseinwirkung bis auf den Ansatz im Nakken verloren.
Iupiter hat das rechte Bein energisch zurück-, das linke vorgesetzt. Die rechte auf dem Knie lie-

gende Hand hielt ein Blitzbündel aus Metall, das in die 'Hülse' eingesetzt war. Die abgewinkelte Linke hielt das wohl aus Metall gearbeitete Zepter, das vielleicht in ein Loch in der Plinthe eingelassen war. Der Mantel verhüllt den Unterkörper und fällt als Bausch über die linke Schulter. Der obere Teil der bogenförmig abschließenden Rückenlehne wird von Voluten eingefaßt, aus denen sich symmetrisch zwei Blätter entwickeln. Die vorderen Pfosten des Thrones sind als breite Bohlen gebildet. Die Seitenlehnen besitzen S-förmige Lehnenstützen und balusterartige Armlehnen. Das Sitzkissen ist durch einen kräftigen Wulst angegeben. Zwischen den Pfosten und an der Rückenlehne sind Tücher drapiert.

42 KÖLN

Dom-Südseite, Grabung 69.2, Streufund
Köln, RGM Inv.-Nr. 69,343
Kalkstein. H. 0,295 m
Siehe oben S. 277; 297.
Neg. Rhein. Bildarchiv Köln 161403–161406

Der Oberkörper der Figur ist verloren; größere Partien der Unterschenkel und der Fußplatte sowie die Füße sind abgeschlagen, die beiden unteren hinteren Ecken sind weggebrochen.
Der Unterkörper des Gottes ist mit einem Mantel verhüllt, dessen Zipfel über das linke Knie fällt. Die im Rücken des Gottes herabhängende Partie des Mantels wird an seiner linken Flanke sichtbar. Die vorderen Pfosten des Thrones sind balusterartig im Typus II gebildet. Das Sitzkissen ist als Wulst gegeben. Die Rückenlehne des Thrones sowie der Raum unterhalb der Seitenlehnen sind mit Tüchern drapiert ('angenagelt').

43 KÖLN

Vor dem Hahnentor.
Köln, RGM Inv.-Nr. 33,41 (früher im RLM Bonn)
Kalkstein. H. 0,26 m, in heutigem Zustand 0,17 m
Lehner 36 Nr. 77; Skulpturen II Taf. 2,4; Klinkenberg 261; Espérandieu VIII 6387; Schoppa, Götterdenkmäler 48 Nr. 6 Taf. 9. Siehe oben S. 278; 298; 320; 324; 326; 348.
Neg. RLM Bonn 284 (13 × 18); Rhein. Bildarchiv Köln 75687; L 5320/19 (heutiger Zustand)

Erhalten war das Oberteil, doch sind der rechte Arm mit der entsprechenden Partie der Brust sowie der linke Unterarm abgeschlagen. In der Kriegszeit sind der Kopf, die Stütze sowie die Spitze des Gewandzipfels verlorengegangen.
Iupiter hat den linken Arm erhoben, wohl um das Zepter zu halten. Ein Steg diente zur Festigung des Armes. Über der linken Schulter hängt ein Bausch des Mantels. Die Rückenlehne des Thrones ist mit einem Tuch drapiert.

44 KÖLN   Taf. 72,3.4

Gereonsdriesch bei dem römischen Grab 30; Fundber. des RGM Köln 53.23
Köln, RGM Inv.-Nr. 53,848
Kalkstein. H. 0,385 m
Kölner Römer-Illustrierte 1,1974,229 Nr. 5 (dort mit falscher Inv.-Nr.). Siehe oben S. 276 f.; 298; 315 f.; 320.
Neg. Rhein. Bildarchiv Köln L 7502/10 – L 7502/11; L 7502/13 – L 7502/14

Verloren sind der Kopf, der rechte Arm mit dem entsprechenden Ansatz der Brust, der linke Arm bis auf den Ansatz, die Füße sowie der größte Teil der Plinthe.
Iupiter hat das rechte Bein zurück- und zur Seite gesetzt, das linke ist vorgestellt. Die auf dem Knie liegende Rechte hielt das Blitzbündel (Einlassungskanal), der abgewinkelte linke Arm wohl das Zepter. Der Mantel verhüllt den Unterkörper. Der bogenförmige obere Abschluß der Rückenlehne wird von Ranken gebildet. Die vorderen Pfosten des Thrones sind balusterartig im Typus II gebildet. Das Sitzkissen ist angedeutet. Zwischen den Pfosten und an der Rückenlehne des Thrones sind Tücher drapiert ('genagelt').

45 KÖLN Taf. 73,5

Gereonsdriesch
Köln, RGM Inv.-Nr. 53,849
Kalkstein. H. 0,22 m
Ristow, Kölner Jahrb. Vor- u. Frühgesch. 11, 1970, 79 f. Nr. 6 Taf. 19,4; ders., in: Römer am Rhein 150 f. Nr. A 49. Siehe oben S. 278; 298; 318 f.; 348.
Neg. Rhein. Bildarchiv Köln 92740–92743

Erhalten ist nur das Oberteil der Figur. Verloren sind der rechte Arm mit der entsprechenden Partie der Brust, der linke Unterarm. Dieser war mittels eines Dübels angesetzt (Dübelloch). Über der Schulter ist ein Puntello für die Sicherung des Armes angebracht.
Iupiter wendet den bärtigen Kopf seiner Rechten zu. Der abgewinkelte linke Arm hielt wohl das Zepter. Ein Bausch des Mantels fällt über die linke Schulter. Die Rückenlehne des Thrones ist mit einem Tuch drapiert, der obere bogenförmige Abschluß mit einem Ornament gefüllt.

46 KÖLN Taf. 73,2–4

Aus dem spätantiken Vorgängerbau von St. Ursula; Fundber. des RGM Köln 67.7
Köln, RGM Inv.-Nr. 76,223
Kalkstein. H. 0,19 m
Unpubliziert. Siehe oben S. 277; 279; 296; 298; 333.
Neg. Rhein. Bildarchiv Köln L 3323/12; L 3323/13; L 3323/15; L 3323/16

Erhalten ist das Unterteil der Statue bis zum Ansatz des Oberkörpers. Die Füße, besonders der linke, sowie der größte Teil der Plinthe sind weggebrochen. Weitere Beschädigungen finden sich an beiden Unterschenkeln, am rechten Arm, an den Thronlehnen, besonders an der linken.
Iupiter hat die rechte Hand auf das Knie gelegt und hielt einen Gegenstand. Er hat das rechte Bein leicht angezogen. Der Gott ist mit dem Mantel bekleidet, der den Unterkörper verhüllt. Die Thronpfosten sind balusterartig im Typus II gebildet. Das Sitzkissen ist durch einen Wulst angegeben. Auf der Rückseite ist in frontaler Stellung ein Vogel dargestellt, der die Schwingen ausbreitet, wohl ein Adler. Das Bildfeld ist durch eine eingeritzte Linie eingerahmt. Auf den Seiten zwischen den Thronpfosten ist jeweils ein kugelartiges Gebilde stehengelassen.

47 KÖLN Taf. 75,1–3

Verbaut in Turm V des spätantiken Kastells Deutz
Köln, RGM Inv.-Nr. 67,2168
Kalkstein, H. 0,36 m

Ristow, Kölner Jahrb. Vor- und Frühgesch. 11, 1970, 79 Nr. 4 Taf. 19,2. Siehe oben S. 276; 295 f.; 333.
Neg. Rhein. Bildarchiv Köln 125436

Verloren sind der Kopf sowie beide Arme bis auf einen Ansatz. Der obere Teil der Thronlehne und die Hauptpartie der Plinthe samt Fußspitzen sind weggebrochen, die Knie sowie der linke Thronpfosten bestoßen; Reste der weißen Grundierung.
Iupiter hat das rechte Bein zur Seite gestellt. Die gesenkte rechte Hand wird das Blitzbündel gehalten haben. Der abgewinkelte linke Arm war eingezapft und dürfte das Zepter gefaßt haben. Der Mantel verhüllt den Unterkörper, läßt den linken Unterschenkel weitgehend unbedeckt und hängt als Bausch über die linke Schulter. Zur Tracht des Gottes gehören ferner Sandalen. Die Pfosten des Thrones sind als schlichte Balken gegeben. Die Rückenlehne ist in der Mitte unterteilt. Sie schließt mit einem Giebel ab, dessen Feld ornamentiert war. Das Sitzkissen ist als Wulst gegeben. Zwischen den Pfosten und an der Rückenlehne sind Tücher drapiert.

48 KÖLN

Verbaut im Mauerbering des spätantiken Kastells Deutz
Köln, RGM Inv.-Nr. 67,2170
Kalkstein. H. 0,275 m
Ristow, Kölner Jahrb. Vor- u. Frühgesch. 11, 1970, 79 Nr. 5 Taf. 19,3. Siehe oben S. 276 f.; 295 f.; 332.
Neg. Rhein. Bildarchiv L 3324/13; L 3324/15 – L 3324/17

Erhalten ist das Unterteil mit dem Ansatz des Oberkörpers. Der linke Unterschenkel ist verloren, der vordere Abschluß der Plinthe abgeschlagen. Mörtelreste rühren von der Wiederverwendung her.
Der Mantel verhüllt den Unterkörper des Gottes und fällt, den linken Unterschenkel freilassend, in einem Zipfel vom linken Knie zwischen die Beine. Die vorderen Pfosten des Thrones sind balusterartig im Typus II gebildet. Das Sitzkissen ist als Wulst wiedergegeben. Zwischen den Pfosten und an der Rückenlehne sind Tücher drapiert ('angenagelt').

49 KÖLN-WEIDENPESCH

Südwestlich der Neusser Landstraße, Kiesgrube G. Buhs, aus einem römischen Brunnen
Köln, RGM Inv.-Nr. 79,2
Sandstein. H. 0,185 m
Spiegel, in: Führer 37 Nr. 57. Siehe auch oben S. 277; 284; 295 ff.; 302 A. 169; 333; 346; 349 f.
Neg. Rhein. Bildarchiv Köln L 7502/03– L 7502/04; L 7502/06 – L 7502/07

Erhalten ist ein Teil des Unterkörpers mit dem Ansatz des Oberkörpers. Eine größere Partie der rechten Hälfte der Statue ist schräg abgesplittert. Kleinere Partien sind bestoßen und abgewittert. In die Unterseite ist ein Eisendübel eingelassen.
Noch zu erkennen sind der Ansatz des linken Unterschenkels, ein daneben herabhängender Zipfel des Mantels, der sicher den Unterkörper des Gottes verhüllte, sowie die Pfosten und Lehnen der linken Thronseite. Die Pfosten sind balusterartig im Typus II gebildet. Das Sitzkissen ist durch Wülste angedeutet. Zwischen den Pfosten und der Rückenlehne sind Tücher drapiert.

KÖLN-WEIDENPESCH: siehe auch oben 10c.

50 KÖLN

Nach dem Berliner Inventar aus 'Neuköln'. Die Statue ist also wohl bei der Anlage der Kölner Neustadt am Ende des 19. Jahrhunderts gefunden worden. Sie wurde aus der Kölner Sammlung Röhl erworben.
Früher Berlin, Staatl. Museum für Vor- und Frühgeschichte Inv.-Nr. I i 2411. Nach Auskünften von F. Geupel ist die Figur weder im Museum für Ur- und Frühgeschichte Berlin (Berlin-Ost) noch nach D. Sürenhagen im Museum für Vor- und Frühgeschichte Berlin (Berlin-West) nachzuweisen, wohl Kriegsverlust.
Kalkstein. H. 0,296 m (laut Inventar)
O. Doppelfeld, Funde aus den Kreisen Köln und Mülheim im Staatlichen Museum für Vor- und Frühgeschichte Berlin 4 (= Handschriftliches Photoinventar von 1932 im Besitz des RGM Köln). Hinweis B. Krause. Siehe oben S. 276 f.

Nach dem mir allein vorliegenden Kontaktabzug einer Kleinbildaufnahme O. Doppelfelds sind der Kopf sowie der linke Arm und Fuß verloren; der obere Abschluß der Rückenlehne und der rechte vordere Teil der Plinthe sind weggebrochen.
Iupiter hat das linke Bein vor-, das rechte zurückgesetzt. Die auf dem Oberschenkel liegende rechte Hand hält das Blitzbündel. Der Mantel verhüllt den Unterkörper des Gottes. Die Pfosten des Thrones sind balusterartig im Typus II gebildet. Das Sitzkissen ist durch Wülste angegeben. Zumindest zwischen den Pfosten waren Tücher drapiert.

51 KÖLN

Köln, RGM; aus Sammlung Lückger; Inv.-Nr. Lü 763
Kalkstein. H. 0,29 m
H. J. Lückger, Bonner Jahrb. 132, 1927, 190 Taf. 5,1 (dort zusammen mit einer Säule [109] abgebildet); W. Binsfeld, in: Museen der Stadt Köln, Sammlung Lückger (Ausstellungskatalog Köln 1964) 130 Nr. 763; Ristow, Kölner Jahrb. Vor- u. Frühgesch. 11, 1970, 79 Nr. 3 Taf. 19,1. Siehe oben S. 276; 319.
Neg. Rhein. Bildarchiv Köln L 3329/14; L 3329/17; L 3327/01 – L 3327/02

Verloren sind der Kopf, der linke Arm, der rechte bis auf einen Ansatz, der linke Fuß; der größte Teil der Plinthe ist weggebrochen, der linke Unterschenkel stark bestoßen, die Oberfläche abgewittert.
Iupiter hat das rechte Bein leicht zurück- und zur Seite, das linke vorgesetzt. Die auf dem Knie liegende Rechte wird das Blitzbündel, die einst erhobene Linke das Zepter gehalten haben. Der Mantel verhüllt den Unterkörper und fällt als Bausch über die linke Schulter. Der Thron schließt oben bogenförmig ab. Zwischen den Pfosten und an der Rückenlehne des Thrones sind Tücher drapiert.

52 KÖLN

Köln, RGM Inv. Nr. 567
Kalkstein. H. 0,43 m
Klinkenberg 267 Nr. 3b; Schoppa, Götterdenkmäler 47 Nr. 3 Taf. 7; Ristow, in: Römer am Rhein 151 Nr. A 51. Siehe oben S. 277; 330; 348.
Neg. Rhein. Bildarchiv Köln 34433

Verloren sind der Kopf der linke Arm mit der entsprechenden Partie der Brust, der rechte Arm bis auf die Hand; Teile der Rückenlehne, der Plinthe sowie die Fußspitzen des rechten Fußes sind weggebrochen; die Oberfläche ist bestoßen.
Iupiter hat das linke Bein leicht zurückgesetzt. Der Unterkörper wird vom Mantel verhüllt. Ein Blitzbündel aus Metall war in die 'Hülse' in der rechten auf dem Knie liegenden Hand eingesetzt. Der Thron ist als einfacher Block gegeben.

53 Fundort unbekannt, wohl KÖLN   Taf. 76,1.2

Köln, RGM Inv.-Nr. 210
Kalkstein. H. 0,27 m
Unpubliziert. Siehe oben S. 277; 332.
Neg. Rhein. Bildarchiv Köln L 3323/17; L 3324/02 – L 3324/03

Erhalten sind das Unterteil und ein Stück des Oberkörpers. Das Unterteil ist stark beschädigt, insbesondere das linke Bein.
Iupiter hat das rechte Bein zurück-, das linke vorgesetzt. Die rechte Hand liegt auf dem Knie und hielt wohl das Blitzbündel. Zwischen den Pfosten des Thrones sind Tücher drapiert, die oben jeweils durch zwei Knöpfe 'angenagelt' sind.

54 Fundort z. Z. unbekannt, wohl KÖLN   Taf. 76,3.4

Köln, RGM Inv.-Nr. 0,6
Kalkstein. H. 0,39 m
Unpubliziert. Siehe oben S. 277; 332.
Neg. Rhein. Bildarchiv Köln L 3324/08 – L 3324/12

Nach den Mörtelspuren war die Figur wiederverwendet. Verloren sind der Kopf, beide Arme, die Unterschenkel, die Plinthe; der obere Teil der Rückenlehne ist weitgehend weggebrochen, die Oberfläche stark verrieben.
Iupiter hatte den rechten Arm gesenkt, den linken erhoben. Vom Mantel sind geringe Reste erhalten. Der obere Teil der Rückenlehne des Thrones ist mit gegenständigen peltae geschmückt. Das Sitzkissen ist als Wulst gegeben. Zwischen den Pfosten und an der unteren Partie der Rückenlehne des Thrones sind Tücher drapiert.

55 Fundort wohl KÖLN

Köln, RGM Inv.-Nr. 179 (laut Inv. schon 1931 nicht mehr im Museum nachgewiesen)
Kalkstein. H. 0,24 m
Klinkenberg 267 Nr. 3a; Espérandieu VIII 6419; Schoppa, Götterdenkmäler 27 Nr. 7.

Erhalten war das Oberteil der Figur mit einer Partie der Rückenlehne des Thrones (ornamentiert). An der linken Schulter war ein Stück des Mantelbausches erhalten. Der rechte Arm war gesenkt, der linke erhoben. Der bärtige Gott wendete sich nach rechts.

KÖLN: siehe auch oben 8b.

56 Bei KOMMERN (Gem. Mechernich, Kr. Euskirchen)

Verbleib unbekannt
Sandstein
H. Schaaffhausen, Bonner Jahrb. 44, 1868, 103; W. Sölter, in: Führer 25 (1974) 62. Siehe auch oben S. 303 A. 170.

'Kleine sitzende Statue des Iupiter aus buntem Sandstein des Bleibergs' (Schaaffhausen a. a. O.).

57 NEUSS

Im römischen Kultbezirk am Gepaplatz
Neuss, Clemens-Sels-Museum Inv.-Nr. 1978/196
Sandstein. H. 0,37 m
H. v. Petrikovits, Novaesium. Führer des RLM in Bonn 3 (1957) 112 Nr. 93 Abb. 52; ders., Bonner Jahrb. 161, 1961, 483; ders., Rheinland 125 Taf. 10; ders., Der Niederrhein 25, 1958 H. 1/2, 4 f. Abb. 1. Siehe oben S. 276 f.; 295; 301; 305; 326; 345 f.
Neg. RLM Bonn 6765–6769; 7144–7145 (13 × 18)

Verloren sind der Kopf mit dem Abschluß der Thronlehne, der linke Unterarm, die Füße mit dem Hauptteil der Plinthe.
Iupiter hat das linke Bein leicht vor-, das rechte zurückgesetzt. Die rechte auf dem Knie liegende Hand hält das nahezu vollständig erhaltene, aus dem Block gemeißelte Blitzbündel, die abgewinkelte Linke umfaßte wohl das Zepter. Der Mantel verhüllt den Unterkörper des Gottes und fällt als Bausch über die linke Schulter. Die Seiten des Thrones sowie die Rückseite sind mit Tüchern drapiert.

58 NEUSS

Galgenberg; Fundber. des RLM Bonn vom 1. 6. 1954
Neuss, Clemens-Sels-Museum Inv.-Nr. 1978/198
Kalkstein. H. 0,215m
Petrikovits, Der Niederrhein 25, 1958, H. 1/2, 4 f.; ders., Rheinland 125 Anm. 212 (mit falschem Fundort). Siehe oben S. 277; 295; 302 A. 169; 303; 319; 349.
Neg. Verf.

Erhalten sind zwei in etwa anpassende Bruchstücke mit dem Unterkörper samt Ansatz des Oberkörpers. Linker Unterschenkel sowie beide Füße sind verloren, eine Ecke der Plinthe ist weggebrochen. Die Oberfläche ist z. T. stark abgewittert.
Iupiter hat das rechte Bein zur Seite geneigt und angezogen. Der Unterkörper wird vom Mantel verhüllt. Zwischen den Pfosten und an der Rückenlehne des Thrones sind Tücher drapiert. Das Sitzkissen ist angedeutet.

59 NIEVENHEIM (Gem. Dormagen, Kr. Neuss)

Aus einem römischen Brunnen, beim Kiesbaggern gefunden; Fundstelle Nr. 10 der Kreisaufnahme des Altkreises Grevenbroich
Privatbesitz Dr. A. Kreuels, Neuss
Kalkstein. H. 0,30 m
Bonner Jahrb. 170, 1970, 407. Siehe oben S. 276 f.; 296 f.; 302 A. 169; 304; 332.
Neg. Verf.

Verloren sind der Kopf, der linke Arm, der rechte bis auf einen Ansatz und die rechte Hand, die untere Partie des Unterkörpers mit den Füßen, große Teile der Rückenlehne. Der Unterleib ist bis auf einen Kern abgewittert.
Iupiter hat das linke Bein leicht vor-, das rechte leicht zurückgestellt. Die rechte Hand liegt auf dem Knie und hielt das Blitzbündel, das in einer 'Hülse' angebracht war. Der Mantel verhüllt den Unterkörper des Gottes und fällt als Bausch über die linke Schulter. Die Rückseite des Thrones und wohl auch die Seiten sind mit einem Tuch drapiert.

60 NIEVENHEIM (Gem. Dormagen, Kr. Neuss)

Aus einem römischen Brunnen; beim Kiesbaggern zusammen mit 59 gefunden
Privatbesitz Dr. A. Kreuels, Neuss
Kalkstein. H. 0,13 m. Siehe oben S. 296 f.; 302 A. 169; 304.

Erhalten ist nur ein kleiner Splitter von der linken Seite der Iupiterfigur mit Resten des Thronpfostens, der Seitenlehne, der seitlichen Tuchdraperie, des entblößten Oberschenkels und eines Mantelzipfels.

61 Fundort unbekannt, wohl NIJMEGEN (Prov. Gelderland, Niederlande)

Nijmegen, Rijksmuseum Kam Inv.-Nr. B.A. I. 3
Kalkstein. H. 0,35 m
Daniëls u. Brunsting 24 Nr. 3 Taf. 4; Espérandieu IX 6620. Siehe oben S. 276 f.; 326; 332; 348.

Verloren sind Kopf und linker Unterarm; Beschädigungen an Lehne und Plinthe.
Iupiter hat das rechte Bein energisch zurück-, das linke vorgesetzt. In der rechten Hand hielt er das Blitzbündel, in der erhobenen linken das Zepter. Der Mantel verhüllt den Unterkörper bis auf den linken Unterschenkel, ein Zipfel fällt über das linke Knie, ein Bausch über die linke Schulter. Die Pfosten des Thrones sind balusterartig im Typus II gebildet. Das Sitzkissen ist angedeutet. Zwischen den Pfosten und an der Rückenlehne des Thrones sind Tücher drapiert.

62 Fundort unbekannt, wohl NIJMEGEN (Prov. Gelderland, Niederlande)   Taf. 77,1.2

Nijmegen, Rijksmuseum Kam Inv.-Nr. B.A. I. 1
Kalkstein. H. 0,35 m
Daniëls u. Brunsting 24 Nr. 1 Taf. 4; Espérandieu IX 6618. Siehe oben S. 276; 330; 348.

Der Kopf ist verloren; der obere Lehnenabschluß sowie Teile der Plinthe sind weggebrochen.
Iupiter hält in der auf dem Knie liegenden Rechten einen Gegenstand, während die Linke abgewinkelt und erhoben ist. Sie ist aus einem Stück mit der Thronlehne gearbeitet. Der Mantel verhüllt den Unterkörper und fällt als Bausch über die linke Schulter. Der Thron ist nicht weiter ausgearbeitet.

63 Fundort unbekannt, wohl NIJMEGEN (Prov. Gelderland, Niederlande)

Nijmegen, Rijksmuseum Kam Inv.-Nr. B.A. I. 2
Kalkstein. H. 0,43 m
Daniëls u. Brunsting 24 Nr. 2 Taf. 4; Espérandieu IX 6621. Siehe oben S. 276 f.; 330; 348.

Der Kopf und der linke Unterarm sind verloren, der obere Lehnenabschluß und Teile der Plinthe beschädigt. Durch die Plinthe ist ein großes Loch gemeißelt, doch ist es zweifelhaft, ob dies primär ist und zur Verdübelung der Statue auf dem Kapitell diente.
Iupiter hat das rechte Bein zurück-, das linke vorgesetzt. In der rechten Hand befindet sich ein 'Kanal' zum Einsetzen des metallenen Blitzbündels, die erhobene linke hielt das Zepter. Der Mantel verhüllt den Unterkörper und fällt als Bausch über die linke Schulter. Die Pfosten des Thrones sind balusterartig im Typus II gebildet. Das Sitzkissen ist als Wulst gegeben. Zwischen den Pfosten des Thrones sind Tücher drapiert.

64 REMAGEN (Kr. Ahrweiler) Taf. 77,3.4

Bonn, RLM Inv.-Nr. A 1427
Kalkstein. H. 0,41 m
Lehner 32 Nr. 62; Skulpturen II Taf. 2,3; Espérandieu VIII 6325. Siehe oben S. 276 f.; 295; 302; 325.
Neg. RLM Bonn 313 (13 × 18); Film 942/79; 942/79 A

Verloren sind der Kopf, der rechte und der linke Arm bis auf einen Ansatz, das linke Bein; der rechte Unterschenkel ist abgeschlagen; starke Bestoßungen an den Knien; aus zwei Bruchstücken zusammengesetzt.
Iupiter hat das linke Bein vor-, das rechte zurückgesetzt. Die Linke hielt das Zepter, die Rechte wohl das Blitzbündel. Der Mantel verhüllt den Unterkörper und fällt als Bausch über die linke Schulter. Der obere Teil der Rückenlehne des Thrones ist mit einem X ornamentiert. Die Pfosten des Thrones sind balusterartig im Typus II gebildet. Zwischen den Pfosten und im unteren Teil der Rückenlehne sind Tücher drapiert.

65 REMAGEN (Kr. Ahrweiler) Taf. 78,1

Heimatmuseum Remagen
Tuffstein. H. 0,42 m
S. Gollub, Remagen in ältester Zeit. Führer durch das Heimatmuseum (o. J.) Nr. 14. Siehe oben S. 275 ff.; 302; 295; 333; 344 f.

Verloren sind Kopf, Hals, Schultern, Teile des Oberkörpers, des linken Armes sowie der Thronlehne. Die Mörtelreste stammen von der Wiederverwendung.
Iupiter hat das rechte Bein leicht vor-, das linke zurückgesetzt. Der rechte Arm liegt auf dem Knie und hält das in Stein gemeißelte Blitzbündel. Der linke Arm war erhoben und hielt wohl das Zepter. Der Mantel verhüllt den Unterkörper des Gottes, läßt aber den linken Unterschenkel frei. Pfosten und Lehnen des Thrones sowie ein Fußbrett sind durch Ritzung angegeben.

66 RHEYDT-MÜLFORT (Stadt Mönchengladbach) Taf. 78,2.3

Ziegelei Quack, heute Giesenkirchener Straße/Ecke Hugerstraße
Mönchengladbach, Städt. Museum Schloß Rheydt Inv.-Nr. R 2
Sandstein. H. 0,42 m
Vasters, Röm.-Germ. Korrbl. 6, 1913, 67 ff. Abb. 27; Espérandieu IX 6606; Koepp, Germania Romana[2] 35 Taf. 8,7; Hahl, Stilentwicklung 47; Brües, Führer durch die Sammlungen II. Vorburgmuseum 44 Taf. 4. Siehe oben S. 276 ff.; 300; 332; 345.

Im Museum war die Statue auf die Säule 11 aufgesetzt. Verloren sind der linke Arm bis auf den Ansatz, die Mittelpartie des rechten, die Füße samt Plinthe sowie der Thron bis auf Reste des oberen Lehnenteils. Die Rückseite ist z. T. in Gips ergänzt. Die Statue ist aus zwei Bruchstücken zusammengesetzt.
Der bärtige Iupiter mit Anastolé-Frisur hat das linke Bein vor-, das rechte zurückgesetzt. Die abgestreckte Linke wird das Zepter gehalten haben und war durch einen Puntello gesichert. Die auf dem Knie ruhende Rechte hielt das Blitzbündel, das aus Metall gearbeitet und in die 'Hülse' in der rechten Hand des Gottes eingesetzt war. Der Mantel verhüllt den Unterkörper und fiel als Bausch über die linke Schulter.

67 RÖVENICH (Stadt Zülpich, Kr. Euskirchen)

Aus der Verfüllung des Spitzgrabens eines spätantiken burgus
Bonn, RLM Inv.-Nr. 75.1830
Sandstein. H. 0,125 m
U. Heimberg, Bonner Jahrb. 177, 1977, 591 Abb. 16 f. Siehe oben S. 295; 303 A. 170; 326.
Neg. RLM Bonn 22220–22221 (9 × 12)

Erhalten ist der bärtige Kopf des Iupiter mit dem Ansatz der Rückenlehne des Thrones. Der Oberkopf ist verloren, der obere Teil des Gesichtes abgeschlagen, das Kinn weggebrochen; aus zwei Teilen zusammengesetzt.
Neben dem zottigen Bart ist auch die übliche Haartracht des Gottes zu erkennen. Die Rückenlehne seines Thrones schließt oval ab und war wohl mit einer Rosette gefüllt.

68 STOLBERG (Kr. Aachen)

Früher in der stadtgeschichtlichen Sammlung Aachen, in den Wirren am Ende des 2. Weltkrieges verschollen
Sandstein. H. 0,22 m
A. C. Kisa, Westdt. Zeitschr. 25, 1906, 22; Espérandieu IX 6574. Siehe oben S. 276; 302 A. 169; 303 f.; 333.

Erhalten ist die linke Partie des Unterteils mit dem linken Bein des thronenden Jupiter vom Knie abwärts, einem Stück des Mantels, der Plinthe und der linken Seite des Thrones mit drapiertem Tuch. Der Mantel verdeckt den Unterkörper des Gottes, läßt aber das linke Bein frei.

WÜSTWEILER: siehe oben 12b.

69* XANTEN (Kr. Wesel)

Domimmunität, aus dem römischen Gewerbevicus
Bonn, RLM; wohl mit dem Grabungskomplex magaziniert
Kalkstein.
H. Borger, Bonner Jahrb. 160, 1960, 326; Borger u. F. W. Oediger, Beiträge zur Frühgeschichte des Xantener Viktorstiftes. Rhein. Ausgr. 6 (1969) 148. Siehe oben S. 298; 344.

'Mittelgroßes Kalksteinbruchstück einer verworfenen Iuppiter-Figur' (Borger a. a. O.).

70 ZÜLPICH (Kr. Euskirchen)

Unter der Pfarrkirche St. Peter
Zülpich, Heimatmuseum Inv.-Nr. A 54/3
Sandstein. H. 0,52 m
Unpubliziert. Siehe oben S. 299; 332; 347.
Neg. Landesbildstelle Düsseldorf 38/2311/8, 1962

Verloren sind der linke Arm, der rechte Oberarm, beide Füße. Der Kopf, der rechte Unterarm, der rechte Oberschenkel sind weitgehend abgeschlagen; ein Stück der Rückenlehne rechts ist abgebrochen und wieder angesetzt.
Iupiter hat das linke Bein vor-, das rechte zurückgesetzt. Der rechte Arm liegt auf dem Knie und

hielt wohl das Blitzbündel, der linke war abgewinkelt und hielt wahrscheinlich das Zepter. Der besonders athletisch gebildete Körper wird im Unterteil von einem Mantel bedeckt, der als Bausch über die linke Schulter gelegt ist.

ZÜLPICH: siehe auch oben 13b.

Zugehörigkeit fraglich:

71 KÖLN   Taf. 79; 80,1

Clemensstraße/Bobstraße, aus einem Turm der Stadtmauer
Köln, RGM Inv.-Nr. 440
Kalkstein. H. 1,33 m, davon 0,11 m Plinthe; zu rekonstruierende Breite ca. 0,70 m; zu rekonstruierende Tiefe bei überkragenden Zehen ca. 0,90 m
Klinkenberg 247 Abb. 95; Schoppa, Götterdenkmäler 47 Nr. 1 Taf. 1–4; Espérandieu VIII 6383; Bracker, in: Römer am Rhein 150 Nr. A 46; Kölner Römer-Illustrierte 1, 1974, 155; Borger, Das Römisch-Germanische Museum Köln 63 Abb. 261 f. Siehe oben S. 276; 278; 312.
Neg. Rhein. Bildarchiv Köln 33631–33634

Verloren sind der Kopf, der Hals bis auf den Ansatz, der rechte Arm, der linke Unterarm, der linke Fuß, die rechte Fußspitze, der linke hintere Thronpfosten samt angrenzendem Teil der Rückenlehne, die obere und untere Endigung des rechten hinteren Thronpfostens sowie die rechte Ecke der Rückenlehne. Die Querstreben der Thronseiten sind abgeschlagen. Von der Plinthe ist nur ein Stück des hinteren Abschlusses erhalten. Zahlreiche kleinere Beschädigungen und Auswitterungen, besonders an den Beinen. Eine größere Partie am linken Bein ist wieder angesetzt; kleinere Ausflikkungen.
Der Gott hat das linke Bein vorgesetzt, das rechte angezogen. Der rechte Arm lag sicher dem Körper und dem Oberschenkel an und hielt ein Attribut, wohl das Blitzbündel. Der linke Unterarm war abgewinkelt, zu diesem Zwecke eingezapft und hielt wohl das Zepter. Das Himation verhüllt den Unterkörper, fällt in einem breiten Zipfel, von einem Bleigewicht beschwert, zwischen den Beinen herab, während der andere Teil diagonal im Rücken hochgeführt und am Ende umgeschlagen ist, als Bausch über die linke Schulter fällt und mit einem langen Zipfel am Rücken abschließt. Rechts werden der Seitenabschluß und der vordere Thronpfosten teilweise vom Mantel, links der Thronpfosten von einem Zipfel verdeckt. Der Thron besitzt nur eine niedrige bis in die Hüfthöhe reichende Rückenlehne, ihre abschließende Querleiste ist mit einer Blütenranke geschmückt. Der Sitz wird oben von einer umlaufenden doppelt profilierten Leiste abgeschlossen. Die beiden hinteren seitlich vorkragenden Pfosten sind entsprechend dem Typus I brettartig flach, balusterartig geschwungen mit zweifacher Ausschwingung im Mittelteil. Zur Verstärkung dient auf der Rückseite ein Lattenkreuz, seitlich je eine Querstange. Im Schoß befinden sich fünf eingebohrte Löcher, in dreien befinden sich noch Eisendübelreste und Bleiverguß. Ein sechstes Loch dürfte sich am rechten Knie befunden haben. Der Sinn dieser doch wohl antiken Vorrichtung ist mir unklar. Für die Anbringung des Blitzbündels oder eines anderen Attributes ist sie zu aufwendig, aber auch im Zusammenhang der Spoliennutzung ergibt sie schwerlich einen Sinn.

72 KÖLN   Taf. 80,2.3

Am Kleinen Griechenmarkt, vom Areal eines Tempels
Bonn, RLM Inv.-Nr. 7626
Kalkstein. H. 0,93 m; Br. des Thrones 0,50 m; T. 0,65 m

Lehner 37 Nr. 78; Skulpturen II Taf. 2,5; Espérandieu VIII 6386; Klinkenberg 220; Schoppa, Götterdenkmäler 48 Nr. 5 Taf. 8. Siehe oben S. 276 ff.; 306; 314; 316; 399.
Neg. RLM Bonn 5503–5506 (13 × 18)

Verloren sind Kopf und Hals, beide Arme bis auf die Ansätze; eine größere Partie des Oberteils der Rückenlehne rechts ist weggebrochen; ferner sind kleinere Stellen beschädigt, u. a. an der vorderen und hinteren Ecke links; zahlreiche Bestoßungen, u. a. am rechten Knie, an beiden Unterschenkeln.
Der Gott hat das linke Bein vor-, das rechte zurückgesetzt; er trägt Sandalen. Die Rechte lag wohl auf dem Oberschenkel und wird ein Attribut, vermutlich das Blitzbündel gehalten haben, während die Linke abgewinkelt war und wohl das Zepter hielt. Das Himation verhüllt den Unterkörper, ist im Rücken hochgeführt und fällt als Bausch über die linke Schulter. Der Thron gehört zum Typus I mit bohlenartigen, balustermäßig geschwungenen Pfosten. Die Seitenlehnen werden von Rundstäben gebildet. Zwischen den Thronpfosten sind Tücher gespannt. Der obere Abschluß der Rückenlehne war mit einem Ornament geschmückt, das jedoch weitgehend weggewittert ist.

Köpfe von Iupiterstatuen

73 BANDORF (Stadt Remagen, Kr. Ahrweiler)   Taf. 81,1; 82,1

Bonn, RLM Inv.-Nr. 28643
Sandstein. H. 0,14 m
Lehner 32 Nr. 63; Skulpturen II Taf. 2,8; Espérandieu VIII 6306; O. Kleemann, Vor- und Frühgeschichte des Kreises Ahrweiler (1971) 101; E. Schwertheim, Die Denkmäler orientalischer Gottheiten im römischen Deutschland. EPRO 40 (1974) 41. Siehe oben S. 276; 305; 326; 330; 346; 396.
Neg. RLM Bonn 619 (13 × 18)

Erhalten sind Kopf und Hals; Stirnhaar, Nase und Bart sind bestoßen.
Iupiter trägt die übliche Haar- und Barttracht: zur Anastolé gelocktes Stirnhaar, lockiges Nackenhaar, eng anliegendes Kalottenhaar, Schnurr- und Backenbart, der am Kinn gespalten ist.

74 BONN-LESSENICH   Taf. 81,2; 82,2

Von einer römischen Trümmerstelle
Privatbesitz Alfter-Ödekoven (Rhein-Sieg-Kr.); Abguß im RLM Bonn, Inv.-Nr. 75.1523
Sandstein. H. 0,165 m
H. G. Horn, Das Rheinische Landesmuseum Bonn 1976, 6 f. Abb.; ders., Bonner Jahrb. 177, 1977, 707 ff. Abb. 24 f. Siehe oben S. 276 f.; 302 A. 169; 333; 346; 348.
Neg. RLM Bonn 21423–21426 (9 × 12)

Erhalten ist der Kopf mit dem Ansatz des Halses. Bestoßungen sind am Stirnhaar, an der Stirn und an der Nase zu beobachten; an der rechten Seite ist ein Stück abgeschlagen.
Iupiter trägt die übliche Haar- und Barttracht. Das Kalottenhaar ist gescheitelt und in welligen Strähnen zur Seite gestrichen. Der Gott ist mit einem Haarreif geschmückt. Die Pupillen sind gebohrt.

75 HARZHEIM (Gem. Mechernich, Kr. Euskirchen) Taf. 81,3; 82,3

Bonn, RLM Inv.-Nr. 39.1327
Kalkstein. H. 0,175 m
Bonner Jahrb. 146, 1941, 335 Taf. 45; Espérandieu XIV 8548 Taf. 76. Siehe oben S. 276; 278; 303 A. 170; 331; 346.
Neg. RLM Bonn 12218–12220 (9 × 12)

Erhalten sind Kopf und Ansatz des Halses. Stirn-, Nacken- und Kalottenhaar, Nase und Schnurrbart sind bestoßen. Nach Ausweis der Stoßkante war der Kopf der Statue aufgesetzt.
Iupiter trägt die übliche Anastolé-Frisur. Das Kalottenhaar geht strahlenförmig vom Wirbel aus und endet in großen Schnecken. Das Haar des Kinnbartes ist in der Mitte geteilt und ringelt sich volutenartig ein. Die Stirn ist in Falten gelegt.

76 KÖLN

Köln, RGM Inv.-Nr. 430
Kalkstein. H. 0,105 m
Klinkenberg 267 Nr. 3c; siehe auch die Literatur zu 41. Siehe oben S. 276; 318 f.
Neg. Rhein. Bildarchiv Köln 22472

Der Kopf ist heute der Iupiterstatue 41 aufgesetzt. Erhalten ist der Kopf mit dem Ansatz des Halses. Die Bestoßungen im Gesicht sind jetzt 'ausgebessert'.
Iupiter hat den Kopf zu seiner Rechten gedreht. Der Mund ist geöffnet, die Stirn ist in Falten gelegt. Der Gott trägt die übliche Anastolé-Frisur.

77 KREUZRATH (Gem. Gangelt, Kr. Heinsberg)

Gefunden mit den Säulenfragmenten 144–148
Heinsberg, Heimatmuseum
Sandstein. H. 0,195 m
H. Cüppers, Bonner Jahrb. 159, 1959, 411 Taf. 54. Siehe oben S. 276; 278; 303 A. 170; 305; 333; 345; 396; 404 A. 791.
Neg. RLM Bonn 7350–7351 (13 × 18)

Erhalten ist der Hauptteil des Kopfes. Der Hinterkopf ist abgeschlagen, ebenso ein Teil der linken Seite mit der Haarpartie; mehrere Locken des Stirnhaares sind bestoßen. Der Kopf war mittels eines langen Dübels (Dübelloch) dem separat gearbeiteten Körper aufgesetzt.
Iupiter trägt die übliche Anastolé-Frisur. Das Kalottenhaar ist nur summarisch angelegt. Die Enden des Barthaares rollen sich zu Voluten ein. Die Iris ist durch Ritzung, die Pupille durch Bohrung angegeben.

78 NEUSS Taf. 81,4; 82,4

Vom Gelände des römischen Legionslagers (Koenen-Lager)
Bonn, RLM Inv.-Nr. 6752
Kalkstein. H. 0,195 m
Lehner 37 f. Nr. 81; ders., Bonner Jahrb. 111/12, 1904, 324 f. Nr. 29 Taf. 23,13; v. Petrikovits, Der Niederrhein 25, 1958 H. 1/2, 5 (dort noch als verschollen angesehen). Siehe oben S. 276; 278; 295; 301; 318; 321.
Neg. RLM Bonn Film 745/77/1A; 745/77/3A; 745/77/5A

Erhalten sind Kopf und Ansatz des Halses. An Stirn- und Barthaar sowie an Nase und Mund sind starke Bestoßungen zu beobachten.
Der Kopf war mittels eines Dübels der Statue aufgesetzt (Dübelloch). Iupiter trägt die übliche Anastolé-Frisur. Die Haarlocken sind durch Bohrungen und Hinterarbeitung plastisch gestaltet. Dagegen ist die Kalotte nur summarisch gearbeitet. Die Pupillen sind gebohrt.

79   VECHTEN (Gem. Bunnik, Prov. Utrecht, Niederlande)

Leiden, Rijksmuseum Inv.-Nr. VF^{x}0
Kalkstein. H. 0,12 m
J. H. Holwerda, Catalogus van het Rijksmuseum van Oudheden te Leiden (1908) 228 Nr. 44; Espérandieu XIV 8575 Taf. 89. Siehe oben S. 276; 295; 302; 317.

Erhalten sind Kopf und Ansatz des Halses; Bestoßungen am Stirn- und Barthaar.
Der bärtige Iupiter trägt die übliche Anastolé-Frisur.

80   Fundort unbekannt, aber wohl aus Niedergermanien

Bonn, RLM Inv.-Nr. 28641
Rötlicher Sandstein. H. 0,13 m
Lehner 39 Nr. 86; Skulpturen II Taf. 2,9; Espérandieu VIII 6224. Siehe oben S. 276; 317.
Neg. RLM Bonn 627

Erhalten ist der Kopf mit dem Ansatz des Halses; Haarlocken und Nase sind bestoßen.
Iupiter trägt die übliche Haar- und Barttracht mit Anastolé-Frisur und 'gescheiteltem' Kinnbart. Das Kalottenhaar ist nur summarisch ausgearbeitet.

81   Fundort unbekannt, aber wohl aus Niedergermanien   Taf. 83,1.2

Bonn, RLM Inv.-Nr. 28642
Kalkstein. H. 0,145 m
Lehner 39 Nr. 87. Siehe oben S. 276; 315; 317.
Neg. RLM Bonn 21728–21733 (9 × 12)

Erhalten ist der Kopf der Statue; größere Partien der Kalotte, der Stirn über dem rechten Auge und des Kinnbartes sind abgeschlagen; Augen und Nase sind bestoßen.
Iupiter trägt die übliche Anastolé-Frisur. Das Kalottenhaar ist nur summarisch gearbeitet. Die Bartlocken sind flockig gegeben. Die Pupille war durch Bohrungen angegeben. Die Stirn ist in Falten gelegt.

Stützen

Schuppensäulen

ALFTER: siehe oben 1b

82 ALTDORF (Gem. Inden, Kr. Düren)

Von einer römischen Trümmerstelle
Bonn, RLM Inv.-Nr. 48.410
Sandstein. H. 0,705 m; Dm. maximal 0,205 m
Bonner Jahrb. 149, 1949, 333. Siehe oben S. 282; 285; 302 A. 169; 347 A. 434.
Neg. RLM Bonn Film 1048/80

Erhalten sind Basis und Hauptteil des Schaftes; die Basis ist teilweise abgeschlagen.
In der Basis befindet sich ein Dübelloch, am Schaft eine Stoßfläche, deren mit Blei vergossener Eisendübel noch erhalten ist.
Die Basis attischer Ordnung besteht aus zwei Wülsten und zwei Hohlkehlen. Der Schaft wird durch ein Band, das aus einem breiten mittleren und zwei schmalen Streifen besteht, in zwei Zonen geteilt. Die Schuppen der unteren Zone sind nach oben, die der oberen sind nach unten gerichtet.

83 BEDBURG (Erftkreis)

Von römischer Trümmerstelle
Bergheim, im früheren Heimathaus
Sandstein. H. 0,38 m; Dm. unten 0,223 m
H. Hinz, Kreis Bergheim. Archäologische Funde und Denkmäler des Rheinlandes 2 (1969) 87; 194 Nr. 22.
Siehe oben S. 302 A. 169.
Neg. Verf.

Erhalten ist eine obere Säulentrommel mit nach unten gerichteten Schuppen und einer Binde, die mit der Unterkante abschließt. Während sich in der Oberseite ein Dübelloch befindet, ist die Unterseite nur geglättet. Leichte Bestoßungen, besonders an der Unterkante.

GREVENBICHT: siehe oben 4b

84 Wohl HEEL (Prov. Limburg, Niederlande)

Maastricht, Bonnefantenmuseum Inv.-Nr. 758
Kalkstein. H. 0,825 m; Dm. noch ca. 0,40 m
Unpubliziert; Hinweis T. Panhuysen. Siehe oben S. 303 A. 170; 346.

Erhalten ist eine Säulentrommel mit nach unten gerichteten Schuppen, die oben Stoßfläche und Dübelloch besitzt, deren unterer Abschluß vielleicht gleichfalls erhalten ist. Bei einer Wiederverwendung ist die Trommel oben konisch umgearbeitet sowie ca. ein Drittel vom Zylinder abgearbeitet worden. In der Mitte der Trommel ist eine Höhlung eingemeißelt worden. Die Schuppen sind nur noch in kleineren Partien erhalten.

85 HEERLEN (Prov. Limburg, Niederlande)

Schoolstraat/Coriovallumstraat, in der Nähe eines römischen Hauses
Heerlen, Thermen-Museum Inv.-Nr. 3806
Sandstein. H. 0,61 m; Dm. oben 0,33 m
Unpubliziert. Siehe oben S. 299.
Neg. Gemeentelijke Oudheidkundige Dienst Heerlen

Die Schuppen sind auf einer 'Seite' abgewittert.
Erhalten ist eine Säulentrommel mit nach unten gerichteten Schuppen, die unten und oben eine Stoßfläche und außerdem ein Dübelloch besitzt.

86 JÜLICH (Kr. Düren)

Jülich, Röm.-Germ. Museum Inv.-Nr. XIII/3
Sandstein. H. 0,30 m; Dm. maximal 0,195 m
Neg. RLM Bonn Film 1045/80,12

Erhalten ist ein Fragment einer Trommel des Säulenschaftes mit nach unten gerichteten Schuppen und dem Ansatz der Binde. Oben ist der Rest des Dübelloches, unten eine Stoßfläche zu beobachten.
Das Stück ist wohl identisch mit Bös 156 Nr. c. Die von Bös erwähnte Basis ist verloren. Sie dürfte identisch sein mit einer Basis attischer Ordnung, bestehend aus doppeltem Wulst und trennender Hohlkehle, überleitendem kleinem Wulst sowie dem Schaftansatz mit nach oben weisenden Schuppen, die auf einem von H. Löhr vermittelten Photo rechts neben dem Trommelstück erscheint.

87* KÖLN

Im Ferkulum
Köln, RGM Inv.-Nr. 574; z. Z. nicht auffindbar
Kalkstein. H. 0,55 m; Dm. 0,29 m
Klinkenberg 316. Siehe oben S. 298.

Erhalten war ein Schaftbruchstück mit Schuppenverzierung.

88 KÖLN

Aachener Straße
Köln, RGM Inv.-Nr. 49
Kalkstein. H. (in ergänztem Zustand) 1,01 m; Dm. maximal 0,225 m
Unpubliziert. Siehe oben S. 282; 298; 348.
Neg. Rhein. Bildarchiv Köln L 7504/04

Erhalten ist der Hauptteil des Säulenschaftes, eine Trommel, die aus zwei Bruchstücken zusammengesetzt und am oberen Ende des Erhaltenen ergänzt ist.

Der Schaft wird durch ein Band, dessen Mittelteil mit einem Flechtband geschmückt ist, in zwei Zonen geteilt. Die Schuppen der unteren Zone sind nach oben, die der oberen sind nach unten gerichtet.

89 KÖLN

Dom-Südseite, Grabung 69.2
Köln, RGM Inv.-Nr. 69,67
Kalkstein. H. 0,485 m; Dm. maximal 0,22 m
Unpubliziert. Siehe oben S. 297.
Neg. Rhein. Bildarchiv Köln L 4308/34

Erhalten ist ein größeres Fragment einer Säulentrommel; unterer Abschluß sowie ein größerer Splitter sind abgeschlagen. Die Oberfläche ist stark verwittert, z. T. ausgewittert.
Die obere Stoßfläche und das Dübelloch sind erhalten. Die Schuppen sind nach unten gerichtet.

90 KÖLN

Unter dem Ostende der Vierung der Domkirche, verbaut in der frühchristlichen Kultanlage (?).
Köln, Dombauhütte
Kalkstein. H. 0,275 m; Dm. 0,45 m
Unpubliziert. Zur Fundstelle: W. Weyres, Kölner Dombl. 41, 1976, 84 Abb. 1. Hinweis W. Schneider.

Erhalten ist der untere Teil einer Säulentrommel mit nach unten gerichteten Schuppen und Dübelloch. Der obere Teil ist abgearbeitet. Drei abgesplitterte Teile sind wieder angeklebt worden.

91 Fundort z. Z. unbekannt, wohl KÖLN

Köln, RGM Inv.-Nr. 0,9
Kalkstein. H. 0,305 m; Dm. 0,23 m
Kölner Römer-Illustrierte 1, 1974, 252 Nr. 6. Siehe oben S. 285.
Neg. Rhein. Bildarchiv Köln L 7503/11

Erhalten ist die Basis attischer Ordnung mit doppeltem Wulst und trennender Hohlkehle, kleinem Wulst und vermittelnder Kehle samt Ansatz des Säulenschaftes mit nach oben gerichteten Schuppen; unten und oben auf Anschluß gearbeitet. Bestoßungen an der Basis und am Schaft, zur Hälfte abgearbeitet; ein oben abgesplittertes Stück wurde wieder angesetzt.

92 KÖLN

Verbaut im spätantiken Kastell Deutz
Bonn, RLM Inv.-Nr. CXLI
Kalkstein. H. 0,83 m; Dm. maximal 0,24 m
Lehner 474 Nr. 1362; Skulpturen II Taf. 43,8; Klinkenberg 359. Siehe oben S. 282; 348.
Neg. RLM Bonn 587 (18 × 24)

Erhalten ist der Hauptteil des Säulenschaftes. Die Mörtelreste stammen von der Wiederverwendung.

Der Säulenschaft wird von einem Band, das mit einem Zopfmuster geschmückt ist, in zwei Zonen geteilt. In der unteren sind die Schuppen nach oben, in der oberen sind sie nach unten gerichtet. Die Säulentrommel besitzt unten und oben ein Dübelloch mit Bleiverguß samt Gußkanal.

KÖLN-ZOLLSTOCK: siehe oben 7a.

93 MAASTRICHT (Prov. Limburg, Niederlande)

Aus der Liebfrauenkirche
Maastricht, Bonnefantenmuseum Inv.-Nr. 749
Kalkstein. H. 0,30 m
Espérandieu XIV 8381 Taf. 23. Siehe oben S. 282; 296; 299; 346.

Erhalten ist ein Splitter einer Säulentrommel mit nach unten gerichteten Schuppen, deren antiker Rand oben und unten weggebrochen ist. Am oberen Ende hat sich wohl noch der Rest des Dübelloches erhalten.

94 MAASTRICHT (Prov. Limburg, Niederlande)

Aus der Liebfrauenkirche
Maastricht, Bonnefantenmuseum Inv.-Nr. 750
Kalkstein. H. 0,845 m; Dm. 0,42 m
Unpubliziert; Hinweis T. Panhuysen. Siehe oben S. 296; 299; 346.

Erhalten ist die Trommel eines Säulenschaftes mit nach unten gerichteten Schuppen. Oben und unten ist sie auf Anschluß gearbeitet und mit Dübellöchern versehen. Auf einer Seite sind die Schuppen abgewittert.

95 NIEDERZIER (Kr. Düren)

Ostsüdöstlich Oberzier
Steinstraß, Gem. Niederzier, Privatbesitz W. Rosenkranz
Sandstein. H. 0,345 m; Dm. oben 0,275 m
Verf., Ausgrabungen im Rheinland '79. Das Rheinische Landesmuseum Bonn, Sonderheft 1980 196 ff. Abb. 163. Hinweis M. Rech. Siehe oben S. 296; 303 A. 170.
Neg. Verf.

Erhalten ist ein Teilstück einer Säulentrommel, deren Ober- und Unterteil weggebrochen und die stark verwittert ist. Die Säule wird durch eine dreigliedrige Taenie in zwei Zonen mit nach oben bzw. nach unten gerichteten Schuppen geteilt.

96 NIJMEGEN (Prov. Gelderland, Niederlande)

Waterkwartier
Nijmegen, Rijksmuseum Kam Inv.-Nr. B.A. VIII 1
Kalkstein. H. 0,43 m; Dm. oben 0,26 m
Daniëls u. Brunsting 58 Nr. 113c Taf. 13. Siehe oben S. 303 A. 170.

Erhalten ist eine Säulentrommel mit nach unten gerichteten Schuppen. Die Trommel schließt oben mit Stoßfläche, Dübelloch und Gußkanal, unten mit Stoßfläche ab.

97   PIER-BONSDORF (Gem. Inden, Kr. Düren)

Bonn, RLM Inv.-Nr. 4467
Kalkstein. H. 0,455 m; Dm. maximal 0,37 m
Lehner 474 Nr. 1363. Siehe oben S. 303 A. 170; 305; 346.
Neg. RLM Bonn Film 1034 A/80,9

Erhalten ist eine Trommel des Schaftes, die oben Stoßfläche und Dübellöcher besitzt. Die Schuppen sind nach oben gerichtet.

98   WICKRATH (Stadt Mönchengladbach)

Von römischer Trümmerstelle; Fundstelle Wickrath Nr. 18 der Kreisaufnahme des Altkreises Grevenbroich.
Kreismuseum Zons
Rotsandstein. H. 0,24 m; Dm. unten 0,31 m
Unpubliziert; Hinweis J. Brandt. Siehe oben S. 302 A. 169.
Neg. Verf.

Erhalten ist der obere Teil einer Säulentrommel mit nach unten gerichteten Schuppen. Eine größere Partie ist abgesplittert, die Oberfläche weist starke Bestoßungen auf. Die Oberseite ist abgeschlagen, doch blieb ein Rest des Dübelloches erhalten.

99   ZÜLPICH (Kr. Euskirchen)

Aus der römischen Thermenanlage
Zülpich, Heimatmuseum
Sandstein. H. 0,43 m; Dm. oben 0,25 m
Unpubliziert. Siehe oben S. 299.
Neg. RLM Bonn 13668 (9 × 12)

Erhalten ist eine Säulentrommel mit nach unten gerichteten Schuppen und der dreigeteilten Binde. In der Oberseite befindet sich ein Dübelloch. An der Unterseite ist neuerlich ein Splitter abgebrochen.

100   ZÜLPICH (Kr. Euskirchen)

Aus der römischen Thermenanlage
Zülpich, Heimatmuseum
Sandstein. H. 0,285 m; Dm. oben 0,24 m
Unpubliziert. Siehe oben S. 282; 299.
Neg. RLM Bonn 13668 (9 × 12)

Das früher zusammen mit 99 im Schutzbau der Therme eingemauerte Fragment einer Säulentrommel ist mit nach unten gerichteten Schuppen geschmückt. Seine Unterseite ist wohl antik. Die größeren Schuppen schließen eine Zusammengehörigkeit mit der Schuppensäule 99 aus.

101 ZÜLPICH (Kr. Euskirchen)

Aus der römischen Thermenanlage
Zülpich, Heimatmuseum
Sandstein. H. 0,40 m; Dm. unten ca. 0,20 m
Unpubliziert. Siehe oben S. 299; 348.
Neg. RLM Bonn 13666 (9 × 12)

Erhalten ist die obere Partie eines Säulenschaftes oder eine Säulentrommel mit nach unten gerichteten Schuppen. Am unteren Rand ist noch die Binde mit Flechtbandmuster erhalten.

ZÜLPICH: siehe auch oben 13a

102 Fundort z. Z. unbekannt, aber wohl aus Niedergermanien

Bonn, RLM Inv.-Nr. 78.0741
Kalkstein. H. 0,60 m; Dm. maximal 0,225 m
Unpubliziert.
Neg. RLM Bonn Film 1034A/80,3

Erhalten ist der obere Teil einer Säulentrommel mit nach unten gerichteten Schuppen, die oben ein tiefes Dübelloch besitzt. Die Oberfläche ist bestoßen. Nach den Mörtelresten war die Säulentrommel wiederverwendet.

Schuppensäulen mit frontalem Reliefschmuck

103 BONN   Taf. 83,3

Bonn, RLM Inv.-Nr. XCIV
Rötlicher Sandstein. H. 0,64 m; Dm. maximal 0,29 m
Lehner 34 Nr. 69; Skulpturen I Taf. 25,4; Espérandieu VIII 6222; Walter, Colonne 36 Nr. 43 Taf. 4. Siehe oben S. 285; 329; 346.
Neg. RLM Bonn 5841 (9 × 12)

Erhalten ist eine Mitteltrommel des Säulenschaftes. Die Relieffigur ist bestoßen, die gesamte Oberfläche stark verwittert.
Die Säulentrommel besitzt unten ein Dübelloch, oben ist sie nur auf Anschluß gearbeitet. Die Säule wird von einem Band mit einem breiten mittleren und zwei schmalen Streifen in zwei Zonen geteilt. In der unteren sind die Schuppen nach oben, in der oberen sind sie nach unten gerichtet.
Wohl Register II: Auf einer hohen als Karnies gestalteten Konsole ist die behelmte Göttin Minerva dargestellt. Sie hält in der Rechten die Lanze, während die Linke auf den auf der Erde stehenden Schild gestützt ist. Von der Kleidung sind Gewand und Mantel zu erkennen. Vom rechten zur Seite gesetzten Spielbein zum Kopf durchzieht die Figur ein S-förmiger Schwung.

104   BUCHHOLZ (Stadt Mönchengladbach)   Taf. 83,4

Von einer römischen Trümmerstelle
Bonn, RLM Inv.-Nr. 75.1530; Abguß im Museum Schloß Rheydt, Mönchengladbach
Sandstein. H. 0,85 m; Dm. maximal 0,25 m
W. Janssen, Das Rheinische Landesmuseum Bonn 1975, 67 Abb.; Bauchhenß, Bonner Jahrb. 176, 1976, 408 ff. Abb. 17; W. Grewe, Rheinische Ausgrabungen '76. Das Rheinische Landesmuseum Bonn. Sonderheft Januar 1977, 154 Abb. 152; Bauchhenß, in: Aus der Erde geborgen. Unbekannte römische Funde aus dem Raum Mönchengladbach. Ausstellungskat. Städt. Museum Schloß Rheydt (1980) 17 Abb. 15. Siehe oben S. 282; 285; 302 A. 169; 324; 345; 347; 349; 388.
Neg. RLM Bonn 9511–9514 (13 × 18)

Erhalten ist ein Teil des Säulenschaftes. Rechte Hand und rechtes Bein der Göttin sind abgeschlagen; Oberkörper, Arme, Keule und linker Oberschenkel des Hercules sind abgeschlagen bzw. stark bestoßen. Auf der Rückseite finden sich Beschädigungen durch die Pflugschar.
Der Schaft wird durch ein dreigliedriges Band in zwei Zonen unterteilt. In der unteren Zone sind die Schuppen nach oben, in der oberen nach unten gerichtet.
Unteres Register: Iuno hält in der erhobenen Linken das Zepter mit kugeligem Knauf, ihre Rechte ist gesenkt und hielt wohl die Opferschale. Die Göttin, die das linke Spielbein leicht zur Seite gesetzt hat, trägt einen Peplos mit doppeltem Überschlag, einen Mantel, der im Rücken lang herabhängt und in einem Bausch über die linke Schulter fällt, sowie als Schmuck ein Diadem.
Oberes Register: Auf einer breiten Konsole erscheint Hercules, das linke Spielbein leicht zur Seite gesetzt, die gesenkte Rechte auf die Keule gestützt, die auf den Boden gesetzt ist. Um den linken Arm hat der Gott das Löwenfell geschlungen.

105   JÜLICH (Kr. Düren)   Taf. 84,1

Aus der Pfarrkirche St. Maria-Himmelfahrt
Jülich, Röm.-Germ. Museum Inv.-Nr. III/3
Sandstein. H. 0,51 m; Dm. maximal ca. 0,20 m
Bös 156 Nr. b Abb. 7. Siehe oben S. 285; 295; 347; 362.
Neg. RLM Bonn Film 1047/80

Erhalten ist der Hauptteil einer oberen Säulentrommel; eine Partie von Relieffigur und Schaft ist abgeschlagen; unten Stoßfläche.
Der Säulenschaft ist bis zur Taenie mit nach unten gerichteten Schuppen verziert. Auf einer Konsole steht eine in Chiton und Mantel gekleidete Göttin.

106   JÜLICH (Kr. Düren)   Taf. 84,2

Auf dem Kirchplatz
Jülich, Röm.-Germ. Museum Inv.-Nr. XI/1
Sandstein. H. 0,93 m; Dm. maximal 0,22 m
Bös 155 f. Nr. 4a Abb. 6. Siehe oben S. 282; 285; 295; 323; 347; 362.
Neg. RLM Bonn Film 1045/80,7

Erhalten sind die Basis bestehend aus zwei Wülsten und trennender Rille sowie der Schaft der Säule bis auf den oberen Abschluß samt Kapitell. Die Säule ist gebrochen und in Höhe der Relieffigur wieder zusammengesetzt. Zur Befestigung des Schaftabschlusses samt Kapitell dienten Stoßkanten und Dübelloch. Der untere Teil des Schaftes ist nach oben, der obere Teil bis in Fußhöhe ist nach unten geschuppt; die Taenie ist noch schwach erkennbar.

Die frontal stehende Göttin trägt Chiton und Mantel. Die Linke ist gesenkt, die angewinkelte aus dem Mantel vortretende Rechte hält einen Gegenstand, vielleicht eine Fackel – Iuno (?).

107 JÜLICH (Kr. Düren)   Taf. 84,3

Schloßstraße
Jülich, Röm.-Germ. Museum Inv.-Nr. 155 D 1
Kalkstein. H. ca. 0,60 m
Halbsguth, Jülicher Volkszeitung, Beil. 'Unsere Heimat' Februar 1950; sonst unpubliziert. Siehe oben S. 282; 285; 319; 326; 346; 348; 388.
Neg. RLM Bonn Film 1047/80,9–10

Erhalten ist ein Splitter des Säulenschaftes mit ca. Dreiviertel des Trommelumfanges. Die Relieffigur ist im Gesicht und am linken Fuß stark bestoßen.
Der Säulenschaft ist mit nach unten gerichteten gekielten Schuppen versehen.
Die Göttin steht mit linkem zur Seite gesetztem Spielbein auf einer Konsole und wird oben von einer Konche eingefaßt. Sie ist in einen Peplos mit doppeltem Überschlag und einen schleierartig über den Kopf gezogenen Mantel gekleidet. Sie hält in der gesenkten Rechten die Opferschale, während die abgewinkelte Linke wohl das Zepter hielt. Die Göttin ist demnach als Iuno zu deuten. Dafür spricht auch eine Querleiste rechts neben dem Bein der Göttin – wohl ein Altar.

108 Bei KLOSTER KAPELLEN (Gem. Swisttal, Rhein-Sieg-Kr.)   Taf. 84,4

Bonn, RLM Inv.-Nr. 3584
Rötlicher Sandstein. H. 0,43 m; Dm. unten 0,21 m
Lehner 34 Nr. 70; Skulpturen II Taf. 3,1; Espérandieu VIII 6345; Walter, Colonne 37 Nr. 48 Taf. 5. Siehe oben S. 282; 285; 303 A. 170.
Neg. RLM Bonn 6063 (9 × 13); 559 (13 × 18)

Erhalten ist die untere Säulentrommel samt Basis. Teile der Basis sind abgeschlagen oder gesprungen; Kopf und Oberkörper der Göttin sind bestoßen. Die gesamte Oberfläche ist verwittert.
Am oberen Abschluß sind Stoßkante, Dübelloch, Eisendübel und Bleiverguß, unten ein Dübelloch mit Eisendübel erhalten. Die Basis attischer Ordnung besteht aus doppeltem Wulst und trennender Hohlkehle sowie kleinem Wulst und überleitender Kehle. Die Schuppen des Schaftes sind nach oben gerichtet.
Register I: Auf einer schmalen Konsole ist Fortuna dargestellt. Sie setzt das linke Spielbein zur Seite, hält in der Linken das Füllhorn, während die gesenkte Rechte das Steuerruder faßt. Die Göttin trägt einen Chiton mit doppelter Gürtung und darüber einen Mantel, der schräg über den Körper zur linken Schulter geführt ist.

KLEINBOUSLAR: siehe oben 6a

109 KÖLN   Taf. 85,1

Brüderstraße
Köln, RGM; aus Sammlung Lückger, Inv. Lü 760
Kalkstein. H. 1,11 m; Dm. maximal 0,235 m
Lückger, Bonner Jahrb. 132, 1927, 189 f. Taf. 5,1; W. Binsfeld, in: Museen der Stadt Köln, Sammlung Lückger (Ausstellungskatalog Köln 1964) 129 Nr. 760 Taf. 17; Ristow, in: Römer am Rhein 147 Nr. A 35 Taf. 34;

ders., Kölner Jahrb. Vor- und Frühgesch. 11, 1970, 79 Nr. 1; ders., Religionen und ihre Denkmäler in Köln 23 Taf. 1; Horn, Bonner Jahrb. 172, 1972, 159 Nr. 43; Verf., in: Kunst – Kultur – Köln 2. Neuerwerbungen der Kölner Museen aus 30 Jahren. Hrsg. H. Keller (1979) 162 f. Siehe oben S. 282 f.; 285; 297; 316; 348; 388.
Neg. Rhein. Bildarchiv Köln 118724; 123311; 149435; Dia Film Nr. 8

Das im Museum aufgesetzte Bruchstück einer Schuppensäule (132) gehört nicht zu. Erhalten sind zwei anpassende Trommeln des Säulenschaftes. Kleinere Bestoßungen sind besonders an der Fuge der beiden Trommeln, am rechten Arm der Minerva und an ihrem Oberkörper sowie im Gesicht des Mercurius zu beobachten.
In der Oberkante der oberen Trommel befinden sich Dübelloch und Gußkanal, ihre Unterseite sowie die untere Trommel sind wegen der Aufstellung im Museum zur Zeit nicht zu untersuchen. Der Schaft wird durch eine breite Binde in zwei Zonen geteilt. Die Binde besteht aus zwei schmalen einfassenden Streifen und zwei Zweigen, die auf der Rückseite verknüpft sind und die vorn eine Blüte treiben. Die Schuppen der unteren Zone sind nach unten, die der oberen aufwärts gerichtet. Die Götterfiguren stehen auf stark vorkragenden Konsolen und sind oben von einer Konche überwölbt.
Register I: Mercurius hält in der angewinkelten Linken den caduceus, die Rechte ist grüßend zum Flügelhut erhoben. Der Gott hat den Geldsack neben sich auf einen unten und oben profilierten Pfeiler abgesetzt. Zu seinen Füßen kauert ein Widder. Die Chlamys ist als Bausch über die linke Schulter gelegt. Der Gott wendet sich seinem linken Standbein zu.
Register II: Minerva hält in der erhobenen Rechten die Lanze (mit Lanzenschuh), die gesenkte Linke faßt den ovalen auf den Boden gesetzten Schild. Die Göttin trägt Helm mit crista, Chiton, darüber die Aegis sowie einen schräg über die linke Schulter geführten Mantel. Das rechte Bein ist als Spielbein angewinkelt.

110 KÖLN   Taf. 85,2

Sassenhof / Auf der Ahr
Köln, RGM Inv.-Nr. 656
Sandstein. H. 0,965 m; Dm. maximal ca. 0,48 m
Klinkenberg 265 f. Abb. 106; Schoppa, Götterdenkmäler 51 Nr. 22 Taf. 21; Espérandieu VIII 6379; Ristow, in: Römer am Rhein 146 Nr. A 34; Walter, Colonne 37 Nr. 47. Siehe oben S. 285; 289; 298; 315; 346.
Neg. Rhein. Bildarchiv Köln 33593 (Vorkriegszustand); 123310

Erhalten ist eine Trommel, die die Mittelpartie des Säulenschaftes bildete. Durch Kriegseinwirkung sind mehrere Brüche und Beschädigungen entstanden, die wieder zusammengesetzt und teilweise ausgebessert worden sind. Ein größeres Stück des Minervareliefs ist jedoch verloren. Die Relieffiguren sind bestoßen, besonders der Kopf des Mars. Die Oberfläche ist abgewittert.
Die Trommel ist unten auf Anschluß gearbeitet, doch ist eine genaue Untersuchung wegen der Museumsaufstellung z. Z. nicht möglich. Der Schaft wird durch ein breites dreifach gegliedertes Band in zwei Zonen geteilt. In der unteren sind die Schuppen nach oben, in der oberen sind sie nach unten gerichtet. Die auf schmalen Konsolen stehenden Relieffiguren sind in den Schaft eingetieft.
Register I: Mars hält in der abgewinkelten erhobenen Linken die Lanze (mit Lanzenschuh), in der gesenkten Rechten den ovalen Schild. Er ist ausgestattet mit Helm mit zweigeteilter crista, Panzer, Tunika und Mantel, der im Rücken lang herabhängt, über den Schild und als Bausch über die linke Schulter fällt. Der Gott wendet den Kopf zum rechten Standbein.
Register II: Minerva ist erheblich größer proportioniert. In der Rechten hält sie die Lanze (mit Lanzenschuh), mit der gesenkten Linken den ovalen auf den Boden gesetzten Schild. Sie ist bekleidet mit Chiton und Mantel. Das rechte Spielbein ist zur Seite gesetzt.

Stützen 455

111 KÖLN   Taf. 85,3

Praetoriumsgrabung, Rückseite des Spanischen Baues des Rathauses
Köln, RGM Inv.-Nr. 53,975
Kalkstein. H. 0,58 m; Dm. maximal 0,22 m
Kölner Römer-Illustrierte, 1, 1974, 230 Nr. 17; sonst unpubliziert. Siehe oben S. 285; 297.
Neg. Rhein. Bildarchiv Köln 91519

Erhalten ist die Mittelpartie des Säulenschaftes, unten rechts ist eine größere Ecke weggebrochen.
Die Oberfläche ist verwittert und stark beschädigt. Die Köpfe beider Götter, der linke Unterschenkel des Mercurius und der Oberkörper der unteren Figur sind abgeschlagen, der linke Arm und das rechte Bein des Handelsgottes sind bestoßen.
Die Trommel schließt oben mit Stoßfläche, Dübelloch mit Bleiguß und Gußkanal ab. Der Schaft wird von einem dreigliedrigen Band in zwei Zonen geteilt. In der unteren sind die Schuppen nach oben, in der oberen sind sie nach unten gerichtet.
Register I: Hier ist – die Binde überschneidend – ein nicht mehr zu identifizierender stehender Gott dargestellt.
Register II: Auf einer Konsole steht Mercurius, in der gesenkten Rechten den Geldsack, in der angewinkelten Linken den caduceus.

112 KÖLN   Taf. 88,1

Bad Straße/Mauritiuswall
Köln, RGM Inv.-Nr. 678 (Teil a) bzw. 679 (Teil b)
Kalkstein. a: H. 0,28 m. b: H. 0,31 m; Dm. 0,32 m
Schoppa, Götterdenkmäler 50 f. Nr. 21 Taf. 20 (a). Siehe oben S. 282; 298; 319.
Neg. Rhein. Bildarchiv Köln 22335 (a)

Erhalten ist ein Bruchstück einer Säulentrommel (a) mit nach unten gerichteten Schuppen und dem Unterteil einer Relieffigur. Die Trommel ist unten geglättet.
Wohl Register III: Dargestellt ist Iuno, auf einer Konsole stehend, das linke Spielbein leicht zur Seite gesetzt, in der Linken das Zepter, in der gesenkten Rechten die Opferschale. Neben der Göttin steht der balusterartig gebildete Opferaltar. Der Peplos (?) der Göttin ist reich von Vertikalfalten gegliedert.
An derselben Stelle wurde das Bruchstück einer geschuppten Säule (b) entdeckt, das vielleicht zum selben Schaft gehörte. Da das Stück z. Z. nicht auffindbar ist, kann diese Frage im Augenblick nicht geklärt werden.
Ferner wurde an dieser Stelle ein Weihaltar für $I(ovi)$ $O(ptimo)$ $M(aximo)$ (Galsterer 22 Nr. 51) gefunden. Da von der Fundstelle noch weitere Weihaltäre (z. B. Galsterer 43 Nr. 166 Taf. 36; 115 Nr. 577) sowie Architekturreste stammen, ist nicht zu erweisen, ob der Iupiteraltar zu dem Säulenmonument gehörte.

KÖLN-WEIDENPESCH: siehe oben 10b.

113 Fundort unbekannt, wohl NIJMEGEN (Prov. Gelderland, Niederlande)   Taf. 88,2

Nijmegen, Rijksmuseum Kam Inv.-Nr. B.A. I 4
Kalkstein. H. 0,44 m; Dm. maximal 0,30 m

Daniëls u. Brunsting 24 Nr. 4 Taf. 4; Espérandieu IX 6619; Walter, Colonne 36 Nr. 45. Siehe oben S. 285; 319; 348.
Neg. Roozeboom 3723/6; 3723/9

Erhalten ist eine Trommel des Säulenschaftes, deren hinterer Teil sowie Oberseite abgeschlagen sind; am Relief Bestoßungen.
Der Schaft ist mit nach unten gerichteten Schuppen geschmückt. In der intakten Unterseite befindet sich ein Dübelloch. Unter einer Konche ist eine stehende Minerva in Chiton und schräg über die linke Schulter drapiertem Mantel dargestellt. Die Göttin hält in der angewinkelten Linken Lanze und Rundschild, während die Rechte gesenkt ist. Zur Wappnung der Göttin gehören ferner Helm mit Busch und die Aegis. Rechts neben der Göttin ist eine tordierte Säule mit Blattkapitell wiedergegeben (ohne plastisch dargestellte Eule).

RHEYDT-MÜLFORT: siehe oben 11a.

114   WISSERSHEIM (Gem. Nörvenich, Kr. Düren)   Taf. 86,1

Düren, Leopold-Hoesch-Museum Inv.-Nr. 3401
Sandstein. H. 0,72 m; Dm. maximal 0,38 m
Bös 155 Nr. 2 Abb. 5. Siehe oben S. 303 A. 170; 330.
Neg. Verf.

Erhalten ist eine Trommel des Schaftes mit nach unten gerichteten Schuppen, die oben eine Stoßfläche mit Dübelloch besitzt; unten Bruchkante mit geringfügigen Ergänzungen. Die Oberfläche ist stark verwittert; die Gesichter der Reliefs sind abgeschlagen.
Wohl Register II: Dargestellt ist Minerva mit Lanze in der erhobenen Rechten und Schild in der gesenkten Linken.
Wohl Register III: Die Göttin ist mit Chiton (?) und schräg drapiertem Mantel bekleidet. Sie hat die Rechte vor der Brust angewinkelt, in der Linken hält sie wohl das Zepter. Bös a. a. O. deutet mit Recht auf Iuno.

Zugehörigkeit fraglich:

115   PESCH (Stadt Bad Münstereifel, Kr. Euskirchen)   Taf. 86,2

Aus dem Kultbezirk der Matronen
Bonn, RLM Inv.-Nr. 25.026
Rötlicher Sandstein. H. 0,49 m; Dm. maximal 0,20 m
Lehner 39 Nr. 84; ders., Bonner Jahrb. 125, 1919, 119 Taf. 22,7; Walter, Colonne 31 Nr. 38. Siehe oben S. 283; 285; 304; 345 f.; 396.
Neg. RLM Bonn 925 (18 × 24); 23829 (9 × 12)

Erhalten sind die Basis und ein Teil des Schaftes, die hintere Partie ist teilweise abgesplittert; aus vier Bruchstücken zusammengesetzt.
Die Basis besteht aus zylindrischer Plinthe, Kehle, Wulst und überleitender Kehle. Sie ist unten auf Anschluß gearbeitet. Die Schuppen sind nach unten gerichtet. Am oberen Rand des Erhaltenen sind Ansatzspuren festzustellen, die wohl von der Konsole einer Relieffigur herrühren.

116 WEILERSWIST (Kr. Euskirchen) Taf. 86,3

Bonn, RLM Inv.-Nr. 36.181
Kalkstein. H. 0,445 m
Bonner Jahrb. 142, 1937, 193 f. Taf. 49,2; Espérandieu XIV 8550 Taf. 77; Walter, Colonne 38 Nr. 51. Siehe oben S. 284; 316.
Neg. RLM Bonn Film 207/68,4; 3199–3120 (13 × 18)

Erhalten ist der obere Teil des Säulenschaftes samt Kapitell, wobei jedoch die hintere Schaftpartie abgeschlagen ist. Kapitell sowie das Gesicht der Figur sind stark beschädigt.
Die Säule wird von einem tuskischen Kapitell mit Stoßfläche und Dübelloch bekrönt. Die Spitzen der Schuppen sind nach oben gerichtet.
Dargestellt ist ein Jüngling, der in der gesenkten Linken die Griffschale, in der leicht angewinkelten Rechten die Kanne hält. Er ist mit einer gegürteten Tunika bekleidet. Das Haar ist in langen Strähnen in das Gesicht und in den Nacken gestrichen.

Schuppensäule mit umlaufendem Reliefschmuck

117 Fundort z. Z. unbekannt, wohl KÖLN Taf. 88,3

Köln, RGM Inv.-Nr. 78,17
Kalkstein. H. 0,34 m; Dm. oben 0,245 m
Unpubliziert. Siehe oben S. 286; 329; 339.
Neg. Rhein. Bildarchiv Köln L 3331/01 – L 3331/05; L 7503/08 – L 7503/09

Erhalten ist ein Bruchstück des Säulenschaftes mit nach oben gerichteten Schuppen. Der Schaft ist umlaufend mit Reliefdarstellungen von Gottheiten geschmückt (von rechts):
Vielleicht weibliche Gottheit, die die gesenkte Rechte auf ein Rad legt – Fortuna (?).
Jugendlicher Gott, die Hand in die Hüfte über dem linken Spielbein gestemmt, in der Hand hält er den Bogen, an einem schräg über die Brust geführten Riemen wohl den Köcher, die gesenkte Rechte stützt sich auf einen fächerartigen auf den Boden gesetzten Gegenstand, wohl eine Lyra. Die Chlamys fällt als Bausch über die linke Schulter und ist um den Arm gewickelt – Apollo.
Göttin in Chiton und schräg drapiertem Mantel, in der angewinkelten Linken hält sie einen Korb mit Früchten (?), in der gesenkten Rechten einen Gegenstand – Ährenbündel (?). Die Figur durchzieht ein S-förmiger Schwung vom linken Spielbein zum nach rechts gewendeten Kopf – Rosmerta oder Ceres.
Gewandreste einer weiteren Figur mit angewinkeltem linkem Arm, in der Armbeuge ein Attribut.

Bruchstücke von geschuppten Säulen

118 ASBERG (Stadt Moers, Kr. Wesel)

Sachsenstraße, im Bereich des vicus
Duisburg, Niederrheinisches Museum Inv.-Nr. A 78/231

Kalkstein. H. 0,32 m; rekonstruierter Dm. der Basis 0,31 m, des Schaftes 0,19 m
Unpubliziert; Hinweis T. Bechert. Siehe oben S. 273; 283; 295; 302.
Neg. Rhein. Bildarchiv Köln 176145

Das Stück ist durch Abwitterung wie durch Zerschlagen stark beschädigt. Es ist weder unten noch oben die antike Oberfläche vorhanden. Schaft wie Basis sind zwar nicht in ihrem vollen Umfang erhalten, doch kann kein Zweifel sein, daß das Stück zu einer vollrunden Säule gehörte.
Es handelt sich um eine Basis mit angearbeitetem Säulenschaft, der mit nach unten gerichteten Schuppen geschmückt ist und oben ein Dübelloch besitzt (Rest erhalten). Die Basis besteht mindestens aus einem großen und einem kleinen Wulst, die durch eine Rille getrennt sind. Dem großen Wulst schließt sich unten ein weiteres angearbeitetes Element an, das durch eine breite und tiefe Rille abgesetzt ist. Da seine antike Oberfläche nirgends erhalten ist, ist eine sichere Bestimmung nicht möglich. Zu denken ist an einen angearbeiteten Sockel (vgl. den Maastrichter Sockel 183) oder an einen zweiten Basiswulst mit angearbeiteter Plinthe.

119   B I L L I G (Stadt Euskirchen)

Bonn, RLM Inv.-Nr. 52.267
Rötlicher Sandstein. H. 0,195 m; Dm. maximal 0,22 m
Unpubliziert. Siehe oben S. 285; 300; 345 ff.
Neg. RLM Bonn Film 1034 A/80,2

Erhalten ist die Basis mit Ansatz des Schaftes, zu dem eine Schmiege vermittelt. Die Basis ist ebenfalls mit Schuppen geschmückt, die aber horizontal angeordnet sind. Die Schuppen des Schaftes sind nach oben gerichtet. Oben und unten befinden sich Stoßfläche und Dübelloch.

120*   E F F E R E N (Gem. Hürth, Erftkr.)

Ziegelei Wortmann; Fundber. des RGM Köln 35.36
Köln, RGM Inv.-Nr. 35,1156 (z. Z. nicht nachzuweisen)
Rötlicher Sandstein. H. 0,315 m
Unpubliziert. Siehe oben S. 302 A. 169; 303; 346.

Nach dem Inventar des RGM Köln: 'Säulenstumpf mit Schuppenmuster'.

E S C H W E I L E R : siehe unten Nachtrag 215

121   F R E N Z (Gem. Inden, Kr. Düren)

Von römischer Trümmerstelle
Düren, Leopold-Hoesch-Museum Inv.-Nr. 3400
Buntsandstein. H. 0,17 m; Dm. 0,17 m
Bonner Jahrb. 164, 1964, 527. Siehe oben S. 284; 302 A. 169.
Neg. Verf.

Erhalten ist das Ende des geschuppten Schaftes samt Ansatz des Blattkapitells. Die Schuppen sind nach unten gerichtet.

122 GOLZHEIM (Gem. Merzenich, Kr. Düren)

Düren, Leopold-Hoesch-Museum Inv.-Nr. 1329
Rötlicher Sandstein. H. 0,19 m; Dm. 0,26 m
Bös 155 Nr. 3. Siehe oben S. 284; 303 A. 170.
Neg. Verf.

Erhalten ist das Ende des geschuppten Schaftes samt Ansatz des Blattkapitells.

123 JÜLICH (Kr. Düren)

Aus der Pfarrkirche St. Maria-Himmelfahrt
Jülich, Röm.-Germ. Museum Inv.-Nr. XV/3
Rötlicher Sandstein. H. 0,30 m
Bös 156 Nr. e. Siehe oben S. 295.
Neg. RLM Bonn Film 1045/80,9

Erhalten ist ein Bruchstück des Schaftes mit nach unten gerichteten Schuppen, das oben mit großem Dübelloch und Stoßfläche abschließt.

124 JÜLICH (Kr. Düren)

Aus der Pfarrkirche St. Maria-Himmelfahrt
Früher Jülich, Heimatmuseum, wohl in den Kriegswirren untergegangen
Rötlicher Sandstein. H. ca. 0,32 m
Bös 156 Nr. d. Siehe oben S. 285.

Basis mit Schaftansatz einer geschuppten Säule. 'Basisstück aus rötlichem Sandstein. Wohl dazugehörig zwei Bruchstücke von der Oberkante der unteren und der Unterkante der oberen Hälfte, durch je zwei Kreise begrenzt' (Bös a. a. O.).
Das Stück ist vielleicht identisch mit der auf einer Photographie von 1930 am linken Bildrand erscheinenden Basis attischer Ordnung aus doppeltem Wulst, trennender und überleitender Kehle nebst Ansatz des Säulenschaftes mit nach oben gerichteten Schuppen.

125 JÜLICH (Kr. Düren)

Aus der Pfarrkirche St. Maria-Himmelfahrt
Jülich, Röm.-Germ. Museum Inv.-Nr. XV/1
Sandstein. H. 0,32 m; Dm. maximal 0,245 m
Bös 136 Nr. c. Siehe oben S. 273; 285; 295.
Neg. RLM Bonn Film 1047/80,3

Erhalten ist die Basis attischer Ordnung mit doppeltem Wulst, überleitender Kehle und Ansatz des Schaftes mit nach oben gerichteten Schuppen. Basis wie Schaft sind z. T. abgeschlagen. In der Unterseite befindet sich ein Dübelloch. Die Plinthe oder ein weiterer Wulst ist abgeschlagen.

126 JÜLICH (Kr. Düren)

Aus der Pfarrkirche St. Maria-Himmelfahrt
Jülich, Röm.-Germ. Museum Inv.-Nr. III/1
Rötlicher Sandstein. H. 0,28 m; Dm. ca. 0,39 m
Unpubliziert. Siehe oben S. 295; 299.
Neg. RLM Bonn Film 1047/80,1

Erhalten ist ein Rest des Schaftes mit nach unten gerichteten Schuppen.

127 JÜLICH (Kr. Düren)

Jülich, Röm.-Germ. Museum Inv.-Nr. XIII/2
Sandstein. H. 0,35 m; Dm. maximal 0,24 m
Unpubliziert. Siehe oben S. 285.
Neg. RLM Bonn Film 1047/80

Erhalten ist die Basis attischer Ordnung aus doppeltem Wulst und trennender Kehle, überleitender Kehle, Ansatz des Säulenschaftes mit nach oben gerichteten Schuppen. Das Stück schließt oben mit Stoßfläche und Dübelloch ab. Teile der Wülste sind abgeschlagen.

KELZ: siehe unten Nachtrag 216

128 KÖLN-MARIENBURG

Aus dem Bereich des Lagers der römischen Rheinflotte an der Alteburg
Köln, RGM Inv.-Nr. 76,222
Kalkstein. H. 0,17 m
Unpubliziert. Siehe oben S. 295; 302.
Neg. Rhein. Bildarchiv Köln L 5320/11

Erhalten ist ein Splitter vom unteren Ende des Kapitells mit Halsring und Endstück des Säulenschaftes mit nach unten gerichteten Schuppen. Die Unterseite ist als Stoßfläche geglättet.

129 KÖLN

Severinskirchplatz/Im Ferkulum; Fundber. des RGM Köln 75.16
Köln, RGM Inv.-Nr. 75,521.1
Kalkstein. H. ca. 0,175 m; zu rekonstruierender Dm. 0,25 m
Unpubliziert. Siehe oben S. 298.
Neg. Rhein. Bildarchiv Köln L 5320/21

Erhalten ist ein kleinerer Säulensplitter mit nach unten gerichteten Schuppen. Oben haften noch Reste des Mörtels von einer Wiederverwendung an.

130 KÖLN

Severinskirchplatz/Im Ferkulum, zusammen mit 129
Köln, RGM Inv.-Nr. 75,521.2

Kalkstein. H. 0,135 m; zu rekonstruierender Säulendurchmesser 0,23 m
Unpubliziert. Siehe oben S. 298
Neg. Rhein. Bildarchiv Köln L 5320/13

Splitter einer Schuppensäulentrommel mit dreifach gegliederter Taenie, auf der Unterseite antike Stoßfläche, auf der anderen Seite abgeschlagen.
Da Schaftdurchmesser und Schuppen kleiner sind als bei 129, obwohl diese Partie zum Bereich größter Schwellung gehörte, sind die beiden Fragmente auf zwei verschiedene Monumente zurückzuführen.

131 KÖLN

Verbaut in St. Severin, Periode V
Köln, RGM Inv.-Nr. 52,286
Kalkstein. H. 0,28 m
Unpubliziert. Siehe oben S. 285; 298.
Neg. Rhein. Bildarchiv Köln L 5320/27

Erhalten ist das Fragment einer Basis attischer Ordnung aus doppeltem Wulst und trennender Hohlkehle, kleinem Wulst, überleitender Kehle und Ansatz des Säulenschaftes mit nach oben gerichteten Schuppen; oben und unten auf Anschluß gearbeitet.

132 KÖLN

Brüderstraße
Köln, RGM; aus Sammlung Lückger; Inv.-Nr. Lü 760
Kalkstein. H. 0,25 m; Dm. maximal 0,225 m
Lückger, Bonner Jahrb. 132, 1927, 189 f. Taf. 5,1; Binsfeld, in: Museen der Stadt Köln, Sammlung Lückger (Ausstellungskatalog Köln 1964) 129 Nr. 760. Siehe oben S. 297.
Neg. Rhein. Bildarchiv Köln 149435

Im Museum einer anderen Säule (109) aufgesetzt.
Erhalten ist ein Teil des Schaftes mit nach unten gerichteten Schuppen, der oben mit Stoßfläche und Dübelloch abschließt.

133 KÖLN

Barbarossaplatz, Ecke Roonstraße, von einer römischen Trümmerstelle
Köln, RGM Inv.-Nr. 27,366 (z. Z. nicht nachweisbar)
Kalkstein
Unpubliziert; Hinweis E. M. Spiegel. Siehe oben S. 284; 303 A. 170.

'Hälfte eines kleinen Kapitelles aus Kalkstein mit etwas abweichender Verzierungsweise: zuoberst überfallende Blättchen, dann ein freier Halskragen mit kräftig profilierter Rippe und am Anfang des Schaftes hängendes Schuppenmuster' (Inventar des RGM Köln).

134 KÖLN

Dom-Südseite, Grabung 69.2, aus mittelalterlicher Grube
Köln, RGM Inv.-Nr. 69,342

Rotsandstein. H. 0,23 m; Dm. am Schaft noch 0,335 m
Siehe oben S. 284; 297; 346.
Neg. RGM Köln Fundber. 69.2, Film 33; Neg. Rhein. Bildarchiv Köln L 5320/25

Erhalten ist der untere Abschluß eines Blattkapitells mit einer Blattreihe samt Ansatz des geschuppten Säulenschaftes mit einer Reihe nach unten gerichteter Schuppen, etwa zur Hälfte abgesplittert.

135 KÖLN

Aus der Domgrabung
Köln, RGM Inv.-Nr. Dom 78,30
Sandstein. H. 0,26 m; Dm. ca. 0,43 m
Kölner Römer-Illustrierte 1, 1974, 256 Nr. 13; sonst unpubliziert. Siehe oben S. 282; 346; 348.
Neg. Rhein. Bildarchiv Köln L 7503/17

Erhalten ist ein Bruchstück des Säulenschaftes mit der Binde, die aus zwei schlichten Bändern und einem Flechtband zwischen ihnen besteht. Die Schuppen der unteren Zone sind nach oben gerichtet.

136 KÖLN

Aus der Domgrabung
Köln, RGM Inv.-Nr. Dom 78,31
Kalkstein. H. 0,19 m
O. Doppelfeld, Kölner Dombl. 10, 1955, 28 Abb. 18, Fig. 5, 16; Kölner Römer-Illustrierte, 1, 1974, 252 Nr. 20. Siehe oben S. 273; 285.
Neg. Rhein. Bildarchiv Köln L 7503/15

Erhalten ist die Basis mit zylindrischer Plinthe, großem und kleinem Wulst, überleitender Kehle und Ansatz des Schaftes mit nach oben gerichteten Schuppen. In der Basis befindet sich ein Dübelloch. Das Stück ist aus drei Fragmenten zusammengesetzt.

137 Fundort unbekannt, wohl KÖLN

Köln, RGM Inv.-Nr. 804
Kalkstein. H. 0,345 m; Dm. 0,41 m
Kölner Römer-Illustrierte 1, 1974, 251 Nr. 7; sonst unpubliziert. Siehe oben S. 285
Neg. Rhein. Bildarchiv Köln 22261; L 7502/01

Erhalten ist die Basis attischer Ordnung mit doppeltem Wulst und doppelter Hohlkehle samt Ansatz des Schaftes mit nach oben gerichteten Schuppen, der oben mit Stoßfläche und Dübelloch abschließt. Ein Teil der Basis ist abgeschlagen bzw. bestoßen.

138 Fundort unbekannt, wohl KÖLN

Köln, RGM, vielleicht identisch mit Inv.-Nr. 388
Kalkstein. H. 0,365 m; Dm. 0,33 m
Unpubliziert. Siehe oben S. 285
Neg. Rhein. Bildarchiv Köln L 7502/09

Erhalten ist die Basis attischer Ordnung mit doppeltem Wulst, Hohlkehle und angekehltem kleinem Wulst samt Ansatz des Schaftes mit nach oben gerichteten Schuppen. Das Stück besitzt unten wie oben Stoßfläche und Dübelloch, oben zudem noch den Gußkanal. Basis wie Schaft sind stark bestoßen.

139   Fundort z. Z unbekannt, wohl K Ö L N

Köln, RGM Inv.-Nr. 0,8
Kalkstein. H. 0,30 m; Dm. 0,235 m
Kölner Römer-Illustrierte 1, 1974, 252 Nr. 14. Siehe oben S. 285.
Neg. Rhein. Bildarchiv Köln L 7503/14

Erhalten ist die Basis attischer Ordnung mit doppeltem Wulst und trennender Kehle samt Ansatz des Säulenschaftes mit nach oben gerichteten Schuppen. Das Stück besitzt unten und oben Stoßfläche und Dübelloch, oben zudem einen Gußkanal. Ca. ein Drittel ist abgearbeitet; Bestoßungen.

140   Fundort z. Z. unbekannt, wohl K Ö L N

Köln, RGM Inv.-Nr. 0,10
Kalkstein. H. 0,31 m
Unpubliziert. Siehe oben S. 285.
Neg. Rhein. Bildarchiv Köln L 5320/23

Erhalten ist ein Splitter einer Säulenbasis attischer Ordnung aus doppeltem Wulst (der untere stark bestoßen), trennender Kehle, kleinem Wulst und überleitender Kehle samt Schaftansatz mit nach oben gerichteten Schuppen und oberer Stoßfläche. Das Stück ist aus zwei Splittern zusammengesetzt.

141   Fundort z. Z. unbekannt, wohl K Ö L N

Köln, RGM Inv.-Nr. 0,12
Kalkstein. H. 0,37 m; Dm. oben 0,225 m
Unpubliziert.
Neg. RGM Köln

Eingemauert im rekonstruierten Teil der römischen Stadtmauer beim neunten Tor.
Erhalten ist ein Bruchstück einer Säulentrommel, die mit einer Taenie (mit abgesetztem unterem und oberem Rand) geschmückt ist. In der oberen Zone sind die Schuppen nach unten, in der unteren (im Ansatz erhalten) nach oben gerichtet.

142   Fundort z. Z. unbekannt, wohl K Ö L N

Köln, RGM Inv.-Nr. 0,13
Kalkstein. H. 0,215 m; Dm. 0,21 m
Unpubliziert.
Neg. RGM Köln

Eingemauert im rekonstruierten Teil der römischen Stadtmauer beim neunten Tor.

Erhalten ist ein Fragment eines Säulenschaftes, der oben auf Anschluß gearbeitet ist und dessen Schuppen nach unten gerichtet sind. Von der Taenie ist ein kleiner Rest erhalten.

KÖLN-WEIDEN: siehe oben 9b

143 Bei HAUS KNIPP (Stadt Moers, Kr. Wesel)

Bonn, RLM Inv.-Nr. 23928
Kalkstein. H. 0,41 m; Dm. maximal 0,22 m
Lehner 474 Nr. 1364; Bonner Jahrb. 123, 1914, 76. Siehe oben S. 303 A. 170.
Neg. RLM Bonn Film 1034 A/80,11

Erhalten ist ein Teil des Schaftes mit nach unten gerichteten Schuppen. Die Oberfläche ist stark verwittert.

KORNELIMÜNSTER: siehe unten Nachtrag 217

144 KREUZRATH (Gem. Gangelt, Kr. Heinsberg)

Gefunden zusammen mit dem Iupiterkopf 77
Heinsberg, Heimatmuseum Inv.-Nr. 97/54
Sandstein. H. 0,275 m; Dm. unten 0,20 m
H. Cüppers, Bonner Jahrb. 159, 1959, 412 Nr. 6. Siehe oben S. 284; 297; 303 A. 170; 305; 345; 396.
Neg. Verf.

Erhalten ist der obere Teil des Säulenschaftes mit abschließendem Wulst und Ansatz des Blattkapitells. Die Schuppen sind nach unten gerichtet. Ein Teil des Schaftes ist in Längsrichtung abgesplittert; unten wie oben abgeschlagen.

145 KREUZRATH (Gem. Gangelt, Kr. Heinsberg)

Gefunden zusammen mit 144
Heinsberg, Heimatmuseum Inv.-Nr. 97/54
Sandstein. H. 0,14 m
Cüppers a. a. O. 412 Nr. 10. Siehe oben S. 297; 303 A. 170; 305; 345; 396.
Neg. Verf.

Erhalten ist ein Splitter vom Abschluß eines geschuppten Säulenschaftes mit abschließendem Wulst – wohl von einem Kapitell. Ist diese Bestimmung richtig, so gehören 144 und 145 sicher zu zwei Monumenten. Hierfür spricht auch – trotz des gleichen Steinmaterials – die präzisere Meißelung der Schuppen bei 145.

146 KREUZRATH (Gem. Gangelt, Kr. Heinsberg)

Gefunden zusammen mit 144
Heinsberg, Heimatmuseum Inv.-Nr. 97/54

Sandstein. H. 0,165 m; Dm. ca. 0,25 m
Cüppers a. a. O. 412. Siehe oben S. 297; 303 A. 170; 305; 345; 396.
Neg. Verf.

Erhalten ist ein größerer Splitter des geschuppten Säulenschaftes. Die Säule war von größerem Format als 144–145 und ist aus einer anderen Steinsorte gearbeitet.

147 KREUZRATH (Gem. Gangelt, Kr. Heinsberg)

Gefunden zusammen mit 144
Heinsberg, Heimatmuseum Inv.-Nr. 97/54
Sandstein. H. 0,17 m
Cüppers a. a. O. 412 Nr. 7. Siehe oben S. 297; 303 A. 170; 305; 345; 396.
Neg. Verf.

Erhalten ist ein Splitter des geschuppten Säulenschaftes.

148 KREUZRATH (Gem. Gangelt, Kr. Heinsberg)

Gefunden zusammen mit 144
Heinsberg, Heimatmuseum
Sandstein. H. 0,065 m
Cüppers a. a. O. 412. Siehe oben S. 297; 303 A. 170; 305; 345; 396.
Neg. Verf.

Erhalten ist ein kleiner Splitter eines geschuppten Säulenschaftes aus dem gleichen Material wie 147, doch sind die Schuppen größer.
Zwei Fragmente einer größeren attischen Basis mit drei Wülsten sowie ein Bruchstück einer kleineren attischen Basis (Cüppers a. a. O. 412 Nr. 9; 15) sowie zwei Bruchstücke von zwei Blattkapitellen (Cüppers a. a. O. 412 Nr. 121 16) vom selben FO könnten zu den geschuppten Säulen gehört haben.

149 MAASTRICHT (Prov. Limburg, Niederlande)

Aus der Maas, als Spolie in der spätantiken Brücke verbaut
Maastricht, Bonnefantenmuseum Inv.-Nr. R 4816
Kalkstein. H. 0,32 m; Dm. 0,20 m
Unpubliziert; Hinweis T. Panhuysen. Siehe oben S. 296; 299; 346.

Erhalten ist ein Bruchstück einer Säulentrommel mit nach unten gerichteten Schuppen. Der obere und untere Rand sind abgeschlagen, die Oberfläche ist ca. zur Hälfte zerstört.

150 NIEDERZIER (Kr. Düren)

Westlich der Straße Hambach–Stetternich, von römischer Trümmerstelle
Bonn, RLM Eingangsnr. 54/75
Sandstein. H. 0,15 m
Verf., Ausgrabungen im Rheinland '79. Das Rheinische Landesmuseum Bonn, Sonderheft 1980, 199. Hinweis M. Groß. Siehe oben S. 302 A. 169.

Erhalten ist ein Splitter von einem Säulenschaft mit nach unten gerichteten Schuppen.

151   N I J M E G E N   (Prov. Gelderland, Niederlande)

Waterkwartier
Nijmegen, Rijksmuseum Kam Inv.-Nr. B.A. VIII 1
Kalkstein. Dm. 0,35 m
Daniëls u. Brunsting 58 Nr. 113 d Taf. 13. Siehe oben S. 298; 305.

Erhalten ist ein Splitter vom oberen Ende einer Säulentrommel mit nach unten gerichteten Schuppen und Dübelloch in der glatten Oberseite.

152   N I J M E G E N   (Prov. Gelderland, Niederlande)

Waterkwartier
Nijmegen, Rijksmuseum Kam
Kalkstein. Dm. 0,16 m
Daniëls u. Brunsting 58 Nr. 113 f. Taf. 13. Siehe oben S. 298; 305.

Erhalten ist ein Splitter des Säulenschaftes mit nach unten gerichteten Schuppen.

153   N I J M E G E N   (Prov. Gelderland, Niederlande)

Waterkwartier
Nijmegen, Rijksmuseum Kam
Kalkstein. Dm. ca. 0,35 m
Daniëls u. Brunsting 58 Nr. 113 e Taf. 13. Siehe oben S. 298; 305.

Erhalten ist ein Splitter des Säulenschaftes mit nach unten gerichteten Schuppen und dem unteren Trommelabschluß. Daniëls und Brunsting a. a. O. vermuten, daß die Säule im unteren Teil nicht geschuppt war, sondern Pfeifenkannelur besaß. Trifft dieses zu, wäre die Zugehörigkeit zur Gattung zweifelhaft (vgl. unten S. 500 E 3).

154   N O R F   (Stadt Neuss)

Von römischer Trümmerstelle im Garten des Norfer Hofes
Privatbesitz J. Zillikens, Norf
Kalkstein. H. 0,145 m; Dm. ca. 0,25 m
Bonner Jahrb. 155/56, 1955/56, 489; ebd. 163, 1963, 555. Siehe oben S. 302 A. 169; 304.

Erhalten ist ein Splitter einer Säulentrommel mit nach unten gerichteten Schuppen; Stoßfläche.

155   Bei P E S C H   (Stadt Bad Münstereifel, Kr. Euskirchen)

Aus dem Kultbezirk der Matronen
Bonn, RLM Inv.-Nr. 25068
Rötlicher Sandstein. H. 0,27 m; Dm. maximal 0,21 m
Lehner 398 Nr. 1039; ders., Bonner Jahrb. 125, 1919, 116 Nr. 2 Taf. 21,2. Siehe oben S. 284; 304; 345 f.; 396.

In zwei Hälften geborsten, die eine ist aus drei Bruchstücken zusammengesetzt.
Erhalten ist das Abschlußstück einer geschuppten Säule mit Dübelloch. Auf einen wulstigen Ring folgen eine Reihe großer, entgegengesetzt gerichteter Schuppen, ein zweiter wulstiger Ring, eine sehr schmale Kehle sowie ein Wulst. Das Stück ist aufgrund der beiden Ringe und der Kelchform als Kapitell zu bestimmen.
Das von Lehner, Bonner Jahrb. 125, 1919, 116 als Abacusplatte erklärte und dem Kapitell zugewiesene profilierte Fragment Inv.-Nr. 28755, Lehner Nr. 1037 ist erheblich zu kleinformatig und dürfte nicht zu einer Säule gehört haben.

156   Bei P E S C H (Stadt Bad Münstereifel, Kr. Euskirchen)

Aus dem Kultbezirk der Matronen
Bonn, RLM Inv.-Nr. 25027
Rötlicher Sandstein. H. 0,35 m; Dm. maximal 0,175 m
Lehner 39 Nr. 85; ders., Bonner Jahrb. 125, 1919, 119 Taf. 22,7. Siehe oben S. 285; 304; 345 f.; 396.
Neg. RLM Bonn 925 (18 × 24); 23828 (9 × 12)

Erhalten sind die glatte zylindrische unten auf Anschluß mittels Anathyrose gearbeitete Basis und ein Stück des Säulenschaftes. Die Schuppen sind nach oben gerichtet. Das Stück ist aus zwei Splittern zusammengesetzt.

157   P I E R (Gem. Inden, Kr. Düren)

In der Pfarrkirche verbaut
Bonn, RLM Inv.-Nr. 55.921
Sandstein. H. 0,34 m; Dm. maximal 0,245 m
Unpubliziert. Siehe oben S. 303 A. 170.
Neg. RLM Bonn Film 1034 A/80,7

Erhalten ist ein Bruchstück des Schaftes mit nach unten gerichteten Schuppen. Für die Wiederverwendung wurde ein Teil des Zylinders weggemeißelt. Von der Wiederverwendung rühren auch die Mörtelreste her. Unten ist die Trommel auf Anschluß mittels Anathyrose gearbeitet.

D E P L A S M O L E N : siehe unten Nachtrag 222

158*   R H E Y D T - M Ü L F O R T (Stadt Mönchengladbach)

Bei der Ziegelei
Früher im Museum Odenkirchen, verschollen
Bonner Jahrb. 133, 1928, 279. Siehe oben S. 300.

Bruchstück einer geschuppten Säule.

159   S T R A S S F E L D (Gem. Swisttal, Rhein-Sieg-Kr.)

Bonn, RLM Inv.-Nr. 75.1531
Sandstein. H. 0,47 m; Dm. maximal 0,285 m

H. G. Horn. Bonner Jahrb. 177, 1977, 720.
Neg. RLM Bonn Film 1034/80,9

Erhalten sind ein Stück des geschuppten Säulenschaftes sowie ein anpassender Splitter des Schaftes. Am vermutlich oberen Ende der Trommel befindet sich ein Dübelloch. Die Schuppen sind wohl nach unten gerichtet.

160   TETZ (Gem. Linnich, Kr. Düren)

Von römischer Trümmerstelle
Bonn, RLM Inv.-Nr. 62.528
Sandstein. H. 0,34 m; Dm. 0,225 m
Bonner Jahrb. 164, 1964, 542 f. Abb. 30. Siehe oben S. 284; 302 A. 169; 303 f.; 327.
Neg. RLM Bonn 19469–19471 (9 × 12)

Erhalten ist ein Kompositkapitell mit dem Ansatz des nach unten gerichteten Schaftes. Es ist oben und unten auf Anschluß gearbeitet und mit einem Dübelloch versehen. Am oberen Abschluß sind größere Partien abgeschlagen; Bestoßungen.

161   WISSERSHEIM (Gem. Nörvenich, Kr. Düren)

Düren, Leopold-Hoesch-Museum Inv.-Nr. 1332
Sandstein. H. 0,19 m; Dm. 0,19 m
Bös 155 Nr. 2. Siehe oben S. 285; 303 A. 170.
Neg. Verf.

Erhalten sind eine Basis attischer Ordnung aus zwei Wülsten, trennender Kehle und überleitendem gekehltem Wulst sowie der Ansatz des Säulenschaftes mit nach oben gerichteten Schuppen, der Stoßfläche und Dübelloch besitzt. Die Oberseite ist z. T. abgeschlagen.

WÜSTWEILER: siehe oben 12a.

162   ZINGSHEIM (Gem. Nettersheim, Kr. Euskirchen)

Ca. 300 m oso des fränkischen Gräberfeldes 'Fleißiger Heck'
Bonn, RLM Eingangsnr. 58/80
Sandstein. H. 0,43 m; Dm. 0,245 m
Unpubliziert. Siehe oben S. 304.

Erhalten sind ein großer und ein kleiner anpassender, stark abgewitterter Splitter eines Säulenschaftes mit nach unten gerichteten Schuppen. Das sich stark verjüngende, mit einer geglätteten Oberseite abschließende Fragment gehörte zur oberen Trommel bzw. zum oberen Ende des Säulenschaftes.

163   Fundort z. Z. unbekannt, wohl Niedergermanien

Bonn, RLM Inv.-Nr. 78.0507
Kalkstein. H. 0,185 m

Unpubliziert.
Neg. RLM Bonn Film 1034/80,7

Erhalten ist ein Splitter eines Säulenschafts mit nach unten gerichteten Schuppen.

164 Fundort z. Z. unbekannt, wohl Niedergermanien

Bonn, RLM Inv.-Nr. 78.0506
Kalkstein. H. 0,385 m
Unpubliziert.
Neg. RLM Bonn Film 1034/80,5

Erhalten ist ein längerer Splitter einer Säulentrommel mit nach unten gerichteten Schuppen.

Säule mit Weinranken

165 JÜLICH (Kr. Düren) Taf. 88,4

Jülich, Röm.-Germ. Museum Inv.-Nr. 140 L 1
Sandstein. H. 0,26 m; Dm. maximal 0,245 m
Unpubliziert. Siehe oben S. 285 f.; 338.
Neg. RLM Bonn Film 1045/80,10–11

Erhalten ist ein Mittelstück des Säulenschaftes. Der Schaft ist mit Weinreben übersponnen, aus denen sich Blätter und Trauben ranken. Am oberen Rand des Erhaltenen ist noch ein Rest der Binde zu erkennen.

Säulen mit Reliefs

166 MÖNCHENGLADBACH Taf. 87

Speickerhöhe, von einer römischen Trümmerstelle
Mönchengladbach, Städtisches Museum Schloß Rheydt Inv.-Nr. R 3
Sandstein. H. 0,575 m; Dm. 0,243 m
Schurz, Röm.-Germ. Korrbl. 3, 1910, 71 ff. Abb. 16; Espérandieu IX 6613; Walter, Colonne 88 Nr. 138; Brommer, Vulkan 7 Nr. 29 Taf. 24; Horn, Bonner Jahrb. 172, 1972, 159 Nr. 44; Brües, Führer durch die Sammlungen II. Vorburgmuseum 47 Abb. 24. Siehe oben S. 273; 286; 303 A. 170; 324; 337 f.; 345; 347; 349; 389.
Neg. Verf.

Erhalten ist ein größeres Stück des Säulenschaftes mit zwei Registern. Die untere Partie des unteren und das obere Ende des oberen Registers sind verloren.
Auf dem Schaft befinden sich in jedem Register vier Götterreliefs, die jeweils eine eigene Konsole besitzen.

Unteres Register: a. Vulcanus in Exomis, hält in der erhobenen Rechten den Schlegel, in der gesenkten Linken eine Zange.
b. Die Göttin ist mit Chiton und schräg drapiertem Mantel bekleidet. Sie hält in der gesenkten Rechten ein Attribut – Steuerruder (?). Schurz a. a. O. wollte in der Linken einen Fruchtkorb erkennen – Fortuna (?).
c. Venus mit einem Schmuckkästchen in der Linken hat die Rechte erhoben; nach Schurz a. a. O. hielt sie einen Spiegel. Die Göttin trägt vielleicht ein Busenband.
d. Die Göttin in Chiton und schräg drapiertem Mantel hält in der gesenkten Rechten wohl einen Beutel. Schurz a. a. O. deutet auf Rosmerta.
Oberes Register: a. Mercurius stützt sich mit der Rechten auf den caduceus, das linke Spielbein zur Seite setzend; im Rücken hängt die Chlamys herab.
b. Minerva in Chiton und Mantel, hält in der Rechten die Lanze, in der Linken den Schild, der auf eine Basis gestellt ist.
c. Mars hält in der Rechten die Lanze, an seiner linken Seite den Schild, der auf ein Podest gesetzt ist.
d. Diana in gegürtetem kurzem Chiton hat die Linke auf den Bogen gestützt, die erhobene Rechte greift wohl in den Köcher.

167 IVERSHEIM (Stadt Bad Münstereifel, Kr. Euskirchen)

Bonn, RLM Inv.-Nr. A 1425
Rötlicher Sandstein. H. 0,61 m; Dm. maximal ca. 0,29 m
Lehner 36 Nr. 76; Skulpturen II Taf. 3,4; Espérandieu VIII 6343; Walter, Colonne 36 f. Nr. 46. Siehe oben S. 273; 286; 302 A. 164; 295; 337 f.; 345 f.
Neg. RLM Bonn Film 207/68, 14; 322

Erhalten ist eine Trommel des Säulenschaftes, die aus mehreren Bruchstücken zusammengesetzt ist. Beträchtliche Teile sind abgesplittert; die Oberfläche ist weitgehend abgewittert.
Die Trommel ist oben und unten auf Anschluß mittels Anathyrose gearbeitet; unten besitzt sie zudem ein Dübelloch. Es sind keine Schuppen festzustellen.
Zu erkennen ist eine auf einer Konsole stehende bekleidete Göttin, die den linken Arm erhoben hat. Entgegen Lehner a. a. O. kann daher nicht Fortuna dargestellt sein. Wahrscheinlicher ist die Deutung von Espérandieu a. a. O. auf Minerva mit Lanze und Schild, der von der Rechten gehalten wird. Die Konsole setzt sich nach links fort. Auch hier scheinen stehende Figuren dargestellt gewesen zu sein.

168 NIJMEGEN (Prov. Gelderland, Niederlande)

Bei Fort Krayenhoff
Leiden, Rijksmuseum van Oudheden Inv.-Nr. N. f. K 49
Kalkstein. H. 0,45 m; Dm. 0,18 m
Holwerda, Catalogus van het Rijksmuseum van Oudheden te Leiden (1908) 228 Nr. 45; H. Brunsting, Oudheidk. Mededelingen N. R. 30, 1949, 59 Nr. 3 Taf. 15,1–2; Daniëls u. Brunsting 29 Nr. 26 Taf. 7; Espérandieu XIV 8568 Taf. 85. Siehe oben S. 273; 286; 298; 305; 337 f.

Erhalten ist etwa die Hälfte der Trommel des Säulenschaftes. Die Reliefoberfläche ist stark bestoßen.
Wie T. Panhuysen erkannt hat (briefliche Mitteilung), handelt es sich nicht um einen 'Viergötterstein', sondern um eine Säule, die ursprünglich mit vier Götterreliefs geschmückt war, von denen zwei teilweise erhalten sind.

Rechts ist ein stehender wohl nackter Gott dargestellt, der in der erhobenen Rechten einen Stab (Zepter? Lanze? etc.) hielt. H. Brunsting a. a. O. schlägt eine Deutung auf Mars vor.
Daneben erscheint ein weiterer stehender wohl nackter Gott, der in der gesenkten Linken einen Gegenstand hielt, wohl eine Lyra. Die Deutung von Brunsting a. a. O. auf Apollo dürfte daher zutreffend sein.

Pfeiler mit Reliefschmuck

169 BONN   Taf. 89

Aus dem spätantiken Vorgängerbau der Münsterkirche
Bonn, RLM Inv.-Nr. D 326
Rötlicher Sandstein. H. 0,54 m; Br. 0,29 m; T. 0,235 m
Lehner, Bonner Jahrb. 136/37, 1932, 146 Nr. 89 Taf. 20; Espérandieu XI 7791; XIV 8536 Taf. 73; Hahl, Stilentwicklung 41. Siehe oben S. 287 f.; 296; 301; 305; 319; 346.
Neg. RLM Bonn 1563–1565 (18 × 24)

Erhalten ist der obere Teil eines Registers. Die Rahmung der Bildfelder ist teilweise abgeschlagen, die Figuren sind z. T. bestoßen, besonders die Gesichter; die Oberfläche der Pfeilerrückseite ist zerstört.
Die Bildfelder werden seitlich von einer Leiste, oben von einem aufgebogenen Architrav eingefaßt, darüber befindet sich ein Giebel mit Rosettenfüllung und Blättern in den Zwickeln. Oben besitzt der Block Stoßfläche und Dübelloch.
a. Iuno hält in der erhobenen Linken das Zepter, in der gesenkten Rechten die Opferschale. Sie ist bekleidet mit Chiton und schleierartig über den Kopf gezogenem schräg drapiertem Mantel und ist geschmückt mit einem Diadem.
b. Eine Göttin in gegürtetem Chiton und Mantel, der als Bausch über die linke Schulter fällt, hält in der gesenkten Rechten einen Gegenstand und einen weiteren in der erhobenen Linken (nicht mehr erhalten). Vielleicht ist Minerva mit Schild und Lanze dargestellt.
d. Die Göttin ist mit Chiton und Mantel bekleidet. Sie hält in der angewinkelten Linken wohl einen Korb mit Früchten.

170 BONN

Aus dem spätantiken Vorgängerbau der Münsterkirche
Bonn, RLM Inv.-Nr. D 344
Kalkstein. a: H. 0,325 m; Br. 0,17 m; T. 0,16 m. b: H. 0,265 m; Br. 0,205 m; T. 0,16 m
Lehner, Bonner Jahrb. 136/37, 1932, 147 Nr. 90 Taf. 22 a. b; Espérandieu XI 7796; XIV 8542 Taf. 75. Siehe oben S. 288 f.; 296; 301; 305.
Neg. RLM Bonn 1574 (18 × 24)

a. Erhalten sind der untere Teil eines Registers sowie der Ansatz eines weiteren.
Auf der Frontseite ist Hercules dargestellt, in der Rechten die Keule haltend, in der Linken wohl das Löwenfell. Der Gott hat das linke Spielbein weit zur Seite gesetzt. Er steht auf einer kräftig vorspringenden Konsole.
Im Feld darunter ist eine Blattrosette eingemeißelt. Die Schmalseiten sind jeweils mit einer Weinranke geschmückt.
Die Rückseite des Pfeilers ist glatt belassen.

b. Erhalten ist der obere Abschluß eines Reliefpfeilers.
Seine Rückseite ist glatt belassen, auf den Schmalseiten sind Weinranken mit naschenden Vögeln dargestellt. Auf der Frontseite ist ein Götterrelief zu vermuten, worauf eine abschließende Konche hindeutet. Der Schaft schließt mit Profilen und Abdeckplatten ab, die ornamentiert sind. Wahrscheinlich gehören a und b zum selben Pfeiler. Hierfür sprechen auch die Maße.

BONN: siehe auch oben 2a.

SCHLOSS DYCK: siehe oben 3b.

171 JÜLICH (Kr. Düren) Taf. 90,1

Kapuzinerstraße/Schloßstraße; Zweitverwendung (?)
Jülich, Röm.-Germ. Museum Inv.-Nr. 211 D 1
Sandstein. H. 1,04 m; Br. ca. 0,33 m; zu rekonstruierende Breite ca. 0,38 m
Halbsguth, Jülicher Volkszeitung vom 12. 2. 1957; sonst unpubliziert. Siehe oben S. 287 ff.; 329; 347.
Neg. RLM Bonn Film 1047/80,2

Erhalten sind die rechte Nebenseite (vom Betrachter aus) eines Pfeilerblockes mit originaler Oberkante und Resten zweier Register sowie ein Streifen der Pfeilerrückseite, die wohl ohne Reliefschmuck war. Die Vorderfront des Pfeilers und der Rand der z. T. erhaltenen Seite sind verlorengegangen. Der seitliche Rand ist zur Wiederverwendung abgemeißelt worden.
Unteres Register: Erhalten sind Oberkörper und Kopf des Mercurius, der an seinem Flügelhut erkennbar ist. Der zu seiner Rechten, zur Frontseite blickende Gott trägt die Chlamys, die über der rechten Schulter mit einer Fibel geschlossen ist. Das Register wird von einem Giebel abgeschlossen, dessen Feld mit einer Rosette gefüllt ist und auf dessen Sima Seitenakrotere angegeben sind.
Oberes Register: Dargestellt ist eine frontal stehende Göttin, die das rechte Spielbein leicht zur Seite setzt und die rechte Hand wohl in die Seite stützt. Die Göttin ist mit Chiton und schräg drapiertem Mantel bekleidet. Oberkörper und Kopf sind verloren. Krause deutet (brieflich) auf Minerva.

172 KÖLN Taf. 90,2–5

Südwestecke des Neumarktes
Köln, RGM Inv.-Nr. 442
Kalkstein. H. 1,10 m, ergänzt auf 1,18 m; Br. unten 0,24 m; T. unten 0,23 m
Klinkenberg 243 Abb. 93; Espérandieu VIII 6407; Schoppa, Götterdenkmäler 51 f. Nr. 23 Taf. 22; Fremersdorf, Urkunden zur Kölner Stadtgeschichte aus römischer Zeit[2] (1963) 60 Taf. 105; Koepp, Germania Romana[2] 35 Taf. 9,2; Hahl, Stilentwicklung 38; J. Klinkenberg, Jahrb. Kölner Geschver. 31/32, 1956/57, 1 ff. Taf. 2 f.; Ristow, in: Römer am Rhein 146 Nr. A 32; Brommer, Vulkan 5 Nr. 16 Taf. 16; Kölner Römer-Illustrierte 1, 1974, 140 f.; Ristow, Religionen und ihre Denkmäler in Köln 24 f. Taf. 2 (jetziger ergänzter Zustand); Borger, Das Römisch-Germanische Museum Köln 63 Abb. 264; Ristow, Römischer Götterhimmel und frühes Christentum 27 Abb. 6. Siehe oben S. 287 ff.; 297; 316; 339 f. A. 383; 362; 388.
Neg. Rhein. Bildarchiv Köln 22380–22382; 601418; 143755–143756; RGZM Mainz T 67/2539–T 67/2551 (jetziger Zustand)

Das untere Drittel des unteren Registers ist verloren; am oberen Ende des oberen Registers sind die beiden linken Ecken weggebrochen. Weitere Partien weisen starke Bestoßungen auf: Der Kopf der Minerva ist ganz, der der Iuno größtenteils abgeschlagen. Zahlreiche kleinere Beschädigungen sind besonders an den Rändern des mittleren Registers zu beobachten. Bestoßungen am gesamten Pfeiler, insbesondere ist kein Gesicht intakt. Die Fehlstellen sind für die Museums-Ausstellung ergänzt worden.

Der Pfeiler ist auf drei Seiten mit Reliefs geschmückt, die Rückseite ist mit nach unten gerichteten Schuppen verziert. Die langrechteckigen Bildfelder werden von einem Profil und einem dreifach gegliederten Rand gerahmt, der in der Mitte mit einem tordierten Band verziert ist; die Rückseite ist nur mit einem schlichten Rahmen versehen. Der Pfeiler besitzt oben Stoßfläche und Dübelloch. Der untere Abschluß ist nicht erhalten, so daß nicht gesichert ist, ob der Pfeiler drei oder vier Register aufwies.

Unteres Register: a. Mars hält in der abgestreckten Rechten die Lanze, die Linke ist auf den ovalen, vielleicht auf einen Sockel gesetzten Schild gestützt. Der Gott trägt einen korinthischen Helm mit zweigeteilter crista sowie die Chlamys, die als Bausch über die linke Schulter gelegt ist und im Rücken herabhängt. Der Gott dreht sich dem linken Spielbein zu.
b. Venus wendet sich nach rechts, blickt in einen Handspiegel, den sie in ihrer erhobenen Linken hält, und setzt sich mit der Rechten ein Diadem auf. Sie ist entblößt, der Mantel verhüllt nur die Beine, die Mantelzipfel sind über den linken Arm und über die linke Schulter gelegt.
d. Fortuna trägt in der angewinkelten Linken das Füllhorn, die gesenkte Rechte hielt wohl das Steuerruder. Die Göttin trägt Chiton und schräg drapierten Mantel und ist mit einem Diadem geschmückt.

Mittleres Register: a. Die geflügelte Victoria 'schwebt' nach links, in der erhobenen Rechten wohl einen Kranz, in der gesenkten Linken den Palmzweig. Der übergegürtete Chiton mit Überschlag 'flattert im Wind'. Das Nackenhaar ist geknotet.
b. Vulcanus ist nach rechts gerichtet und mit pilus und Exomis gekleidet. Er hält in der Linken einen Stab, wohl eine Fackel. Der bärtige Gott dreht sich seinem linken Spielbein zu.
d. Sol mit nimbus und Strahlenkrone hält in der Rechten die Peitsche, mit der Linken rafft er die Chlamys. Der jugendliche Gott dreht sich zu seinem linken Spielbein.

Oberes Register: a. Iuno hält in der gesenkten Rechten die Opferschale, in der abgewinkelten Linken das Zepter. Die Göttin trägt einen Peplos mit Überschlag sowie einen schleierartig über den Kopf gelegten Mantel, der als Bausch über die linke Schulter fällt und im Rücken lang herabhängt. Sie dreht sich zu ihrem rechten Spielbein.
b. Ceres hält in der gesenkten Rechten ein Ährenbündel, in der Linken das Zepter. Sie trägt einen gegürteten Chiton und einen schräg drapierten Mantel. Die Göttin dreht sich zu ihrem linken Spielbein.
d. Minerva hält in der abgewinkelten Rechten die Lanze mit Lanzenschuh, während die Linke auf einen ovalen Schild gelegt ist, der auf einer kleinen Basis steht. Die Göttin trägt Chiton und schräg über die linke Schulter drapierten Mantel. Sie dreht sich zu ihrem rechten Spielbein.

173 KÖLN   Taf. 91,1–3

Verbaut unter der südöstlichen Säule der Ostkonche des Chores von St. Maria im Capitol
Köln, Pfarrgemeinde St. Maria im Capitol
Kalkstein. H. 0,875 m; Br. oben 0,37 m; T. unten maximal 0,195 m
Ristow, Museen in Köln. Bulletin 15, 1976, H. 6, 1439 f. Abb.; Galsterer, Epigr. Studien (im Druck). Siehe oben S. 288 f.; 305; 319; 395.
Neg. Verf.

Bei der Wiederverwendung sind ca. Dreiviertel des Blockes abgespalten worden. Außerdem sind der Rahmen an der Kante a/d sowie die obere Ecke der Seiten a/b beschädigt bzw. abgeschlagen, das Gesicht der Fortuna und die Köpfe der beiden Götter sind abgemeißelt. Vom oberen Register ist nur der Ansatz erhalten. Der Block ist in Höhe der Unterschenkel durchgebrochen und wieder zusammengesetzt worden. Die Mörtelreste stammen von der Wiederverwendung.

Aufgrund der schlanken Proportionierung, der schlichten Rahmung sowie der Skulptierung von zwei bzw. Teilen von zwei Registern aus einem Block läßt sich das Stück als Schaftstück eines Reliefpfeilers bestimmen (Ristow a. a. O.: 'Sockelblock'). Da die Seite c verloren ist, bleibt offen, ob der Pfeiler auf drei oder vier Seiten reliefiert war.

Unteres Register: a. Fortuna hat mit der Linken das Füllhorn geschultert, während die gesenkte Rechte ein Attribut, wohl das Steuerruder, hielt. Die Göttin trägt gegürteten Chiton und einen den Oberkörper freilassenden schräg zum linken Arm geführten Mantel. Das rechte Bein ist Spielbein.

b. Von der Darstellung des Mercurius sind erhalten ein Rest des rechten Fußes, daneben der dem Gott heilige Hahn, die abgestreckte Rechte mit dem Geldsack.

c. Verloren.

d. Erhalten sind der Ansatz eines stehenden nackten Gottes, der in der erhobenen Linken einen Stab hält und über dessen Schulter ein Mantelbausch fällt. Die Figur ist am wahrscheinlichsten als Mars mit der Lanze zu deuten. Ein nur mit dem Schulterbauschmantel bekleideter Mars erscheint auch auf dem Kölner Pfeiler vom Neumarkt (172), Mars mit der Lanze in der Linken auf der Kölner Schuppensäule vom Sassenhof (110). Nicht auszuschließen ist eine Deutung auf Iupiter (Ristow a. a. O.: Hercules).

Oberes Register: a. Erhalten sind nur die Füße einer stehenden Gottheit. Ristow a. a. O. liest die zwischen den Füßen eingeritzten Striche als *M*, die vor dem rechten Fuß erkennbaren Ritzungen als *IO* und deutet sie als Weihinschrift: *I(ovi) O(ptimo) M(aximo)*.

Dies ist jedoch wegen des Verlaufes der Ritzungen, besonders der rechts des rechten Fußes, ihrer Flüchtigkeit sowie des Sitzes kaum anzunehmen, so daß sie als rezent aufzufassen sind.

174   Fundort unbekannt, vielleicht K Ö L N   Taf. 91,4

Aus der Blankenheimer Sammlung
Köln, RGM Inv.-Nr. 220 und 211
Kalkstein. H. 1,795 m; Br. unten 0,365 m; T. unten 0,33 m
Krüger, Bonner Jahrb. 104, 1899, 57 ff. Taf. 10; Espérandieu VIII 6415; Schoppa, Götterdenkmäler 52 Nr. 24–25 Taf. 23–24; Ristow, in: Römer am Rhein 146 Nr. A 33. Siehe oben S. 287 ff.; 329; 362; 388.
Neg. Rhein. Bildarchiv Köln 33596–33598; L 7502/16–L 7502/17; L 7504/01

Erhalten sind zwei Blöcke des Schaftes, die – obwohl die Stoßflächen nicht erhalten sind – zu Recht zu einem Pfeiler mit vier Registern zusammengesetzt worden sind. Die Oberfläche ist durch Bestoßungen und Verwitterung stark beschädigt. So ist kein Gesicht intakt. Kleinere Partien am Rahmen, an den Stoßkanten (hier jetzt ergänzt), an der Oberkante und an den Figuren sind abgeschlagen.

Der Pfeiler ist auf drei Seiten reliefiert, die Rückseite ist glatt gelassen. Die beiden Nebenseiten besitzen nur im obersten Register (IV) Götterreliefs, das übrige ist mit Akanthuskandelabern geschmückt, die sich aus Krateren emporranken. Die Bildfelder werden von schlichten Rahmen eingefaßt. Nur für den Helmbusch der Minerva schwingt er bogenförmig aus. In den Oberkanten befinden sich jeweils Dübellöcher.

Register I: a. Eine Göttin in Chiton und schräg drapiertem Mantel nimmt mit der Rechten etwas aus einem Kästchen, das sie in der Linken hält.

Register II: a. Die geflügelte Victoria (?) hält in der Linken einen Palmzweig (?), am Boden neben ihr steht eine Kanne.

Register III: a. Minerva hält in der angewinkelten Rechten die Lanze, mit der gesenkten Linken einen rundlichen Schild. Die Göttin trägt einen Helm mit mächtiger crista, ferner Chiton und schräg über die rechte Schulter drapierten Mantel.

Register IV: a. Die Göttin trägt über dem Chiton einen Mantel, den sie schleierartig über das

Haupt gezogen hat. Die Linke faßt das Zepter, in der angewinkelten Rechten hält sie wohl eine Fackel. Eine Deutung auf Iuno ist also wahrscheinlich.
b. Apollon, an einen Pfeiler oder Altar mit Basis und Gesims gelehnt, hat den rechten Arm erhoben und wendet sich seiner lyra zu, die er mit der Linken faßt und die er auf den Pfeiler (?) gestellt hat. Sein Mantel hängt im Rücken lang herab und umspielt das linke Bein. Zur Charakterisierung des Gottes gehören auch die langen Locken und der füllige weiche Körper.
d. Hercules hält in der herabhängenden Linken, um die er die Chlamys gewickelt hat, die geschulterte Keule. Der rechte Arm ist erhoben. Der bärtige Gott ist zu seinem linken Spielbein gedreht.

175   ROMMERSKIRCHEN (Kr. Neuss)   Taf. 92; 93

Verbaut im Chor der romanischen Pfarrkirche
Bonn, RLM Inv.-Nr. D 1004–1005
Sandstein. Register I–II: H. 0,97 m; Br. 0,37 m; T. 0,34 m. Register III: H. 0,97 m; Br. 0,37 m; T. 0,33 m
Neuffer, Bonner Jahrb. 151, 1951, 197 ff. Taf. 13 f. Siehe oben S. 287 ff.; 303 A. 170; 329; 345; 389; 395.
Neg. RLM Bonn 6293–6300 (13 × 18)

Erhalten ist ein Register vollständig (I), ein weiteres in seinem unteren Viertel (II) sowie Register III. Die Rahmenleisten sind teilweise weggebrochen, die Reliefs beschädigt durch Bestoßungen und Verwitterung, insbesondere die Köpfe, wobei Register III etwas besser erhalten ist. Die Mörtelreste rühren von der Wiederverwendung her.
Der Pfeiler bestand aus mindestens zwei Blöcken. Der als unterer Block anzusprechende besitzt zwei Register (I, II) und ist unten auf Anschluß mittels Anathyrose gearbeitet. Der wohl obere Block ist unten und oben mit Anathyrose versehen und besitzt oben ein Dübelloch. Der Block trägt den abschließenden Giebelrahmen eines unteren Registers (II [?]) sowie die Bildfelder des Registers III. Der Pfeiler ist auf allen vier Seiten mit Reliefs geschmückt. Die Bildfelder werden seitlich von einer schlichten Leiste, oben von Faszienarchitrav und Giebel mit Rosettenfüllung eingefaßt. Bei Register III wird das Bildfeld von einem aufgebogenen Faszienarchitrav, waagerechtem Faszienarchitrav und Giebel mit Rosettenfüllung abgeschlossen.
Die Anzahl der Register und die Orientierung des Pfeilers sind nicht mehr sicher zu bestimmen, die als a und c bezeichneten Seiten sind austauschbar. Bei Register I und II sind die Reliefs der Bildfelder b und d mit der Darstellung von Mars/Victoria bzw. Vulcanus/Fortuna (?) zur Seite c gerichtet. So könnte man diese Seite mit der Darstellung von Virtus/Neptunus als Frontseite ansehen. Von der Bedeutung her wird man hierfür aber eher die Seite a mit der Wiedergabe von Mercurius/Minerva in Anspruch nehmen. Das gleiche gilt für den oberen Block. Hier sind die Reliefs der Luna und des Sol auf den Seiten b und d zur Seite c mit Darstellung des Hercules ausgerichtet. Aus inhaltlichen Gründen wird man jedoch die Seite a mit Iuno als Frontseite ansehen. Dafür spricht auch, daß sich bei dem Kölner Pfeiler 172 die Figuren der Seite b von der Frontseite abwenden. Aus der Komposition ergibt sich immerhin, daß die Reliefs mit Mercurius, Minerva und Iuno übereinander gestaffelt sind.
Register I: a. Mercurius trägt in der gesenkten Rechten den Geldbeutel, in der angewinkelten Linken den caduceus. Er ist angetan mit Flügelhut, Flügelschuhen und Chlamys, die um den linken Arm geschlungen ist. Der Gott dreht sich leicht seinem rechten Standbein zu.
b. Mars hält in der erhobenen Rechten die Lanze, die Linke ist auf einen ovalen Schild gestützt, am balteus das Schwert. Er ist gewappnet mit Helm (mehrteilige crista), Panzer, Tunika (und Beinschienen?). Der Kopf ist zum rechten Standbein gedreht.
c. Virtus hält in der erhobenen Rechten die Lanze mit Lanzenschuh, die Linke ist angewinkelt, neben ihrem linken Bein ein kleiner gegebener, auf eine Stütze gesetzter Ovalschild. Die Göttin trägt einen Helm mit dreifacher crista, einen gegürteten Chiton, der die rechte Brust freiläßt, sowie Stiefel. Der Kopf ist zum rechten Spielbein gewendet.

d. Vulcanus hat beide Arme gesenkt, in der Rechten hält er den Hammer, in der Linken die Zange; vor ihm steht ein klein gegebener Amboß. Der bärtige Gott trägt den pilus und die Exomis. Er dreht sich nach rechts, das Spielbein hinter das linke Standbein stellend. Die starke Winkelung deutet die Mißbildung an.

Register II: a. Die Göttin in Chiton und Mantel, neben dem linken Fuß einen Vogel, wohl eine Eule, ist wohl als Minerva zu deuten.

b. Die mit einem Mantel bekleidete Victoria setzt ihren linken Fuß auf den globus.

c. Neptunus setzt das rechte Bein auf den Bug eines Schiffes.

d. Die Göttin ist in Chiton und schräg drapierten Mantel gekleidet, neben dem Fuß des linken Spielbeins ein kugeliger Gegenstand – Fortuna (?).

Register III: a. Iuno hält in der erhobenen Linken das Zepter und in der herabhängenden Rechten die gesenkte Fackel. Die Göttin ist bekleidet mit Chiton, schräg drapiertem Mantel und Schleier. Sie wendet sich leicht ihrem rechten Spielbein zu.

b. Luna ist gleichfalls mit Chiton, schräg drapiertem Mantel und Schleier bekleidet, auf dem Kopf trägt sie die Mondsichel. Die Göttin dreht sich ihrem linken Standbein zu. Die Rechte ist vor dem Körper angewinkelt und faßt in den Bausch des Mantels, während die Linke einen Mantelzipfel lüpft.

c. Hercules mit der angewinkelten Linken die Keule schulternd, um den Arm das Löwenfell geschlungen, hält in der Rechten einen nicht mehr zu bestimmenden Gegenstand. Der muskulös wiedergegebene Gott wendet den Kopf seinem rechten Standbein zu.

d. Sol mit nimbus hält in der angewinkelten Linken den globus, in der gesenkten Rechten die Peitsche. Der Gott trägt eine phrygische Mütze, unter der reichgelocktes Haar sichtbar wird, und eine im Rücken herabhängende Chlamys, die über der rechten Brust zusammengesteckt ist. Er dreht den Kopf dem rechten Standbein zu.

Zugehörigkeit fraglich:

176 BONN

Aus dem spätantiken Vorgängerbau der Münsterkirche
Bonn, RLM Inv.-Nr. D 335
Kalkstein. H. 0,245 m; Br. 0,18 m; T. 0,135 m
Lehner, Bonner Jahrb. 136/37, 1932, 151 Nr. 111 Taf. 26 g. Siehe oben S. 288.
Neg. RLM Bonn 1890 (18 × 24)

Erhalten sind Basis und Schaftansatz eines Reliefpfeilers; die Basis ist an der Frontseite z. T. abgeschlagen.

Die Basis setzt sich zusammen aus zwei abgetreppten Platten, die obere schließt mit einer Hohlkehle ab. Auf der Frontseite des Schaftes sind die Beine eines stehenden Gottes erhalten, der das linke Spielbein zur Seite setzt. Von seinem Mantel ist links ein herabhängender Zipfel erhalten. Auf den beiden Schmalseiten ist der Stamm eines Bäumchens zu erkennen; die Rückseite ist glatt belassen.

177 KÖLN

Dom-Südseite, Grabung 69.2; aus mittelalterlicher Grube
Köln, RGM Inv.-Nr. 69,341
Kalkstein. H. 0,26 m; Br. ca. 0,18 m
Ristow, Kölner Jahrb. Vor- u. Frühgesch. 11, 1970, 79 Nr. 2 Taf. 18. Siehe oben S. 288.
Neg. Rhein. Bildarchiv Köln 133309; 133307; 133295–133296

Erhalten ist der Hauptteil eines Registers eines vierseitigen Pfeilers, wobei der obere wie der untere Abschluß fehlen. Auf einer Seite ist keine antike Oberfläche mehr vorhanden, so daß nicht sicher zu entscheiden ist, ob der Pfeiler auf drei oder vier Seiten Reliefschmuck trug. Ist die Göttin der Seite a mit Recht als Iuno gedeutet und für die Frontseite in Anspruch genommen, so müßten alle vier Seiten reliefiert gewesen sein. Die Reliefs sind bei der Wiederverwendung teilweise abgeschlagen worden.

Die Bildfelder besitzen keine besondere Rahmung. Gehörte das Stück zu einem Jupiterpfeiler, so wird es das oberste Register gewesen sein. Im Format entspricht er etwa dem Pfeiler 174.

a. Dargestellt ist eine stehende Göttin mit linkem Spielbein, die in der Linken einen Stab, wohl ein Zepter hält. Sie ist bekleidet mit Gewand (Chiton?) und Mantelschleier, der in einem langen Zipfel von der linken Schulter und im Rücken herabfällt. Die Göttin ist wahrscheinlich als Iuno zu deuten; zu vergleichen ist die Iuno des Pfeilers 172.

b. Die Göttin ist mit Chiton und schräg über die linke Schulter drapiertem Mantel bekleidet. Das linke Spielbein ist zur Seite gesetzt. Der rechte Arm war vielleicht vor der Brust angewinkelt. Der Erhaltungszustand erlaubt keine sichere Deutung – Ceres (?).

c. Der stehende Gott hat das linke Spielbein zur Seite gesetzt, in der gesenkten Rechten hält er einen Gegenstand, wohl einen Geldbeutel. Dies spricht für eine Deutung auf Mercurius.

178*   Fundort unbekannt

Früher Neuss, Clemens-Sels-Museum. Nach Auskunft von Frau I. Feldhaus ist im Clemens-Sels-Museum nichts von dem Stück bekannt.
P. Vasters, Röm.-Germ. Korrbl. 7, 1914, 24 Anm. 3.

Vasters a. a. O.: 'Dagegen ist Hercules sicher auf dem Rest eines Pfeilers, den ich im Museum der Stadt Neuss sah. Dieser Pfeiler ist nur auf einer Seite bearbeitet und wahrscheinlich unvollendet geblieben. Hercules in demselben Typus, wie ihn Viergöttersteine zeigen, ist die einzige vollständig erhaltene Figur. Über ihm befindet sich noch der Rest einer stehenden Gestalt in langem Gewand.'

ZÜLPICH: siehe unten Nachtrag 219.

Sockel

Rechteckige Sockel ohne Reliefschmuck

ALFTER: siehe oben 1a.

179   DÜRWISS (Gem. Eschweiler, Kr. Aachen)

Bonn, RLM Inv.-Nr. 58.674
Kalkstein. H. 0,88 m; Br. unten 0,51 m; T. unten 0,51 m

A. Bruckner u. W. Piepers, Bonner Jahrb. 159, 1959, 390; M. Clauss, Epigr. Stud. 11 (1976) 5 Nr. 5 Taf. 3,1 (dort als Altar gedeutet). Siehe oben S. 290; 303 A. 170; 307; 346; 395.
Neg. RLM Bonn

Die oberen Ecken der Rückseite sind abgeschlagen, die untere Ecke links ist bestoßen, die Oberfläche der Front ist fast ganz weggewittert.
Der Sockel von quadratischer Grundfläche ist aufgebaut aus der Basis mit hoher Standplatte und Kehle, geglättetem Körper und Bekrönung aus Karniesprofil und Deckplatte.
Auf der Frontseite befindet sich die Weihinschrift: *I(ovi) O(ptimo)[M(aximo)]*.

SCHLOSS DYCK: siehe oben 3a.

180 GLEUEL (Gem. Hürth, Erftkr.)

Verbaut in der Kirche
Bonn, RLM Inv.-Nr. 8787
Kalkstein. H. 0,89 m; Br. unten 0,67 m; erhaltene T. 0,65 m
CIL XIII 8162; Klinkenberg, Bonner Jahrb. 94, 1893, 153 f.; Lehner 26 Nr. 49. Siehe oben S. 290 f.; 303 A. 170; 307; 395.
Neg. RLM Bonn 5537 (9 × 12)

An der Frontseite sind die rechte Kante sowie die anschließenden Partien der Ober- und Unterkante abgeschlagen, ebenso die beiden oberen und die rechte untere Kante der Rückseite. Das obere Profil der rechten Seite ist abgemeißelt worden.
Der Sockel von annähernd quadratischer Grundfläche ist aufgebaut aus der Basis aus hoher Standplatte und Kehle, geglättetem Körper und Bekrönung aus Kehle und Deckplatte. Auf der Frontseite befindet sich die Inschrift: *I(ovi) O(ptimo) M(aximo) / sacrum. / C(aius) Iunius/ Frontiniu[s] / vissu iussu[s]*.

KÖLN: siehe oben 8a.

Zugehörigkeit fraglich:

181 ZÜLPICH (Kr. Euskirchen)

Unter der Pfarrkirche St. Peter
Zülpich, Heimatmuseum Inv.-Nr. R 54/8
Kalkstein. H. 0,44 m; Br. 0,33 m; T. 0,30 m (jeweils an der Plinthe gemessen). Siehe oben S. 274; 287; 290 f.; 299; 346.
Neg. Verf.

Ein Teil der 'Rückseite' ist abgeschlagen, das Gesims beschädigt, besonders die rechte vordere Ecke; der obere Abschluß ist abgemeißelt. Der Sockel ist aufgebaut aus der Basis aus hoher Standplatte und Schmiege, geglättetem Körper, Bekrönung aus Kehle und Deckplatte sowie einem Aufbau, der einer Pfeilerbasis entspricht, mit Plinthe und doppeltem Wulst.

ZÜLPICH: siehe unten Nachtrag 220.

Vierseitig reliefierte Sockel

JÜLICH: siehe oben 5a.

KÖLN-WEIDEN: siehe oben 9a.

182 MAASTRICHT (Prov. Limburg, Niederlande) Taf. 94

In der Liebfrauenkirche wiederverwendet
Maastricht, Bonnefantenmuseum Inv.-Nr. 733
Kalkstein. H. 0,50 m; Br. 0,37 m; T. 0,33 m
Espérandieu V 4003; XIV Taf. 99; J. Sprenger, Oudheidk. Mededelingen 29, 1948, 28 Taf. 7; Ristow, in: Römer am Rhein 148 f. Nr. A 42; Panhuysen, Hermeneus 52, 1980, 94 Abb. 14. Siehe oben S. 290 ff.; 296; 299; 319; 346; 349.
Neg. RGZM Mainz T 67/2290–T 67/2292; Rhein. Bildarchiv Köln 123658–123660

Stärkere Beschädigungen bzw. Abmeißelungen befinden sich am Rahmen der Seiten a, c, d besonders an der unteren Ecke, leichte Schäden am Giebel der Seite a und an den Archivolten der Seiten c/d. Der Kopf der Fortuna ist abgeschlagen, die Gesichter der übrigen Gottheiten sind bestoßen; die linke Hand des Hercules verloren. Die Mörtelreste stammen von der Wiederverwendung.
Die Bildfelder des annähernd quadratischen Sockels sind nischenartig eingetieft. Das Bildfeld der vermutlichen Frontseite schließt giebelförmig, das der vermutlichen Rückseite mit Archivolte ab, zum Reliefgrund vermittelt eine Hohlkehle. Die Seiten b und d besitzen einen konchenartigen Abschluß, der bei b eingezogen ist. Der Sockel besitzt oben ein Dübelloch mit Gußkanal. Der Kontur der Relieffiguren ist nachgezogen.
a. Der bärtige Hercules sitzt auf einem Felsen in Schrägansicht nach links, den Kopf zurückgewendet, das rechte Bein vor-, das linke zurückgesetzt. Die abgestreckte Rechte stützt sich auf die Keule, in der angewinkelten Linken hält er ein Attribut, wohl den Apfel. Über der linken Schulter trägt der Gott die Chlamys, die die Oberschenkel bedeckt, zwischen den Beinen fällt das Löwenfell herab.
b. Der stehende Apollo setzt das linke Spielbein auf einen Fußschemel, den linken Arm stützt er auf die cithara, die auf einen profilierten, mit Basis und Bekrönung versehenen Altar gestellt ist. In der linken Hand hält der Gott das plectron, in der rechten ein Bündel von drei Lorbeerzweigen. Im Rücken hängen Köcher und der Mantel, der hinten lang herabfällt und das linke Bein umspielt. Der Körper des Gottes ist als füllig und weich charakterisiert. Neben dem rechten Standbein ein profiliertes Podest, auf dem der Rabe des Gottes sitzt und sich zu seinem Herrn hochreckt, der jedoch den Kopf abgewendet hat.
c. Der Gott steht auf dem linken Standbein, in der gesenkten Rechten eine Fackel, in der angewinkelten Linken ein weiteres Attribut. Der Gott ist mit einer über der rechten Schulter gefibelten Chlamys und vielleicht einer phrygischen Mütze bekleidet. Er wendet sich seiner Rechten zu, wo auf einem Felsblock ein globus dargestellt ist. Der Gott ist vielleicht als Sol zu deuten.
d. Fortuna steht auf dem linken Standbein, in der Linken das Füllhorn, in der gesenkten Rechten das Steuerruder haltend. Sie ist bekleidet mit übergegürtetem Chiton und schräg drapiertem Mantel.

183 MAASTRICHT (Prov. Limburg, Niederlande)

Aus der Maas, als Spolie in der spätantiken Brücke verbaut
Maastricht, Bonnefantenmuseum Inv.-Nr. R 4814
Kalkstein. H. 0,84 m; Br. 0,48 m; T. 0,435 m
Panhuysen, Hermeneus 52, 1980, 94 Abb. 14. Siehe oben S. 290; 292; 296; 299; 346.

Ein Bildfeld des Sockels ist verloren. Die Oberfläche ist stark verrieben, zahlreiche Bestoßungen. Der Sockel ist über einer fast quadratischen Grundfläche aufgebaut. In einem Stück mit dem Sockel ist die Basis der Säule gearbeitet. Sie gehört mit ihren zwei Wülsten und der Hohlkehle zur attischen Ordnung. Sie besitzt oben ein Dübelloch.
Bildfelder: a. Hercules ist auf einem Felsen gelagert und lehnt sich leicht zurück. Das linke Bein ist abgestreckt, das rechte angewinkelt. In der Linken hält er die Keule.
b. Die Gottheit sitzt mit übergeschlagenen Beinen auf einem Sitz, über den ein Tuch gebreitet ist. Sie stützt sich mit der Rechten auf, während die Linke auf dem Schenkel liegt. T. Panhuysen deutet auf Venus.
c. Zerstört.
d. Mars ist in Dreiviertelansicht sitzend dargestellt. Er hält in der Rechten die Lanze, während sich die gesenkte Linke auf den auf den Boden gesetzten Rundschild mit abgesetztem Rand und umbo stützt. Der Mantel des Gottes hängt im Rücken herab und ist über der rechten Schulter gefibelt.

184   STOKKEM (Gem. Dilsen, Prov. Limburg, Belgien)

Wiederverwendet in einem spätrömischen Bauwerk, vielleicht einer Wehranlage
Tongeren, Provinciaal Gallo-Romeins Museum Inv.-Nr. 69.E.1
Kalkstein. H. 0,79 m; Br. 0,53 m; T. 0,59 m
J. Mertens, in: Der niedergermanische Limes 153. Siehe oben S. 290; 296; 346.

Die Oberfläche ist weitgehend zerstört. Auf der Seite a ist der untere Teil des Rahmens abgeschlagen, ebenso der rechte obere Teil des Rahmens der Seite b. Hier fehlt auch der Kopf des Gottes; auf der Seite c ist die obere Partie des linken Rahmens verloren, der Kopf der Gottheit abgeschlagen. Auf der Seite d sind der rechte Rahmen sowie größere Partien des Bildfeldes verloren. Der Sockel ist über einer annähernd quadratischen Grundfläche aufgebaut und besitzt vier Bildfelder. Diese sind rechts und links von Leisten eingefaßt, der obere Abschluß ist mit einer kleinen Archivolte über den Köpfen der Gottheiten versehen. Auf der Deckplatte ist ein Dübelloch sowie die Anathyrose für die Säulenbasis zu erkennen.
a. Dargestellt ist ein frontal stehender Gott, der den Kopf zu seiner Rechten gewendet hat. Mit dem rechten Arm stützt er sich auf das Bein, das er auf eine Erhöhung gesetzt hat. In der angewinkelten Linken hält der Gott einen Stab. Eine Deutung auf Iupiter oder Neptunus ist in Betracht zu ziehen.
b. Zu erkennen ist ein frontal stehender muskulös gebildeter Mann, der die Rechte gesenkt hat und sich auf etwas stützt, während die Linke angewinkelt ist. Vielleicht ist Hercules mit der Keule in der Rechten und dem Löwenfell über dem linken Arm dargestellt.
c. Frontal stehende Gottheit, die aufgrund der schlechten Erhaltung nicht mehr zu deuten ist.
d. Frontal stehende Gottheit, die aufgrund der schlechten Erhaltung nicht mehr zu deuten ist.

185*   TONDORF (Gem. Nettersheim, Kr. Euskirchen)

In der Kirche verbaut
Verbleib unbekannt
J. Hagen, Die Römerstraßen der Rheinprovinz² (1931) 179. Siehe oben S. 303 A. 170.

Hagen a. a. O.: 'In der Mensa der alten Kirche fand man einen auf vier Seiten mit Skulpturen versehenen Stein, der damals in die Fundamente der neuen Kirche eingemauert worden ist.'

Dreiseitig reliefierte Sockel

186 JÜLICH (Kr. Düren) Taf. 95

Aus der Pfarrkirche St. Maria-Himmelfahrt
Jülich, Röm.-Germ. Museum Inv.-Nr. 192 D 1
Kalkstein. H. 1,01 m; Br. von b: 0,83 m
Neuffer, Bonner Jahrb. 151, 1951, 307 f. Abb. 46 Taf. 19–20; H. Nesselhauf u. H. Lieb, Ber. RGK 40, 1959, 195 Nr. 196; Verf., Kölner Römer-Illustrierte 2, 1975, 149 Abb. 197. Siehe oben S. 274 f.; 290 ff.; 295; 299; 308; 315; 346 f.; 394 f.
Neg. RLM Bonn 6340, 6345, 6359 (13 × 18)

Erhalten ist in etwa das rechte Drittel des Sockels: Die Seiten a und c sind zu etwa einem Drittel, die Seite b ist fast ganz erhalten; die Seite d ist vollständig verloren. Die linke untere Ecke der Seite b ist abgeschlagen, die obere und die untere Abschlußkante sind abgemeißelt. Die Reliefoberfläche, besonders der Kopf ist stark bestoßen. Neuffer a. a. O. führt geringe Reste der farblichen Fassung auf. Basis und Gesims des Sockels waren gesondert gearbeitet und sind verloren.
Der Sockel, der oben und unten auf Anschluß gearbeitet ist, trägt auf der Frontseite die Weihinschrift und darunter in einem etwas eingetieften Feld einen Eichenlaubkranz. Die drei Nebenseiten sind als Bildfelder mit Götterfiguren in Hochrelief gestaltet. Oben und unten von einer schmalen Leiste begrenzt, werden sie seitlich von breiten Pilastern gerahmt, die mit Kandelabern aus Ranken, Blättern und Trauben geschmückt sind. Auf der Seite c steigen sie aus ornamentierten Krateren auf.
a. Im oberen Drittel die Weihinschrift: [I(ovi) O(ptimo)] M(aximo) / [Vic]ạni/ [Iuliac]enses. Der Eichenlaubkranz ist etwa in der Mitte mit einer Taenie umwickelt, deren Ende nach oben flattert und mit einem Bleianhänger abschließt.
b. Minerva steht mit dem rechten Spielbein neben einem Pfeiler mit Gesims, auf dem sich ihre Eule niedergesetzt hat. Die Göttin faßt mit der gesenkten Linken einen ovalen, auf eine profilierte Basis gestellten Schild mit Randbeschlag, der schräg von innen gesehen ist. Mit der (abgeschlagenen) gesenkten Rechten hielt die Göttin wohl die Lanze (Reste am rechten Knie?). Minerva ist mit einem Helm mit zweiteiliger crista gewappnet und bekleidet mit Chiton samt Überfall, der die rechte Brust freiläßt. Sie trägt einen Mantel, der, über der rechten Schulter gefibelt, schräg über die Brust geführt ist, als Zipfel über den Schild fällt und wohl ein Bleigewicht zur Beschwerung besitzt.
c. In der linken unteren Ecke des Bildfeldes ist ein sich aufbäumender Kentaur dargestellt, der mit beiden Armen einen Dreifuß mit profiliertem Fuß trägt (der dritte Stab ist wohl weggebrochen). Um die Stäbe windet sich eine Schlange mit dem Kopf zum Kessel hin gerichtet. Dieser ist mit Blatt- und Perlstab ornamentiert und mit zwei Henkeln ausgestattet. Über dem Kessel auf einer Art Konsole steht ein Vogel, wohl ein Rabe. Am Bruchrand ist noch der Rest eines Astes oder eines Bogens zu erkennen. Dreifuß, Schlange und Rabe weisen auf Apollo.

187 KESSEL (Prov. Limburg, Niederlande) Taf. 96,1–3

Aus der Kirche
Leyden, Rijksmuseum Inv.-Nr. F 11
Kalkstein. H. 0,94 m; Br. 0,62 m; T. 0,53 m
Hertlein, Juppitergigantensäulen 126; Holwerda, Catalogus van het Rijksmuseum van Oudheden te Leiden 224 Nr. 11; Espérandieu IX 6679; A. W. Byvanck, Nederland in den Romeinschen Tijd 2, 349 Taf. 29 Abb. 55. Siehe oben S. 292; 303 A. 170; 316; 340; 346; 388.

Das Gesims ist verloren, der obere Teil des Blockes abgeschlagen.
Der Sockel ist aufgebaut auf der Basis aus hoher Standplatte und Karniesprofil und dem Körper,

der auf drei Seiten Reliefschmuck trägt, während die vierte glatt belassen ist. Sie trug vielleicht eine gemalte Weihinschrift oder bildete die Rückseite. Die Bildfelder werden seitlich von einer Leiste gerahmt.
a. Hercules, mit Löwenfell über dem linken Arm, hält in der Rechten eine Keule, die er auf einen Felsen gesetzt hat. Er hat das rechte Spielbein leicht zur Seite gesetzt.
b. Minerva hält in der Rechten die Lanze, während die Linke einen ovalen Schild faßt, der auf eine balusterartige Basis gesetzt ist. Die Göttin trägt einen Chiton mit Ägis und einen schräg über die linke Schulter drapierten Mantel.
d. Iuno hält mit der gesenkten Rechten die Opferschale über einem Altar mit Opferflamme, dessen Aufbau balusterartig gegeben ist. In der Linken hält die Göttin das Zepter. Sie ist mit Chiton und Mantel bekleidet. Neben ihrer rechten Schulter erscheint der ihr heilige Pfau.

188   KÖLN   Taf. 97,1–3

Angeblich Aachener Straße
Bonn, RLM Inv.-Nr. 5023
Kalkstein. H. 0,60 m; Br. oben 0,32 m; T. oben 0,34 m (ohne Gesims)
Lehner 44 Nr. 96; Skulpturen I Taf. 25,1–3; Klinkenberg 262 Abb. 107; Hertlein, Juppitergigantensäulen 125; Espérandieu VIII 6393; Schoppa, Götterdenkmäler 54 Nr. 37 Taf. 36; Fremersdorf, Urkunden zur Kölner Stadtgeschichte aus Römischer Zeit[2] 62 Taf. 113; Hahl, Stilentwicklung 39; Ristow, Religionen und ihre Denkmäler in Köln 26 Abb. 30, 34; H. Kunckel, Der römische Genius. Röm. Mitt. Ergh. 20 (1974) 63 f.; 104 Taf. 72,2–4; Ristow, Römischer Götterhimmel und frühes Christentum 35 Abb. 30. Siehe oben S. 290 ff.; 317; 319; 340; 389.
Neg. RLM Bonn 5833–5835 (9 × 12)

Der untere Abschluß des Bildfeldes samt Basis der Seite a sowie die anschließenden Ecken der Seiten b und d sind abgeschlagen und in Gips ergänzt. Kleinere Bestoßungen finden sich besonders im Gesicht und am Körper des Bacchus, im Gesicht, an der linken Hand und am linken Bein der Ceres sowie an den Ecken des Gesimses.
Der annähernd quadratische Sockel ist aufgebaut aus der Basis aus hoher Standplatte und Kehle, einem Körper, der auf drei Seiten mit Reliefs geschmückt ist, und einer Bekrönung aus Karniesprofil und Deckplatte. Den oberen Abschluß bildet eine Schmiege mit Stoßfläche, Dübelloch und Eisendübel sowie Gußkanal. Die Bildfelder schließen mit leicht abgesetzten Konchen ab.
a. Der Genius hält in der gesenkten Rechten die Opferschale und in der angewinkelten Linken das Füllhorn. Der Mantel verhüllt den Unterkörper und fällt als Bausch über die linke Schulter und den Arm. Der Jüngling wendet den Kopf seinem rechten Standbein zu.
b. Ceres hält in der gesenkten Rechten ein Ährenbündel, die Linke ist vor dem Körper gesenkt. Die Göttin ist gekleidet in Chiton mit Überfall und schräg drapiertem Mantel. Sie dreht den Kopf zum rechten Standbein.
d. Bacchus hat den rechten Arm entspannt auf den Kopf gelegt, stützt sich mit dem linken Arm auf einen Pfeiler mit Profilabschluß, in der Hand den cantharus, das linke Bein übergeschlagen. Der Gott trägt eine Chlamys, die im Rücken herabhängt und als Bausch über die linke Schulter fällt, sowie Stiefel. Er blickt nach unten, wo vor dem Pfeiler sein Panther kauert.

189   KÖLN

Glockengasse
Köln, RGM Inv.-Nr. 147
Rötlicher Sandstein. H. 0,65 m; Br. 0,455 m; T. 0,40 m
Haug, Viergöttersteine 139 Nr. 166; Espérandieu VIII 6385; Schoppa, Götterdenkmäler 53 Nr. 31 Taf. 32; Ri-

stow, in: Römer am Rhein 147 Nr. A 37. Siehe oben S. 290 ff.; 297; 346; 348; 388.
Neg. Rhein. Bildarchiv Köln 22236; 22237; 22248; 143753–143754

Die Ecken des Blockes sind weggebrochen, die linke untere der Frontseite ist ergänzt. Die Oberfläche ist stark abgewittert und bestoßen.
Der Block ist auf drei Seiten skulptiert, die Rückseite ist nur roh abozziert. Die oblongen Bildfelder werden von schlichten, ungewöhnlich breiten Rahmen eingefaßt.
Bildfelder:
a. Hercules, die Linke auf die Keule gestützt, um den Arm wohl das Löwenfell geschlungen, hält in der angewinkelten Rechten einen Gegenstand, vielleicht einen Apfel oder den Becher. Der bärtige Gott wendet sich seinem linken Spielbein zu.
b. Der Gott neigt das Haupt einem rundlichen Gegenstand in der angewinkelten Rechten zu, im linken Arm hält er einen länglichen Gegenstand. Das linke Spielbein ist zur Seite gesetzt. Espérandieu a. a. O. deutet mit einiger Wahrscheinlichkeit auf Mercurius mit Geldbeutel und caduceus; Schoppa a. a. O. deutet – kaum zu Recht – auf Iupiter mit dem globus.
d. Apollo hält in der Linken die lyra, die Rechte ist zum Spiel bereit gesenkt und hält das plectron. Im Rücken hängt der Mantel herab. Der Gott hat das linke Spielbein zur Seite gesetzt.

190 LAURENSBERG (Stadt Aachen)

Aus der Pfarrkirche
Aachen, Kaiser-Karl-Gymnasium, in den Kriegswirren verschollen
Sandstein. H. 0,73 m; Br. ca. 0,40 m; T. ca. 0,40 m
Bös 153 Abb. 1–4. Siehe oben S. 291; 303 A. 170; 388.

Nach den Abbildungen war der Sockel an Basis, Körper und Bekrönung stark zerstört.
Der Sockel von quadratischer Grundfläche ist aufgebaut aus der Basis aus Standplatte und Profil, Körper mit Reliefschmuck auf drei Seiten und profilierter Bekrönung samt Schmiege. Während die obere Partie der Frontseite wohl die Inschrift trug und in ihrem unteren Teil ein Adler dargestellt ist, sind die drei übrigen Seiten mit Götterreliefs geschmückt, die von seitlichen Leisten und einer Archivolte gerahmt werden.
a. Im unteren Teil des Blockes ist in einem eingetieften Feld ein Adler mit ausgebreiteten Schwingen dargestellt, darüber dürfte sich die Inschrift befunden haben.
b. Der mit einem kurzen Gewand und pilus ausgestattete Gott hat beide Arme vorgestreckt und dürfte Werkzeuge gehalten haben – Vulcanus.
c. Hercules hat die Rechte auf die Keule gelegt, stützt sich aber mit dem linken Arm auf, um den ein Löwenfell geschlungen ist.
d. Minerva hält in der erhobenen Rechten die Lanze, mit der Linken faßt sie einen ovalen Schild. Die Göttin ist behelmt und trug wohl Chiton und Mantel.

191 NIERENDORF (Gem. Grafschaft, Kr. Ahrweiler) Taf. 98

In der Kirche als Taufstein verwendet
Bonn, RLM Inv.-Nr. 38.435 (früher im RLM Trier)
Kalkstein. H. 0,68 m; Br. unten 0,63 m; T. unten 0,62 m
CIL XIII 7784; Haug, Viergöttersteine 138 Nr. 164; Hettner 17 f. Nr. 26 Abb.; Lehner 41 f. Nr. 92 (Abguß); Espérandieu VIII 6316; Hahl, Stilentwicklung 38; Bonner Jahrb. 145, 1940, 196 Taf. 83; O. Kleemann, Vor- und Frühgeschichte des Kreises Ahrweiler (1971) 99. Siehe oben S. 290 ff.; 295 f.; 307; 315 f.; 340; 388; 395.
Neg. RLM Bonn 5327–5330 (9 × 12) (= Abguß); 11877–11880 (9 × 12)

Im Mittelalter wurden die Oberseite für ein Taufbecken ausgehöhlt und die Zwickel mit Ornamenten geschmückt. Die Ecken von Basis und Bekrönung sind bestoßen; ein Stück der Bekrönung der Frontseite ist abgebrochen und wieder angesetzt.

Der nahezu würfelförmige Sockel ist aufgebaut aus der Basis aus Standplatte und Karniesprofil, dem Körper mit der Weihinschrift auf der Frontseite und Götterreliefs auf den drei Nebenseiten, der Bekrönung aus Kehle, Deckplatte und einer Schmiege. Die Bildfelder werden von einem breiten Rahmen mit einer Ausbuchtung über den Köpfen der Gottheiten eingefaßt.

a. Inschrift: *I(ovi) O(ptimo) M(aximo) / L(ucius) Pisinius Cel/sus.*

b. Minerva hat die Rechte abgestreckt und die Linke auf einen ovalen Schild gestützt, die Lanze gegen den Arm gelehnt. Sie trägt einen Helm mit dreigeteilter crista sowie Peplos (?) mit Überfall und einen Mantel, der über der rechten Schulter geheftet ist. Die Göttin wendet sich dem rechten Standbein zu.

c. Hercules stützt sich auf seine unter die linke Achsel geschobene Keule, um die das Löwenfell geschlungen ist. Er hat den bärtigen Kopf zum linken Spielbein gedreht. Der rechte Arm ist auf den Rücken gelegt.

d. Iuno hält in der Linken das Zepter, in der Rechten eine Fackel, deren Darstellung auf den Rahmen übergreift. Die Göttin trägt einen Peplos mit Überfall sowie einen Mantel, der schleierartig über das Haupt gelegt ist und hinten lang herabhängt. Die mit einem Diadem bekrönte Göttin wendet den Kopf zum rechten Spielbein.

Fraglich, ob auf drei oder vier Seiten reliefiert:

192 BONN

Aus dem Bereich der Stiftskirche
Bonn, RLM Inv.-Nr. U 181
Rötlicher Sandstein. H. 0,62 m; Br. 0,43 m; T. 0,51 m
Haug, Viergöttersteine 139 Nr. 165; Lehner 42 Nr. 93; Skulpturen II Taf. 4,8; Espérandieu VIII 6238. Siehe oben S. 290 ff.; 295; 301; 346.
Neg. RLM Bonn 571; 6064–6066 (9 × 12)

Der obere Abschluß des Sockels mit der Bekrönung ist abgeschlagen; auf den Schmalseiten wie an der Rückseite ist für eine Wiederverwendung eine Schicht abgesägt und dabei die Oberfläche der Rückseite zerstört worden. Auf den Schmalseiten sind die Reliefs immerhin in Umrissen erhalten geblieben. Das Relief der Frontseite ist stark bestoßen und abgewittert. Die Reste von Baumörtel stammen von der Wiederverwendung.

Ob die Rückseite des Sockels auch reliefiert war, ist nicht mehr zu beurteilen, jedoch unwahrscheinlich. Der Sockel war aufgebaut aus Basis aus hoher Standplatte und Kehle (?), dem Körper, der auf drei (oder vier) Seiten mit Reliefs geschmückt war, und der jetzt verlorenen Bekrönung. Die Bildfelder besaßen eine breite Rahmung mit Ausbuchtung über den Köpfen der Gottheiten.

a. Links steht Minerva, in der Rechten die Lanze, mit der Linken den ovalen Schild haltend, bekleidet wohl mit dem Peplos. Sie wendet sich einer Göttin in Chiton und schräg drapiertem Mantel zu, die in der Rechten einen Gegenstand, etwa eine Fackel, in der Linken ein Zepter hält – Iuno (?).

b. Ein Gott in kurzem Gewand, den rechten Arm erhoben, das rechte Bein stark angewinkelt, steht vor einem Gerät – wohl der lahme schmiedende Vulcanus.

d. Hercules stützt sich mit der Linken auf seine Keule.

Sockel

193 MAASTRICHT (Prov. Limburg, Niederlande)

Aus der Liebfrauenkirche
Maastricht, Bonnefantenmuseum Inv.-Nr. 752 A und 752 B
Kalkstein. H. 0,445 m; Br. 0,895 m; T. 0,49 m bzw. H. 0,24 m; Br. 0,47 m; T. 0,35 m
Espérandieu XIV 8378 Taf. 22; Panhuysen, Hermeneus 52, 1980, 94 Abb. 14. Siehe oben S. 290; 292; 296; 299; 346; 349.

Der obere separat gearbeitete Abschluß ist verloren, das Unterteil abgeschlagen. Die Oberfläche von Inv.-Nr. 752 A ist stark abgewittert.
Die Bildfelder werden von breiten ornamentierten Pilastern gerahmt. Zwischen ihnen und dem Reliefgrund ist eine geschuppte Halbsäule eingeschoben. Sofern die fragmentarische Erhaltung nicht täuscht, handelt es sich um einen 'Dreigötter-' und nicht um einen 'Viergötterstein'. Trifft dies zu, so bleibt jedoch unklar, ob die eine Seite die Weihinschrift trug oder glatt gelassen war. Im ersteren Fall ergibt sich die folgende Anordnung der Felder:
a. Inschrift – dieses Feld besitzt nur Pilasterrahmung.
b. Erhalten ist eine frontal stehende Figur, den Kopf zu ihrer Rechten gewendet, der rechte Arm gesenkt, der linke leicht angewinkelt. An den Achseln ist ein Gewandansatz zu beobachten. Die von Panhuysen brieflich erwogene Deutung auf Apollo ist wegen des Gewandes abzulehnen.
c. Erhalten sind ein ornamentierter Pilaster, eine Halbsäule mit nach oben gerichteten Schuppen und der Ansatz des Bildfeldes.
d. Erhalten sind ein Teil des Pilasters, eine Halbsäule mit nach oben gerichteten Schuppen bis zum Ansatz des Kapitells sowie ein Teil des Bildfeldes. Dargestellt ist ein muskulöser bärtiger Gott, der den Kopf zu seiner Linken geneigt hat. Der Kontur ist nachgezogen. Die Bartlocken sind durch Bohrungen herausgearbeitet. Der Gott ist wohl als Hercules zu deuten.

194 ST. ODILIENBERG bei Roermond (Prov. Limburg, Niederlande)

Aus der Pfarrkirche romanischer Zeit
Eingemauert an der Frontseite der Marienkapelle neben der Pfarrkirche von St. Odiliënberg
Sandstein. H. 0,30 m; Br. 0,31 m
J. Habets, Verslagen en Mededeelingen der Koninglijke Academie van Wetenschappen, Letterkunde III. Reeks, 1885, 73 Taf. 2–3 (zitiert nach Espérandieu); Haug, Viergöttersteine 140 Nr. 168; Hertlein, Juppitergigantensäulen 53; Espérandieu XIV 8564 Taf. 83; J. E. Bogaers, Ber. ROB 12/13, 1962/63, 62 Anm. 11 mit weiterer Literatur; H. J. A. Meuffels, De Romeinse Vondsten in Midden-Limburg (ungedruckte Doctoralscriptie Nijmegen 1964) 67 f. Siehe oben S. 292; 303 A. 170.
Neg. Verf.

Erhalten ist knapp die obere Hälfte des Blockes. Die linke Randleiste des Apollo-Reliefs ist abgeschlagen; die rechte Randleiste des Minerva-Reliefs ist nur im Ansatz erhalten. Die Oberfläche ist stark verwittert; der Kopf der Minerva ist abgeschlagen.
Der Stein wird in der Literatur zumeist als 'Viergötterstein' angesprochen, doch könnte er ebensogut ein 'Dreigötterstein' gewesen sein. Das kleine Format, der oblonge Zuschnitt und die Form des Rahmens lassen aber auch an eine Deutung als Pfeiler denken. Zu bedenken ist bei dieser Interpretation freilich, daß die Iupiter-Pfeiler nur eine eng begrenzte Verbreitung zu besitzen scheinen.
Apollo-Seite: Der Gott ist frontal stehend dargestellt, die Rechte gesenkt, in der Linken den Bogen. Die Chlamys ist über seiner rechten Schulter zusammengesteckt. Der Gott trägt auf dem Kopf eine Art Krone.
Minerva-Seite: Die frontal stehende Minerva hält in der erhobenen Rechten eine Lanze, während die gesenkte Linke wohl den Schild faßte. Sie ist mit einem korinthischen Helm gewappnet und mit Chiton sowie schräg über die linke Schulter geführtem Mantel bekleidet. Rechts neben der Göttin erscheint auf einer Säule die Eule.

Sockel mit einem Götterrelief

195 WESSELING (Erftkr.)

Bonn, RLM Inv.-Nr. A 1345
Kalkstein. H. 0,49 m; Br. unten 0,295 m; T. unten 0,285 m
Lehner 67 f. Nr. 138; Skulpturen II Taf. 5,1; Espérandieu VIII 6312. Siehe oben S. 274; 290 ff.; 302.
Neg. RLM Bonn 572; 6081 (9 × 12)

Kleinere Bestoßungen, rechte hintere Ecke unten gebrochen.
Der fast quadratische Sockel ist aufgebaut aus der Basis aus hoher Standplatte, Kehle, dem Körper und der Bekrönung aus schmaler Hohlkehle und breiter Deckplatte. Diese besitzt Stoßfläche, Dübelloch und Gußkanal. Der Sockel trägt nur auf der Frontseite Reliefschmuck, die übrigen Seiten sind lediglich geglättet.
Dargestellt ist ein athletischer, bärtiger Mann in Ausfallstellung nach links, in der Rechten eine Waffe schwingend, wohl eine Keule. Er wendet den Kopf zurück und nach oben, erhebt den linken Arm mit der Chlamys, als wolle er sich gegen einen Feind schützen – wahrscheinlich Hercules.

196 Fundort unbekannt, vermutlich BONN

Bonn, RLM Inv.-Nr. U 2186
Kalkstein. H. 0,55 m; Br. 0,44 m; T. 0,44 m
Lehner 67 Nr. 137. Siehe oben S. 290 ff.
Neg. RLM Bonn 5332 (9 × 12)

Die Bekrönung ist verloren, die Oberfläche bis auf einen unteren Rest abgeschlagen. Der Sockel ist über einer quadratischen Grundfläche aufgebaut und besitzt nur auf der Frontseite Reliefschmuck. Die übrigen Seiten sind geglättet. Die Basis setzt sich aus hoher Standplatte und Kehle zusammen.
In einer Nische ist ein stehender nackter Mann dargestellt, dessen Unterschenkel erhalten sind. In der Rechten hält er eine auf den Boden gesetzte Keule – Hercules.

Fraglich ob zur Gattung gehörig:

197 EUSKIRCHEN

Bei der Pfarrkirche, als Deckplatte eines fränkischen Plattengrabes wiederverwendet
Bonn, RLM Inv.-Nr. 11708
Rötlicher Sandstein. H. 0,70 m
Hertlein, Juppitergigantensäulen 125; Lehner 43 Nr. 95; Skulpturen II Taf. 4,9; Espérandieu VIII 6347. Siehe oben S. 292.
Neg. RLM Bonn 238

Erhalten ist ein plattenmäßig zugemeißeltes Fragment mit der rechten unteren Hälfte einer Seite samt antikem Seitenrand sowie dem Ansatz der rechts anschließenden Seite.
a. Dargestellt ist eine sitzende Minerva im Profil nach rechts, bekleidet mit Chiton und Mantel. Die Göttin hält auf dem Schoß einen Rundschild. Auf ihrem Oberschenkel sitzt eine Eule. Vor der Göttin ist ein Baum, wohl der Ölbaum wiedergegeben.
b. Zu erkennen ist ein sitzender Gott mit Keule, den Lehner a. a. O. als Hercules deutet.

198 WESSEM (Prov. Limburg, Niederlande)

In der Kirche verbaut
Maastricht, Bonnefantenmuseum Inv.-Nr. 735 A
Kalkstein. H. 0,435 m; Br. 0,26 m; T. 0,34 m
Espérandieu XIV 8563 Taf. 84. Siehe oben S. 292.

Erhalten sind der Hauptteil eines Bildfeldes und – sofern nicht von der Wiederverwendung herrührend – die glatt gelassene Rückseite.
Dargestellt ist eine frontal stehende Göttin mit rechtem Spielbein, die den rechten Arm gesenkt, den linken erhoben und angewinkelt hat. Sie trägt einen Mantel, der im Rücken lang herabhängt, nur die Beine bedeckt und in einem Zipfel über den linken Arm gelegt ist. Zur Linken der Göttin steht ein Korb mit Früchten am Boden. Aufgrund der Drapierung des Mantels liegt eine Deutung auf Venus nahe.

199 ZÜLPICH (Kr. Euskirchen)

Aus der Pfarrkirche St. Peter
Zülpich, Heimatmuseum Inv.-Nr. 54/7
Rötlicher Sandstein. H. 0,70 m; Br. 0,38 m; T. 0,22 m; auf ca. 0,35–0,40 m zu ergänzen
Unpubliziert. Siehe oben S. 292; 299.
Neg. Verf.

Erhalten ist ein plattenartig zugeschlagener Stein mit einer annähernd vollständigen Seite und dem Ansatz der rechts und links anschließenden. Die Basis des Sockels ist abgemeißelt, das Gesims ist z. T. erhalten. Die Reliefoberfläche ist stark abgewittert.
Der Sockel (?) ist aufgebaut aus Basis, Körper mit Götterreliefs auf drei oder vier Seiten, der Bekrönung aus Kehle und Deckplatte und einem Auflager.
Dargestellt ist der schmiedende Vulcanus nach links, den Hammer mit der Rechten schwingend, in der gesenkten Linken die Zange, mit der er ein Werkstück auf dem Amboß hält. Der Gott trägt die Exomis. Auf der links anschließenden Seite ist ein sehr klein proportioniertes Pferd dargestellt, das wohl am Zügel geführt wird. – Dioskur? Die links anschließende Seite ist gleichfalls mit Relief geschmückt gewesen, das jedoch völlig zerstört ist.

Auf einen rechteckigen Kalksteinblock aus der Umgebung Bonns, der auf drei oder vier Seiten Götterreliefs trug, sei nur verwiesen. Seine Zugehörigkeit zur Gattung ist kaum wahrscheinlich: Bonn, RLM Inv.-Nr. U 178. H. 0,84 m; Br. 0,45 m; T. 0,50 m. – Lehner 43 Nr. 94; Skulpturen II Taf. 4,5–6.

Zylindrische Sockel ohne Reliefschmuck

200 KÖLN

St. Apernstraße
Köln, RGM Inv.-Nr. 418
Kalkstein. H. 0,68 m; Dm. 0,595 m
CIL XIII 8196; Klinkenberg 256; Galsterer 22 Nr. 50 Taf. 11. Siehe oben S. 273; 290 f.; 298; 307; 395.
Neg. Rhein. Bildarchiv Köln 174891

Abgeschlagen und ergänzt sind Partien der Basis, des zylindrischen Körpers mit einem Teil des zweiten Buchstabens der Inschrift sowie der Bekrönung. Die Inschrift ist jetzt rot nachgezogen.
Der zylindrische Sockel ist aufgebaut aus der Basis aus Standplatte und Kehle, zylindrischem Körper, Bekrönung aus Kehle und Deckplatte, Schmiege mit Dübelloch, Eisendübel, Bleiguß, Gußkanal.
An der 'Front' die Weihinschrift: *I(ovi) O(ptimo) M(aximo)*.

201 KÖLN

Mariengartenstraße; Fundber. des RGM Köln 61.13
Köln, RGM Inv.-Nr. 61,138
Kalkstein. H. 0,51 m; Dm. ca. 0,425 m
Unpubliziert. Siehe oben S. 273; 290 f.; 297.
Neg. Rhein Bildarchiv Köln L 3326/13

Weggebrochen sind eine Partie der Basis sowie Teile der Bekrönung und der benachbarten Partien des Körpers.
Der zylindrische Sockel ist aufgebaut aus der Basis aus Standplatte und Karniesprofil, zylindrischem Körper und Bekrönung aus Kehle und Deckplatte. Unten und oben besitzt der Sockel Stoßfläche und Dübelloch.

KÖLN-WEIDENPESCH: siehe oben 10a.

Achteckiger reliefierter Sockel

202 KÖLN   Taf. 96,4

Glockengasse
Köln, RGM Inv.-Nr. 206
Kalkstein. H. 0,565 m; Dm. ergänzt 0,40 m
Klinkenberg 233 f. Abb. 88; Espérandieu VIII 6396; Schoppa, Götterdenkmäler 53 Taf. 30 f.; Ristow, in: Römer am Rhein 148 Nr. A 41. Siehe oben S. 273; 290; 297; 324.
Neg. Rhein. Bildarchiv Köln 22931–22938, 22956–22963; RGZM Mainz T 67/2287–T 67/2289.

Bei den Seiten b–d sind Basis und unterer Teil der Bildfelder abgeschlagen und ergänzt; im Bereich der Seiten g und h sind der obere Teil der Bildfelder sowie das Auflager abgeschlagen. Beschädigungen finden sich auch an den übrigen Partien der Basis, der Bildfeldrahmung, der Bekrönung und des Auflagers. Die Oberfläche ist verwittert und bestoßen. Der Sockel ist innen rezent ausgehöhlt worden.
Der achteckige Sockel ist aufgebaut aus der Basis aus Standplatte und Kehle, Körper mit acht oblongen gerahmten Bildfeldern, Bekrönung aus Kehle und Deckplatte und einem Auflager mit querrechteckigen Bildfeldern. Der Sockel schließt oben mit einer Stoßfläche ab.
Von den dargestellten Figuren ist nur die der Seite b mit einiger Wahrscheinlichkeit zu deuten. Die übrigen Figuren gehören nicht zum üblichen Repertoire der Iupitersäulen und -pfeiler. Es handelt sich wohl zumindest zum Teil nicht um Götter, sondern Heroen.
a. Dargestellt ist ein sich vorbeugender nackter Mann, der mit dem linken Bein auf einem Felsen hockt, die Linke ebenfalls auf einen Fels gestützt, unten ein Drache (?).

b. Ein stehender Mann mit rechtem Stand- und linkem Spielbein hält in der gesenkten Rechten einen Fisch, in der Linken das Zepter. Die Chlamys hängt im Rücken herab und fällt als Bausch über die linke Schulter. Der Gott ist wohl als Neptunus zu deuten; Ristow a. a. O. und Schoppa a. a. O. denken hingegen an Iupiter.
c. Sich vorbeugende Frau, die in den Händen einen segelartig gespannten Mantel hält.
d. Die Frau lehnt sich an einen Pfeiler, die Beine übergeschlagen, den linken Arm auf den Pfeiler gelegt. Sie stützt sich mit dem rechten Arm auf, das Gesicht in die Hand gelegt. Die Frau trägt einen gegürteten Chiton (?) und einen Mantel, der um den Unterkörper geschlungen ist. Der auf dem Pfeiler abgestellte Gegenstand ist nicht mehr zu erkennen. Schoppa a. a. O. deutet die Figur als Muse.
e. Die Frau ist in Ausfallstellung wiedergegeben, den rechten Arm vorgestreckt. Der Mantel flattert unter der Wucht der Bewegung. Vor ihrem linken Bein ist ein nicht zu bestimmender Gegenstand – Diana (?).
f. Zu erkennen ist ein Mann, der sich in heftiger Bewegung zurückwendet und in der gesenkten Rechten einen nicht zu bestimmenden Gegenstand hält. Seine über der Brust verknüpfte Chlamys umflattert das Haupt.
g. Der Mann sinkt zu Boden, mit dem angewinkelten rechten Bein auf einem Felsen hockend, während er sich mit der Rechten aufstützt und mit der Linken an den Kopf greift. Die Chlamys fällt in einer Bahn von der linken Schulter auf den Schenkel.
h. Mann in Ausfallstellung.
In den Bildfeldern des Auflagers sind Blattornamente bzw. geschweifte Rechteckschilde mit Buckel dargestellt.

C Iupitersäulen aus dem Gebiet der civitas Tungrorum

Statuen

203 TONGEREN (Prov. Limburg, Belgien)   Taf. 99

Aus dem gallo-römischen Tempelbezirk
Tongeren, Provinciaal Gallo-Romeins Museum Inv.-Nr. 69.A
Kalkstein. H. 0,75 m; Br. der Plinthe 0,28 m
J. Mertens, Ving-cinq années de fouilles archéologiques en Belgique (1972) 84 f. Nr. 30 Taf. 5; ders., Limburg 1972, 2, 56 ff.; W. Vanvinckenroye, Tongeren, romeinse stad (1975) 71 Abb. 36; J. Smeesters, Les dossiers de l'archéologie 21, 1977, 76 Abb. (siehe auch Abb. S. 13); A. Wankenne, La Belgique à l'epoque romaine. Centre National de Recherches Archéologiques en Belgique, Série C III (1972) 89; A. Cahen-Delhaye, Archaeologia Belgica 219 (1979) 8 ff. Abb. 2–5; G. Ch. Picard, Gallia 35, 1977, 92 Abb. 2; Panhuysen, Hermeneus 52, 1980, 97 Abb. 22. Siehe oben S. 274; 279 f.; 298 f.; 305; 321 f.; 337; 391.
Neg. Service National des Fouilles, Brüssel

Verloren sind das Gesicht des Reiters, sein rechter Arm, der linke Unterarm, die Unterschenkel und Teile des Mantels; ferner die Schnauze des Pferdes, die Vorderbeine, der größere Teil der Hinterbeine sowie der Schwanz. Vom linken Giganten (von der Statue aus gesehen) fehlen der linke Unterarm, Teile des rechten, ferner die linke Hand des rechten Giganten; der hintere Abschluß der Plinthe ist weggebrochen. Zahlreiche Bestoßungen sind zu verzeichnen, besonders an den Gesichtern der Giganten und an Körper und Beinen des rechten Giganten. Der Oberkörper des Reiters und der Kopf des Pferdes sind wieder angesetzt.
Iupiter sprengt nach rechts über zwei zu Boden gegangene Giganten hinweg, in der ausholenden Rechten wohl das Blitzbündel, mit der vorgestreckten Linken vielleicht die Zügel seines Pferdes fassend. Der Gott trägt über der Tunika einen Panzer, dessen pteryges aus kleinen Schuppen und einer Reihe langer Lederlaschen bestehen. Um den Panzer ist das cingulum geschlungen, das vorne verknotet ist. Oberhalb und unterhalb der Feldherrenbinde sind zwei weitere Streifen angegeben. Das über der rechten Schulter mit einer Scheibenfibel geheftete flatternde paludamentum unterstreicht das stürmische Vorwärtsdringen. Vom langgesträhnten Haar des Reiters zeugen die Lokkenspitzen im Nacken. Das Pferd mit stark bewegter, durch Bohrung herausgearbeiteter Mähne wendet den Kopf nach links. Von seiner Ausrüstung sind angegeben: Zaumzeug und Zügel, Bauchgurt, Brustgurt, der sich vorn dreieckig verbreitert, und Satteldecke, die am Brustgurt festgemacht ist. Auf der Ansichtsseite der Gruppe sind zudem zwei phalerae dargestellt. Die beiden Giganten sind Rücken an Rücken gegeben. Der rechte hockt am Boden, den Kopf nach rechts gedreht, den linken Arm vorgestreckt, mit der Rechten zu einem Schlage mit der Keule ausholend. Der linke Gigant liegt dagegen schon am Boden, die Keule in der gesenkten Rechten. Beide Giganten sind durch ihre muskulösen Körper, struppiges Haar, Gesichtsfalten und wulstige Augenbrauen als Unholde charakterisiert. Zugleich verdeutlicht der geöffnete Mund den Schmerz der Niedergekämpften. Ihre Unterschenkel gehen in Schlangen über, deren Körper mehrfach spiralförmig gewunden sind und der Reitergruppe als Stütze dienen. Beim linken Giganten ist auch einer der Schlangenköpfe erhalten.

204 TONGEREN (Prov. Limburg, Belgien)

Gefunden zusammen mit dem Reiter 203
Tongeren, Provinciaal Gallo-Romeins Museum Inv.-Nr. 69.A.3
Kalkstein. H. 0,13 m
Wankenne a. a. O. 89; Cahen-Delhaye a. a. O. 16 ff. Abb. 6–7. Siehe oben S. 274; 280; 298 f.; 305.
Neg. Service National des Fouilles, Brüssel

Erhalten ist eine Ecke der Plinthe mit den Beinen eines am Boden hockenden Giganten, die in Schlangen endigen, wobei die rechte züngelnd dargestellt ist.

205 TONGEREN (Prov. Limburg, Belgien)

Früher Privatbesitz Lüttich, Verbleib unbekannt (Hinweis J. Smeesters)
Kalkstein. H. 0,73 m; Br. 0,54 m
Espérandieu IX 7217; W. Schleiermacher, Ber. RGK 23, 1933, 116 f.; Vanvinckenroye a. a. O. 71 Abb. 37. Siehe oben S. 274; 278; 325; 337; 398.

Verloren sind die Köpfe beider Götter, der rechte gesondert gearbeitete Unterarm der Iuno, der linke Unterarm Iupiters, der linke Unterschenkel Iupiters sowie die Ecken des Thrones.
Iupiter und Iuno sind nebeneinander thronend dargestellt, wobei die Göttin zur Rechten ihres Gemahles sitzt. Iupiter hält in der auf dem Knie liegenden Rechten das Blitzbündel, während die erhobene Linke das Zepter faßte. Der Mantel verhüllt den Unterkörper und fällt als Bausch auf die linke Schulter. Iuno hält in der angewinkelten Linken ein Rad. Sie ist verschleiert und mit Chiton und Mantel bekleidet. Auf der Rückseite des Thrones sind Adler und Pfau auf dem globus (?) dargestellt.

Wahrscheinlich zur Gattung gehörig:

206 TONGEREN (Prov. Limburg, Belgien)

Hasseltsestraat gegenüber Haus Nr. 3
Tongeren, Provinciaal Gallo-Romeins Museum Inv.-Nr. E 12
Kalkstein. H. 0,23 m
J. Breuer u. H. van de Weerd, Ant. Class. 4, 1935, 493 ff. Taf. 38,1. Siehe oben S. 272; 274; 280; 299; 322; 337.

Erhalten ist eine am Boden kauernde vorgebeugte männliche Gestalt, deren Arme auf dem Rücken überkreuzt sind, doch sind keine Fesseln plastisch dargestellt. Die Unterschenkel sowie weitere Teile der Gruppe sind verloren; kleinere Beschädigungen finden sich vor allem im Gesicht und am Glied der Figur.
Haltung und Physiognomie machen die Deutung auf einen Giganten wahrscheinlich. Unbärtig sind auch die Giganten der Gruppe Nr. 203 aus Tongeren. J. Breuer und H. van de Weerd a. a. O. beziehen die Figur auf eine Gigantenreitergruppe.

Säulen

207 TONGEREN (Prov. Limburg, Belgien)

Tongeren, Provinciaal Gallo-Romeins Museum, ohne Inv.-Nr.
Kalkstein. H. 0,165 m. Siehe oben S. 282.

Erhalten ist ein Splitter des Säulenschaftes mit nach unten gerichteten Schuppen.

208 TONGEREN (Prov. Limburg, Belgien)

Tongeren, Provinciaal Gallo-Romeins Museum, ohne Inv.-Nr.
Kalkstein. H. 0,46 m; Dm. oben 0,23 m
H. van de Weerd, Musée Belge. Revue Trimestrielle Philol. Classique 32, 1928, 18 Abb. 10 (mit Erwähnung zweier weiterer Bruchstücke einer Schuppensäule). Siehe oben S. 282.

Erhalten ist der Hauptteil einer Säulentrommel mit nach unten gerichteten Schuppen. Ober- wie Unterkante sind verloren, doch ist oben noch das Ende des Dübelloches erhalten.

Van de Weerd, Rev. Belge Philol. et d'Hist. 11, 1932, 702 erwähnt ein weiteres Fragment einer Schuppensäule mit ansitzender Basis im Privatbesitz Tongeren.

Zur Trommel einer Rankensäule aus Fontaine-Valmont (Provinz Hainaut, Belgien) in Brüssel, Musées Royaux d'Art et d'Histoire siehe unten Nr. 212 b.

Sockel

209 AMBERLOUP (bei Bastogne, Prov. Luxembourg, Belgien)

Im Hauptaltar der Kirche wiederverwendet.
Luxemburg, Staatsmuseum Inv.-Nr. 12
Kalkstein. H. 0,755 m; Br. 0,46 m
Haug, Viergöttersteine 148 f. Nr. 188; Espérandieu V 4126; E. Wilhelm, Pierres sculptées et inscriptions de l'époque romaine. Musée d'Histoire et d'Art Luxembourg (1974) 48 Nr. 310 Abb. S. 109; G. Thill, Les époques gallo-romaine et mérovingienne. Musée d'Histoire et d'Art Luxembourg. Guide illustré[2] (1972) 7 Abb. 15; Ch.-M. Ternes, Das römische Luxemburg (o. J.) Taf. 42; Hahl, Stilentwicklung 41. Siehe oben S. 290 f.; 323; 340.

Zahlreiche Bestoßungen besonders im Gesicht der Minerva und des Hercules sowie am Rahmen der Bildfelder a (unten), c (rechts unten und oben) und d (rechts unten und links oben).
Der Sockel ist über einer annähernd quadratischen Grundfläche aufgebaut. Die vier Bildfelder sind von einem schlichten Rahmenwerk eingefaßt.
a. Die Göttin, die das rechte Spielbein zur Seite gesetzt hat, hält in der Rechten eine Schlange, in der Linken eine Fackel. Sie ist mit übergegürtetem Chiton und Schleier bekleidet. Espérandieu a. a. O. deutet auf Ceres oder Diana, Wilhelm a. a. O. auf Iuno.
b. Minerva hält in der erhobenen Rechten die Lanze, in der gesenkten Linken den ovalen Schild, das rechte Spielbein ist zur Seite gesetzt. Die Göttin trägt einen Helm, einen übergegürteten Chiton

sowie einen Mantel, der als Bausch über die linke Schulter fällt. Über der linken Schulter erscheint eine Eule.
c. Hercules hält in der gesenkten Rechten einen cantharus und spendet über einem Altar, der unten und oben profiliert ist. Mit der Linken stützt er sich auf eine Keule. Der Gott hat das Löwenfell über die linke Schulter gelegt.
d. Mercurius hält in der gesenkten Rechten den Geldbeutel, in der Linken den caduceus. Er trägt den Flügelhut und eine Chlamys, die über der rechten Schulter gefibelt ist. Links neben dem Gott ist ein Altar dargestellt, der unten und oben profiliert ist.

210 AMBERLOUP (bei Bastogne, Prov. Luxembourg, Belgien)

Verschollen
Haug, Viergöttersteine 148 Nr. 187. Siehe oben S. 340.

Ein weiterer aus Amberloup stammender 'Viergötterstein' mit der Darstellung von Iuno, Mercurius, Hercules und einer ungedeuteten Gottheit ist verloren.

211 BERG (Stadt Tongeren, Prov. Limburg, Belgien)

In der Kirche als Weihwasserbecken wiederverwendet
Lüttich, Musée Curtius Inv.-Nr. D/12/20; Abguß in Tongeren, Provinciaal Gallo-Romeins Museum
Kalkstein. H. 0,65 m; Br. ca. 0,37 m; T. 0,34 m
Espérandieu V 4004. Siehe oben S. 291.
Neg. A. C. I. 35.996 A – 35.998 A; 42.837 B

Bei der Wiederverwendung ist die Basis größtenteils, die Bekrönung bis auf die der Fortunaseite abgemeißelt worden. Die Reliefs sind stark bestoßen, auf der Fortunaseite wurde ein Dübelloch angebracht. Der Sockel ist aus zwei Fragmenten zusammengesetzt worden.
Der über annähernd quadratischer Grundfläche entwickelte Sockel gehört zu den 'Viergöttersteinen'. Er ist aufgebaut aus einer Basis aus hoher Standplatte und Profil (?), dem Körper mit Götterreliefs auf vier Seiten und der Bekrönung aus ornamentierter Kehle, Deckplatte und Schmiege. Das Rahmenwerk der Bildfelder endet mit einer Konche. Auf der Fortunaseite ist sie eingestellt.
a. Fortuna, mit Gewand und schräg über der linken Schulter drapiertem Mantel hat die gesenkte Rechte auf das Steuerruder gestützt, das auf die Erde gesetzt ist. In der Linken hält sie das Füllhorn, auf dem Boden neben ihr steht das Rad.
b. Dargestellt ist ein frontal stehender Mann. Der linke Arm ist gesenkt, der rechte angewinkelt. Der bärtige (?) mit Tunika oder Exomis bekleidete Gott wendet sich nach links, wo sich noch eine Darstellung befand, die aber abgeplatzt ist. Espérandieu a. a. O. erwägt eine Deutung auf Mercurius, denkbar wäre auch Vulcanus.
c. Das Bildfeld ist weitgehend zerstört. Dargestellt war ein stehender Gott. Espérandieu a. a. O. erwägt eine Deutung auf Hercules.
d. Dargestellt ist eine stehende Göttin, die sich ihrem rechten Spielbein zuwendet. Sie hält in der gesenkten Rechten einen Gegenstand, vielleicht eine Opferschale, in der Linken ein nicht näher zu deutendes Attribut. Die Göttin ist mit Chiton und schräg über der linken Schulter drapiertem Mantel bekleidet. Espérandieu a. a. O. interpretiert sie als Iuno.

212 FONTAINE-VALMONT (Prov. Hainaut, Belgien)

Brüssel, Musées Royaux d'Art et d'Histoire Inv.-Nr. B 206 bzw. B 206b
Kalkstein. a: H. 0,98 m; Br. 0,53 m; T. 0,28 m. – b: H. 0,84 m; Dm. 0,40 m
F. Cumont, Musées Royaux des Arts Décoratifs et d'Industriels. Catalogue des sculptures et inscriptions antiques[2] (1913) 210 ff. Nr. 174 (Sockel); Nr. 173 (Säulentrommel); Espérandieu V 3984 (Sockel); 3985 (Säulentrommel); G. Faider-Feytmans, Mém. et Publications Soc. Sciences Hainaut 71, 1957, 13 ff.; dies., Les dossiers de l'archéologie 21, 1977, 66 Abb.; A. B. Cook, Zeus. A Study in Ancient Religion II,1 (1925; Nachdruck 1965) 67 ff. Abb. 27,32; L. Lefebure, Bull. Trimestrielle Inst. Arch. Luxembourg 3–4, 1972, 7; A. Wankenne, La Belgique à l'epoque romaine 137 ff.; Walter, Colonne 53 f. Nr. 88. Siehe oben S. 272 A. 20; 273; 282; 285 f.; 290 f.; 304; 338.

Knapp die Hälfte des Sockels ist abgeschlagen worden und verloren. So fehlen die rechte Hälfte der Seite a, die Seite b ganz, die linke Hälfte der Seite d. Kleinere Partien des Rahmens der Seiten c/d sind beschädigt. Der untere Abschluß des Sockels war gebrochen und ist wieder angesetzt.
Es handelt sich ohne Zweifel um einen 'Viergötterstein', der über einer annähernd quadratischen Grundfläche aufgebaut war. Die Bildfelder a und c schließen mit einer plastisch gestalteten Konche ab.
a. Iuno, bekleidet mit Chiton und schräg über die linke Schulter drapiertem Mantel, wendet sich ihrem rechten Spielbein zu. In der gesenkten Rechten hält sie die Opferschale über einem balusterartigen Altar. Neben ihrer rechten Schulter erscheint der ihr heilige Pfau.
b. Verloren.
c. Dargestellt ist die sich entblößende Venus. Die Göttin hält einen Zipfel des am Saum gefransten Mantels in der erhobenen Rechten, während der andere Zipfel über einen Altar oder Pfeiler fällt, auf den sich die Göttin mit der Linken stützt. Sie trägt Sandalen und hat das rechte Bein auf einen Fußschemel gesetzt. Das Haar ist straff zum Wirbel gekämmt und verknotet.
d. Auf einem Sockel ist ein nach rechts laufender Mann dargestellt, dessen Chlamys flatternd gegeben ist. In der Linken hält er einen Stab. Am Fuße des Sockels sind eine weitere Gestalt sowie ein Hund wiedergegeben. Espérandieu a. a. O. und Faider-Feytmans a. a. O. deuten die Figur als Adoranten.

Von derselben Fundstelle stammt die Trommel einer Rankensäule (212 b). Da sie auch im Material und im Format zu dem Sockel paßt, könnte sie zu demselben Monument gehört haben.
Erhalten ist eine Trommel mit einem Dübelloch in der Oberseite, die mit Weinrankenwerk geschmückt ist. In ihm tummeln sich eine vom Rücken gesehene, bis auf ein Mäntelchen nackte tanzende Mänade, die in der Linken den Thyrsos hält, während die erhobene Rechte ein Rhyton faßt, ein Amor, den mit Trauben gefüllten Korb geschultert, in der Linken einen unbestimmten Gegenstand, und ein Hase, der Trauben nascht.
Von derselben Fundstelle soll ein seit langem verschollener Pferdekopf stammen.

213 HEERS (Prov. Limburg, Belgien)

Verbaut in der Friedhofsmauer
Tongeren. Provinciaal Gallo-Romeins Museum, ohne Inv.-Nr.
Kalkstein. H. 0,515 m; Br. 0,52 m; T. 0,485 m
H. van de Weerd, Revue Belge Phil. et Hist. 11, 1932, 698 ff. Abb. 1–3 (Hinweis J. Smeesters). Siehe oben S. 340.
Neg. Koninklijk Instituut voor het Kunstpatrimonium Brüssel Neg. 12329 E–12332 E

Der obere Abschluß des Sockels ist abgeschlagen; die Oberfläche ist stark bestoßen. Der annähernd würfelförmige Sockel gehört zu den 'Viergöttersteinen'. Die Götterreliefs werden von einfachen Rahmen eingefaßt.

a. Dargestellt ist eine stehende mit Gewand und Mantel bekleidete Göttin, die sich nach rechts zu einem großen Vogel wendet. Van de Weerd a. a. O. deutet ihn als Pfau und interpretiert die Göttin, die in der gesenkten Linken einen eiartigen Gegenstand hält, als Iuno.
b. Dargestellt ist ein zur Frontseite gewendeter nackter Dioskur, der ein Pferd am Zügel führt.
c. In felsigem Gelände ist ein Flüchtender dargestellt.
d. Wie b.

214 ZAMMELEN (Gem. Kortessem, Prov. Limburg, Belgien)

Zum Weihwasserbecken der Kirche umgearbeitet
Tongeren, Provinciaal Gallo-Romeins Museum Inv.-Nr. 71 B
Kalkstein. H. 0,57 m; Br. 0,45 m; T. 0,41 m
Bogaers, Archéologie 1971 H. 1, 19 f. Siehe oben S. 291; 307; 395.

Bei der Wiederverwendung im 17. Jahrhundert wurde die Bekrönung abgearbeitet. Die linke untere Ecke sowie der obere Rand der Seite b sind weggebrochen; starke Abwitterungen auf der Seite c. Der über annähernd quadratischer Grundfläche errichtete Sockel trägt auf der Frontseite die Weihinschrift, während die übrigen Seiten glatt gelassen sind. *I(ovi) O(ptimo) M(aximo) / sacra Clement[i]/nus Felix.*

D Nachträge

215* ESCHWEILER (Kr. Aachen)

Flur Kirchpütz, von römischer Trümmerstelle
Verbleib unbekannt, früher in Privatbesitz Stürmann, Glücksburg
Sandstein
D. E. Mayer, Heimatbl. des Landkreises Aachen 2,1, 1932, 22. Hinweis H. Löhr. Siehe oben S. 302 A. 169.

Bruchstück einer Schuppensäule. Mayer a. a. O.: 'Bruchstück einer mit Blattschuppen verzierten Sandsteinsäule, die in der Nähe der Steinkaulen nördlich des Westausgangs von Röhe gefunden wurde und anscheinend der Schaft einer 'Giganten'- oder Wettersäule ist...'

216 KELZ (Gem. Vettweiß, Kr. Düren)

Vom Gelände einer villa rustica
Düren, Leopold-Hoesch-Museum Inv.-Nr. 1327
Buntsandstein. H. 0,50 m; Dm. des Säulenschaftes 0,39 m
Gerhards, Bonner Jahrb. 148, 1948, 392. Siehe oben S. 284; 302 A. 169; 304; 327.
Neg. Verf.

Erhalten ist ein korinthisches Kapitell mit dem Endstück des Säulenschaftes, der mit zwei Reihen nach unten gerichteter Schuppen geschmückt ist. Das Kapitell besitzt in der Unter- und Oberseite ein Dübelloch. Die Oberfläche ist abgewittert bzw. abgesplittert.

217* KORNELIMÜNSTER (Stadt Aachen)

Aus dem römischen Tempelbezirk
Verbleib unbekannt
Hinweis A. B. Follmann. M. Schmidt-Burgk, Zeitschr. Aachener Geschver. 45, 1923, 284. Siehe oben S. 305.

Trommel einer Schuppensäule. Schmidt-Burgk a. a. O.: 'Von Einzelfunden sei das Bruchstück eines Säulenschaftes erwähnt, das mit einem Schuppenmuster ornamentiert war.'

218 SCHWAMMENAUEL (Stadt Heimbach, Kr. Düren)   Taf. 100,1

Flur Ramsau, wiederverwendet in einer Wallanlage ungeklärter Zeitstellung
Privatbesitz B. Goerres, Düren
Weicher Buntsandstein (a) bzw. Weißsandstein (b). a: H. noch 0,32 m; zu rekonstruierende Br. oben 0,51 m; zu rekonstruierende T. oben 0,47 m. b: H. der einzelnen Fragmente (von unten nach oben): 0,225 m; 0,195 m; 0,22 m; und 0,21 m; 0,16 m; 0,16 m (nicht gezeichnet); 0,185 m
Hinweise W. Bender, B. Goerres, H. Löhr u. R. Laskowski. Zur Fundstelle Bonner Jahrb. 159, 1959, 416;

160, 1960, 479 f. Siehe oben S. 273 ff.; 282 f.; 290 f.; 299; 303 A. 170.
Neg. Verf.

Erhalten ist in etwa das obere Drittel eines Sockels (218 a), dessen Körper unreliefiert ist, dessen Bekrönung aus Hohlkehle und Deckplatte besteht und oben ein Dübelloch besitzt. Von der Oberseite ist nur eine kleine Partie der antiken Oberfläche erhalten, das übrige wurde bei der Wiederverwendung abgeschlagen. Das Gesims ist gleichfalls nur noch auf einer Seite teilweise erhalten, darf aber an den anderen Seiten ergänzt werden. Auf einer Schmalseite ist der antike Abschluß nicht erhalten. Für die Berechnung der Sockelbreite wurde zugrunde gelegt, daß sich das Dübelloch im Zentrum befindet.

Die Weihinschrift könnte sich auf der abgeschlagenen Schmalseite befunden haben, doch sind die Schmalseiten meistens Neben- und nicht Frontseiten. Das Fehlen einer entsprechenden Inschrift schließt die Deutung als Sockel einer Iupitersäule nicht aus, macht sie freilich unbeweisbar (vgl. 181; 201). Für die Verwendung eines billigeren Materials für den Sockel finden sich gleichfalls Parallelen (8 [?]; 2).

Für die Deutung des Stückes als Sockel einer Iupitersäule und seine Verbindung mit der Schuppensäule 218 b sprechen die gemeinsame Fundstelle wie die Maße, doch muß dies Hypothese bleiben.

218 b: Erhalten sind acht Fragmente von zwei oder drei Säulentrommeln mit einheitlich nach unten gerichteten Schuppen. An der Stelle der stärksten Schwellung befindet sich eine dreigliedrige Binde. Die acht Fragmente des Säulenschaftes sind hauptsächlich durch Zerschlagen der Säulentrommel für die Wiederverwendung entstanden. Keines der Bruchstücke paßt Bruch an Bruch an, doch fehlt zwischen den beiden Segmenten, die unten mit der Taenie abschließen, nur wenig Zwischenraum. Sie besitzen unten Stoßfläche und Dübelloch. Das Segment mit dem unteren Abschluß der Taenie hat oben entsprechend Stoßfläche und Dübelloch. Die Zusammengehörigkeit dieser drei Teile ist nicht zu bezweifeln. Zwei weitere Segmente gehörten nach Durchmesser und Größe der Schuppen in die unmittelbare Nachbarschaft. Da in der Zone oberhalb der Taenie kein entsprechender Platz verbleibt, werden sie dem unteren Schaftdrittel zuzurechnen sein. Die Zuweisung zweier Segmente, eines mit oberer Stoßfläche an den oberen Schaftteil, ergibt sich aus ihrer starken Verjüngung und der Verkleinerung der Schuppen. Ein kleiner Splitter muß gleichfalls hierher gehören, doch ist er nicht genau einzupassen und blieb in der Rekonstruktionszeichnung unberücksichtigt.

Die einheitlich durchlaufende nach unten gerichtete Schuppung ist in den beiden Germanien gelegentlich nachzuweisen (siehe oben S. 283). Ungewöhnlich ist jedoch, daß der Säulenschaft trotzdem mit einer Taenie geschmückt ist.

Für die Rückführung der Fragmente auf ein Monument sprechen ferner der Fundort und das Material. Die Rekonstruktionszeichnung der Säule orientiert sich an der Säule des Weidenpescher Monuments (10), die des Sockels an 8 a.

222 DE PLASMOLEN (Gem. Groesbeek, Prov. Gelderland, Niederlande)

Aus der römischen Villa am Abhang des Klosterberges
Leiden, Rijksmuseum Inv.-Nr. L 1933/3.39
Kalkstein. H. 0,43 m; Dm. 0,29 m
W. C. Braat, Oudheidk. Mededelingen 15, 1934, 13 Abb. 7,37. Siehe oben S. 273; 303 f.
Neg. Museum

Erhalten ist eine mehr-, wohl achteckige Plinthe, ein großer und ein kleinerer Wulst getrennt durch Plättchen und eine Kehle, eine zum Schaft überleitende Kehle und der Ansatz des Schaftes mit nach oben gerichteten Schuppen. Stärkere Absplitterungen befinden sich an Teilen des Stückes.

Zugehörigkeit zur Gattung unsicher:

219   ZÜLPICH (Kr. Euskirchen)   Taf. 97,4

Zwischen Therme und römischer Stadtmauer
RLM Bonn, Eingangsnr. 81/79
Kalkstein. H. 0,415 m; Br. ca. 0,40 m; zu rekonstruierende Br. ca. 0,60–0,70 m
Grabung und Hinweis U. Heimberg. Unpubliziert. Siehe oben S. 287 f.; 316; 346 f.
Neg. RLM Bonn Film 1048/80

Das Stück ist aus einem größeren Block zwecks Wiederverwendung zurechtgeschlagen. Antike Oberfläche ist nur noch am Relief sowie an der Oberseite vorhanden. Der Block setzte sich nach beiden Seiten, nach unten sowie in die Tiefe fort.

Das Bruchstück gehörte einst zu einem langrechteckigen Block, dessen Reliefschmuck sich auf mehrere Register verteilte, Reste von zweien sind erhalten: der obere Abschluß eines unteren und der untere Abschluß eines oberen Registers. Das untere Register wird von einem Giebel bekrönt, dessen Feld mit einer Rosette gefüllt ist und der mit einem Zentralakroter in Palmettenform sowie einer Ranke auf der Schrägsima ausgestaltet ist. Das Register schließt ab mit einem Karniesprofil und einer Leiste. Im oberen Register erscheint Minerva, das rechte Spielbein zur Seite gesetzt, an den Füßen Sandalen. Die Göttin ist in einen Peplos gekleidet, der kannelurartige Falten bildet. Links neben sich hat die Göttin den Schild abgestellt, der von innen gesehen ist und dessen Randbeschlag dargestellt ist. Über den Schild fiel ein Mantelzipfel herab, von dem gerade noch die Bleibeschwerungen erhalten sind. Neben dem Schild ist als Abschluß des Bildfeldes eine Halbsäule mit attischer Basis gemeißelt, deren Schaft vielleicht geschuppt war. Die Säule könnte zur Rahmung des Bildfeldes (vgl. den Maastrichter Sockel 193) oder – eher – als Attribut der Minerva gedient haben (vgl. die Säule 113 aus Nijmegen).

220   ZÜLPICH (Kr. Euskirchen)

Wohl in der Nähe der Therme gefunden, diente bis vor kurzem als Abdeckung an der Thermenanlage
Heimatmuseum Zülpich
Buntsandstein. H. 0,95 m; Br. der Basis 0,53 m; T. noch ca. 0,40 m; Dm. des achteckigen Auflagers 0,38 m
Unpubliziert. Siehe oben S. 290.
Neg. Verf.

Große Teile der Bekrönung sind abgeschlagen; auf der Rückseite sind die Basis sowie eine Partie des Körpers abgeschlagen worden. Der Sockel besteht aus der Basis aus Standplatte und Schmiege, dem oblongen Körper ohne Reliefschmuck und der Bekrönung aus doppelter Kehlung, Deckplatte sowie einem achteckigen Auflager.

221   Fundort unbekannt, wohl KÖLN

Wurde aus altem Bestand inventarisiert
Köln, RGM Inv.-Nr. 709
Kalkstein. H. 0,33 m; Br. 0,26 m
Unpubliziert. Siehe oben S. 274; 279; 322; 403.
Neg. Rhein. Bildarchiv Köln 22333

Erhalten sind Kopf und Oberkörper eines Buckligen. Rechts sind Ellenbogen und Hand verloren, während vom linken Arm nur der Ansatz erhalten ist. Auf der Unterseite ist z. T. noch die originale plane Oberfläche erhalten. Die Epidermis ist stark abgewittert und verrieben, besonders im Gesicht, wo von Augen und Mund nur noch Reste der Bohrlöcher erhalten sind.

Der Jüngling (oder Mann) mit verwachsenem Rücken und Hals, aber muskulösem Thorax hockte wohl am Boden, den Kopf zu seiner linken Schulter geneigt und nach oben, seinem Gegner zugewendet. Er stützt sich auf den angewinkelten rechten Arm, indes der linke freier bewegt war. In den Rücken fällt langes struppiges Haar. Auf der rechten Schulter ist eine Erhebung zu erkennen. Es wäre denkbar, daß hier ein Pferdehuf ansaß.

E Anhang 1: Sonstige Schuppensäulen aus Niedergermanien

E 1   BILLIG (Stadt Euskirchen)

Bonn, RLM Inv.-Nr. 52.80
Rötlicher Sandstein. H. 0,265 m; Dm. des Säulenschaftes 0,17 m
Bonner Jahrb. 155/56, 1955/56, 461. Siehe oben S. 283.

Erhalten ist ein tuskisches Kapitell mit Aufschnürung und Dübelloch oben und dem Halsring unten samt Ansatz des Säulenschaftes mit Dübelloch. Die Schuppen sind nach unten gerichtet. Die Oberfläche ist stark verwittert.

E 2   JÜLICH (Kr. Düren)

Jülich, Röm.-Germ. Museum Inv.-Nr. XII/1
Kalkstein. H. 0,26 m; Dm. maximal 0,14 m
Siehe oben S. 283.
Neg. RLM Bonn Film 1047/80,4

Erhalten sind ein tuskisches Kapitell aus Kehle und Abacus, der Säulenhals, der Halsring sowie der Ansatz des Schaftes mit nach unten gerichteten Schuppen. Dem Abacus ist ein scheibenförmiger, von Profilen eingefaßter Aufsatz mit Eisendübel angearbeitet – ein Zapfen.

E 3   KELZ (Gem. Vettweiß, Kr. Düren)

Aus einer villa rustica
Düren, Leopold-Hoesch-Museum Inv.-Nr. 1899/1
Sandstein. H. 0,81 m; rekonstruierter Dm. ca. 0,45 m
Gerhards, Bonner Jahrb. 148, 1948, 392. Siehe oben S. 283; 374.

Erhalten ist das kleinere Segment einer Säulentrommel, das größere ist ergänzt.
Die Trommel wird durch eine breite Taenie mit abgesetzten Rändern in zwei Zonen geteilt. Die obere ist mit nach unten weisenden Schuppen, die untere mit Pfeifenkannelur geschmückt. In der Unterseite befindet sich ein Dübelloch.

E 4   KÖLN

Kartäuserhof
Köln, RGM Inv.-Nr. 59,87
Kalkstein. H. 0,13 m; Dm. 0,125 m
Siehe oben S. 283.
Neg. Rhein. Bildarchiv Köln L 5320/15; L 5320/17

Erhalten ist ein tuskisches Kapitell aus doppelter Kehle und Abacus samt Ansatz des Schaftes mit nach unten gerichteten Schuppen. Dem Abacus ist eine kreisrunde Aufschnürung angearbeitet.

E 5 KÖLN

Braunsfeld, vom römischen Gutshof an der Stolberger Straße
Köln, RGM Inv.-Nr. 30,1405
Kalkstein. H. 0,36 m; Dm. 0,16 m
Fremersdorf, Bonner Jahrb. 135, 1930, 134 Abb. 16,2; O. Doppelfeld, Kölner Jahrb. Vor- u. Frühgesch. 5, 1960/61, 11; Kölner Römer-Illustrierte 1, 1974, 252 Nr. 13; Spiegel, in: Führer 37 (1980) Nr. 100. Siehe oben S. 284; 302 A. 169.
Neg. Rhein. Bildarchiv Köln L 7503/12

Erhalten sind der obere Abschluß des Säulenschaftes mit nach unten gerichteten Schuppen, ein gekehlter Halsring, glatter Säulenhals, angekehlter Wulst, Karniesprofil und Abacus. Unten befindet sich ein Dübelloch, im Abacus eine Aushöhlung, Nut (?).
Das Stück ist aus drei Bruchstücken zusammengesetzt.

E 6 XANTEN (Kr. Wesel)

Aus der einheimischen Tempelanlage
Regionalmuseum Xanten; Abguß im RLM Bonn
Kalkstein. H. 0,435 m; Dm. oben 0,165 m
H. H. Wegner, Das Rheinische Landesmuseum Bonn 1974, 38 Abb. Siehe oben S. 283; 376 A. 628.

Erhalten sind der untere Teil des Säulenschaftes mit angearbeiteter attischer Basis aus zwei Wülsten und trennender Kehle sowie die angearbeitete Plinthe, die ein unregelmäßiges Sechseck bildet. Die Schuppen weisen nach oben und ändern auch oberhalb der Taenie nicht den Verlauf. Der obere Abschluß ist abgeschlagen.

E 7 ZÜLPICH (Kr. Euskirchen)

Vom Mühlenberg, aus einem römischen Haus
Bonn, RLM Inv.-Nr. 48.09
Rötlicher Sandstein. H. 0,27 m; Dm. 0,17 m
Bonner Jahrb. 149, 1949, 353. Siehe oben S. 284.

Erhalten ist ein tuskisches Kapitell aus Kehle und Abacus samt Halsring und Ansatz des Schaftes, der mit nach unten gerichteten Schuppen geschmückt ist. Dem Abacus ist eine Aufschnürung angearbeitet.

F Anhang 2: Liste der Iupitersäulen und -pfeiler außerhalb Galliens und Germaniens

(ohne die hellenistischen Provinzen)

Italien

F 1   ROM, Capitolium

A. Oxé, Mainzer Zeitschr. 7, 1912, 35; Cook, Zeus, A Study in Ancient Religion II,1, 45 f.; Haftmann 35; Bauchhenß 39 f.

63 v. Chr. unter dem Konsulat des M. Tullius Cicero geweiht, nur literarisch bezeugt: Cicero, div 1,20 f.; Catil. 3,19 ff.; Quintilian, inst. 5,11,42; Cassius Dio 37,9.

F 2   ROM, Capitolium

Oxé a. a. O.; Bauchhenß 40.

Wahrscheinlich war das 65 v. Chr. vom Blitz zerstörte Iupiterbild, das durch F 1 ersetzt wurde, bereits ein Säulenmonument.

F 3   ROM, Forum Romanum   Taf. 102,2

H. P. L'Orange u. A. v. Gerkan, Der spätantike Bildschmuck des Konstantinsbogens. Studien zur spätantiken Kunstgeschichte 10 (1939) 84 Taf. 21; L'Orange, Röm Mitt. 53, 1938, 1 ff.; Nash, Bildlexikon zur Topographie des antiken Rom 1, 198 ff.; Kähler, Das Fünfsäulendenkmal für die Tetrarchen auf dem Forum Romanum. Monumenta Artis Romanae 3 (1964); Bauchhenß, Jupitergigantensäulen 16, 72 f. Abb. 45; Bauchhenß 16 Anm. 79; 41 Anm. 236.

Mittelsäule des Fünfsäulenmonuments der Tetrarchen, 303 n. Chr. geweiht. Bis auf die Sockelung und vielleicht einige Fragmente verloren.
Wie H. P. L'Orange erkannt hat, sind die Säulen auf dem Fries des Konstantinsbogens dargestellt. In Analogie zu den teilweise erhaltenen Kaisersäulen ist die Iupitersäule mit reliefiertem Sockel, unkanneliertem Schaft aus Hartgestein, marmornem Figuralkapitell vorzustellen. Die Statue zeigte Iupiter stehend im 'Hüftmanteltypus' mit Zepter in der Rechten, in der Linken wohl das Blitzbündel.

Dakien

F 4   APULUM

Museum.Cluj
Kalkstein. H. 1,53 m
CIL III 7756; Römer in Rumänien 191 ff. Nr. F 6

Erhalten ist nur der unkannelierte Säulenschaft mit der Weihinschrift des *Aur(elius) Martinus Basus* und des *Aur(elius) Castor* für *I(ovi) O(ptimo) M(aximo)*.

F 5   AMPELUM

Früher in Privatbesitz Zlatna, verschollen
CIL III 1301; V. Wollmann, Apulum 15, 1977, 676 Taf. 2 B

Auf dem unkannelierten Säulenschaft mit tuskischem Kapitell die Weihinschrift des *Callistus* für *I(ovi) O(ptimo) M(aximo) aeterno conservat(o)ri*.

F 6   Aus dem Gebiet von APULUM

Früher in der bischöflichen Sammlung Cluj, verschollen
CIL III 1042; Wollmann a. a. O. Taf. 13

Unkannelierter Säulenschaft mit Weihinschrift an *I(ovi) O(ptimo) M(aximo)* des *T. Fl(avius) Silvanus* und des . . . *Iustinus* aus dem Jahr 200 n. Chr.

F 7   Aus dem Gebiet von APULUM

Verbleib wie F 6
CIL III 1033; Wollmann a. a. O. Taf. 14

Unkannelierter Säulenschaft mit Weihinschrift an *I(ovi) O(ptimo) M(aximo)*.

F 8   Aus dem Gebiet von APULUM

Verbleib wie F 6
CIL III 1051; Wollmann a. a. O. Taf. 14

Unkannelierter Säulenschaft mit Weihinschrift an *I(ovi) O(ptimo) M(aximo)* des *C. Sentius Anicetus* aus dem Jahre 205 n. Chr.

Pannonien

F 9   AQUINCUM / BUDAPEST

Aquincum-Museum, Budapest. Eine rekonstruierte Nachbildung ist vor dem Museum aufgestellt
H. ursprünglich ca. 6 m; Dm. des Säulenschaftes 0,30 m
J. Szilágyi, Aquincum (1956) 33 f. Taf. 5 (Rekonstruktion); Alföldy, Acta Antiqua Budapest 8, 1960, 156; ders., Das Altertum 9, 1963, 154 (Abb. der Statue); ders., Germania 42, 1964, 59; K. Sz. Póczy, Aquincum (1974) Abb. 40 (Rekonstruktion); S. Boucher, Latomus 35, 1976, 341 Taf. 19,3; Bauchhenß 15; T. Nagy, in: Le rayonnement des civilisations grecque et romaine sur les cultures périphériques. 8. Congres International d'Arch. Classique Paris 1963 (1965) 375 ff. Taf. 86.

Rechteckiger Sockel mit Weihinschrift für *Iuppiter Optimus Maximus Teutanus conservator*, unkannelierte Säule mit bossiertem korinthischem Kapitell, Statuenbasis, halblebensgroße Statue des stehenden Iupiter, nackt bis auf ein vom linken Arm herabhängendes Mäntelchen, in der erhobenen Linken wohl das Zepter, neben dem rechten Standbein der Adler.

F 10 TATA

Verbaut im ehemaligen Esterházyschen Schloß, wohl aus dem Gebiet von Brigetio / O. Szöny
Kalkstein. H. ca. 2,80 m; Br. 0,60 m; T. 0,54 m
A. Schober, Belvedere 6, 1924, 177 ff. Abb. 1–12 mit der älteren Literatur; Drexel, Germania 8, 1924, 56; Ferri, Arte Romana sul Danubio Abb. 184; L. Barkóczi, Brigetio. Diss. Pannonicae Ser. 2 Nr. 22 (1951) 46 f. Taf. 58,1–3; Bauchhenß 15

Erhalten ist nur der Hauptteil des Pfeilers ohne unteren und oberen Abschluß. Der Pfeiler trägt auf allen vier Seiten Reliefschmuck, der in drei übereinander gestaffelten Registern angeordnet ist. Jedes Register besteht aus einem querrechteckigen Neben- und einem Hauptbildfeld, das mit einer Archivolte abschließt. In den Hauptfeldern sind zwölf Gottheiten dargestellt, darunter wohl auf der Frontseite die Sequenz Iuno – Minerva – Victoria.

F 11 (?)SAVARIA / SZOMBATHELY

Aus dem Bereich des Capitolium, im Museum ebd.
Lokaler Marmor. H. 0,70 m; Dm. 0,55 m
I. Paulovics, Arch. Ért. 3. Ser. 1, 1940, 43 ff. Taf. 11; Z. Kádár, in: Die römischen Steindenkmäler von Savaria. Hrsg. A. Mócsy u. T. Szentléleky (1971) 50 ff.; 92 f. Nr. 57 Abb. 45a–d mit weiterer Literatur; Bauchhenß 15

Sechsseitiger Sockel mit den Reliefs stehender Gottheiten, darunter Liber Pater, Mars, Venus.

Raetien

F 12 AUGUSTA VINDELICUM / AUGSBURG

Römisches Museum Augsburg
Kalkstein. H. 1,05 m; Br. 0,63 m; T. 0,57 m
CIL III 5802; Haug, Viergöttersteine 12 f. Nr. 1; Gamer, Rüsch u. Wagner, CSIR Deutschland I 1 (1973) 42 Nr. 93 Taf. 37 f. mit weiterer Literatur (dort als Weihaltar angesprochen); Bauchhenß 15 Anm. 66

Erhalten ist der Sockel mit der teilweise zerstörten Weihinschrift (Gottheit nicht erhalten) auf der Front und Reliefs stehender Gottheiten auf den drei anderen Seiten: Mars – Victoria – Mercurius. Datiert 203 n. Chr.

F 13 NIEDERSTOTZINGEN (Kr. Heidenheim)

Ulm, Prähistorische Sammlungen
Kalkstein. H. 0,85 m
CIL III 11900; Haug – Sixt 80 f. Nr. 28; Bauchhenß 15 Anm. 66 mit weiterer Literatur.

Erhalten ist das Bruchstück eines Weihaltares mit der Widmung *I(ovi) o(ptimo) [m(aximo)] et Iunon[i Reg(inae)]*. Die Aufstellung eines Säulenmonumentes ergibt sich aus der sechsten und siebten Zeile der Inschrift: *...et columna[m] / p(osuerunt)...*

F 14   WEISSENBURG (Kr. Weißenburg-Gunzenhausen)

Museum Weißenburg
Sandstein. H. 0,26 m
Espérandieu G. Nr. 741; Gamer, Rüsch u. Wagner a. a. O. 83 Nr. 343 Taf. 88; Bauchhenß 15 Anm. 66. Der Hinweis auf das Stück wird Bauchhenß verdankt.

Erhalten ist der Torso einer Gigantenreitergruppe.

Britannien

F 15   NOVIOMAGUS / CICHESTER (Sussex)

Chichester City Museum
Sandstein. H. noch 0,40 m; Br. 1,025 m; T. 1,025 m
J. M. C. Toynbee, Art in Britain under the Romans (1964) 164 (mit fragwürdiger Deutung auf die Grazien); Collingwood u. Wright, The Roman Inscriptions of Britain 1, 24 f. Nr. 89 mit der älteren Literatur; J. Wacher, The Towns of Roman Britain (1974) 246 Abb. 45a–b; Bauchhenß 15 f.

Erhalten ist der obere Teil eines Sockels mit der Widmung *I(ovi) o(ptimo) m(aximo)* auf der Front- und Resten von Götterreliefs auf den anderen Seiten.

F 16 (?)   RUTUPIAE / RICHBOROUGH (Kent)

Wohl antik wiederverwendet
Richborough Museum
Kalkstein. H. 1,27 m; Br. 0,66 m; T. noch 0,305 m
F. N. Pryce, in: J. P. Bushe-Fox, First Report on the Excavation of the Roman Fort at Richborough, Kent. Reports of the Research Committee of the Society of Antiquaries of London Nr. 6 (1926) 37 ff. Taf. 9; Toynbee a. a. O. 165

Auf der Frontseite ist eine stehende Göttin in Chiton und Mantel dargestellt. Das Bildfeld wird von Pilastern gerahmt und mit einer Archivolte abgeschlossen. Die beiden Schmalseiten sind mit gegenständigen, gekielten Schuppen geschmückt, die von einer ornamentierten Taenie 'umwunden' werden; als seitliche Einfassung dienen profilierte und mit einem Spiralornament verzierte Pilaster.

F 17   CORINIUM / CIRENCESTER (Gloucestershire)

Corinium Museum Cirencester
Kalkstein. H. 0,40 m; Br. 0,425 m; T. 0,44 m
Collingwood u. Wright a. a. O. 30 f. Nr. 103 mit der älteren Literatur; Toynbee a. a. O. 145; Wacher a. a. O.

86, 304 Abb. 55; M. J. Green, A Corpus of Religious Material from the Civilian Areas of Roman Britain. B.A.R. 24 (1976), 174 Nr. 52; dies., Latomus 38, 1979, 356; Bauchhenß 15 f.

Erhalten sind drei Seiten eines Sockels, die von Säulchen tuskischer Ordnung gerahmt werden; in der Oberseite befindet sich ein Dübelloch. Auf der Frontseite die Weihinschrift *I(ovi) o(ptimo) [m(aximo)]*, auf den beiden anderen erhaltenen Seiten metrische Inschriften. Diese Inschriften besagen, daß der Statthalter der Britannia Prima, L. Septimius, Statue und Säule wiederhergestellt hat. Dies muß nach der diokletianischen Verwaltungsreform von 296 n. Chr. erfolgt sein.

F 18 (?)   CORINIUM / CIRENCESTER (Gloucestershire)

Verbleib wie F 17
Kalkstein. H. 1,06 m; Dm. unten 0,59 m
R. G. Collingwood u. I. Richmond, The Archaeology of Romain Britain³ (1971) 121; Mercklin, Figuralkapitelle 178 f. Nr. 431 Abb. 834–837; Toynbee a. a. O. 145; dies., Art in Roman Britain (1962) 165 Nr. 95 Abb. 97–100; E. J. Phillips, Journal Brit. Arch. Assoc. 129, 1976, 35 ff.; Green a. a. O. 172 Nr. 2; T. F. C. Blagg, in: Roman Life and Art in Britain (Festschr. J. Toynbee) B.A.R. 41, 1 (1977) 67 Abb. 4,5 (Verbreitungskarte der Figuralkapitelle)

Figuralkapitell korinthischer Ordnung mit Dübelloch in der Oberseite. Die Deutung der vier Büsten ist umstritten, die Deutung von Phillips auf Dionysos – Maenade – Lycurgus und Silenus scheint mir überzeugend zu sein. Das Kapitell hat zu einem wesentlich größeren Monument als F 17 gehört. Sein Schaftdurchmesser liegt an der Obergrenze der von Iupitersäulen bekannten (o. Dm. der obersten Trommel der Mainzer neronischen Säule 0,50 m).

F 19   GREAT CHESTERFORD (Essex)

London, Brit. Mus.
Kalkstein. H. 0,335 M; zu rekonstruierender Dm. 1,19 m
I. A. Richmond u. M. R. Hull, Roman Essex. Victoria County History. Essex 3 (1963) 83 f. Taf. 18 c; J. W. Brailsford, Guide to the Antiquities of Roman Britain³ (1971) 55 Taf. 19,4; F. M. Heichelheim, Proc. Cambridge Antiqu. Soc. 37, 1937, 58 f. (mit Hinweisen auf F 15,17–18,20); Toynbee a. a. O. 152

Erhalten ist der obere Teil einer Hälfte eines achtseitigen Sockels. Zu erkennen sind Venus, ein Gott, Mercurius und wohl Mars. Die Deutung als Wochengötter eines Zwischensockels liegt nahe.

F 20 (?)   IRCHESTER (Northamptonshire)

Früher Privatbesitz ebd.
F. Haverfield, Romano-British Northamptonshire. Victoria County History. Northamptonshire 1 (1902) 181 Abb. 11 f.

Zwei Bruchstücke eines achteckigen Sockels, in dessen mit einer Archivolte abschließenden Bildfeldern stehende Gottheiten dargestellt waren.
Von derselben Fundstelle stammt ein Figuralkapitell mit der Büste einer Göttin.

F 21   VIROCONIUM / WROXETER (Shropshire)

Museum Shrewsbury
Sandstein. H. 0,775 m; Dm. 0,33 m
F. Haverfield u. M. V. Taylor, Romano British Shropshire. Victoria County History Shropshire 1 (1908) 253 Abb. 23; Toynbee a. a. O. 147

Drei Bruchstücke des Säulenschaftes, der im unteren Teil mit einem Rautenmuster, im oberen mit nach unten gerichteten Schuppen geschmückt ist. In eingetieftem Relief ist Bacchus dargestellt, in der Linken den Thyrsos, zu Füßen den Panther.

F 22   VIROCONIUM / WROXETER (Shropshire)

Verbleib wie F 21
Sandstein. H. 0,85 m; Dm. 0,30 m
Literatur wie F 21

Schuppensäule mit Relief des stehenden Amor.

F 23 (?)   LINDUM / LINCOLN (Lincolnshire)

Antik wiederverwendet
Lincoln, City and County Museum
Kalkstein. H. 0,65 m
Richmond, Arch. Journal 103, 1946, 55 Taf. 9 c–e

Bei sekundärer Verwendung wurde eine Seite sowie das Unterteil weggeschlagen. Der Block ist vielleicht als 'Drei-' oder 'Viergötterstein' zu deuten. Die Bildfelder werden von ornamentierten Pilastern – Ranken bzw. Bäumchen – sowie einer Archivolte gerahmt. Ein Relief ist sicher als Genius mit Füllhorn in der Linken und Opferschale in der Rechten zu deuten.

F 24 (?)   CATARACTONIUM / CATTERICK (Yorkshire)

Yorkshire Museum York
Sandstein. H. 0,85 m
Journal Rom. Stud. 50, 1960, 218 Taf. 22,2; Collingwood u. Richmond a. a. O. 121; Toynbee a. a. O. 145 f.

Figuralkapitell korinthischer Ordnung mit Schaftansatz, der mit nach oben gerichteten Schuppen geschmückt ist; in der Oberseite befindet sich ein Dübelloch.

Schon früher wurde eine Säulenbasis attischer Ordnung mit Plinthe sowie Schaftansatz gefunden, der mit nach unten gerichteten Schuppen geschmückt ist: M. V. Taylor und R. G. Collingwood, Journal Rom. Stud. 12, 1922, 246 Taf. 10,2.

Auf weiteres unpubliziertes Material, auf das mich M. Green hinweist, sei hier nicht eingegangen. Zu Schuppensäulen aus London und York siehe Anm. 534–536.

Verzeichnisse

VERZEICHNIS DER ABGEKÜRZT ZITIERTEN LITERATUR

Außer den in den Richtlinien und Abkürzungsverzeichnissen der RGK (Fassung von 1975) empfohlenen werden folgende Abkürzungen verwendet:

Bauchhenß	G. Bauchhenß, Die Jupitergigantensäulen in der römischen Provinz Germania superior (Diss. Würzburg 1972/73; oben S. 1 ff.).
Bauchhenß, Jupitergigantensäulen	Ders., Jupitergigantensäulen. Kleine Schriften zur Kenntnis der römischen Besetzungsgeschichte Südwestdeutschlands 14 (1976).
Bös	M. Bös, Reste von Göttersäulen aus der Aachener Gegend. Germania 14, 1930, 153 ff.
Brommer, Vulkan	F. Brommer, Der Gott Vulkan auf provinzialrömischen Reliefs (1973).
Drexel, Götterverehrung	F. Drexel, Die Götterverehrung im römischen Rheinland. Ber. RGK 14, 1922, 1 ff.
Daniëls u. Brunsting	M. P. M. Daniëls u. H. Brunsting, De Romeinse monumenten van steen, te Nijmegen gevonden. Oudheidk. Mededelingen 36, 1955, 21 ff.
Duval, Semaine	P.-M. Duval, Notes sur la civilisation galloromaine 2: Les dieux de la semaine. Gallia 11, 1953, 282 ff.
Espérandieu G.	É. Espérandieu, Recueil général des bas-reliefs, statues et bustes de la Germanie Romaine (1931).
Fischer, Viergötterstein	U. Fischer, Ein neuer Viergötterstein aus Heddernheim und die Jupitersäulen im Rhein-Main-Gebiet. Nass. Ann. 82, 1971, 31 ff.
Führer	Führer zu vor- und frühgeschichtlichen Denkmälern. Hrsg. vom RGZM Mainz in Verbindung mit dem Nordwestdeutschen und dem West- und Süddeutschen Verband für Altertumsforschung 1 ff. (1964 ff.).
Galsterer	B. u. H. Galsterer, Die römischen Steininschriften aus Köln. Wiss. Kataloge des Röm.-Germ. Museums Köln 2 (1975).
Gropengießer, Steindenkmäler	E. Gropengießer, Römische Steindenkmäler. Bildhefte des Städt. Reiß-Museums Mannheim 1 (1975).
Haftmann	W. Haftmann, Das italienische Säulenmonument. Beitr. zur Kulturgesch. des Mittelalters und der Neuzeit 55 (1939; Nachdruck 1972).
Hahl, Stilentwicklung	L. Hahl, Zur Stilentwicklung der provinzialrömischen Plastik in Germanien und Gallien (1937).
Hatt, Strasbourg	J.-J. Hatt, Strasbourg Musée Archéologique. Sculptures antiques régionales. Inventaire des collections publiques Françaises 9 (1964).
Haug, Viergöttersteine	F. Haug, Die Viergöttersteine. Westdt. Zeitschr. 10, 1891, 9 ff.; 125 ff.; 295 ff.
Haug–Sixt	F. Haug u. G. Sixt, Die römischen Inschriften und Bildwerke Württembergs^2 (1914).
Hertlein, Juppitergigantensäulen	F. Hertlein, Die Juppitergigantensäulen (1910).
Hettner	F. Hettner, Die römischen Steindenkmäler des Provinzialmuseums zur Trier (1893).

Jacob-Felsch	M. Jacob-Felsch, Die Entwicklung griechischer Statuenbasen und die Aufstellung der Statuen (1969).
Kähler, Kapitelle	H. Kähler, Die römischen Kapitelle des Rheingebietes. Röm.-Germ. Forsch. 13 (1939).
Klinkenberg	J. Klinkenberg, Das römische Köln. Die Kunstdenkmäler der Rheinprovinz 6. Die Kunstdenkmäler der Stadt Köln 1,2 (1906).
Koepp, Bildkunst	F. Koepp, Römische Bildkunst am Rhein und an der Donau. Ber. RGK 13, 1921, 1 ff.
Koepp, Germania Romana[2]	Ders., Germania Romana. Ein Bilder-Atlas. Hrsg. von der RGK des DAI. IV: Die Weihedenkmäler[2] (1928).
Kunckel, Genius	H. Kunckel, Der römische Genius. Ergh. Röm. Mitt. 20 (1974).
Lambrechts, Contributions	P. Lambrechts, Contributions à l'étude des divinités celtiques (1942)
Lehner	H. Lehner, Die antiken Steindenkmäler des Provinzialmuseums in Bonn (1918).
Lehner 1930	Ders., Römische Steindenkmäler von der Bonner Münsterkirche. Bonner Jahrb. 135, 1930, 1 ff. Taf. 1 ff.
Mercklin, Figuralkapitelle	E. v. Mercklin, Antike Figuralkapitelle (1962).
Der Niedergermanische Limes	J. E. Bogaers u. Ch. B. Rüger (Hrsg.), Der Niedergermanische Limes. Materialien zu seiner Geschichte. Kunst und Altertum am Rhein 50 (1974).
Petrikovits	H. v. Petrikovits, Aus rheinischer Kunst und Kultur. Auswahlkatalog des RLM Bonn 1963. Kunst und Altertum am Rhein 9 (1963).
Petrikovits, Rheinland	H. v. Petrikovits, Das römische Rheinland. Archäologische Forschungen seit 1945. Arbeitsgemeinschaft für Forschung des Landes Nordrhein-Westfalen. Geisteswiss. H. 86. Beih. Bonner Jahrb. 8 (1960).
Quilling, Juppitersäule	F. Quilling, Die Juppitersäule des Samus und Severus. Das Denkmal in Mainz und seine Nachbildung auf der Saalburg (1918).
Rüger, Germania inferior	Ch. B. Rüger, Germania inferior. Untersuchungen zur Territorial- und Verwaltungsgeschichte Niedergermaniens in der Prinzipatszeit. Beih. Bonner Jahrb. 30 (1968).
Schoppa, Götterdenkmäler	H. Schoppa, Römische Götterdenkmäler in Köln. Die Denkmäler des römischen Köln 22 (1959).
Skulpturen I; II	Das Provinzialmuseum in Bonn. Abbildungen seiner wichtigsten Denkmäler. Hrsg. von H. Lehner. I: Die römischen Skulpturen (1905); II: Die römischen und fränkischen Skulpturen (1917).
Walter, Colonne	H. Walter, La colonne ciselée dans la Gaule Romaine. Ann. Litt. Université Besançon 119 (1970).

VERZEICHNIS DER FUNDORTE

(Zahlen in Klammern: Kennziffern der Fundkarten)

Aachen: siehe Kornelimünster u. Laurensberg
Alfter, Rhein-Sieg-Kr. (62): 1
Altdorf, Gem. Inden, Kr. Düren (42): 82
Amberloup, bei Bastogne, Prov. Luxemburg, Belgien (13): 209–210
Asberg, Stadt Moers, Kr. Wesel (18): 118

Bandorf, Stadt Remagen, Kr. Ahrweiler (67): 73
Bedburg, Erftkr. (30): 83
Berg, Stadt Tongeren, Prov. Limburg, Belgien (12): 211
Billig, Stadt Euskirchen, Kr. Euskirchen (56): 19–21; 119
Birten, Stadt Xanten, Kr. Wesel (16): 22
Bonn (66): 2; 18 (?); 23–27; 28 (?); 29; 103; 169–170; 176; 192; 196 (?);
– siehe auch: Lessenich

Bonsdorf: siehe Pier-Bonsdorf
Buchholz, Stadt Mönchengladbach (22): 104

Dürwiss, Gem. Eschweiler, Kr. Aachen (49): 179
Dyck (Schloß), Gem. Jüchen, Kr. Neuss (23): 3; 30

Efferen, Gem. Hürth, Erftkr. (31): 120
Eschweiler, Kr. Aachen (50): 215
Euskirchen: 197

Fontaine-Valmont, Prov. Hainaut, Belgien (14): 212
Freialdenhoven, Gem. Aldenhoven, Kr. Düren (41): 31
Frenz, Gem. Inden, Kr. Düren (44): 121

Glehn, Stadt Neuss, Kr. Neuss (24): 32
Gleuel, Gem. Hürth, Erftkr. (33): 180
Golzheim, Gem. Merzenich, Kr. Düren (36): 33; 122
Grevenbicht, Prov. Limburg, Niederlande (6): 4; 34; 35

Harzheim, Gem. Mechernich, Kr. Euskirchen (59): 36; 75
Heel, Provinz Limburg, Niederlande (4): 84 (?)
Heerlen, Provinz Limburg, Niederlande (7): 85
Heers, Provinz Limburg, Belgien (10): 213
Heimerzheim, Gem. Swisttal, Rhein-Sieg-Kr. (63): 37
Hürth-Hermülheim, Erftkr. (32): 15

Iversheim, Stadt Bad Münstereifel, Kr. Euskirchen (58): 167

Jülich, Kr. Düren (39): 5; 16; 38; 39; 86; 105–107; 123–127; 165; 171; 186

Kapellen (Kloster), Gem. Swisttal, Rhein-Sieg-Kr. (65): 108
Kelz, Gem. Vettweiß, Kr. Düren (46): 216
Kessel, Prov. Limburg, Niederlande (3): 187
Kleinbouslar, Stadt Erkelenz, Kr. Heinsberg (47): 6
Knipp (Haus): siehe Lohmannsheide
Köln (29): 7; 8; 17; 40–48; 50–52; 53 (?); 54 (?); 55 (?); 71; 72; 76; 87–90; 91 (?); 92; 109–112; 117 (?); 129–136; 137 (?); 138 (?); 139 (?); 140 (?); 141 (?); 142 (?); 172–173; 174 (?); 177; 188; 189; 200–202; 221;
– siehe auch: Marienburg, Weiden, Weidenpesch
Kommern, Gem. Mechernich, Kr. Euskirchen (57): 56
Kornelimünster, Stadt Aachen (53): 217
Kreuzrath, Gem. Gangelt, Kr. Heinsberg (48): 77; 144–148

Laurensberg, Stadt Aachen (52): 190
Lessenich, Stadt Bonn (66): 74
Lohmannsheide, bei Haus Knipp, Stadt Moers, Kr. Wesel (17): 143

Maastricht, Provinz Limburg, Niederlande (8): 93; 94; 149; 182; 183; 193
Marienburg, Stadt Köln (29): 128
Mönchengladbach (19): 166;
– siehe auch: Buchholz, Mülfort, Wickrath
Mülfort, Rheydt, Stadt Mönchengladbach (20): 11; 66; 158

Neuss (25): 57; 58; 78; 178
Niederzier, Kr. Düren (37; 38): 95; 150;
– siehe auch: Wüstweiler
Nierendorf, Gem. Grafschaft, Kr. Ahrweiler (68): 191
Nievenheim, Gem. Dormagen, Kr. Neuss (27): 59; 60
Nijmegen, Provinz Gelderland, Niederlande (2): 14 (?); 61–63 (?); 96; 113 (?); 151–153; 168
Norf, Stadt Neuss, Kr. Neuss (26): 154

Pesch, Bad Münstereifel, Kr. Euskirchen (60): 115; 155; 156
Pier, Gem. Inden, Kr. Düren (43): 157
Pier-Bonsdorf, Gem. Inden, Kr. Düren (43): 97
De Plasmolen, Gem. Groesbeek, Prov. Gelderland, Niederlande (71): 222

Remagen, Kr. Ahrweiler (69): 64; 65
Rheydt-Mülfort: siehe Mülfort
Rövenich, Stadt Zülpich, Kr. Euskirchen (55): 67
Rommerskirchen, Kr. Neuss (28): 175

Schwammenauel, Stadt Heimbach, Kr. Düren (45): 218
St. Odiliënberg, Prov. Limburg, Niederlande (5): 194
Stokkem, Gem. Dilsen, Prov. Limburg, Belgien (9): 184
Stolberg, Kr. Aachen (51): 68
Straßfeld, Gem. Swisttal, Rhein-Sieg-Kr. (64): 159

Tetz, Gem. Linnich, Kr. Düren (40): 160
Tondorf, Gem. Nettersheim, Kr. Euskirchen (61): 185
Tongeren, Provinz Limburg, Belgien (12): 203–208;
– siehe auch: Berg

Vechten, Gem. Bunnik, Provinz Utrecht, Niederlande (1): 79

Weiden, Stadt Köln (29): 9
Weidenpesch, Stadt Köln (29): 10; 49
Weilerswist, Kr. Euskirchen: 116
Wesseling, Erftkr. (34): 195
Wessem, Prov. Limburg, Niederlande: 198
Wickrath, Stadt Mönchengladbach (21): 98
Wissersheim, Gem. Nörvenich, Kr. Düren (35): 114; 161
Wüstweiler, Gem. Niederzier, Kr. Düren (37): 12

Xanten, Kr. Wesel (15): 69

Zammelen, Gem. Kortessem, Prov. Limburg, Belgien (11): 214
Zingsheim, Gem. Nettersheim, Kr. Euskirchen (70): 162
Zülpich, Kr. Euskirchen (54): 13, 70, 99–101, 162, 181, 199, 219; 220

Fundort unbekannt, wohl Niedergermanien: 80–81; 102; 163–164

VERZEICHNIS DER AUFBEWAHRUNGSORTE

Aachen, vormals Stadtgesch. Sammlung: Iupiterstatue: 68. – Sockel: 190. – Schuppensäule: 217

Alfter-Oedekoven, Privatbesitz: Fundkomplex: 1. – Iupiterkopf: 74

Bergheim, im früheren Heimathaus: Schuppensäule: 83

Berlin, Staatl. Museum für Vor- und Frühgesch.: Iupiter: 50 (Inv.-Nr. I i 2411; verschollen)

Bonn, Rhein. Landesmuseum: Fundkomplexe: 2; 6; 9; 12. – Reitender Iupiter: 15; 18. – Thronender Iupiter: 19–29; 37; 64; 67; 69; 72. – Iupiterköpfe: 73; 75; 78; 80; 81. – Schuppensäulen: 82; 92; 97; 102; 119; 143; 150; 155–157; 159; 160; 162–164; E 1; E 7. – Schuppensäulen mit Reliefschmuck: 103; 104; 108; 115; 116. – Säule mit Reliefs: 167. – Pfeiler: 169; 170; 175; 176; 219. – Sockel: 179; 180; 188; 191; 192; 195–197

Brüssel, Musées Royaux d'Art et d'Histoire: Sockel/Säule mit Weinranken: 212

Düren, Leopold-Hoesch-Museum: Thronender Iupiter: 33. – Schuppensäule mit Reliefschmuck: 114. – Schuppensäulen: 121; 122; 161; 216. – E 3

Düren, Privatbesitz: Schuppensäule/Sockel (?): 218

Duisburg, Niederrhein. Museum: Schuppensäule: 118 (Inv.-Nr. A78/231)

Früher Eschweiler-Glücksburg, Privatbesitz: Schuppensäule: 215

Heerlen, Thermenmuseum: Schuppensäule: 85 (Inv.-Nr. 3806)

Heinsberg, Kreis-Heimatmuseum: Iupiterkopf: 77. – Schuppensäulen: 144–148

Jülich, Römisch-Germanisches Museum: Fundkomplex: 5. – Reitender Iupiter: 16. – Thronender Iupiter: 31; 38; 39. – Schuppensäulen: 86; 123; 124–127; E 2. – Schuppensäulen mit Reliefschmuck: 105–107. – Säule mit Weinranken: 165. – Pfeiler: 171. – Sockel: 186.

Köln, Röm.-Germ. Museum: Fundkomplexe: 7; 8; 10. – Reitender Iupiter: 17; 221. – Thronender Iupiter: 40–49; 51–55; 71. – Iupiterkopf: 76. – Schuppensäulen: 87–89; 91; 120; 128–142; E 4; E 5. – Schuppensäulen mit Reliefschmuck: 109–112; 117. – Pfeiler: 172; 174; 177. – Sockel: 189; 200; 201; 202.

Köln, Hohe Domkirche: Schuppensäule: 90

Köln, St. Maria im Kapitol: Pfeiler: 173

Leiden, Rijksmuseum van Oudheden: Iupiterkopf: 79. – Säule mit Reliefs: 168. – Schuppensäule: 222. – Sockel: 187

Lüttich, Musée Curtius: Sockel: 211 (Inv.-Nr. D/12/20)

Lüttich, früher Privatbesitz: Thronendes Paar: 205

Luxemburg, Staatsmuseum: Sockel: 209 (Inv.-Nr. 12)

Maastricht, Bonnefantenmuseum: Fundkomplex: 4. – Thronender Iupiter: 34; 35. – Schuppensäulen: 84; 93; 94; 149. – Sockel: 182; 183; 193; 198

Mönchengladbach, Städt. Museum Schloß Rheydt: Thronender Iupiter: 66. – Schuppensäule mit frontalem Reliefschmuck: 11. – Säule mit Reliefs: 166

Neuss, Clemens-Sels-Museum: Thronender Iupiter: 32; 57; 58. – Pfeiler: 178

Neuss, Privatbesitz: Thronender Iupiter: 59; 60

Nijmegen, Rijksmuseum Kam: Stehender Iupiter: 14. – Thronender Iupiter: 61–63. – Schuppensäulen: 96; 151–153. – Schuppensäule mit Reliefschmuck: 113

Norf, Stadt Neuss, Privatbesitz: Schuppensäule: 154

Früher Odenkirchen, Museum (= Mönchengladbach, verschollen): Schuppensäule: 158

Remagen, Heimatmuseum: Thronender Iupiter: 65

St. Odiliënberg, Pfarrkirche: Sockel: 194

Schloß Dyck, Privatbesitz: Fundkomplex: 3. – Thronender Iupiter: 30

Steinstrass, Gem. Niederzier, Privatbesitz: Schuppensäule: 95

Tondorf, Kirche: Sockel: 185

Tongeren, Provinciaal Gallo-Romeins Museum: Reitender Iupiter: 203; 204; 206. – Schuppensäulen: 207–208. – Sockel: 184; 213; 214

Xanten, Regionalmuseum: Schuppensäule: E 5

Zons, Kreismuseum: Schuppensäule: 98

Zülpich, Heimatmuseum der Stadt Zülpich: Fundkomplex: 13. – Thronender Iupiter: 70. – Schuppensäulen: 99–101. – Sockel: 181; 199; 220

KONKORDANZ MUSEUMSINVENTARE – KATALOG

RLM Bonn:

Inventar	Katalog	Inventar	Katalog
LXXVII	2	1144	20
XCIV	103	1144a	21
CXLI	92	3584	108
		4467	97
A 1236	19	5023	188
A 1345	195	6752	78
A 1425	167	7626	72
A 1426	27	8787	180
A 1427	64	11708	197
D 326	169	11717	26
D 333	25	12487	29
D 334	24	17928–9	6
D 335	176	18119	22
D 344	170	23928	143
D 1004–5	175	25027	156
		25068	155
U 177	23	28641	80
U 181	192	28642	81
U 2186	196	28643	73

Verzeichnisse

Inventar	Katalog		Inventar	Katalog
25.026	115		69.0317	18
36.181	116		75.1523	74
38.435	191		75.1530	104
39.1327	75		75.1531	159
42.7	15		75.1830	67
42.78	37		78.0506	164
48.09	E 7		78.0507	163
48.410	82		78.0741	102
49.10	28			
52.80	E 1			
52.267	119		HA 500, 1658–20	12
55.921	157		Eingangsnr.:	
58.674	179		54/75	150
62.528	160		81/79	219
63.1208–9	9		58/80	162

Düren, Leopold-Hoesch-Museum

Inventar	Katalog		Inventar	Katalog
1327	216		1899/1	E 6
1328	33		3401	114
1329	122		3400	121
1332	161			

Jülich, Römisch-Germanisches Museum

Inventar	Katalog		Inventar	Katalog
155 D1	107		III/1	126
192 D1	186		III/3	105
192 D2–4	5		XI/1	106
201 D1	16		XII/1	E 2
210 D1	38		XIII/2	127
211 D1	171		XIII/3	86
528 D1	31		XV/1	125
140 L1	165		XV/3	123

Köln, Römisch-Germanisches Museum

Inventar	Katalog		Inventar	Katalog
49	88		804	137
147	189		Lü 760	109
179	55		Lü 760	132
181	8		Lü 763	51
206	202		0,6	54
210	53		0,8	139
211	174		0,9	91
220	174		0,10	140
384	8		0,12	141
388 (?)	138		0,13	142
418	200		27,366	133
430	76		30,1405	E 5
440	71		33,41	43
442	172		35,1156	120
480	41		52,286	131
567	52		53,848	44
574	87		53,849	45
656	110		53,975	111
657	17		59,87	E 4
678	112		61,138	201
709	221		67,2168	47

Inventar	Katalog	Inventar	Katalog
67,2170	48	75,521.1	129
69,67	89	75,521.2	130
69,341	177	76,222	128
69,342	134	76,223	46
69,343	42	78,17	117
74,1694	7	78,30	135
74,1695	40	78,31	136
74,1696	7	79,1	10
		79,2	49

Leiden, Rijksmuseum van Oudheden

Inventar	Katalog	Inventar	Katalog
N.f.K. 49	168	L 1933/3.39	222
F 11	187	VF*0	79

Maastricht, Bonnefantenmuseum

Inventar	Katalog	Inventar	Katalog
733	182	752 A/B	193
735 A	198	758	84
747 A–C	4	2540 A	35
748	34	R 4814	183
749	93	R 4816	149
750	94		

Mönchengladbach, Städt. Museum Schloß Rheydt

Inventar	Katalog	Inventar	Katalog
R 1	11	R 3	166
R 2	66		

Neuss, Clemens-Sels-Museum

Inventar	Katalog	Inventar	Katalog
1978/196	57	1978/198	58
1978/197	32		

Nijmegen, Rijksmuseum Kam

Inventar	Katalog	Inventar	Katalog
B.A. I 1	62	B.A. I 4	113
B.A. I 2	63	B.A. I 6	14
B.A. I 3	61	B.A. VIII 1	96; 151; 152; 153

Tongeren, Provinciaal Gallo-Romeins Museum

Inventar	Katalog	Inventar	Katalog
E 12	206	69.A.3	204
69.A	203	69.E.1	184
		71 B	214

Zülpich, Heimatmuseum

Inventar	Katalog	Inventar	Katalog
54/1	13	54/4	13
54/3	70	54/7	199
		54/8	181

ABBILDUNGSNACHWEIS

Rheinisches Landesmuseum Bonn: Taf. 55,2; 56,3.4; 57,1; 58,3; 59–61; 63; 68,1.2; 69,3.4; 70,1; 72,1.2; 77,3.4; 80,2.3; 81,2–4; 82,2–4; 83; 84; 86,2.3; 89; 92; 93; 95; 97; 98; 100,2.3
Verfasser: Taf. 56,1.2; 57,2–57,3; 58,1.2.4; 62,1.2; 65,2; 66; 67,1.2; 67,4; 69,2; 70,2–4; 71,2–4; 76; 77,1.2; 81,1; 82,1; 86,1; 87; 90,1; 91,1–3
Rheinisches Bildarchiv Köln: Taf. 62,3.4; 64; 67,3; 68,3; 69,1; 72,3.4; 73,2–5; 74; 75; 79; 80,1; 85,1.2; 88,1.3; 90,2–5; 91,4; 94,1.3.4; 96,4
Landesbildstelle Rheinland Düsseldorf: Taf. 55,1; 65,3; 71,1
Foto R. Kaiser, Viersen: Taf. 65,1; 78,2.3
Service National des Fouilles, Brüssel: Taf. 99
Römisch-Germanisches Museum Köln: Taf. 100,1
Rijksmuseum Leiden: Taf. 96,1–3
RGZM: Taf. 94,2
Foto Roozeboom, Nijmegen: Taf. 88,2
Privatfoto Jülich: Taf. 73,1
Privatfoto Remagen: Taf. 78,1
Privatfoto Stuttgart: Taf. 85,3

Tafel 1

1

2 Alzey. Reliefsäule, Bauchhenß Nr. 18. – 1 Minerva. – 2 Victoria und Neptun.

Tafel 2

Alzey. Zwischensockel, Bauchhenß Nr. 16. – 1 Venus (?). – 2 Vulcan.

Tafel 3

Bad Kreuznach. Viergötterstein, Bauchhenß Nr. 39. – 1 Juno. – 2 Fortuna.

Tafel 4

1

2

3   4

1 Altrip. Reliefsäule, Bauchhenß Nr. 8. Fortuna. – 2 Alzey. Thronender Jupiter, Bauchhenß Nr. 17. – 3 u. 4 Aschaffenburg, Museum. Wagenfahrender Jupiter, Bauchhenß Nr. 25.

Tafel 5: Au am Rhein. Viergötterstein, Bauchhenß Nr. 26. – 1 Juno. – 2 Apollo. – 3 Hercules. – 4 Minerva.

Tafel 5

1　　2

3　　4

Tafel 6

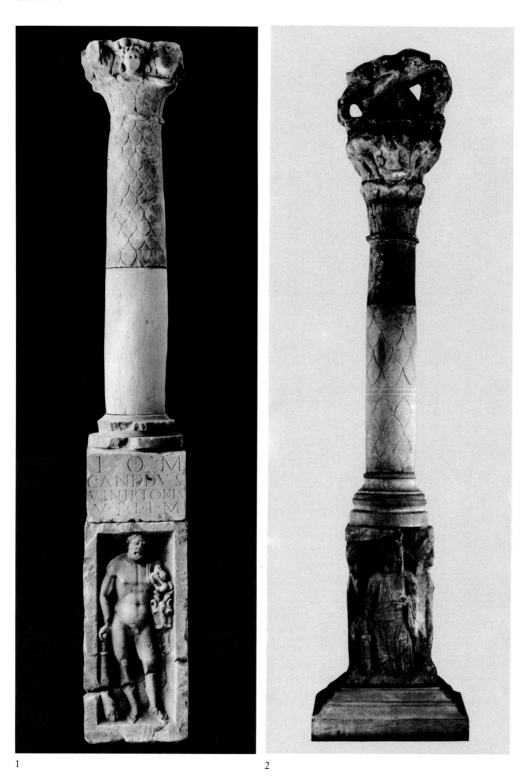

1 Berwangen. Reste einer Jupitergigantensäule, Bauchhenß Nr. 72–74. – 2 Böttingen. Jupitergigantensäule, Bauchhenß Nr. 85–87.

Tafel 7

Böttingen. Jupitergigantensäule, Bauchhenß Nr. 85–87. – 1 Kapitell. – 2 Kapitell und Gigantenreiter.

Tafel 8

1

2

3

Tafel 9

1

2

3

Brumath. Zwischensockel, Bauchhenß Nr. 90. – 1 und 2 Dioskuren. – 3 Fortuna (?) und Genius.

Tafel 8: 1 Böttingen. Altar, Bauchhenß Nr. 88. – 2 Biebelnheim. Viergötterstein, Bauchhenß Nr. 75. Juno und
←   Minerva. – 3 Bingen. Gigantenreiter, Bauchhenß Nr. 76.

Tafel 10

1

2

Tafel 11

1 Butzbach. Gigantenreiter, Bauchhenß Nr. 103. – 2 Butterstadt. Gigantenreiter, Bauchhenß Nr. 97. – 3 Butzbach. Gigantenkapitell, Bauchhenß Nr. 104. – Dannstadt. Zwischensockel, Bauchhenß Nr. 107. Vulcan und Neptun.

Tafel 10: 1 Butterstadt. Jupitergigantensäule, Bauchhenß Nr. 94–97. – 2 Butzbach. Jupitergigantensäule, Bauchhenß Nr. 100–103.

Tafel 12

Dieburg. Viergötterstein und Wochengötterstein, Bauchhenß Nr. 110/111. 1 Juno. – 2 Ceres. – 3 Hercules. – 4 Vulcan und Wochengötterstein.

↓ Tafel 13: Eckartsweier. Viergötterstein, Bauchhenß Nr. 127. – 1 Jupiter. – 2 Göttin. – 3 Hercules. – 4 Göttin.

Tafel 13

Tafel 14

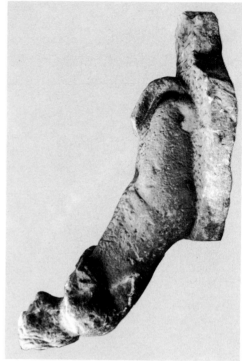

1 Eisenberg. Gigantenreiter, Bauchhenß Nr. 133. – 2 Eisenberg. Gigantenreiter, Bauchhenß Nr. 132. – 3 Ekkelsheim. Gigantenreiter, Bauchhenß Nr. 128. – 4 Ebernburg. Gigantenreiter, Bauchhenß Nr. 126.

Tafel 15

1 Donon. Gigantenkapitell, Bauchhenß Nr. 121. – 2 und 3 Frankfurt-Heddernheim. Jupitersäule, Bauchhenß Nr. 150–153. Kapitell und Jupitergruppe.

Tafel 16

1 2

3

Frankfurt-Heddernheim. – 1 Gigantenreiter, Bauchhenß Nr. 166. – 2 Gigantenreiter, Bauchhenß Nr. 165. – 3 Wochengötterstein, Bauchhenß Nr. 171. Fortuna.

Tafel 17

Tafel 17: Frankfurt-Heddernheim. Wochengötterstein, Bauchhenß Nr. 171. – 1 Venus. – 2 Saturn.

Tafel 18

Frankfurt-Heddernheim. Wochengötterstein, Bauchhenß Nr. 171. – 1 Sol. – 2 Luna.

Tafel 19

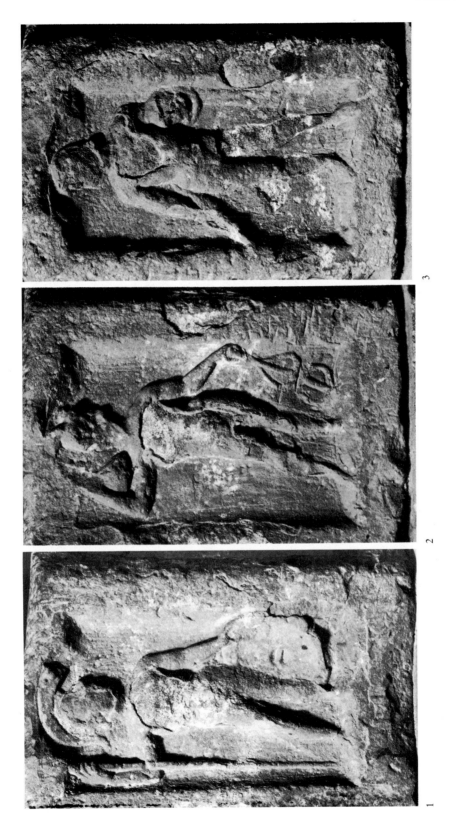

Frankfurt-Heddernheim. Wochengötterstein, Bauchhenß Nr. 171. – 1 Mars. – 2 Mercur. – 3 Jupiter.

Tafel 20

1 2

Godramstein. Viergötterstein mit Zwischensockel, Bauchhenß Nr. 186/187. – 1 Juno und Inschrift. – 2 Mercur und Ornament.

Tafel 21: Grand Falberg. Gigantenreiter. – 1 und 2 Bauchhenß Nr. 196. – 3 Bauchhenß Nr. 199. – 4 Bauchhenß Nr. 195.

Tafel 21

1

2

3

4

Tafel 22

1

2

3

4

Großeicholzheim. Viergötterstein, Bauchhenß Nr. 202. – 1 Juno. – 2 Victoria. – 3 Apollo. – 4 Neptun.

Tafel 23

Heidelberg-Heiligenberg. Viergötterstein, Bauchhenß Nr. 215. – 1 Inschrift und Adler. – 2 Fortuna.

Tafel 24

Heidelberg-Heiligenberg. Viergötterstein, Bauchhenß Nr. 215. – 1 Vulcan. – 2 Victoria.

Tafel 25

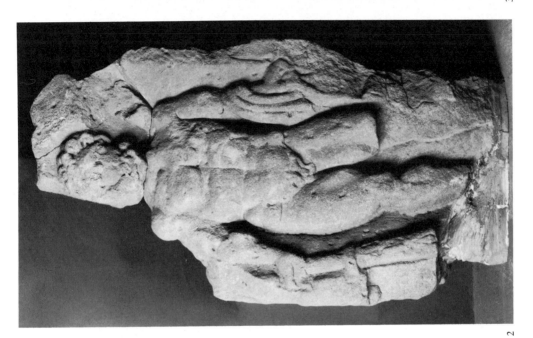

1 Haguenau. Gigantenreiter, Bauchhenß Nr. 204. – 2 Heidelberg-Neuenheim, Viergötterstein, Bauchhenß Nr. 216. Hercules. – 3 Heidelberg-Neuenheim, Rankensäule, Bauchhenß Nr. 217.

Tafel 26

Tafel 27: Iggelheim. Viergötterstein mit Zwischensockel, Bauchhenß Nr. 225/226. – 1 Juno und Inschrift. – 2 Mars. ↓

1 Heidelberg. Altar, Bauchhenß Nr. 214. – 2 Kerzenheim. Viergötterstein, Bauchhenß Nr. 235. Diana.

Tafel 27

2

1

Tafel 28

Kirchheim an der Weinstraße. Zwischensockel, Bauchhenß Nr. 237. – 1 Inschrift. – 2 Sol. – 3 Luna.

Tafel 29: Kleinsteinbach. Viergötterstein, Bauchhenß Nr. 239. – 1 Inschrifttafel und Adler. – 2 Mars. – 3 Fortuna. – 4 Victoria.

Tafel 29

1

2

3

4

Tafel 30

1

2

3

4

Mainz. Gigantenreiter. – 1 Bauchhenß Nr. 351. – 2 Bauchhenß Nr. 350. – 3 Bauchhenß Nr. 280. – 4 Bauchhenß Nr. 281.

Tafel 31: Mainz. – 1 Große Mainzer Jupitersäule, Bauchhenß Nr. 272–275. – 2 Jupitersäule, Bauchhenß Nr. 277–279.

Tafel 31

1

2

Tafel 32

Mainz. – 1 Thronender Jupiter, Bauchhenß Nr. 283. – Jupiter und Juno, Bauchhenß Nr. 285. – Jupiter und Juno, Bauchhenß Nr. 287.

Tafel 33

1 Mainz, Viergötterstein, Bauchhenß Nr. 292. Sol. – 2 Mainz-Kastel. Viergötterstein, Bauchhenß Nr. 359. Inschrift, Fortuna und Mercur. – 3 Mainz. Viergötterstein, Bauchhenß Nr. 296. Inschrift und Juno.

Tafel 34

3

2

1

Tafel 35

Tafel 34: Mainz-Kastel. Viergöttersteine mit Zwischensockeln. – 1 Bauchhenß Nr. 355/356. Juno und Inschrift. – 2 Bauchhenß Nr. 362/363. Inschrift. – 3 Bauchhenß Nr. 357/358. Juno und Ornament. Mainz. Zwischensockel (?), Bauchhenß Nr. 318. – 1 Fortuna und Genius. – 2 Göttin und Apollo (?).

1 2

Tafel 36

Mainz. – 1 und 2 Zwischensockel, Bauchhenß Nr. 319. Jupiter, Genius. – 3 Wochengötterstein, Bauchhenß Nr. 317. Genius. – 4 Zwischensockel, Bauchhenß Nr. 322.

Tafel 37: Mainz. 1 Zwischensockel, Bauchhenß Nr. 320. Dioskur. – 2 Zwischensockel, Bauchhenß Nr. 321. Dioskur. – 3 Reliefsäule, Bauchhenß Nr. 324. Apollo und Minerva.

Tafel 37

1

2

3

Tafel 38

Mörsch, Viergötterstein, Bauchhenß Nr. 388. – 1 Juno. – 2 Apollo. – 3 Hercules. – 4 Minerva.

Tafel 39

1

2

3

4

1 Mannheim-Seckenheim. Gigantenreiter, Bauchhenß Nr. 375. – 2 Niederbronn-les-Bains. Gigantenreiter, Bauchhenß Nr. 398. – 3 Obernburg. Gigantenreiter, Bauchhenß Nr. 407. – 4 Niederbronn-les-Bains. Gigantenreiter, Bauchhenß Nr. 397.

Tafel 40

1 u. 2 Obernburg. Gigantenreiter, Bauchhenß Nr. 406. – 3 Pforzheim. Gigantenreiter, Bauchhenß Nr. 418. – 4 Pforzheim. Gigantenreiter, Bauchhenß Nr. 417.

Tafel 41

1 2   3 4

Pforzheim-Brötzingen. Viergöttersteine. – 1 u. 2 Bauchhenß Nr. 427. Vulcan und Venus. – 3 u. 4 Bauchhenß Nr. 428. Inschrift und Vulcan.

Tafel 42

Rottenburg. Viergötterstein, Bauchhenß Nr. 450. – 1 Apollo. – 2 Diana. – 3 Silvan. – 4 Genius.

Tafel 43

1 und 2 Saverne. Viergötterstein, Bauchhenß Nr. 460. Mercur und Hercules. – 3 und 4 Rottenburg. Viergötterstein, Bauchhenß Nr. 449. Juno und Mercur.

Tafel 44

1 Steinsfurt, Figuralkapitell, Bauchhenß Nr. 495. Frühling. – 2 Rheinzabern, Gigantenreiter, Bauchhenß Nr. 441.

Tafel 45

Steinsfurt, Kapitell und Gigantenreiter, Bauchhenß Nr. 495/496. – 1 Gigantenreiter. – 2 Kapitell. Sommer und Herbst.

Tafel 46

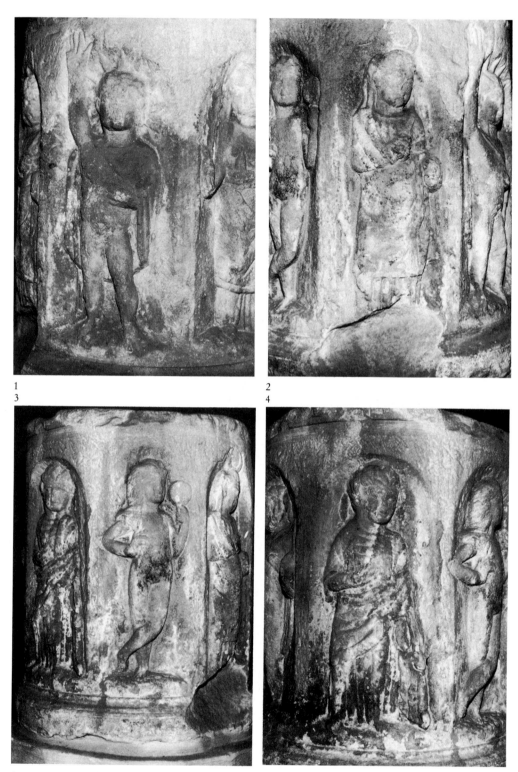

1 2
3 4

Stetten am Heuchelberg. Zwischensockel, Bauchhenß Nr. 498. – 1 Sol. – 2 Luna. – 3 Venus. – 4 Göttin (Juno?).

Tafel 47

1 bis 3 Stetten am Heuchelberg. Zwischensockel, Bauchhenß Nr. 498. Neptun, Mercur und Maia/Rosmerta (?). – 4 Sasbach. Zwischensockel, Bauchhenß Nr. 459. Göttin? (Venus?).

Tafel 48

1 Stuttgart-Bad Cannstatt. Wochengötterstein, Bauchhenß Nr. 527. Luna. – 2 Stuttgart-Zazenhausen. Wochengötterstein, Bauchhenß Nr. 531. Jupiter und Venus. – 3 Walheim. Viergötterstein und Zwischensockel, Bauchhenß Nr. 537/538. Hercules und Göttin (Fortuna? Maia?).

Tafel 49

Weißenhof. Wagenfahrender Jupiter, Bauchhenß Nr. 548.

Tafel 50

Wiesbaden-Igstadt. Thronender Jupiter, Bauchhenß Nr. 556

Tafel 51

Wiesbaden-Igstadt. Thronender Jupiter, Bauchhenß Nr. 556

Tafel 52

1 Wiesbaden-Schierstein. Gigantenreiter, Bauchhenß Nr. 560. – 2 Wiesbaden-Schierstein. Jupitersäule, Bauchhenß Nr. 557–560. – 3 Wiesbaden Igstadt. Kapitell, Bauchhenß Nr. 555.

Tafel 53

Wiesbaden-Schierstein. Viergötterstein der Jupitergigantensäule, Bauchhenß Nr. 557. – 1 Inschrift. – 2 Mercur. – 3 Hercules. – 4 Minerva.

Tafel 54

Worms. – 1 und 2 Viergötterstein, Bauchhenß Nr. 569. Apollo und Mercur. – 3 Zwischensockel, Bauchhenß Nr. 574. Inschrift.

1 Bonn, Noelke Nr. 2. Pfeiler und Statue. – 2 Kleinbouslar, Noelke Nr. 6. Säule.

Tafel 56

1 und 2 Bonn, Noelke Nr. 2. Statue. – 3 und 4 Kleinbouslar, Noelke Nr. 6. Statue.

Tafel 57

1 Bonn, Noelke Nr. 2. Seite des Pfeilers. – 2 Alfter, Noelke Nr. 1. Sockel. – 3 Schloß Dyck, Noelke Nr. 3. Sockel.

Tafel 58

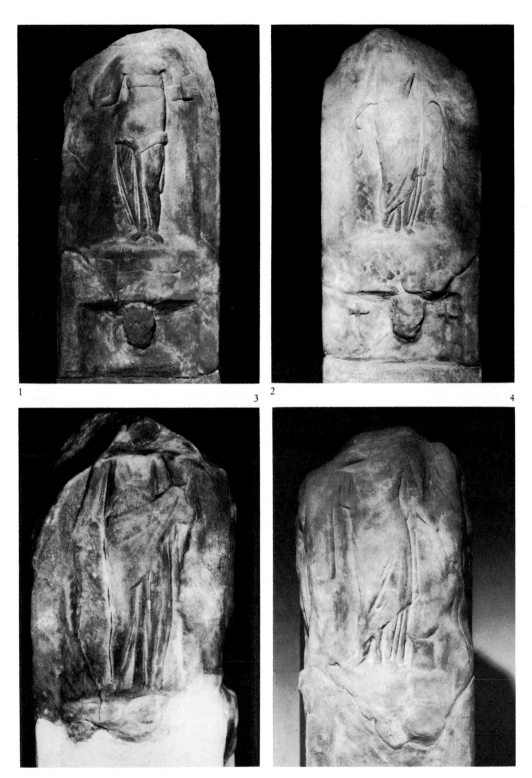

1 2
3 4

Schloß Dyck, Noelke Nr. 3. Pfeiler: 1 Hercules (?) und Venus. – 2 Göttin und Vulcanus. – 3 Göttin. – 4 Minerva.

Tafel 59

Jülich, Noelke Nr. 5. Sockel: 1 Iupiter und Ganymed. – 2 Göttin. – 3 Hercules. – 4 Apollo.

Tafel 60

Tafel 61

Tafel 60: Jülich, Noelke Nr. 5. Pfeiler: Register IV: 1 Virtus? – 2 Gott. – 3 Minerva? – 4 Iuno? – Register III: 5 Luna ? – 6 Venus ? – 7 Victoria. – 8 Sol?

Jülich, Noelke Nr. 5. Pfeiler, Register I und II: 1 Gott. – 2 Fortuna. – 3 Liber pater – Bacchus? – 4 Mercurius?

Tafel 62

1 und 2 Köln-Zollstock, Noelke Nr. 7. Statue. – 3 und 4 Köln, Noelke Nr. 8. Sockel und Statue.

Köln-Weiden, Noelke Nr. 9. Sockel: 1 Mercurius. – 2 Fortuna? – 3 Hercules. – 4 Vulcanus.

Tafel 64

Köln-Weidenpesch, Noelke Nr. 10. Iupitersäule.

Tafel 65

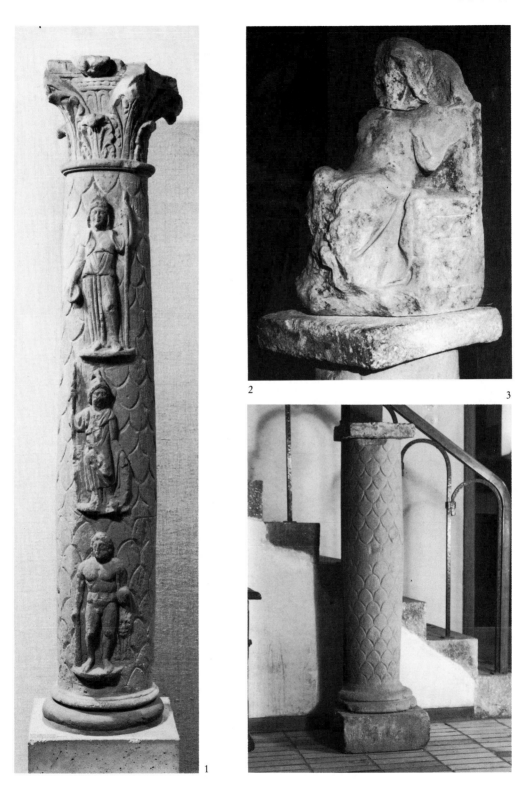

1 Rheydt-Mülfort, Noelke Nr. 11. Säule. – 2 und 3 Zülpich, Noelke Nr. 13. Statue und Säule.

Tafel 66

Wüstweiler. Noelke Nr. 12. Statue und Säule.

Tafel 67

1 2

3 4

1 und 2 Fundort unbekannt, wohl Nijmegen; Noelke Nr. 14. Stehender Iupiter. – 3 Hürth-Hermülheim, Noelke Nr. 15. Reitender Iupiter. – 4 Billig, Noelke Nr. 19. Thronender Iupiter.

Tafel 68

1

2

3

1 und 2 Jülich, Noelke Nr. 16. Reitender Iupiter. – 3 Köln, Noelke Nr. 17. Reitender Iupiter.

Tafel 69

1 Köln, Noelke Nr. 17. Reitender Iupiter. – 2 Fundort unbekannt, vielleicht Bonn; Noelke Nr. 18. Reitender Iupiter (?). – 3 und 4 Bonn, Noelke Nr. 24. Thronender Iupiter.

Tafel 70

1 und 2 Bonn, Noelke Nr. 23. Thronender Iupiter. – 3 und 4 Bonn, Noelke Nr. 26. Thronender Iupiter.

Tafel 71

1 und 2 Schloß Dyck, Noelke Nr. 30. Thronender Iupiter. – 3 und 4 Glehn, Noelke Nr. 32. Thronender Iupiter.

Tafel 72

1 2
3 4

1 und 2 Jülich, Noelke Nr. 38. Thronender Iupiter. – 3 und 4 Köln, Noelke Nr. 44. Thronender Iupiter.

Tafel 73

1 Freialdenhoven, Noelke Nr. 31. Thronender Iupiter. – 2–4 Köln, Noelke Nr. 46. Thronender Iupiter. – 5 Köln, Noelke Nr. 45. Thronender Iupiter.

Tafel 74

Köln, Noelke Nr. 41. Thronender Iupiter.

Tafel 75

Köln, Noelke Nr. 47. Thronender Iupiter.

Tafel 76

1 und 2 Fundort unbekannt, vielleicht Köln; Noelke Nr. 53. Thronender Iupiter. 3 und 4 Fundort unbekannt, wohl Köln; Noelke Nr. 54. Thronender Iupiter.

Tafel 77

1 und 2 Fundort unbekannt, wohl Nijmegen; Noelke Nr. 62. Thronender Iupiter. – 3 und 4 Remagen, Noelke Nr. 64. Thronender Iupiter.

Tafel 78

1 Remagen, Noelke Nr. 65. Thronender Iupiter. – 2 und 3 Rheydt-Mülfort, Noelke Nr. 66. Thronender Iupiter.

Tafel 79

Köln, Noelke Nr. 71. Thronender Iupiter.

Tafel 80

1 Köln, Noelke Nr. 71. Thronender Iupiter. – 2 und 3 Köln, Noelke Nr. 72. Thronender Iupiter.

Tafel 81

1 Bandorf, Noelke Nr. 73. Iupiterkopf. – 2 Bonn-Lessenich, Noelke Nr. 74. Iupiterkopf. – 3 Harzheim, Noelke Nr. 75. Iupiterkopf. – 4 Neuss, Noelke Nr. 78. Iupiterkopf.

Tafel 82

1
3
2
4

1 Bandorf, Noelke Nr. 73. Iupiterkopf. − 2 Bonn-Lessenich, Noelke Nr. 74. Iupiterkopf. − 3 Harzheim, Noelke Nr. 75. Iupiterkopf. − 4 Neuss, Noelke Nr. 78, Iupiterkopf.

Tafel 83: 1 und 2 Fundort unbekannt, Noelke Nr. 81. Iupiterkopf. − 3 Bonn, Noelke Nr. 103. Säule mit frontalem Reliefschmuck. − 4 Buchholz, Noelke Nr. 104. Säule mit frontalem Reliefschmuck.

Tafel 83

1 2
3 4

Tafel 84

Säulen mit frontalem Reliefschmuck. 1 Jülich, Noelke Nr. 105. – 2 Jülich, Noelke Nr. 106. – 3 Jülich, Noelke Nr. 107. – 4 Kloster Kapellen, Noelke Nr. 108.

Tafel 85

Säulen mit frontalem Reliefschmuck. 1 Köln, Noelke Nr. 109. – 2 Köln, Noelke Nr. 110. – 3 Köln, Noelke Nr. 111.

Tafel 86

Säulen mit frontalem Reliefschmuck. 1 Wissersheim, Noelke Nr. 114. – 2 Pesch, Noelke Nr. 115. – Weilerswist, Noelke Nr. 116.

Tafel 87

Mönchengladbach, Noelke Nr. 166. Säule mit Reliefs: 1 Fortuna und Minerva. – 2 Venus und Mars. – 3 Rosmerta (?) und Diana.

Tafel 88

1 Köln, Noelke Nr. 112. Schuppensäule mit frontalem Reliefschmuck. – 2 Fundort unbekannt, wohl Nijmegen; Noelke Nr. 113. Schuppensäule mit frontalem Reliefschmuck. – 3 Fundort unbekannt, wohl Köln; Noelke Nr. 117. Schuppensäule mit umlaufendem Reliefschmuck. – 4 Jülich, Noelke Nr. 165. Säule mit Weinranken.

Bonn, Noelke Nr. 169. Pfeiler mit Reliefschmuck. 1 Iuno. – 2 Minerva? – 3 Göttin.

Tafel 90

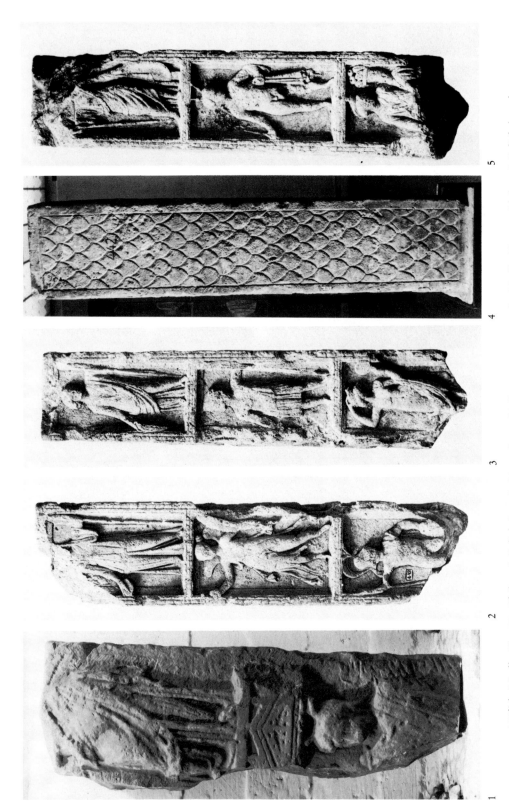

1 Jülich, Noelke Nr. 171. Pfeiler mit Reliefschmuck. Mercurius und Minerva (?). – 2–5 Köln, Noelke Nr. 172. Pfeiler mit Reliefschmuck.

Tafel 91

Köln, Pfeiler mit Reliefschmuck. 1–3 Noelke Nr. 173. – 4 Noelke Nr. 174.

Tafel 92

Rommerskirchen, Noelke Nr. 175. Pfeiler mit Reliefschmuck, Register III: 1 Iuno. – 2 Luna. – 3 Hercules. – 4 Sol.

Tafel 93

1 2 3 4

Rommerskirchen, Noelke Nr. 175. Pfeiler mit Reliefschmuck, Register I und II: 1 Mercur und Minerva. – 2 Mars und Victoria. – 3 Virtus und Neptunus. – 4 Vulcanus und Fortuna (?).

Tafel 94

1   2
3   4

Maastricht, Noelke Nr. 182. Vierseitig reliefierter Sockel: 1 Hercules. – 2 Apollo. – 3 Sol (?). – 4 Fortuna.

Tafel 95

Jülich, Noelke Nr. 186. Dreiseitig reliefierter Sockel: 1 Weihinschrift. – 2 Minerva. – 3 Apollo.

Tafel 96

1–3 Kessel, Noelke Nr. 187. Dreiseitig reliefierter Sockel: 1 Hercules. – 2 Minerva. – 3 Iuno. – 4 Köln, Noelke Nr. 202. Achteckiger reliefierter Sockel.

Tafel 97

1–3 Köln, Noelke Nr. 188. Dreiseitig reliefierter Sockel: 1 Genius. – 2 Ceres. – 3 Bacchus. – 4 Zülpich, Noelke Nr. 219. Pfeiler mit Reliefs (?).

Tafel 98

1
3
2
4

Nierendorf, Noelke Nr. 191. Dreiseitig reliefierter Sockel. 1 Inschrift. – 2 Minerva. – 3 Hercules. – 4 Iuno.

Tafel 99

Tongeren, Noelke Nr. 203. Gigantenreiter.

Tafel 100

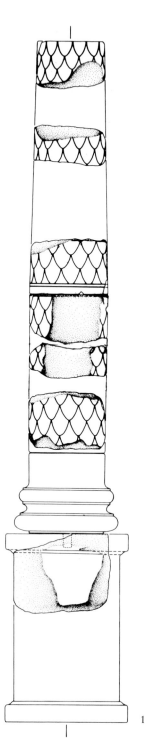

1 Schwammenauel, Noelke 218. Sockel und Schuppensäule. – 2 Bonn, RLM; aus Köln. Weihrelief für Iupiter. – 3 Bonn, RLM; aus Köln. Altar für Iupiter.

Séguret. Jupiterstatue, Avignon, Musée Calvet.

Tafel 102

1

2

Rom, Konstantinsbogen. 1 Trajanischer Kampffries. – 2 Konstantinisches Relief mit Rostra und Ehrendenkmal der Tetrarchen (vgl. Noelke Nr. F 3).

Tafel 103: Paris, Musée Cluny. 1 und 2 Sockel mit Ehreninschrift für Tiberius. – 3 Viergötterstein: Esus. – 4 Viergötterstein: Smertrios.

Tafel 103

Namenliste für die Karten 1–5

1	Seesbach	59	Würzberg	117	Pforzheim-Brötzingen
2	Meddersheim	60	Lorsch	118	Stein
3	Löllbach	61	Mannheim-Seckenheim	119	Gräfenhausen
4	Heinzenhausen	62	Mannheim-Neckarau	120	Dietenhausen
5	Meisenheim	63	Ladenburg	121	Nöttingen
6	Gangloff	64	Heidelberg-Neuenheim	122	Wilferdingen
7	Ransweiler	65	Heidelberg	123	Kleinsteinbach
8	Dielkirchen	66	Heidelberg-Heiligenberg	124	Schöllbrunn
9	Ebernburg	67	Gaiberg	125	Ettlingen
10	Bad Kreuznach	68	Mönchszell	126	Mörsch
11	Planig	69	Großeicholzheim	127	Au
12	Armsheim	70	Neckarburken	128	Durmersheim
13	Eckelsheim	71	Neckarelz	129	Rastatt
14	Stein-Bockenheim	72	Waldmühlbach	130	Haueneberstein
15	Kriegsfeld	73	Jagsthausen	131	Baden-Baden
16	Katzweiler	74	Böttingen	132	Lichtenau
17	Eisenberg	75	Sinsheim	133	Sasbach
18	Kerzenheim	76	Steinsfurt	134	Eckartsweier
19	Worms-Weinsheim	77	Stettfeld	135	Gengenbach
20	Worms	78	Bad Wimpfen	136	Ehl
21	Westhofen	79	Berwangen	137	Hindisheim
22	Alzey	80	Stetten	138	Strasbourg
23	Biebelnheim	81	Stocksberg	139	Donon
24	Frettenheim	82	Hausen/Zaber	140	Wasserwald
25	Eimsheim	83	Güglingen	141	Saverne
26	Udenheim	84	Walheim	142	Grand Falberg
27	Bingen	85	Weißenhof	143	Brumath
28	Bingen-Kempten	86	Pleidelsheim	144	Niedermodern
29	Ingelheim	87	Steinheim	145	Schweighouse-sur-Moder
30	Heidesheim	88	Benningen	146	Haguenau
31	Mainz	89	Hemmingen	147	Uttenhoffer
32	Mainz-Weisenau	90	Möglingen	148	Niederbronn-les-Bains
33	Mainz-Hechtsheim	91	Waiblingen	149	Langensoultzbach
34	Mainz-Kastel	92	Beinstein	150	Woerth
35	Mainz-Kostheim	93	Welzheim	151	Durrenbach
36	Meinz-Gustavsburg	94	Stuttgart-Zazenhausen	152	Surbourg
37	Wiesbaden-Schierstein	95	Stuttgart	153	Lembach
38	Wiesbaden	96	Stuttgart-Bad Cannstatt	154	Hunspach
39	Wiesbaden-Bierstadt	97	Stuttgart-Plieningen	155	Leutenheim
40	Zugmantel	98	Köngen	156	Seltz
41	Frankfurt-Höchst	99	Neuhausen/Fildern	157	Lauterbourg
42	Frankfurt-Unterliederbach	100	Neckartailfingen	158	Altenstadt
43	Schwalbach	101	Owen	159	Büchelberg
44	Frankfurt-Heddernheim	102	Metzingen	160	Rheinzabern
45	Saalburg	103	Weil/Schönbuch	161	Leimersheim
46	Butzbach	104	Rübgarten	162	Rülzheim
47	Buttertadt	105	Pfrondorf	163	Godramstein
48	Kesselstadt	106	Rottenburg	164	Nußdorf
49	Seligenstadt	107	Starzach-Neuhaus	165	Freimersheim
50	Aschaffenburg	108	Nagold	166	Dudenhofen
51	Dieburg	109	Wildberg	167	Speyer
52	Georgenhausen	110	Wimsheim	168	Altrip
53	Otzberg	111	Oeschelbronn	169	Iggelheim
54	Radheim	112	Dürrmenz	170	Dannstadt
55	Mosbach	113	Mühlacker	171	Meckenheim
56	Obernburg	114	Maulbronn	172	Weisenheim/Sand
57	Rai-Breitenbach	115	Niefern	173	Kirchheim
58	Miltenberg	116	Pforzheim		

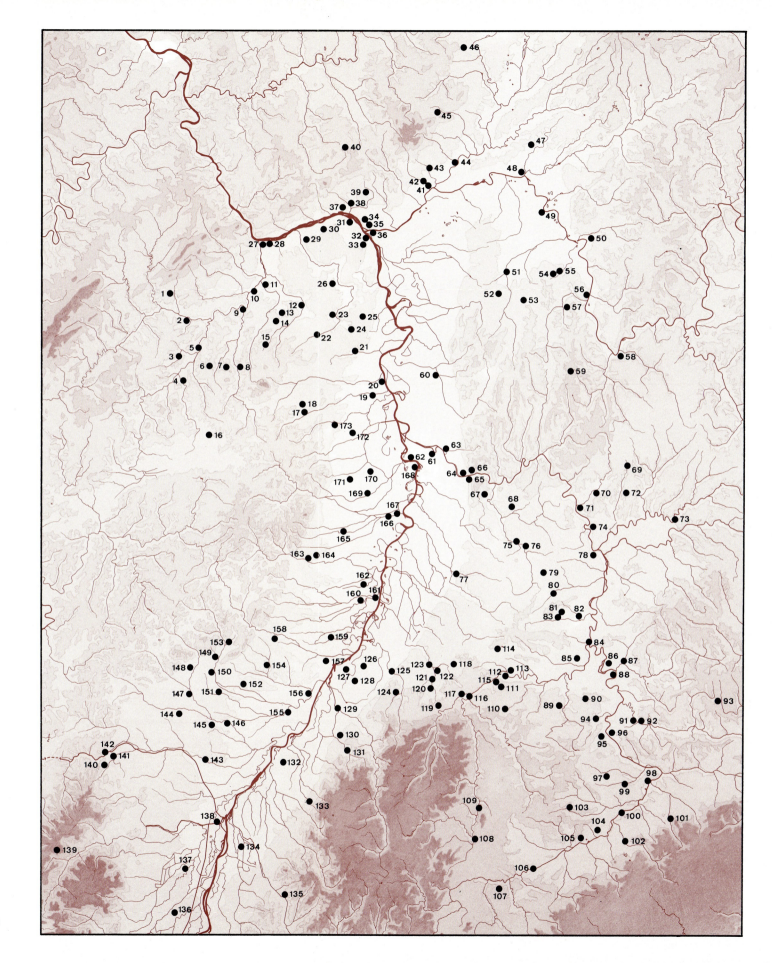

Karte 1 Verbreitung der Jupitergigantensäulen in Obergermanien. – Maßstab 1 : 1 000 000.

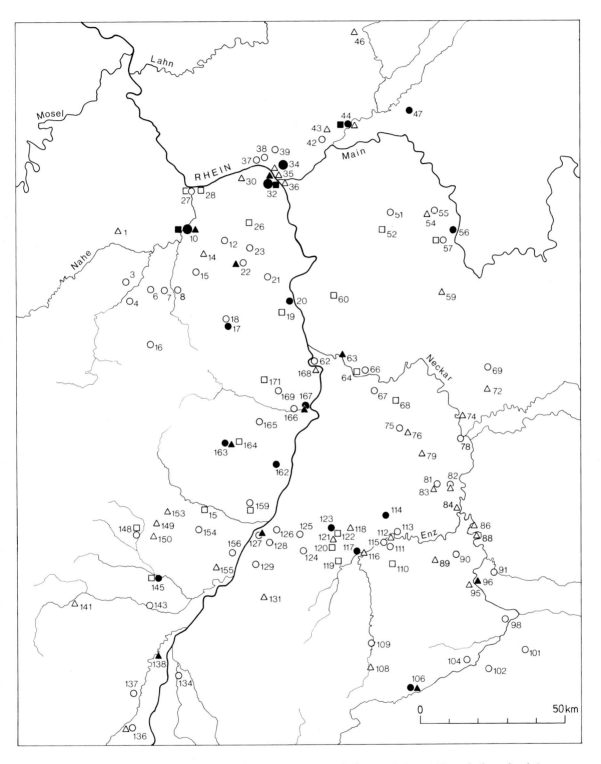

Karte 2 Viergöttersteine. – △ Normalreihe, 1 Stein; ▲ Normalreihe, 2–4 Steine; □ Normalreihe wahrscheinlich, 1 Stein; ■ Normalreihe wahrscheinlich, 2–4 Steine. ○ andere Reihen, 1 Stein; ● andere Reihen, 2–4 Steine; ● andere Reihen, mehr als 5 Steine. – Maßstab 1 : 1 250 000.

Karte 3

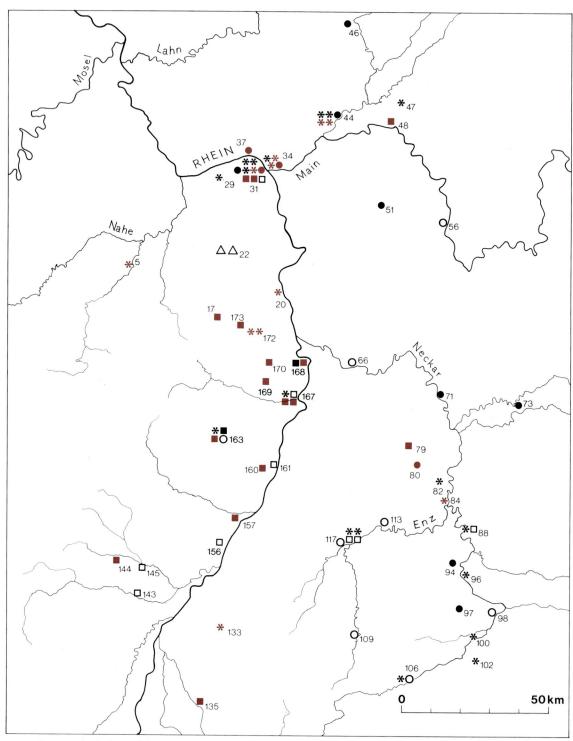

Karte 3 Zwischensockel. – ∗ Wochengötterstein, polygonal; ● Wochengötterstein, rund; ■ Wochengötterstein, quadratisch. – ∗ sonstige Götter, polygonal; ● sonstige Götter, rund; ■ sonstige Götter quadratisch. – △ Zwischensockel in Viergöttersteinform. – ○ Viergötterstein ohne einen Gott der Normalreihe. – □ Zwischensockel mit Castores. Maßstab 1 : 1 250 000.

Karte 4

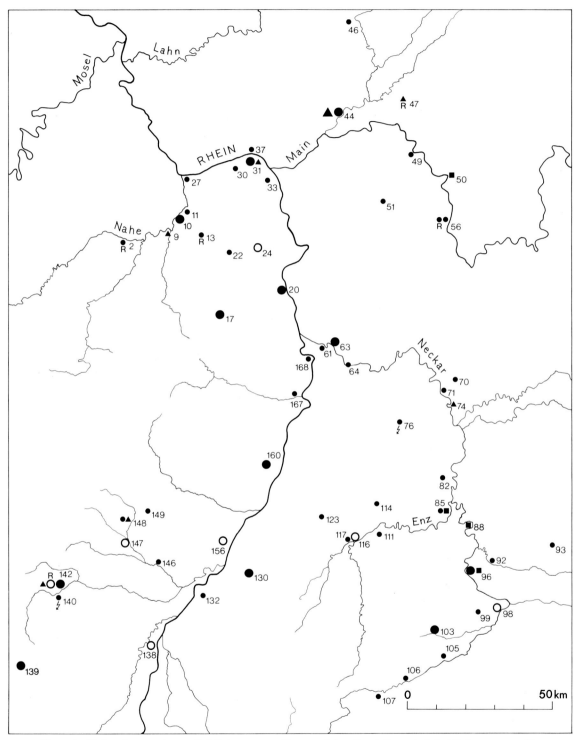

Karte 4 Jupitergigantenreiter. – ● 1 Reitergruppe, Gigant auf dem Bauch liegend; ○ 2–4 Reitergruppen, Gigant auf dem Bauch liegend; ● 5 und mehr Gruppen, Gigant auf dem Bauch liegend. – ▲ 1 Gruppe, Gigant auf dem Rücken; ▲ 5 und mehr Gruppen, Gigant auf dem Rücken liegend. – ■ Wagenfahrender Jupiter. – R Jupiter mit Rad. – ⚡ Blitz des Jupiter erhalten. Maßstab 1 : 1 250 000.

Karte 5

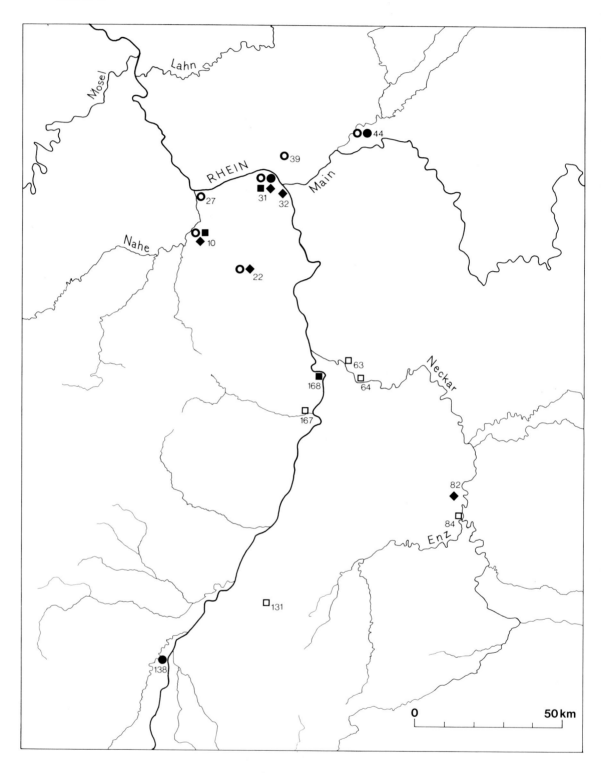

Karte 5 Säulen und Statuetten des thronenden Jupiter. ■ Reliefsäulen; ◆ Säulen mit umlaufendem Reliefschmuck; □ Rankensäulen. – ○ Thronender Jupiter; ● Juno und Jupiter thronend. – Maßstab 1 : 1 250 000.

Fundortverzeichnis zu den Karten 6–9

1) Vechten, Gem. Bunik
2) Nijmegen
3) Kessel
4) Heel
5) St. Odiliënberg
6) Grevenbicht
7) Heerlen
8) Maastricht
9) Stokkem, Gem. Dilsen
10) Heers
11) Zammelen, Gem. Kortessem
12) Tongeren
13) Amberloup bei Bastogne
14) Fontaine-Valmont
15) Xanten
16) Birten, Stadt Xanten
17) Lohmannsheide, Stadt Moers
18) Asberg, Stadt Moers
19) Mönchengladbach
20) Mülfort, Rheydt
21) Wickrath
22) Buchholz
23) Dyck (Schloß), Gem. Jüchen
24) Glehn, Stadt Neuss
25) Stadt Neuss
26) Norf, Stadt Neuss
27) Nievenheim, Gem. Dormagen
28) Rommerskirchen
29) Köln
30) Bedburg
31) Efferen, Gem. Hürth
32) Hürth-Hermülheim
33) Gleuel, Gem. Hürth
34) Wesseling
35) Wissersheim, Gem. Nörvenich
36) Golzheim, Gem. Merzenich
37) Niederzier
38) Niederzier zwischen Hambach und Stetternich
39) Jülich
40) Tetz, Gem. Linnich
41) Freialdenhoven, Gem. Aldenhoven
42) Altdorf, Gem. Inden
43) Pier, Gem. Inden
44) Frenz, Gem. Inden
45) Schwammenauel, Stadt Heimbach
46) Kelz, Gem. Vettweiß
47) Kleinbouslar, Stadt Erkelenz
48) Kreuzrath, Gem. Gangelt
49) Dürwiss, Gem. Eschweiler
50) Eschweiler
51) Stolberg
52) Laurensberg
53) Kornelimünster
54) Zülpich
55) Rövenich, Stadt Zülpich
56) Billig, Stadt Euskirchen
57) Kommern, Gem. Mechernich
58) Iversheim, Stadt Bad Münstereifel
59) Harzheim, Gem. Mechernich
60) Pesch, Stadt Bad Münstereifel
61) Tondorf, Gem. Nettersheim
62) Alfter
63) Heimerzheim, Gem. Swisttal
64) Straßfeld, Gem. Swisttal
65) Kapellen, Gem. Swisttal
66) Bonn
67) Bandorf, Stadt Remagen
68) Nierendorf, Gem. Graftschaft
69) Remagen

Nachträge:
70) Zingsheim, Gem. Nettersheim
71) De Plasmolen, Gem. Groesbeek

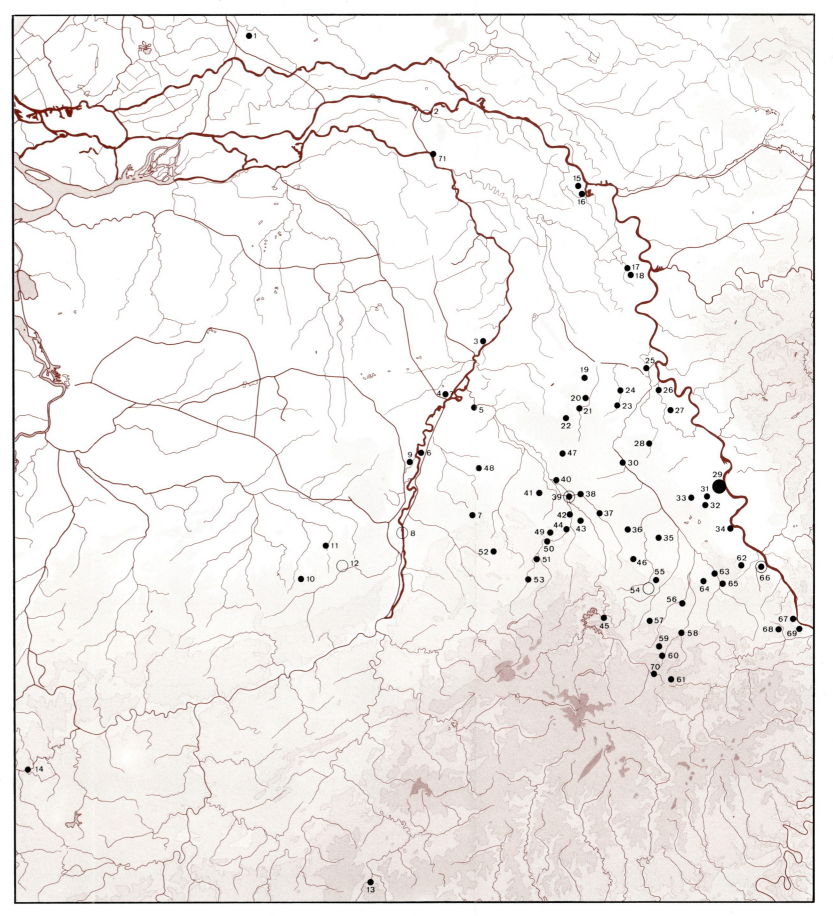

Karte 6   Verbreitung der Iupitersäulen und -pfeiler in Niedergermanien. – ● 1–5 Funde. – ○ 6–10 Funde. – ◉ 11–20 Funde. – ● mehr als 20 Funde. – Maßstab 1 : 1 000 000.

Karte 7

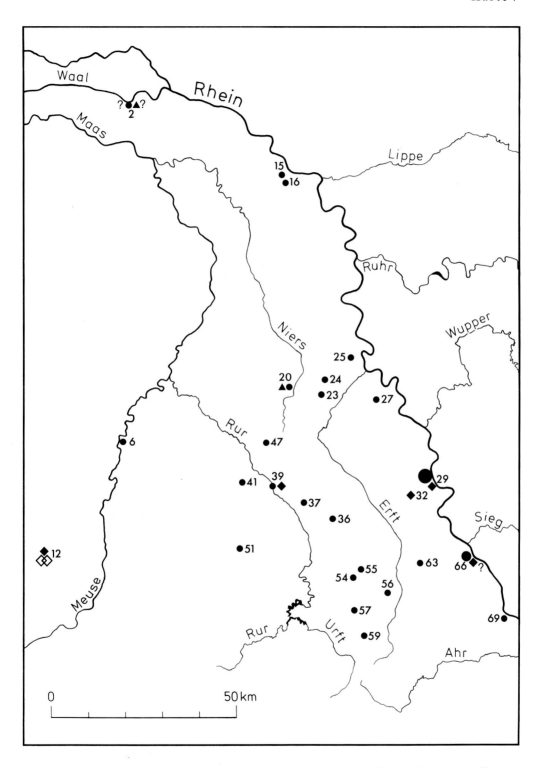

Karte 7 Statuentypen der Iupitersäulen und -pfeiler. △ Stehender Iupiter. – ◆ Reitender Iupiter. – ◇◇ Thronendes Paar Iupiter und Iuno. – Thronender Iupiter: ● 1–5 Funde; ● 6–10 Funde; ● mehr als 10 Funde. Maßstab 1 : 1 000 000.

Karte 8

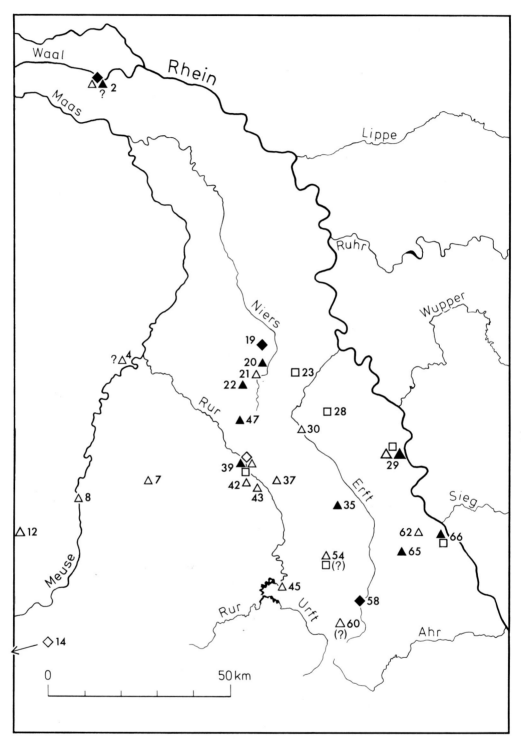

Karte 8 Stützentypen der Iupitersäulen und -pfeiler. △ Schuppensäule ohne Reliefschmuck; △ Schuppensäule ohne Reliefschmuck, mehr als 5 Fundstücke. – ▲ Schuppensäule mit Reliefschmuck; ▲ Schuppensäule mit Reliefschmuck, mehr als 5 Fundstücke. – ◇ Säule mit Weinranken. – □ Pfeiler mit Reliefschmuck. – ◆ Säule mit Reliefschmuck. – Maßstab 1 : 1 000 000.

Karte 9

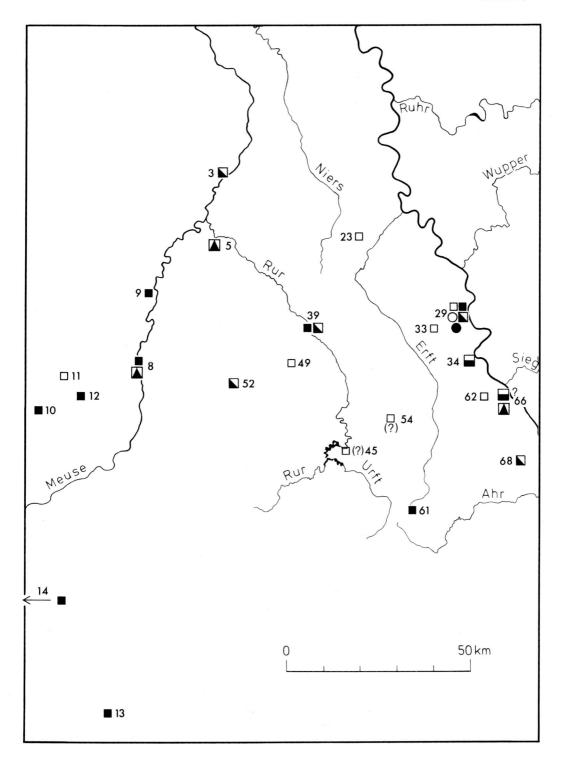

Karte 9 Sockeltypen der Iupitersäulen und -pfeiler. □ Quadratische Sockel ohne Reliefschmuck. – ■ Vierseitig reliefierte Sockel. – ◩ dreiseitig reliefierte Sockel. – ▲ drei- oder vierseitig reliefiert. – ⬓ Sockel mit einem Götterrelief. – ○ zylindrische Sockel. – ● Achteckiger Reliefsockel. – Maßstab 1 : 1 000 000.

Karte 10

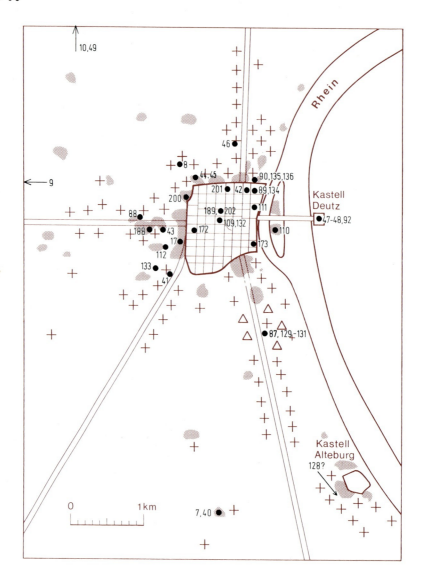

Karte 10 Umgebung der Colonia Claudia Ara Agrippinensium. + Gräber. – △ Grabkammer. – ▓ Siedlungsfläche. – ● Fundort von Iupitersäulen und -pfeilern. Die Zahlen verweisen auf Katalognummern. Maßstab 1 : 50 000.